合肥市公安志

Hefeishi Gonganzhi

（1990～2016）

上册

合肥市公安志编纂委员会

时代出版传媒股份有限公司
安 徽 文 艺 出 版 社

图书在版编目（CIP）数据

合肥市公安志. 1990-2016/合肥市公安志编纂委员会编. —合肥：安徽文艺出版社，2018. 3
ISBN 978-7-5396-6303-6

Ⅰ. ①合… Ⅱ. ①合… Ⅲ. ①公安工作－概况－合肥－1990-2016 Ⅳ. ①D631

中国版本图书馆 CIP 数据核字(2017)第 321306 号

出 版 人：朱寒冬　　出版统筹：周　康
责任编辑：宋潇婧　王婧婧　　装帧设计：文　艺

出版发行：时代出版传媒股份有限公司　www.press-mart.com
安徽文艺出版社　www.awpub.com
地　　址：合肥市翡翠路 1118 号　邮政编码：230071
营 销 部：(0551)63533889
印　　制：安徽新华印刷股份有限公司　(0551)65859551

开本：787×1092　1/16　印张：49.25　字数：1200 千字
版次：2018 年 3 月第 1 版　2018 年 3 月第 1 次印刷
定价：398.00 元(精装)(上、下册)

《合肥市公安志(1990～2016)》
编 纂 委 员 会

《合肥市公安志(1990～2016)》
主审、主编、顾问

主　审:姜　明

主　编:程彰德

副主编:查振友　桂　龙　杨援军　王晓晨　章小平　陆　庆

顾　问:黄玉华　史五一　李汉平　储茂仁　傅朝阳

《合肥市公安志(1990～2016)》
编 纂 人 员

执 行 主 编:杨安青

执行副主编:音卫东　吴家田　王远秋

总　　　纂:杨安青

分　　　纂:汪永生　章鑫睿　吴明富

编　　　务:王远秋　吴明富　黄绪芳　庄祥林　程　锃　徐永杰

《合肥市公安志(1990～2016)》
撰稿人员

纪　　　委:范　勇　朱成东　胡立新

政　治　部:刘永生　许正敏　李　锋　张　岭　解正钧　章国生　李大伟　邢晓滨　程　锃

机关党委:万群山　陈冬梅

警　令　部:叶重青　赵江舟　陈　菡　邓晓蕾　董宜武　庄祥林　王　隽　肖　培　陈　义　吴洪宾

警务保障部:徐　波　冉　红　胡国伟　魏常法　严　瑾　朱　竹　蔡莹莹

经侦支队:刘　坤　沈　斌　汪金元　高青春　张　伟　包洁娟

治安支队:孙　民　刘正瑜　季　鑫　付晓宇　李　静　刘登程　李　旭　潘　嵩　邓欣冉　邢　昊　盖　磊　马丽敏　王　盛　朱寅生　郑宝凌　熊国栋　李　宏

刑警支队:张　勇　郑安磊　齐　阳　闫志敏　孟凡松　马　骉　白卫东　施　征　刘　娟　胡升明　黄李红　郭玉良　韩雅丽　王中江　吕正龙

监管支队:张纯石　孙　跃　徐志杰

禁毒支队:夏爱斌　张祖艺　李　志　薛华超　杭　标　吴雅婷

法制支队:吴孝华　董　羽　郭晓辉　何　明　袁良胜　李传亮　路菲菲　汪　晖

出入境支队:夏小超　罗　蕊　柳　琦　刘雅厉　宣莹莹　李　剑　宗陈诚　凌　乐

网络安全支队:刘　跃　杨　柳　毛晓丽　张　政　李　萍　朱　季

特警支队:孙利军　袁雨生　位　超　李　涛　胡张源　张　一　陈　会　李　奎　梁家胜　刘庆冬

交警支队:周征武　周建华　张　龙　李　浩　娄相江　费冰清　朱国俊　蔡　军　张停停　王　瑾　吴　军　巨　龙　王万乐　贾文荣

姚康友　林　洁　蒋　睿　王　晖　马婷婷　孙维林　李必伍
陈　帅　白晋毅　汪贵生

视频侦查支队：李东国　吴　军

反恐支队：朱　磊　李胜利

警务督察支队：周　刚　余　飞　高　路　梅芳琼　丁晓岚

警察培训支队：张圣岭　叶　凌　余　伟　张俊涛　钟　声　徐炳勇　李　磊

警卫处：李华文　朱星宝　于　健　陈　晨　项　楠

消防支队：陈　震　王晨光　谢　林　徐　宪

瑶海分局：陈恩毅　汪永生　王　龙　李　凯　夏　鼎　范　武　余红兵
宣荣瑞　王文龙　吴晓庆　李萍华　王军山　胡　芳　黄良柱
张　乐　王　鹏

庐阳分局：邢永乐　程　荃　李　伟　张晓梅　张　芸　姚　静　孙礼幸
卢　彦　谢汉民　凌先根　孙云如　刘　璐

蜀山分局：秦兴发　李舒稳　许　诺　段芬萍　魏光彩　何其全　金晓曙
马刘莹　夏育琴　吴小梅　王大为　赵　岚　周美玲

包河分局：穆文顺　刘　豪　姚　克　韩　琳　王新华　沈一新　许亚君
王　君　余劲锋　涂松涛　李　慧　谢海霞　孙弘暘　苟晓勇

高新分局：刘　涛　姚　淼　潘　琦　聂　军　黄　旭　谢贺军　杨洪峰
袁汉东　姚　丽

新站分局：曹　彬　孔繁爵　杜建和　季红国　叶立米　陈宁宁　周企进
程颖佳　祝晓红　王化对　王永乐　王海全　贾柳娟　廖国先

经开分局：郑圣华　孙向阳　张　洁

巢湖水上分局：王海艇　刘　军　赵　冰

巢湖经开分局：陈晓莉　涂　军　朱卫波　褚理黎　孟德水　叶　华

肥东县局：席绪友　徐先庆　侯云顺

肥西县局：张　平　魏争勇　王永胜　欧士军　耿　平

长丰县局：王化乐　杨积平　芮　雪　黄　欢　陶小青　赵振峰　王岳春
姚大翠　刘志法　完颜丽娟　倪梦然　徐　兵

庐江县局：邢邦英　夏长道　陈百琪　赵　辉　汤世平　黄　杰　唐启文

巢湖市公安局：宋惠萍　王长胜　童地震　殷　军　王　星　赵　烽　赵圣德
王万奇　朱丽雅　唐孟飞

对党忠诚
服务人民
执法公正
纪律严明

习近平

二〇一七年五月十九日

合肥公安

唯进步，不止步！

◉ 1996年7月23日，中央政治局常委、中央书记处书记胡锦涛视察合肥市公安局指挥中心。

◉ 1996年7月23日，中央政治局常委、中央书记处书记胡锦涛观看合肥市公安局“严打”成果图片展。

2008年1月13日，中共中央总书记、国家主席、中央军委主席胡锦涛视察合肥市公安局逍遥津派出所义仓巷社区警务室。

◉ 2009年10月30日，国务委员、公安部部长孟建柱视察合肥市公安局，亲切接见公安民警。

◉ 2013年6月16日，国务委员、公安部部长郭声琨视察合肥市公安局安庆路派出所。

◉ 2013年7月12日，安徽省委常委、省委政法委书记，省公安厅厅长徐立全在合肥市公安局调研指导工作。

◉ 2016年2月1日，安徽省委常委、合肥市委书记吴存荣亲切接见合肥市公安局功模代表。

◉ 2016年12月6日，安徽省委常委、合肥市委书记宋国权在合肥市公安局网安支队调研指导工作。

◉ 2016年12月28日，安徽省副省长、省公安厅党委书记、厅长李建中在合肥市公安局调研指导工作。

◉ 1993年，加拿大警方来合肥市公安局刑事技术处考察交流。

◉ 1997年，澳大利亚消防代表团来合肥市公安消防支队考察交流。

◉ 2007年11月2日，东盟警察代表团来合肥市公安局出入境管理局考察交流。

◉ 2016年9月27日，英国内政部警务专家来合肥市公安局交流考察

◉ 2015年7月，合肥市公安局承办皖港警方双向观摩交流活动。

◉ 1994年，合肥市公安局举行“严打”斗争追缴赃款赃物返还大会。

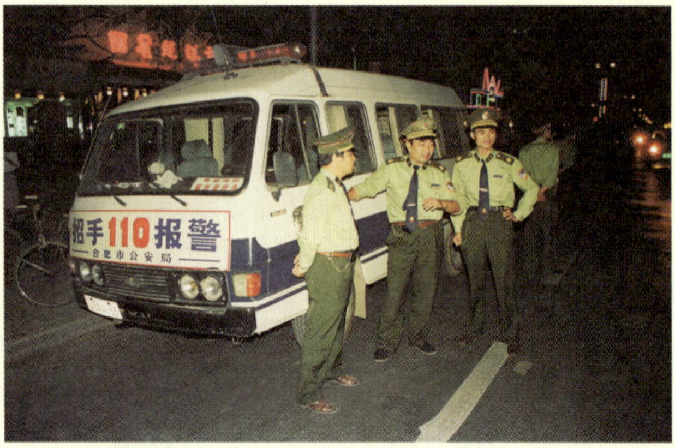

◉ 1994年，合肥市公安局巡警在街头巡逻。

◉ 1998年，合肥刑警在特大刑事案件现场分析案情。

◉ 1998年，合肥市公安局举行反盗窃自行车专项斗争退赃大会。

◉ 1999年，公安民警收缴大量“法轮功”书籍。

◉ 2001年，合肥民警集中销毁收缴来的赌博机。

◉ 2001年，合肥警方集中销毁收缴来的枪支。

◉ 2001年，合肥民警铲除农户非法种植的罂粟。

◉ 2001年，合肥市举行公开逮捕、宣判大会。

◉ 2016年9月12日，合肥警方打掉“云梦生活”网络传销团伙。

◉ 1999年7月23日，合肥警方抓获持枪绑匪法子英。法子英在多地残忍杀害了7名人质。

◉ 2000年8月17日、18日和9月9日，合肥、南京先后发生6起在娃哈哈钙奶中投毒，对娃哈哈、乐百氏集团进行敲诈的投毒敲诈案，造成2名儿童死亡及4人中毒的严重后果。合肥警方连续奋战84天将此案破获。

◉ 1999年5月29日，合肥市发生中华人民共和国成立以来首例抢劫金融机构案，双岗邮政储蓄所被歹徒持枪抢劫现金21万元。2000年3月3日，合肥警方将此案破获，缴获五四式手枪2支，子弹79发。

◉ 2004年4月26日、5月28日，位于合肥市闹市区的鼓楼商厦发生两次爆炸。当年8月3日，警方将实施爆炸对鼓楼商厦进行敲诈的两名犯罪嫌疑人抓获。图为破案庆功表彰大会会场。

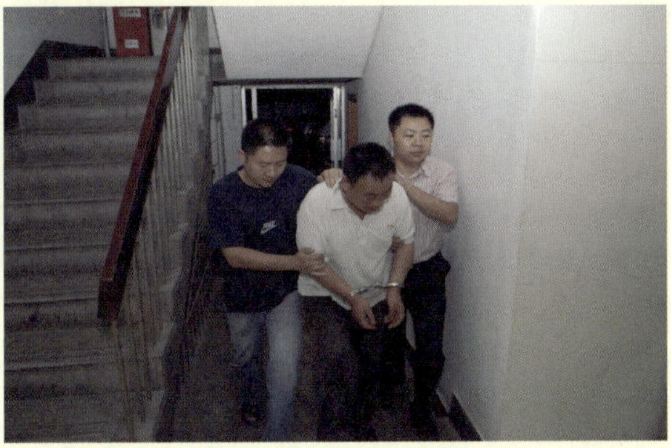

◉ 2006年6月9日，合肥警方侦破“5·5”网吧爆炸案。此案造成2人死亡，4人受伤。

◉ 2016年8月，合肥市公安局破获公安部督办的“5·31”涉恐专案。

◉1999年10月1日,合肥市公安局圆满完成在市政府广场举行的合肥市庆祝中华人民共和国成立50周年升国旗安保任务。

◉ 2008年5月28日，合肥市公安局圆满完成奥运火炬在合肥传递活动安保任务。

◉ 大型活动安保检查。

◉ 2008年10月22日，合肥民警在大型活动现场执勤。

◉ 2014年11月16日，合肥国际马拉松赛安保工作有条不紊。

◉ 2009年4月，合肥公安民警执行中博会安保任务。

◉ 2016年，合肥市公安局圆满完成“1601”警卫安保任务。

◉ 2008年5月14日至10月26日，合肥市公安局380名民警先后奔赴汶川、茂县、理县、松潘等地参加抗震救灾。

◉ 合肥特警在汶川地震灾区开展救援工作。

◉ 救灾民警席地而睡。

◉ 救灾民警在废墟中搜索。

◉ 2009年9月7日，合肥特警在乌鲁木齐市街头执勤。

◉ 合肥特警踊跃捐款。

◉ 维吾尔族老人慰问合肥特警。

◉ 合肥特警在乌鲁木齐踊跃献血。

◉ 合肥特警抓获犯罪嫌疑人。

"7·5"平暴

2009年新疆"7·5"事件发生后，合肥市公安局按照上级部署，迅速调集101名特警乘专机飞赴乌鲁木齐市执行反恐平暴任务，圆满完成了上级交办的各项任务。

◉ 行进途中。

◉ 特警开进途中。

◉ 帮助受灾群众。

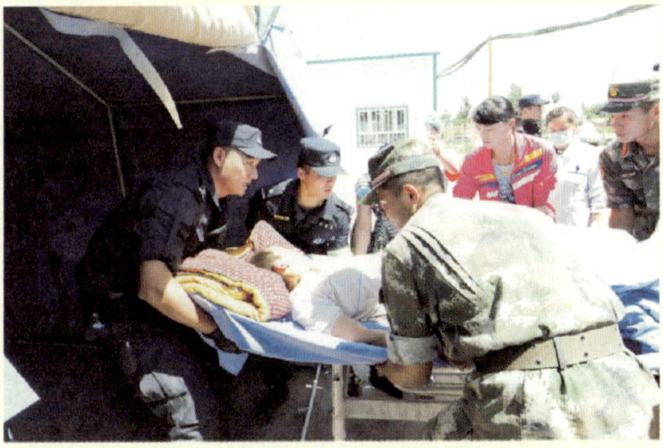

◉ 抢救受灾群众。

合肥特警赴疆轮训执勤

2015年6月14日，安徽省公安厅从合肥市公安局特警支队抽调70名民警代表安徽公安赴疆轮训执勤，驰援新疆和田地区皮山县，执行“南疆行动”任务，历时133天，圆满完成了各项任务。

◉ 维护社会秩序。

◉ 街头执勤。

◉ 巡逻设卡。

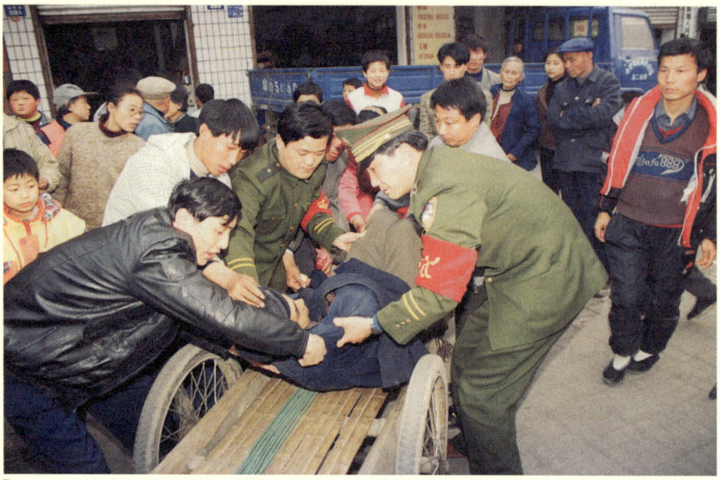

◉ 1996年，合肥市公安局车站派出所民警紧急抢救一名危重病人。

◉ 1999年1月29日夜，合肥消防官兵抢救肥东县梁园镇烟花爆竹爆炸事件的受害者。

◉ 2000年10月28日，合肥公安民警、消防官兵抢救合肥杏花镇四河小区煤气爆炸事故中受伤者。

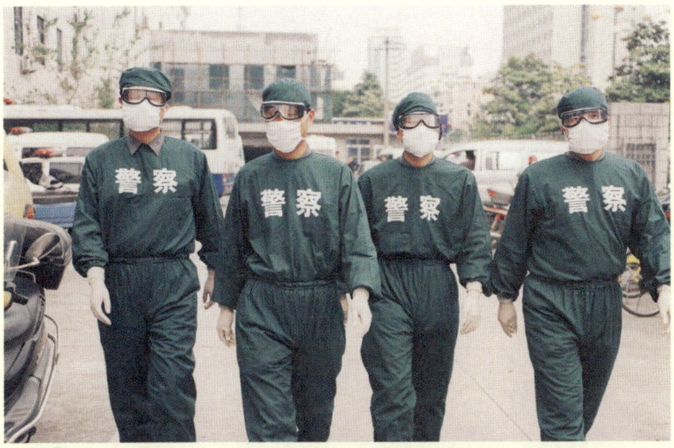

◉ 2003年，合肥民警组成抗击非典应急小分队。

◉ 2008年1月29日夜11时许，合肥一名执勤交警在雪中孤身奋力推一辆抛锚的汽车。

◉ 2004年8月11日，一名在合肥四牌楼人行天桥上准备轻生的男子被民警一把抓住。

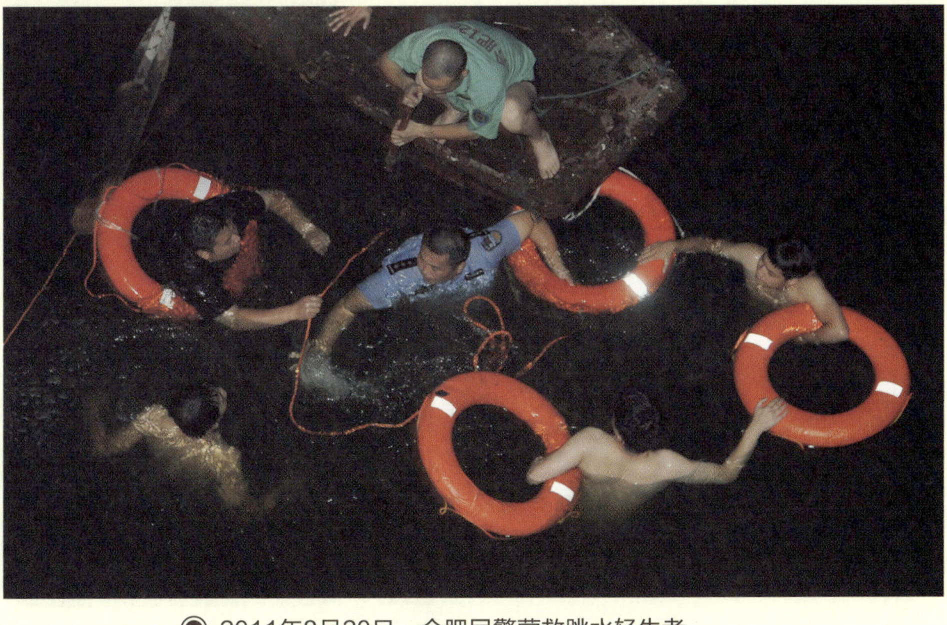

◉ 2011年8月20日，合肥民警营救跳水轻生者。

◉ 1994年的市公安局信息中心。

◉ 1998年，合肥市公安局刑事技术处一隅。

◉ 1994年的合肥市公安局指挥中心。

◉ 2008年，合肥市公安局被公安部授予全国公安机关“三基”工程建设先进集体。

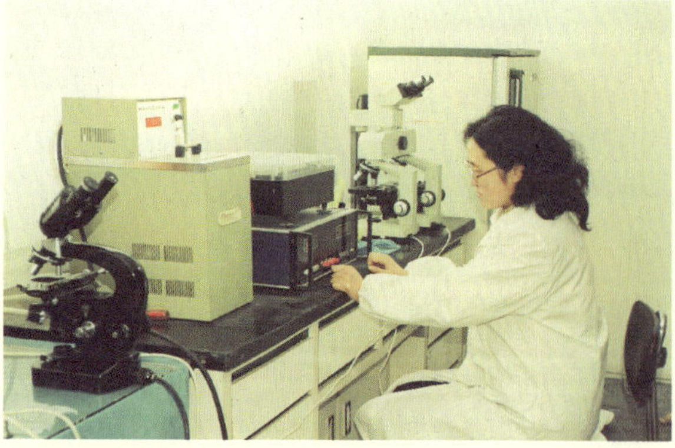

◉ 1995年的合肥市公安局刑事科学研究所办公室。

◉ 2008年，合肥市公安局被科技部和公安部授予全国科技强警示范城市。

◉ 1999年的合肥市公安局出入境办证窗口。

◉ 1999年的合肥市公安局指挥中心大厅。

2015年5月6日，合肥市公安局出入境管理局办证大厅局部。

◉ 2008年的合肥市公安局指挥中心大厅。

◉ 2016年12月，合肥市公安局视频作战中心。

◉ 2015年11月26日，合肥市公安局交警支队指挥中心。

◉ 1991年，合肥市公安局拘留所被洪水淹没。

◉ 1991年，合肥市看守所在建工地被淹，民警用渔船转移在押人员。

◉ 1995年，合肥市公安干部学校落成。

◉ 2012年落成的合肥市公安局瑶海分局办公楼。

◉ 2003年的公安基层所队阅览室。

◉ 2015年9月8日凌晨，合肥市看守所转移在押人员至新关押中心。

◉ 2009年的合肥市公安局办公楼。

◉ 1994年的合肥市公安局办公楼。

◉ 2016年6月，合肥市公安局新业务技术大楼开工建设，将于2018年投入使用。

公安装备建设

001 合肥特警
POLICE

2000年1月11日，合肥城隍庙庐阳宫商场发生大火，大火整整烧了5个多小时，10300平方米的商场被烧成废墟。大火造成1人死亡，数人受伤，直接经济损失1700多万元。

◉ 消防官兵们在奋力灭火。

◉ 火灾无情人有情，看到消防官兵连续作战无暇吃饭，个体户买来包子犒劳官兵。

◉ 消防勇士们无畏“火魔”，深入火场内作战。

2002年7月11日，合肥佳通轮胎厂发生大火，合肥公安民警、消防官兵激战数小时才将大火扑灭。

◉1995年，合肥市公安局刑警支队竞聘探长答辩会。

◉ 1997年，合肥市公安局督察支队成立。

◉ 2015年7月1日，合肥市公安局举行社区警务工作经验交流会。

◉ 2016年7月28日，合肥市公安局举办“两学一做”主题演讲比赛。

◉ 2016年8月11日，合肥市公安局召开党员代表大会。

◉ 2008年4月23日，全国公安机关爱民模范尹晓明向社区群众了解社情民意。

◉ 2010年6月23日，社区民警王佩玲退休时，受到辖区居民的热情挽留。

◉ 2016年6月30日，慰问困难党员民警。

◉ 2016年4月24日，全国先进工作者王军（前一）在街面巡逻。

◉ 1997年，“打拐英雄”、全国优秀儿童工作者张滨霞载誉归来。

◉ 1999年，全国公安机关二级英雄模范曹自和在街头和群众交流。

◉ 2008年1月27日，全国优秀人民警察、安徽省先进工作者胡建生在雪中执勤。

◉ 1996年，合肥交警训练交警手势操。

◉ 1996年，合肥民警在开展警体训练。

◉ 1996年，合肥市公安局在乐普生商厦举行消防演习。

◉1997年，合肥交警开展训练。

◉ 2003年，消防演练。

◉ 2004年，合肥民警进行模拟演练。

◉ 2012年7月18日，合肥特警进行反劫持演练。

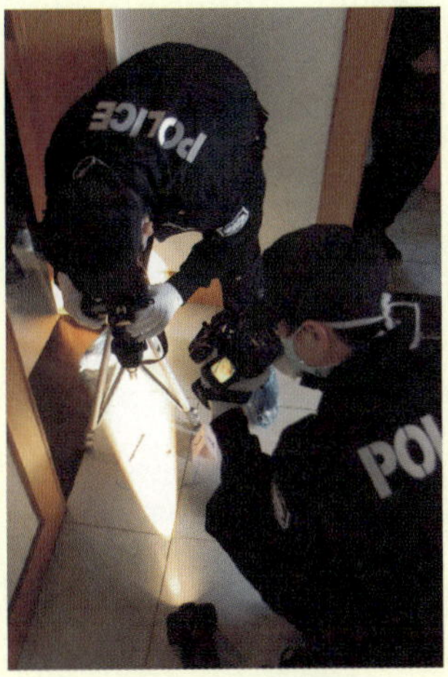

◉ 2005年，合肥刑警举行现场勘查比赛。

◉ 2004年，合肥市公安局警卫处官兵开展体能训练。

◉ 2013年，雪中训练。

◉ 2004年，合肥市公安局开展大练兵活动。

1994年，合肥市公安局和广播电视局联办迎春联欢会。

合肥市公安局2011年新春联欢晚会。

1995年，合肥市公安局举办《先锋杯》系列活动知识竞赛。

1996年，《警视窗》栏目开播一周年座谈会暨安徽电视台合肥公安记者站成立仪式。

2004年，“情系110”文艺晚会。

合肥市公安局2004年新春联欢会。

◉ 2008年11月16日，著名学者于丹做客合肥公安讲坛。

◉ 2009年6月10日，著名文化学者余秋雨先生为合肥公安民警授课。

◉ 2010年9月29日，著名学者阎崇年做客合肥公安文联。

◉ 1994年，合肥市公安局举办合肥地区公安系统庆祝中华人民共和国成立45周年越野跑。

◉ 团结一心，奋勇前进。

◉ 警体大会上勇争第一。

◉ 2010年10月9日，合肥市公安局首届警察体育大会开幕式。

◉ 1997年3月5日，追授合肥市公安局常青派出所民警李素珍同志全国公安一级英模、安徽省优秀共产党员称号命名表彰大会。

◉ 1997年，新民警在观看英模事迹展。

◉ 1994年清明，肥东县公安局举行六烈士骨灰安放仪式。

◉ 合肥大蜀山脚下的合肥公安英烈塑像园。

◉ 2006年5月24日，追授长丰县公安局民警李庆全国公安一级英模、安徽省优秀共产党员称号命名表彰大会。

◉ 2007年2月10日，合肥市公安局杏花派出所举办相约警务室广场活动。

◉ 2012年6月，合肥市公安局荣获中国最佳警察公共关系案例赛金奖。

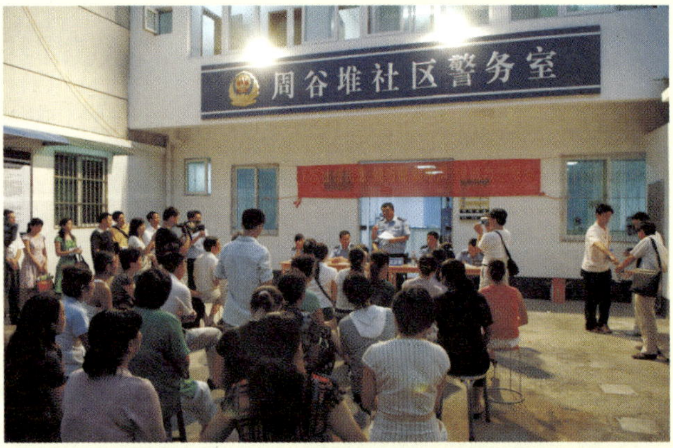

◉ 2007年7月26日，周谷堆社区警务室召开警民恳谈会。

◉ 2012年3月11日，合肥市公安局举办网民走进警营活动。

◉ 2015年12月6日，合肥市公安局举办“警民一家亲”警营开放周相约杏花广场活动。

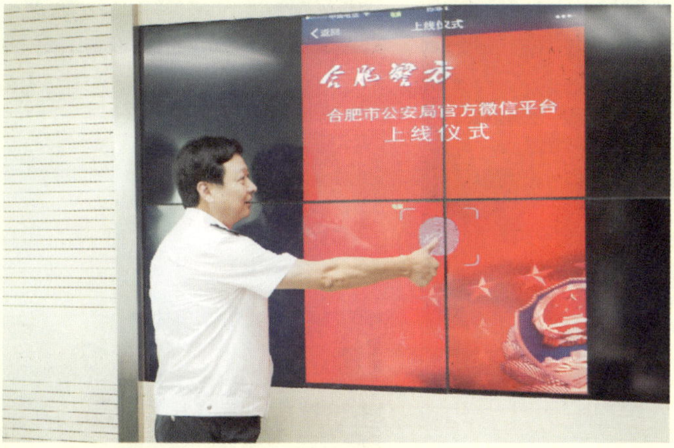

◉ 2015年9月6日，合肥警方微信平台上线。

◉ 2015年12月8日，市民走进合肥市公安局特警支队参观。

◉ 2015年1月10日，110宣传日活动现场。

警民和谐一家亲

◉ 1995年，合肥市公安局城东派出所民警向群众返还被盗的自行车。

◉ 1995年，群众给合肥市公安局和平路派出所送来锦旗。

◉ 1998年，合肥民警慰问福利院儿童。

◉ 1995年，合肥民警慰问孤寡老人。

◉ 1996年，合肥市公安局亳州路派出所民警送迷路老人回家。

◉ 1998年，合肥市公安局益民派出所民警上门为行动不便的老人拍摄身份证照片。

◉ 2000年，合肥市肥西县公安局召开破案追缴赃物返还大会。

◉ 2001年，合肥市肥东县公安局元疃派出所民警调解民事纠纷。

◉ 2007年4月7日，合肥市公安局杏花派出所流动警务车开到工地开展普法活动。

◉ 2015年11月26日，合肥交通民警护送孩子过马路。

历任局长

◉ 合肥市公安局第十一任局长　车俊
（任职时间：1990.12~1993.6）

◉ 合肥市公安局第十二任局长　崔亚东
（任职时间：1993.6~1997.6）

◉ 合肥市公安局第十三任局长　李图来
（任职时间：1997.6~2003.2）

◉ 合肥市公安局第十四任局长 陈文明
（任职时间：2003.2~2004.2）

◉ 合肥市公安局第十五任局长 周礼明
（任职时间：2004.2~2007.4）

◉ 合肥市公安局第十七任局长 姜明
（任职时间：2014.8~ ）

序

1990 年 10 月,《合肥公安志》内部出版发行。这是合肥市有史以来第一部记述警察历史与现状的专志。该志以翔实的史料,实事求是地记述合肥新旧两种不同性质警察机关警务活动,是一部认识过去、服务现在、开创未来的专志,可读、可信。

事业当有后来者,读志也是为了续志。根据国务院关于20 年左右编纂一次地方志书的要求,2015 年 6 月,合肥市公安局党委作出编纂二轮续志《合肥市公安志(1990～2016)》的决定。同时,对1990 年版《合肥公安志》进行修订,纂成《合肥市公安志(1949～1989)》。

2016 年 7 月 1 日,中共中央总书记、国家主席、中央军委主席习近平在庆祝中国共产党成立95 周年大会上的重要讲话中指出:“我们要坚持道路自信、理论自信、制度自信,最根本的还有一个文化自信”。因为“只有坚持从历史走向未来,从延续民族文化血脉中开拓前进,我们才能做好今天的事业”,“没有文明的继承和发展,没有文化的弘扬和繁荣,就没有中国梦的实现”。

编纂地方志,在中国有着悠久的历史和文化传统。修订《合肥市公安志(1949～1989)》、续修《合肥市公安志(1990～2016)》(以下统称为《合肥市公安志》),正是为了继承中国优秀传统文化,坚持文化自信。“欲人勿疑,必先自信”。只有对自己的文化有坚定的信心,才能获得坚持坚守的从容,鼓起奋发进取的勇气,焕发创新创造的活力。

本志承接前志,真实地记载了1990年至2016年间合肥市公安局为适应新形势需要,对公安业务工作和公安队伍建设进行改革探索,经过实践,取得可喜的成效。广大公安民警全心全意为人民服务,爱岗敬业、恪尽职守、不畏艰辛、不屈不挠、努力奋斗,为保卫合肥的政治稳定和社会安定,保护国家财产和人民生命财产安全,打击违法犯罪,维护社会治安秩序,巩固人民民主专政,促进各项事业快速增长和城市面貌的巨大变化做出积极重要贡献。涌现出一大批以李素珍、李庆等英雄模范为代表的先进典型,他(她)们是合肥公安的骄傲,是合肥人民的骄傲!

修志是一项浩繁的系统工程,也是一项常做常新的事业,可谓功在当代、利在千秋。合肥市公安志全体编纂人员和有关各方通力协作,以这项承前启后、继往开来的事业为重,坚持传承文明、惠及后世的立志主旨,以高度的历史责任感和使命感,精心设置篇章,丰富资料内容,反复核实史实,字里行间凝聚了专家学者和各界人士的箴言,渗透了编纂者的心智。值此新志问世之际,谨向所有关心、支持和参与编纂工作的同志们表示衷心感谢!

合肥市公安志是合肥公安系统的数据库、资料库、信息库,要认真落实修志为用的指导原则,坚持编志、读志、用志并举,充分利用好志书资源,促进各方面工作有序开展。希望全市广大公安民警珍惜这一众手成志的文化成果,潜心读志、努力用志,以志为鉴、以史佐证,从历史中汲取力量、受到启迪,忠实践行"对党忠诚、服务人民、执法公正、纪律严明"的总要求,奋力将合肥公安事业推向新的水平。希望大家把《合肥市公安志》作为案头必备书，经常翻一翻、看一看，深入了解与自身工作相关的历史和现状，精益本职工作，为谱写合肥公安新篇章做出新贡献。

应合肥市公安志编委会嘱，我写了以上这些话，是为序，借以表示我对《合肥市公安志》公开出版的热烈祝贺！

中共合肥市委常委、政法委书记
合肥市公安局党委书记、局长

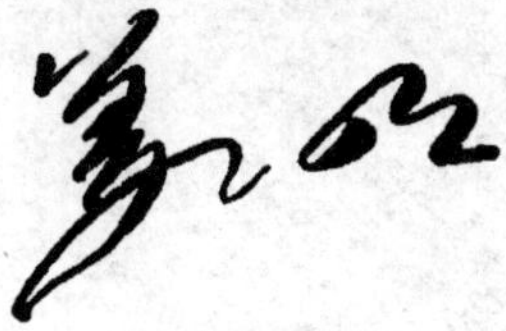

凡 例

一、本志以马克思列宁主义、毛泽东思想、邓小平理论、“三个代表”重要思想、科学发展观、习近平新时代中国特色社会主义思想为指导，坚持辩证唯物主义和历史唯物主义的立场、观点和方法，实事求是地全面、系统、客观地反映1990年至2016年间合肥公安发展历程，突出行业特色和时代特点，力求思想性、科学性和资料性相统一，为物质文明、精神文明、政治文明和生态文明建设服务。

二、本志遵循详今略古、详近略远、求实存真、述而不评的原则进行编纂。上限因事溯源，下限至2016年年底。

三、本志记述范围，以合肥市区为主，兼及所辖肥东、肥西、长丰、庐江、巢湖等四县一市。2011年合肥行政区划调整前，不含巢湖、庐江内容。2011年合肥行政区划调整后，收录巢湖、庐江内容。本志称谓，“全市”指合肥市区和所辖县（市），“市区”指合肥市区。地名和行政区划均使用各级政府审定的标准地名。所述辖区文件、会议、公报、组织机构名称在首次出现时一律用全称，加注后用简称；人物一律直书其名，为反映历史事实，首次出现可连书职称。

四、本志体例为章节体，章下设节，节下设目，部分目下设有子目。注意事以类从，按章分类，横排竖写，力求系统、归属得当。

五、本志体裁为语体文、记述体，以文字叙述为主，并充分运用图、表、录、照片，以补文字叙述之不足。“大事记”采用编年体为主，适当结合纪事本末体，纵述历史大事。全书体例及行文规范，遵照《安徽省第二届志书编纂行文规范》执行。

六、本志纪年，公历世纪、年代、月、日一律用阿拉伯数字。新中国成立系指1949年10月1日中华人民共和国成立。本志所称建国前后系指中华人民共和国成立前后。

七、本志各项数据采用统计部门数字，缺失的数据用“—”表示，无此数据用空格表示。计量和数字使用，依照国务院颁布的《关于在我国实行计量单位的命令》和国家技术监督局颁布的《出版物上数字用法的规定》执行。

八、本志根据以事系人的原则记述相关人物，分设人物传略、人物简介、人物表。先进集体、先进个人只录到市级（含市级）以上组织机构授予的荣誉称号。

九、本志资料主要来源于省、市档案馆、市公安局档案室的文献和口碑资料，有关专业志和报、刊、专著、社会调查资料等，一般不注明出处。

目　录

第一章　组织机构

第二章　警务指挥

第三章 特(巡)警建设

第四章 治安行政管理

第五章　刑事犯罪侦查

第六章　经济犯罪侦查

第七章　禁　毒

第八章　监所管理

第九章　警　卫

第十章　网络安全保卫

第十一章　出入境管理

第十二章　道路交通安全管理

第十三章　公共交通治安管理

第十四章　消防管理

第十五章　公安法制建设

第十六章　公安信息化建设

第十七章　机关文秘管理

第十八章　警务保障

第十九章 队伍建设

第二十章 纪检 督察 审计

第二十一章　公安宣传　公安文艺

第二十二章　区、县(市)公安纪略

第二十三章　人物

附 录

Table of Contents

Chapter 11 Entry and Exit Control

Chapter 12 Road Traffic Security Administration

Chapter 13 Public Traffic Security Administration

Chapter 14 Fire Services Administration

Chapter 15 Legal Construction of Public Security

Chapter 18 Police Protection

Chapter 19 Construction of Troops

Chapter 20 Discipline Inspection, Supervision and Audit

Chapter 21 Public Security Propaganda and Literature and Art of Public Security

Chapter 22 Brief Records of District and Country (City) Public Security Bureaus

概　述

合肥,安徽省省会,因淝、施二水交汇而得名,全省政治、经济、文化、信息、金融和交通中心。合肥位于安徽正中部,长江淮河之间、巢湖之滨,具有承东启西、贯通南北的重要区位优势,是国家级皖江城市带承接产业转移示范区核心城市、长三角城市经济协调会城市、长江中游城市群副中心城市,全国唯一的科技创新型试点城市。

合肥已有两千多年历史,素以"三国故地,包拯家乡"著称于世。因其战略地位极其重要,历来是兵家必争之地,有"江南唇齿,淮右襟喉""江南之首,中原之喉"之称,三国魏吴争夺合肥反复鏖战多年。在合肥留下飞骑桥、张辽墓、藏舟浦、教弩台等古迹,合肥新城为魏将满宠所建。

合肥市土地面积达 1.14 万平方千米,辖肥东县、肥西县、长丰县、庐江县、县级巢湖市,以及瑶海区、庐阳区、蜀山区、包河区,并赋予合肥高新技术产业开发区、合肥经济技术开发区、合肥新站综合试验区、合肥巢湖经济技术开发区市级管理权限。2016 年年末,全市常住人口 786.90 万人(户籍人口 729.83 万人),其中市区户籍人口 259.16 万人。

一

中共合肥市公安局委员会(以下简称市公安局党委)、合肥市公安局(以下简称市公安局)是中共合肥市委员会(以下简称市委)、合肥市人民政府(以下简称市政府)主管全市公安工作的职能部门,是全市人民警察的领导和指挥机关,是合肥市各市区公安分局的领导机关,以及所辖肥东、肥西、长丰、巢湖、庐江 5 个县(市)级公安局的业务指导机关。在 1990～2016 年的 27 年间,市公安局党委和市公安局紧紧围绕经济建设这个中心,以建立强大的公安队伍和强有力的公安工作为目标,面对改革开放和建立社会主义市场经济体制过程中社会治安出现的新情况、新问题,解放思想,更新观念,通过"转变职能、理顺关系、精简机关、充实基层、突出实战、提高效能",积极探索,大胆实践,忠实履行人民卫士职责,竭尽全力维护国家稳定和社会安全,使合肥市社会治安长期保持平稳态势,为保障、促进合肥改革开放、经济建设的顺利进行和人民群众安居乐业做出突出贡献。

20 世纪 90 年代,合肥市、区(县)两级公安指挥机构相继建立,警务指挥体系初步形成。1990 年,合肥市公安局指挥中心(办公室)指挥调度室(110 报警服务台)正式成立,建立了接警、指挥、出警、处警等环节有机衔接的工作运行机制,在维护治安、打击犯罪、处置治安事件、帮助群众救急解难等方面做到快速、灵敏、及时、有效,受到了社会各界和人民群众的高度赞扬。

1993年12月1日,市公安局指挥中心暨110报警服务台正式开通;所属各城区分局原秘书科改为指挥室,增加警务指挥职能,并设立110报警服务和值班台,实行24小时值班。1996年,市公安局开通第一代智能化“110”系统,借助计算机、数字交换和网络技术,实现接收公网内多个用户同时报警、呼入排队、分配以及误报拦截等功能。1999年12月,市公安局110指挥大厅建成并正式投入使用,设有4个接处警座席、1个值班长座席、1个SIS金融网点报警座席。

跨入21世纪,合肥公安指挥中心从值班型向指挥型、实战型转变,成为全市公安机关的指挥部、参谋部和应急中心。2004年3月,根据公安部要求,合肥市公安局启动县、市公安机关“110”报警服务台、“119”火灾报警服务台、“122”交通事故报警服务台“三台合一”建设。全市广大市民只需拨打“110”即可完成治安、刑事、火灾、交通事故等各类警情的报警求助。通过实现“三台合一”,市公安局建立起统一、权威、高效、上下互通的指挥体系,实现集中接警、分类处警、统一指挥、信息共享、快速反应的新型警务模式,全面提升了指挥调度、信息预警、治安防控、服务群众的整体作战能力。

2010年,市公安局指挥中心(办公室)指挥调度室(110报警服务台),更名为合肥市公安局警令部(办公室)指挥调度中心(110报警服务台),负责24小时受理人民群众报警求助和投诉。在市公安局党委授权下,拥有直接指挥权、先期处置权、信息收集权、检查督导权、装备调用权,并可直接调度急救、水、电、气等相关职能部门开展现场先期处置工作。

2013年,市公安局更新“智慧110系统”。自主研发的基于智能终端的勤务联动指挥系统,获得“公安部一般性科研项目成果登记”和“第四届全国公安基层技术革新二等奖”。2015年,市公安局深化改革,决定在全局开展以“情报与指挥勤务无缝对接”为核心的“情指一体化”建设。是年3月5日,市公安局下发《关于印发合肥市公安局警务指挥运行机制的通知》,对分级、属地、警种和联勤四类指挥原则和一般警情及重大、较大警情指挥处置机制做出明确规定。

2016年,随着公安科技的发展,信息化、数字化在公安警务活动中广泛运用,市公安局110指挥调度中心进行指挥调度系统升级改造,搭建市(县)局指挥中心、分局指挥室、所队勤务指挥室三级指挥平台,实行“统一汇集、自动分流、一级接警、分级调度、一级处警”的扁平化指挥调度模式。融合各类数据,构筑情报信息共享机制,推动“情指一体化”建设向纵深发展。各分县(市)局和相关警种部门在指挥室和合成作战中心的基础上陆续组建集指挥调度、情报研判、视频巡查、合成作战等多功能于一体的情报指挥中心。派出所陆续建设完成融合情报研判、警情调度、视频巡查、勤务管理、执法管理、队伍管理、综合保障等功能于一体的勤务指挥室。

经过多年的建设,市公安局建成以110报警服务台为中心,特警、刑警、巡警、交警、派出所为主体,通信、计算机为支撑的多层次、多功能,反应迅速、信息共享的指挥调度系统。截至2016年,以110指挥中心为龙头,以特警、巡警、刑警、街面交警为骨干,以公安分局、派出所一线警力为基础,各警种合成作战的快速反应机制在全市公安系统初步形成,全力推进平安合肥建设,群众安全感和满意度得到不断提升。

二

27年来,合肥市公安机关正确认识和处理改革、发展与稳定的关系,牢固树立"稳定压倒一切"的指导思想,把维护社会政治稳定置于各项工作的首位,注意研究新情况、新问题,积极协助市委、市政府和有关部门,做好人民内部矛盾的疏导工作,妥善处置集体上访等群体性事件,维护社会的安定,使合肥市改革开放、经济建设有一个良好的社会治安环境。

中国共产党第十一届中央委员会第三次全体会议之后,面对社会安全领域出现的各种不稳定因素,合肥公安机关始终保持高度的政治敏感性和警惕性,大力加强情报信息工作,建立健全灵敏、畅通的情报信息网络,围绕重点目标、重点对象、重大事件、重大活动和敏感时期,多层次、多渠道地搜集情报信息,加强综合分析研究,捕捉、挖掘深层次、预警性的情报信息,为党委、政府和公安机关进行科学决策提供依据;全面强化反恐打击和防范控制。市公安局成立反恐怖支队,制定反恐怖工作制度规范,健全处置恐怖袭击事件基本预案和专项预案,完善反恐工作体系,组织开展反恐大排查、涉恐隐患大排查等专项行动。强化互联网阵地管控,研发监控中心规范化管理系统,大力推进四级监控体系建设,推动落实涉警涉稳舆情监测属地责任。

积极预防、妥善处置由人民内部矛盾引发的群体性事件。坚持"预防为主、防处结合、疏导教育、及时平息、确保安全"的方针,紧紧依靠市委、市政府的领导,积极配合有关责任部门,根据"可散不可聚、可解不可结、可顺不可激"的原则,在化解、缓解矛盾上下功夫,努力把问题解决在基层、解决在内部、解决在萌芽状态。在防范上,坚持"关口前移",做到严密、主动、超前。时刻密切关注社会动态,及时掌握各种潜在的影响稳定的不安定因素,对倾向性、苗头性、热点性问题进行分析研究,预测、掌握群体性事件的趋势、动向,积极主动地为党委、政府当参谋、出主意,根据各种不安定因素和群体性事件的类型、特点、成因、后果及趋势,制定和完善各类处置预案,增强针对性、实战性和严密性。充实、加强处置力量,并经常组织演练,不断提高快速反应能力和现场处置能力,在实际处置过程中,做到及时、稳妥、有效。在方法上,坚持教育疏导,先平息事态,化解矛盾,后分清是非,团结大多数,分化、孤立、打击少数违法犯罪分子。27年来,合肥市公安机关在市委、市政府的领导下,积极配合有关部门及时化解、缓解了一大批不安定因素和闹事苗头,依法妥善处置了一大批群体性事件,有效地维护了社会稳定,为合肥深化改革、扩大开放、促进发展、快速崛起发挥了积极作用。

三

严打重治,确保合肥社会治安持续平稳。27年来,合肥在经济快速发展的同时,由于种种原因,社会治安出现许多新的情况,刑事犯罪的数量种类和方式手段不断升级,逐步向流动性、对抗性、隐蔽性和团伙化、智能化、暴力化发展,社会危害加重。面对这种严峻形势,合肥公安机关始终坚持严打方针不动摇,对严重刑事犯罪活动保持主动进攻和高压态势。

1998年12月,市公安局撤销原刑事侦查处,成立刑事警察支队,各区、县公安局成立刑事警察大队。依法从重从快打击严重刑事犯罪和严重经济犯罪活动,灵活运用各种方法,把集中统一行动、专项斗争和经常性打击三种形式有机结合起来,交替进行,相互促进,始终保持严打声威,强化侦察破案,努力多破案、快破案、破大案,有效遏制刑事案件上升的势头。

本着什么犯罪突出就打击什么犯罪的原则,市公安局突出重点,灵活机动地相继开展了"打黑除恶","打击拐卖妇女儿童犯罪","查禁取缔,卖淫嫖娼活动","打击'两抢一盗'犯罪","禁种、禁制、禁贩、禁吸"毒品,打击流窜犯罪,反盗窃,围歼"车匪路霸""江盗水贼",打击盗抢机动车等一系列内容广泛的专项斗争,有力地遏制了上述类型刑事犯罪发展蔓延的势头。

积极开展社会治安区域性综合治理,把严打、严防、严管、严治有机结合起来,标本兼治,有针对性地解决突出的治安问题。1996年、1997年,合肥公安机关两次对合钢、安纺等国有企业周边地区治安秩序进行集中整治,使长期困扰企业改革和发展的治安问题得到较好的解决。"整治一块,稳定一片,安定一方",市公安局以此为目的,围绕治安热点、难点和重点问题,将整治的范围和领域不断扩大和延伸,有乱必治,构筑以"110"报警服务为中心的指挥系统,以交警管"点"、巡警管"线"、特警机动和派出所民警管"面"的治安防控体系,有效地维护了合肥社会治安秩序的稳定。

始终把侦破大要案件、打击团伙犯罪、缉捕要犯列为重中之重,扭住不放。实行领导包案负责制,集中精锐力量,综合运用各种侦察手段,专案攻坚。对各类犯罪团伙,坚持露头就打,不使其形成气候,发展成骚扰一方的恶势力;对于已发现的带有黑社会性质的城乡恶势力团伙,在开展秘密侦察、搞清内幕、做好充分准备的基础上,集中力量打歼灭战,既打击浮在面上的地痞恶棍,又深挖他们的靠山、保护伞,肃清祸患,除恶务尽。依靠"三个网络"(专业网络、协作网络、社会网络)追捕逃犯,由领导挂帅,以刑侦队伍为主体,把各警种、各部门的功能和优势结合起来,定职责、定任务、定时间,兑现奖惩。

改革全市刑事侦查体制机制。1997年,市公安局建立覆盖社会面的驻责任区刑警中队,明确刑侦部门承担全部破案责任,刑侦部门打击犯罪的主力军作用得到有效发挥,攻坚克难和快速反应能力明显增强,侦查破案水平、质量和效率有了较大提高。刑侦改革与派出所改革同步进行,明确派出所责任区职责,实现"一区一警、一警多能、一包到底"的工作责任制。实行刑警中队驻派出所制,所队协作,共同处警,侦破派出所各类刑事案件。促成新型打防机制的建立,增强了公安机关打击、防范犯罪的整体效能,推动社会治安逐步走上良性循环的轨道。1998年,市公安局实行侦审合一制,刑事案件从立案、侦查、审讯到提请逮捕、移送起诉的整个过程,由刑警大队一包到底。进入21世纪,合肥刑侦实现信息化,变过去传统的个案分析为情报信息主导刑侦工作,侦破效率有质的飞跃。特别是2015年、2016年,市公安局先后建立"合成作战中心""反电信网络诈骗中心",颠覆传统工作方式,借助"人工+智能"合成作战平台,整合资源,集约化打击刑事犯罪,不断提高公安机关打击刑事犯罪的能力和水平。

自觉遵循四项斗争原则(党政领导统一负责的原则;坚持实事求是、科学指导的原则;严格执法、宽严相济的原则;专门工作和群众路线相结合的原则)。市公安局始终坚持以事实为依据,以法律为准绳,排除来自各方面的干扰,把严格执法贯穿到办案的各个环节,稳、准、狠地打击严重刑事犯罪分子,维护法律的尊严;同时认真执行"坦白从宽、抗拒从严"的政策,分化瓦解犯罪分子,达到惩办极少数、挽救大多数的目的。充分利用舆论宣传工具,营造家喻户晓、人人参与的斗争氛围,形成围剿犯罪分子的强大声势。深入细致地做好逃犯亲属、朋友的教育感化工作,宣传、表彰、奖励见义勇为、积极维护治安的先进模范人物,严厉惩处威胁和打击报复检举人揭发的不法分子,公开逮捕、宣判严重刑事犯罪分子,从而大大激发人民群众同违法犯罪做斗争的积极性。

27年来,持续不断的严打斗争此起彼伏,打出了声威,打出了实效,有力地维护了合肥社会治安持续稳定的局面。实践已经并将继续证明,严打斗争是新形势下解决突出治安问题、稳定治安局势的有效措施和手段,严打方针必须毫不动摇地长期坚持下去。

四

防管并抓,做好服务。"打防结合,以防为主"是把握社会治安主动权、实现社会治安良性循环的必由之路。20世纪90年代,针对各类治安、刑事案件不断攀升,社会不安定因素大量增多的复杂情况,公安部在第十八次全国公安会议上正式提出建立和完善城市人民警察巡逻体制,切实提高动态环境下对城市治安的控制能力。1995年,市公安局组建了专职巡警队伍,采取徒步与机动车巡逻相结合、点线面巡逻相结合,实行多层次、全天候的巡逻机制,加强对公共场所、繁华区段、主要街巷、商业网点等区域的社会面控制,在打击和预防现行违法犯罪活动、承担急难险重的任务中发挥了重要作用。2006年,根据公安部的警种划分和有关反恐突击任务要求,市公安局实行"特警、巡警"一套机构、两块牌子,下设5个机关科室、9个业务大队,在职民警352人。2016年,支队下属的巡警六大队、七大队编制及人员划转至驻点所在属地包河分局和蜀山分局管理使用。

在加强社会面控制的同时,全市治安防控战略的范围向居民区、内部单位和农村延伸,以创建安全小区、安全村镇、治安安全单位为龙头,落实人防、技防、物防措施,加强城乡治保会、治安联防组织建设,发展保安服务业,健全、完善群防群治网络,组织群众自防自治。经过各方面的努力,基本形成城乡结合、动静结合、专群结合、人技结合的全方位、多层次的治安防控网络。

公安基层基础工作的强弱,直接关系到公安机关能否取得社会治安的主动权和制胜权。27年来,合肥公安机关把改革和加强派出所工作作为公安基层基础建设的龙头工程来抓,从软、硬件建设抓起,发展到工作方式和运作机制的调整和改革,逐步推进,从而强化了公安派出所作为保一方平安战斗堡垒的实战能力。在各级党委政府和有关部门的重视支持下,派出所规范化建设取得显著成果,所容所貌焕然一新,交通通信条件大为改观,基础业务建设得到加强,派出所警力得到扩充,队伍素质有新的提高,并逐步走上规范化、制度化的轨道。

公共复杂场所和特种行业管理。采取日常管理和突击整顿相结合,强化经常性检查监督,整顿治安秩序,打击取缔卖淫嫖娼、色情服务、赌博、吸毒贩毒、窝赃销赃等违法犯罪活动。本着"管而不死、活而不乱"的原则,建立健全各项管理规章和制度,会同有关部门把好经营审批发证关,与经营场所、行业的业主签订治安责任状,建立行业治保组织,开展治安联防,堵塞违法犯罪分子藏身落脚和窝赃销赃的渠道,有效地预防和减少了违法犯罪。

人口管理。对暂住、流动人口,建立健全管理组织,落实管理责任制,本着"谁主管、谁负责,谁用工、谁负责,谁留宿、谁负责"的原则,实行综合治理,齐抓共管。狠抓暂住人口登记发证工作,逐户逐人登记造册、建档,与用工单位、出租房主签订安全保证书;对暂住人口较为集中的地区、场所进行清理整顿,掌握、了解暂住人口基本情况;对"三无"(无合法证件、无固定住所、无正当经济来源)的盲流人员,认真审查,注意发现混迹其间的违法犯罪分子。在从严管理的同时,强化服务意识,依法保护暂住、流动人口的合法权益。对刑满释放和解除劳教人员,在协助做好安置工作的同时,注重接茬教育,成立由派出所、单位、居(村)委会和家庭等结合的帮教组织,逐人落实帮教措施,降低了重新犯罪率。健全完善城乡户籍管理制度,推行农村户口规范化管理,做到"一人一表、一户一簿、一户一牌、一村一图"。

内部单位安全保卫工作。坚持"谁主管、谁负责"的原则,推行安全保卫责任制,落实企业及其法人代表的治安保卫责任,把安全保卫工作纳入企业管理之中,同职工的责、权、利结合起来;加强内部单位保卫队伍建设,提高内部单位自防、自治、自卫能力;改变以行政命令为主的工作方式,走依法检查、监督、指导的路子;适应建立现代企业制度的需要,逐步建立一种责任明确、监督有力、管理科学的新型保卫工作机制,较好地维护了内部单位正常的工作、生活、生产秩序。

道路交通管理。1990年,合肥市有城市道路26条、机动车4万余辆、自行车40多万辆,三孝口等10多个繁华路段交叉口安装数字交通指挥仪。2016年,全市道路总里程达5228.1千米,全市机动车保有量达159.22万辆,驾驶人达199.8万人,市区交通信号灯控路口1634处,人行横道灯1080处,交通标牌22234块,道路中心隔离护栏151.38千米,机动车停车场(点)320处,停车泊位2.82万个;高架桥道路总里程达60.24千米,轨道交通1号线建成通车,2、3号线均在施工建设,已形成"三环多放射"的城市交通动脉网。交通设施智能化,高架桥、轨道交通从无到有,呈现"地上、地面、地下"立体化交通格局。2016

年,合肥市交通事故快撤快处微信平台上线,实现轻微交通事故快速撤离、网上定责、网上定损、网上赔付一条龙服务。当事人从上传现场图片到损失赔付到位最快只需5分钟,交通事故快撤快处微信平台成为“指尖上的交通事故快处快赔中心”。并全面推行交通事故处理“一表一卡”制、“内外勤分工”制和“四公开、五不准”制等,促进了道路交通事故处理工作的依法行政。

消防管理。加强执勤训练,在全国率先推行灭火应用项目训练,广泛开展战斗员等级达标训练,实行全员参训;积极组织开展跨地区、跨行业的大型灭火演练,提高消防部队的实战能力;依法严格消防监督管理,强化防火设计审核和消防执法检查,狠抓专项治理,督促整改火险隐患;开展多种形式的消防宣传,强化整个社会的消防安全意识;走社会办消防的路子,落实“谁主管、谁负责”的原则,把消防安全责任分解到具体单位和个人,促进消防工作的社会化管理。27年来,合肥消防部队共扑救各类火灾23762起,为国家和人民群众挽回经济损失73.8415亿元,抢救群众49414人。

出入境管理。本着“应该放宽的政策坚决放宽,能够简化的手续一律简化,可以下放的权限主动下放”的精神,先后简化台胞申请签注延期、公民再次申请双程去港澳台探亲等出入境手续20余项,下放公民因私出国等10多项审批权限。为鼓励和吸引外商投资,对“三资”企业中外方人员,在出入境、居留、旅游等方面,尽量提供方便,给予优先办理;开辟“三资”企业、私营企业人员和个体工商户赴国外和港澳地区进行商务洽谈和技能培训的出国(境)渠道,对出境进行商务活动的国有企业人员,在履行必备的手续后,为其签发因私护照,解决持因公护照有诸多不便的问题。实行公民凭户口簿、居民身份证按需申领护照。邮政受理、电话预约和网上预约受理公民出国(境)申请业务。市公安局出入境管理局不断简化办事程序、精简工作环节、缩短审批期限,“365天,天天朝九晚五”,努力打造“敬业、高效、便捷、利民”的服务品牌。这一系列措施的推行,大大方便了出入境人员,促进了合肥经济的发展。与此同时,依法加强对入境人员的管理工作,落实外管基础工作措施,维护正常的出入境秩序。2016年,合肥市临时入境外国人55856人次;受理外国人在中国永久居留申请15人,获准8人;有13名“三非”(非法入境、非法居留、非法就业)外国人被遣送出境。合肥市签发因私出国护照169871人;签发往来港澳通行证234408人;审批签发前往港澳定居人37人;合肥市居民往来台湾40888人;临时入境台胞17632人次;全市常住台胞275人。

改革开放以来,针对水上治安新动向,人、财、物大流动,各类船舶、码头激增。市公安局开展打击盗窃收赃活动,组织水陆治安联防,对轮渡、车辆渡严格管理,在码头、船舶上堵截流窜犯和逃犯。水上分局制定一系列规章制度,不断加强案件侦破和防范,维护码头船舶安全,维护好水上治安秩序。

五

科技强警,公安工作迈向现代化。1995年,市公安局设通信科、计算机监察管理科,承担全市公安信息化建设和管理;2002年,设立科技处;2005年,设立“合肥市公安信息中心”;2006年,合肥市被公安部确定为第二批开展科技强警示范城市建设工作的38个城市之一,是年,合肥市政府启动科技强警示范城市项目建设;2008年,项目竣工,合肥市被公安部授予“全国科技强警示范城市”称号。

合肥市公安机关坚持“科学技术是第一生产力”的理念,多方吸收引进科技专业人才,发展公安科研,陆续引进一批国外警用先进技术,添置大量现代化科技设备、车辆和枪械,改善技术装备,使公安指挥通信、侦察技术、信息技术、治安管理、交通管理、消防管理和公共安全技术防范等方面有了很大的发展,大大提高公安工作的科技含量,促进公安工作的能力水平发生深刻变化。20世纪90年代后期至2016年年底,合肥市发生的许多大要案件得以及时侦破,与公安科技水平的提高密切相关。

警用通信指挥技术的发展,增强了公安机关的快速反应能力和指挥效率。1990年以来,合肥市公安局不断开展各类有线、无线通信基础设施建设和科技工程软硬件建设,丰富通信手段;与高校和企业科研单位合作,研发并推出一大批技术革新成果,为指挥决策提供强有力的科技支撑。全市形成了以有线通信网为主干,无线通信网为支撑,定点移动相结合的公安通信网络。经过多年的建设,市公安局形成以110报警服务台为中心,刑警、巡警、交警、派出所为主体,通信、计算机为支撑的多层次、多功能、反应迅速、信息共享的指挥调度系统。

公安计算机信息系统的迅速发展,提高了公安机关打击犯罪、治安管理和社会服务水平。从1994年起,开展全市犯罪信息中心(CCIC)建设,现已完成八大信息资源库、“金盾工程”23个应用系统以及安徽省公安厅5个重点项目建设,存储各类业务数据3500万条,主要公安业务实现网上运行。建成CCIC“在逃人员”和“被盗机动车辆”计算机网络系统,派出所综合信息系统、涉外信息计算机管理系统、违法犯罪人员计算机管理系统得到推广应用,在其他业务工作和办公自动化中计算机开发应用也得到普及。

刑事技术不断发展,增强了甄别、证实和打击犯罪的能力。已经形成以省公安厅二级技术中心为龙头,市公安局一、二级技术点为中坚,县、市、区三级技术点为基础的全方位、多层次的分级鉴定逐级复核的犯罪物证检验鉴定网络。刑事犯罪资料从无到有,从单一的人员资料手工管理发展到目前的各种资料并有的计算机管理,PCR－DNA生物遗传技术、红外光谱等一批先进技术方法及仪器设备得到广泛应用。

安全防范技术、交通管理技术、消防技术呈现出蓬勃发展的势头。技防设施的普及率大幅度提高,全市已安装技术安全防范报警装置2.05万余台(套),已建和在建的技防系统工程260项,有效地保障了重点单位、要害部门的安全。全市的车辆管理、信息管理控制、交通通信实现了自动化、现代化,电子监控手段被应用于交通管理,对提高道路通行能力、缓解交通阻塞、减少事故发挥显著作用。消防科技成果广泛应用到防火安全检查、火灾原因鉴定、消防工程设计等消防管理、消防部队装备和灭火战斗中,大大提高了消防部队的战斗力和全社会抵御火灾的综合技术能力。

经过27年的建设和发展,合肥公安工作的科技含量、公安科研成果实现了历史性的跨越。在公安工作的诸多领域,科学技术显示出巨大威力,公安科研工作成绩斐然。27年中,合肥市公安机关共向公安部和省、市科委申请立项45项,并全部完成攻关任务,其中8项科技成果获全国技术革新和应用奖，其中一等奖1项、二等奖1项、三等奖3项、优秀奖3项；9项分别获得省科技进步二、三等奖和优秀奖；有一大批科研论文在国家、省部级科研杂志上获奖。全市建立了一支多层次、多学科、多专业的公安科技队伍，有98人为公安科技专家库专家。27年来，广大公安科技工作者忠于职守、默默奉献，用自己的聪明才智和辛勤的汗水，为振兴合肥公安科技事业，提高公安工作的现代化水平，保障合肥社会治安的稳定做出了积极的贡献。

六

公安法制工作是整个公安工作的灵魂与核心。1990年，合肥市公安局成立法制办公室；1998年，成立合肥市公安局法制处；2008年，设立合肥市公安局法制办公室，法制处、劳教办并入市公安局法制办公室管理；2010年，成立法制工作部；2011年底，撤销法制工作部，设立法制支队（副县级）。主要负责法制宣传、法制调研、执法监督，以及地方性法规的起草；行政案件的复议、应诉及理赔；刑事案件赔偿的复议、理赔；指导各分局、支队听证和应诉；监督和指导全市执法单位办案质量提升等，主管法制工作机构的设立和完善，标志着合肥市公安法制建设进入一个新的历史时期。

积极协助立法机关做好公安立法工作。市公安局对公安立法工作十分重视，局党委每年都召开会议专题研究公安立法工作。按照市人大、市政府的要求，市公安局分别编制了当届人大、政府任期内制定地方公安法规和政府规章的“五年计划”，年年列入计划加以落实，并适时进行补充、调整，使立法工作近有安排、远有目标。27年来，市公安局在认真执行国家法律法规的同时，根据社会治安管理需要，向合肥市人大、政府提出立法建议，参与地方公安立法工作，起草地方性法规9件，制定政府规章6件。

法制教育常抓不懈。合肥公安机关长期坚持不懈地把开展法制教育作为提高民警法律素质和执法水平的首要环节来抓，有计划、有重点地进行。实行分级教育培训制度。省公安厅主要培训科（局）级以上领导干部和师资；市公安局公安机关重点培训科所队长；县、市公安局主要负责培训一般民警。一级抓一级，层层抓落实，将法律知识普及到每位民警。坚持全员培训和重点培训相结合，在抓好全员法律知识普及教育的同时，对领导干部、新民警、法制工作人员、基层科所队等执法任务重的部门重点进行培训，按照“干什么学什么、缺什么补什么”的原则，将国家基本法律、与本职工作相关及新颁布的法律法规列为学习的重点，使领导干部和民警掌握必要的法律知识，具备工作所需的法律素质。1995～2016年，合肥市人民警察培训学校共举办不同警种、岗位的专业法律培训班605期，受训民警47780人次。2009年，“合肥公安法制信息网”开通，开设“远程视频讲座”“法制在线”“网上法制大讲堂”“个案评析”“法制研究”等栏目，各类音视频教学片、专题讲座、教学案例、解疑答难等均可以通过网上传送，运用互联网技术，实现公安执法网上培训的新突破。2010～2016年，市公安局以线上网络培训和线下脱产培训相结合方式，对民警开展各类执法培训。任用领导干部必须过法律培训关，招收新警先培训后上岗已形成长效机制。

内部执法监督规范、有力。市公安局设立了执法监督委员会,加强对内部执法监督工作的领导。为使内部执法监督工作有章可循,市公安局从执法工作最基础的环节、最基本的要求抓起,从容易出问题的执法活动和执法环节入手,以标准化、流程化、精细化为目标,于1993年初制定了《合肥市公安机关执法监督工作暂行规定》,明确内部执法监督的性质、任务、职责,并规定操作程序,使合肥公安机关内部执法监督工作逐步迈上制度化、规范化的道路。各级公安机关以《暂行规定》为依据,以实行执法责任制为核心,建立健全执法监督机制,充分运用案件审核、听证、复议应诉、执法检查等监督手段,从事前、事中、事后等不同环节实行多方面的监督,使监督工作贯穿于公安执法活动的全过程。从1994年起,市公安局分别以一年、半年和一季度为周期对执法情况开展检查并形成长效机制。为解决执法活动中权责分离、有权无责的问题,增强执法人员和执法机关的责任感,自1994年始,合肥公安机关实行执法责任制和错案责任追究制度,明确办案人、审核人、审批人各自的责任。1997年,又逐步推行行政执法责任制,使行政执法出现权责结合的新面貌。27年中,为规范和约束执法行为,市公安局结合实际积极建立和不断完善各种规章制度,如执法状况量化评比制度,重大案件集体研究制度,案件跟踪、查询、催办制度等50余项内部执法制度。2015年,制定《合肥市公安机关执法过错责任追究程序规则》《合肥市公安机关执法监督管理委员会工作规则》,完善执法监督机制,强化了监督力度,为依法行政、依法办案提供制度保障。

规范性文件清理是转变政府职能,清除制度障碍,保证法制统一,维护人民群众合法权益,推进依法行政的重要举措。2004~2016年,市公安局法制部门清理全局规范性文件684件,其中废止不符合建立法治社会要求的,不符合时代发展需要的,与新的法律、法规及其他规范性文件相冲突的规范性文件181件,保留423件,修订42件,宣告失效28件,新增10件。

七

全面深化公安改革,积极构建现代警务运行机制。20世纪90年代,市公安局党委和市公安局根据形势任务的变化,学习借鉴国内先进发达地区情报信息、刑事侦查、社会管理、警队建设等诸多方面的成功经验,大胆创新、大胆实践,在推进社区警务战略、刑侦改革、社会管理创新、队伍素质提升等方面取得丰硕成果,推动了公安工作和队伍建设与时代同步发展进步。进入21世纪,市公安局党委和市公安局以提升群众安全感满意度为目标,以"创新治理"与"提升能力"为主旋律,主动适应信息化、动态化社会治安形势新变化,强化资源整合、力量重组和机制创新,不断改进社会治理方式,着力提高社会治理水平。特别是在2015年2月15日中共中央办公厅、国务院办公厅《关于全面深化公安改革若干重大问题的框架意见》下发后,市公安局以全面深化公安改革为动力,成立"合肥市公安局深化改革及重点工作推进"领导小组,结合实际,开展全市公安改革、"四项建设"

（基础信息化、警务实战化、执法规范化、队伍正规化建设）、“十三五”规划等各项重点工作的顶层设计，研究确定各项工作的重大原则、方针政策、总体规划和实施方案，推动合肥市出台《关于进一步加强全市反恐怖工作的实施意见》《关于进一步加强社会治安防控体系建设的意见》等相关制度规范，着力解决制约公安工作及社会治安治理工作的体制性、机制性、保障性难题。市公安局先后出台户籍制度改革、治安防控体系建设、车驾管改革、情报综合研判、基础信息化、执法规范化等相应的配套文件，同步建立起112项警务工作制度规范。同时，围绕改革中心任务以及公安工作中的难点问题，推进数据支撑、合成作战、街面防控、治安综合治理等“四大体系”建设，着力打造智能化、专业化、立体化、社会化警务机制，有效提升社会治安治理现代化水平。

着力打造智能化警务，构建灵敏高效的数据支撑体系。市公安局紧扣公安实战，夯实基层基础，构建灵敏高效的信息支撑体系，推动警务机制优化、高效。全力汇聚“大数据”。推进警务大数据中心建设，汇聚501类3100余亿条71PB数据，实现数据威力倍增。开展基础信息采录会战，推进“一标三实”采集攻坚，推广“核查即录入”基础信息采集模式。部署开展76类社会资源整合共享工作，汇集整合192类34.9亿条数据。探索数据关联模式，按照“人、车、案、电话、空间”五大要素，建立六大类数据分析模型，形成64类家族图谱关系、30类空间关系、25类同住同行关系、20类人员标签，搭建“数据超市”，变“孤岛数据”为“链式数据”。全力搭建“大平台”。创新开展情指一体化平台建设，建立“情报合成、指挥调度、勤务管理”于一体的市局、分局、派出所三级情报指挥平台。在全省率先推广应用警综平台，对接40个业务系统，打通协同办案与“三台合一”、监管等上下游系统，做到警情与案件办理、关押信息一一对应、自动流转。搭建移动警务平台，上线特色APP应用32个，一线全员配备移动警务终端6500余台，民警只需“点一点、拍一拍、扫一扫、说一说”即可随时随地完成工作，实现业务工作从桌面向街面延伸。全力深化“大应用”。深化高端应用，研发超级搜索、超级模型等应用工具，做到一键检索、全网关联、智能分析；建成人脸识别系统，实现人员身份核查、背景深度关联等功能，在要害部位做到了重点人员人脸动态捕获、快速识别、比对预警；实施“机器换警”计划，将智能机器人引入出入境、车驾管、110接处警等工作。探索创新应用，向科技要警力、向互联网要服务，推出“指尖快赔”微信平台，交通事故方上传现场照片后，远程完成定责、定损；与腾讯、阿里等互联网企业探索警企合作途径，研发LBS技术，实时监测景区、商圈、交通枢纽等重点部位人流，实现勤务动态部署、警力科学调配。

着力打造专业化警务，构建动态精准的合成作战体系。市公安局将合成作战平台建设作为深化公安改革的攻坚课题之一，不断提高专业化打击犯罪能力。2016年，利用合成作战破案8743起，占全部刑事案件破案数的73.58%。抓好横向融合，强化支撑。市公安局新建合成作战中心，设置合成作战大厅、反电诈办公室等10个功能区域，设立主值班席和18个作战席位，刑侦、技侦、网侦、图侦四侦合署办公，禁毒、治安、监管、警保等警种适时进驻，有效整合各警种部门的专业、手段和资源优势。网侦、技侦部门对合成作战中心推送的线索开辟绿色通道，提高查证效率；视侦部门制定一系列视频侦查工作规范，为合成作战提供直接支撑；监管、禁毒、经侦等部门主动与合成作战平台对接，实现公安情报信息和技术手段的综合应用、优势互补。同时，积极推动技侦工作站建设，试点开展网络安全工作站建设。抓好上下联动,科学对接。强力推进分县局合成作战室和基层所队勤务指挥室建设,制定三级研判、二级合成工作规范、二级合成作战室验收标准,明确市局、分县局、基层所队的工作职责。市局合成作战中心负责对全市多发性侵财犯罪警情、案件、重点人员等信息进行综合分析,针对跨省、市、区(三个以上)的系列性、团伙性侵财案件进行合成。分县局合成作战室负责本辖区案件的合成作战,协助市局合成作战中心开展案件线索落地查证、深度经营。派出所勤务指挥室承担接警调度、情报研判、视频巡控等职责,为全局合成作战工作提供基础信息,协助做好重大线索的落地查证。抓好分类处理,优化模式。根据实战需要,探索常规合成、按需合成和应急合成三个类别作战模式。常规合成以情报流转、线索查证为重点,主要针对团伙、流窜、系列性侵财犯罪开展工作。按需合成按照“谁需要、谁发起、谁组织、谁负责”的原则,由相关警种牵头开展专项合成作战,其他警种带技术、派人员“移动作战”。应急合成重点围绕重大安保、重大突发案事件处置等工作,组织协调各警种部门乃至周边城市力量,协作联动,整体作战。抓好平台优化,提升水平。优化升级合成作战平台,将线索简单处理拓展为精细加工,将初级查询拓展为批量生产,将固定研判拓展为移动研判,将战时合成拓展为常态合成。印发合成作战工作规范、业务流程图,建立“刑侦主导、分工研判、定期会商、互通信息、共享资源”工作机制,合成作战效果不断显现。

着力打造立体化警务,构建无缝对接的街面防控体系。市公安局以市委办公室和市政府办公室名义出台《关于进一步加强社会治安防控体系建设的意见》,在治安防控“六张网”建设的基础上,重点推进街面巡控、视频监控、卡点封控网建设,实现社会治安全方位、全时空覆盖。严密街面巡控网。健全完善以110指挥中心为龙头,特警、武警、派出所巡逻民警为主体,交警、便衣和机关警力为辅助,社会治安力量为补充的立体式、动态化巡逻防控格局。城区140台网格巡控车、36台武装巡控车24小时布防街面,特殊时期增加11台武装巡控车,加大重点区域、目标和要害部位控制力度。恢复市区分局巡警大队,组建12支共1536人的应急处突队,落实9个反恐重点部位军警联勤武装巡逻和定点勤务,提升快速反应能力。设立轨道交通治安管理办,成立轨道派出所,切实做好轨道交通治安管理工作。成立巢湖水上分局第一、第二派出所,建立水上警务室,组建合肥市水上应急救援队,全面加强巢湖水面动态管控。部署警用直升机适时开展空中动态巡逻,与街面巡控有效对接。深入推动“人防+技防”公交安保模式,这种模式受到公安部治安管理局的肯定和推广。严密视频监控网。以“雪亮工程”示范城市建设为契机,在全市推动形成“综治牵头、部门参与、公安承建”的视频监控建设领导体制。按照“定点、控面、成网成线”的总体布点原则,“天网工程”一期1.6万个视频监控完成建设验收,“天网工程”主干网二期和支网补点建设将累计整合各类视频监控4.2万个,建起全市“封闭成环、汇聚成网”的立体视频监控体系。出台关于加强视频工作的指导意见、视频应用工作规范等规范性文件,进一步明确各层级视频应用工作职能。建立视频巡查防区112个,在全市基层单位建立“三机四屏”视频巡查与接警处置同步运作的工作模式,初步形成全市视频巡查、实兵巡控无缝对接、联动协作的街面巡控网络。严密卡口封控网。制定合肥市公安局社会面治安防控等级化勤务工作规范,提高警力配置的科学性和投向的针对性,实现社会治安防控的精细化、集约化、规范化。结合全市地理特征、发案规律、堵控条件等要素,设置

8个高速公路卡点、29个城际卡点、34个出城卡点和50个战术卡点，构建起全方位、多层次、覆盖全市、反应快捷的治安卡点堵控网络。在高铁合肥南站、合肥火车站、淮河路步行街探索建立综合警务站，并以此为建设样板，在党政首脑机关、车站、商业繁华地带以及治安复杂地区建成10个街面综合警务站，建立警种部门联勤防范和应急处置机制，协同开展现场处置和设卡堵截工作，全面提升了动态环境下的社会面治安控制力。

着力打造社会化警务，构建责任共担的治安治理体系。市公安局坚持"党委领导、政府负责、社会协同、公众参与"，积极推进党委政府领导下的多部门、多方面齐抓共管的社会治安综合治理格局，着力打造社会化警务。明晰党政部门治安治理责任，健全落实社会治安综合治理领导责任制规定，将社会稳定风险评估工作纳入党政领导班子和领导干部绩效考核体系，建立维稳工作责任包保等制度。争取市综治部门将可防性案件高发、流动人口协管员队伍和专职辅助巡逻队建设纳入综治考核"一票否决"项目，督促区、街加大公共安全基础投入。2016年，联合市综治部门对10个高发案区域进行挂牌整治，对4个派出所及对应的乡镇街道综治部门进行约谈。推进道路交通、消防安全管理社会化，把交通、消防事故死亡控制指标分解到各县区、开发区和市直主要部门，所有新改建道路的安全设施做到同步规划、同步设计、同步建设。推动出台《合肥市特种行业治安管理办法》，在物流、开锁、二手市场、金银首饰加工等重点行业建立治安社会信息采集平台，与工商等部门探索建立联合执法、年检、整治机制。强化治安问题源头治理。推动党委、政府全面开展村居、乡镇街道、县区、市四级调解工作平台建设，村居、乡镇街道综治维稳信访中心（站）全部建成，县级矛盾纠纷联合调处中心建设全面铺开，建成各类调解委员会2027家。完成"警民联调"工作，全市114个派出所实现"警民联调"室全覆盖，配备专职调解员161名，民事纠纷调解率达到96.44%。探索建设交通事故人民调解机制，推动由基层综治、司法等部门以及保险公司等单位参与的交通事故损害赔偿纠纷人民调解工作。推动党委政府综合治理新鸿安商城等治安热点问题，将打击整治黄赌、传销、网络电信诈骗和寄递物流管理等纳入综治考核体系。争取市委、市政府重视支持，将交通管理工作作为"城市管理提升年""五大行动"的首项行动在全市部署推进。纵深推进城乡社区警务工作，联合综治部门出台市区公安机关挂职街道（乡镇）治安副主任管理考核办法和关于积极推动城乡社区民警进社区（村）委会班子的意见，全面推行"一村一警"包村联系工作，全市1169个行政村配备驻（包）村民警1180人，在农村建立警务联系点1240个，组织义务巡逻队1365支，共12108人，物建警务联络员和信息员16021人。推动社会公众广泛参与。坚持公安专门工作与群众工作相结合，主动协调宣传部、文明委等部门，经常性开展"争当文明市民"宣教活动，组织媒体和市民针对当前社会治安问题展开广泛讨论，教育广大市民从自我做起，做个文明人。在交通管理工作中，策划开展"文明交通之我行我素"、礼让斑马线"大拇指"行动、"我当一天交警"等宣传引导活动，增强广大市民交通安全意识。在治安防控工作中，组建专职巡逻防控队员3704名、流动人口协管员1722名、义务巡逻队9342名以及整合治安积极分子等辅助力量43694名，发动社会力量参与治安防范。在日常执法管理工作中，积极推行说理式执法，向当事人说明事理、说透法理、说通情理，真正融法、理、情于一体，让当事人心服口服，提升执法效果。

2015～2016年，市公安局党委和市公安局，选取31项重点课题，以分县（市）局为主体先行先试,组织开展警务创新“试验田”活动。确定20项重大改革难题,其中2015年12项、2016年8项,集中全局力量,强力攻坚;确定60项年度重点项目,其中2015年30项、2016年30项,加强跟踪调度;确定74个创新项目,其中2015年25项、2016年49项,发动基层单位开展“微改革、微创新”,其中市公安局“创新公章治安管理新模式”“公交车易燃挥发物监测告警装置”2个项目在全国首届改革创新大赛中荣获铜奖。此外,制定“四项建设”总体方案,并按年度制定“四项建设”具体工作方案,序时推进。公安部“四项建设”简报、《现代世界警察》杂志以及省公安厅简报先后对合肥市公安局深改重点工作推进模式、基础信息化建设、警务实战化、“四项建设”等工作予以报道推介。

八

以人为本,铸就威武文明之师。27年来,合肥公安机关以建设一支政治合格、业务精通、作风过硬、能经得起任何风浪考验的高素质的公安队伍为目标,坚持一手抓队伍建设,一手抓业务工作的指导思想,认真落实政治建警、素质强警、文化育警、从严治警、依法治警、从优待警的方针,以“抓班子、抓教育、抓典型、抓整顿、抓监督、抓改革”为主线,大力加强队伍的革命化、正规化、现代化建设。经过长期不懈的努力,合肥公安队伍不断发展壮大,民警的整体素质不断提高,战斗力明显增强,锻炼和造就了一支党和人民充分信赖、能征善战的公安队伍。

抓班子,强化“核心”力量。面对改革开放的新形势和繁重的工作任务,市公安局党委深刻地认识到,能否造就一支高素质的公安队伍,圆满完成党和人民赋予公安机关的神圣职责,关键在于各级领导班子建设。治警先治长,只有过硬的班子才能带出过硬的队伍。循着这一思路,市公安局党委把班子建设作为队伍建设的核心问题,围绕讲学习、讲团结、讲原则、讲法律、讲效率等方面的要求,大力加强班子的思想、作风和组织建设,积极推进各级领导班子的革命化、年轻化、专业化、知识化进程。1996年,省公安厅和省委组织部联合下发《关于进一步加强公安机关领导班子建设的通知》。根据通知精神,市公安局进一步加强对公安机关领导干部的管理,加强党的建设和领导班子的组织、思想、作风、廉政等方面建设,发现、培养和选拔了一批具有良好素质的公安机关领导干部;注重优化各级领导班子的知识、年龄结构,加强后备干部队伍建设。通过全市上下的共同努力,各级领导班子的科学决策能力和组织指挥能力有了明显的提高,“核心”地位和作用不断得到加强,为提高公安队伍的战斗力提供了有力保障。

抓教育,锤炼良好素质。27年来,合肥各级公安机关坚持政治建警的原则,在全局开展以“全心全意为人民服务的宗旨教育、实事求是的思想路线教育和严格公正文明执法的法制教育”为主题的“三项教育”。组织开展“讲看齐、见行动”学习讨论、“学讲话、强党性、转作风、提能力”活动、“强化党员意识专项活动”、“亮身份、作承诺、当先锋、树形象”活动和“学党章党规、学系列讲话、做合格党员”(简称“两学一做”)学习教育。在全市公安机关党组织和党员中开展“创建先进基层党组织、争当优秀共产党员”活动;做讲政治、有信念,讲规矩、有纪律,讲道德、有品行,讲奉献、有作为的"四讲四有"合格党员。增强广大民警投身改革、保卫改革、服务改革的责任感和使命感,自觉抵制拜金主义、享乐主义、极端个人主义以及腐朽生活方式和各种不正之风的侵蚀,过好名利关、权力关、金钱关、美色关、人情关,不断增强辨别是非和拒腐防变能力,从而使公安队伍始终保持坚定正确的政治方向,在国家安全、打击犯罪、抢险救灾等斗争中经受住严峻考验,体现人民警察忠于党、忠于祖国、忠于人民的政治本色。

坚持向教育要素质、要战斗力,把公安教育作为优先发展的战略性任务来抓,走以内涵发展为主的精兵强警之路。多层次、多渠道开展成人学历教育和新录用民警初任培训、警衔职务晋升培训、专项业务和岗位培训以及知识技能更新培训,使公安队伍的专业技能、文化素质有很大提高。到2016年年底,全市大专以上学历的公安民警占总数的比例上升到72.75%。通过岗位练兵和在职培训,一批业务能手、业务标兵脱颖而出,增强了为民服务、克敌制胜的硬本领,为圆满完成各项斗争任务提供了必不可少的保证,也为公安工作的不断发展奠定了坚实的基础。

抓典型,树立正确导向。27年来,合肥公安机关把学习、培养、树立、弘扬先进典型作为强化队伍建设的重要措施和有效办法,走出一条典型引路,带动队伍建设,促进公安工作的路子。立功创模活动一直在合肥公安机关开展得既轰轰烈烈又扎扎实实,涌现出"全国公安系统一级英雄模范原合肥市常青派出所民警李素珍""全国公安系统一级英雄模范原长丰县公安局防暴大队民警李庆""全国公安系统二级英雄模范原肥西县公安局刑警队副队长周开国""全国公安系统二级英雄模范原肥西县公安局刑警大队大队长张圣峰""全国公安系统二级英雄模范原长丰县公安局经侦大队大队长仇多馥"等一大批先进个人。在这些先进典型的感召、激励下,合肥公安机关形成并保持了争先创优、奋发进取的良好氛围,有力地促进和推动了公安队伍建设和各项公安保卫任务的顺利完成。1995年10月,合肥公安交警系统实施了"学济南、见行动、塑形象"的系统工程,广大民警以规范的执勤、热情的服务、严格的执法活动树立崭新的形象,受到了党委、政府的充分肯定和人民群众的高度赞誉。交警效应已逐步扩展为公安效应,以"人民警察爱人民"为主题、以改进服务态度,简化办事手续,提高工作效率为主要内容的为民、利民、便民活动在各地蓬勃开展。此外,合肥公安机关充分利用反面典型的警示作用,以违法违纪案例为反面教材,组织民警深入剖析,查找原因,使广大民警从中汲取教训,分清是非,达到处理一个教育一片的目的。

抓整顿,惩治消极腐败现象。27年来,合肥公安机关认真贯彻从严治警方针,狠抓党风廉政建设和反腐败斗争,全力保证公安队伍在政治上、思想上、组织上的纯洁性。针对队伍中存在的影响民警形象和警民关系的各种突出问题,坚持不懈地狠抓整风整纪,先后开展了以改变"门难进、脸难看、话难听、事难办"的"四难"工作作风问题,治理"乱收费、乱罚款、乱摊派"的"三乱"执法随意性问题,制止刑讯逼供、非法拘禁、违反枪支警械使用规定,治理公款吃喝玩乐、减轻企业和农民负担为重点的专项整顿,以查思想、查工作、查纪律、纠正警务工作中存在的拖拉推诿行为为主要内容的纪律作风整顿,以严肃查处民警利用职务犯罪、解决民警在执法过程中有法不依、执法不严、办案不公为重点的集中教育整顿。为增强整顿工作的实效,市公安局采取走出去、请进来、沉下去的办法,实行开门整顿,广泛听取社会各界和人民群众的意见,使教育整顿工作更具针对性。通过一系列的整顿活动,有力地纠正了队伍中存在的突出问题,对改善队伍形象起到了积极的作用。在反腐败斗争中,市公安局狠抓领导干部的廉洁自律、自查自纠工作,并把严肃查处民警违法违纪案件作为突破口和重点,不护短,不手软,该处理的坚决处理,该清除的坚决清除,从而进一步端正了警风,严肃了警纪,纯洁了公安队伍。

抓监督,堵塞腐化漏洞。市公安局在狠抓整顿的同时,从规范制约权力入手,从容易发生问题的环节抓起,建立健全一系列行之有效的规章制度,逐步完善内外监督制约机制,不断铲除腐败现象滋生蔓延的土壤,以确保队伍的生机和活力。市公安局党委率先垂范,制订党委成员廉洁自律十条规定,下发全市各级公安机关监督执行。不少地方将廉政建设、业务管理、优质服务、目标责任与考评奖励挂钩,实行岗位目标考核责任制、民警离岗审计制。1998 年合肥市公安局督察部机构正式设立挂牌,各县市区相继建立督察制度,强化内部自我监督机制,成立专门督察队伍,开展警务督察工作,发现问题及时督办查处,有效地维护了公安机关的形象。在外部监督上,除认真接受人大、政协和检察机关的监督外,各级公安机关在户口、治安、交通、出入境等"热点"部门实行"两公开一监督"制度,普遍采取聘请社会各界人士担任监督员,设立举报电话、举报箱和警民联系箱,发放警民联系卡,开展行风评议,加强舆论监督等形式,不断拓宽监督渠道,把公安机关的执法执纪活动置于广泛的监督之下。为进一步密切公安机关与人民群众的联系,加强群众监督,市公安局从 1998 年 6 月起,实行局长接待日制度,面对面接待来访群众,倾听群众呼声,受到社会各界的广泛好评。

抓改革,实行科学规范管理。面对公安队伍建设出现的新情况、新问题,市公安局党委对传统的用人机制和队伍管理模式进行深刻反思,在实践中认识到改革是加强公安队伍建设的根本出路。27 年来,走改革兴警之路,建立科学管理的用人机制、有效的竞争激励机制和奖优罚劣的奖惩机制,已逐渐成为合肥各级公安机关强化队伍管理的自觉行动。为克服机关化倾向,落实责任制,改变"能上不能下、能进不能出、干多干少一个样"的弊端,从 1986 年开始,市公安局逐步推行岗位目标责任制,把责任制与奖惩挂钩,开展达标创优活动,给队伍注入生机和活力。领导干部聘任制、民警聘用制、重要岗位轮换制等改革措施纷纷出台,极大地调动广大民警的工作积极性、主动性和创造性。2008 年 2 月,市公安局首次在全局范围内公开选拔 2 名副县级领导干部,分别担任交警支队支队长、出入境管理局局长职位。2010 年,市公安局拿出 50 个三级机构科职职位,在全局范围内实行竞争上岗。全局有 1840 名民警踊跃报名参加,占市区总警力的 38%,与竞争职位的比例约为 35:1。通过笔试、技能体能测试、民主测评、面试、差额考察等程序,50 名来自基层和实战一线的警员脱颖而出,走上科级领导岗位。市公安局本着"积极、慎重、科学"的态度和"统一、精简、高效"的原则,在调查研究的基础上,于 1993 年制定《合肥市公安体制改革方案》。建立以市公安局指挥部、政治部、后勤保障部为主的指挥管理体系;组建以刑侦、治安、交通、消防、巡警、经保、文保 7 个支队为主体的勤务作战系统;加强基层一线作战实体,全面推行基层勤务制度改革,各基层派出所实行联勤制、警长制,刑侦、巡警部门推行探长制、巡长制。在公开竞争、民主推荐的基础上,由所队领导集体研究后聘任,并把责权利落实到每个探长、警长、巡长,效果十分明显。从 1995 年开始,市公安局对管人、管钱、管物、办证、执罚等岗位定期或不定期进行岗位轮换，逐步建立和完善民警提职、培训、考核、使用、晋升、奖惩等一系列管理制度，为严把队伍“进口”、管住“楼梯口”、畅通“出口”提供制度保障，有力地促进队伍的正规化、科学化管理。

27年来，合肥公安机关为适应经济、社会发展的需要，进行了艰苦的探索与实践，创造、积累了许多行之有效的经验，集中表现在：坚持党对公安工作的绝对领导，坚决贯彻执行党的路线、方针、政策，积极当好党委、政府的参谋，紧紧依靠党委、政府来解决重大的社会治安问题；坚持服从、服务于经济建设这个大局，把握公安工作与物质文明和精神文明建设的结合点，立足本职，做好服务工作；坚持和强化专政职能，增强敌情观念和专政意识，充分发挥“刀把子”作用，坚决打击敌对势力和各种刑事犯罪活动；坚持打防并举，标本兼治，全面加强基层基础工作，充分发挥主力军作用，积极参与社会治安综合治理工作，努力创造良好的社会治安环境；坚持以改革求发展、求进步，革除不适应新情况、新任务的工作运行机制和管理制度，逐步建立起与社会主义市场经济相适应的工作机制、管理机制，不断开创公安工作的新局面；坚持把严格执法、文明执法与热情服务统一起来，把不断提高执法水平、树立良好执法形象作为公安工作的努力方向；坚持走群众路线，相信群众，依靠群众，不断探索新形势下专门工作与群众路线相结合的新途径、新形式，使公安工作始终植根于人民群众的沃土之中；坚持从严、依法治警，对全体民警进行严格教育，严格管理，严格训练，按照革命化、正规化、现代化的要求，努力建设一支政治可靠、指挥灵敏、反应迅速、装备精良、训练有素、统一协调、忠诚可靠、纪律严明、战斗力强的公安队伍，以保证各项公安工作任务的胜利完成。

新的历史时期，合肥正以环巢湖生态示范区为顶层设计，以建设生态宜居城市为愿景，致力打造“大湖名城、创新高地”，掀起建设现代化新兴中心城市的高潮，并朝着全国有影响力的区域性特大城市方向阔步前进。面对新任务，合肥市公安局决心在市委、市政府的坚强领导下，紧紧依靠全市人民，励精图治，锐意进取，不断深化公安改革，争创一流的公安工作，一流的公安队伍，一流的社会治安环境，为合肥的改革、发展、稳定再做新贡献。

大　事　记

1990 年

2 月 5 日～3 月 31 日　合肥市接连发生 5 起杀人案。是年 6 月,案件被市公安局破获,犯罪嫌疑人梁某章被抓获。

5 月　市公安局先后两次组织 2000 多名公安干警、武警和经济民警参加的防爆处突演练。

7 月　市公安局开展"迎亚运盛会　保交通安全"主题宣传活动。

9 月 13 日　第十一届亚运会火炬传递交接仪式在合肥举行。市公安局出动 700 多名警力,在 6.7 千米线路上对火炬传递活动进行安全保卫。

10 月　市公安局编纂的《合肥公安志》内部出版发行。该志记述清朝末年至 1989 年,合肥地区公安(警察)保卫工作发展的主要历史和现状。

1991 年

5～8 月　合肥市遭受特大洪涝灾害。全市公安机关出动警力万余人次投入抗洪抢险。参与较大抢险行动 20 余次,转移粮食 250 吨,转移、营救被洪水围困群众 2 万余人,捐款 106297.12 元,粮票 22643 斤。

6 月 19 日　市公安局完成中共中央政治局常委、国务院总理李鹏视察合肥期间安全警卫任务。

10 月 1 日～12 月 31 日　市公安局开展"百日破案"竞赛活动。破获各类刑事案件 846 起,抓获各类刑事犯罪分子 598 人,缴获赃款、赃物总价值 106.4 万元。

12 月 20 日　合肥市发生首起利用计算机犯罪案件。该案犯罪嫌疑人谭某生后被市公安局抓获。

1992 年

7 月 22 日 肥东县桥头集衡山石料厂炸药库发生特大爆炸案。6 名民警被炸牺牲,2 名群众被炸身亡。

10 月 29 日 市公安局摧毁一个 20 多人的抢劫团伙,带破案件 69 起。

12 月 22 日 全市 2500 余名民警被首次评定授予“人民警察”警衔。

1993 年

1 月 19 日 市公安局举办“闪光的金盾”迎新春文艺晚会。

3 月 12 日 市公安局部署组织开展围歼“车匪路霸”严打专项斗争。

6 月 15 日 市公安局建立以巡警为主体、派出所为依托,群防群治为补充的合肥市街面巡逻体制。

7 月 市公安局开展“清理干部、职工挪借公款和清理干部利用职权送子女、亲友上学”的“双清”工作。

8 月 市公安局公安指挥中心建成并投入使用。

10 月 20 ~ 22 日 市公安局在科所队以上干部中开展反腐倡廉纪律作风整顿活动。

12 月 1 日 市公安局“110”报警服务台建成投入使用。

12 月 25 日 全市派出所微机房全部建成。

1994 年

4 月 1 日 ~ 5 月 31 日 市公安局在全市范围内开展社会治安专项治理工作。

4 月 市公安局考察团赴香港、泰国考察 350 兆警用集群通信系统建设工作。

7 月 22 日 在合肥市第六届体育运动会上,市公安局获得金牌总数第一、团体总分第三名。

7 月 25 日 市公安局考察团赴日本考察驾驶员模拟仪设备工作。

9 月 13 日 合淮路发生特大交通事故,造成 4 人死亡、4 人受伤。

10 月 1 日 市公安局开展“扫黄打非”集中统一行动。

10 月 28 日 市公安局《合肥公安报》创刊发行。

12 月 10 日 合肥“11 · 23”樊洼西路特大抢劫杀人案告破,犯罪嫌疑人尹某生被抓获。

1995 年

1 月 1 日　全市 43 个公安派出所公安计算机信息系统投入运行。

3 月 18 日　市公安局杏花派出所获“全国公安系统先进集体”称号。

5 月 1 日　市公安局建成开通“122”道路交通事故报警服务台。

5 月　市公安局全面实行刑侦探长破案责任制。

6 月 22 日　首次合肥市“十佳民警”命名表彰大会在安徽大剧院召开。张刘英、吴华、丁春、王佩玲、胡仕康、陈家宝、杨光照、孙振生、路传望、杨卫国获合肥市“十佳民警”称号。

8 月　市公安局创办的《警视窗》在合肥电视台开播。

11 月 13 日　市公安局召开向济南交警学习誓师大会。

11 月　市公安局破获合肥市黄山路一家电脑工作室传播黄色图片案。该案为全市电脑传“黄”第一案。

1996 年

1 月　合肥市“万名市民评交警活动”结果揭晓。百花井岗亭和寿春路分别被评为优秀岗亭和文明安全路段。

4 月 18 日　市公安局法医定点医院在安徽省中医学院第二附属医院挂牌开诊。

4 月　市公安局推行警长、巡长、探长竞聘制度和科所队长副职竞争上岗制度。

7 月 23 日　中共中央政治局常委、中央书记处书记胡锦涛视察市公安局“严打整治”斗争工作，观看“严打整治”斗争汇报录像，参观指挥中心，看望并接见公安民警。

8 月 1 日　市公安局启用《大陆居民往来台湾通行证》。

8 月 1 日　市公安局公安微机联网成功，标志着全市公安机关全面跨入信息网络时代。

8 月 3 日　市公安局“追缴赃款赃物返还大会”在省博物馆广场举办。现场返还 550 余万元追缴的款物。

10 月 1 日　市公安局“110”街面巡逻民警正式开始执勤。

12 月 27 日　市公安局历时半年的公安行风评议工作结束，全局受评单位全部合格。

12 月 31 日　市公安局长青派出所民警李素珍被公安部追授“全国公安系统一级英雄模范”称号。

1997 年

1 月 29 日 市公安局杏花派出所等 20 个文明示范窗口授牌挂牌仪式举行。

2 月 28 日 市公安局指挥通讯中心大楼奠基开工仪式,在合肥市寿春路与六安路交口处举行。

3 月 18 日 澳大利亚昆士兰州友好代表团到合肥市消防支队参观、交流。

6 月 5 日 市公安局刑警支队六大队副大队张滨霞因行程 4 万余千米、解救 200 多名儿童,荣获"全国优秀儿童工作者"称号,并在北京受到中共中央政治局常委、中央书记处书记胡锦涛接见。

10 月 31 日 市公安局召开首届公安理论研讨会。从收到的 57 篇调研论文中评选出 40 篇获奖论文。

11 月 2 日 市公安局举行 17 名专职警务督察员上岗仪式。

11 月 19 日 合肥市公安人口信息系统实现全国公安联网。

1998 年

2 月 11 日 在蚌埠市持枪杀人凶手李某明被市公安局擒获。

3 月 4 日 合肥市"2·27"科学岛特大杀人案告破。犯罪嫌疑人庄某安被市公安局抓获。

5 月 4 日 市公安局交警支队与合肥市人民广播电台联合开办的合肥交通广播电台开播。

6 月 19 日 在合肥市第七届运动会上,市公安局在 36 个参赛队中获得金牌总数和团体总分第二名。

8 月 15 日 市公安局实行局长信访接待日制度。是日为第一个局长接待日。

9 月 1 日 市公安局在市区启动"我当一天交警"活动,市民争相上路维持交通秩序。

9 月 29 日 市公安局举行电视片《刑警队长张圣峰》首发式。

12 月 23 日 市公安局举行合肥公安"110"联动处警车执勤仪式。22 辆"110"联动处警车昼夜在全市巡逻处警。

12 月 30 日 市公安局侦破合肥市"1998·1·24"绑架杀人案。抓获潜逃在外的嫌疑人钟某涛、张某。

1999年

1月4日 合肥市首例特大涉外诈骗案告破。韩国籍犯罪嫌疑人尹某雄被市公安局押解回合肥。

5月29日 双岗邮政支局储蓄所发生特大持枪抢劫案,两名歹徒持枪抢劫现金21万元。市公安局于2000年3月3日破获此案。

6月7日 《人民日报》刊发《合肥警务督察过硬》,报道市公安局督察工作。

6月21日 山东省公安厅考察团到市公安局考察自行车管理工作。

7月23日 合肥市"7·23"特大持枪绑架杀人案告破。凶手法某英被市公安局擒获。

7月 市公安局开展打击取缔"法轮功"专项活动。

9月12日 市公安局合唱队获得合肥市"广玉兰"首届合唱节政法系统、驻肥部队专场比赛第一名。

11月13日 市公安局在省博物馆广场召开自行车管理第六次退赃大会。六次退赃大会共退还群众失盗自行车14500余辆。

2000年

1月11日 合肥市区城隍庙市场内的庐阳宫起火,过火面积达10300平方米,315名消防官兵、47部消防车参与灭火。

4月1日 全市公安机关全面推行警务公开制度。

5月13日 市公安局摧毁一涉案15万元的特大盗窃团伙,6名团伙成员全部落网。

6月 市公安局推出民警"末位调整"制度,45名民警"末位待岗"。

8月1日 合肥市最大一起利用银行承兑汇票诈骗案告破。犯罪嫌疑人姚某斌被市公安局押解回合肥。

9月 市公安局出台《合肥市公安局保护外来投资者利益八项措施》。

10月1日 市公安局举行"九九"式警服换装仪式,全市4000多名民警更换新装。

10月28日 合肥市杏花村镇四河村小区4号楼发生爆炸,造成10人死亡、6人受伤。数百名公安民警、消防官兵参与抢险救援,抢救出16人。

11月9日 合肥市"8·18"娃哈哈AD钙奶投毒案告破。犯罪嫌疑人季某保在上海落网。

2001 年

4 月 6 日 国家射击队总教练徐海峰、奥运冠军陶璐娜到市公安局参观交流。

4 月 24 日、29 日 市公安局开展大规模“严打整治”集中统一清查行动。出动警力7300 余人,破案 476 起,抓获违法犯罪嫌疑人 330 人。

5 月 25 日 市公安局完成中共中央总书记、国家主席、中央军委主席江泽民视察合肥期间的安全警卫任务。

8 月 1 日 市公安局创办的《警方在线》在合肥交通广播电台开播。

9 月 27 日 合肥市“2000 式”保安服装换装仪式在市区武装押运基地举行。

10 月 20 日 市公安局干部人事档案达国家一级标准。

11 月 29 日 李某山、张某莲特大贩毒团伙被市公安局摧毁。

2002 年

1 月 31 日 市公安局开展“解放思想、实事求是”大讨论活动。

3 月 6 日 市公安局东市分局、中市分局、西市分局、郊区分局分别更名为瑶海分局、庐阳分局、蜀山分局、包河分局。

4 月 1 日 合肥市开展正三轮车机动车整治活动。

4 月 5 日 中共中央政治局委员、国务委员、中央政法委书记罗干视察市公安局大通路派出所。

5 月 16 日 市公安局在全市推行社区警务机制。

6 月 17 日 合肥市新中国成立以来最大贩毒团伙被市公安局摧毁。12 名贩毒团伙成员全部被抓获,缴获毒品 2000 余克。

8 月 25 ~ 29 日 市公安局开展集中清查统一行动。出动警力 12000 余人,破案 486起,抓获 97 名犯罪嫌疑人。

10 月 25 日 市公安局机构改革工作正式启动。

11 月 12 日 市公安局侦破合肥市首例特大利用交通事故诈骗保险案,抓获犯罪嫌疑人谢某俊。

12 月 4 日 市公安局侦破合肥市琥珀山庄“1997 · 12 · 31”特大杀人案。犯罪嫌疑人王某虎从铜陵被押回合肥。

2003年

1月1日 市公安局110报警服务台开通英语报警服务。

2月3日 市公安局侦破公安部挂牌的合肥市系列强奸杀人案。将作案4起,强奸、杀死4名女青年的犯罪嫌疑人林某永抓获归案。

2月20日 发生在2002年8月15日的合肥市南七某美容院3名女青年被杀案告破。3名犯罪嫌疑人在郑州市被市公安局抓获。

4~6月 市公安局率广大民警全力以赴抗击非典型肺炎疫情。

6月 市公安局出台《服务经济建设、加快合肥发展五十条措施》。

9月12日 市公安局将收缴的2600枚旧炮弹在肥东宏达采石场销毁。

9月21日 在全省公安系统全民健身活动表演赛中,市公安局获得团体第一名。

10月1日 市公安局巡逻勤务机制由路段制巡逻调整为划分责任区巡逻。

11月15~16日 市公安局举办"警察开放日"活动,市民争相体验当警察。

2004年

3月8日~4月10日 合肥市公安机关开展"万名民警访平安"活动。

7月 市公安局井岗派出所被公安部评为"全国模范公安派出所",是安徽省唯一获得该荣誉的基层派出所。

8月3日 市公安局侦破"2004年合肥第一大案",抓获4月26日和5月28日在合肥市鼓楼商厦制造系列爆炸案的两名犯罪嫌疑人。

8月 市公安局建成安徽省第一个地市级DNA专业实验室。

10月 市公安局开通"合肥市公安信息网"。

12月28日 市公安局在合肥市稻香楼宾馆举行合肥市第二代居民身份证首发仪式。

12月 市公安局破获2004年全国打击淫秽色情网站第一大案"九九情色论坛"网络案,抓获犯罪嫌疑人12名。

2005年

1月10日 市公安局首次"110宣传日"活动在市府广场举行,向社会各界通报110接处警工作情况。

4月8日~7月20日 合肥市公安机关开展“集中处理群众信访问题”即“开门大接访”活动。

6月26日 市公安局公开焚烧毒品大会在市体育场举行，销毁毒品143.6千克。

9月 市公安局向所属各单位颁发首批900枚公安数字证书。

10月21日 市公安局获得“全国公安机关集中接待处理群众来信来访先进集体”荣誉称号。

2006年

1月23日 市公安局蜀山分局刑警一队民警通过公安视频系统，接受中共中央总书记、国家主席、中央军委主席胡锦涛等党和国家领导人的检阅和慰问。

2月 市公安局摧毁以郑某兵为首的特大系列盗窃桑塔纳轿车团伙，抓获团伙成员12名。

4月 长丰县公安局刑警李庆被公安部追授“全国公安系统一级英雄模范”称号。

6月9日 市公安局破获合肥“5·5”浩宇、巨星网吧爆炸案。抓获犯罪嫌疑人3人，缴获雷管12发、炸药21锭、自制手枪1支、爆炸装置2个。

8月3日 全市公安机关推行派出所“三队一室”警务运行模式。

9月 市公安局门户网站——“合肥警务网”开通。

10月27日 市公安局开通“公安民警心理健康咨询热线”。

12月 市公安局建成公安指挥中心“三台合一”系统。即“110”报警服务台、“119”火警服务台、“122”交通事故报警服务台“三台”合并为一个“110”报警服务台，同时具备三种报警功能，并增设短信报警功能。

2007年

1月1日 市公安局开办内地居民个人赴港澳地区旅游办证业务。

2月26日 市公安局被公安部评为“全国公安信访工作先进集体”。

3月7日 贵州省公安厅考察团到市公安局参观考察。

3月14日 中央电视台《新闻联播》报道市公安局亳州路派出所社区警务工作。

4月5日 广西壮族自治区公安厅考察团到市公安局考察打击“两抢一盗”犯罪工作。

6月22日 全市公安机关开展以“振精神、树形象、强素质、促发展”为主题的“大学习、大讨论”活动。

7月2日 南京“5·12”特大杀人案逃犯苏某武，被合肥市公安局抓获。

7月 市公安局协同办公系统启用，实现非涉密公文网上流转。

10月22日 市公安局交通指挥中心新办公大楼启用。

10月26日 合肥市首家"国家级药物维持治疗点"开诊揭牌仪式在市公安局安康医院举行。

10月 东盟等十多个国家的"执法联络员项目学员"代表团一行20多人到市公安局包河分局战训基地参观学习。

2008年

1月9～10日 市公安局首届文艺会演"警徽铸忠诚"在安徽大剧院举行。

1月13日 中共中央总书记、国家主席、中央军委主席胡锦涛视察市公安局逍遥津派出所义仓警务室。

1月下旬～2月上旬 合肥市遭遇历史罕见暴雪天气,全市公安机关出动警力36644人次、车辆12158台次,投入抗御雨雪冰冻灾害斗争并取得胜利。

1月28日 合肥市首个道路交通事故快速处理理赔服务中心——"惠丰道路交通事故快速处理理赔服务中心"建立。

4月18日 市公安局妥善处置合肥市三里庵家乐福超市打砸事件。

5月14日 市公安局102名特警赴汶川地震灾区执勤。

5月28日 北京奥运会火炬在合肥举行接力传递。市公安局出动3634名民警和1000多名保安参与火炬传递安全保卫任务。

5月 全市公安民警首次配发单警装备,配备单警装备4241套,配备率达100%。

11月24日 市公安局召开警官艺术团成立大会。

12月18日 市公安局荣获"全国公安机关'三基'工程建设先进集体"荣誉称号。

2009年

3月2日 重庆市公安局考察团到市公安局考察监所管理工作。

3月11日 市公安局破获全国首例"克隆POS机诈骗案",抓获犯罪嫌疑人商某。

3月31日 市公安局破获2009年全国最大制贩羟亚胺毒品案。

4月9日 全市公安机关集中销毁赌博游戏机活动在滨湖新区西藏路南侧空旷场地举行,2400多台赌博游戏机及1900多块线路板被集中销毁。

4月16日 哈尔滨市公安局考察团到市公安局考察信息化和队伍正规化建设工作。

7月7日 市公安局101名特警赴乌鲁木齐执行维稳任务。

7月10日 市公安局破获合肥市淮河路步行街长江艺苑画室发生的杀死4人特大杀人案。犯罪嫌疑人朱某雨被当场抓获。

7月17日　《人民日报》在头版位置以“调解关口再前移一些”为题，报道市公安局与市内几大医院建立医患联合调解室，调和、化解医患矛盾纠纷。

10月1日　市公安局在全省率先推出“临时身份证现场办结”服务。办证人只要等3分钟就可以领证。

10月31日　国务委员、公安部党委书记、部长孟建柱考察市公安局安庆路派出所、亳州路派出所世纪家园社区警务室、瑶海分局责任区刑警二队。

11月24日　市公安局主办的“合肥市机动车和驾驶人管理信息服务中心设立暨‘96598’热线电话开通仪式”在合肥三里庵国购中心广场举行。

12月1日　广西壮族自治区公安厅考察团到市公安局考察信息化建设工作。

2010年

1月18日　呼和浩特市公安局考察团到市公安局考察公安信息化建设工作。

2月25日　市公安局召开首次队伍建设联席会议。

3月　市公安局首次开展群众安全感满意度调查活动。

4月8日　长沙市公安局考察团到市公安局考察刑事侦查工作。

5月7～26日　市公安局完成第四届全国体育大会安保任务。

5月15日　市公安局在市府广场举行首个“打击和防范经济犯罪宣传日”活动。

6月1日　市公安局完成“开福寺大雄宝殿落成暨佛像开光典礼”活动安全警卫任务。

7月24日　国家一级演员、著名歌唱家郁钧剑到市公安局与警官艺术团代表就演唱技巧、艺术创作、警营文化建设等方面进行座谈、交流。

8月23日～10月19日　市公安局举办首届警察体育大会，全市2055名民警参加66个项目562场次比赛的角逐。

9月5日　公安部“公安文化基层行”文艺小分队到市公安局慰问演出。

9月20～26日　市公安局考察团赴香港考察警务管理工作。

11月26日　全市公安派出所“反假币工作站”揭牌仪式在三里庵派出所举行。

2011年

2月　市公安局“机动车审验远程监管系统”“计价器电子数据侦破出租车劫杀案技法”入选安徽省公安机关“三项建设”优秀工作项目。

4月　市公安局市区派出所由58个整合为39个。

5月15日　市公安局“亮剑”行动涉案假冒伪劣商品集中销毁活动在吴山固体垃圾

焚烧场举行。

5 月　合肥市发生 8 起命案,案件全部侦破,抓获 11 名犯罪嫌疑人。

6 月 30 日　市公安局召开庆祝建党 90 周年表彰大会。受表彰的先进基层党组织、优秀共产党员、优秀党务工作者代表、部分党员代表 470 余人参加会议。

7 月 16 日 ~ 18 日　"在灿烂阳光下"中国合唱节暨庆祝建党 90 周年献礼歌会在合肥大剧院举行。全国 46 支合唱队参赛。市公安局警官艺术团合唱队作为唯一一支由公安民警组成的合唱队,参加比赛并获得银奖。

8 月 11 日　合肥市委常委会研究决定,在全市开展向公安民警仇多馥学习活动,同时追授仇多馥"优秀共产党员"荣誉称号。

9 月 9 日　市公安局召开迎接原地级巢湖市划转民警到合肥市区集中报到欢迎会。

10 月 19 日　市公安局组织 860 名民警、600 名武警、300 名保安完成第 20 届中国金鸡百花电影节安保任务。电影节期间,约 2000 人参加开幕式,4 万名观众到现场观看演出。

10 月 29 ~ 30 日　首次人民警察执法资格等级考试在合肥市第六中学(南区)开考,全市 4999 名民警参加考试。

11 月 16 日　市公安局破获"11 · 15"合肥蜀山新村杀人分尸案。

2012 年

2 月 23 日　中共中央政治局委员、政法委副书记王乐泉考察市公安局杏林派出所。

4 月 15 日　发生在庐江县的"4 · 8"周大生珠宝行特大抢劫杀人案告破。犯罪嫌疑人吴某生被抓获。

5 月 9 日　市公安局摧毁一特大跨省贩毒团伙,抓获团伙成员 7 名,缴获冰毒 517.55 克、K 粉 5.5 克、麻古 16 粒、管制刀具 6 把、涉案轿车 2 辆。

5 月 15 日　安徽省首本电子普通护照颁发仪式在市公安出入境管理局受理接待大厅举行。

6 月　市公安局破获"4 · 28"特大网络非法买卖枪支案,抓获犯罪嫌疑人 7 名,查获涉案枪支共 33 把、钢珠子弹千余发、制式子弹一盒,涉案价值 70 万余元。

7 月 18 日　市公安局举行特警新基地揭牌暨警用直升机首航仪式,警用直升机实现首航。

10 月 19 日　合肥市委、市政府召开全市公安机关先进集体、先进个人表彰暨党的十八大安全保卫工作动员部署大会。市政府对全市公安机关 11 个先进集体和 23 个先进个人进行表彰。

11 月 26 日　市公安局首个户政中心成立,户籍业务实行窗口全域式服务。

12 月 2 日　市公安局首届"全国交通安全日"主题宣传活动在合肥市安徽广播电视台大院内举行。

12 月 11 日　市公安局在合肥市蜀山区产业园工地举行全国公安机关"铲赌患、正风气”集中销毁赌博机活动,销毁赌博机1523台。

2013年

2月18日 合肥市骤降暴雪,积雪深度超过15厘米,车辆行人出行困难。全市公安机关全警出动,采取清理积雪、加强巡检、快速处警等措施,应对恶劣天气。

3月 市公安局民警基金会启动援抚工作,首批援抚全市公安机关民警及遗属76名,发放慰问救助金262万元。

4月4~5日 中央、省、市各级媒体报道市公安局抓获长沙“3·30”枪击案主犯。

4月 合肥市区电子监控系统——“天网工程”项目建设全面启动。

5月9日 市公安局代表队获得“全市学习中共十八大报告和党章知识竞赛”冠军。

5月16~17日 全国公安机关执法示范单位座谈会在辽宁大连召开,市公安局莲花派出所作为全国唯一的基层派出所参加座谈会,并在会上做经验介绍。

6月1日 合肥市公安局网格化巡逻防控新模式全面实施。市区41个派出所共划分108个巡逻网格,有制式巡逻警车155台,专职巡逻民警374人、武警55人,专业巡逻辅警1923人,义务巡逻人员7000余人。

6月16日 国务委员、公安部部长郭声琨考察市公安局安庆路派出所和网安支队,接见公安英模代表并合影。

7月24日 俄罗斯警方内务部视察交流团到市公安局安庆路派出所参观交流。

8月8日 市公安局特警、武警联勤武装巡逻工作正式启动。

10月30日~11月1日 市公安局在全市范围内开展“利剑1号”肃毒统一行动,全局出动警力2000余人次,查获吸毒人员78人,破获贩毒刑事案件11起,办理涉毒行政案件67起,缴获毒品冰毒9.85克、K粉105克。

12月13日 市公安局开展“走进警营、共建和谐”活动。邀请人大代表、新闻媒体、政风监督员、高新技术企业负责人及员工代表300余人,参观特警支队基地,观摩特警汇报演练,进行座谈交流。

12月 市公安局公安通信网络与计算机信息系统建设工程——“金盾工程”建设完成。

2014年

3月24日 安徽省邮电学院南侧一居民楼内,1名女子被1男子持刀劫持,人质被特警解救。

4月 市公安局被公安部评选为“地市级公安机关‘五十百千’示范单位”。

6月20日 市公安局特警代表队在“安徽公安特警队2014实战技能大比武”活动

中,获得团体总成绩第一名。

8月27日　合肥市政府第37次常务会议审议并通过市公安局起草、市政府法制办申报的《合肥市居住证管理办法(草案)》。

10月26日　市公安局"江淮2014——利剑行动"反恐综合演习在特警训练基地举行,省、市领导等200余人观摩演习。

10月　市公安局侦破"2013·11·29"公安部毒品目标案件,抓获犯罪嫌疑人24名,查获吸毒人员60余名,缴获毒品K粉4.1千克、冰毒14.72克、神仙水231瓶、"奶茶"59袋,毒资6万元,自制步枪一支以及子弹72发,斩断一条由东莞至合肥的特大贩毒通道。

10月　市公安局破获合肥市南岗镇"6·11"故意杀人案,抓获犯罪嫌疑人沈某锋,带破成都2009年1起入室抢劫杀人案、湖北武汉2012年和2013年2起入室抢劫致人重伤案,以及犯罪嫌疑人逃亡过程中在重庆、成都、郑州、长沙、武汉、南京、合肥等地实施的多起持刀抢劫和盗窃案件。

11月5日　市公安局考察团赴武汉市公安局考察学习警务机制改革工作。

11月16日　市公安局完成"2014合肥国际马拉松赛"安全保卫任务。

12月10日　市公安局在大通路派出所举行合肥市居住证首发式。

2015年

1月5日　市公安局部署在全市公安机关开展为期两个月的"正警风、肃警纪"专项教育整顿活动。

3月30日　市公安局出入境管理支队及受理接待大厅搬迁至滨湖要素大市场办公。

4月16日　河南省公安厅考察团到市公安局考察交流公安新闻宣传和舆论引导工作。

4月28日　市公安局逍遥津派出所民警王军作为安徽省公安杰出代表,赴北京出席五年一度的庆祝"五一"国际劳动节暨全国劳动模范和先进工作者表彰大会,并被授予"全国先进工作者"荣誉称号。

5月6日　市公安局在合肥市创建第四届全国文明城市工作中被评为"突出贡献单位",38名民警荣获"文明创建工作先进个人"称号。

6月1日　市公安局"合肥网警巡查执法账号"在互联网上线。

6月14日　市公安局70名特警队员组成的"安徽公安轮训执勤特警队",作为全省首批、全国第四批力量,启程奔赴新疆和田皮山县,支援反恐维稳工作,开展"百日轮训"执勤。

7月7~15日　香港警务处观摩团到市公安局学习交流。

9月6日　市公安局"合肥警方"微信公众服务号正式上线。

9月6日、8日　合肥市看守所、女子看守所、拘留所搬迁至双墩镇梅冲湖路新建的合肥市关押中心,安全转移在押人员1810人。

9月15日　全市公安机关第一次妇女代表大会召开。选举产生苏克勇等18人组成的第一届妇女委员会。

11 月 24 日　市公安局瑶海分局责任区刑警三队举行“全国公安系统青年文明号”授牌仪式。

11 月 30 日 ~12 月 6 日　市公安局举办首届“警营开放周”活动，组织“警民恳谈”、“专题座谈”、“警营开放日”、“我当一天警察”、“相约杏花警务广场”、“我和警察的故事”征文等 6 大主题活动、1000 多场次，邀请 600 余名各级人大代表、政协委员、政风行风监督员、义务监督员参与，活动吸引 20 余万市民参与互动。

12 月 24 日　市政府召开第 58 次常务会议，审议并原则通过市公安局送审的《关于进一步推进户籍制度改革的实施意见》，决定以市政府文件印发。

2016 年

3 月 14 ~ 15 日　市公安局果断处置长丰县传销人员暴力抗法事件。审查可疑人员 65 人，遣返一般传销人员 320 人。

3 月　合肥城隍庙古玩城玉石被盗案告破。市公安局抓获犯罪嫌疑人 3 名，缴获全部被盗财物，价值 175 余万元。

4 月 27 日　市公安局完成中共中央总书记、国家主席、中央军委主席习近平视察安徽在合肥期间的一级安全警卫任务。

5 月 6 日　江西省公安厅考察团到市公安局考察交流科技信息化工作。

5 月 18 日　市公安局举行合肥市公安系统首届“最美女警”评选活动颁奖仪式。胡宁、刘皖梅、谢怡红、朱红、葛敬宇、周鸿程、王羡、费勤勤、王玲、刘梅获“十大最美女警”称号。

5 月 27 日　市公安局首期“青年民警论坛”在警察培训学校举行。

6 月 30 日 ~7 月 6 日　合肥市连降暴雨，致使多条河流、沿湖（河）圩堤险情频发，庐江、巢湖、肥西、肥东等地相继发生严重洪涝灾害，全市公安民警参与抗洪抢险，并取得胜利。

8 月 20 日　市公安局破获“8·20”特大贩卖毒品案，抓获涉毒犯罪嫌疑人 3 名，缴获海洛因 13.18 千克。该案是合肥市有史以来破获的最大一起贩卖毒品海洛因案件。

9 月 27 日　英国内政部反恐及安全署 Stephen Charles O'Rourke 和 David Ian Martin 两位警务专家到市公安局授课并开展警务交流活动。

10 月 16 日　市公安局完成“2016 合肥世界铁人三项赛”安全保卫任务。

10 月 17 日　市公安局在合肥市吴山固体废物处置中心举行公开销毁毒品仪式。这次销毁的是 2013 年 8 月份至 2015 年 7 月份全市公安机关已办结案件中缴获的毒品，总计 61.12 千克。

11 月 17 日　市公安局举行派驻市国税局和地税局联络机制办公室揭牌仪式。

11 月 21 日　合肥市、昆明市公安局签订素质强警交流合作框架协议，为合肥、昆明两地公安搭建学习交流平台，初步达到优势互补、资源共享、共同提高、协调发展的目标。

11 月 22 ~ 25 日　市公安局代表团赴昆明市、南宁市公安局考察派出所基层基础和社区警务、流动人口服务管理、寄递物流业治安管理、大型活动安全监管等工作。

第一章　组织机构

1990~2016年的27年间,市公安局组织机构分别经历1998年、2002年和2010年三次大的变革,通过"转变职能、理顺关系、精简机关、充实基层、突出实战、提高效能",为依法承担预防、制止和惩治违法犯罪活动,保护人民群众的生命财产安全,服务经济社会发展,维护国家安全,稳定合肥市政治、经济、社会治安秩序发挥了重要组织保障作用。

第一节　合肥市公安局

市公安局党的机构

中共合肥市公安局委员会,是全市公安工作和公安队伍的领导核心。1990~2016年,中共合肥市公安局委员会领导全市公安工作和公安队伍不断发展进步,为合肥市的改革、发展、稳定做出了重要贡献。机构名称一直延续未变,班子成员历经变化。

1990~2016年中共合肥市公安局委员会书记一览表

表1-1

姓　名	性　别	籍　贯	任职时间	职　务
周延文	男	江苏省淮安市	1989.3~1990.12	党委书记
车　俊	男	安徽省巢湖市	1990.12~1993.6	党委书记
崔亚东	男	河北省蠡县	1993.6~1997.6	党委书记
李图来	男	安徽省六安市	1997.6~2003.2	党委书记
陈文明	男	辽宁省鞍山市	2003.2~2004.2	党委书记
周礼明	男	安徽省肥东县	2004.2~2007.4	党委书记
程　瀚	男	安徽省繁昌县	2007.4~2014.8	党委书记
姜　明	男	安徽省定远县	2014.8~	党委书记

1990～2016年中共合肥市公安局委员会委员一览表

表1－2

姓 名	性 别	籍 贯	任职时间	职 务
魏树青	男	安徽省池州市	1981.5～1994.1	委员
叶家瑞	女	四川省宜宾市	1983.8～1999.5	委员、副书记
王肯堂	男	安徽省合肥市	1986.5～1993	委员
沈成东	男	安徽省合肥市	1987.3～2002.3	委员、副书记
关皖华	男	安徽省六安市	1993.7～1999.4	委员
郑云峰	男	安徽省长丰县	1993.7～1997.1	委员
汪学明	男	安徽省合肥市	1993.7～2002.3	委员
杜明克	男	北京市	1998.12～2007.11	委员、副书记
沈自怀	男	安徽省肥西县	1997.7～2007.8	委员
孙胜金	男	安徽省全椒县	1997.9～1999.9	委员、副书记(挂职)
陈 求	男	湖南省茶陵县	1999.6～2007.4	委员
赵水芳	男	浙江省湖州市	1999.11～2001.11	委员(挂职)
张应高	男	安徽省合肥市	2002.6～2007.12	委员
桑宝庆	男	安徽省明光市	2002.6～2012.3	委员
张 华	男	安徽省马鞍山市	2002.6～2016.5	委员、副书记
尹若成	男	安徽省长丰县	2003.6～2008.8	委员
查振友	男	安徽省怀宁县	2003.6～	委员
程彰德	男	安徽省桐城市	2007.10～	委员
桂 龙	男	安徽省宿州市	2007.10～	委员
程光祥	男	安徽省舒城县	2009.8～2016.5	委员
张晓鹏	男	吉林省九台市	2009.10～2011.10	委员、副书记(挂职)
杨援军	男	安徽省宿松县	2012.4～	委员
章小平	男	安徽省桐城市	2013.12～	委员
王晓晨	男	安徽省阜阳市	2016.5～	委员
陆 庆	男	安徽省合肥市	2014.2～	委员
胡万友	男	安徽省蚌埠市	2014.2～2015.11	委员
宋美华	男	安徽省太湖县	2014.2～2016.10	委员
孙伟	男	山东省临沭县	2014.12～2016.12	委员(挂职)

市公安局行政机构

合肥市公安局,作为合肥市人民政府的职能部门。在1990～2016年的27年间,名称、机构、级别一直延续未变,局领导班子历经7届变化,内设机构随形势任务的变化而不断沿革着。

1990年1月5日,成立合肥市公安局保安服务公司,属服务型企业。3月6日,成立市公安局团委。6月4日,成立市公安局老干部服务所。10月13日,安徽省公安厅批复同意建立市公安局公交公安分局,属企业公安性质,人员编制、经费开支由市城乡建委负责承担;同时撤销市公安局公共交通派出所。11月23日,成立市公安局财务处。

1991年10月17日,成立市公安局防暴警察支队。

1992年8月29日,市公安局经济民警大队更名为经济民警支队。

1993年9月1日,市公安局警卫处由副团级调整为正团级。11月23日市公安局政治处更名为市公安局政治部;市公安局刑事警察大队更名为刑事警察支队。

1994年7月13日,市公安局防暴警察支队增挂合肥市公安局巡警支队牌子。

1995年3月9日,成立合肥市公安局指挥中心。

1998年3月16日,合肥市公交公安分局隶属由市建委划归市公安局,称为"合肥市公安局公共交通分局"。

1998年4月3日,根据市委、市政府的统一部署,合肥市公安局进行"定编、定岗、定人员"的机构改革,按照"转变职能、理顺关系、精兵简政、提高效率"的原则,规范、调整设置市公安局组织机构。调整后的市公安局内设机构19个:纪委(监察室)、指挥中心、政治部、后勤部、政治保卫处、经济案件侦查处、监所管理处、警卫处(武警现役编制)、经济保卫处(经济民警支队)、法制处、保安管理处、合肥市铁治办、合肥市劳教办、机关党委、督察部、消防处(消防支队、武警现役编制)、居民身份证制作所、文化保卫处、出入境管理处。直属机构5个:交通警察支队、刑事警察支队、防暴警察支队、治安警察支队、技术侦查支队。原派出所机构5个分局维持不变。

1999年5月25日,市公安局经济案件侦查处(经济案件侦查支队),更名为市公安局经济犯罪侦查处(经济犯罪侦查支队)。5月27日,市公安局技术侦察支队更名为市公安局行动技术支队。

2002年3月6日,根据合肥市区划调整,合肥市公安局东市、中市、西市、郊区4个公安分局,分别更名为瑶海公安分局、庐阳公安分局、蜀山公安分局、包河公安分局。3月7日,根据高校公安机构体制改革方案要求,中国科技大学派出所、安徽大学派出所、合肥工业大学派出所、安徽工学院派出所、安徽农业大学派出所、安徽医科大学派出所改变隶属关系,划归合肥市公安局建制序列。

2002年9月29日,市编委核准印发合肥市公安局"三定"方案,核定编制3286名。内设16个职能机构:指挥中心(办公室)、政治部、后勤部、出入境管理处、法制处、调研处、公共信息网络安全监察处(公共信息网络安全监察支队)、信息通信处、科技处、户政处、审计处、离退休工作处、保安管理处、消防处(武警合肥市消防支队、武警现役机构)、警卫处(武警现役机构)、边防处(武警合肥边防安全检查站、武警现役机构)。纪检(监察)机构、机关党委及群团机构按有关文件规定设置。另设立督察部、防暴警察支队、交通警察支队、刑事警察支队、治安警察支队、行动技术支队、经济犯罪侦查支队、禁毒支队、监所管理支队、国内安全保卫支队、居民身份证制作管理处、新闻中心、刑事技术处（刑事科学技术研究所）、合肥市公安局“610”办公室、合肥市铁路治安管理办公室、合肥市劳动教养管理委员会办公室（合肥市劳动教养审批办公室）、机关服务中心、合肥市人民警察培训学校。

2005 年 9 月 5 日，市公安局信息通信处增挂合肥市公安信息中心牌子；市公安局刑事技术处（刑事科学技术研究所）增挂合肥市公安局物证鉴定所牌子；将市公安局“610”办公室更名为合肥市公安局防范和处理邪教犯罪工作支队。

2006 年 3 月 24 日，合肥市公安局出入境管理处更名为合肥市公安局出入境管理局。8 月 10 日，撤销合肥市公安局防暴警察支队，组建合肥市公安局特警支队，加挂合肥市公安局巡逻警察支队牌子。

2008 年 10 月 2 日，经市公安局党委研究决定，市公安局信息通讯处（公安信息中心）隶属于市公安局指挥中心（办公室）管理；铁路治安办公室增挂合肥市公安局反恐怖办公室牌子，隶属于市公安局指挥中心（办公室）管理；市公安局新闻中心隶属于市公安局政治部管理；市公安局机关服务中心隶属于市公安局后勤部管理；设立合肥市公安局法制办公室，辖管市公安局法制处、劳教办；市公安局工会、团委隶属于市公安局机关党委管理；市公安局居民身份证制作管理处、保安管理处隶属于市公安局治安支队管理。

2010 年 5 月 26 至 2011 年 10 月 8 日，市编委核准印发合肥市公安局“三定”方案，市公安局核定编制 4898 名。内设 5 个机构：纪委（监察室）、政治部、警令部（办公室）、后勤部、法制工作部（加挂“合肥市劳动教养管理委员会办公室”牌子）。机关党组织、群团机构按有关文件规定设置，直属 19 个机构（含 3 个武警现役编制机构）：国内安全保卫支队、经济犯罪侦查支队、治安警察支队、刑事警察支队、监所管理支队、禁毒支队、技术侦察支队、法制支队（合肥市人民政府劳动教养管理委员会办公室）、出入境管理局（出入境管理支队）、网络安全保卫支队、特（巡）警支队、交通警察支队、边防处（武警合肥边防安全检查站，武警现役机构）、武警合肥市消防支队、警卫处（武警现役，副师级机构）、防范和处理邪教犯罪工作支队、公共交通分局、警务督察支队、合肥市人民警察培训学校（警察培训支队）。

2015 年 7 月 27 日，组建合肥市公安局反恐怖支队，加挂合肥市反恐怖工作领导小组办公室牌子。同时，撤销合肥市第一看守所、第二看守所，合并成立新的合肥市看守所。12 月 15 日，市公安局公共交通分局（便衣侦查支队）更名为视频侦查支队（图侦支队）。同时，市公安局后勤部更名为警务保障部，各市区分局和监所管理支队、特警支队、交警支队后勤科更名为警务保障室。

2016 年，市公安局内 5 个机构：纪委（监察室）、政治部、警令部（办公室）、警务保障部、中共合肥市公安局设机关委员会。机关党委内辖市公安局工会、团委、妇联，直属 20 个机构（含 3 个武警现役编制机构）：国内安全保卫支队、防范和处理邪教犯罪工作支队（反邪教支队）、法制支队、经济犯罪侦查支队、治安警察支队、刑事警察支队、视频侦查支队、监所管理支队、禁毒支队、技术侦察支队、出入境管理局（出入境管理支队）、网络安全保卫支队、特警支队(巡警支队)、反恐怖支队、交通警察支队、警务督察支队、合肥市人民警察培训学校(警察培训支队)、边防处(武警合肥边防安全检查站,武警现役机构)、消防处(武警合肥市消防支队,武警现役机构)、警卫处(武警现役机构);派出9个机构:合肥市公安局瑶海、庐阳、蜀山、包河、高新、新站、经开、巢湖经开、巢湖水上公安分局。

市公安局主要职责:根据国家公安工作的法律、政策和部署,制定全市公安工作的目标、任务和措施,领导和指挥全市公安工作;掌握影响社会稳定、危害国内安全和社会治安的情况,分析形势,研究对策;统一指挥和协调处理全市重大行动、重大案件、突发事件和重大治安、灾害事故;组织、指导、指挥、协调或承担各类重大刑事、经济、涉毒等案件的侦破;推进以便民和公共服务为重点的治安行政管理改革;负责领导全市公安机关依法处置重大治安事(案)件和群体性事件,依法查处危害社会治安秩序行为,依法开展治安行政管理和治安保卫工作;负责出入境管理有关工作,依法管理国籍、口岸边防检查工作;组织开展同外国、国际刑警组织及港澳台警方的交往与业务合作;负责公安应急抢险救援工作;负责消防工作并承担相应责任;依法进行消防监督、火灾预防、火灾扑救工作;负责全市道路交通安全管理工作并承担相应责任;管理、指导、监管全市公安机关维护道路交通安全、交通秩序以及机动车辆和驾驶人管理工作;负责全市公共信息网络安全保护工作,负责信息安全等级保护工作的实施、监督、检查、指导;防范、处置邪教组织的违法犯罪活动;组织、指导、协调对恐怖活动的防范、侦查工作;负责监所管理工作,负责对严重危害公共安全或者他人人身安全的精神病人的收容、治疗和管理;组织实施对党和国家领导人以及重要外宾的安全警卫工作并承担相应责任;做好城市防暴和治安巡逻工作;组织实施公安科学技术工作,推进公安信息化建设;做好全市公安机关装备、被装、经费等警务保障,规划和实施全市公安装备和后勤保障的现代化建设,抓好警务保障制度的落实工作;组织、指导、协调全市公安机关开展禁毒、缉毒工作,承担市禁毒委员会办公室的日常工作;统一领导全市公安消防、警卫部队,指导公安边防部队;按规定的权限,对武警合肥市支队执行公安任务实施领导和指挥;加强公安法制建设和执法规范化建设,拟订全市公安队伍监督管理工作规章制度;负责中国铁路工程总公司在肥工程项目的安全保卫工作;拟订全市公安队伍建设政策措施,做好全市公安队伍正规化建设、思想作风建设和工作作风建设,负责组织人事、教育训练、宣传、绩效考评和离退休人员等管理工作;负责管理并做好人民警察培训学校日常教学、培训等工作;负责全市公安机关督察工作,按规定权限实施对干部的监督,查处或督办全市公安队伍重大违纪案件;承办市委、市政府和上级公安机关交办的其他事项。

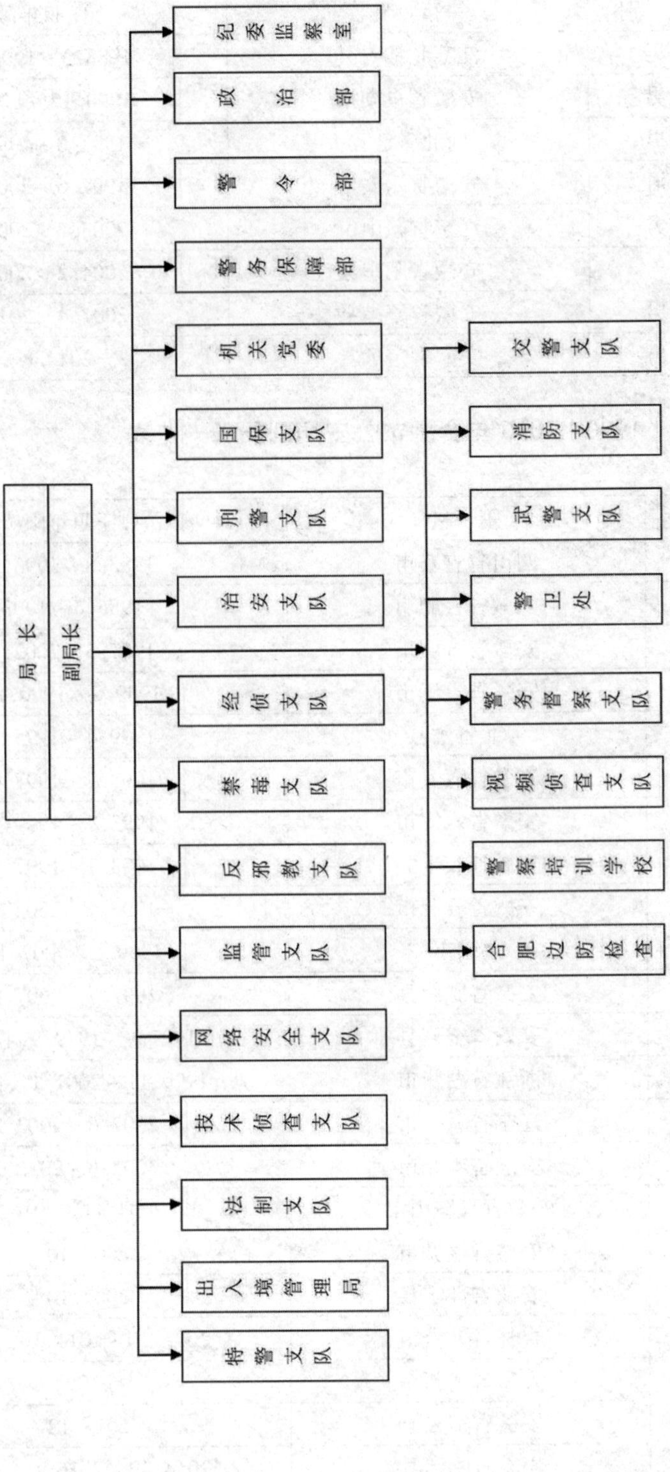

图 1-1　2016 年合肥市公安局机构设置示意图

1990~2016年合肥市公安局局长一览表

表1-3

姓　名	性　别	籍　贯	任职年限
周延文	男	江苏省淮安县	1988.3~1990.12
车　俊	男	安徽省巢湖市	1990.12~1995.8
崔亚东	男	河北省蠡县	1995.8~1997.6
李图来	男	安徽省六安市	1997.6~2003.2
陈文明	男	辽宁省鞍山市	2003.2~2004.2
周礼明	男	安徽省肥东县	2004.2~2007.4
程　瀚	男	安徽省繁昌县	2007.4~2014.8
姜　明	男	安徽省定远县	2014.8~

1990~2016年合肥市公安局副局长一览表

表1-4

姓　名	性　别	籍　贯	任职年限
叶家瑞	女	四川省宜宾市	1983.8~1993.7
王肯堂	男	安徽省合肥市	1986.5~1993
沈成东	男	安徽省合肥市	1987.3~2002.3
车　俊	男	安徽省巢湖市	1989.3~1990.12
崔亚东	男	河北省蠡县	1989.4~1995.7
李图来	男	安徽省六安市	1993.7~1997.6
关皖华	男	安徽省六安市	1993.7~1999.4
郑云峰	男	安徽省长丰县	1993.7~1997.1
汪学明	男	安徽省合肥市	1993.7~2002.3
杜明克	男	北京市	1999.6~2007.11
沈自怀	男	安徽省肥西县	1997.7~2007.8
孙胜金	男	安徽省全椒县	1997.9~1999.9(挂职)
赵水芳	男	浙江省湖州市	1999.11~2001.11(挂职)
陈文明	男	辽宁省鞍山市	2002.6~2003.2
桑宝庆	男	安徽省明光市	2002.6~2012.3
张　华	男	安徽省马鞍山市	2004.11~2016.5
程彰德	男	安徽省桐城市	2007.10~
查振友	男	安徽省怀宁县	2007.10~
张晓鹏	男	吉林省九台市	2009.10~2011.10(挂职)
桂　龙	男	安徽省宿州市	2012.4~
杨援军	男	安徽省宿松县	2013.12~
孙　伟	男	山东省临沭县	2014.12~2016.12(挂职)

第二节　市公安局派出机构

瑶海分局

市公安局瑶海分局(以下简称瑶海分局)前身是车站公安分局。1960 年 6 月,车站公安分局更名为东市区公安分局。截至 1991 年,东市公安分局机关内设政工、秘书、政保、治安、内保、预审 6 个科以及刑警队、治安队;下辖车站、和平路、胜利路、花冲、三里街、大通路、红光、东七、明光路 9 个派出所。

1992 年 8 月至 1993 年 9 月,瑶海分局政治教导员改称为政治委员;公安分局所属各派出所的政治指导员改称为政治教导员。

1993 年 4 月,瑶海分局成立防暴巡逻警察大队,全称为合肥市公安局防暴巡逻警察一大队;2000 年 7 月,瑶海分局巡警大队撤销。

1994 年 12 月,合肥市公安局成立坝上街派出所,隶属东市分局管辖;2000 年 7 月,坝上街派出所撤销。

1995 年 5 月,瑶海分局设立“三长制”,刑警设探长、巡警设巡长、派出所设警长。1997 年 9 月,全市公安刑侦体制改革,瑶海分局刑警大队设立驻所中队;2002 年 6 月,撤销刑警驻所中队,瑶海分局成立 3 个责任区刑警队。

1998 年,全市公安体制机构改革,瑶海分局在职、在编民警全部编入国家公务员序列。东市分局内设机构有指挥室、政治处及巡警大队、刑警大队和车站、胜利路、大通路、明光路、三里街、花冲、和平路 7 个派出所等 11 个单位,定为正科级建制;纪委监察室、后勤科、法制科、政内保科、保安管理科、治安科和东七、红光、坝上街 3 个派出所等 9 个单位,定编为副科级建制。

2002 年,合肥市行政区划调整,东市分局改名为瑶海分局。原属郊区分局管辖的大兴、城东、七里塘及原肥东县公安局管辖的磨店等 4 个派出所划归瑶海分局管辖;七里塘派出所划归新站公安分局管辖。

2003 年 8 月,瑶海分局成立经济犯罪侦查大队;治安科改称为治安警察大队;政内保科改称为国内安全保卫大队。瑶海分局所属 26 个科、所、队,除法制科、保安管理科为副科级建制外,全部为正科级建制。2006 年 9 月再次成立分局巡警大队,负责街面巡逻。

2009 年 6 月,原曙光分局撤销,其相关业务及人员划归瑶海分局管辖。2010 年 11 月,因区划调整,瑶海分局磨店派出所划归新站分局管辖;原属新站分局管辖的长淮派出所、方庙派出所、广场派出所划归瑶海分局管辖。

2011 年 4 月,瑶海分局内设机构由原来的 29 个整合为 21 个,其中政治处与纪检监察室合并为政工监督室,撤销保安管理科,合并到治安大队,法制科改为法制大队,正科级建制,15 个派出所合并为 9 个派出所。8 月,广场派出所重新启用,瑶海分局派出所增至 10 个。

2016 年,瑶海分局内设指挥室、政治处、纪检监察室、警务保障室等 4 个科室;下设国保大队、经侦大队、法制大队、巡警大队、治安大队、刑警大队等 6 个职能大队,其中:刑警大队设责任区刑警一队、二队、三队等 3 个责任区队;下辖胜利路、三里街、大通路、城东、花冲、大兴、龙岗、长淮、方庙、广场等 10 个派出所。

庐阳分局

市公安局庐阳分局(以下简称庐阳分局)前身为东市公安分局。1960 年 6 月,东市公安分局更名为南市公安分局;1963 年 6 月,南市公安分局改称中市分局。

1991 年,中市公安分局内设政工、秘书、政保、治安、内保、预审 6 个科室,以及刑警队、治安队 2 个直属机构,下辖县桥、寿春、三牌楼、东风、逍遥津、双岗、亳州路、益民街、安庆路、金寨路 10 个派出所。

1992 年 5 月,中市公安分局设立监察室。

1993 年 3 月,中市公安分局劳动服务公司成立;5 月,中市公安分局治安队撤销,业务工作移交治安科管理;6 月,中市公安分局防暴大队成立,下设 3 个中队;10 月,中市公安分局保安服务公司成立;11 月,中市公安分局政工科改称政治处,机构级别不变。

1994 年 2 月,中市公安分局刑警队改称刑警大队;5 月,中市公安分局增设指挥室,为正科级机构,秘书科更名为行政财务科,政保科与内保科合并改称政内保科。

1998 年,中市公安分局机构改革,内设 9 个职能科室:纪检监察室、指挥室、政治处、后勤科、政内保科、治安科、法制科、防火科(武警现役机构)、保安管理科;下设 2 个职能大队:刑警大队、防暴(巡警)大队;下辖县桥、安庆路、金寨路、益民街、寿春、逍遥津、双岗、亳州路、东风、三牌楼、中菜市等 11 个派出所。

2000 年 8 月,中市公安分局巡警大队撤销,业务工作移交治安科管理。

2002 年 3 月 6 日,合肥市行政区划调整,中市公安分局更名为庐阳分局,并将原隶属于郊区公安分局的杏花、大杨、三十岗 3 个派出所划归庐阳分局管辖,干警人数增至 386 名。

2006 年 2 月,庐阳分局成立杏林、海棠派出所,取代原寿春、东风派出所。9 月 23 日,恢复成立庐阳分局巡警大队。

2011 年 4 月,庐阳分局进行机构整合,纪委监察室与政治处合并为政工监督室,保安管理科并入治安大队;三十岗、金寨路、海棠、三牌楼、县桥等 5 个派出所被合并,分局管辖 8 个派出所。

2015 年 12 月,庐阳分局后勤科更名为警务保障室。

2016 年年底,庐阳分局内设:纪委监察室、指挥室、政治处、警保室等 4 个职能科室;下设国保大队、治安大队、法制大队、刑警大队、巡警大队、消防大队等 6 个职能大队;下辖 3 个责任区刑警队,有安庆路、益民街、逍遥津、双岗、亳州路、杏林、杏花、大杨等 8 个派出所。

蜀山分局

市公安局蜀山分局(以下简称蜀山分局)前身为西市公安分局。1990 年,西市公安分局为正科级建制，内设政工科、秘书科、政保科、法制科、预审科、刑警队、治安队；下辖巢湖路、包河、芜湖路、稻香村、南七、三里庵、五里墩、西园新村等9个派出所，均为正股级。

1992年5月，西市公安分局设立监察室，与分局纪委合署办公。6月30日，西市公安分局增设琥珀派出所。

1993年5月，西市公安分局治安队撤销，增设防暴大队（副科级），下设3个中队；9月，各派出所正、副政治指导员改称为正、副政治教导员；11月，西市公安分局政工科更名为政治处，机构级别不变。

1994年2月，西市公安分局刑警队更名为刑警大队；7月，防暴大队增挂"巡警大队"牌子。

1998年4月，根据合肥市编委的批复，西市公安分局升格为副县级建制，内设纪检监察室、指挥室、政治处、后勤科（原行财科）、政保科、法制科、治安科、户政科、保安管理科（原保安公司）、防火科（现役）。其中指挥室、政治处为正科级建制，其他为副科级建制。分局下设：刑警大队（预审科撤销、业务并入）、巡防大队；下辖包河、巢湖路、芜湖路、五里墩、南七、琥珀山庄、稻香村、三里庵、水上、西园新村等10个派出所。

2002年3月，西市公安分局更名为蜀山分局；将原高新分局蜀山派出所划归蜀山分局管辖，更名为井岗派出所；将原西市分局管辖的巢湖路、芜湖路、包河、水上4个派出所划归包河分局管辖。9月，市公安局实行刑侦改革，分局设立责任区刑警队3个，即责任区刑警一队、二队、三队，均为副科级建制。

2003年7月，根据市编办统一批复，蜀山分局所属内设机构、下设机构、派出机构均为正科级建制。政内保科更名为国保大队。

2006年9月，蜀山分局恢复成立巡警大队。

2008年6月，市公安局将政务文化新区所辖的荷叶地、笔架山2个派出所划属蜀山分局。

2011年4月，蜀山分局进行机构整合，将纪检监察室、政治处合并为政工监督室；保安公司并入治安大队；将南岗、笔架山2个派出所分别整合到井岗派出所、荷叶地派出所。

2013年6月，市公安局实行网格化巡控，蜀山分局巡警大队机构保留，其人员分流到各派出所；9月，市公安局将原肥西县小庙派出所划归蜀山分局管辖，仍为副科级。

2015年12月，蜀山分局后勤科更名为警务保障室。

2016年6月，市公安局将巡警支队七大队委托蜀山分局管理；8月，蜀山分局政工监督室分设为政治处、纪检监察室2个机构；10月，蜀山分局成立巡警一大队、二大队。

包河分局

市公安局包河分局（以下简称包河分局）前身为郊区公安分局。编制39人，辖4股1室1队、4个派出所。

1991年底，郊区公安分局内设政工、秘书、政保、内保、预审5个等科室；下设刑警、治安2个队；下辖林店、七里塘、杏花、城东、大兴、蜀山、蜀山湖、常青、姚公、卫岗、骆岗、义城、晓星、大圩、三十岗、义兴、董铺等17个公安派出所。

1994年7月20日，郊区公安分局防暴四大队增挂"合肥市公安局郊区分局巡警大队”牌子。

1997年8月,郊区公安分局撤销预审科,相关业务移交刑警大队。

1998年8月18日,郊区公安分局机构改革,内设纪检监察室、指挥室、政治处、后勤科、政内保科、法制科、治安科、保安管理科、防火科等9个科室;下设刑警大队、防暴(巡警)大队;辖11个派出所。

2000年7月,郊区分局防暴(巡警)大队撤销。

2002年3月,郊区公安分局更名为包河分局。下辖宁国路、巢湖路、芜湖路、常青、骆岗、大圩、义兴、义城、水上等9个派出所和包河工业区治安办。

2006年,合肥市成立滨湖新区,将肥西烟墩派出所划归包河分局。

2009年,包河分局成立滨湖派出所,后烟墩派出所合并到滨湖派出所。

2014年,包河分局新增高铁南站派出所。2016年7月,包河分局成立中山路派出所。

2016年,包河分局内设纪检监察室、政治处、指挥室、警务保障室等4个处室;下设国保大队、法制大队、刑警大队、治安大队、经侦大队、巡警一大队、二大队等7个直属大队;下辖包公、芜湖路、常青、望湖、淝河、骆岗、滨湖、高铁南站、中山路等9个派出所和3个责任区刑警队。

高新技术开发区分局

1993年,合肥市设立市公安蜀山分局,为正科级建制。

1999年1月,合肥市蜀山分局更名为合肥市高新技术开发区公安分局(以下简称高新分局),副处级建制。内设纪检监察室、指挥室、政治处、行财科4个处室;下设政内保科、治安科、预审科、防火科、保安管理科、刑警大队等6个科队;下辖蜀山、董铺、高新3个派出所。办公地点位于长江西路960号。

2002年3月,合肥市行政区划调整,将高新分局下辖的董铺、蜀山2个派出所划归蜀山公安分局管辖。

2003年,高新分局成立蜀麓派出所。2005年8月,高新分局办公地点由长江西路960号迁至海棠路299号。2006年12月增设城西桥派出所。2007年11月增设兴园派出所。

2011年,高新分局机构整合,纪检监察室与政治处合并为政工监督室,保安管理科并入治安大队;高新、兴园2个派出所合并为高新派出所;蜀麓、城西桥2个派出所合并为蜀麓派出所。

2016年6月,高新分局政工监督室分设为政治处、纪检监察室;后勤科更名为警务保障室。12月,高新分局内设纪检监察室、政治处、指挥室、警务保障室等4个处室;下设治安大队、刑警大队、经侦大队、国保大队、法制大队、消防大队、巡警大队等7个直属机构;下辖高新、蜀麓2个派出所。

经济技术开发区分局

1993年4月,合肥经济技术开发区(简称经开区)正式建区;2000年2月,被国务院批准为国家级经济技术开发区。1994年,市公安局成立合肥经济技术开发区临时治安办公室,抽调肥西县公安局、郊区公安局以及市公安局机关部分民警联合办公,负责管理、协调开发区的治安问题。治安办公室享有治安处罚权(如治安罚款、拘留),行使县、分局一级的审批权。

1998 年 8 月,市公安局经济技术开发区分局(简称经开分局)成立,副县级建制,行使城市公安分局职权职责。内设纪委监察室、指挥室、政治处、法制科、政内保科、治安科、消防科、刑警大队等 8 个职能部门;下辖丽湖、明珠、南湖 3 个派出所,计有民警 37 人。办公地点位于莲花路与石门路交口向北 100 米香馨公司一楼。2001 年,搬迁至莲花路 788 号。

2006 年 7 月,经开区进行区划调整,经开分局明珠、南湖、丽湖 3 个派出所更名为莲花、锦绣、芙蓉派出所,同时增设海恒派出所;9 月,经开分局增设巡警大队。2007 年 9 月,分局增设临湖派出所。

2011 年 4 月,合肥市公安局统一进行派出所整合,经开分局莲花、海恒 2 个派出所合并为莲花派出所;锦绣、临湖 2 个派出所合并为锦绣派出所。

2013 年 5 月,在市公安局构建网格化巡控的统一要求下,经开分局撤销巡警大队。9 月,根据市政府区域规划调整,莲花派出所部分辖区调整至蜀山分局荷叶地派出所管辖;高刘派出所由肥西县划至蜀山分局管辖,由经开分局代为托管。

2016 年 8 月,经开分局恢复巡警大队编制;取消政工监督室,分设政治处、纪委监察室。是年,经开分局内设政治处、纪委监察室、指挥室、警务保障室 4 个职能部门;下设法制大队、巡警大队、刑警大队、经侦大队、治安大队、国保大队 6 个直属大队;下辖莲花、锦绣、芙蓉、高刘 4 个派出所。

新站综合开发试验区分局

1992 年 12 月,合肥市设立新站综合开发试验区,与国家重点工程合肥新火车站同步开工建设。1995 年 4 月,安徽省政府正式批准设立试验区,规划面积 10 平方千米。

1998 年 8 月 26 日,市公安局新站综合开发试验区分局(以下简称新站分局)正式成立,内设指挥室、政治处、治安科、后勤科、政内保科、保安科、法制科、消防科;下设刑警大队、巡警大队 2 个直属机构;下辖瑶海、广场 2 个派出所。

2001 年 8 月,新站分局政内保科更名为国保大队,正科级建制。2002 年 3 月,瑶海派出所更名为方庙派出所;消防科更名为消防大队。

2003 年 3 月,新站分局方庙派出所分设为长淮派出所、方庙派出所。4 月,原瑶海分局七里塘派出所划归新站分局管辖。8 月,经侦大队正式成立,正科级建制;治安科更名为治安大队。

2006 年 12 月,长丰县三十头镇委托新站区管理,新站分局成立站北治安办。2010 年 11 月,原长丰县公安局三十头派出所、原瑶海分局磨店派出所划归新站分局。原新站分局长淮派出所、方庙派出所、广场派出所划归瑶海分局。

2011 年 4 月,站北治安办、三十头派出所并入新站分局七里塘派出所;新站分局法制科升格为法制大队;新站分局经侦大队并入刑警大队;新站分局保安科并入治安大队;纪检监察室与政治处合并为政工监督室。

2013 年 1 月,新站分局恢复三十头派出所建制,管辖三十头社区、站北社区。5 月,全市巡控机制改革,新站分局巡警大队民警分流至各派出所,保留大队部,履行分局巡控办职能。

2015 年 10 月，新站分局后勤科更名为警务保障室。

2016 年 3 月，新站分局经侦大队恢复建制。6 月，新站分局政工监督室分设为政治处、纪检监察室；新站分局巡警大队恢复建制。

2016 年，新站分局为副处级建制。内设指挥室、政治处、警务保障室、纪检监察室 4 个处室；下设国保大队、经侦大队、治安大队、刑警大队、巡警大队、法制大队、消防大队 7 个直属机构；下辖七里塘、磨店、三十头 3 个派出所。均为正科级建制。

合肥巢湖经济开发区分局

合肥市公安局合肥巢湖经济开发区分局（以下简称巢湖经开分局），原名巢湖市公安局经济技术开发区分局，隶属于原地级巢湖市公安局。2011 年 8 月，地级巢湖市撤销，巢湖经开分局划归合肥市公安局。

巢湖经开分局成立于 2003 年 6 月，正科级建制，编制 5 人，实有民警 5 人。

2005 年 1 月，经巢湖市公安局批准，半汤派出所整建制划归巢湖经开分局。

2007 年，巢湖经开分局设立刑事侦查大队和治安管理大队，股级建制。

2010 年 9 月，巢湖经开分局内设刑事侦查大队、治安管理大队、国保大队，均为副科级建制；下设半汤派出所，正科级建制。实有民警 29 人。

2011 年 8 月 22 日，因区划调整，巢湖市经济技术开发区分局划归合肥市公安局。

2012 年 11 月 20 日，原巢湖市公安局巢湖经济技术开发区分局更名为合肥市公安局巢湖经济开发区分局，为合肥市公安局派出机构，由县级巢湖市公安局代管，核定编制 50 名，实有民警 24 人。

2013 年 3 月 13 日，巢湖经开分局半汤派出所移交巢湖市公安局管理。

2015 年 9 月，经合肥市编办批准，巢湖经开分局由巢湖市公安局代管调整为市公安局直接管理，内设纪检监察室、政治处、国保大队、治安大队、刑事大队、法制大队等 6 个职能机构，核定编制 50 名，实有民警 16 人。

2016 年 1 月 1 日，经合肥市公安局批准，巢湖市公安局半汤派出所划归合肥市公安局巢湖经开分局管理。

巢湖水上分局

巢湖水上分局有 100 余年历史。民国初年，巢湖水师营改置为巢湖水上警察专局，归属安徽省水陆警察厅，袭用水师营装备，负责湖上治安管理。巢湖水上分局后经政权变化和新中国成立后安徽省境内行政区划变迁，发生多次更替。

1997 年 11 月 17 日，巢湖行政公署公安局设立巢湖水上公安分局，正科级建制，行使县级公安机关职权，定编 35 名（行政编制 20 名，事业编制 15 名）。同时，撤销原企业性的巢湖水上公安局及派出机构。

1999 年 11 月，巢湖撤地设市，巢湖行政公署公安局更名为巢湖市公安局；2000 年，巢湖水上公安分局更名为巢湖市公安局水上分局，正科级建制。

2002 年 5 月 18 日，巢湖市公安局水上分局挂牌运转，办公地点设在巢湖市公安局城南派出所3楼。内设水警大队、办公室,股级建制。

2011年8月22日,因区划调整,原巢湖市公安局水上分局划归合肥市公安局。

2012年10月,合肥市公安局党委从治安支队、禁毒支队、蜀山分局、包河分局抽调部分人员,重新筹建合肥市公安局巢湖水上分局。

2014年3月18日上午,合肥市公安局巢湖水上分局(以下简称巢湖水上分局)挂牌成立,办公地点位于合肥市包河大道与北部湾路交口东200米路南;管辖防洪大堤、湖岸线以内的巢湖水面及姥山、孤山和沿湖码头;内设指挥室、治安大队、刑警大队;有在职民警22人。

2015年8月18日,根据合肥市公安局《关于调整巢湖姥山岛治安管辖权的通知》,将巢湖姥山岛划归巢湖市公安局管辖。

2016年1月26日,巢湖水上分局第一派出所成立,管辖巢湖市对应的巢湖水域治安工作。3月7日,巢湖水上分局第二派出所成立,管辖包河区、肥东县、肥西县、庐江县所对应的巢湖水域治安工作。7月4日,巢湖水上分局"合肥市水上应急救援队"正式挂牌成立,办公地址位于合肥市包河大道与北部湾路交口东200米路北。

第三节　市公安局所辖机构

肥东县公安局

1992年,肥东县开始实施撤区并乡,肥东县公安局内设机构14个科、队、室;下辖14个派出所。

1993年,肥东县公安局设立政工科、秘书科、刑警队、治安队、消防科等16个科、所、队、室;下辖店埠、梁园等14个派出所;有干警340人。

1994年撤区并乡后,肥东县公安局适应社会治安管理工作需要,肥东县局撤销7个区派出所,先后在乡镇设立39个派出所,2个治安办。

2003年6月,肥东县公安局内设机构升格为副科级建制,设有16个科、所、队:政治处、指挥中心、后勤科、出入境管理科、法制科、户政科、保安科、监察室、纪检检查委员会、警务督察大队、国保大队、治安大队、刑警大队、交警大队、防暴(巡逻)大队、经济犯罪侦查大队;监管场所2个:县看守所、县行政拘留所;下辖39个乡镇派出所、2个治安办。

2004年2月,肥东县公安局将39个乡镇派出所、2个治安办整合为店埠、撮镇、龙岗、白龙、八斗、石塘、梁园、古城、桥头集、阚集机场10个乡、镇派出所。

2007年8月,肥东县公安局内设政工监督室(加挂纪委、监察室、督察大队、工会工作委员会牌子)、法制室、警务保障室3个综合管理机构;设执法勤务机构8个:指挥中心、国保大队、刑事侦查大队、交通管理大队、治安管理大队(加挂爆炸危险物品监管和防巡大队牌子)、经济犯罪侦查大队、公共信息网络安全监察大队、出入境管理大队;监管场所2个:县看守所、县拘留所;下辖店埠、撮镇、龙岗、白龙、八斗、石塘、梁园、古城、桥头集、众兴10

个派出所。

2012年8月,肥东县公安局内设纪检监察室、政工监督室(加挂督察大队、工会工作委员会牌子)、警务保障室3个综合管理机构;设立指挥中心、国保大队、刑事侦查大队、交通管理大队、治安管理大队(加挂危险爆炸物品监管、巡警大队、保安大队牌子)、经济犯罪侦查大队、法制大队、情报大队、网络安全保卫大队、出入境管理大队、培训大队11个执法勤务机构;监管场所2个:县看守所、县拘留所;下辖12个派出所。

2016年,肥东县公安局内设3个综合管理机构:纪检监察室、政工监督室(加挂督察大队、工会工作委员会牌子)、警务保障室;执法勤务机构11个:指挥中心、国保大队、刑事侦查大队、交通管理大队、治安管理大队(加挂危险爆炸物品监管、巡警大队、保安大队牌子)、经济犯罪侦查大队、法制大队、情报大队、网络安全保卫大队、出入境管理大队、培训大队;监管场所2个:县看守所、县拘留所;下辖店埠、新城、经开、撮镇、梁园、桥头集、石塘、八斗、白龙、古城、众兴、陈集12个派出所。

肥西县公安局

1990年9月,肥西县公安交通警察队更名为肥西公安交通警察大队。

1991年1月,肥西县公安局设立法制科,股级建制。

1992年12月,肥西公安交通警察大队更名为肥西县公安局交通警察大队,副科级建制。

1992年9月,肥西县撤区并乡,肥西县公安局保留原三河分局和城关、小庙、丰乐、花岗、山南、官亭、高刘、二十埠等8个派出所;撤销上派派出所。同时在高店、长岗、江夏店、金桥、南分路、聚星、大柏、南岗、金牛、洪桥、袁店、柿树岗、孙集、四合、新仓、董岗、农兴、肥光、烟墩、北张、严店、刘河、清平等23个乡镇各新设立公安派出所。至1993年5月,全县设立1个公安分局和32个派出所。

1993年3月,肥西县公安局设立防暴警察大队,副科级建制;1994年,增挂"肥西县公安局巡警大队"牌子。1994年6月,肥西县公安局刑警队更名为肥西县公安局刑事警察大队,副科级建制。1995年10月,组建肥西县公安局行财科,为机关内设机构,股级建制。11月,设立肥西县公安局保安服务公司,股级建制。1996年4月升格为副科级建制。1998年10月,县局撤销预审科,其职能并入刑警大队。

2003年4月17日,肥西县公安局设立纪检组(监察室)、指挥中心(含信访办)、政治处、后勤科、法制科、技术科、保安管理科等7个内设机构,均为股级建制;设立督察大队、国保大队、治安大队、防暴(巡逻)大队、刑警大队、经济犯罪侦察大队、交警大队、公共信息网络安全监察大队、看守所、拘留所等12个直属机构,均为副科级建制;设立三河分局和16个中心派出所:城南、桥北、城西、北张、烟墩、董岗、南岗、桃花工业园、紫蓬山、严店、花岗、山南、官亭、金桥、小庙、高刘,2个治安办公室(驻国税局治安办、驻地税局治安办),均为副科级建制。在被撤销派出所辖区设立17个警务工作站:桃花、农兴、丰乐、刘河、孙集、四合、新仓、金牛、柿树、洪桥、袁店、聚星、南分路、江夏店、大柏、高店、长岗,警务工作站设警长1名,警长在岗享受副科级待遇。

2004年11月,县局技术科更名为刑事技术大队,副科级建制;指挥中心、政治处、后勤科、法制科、保安管理科，机构级别不变，其主要负责人高配副科级。2005年1月和11月，县局撤销城西派出所、南岗派出所，在原南岗派出所辖区设立南岗警务工作站。

2011年10月，根据肥西县编办文件精神，县公安局设置综合管理机构、执法勤务机构、派出机构、监管场所，均为副科级建制。综合管理机构即：政工监督室（加挂纪检监察室、督察大队、工会）、警务保障室、消防科（武警现役编制），上述两室为副科级建制。执法勤务机构即：指挥中心（加挂情报中心、网络安全保卫大队）、国内安全保卫大队、刑事侦查大队、交通管理大队（加挂公路巡逻警察大队）、治安管理大队、经济犯罪侦查大队、法制大队、出入境管理大队、巡逻警察大队（加挂防暴警察大队）。派出机构即：三河、城关、桃花、紫蓬山、花岗、山南、官亭、小庙、高刘、严店、丰乐、铭传、高店、柿树岗、森林15个派出所和责任区刑警一队、二队、城市管理行政执法局治安办。监管场所即：肥西县看守所、肥西县拘留所。

2014年12月，因合肥市部分行政区划调整，原肥西县公安局高刘派出所、小庙派出所、交警大队高刘中队、小庙中队划归合肥市公安局管理。同时，森林公安派出所由原县公安局管理调整为县林业园林局管理。

2015年8月，县局刑事侦查大队加挂禁毒大队牌子。

2016年，肥西县公安局内设4个职能机构：纪委监察室、政工监督室、警保室、指挥中心；下设12个直属机构：网安大队、法制大队、巡警大队、出入境管理大队、国保大队、经侦大队、治安大队、交警大队、刑警大队、消防大队、看守所、拘留所；下辖严店、城关、三河、桃花、花岗、柿树岗、丰乐、紫蓬山、山南、官亭、铭传、高店等12个派出所。

长丰县公安局

1990年9月，长丰县公安局（以下简称为县局）交通警察队正式改为长丰县公安局交通警察大队。

1991年1月，县局设立法制股；12月，县局所属8个内设机构由“股”改称“科”。1992年，长丰县公安局内设政工科、秘书科、政保科、内保科、治安科、预审科、技术科；县局政治教导员改称政治委员。

1992年3月，长丰县撤区并乡；9月，县局在全县各乡镇设31个派出所。

1993年5月，县局设立防暴警察大队，副科级建制，大队下设办公室和一中队、二中队、三中队。1994年9月，县局刑警队更名为刑警大队，副科级建制。1996年11月10日，县局成立指挥中心，副科级建制；下辖110直属队。1997年11月，县局组建公路巡逻民警大队，与交通警察大队“两块牌子，一支队伍”。

1998年3月，县局成立经济案件侦查科；4月，县局撤销预审科，预审人员充实到刑警大队；8月，县局刑警大队设立5个责任区刑警中队。是年，县局督察科成立。

2000年，县局铁路治安办归属治安科；110直属队归属防暴（巡逻）大队。2001年7月，县局督察科更名为督察大队。2002年7月，县局成立保安服务公司（内称保安管理科）。

2003年1月14日，长丰县公安局机构改革，内设机构为政治处、警务督察大队、办公室、后勤处、法制办公室5个职能处室；设立指挥中心、国保大队、经侦大队、治安大队、防暴警察大队、刑警大队、刑事技术大队、交警大队、看守所、治安拘留所、保安管理科等11个直属机构;下辖31个派出所。

2003年11月,县局"110家庭暴力报警中心"正式挂牌成立。水家湖农场派出所整建制划为长丰县公安局城郊派出所,与城东、城西派出所合署办公。

2004年6月,长丰县北部7个乡镇整建制划归淮南市管辖,孔店、三和、曹庵、史院、孤堆、杨公、孙庙7个派出所也随之划归淮南市公安局。11月,县局将全县25个公安派出所重新整合为8个派出所:撤销原城东、城西、城郊、张祠4个派出所,成立水家湖派出所;撤销原庄墓、罗塘派、徐庙3个派出所,成立新的庄墓派出所;撤销原杨庙、义井2个派出所,成立新的杨庙派出所;撤销原吴山、陶楼2个派出所,成立新的吴山派出所;撤销原岗集、土山2个派出所,成立新的岗集派出所;撤销原双墩、三十头、夏店3个派出所,成立新的双墩派出所;撤销原下塘、罗集、埠里、陶湖3个派出所,成立新的下塘派出所;撤销原朱巷、造甲、杜集、沛河、左店5个派出所,成立新的朱巷派出所。此外,撤销原刑警大队的一中队、二中队、三中队,设立刑警大队大要案中队、机动中队。

2006年8月29日,县局国保大队增挂县公安局出入境管理科牌子。

2008年6月20日,县局增设义井、杜集、三十头派出所和双凤责任区刑警队。9月,县局政工监督科、法制科、警务保障科分别更名为政工监督室、法制室、警务保障室;出入境管理科更名为出入境管理大队。

2009年11月,县局增设罗塘、陶楼、造甲、左店派出所。2010年6月,县局成立公共信息网络安全监察大队。

2011年9月26日,县局成立纪检监察室,与局纪委会署办公。9月,长丰县森林公安局分局整建制划归县公安局管理。

2012年10月,县局法制室更名为法制大队。治安大队加挂巡逻警察大队牌子。2013年4月,下塘派出所更名为下塘公安分局。2014年9月,长丰县公安局森林分局移交长丰县林业局管理。

2016年,长丰县公安局内设纪委监察室、政工监督室、警保室、指挥中心;下辖网安大队、法制大队、巡警大队、出入境管理大队、国保大队、经侦大队、治安大队、交警大队、刑警大队、消防大队、看守所、拘留所和水家湖、庄墓、杨庙、吴山、岗集、朱巷、下塘、双墩、双凤、义井、杜集等11个派出所。

庐江县公安局

庐江县公安局成立于1948年11月。当时有干警12人,其中局长1人、干事1人、通讯员1人、公安队长1人、公安队员8人,内设机构有秘书、侦察、治安、审讯4个股。随着革命形势发展和公安队伍壮大,1949年5月以后,县局分别在各区配备公安区员(后改名公安特派员),1950年以后,相继在城关和区镇设派出所。

2011年8月,撤地级巢湖市,庐江县隶属于合肥市。庐江县公安局划归合肥市公安局管辖。

2016年,庐江县公安局内设机构有:政工科(教育训练大队)、纪检监察室、警务保障科;直属机构有:法制大队、国保大队、刑警大队、经济犯罪侦查大队、交警大队、治安大队、巡逻防暴大队、出入境管理大队、网络安全保卫大队、禁毒大队、情报大队及指挥中心、看守所、拘留所；下辖庐城、郊区、开发区、冶父山、汤池、万山、金牛、石头、郭河、同大、白山、盛桥、白湖、龙桥、矾山、泥河、罗河、乐桥、柯坦等19个派出所。

巢湖市公安局

1949年1月22日，巢北支队李刚部解放柘皋镇；1月24日，华东野战军先遣队一部解放巢城，随即巢县县委、县政府办事机构在柘皋镇设立；3月，成立巢县人民政府公安局，局机关驻地柘皋镇王家祠堂，后迁至柘皋镇观音庵，内设秘书、治安、调查、执行4个股和看守所（隶属执行股）、公安队、柘皋镇派出所，全局干警26名。

1984年1月4日，撤巢县，设立县级巢湖市，巢县公安局改称巢湖市公安局。1999年7月9日，撤销巢湖地区，成立地级巢湖市，县级巢湖市改为居巢区，巢湖市公安局更名为居巢区公安分局，隶属地级巢湖市公安局管辖。

2011年8月，撤地级巢湖市，原居巢区更名为县级巢湖市，整体划入合肥市代管辖，遂成立合肥市巢湖市公安局（县级），驻地巢湖市半汤路。

2016年10月，巢湖市公安局设立指挥中心、政治处、情报信息中心、纪委监察室、警务督察大队、法制大队、警务保障大队、出入境管理大队、国保大队、网安大队、交警大队、经侦大队、治安大队、刑警大队、巡警大队、教育训练大队、保安大队、禁毒大队、看守所、拘留所；以及城区的卧牛、朝阳、城北3个派出所和乡镇的苏湾、栏杆、柘皋、庙岗、夏阁、中庙、黄麓、烔炀、中垾、散兵、银屏、槐林、坝镇13个派出所。

第二章 警务指挥

公安指挥中心是公安警务活动的指挥机构,是伴随公安实战需求应运而生,在警务实战中发挥重要作用。20世纪90年代,合肥市、县(区)两级公安指挥机构相继建立,警务指挥体系初步形成。跨入21世纪,合肥市公安局指挥中心从值班型向指挥型、实战型转变,已成为全市公安机关的司令部、指挥部、参谋部和应急中心。具有直接指挥权、先期处置权、信息收集权、检查督导权、装备调用权。随着公安科技的发展,信息化、数字化在公安警务活动中广泛运用,合肥公安指挥机构不断向基层拓展延伸,形成市(县)局指挥中心、分局指挥室、所队勤务指挥室的三级指挥体系,基本实行"统一汇集、自动分流、一级接警、分级调度、一级处警"的扁平化指挥调度模式,公安警务实战能力得到大幅度提升。

第一节 接处警工作

110指挥调度

20世纪80年代中期,沿海和内地一些大城市公安机关,为适应斗争形势发展的需要,提高接处警的快速反应能力,便利群众报警、求助和投诉,将原为盗(匪)警电话的110,逐步扩大职能,拓宽服务范围,建立110报警服务台,展开110报警服务工作。在创新取得经验的基础上,根据公安部《关于大中城市公安局普遍建立110报警服务台的通知》要求,1990年,合肥市公安局指挥中心(办公室)指挥调度室(110报警服务台)正式成立,受理范围涵盖刑事治安案件类、交通事故类和紧急求助类事项。同年8月,市区内人民群众的报警、求助,均由市公安局指挥中心110报警服务台受理并直接指令合肥市城区所辖各基层所队出警处置。

1993年12月1日,市公安局指挥中心暨110报警服务台正式开通。合肥城区各分局原秘书科改为指挥室,增加警务指挥职能,并设立110报警服务和值班台,实行24小时值班。市公安局110报警服务台接警后,按照属地处置原则通过电话指令各分局指挥值班台处置警情,后分局派单,基层所队前往处置。同时,各分局指挥室也承担辖区报警求助服务。

1996年,市公安局开通第一代智能化"110"系统,即借助计算机、数字交换和网络技术,实现接收公网内多个用户同时报警、呼入排队、分配以及误报拦截等功能,指挥调度传输手段主要为350兆集群通信系统。同年6月,所辖肥东、肥西、长丰县公安局指挥中心

110 报警服务台开通，使用电话接警。

1999 年 12 月，市公安局 110 指挥大厅建成并正式投入使用，110 报警服务台设有 4 个接处警坐席、1 个值班长坐席、1 个 SIS 金融网点报警坐席。同时设有首长指挥室，指挥处置重大、突发性事件。指挥中心也逐步发展成集 110 报警服务台、有线无线调度系统、城市综合道路监控系统、大屏幕综合显示系统、GPS 警用车辆定位系统、固定点报警系统、网络报警系统等为一体的综合警务指挥体系。

2003 年 1 月 1 日起，针对外国人报警求助，市公安局 110 报警服务台正式开通 110 英语报警服务台。市公安局通过笔试和口试，从全局公开遴选 10 名英语水平较高的民警从事英语接警工作。110 英语报警服务开通后，每个执勤班次均配备一名英语接警员，专门受理外国人和境外来肥人员的英语报警和求助。是年 5 月，根据公安部颁布《110 接处警工作规则》，结合合肥实际，制定和完善《合肥市 110 接处警工作规范》、指挥调度程序等规章制度。

2004 年 3 月，根据公安部要求，合肥市公安局启动县、市公安机关"110"报警服务台、"119"火灾报警服务台、"122"交通事故报警服务台"三台合一"建设。同年 4 月 1 日，肥西县公安局 110、119、122"三台合一"率先开通运行，也是全省县级公安局第一个开通 110、119、122"三台合一"的"110"报警服务台。肥西县公安局"三台合一"的开通运行，新的警务指挥优势凸显出来。"三台合一"实现了警种互动，便于集中统一指挥；实现了人、财、物有机结合，避免了重复投资，提高了用警效率（合台前肥西县公安局 3 个值班点有接警人员 22 人，合台后减少至 10 人）；"三台合一"提高了接处警效率，方便了人民群众报警；"三台合一"过滤了假警情，减轻了 122、119 的出警压力；"三台合一"加快了信息传递，实现了信息共享，为领导决策提供了更加优质的服务。肥西县公安局在全省实行"三台合一"的成功经验得到上级公安机关的肯定，公安部工作组、公安部办公厅、信息通信局和消防局的领导先后莅临该局指导工作，公安部工作组还专题撰写《关于安徽省肥西县公安局工作创新的调查报告》。同年 6 月 10 日，安徽省公安厅领导专程到肥西县公安局进行调研，充分肯定该局积极探索"三台合一"接处警工作机制和做法并要求在全省予以推广。2004 年底，肥东、长丰县公安局完成"三台合一"建设工作。

2006 年底，合肥市公安局"110"报警服务台、"119"火灾报警服务台、"122"交通事故报警服务台正式实现"三台合一"。合并后的市公安局"110"报警服务台，从社会公开招聘 34 名接警员，实行接处分开，广大市民只需拨打"110"即可完成治安、刑事、火灾、交通事故等各类警情的报警求助。同年，0551－110 短信报警服务正式向社会开放。"三台合一"建成后的 110 报警服务台设有 12 个接警坐席、5 个处警坐席、2 个值班长坐席、1 个 SIS 金融网点报警坐席、1 个保安押运车报警坐席。

合肥市"三台合一"系统，在诸多方面实现全国领先。一是警情同步显示功能。在接警员接到重大警情时，报警电话可自动三方通话到处警民警，并且在屏幕上实时同步显示处警民警场景。二是综合调度功能。集网络派单、有线电话、移动电话、350 兆集群、短信调度为一体，实现互联互通，特别是 350 兆实现了双工调度，方便快捷。三是固定电话定位功能。市公安局与电信部门密切合作，将电信的用户分线箱图层编入 110GIS 系统，实现固定电话报警精确定位。

通过实现“三台合一”,市公安局建立起统一、权威、高效、上下互通的指挥体系,实现集中接警、分类处警、统一指挥、信息共享、快速反应的新型警务模式,全面提升了指挥调度、信息预警、治安防控、服务群众的整体作战能力。

2010年,市公安局指挥中心(办公室)指挥调度室(110报警服务台)、更名为合肥市公安局警令部(办公室)指挥调度中心(110报警服务台)。正科级建制,编制24人,负责24小时受理人民群众报警求助。在市公安局党委授权下,拥有直接指挥权、先期处置权、信息收集权、检查督导权、装备调用权,并可直接调度急救、水、电、气等相关职能部门开展现场先期处置工作。日常主要承担六类工作职责:(一)受理群众电话报警、短信报警和技防报警,接受群众的紧急求助和对民警现行违法违纪行为的投诉并开展指挥调度工作。(二)受理合肥市公安局各警种、部门、分县(市)局报告的各类案件、事故及其他紧急情况和其他公安机关转交、移送的公众报警、求助、投诉并开展指挥调度工作。(三)收集、审核各警种、部门、分县(市)局报送的重要信息,并及时报告合肥市公安局领导、上级党委政府和安徽省公安厅。(四)负责应急管理工作,编制全局性各类预案并组织演练,对重大突发事件现场协助局领导调集警力开展应急指挥。(五)指导、统筹全局街面巡控工作,对街面巡控警力进行检查、督导、考核,根据治安形势,调整警力部署。(六)对承担接处警工作的各警种、部门、分县(市)局执行指令和出警、处警情况进行检查督导。同年,市公安局采用电信CDMA网络作为接处警信息辅助传输手段,发射设备升级采用4卡绑定的方式,提高传输速率。通过互联网,实时查看视频图像。无线微波图传车和CDMA图传车配合应用、互相补充,在应急处突、安保警卫、抢险救灾工作中提供实时、直观的资料。

2013年,市公安局更新智慧110系统。自主研发的基于智能终端的勤务联动指挥系统,获得“公安部一般性科研项目成果登记”和“第四届全国公安基层技术革新二等奖”。系统实现接收110接警台派发警情,实时跟踪警情处理各环节;接收接警台派发的通知通报(包括文字和图片);根据身份证、姓名和车牌号等对人员和车辆进行盘查,查询人员车辆的详细信息,对重点人员进行排查;通过现场直播,连接指挥部门和现场等诸多功能。

2015年3月5日,市公安局下发《关于印发合肥市公安局警务指挥运行机制的通知》,对分级、属地、警种和联勤四类指挥原则和一般警情及重大、较大警情处置指挥机制做出明确规定,明确指挥权限,顺畅指挥调度,完善配套措施,显现实战效能。是年,市公安局深化改革,决定在全局开展以“情报与指挥勤务无缝对接”为核心的“情指一体化”建设。按照公安部、省公安厅有关规定和要求,结合合肥实际,制定出台110各类警情分级指挥和分类处置工作规范,确保重大突发警情得到有效快速处置。

2016年,市公安局110指挥调度中心进行指挥调度系统升级改造,搭建三级指挥平台,融合各类数据,构筑情报信息共享机制。各分县(市)局和相关警种部门在指挥室和合成作战中心的基础上陆续组建集指挥调度、情报研判、视频巡查、合成作战等多功能于一体的情报指挥中心。派出所陆续建设完成融合情报研判、警情调度、视频巡查、勤务管理、执法管理、队伍管理、综合保障等功能于一体的勤务指挥室。经过多年的建设,市公安局形成以110报警服务台为中心,刑警、巡警、交警、派出所为主体,通信、计算机为支撑的多层次、多功能,反应迅速、信息共享的指挥调度系统,一般处警任务直接调度派出所、巡警、交警等一线警力,特殊处警任务可转进相应分局、支队接警平台,按各自职责调度处警,重特大任务处警由市公安局领导授权,指挥调度中心全权指挥调度的新格局。是年9月,市公安局开展为期3个月的110接处警突出问题专项治理活动,组织全市承担110接处警工作的各实战单位从接警、指挥、出警、处警环节逐一梳理排查突出问题,深刻分析原因,着力治理整改,实现110提速争效,提高群众安全感和满意度,全力推进平安合肥建设。

1993~2016年合肥市公安局接处警数量一览表

表2-1

年份	接警量(起)	年份	接警量(起)
1993	40110	2005	963342
1994	51005	2006	1014843
1995	59004	2007	1087555
1996	73144	2008	1354978
1997	97988	2009	1637587
1998	122946	2010	1645774
1999	186624	2011	1769208
2000	263412	2012	1912513
2001	304235	2013	1913002
2002	354924	2014	2255345
2003	505671	2015	2255972
2004	824992	2016	2750153

信息处理

2002年,市公安局把信息处理作为一项重要内容,以常态化工作模式固定下来。起始以《合肥每日治安动态》和《合肥公安信息快报》两种载体形式完成动态信息上报。《合肥每日治安动态》内容涵盖每日综合要情,坚持每日一报;《合肥公安信息快报》主要记录报告重要信息,实行一事(案)一报。2004年,市公安局下发《合肥市公安局关于加强信息报送工作的紧急通知》,对信息报送工作予以规范并形成制度。2008年8月18日,市公安局印发《合肥市公安局重要信息报送管理规定(试行)》,推进重要信息处理工作的规范化、制度化。2015年3月5日,市公安局下发新修改的《合肥市公安局重要信息报送规定》,确立"归口管理、渠道统一、口径一致、报送有序"的工作原则,规范各警种、部门报送重要信息的方式、渠道和程序。同时将重要信息的报送范围整理形成附件,附件包含11类信息、58条具体细项,增加涉恐涉暴犯罪线索信息、涉恐人员信息等细项。规范全市公安机关重要信息报送工作,提高突发案(事)件应对能力。

1993 ~ 2016 年合肥市公安局日常信息报送基础数据统计表

表 2 – 2　　单位:篇

年　份	治安动态	信息快报
1993	365	
1994	365	
1995	365	
1996	366	
1997	365	
1998	365	
1999	365	
2000	366	
2001	365	
2002	365	211
2003	365	412
2004	366	188
2005	365	271
2006	365	295
2007	365	313
2008	366	433
2009	365	248
2010	365	104
2011	365	216
2012	366	226
2013	365	311
2014	365	137
2015	365	266
2016	366	188

第二节　巡控工作

巡控体制及运行模式

1992年12月，根据公安部、省公安厅关于城市人民警察巡逻工作相关要求，市公安局首批招收300名防暴巡逻警察，组建合肥市防暴(巡逻)警察支队。1993年3月1日开始在武警合肥指挥学校开展为期3个月的封闭式强化训练。是年6月正式上岗后，按照东市、西市、中市、郊区4个分局辖区，每个分局一个大队，采取步巡为主、车巡为辅、岗亭驻点相结合的方式，在全市常态化地开展街面巡逻。1996年，合肥市公安局防暴巡逻警察支队成立，主要负责社会面治安巡逻，应对暴力突发事件。

2005年，市公安局研究制定了《合肥市公安局街面巡逻防控工作方案》，实行专业化建队、网格化布警、精确化设防、扁平化指挥，标志着合肥市公安局新型巡控模式正式启动。

2006年9月，合肥市防暴(巡逻)警察支队更名为合肥市特警(巡警)支队。支队成立后，注重加强城市巡逻工作的研究，不断修改完善巡逻方案，科学摆布警力。结合警情、案情，在合肥市二环内设置20个一级巡区(一区一车，由巡警支队承担)和34个二级巡区(一区一车，由派出所承担)，部署54台巡逻车(其中巡警支队14台，110直属大队1台，瑶海、庐阳、蜀山、包河、新站各1台，34个重点派出所各1台)，市区配置专职巡控民警308人。初步建立以一级巡控为主体，二级巡控为辅助，交警和机关警力为补充的街面巡控格局。

2009年，针对合肥市城区面积不断扩大，街面防控负荷不断加重的实际情况，市公安局改革巡控模式，构建起以110为龙头，特警、巡警为主体，交警、武警和机关警力为辅助，治安辅助力量为补充的多警种联动、分层次布警，分时段加密的多元化、立体式防控格局，街面巡车数量由原来的54台增加到78台(其中特警支队8台、110直属大队1台、各分局巡警大队50台、交警13台、市公安局机关6台)，市区专职巡控民警495人。

2011年，市公安局主动适应动态治安形势发展变化的勤务机制改革新要求，制定出台《关于进一步加强我市街面巡控工作的意见》，建立以110为龙头，以分县局巡控为主体，以派出所巡逻为基础，以特巡警、交警、机关警力为补充的全天候、无缝隙巡控体系，按照“点、线、面”相结合的方式，构建起专业巡逻队守点、派出所包格、巡警控面、特警重点加强的网格化巡控格局。街面巡控车辆由原来的78台增加到109台(其中特警支队10台、各分局巡警大队48台、派出所39台、交警12台)，市区专职巡控民警增加至588人。同时，合肥市公安局全面建设完成GPS定位系统，整合巡控车辆、押运车辆、交警、消防、三县车辆的GPS，形成约500台的车辆定位系统和全局警用车辆定位网络。提高指挥调度工作效率，实现科学调警。开展“情报导巡”，实现巡逻防控的针对性。组建专门的力量从事接处警数据、各类上报信息的分析和研判，精准指导指挥调度工作、巡逻防控工作的科学开展。

2013年6月,市公安局撤销市区各分局巡警大队,将巡警全部充实到派出所,科学划分101个巡控网格,部署175台巡控车,其中140台派出所网格巡控车,35台武装巡逻车(特警11台、分局11台、交警13台),推行全警巡逻模式。依托市公安局特警、各分局、派出所和交警巡控专职非专职力量,构建起“定点执勤、动中备勤、网格巡控”相结合的“三位一体”巡控模式,强化街面控制能力,落实巡控责任主体,增强处置暴恐和个人极端事件的能力,增强快速反应和应急处突能力。

2014年,市公安局在重要敏感节点及重点反恐部位建立军警联勤工作机制,以切实提升公安机关社会面动态管控和快速反应能力,有效震慑暴恐犯罪。其中车巡组按照“1+3”模式,每车1名民警、3名武警;步巡组按照“1+2”模式,每组1名民警、2名武警。

2015年,市公安局将市区巡控车数量调整为167台,其中132台派出所网格巡控车,35台武装巡逻车(特警11台、分局11台、交警13台)。

2016年6月20日,市公安局出台《关于进一步加强巡逻防控体系建设的实施意见》,城区7个分局巡警大队恢复建制,新增巡控车24台,24小时承担巡逻盘查、110接处警、维稳处突和安全保卫等工作。

巡控战果

市区巡控工作自2005年实施至2016年年底,市公安局巡控警力共抓获并刑拘8277人,带破各类刑事案件13905起。2005年,合肥市公安局巡控工作被评为合肥市“群众最满意的十件大事”之一。2006、2007、2008年春节期间实现全市抢夺案件连续三年“零发案”和盗抢案件三年持续下降的良好局面。

1999年6月8日21时许,合肥市环城北路逍遥津段发生一起特大抢劫杀人案。市公安局110指挥调度中心迅速将“6·8”抢劫杀人案情况通报全局,并根据线索和现场情况指挥各警种协同作战,同时将现场各方信息综合汇总,及时通报路面巡控民警。经过5个小时的围追堵截,5名犯罪嫌疑人被全部抓获,成功破获一起特大抢劫杀人案。

2001年11月13日0时许,市公安局110接报一起3人持刀抢劫出租车警情。指挥调度中心立即指令路面巡控车和辖区派出所出警,迅速将其中2名抢劫嫌疑人现场抓获。经审讯,该团伙自2001年6月起,共实施抢劫出租车案件32起,其中特大案件4起、重大案件18起。

2005年10月10日2时许,市公安局110接报持枪斗殴警情。指挥调度中心立即指令巡控车201、217出警,并根据现场情况调集周边派出所巡控车形成包围圈,最终将嫌疑人抓获,并缴获可击发自制手枪1把。

2015年6月22日23时许,市公安局110接报庐阳区淮河路步行街一女精神病患者持刀划伤路人的警情。市公安局指挥调度中心立即指令特警武装巡控车205及网格巡控车401、402到场处置,相关警力在4分钟内将嫌疑人控制,并收缴刀片2枚。

2016年3月30日20时34分,市公安局110接群众报警,称其家人与另一方约架,对方10多人驾驶车辆并持械已到蜀山产业园附近。市公安局指挥调度中心立即指令特警205、206武装巡控车和辖区井岗派出所网格巡控车赶往现场。同时,调度中心民警通过

"天网"视频监控发现,在蜀山产业园内的湖光路三洋电器厂门口有两帮人正在持械斗殴,遂立即指令周边警力往现场靠拢,并现场实施抓捕。通过各参战单位相互配合,现场抓获8名涉案嫌疑人,并缴获斗殴所用的锹把和棒槌等物。

2009~2016年合肥市公安局巡控工作战果统计表

表2-3　单位:人

年份	巡控刑拘总数	指令抓获	盘查抓获
2009	933	374	432
2010	1058	452	473
2011	1398	633	595
2012	1158	567	433
2013	932	436	400
2014	920	292	384
2015	934	255	343
2016	1010	375	544

第三节　应急指挥与突发案事件处置

应急处突力量

1996年10月1日,市公安局组建110直属大队(2013年撤销),正科级建制,编制25人,隶属市公安局指挥中心管理,负责先期处置110报警服务台接报的重、特大案(事)件,是市公安局第一支快速反应应急处突专业队伍。2010年,市公安局110报警服务台充分发挥110社会联动工作的优势和纽带作用,有效整合内外部资源,与120、消防、供水、供电、供气、电梯抢修等社会联动单位实现实时指挥和联动,形成了以110为龙头,以特警支队为尖刀,以各分县(市)局和交警、便衣、武警巡控力量为主体,以刑警、治安、消防等专业警种部门为延伸,以战训队、备勤警力为补充,以社会联勤联动力量为辅助的应急处突力量体系。2016年6月20日,市公安局制定《关于进一步加强巡逻防控体系建设的实施意见》,在省行政中心、市政务中心、火车站、高铁南站、国购广场、包河万达广场和淮河路步行街7个反恐重点部位,部署由特警、交警、便衣、武警和属地分局共同组成的联勤巡控力量,实行24小时常态和高峰时段定点巡控模式,并在上述重点部位开始建设综合警务站。各分县(市)局在2016年底前组建了以专职辅警为主体、不少于100人的应急处突大队,强化全市应急处突力量。

应急处突预案与演练

2006年,根据《中华人民共和国突发事件应对法》《国家突发公共事件总体应急预案》《安徽省公安厅处置突发公共事件应急预案(试行)》《合肥市人民政府突发公共事件总体应急预案》等法律、法规和规定,市公安局指挥调度中心牵头,各单位及职能部门配合,开展全局预案体系建设。建立了1个总体预案(合肥市公安局处置突发事件总体预案),4个大类预案(自然灾害、事故灾难、公共卫生、社会安全),32个项目预案(反恐、火灾、群体性事件等)和200个单项事件预案,形成了较为系统的预案库。

2008年,市公安局指挥中心立足突发事件处置工作经验,制定出台《合肥市公安局重大警情应急响应机制》《合肥市公安局警务指挥运行机制》《合肥市公安局重要信息报送规范》等文件,规范警情分类分级响应的具体流程,重大警情应急处置的原则,启动现场指挥部和后台指挥部的具体程序,以及信息报送工作等相关要求。自此,市公安局根据重大活动安保工作需要,建立由指挥中心牵头、各相关警种部门参与的后台指挥部机制,担负各类重要会议、重大集会和庆典的现场执勤及中央首长、外宾和重要社团在肥活动的武装保卫与警戒任务。

2009年9月27日,市公安局组织开展全市反恐怖应急力量紧急拉动演练。

2010年5月13日,市公安局组织开展特(巡)警支队处置突发性事件综合演练;6月30日20时,合肥市反恐办组织开展部分公安反恐怖应急力量紧急拉动演练。

2012年10月20日,市公安局以处置爆炸恐怖袭击事件为主要内容,在特警支队训练基地组织开展代号为"雷霆2012"反恐应急演练活动。

2013年9月25日、27日、29日,市公安局对全市网格巡控车及相关分局、警种应急警力开展持刀抢劫、劫持人质、群体性事件处置等3起模拟警情演练活动。

2014年5月20日,市公安局采取"红蓝对抗"的方式,先后在紧靠火车站、人员密集的瑶海区和平广场,以及经开区环湖路与翡翠路交口,以多名"恐怖分子"突然持刀行凶、分头逃窜为模拟警情,连续组织开展2次反恐处突实战演练。6月30日,市公安局在包河区铜陵路与巢湖路交口、高新区黄山路与玉兰大道交口、经开区翡翠路与石笋路交口,1小时内接连在合肥市3地按照实战场景设定暴恐模拟警情。此次演练,相关单位共出动警力688人次,车辆155台次,启动出城卡点8个,战术卡点23个,城际卡点1个,现场走访群众759人,检查旅馆、网吧、洗浴场所等1154家。相关警种共出动警力853人次,车辆253台次,各类设备11套。至2014年,合肥市公安局指挥中心(2010年更名为警令部)牵头组织开展应急力量紧急拉动、突发性事件、反恐怖、爆炸恐怖袭击事件、反恐处突实战、多点连环暴恐警情应急处置等各类大型预案实战演练20余次。

2015年10月,市公安局制作的《公安机关出城卡点设置与查控战术》教学片,在全省公安机关警务实战化建设推进会上学习交流,并在全省推广。

应急处突战果

1999年7月,市公安局110直属大队民警与犯罪嫌疑人法子英对峙并枪战50分钟后将其击伤生擒。法子英伙同劳荣枝于1996年至1999年先后在南昌、温州、合肥等地共绑架杀害7人。

2000年10月28日，成功处置合肥市杏花镇四河小区4号楼一楼因淤积的混合气体遇明火发生爆炸救援工作。

2002年5月19日19时许，合肥警方接群众报警称：长丰县陶楼乡沙井村龚小郢村民组村民岑满义手持刀棍杀死村民7人，劫持一名16岁中学生阮某作为人质并逃窜至人质家中。5月20日凌晨1时10分，犯罪嫌疑人岑满义被110直属大队民警当场击毙，人质成功获救。

2004年10月27日12时许，犯罪嫌疑人郭伟持爆炸物在合肥市二环路与马鞍山路交口附近的中国信用合作社贾大郢分社，威胁工作人员取出30万元现金，否则将引爆炸药。嫌疑人随后被110直属大队当场抓获，现场爆炸物被安全运至郊外摧毁。

2006年10月8日，成功处置合肥市部分出租车车主停运事件。

2008年4月18日至20日，成功处置"抵制家乐福"群众游行、聚集事件。

2009年3月3日，犯罪嫌疑人董阳在庐阳区杏花街道自己家中将父母残忍杀害，并与民警对峙。经谈判无效，市公安局110直属大队和庐阳分局刑警大队民警果断实施强攻，将董阳生擒。

2009年7月10日11时51分，合肥公安局110接报在淮河路步行街长江艺苑画室内有一名青年男子持刀行凶。接报后，110直属大队206巡控车、庐阳分局401巡控车等警力赶赴现场，将持刀杀害4人的犯罪嫌疑人朱云雨当场抓获。

2012年，妥善处置"涉日保钓"事件。9月11日，市公安局共妥善处置46起、涉及630余人保钓活动，其中10人以上19起，30人以上4起，50人以上发生1起。从具体区域来看，庐阳区15起、包河区和巢湖市各6起、经开区4起、蜀山区2起、瑶海区4起、肥东县3起、肥西县4起、高新区和庐江县各1起。以上保钓活动整个过程秩序井然，没有发生任何过激行为，既保护了群众的爱国热情，又确保现场和社会面平稳有序。

2014年3月24日16时许，犯罪嫌疑人黄立年窜入蜀山区潜山路检察院宿舍，持刀劫持一名女性人质。接报后，市公安局特警、刑警、巡警等警力迅速赶赴现场开展处置。18时许，该黄情绪失控，为保护人质安全，现场指挥部果断指令强攻。特警黑豹突击队从外墙索降破窗而入，开枪击伤并抓获该黄，人质被解救。

2015年3月20日，完成一架小型直升机坠入董铺水库的救援处置工作。

2016年2月5日18时53分，市公安局110接群众报警称"政务区龙泉路银泰城北门贵州苗岭酸汤鱼饭店的老板将老板娘杀死后驾车逃跑"。接报后，指挥调度中心立即调集特警、交警、辖区派出所展开调查搜捕，同步将嫌疑人及车辆相关案件信息通报全局，同时通过天网平台对车辆实施布控，对市区主要出城道路设卡布控。于19时26分将窜至庐阳区义井路一花店劫持人质的犯罪嫌疑人喻某青截获，经有效工作，20时许，喻某青被成功抓获，人质安全获救。

附：重大突发事件处置选记

抗击1991年特大洪涝灾害

1991年5月中旬，合肥市连降暴雨，致使河、湖、水库水位猛涨，形成洪水和大面积内涝。

全市公安干警、武警和消防官兵投入上张圩大堤、巢湖大堤、三河等较大抢险行动20余次,出动警力万余人次,各种车辆2400台次,装包、运送土石方900多立方米,加固圩堤1000余米,转移粮食250吨,大牲畜1000多头,转移、营救被洪水围困的群众达2万余人,安全迎送15批救灾物资车队,计1318辆。广大干警克服自己家也遭受较大损失的困难,向灾区捐款106297.12元,粮票22643斤,衣物566件,支援灾区人民重建家园。全市公安机关除积极参加抢险抗洪斗争,还及时打击趁灾哄抢、盗窃国家和群众财产以及防汛救灾物资的犯罪活动,破获案件14起,抓获案犯72人。

7月6日下午,巢湖大堤上张圩段告急,160多名武警官兵,直奔上张圩。汹涌的洪水和咆哮的巨浪直扑大堤,百米圩堤即将崩溃,数万亩良田危在旦夕。在情况万分危急的时刻,官兵们冒着生命危险,跳入巨浪中,手拉手,肩靠肩,顶着过头的风浪,高唱《团结就是力量》《我是一个兵》等雄壮歌曲,用血肉之躯筑起一道道人墙,伐木140余棵,搬运石头、砖块150多立方米,加固堤坝200多米,终于保住了大堤。是日,肥东施口村境内的巢湖大堤告急,群众垒成的防洪埂被冲垮,房屋倒塌,滚滚洪水威胁着群众的生命财产安全,不少群众急得趴在堤上大哭。情况万分危急!市公安局接到求援电话后,立即组织早已待命的市县公安干警、武警、消防官兵300名奔赴施口。经过12个小时的紧张战斗,将160多吨砂石、1000多根木桩和1000多包装有泥沙的草袋运到大堤上,加固圩堤,排除了险情,保住了村庄。

7月11日16时,三河镇破堤,古镇一片汪洋,近万名群众被洪水围困,市、县公安局领导立即参与指挥和组织营救工作。200多名公安干警和武警官兵整整苦战4天。古镇破堤伊始,船只太少,几十名干警分成十几个小组,强行征集肥西、舒城、庐江、巢湖等地20多只机动船,解决营救群众的运输工具缺乏的困难。在营救中,不少干警冒着生命危险跳入水中探路,潜入街心救人。在整个三河营救战斗中,公安干警和武警官兵直接营救群众4000余人,其中最大的93岁,最小的才出生2天。

防治2003年非典型肺炎疫情

2002年底,广东和香港地区爆发严重急性呼吸道综合征(SARS)疫情,又称传染性非典型肺炎(以下简称"非典")。"非典"是一种因感染SARS冠状病毒引起的呼吸系统传染性疾病,主要通过近距离空气飞沫传播,具有较强的传染性。

2003年3月疫情向全国扩散,面对"非典"疫情这一突如其来的灾难,合肥市各级公安机关投入一场无硝烟的战斗中,层层设立防治"非典"应急处置工作领导小组,制定应急处置工作实施方案,成立信息综合组、防范隔离组、网络监控组、出入境边检组、交通疏导警卫组、内部防范组、督导检查组等工作组,各司其职,密切配合,协同作战。严格门卫制度,加强留置室及监所部门的安全防护,对办公地点、家居区、食堂、车辆进行每天清扫和消毒,组织全体公安民警特别是从事窗口服务、监管工作以及应急小分队的民警认真学习防治"非典"的有关知识,配备手套、口罩、防护服等防护用具,强化民警自我防护意识和防护措施。从防巡支队、各分局、县局抽调专门力量,做好外来人口和本地外出务工返乡人员的登记,配合有关部门处置疫情与检查、检疫及留验等工作。交警部门加强交通管理，保障“非典”防治、救护、应急车辆的优先通行和留验站、“非典”隔离区、医疗救护单位周边道路的交通畅通。狠抓市政府关于暂停公共娱乐场所经营通告的贯彻落实，严肃处理违反通告、擅自经营的公共娱乐场所。依法严厉打击妨碍防治“非典”工作的各类违法犯罪活动，查处造谣惑众等涉及“非典”的各类案件11起，刑事拘留1人，治安处罚13人；监控互联网有害信息，及时封堵互联网上有关“非典”的虚假信息和有害信息；抓获2名利用“非典”造谣惑众的“东方闪电”教教徒，刑事拘留1人，治安拘留1人。

抗御2008年雨雪冰冻灾害

2008年1月中下旬，受强冷空气影响，合肥市连续多日普降大雪，市区路面积雪最深一度达到43厘米，遭遇1954年以来最严重的雨雪灾害性天气。车辆行驶困难，交通拥堵情况严重，人民群众深受雪灾影响。面对突如其来的特大灾害天气，全市公安机关出动警力36644人次，车辆12158台次，投入抗雪救灾工作。

市公安局成立全市公安机关抗雪防冻救灾工作指挥部，指挥部下设交通保障组、应急处置组、社会面控制组、扫雪除冰组、综合保障组、现场督察组。市公安局把全市道路划片包干给下属各单位，各单位负责对承包路段开展扫雪除冰工作。同时下发《关于迅速组织民警上路疏导交通的紧急通知》，应急解决交警一线人员紧张、紧急指挥疏通拥堵路段警力不足的困难。全市公安机关用最快的速度组织民警上路，辖区高速公路、国道、省道及道口、卡口的每个堵点都有民警在现场，动态掌握滞留人员、车辆等情况，疏导交通，维护秩序，排除交通隐患，对拥挤、堵塞的路段，实行“堵点不除、灾情不减、民警不离”。

市公安局交警支队及时启动应急预案，动员全部警力加强路面巡控密度，对因结冰不具备安全通行条件的弯道、桥梁，及时报告合肥市政府及有关部门进行处理，并设立移动警示标志、反光锥等，安排警力对过往车辆进行分流，同时通过省、市交通广播电台，发布即时路况信息，加强交通诱导。对高速公路上滞留的车辆，采取警车压速带道、拦截分流、就近服务区（道口）引下等有效方法，及时疏散滞留车辆，防止人员冻伤等情况发生。

1月26日下午3时，巡警六、七大队和特警七大队的30余名青年团员参加团市委开展的“青年志愿者”义务扫雪活动，完成长江中路省委至大东门附近路段的清扫任务。26日至29日，特警支队连续四天组织值班备勤警力800余人，到稻香楼宾馆、金寨路、金屯立交桥桥面、长江路、蒙城北路以及支队周边地区等进行清雪，帮扶受困群众。

2016年抗洪救灾

2016年6月30日至7月6日，合肥地区连降暴雨，巢湖水域累计降水量达389.9毫米，水位猛涨，接近历史最高水位，超出警戒水位2米左右。包河区16.8千米湖岸线人行栈桥和围堰全部被水淹没；巢湖沿岸41座旅游、货运、渔港码头全面封闭；滨邻巢湖水域的西河、杭埠河、丰乐河、南淝河、兆河等河流沿岸堤坝全面告急。

市公安局成立全市公安机关防汛抗洪救援指挥部，下发《关于切实做好当前防汛抗洪救援工作的实施方案》《关于进一步做好防汛抗洪抢险救灾工作的紧急通知》等文件。

汛期，巢湖水上分局参与抢险救援30余起，出动警力280人次、警车120余台次、船艇60余艘次，处置险情7件次，参与救助被围困群众120余人，抢救遇险群众4人。会同海事、渔政、乡镇街道和涉水企事业单位,组织合肥市水上应急救援志愿者队伍,组成水上应急救援抢险队,配合沿岸乡镇街道突击抢险,成功预警堤坝险情2处,隔离危险码头7处,封闭人行栈桥和围堰20余处。在灾情严重的水域设立3个治安点、2个集结点,强化湖岸线巡逻治安防控和湖区巡查工作。会同乡镇街道干部对码头、栈桥、堤段实行24小时巡逻,加强防汛地段和人员密集场所的重点巡查,严厉打击偷盗、哄抢防汛物资等违法犯罪行为,严保巢湖水域治安秩序总体稳定。

7月2日凌晨,巢湖水上分局接到报警,在肥西县与庐江县交接的航埠河上有一艘渔船遇险,船上还有1名群众受困,请求水上分局快速出警抢险。巢湖水上分局民警左杰夫、王学君立即驾驶冲锋舟赶往事发水域。当天巢湖水面阵风达到7级,航埠河流域浪高1米,遇险渔船已严重倾斜,渔民高某拼命驾驶渔船向岸边冲滩,但渔船速度缓慢,船舱不断进水,部分船体已浸入水面以下,形势千钧一发。两名抢险民警冒着生命危险,顶着湍急风浪,驾驶冲锋舟快速靠向遇险船只,左杰夫在风浪间隙跃上渔船,拉着渔民高某一起跳入冲锋舟内。冲锋舟刚驶离渔船,渔船瞬间被风浪打翻,倾覆到水中。两名民警把群众生命安全放在首要位置,不顾个人安危果断救援,在急难险恶的环境下抢救出遇险渔民。

7月2日上午,巢湖水上分局民警张万龙在执行防汛抗灾巡查任务时,在柘皋河流域发现有3名住在渔船上的群众被围困在圩堤上。柘皋河水已漫过圩堤,圩堤上的水浪不断冲击着这3名遇险群众。张万龙不顾正在上涨的洪水,将绳索系在3个救生圈上,拽着绳索顶着圩堤上不断涌来的水浪,艰难地向遇险群众行进。当到达被困群众后,逐一将系在绳索上的救生圈套在群众身上,自己拉着绳索末端,以防群众被水浪冲走,岸边其他民警拉着绳索另一头,将被困群众及时转移到安全地带。获救群众家属送来热乎乎的姜汤,给救援民警驱寒,并表达深深谢意,连声称赞合肥水警是巢湖渔民的保护神!

7月4日夜,肥东县公安局抽调100余名警力赴南淝河施口段执行抢险任务,经过一夜的手提、肩扛,至5日6时,排除该地险情。7月5日下午,100名民警赴三叉圩执行抢险任务,配合抢险的部队官兵和干部群众,化解该区域险情。7月5日夜间,长临河镇姚埠圩溃堤。23时许,156名警力赴长临河镇执行抗洪救灾任务,民警紧急开展转移群众、营救被困群众工作。参战警力以10人为一组,划分责任区,引导1万余名群众安全转移;组成9个营救被困群众小分队,赴灾区进行巡查,先后营救出100多名被水围困的群众。

7月9日,市公安局团委组织40名青年志愿者到肥东县马湖乡和撮镇镇参加抗洪抢险,慰问受灾群众。志愿者队伍于上午8时到达灾区,随即兵分三路。来自警令部、机关党委以及特警支队的共10名青年志愿者主动请缨,组成"抗洪抢险突击小分队",深入抗洪抢险"最前线"马湖乡一级引水渠南岸,协助当地群众巡查大堤、搬运土包、加固防洪堤坝。经过8个多小时的连续奋战,志愿者们共搬运土包500余袋,筑起一座200多米长的防洪围墙。另外两组志愿者在当地政府工作人员的带领下,分别赶往两处临时安置点,安抚受灾群众,搬运救灾物资。在罗田小学安置点,志愿者们与受灾群众倾心交谈,鼓励他们积极乐观,传递战胜灾情的正能量,帮助他们树立重建家园的信心。在六家畈中学安置点,志愿者们帮助群众打扫场地卫生,搬运矿泉水、大米、方便面等救灾物资计400余件。

第四节　情报研判

市公安局坚持情报信息主导警务的理念,广泛吸收国际国内先进发达地区的情报工作经验,不断加强组织机构建设,建立完善的情报信息平台,构建情报信息体系,抓好情报信息分析研判。

组织机构

2006年2月,市公安局根据省公安厅《2006～2008年全省公安机关情报信息体系建设规划》,明确情报信息机构设置、运行机制、技术平台、人员队伍等方面建设内容,提出通过三年集中建设,建立全市大情报信息体系。4月,市公安局指挥中心设立情报处,与调研处合署办公。7月,市公安局刑警支队将合肥市反恐怖日常工作(市反恐办)和市公安局反恐怖牵头抓总职能移交情报处。2007年8月,情报处从指挥中心调研处划出单列,隶属指挥中心。2015年10月,市公安局设立反恐怖支队,将市反恐办日常工作和市公安局反恐怖牵头抓总职能从情报处剥离,纳入反恐怖支队。

情报处作为市公安局情报综合研判部门,主要负责全市公安情报工作的统筹规划、组织协调、督促指导,统筹警种部门组织开展情报业务应用培训;公安情报信息的汇总梳理、分析研判和生产情报产品;开展全局性的定期、战时和专题情报信息会商,加强重大涉稳隐患的专题预警分析;依托情报平台,24小时值守,做好重点人员预警指令的研判、调度、处置和反馈,会同治安、禁毒等警种,抓好合肥市重点人员社区管控工作;负责提升群众安全感和满意度工作的组织协调、督导检查,对接省公安厅和省统计局民调中心做好群众安全感和满意度调查分析。

情报平台建设

2007年10月,市公安局建成智能核查比对平台,实现对人员、车辆的单条件和批量布控比对。12月,市公安局警令部情报处与信息中心、科大讯飞公司对接,建设完成市公安局综合情报信息平台。

2009年11月,在逐步完善市公安局情报平台的同时,对各分县局、支队情报平台需求进行调研,并于2009年底统一建成分县局和支队情报二级平台,与市公安局情报平台实现实时互联互通、无缝对接。

2010年3月,根据情报信息发展需要,推进情报信息深度运用,建立市公安局、分县局和支队、基层所队三级情报研判机构。10月,市公安局与科大讯飞公司联合研发警情分析、舆情分析模块,并开始试运行,加强对警情和舆情信息的分析研判。是年,建立研判队伍管理、情报信息运行、“日综合、周研判、月分析”常态情报研判会商、考核激励机制,编印《重要信息参考》《每月治安形势分析》《合肥市公安局重要信息参考》《合肥公安维稳专报》《合肥公安情况》等情报产品。

2011年1月,市公安局完善市公安局层面(情报处)、分县(市)局和支队层面(情报中心或大队)、基层所队层面(情报信息室)三级情报研判体系和市公安局、分县(市)局、基层所队三级情报平台建设。市公安局专门招聘4名文职人员,逐条对每日刑事类警情数据进行回访加工,并依托合肥市公安局情报平台警情分析与辅助决策系统,供各分县局和相关警种共享,为科学分析社会治安形势提供客观依据。8月,庐江县公安局经县编委会批准成立情报大队(副科级)。9月,安徽省公安厅确定瑶海公安分局、肥西县公安局、庐江县公安局为全省"大情报"系统建设应用重点推进单位。10月,肥西县公安局经县编委会批准成立情报中心(副科级)。是年,市公安局建成应用情报信息等级评估模块,具体包括搜集上报、筛选评估、评估复核、存储传递、应用反馈、考核奖惩六个环节。

2012年,情报队伍建设得到加强,其中专职民警125名、文职人员有79名。市公安局印发《关于进一步加强公安情报信息工作的意见》,明确情报信息工作的指导思想、工作目标、职能定位、重点工作和工作要求。同时出台《合肥市公安机关情报信息研判会商指导意见》,明确研判会商的目标、原则、程序和市公安局、分县(市)局、基层所队各级研判会商的重点。是年,巢湖市公安局成立情报信息中心(副科级)。

2013年10月,在多次征求各级情报民警和一线民警意见与建议的基础上,完善市公安局情报平台二期的建设规划,提交科大讯飞公司开始建设、上线测试。同时,在情报平台增加网上摸排分析模块,完善批量比对功能。是年,肥东县公安局经县编委会批准成立情报大队(副科级)。

2014年5~6月,结合工作实际和各单位的相关意见与建议,完成合肥市公安局情报平台二期建设和优化。5月27日,开展情报二期三级平台切换培训。6月25日对市公安局、分县(市)局和派出所三级情报平台进行切换,并开展应用培训、高级用户权限申报、用户调整等工作。9月,肥西县公安局情报中心被公安部情报中心确定为工作联系点。10月,在深入总结和固化"日综合、周研判、月分析"常态研判会商、战时情报研判集中会商、重大涉稳隐患专题分析研判、重要情报信息核查反馈等工作机制的基础上,市公安局制定印发《合肥市公安机关情报信息会商办法(试行)》,明确情报信息会商的单位、形式、内容和要求。

2015年1月,将原有的情报产品《重要信息参考》,拆分为《公安情报信息》《警务决策参考》。其中,《公安情报信息》侧重于编报日常动态性、重要性的情报信息综合分析、战时研判会商、重要预警通报等内容;《警务决策参考》侧重于综合性及专题性分析研判、阶段性全市治安态势分析、外地新型警务工作经验推介等内容编报。同时,对外载体与警令部指挥调度中心统一使用《合肥公安信息快报》。4月,市公安局制定印发《合肥市公安机关警情研判工作规范(试行)》,在情报平台开辟"警情研判"栏目和每日、每周、每月警情研判产品,建立市公安局、分县(市)局、基层所队"三级"警情研判机制,以刑事类警情研判为切入点,开展"日、周、月"常态化警情研判,并将其纳入年度绩效考评。同年4月,在市公安局情报平台搭建刑事警情、案件预警分析研判模型。2016年3月,庐江县公安局情报大队被公安部情报中心确定为工作联系点。

情报信息采集与培训

2008年8月，市公安局制定印发《派出所基础信息数据质量考核评分办法》。

2009年9月，市公安局制定印发《合肥市公安局情报信息考核办法》《合肥市公安局信息纠错考核办法》，从源头上提高基础信息质量。

2010年4月，市公安局制定印发《合肥市公安机关情报信息工作暂行规定》《合肥市公安机关情况类情报信息主要报送范围和类型（试行）》《合肥市公安机关情报信息采集录入暂行办法》《情报信息工作考核办法》《信息纠错工作考核办法》。8～11月，市公安局情报部门深入各分县局、基层所队开展专题调研，收集基层单位对情报工作的意见与建议，深入了解基层刑侦部门在实战中情报信息应用情况。

2011年6月，根据公安部、省厅和市公安局关于“清网行动”的部署要求，制定印发《关于积极参与“清网行动”、深入开展情报研判会战的通知》《关于做好网上在逃人员基础信息采集工作的通知》，统筹各级综合情报部门积极参与开展“清网行动”，加强对在逃人员红色预警指令的现场快速抓捕、后续分析研判和处置反馈工作。同时，与刑警、网安、禁毒等有关部门协同作战，合力开展“清网行动”，并广泛收集典型经验和成功案例，编发简报予以推广。“清网行动”期间，通过系统比对抓获89人，情报部门参与研判获得线索抓获35人。9月，市公安局制定印发《合肥市公安机关“大情报”系统基础信息采集工作实地检查测试办法》，加强旅馆、网吧、留宿洗浴场所实名制信息采集上传等工作。借鉴香港情报工作先进做法，经调研，9月1日全面启动情报信息等级评估工作，市公安局制定印发《合肥市公安机关情报信息等级评估工作规范》，主要针对预警类、线索类情报信息，按照“3×3”模式，从情报信息来源可靠程度（可靠、基本可靠、不详）和情报准确程度（准确、基本准确、无法判断）两方面进行评估，评估工作均依托情报平台完成。此项工作机制被评为安徽省公安机关“三项建设”优秀项目。是年，市公安局组织开展各类情报业务培训12次，培训人次2700余人。组织民警编写公安情报岗位题库，并将培训内容与题库编写紧密结合，做到学以致用、学用相长。

2012年2～6月，市公安局抽调瑶海分局、庐阳分局、肥西县局、刑警支队4个单位情报民警，组成合肥市公安情报“大培训”及宣讲活动小组，围绕公安情报重点工作及4个宣讲单位的经验做法，历时3个多月，到全市12个分县（市）局开展情报“大培训”及宣讲活动，参训民警达3500余人次。6月，组织开展市公安局情报研判“大比武”活动，市公安局有600余名民警参加比武。7月25日，市公安局组织召开全市公安情报“大比武”颁奖会。

2013年，按照公安部、安徽省公安厅部署，自1月17日起开展为期2个月的“打盗抢、保民安”专项行动。市公安局情报部门协助打处715人，其中通过研判抓获在逃人员207人，协破案件1973起。同时，在安徽省公安厅情报处组织开展的“情报研判大比武”活动中，市公安局各级综合情报部门推送情报研判单1035条，抓获各类违法犯罪嫌疑人1126人，协助破获案件2288起。4月，根据省公安厅情报处协查指令，协调刑警支队、行动技术支队、庐阳分局等部门协同作战，成功将影响恶劣的长沙“3·30”涉枪命案主要嫌疑人李某佳在肥抓获。4月，组织情报骨干力量深入各分县（市）局开展情报轮训工作，培训

1500余人次。6~10月,统筹各分县(市)局和国保、治安、刑警等警种部门,以情报分析研判、综合研判案例和技战法及重点人员社区管控为主要内容,组织开展2013年全市公安情报"大比武"活动。

2014年4月、6月,围绕情报重点工作和派出所"三全"警务机制改革,组织2期治安类基层所队领导干部集中培训班和"三全"警务机制改革社区警务类教官情报业务培训,在经开、庐阳分局开展重点人员管控工作培训。7月,围绕上半年社会治安形势分析(团体)和重点人员社区管控(个人)等主题内容,组织开展公安情报"大比武"活动。

2015年,市公安局情报部门会同肥西县公安局情报中心,通过全国情报协作,在山西太原抓获肥西县2名命案逃犯。庐江县公安局情报大队以"六联战法",协助阜阳市公安局抓获冒用身份潜逃14年的命案逃犯,省公安厅情报部门以简报形式作为经验推广。

2016年,市公安局成立由市公安局主要领导任主任、其他局党委成员为副主任的合肥公安情报工作委员会,制定印发《合肥公安情报工作委员会章程》,加强对公安情报工作的组织领导、统筹规划、督导落实。8月4日,在庐江召开全市公安机关综合情报工作现场会,实地总结交流庐江县公安局等单位综合情报研判经验做法,研究部署综合情报重点工作。推进"情指一体化"工作,按照"先行进驻、逐步完善"的思路,警令部情报处采取"一警一辅"模式,进驻市公安局指挥大厅,做好重大敏感警情的情报支撑、追踪督办等工作。警令部情报处申报开发"建设地缘性犯罪群体流入分析预警模型",并荣获2016年优秀"微改革、微创新"项目。肥西县公安局情指联动快速抓获2名外省命案逃犯。庐江县公安局流入人员嫌疑度分析"3×3"模型技战法获得省公安厅情报指挥中心通报表扬,特别是流入人员嫌疑度分析"3×3"模型技战法被《公安大情报系统应用技战法汇编》刊载。庐江县公安局情报大队还就此技战法在全国公安综合情报部门动态管控技战法培训班上作经验介绍。此外,庐江县公安局情报大队以信息化深度应用创新"案前发现"机制荣获全市公安机关改革创新大赛三等奖。

第五节 反恐怖工作

自20世纪90年代发生在新疆的"巴仁乡暴乱"第一起恐怖事件起,暴力恐怖事件在新疆和内地相继偶有发生。特别是2001年美国"9·11"恐怖袭击事件发生后,全球反恐怖主义格局发生深刻的变化。2009年,新疆"7·5"严重暴力犯罪事件发生,合肥市公安局先后派遣三批次300余名特警赴疆参加反恐怖平暴任务。以2013年北京"10·28"和2014年昆明"3·1"恐怖事件为标志,暴力恐怖活动已从边疆走入内地。合肥作为内地省会城市,反恐怖斗争形势也日趋严峻。市公安局认真贯彻上级反恐怖工作部署,按照"打防并举、源头治理、依靠群众、抵御渗透"的原则,不断加强反恐怖组织和力量建设,认真抓好各项反恐怖措施的落实,扎实加强反恐怖基础工作,着力提高反恐怖斗争主动性。2008年12月,在北京奥运会、残奥会期间,市公安局被国家反恐怖工作协调小组授予"北京奥运会、残奥会反恐怖工作先进单位";2010年12月,在上海世博会举办期间,市公安局被国家反恐怖工作协调小组授予“上海世博会反恐怖工作先进单位”。

组织机构　目标单位

2007 年 1 月，合肥市比照“安徽省反恐怖工作领导小组”的组成，成立由 26 家相关市直单位为成员的“合肥市反恐怖工作领导小组”，办公室设在市公安局（以下简称市反恐办），由市公安局负责人担任办公室主任，刑警支队承担市反恐办日常工作职能和全市公安反恐怖工作。合肥市反恐怖工作领导小组成立后，每年均召开全市性工作会议，通报形势，研究部署反恐怖工作具体措施。

2009 年，经市公安局党委研究决定，市反恐怖工作领导小组办公室调整由市公安局指挥中心负责。

2011 年 1 月，市反恐办根据合肥市反恐怖斗争形势和工作实际，适时对合肥市反恐怖工作领导小组成员单位和全市反恐怖重点目标单位进行调整，成员单位从 26 家增至 31 家。

2012 年 3 月，市反恐办结合全市经济社会发展状况和反恐怖斗争形势需要，将合肥市 31 家企事业单位纳入反恐怖重点目标单位进行管理，并逐一签订《反恐怖防范工作责任书》。是年 5 月，合肥市反恐怖工作领导小组成员单位从 31 家增至 34 家。

2013 年 1 月，市反恐办与全市反恐怖重点目标单位签订《2013 年度反恐怖安全防范责任书》。

2014 年 5 月，市反恐办根据上级要求和文件精神，将全市反恐怖重点目标单位调整至 120 家（A 类省级 41 家、B 类市级 50 家、C 类区县级 29 家），涵盖党政机关、民生设施、信息通信、人员密集场所、危爆品企业类和教、卫、科、经共六大类。是年 5 月 29 日，市委、市政府组织召开全市反恐怖维稳工作会议。就学习贯彻习近平总书记等中央领导重要批示、指示精神，切实强化党政部门反恐怖工作齐抓共管责任，全面打好反暴恐人民战争作了全面部署，全市反恐怖工作上升到全市“一盘棋”的高度来推进和落实。会后，全市各县区（市）、管委会均成立反恐怖工作领导小组，落实专门工作机构和人员，各项反恐怖工作逐步推开。

2015 年 6 月，市公安局反恐怖工作领导小组对成员单位和联系单位进行调整，调整后成员单位 39 家、工作联系单位 8 家，并重新调整确定 127 家、6 大类反恐怖重点目标和要害部位（省级 42 家、市级 53 家、区县级 32 家）。是年 7 月，市委常委会 2015 年第十七次会议研究决定，同意合肥市公安局设立反恐怖支队，负责合肥市反恐怖工作领导小组办公室和市公安局反恐怖牵头抓总工作。10 月，市公安局反恐怖支队正式设立，先期从市公安局其他部门抽调人员，落实警力，并由支队领导带领民警赴外地开展为期一个月的跟班学习。随后采取全局公开遴选的方式，选调民警充实反恐怖警力。

2016 年 4 月，合肥市反恐怖工作领导小组对成员单位和联系单位进行调整，调整后成员单位 44 家、工作联系单位 8 家。市公安局反恐怖支队经过细致摸排筛选重新调整确定 130 家、6 大类反恐怖重点目标和要害部位（省级 41 家、市级 54 家、区县级 35 家）。

措施与成效

2009年8月20日,市反恐办组织所属相关警种,结合公安部对合肥反恐怖防范工作明察暗访中发现的问题,依据公安部《国家反恐怖防范督导检查工作规定(征求意见稿)》《反恐怖防范工作责任制(征求意见稿)》,研究建立内部联合督导检查机制;9月上旬,市反恐办牵头组织对全市重点单位及要害部位再次进行防范恐怖袭击专项检查,落实相关安全措施,以确保合肥市在国庆60周年期间的绝对安全。是年9月27日下午,合肥市反恐怖领导小组组织开展全市反恐怖应急力量紧急拉动演练。当日15时32分,演练开始,各相关单位分管领导、反恐怖专家及全市反恐怖应急力量,携带相关装备迅速赶到指定位置集结待命,完成紧急拉动预定目标。

2010年12月3日,苏浙皖沪四地公安机关进行城市反恐怖警务协作,并建立反恐怖警务联勤机制,加快反恐怖警务一体化建设。四地反恐怖部门研究制定《苏浙皖沪三省一市公安反恐怖部门区域警务合作办法》,每年召开一次会议,交流各地工作经验,共商深化反恐怖区域警务合作有关事宜。合肥市公安局作为安徽省会城市的公安机关,每年都参加警务协作会议,开展省会城市反恐怖交流活动。

2011年1月12日,公安部反恐怖局应急处处长杨伟明到合肥市公安局调研城市反恐怖应急防范工作。4~8月,市反恐办先后开展两轮次的重点目标和要害部位安全防范检查。与此同时,合肥市建立反恐怖应急力量,组建反恐怖专家队伍,制定《合肥市处置大规模恐怖袭击事件基本预案》《合肥市处置严重暴力恐怖事件预案》《合肥市处置生物化学恐怖袭击事件预案》《合肥市处置大规模爆炸恐怖袭击事件预案》《合肥市处置重大劫持恐怖事件预案》《合肥市处置水源投毒恐怖事件预案》等预案。12月18日,市反恐办以疑似爆炸恐怖袭击事件为内容,在市公安消防支队训练基地组织开展代号为"使命2011"的反恐怖应急拉练活动。

2012年,市反恐办根据反恐怖形势变化,加强反恐怖应急力量和反恐怖专家队伍建设,全面修订完善《合肥市处置恐怖袭击事件基本预案》《合肥市反恐怖应急指挥工作规程》及相关子预案,并组织开展代号为"雷霆2012"反恐怖应急演练。是年6~9月,还采取明察暗访的形式,对全市部分反恐怖重点目标单位开展反恐怖安全防范检查。11月,又组织专人对中共十八大召开期间合肥市反恐怖安保工作开展情况进行抽查,确保十八大会议安全顺利召开。

2013年2月27日,安徽省反恐办主任、省公安厅副厅长陶海一行,对合肥市2家反恐怖重点单位的安全防范工作进行实地督导检查。8月,第二届南京亚洲青年运动会期间,市反恐办牵头组织开展对省、市重点目标单位反恐怖安全检查。10月29日,市反恐办下发通知,开展全市反恐怖重点目标和要害部位安全防范大检查,对存在安全隐患的重点目标单位,下达隐患整改通知书,限期整改。是年,合肥市反恐办还研究制定《合肥市处置多点连环恐怖袭击事件工作预案》;11月20日上午,市反恐办会同市政府应急办,以处置生物化学恐怖袭击事件为主要内容,在市公安局特巡警支队组织开展"雷霆2013"反恐怖应急拉练和现场处置模拟测试活动。

2014年5~9月,市公安局党委副书记、副局长张华,党委委员、纪委书记程光祥先后多次带领工作组深入庐阳分局逍遥津派出所，调研指导维稳和反恐怖工作，实地检查督导重点区域的社会面防控和应急处置工作。实地检查了解瑶海分局和铁路公安协作配合、信息互通、资源共享、联勤联动、定期会商等工作机制落实情况，与合肥铁路公安处、瑶海分局及相关支队负责人就反恐怖防范工作进行座谈讨论。5月20日，市公安局采取“红蓝对抗”的方式，以“不扰民、不致恐慌”的原则，紧扣“指挥调度、现场处置、外围封控、围堵抓捕、舆情引导”等实战环节，采取事先不打招呼的办法，先后在瑶海区和平广场以及经开区环湖路与翡翠路交口，设置多名“恐怖分子”突然持刀行凶、分头逃窜为模拟警情，开展反恐怖处突实战演练。6月30日，市反恐办再一次组织开展反恐怖防暴警情处置综合演练。7月2日上午，市公安局组织召开“6·30”反恐怖防暴警情处置演练点评会议。

是年，在“上海亚信峰会”期间，市公安局先后参与并组织开展3次不同规模、不同层次、不同内容的反恐怖实战综合演练。10月26日下午，安徽省反恐怖工作领导小组在合肥市公安局特警训练基地举行“江淮2014——利剑行动”反恐怖综合演习。省、市有关领导，以及中央、省级主要新闻媒体代表共200余人到场观摩。演习动用8支处置队伍、数百余名应急力量和近百台应急车辆。整个演习持续90分钟，对各部门合成作战、快速反应、现场处置和反恐怖应急指挥（包括急救、交通、通信）等综合保障能力进行全面检阅。

2015年1月10日上午，市反恐办在市区淮河路步行街，举办一场主题为“严防严打暴力恐怖活动，确保人民生命财产安全”的反恐怖防恐怖集中宣传活动。通过设立反恐怖常识宣传展板、利用LED屏幕滚动播放标语等方式，讲授如何发现识别可疑人员、物品和可疑行为，掌握紧急情况下避险、自救互救的知识和技能。市反恐办和属地庐阳公安分局、逍遥津派出所工作人员与群众零距离接触，面对面互动，免费发放《公民防范恐怖袭击手册》和宣传资料1000余份，现场解答群众咨询百余次。6月27日上午，国家反恐怖工作领导小组第四督导检查组莅临合肥市检查指导反恐怖工作，听取工作情况汇报，检查有关台账，并实地进行检查。7月30日，公安部反恐怖督导检查组也前来合肥市公安局督导检查反恐怖大排查等基础工作。督导检查组观看全市公安工作汇报片，深入合肥市公安局庐阳分局、巢湖市公安局进行实地督导。7月，市反恐办开始在全市范围内进行为期一年的以“共筑反恐防线、共护平安合肥”为主题的防范恐怖袭击宣传教育培训活动。是年，市反恐办制定《合肥市反恐怖专家咨询组工作规则》及相关区域暴恐案事件应急处置预案。12月29日，由省反恐办、省公安厅主办，市反恐办和合肥市公安局承办，上海铁路局合肥站等相关单位协办，在合肥市举行“江淮2015——利剑行动”反恐怖综合演习。

2016年，市公安局围绕习近平总书记到合肥视察、杭州G20峰会等重要时间节点，加强反恐怖、维稳和安保工作。市公安局强化对反恐怖重点目标和要害部位安全防范，先后对全市130家反恐怖重点目标单位安全防范工作开展专项检查。1月，省反恐怖工作领导小组、公安部督导组先后实地检查指导反恐怖工作，查看路地联勤联动工作开展情况，重点地区人防、物防、技防建设。后在市公安局专题听取全市反恐怖工作汇报。1月29～30日，公安部督察专员曾伟一行4人及安徽省公安厅有关负责人到市公安局检查督导春节期间反恐怖安保工作。3月1日，市公安局召开全市公安反恐怖工作会议，分析形势，部署工作。会上以市“两办”名义下发《关于进一步加强我市反恐怖工作的实施意见》，建立反恐怖年度履职书面报告制度，落实全市反恐怖安全防范责任。建立完善涉恐人员“采集录入、跟进核查、研判拓展、动态管控”四位一体工作机制,落实“四见、四知、六必查”工作措施。3月22日下午,公安部反恐怖局南阳工作站站长许宏伟一行,专程到市公安局瑶海分局、新站分局调研指导反恐怖工作。

是年5月5日,市反恐办组织召开全市反恐怖工作会议,学习贯彻习近平总书记在中央政治局常委会上关于反恐怖工作的重要讲话精神,总结反恐怖工作,分析当前面临的形势,并就进一步加强和改进全市反恐怖工作进行强调部署。7月5日下午,G20峰会安保期间,市公安局结合实际,有针对性地加力部署开展反恐怖维稳工作。9月28日,由合肥市应急办、反恐办、轨道办主办,合肥城市轨道交通有限公司承办,合肥市公安局、合肥市安监局、合肥市交通局等相关单位联合协办,在合肥轨道交通1号线九联圩站开展轨道交通反恐怖火灾综合应急演练。上午9时,演练模拟一名男子在一辆即将驶入站台的列车中将随身携带的爆炸装置在车厢内引爆,车厢起火,燃烧瞬间产生大量烟雾,监控显示2名乘客受伤。接警后,车站周边巡逻警力,特警反恐怖突击队员、排爆员、狙击手和消防支队迅速就位,积极配合各应急救援部门,共同完成处突救援任务。此次演练包含警情通报、应急响应、群众紧急疏散、现场封控救援、交通管制与疏导、人质解救、搜排爆等多个环节,集中展示各参演单位协同配合、救援处置的能力水平。

11月16日下午,由合肥市反恐办、合肥市公安局、合肥市教育局主办,合肥市第六中学承办的反恐怖防范宣传“进校园”主题活动在第六中学正式启动。各县(市)、区、管委会反恐办和教育部门、市管学校负责人,以及合肥第六中学师生和家长代表,共计200余人参加活动。活动现场采取散发宣传品、播放视频、签字承诺等形式,部分学生和家长代表在《致学生家长一封信》上签名,扫描并关注“合肥反恐”微信公众号。活动中,共散发笔记本7000余本、书签8000余个、水笔400余个、雨伞300余把、扑克牌500余副、购物袋800余个、折扇300余把、宣传画册和《反恐怖主义法》知识手册600余本、《致学生家长一封信》6000余份、安徽省公安机关《群众举报奖励办法》10000余份。

第三章　特(巡)警建设

合肥公安特警是公安机关中的一支尖刀力量,在维护稳定、打击犯罪、反恐处突、抢险救援等工作中发挥着十分重要的作用。2006年,根据公安部的警种划分和有关反恐突击任务要求,合肥市公安局特(巡)警支队挂牌组建,实行特警、巡警"一套机构、两块牌子",下设5个机关科室、9个业务大队,在职民警352人。2016年,巡警六大队、七大队编制及人员划转至驻点所在属地包河分局和蜀山分局管理使用。

合肥公安特警主要担负处置暴力恐怖犯罪事件、处置严重暴力性犯罪事件、处置暴乱骚乱事件、处置大规模聚众滋事等重大治安事件、处置对抗性强的群体性事件、担负特定的巡逻执勤任务、为危难群众提供紧急救助服务以及其他应当由公安特警队承担的特殊任务。自组建以来,合肥公安特警发扬"特别讲政治、特别守纪律、特别能吃苦、特别能战斗、特别能奉献"的五种精神,较好地完成各项"急、难、险、重"任务,并多次参与和完成国家任务。

第一节　特警训练

基础训练

基础训练也称普通训练,包括队列、体能、基础射击与实战应用射击、徒手防卫与控制、基础驾驶技能、通讯联络、战伤自救互救、战术基础训练等。

2006年9月,特警进驻安徽公安职业学院进行封闭式集中强化训练。以军事化管理为主线,以教育训练为重点,以实战练兵为目的。通过近2个月的强化训练和队伍管理,实现"三转变、三提高",即队伍的精神风貌得到明显转变,民警的纪律作风得到明显转变,队员的综合素质得到明显转变;民警的思想认识得到提高,队伍的正规化管理水平得到提高,民警应对突发性事件和实战能力得到提高。集训期间,从建章立制入手,研究制定《合肥市公安局特(巡)警支队规章制度汇编》,对特警的队伍建设、警务训练、内务管理、执法执勤、后勤保障等作出具体规定。在训练场上开展"比士气、比作风、比成绩"活动,特警队员做到敢打敢拼、刻苦训练、轻伤不下火线;集训中,确定"练实基础、练熟技能、练活应用、练精指挥"的训练目标,以突出"苦练基本功"为重点,坚持平战结合,注重实战训练,在提高特警队员的基本政治素质、基本体能、基本战术和实战能力上下功夫,全面提高特警队伍的整体素质和战斗力。截至年底,3千米长跑考核中,特警队员达标率为

100%,满分优秀率达到71%;与训练初期的摸底考核相比,100米考核达标率提高34%,1000米考核达标率提高49.5%。

2007～2009年,特(巡)警支队基础训练工作主要贯彻落实《公安部关于切实加强公安特警队伍建设的意见》,将训练应用作为基础训练的重点,在传统队列训练、体能训练的基础上添加徒手防卫与控制、战伤自救互助、警用装备的使用等实操性科目。训练形式,由过去单一的支队统一训练发展为以大队为单元的分组训练。

2007年,特(巡)警支队在搬至蒙城北路临时办公楼后,存在无训练场地、工训矛盾突出等问题。支队与有关单位联系,解决训练场地的问题,保障训练工作正常开展。在日常训练方面,特(巡)警支队坚持基础训练与专业训练相结合、日常训练与集中训练相结合、单兵训练和队组训练相结合的训练模式。在专业技能训练方面,针对反恐突击大队、工化排爆大队、警犬大队专业化强的特点,支队创造条件,保障专业训练工作的正常开展。1月,特(巡)警支队重组反恐突击大队,除正常开展勤务外,每周组织人员到大蜀山进行体能训练,努力提高体能素质,并与省武警总队联系,到武警学院进行强化集训。

2008年,特(巡)警支队根据市公安局"战训合一、轮值轮训"的要求,以反恐、防暴、处突、巡逻四大任务为目标,围绕职责任务,积极开展警务技能训练,走专业化道路;抓训练、强技能,不断提高攻坚突击能力。支队每周制定训练计划,按纲施训,按照特警队伍3个"三分之一"的要求,每天各大队至少安排三分之一的人员进行队列、擒敌拳和体能等训练,结合特警工作职能和具体要求,定期组织考核,在队伍中形成"以考促练、以考促精"和"比、学、赶、超"的良好局面。同时,以计算机基础知识、文字编辑、网上公安基本业务操作、办公自动化和软件安装、病毒防护等为重点内容,对全体特警进行信息化业务技能培训。

2009年3月,特(巡)警支队开展以警务理论、警务技战术、队列、射击、体能在内的6个项目的警务训练"大考核、大竞赛"活动,历时64天,参加考核民警达324人。

2010年,特(巡)警支队贯彻落实胡锦涛总书记关于"建立一支特别能战斗的特警队伍"重要指示精神,坚持"从严、从全、从细、从实"的要求,确保全员额、全科目的开展训练工作,规范和制定各项训练考核制度,立足特(巡)警岗位职责实际情况,坚持"普训常态化,专训突出化"。认真吸取其他地市特(巡)警工作经验,在及时总结基础上,开创"361"训练模式(30%体能、60%技能战术、10%理论研究)。特别注重加强新招录特警队员培训工作,坚持"六练"教学,即练思想、练行动、练纪律、练作风、练技能、练本领,以培养新警员养成优良的作风,提高基本素质和综合能力。如:特种战术基础动作、散打实战对抗、群体(突发)事件处置战术等。此外,有针对性地开展警体赛事专项训练,切实提高体育技能和水平。5月,特(巡)警支队举行以"反骚乱、反爆炸、反恐怖袭击、反劫持人质"为主题的大规模反恐处突综合演习。是年,特(巡)警支队除常规业务训练考核外,组织开展各类专项训练、考核10余次;参与训练考核的民警达2000多人次,优秀率90%,合格率100%。

2011年,特(巡)警支队以组建"黑豹"突击队为契机,不断创新"高、精、尖"实战科目演练,以合成演练为平台,不断提升合成实战能力。全年组织各类专业科目训练21项,组织战训考核10次,参训人员400余人次,实现"分类培训、全员覆盖、重点突破"。与此同时,特(巡)警支队承担省、市各类考核教官培训任务10余次,完成各类参观及汇报表演任务20余次,参加全国、省、市各类体育比赛6次。先后完成反劫持大巴、反劫持人质、暴力性群体性事件处置,警犬防暴队形及战术演练,以及100米手持气球靶、50米打硬币、50米头顶苹果靶等实战科目的演练。

2012年,特(巡)警支队结合岗位及警种职责任务,开创新的训练考核模式,坚持"普训常态化,专训突出化"。加强新招录特警队员培训工作,实现新警培训常态化,建立民警训练考核档案。

2013年,特(巡)警支队选调40余名专职教官组成编委会,成立体能、射击、搏击、攀登索降、战术、游泳、救护、狙击、安检排爆、警犬技术10个科目编研组,编写出《合肥公安特警训练教材》上、下册(基础篇、专业篇)。按材施训,全面开展"大培训、大比武"活动。以"贴近实战、服务实战、指导实战"为目标,以全市教育训练现场会为契机,以"苏浙皖沪特警大比武"为平台,以公安部《公安特警队训练大纲》为基础,科学设置层级训练考核制度,合理设置战训轮训科目内容,注重专业大队合成演练和教官队伍自身建设,全面、规范建立民警个人训练档案。除"黑豹"突击队、案件排爆大队、警犬技术大队、警务航空大队自行开展专业训练外,支队全年组织开展各类警务技能培训23起,培训人员1325人次。

2011~2016年,训练内容不再局限于以往单一模式及标准,根据各大队担负的职能不同,分为专业大队、特警大队和巡警大队3个层级进行,各个层级所设置掌握的科目不同,标准不同,训练时间和要求也不同。

专业训练

狙击手训练　合肥特警狙击手隶属于特警一大队,有狙击手6名,除参加勤务或法定休假外,全部处于实战实训状态。2007~2016年,狙击手训练以持续睁眼长时间瞄准、听口令射击、剧烈运动后的快速射击、对玻璃后目标射击等训练方法,重点强化狙击手个体对固定目标、隐显目标射击训练,以及夜间射击和仰、俯角射击训练。注重狙击手心理训练和战斗小组配合射击训练等。2014年,"第四届苏浙皖沪区域特(巡)警队大比武交流活动"中,合肥参赛特警狙击手荣获狙击枪科目单项及团体全部第一。2015年,根据公安部《关于组团代表中国前卫体协参加第十四届世界军警狙击枪比赛的通知》要求及省、市领导批示,特警支队组队参加6月下旬在匈牙利布达佩斯举行的第十四届世界军警狙击枪比赛,与来自全球近20个国家的75支代表队150名队员齐聚一堂,通过比赛相互交流。在训练、比赛中,2名参赛队员克服时差困扰、水土不服、天气多变、饮食习惯差异、住宿条件艰苦等诸多困难,每天训练、比赛十四五个小时,皮肤晒伤,脚上磨出血泡,却没有丝毫畏难情绪。在面对国外训练精良的狙击高手及他们装备的领先国际水平狙击步枪时,2名队员表现出顽强拼搏的意志品质和敢打敢拼的优良作风,得到大赛组委会和其他参赛队的赞誉。

安检排爆训练　2007年3月,工化排爆大队(安检排爆大队前身)借用武警安徽总队第五支队的训练场地,学习专业的排爆技术,熟练掌握关于爆炸物处置的基本程序和排爆专业知识,汲取宝贵的排爆经验。7月,反恐突击大队到省武警指挥学院进行为期2个月的封闭强化集训,迎接全国特警大比武活动。

2008～2016年,特(巡)警支队一方面将特警队员送至外地学习安检排爆知识技能,另一方面邀请安检排爆专家到支队授课。通过学习与训练,系统掌握爆炸犯罪的类型、常用手段、爆炸装置和起爆装置的识别、爆炸物专业处置技术、处置器材和防护器材运用,以及涉爆现场和未爆现场的处置原则和程序等,逐步建立起一支专业安检排爆人才队伍。2015年11月3日上午,由市公安局特(巡)警支队承办第十四届中国公安安检排爆技术研讨会开幕。全国知名排爆专家和全国重点城市特警支队领导及业务骨干约160人与会,这次会议是迄今为止规模最大的全国安检排爆技术交流的盛会,对合肥乃至全国安检排爆工作的发展起到了积极的推动作用。2016年,在全省公安特警实战技能比武中,合肥特(巡)警支队荣获安检排爆科目团体第一名、特警陈会获安检排爆科目个人第一名。

黑豹突击队训练　2010年,市公安局组建黑豹突击队。该突击队设在特(巡)警支队一大队,“一套班子、两块牌子”,由部分体能技能精湛的队员组成。主要任务是反恐处突。黑豹突击队作为处突的攻坚力量,平时除执行勤务或少数人员法定休假外,处于全训状态。黑豹突击队训练采取全封闭式管理模式,在借鉴发达国家突击队训练科目、手段的基础上,依照《公安部特警训练大纲》和特(巡)警支队《训练实施纲要》,制定符合实战的体能、技能、战术、枪械、特种装备运用及反恐突击综合训练计划和考核标准。2011年,黑豹突击队15人赴北京特警总队进行为期3个月的封闭学习与训练。2013年,黑豹突击队15人赴北京武警特警学院进行为期1个月的封闭学习与训练。

2012年11月21日13时50分,市公安局指令:包河区大圩乡黄岗村有一头疯牛可能伤人,要求特(巡)警支队安排持枪警力赶往现场,协助包河公安分局处置。接警后,特(巡)警支队迅速安排一大队组织一个战斗单元,携带95式突击步枪火速赶往现场。到达现场后,处置特警与分局警力迅速沟通,掌握到疯牛系大圩镇引进的生态牦牛,于21日早晨挣脱缰绳,并追顶过往路人。随后,特警一面协助分局疏散围观群众,一面根据地形制定作战方案。14时23分,特警抓住战机将疯牛击毙。

2014年3月24日16时35分,合肥特警接市公安局指令:蜀山区邮电学院南侧一居民区内发生持刀劫持人质事件。接指令后,合肥特警黑豹突击队迅速赶往现场。依据在途中了解的现场情况和信息,进行人员分工和战斗动员。现场位于一幢老式居民楼五楼的三居室内,房屋坐南朝北,南北两侧所有窗户均安装钢筋防盗窗,房屋南侧有一阳台,阳台被塑钢窗密封且所有窗户均锁闭,仅有东侧一扇窗户未锁闭。嫌疑人挟持人质在客厅和厨房的过道上来回走动。此时,在现场北侧狙击点的狙击手汇报,由于现场楼层外侧附属物较多且室内光线黑暗,因此射击角度和条件均不理想。17时15分,现场指挥部依据现场情况,最终确定两套突击方案。方案一是从嫌疑人所在房屋正门突入,从南侧阳台索降策应。方案二是利用谈判人员与犯罪嫌疑人的交谈吸引其注意,从南侧阳台索降突入,正门策应。17时20分,依据现场侦察的情况反馈,嫌疑人所在506房间防盗门反锁,且用铁丝绳索将防盗门缠绕拴死,如从正门突入,必然要进行破拆作业。在此过程中,如果被嫌疑人察觉,极有可能激怒嫌疑人使其做出伤害人质的行为。因此,方案一从正门突入不适合现场情况。报告市公安局现场指挥部后,现场指挥部指令采用方案二,如谈判不成功,则从南侧阳台突入解救人质。随后,各战斗小组按照分工迅速展开处置准备工作。17时30分,两组突击队员从南侧阳台索降进入室内,伺机处置。17时35分,突击队员汇报,嫌疑人挟持人质退入卫生间内,关上房门与警察对峙,并企图伤害人质。现场指挥部下达命令:在确保人质安全的前提下,果断处置。两组突击队员接到指令后,迅速推进至卫生间门外,经过手语交流分工,一组队员负责破门及掩护工作,另一组队员负责制服嫌疑人和解救人质。17 时 40 分,嫌疑人情绪突然激动,意图伤害人质。两组突击队员根据分工瞬间突入卫生间,此时,嫌疑人举刀向突击队员迎面砍来,突击队员果断开枪,击伤制服嫌疑人,人质被解救。

警犬训练　1995 年,市公安局成立警犬队,警犬基地位于包河区大墙路(现包河大道),隶属刑事警察支队。2005 年,警犬队划给防巡支队管理,警犬基地搬迁到岗集公安培训学校对面。2006 年,特(巡)警支队组建后,成立特警八大队(警犬技术大队)。2011 年,警犬基地迁至包河区花园大道特(巡)警支队训练基地。2016 年,特(巡)警支队有警犬 26 头(工作犬 16 头,受训犬 10 头),警犬品种有德国牧羊犬、史宾格犬、拉布拉多犬、马里努阿犬、罗威那犬,犬舍 24 间。

1996～2005 年,由于人员和警犬数量不足,警犬队训练场地狭小,警犬队的训练科目比较单一,主要以刑侦犬训练为主,其中警犬追踪是重点,同时也开展警犬搜爆训练和警犬搜毒训练。

2006～2011 年,特(巡)警支队警犬训练科目仍然比较单一,主要是训练警犬搜爆、搜毒,同时开展治安犬训练等。

2011 年,特(巡)警支队制定《警犬训练计划》《带犬民警训练守则》《警犬大队训练流程》《警犬技术大队作训规范》等训练规范和训练计划,重点训练警犬追踪、鉴别、搜捕、血迹搜索、搜爆、搜毒等。由于国内警犬血迹搜索训练处于起步阶段,在没有相关理论教材和实践经验的条件下,只能自主完成警犬血迹搜索的训练工作,但在公安部警犬考核中,却达到三级血迹搜索犬能力的标准(最高级别标准)。

2013～2016 年,制定《警犬技术大队作训方案》,警犬训练主要采用集中训练和分散训练相结合的方法。集中训练,让每一名民警能够了解每只犬的作业情况和训练中的不足,并且提出解决方案提供参考;分散训练,针对各犬在训练中的不足进行有针对性的训练,提高警犬的作业能力。

2005～2016 年合肥市公安局警犬技术大队民警发表论文一览表

表 3－1

年　份	论文名称	作者名次	刊物名称	主办单位
2005	《新手如何正确训练犬》	孙传洋 第一名	《中国工作犬业》	公安部南京警犬研究所
	《如何训练犬蹲》	孙传洋 第一名	《中国工作犬业》	公安部南京警犬研究所

续表 3－1

年　份	论文名称	作者名次	刊物名称	主办单位
2007	《缉毒犬高位搜毒能力的培养方法》	程红余 第三名	《2007 年全国工作犬实用技术理论研讨会论文集》	公安部警犬技术学校
2011	《浅谈治安犬的多元化使用》	樊　卉 第一名	《中国工作犬业》	公安部南京警犬研究所
2013	《警犬易主后亲和关系的再建立与培养》	樊　卉 第一名	《中国工作犬业》	公安部南京警犬研究所
	《浅谈警犬基地的绿化》	樊　卉 第一名	《科学种养》	解放军总后勤部
2015	《再探当前形势下搜爆犬与带犬民警的安全措施》	肖　瑞 第一名	《中国工作犬业》	公安部南京警犬研究所
	《如何提高血迹搜索犬在实战中的运用》	肖　瑞 第一名	《中国工作犬业》	公安部南京警犬研究所
	《城市追踪犬和血迹搜索犬在案件现场结合使用的案例分析》	程红余 第一名	《中国工作犬业》	公安部南京警犬研究所
	《犬的被动防御矫正性训练 1 例》	程红余 第一名	《中国工作犬业》	公安部南京警犬研究所
2016	《不同安检类型中使用警犬安检的情况对比》	李　奎 第一名	《中国工作犬业》	公安部南京警犬研究所
	《犬舍灭蚊防蚊方法分析》	李　奎 第一名	《中国工作犬业》	公安部南京警犬研究所

2006~2016年合肥特警参与各类比赛成绩一览表

表3-2

年 份	赛 事	取得的成绩	
		团 体	个 人
2006年	全国大城市公安系统三项赛		张一获女子射击科目个人第一名
2011年	全国大城市公安系统三项赛	女团第六名、男团第七名、总团第七名	张一获女子个人射击第三名;王临获女子3千米武装越野第三名
2011年	第一届苏浙皖沪区域特(巡)警队比武交流活动	总团体第二名	朱泽磊获九二手枪近距离快速射击个人第二名;朱泽磊获七九微冲跃进射击个人第三名;陈豪获狙击枪人质靶射击第三名
2012年	第二届苏浙皖沪区域特(巡)警队比武交流活动	极限体能团体第二名	
2013年	第三届苏浙皖沪区域特(巡)警队比武交流活动	狙击枪团体第三名;战术冲房团体第二名	李光获狙击枪个人第三名
2014年	第四届苏浙皖沪区域特(巡)警队比武交流活动	包揽全部项目团体第一名	朱永跃获长短枪互换射击男子个人第一名,韩际军获长短枪互换射击女子个人第一名;卫啸林获手枪快速识别射击男子个人第一名,王临获手枪快速识别射击女子个人第一名;李光获狙击枪精度射击男子个人和狙击枪应用射击男子个人第一名
2014年	全省特(巡)警大比武	长短枪互换团体第一名;战术冲房团体第一名;综合体技能团体第一名;暴力警情处置团体第一名	王临获长短枪互换女子个人第一名,张小非获男子个人第三名;朱永跃获综合体技能科目男子个人第一名,徐庆林获女子个人第一名;李光获狙击枪个人第二名
2014年	全国警务交流狙击枪比赛		李光获个人第八名
2015年	全省特(巡)警大比武	长短枪互换团体第二名	
2016年	全省公安特(巡)警实战技能比武	安检排爆科目个团体第一名	陈会获安检排爆科目个人第一名
2016年	全国特(巡)警大比武	总团体第七名	

第二节　特警勤务

维　稳

2000 年,市公安局将维护安徽省委、省政府门前正常工作秩序纳入常规勤务工作。

2006 年,特(巡)警支队 2 个大队入驻省委和省政府,专职负责维持省委、省政府的信访秩序以及周边治安秩序,及时发现和妥善处置各类突发事件和大规模非正常上访事件。2 月 19 日中午,无为县凤凰桥乡农民 70 多人到省委北门反映"撤乡并镇"引发的区划纠纷。当时,情绪激动、大声鼓噪的村民准备冲击省委北大门进入省委办公区,被驻点民警及时阻拦。六大队执勤民警迅速将情况上报,支队立即组织 53 人增援处置。在市公安局领导的统筹指挥下,在民警反复宣传政策、劝说无效的情况下,实施强制带离。随后,民警将上访人员全部带至省信访接待室,并配合有关部门将村民送上专车带离合肥。9 月 5 日上午,七大队驻省政府执勤民警冒雨在省政府北门外站哨执勤。9 时 30 分,一老年男子穿着一件白色"多袋"上衣(每一个口袋都鼓鼓囊囊的装着一瓶矿泉水瓶),神色凝重地走进省政府值班室,2 名执勤民警快步跟入。该男子大声向省政府值班人员嚷嚷,要求立刻见省领导。被拒绝后,他情绪激动,右手突然从一个口袋中掏出一只矿泉水瓶威胁:"这是汽油瓶,今天见不到领导,我就死在这里!"。同时,左手插向裤兜摸索着。执勤民警立刻冲上前去,按住嫌疑人的左裤兜,将涉事男子牢牢控制,从嫌疑人身上收缴打火机 1 只以及 8 瓶汽油。经查,该当事人朱某祥因承包的小煤井被当地政府查封未得到赔偿,多次到淮南市信访局上访未果,遂于当日来到省政府,要求面见省领导讨个说法。

2007 年,特(巡)警支队结合群体性事件涉及人数多、影响大的特点,要求巡警六、七大队加强在省委、省政府门前的巡查力度,发现情况及时报告,并将一个大队整建制派驻市委市政府大楼。同时,加强备勤工作,确保 100 名警力能够随时出动,应对各类治安事件。7 月 10 日 15 时 54 分,一中年男子来到省政府北大门门口,身上裹着一条浸透煤油的长纱布并掏出打火机欲点燃自焚。当时,正在门前巡查的巡警七大队二中队民警王伟及时发现情况后,立即扑上去将其控制。当值民警合力将该男子强行控制于省政府值班室,夺下打火机,解掉其身上裹着的浸透煤油的纱布,避免一起恶性自焚事件发生。

2008 年,特(巡)警支队按照"发现得早、控制得住、处置得好"的工作目标,完备预案,细化措施,认真对待并慎重处置每一起群体性事件。是年,处置企图在党政机关门前自伤、自残、自焚事件 14 起。4 月 13 日 10 时 10 分,巡警七大队民警在省政府门前巡视时,发现池州市秋浦办事处奇山村 3 名妇女形迹可疑,正在盘问中,其中 1 名妇女突然将事先准备好的汽油往自己身上浇,执勤民警立即将其控制住,强行带至省信访局,避免一起自焚事件发生。

2009 年,特(巡)警支队在处置行动中,正确区分和处理两类不同性质的矛盾,把握维护群众合法权益与维护社会稳定之间的结合点,注重处置策略,追求法律效果与社会效果的统一。全年特(巡)警支队出动警力21000多人次,处置各类上访及突发事件2000余起,其中50人以上的50余起,增援处置群体性事件38起,出动警力约2400余人次。

2010年,特(巡)警支队出动警力38659人次,处置各类到省、市非法上访事件2367起。其中50人以上69起、4468人次。处置自伤、自残、自焚等极端事件5起。处置肥东出租车司机跪访、施口村村民围攻义城派出所、庐阳区五里社居委村民围攻派出所、"博奥丽苑""新海家园"小区业主堵路等群体性事件20余起,妥善处置"涉日保钓"等敏感性政治事件。

2011年,特(巡)警支队全体民警认真学习新《信访条例》,深入领会条例精神,在劝离上访人员的过程中,积极宣传、耐心讲解,帮助群众了解上访规定,树立正确的上访观念。是年,处置50人以上86起、7603人次。妥善处置兴邦集团、中夏林业、安纺、省军区二药厂、涉军、老民师、原地级巢湖市各企事业单位职工等百人以上非正常上访事件24起,及时控制王某玲、陈某兰、马某侠自伤、自残等极端个访事件9起。

2013年,特(巡)警支队处置其中50人以上124起,涉访14019人次。及时控制陈某友、江某凤、刘某章等自伤、自残极端个访事件9起;多次妥善处置太岛、中夏林业、老民师、涉军群体、天鹅湖1号、欢乐城业主大规模非正常上访事件;处置"4·29"金三角加油站劣质油品车主聚集上访、"5·4"滨湖传销人员聚集滋事、"6·15"合肥奥体中心中泰国际足球赛球迷聚集等群体性事件。

2014年,特(巡)警支队处置50人以上141起,涉访14161人次。及时处置韩某发、袁某香等多起企图喝农药自杀的极端个访事件;多次妥善处置墨荷名邸、金水湾小区业主、凤阳县丙肝患者等大规模非正常上访事件及合肥钢铁厂工人聚集上访等涉稳事件。

2015年,特(巡)警处置50人以上的83起,涉访6103人。增援处置群体性事件50余起,出动警力约3000余人次。妥善处置"1·1"寿县阳光半岛业主到省政府聚众闹访事件、"2·3"庐江钒矿职工聚众到省委上访事件、"3·20"董铺水库直升机坠湖事件、"7·20"瑶海区金泰公司业主200人到省政府上访等多起大型群体性事件。

2016年,特(巡)警支队出动警力3600余人次,妥善处置合肥钢铁厂改制、全市出租车司机社会影响大的群体性事件14起。是年6月,巡警六大队、七大队编制及人员划转至驻点所在属地分局,分别由包河分局和蜀山分局管理使用。特(巡)警支队维稳勤务调整后,逐渐将工作重心从重点单位门前维稳调整到全市涉稳事件处置上来。

2006~2016年特(巡)警维稳工作数据统计表

表3-3

年　份	涉访(起)	涉访(人)
2006	3017	24761
2007	2042	28952
2008	1976	27639
2009	2207	26739

续表3-3

年　份	涉访(起)	涉访(人)
2010	2367	25408
2011	2039	22034
2012	1821	21528
2013	3165	25117
2014	2231	23547
2015	1931	20359
2016	947	10322

巡　逻

特警巡逻是合肥市公安局三级巡控网上一级城市街面治安巡控,简称一级巡控。针对城区公安分局二级常规巡控和公安派出所构成的网络化三级巡控,特警巡逻重在"加密巡逻""重点时段巡逻""快速封控巡逻"。特警二大队、三大队、四大队、五大队负责庐阳、蜀山、瑶海、包河四大主城区的加密巡逻、快速处突任务;特警一大队以及后来的黑豹突击队承担合肥高铁南站、合肥火车站及淮河路步行街的定点反恐任务,均突出特警巡逻在三级巡控中的"尖刀"作用。

2006年,特(巡)警支队实行"打防结合,预防为主",以"实效、管用"为核心,狠抓控制路面治安秩序,突出重点地区重点时段、突出主动盘查、突出整体作战,增强一级巡控驾驭和动态控制治安的能力,形成打、防、控格局体系。是年,特(巡)警支队出动警力36250人次,抓获违法犯罪嫌疑人员1198人,其中治拘113人,刑拘123人,逮捕7人,收缴管制刀具59把。5月25日凌晨,二大队215特警巡控车民警在机场路出口处,发现1名青年男子穿着反常,见到警车神色慌张。民警遂进行盘查,男子支支吾吾、前言不搭后语,漏洞百出。大队长杨正龙当机立断,与民警董劲松、李为分三面将嫌疑男子合围,并根据男子身上藏匿的一张身份证,联系指挥中心调度室进行网上查询比对,确定该嫌疑男子李某祥,系山东省济南市公安局网上通缉的故意杀人在逃犯,当即移送包河刑警大队。6月6日23时09分,三大队218号特警巡控车民警杨洋、陈有华、张国阳巡逻至三里街立交桥下,发现3名男子形迹可疑,遂下车盘查。3名嫌疑男子企图逃跑被巡控民警抓获。1小时后,218号特警巡控车3名民警巡逻至一环路全椒路铁路桥下,盘查抓获另3名嫌疑男子。经突审,先后抓获的6人均对准备伺机实施抢劫供认不讳。移送瑶海刑警三队后,证实6人均已实施抢劫作案2起,并深挖出其他4名抢劫嫌疑人。

2007年,特(巡)警支队把日常巡逻防控与盘查结合,先后开展"铁拳""春雷""霹雳""雷霆2号"等专项行动。在节假日期间,开展徒步武装巡逻和反扒工作,严厉打击街面违法犯罪,维护社会治安秩序。"铁拳"专项行动期间,特(巡)警支队出动警力1340人次,出动车辆128台次;盘查可疑人员739人次,盘查可疑车辆153台次;抓获各类嫌疑人67

人(其中持枪抢劫嫌疑人3人),被刑拘5人、治拘11人;收缴枪支2支(1把仿真手枪,1把高压气枪),匕首1把。“春雷”专项整治行动期间,出动警力14259人次,出动车辆3150台次;抓获各类违法犯罪嫌疑人334人(网上逃犯1人),其中行政拘留58人,劳教2人,刑事拘留79人,逮捕6人;带破刑事案件25起;收缴淫秽物品62件、管制刀具27件。4月13日,五大队213特警巡控车抓获2名涉嫌抢劫犯罪的嫌疑人张某楠(男,22岁,辽宁省人)、朱某涛(男,20岁,辽宁省人),破获持刀抢劫出租车案件8起。7月2日13时30分,特(巡)警支队二大队接指令,快速反应,立即与报警人汤某取得联系,迅速发现并控制住嫌疑男子,从身上搜出弹簧刀一把。该嫌疑男子自称叫马仕军(真名苏某武,男,38岁,江苏南京人),系江苏省通缉的连杀4人在逃犯罪嫌疑人,因怀疑妻子有外遇,于5月12日在家中将自己的妻子掐死,而后又持刀连杀3人,作案后一直在逃。刚逃到合肥就被合肥公安特警抓获。

2008年,特(巡)警支队按照“警情引导勤务、警力随着警情走、勤务跟着动态走”的原则,重点控制路面治安秩序。1月2日2时25分,特(巡)警支队三大队巡控车民警巡逻至长江西路五里墩立交桥小天鹅空调公司门口,盘查2名形迹可疑的年轻男子。经现场突审,嫌疑人交代一伙4人,其中3人曾多次结伙持刀抢劫出租车司机的犯罪事实。2月16日凌晨1时许,特(巡)警七大队快速处警,在瑶海区一网吧内一举抓获7名抢劫嫌疑人,缴获作案工具菜刀1把及被抢财物手机1部、现金600余元。10月23日21时50分,特(巡)警支队三大队巡控民警接到指令:沿蒙城北路向北拦截一辆车牌为皖AJ8487的伊兰特轿车,称车上可能携带砍刀和枪支。民警立即赶往现场,经仔细搜索发现该车辆,并在车内将2名嫌疑人抓获。同时从后备厢一蛇皮袋内搜出双管猎枪1把,霰弹2发,仿“六四”手枪1把,已上膛的钢珠弹10发,砍刀4把,匕首1把。

2010年,特(巡)警支队以打造“世博平安护城河”“环粤亚运安保圈”为目标,加强街面巡控,全力打击路面现行违法犯罪。全年出动警力7.8万人次,车辆2.6万余台次,接处警2.6万余起,其中接110指令7200余起、盘查18800余起、20000余人次,抓获各类违法犯罪嫌疑人771人。

2012年,特(巡)警支队依托“大情报”系统建设,运用警情研判成果,有效指导巡控工作,提高打击处理精确度;发挥警种反应迅速、机动性强的优势,采取便衣、武装、徒步、车巡等多样化形式,重点打击路面现行违法犯罪;开展巡控竞赛,发现和培养一批工作能手;严格考评制度,形成奖优罚劣的激励机制,提升巡控职业化水平和能力。

2013年9月,特(巡)警支队与武警合肥市支队启动军警联勤武装巡逻工作模式,增加6台巡控车,加密巡逻防控,形成“单车成点、纵深成线、撒开成网”的战术格局,使社会面治安管控得以增强。特(巡)警支队充分发挥街面武装巡逻尖刀队力量,以“快速反应、有效封控、果断处置”为武装巡逻工作的首要目标和任务,处置多起重大紧急警情。全年特(巡)警支队接处警3.6万余起;抓获各类违法犯罪嫌疑人479人次;打击处理308人次(其中刑拘179人次,治拘129人次);带破各类案件300余起;抓获网上逃犯16人;收缴各类管制刀具340余把。

2014年,昆明“3·1”暴恐案件发生后,特(巡)警支队抽调黑豹突击队中的精锐力量,在火车站、汽车站、高铁南站以及淮河路步行街等人口稠密地区武装驻点巡逻。是年,特

(巡)警支队将民警长期工作实践和实战经验相结合,总结形成"街面治安巡控工作进攻性盘查法",即:高发案时空盘查法、高危人员聚集区盘查法、高频可疑车辆盘查法、循网盘查追逃法、按图索骥盘查法、架网守候盘查法、视频循踪追击法、深挖拓展追逃法。全年特(巡)警支队接处警3.7万余起;抓获各类违法犯罪嫌疑人800人;打击处理539人次(其中刑拘222人次,治拘317人次);带破各类案件700余起;收缴各类管制刀具340余把;抓获网上逃犯13人。

2015年,特(巡)警支队贯彻"以战果评判业绩、以安全衡量管理"的巡控指导思想,积极开展"进攻性盘查"。通过拓展盘查方式,丰富盘查手段,实现盘查零死角,覆盖全时空。是年,特(巡)警支队出动警力90303人次,出动车辆30101台次,接处警30101起,盘查25052起,服务群众3400余次,抓获各类违法犯罪嫌疑人826人。

2016年,特(巡)警支队落实快速反应机制,由黑豹突击队员承担高铁南站、火车站和步行街三个区域巡逻任务;特(巡)警支队二、三、四、五大队负责庐阳、蜀山、瑶海、包河四大主城区的快速反应处突任务,实行四班三运转工作机制,24小时不间断开展武装巡逻和进攻性盘查。

2006～2016年市合肥市公安局特(巡)警巡逻抓获拘留情况统计表

表3－4 单位:人

年　度	抓获违法犯罪	刑事拘留	治安拘留
2006	1198	123	113
2007	1176	119	108
2008	1243	169	123
2009	1298	153	116
2010	771	166	158
2011	1299	380	171
2012	955	263	95
2013	479	179	129
2014	800	222	317
2015	826	347	271
2016	647	361	153

安检排爆

2006年,特(巡)警支队组建安检排爆大队,担负全市涉爆现场处置、大型活动及重要场所的安检工作任务。12月25日,一青年报警称收到威胁电话,对方索要巨款,并在其家中发现一只不明手提包。经排爆大队现场处置,发现手提包中有电线连接装置及仿真手枪1把。排爆大队民警将其安全转移、解除。2006～2016年,通过将队员送至外地学习安检排爆知识技能和邀请安检排爆专家授课,逐步建立起一支专业安检排爆人才队伍。

2007 年 9 月 12 日,接群众报警,在某茶楼发现一不明物体。该装置用一绿色塑料袋盛装,内有遥控电动玩具小车,后经安检排爆大队处置,发现玩具车内装黑火药,民警将其人工拆除。13 日,接到一出租车司机报警,该车上有一乘客遗留纸箱,疑似爆炸装置。接警后,大队排爆组迅速前往处置,解除危险。

2008 年 1 月 12 ~14 日,警犬大队完成中共中央总书记、国家主席、中央军委主席胡锦涛视察合肥期间警卫安检工作。8 月,警犬大队参与北京奥运会警犬安保工作。

2009 年 10 月 17 ~19 日,警犬大队完成中共中央政治局常委李长春视察合肥期间警卫安检工作。11 月 28 ~29 日,特(巡)警支队警犬完成中共中央政治局常委、国务院副总理李克强视察合肥期间警卫安检工作。

2010 年 5 月 7 ~26 日,警犬大队完成第四届全国体育大会安检工作。5 月 15 日,排爆大队在合肥市奥林匹克体育中心综合馆安检中发现,北门口内有一圆柱形物品,上面有一引线和拉火管连接,人工转移后对其拆除。10 月 ~12 月,警犬大队参与广州亚运会警犬安保工作。11 月 14 ~15 日,警犬大队完成中共中央政治局常委、中纪委书记贺国强视察合肥期间警卫安检工作。12 月 5 日,某辆大客车司机接到威胁电话,称该车已被放置爆炸装置。接警后,排爆大队在该车行李箱中发现无人认领包裹,经 X 光扫描,显示包中有大量电器导线,利用机器人转移,后进行人工拆除。

2011 年 4 月 9 ~10 日,警犬大队完成中共中央政治局常委、国家副主席、中央军委副主席习近平视察合肥期间警卫安检工作。6 月 16 日,合肥客运西站门口绿化带发现无人认领旅行箱,箱包上留有“危险,勿动”字样,包内有金属摩擦声,疑似爆炸装置,排爆大队遂进行人工现场拆除。7 月 5 日,警犬大队完成中共中央政治局常委、国务院副总理李克强视察合肥期间警卫安检工作。10 月 18 ~22 日,警犬大队完成合肥市第 20 届中国金鸡百花电影节安检工作。

2012 年 10 月 24 日,警犬大队在参与一次抓捕行动中,发现嫌疑人的住处有一枚疑似军用爆炸装置,经鉴定为 92 式军用制式手雷,随后将其人工拆除。

2013 年 3 月 23 日 20 点 40 分,在包河区周谷堆路东侧人行道上发现疑似爆炸物,其中心位置周围有许多商铺及行人,现场十分复杂。经初步观察,该疑似爆炸物外包装为制式塑料硬质迫击炮弹保护壳,长 413 毫米。内装迫击炮弹,弹体长 344 毫米。经查该疑似爆炸物属军用制式 50 毫米迫击炮弹半备弹(1989 年生产,生产厂家编号 DNM89 －50,炮弹编号 1 －04 －8904)。该半备弹发射装置与战斗部未结合,排除爆炸可能,排爆大队遂将其移至安全地带销毁。10 月 23 日,警犬大队完成俄罗斯总理梅德韦杰夫到合肥访问的警卫安检工作。

2014 年 3 月 25 ~27 日,警犬大队完成中共中央政治局常委、中央书记处书记刘云山视察合肥期间警卫安检工作。7 月 8 日,警犬大队参与望江西路新华学院疑似爆炸物案件搜爆工作,排除疑似爆炸物可能。8 月 13 日,警犬大队参与合肥市第三人民医院两起疑似爆炸物案件搜爆工作,排除疑似爆炸物可能。8 ~10 月,警犬大队参与南京青奥会警犬安保工作。9 月 13 日,特(巡)警支队警犬参与庐阳区阜南路与蒙城路交口疑似爆炸物案件搜爆工作,排除疑似爆炸物可能。10 ~11 月,警犬大队参与北京 APEC 会议警犬安保工作。11 月 14 日,警犬大队完成中共中央政治局常委、中央纪委书记王岐山视察合肥期间警卫安检工作。11 月 16 日,警犬大队完成 2014 合肥国际马拉松赛安检工作。

2015 年 7 月 17 ~23 日,警犬大队完成合肥市第 19 届 Robocup 机器人世界杯赛安检工作。9 ~10 月,警犬大队参与福州青运会警犬安保工作。10 月 29 ~30 日,警犬大队完成中共中央政治局常委、国务院总理李克强和德国总理默克尔视察、访问合肥期间警卫安检工作。11 月 4 日下午,来自全国 31 个地市、44 家单位、160 余名参加第十四届中国安检排爆研讨会代表到特(巡)警支队参观考察。

2016 年 4 月 8 日,警犬大队参与锦绣大道与金寨路疑似爆炸物案件搜爆工作,排除疑似爆炸物可能。是年 4 月 24 ~27 日,警犬大队完成中共中央总书记、中央军委主席、国家主席习近平视察合肥期间警卫安检工作。

处突制暴

2006 年,特(巡)警支队在承担一级街面巡控的同时,始终保持足够的警力,实行 24 小时战备,随时准备危难时刻显身手,化险为夷保平安。5 月 8 日 11 时 15 分,特勤大队接市公安局指挥中心指令前往肥东西山驿解救人质。到达现场后得知:西山驿红山村村民梁某建,6 天前精神病发作后随身携带菜刀等凶器,将其女友锁在屋内,不让出来、不让吃饭、不准任何人靠近。了解情况后,张华明支队长迅速带人进行现场勘察,制定两套解救方案,并立刻进行现场分工:一组为谈判组,负责和嫌疑人交谈,以图智取,并分散嫌疑人注意力,为抓捕创造良机;二组为抓捕组,负责得到指令后破门抓捕;三组为人质解救组,负责破门后人质的安全及带离;四组为保障组,负责谈判和抓捕过程中的各种保障。经过长时间对峙,时机终于出现,13 时 10 分,梁某建慢慢靠近窗口,抓捕组 4 名特警队员以迅雷不及掩耳之势破门而入,嫌疑人未及反应凶器已被夺下,被当场控制,女性人质杨某被安全解救。

2007 年,特(巡)警支队出动警力 2340 人次,出动车辆 270 台次,处置群体性事件 60 余起。5 月 23 日 19 时 30 分许,支队接到上级指令:迅速集结 300 名警力到肥东龙塘处置某学校学生堵路事件。接指令后,支队立即启动突发事件应急处置预案,分两批赶赴现场。在多方努力下,事态稍显平稳,特警一直留在现场控制局势,直至次日凌晨 2 时左右才撤离现场。此次任务,支队出动警力 680 余人次,出动车辆 50 余台次,冒着 30 多度的高温连续 3 天赴肥东龙塘,每次连续工作时间都在 16 个小时以上。10 月 7 日 19 时 19 分,肥东县第二中学教师宿舍区内有 1 名男子持刀行凶,已经捅伤 1 人。行凶后,嫌疑人在自家房内持凶器和民警对峙。接指令后,特警一大队火速赶往案发地点。到达现场后了解,该嫌疑人有精神病史,并有严重的暴力倾向,与楼上邻居发生矛盾持刀行凶后,一直躲在自家房屋内,手持菜刀和匕首,通过正对楼梯口的厕所透气窗向外叫嚣,情绪十分激动。肥东县局民警已与该男子沟通多时,不但无果,且该男子情绪越发暴躁,已无劝降的可能。在与肥东县局沟通后,特警一大队迅速按照预案进入攻击位置。15 分钟后,大队长常横果断下达强攻命令,随着“砰”的一声,屋内木门被强行破开。民警卢晓东和许丹迅速用催泪喷射器向犯罪嫌疑人的眼睛喷去,大队长常横一步冲到犯罪嫌疑人面前,一把抓住其持刀的手,其他队员立即上前,控制住犯罪嫌疑人的四肢,将其制服,搜出菜刀和匕首各1把。

2008年4月18日下午至21日夜,特(巡)警支队参与处置部分市民"抵制家乐福"事件。处置中,特警严格执行现场指挥部的命令,多次执行现场攻坚克难任务,强行疏散人群、疏通道路30多次,强行驱散游行队伍6次,现场带离游行人员160余人,其中从二楼家乐福购物广场入口及其南门广场强行带离30多人,从长江中路带离102人。同时安排宣传车,确定专人在现场进行长时间的法律、政策宣传,正面引导,完成各项处置任务。

2010年9月,特(巡)警支队出动300余名警力处置南淝河大桥工地被当地村民阻止施工事件。

2012年4月,特(巡)警支队出动300余名警力处置周谷堆回民聚集打架事件。11月20日,特(巡)警支队出动500余名警力处置安医二附院医护人员堵金寨路事件。

2013年,军警联勤武装巡逻工作模式正式启动,支队始终坚持强强联合、优势互补的理念,在实战中检验队伍快速反应、高效处置的能力水平。8月16日,特警202、207巡逻民警妥善处置一起1名女子因医患纠纷在省立儿童医院急诊室持刀闹事事件。9月8日,202、207巡逻民警处置一起精神病人持械滋事事件。9月27日,特警207巡逻民警闻警而动,及时制止一起涉嫌强奸幼女案件,现场抓获犯罪嫌疑人1名,解救受害人。2013~2015年,特(巡)警支队多次出动百名警力,处置中厦林业非法集资导致投资户群体到省委、省政府上访事件。2013~2016年,特(巡)警支队多次出动大批警力到合肥钢铁厂、市委、市政府、省政府处置因企业改制导致的聚集堵路事件。

2015年,特(巡)警支队11辆武装巡控车在全市四大主城区及3辆反恐驻点车在火车站、高铁南站和步行街,开展24小时全天候不间断武装应急处突巡逻工作。4月19日16时,站前路与全椒路交口的澳门豆捞门口有一男精神病人拿着1把长刀砍店门玻璃,看到有人经过就拿刀对着人晃来晃去。接警后,巡逻民警迅速赶到现场,精神病人情绪激动,不断辱骂处警民警,接着突然跑向站前路斑马线,向中绿商场入口的人员密集处冲去,呈现癫狂状态,伤人意图明显,不时挥刀疯狂地砍向民警。民警依法朝天鸣枪警告无效后,果断开枪将其击伤,阻止其自残行为,控制嫌疑人。

2016年3月14日,特(巡)警支队出动300名警力到长丰北城处置传销人员聚集闹事、打砸警车事件。3月24日凌晨,合肥市望江路与宁国路交口处发生1起持枪伤人案件,造成1人受伤,嫌疑人驾车逃跑。特警路面巡逻警力接警后,迅速对嫌疑车辆进行封堵,抓获3名嫌疑人,缴获制式猎枪1支,自制短枪1支,子弹1盒。3月28日,特警在巡查工作中发现有大量社会闲散人员持管制刀具及棍棒集中乘坐2辆中巴车意欲滋事。发现警情后,路面警力迅速反应,联合协作,将2辆中巴车及时拦停,现场控制嫌疑人41名,收缴大量各类棍、棒、刀,及时制止一起聚众械斗事件的发生。

2006 ~ 2016 年合肥市公安局特(巡)警支队处置突发事件统计表

表 3 - 5

年　份	处置(起)	涉及(人)	年 份	处置(起)	涉及(人)
2006	4	330	2012	16	1000
2007	8	1200	2013	22	2500
2008	6	1000	2014	14	1100
2009	20	1800	2015	16	1200
2010	18	1600	2016	8	600
2011	16	1200			

应急救援

汶川抗震救灾　2008 年 5 月 12 日,四川省汶川县发生 8.0 级地震,地震波及大半个中国及亚洲多个国家和地区,地震严重破坏地区超过 10 万平方千米,是中华人民共和国成立以来破坏力最大的地震。地震发生后,根据公安部、省公安厅指令,合肥市公安局先后派遣 470 多名民警赴川抗震救灾、维护灾区治安。

5 月 13 日晚 10 时许,市公安局接到公安部的命令,要求立即派遣第一批 100 名特警队员到四川抗震救灾。特(巡)警支队迅速于当晚召开战前动员会,启动抗震救灾工作应急处置预案,在不到 3 个小时内,迅速集结 102 名精兵强将。5 月 14 日上午,102 名赴川特警乘专机紧急赶赴灾区。

15 日中午,合肥特警接到公安部抗震救灾前线指挥部"赶赴汶川县漩口镇抗震救灾"的命令,迅速集结 70 名特警队员,携带救生工具和 3 天干粮,从都江堰出发,乘车向汶川县漩口镇方向开进。到达紫坪铺大坝后转徒步,特警队员背负三四十千克的行装,冒着余震不断、泥石流塌方的危险,翻山越岭,强行军 50 余千米,历时 7 个小时,于当晚 8 时 40 分,到达汶川县漩口镇,是参战的全国公安 14 支特警队伍中,首批到达目的地的队伍之一。16 日下午,30 人的后援部队也从都江堰赶至漩口。合肥公安特警救援队的任务主要是向灾区群众传达党和政府的声音,维护漩口镇社会秩序,打击谣言传播者和乘乱抢劫公私财物者,了解社情民意,帮助灾民开展生产自救。救援队迅速分成 4 个战斗队,深入灾区开展巡逻,慰问受灾群众,清理路障,帮助搬运物资,把随身携带的食品和药品分发给当地受灾的群众。受地震影响,漩口镇一直处于断电状态,特警队将自己使用的价值 2 万余元的发电机捐给漩口镇政府,同时捐款 3 万元,捐献价值 1 万 5 千余元的抗震救灾药品,这也是漩口镇收到的第一笔直接捐款和物资。17 日下午,合肥特警救援队又转战到离汶川漩口镇 8 千米远的红福山村开展救援工作。

合肥市公安局第一批救援队伍在汶川县连续奋战 5 天 5 夜,出动巡逻警力 1450 人次;帮助灾民抢运和搬运物资大米、腊肉、电器等物资 50 余车次、100 余吨;帮助灾民清理倒塌房屋 200 余间;挖出遇难遗体 1 具;护送灾民看病 130 人次;清理山体滑坡造成的交通堵塞 10 余处;救助灾民 1600 余人;走访受灾群众 1500 人次;从废墟中挖出并深埋家畜尸体 125 具;为村民搭建帐篷 110 余顶;捕杀、清驱疯狗 24 条。

5月31日,根据公安部指令,市公安局组建第二批200名赴川公安特警队,乘坐23辆警用车和物资运输车,采取摩托化开进,跋山涉水,水陆并进,日夜兼程。进川后,因道路受地震破坏,沿途不断遭遇飞石、塌方,费尽周折,翻越海拔4200米的夹金雪山。历经7天6夜的长途跋涉,行进3000余千米到达任务区阿坝州理县和茂县。合肥赴川特警队是全国28支公安特警队唯一一支驻防在2个县执勤的特警队伍。在理县和茂县,第二批赴川公安特警出动警力13500余人次,出动车辆1395台次,处置突发事件4起,巡逻盘查违法嫌疑人1805人,盘查嫌疑车辆1823辆,抓获违法犯罪嫌疑人51人;排除各类险情34起,排除火灾等隐患100余处,完成28起大型活动的安全保卫以及警卫任务;捐款3.5万元,捐助物资、药品价值6000多元。

7月18日,合肥特警50名队员进驻松潘。7月18~26日,驻松潘合肥特警出动警力6252人次;开展徒步巡逻376次,车辆巡逻560台次;接处警22次;服务群众920人次;调解各类纠纷475起;配合县交警大队在城区开展巡逻和重点路段设卡盘查,查处交通违法1342起,处置交通事故27起;管控道路4890千米;开展统一清查行动12次;执行安保任务4次;设卡盘查车辆1424辆;盘查各类嫌疑人1690人次,抓获各类违法犯罪嫌疑人22人。

抗震救灾胜利后,公安部授予合肥赴川特警队"灾区人民最满意特警队""全国公安系统抗震救灾先进集体"称号。特警支队党委被中共中央组织部授予"抗震救灾先进基层党组织"荣誉称号,被合肥市总工会授予"抗震救灾重建家园'工人先锋号'"。同时,赴川抗震救灾特警队员有4人被公安部授予"全国公安系统抗震救灾先进个人"、9人被授予"全省支援四川灾区抗震救灾先进个人"、3人被市委和市政府授予"全市优秀共产党员"。

援疆维稳　2009年7月5日20时左右,新疆维吾尔自治区首府乌鲁木齐市发生打砸抢烧严重暴力犯罪事件,众多无辜群众被杀害,大量群众和武警战士受伤,多部车辆被烧毁,多家商店被砸被烧。7日4时30分,市公安局特(巡)警支队接公安部三局紧急调令,迅速调集101名警力乘专机飞赴乌鲁木齐市执行维稳任务。是年10月16日和2010年2月4日,第二批、第三批各100名警力先后赴疆执行维稳任务。在疆期间,合肥市公安局特巡警支队出动警力19580人次,开展街面武装巡逻1300多次,疏导交通任务1530余次,盘查控制并移送嫌疑人524人。其中确定"7·5"事件嫌疑人36名,盘查车辆1750台次,调解各类纠纷150起,收缴各类刀具、棍棒380余件,重点部位守护114次,执行一级警卫任务3次,大型安保执勤1次,交通事故紧急抢险4次。援疆期间,合肥特警帮助找寻迷路儿童4人,义务献血26300毫升,捐款捐物折合人民币46000余元,受到社会各界慰问56次,收到感谢信12封,锦旗20面。合肥特警事迹被中央电视台、人民日报海外版、新华社、环球时报中文及海外版、人民网、新华网、公安网等40多家媒体宣传报道100余篇次。

第三节　警用航空

2012年,市公安局组建警务航空大队即特警九大队,配备1架AC312(直九)国产警用双发中型直升机。AC312警用直升机配备光电吊舱、强光搜索灯、数字视频图传系统、高音喇叭等设备。光电吊舱的主要功能是实时拍摄地面视频,并通过图传系统将图像传送到地面指挥中心;强光搜索灯采用超白光疝气高强度气体放电灯泡,可产生近似于白昼的太阳光,超白光射程可达2000米,实现夜晚或能见度低的情况下进行目标搜索;图传系统配合光电吊舱完成视频传输;高音喇叭用于空中对地面的喊话。7月18日,市公安局举行警用直升机首航仪式。是年,新建警航专用机库,购置卫星接收车、电源牵引一体车、加油车、超短波电台、简易气象站、低空飞行监视系统、飞机定检专用工具等一系列保障设备。

合肥警务航空大队成立之初,专业人员缺乏,无法独立完成直升机的日常运行与维护工作。根据市公安局与中航工业直升机公司签订的购机合同,市公安局警用直升机托管给中国飞龙通用航空有限公司(简称飞龙公司),提供2年(2012年6月~2014年6月)免费托管服务;2年内正常维护和保养及航材的更换由哈尔滨飞机制造厂(简称哈飞厂)与飞龙两家公司负责。哈飞厂派1名机械师和1名电子特设师,飞龙公司派2名飞行员和2名机务人员,常驻合肥警航大队。

2013年2月22日,合肥警务航空大队在民航安徽骆岗机场进行首次夜航训练。5月12日,警务航空大队参加由安徽省武警消防总队开展的全省消防空地应急综合演练。演练中,合肥警用直升机以地震灾后救援为设想背景,重点检验警务航空在处置重大紧急突发事件中空域航线选定、空中预案制定及现场指挥和救援等方面实战能力。

2014年1月15~20日,合肥警用直升机进行安徽省"两会"空中安保巡逻任务。5月30日,市公安局在特(巡)警支队基地组织开展突发事件现场处置测试暨特警训练汇报演练。10月26日,合肥警用直升机参加安徽省"江淮2014——利剑行动"反恐综合演习,协同处置楼宇劫持人质科目的演练。11月16日,合肥警用直升机参与环巢湖国际马拉松比赛空中巡逻安保任务。实时地面图像航拍,首次利用图传系统进行现场视频传输。是年,警用直升机免费托管期终止后,哈飞厂家技术人员撤回,合肥警航与飞龙公司续签3年有偿托管服务合同。飞龙公司飞行教员兼负警务航空大队飞行员培训带飞工作,机务人员负责警用直升机的日常维护和航前航后检查工作。

2015年9月9~13日,第三届天津国际直升机博览会在天津市召开,合肥警用直升机参与直博会飞行表演。是年,警务航空大队完成158小时52分的飞行时间,比上年增长43.2%。警用直升机大队在提升飞行时间的同时,注重飞行训练质量,由民航飞行教员对飞行员进行带飞训练,飞行驾驶技术得到巩固和提高。

2016年1月13日~2月3日、7月21~27日,警务航空大队进行2次驻九华山机场训练飞行,也称"首次开展外场飞行训练",飞行50小时33分(夜航43小时50分,190架次),完成2名飞行员基础技术训练提纲及应用技术训练提纲中的夜航科目。2名新飞行员也进行外场飞行训练,体会民航机场仪表进行程序。2次飞行分别在寒流与酷暑时期,大队民警充分发扬能吃苦能战斗的精神,完成驻外场飞行训练任务。此外,警务航空大队加强与高速交警的协作力度,多次在节假日期间对高速进行巡逻,并首次与高速交警在高速服务区进行应急救援演练。7月6日,合肥警用直升机冒雨超条件起飞,航拍三河、巢湖水位及受灾情况,利用图传设备实时回传受灾情况图像资料。是年,警务航空大队组织90个飞行日、126个飞行场次,飞行749架次、274小时35分(训练247小时26分、任务27小时09分、夜航46小时23分);4名参训飞行员总飞行时间271小时38分,完成年度飞行计划的123.54%。是年,合肥警航先后制定《合肥警用直升机使用规定》《合肥警用直升机登机规定》《合肥警用直升机值班职责》和各部门岗位职责。同年,市公安局与昌飞公司签订1架AC311警用直升机采购合同。

2012~2016年,警航民警参加各类培训30余次,其中有16人次分别参加公安部警航办举行的警航飞行员、警航机务、警航管理等培训;8人次参加哈尔滨飞机制造公司举办的飞行员改装培训、机务改装培训、机载设备操作培训;5人次参加天津民航大学机务理论培训;1人参加民航华东局气象中心举办最新天气预报方法培训。截至2016年,培养民警飞行员4名、民警机务人员3名;飞行1600余架次,飞行总时长600余小时。

第四章　治安行政管理

1998 年 12 月,合肥市公安局撤销原治安管理处,成立治安警察支队。2001 年 5 月,治安警察支队成立派出所基础工作指导科(副科级)。2003 年、2004 年,市公安局撤销经济保卫处、文化保卫处,将其业务移交治安警察支队,并在支队内设经济文化保卫大队(五大队)。2012 年 3 月,市公安局撤销身份证制证管理处机构编制,将身份证制证管理工作并入治安警察支队户政管理处。2014 年 1 月,市公安局所属保安服务公司脱钩改制。

合肥市治安行政管理工作主要负责:对全市社会治安管理工作和公安基层基础工作进行指导;对全市特种行业、文化市场、公共场所进行管理;对枪支弹药、民用爆炸物品、剧毒物品等危险物品及对管制刀具、警用器械进行监管;对全市 5000 人以上大型群众性活动和对全市公安机关治安部门举行的大型群众性活动安全进行指导;对企业、事业(文化、教育、卫生、体育部门)单位内部治安保卫工作进行监督指导;对全市户政管理工作进行指导;对全市保安从业单位、保安培训单位和保安员进行监督检查;对治安管辖刑事和行政案件办理工作进行自行侦办及指导。

第一节　户政管理

1985 ~ 1995 年,合肥市市区户籍管理以公安派出所为管辖主体,农村地区户籍管理以乡镇政府为管辖主体,并逐步由乡镇政府移交至公安派出所管理。1995 ~ 2006 年,户籍资料(常住人口底表、居民户口本[簿]等)管理方式逐步由手工记录填写转换为信息系统管理。

人口概况

人口数据　1990 ~ 2010 年,合肥市人口呈逐年增加的趋势。20 年净增 556636 户 1140688 人,平均每年净增 2 万余户 5 万余人。2011 年,合肥市进行区划调整,庐江县划入合肥市管辖,巢湖市由合肥市代管,合肥市人口为 2286225 户 7061288 人。2016 年,合肥市人口为 2456166 户 7298295 人。

1990～2016年合肥市总户数、总人口数统计表

表4-1

年份	年末总户数		年末总人口	
	全市	市区	全市	市区
1990	1013976	280977	3808795	1002014
1991	1028956	290022	3861035	1023551
1992	1032274	303247	3921624	1059860
1993	1042104	314770	3970840	1088642
1994	1053553	321969	4027147	1126556
1995	1073237	333639	4111148	1159610
1996	1069053	336145	4164742	1190107
1997	1095682	341658	4223087	1228479
1998	1106237	357708	4259801	1279420
1999	1223496	368407	4299517	1302775
2000	1163180	384394	4381754	1344660
2001	1185236	402322	4421574	1405018
2002	1206268	420250	4480791	1465165
2003	1271901	452836	4566049	1558671
2004	1296096	477703	4446818	1635213
2005	1372363	514857	4556978	1753132
2006	1431155	570592	4698460	1931447
2007	1462100	588028	4789046	1983930
2008	1489811	601687	4867381	2034871
2009	1529327	640203	4914294	2085774
2010	1570612	682788	4949483	2155767
2011	2286225	703557	7061288	2183371
2012	2338269	730630	7105274	2221688
2013	2364728	790325	7115047	2338255
2014	2365639	830259	7128052	2453691
2015	2414232	867144	7177243	2510408
2016	2456166	902951	7298295	2591633

非农业人口　1990年,合肥市总人口3808795人,非农业人口991651人,占总人口26.04%。2011年,合肥市区划调整,庐江、巢湖划入合肥管理,非农业人口占总人口36.80%。2015年,合肥市总人口7177243人,全市实行一元化户口(取消城乡分割的按"农业户口"和"非农业户口"登记常住户口的办法,统一登记为"居民户口")管理。

1990～2016年合肥市非农业人口比例统计表

表4-2

年　份	总人口	非农业人口数	农业人口数	非农业人口比例
1990	3808795	991651	2817144	26.04%
1991	3861035	1014039	2846996	26.26%
1992	3921624	1080068	2841556	27.54%
1993	3970840	1108581	2862259	27.92%
1994	4027147	1171491	2855656	29.09%
1995	4111148	1220176	2890972	29.68%
1996	4164742	1252911	2911831	30.08%
1997	4223087	1295749	2927338	30.68%
1998	4259801	1329468	2930333	31.21%
1999	4299517	1369106	2930411	31.84%
2000	4381754	1430362	2951392	32.64%
2001	4421574	1468073	2953501	33.20%
2002	4480791	1535362	2945429	34.27%
2003	4566049	1601762	2964287	35.08%
2004	4446818	1689585	2757233	38.00%
2005	4556978	1849056	2707922	40.58%
2006	4698460	1961587	2736873	41.75%
2007	4789046	2037332	2751714	42.54%
2008	4867381	2099984	2767397	43.14%
2009	4914294	2136961	2777333	43.48%
2010	4949483	2158402	2791081	43.61%
2011	7061288	2598578	4462710	36.80%
2012	7105274	2642348	4462926	37.19%
2013	7115047	2677542	4437505	37.63%
2014	7128052	2713674	4414378	38.07%
2015	7177243	实行一元化管理		
2016	7298295			

人口变动　1990年合肥市人口出生率21.2‰,死亡率5.2‰。1991年出生率下降至14‰,死亡率5‰,至2015年出生率在9‰~14‰,死亡率保持在3‰~8‰。2016年合肥市出生率16.269‰,死亡率4.73‰。

1990~2016年合肥市出生、死亡人口情况统计表

表4-3

年　份	出生人口	出生率	死亡人口	死亡率
1990	80773	0.021207	20166	0.005295
1991	55685	0.014422	19469	0.005042
1992	57427	0.014644	20041	0.00511
1993	51292	0.012917	19372	0.004879
1994	49825	0.012372	18694	0.004642
1995	52143	0.012683	19491	0.004741
1996	55034	0.013214	19292	0.004632
1997	50964	0.012068	19027	0.004505
1998	45978	0.010793	19055	0.004473
1999	45370	0.010552	18799	0.004372
2000	56460	0.012885	19842	0.004528
2001	41469	0.009379	17850	0.004037
2002	41386	0.009236	17467	0.003898
2003	46364	0.010154	18551	0.004063
2004	48153	0.010829	20951	0.004711
2005	45322	0.009946	26225	0.005755
2006	55998	0.011918	9960	0.00212
2007	53030	0.011073	9567	0.001998
2008	51156	0.01051	18005	0.003699
2009	50036	0.010182	16050	0.003266
2010	54692	0.01105	21408	0.004325
2011	76031	0.010767	42056	0.005956
2012	89275	0.012565	56427	0.007942
2013	84499	0.011876	53589	0.007532
2014	93313	0.013091	43492	0.006102
2015	96049	0.013382	38135	0.005313
2016	118739	0.016269	34490	0.004725

户口管理

人口普查 合肥市先后于1990年、2000年、2010年开展第四、第五、第六次人口普查。市公安局结合人口普查工作,修改错误人口信息61900余条,注销户口49452人。

1990年,合肥市开展第四次人口普查登记工作。以7月1日0时为标准时间,普查范围包括常驻合肥武警部队(含消防支队)及劳改、劳教、看守所等单位在监在押人员,内部常住人口数,暂住人口数等。通过普查,加强全市暂住人口管理,解决人户分离问题,提高户口登记项目的准确性,同时促进新发和补、换发居民身份证工作,建立健全市辖长丰、肥东、肥西3个县农村户口登记制度,实行户口工作责任制。此次普查登记人口数为386.42万人。

2000年11月,合肥市开展第五次人口普查登记工作。以11月1日0时为标准时间,采用常住人口登记原则。此次普查常住人口446.59万人,与第四次人口普查数相比,常住人口增加60.17万人,增长15.57%,平均每年增加5.82万人,年平均增长1.41%。其中各区县人口分布如下:东市区24.87万人;中市区24.34万人;西市区38.71万人;郊区77.92万人(包含新站综合开发试验区3.05万人、高新技术产业开发区9.81万人、经济技术开发区3.51万人);长丰县89.38万人;肥东县110.14万人;肥西县90.71万人。

2000年合肥市第五次全国人口普查情况分析表

表4-4

0~14岁人口(万人)	占常住人口比例	15~64岁的人口(万人)	占常住人口比例	65岁及以上的人口(万人)	占常住人口比例
100.31	22.46	315.24	70.59	31.04	6.95
男性(万人)	占　比	女性(万人)	占　比	性别比	
234.57	52.52	212.02	47.48	110.6	
汉族	占比	少数民族	占比		
442.88	99.17	3.71	0.83		
大　学	高　中	初　中	小学	文　盲	
31.15	56.96	152.49	130.73	34.35	
居住在城镇	占常住人口比例	居住在乡村	占常住人口比例		
196.34	43.96	250.25	56.04		

2010年11月,合肥市开展第六次人口普查登记工作。以11月1日0时为标准时间,全市常住人口为5702466人,同第五次全国人口普查相比,增加1235082人,增长27.65%,年平均增长2.47%。

2010年合肥市第六次全国人口普查情况分析表

表4－5

0～14岁人口（万人）	占常住人口比例	15～64岁的人口（万人）	占常住人口比例	65岁及以上的人口（万人）	占常住人口比例
80.12	14.05	441.87	77.49	48.26	8.46
男性（万人）	占　比	女性（万人）	占　比	性别比	
298.25	52.30	272.00	47.70	109.65	
居住在城镇	占常住人口比例	居住在乡村	占常住人口比例		
388.73	68.17	181.52	31.83		

户籍改革　1998年8～12月，合肥市在肥西县三河镇试点开展小城镇户籍管理制度改革试点：实行按常住地登记户口原则，以职业划分为农业人口和非农业人口；以居住地划分为城镇人口和农村人口。凡在试点范围内有合法稳定的非农职业、稳定的生活来源和合法的固定住所，居住满2年以上，均可向所在地公安机关申请在城镇落户。进入小城镇落户人员，由公安机关纳入城镇常住人口管理，在生活资料供应、子女入学、就业、报考公务员、参军、社会保险等方面，与城镇居民享有同等权利，履行同等义务。

2000年9月，合肥市政府批转市公安局《关于进一步解决我市当前户口管理工作中几个问题》，实行2001年1月1日后出生的婴儿（含非婚生、超计划生育出生婴儿）落户随父随母自愿的原则；放宽解决夫妻分居问题的户籍政策，规定夫妻分居满5周年，一方户口在城镇年满3年，可办理夫妻投靠户口；放宽年满60周岁和55周岁的父母投靠子女和离退休人员户口回迁政策；放宽解决投资（30万元以上）和购买商品房政策。户口政策进行根本性的调整。是年，全市净增人口2.32万。

2001年7月，合肥市在1998年小城镇户籍管理制度改革试点工作的基础上，施行小城镇户籍管理制度改革，实施范围为长丰县、肥东县、肥西县的人民政府驻地镇和其他建制镇。

2002年5月，合肥市政府批转市公安局《关于进一步放宽我市户口政策的意见》，放宽对投靠直系亲属、投资、兴办实业、购买商品房和引进人才的入户限制。凡在合肥市有稳定生活来源、购买成套住房或其他用途的商品房、连续3年累计纳税5万元以上的人员，各类人才以及研究生以上学历者，提供相关证明等材料，均可在合肥市落户。是年，全市迁入户口91286人。

2005年7月，结合户口网上迁移，市公安局下放各类户口审批权限，确定“派出所一级审批当场办理为主、分县局政策把关二级审批为辅、特殊疑难户口市公安局三级把关审批”的户口办理政策，由此居民绝大部分户口均可在派出所一站式办理完毕。

2013年5月，合肥市政府印发《关于深化户籍管理制度改革的意见》（简称《意见》），自2013年7月1日起施行，有效期3年。《意见》中对合肥市辖区、巢湖市市区和各县人民政府驻地镇及其他建制镇实施不同的落户条件：在合肥市市辖区有合法稳定职业连续满3年并有合法稳定住所(含租赁)、参加社会保险达到2年的人员;在巢湖市市区或各县人民政府驻地镇有合法稳定职业满1年并有合法稳定住所(含租赁)、参加社会保险达到1年的人员;在其他建制镇有合法稳定职业并有合法稳定住所(含租赁)、参加社会保险的人员,本人及其共同居住生活的配偶、未婚子女,凭相关材料,可在就业地申请登记为非农业常住户口;同时对人才引进、大中专院校毕业学生、投资创业、就业人员以及直系亲属投靠放宽落户条件。

2015年12月,合肥市政府印发《关于进一步推进户籍制度改革的实施意见》,自2016年3月1日起施行,有效期5年。《意见》中进一步放宽并调整户口迁移政策,统一城乡户口登记制度,设定城区、县(市)户口迁移条件,全面落实居住证制度。调整户口迁移政策,合理放宽城区落户条件:在城区合法稳定就业连续满2年并有合法稳定住所(含租赁)、参加城镇社会保险达到1年的人员;在巢湖市市区或各县人民政府驻地镇和县(市)辖建制镇有合法稳定住所(含租赁)的人员,本人及其共同居住生活的配偶、未婚子女,凭相关材料,可在就业地申请登记为非农业常住户口;进一步优化人才和专业技能人员、投资兴办实业或者自主创业、就业、购买商品住宅房以及直系亲属投靠的落户政策;特别对计划外生育子女落户、建立城乡统一的户口登记制度做出具体的要求,相关部门建立与统一城乡户口登记制度相适应的教育、卫生计生、就业、社保、社会救助、住房、土地、拆迁安置及人口统计等配套政策。7月1日起,市公安局按照省公安厅要求对全市户口性质进行"一元化"户口登记,取消户口性质变动审批,在新增户口登记时不再标注户口性质,向公民核发的《居民户口簿》中不再出现原"二元化"(城乡分割的按"农业户口"和"非农业户口"登记常住户口的办法)户口登记管理时的户口性质表述,"户别"栏一律填写"居民家庭户"或"居民集体户"。

2016年3月1日,合肥市《关于进一步推进户籍制度改革的实施意见》及《实施细则》施行,有效期5年。主要特点为合理放宽城区落户条件,全面放宽巢湖市区和建制镇落户条件,放宽购房落户政策,优化人才落户政策,鼓励投资创业人员落户,取消"三投靠"(老年父母投靠子女、年幼子女投靠父母、夫妻间相互投靠)的户口迁移条件,解决专业技能人才落户和未落户常住人口问题,统一城乡户口登记。5月,市公安局出台《关于简化优化户政业务流程的通知》,简化户政业务办事手续,优化规范操作流程。简化申报事项审核的受理程序,明确需要社区民警进行户口调查、审核签字的户口业务事项。对不需要社区民警审核签字的,由窗口民警直接办理:1.政策外出生户口登记,国(境)外出生子女户口登记,(解除)冻结户口、重户删除,补录、补登户口,迁移轨迹变更、补登,由市公安局审批事项下放到分局审批。2.将依法收养子女户口登记、华侨回国定居、港澳居民回内地定居、台湾居民回大陆定居,下放到派出所窗口直接办理,市公安局不再审批户口申报事项。3.将购房户口迁移,人才、专业技能人员、投资创业人员落户登记,退休人员回原籍落户,由分局审批的户口申报事项下放到窗口,窗口直接办理事项达16项。实现90%户口业务群众可以在窗口直接办理。

户口迁移 自1980年起,合肥市实行准迁证制度。在户口迁移中,一般对方地发出准迁证,市公安局治安管理部门予以迁出。在户口迁移中,户口迁入比户口迁出复杂得多,各地依据城市(镇)规模、人口密度、迁入地经济状况等条件的制约,故重点记述户口迁入的管理。

迁移证管理　1990年10月1日起，市公安局对全市商品粮户口、农转菜户口、农对农户口、军官妻子儿女要求随军、劳改释放解除劳教人员的户口迁移以及户口审批程序进行严格规定，从严控制。程序中对商品粮户口迁入不符合规定的一律不予受理；成建制的商品粮迁入，由市政府常务会讨论，按会议纪要户数、人数，由公安、粮食部门严格按规定办理。干部工人调入合肥市，一律凭调令入户，有工作的配偶和子女不得随迁，市外不论男女与郊区菜农结婚，一律暂停办理户口迁入。市外或郊区粮农要求迁往蔬菜村组，不论何由一律不得迁入。对同等城市（省辖市）要求迁入，农转菜户口迁入，随军、招生、劳改释放和解除劳教人员的户口迁入，进行严格规定。

1995年1月，市公安局启用新的户口迁移证件，即户口准迁证和户口迁移证，确定准予户口迁入范围，户口实行指标控制和群众评议制度。已使用计算机前台办公的派出所采用制式户口迁移证及常住人口登记表，尚未使用计算机前台办公的派出所仍采用手工填写办理户口迁移手续，停止执行凭工作调令直接办理迁移户口的办法，一律凭户口准迁证办理户口迁移手续。8月，市公安局规定由于新户口迁移证件中没有“户口性质”项目，明确规定自1995年9月1日起，不论“农业”还是“非农业”户口迁移，一律在户口迁移证备注栏加盖“农业”或“非农业”印章。市区内的户口迁移，自1996年1月1日起，一律使用新的户口迁移证件。

1996年1月，市公安局取消全市市内移居和立户均需管段民警调查核实签字后方可入户的规定。只要符合办理条件，由当事人直接到户政内勤处办理入户。5月，市公安局禁止强制性换发、使用插页式户口簿。

人才入户　1997年3月，市公安局对关于解决合肥高新技术产业开发区外地人员户口入肥问题的请示进行答复，明确区别办理高新区外地人员户口入肥问题。涉及合肥市外商投资企业劳动管理办法中明确规定类型职工的户口不应迁入，因投资需要的特殊人才户口问题可作为特殊情况，由高新区提出，交由公安机关解决。

1998年11月，市公安局制定流动人才人事代理和户粮关系迁移落户，规定补充说明流动人才人事代理的范围。凡符合人才流动的有关规定，由合肥市人事局人才市场为国有企业、事业单位和非国有经济单位引进和推荐派遣的各类专业技术人员和管理人员以及各类大中专毕业生，其人事档案关系由市人事局人才市场代管。

2002年5月，市公安局进一步放宽户口政策，重点放宽引进人才的户口政策。凡中级职称以上专业技术人员、紧缺专业大专以上毕业生、大学本科以上学历人员等，有合法固定住所或相对稳定职业，即可在合肥市登记为常住人口；首次提出研究生以上学历者，可在合肥市无条件入户。是年合肥市迁入91286人。

简化手续　1997年5月，市公安局简化办理定居（抚养）入户手续，缩短审批时限，给申请人提供便利。对获准在合肥市定居（抚养）的人员，由出入境管理处和治安处签发入户通知书。入户地派出所一律凭此入户通知书、定居证办理入户手续，准在合肥市定居（抚养）的人员入户后凭该通知书向粮油管理部门申请办理粮油关系。

2003年5月，市公安局下发加强户籍管理工作有关事项，要求缩短户口审批办理时限，原则上不得让申报人或其他人员自拿户口材料到上级业务部门办理审批手续。8月，市公安局规定16项户口申报事项及6类情况的便民利民措施及办理流程。16项户口申报事项为:(一)全市范围内允许办理的户口业务:1.新生婴儿出生入户;2.结婚配偶迁入户口;3.退伍军人回原籍复户;4.劳改释放、劳教解教人员回原籍复户;5.应届大中专毕业生没有分配工作回原籍以及退学回原籍户口;6.应征入伍、出国定居和死亡注销户口;7.分户立户、变更更正;8.户籍补登记;9.凭准迁证迁出本市户口。(二)市区(国有土地上)范围内允许办理的户口业务:10.父母子女投靠户口;11.大中专毕业生工作分配户口;12.工作调动户口;13.人才引进户口;14.购买商品房户口;15.新购或单位分配住房的迁移户口;16.部队转业安置及随军户口。市公安局规定禁止、限制、做挂户处理的3种户口业务为:非直系亲属投靠、为择校跨学区上学而整户及部分家庭成员挂户等不符规定的户口业务一律禁止办理;市区范围内的人户不一致户口,要动员其将户口迁至实际居住地,拒不迁移或无法迁移的户口,一律在户口底表和人口信息系统中标注为挂户,限制其户口业务的办理;住房出售后未及时迁移的户口,动员其迁出,拒不迁出或无法通知的作挂户处理。2006年4月,市公安局规定严禁办理6类户口迁移类型,5类一律严格按规定办理的户口业务,明确严禁办理旁系亲属间投靠的农对农、农转菜、农转非、非对非、非转农和非转菜户口业务,对分户、婚迁、父母子女间相互投靠、非农业户口迁往农业户口处、农业人口迁往非农业人口处按规定办理。7月,市公安局对"严禁办理6类户口迁移类型,5类一律严格按规定办理的户口业务"进行补充,对城郊接合部、"城中村",以及即将或正在进行城市改造、拆违及开展城市道路建设的地区的户口管理工作,比照户口冻结区户口政策进行。

2004年,深化户籍制度改革,方便群众办理户口,同时为各级公安机关办理户口提供便于操作和管理的统一标准。本着既简单快捷,又统一规范的原则,市公安局制订《合肥市公安局户籍办理工作暂行规定》,对户籍办理的方法、程序和应具备的申报材料做出明确规定,方便群众。

2012年8月,市公安局加强公安派出所和户籍身份证集中办理中心的内务管理和便民服务工作,完善窗口单位接待服务工作长效机制。12月,市公安局做好免征户口簿、户口迁移证和准迁证工本费工作。根据《财政部关于公布取消和免征部分行政事业性收费的通知》的精神,自2013年1月1日起,向群众免征户口簿、户口迁移证和准迁证工本费,对于丢失、损坏补办的户口簿,丢失、损坏补办以及过期失效重办的户口迁移证和准迁证收费,按原工本费价格收取。

购房入户 2008年11月,市公安局印发《关于下发调整后购房办理户口有关规定的通知》,自2008年11月15日起施行。调整购房办理户口有关规定,明确购房办理户口的要求以及需要提供的材料。调整后购房办理户口规定为:1.凡在合肥市区购买成套商品住宅房90平方米以上(含90平方米),并实际居住生活,允许其本人、配偶和未达法定结婚年龄(男未满22周岁,女未满20周岁,下同)的子女,在我市落户;购房一方的父母可同时在我市落户。2.凡在合肥市区购买成套商品住宅房60平方米以上(含60平方米)90平方米以下,并实际居住生活,允许其本人、配偶和未达法定结婚年龄的子女在我市落户;此户口落户后,不得再申请购房人父母户口迁入。3.凡在合肥市区购买成套商品住宅房60平方米以下,并实际居住生活,允许其本人、配偶和一名未成年子女(未满18周岁)等3

人在合肥市落户;此户口落户后,不得再申请购房人父母和子女户口迁入。4.具有本市区常住户口的居民购房迁移户口的,可同时迁移购房者本人、配偶和已在户内的子女;购房一方的父母(可不受男年满60周岁、女年满55周岁的限制)需在我市落户的,可申请迁入(含市区外迁入);户内已有一方父母的,不得迁入另一方父母。5.二人以上共有房,须经共有人协商一致,出具协议书,申报其中一人及其符合上述规定条件的亲属在我市落户。6.购买二手房时,新房主须在原住房户内户口迁出后,方可办理《房地产权证》;公安机关凭《房地产权证》等相关证明,办理新房主购房迁移户口手续。

收养子女入户　2009年2月,市公安局规定办理私自收养子女户口所需材料及办理程序,按照国内公民收养弃婴的第二种情况办理。第二种情况即凭收养人入户申请书、申请人合法有效的身份证件、司法机关办理的收养公证书或民政部门的收养证,向收养人常住户口所在地派出所提出申请,由责任区民警调查核实,并填写《申请入户调查情况登记表》,报派出所、公安分局、市公安局审批。7月,市公安局启用新版的户口申报审批表表格,旧版户口审批表同时作废。10月,市公安局规定合肥市农业户口青年应征到西藏服兵役可以办理农转非手续,并享受非农业户口有关待遇。11月,市公安局要求在办理变更"何时何地来本市"栏目时统一填写主项变更更正审批表。12月,市公安局开展征兵政审和服役人员户口注销工作。同时,对办理农村地区集中供养的"五保户"人员农转非户口的农转非对象所需材料、办理程序作出规定。

回国人员入户　2010年7月,市公安局规范留学回国人员落户工作有关政策,属异地安置户口的,尽可能提供原户口注销地公安机关的户口注销证明,确保人员信息完整。8月,市公安局规定父母一方户口不在本市的新生儿办理出生登记时一方不需开具未曾入户证明,可凭相关材料的原件及复印件在户籍窗口直接办理。同时,市公安局对取得经济适用房、廉租房入住资格人员,凭购(租)房合同和物业公司出具的实际入住证明、有效的身份证明、居民户口簿身份证等,比照市区内购房迁移程序办理。

2013年3月,市公安局对华侨回国定居户口、持非本市《出生医学证明》的计划外生育子女户口、士官复员户口等几类户口进行规范,并按相关法律法规政策做好界定和规范登记工作。6月,市公安局规范中等职业教育自主招生户口迁移,明确中等职业教育学校的范围,规定中等职业教育自主招生户口迁移的5种情形的处理流程。2016年12月,市公安局向省公安厅治安总队提交的《关于办理出国(境)定居注销户口业务的相关请示》批复,明确规定:对于出入境部门批准出国(境)定居的,由市级出入境部门出具注销户口通知单;对于声称已加入外国国籍要求注销中国户口的,由市级出入境部门按照规定对当事人国籍进行认定,并出具国籍认定书。治安户政部门对认定是非中国国籍的,按照有关规定办理户口注销业务。

无户口人员入户　2011年8月,市公安局对计划外生育子女的户口登记相关事项的办理流程进行规范:1.计划外生育子女应随父或随母到户口所在地公安派出所申报户口登记。除户口登记政策另有规定,公安派出所不得办理计划外生育子女在父母以外的第三方入户登记。2.申报人凭医疗保健机构签发的《出生医学证明》,以及加盖合法助产单位行政印章确认的婴儿出生出院记录等材料申报户口登记。3.在非医疗保健机构(含居家)出生的计划外生育子女申报户口登记,申报人需提交村(居)、镇(街道)证明及亲子鉴定等材料,派出所民警应调查核实(调查接生人等相关知情人2人以上),并写出调查报告。4.本市居民计划外生育子女已在父母以外的第三方入户,申报户口随父随母迁移的,申报人需到户口所在地乡(镇、街道)计划生育部门登记备案,并向公安派出所提交《出生医学证明》、出院记录、计生部门证明等申报材料。5.本市居民计划外生育子女在第三方入户以子女等直系亲属称谓,或者公安机关对申报人所持《出生医学证明》等材料难以查证的,申报人应提供亲子鉴定材料。6.亲子鉴定材料需经取得司法鉴定许可证的机构和具有执业资格的人员签章,为有效鉴定。7.公安派出所应认真审核申报材料,由调查审核的民警对申报材料逐份签字确认。对于不认真履行职责、工作疏忽、弄虚作假的单位和个人,将按照相关规定追究责任。8.计划外生育子女入户登记的户口,户口登记部门要及时向辖区计划生育部门通报。

2016年,市公安局贯彻落实公安部、省公安厅关于解决无户口人员登记户口问题的相关文件精神,起草关于解决无户口人员登记户口问题的意见,提请市政府审批并发文。意见明确,非婚生育的说明主体和主要内容;对不符合《收养法》规定,未办理抚养手续的事实抚养无户口人员作出规定;对合肥市农村地区群众抚养的流浪乞讨无户口人员处理意见;对刑满释放、解除劳动教养未落户的无户口人员提出处理意见;对无户口人员信息采集作出要求;对相关职能部门制度衔接提出要求。是年底,合肥市办理各类迁入户口15.99万人,比2015年同期13.76万人上升16.2%;城镇人口迁入134997人,其中省内迁入124091人,省外迁入10906人;农业转移人口落户城镇241078人,其中城乡属性调整217512人,大中专院校招生、录聘用、务工经商、购(租)房、投靠亲属、移民搬迁等23566人,户籍人口城镇化率为45.2%,与2015年同比上升2.5个百分点。

异地迁移 2015年9月,市公安局开展安徽省跨地域户口迁移信息网上流转核验试点,实时上传开具的跨地域准迁证和迁移证,确定联网核验的专管员,负责处理跨地域户口迁移信息网上流转核验工作的沟通联络。

户口整顿 1992年,市公安局开展核对户口,实行以统计质量为核心的责任制。在户口整顿中,西市公安分局查出重登、漏登户口25人。全市通过户口整顿,及时纠正挂户、人户分离、参军以及劳改、死亡未销户口等现象。

2009年9月25~29日,市公安局对全市10个分县局的17个派出所的百岁以上老人及2007年、2008年度应征入伍应注销户口人员的户口核查情况进行检查。

2011年6月,市公安局按照居民身份证纠重原则,开展重号清理纠正工作,对“省内重号”“我省编码的跨省重号”“第三方编码的跨省重号”逐一核对并采取相应方法予以删除或重新赋码。

2012年6~8月,市公安局集中开展常住人口信息管理系统“清库行动”,对公民身份号码、性别、年龄、出生地、籍贯、身高、民族、地址等项目进行核查纠正,完成率100%。办理16周岁以上人员身份证125278人,录入16周岁以上人员照片74132人,录入16周岁以上人员文化程度669802人,18周岁以上人员职业及服务处所1418584、1365657人,录入婚龄人口婚姻状况632889人,纠正同名同号人员11人,纠正信息级别三级以上人员15355人。10月,补报部分16周岁以上人口照片数据,将无照片人员人像信息逐个另存后并再次录入。

2013 年 2 月,市公安局继续深化户口登记管理专项清理整顿,要求各单位自 3 月起,每旬梳理汇总本区(县、市)专项清理整顿工作最新进展情况以及查办的重点案(事)件单项材料。

2014 年 5 月,市公安局为解决无户口渔民户籍问题,对渔民户籍情况主动对接,认真摸排,逐一核对,摸清底数,落实政策。11 月,市公安局对工作中发现的公职人员办理重复户口,要求向其所属单位和当地纪检部门通报,跟进掌握后期处理情况并集中报送。是年,全市累计清理纠正户口登记项目差错 211507 个(其中,姓名 3399 个、公民身份号码 916 个、出生日期 2887 个、相片 90432 个、其他项目 113873 个);清理 5 项数据(集体户、空挂户、一人户、漏登补录户、无照片人员)574863 条;清理 16 周岁以上无照片人员 93889 人次、从未办理居民身份证或有一代证未办二代证人员 290700 人次、历史照片不一致人员 27 人次;清理一人户 446190 人、集体户 3855 个、漏登补录户和应销未销户 1820 人;重新审核迁入及主项变动业务,其中 2004 年以来迁入户口、主项有变动的户口逐一核查原始材料 1003925 人次,逐一核查 2010 年以来出生入户的人员出生医学证明 313291 本。

暂住人口管理　随着改革开放和商品经济的发展,农村大批劳动力拥入城市,投入建筑、运输、废旧物资收购等行业,形成一个半流动、半稳定的暂住人口大军。据 1991 年统计,全市有暂住人口 12 万人,高峰时达 15 万～20 万人,大都租住在城郊接合部,尤其在近郊。由于对暂住人口和出租房屋没有切实有效的管理制度,以致给违法犯罪分子可乘之机,使出租私房逐步成为盗窃犯的销赃点,重大逃犯的庇护所,卖淫嫖娼、聚众赌博的黑窝点,“超生游击队”的根据地。据 1991 年年底统计,全市抓获的各类违法犯罪分子中,暂住人口占 30%,郊区达 47.3%。

1992 年年初,市公安局党委作出《关于全面加强公安基层基础工作的决定》,把强化暂住人口、重点人口、出租房屋的管理作为启动全盘工作的突破口。在城东派出所开展暂住人口、出租房屋和人口分层次管理的试点,取得成功后在全市推广,发放暂住证及出租房屋许可证。是年,全市出租房屋发证和挂牌率达 85%,登记、颁证暂住人口为 57067 人。通过对暂住人口的管理,抓获违法犯罪分子 696 人,查破案件 626 件。

1993 年,配合“人口信息计算机管理系统”建设的需要,市公安局加强路、街、巷门牌号整顿、户口核对及重点人口、出租房屋、违法犯罪情报资料收集等各项管理工作。11 月 31 日,完成路、街、巷门牌号整顿工作,12 月 15 日,各派出所完成“人口信息计算机管理系统”的微机房建设工作,对暂住人口的管理起到促进作用。

1996 年 7 月,市公安局提请市政府审议《合肥市暂住人口管理条例》,自 1997 年 1 月 1 日起施行,实施范围为本市市区、郊区和蜀山镇行政区域内。本市因道路扩建、房屋拆迁等原因人户分离或本市常住户口(不含三县)人员暂住市内其他区域的,不作为暂住人口范围。本市居民的配偶或三代以内直系血亲来本市探亲、度假的,由户主书面告知本单位保卫部门或居委会,派出所适时登记。市属肥东、肥西、长丰县结合本县实际情况,制定暂住人口管理办法。同年,市公安局制定实施方案和细则,规定暂住人口登记率达 95%,发证率达 85%,户籍民警对辖区内暂住 1 年以上的人员熟悉率应达到 50% 以上。

1997 年 6 月,市公安局对违反《合肥市暂住人口管理规定》和出租房屋使用《暂住人口管理处罚决定书》《停止房屋出租决定书》或《租赁房屋治安罚款决定书》的暂住人口给予处罚。8月中下旬至月底，市公安局对暂住人口、出租房屋管理以及安全文明小区建设进行抽查验收。全市登记暂住人口160247人、发证134424人，登记出租房屋21238户59699间，发证率为96.2%，挂牌率为100%。通过对暂住人口、出租房屋的管理，发现违法犯罪线索1300多条，查破200多起刑事案件，抓获犯罪嫌疑人150多人。

2003年，广州“孙志刚事件”后，市公安局对暂住人口管理实行“自愿接受救济”制度，废止“收容遣送”制度。2004年7月，市公安局取消暂住人口治安管理费，收取簿本式暂住证工本费，每人每证4元。截至2005年7月，合肥市登记暂住人口22.95万人。

2006年9月，市“两办”出台《关于进一步加强流动人口和出租房屋管理工作的意见》，明确全面登记外来流动人口和出租屋，逐步建立和实行流动人口分层次、出租屋分类管理模式；明确街道、乡(镇)在流动人口管理方面的主体地位，提出由政府出资聘请协管员。同时，市公安局建立派出所基础信息管理系统，开展基础信息采集，对辖区实有人口、实有房屋、实有单位等信息录入、管理、维护。截至2007年，全市配备261名协管员，为基层一线公安派出所在管理流动人口方面的警力不足，解决了“瓶颈”问题。2008年，全市配备330名协管员，其中瑶海公安分局10人，庐阳公安分局100人，蜀山公安分局50人，包河公安分局150人，高新公安分局20人，新站公安分局30人。

随着合肥大建设推进，城市建成区面积不断扩大，人口急剧增加，对治安管理和防控工作提出新的要求。一旦治安管理措施跟不上，就有可能出现违法犯罪活动新的高发区域。外来人口管理基础仍然比较薄弱，2005~2007年，合肥市每年抓获的刑事案件作案成员中，外省、省内外地市及合肥市三县人员占到75%左右，一些大要案件也大多是外来人员所为。对流动人口底数掌握不清、控制不住等问题仍没有得到根本解决。由此，2007年，市公安局贯彻落实市“两办”《关于进一步加强流动人口和出租房屋管理工作的意见》，派出所基础信息录入人口信息3709384条，房屋信息1433720条，出租房屋信息84128条，单位信息39589条；将暂住人口中的犯罪高危人群，录入具有自动剥离、抽取、提示、报警等功能的管控平台系统，加强管控。

2010年，市公安局完成建筑工地流动人口信息采集工作，针对建筑工地外来务工人员，按照“谁用工、谁负责”的原则，依靠各级建筑主管部门，抓住用工单位，落实管理责任。截至11月1日，派出所基础信息系统中人口总数添加量3029652人，人口总数注销量1570778人；暂住人口总数添加量855834人，暂住人口总数注销量435096人；房屋总数添加量878529间，房屋总数注销量269177间；单位总数添加量95011个，单位总数注销量11839个。

2012年，市公安局进一步规范社区和驻村民警信息采集工作，规定各警种部门不得随意下达信息采集任务。每年12月上旬由各警种部门提出下一年度信息采集需求，经论证通过后统一下发，避免重复采录。

2014年12月10日，《合肥市居住证管理办法》实施，市公安局进一步规范居住证办理相关工作，对流动人口管理由暂住证制度变为居住证制度，明确居住证办理中的各项问题，确保流动人口的合法权益。

居民身份证管理

“一代证”发放概况　1990 年 10 月，根据市政府发布的《关于实施和查验居民身份证制度的通告》，市公安局实施使用和查验居民身份证制度。

1991 年，全市制发居民身份证 1101403 人，临时身份证 9356 人，市区发证率达 99%，三县达 90% 以上。合肥市居民身份证制作所的办证工作管理程序和制证质量被省公安厅制证中心评为全省第一名。市公安局暨颁发居民身份证办公室、中市公安分局、肥东县局以及双岗派出所分别被授予全国、全省颁发居民身份证工作先进单位。

1992 年，市公安局居民身份证制作所全年制发居民身份证 234450 人，其中市属 3 县 4 区 63054 人，临时身份证 6031 人。1993 年，市公安局制发居民身份证 206341 件，其中快证 5140 件。

1999 年，市公安局身份证制作所更名为“市公安局居民身份证制作管理处”。1 月，正式启用微机光盘存档底卡软件程序，自此实现三县、市区公民办理居民身份证时的微机扫描存档，对已存档录入人员，并附人像照片。5 月，市公安局针对历史遗留下来的制证工作中出现的重错号现象，利用 4 个多月时间，纠正重错号 13480 人。10 月，根据国务院下发《关于实行公民身份号码制度的决定》，市公安局启动全市公民身份号码编制工作，对已申领居民身份证 15 位号码的编号升至 18 位，做到“常表”“户口簿”“编码表”“身份证”“计算机人口信息”所记载的公民身份号码相统一。

“二代证”制作与发放　2004 年 12 月 28 日，在稻香楼宾馆举行“二代证”首发仪式，试点换发“二代证”485 人。2005 年 5 月，市公安局停止第一代居民身份证制作工作。12 月 20 日，全市换发第二代居民身份证动员大会在市政府小礼堂举行，从此换发“二代证”工作全面启动。

2006 年，市公安局人口信息系统基本完成，录入人口信息 2201694 条，为第二代居民身份证换制工作提速打下基础。截至同年 11 月，受理上传第二代居民身份证 2023855 人次，受理进度和换证总量名列全省第一，超额完成省公安厅下达合肥市 110 万“二代证”指标的 84%。2008 年 8 月底，全市累计受理上传换证信息 3576607 条，制发证件 3279450 张，受理总量和制发证数分别占全市人口总数的 78.5% 和 72%，连续 3 年率先超额完成省厅下达合肥市年度集中换发证任务。在全市人员密集区域或偏僻地区设立 48 个固定人像采集点，16 个流动采集点，上门换发“二代证”107.6 万人。通过集中换发“二代证”，发现并抓获网上逃犯 43 名，提供破案线索 342 条，提前 11 个月完成 3 年集中换发证工作目标。2012 年 1 月，市公安局开展第一代居民身份证公民换发第二代居民身份证工作，开通一代证换领二代证“绿色通道”，并主动深入社区、乡村，摸清持有一代证尚未换领二代证人员底数，继续开展上门服务、预约服务，采取延长办证窗口工作时间等措施，方便持一代证群众换领二代证。8 月底前，全市完成为持一代证公民换发二代证工作任务。

“二代证”特殊性处理　2007 年 3 月，市公安局对关于能否使用佛教法名、伊斯兰教经名登记户口办理居民身份证有关问题给予批复，明确已出家的佛教徒在登记户口、办理居民身份证时应当使用其本人的佛教法名，并在户口曾用名项目内登记世俗姓名；未出家的佛教徒在登记户口、办理居民身份证时则不得使用其本人的佛教法名;伊斯兰教信徒在登记户口、办理居民身份证时不得使用其本人的伊斯兰教经名。

2009 年 11 月,市公安局为高考生办理第二代居民身份证开辟绿色通道。是年,市公安局改革完善户籍管理制度,降低农民工在城市落户条件,放宽各类人才户口迁移政策。截至 2009 年 11 月底,户政窗口接待群众来访 5520 人次,电话咨询 8500 余条,制作“二代证”37 万余张。

2010 年 3 月,市公安局重申居民身份证遗失无需登报“挂失”再补领。如居民身份证丢失被他人冒用,冒用者及审查部门应承担相应的法律责任,丢失证件者不用承担任何责任。是年 8 月,市公安局对旅馆业旅客身份证件认定问题给予批复,明确中国公民(含港澳台居民中的中国公民)的身份证件主要包括:中华人民共和国居民户口簿、居民身份证、临时居民身份证、护照、海员证、中华人民共和国往来港澳通行证、因公往来香港澳门特别行政区通行证;中国人民解放军、中国人民武装警察部队制发的军官证、警官证、文职干部证、士兵证、学员证;港澳居民来往内地通行证;台湾居民来往大陆通行证、中华人民共和国旅行证。外国人的身份证件主要包括:护照、外国人永久居留证、外国人出入境证、海员证、外国人护照遗失证明。中国公民、外国人持上述有效身份证件可以在宾馆、饭店办理住宿登记。未携带有效身份证件确需办理入住的中国大陆公民,应向住宿地辖区公安派出所申报核实身份,派出所可将该旅客在全国人口信息库中的信息打印并加盖公章后交该旅客,作为办理入住的证明文件;未携带有效身份证件确需办理入住的港澳台居民和外国人,由住宿地公安机关出入境管理部门核实其身份,并出具证明后可以办理住宿登记。

2011 年 6 月,市公安局集中开展人口信息库“同名同号”人口清理核对和相片数据补报工作,完成相片补报(16 周岁以上人口平均人像采集率不低于 90%)。10 月,市公安局对“同名同号”人口开展清理核对工作,通过查询本地人口信息管理系统、核对户籍业务档案、入户走访、与异地公安机关协同工作等方式,对涉及本市 262 人的“同名同号”部库未清理人员开展清理核对。

2013 年 9 月,市公安局井岗派出所、高新派出所开展全省居民身份证登记指纹信息试点工作。11 月 5 日起,全市户政窗口全面开展居民身份证登记指纹信息工作。2014 年 1 月,市公安局实行登记指纹信息系统前置登记指纹信息核验,对急需用证的群众,在其自愿的基础上,开展居民身份证邮政速递送达业务。12 月,合肥市开始安装居民身份证人像检测前端系统,并投入使用。

“二代证”异地办理 2015 年 12 月,市公安局与江苏省结对,开展跨省居民身份证异地受理试点工作。瑶海分局胜利路派出所、包河分局户政中心、经开分局户政中心为第一批试点单位。市公安局还全面开展居民身份证异地受理、挂失申报和丢失招领“三项制度”系统建设工作。

2016 年 5 月,市公安局全面启动合肥市内异地办理居民身份证工作。12 月,开通天津、河南、新疆建设兵团和上海等 29 个省(直辖市、自治区)全国异地办证工作。截至 2016 年年底,受理省内异地证 68197 张,审核省内异地证 27378 张;受理省外异地证 4254 张,审核省外异地证 4856 张;挂失申报 10844 张,丢失招领 35 张,发还 3 张。

2005～2016 年市公安局二代证制证数量统计表

表 4－6

年　份	制证数(张)	年　份	制证数(张)
2005	358	2011	341479
2006	1966184	2012	482070
2007	925962	2013	420169
2008	658533	2014	354998
2009	296558	2015	355648
2010	304668	2016	703592

人口信息系统建设

1985～1993 年,市公安局户籍管理工作采取传统的人工管理模式,常住人口底表、居民户口本(簿)等均采用手工填写。

1992 年,全市派出所筹建微机房,4 月,确定在胜利路、益民街、稻香村、骆岗等 4 个派出所开展人口微机化管理试点工作。

1993 年 12 月,派出所微机房全部建成。派出所逐步使用包头单机版常住人口管理信息系统,建立以派出所、分局、市公安局三级管理模式的人口信息计算机管理系统。全市(含三县一郊)45 个派出所,市属三县 7 个城关派出所加上 10 个县局、分局、市公安局业务处的一、二级管理 62 个终端用户。同年 11 月,市公安局完成人口信息计算机管理系统建设第一、二阶段(即前期工作)检查验收工作。

1994 年 9 月,全市 55 个派出所购置微机 120 台,并组织专门力量集中时间,将全市 112.7 万人口基本信息统一录入微机,实行户口管理微机单机办公。

1995 年 8 月 9 日,市公安局建立人口信息计算机管理系统管理维护暂行规定,对各级公安机关职责、任务等予以明确,合肥市人口信息计算机管理系统管理维护和建设工作规范运行。

2003 年,市公安局积极推进治安管理信息化建设,精心制定关于加强常住人口、暂住人口、工作对象和租赁房屋信息化建设方案,谋划发展计划,并着手实施相关人口信息和治安信息的采集、录入等基础性建设工作。

2004 年 4 月 27 日,公安部召开全国公安人口信息管理系统建设工作会议后,市公安局抽调业务骨干和技术骨干集中办公,在全市范围内迅速开展人口信息录入、户口核对和身份证编码纠错工作。同年 6 月 30 日,市公安局再次召开会议,传达贯彻省公安厅全省人口信息管理系统会战动员会精神,对合肥市人口信息管理系统建设进行再动员、再部署。截至 11 月 1 日,全市采集录入 4407572 人,上报人口数占总人口数的 100%;输入照片 3112296 张,占应办证照片数 87.59%。

2005 年 7 月至 2010 年,市公安局(含三县)所有派出所实行微机联网输入办理户口,市内(县内)户口迁移实行一站式服务,市公安局统一建立人口信息中心数据库。金铖版常住人口信息管理系统进行多次系统升级,完善系统功能。

2010年,市公安局在全市派出所推行“一站式”服务、错时和弹性工作制,社区民警不参加白天值班等,确保民警信息采集时间。争取党政支持,按照1000:1比例配备户口协管员,发动楼道长等力量,充实信息采集力量。协调市综治委、市建委,下发《关于建筑工地流动人口信息采集实名登记意见》,各分县局均与地方建委建立日常联系制度,全市所有建筑工地全部落实实名登记制度。推行以人倒查、以案顺查、随机抽查、组织互查的“四查”工作,确保信息质量,每月对基础信息质量检测核查。建成基础信息质量监控系统,并建立落实到具体责任人的信息质量考核体系和信息质量终身问责、用采同奖制度。是年,全市实有人口信息添加322.5万条,注销159.3万条,达591.74万条;房屋信息添加88.7万条,注销27.1万条,达230.9万条;单位信息添加9.1万条,注销1.2万条,达12.9万条。全市基础信息采集维护率始终保持在92.1%以上。为公安工作打下坚实基础,也为合肥市政府加强社会管理提供有力支撑。

2012年,市公安局开展“四查”工作,实时监控基础信息质量,确保完整、准确、鲜活、有效。加强对重点群体动态管控和行业场所实时管控,全市实有人口信息采录率达90%以上,实有房屋采录率达到100%。2012~2016年,市公安局对金铖版常住人口信息管理系统进行多次系统升级改造,进一步完善系统功能及操作模块。

2015年,市公安局完成派出所基础信息系统与常住人口管理系统地址联动工作,将全市380万条地址转换为标准地址。是年,开展移动警务终端试点配备工作,其中庐阳分局和经开分局所有社区民警完成移动警务终端配备。

2016年5月,市公安局在经开分局户政中心、蜀山分局琥珀派出所试点运行安徽省户政服务合肥平台。7月,全市户政窗口开通微信办理户政业务,受理来自互联网渠道的4类13项户政业务网上申报。10月,市公安局在包河分局户政中心、庐阳分局户政中心试行开展居民身份证办理网上预约服务,群众通过互联网预约办理身份证业务62人次。截至2016年年底,业务量增加至6类22项,户政窗口受理申报微信办理户政业务204条。

第二节 危险物品管理

枪支管理

非法枪支收缴 1999年,公安部下发《关于加强弩管理的通知》,市公安局针对合肥市市面出现具有较大危险性“弩”的实际情况,将“弩”纳入治安管理范围。

1990~2016年,市公安局采取日常检查和集中清查整顿相结合的方式,通过不间断地清理整顿和收缴非法民用枪支(含管制刀具),及时消除社会治安隐患。

若干年份市公安局收缴枪支弹药、管制刀具统计表

表 4－7

类别 数量 年份	枪支零部件(个)	遗留生产性用枪(支)	子弹(发)	废旧炮弹(枚)	管制刀具(把)	仿真枪(支)	民用枪支(支)	弩(支)
1992	—	—	—	—	3741	—	6371	—
1993	—	—	17	—	180	—	13	—
1994	—	—	3198	—	3162	—	998	—
1995	—	—	—	4	72	—	55	—
1996	—	—	204	—	1703	—	823	—
1997	—	—	192	—	468	—	185	—
1998	—	—	390 余	158	505	—	153	—
1999	—	—	—	—	719	—	55	—
2001	—	223	20 余万	195	—	—	718	—
2002	—	—	15600	110	—	—	137	—
2004	—	—	2700 余	50	740	80	24	—
2005	—	—	—	60	200	—	140	—
2006	—	—	1801	4	700	30	25	—
2007	—	—	—	300	110	—	—	—
2009	—	—	4006	91	—	3	9	—
2010	452	—	360	40	2000	—	1140	—
2011	—	—	—	40 余	500	18	90	17
2012	—	—	1778	1	549	191	897	19
2013	—	—	2252	93	867	91	55	—
2014	—	—	1770	583	520	27	98	32
2015	—	—	661	664	664	47	33	7
2016	20	103	34239	63	220	20	—	12

公用枪支管理　1991 年 12 月 4 日，市公安局下发《关于加强枪支管理的规定》，公用枪支管理工作由经济保卫处移交治安处管辖，负责持枪证办理、枪弹痕迹检验、枪支检查等。

1993 年 7 月，按照公安部《关于将机关团体企业事业单位保卫组织枪支暂时集中到公安机关保管的通知》要求，市公安局将机关、团体和企业、事业单位保卫组织、保安机构的枪支集中到市公安局统一保管。

1994 年 5 月，市公安局内部连续发生 3 起枪支丢失和随意使用枪支事件。6 月 23 日，针对枪支管理发生的严重问题，市公安局发出《关于近期连续发生枪支丢失和随意使

用枪支的情况通报》,要求认真学习、讨论并分析原因;对不适合持枪的人员,及时收回枪支;对因违反枪支管理规定或思想麻痹而造成被盗、丢失的单位和个人,依照规定追究当事人和单位领导责任;严格遵守持枪纪律,严禁私自转借、调换枪支弹药;严禁将枪支弹药交给亲友、子女玩耍;严禁随意鸣枪和用配发的枪支狩猎;不准携枪饮酒;不准将枪支弹药存放在家中或办公桌抽屉里;外出执行公务时,枪、弹要随身携带,人、枪不得分离;不准将枪、弹放入提包、挎包(箱)、腰包内;持枪人员脱产学习、休假(病假)、探亲时,应将枪弹交单位集中保管,工作变动、离退休时,单位应及时收回枪支;落实《关于对枪支清理登记的通知》要求,进行枪支清理登记。

1995年,市公安局将内保系统的360支枪,全部集中到市公安局治安处保管。同时清查报废公务用枪294支。2003年7月8日,市公安局参加省公安厅在合肥市合钢二厂进行的集中销毁枪支行动,销毁枪支1527支,其中报废公务用枪1037支,收缴的各类非法枪支490支。

1996年8月19日,市公安局出台《关于贯彻执〈中华人民共和国枪支管理法〉的实施意见》,要求采取见枪、验证、见人的方法对公务用枪全面进行检查登记。8月26日晚9时许,长丰县公安局一民警饮酒后随意使用枪支致人受伤。8月30日,市公安局下发《关于再次发生违反枪支管理规定情况的通报》,对不按照日常管理规定携枪或将枪支乱存、乱放以及不适宜配枪的人员,一律收缴所配枪支。

1997年8月,市公安局抽调专门人员先后对全局18个单位140支枪支进行检查。从检查中发现,少数持枪人员随意把枪支带回家中或带到公共场所,未送交到单位集中保管,枪支集中保管场所无人值班;少数枪支没有及时擦拭保养,枪支损坏、锈蚀严重。据此,市公安局要求各单位要在枪支使用和保管上加强领导,明确责任,建章立制,严格管理。1999年,市公安局核发公务用持枪证1200余份。

2001年5月9日,市公安局参与在合肥市举行的全省公安机关销毁枪支行动,销毁报废公务用枪、各类非法枪支14862支及一大批管制刀具等。7月30日,市公安局全部收回省暨合肥市26家单位超范围配备公务用枪177支。

2004年,市公安局严格按照《枪支管理法》等有关规定,严格配枪范围和配枪条件,完成本年度公务用枪、弹药和灭犬用防暴枪的计划编报工作以及枪证、持枪证的审核申报工作。同时,认真组织开展枪支清理工作,检查涉枪单位37家,发现隐患13处,收回超范围、超标准配备的公务用枪8支。

2006年8月,根据省公安厅《安徽省民爆、枪支管理信息系统建设任务分解与要求》,市公安局采集全市机关公务用枪配备信息、涉枪备案单位信息、公务用枪信息、公务持枪人员等数据信息。至2007年初结束,全市采集、录入45家涉枪单位信息,2022名持枪人员信息,初步建立起市公安局枪支信息管理系统。

2007年6月14日,市公安局同意将中国农业银行长丰县支行撤装上缴的6支防暴枪调剂到长丰县公安局,由县公安局作为公安装备用枪使用。12月,根据公安部统一要求,市公安局开展公务用枪枪弹库设置管理工作,并将管理权限由治安部门移交给装财部门。

2008年7月8日,市公安局成立“合肥市公安机关公务用枪管理委员会”,统一管理全市公安干警枪支调配及使用。

2009 年 12 月 8 日，市公安局布置在内部开展公务用枪安全检查工作，清查全市公安机关公务用枪底数、发放持枪证件数量及公务用枪管理状况，整理各种台账，完善《全国枪支管理信息系统》数据，做到实物、台账、系统一一对应。

2013 年，市公安局落实枪弹库"双人双锁""枪弹分离存放"规定，要求派出所、刑警队、战训队以及巡控车必须配备手枪，领用枪支必须经所队负责人审批，交接班时由佩带枪支的人员将枪支子弹移交，认真核对检查，并填写枪支子弹移交接收登记表，确保枪支子弹不失控。是年 5 月 24～30 日，市公安局对市区保安公司和四县一市保安公司枪支使用、保管及持枪人管理等情况进行全面检查，未发现枪支丢失、被盗等问题。9 月 5～12 日，市公安局对 24 家金融单位、525 个营业网点及一线 133 辆运钞车的枪弹库值班，安防设备运行，枪弹领用、归还、保养和"两证"管理情况进行安全管理大检查，未发现大的问题。

2015 年初，市公安局调拨 285 万元经费，对全市公务用枪数字化智能枪弹柜、电子枪证、数字化信息采集设备进行改造。4 月 15～24 日，市公安局对 21 个配枪单位进行集中清理、督察，完成对全局公务用枪及公务用枪配枪人员清查工作；排查离退休人员和调离人员持有公务用枪情况，收回离退休、调动人员所配枪支；并组织全局各配枪单位签订公务用枪责任状。5 月 6～7 日，市公安局组成专项检查组，对合肥市专职守护押运公务用枪安全管理情况进行检查。检查组发现安全隐患 3 处，责令其限期整改到位。

2016 年 1 月，市公安局开展公务用枪安全检查，强化物防、技防、人防等防范措施和专人值守等制度落实，要求保安公司、射击运动中心等配枪单位调查用枪人员心理状态、家庭及社会交往情况，未发现违法违规配置、使用枪支及枪支丢失、被盗抢等问题。8～9 月，市公安局开展内部枪支安全检查，对公安机关内部枪支弹药清点见底，对枪支审批、领取、佩带、保管、使用、交还等情况进行专项检查；抽调督察、政工、治安、警保等部门力量，交叉检查、督查抽查，未发现大的问题。市公安局全面清查公务用枪数量及配枪人数，推进公务用枪数字化改造工作，实现全市所有公务用枪电子枪证加载工作。

爆炸物品管理

民用爆炸物品管理　1990～2016 年，市公安局对民用爆炸物品的购买、销售、储存、领用、运输等各个环节进行全面清理整顿，层层建立健全制度，明确责任，落实防范措施。市公安局治安部门采取日常检查和集中清查相结合的方式，对全市范围涉爆单位进行地毯式清理检查，督促落实安全管理措施，发现隐患及时整改。

1993 年 1 月 16 日，市公安局批复成立"合肥市爆破服务公司"，由市公安局治安处管理。主营城市爆破工程，兼营民用爆破器材、烟花爆竹批发等，并统一办理签发《爆炸物品销售许可证》。

2003 年 8 月 8 日，市公安局下发《关于进一步加强民用爆炸物品安全管理的通知》，明确不再批准设立新的硝酸铵化肥生产厂（点）；硝酸铵只允许销售给民爆器材和制药、制冷剂等生产企业及有关的教学、科研单位；氯酸钾只允许销售给制药、印染等生产企业及有关教学、科研单位；全市雷管生产企业执行雷管编码打号制度，建立雷管编码、信息采集系统。实行民爆器材生产、销售、使用登记制度，民用爆炸物品及硝酸铵、氯酸钾等的生产、销售、使用情况，将详细登记并录入计算机系统，实现联网监控；建立民用爆炸物品信息管理系统,采取全市联网、集中建库、网上管理的模式进行管理。

2004 年,全市从事民用爆炸物品运输、生产、使用、销售、储存企业 14 家,其中军工企业 4 家、爆破公司 4 家、科研单位 2 家、烟花爆竹企业 2 家、其他单位 2 家。

2006 年 12 月 1 日至 2007 年 1 月 15 日,在全市范围内,市公安局开展民爆信息采集数据录入工作,对全市的 217 张涉爆单位 IC 卡和人员 IC 卡进行制作发放。2007 年 5 月 21 日,市公安局试运行民爆信息系统,完成 128 家涉爆单位、590 名涉爆人员的信息采集和录入工作,传输各类民爆信息 1489 条,民爆物品信息系统运行情况居全省首位。

2013 年,市公安局与全市 213 家涉危单位逐一签订危险物品安全管理责任状,排查整改涉危安全隐患 363 处。在全省率先落实爆破作业项目安全评估和安全监理制度,建立废旧炮(炸)弹处置服务外包机制和涉危物品应急处置机制,全市未发生一起涉危重特大安全事故。

2016 年,市公安局规范危险物品日常安全监管工作,建立爆破作业人员信息比对核查机制和民用爆炸物品流向信息平衡比对预警处理机制,推进危险物品管理信息系统建设。是年,收缴炸药 610 千克、雷管 22328 发。

若干年份市公安局收缴民用爆炸物品统计表

表 4－8

类别 / 数量 / 年份	雷管(发)	炸药(千克)	索类爆炸物(米)
1993	91	3	—
1995	150	12	20
1996	249	385	104
1998	5388	1278.75	3453
1999	114	172	134
2001	2459	45.7	682
2002	320	54	
2003	5700 余	5	100
2005	50	1.5	—
2006	4603	1900	3500
2009	3169	2850	18
2011	—	54	—
2012	2345	—	2500
2013	2004	1327	—
2014	2129	45	—
2015	3390	220	—
2016	22328	610	500

爆破作业管理　爆破作业包括爆破施工设计，爆炸物品现场运送、保管、加工、清退，实施爆破，以及警戒、爆后安全确认等活动。爆破作业具有极高的爆炸物品流失、爆炸事故等公共安全风险。

1990～1992年，按照1986年开始实施的《爆破安全规程》，市公安局实行爆破作业项目管理。合肥市内城镇居民区、风景名胜区、重点文物保护区和重要设施附近进行的爆破作业，由爆破作业单位上级主管部门批准，市公安局或分(县)公安局同意后实施。

1993年1月16日，市公安局批复成立"合肥市爆破服务公司"，由市公安局治安管理部门依据《拆除爆破安全规程》管理。根据拆除爆破作业项目地理位置、周围环境、规模、难度和炸药用量，分为A、B、C三个等级，根据等级规定承担设计与施工单位的资格，市公安局负责审批B、C级拆除项目。随着从事爆破专营的公司数量逐年增加，从业人员的素质、技术力量、施工质量等方面参差不齐，市公安局对爆破公司进行分级管理和培训。2003年，市公安局修订《爆破安全规程》，进一步规范爆破作业项目管理。爆破作业项目统一由原来的A、B、C三个等级，细分为A、B、C、D四个级别。市公安局负责爆破作业项目审批以及民爆物品的购买、使用、运输等环节的许可管理。

1995年，市公安局审批城市控制爆破工程方案22次，并派人到现场维护秩序，指导爆破作业。1996～2004年，审批城市爆破工程160多次。2006～2011年，市公安局审批定向爆破工程180多次，完成每次爆破施工的安全警戒工作，所有定向爆破符合安全规范要求，没有发生伤人损物事件。

2012年，根据公安部《爆破作业单位资质条件和管理要求》《爆破作业项目管理要求》，市公安局审批在城市、风景名胜区和重要工程设施附近实施的爆破作业。作业前，由具有相应资质的安全评估企业出具爆破设计、施工方案评估报告。实施爆破作业时，应有具有相应资质的安全监理企业进行监理。市公安局在受理申请之日起20日内进行资料审查，并组织人员对爆破作业项目的场地安全条件进行现场核查，主要核查爆破作业项目场地周边安全条件是否满足爆破施工安全要求，设计施工方案与作业项目实际是否相符，爆破作业安全警戒的组织实施是否满足安全要求等。在项目实施过程中，公安机关负责民用爆炸物品安全管理和民用爆炸物品购买、运输、爆破作业的安全监督管理，监控民用爆炸物品流向。实施爆破作业项目结束后15日内，施工单位需向市公安局提交备案表。

2015年5月19日，市公安局成功组织完成合力大厦A级爆破工程拆除施工任务。合力大厦位于望江西路与金寨高架桥交叉口西南角，主体为框架结构15层，附属配楼4层。周边环境复杂，距周围最近建筑仅1.2米，东侧5米处有国防光缆和供排水地下管线，15米处为金寨路高架桥上行匝道口，离人行道不足1米；北侧距望江西路40米；西侧36米处有某工程项目部的临建设施，地处市区商业繁华地带；且金寨路和望江路车流量较大，环境复杂。市公安局精心组织，周密布置，确保爆破拆除工作圆满完成。是年，市公安局加大宣传《从严管控民用爆炸物品十条规定》，严格落实民用爆炸物品末端管控措施，并计划推动建立爆破作业管理云服务系统。

2016年1月18日，市公安局下发《关于加强节前危险物品管理工作的通知》，要求爆破作业单位领用民用爆炸物品实行双人收发，每日盘存；要求安全员、监理人员在每次爆破作业后对作业现场进行检查清理，确保无安全生产事故和爆破器材被抢、被盗、丢失等问题;对爆破现场作业人员执证上岗情况逐人、逐证进行查验,确保爆破人员持证上岗。要求爆破作业人员任前必训、年度必训,对爆破作业单位人员离职、调离爆破作业岗位、不适合从事爆破作业的人员,要求所在单位在一个月之内上交爆破作业人员证书及民爆系统管理IC卡,由市公安局注销。

烟花爆竹管理

生产销售管理 1990~2016年,市公安局对生产、销售烟花爆竹的单位进行清查整顿,审核各单位安全许可证,对不符合规定的予以取缔。

1994年12月29日,市公安局下发《关于非禁放区办理烟花爆竹销售许可证的通知》,规定销售单位所在地派出所、分局在审批表上签署审查意见后,到市公安局治安处统一办理销售许可证。

2001年,市公安局取缔设立在居民小区、集贸市场的烟花爆竹储存仓库。规定烟花爆竹必须在核定的位置销售。公安机关核定销售的品种,由市土产日杂总公司统一进货。不准销售拉炮、摔炮、"地老鼠"、"打火纸"等违禁产品。烟花爆竹允许销售时间为3个节假时间段:2001年9月25日至10月1日,12月25日至次年1月1日和2002年2月2日至26日。是年9月4日,市公安局取缔长江东路烟花爆竹销售一条街。

2004年8月25日,市公安局下发《关于对烟花爆竹安全生产、经营、运输工作职能调整后的工作及工作要求的通知》,将原公安部门的烟花爆竹生产、经营安全监管职责转为安全生产监督部门主管。公安机关烟花爆竹监管的主要职责是烟花爆竹的公共安全管理,同时按照职责分工,组织查处非法制造、买卖、储存、运输、邮寄、燃放烟花爆竹的违法行为。

2012年2月,随着行政区划调整,巢湖市、庐江县52家烟花爆竹生产企业,也随之划转至合肥市,市公安局烟花爆竹安全管理难度也随之加大。是年,市公安局与安监部门开展联合执法行动,加大对非法生产、储存、运输烟花爆竹等危险物质的检查、打击力度,查处违规燃放烟花爆竹行为182起、非法运输烟花爆竹案件48起,收缴和销毁烟花爆竹1万余箱(件)。

2016年1月7日,市公安局督促全市烟花爆竹零售点落实"三禁止、三报告、一登记"制度,即:烟花爆竹销售人员禁止向精神异常、行为异常人员及未成年人销售烟花爆竹;遇有精神异常、行为异常人员购买烟花爆竹,或同一人员少量多次频繁购买烟花爆竹时,销售人员要向公安部门报告;凡一次性大宗购买烟花爆竹(一次性购买爆竹20000响或组合烟花5件以上或一次性购买累计金额1000元以上)的,销售人员要对购买人员姓名、住址、身份证号、用途及使用地点等信息进行登记。全年市公安机关会同相关部门开展联合整治行动50余次,下达整改通知书400多次,依法取缔430家烟花爆竹销售点,撤回16家《烟花爆竹经营(零售)许可证》,收缴烟花爆竹30000余件,销毁烟花爆竹2300余件。

若干年份市公安局收缴非法烟花爆竹统计表

表 4－9

年份＼数量＼类别	烟花爆竹(箱)	黑火药(千克)	引火线(米)
1990	66	—	—
1993	30	—	—
2003	烟花 26 爆竹 2000	560	—
2008	800	—	—
2009	1000	10	—
2010	500 余	—	—
2011	9000 余	—	—
2012	798	5259	—
2013	16750	1180.8	35642
2014	236	4250	—
2015	3000	—	—
2016	30000	—	—

燃放管理　1994 年 5 月，合肥市出台《禁止燃放烟花爆竹的决定》，由市公安局主管全市烟花爆竹禁止燃放工作，规定市区及蜀山镇为烟花爆竹禁放区。

1999 年 10 月 15 日，合肥市改禁放为限放。在元旦、春节、国庆节和国家重大庆祝活动期间，允许在规定的区域燃放限定品种的烟花爆竹。12 月 6 日，市公安局下发《关于加强烟花爆竹销售燃放管理的通知》，规定属地公安机关根据有关规定和经营场所的安全状况，核发许可证；烟花爆竹销售的单位和个人必须参加公安机关举办的爆炸物品安全管理培训班学习。

2001 年春节前，市政府成立限制燃放烟花爆竹工作领导小组，市公安局作为小组成员，由派出所负责燃放管理工作，元旦、春节（农历除夕、正月初一、初二、初三、十五）、国庆节允许燃放。省、市党政军机关驻地，市级以上文物保护单位，车站、码头、机场、商场、娱乐场所和仓库等重点消防单位，居民住宅的阳台、楼道和木结构居住区禁止燃放烟花爆竹。2002 年，治安部门收缴烟花 13670 个、爆竹 270 万头。

2007 年 12 月 13 日，市公安局下发《进一步加强烟花爆竹禁、限放管理工作》的通知，要求各级公安机关开展禁、限放宣传工作，并大量印制下发《告全市人民一封信》，内容涵盖有关禁、限放管理规定，随意燃放烟花爆竹的危害，劝导市民自觉遵纪守法等，分发至各分局进行广泛张贴。在繁华区域和人民居住密集区广泛设立临时宣传点，通过悬挂宣传横幅、流动板报等形式开展宣传工作。2009 年，市公安局规定在 10 月 1 日国庆当天可以燃放烟花爆竹，国庆假期的其余时间均禁止燃放。2010 年元旦前后，市公安局在市区 7 个分局设立 9 个宣传点，全面开展烟花爆竹禁止燃放宣传。10 月 1 日起，合肥市区二环以内不准设立烟花爆竹常年销售点,在取得经营临时许可证的基础上设立烟花爆竹临时销售点;二环以外城市建成区的烟花爆竹销售时限,各单位可根据实际情况确定。

2011 年春节前,市公安局制定下发《关于加强烟花爆竹限放宣传和查处工作的通知》,并印发 5000 份《合肥市公安局公告》、1 万份致酒店(物业)一封信、2 万份给商户的温馨提示卡,通过移动电信部门向市民发送手机短信《禁止燃放烟花爆竹温馨提示》400 万条,通过省、市电视台滚动播放禁(限)燃放烟花爆竹宣传片 200 余次。春节期间,市公安局在全市各派出所出动车辆 260 台次、警力 600 人次,查处违规燃放行为 339 起,罚款 39500 元,劝阻违规燃放行为 213 起。是年 12 月 1 日,《合肥市燃放烟花爆竹安全规定》正式执行,规定 2011 年 12 月 1 日至 2012 年 12 月 31 日,除下列区域外,市区的其他区域均为限制燃放烟花爆竹区域。瑶海区:城东街道、大兴镇、龙岗经济开发区的农村地区。庐阳区:三十岗乡、大杨镇、杏花街道井湾社居委。蜀山区:南岗镇、井岗镇邓店、十八岗村。包河区:烟墩街道、义城街道、大圩镇的农村地区。新站开发区:站北社区、三十头社区、磨店社区、瑶海社区、七里塘社区的农村地区。经济技术开发区:临湖社区、海恒社区、锦绣社区的农村地区。高新技术开发区:长乐、蜀麓行政管理中心所辖的农村地区。限制燃放区域内允许燃放烟花爆竹时间:全年 10 天,农历除夕至正月初八以及正月十五,只允许燃放《烟花爆竹安全与质量》中规定的 C、D 级烟花爆竹产品。

2014 年 1 月 21 日,市公安局联合市安监局烟花爆竹管理处、瑶海公安分局、瑶海区安监局对瑶海区新安江路、长江批发市场、通达路 4 个烟花爆竹零售点进行突击检查,向各烟花爆竹经营户宣传相关法律法规,现场送达《公安部治安管理局致全国烟花爆竹从业单位的一封信》,同时,向现场购买烟花爆竹群众散发《2014 年燃放烟花爆竹安全提示》。2 月 19 日,市公安局开展烟花爆竹零售点回收工作,3 家烟花爆竹批发企业回收烟花爆竹 5550 件。

2015 年,市公安局建立烟花爆竹零售业主黑名单制度,对工作中发现的违法违规的零售业主,列入黑名单,吊销其经营许可证,若干年内不得申请;对个人购买大量烟花爆竹的,督促零售网点问清其身份和用途并登记上报给公安机关;在限制燃放烟花爆竹区域内,不得设置烟花爆竹常年零售网点;在禁止燃放烟花爆竹区域及其周边影响安全的距离内不得设置烟花爆竹零售网点。

2016 年 3 月,市公安局下发《关于进一步加强清明期间烟花爆竹禁放工作的通知》,规定市区限放区域内禁止销售烟花爆竹,要求各单位协同安监部门,查处限放区域内的非法销售渠道。规定各陵园及其周边为烟花爆竹禁放区域,督促陵园管理方设置兑换点,开展鲜花换烟花爆竹活动;在限放区域内组织街面巡查组,开展不间断巡查。在社区设立宣传点、张贴公告,并入户走访,开展烟花爆竹禁限放宣传工作。8 月 9 日,全市全面启动烟花爆竹禁放工作。12 月,市公安局开展"抓整治、促创建"整治违规燃放烟花爆竹专项行动。截至年底,全市查处违规燃放烟花爆竹 25 起,劝阻违规燃放 84 起,印发各类宣传材料 4000 余份。

危险化学品管理

1992年,市公安局对全市生产、储存、经营危险品的单位逐一进行调查登记。通过单位申报,组织实地查勘,向符合消防安全条件的189个单位发放审核意见,对不符合经营条件的7个单位由工商部门吊销或变更其经营执照,不准经营危险品,并对140多名从事危险品管理人员进行消防安全知识和危险品管理培训。

2001年,市公安局采取日常检查和集中清查相结合的方式,收缴“毒鼠强”等剧毒物品429千克。2002年9月18日,市公安局制订《合肥市公安局处置危险化学品事故应急救援工作预案》,市公安局成立处置危险化学品灾害事故应急救援指挥部。2002年10月11日至2003年1月31日,市公安局连续开展3次查禁“毒鼠强”等剧毒急性鼠药专项行动,封存收缴剧毒化学物品1800多千克,收缴“毒鼠强”200多千克。是年12月,31枚日本遗弃化学弹自六安运往南京,途经合肥市肥西县、市区、肥东县,市公安局在沿途安排警力进行警戒任务。2003年,市公安局以查禁“毒鼠强”等剧毒急性鼠药为重点,坚决取缔非法生产、加工禁用剧毒化学物品的厂点,切断其生产销售渠道。全年检查涉毒单位64家,收缴“毒鼠强”等剧毒化学物品590千克,封存合肥市因关、停、并、转等原因而遗留的氰化物等剧毒化学物品1200千克,并送往铜陵海螺集团进行销毁。

2004年8月1日起,《合肥市剧毒化学品安全管理办法》施行,要求从事剧毒物化学品运输、使用、生产的企业,必须在专用仓库内单独存放剧毒化学品;剧毒化学品销售单位必须按照市公安部门出具的购买凭证或者准购证中规定的剧毒化学品品名和数量销售;公众上交的剧毒化学品,由公安部门接收后交由市环保部门指定的专业单位处理。是年,市公安局加强剧毒危险品管理,检查、审批涉毒单位使用剧毒品17家,审批剧毒物品4737.2吨,收缴“毒鼠强”等剧毒化学物品103千克。市公安局认真吸取重庆液氯泄漏事故的教训,联合市安全生产监督管理局对氯碱化工集团,对剧毒化学品液氯的生产、储存、经营、运输等环节进行安全检查,发现和整改一批安全隐患。

2007年,市公安机关调查统计,全市从事剧毒物品运输、使用、生产的企业22家。市公安局受理审批剧毒化学品138次,各类剧毒物品5600吨,上传剧毒化学品运输信息138条,销毁废弃剧毒物品200余千克。

2009年,市公安局对从业单位进行摸底登记,储存、使用剧毒化学品的单位增加到41家,其中24家已在安监局备案,排查整改各类安全隐患15处,排查出废弃剧毒化学品140千克,下发隐患整改通知书12份。2010年,市公安局审核办理15类剧毒物品准购证249个,涉及各类剧毒物品506.9414吨。

2011年2月,根据国务院第144次常务会议修订《危险化学品安全管理条例》,新增易制爆危险化学品的治安管理要求,公安机关强化危险化学品的公共安全管理,再次核发剧毒化学品购买许可证、剧毒化学品道路运输通行证,并对危险化学品运输车辆道路交通安全进行管理。是年,市公安局审核办理13类剧毒物品准购证269个,各类剧毒物品6000余吨。

2013年10月28～30日,市公安局对全市5家涉危涉爆单位进行安全检查,发现安全隐患6处,当场责令整改4处,发出《限期整改通知书》2份。

2015年,市公安局严格落实三级管理责任,主动与中石油、中石化合肥销售分公司对接会商,进一步强化散装汽油安全监管。先后发现各类治安隐患121处,成功防范2起扬言利用散装汽油实施违法犯罪行为的案件。

2016年7月,肥西县内三河镇汛情告急,市公安局联合安监部门,将三河镇某公司厂区内储存的9080KG剧毒化学品(克百威)进行安全转移,消除安全隐患。7月26日,市公安局在蜀山区浅草湾国际酒店举办剧毒、易制爆危险化学品企业培训班,重点培训剧毒、易制爆危险化学品治安管理信息系统的应用,内容包括系统平台概述、单位备案信息审批流程、单位购销业务审批流程、安全监管和解锁处理、公安和企业信息互动操作流程等。各单位监管民警和40多家企业派员参加培训,并将全市剧毒、易制爆危险化学品治安管理信息录入系统。

放射性物品管理

2004年,市公安局组织开展"清查放射源,让百姓放心"专项行动。历时5个月的专项行动,摸清全市涉源单位主要分布在辐照中心、医疗机构、科研院所、化工、建材、地质、炼油、公路建设、机械等行业。在专项行动中,市公安局积极配合环保部门加大对闲置废弃放射源的追缴、收储力度,加强对闲置废弃放射源的管理,防止发生丢失被盗事件。

2005年12月,根据施行的《放射性同位素与射线装置安全和防护条例》,市公安局对放射源单位的安全保卫进行检查,协助环保、卫生部门开展安全监督;对放射源丢失和被盗案件进行侦查和追缴;协助环保、卫生部门的执法工作;做好安全教育和宣传工作。

2006年10月,市公安局会同市环境保护局、卫生局、财政局研究制定《合肥市辐射事故应急预案》,确保有序进行核技术应用各类意外事故应急处置工作,最大限度地控制和减少事故造成的后果和危害,保护公众和工作人员的健康安全。2007年,合肥市转移废弃放射废源数十枚。

2009年9月,市公安局检查发现合肥某公司一放射性物品(铯)长期未妥善保管,立即下达安全隐患整改通知书,责令其限期整改。

2012～2013年,市公安局按照《剧毒化学品、放射源存放场所治安防范要求》,对拥有放射源的16家单位开展安全检查。对使用单位的放射源进出台账、储存仓库的设施、视频监控、内部保卫制度、事故应急预案、责任落实情况、不安全因素排查工作等人防、物防、技防情况进行详细检查,下达安全隐患整改通知书3份。

2015年,市公安局成立专项检查督导组,以日常电话抽查和实地检查相结合等方式,对41家放射源单位进行检查。现场检查使用剧毒化学品从业单位7家,使用放射性同位素单位3家、企业1家,发现安全隐患13处,落实整改措施10处,下发隐患整改通知书3份。

2016年8月5日至9月7日,针对G20峰会期间环浙社会面管控工作要求,市公安局开展"危险物品管控攻坚月"活动,严格放射源安全管理,确保放射源安全可控。

第三节　大型活动安保

随着社会经济快速发展,公安机关在大型活动安保中的职责,从单纯维护活动现场秩序,逐渐过渡到安保前期和中期监管、后期责任追究的监管模式,并根据大型活动日益增多的情况,需申请许可人数规模增至1000人以上,逐渐实现安保工作的精细化、制度化。

安保工作

20世纪90年代,全市范围内大型活动数量少、规模小,安保工作主要由属地公安机关承担,主要责任为维护现场秩序。1999年11月,依据公安部颁布施行的《群众性文化体育活动治安管理办法》,市公安局对在全市公园、风景旅游区、广场、体育场(馆)、展览馆、俱乐部、公共道路、居民生活区等公共场所举办的演唱会、体育比赛等群众性文化体育活动,参加人员在200人以上的需经公安机关许可,并根据具体情况组织警力,协助维持现场秩序,落实安全保卫措施。

2004年2月,针对“2004·2·5”北京市密云县密虹公园特大拥挤、踩踏伤亡事故,市公安局下发通知,要求在大型活动中严格安保措施,避免发生拥挤、踩踏等安全事故。

2007年10月,依据国务院颁布施行的《大型群众性活动安全管理条例》,市公安局对大型群众性活动进行安全监管。

2014年3月,根据市政府颁布施行的《合肥市大型群众性活动安全管理规定》,市公安局在活动举办前对临时搭建的舞台、观众席等活动场所进行安全检查,要求承办单位配备足够的入场观众安全检查设备及人员,严防各类违禁限带物品被带进场内。活动期间,根据活动安全风险,安排警力在现场备勤,维护秩序,随时应对突发事件。安保工作中各单位明确任务和责任,实现“定人、定岗、定责”,对因责任不落实,导致大型活动发生案(事)件、事故的,追究相关人员的责任。这是安徽省首部规范大型群众性活动安全管理工作地方性法规。据此,市公安局全面排查不稳定因素,加强治安热点问题整治,有效落实特殊性人员稳控措施,全面堵截各类危险物品,圆满完成全国“两会”、省市“两会”、十八届四中全会、APEC会议、“青奥会”环苏护城河、“亚信”峰会环沪护城河及环巢湖国际马拉松赛等一系列重要安保任务26场次。

2015年,市公安局按照“五个严防”发生(严防发生影响政治安全和社会稳定的重大事件,严防发生暴力恐怖袭击事件,严防发生较大规模群体性事件和个人极端事件,严防发生影响恶劣的刑事犯罪案件,严防发生群死群伤的拥挤踩踏、火灾、道路交通事故及其他治安灾害事故)的工作目标,本着“预防为主、安全第一”的工作原则,严格控制活动的规模和参加人数,开始采用“黑名单”制度督促承办单位负起安全责任,并应用视频指挥系统、人流计数系统实现精细化安保。

2008~2016年,市公安局累计投入警力41万余人次,确保各项大型活动安全顺利举办,未发生任何安全事故。特别是2014~2016年,市公安局贯彻执行《合肥市大型群众性活动安全管理规定》,进一步明确政府职能部门安全管理职责,落实承办方安全主体责任。通过社会化管理,市公安局安保工作实现从人海战术向科学用警、从粗放投入向精确布警质的转变。在市体育中心举办3万人演唱会的安保中,市公安局投入警力同比下降48%,警力占安保力量比重减少22.9个百点。

2008～2016年合肥市大型活动举办安保工作统计表

表4-10

年 份	活动数量(项)	参与活动人数(万人次)	出动警力(万人次)
2008	217	231	7.8
2009	278	115	8.5
2010	464	220	12.5
2011	336	140	3.6
2012	204	163	1.9
2013	111	123	1.4
2014	288	236	1.5
2015	317	266	2.13
2016	303	219	1.83

集会游行示威管理

1990～2016年,依据1987年合肥市出台的《合肥市关于游行示威的暂行规定》和1989年全国人大颁布施行的《中华人民共和国集会游行示威法》等相关法律法规,市公安局坚持"防止矛盾激化,慎用警力、武器警械、强制措施"的原则,对集会游行示威进行管理。

1999年5月8日清晨,以美国为首的北约使用导弹对中国驻南斯拉夫联盟共和国大使馆进行轰炸,造成中方3人死亡,20余人受伤,馆舍严重毁坏。5月8日19时,中国科技大学部分学生向市公安局申请游行;23时,中国科技大学、合肥联合大学、合肥工业大学等高校1000余名学生分别上街游行。5月9日9时,中国科技大学、合肥工业大学、安徽大学及安徽省教育学院学生一起沿金寨路、长江路、芜湖路、寿春路、宣城路、美菱大道等市区主干道进行游行示威。市公安局出动警力维护秩序,同时协调教育部门做好学生的思想政治工作和校园稳定工作。至5月10日,学生自觉返回校园,学校恢复正常教学秩序。

2012年9月,日本政府实施钓鱼岛"国有化"行径,挑衅中国的领土主权,合肥市民众反日情绪持续升温。市公安局坚持"防处结合、防范在先"的方针,依法开展维稳工作。9月15日上午,百余名群众手持"誓死保卫钓鱼岛"等横幅及国旗,沿市区主要路段游行20余千米,市公安局沿线维持秩序;9月18日上午,50辆车主在颍上路与北二环交口聚集,打出2条“保钓”横幅，准备于9时进行游行示威，被民警发现后劝散。9月11～20日，市公安局妥善处置此类游行活动22起，涉及486人。

附：重大活动安保工作选记

第十一届亚运会火炬传递安保工作

1990年9月13日，在省博物馆举行安徽省暨合肥市第十一届亚运会火炬传递交接仪式，并组织1100人手持亚运火炬传递长跑。针对长跑线路沿途的10万名庆祝群众，市公安局组成安全保卫工作组，抽调民警、武警710余人，对传递线路的6.7千米采取全线部署，加强治安管理和交通秩序管理，确保火炬传递活动的安全顺利举办。

合肥美菱股份有限公司、皖能股份有限公司公开发行股票活动安保工作

1993年8月28日，合肥美菱股份有限公司在合肥市公开发行3000万元面值A股股票。9月3日16时30分，股票认购表停止发售。一些投资者预感自己的中签率不高，便以“16时30分钟前发排队序号不妥”为由，前往省政府大门前聚集，通过高音喇叭喊叫、书写大幅标语、阻碍长江路交通、组织非法游行等方式进行无理取闹。10月8日，皖能股份有限公司公开发行6300万元面值A股股票，市公安局在皖能股票发行前开展清查活动，抓获逃犯36名。在2次认购表发行中，市公安局在全市88个发售认购表网点执勤，每个网点安排12～15名民警、武警，出动警力4500人次，出动车辆350多台次。

奥运会火炬传递安保工作

2008年5月26日，在合肥市进行北京奥运会火炬接力传递，路线全长10.6千米。市公安局负责奥运火炬传递安保工作，抽调30余人集中办公，下设住地、活动现场、传递路线等12个安保工作组，制定火炬传递安保工作总方案和圣火团队住地、起跑仪式等25个子方案。4月19日起，市公安局启动情报信息会商机制，开展全市性的风险评估4次，并根据评估结果，调整警力部署，加强安保措施。5月28日，市公安局抽调3634名警力、1000名保安、4120名武警、1000名省公安学院学员和4600名电院、炮院学员投入现场安保工作。活动期间，全市社会治安平稳，交通秩序良好。130多万名观众沿线观看火炬传递，整个活动秩序井然。

第20届中国金鸡百花电影节安保工作

2011年10月18～22日，由中国文联、中国电影家协会、合肥市人民政府共同主办的第20届中国金鸡百花电影节（简称“电影节”）在合肥市举办，来自国内外500余名电影明星、艺术家出席活动。这是合肥市乃至安徽省有史以来举办最大的一次电影艺术文化活动。

10月19日，在市体育中心举行电影节开幕式，4万名观众到现场观看演出。市公安局对内场核心控制区和看台秩序维护区，按照“内紧外松”的原则，部署便衣警力，加强巡查控制，在远端疏导控制区设置8个远端疏导控制点，安排6支机动力量在市体育中心周边备勤待命，做好应急处突准备。10月22日，电影节明星走红地毯仪式和闭幕式暨颁奖

晚会分别在渡江战役纪念馆广场和滨湖会展中心举行。活动中,市公安局布置近1500名警力维护现场及周边的秩序,进行巡逻查控,抽调400名警力组成8个机动组集中备勤,做好应急处突准备。电影节期间,市公安局出动民警2915人次、武警1600人次、保安员633人次。

2014合肥国际马拉松赛安保工作

2014年11月16日,合肥举办"2014合肥国际马拉松赛",来自21个国家和地区,以及31个省、自治区、直辖市的1万余名马拉松爱好者参赛。本届马拉松赛是合肥市首次承办国际性的马拉松赛事,也是合肥市承办的单项赛事中规模最大、影响最大、规格最高的群众性体育活动。

11月12日,市公安局启动情报信息会商机制,每日组织11个警种部门集中开展安全警卫风险评估。同时将赛道划分为8个责任路段,设立现场指挥部和后台指挥部,统筹部署现场安保、反恐处突、交通保障和协调联动等工作。

11月16日赛事中,首次启动立体动态安保机制,警用直升机在赛事区域开展空中动态巡逻,并将拍摄画面实时传输到现场指挥部;水上分局安排巡逻船沿赛道附近水域巡视;1800余名民警、700名保安员和600名警校学生在地面执勤,确保赛事安全顺利进行。

2016合肥世界铁人三项赛安保工作

2016年10月16日,"2016合肥世界铁人三项赛"在合肥市举行,来自58个国家和地区的1600余名运动员参赛。赛道全长近70千米,先后途径蜀山区、经开区、包河区、肥东县、巢湖市、肥西县。本届铁人三项赛是合肥市承办的单项赛事中对外影响最大、组织规格最高、比赛线路最长、参赛国家和外籍运动员最多的一次国际性体育赛事。

10月16日赛事中,市公安局将赛道划分为6个责任路段,按照"属地负责、分段包干、实名布控、责任到人"的思路,启动立体动态安保机制,分设现场和后台两个指挥部,确保现场指挥调度及时到位、全局协调联动高效有力。任务期间,全市出动警力5500余人次,协调各级党委政府出动安保辅助力量8000余人次,完成了赛事安保工作。

第四节　特种行业管理

特种行业管理内容不断变化,从1990年的5项管辖种类扩展至2016年的12项,从单纯行政许可类审核发展至行政许可类、备案登记类并行。截至2016年,全市特种行业管辖数量达7631家。

1994~1999年,市公安局逐步将废旧金属收购业、典当业、拍卖业、机动车修理和拆解回收业及旧货流通业等行业列为特种行业进行管理。

2002~2004年,市公安局逐步取消印刷业、生产性废旧金属回收业、报废汽车拆解回收业,旧货企业、旧货市场及个体工商户经营旧货业务和社会团体印章审批等项目的审批。

2007 年,市公安局将开锁业列为特种行业,进行备案登记管理。

2015 年 1 月 1 日,根据《安徽省特种行业治安管理条例》规定,市公安局对旅馆、公章刻制、典当等行业实施许可类特种行业管理;对拍卖业、废旧金属收购业、寄卖业、旧机动车、旧移动电话、旧电脑等旧货交易业和报废机动车回收拆解业、机动车维修业、机动车租赁业、金银首饰加工业、开锁业等行业实施备案类特种行业管理;并规定寄递业参照特种行业实施管理。

若干年份合肥市特种行业范围一览表

表 4－11

时期	特种行业列管种类	
	行政许可类	备案登记类
1990 年	旅馆业、公章刻制业、生产性废旧金属收购业和信托寄卖业、印刷业	
1994 年至 1999 年	旅馆业、公章刻制业、生产性废旧金属收购业和信托寄卖业、印刷业,废旧金属收购业、典当业、拍卖业、机动车修理和拆解回收业以及旧货流通业	
2002 年至 2004 年	旅馆业、公章刻制业、典当业	
2007 年	旅馆业、公章刻制业、典当业	开锁业
2015 年以后	旅馆业、公章刻制业、典当业	拍卖业,废旧金属收购业,寄卖业,旧机动车、旧移动电话等旧货交易业,报废机动车回收拆解业,机动车维修业、租赁业,金银首饰加工业,开锁业,寄递业参照特种行业进行管理

2016 年合肥市特种行业数量统计表

表 4－12

行业类别	数量(家)
旅馆业	6276
典当业	91
公章刻制业	197
开(修)锁业	206
废旧金属收购业	172

续表 4－12

行业类别		数量(家)
旧货交易业	二手机交易	32
	二手车交易	6
废旧汽车回收(拆解)业		21
机动车租赁业		83
金银首饰加工业		17
信托寄卖业		5
拍卖业		38
寄递业(比照特种行业管理)		529
合　计		7673

旅馆业管理

1990 年,市公安局规定由各公安分(县)局实施属地旅馆业行政许可,经批准后颁发《特种行业许可证》。9 月,市公安局根据《旅馆业治安管理办法》《安徽省旅馆业治安管理实施细则》,对旅馆业进行清理整顿,检查旅馆 352 家次,处罚 15 家次,取缔无证旅馆 3 家,逐一落实治安责任制。11 月,全市旅馆(店)近 500 家,其中个体 100 多家。

1992 年,市公安局在全市范围内推广旅馆业分层次管理的经验,改变公安机关以往对旅馆业干预过多的做法,充分发挥旅馆业自身的管理能力。全市近 1000 家旅店划分为治安管理达标单位、基本达标单位和不达标单位,公开挂牌,区别管理。

1998 年 7 月 10 日,市公安局下发《创建安全文明旅馆活动实施方案》,全市旅馆建立安全管理制度,落实实名登记,禁止卖淫、嫖宿、赌博、吸毒、传播淫秽物品等违法犯罪行为。

2004 年 6 月,根据省公安厅部署,市公安局启动旅馆业信息化建设。市公安局积极同省厅指定的科技公司对接,建立以公安专网为依托,以公众电话网为辅助手段的省、市、县(市、区)三级旅馆业信息系统管理网络。2006 年,全市安装入住登记系统软件 1250 套,安装率 100%,覆盖旅馆率 100%,信息上传率 78.8%,居全省首位。2007 年,市公安局推动旅馆业重点部位视频监控建设,要求在旅馆门口、走廊,财务室等重点部位建立视频监控,视频留存时间不得少于 30 日。

2005 年,根据省厅《关于加强接待旅客住宿的洗浴场所治安管理工作的通知》,市公安局将接待旅客住宿的洗浴单位、场所纳入旅馆业进行治安管理。

2010 年 5 月,市公安局印制《旅馆业从业人员工作手册》,完善《旅馆业从业人员培训制度》《合肥市旅馆业管理十一条要求》。9 月,市公安局试点推行无证住宿人员视频验证工作。9 月 9 日,市公安局通过旅馆业信息系统在城东派出所辖区内曙光旅社抓获湖南郴州“8·26”杀人案嫌疑人许某光。

2011 年 5 月,市公安局制定实施《视频图像监控系统工作规范》,规范旅馆业图像监控系统的规划、建设、管理和应用。6 月,市公安局制定实施《合肥市公安局特种行业行政许可规范》,对合肥市旅馆业申办条件、流程和监督检查等方面进行明确与规范。

2012 年,市公安局下发《合肥市特种行业治安管理条例》,与工商部门联合将安装治安社会信息采集平台作为行业场所年审的必备条件,全市 5521 家旅馆安装治安社会信息采集平台。旅馆安装旅馆业信息系统,狠抓实名登记上传工作,旅馆及留宿洗浴场所住宿人员信息登记上传率达95%。推广无证住宿人员视频验证,既严格管理,又方便群众。4 月 1 日,市公安局通过旅馆业信息系统在大杨所辖区内洪涛旅社抓获湖南长沙"3·31"杀人案嫌疑人李某佳,市公安局奖励洪涛旅社 1 万元。

2013 年 3 月,市公安局下发《合肥市旅馆业治安管理指导手册》,对旅馆业的申请、变更、注销等流程、日常监督检查、治安管理进行规范。全市 5784 家旅馆全部安装旅馆业管理信息系统,采集旅客信息 1912 万条,上传率达 98.05%,通过系统抓获逃犯 373 人。市公安局旅馆业管理信息系统抓获逃犯连续 6 年位居全省第一。

2014 年 10 月至 2015 年 10 月,市公安局部署开展旅馆业管理警务创新"试验田"工作,转变管理模式,将无证旅馆改为出租公寓进行管理,并研发出租公寓流动人口信息采集系统,落实出租公寓业主责任。全市 2025 家出租公寓均改造完毕。是年,全市旅馆业实名登记上传率达 94.96%,通过旅馆业系统抓逃 496 人。2015 年,市公安局推广无证小旅馆纳入出租房屋旅栈式管理模式,全市旅馆业实名登记上传率达 91.56%,通过旅馆业系统抓获逃犯 411 名。

2016 年,市公安局制定《行业场所治安管理日常检查要点》,严格落实旅馆业、留宿洗浴场所三级检查制度和日常管理责任追究制度。全年处罚旅馆 6535 家次,行政拘留 24 人,吊销特种行业许可证 6 家,全市旅馆业平均上传率达 92.56%,通过旅馆业系统抓获逃犯 519 人。

2007～2016 年市公安局旅馆业采集数据及抓获逃犯数量统计表

表 4－13

年 份	采集旅客数量（人次）	抓获逃犯数量（人）	年份	采集旅客数量（人次）	抓获逃犯数量（人）
2007	2346260	102	2012	21372612	560
2008	3842536	193	2013	23214517	472
2009	6044796	341	2014	24569982	507
2010	12987968	339	2015	23963789	411
2011	17162636	344	2016	24665619	519

印铸刻字业管理

1987 年 7 月,市公安局重新将印刷业纳入特种行业管理,对 110 家印刷厂进行清理登记。1988 年,市公安局会同保密局、工商局制定《合肥市复印刻字业管理规定》。在抽查中发现 16 个单位复印不登记、不凭证,及时进行批评教育,并帮助建立健全规章制度。

1990 年,市公安局规定由各分(县)公安局实施属地公章刻制业行政许可,经批准后颁发《特种行业许可证》。8 月,根据公安部、民政部、国家工商行政管理局《关于加强社会团体、企事业单位公用印章管理的通知》,市公安局积极配合民政、工商行政管理等部门加强社会团体和企事业单位公用印章的管理。

1992 年,市公安局加强对印章刻制业管理,对全市印刷企业开展普查登记工作,并深入乡镇及城区边远的印刷厂,现场了解印刷设备情况,为 350 家印刷企业登记造册。经过严格审查,最后确定其中 41 家为书报刊印刷企业,并发给《书报刊印刷许可证》。

1993 年 10 月,根据公安部《关于加强刻字业治安管理,打击伪造印章犯罪活动的通知》要求,市公安局对全市刻字业进行全面清理整顿,打击伪造印章犯罪活动。并规定凡经营刻字业务的单位和个人,须经所在地县、市(区)以上公安机关审查同意;申请经营原子印章的,须经省公安厅审查批准,向工商行政管理部门申请登记、领取营业执照后方准开业。

1995 年 3 月,根据省公安厅规定,市公安局对全市原子印章生产企业进行初审后,报省公安厅治安部门审核批准并核发《特种行业许可证》。3 月 27 日,市公安局经过初审,向省公安厅上报合肥钢模刻字厂、合肥振安印章厂 2 家印章生产企业,这两家企业被确定为安徽省首批定点企业。5 月,市公安局治安部门开展为期 1 个月的对全市刻字业专项治理整顿行动,取缔违法经营的刻字店(摊点)48 家,查处违法人员 67 人。

1999 年,市公安局治安部门对 800 多家印刷业进行清理登记,督促业主逐步完善规章制度,依法规范经营,撤销一批不合格印刷厂;清理取缔印章刻字的流动摊点,推广防伪印章技术,先后接待办理印章者 2900 多人。

2004 年 12 月,根据省公安厅《关于进一步规范印章业治安管理工作的通知》要求,在全市范围内,市公安局开展为期 1 个月的印章业治安管理专项整治行动,出动人员 512 人次,检查公章刻制企业 246 家次,收缴非法刻制公章 320 枚,取缔非法刻制公章窝点 4 家。同时,市公安局规定公章刻制业的行政许可审批工作由公安分(县)局实施。

2009 年 6 月,根据政务公开的要求,市公安局将公章刻制业《特种行业许可证》申领条件、申报材料要求、审核批准程序等内容在合肥市警务网公开,方便群众办理。

2011 年 6 月,市公安局制定实施《合肥市公安局特种行业行政许可规范》,对合肥市公章刻制业申办条件、流程和监督检查等方面予以明确与规范。

2012 年 7 月,市公安局会同工商、文化、城管、消防等部门下发《关于建立重点行业场所联合执法机制的通知》,形成对公章刻制业的联合执法机制。定期组织开展联合执法,每季度召开联席会议,分析重点场所的治安形势和日常管理中存在的问题,研究解决方案。

2013 年 3 月,市公安局制定下发《合肥市公章刻制业治安管理指导手册》,规范公章刻制业的申办、日常监督检查、变更等工作流程。6 月,市公安局召开全市公章刻制企业业主会议,78 家公章刻制企业业主参会,就建立公章治安管理信息系统进行座谈。

2014 年 4～7 月,市公安局先后前往宣城、马鞍山、南京、无锡、长沙、杭州、成都等地,学习考察公章刻制业信息化建设。10 月 16 日,市政府办公厅转发市公安局《关于推进全市公章治安管理信息系统建设的工作意见的通知》,要求全市建立公章治安管理信息系统,使用新型防伪公章,实现公章联网监管。11 月 19 日,市公安局开展公章刻制业清理整治工作,吊销不再经营、过期未年审的 9 家公章刻制店的特种行业许可证,取缔无证经营的公章刻制店 41 家。

2015 年 3 月,市公安局制定下发《合肥市公章刻制业治安管理工作规范》,规范公章审批、备案、缴销等工作流程,设立公章材料评审等工作规范。4 月,全市建立公章治安管理信息系统,全市 148 家公章刻制企业均按照该信息系统,并启用新型防伪印章。4 ~ 5 月,市公安局开展公章刻制业专项整治行动。期间,发放《公章刻制业规范经营告知书》1134 份,在人民网、新华网、凤凰网、安徽广播网、《江淮晨报》、省市广播电市台等主要新闻媒体开展宣传活动,查处非法公章刻制业窝点 40 个,刑事拘留 1 人,治安拘留 11 人,罚款 18 人。截至 5 月 31 日,全市公章入网备案量达到 16928 枚。

2016 年 1 月,市公安局制定下发《公章刻制业治安管理日常检查要点》,进一步明确派出所、治安大队、支队三级治安检查的内容、频次、要求,落实分级管理,将公章刻制业治安管理内容项目化、精细化、表格化,进行每月动态考评。10 月,市公安局公章创新治安管理新模式参加安徽省公安厅创新改革大赛,因成绩优异被公安厅推选参加全国公安改革创新大赛。截至 12 月 31 日,全市通过公章刻制业治安管理信息系统备案公章 269379 枚。

典当业管理

1990 年,市公安局规定由各公安分(县)局实施属地典当业行政许可,经批准后颁发《特种行业许可证》。

1995 年 5 月,根据公安部第 26 号令《典当业治安管理办法》规定,市公安局对申请开办典当业,须报请省公安厅审核批准后,由市公安局治安部门核发《特种行业许可证》。

2005 年 2 月,根据商务部、公安部联合颁布的《典当管理办法》,市公安局规定典当行业的特种行业行政许可由公安分(县)局审核后报市公安局治安部门批准并颁发《特种行业许可证》。

2007 年,市公安局推动典当业重点部门视频监控建设,要求典当业在大厅、窗口、财务室等重点部位安装视频监控,监控留存时间不得少于 60 日。

2011 年 5 月 1 日,市公安局制定实施《视频图像监控系统工作规范》,规范典当业图像监控系统的规划、建设、管理和应用。6 月 1 日,市公安局制定实施《合肥市公安局特种行业行政许可规范》,对合肥市典当业申办条件、流程和监督检查等方面进行明确与规范。12 月,全市建成治安社会信息采集平台,实现对典当业信息化管理,对从业人员、典当物品、典当人员、赎当人员的实时掌握,全市 81 家典当企业均安装信息系统。

2012 年,市公安局下发《合肥市特种行业治安管理条例》,与工商部门联合将安装治安社会信息采集平台作为行业场所年审的必备条件,全市 74 家典当企业安装治安社会信息采集平台。

2013 年 3 月,市公安局制定下发《合肥市典当业治安管理指导手册》,规范典当业的申办、日常监督检查、变更等工作流程。5 月,市公安局将典当业的行政许可审批权下放到各分县(市)公安局。

2016年1月,市公安局制定下发《典当业治安管理日常检查要点》,进一步明确派出所、治安大队、支队三级治安检查的内容、频次、要求,落实分级管理,将典当业治安管理内容项目化、精细化、表格化,进行每月动态考评。

寄递业管理

2008年以前,寄递业管理未纳入公安机关管理范畴。2008年6月,根据《公安部、国家安全部、国家工商行政管理总局、国家邮政局关于切实加强寄递物品安全监管工作的通知》要求,市公安局将寄递服务行业纳入治安管理范畴。

2013年6月,市公安局、市联合邮政管理局、国家安全局建立全市寄递渠道协调工作机制,并下发《关于成立合肥市寄递渠道治安管理协调小组的通知》,建立特种行业联管联控机制。8月8日晚22时许,市公安局接寄递企业报告,发现有人非法邮寄枪支、子弹。接到报告后,市公安局成立联合专案组,成功截获肥东县一快递公司承接寄递的仿六四手枪1支、子弹20发,抓获1名犯罪嫌疑人。

2014年5月,市公安局组织开展全市寄递企业专项整治行动,检查快递企业21家、125个网点,发现问题17处,下发隐患通知书8份;暗访测试8家快递公司的23名快递员,其中5名快递员测试不合格。建立全市寄递企业档案,全市寄递企业42家、290个网点。

2015年,市公安局牵头九部门联合下发《关于加强邮件、快件寄递安全管理工作的若干意见》,强化寄递渠道协同工作机制,督促物流快递企业落实寄递实名制、收寄验视制度,通过寄递渠道发现贩卖枪支弹药线索4条,缴获枪支2把,冰毒2.5千克,抓获犯罪嫌疑人15人。

2016年,市公安局推动出台《合肥市特种行业治安管理办法》,在物流、开锁、二手市场、金银首饰加工等重点行业建立治安社会信息采集平台,与工商等部门探索建立联合执法、年检、整治机制。特别是寄递渠道治安管理协调工作机制的建立,督促物流快递企业落实实名登记制度。全年通过寄递渠道发现违法犯罪线索47条,抓获违法犯罪人员35人,缴获枪支30支、匕首607把。

娱乐场所管理

1990年年初,合肥市辖县、区分别成立文化市场管理委员会,下设专门办公室。街道、乡镇一级建立文管领导组,由分管领导抓日常管理工作。实行分级管理、条块结合、以块为主的方法。市一级负责审批大的主干项目和进行政策指导;各县、区负责审批管理日常文化经营项目。治安管理实行市公安局、区公安分局、派出所三级管理。同时,还建立一支由文化系统、公安机关和文化馆、站工作人员组成的1000多人的稽查队伍,佩带由市文管办统一印制的稽查证。稽查人员在执行日常检查任务时,实行属地管理和按职业分工相结合的岗位责任制,责任落实到人,管理区域落实到街道。

1992年,合肥市有歌舞厅、卡拉OK厅22家,书刊店(摊)250个,电子游戏室160多家,大型综合娱乐场所10家,健身馆5处,桌球室53个,摄影室35家,棋牌室40多家。1993年5月18日,根据公安部《关于如何对待异性按摩、博彩等问题的批复》,市公安局明确对服务行业包括桑拿浴室,有奖电子游戏机、博彩、老虎机中心,国际性赌场等场所从事异性按摩、赌博或变相赌博等活动的,一律不予批准并建议工商行政管理部门对已批准领取执照的,修改营业范围,一经发现,坚决禁止,严肃处理。截至1993年5月,全市有歌舞厅40多家,录像厅81家,电子游艺厅(室)167家,酒吧、咖啡厅(屋)120余家,书报摊点152家,桌台球及康乐棋室300多处。其中酒吧、咖啡屋发展迅速,1992年年底全市不足10家,1993年5月发展到120余家。市公安局专门成立治安民警中队,负责文化娱乐场所管理。

1993年6月5日,根据省公安厅部署,市公安局对娱乐场所开展清查整治,当场查获花冲影剧院和合肥叉车厂礼堂公开播放《素女贞经》《肉蒲团》等淫秽录像。9月23日,根据省政府、省公安厅的决定,市公安局将歌舞厅、卡拉OK厅、酒吧、咖啡厅、音乐茶座及电子游艺厅等公共文化娱乐场所,纳入公安机关治安管理范围,实行安全审查发证制度,未经许可不得开业;禁止营业性"三陪"服务和"异性按摩"服务。

1994年8月16日,根据公安部《关于坚决查处娱乐场所"三陪"活动的通知》,市公安局会同市相关部门对文化娱乐场所进行清查整顿,纠正公安机关和公安干警经营或者参与经营娱乐场所。12月17日,根据省公安厅部署,市公安局对文化娱乐场所进行安全大检查,出动人员826人次,开展防火、防治安灾害宣传500余次,检查消防、治安隐患26处,均当场整改。同时要求文化娱乐场所的建设和开业必须经过县、市以上公安机关的安全审查,领取《安全审查许可证》。

2006年3月,根据国务院《娱乐场所管理条例》,市公安局明确合肥市娱乐场所管理范围为以营利为目的,并向公众开放、消费者自娱自乐的歌舞、游艺等场所;各娱乐场所取得营业执照后,应当在15日内向所在地县级公安部门备案;县级以上公安部门负责对娱乐场所消防、治安状况进行监督管理。

2007年,市公安局推动娱乐场所的大厅、门口、主要通道等地方安装视频监控探头,提高单位内部治安防范能力。7月,市公安局赴长沙、昆明等地学习考察娱乐场所治安管理及信息化建设工作。2008年,根据公安部《娱乐场所治安管理办法》,市公安局进一步明确娱乐场所的治安管理及备案流程,推动娱乐场所的视频监控、治安保卫力量建设,明确公安机关监督管理职责。

2009年2月,根据省公安厅部署,市公安局推动合肥市娱乐场所信息化建设。7月,市公安局开展娱乐场所专项整治行动,全市464家娱乐服务场所和公安机关签订治安管理责任状,场所内257处治安隐患被限期整改。

2010年6月,市公安局贯彻落实全国公安机关"2010严打整治行动"动员部署电视电话会议精神,进一步加强对歌舞娱乐场所的管控力度。6月28日晚,市公安局抽调瑶海、庐阳、蜀山、包河分局治安大队警力,采取异地用警、集中互查的方式,对全市16家歌舞娱乐场所进行抽查,检查包厢48间,盘查人员64人,发现治安隐患63处。7月16～18日,市公安局抽调警力对全市13家歌舞娱乐场所进行抽查,检查包厢42间,盘查人员86人,发现治安隐患34处。

2011年12月,合肥市建成治安社会信息采集平台,实现歌舞娱乐场所的动态管控,实现营业日志信息上传、从业人员的信息化管控,全市254家娱乐场所信息均录入信息系统。2012 年,市公安局下发《合肥市特种行业治安管理条例》,与工商部门联合将安装治安社会信息采集平台作为行业场所年审的必备条件,全市 254 家娱乐场所安装治安社会信息采集平台。8 月 28 日,“安徽省娱乐场所分级管理初次评定首家挂牌仪式”在合肥市瑶海区元一欢乐频道 KTV 举行,省公安厅、文化厅、市公安局、文化局派员参加。瑶海区通过对辖区 25 家娱乐场所进行实地评定、审核,最终被评为 A 级的有 11 家、B 级 10 家、C 级 2 家。11 月 20 日,市公安局与文化局开展联合检查,出动人员 56 人次,车辆 23 台次,发现未取得证照的鼎峰会歌舞娱乐场所违规进行营业,联合检查组当即责令其停止营业。

2013 年 6 月,市公安局组织娱乐场所专项整治行动,出动警力 713 人次,检查量贩式 KTV146 家、夜总会 89 家、酒吧 13 家、舞厅迪吧 2 家;下达各类隐患整改通知书 46 份、责令限期整改 36 家、停业整顿 3 家;约谈场所业主 49 人次,移送及函告工商、城管、文化和消防等部门无证照经营场所 55 家;行政拘留 25 人、罚款 7 人。8 月,市公安局进一步开展无证娱乐场所摸排工作,全市无证歌舞娱乐场所 55 家,均已函告文化、消防、城管等部门。

2014 年 11 月 26 日,合肥市北一环风马会歌舞娱乐场所发生火灾,造成 1 人死亡,6 人受伤。12 月,市公安、文化、城管等部门联合下发文件《关于对全市文化娱乐场所开展联合整治检查的通知》,严查娱乐场所内的消防、治安隐患。专项行动期间,出动人员 2319 人次、车辆 529 车次,检查娱乐场所 481 家次,限期整改各类治安、消防隐患 42 处,取缔无证娱乐场所 3 家。发现无证娱乐场所 66 家次,均已函告文化、城管等部门。

2015 年,市公安局联合文化等部门开展娱乐场所联合检查,出动人员 1038 人次、车辆 172 车次,检查歌舞娱乐场所 534 家次,发现治安隐患 32 处,下发隐患整改通知书 3 份。

2016 年 12 月,市公安局联合文化、安监局召开全市歌舞娱乐、网吧、游戏游艺等 500 余名经营业主安全生产管理工作会议,进一步要求开展自查自纠活动,消除各类隐患,规范合法经营,同时健全机制、完善预案,充分做好各类防范措施。市公安局还联合文化等部门开展娱乐场所联合检查,出动人员 612 人次、车辆 192 车次,检查歌舞娱乐场所 402 家次,发现治安隐患 40 处,下发隐患整改通知书 5 份,查处无证娱乐场所 8 家。

其他特种行业管理

1990 年后,废旧金属收购站、点大量增加,收购从业人员遍及城乡。对于收旧利废、发展生产起到积极作用。但由于管理工作没跟上,废旧物资收购市场出现一些问题。一是无证经营,倒买倒卖生产性废旧金属的情况十分突出;二是一些收购点擅自扩大经营范围,直接收购生产性废旧金属;三是少数收购站、点片面追求经济效益,只管收货付款,不问货物来源,给犯罪分子盗窃销赃提供方便;四是少数从业人员内外勾结,教唆诱导并直接参与盗窃犯罪;五是企业内部管理疏漏,给违法人员有可乘之机。

1991 年 8 月,市公安局会同工商、供销、物资部门,在全市范围内开展历时 4 个月的全市废旧金属收购行业清理整顿。针对全市废旧金属收购点多、面广的特点,采取分组分片集中调查摸底的方法,查明全市废旧金属收购点 458 家,其中市区收购废旧金属的 299 家,持有公安部门核发许可证和工商营业执照的 132 家。在摸清底数的基础上,确定城东乡的周谷堆、合作化路、屯溪路(称“废品一条街”)、淝河路、黄山路、一里井、合钢附近等 14 个路段、地区为整顿的重点。整顿中采取普遍清查和突出清查、边查边处理的方法。

先后出动1300人次、200多辆车次，对458个废旧金属收购站（点）逐一进行清查。实行查证照，看是否合法经营；查制度，看是否凭证登记收购；查物品，看有无乱收或窝赃；查销售，看有无销赃或倒卖活动。通过清理整顿，取缔无证经营收购点90个，收缴生产性废钢铁354.98吨，废旧生产性有色金属8吨，折合人民币22万元。从中破获刑事案件54起，治安案件40起。查处违法犯罪人员133人，其中逮捕6人，收审20人，治安拘留39人，罚款68人。追缴被盗的废旧金属63.5吨，追回赔偿款23.5万元，缴获运赃用的自行车、平板车、三轮车、汽车等20余辆。

1994年1月，根据公安部发布的《废旧金属收购业治安管理办法》，市公安局进一步规范废旧金属收购业治安管理，明确生产性废旧金属由有权经营生产性废旧金属收购业的企业收购。收购生产性废旧金属的企业，应当经其业务主管部门审查同意，须向所在地县级人民政府公安机关申请核发特种行业许可证，并向同级工商行政管理部门申请登记，领取特种行业许可证和营业执照后，方准开业。1994年上半年，市公安局治安部门对全市200多家国营、集体、个体废旧金属收购点进行为期3个月的清理整顿，查处违法经营110多家，处理违法人员170人，收缴废旧金属500多吨，罚款15万元。

1999年3月25日，根据公安部《机动车修理业、报废机动车回收业治安管理办法》，市公安局对机动车修理企业和个体工商户、报废机动车回收企业实施治安管理。

2007年1月，市公安局开展为期3天统一清查、整顿废旧物品收购站点专项行动，发放、张贴宣传资料2074份；出动警力3431人次，清查废旧物品收购站点811家，整顿328家，取缔3家，处理违法人员28人。是年，市公安局还推动生产性废旧金属收购、旧货交易、金银首饰加工和置换、报废机动车回收拆解业、汽车租赁等备案类管理特种行业的交易区、主要通道、仓库等部位推进视频监控系统。

2009年5月，合肥市制定实施《合肥市再生资源回收利用管理办法》，对再生资源的定义、范围、主管部门、行业自律等进行规定，并明确市公安局对再生资源行业的治安管理。

2010年9月，根据公安部、人力资源社会保障部、国家工商行政管理总局下发的《关于加强开锁行业严厉打击利用开锁技术违法犯罪的通知》，市公安局对全市开锁业开展专项整治行动，遏制开锁技术传播，规范开锁服务经营行为，严厉打击技术开锁盗窃等违法犯罪活动。

2011年5月，市公安局制定实施《视频图像监控系统工作规范》，规范生产性废旧金属收购业、旧货交易业、金银首饰加工、置换业、报废机动车回收拆解业、汽车租赁业等行业的图像监控系统的规划、建设、管理和应用。12月，全市建成治安社会信息采集平台，实现对废旧回收业的信息化管控，对行业从业人员、废旧物品、收购人员、卖出人员的实时掌控，全市130家生产性废旧金属收购企业建成信息系统。

2012年，市公安局下发《合肥市特种行业治安管理条例》，与工商部门联合将安装治安社会信息采集平台作为行业场所年审的必备条件，全市130家废旧金属收购企业安装治安社会信息采集平台。7月，市公安局会同工商、文化、城管、消防等部门建立重点行业场所联合执法机制，并下发《关于建立重点行业场所联合执法机制的通知》。定期组织人员对旧货业、金银首饰加工、置换业、印刷业、机动车维修业、报废机动车回收拆解业、汽车租赁业、开锁业等备案类特种行业进行联合检查。10月,市公安局会同市工商部门采取多项措施,全面整顿开锁业,建立锁业协会,摸清全市开锁业134家。

2013年,市公安局制定下发《合肥市行业场所治安管理指导手册》,规范废旧金属收购业、开锁业等行业场所的备案管理。要求在取得营业执照后15日内向所在地公安派出所备案;停业或者变更名称、法定代表人、经营范围、经营地点的,经营单位或者个人应当在向工商行政管理部门办理注销或者变更手续后15日内,向所在地公安派出所备案。

2015年1月,根据《安徽省特种行业治安管理条例》规定,市公安局将拍卖业,废旧金属收购业,寄卖业,旧机动车、旧移动电话、旧电脑等旧货交易业,报废机动车回收拆解业,机动车维修业,机动车租赁业,金银首饰加工业和开锁业等行业实施备案类特种行业进行管理。

2016年4月,市公安局根据省厅部署,逐步推动旧货流通业、开锁业信息化建设,逐步实现行业场所信息化管控。11月,旧货流通业治安管理信息系统、开锁业治安管理信息系统正式建成,并推广使用。

第五节 保安监管服务

1990年2月,市公安局组建合肥市保安服务公司,下设业务部、财务部、器材部、无线电器材部和经销部,并成立东市、郊区2个分公司,为全市内部治安重点单位、金融单位提供保安人防、武装守押和技术防范服务。保安工作纳入市公安局管理范畴。1991年8月,市公安局保安服务公司组建第一支保安队伍,招聘保安队员503人。1992年10月增设中市、西市保安分公司。至此,市公安局保安公司设有72个保安队。1998年4月,市公安局成立保安管理处,与合肥市保安服务公司合署办公。2010年,随着社会经济的转型、企业改制,企业经济民警队逐渐被单位保卫部门取代,经济民警也逐步更换为企业自行聘用的保安人员。保安人员是维护社会公共安全和治安秩序的重要辅助力量。2014年1月,市公安局所有下属保安服务公司整体进行脱钩改制,划转至本级国资监管部门或指定国有企业,市公安局仅承担业务主管、监督和指导等工作。截至2016年,合肥市有市级治安保卫重点单位104家、县(区)级治安保卫重点单位580家,均配有专门的保安力量。

保安业务

保安队伍建设 1991年8月,市公安局保安服务公司组建第一支保安队伍,并向全市提供人防服务。保安队员的招聘录用实行临时合同制,参照招收人民警察条件从农村(含郊区)选招退伍军人和优秀青年,经统一体检、文化考试,择优录用。对合格者由保安服务公司与受聘者签订服务合同,明确双方的权利和义务,存档备案。录用的保安队员坚持"先培训、后上岗"的原则,须经过1~3个月的教育训练,主要是组织学习政治和法律常识、保安业务知识、防卫技能、专项业务培训,经考试合格方可执行保安任务。其间,市公安局保安公司先后制定《关于招聘人员的若干规定》《保安人员守则》《保安队员岗位责任制》《保安队长职责》以及保安队员职责、纪律、内务卫生和着装规定，请销假、奖惩制度，使管理工作逐步规范化。1990～1992年，先后有141名保安队员受到各种奖励，81名保安队员受到处罚，其中被解聘45名，以保证保安队伍的纯洁性，增强保安队伍的战斗力。

1995年1月，先后成立东市、中市、西市、郊区、蜀山、新火车站、经济技术开发区7家公安分局保安分公司，保安队员1623名，服务客户单位230家。

1997年1月，市公安局保安公司调整保安队员培训大纲，增设《保安人员职业道德》课，将"保安人员文明用语""保安人员十要十不要""职业道德标准"等作为必备常识，确保保安队员全部掌握。10月，全市在岗保安队员统一佩带省公安厅印制的执勤证上岗。

1999年，市公安局对全市保安队伍进行整顿清理，开除保安队员41名，解聘213名，教育和警示其他队员，确保其遵纪守法。

2000年5月，市公安局保安服务公司组建第一支女子保安队伍。12月，市公安保安服务公司荣获"首届全国十佳保安服务公司"称号，保安队员杨华银被评为全国优秀保安队员。

2001年4月，市公安局在全市开展清理整顿保安服务市场专项行动，重点是宾馆、酒店、娱乐场所和私营企业的未经批准私自招募的"黑保安"、自建保安组织，规范保安服务和管理制度。此次行动撤销自建保安组织304家，遣送无证从业人员2623人，新派驻保安412人。10月，市公安局保安服务公司成立"保安纠察队"，对保安人员在岗情况、仪容仪表和执勤情况进行日常纠察。

2002年3月，市公安局庐阳保安分公司保安员史大保因见义勇为被歹徒刺伤致死，荣获"合肥市见义勇为基金会特等奖"。12月，市公安局参照《人民警察奖惩条例》的要求，根据市公安局《关于做好2001年度我市保安系统总评工作的通知》，开始实施年度保安队员评功授奖制度。

2003年6月，市公安局在全市保安队伍中执行公安部"五条禁令"，全市辞退不合格保安队员54名。8月，市公安局制定下发《合肥市保安服务公司督察管理规定》，市保安服务公司督察办履行下列职责：1. 现场督察所属保安执勤点，及保安人员履行职责、遵守纪律情况。2. 检查保安队伍在遵纪守法执行保安任务中的问题。3. 检查履行保安服务职责和保安队伍管理方面的情况。4. 检查重点地区、重要场所的保安工作组织实施情况。5. 检查《内务管理》《着装管理》及其他规章制度的执行情况。6. 听取客户单位、群众对保安队伍及保安队员的意见和建议。7. 检查保安队伍及保安队员履行职责、遵守纪律的其他情况。8. 定期汇总督察情况，编发《督察通报》。9. 对督察发现的问题，进行认真分析、综合研究，提出整改意见。10. 对屡督屡犯的单位和个人提出整改和处理意见，实现保安督察工作制度化。8～10月，在全市保安队伍中，市公安局开展"加强法制教育、整顿纪律作风"活动。12月，市公安局保安服务有限公司成立政务区保安分公司。是年，实现全市保安客户单位从不足500家增长至560家；保安队员从3800名增长至4200名。2004年6月，市公安局保安服务公司保安队员人数近5000人，服务客户突破600家单位。

2005年8月，市公安局组织全市保安队伍开展"优质安全服务年"活动。至12月，市保安服务有限公司保安员万国被评为第二届全国十佳保安员。

2006年4月8日，市公安局保安服务公司在合肥长江大剧院召开"学楷模、比先进、树保安新形象"活动动员大会。在为期200天活动中,先后有600多名保安队员走上街头开展扶老携幼、维护交通秩序活动,并在各区(县)举行保安队员先进事迹报告会13场。

2007年9月,市公安局组织代表队,参加安徽省保安职业技能大赛,荣获团体第二名,参赛选手李辉荣获技防课目第一名。12月,合肥市保安服务有限公司举办全市保安队伍"学专业练技能"专题活动暨职业技能大赛。来自全市各级保安公司的9支代表队的114名保安队员在保安理论基础知识、保安体能、保安技能等方面展开角逐。市保安公司代表队获团体奖第一名,新站分公司、政务区分公司2个代表队分别获得第二名、第三名。新站分公司凌发强荣获保安守护个人奖第一名,市保安公司周银获保安巡逻第一名。

2009年6月,市公安局组织保安队伍开展"强素质、树形象、保安全、促发展"活动,巩固质量管理体系的成果,进行《体系文件》的改版工作,建立健全人事管理、经营管理、装备管理、勤务管理、财务管理、后勤管理和队伍管理等7项管理制度。队伍管理上实行招聘制、岗前培训制、考核制、持证上岗制、岗位责任制、奖惩制、淘汰制;保安服务上实行派驻制、巡防制、联勤制、轮换制、流程制和信息上报制。活动中,开展岗位轮训。市公安局成立"强素质、树形象、保安全、促发展"活动验收评比小组,根据验收工作标准,对各单位进行全方位综合检查验收,对工作不力的、遭到客户单位和群众投诉的,视其情节对照总公司相关规定予以查处。

2011年3月,根据国务院《保安服务管理条例》、公安部《公安机关实施保安服务管理条例办法》要求,市公安局举办首期8家民营保安公司经理培训班,对保安服务的内容、经营范围和应该遵守的法律规范、承担的法律责任进行培训。

2016年4月,根据省公安厅关于全省首届保安员职业技能鉴定相关工作安排,市公安局开展高级保安员及保安师资格考试报名工作,全市9名人员获得首届《国家保安师证》,30名保安员获得《高级保安员证》。10月27日,按照市公安局《关于对合肥市原公安机关所属保安服务公司脱钩改制遗留问题专项整治实施方案》要求,深化原公安机关所属保安服务公司脱钩改制工作,实现人、财、物的彻底分离,公安机关转变职能,充分发挥保安监管作用。11月26日,召开2016年保安监管工作会议,通报绩效考核情况,部署推动全省保安服务市场专项整治工作,保安员报名考试及指纹采集工作,对监管民警进行业务培训,并对下一步保安监管工作进行部署。

人防业务 1991年8月,市公安局保安服务公司初建时,业务范围仅限于在合肥市进行的各种营业活动,包括各类商品展销、大型文艺演出、体育比赛、"三资"财产及各企业单位的保安服务。1992年春,服务范围逐步向国家机关、交通部门扩展,先后为省、市机关、企事业等72家单位提供驻点保安服务。

1992年,市公安局保安服务公司先后承担省七运会、美国职业篮球队合肥赛事、崔健个人演唱会、大型灯会等51场有偿性保安执勤任务,指派保安队员1230人次。是年,市公安局保安公司拓宽保安业务,主要有进驻守卫、押送保安,展销、文体、旅游等活动保安,舞场(厅)游艺厅保安,以及警车开道、护送等临时性业务。在岗位执勤中,全市保安队预防制止偷窃行为286人次,当场抓获各类违法人员375人,为客户挽回经济损失31万余元;及时发现和处理火灾隐患42起,排除各种隐患16起,协助灭火12起,避免经济损失49万余元;及时制止和协助调解客户内部治安纠纷38起,为客户押运、护送贵重物资现金证券达67万元、派出保安284人次。所服务的客户单位未发生大的失窃案,安全服务率达95.7%。

1993年,在各类保安服务中,各保安队预防和制止偷盗行为468次,当场抓获各类违法人员579人,为客户单位挽回经济损失67万元;及时发现和处理火灾隐患38次,排除各种事故隐患42次,避免经济损失106万元;协助公安机关侦破案件24起;及时制止和协助调解客户单位内部治安、民事纠纷143起。安全服务率达97.4%。

1994年,保安公司招聘上岗保安队员1543人,为合肥市党政机关、金融、“三资”等企事业单位、饮食、娱乐场所等223家单位提供安保服务。

1995年,保安公司招聘上岗保安队员1820人,为309家单位提供安保服务。全年制止各类违法犯罪行为234次,抓获违法犯罪分子359人,挽回经济损失320余万元。

1997年6月,市公安局新站保安分公司驻“百川汇”国际大酒店保安队员唐义武在夜间巡逻时,发现正在实施盗窃的犯罪嫌疑人,与嫌疑人搏斗中被刺中胸部,后因流血过多昏倒。这是全市首次因公负伤的保安队员。

2001年,保安公司为全市520家单位派驻保安人员,抓获违法犯罪人员102人,排除火灾隐患42起,扑灭火灾32起,调处民事纠纷1647起。

2003年3月,市公安局长丰保安公司挂牌成立,至此,市公安局安保业务覆盖全市。是年,全市保安队员抓获犯罪嫌疑人46人,协助公安机关破获各类案件38起,调解民事纠纷235件,扑灭火灾区9起,为客户挽回经济损失近100万元。

2007年7月,由中国保安协会主办,合肥市保安服务有限公司承办的全国保安服务企业质量管理体系认证座谈会在肥召开。会上,合肥市保安服务有限公司2004年通过ISO9001:2000质量管理体系认证《质量手册》《体系文件》,由2004年A版升级为2007年B版。

2008年5月,市公安局保安服务公司保安员完成“奥运火炬接力合肥传递”任务,参与任务的保安员达1000人。9月,市公安局颁布《娱乐场所保安队伍建设工作中若干问题的规定》,并举办第一期娱乐场所保安员轮训班,提高娱乐场所保安员规范化服务水平。

2009年4月,市公安局保安服务公司组织600名队员,协同参与“第四届中国中部投资贸易博览会”安保任务。7月10日,合肥市淮河路步行街长江艺苑画室发生凶杀案,庐阳保安分公司保安队员配合民警制服犯罪嫌疑人,为“7·10”案件侦破做出贡献。

2010年5月,根据市政府《关于在全市中小学、幼儿园派驻专职保安员的通知》精神,市公安局向市区304所中小学、幼儿园派驻专职保安517人,肥东、肥西、长丰三县保安公司向425所校园派驻专职保安461人。5月16~26日,为确保第四届全国体育大会在合肥市顺利举行,市公安局保安公司培训安保人员4期690余名,组织1699人次保安员从事安检工作。

2011年9月,市公安局撤销原巢湖市保安服务总公司,原居巢区保安分公司改编为巢湖保安服务公司;原巢湖经济开发区分公司收编为合肥市保安服务总公司巢湖经开区分公司,并成立合肥市保安服务总公司庐江县分公司。10月,市公安局保安公司组织1800名保安队员,参与第20届中国金鸡百花电影节庆典保卫工作。11月,市公安局撤销政务新区保安分公司,整体移交给蜀山分公司。

1997 年 1 月至 2011 年 12 月,市公安局保安总公司及下属 13 家人防分公司保安人员,为公安机关提供破案线索 1152 条,抓获各类违法犯罪嫌疑人 2716 名,参与调解纠纷 4778 起,预防灾害事故 929 起,为客户单位挽回经济损失近 2 亿元;参加大型商贸文体展览活动 854 次,出动保安人员 8.247 万人次。

1997 ~ 2011 年合肥市保安人防业务数据统计表

表 4 - 14

年份	全市保安在岗(人)	服务企事业单位(家)	抓获违法嫌疑(人)	排除火灾消灭火灾(起)	提供破案线索(次)	大型活动执勤力量(人次)	大型活动执勤(场次)
1997	2280	372	254	78	12	2550	27
1998	2400	480	197	57	13	3200	32
1999	2520	520	303	29	15	5600	28
2000	3200	500	185	113	16	4500	25
2001	3600	520	102	75	32	6000	33
2002	3600	500	243	88	275	6000	33
2003	4200	600	263	37	38	5500	45
2004	4700	630	230	28	60	6700	50
2005	6000	650	238	63	67	5600	32
2006	6600	780	320	50	80	4000	26
2007	7600	1010	180	40	235	6430	149
2008	6700	854	27	220	95	7430	76
2009	6700	870	20	26	80	1800	23
2010	7109	877	140	15	111	11160	254
2011	8000	900	14	10	23	6000	21

2013 年 2 月,市公安局启动市保安公司脱钩改制工作。12 月,对市保安公司经营项目进行重新划分,将美洁洗衣店整体移交给市公安局后勤部,并将肥东、肥西、长丰、庐江、巢湖武装押运和人力防范业务分开。武装押运业务由新成立的武装押运大队负责,人力防范部分移交属地国资委。2014 年 1 月 15 日,市公安局在国资委 5 楼会议室将保安公司整体划转到市兴泰金融控股有限责任公司。

2015 年 10 月 25 日,市公安局保安公司出动 1100 名保安队员,完成合肥市首届国际马拉松比赛安检、保卫任务。

技防业务　1992 年,市公安局保安公司通信器材经销部,面向全省公安机关和保卫部门,销售无线电通信器材和车载台。后扩大范围,经营防盗报警等警用设备器材,为中外合资、外贸、科研等企事业单位提供各种防盗设备的安装服务。先后为20家企事业单位安装录像、红外线防盗报警装置；为26家公安基层内部单位配备保安、治安装备2300多件（套）、保安警用设备器材950多套。

1996年12月，市公安局下发通知，成立局属正科级编制的市保安公司器材工程部，主要从事全市安全技术防范方面业务。

1997年，市保安公司器材工程部为23个单位安装电视监控等防盗工程和报警设备，为省、市政府机关和内保部门配备安装车用警报器40余台，防卫、警用器材260件（套），无线通讯器材65台（部），维修通讯设备300多台（部）。

1998年，市公司器材工程部为20多家省和市金融、司法和商业单位安装电视监控、防盗报警等设备，为公安和内保部门配备安装车用警报器50余台、防卫器材120余套（件）。

1999～2000年，市公司器材工程部为86家单位安装闭路监控和防盗系统。

2004年12月，市公司器材工程部更名为合肥民泰智能科技有限公司，公司为股份制，市公安局保安公司持股60%，合肥太平科技有限公司持股40%。

2005年6月，合肥民泰智能科技有限公司为市公安局63台一、二级防控巡逻车安装GPS卫星定位系统，同时推动安装红外线防盗报警器材、保安巡更管理系统和城市安全防范信息系统。9月，合肥民泰智能科技有限公司更名为合肥智能科技有限公司。

2006年，合肥智能科技有限公司先后承接包河公安分局指挥调度室建设和城区部分派出所单位监控系统和路面监控点工程建设。同时为市邮政局、招商银行部分网点安装固定联网报警系统。5月，市公安局保安公司与合肥太平科技公司合资成立合肥保安智能科技公司，公司以技防业务为主，先后为所有在线运营运钞车辆安装GPS卫星定位系统，并参与5个出城治安卡点建设项目等。

2008年3月，因资不抵债，合肥太平科技有限公司撤股，合肥保安智能科技公司成为市公安局保安公司全资子公司。2009年，合肥保安智能科技公司新建联网报警点达171家。

2010年，全市新增固定联网报警点48个，全市固定联网报警点发展至233个，合肥保安智能科技公司为保安守押公司106台GPS车载台进行维护更新，为银行等金融网点安装固定联网报警设备332套，固定点30个。

2011年，合肥保安智能科技公司上门回访维护客户736家次，现场维修301家次；新建或过户固定联网报警点107个，固定联网报警点总数340家。12月30日晚22点01分38秒，技防中心接警员吕晓晴和王晓庆接处一起盗窃警，使警方在第一时间抓获犯罪嫌疑人。

2012年，合肥保安智能科技公司上门回访维护客户456家次，现场维修了558家次；新建或过户固定联网报警点117个，撤销57个，固定联网报警点总数为400家。

2013年，合肥保安智能科技公司上门回访维护客户315家次，现场维修611家次；新建或过户固定联网报警点107个，固定联网报警点总数507家。

武装押运　1996年12月，市公安局成立合肥市保安押运公司，为局属正科级编制。首批由市公安局出资购置押运车辆1辆、79式微型冲锋枪2支，并招聘押运队员4名。

2003 年 12 月,市公安局保安公司与合肥农村信用合作社签订武装押运合同,至此,武装押运工作覆盖全市所有金融单位。

2006 年 8 月 15 日,市公安局保安服务有限公司守押中心开展反抢劫演练。此次演练,市公安局保安公司会同市公安局指挥中心、特警支队、蜀山分局、中国建设银行安徽分行保卫处和城西支行等 6 家单位 50 余人次联合参演。

2008 年 6 月,市公安局保安服务公司下发《保安守护押运安全检查工作实施方案》。安全检查重点围绕五个方面:(一)严格排查专职守押队伍管理方面的隐患;(二)严格排查枪支弹药管理方面的隐患;(三)严格排查接送款环节安全操作方面的隐患;(四)严格排查金库安全管理方面的隐患;(五)严格排查押运车辆安全管理方面的隐患。

2009 年 4 月,市公安局保安服务公司下发《押运驾驶员岗位安全工作暂行办法》,加强对武装押运驾驶人员的管理。5 月,市公安局保安服务总公司分别与肥东、肥西、长丰县保安服务公司签订《武装押运合同授权委托书》。要求被授权县级公安机关保安公司加强管理,完善服务,防范风险,独立承担签订和履行该合同产生的法律责任。授权委托书有效期一年。截至 2013 年,市保安押运公司拥有制式押运车辆 211 台,从事武装守押工作人员 1986 名,为 33 家银行 549 个自助银行、1182 个 ATM 自助柜员机提供服务。

2014 年,市公安保安押运公司按照"人管好、车管住、枪管死"的工作方针,建立起一整套人员、枪支、车辆、值班备勤、后勤保障等方面的管理规章制度,制定出押运护卫标准、防抢劫预案,坚持每日跟车检查和随机抽查,加大对路面执勤人员和车辆检查督促,确保押运安全率达 100%。

保安监管

1995 年 3 月,市公安局下发《关于清理整顿企事业单位自建保安组织的实施意见》,通过清理整顿非法保安组织,实现"四统一、两到位"的监管要求,即招录条件、培训要求、保安标识和服务标准全部统一,使用单位管理责任和公安机关监督指导落实到位。

2002 年 3 月,因合肥市调整行政区划,原有的保安服务工作受到影响。市公安局下发通知,要求各单位严格落实保安服务管理规定,坚决制止跨区域经营保安服务问题。因区划调整遗留的跨区域保安服务,待合同期满后一律移交给所属区县保安公司。

2003 年 1 月,市公安局在全市开展清理非法保安组织规范保安服务市场专项整治工作。先后开展集中整治行动 56 次,清理整治内部单位保安组织 474 家,对其中不符合规定、管理混乱的 24 家内部保安组织,3 家非法保安组织依法取缔,清理非法保安从业人员 158 人,收缴非法保安制服 14 套、帽子 7 顶,保安标志多枚,对 10 家身着 2000 式保安服的单位发出限期整改通知书。2004 年,市公安局严格保安市场监管,查处御花园、玖玖隆等 17 家非法自建保安组织。

2007 年 3 月,根据国家八部委办要求,市公安局联合市文化局、市教育局、市建委、市商务局、市劳动和社会保障局、市工商行政管理局、市旅游局等市八委局下发《合肥市清理非正规保安组织规范保安服务市场专项活动方案》,在全市集中开展清理规范保安服务市场专项活动。专项行动中,发现需整改单位 270 家,出具限期整改通知书 270 份,处置非正规保安人数2381人，没收警用标志、服装42套（副），保安标志、服装60套（副）。没收合肥安华物业管理有限责任公司招聘简章广告400份、人员登记表50份。

2009年12月，根据国务院颁发的《保安服务管理条例》，市公安局要求对新申报成立的保安公司和保安培训学校、法定代表人变更的资料进行审核；对设立分公司和跨区经营的保安公司、自行招用保安员单位的资料进行备案。

2010年9月，市公安局受理全市第一批5家民营保安公司申请，分别为安徽中保华安保安服务有限公司、合肥市强卫保安服务有限公司、安徽省雪豹保安服务有限公司、合肥市新盾保安服务有限公司、合肥市祥龙保安有限责任公司。

2011年11月，安徽振升保安服务有限公司指使、纵容保安员以暴力相威胁的手段赴宁国参与处置纠纷，疏于对保安员管理、教育和培训，并造成严重后果。市公安局对该公司予以行政罚款4万元人民币的处罚。2012年2月，根据《安徽省保安服务管理办法》规定，市公安局依法查处6起未经公安机关许可擅自经营的行业案件。同年6月，市公安局组织全市第一批保安员考试发证工作，此后由各区、县（市）局保安管理部门提前申报，每季度组织一次。

2013年3月，由市公安局审核、省公安厅批准，全市成立第一所"合肥市保安职业培训学校"。

2014年初，针对合肥保安集团有限责任公司改制后出现的问题，市公安局制定《守押工作突发事件处置预案》《人力防范工作突发事件处置预案》。3月，市公安局根据合肥市保安工作脱钩改制工作的相关要求，在脱钩改制后的一定时期内向市保安服务总公司派驻警务联络员，并制定《警务联络员工作职责》。其主要内容：1.监督、指导总公司贯彻执行党的路线、方针、政策，积极开展法制教育，落实《保安服务管理条例》等法律法规。2.督促、指导总公司建立健全保安服务管理制度、岗位责任制度、保安员管理制度和紧急情况应急预案等各相关制度，自觉接受公安机关的监督管理。3.监督、指导总公司依法开展保安服务、规范经营管理，以确保移交后的合肥市保安服务总公司服务的连续性、队伍的稳定性和枪支管理的安全性。4.督促、指导总公司认真开展保安员岗前和在岗的法律法规、专业及技能培训，接受人民警察院校对武装守护押运队员的枪支使用培训，建立健全枪支、押运车辆的安全管理设施（系统）建设。应邀为总公司管理人员及保安员的培训讲授相关知识。5.监督总公司依法履行合同。6.监督、检查总公司在社会保险、劳动用工、劳动保护、工资福利、教育培训等方面的执行情况，保障保安员的合法权益。7.指导总公司参加大型安保活动的方案制定、部署、开展等。8.应邀对总公司的重大事项提出意见建议。9.参与受理对总公司的投诉。10.不参与或者变相参与总公司的经营活动（参加党组织的活动）。11.完成市公安局交办的其他事宜。

2015年1月，针对公安部检查组在合肥市发现3名穿着疑似仿警服保安人员的情况，市公安局对聘用3人的合肥市新盾保安服务有限公司负责人进行约谈并全市通报批评，责令该公司根据相关规定将此3人予以开除。7月，市公安局指导成立合肥市保安协会。截至2015年12月，市公安局受理申报《保安服务许可证》业务民营公司83家、国有保安公司14家、保安培训学校4所；接收外地保安公司在肥设立保安分公司备案21家；接收自行招用保安员单位的备案641家。2015年，全市组织开展保安员考试230场，核准和发放《保安员证》10193本。

2016年7月21日,合肥市安徽金腾保安服务有限公司、安徽中天保安服务集团有限公司、安徽恒安保安服务有限公司被评为全省先进保安服务公司。合肥保安集团有限公司张宝、巢湖市保安服务有限公司吕贤武、安徽安信保安服务有限公司梁光久、安徽恒杰保安服务有限公司赵华锋、安徽中天保安集团有限公司陈怀成,分别被评为先进保安员、优秀保安员。截至2016年底,全市辖区内有各类保安机构187家,其中:本地人防131家,外地分公司29家,单独技防8家,人防加技防3家,脱钩改制企业14家,培训机构2家。市公安局备案自行招用保安员单位624家,组织开展保安员考试288场次,核准和发放《保安员证》11844本。

第六节 公安派出所工作

派出所建设

派出所职能演变 1990年3月,根据《合肥市社会治安综合治理条例(试行)》文件要求,市公安局强化人口分层次管理及基层基础建设,将全市设立的79个派出所(含肥东、肥西、长丰三县)建成多功能战斗实体。

1992年4月,市公安局下发《关于全面加强基层基础工作的决定》,确定公安派出所工作"以户口管理为基础、以治安管理为中心",重点抓好人口的分层次管理。9月,根据公安部《关于纠正下放公安派出所管理权做法的通知》要求,市公安局纠正部分单位将公安派出所完全下放给乡镇管理,甚至改成乡镇企业、公司保卫科等做法。

1993年12月1日,市公安局"110"报警服务台正式投入使用,改变原有各派出所自行接警工作模式,实行110报警服务台"一级接警",再根据属地原则指令派出所处警的工作模式。12月15日,市公安局完成公安派出所"人口信息计算机管理系统"(微机房)的建设。

1996年,市公安局在各派出所推行警务区管理模式,实行所长领导下的警长负责制,划片包干,责任到人,并建立岗位目标责任制,量化标准,施行月汇报、季度互评、年终总评、严格考核、奖勤罚懒、奖优罚劣等制度。1997年,市公安局制定下发《关于改革和加强派出所工作和刑事侦查工作的意见》《合肥市公安局刑警驻所中队目标管理和岗位职责》,要求改革派出所工作,实现一区一警,明确内部合理分工;同时精简机关,充实基层。全市建立478个户籍民警责任区,96个派出所成立驻派出所刑侦探组。1999年,公安部"苏州会议""石家庄会议"后,市公安局全面调整派出所驻所刑侦中队隶属关系,由派出所负责驻所中队日常考勤考核,保障驻所中队办案经费,并对驻所中队办案经费、设施使用情况进行管理监督,驻所中队在派出所直接领导下开展侦查破案。1999年4月,下发《合肥市公安局创建人民满意派出所考评办法》,进一步强化广大民警为民服务的意识,提升派出所打、防、控、管的能力,提高队伍的整体素质。2001年7月,市公安局打破"所队合一”模式，相继在瑶海、庐阳、包河、蜀山4个分局成立12个责任区刑警队，隶属于分局直接领导，并由分局刑警大队进行业务指导。

2010年，市公安局启动派出所警务机制和勤务模式的改革，对市区派出所进行整合，至2011年4月20日，市公安局所辖派出所由67个整合到49个。

2016年5月，印发《合肥市公安局城区派出所勤务指挥室建设实施方案》，全面推行勤务指挥室建设，截至11月，全市57个市区派出所、四县一市城关镇派出所全面完成勤务指挥室建设。实现“一个中枢、六个融合”的工作目标。农村派出所结合自身实际，参照城区派出所勤务指挥室运行模式，建立健全工作机制。

规范派出所标识牌　1994年，市公安局全面规范派出所标识标牌，规定公安派出所均需设置明显报警标志。

1996年3月，市公安局下发《关于印发〈公安派出所规范化建设实施意见〉的通知》，明确城市派出所办公用房600～1000平方米，最低不少于600平方米，农村派出所最低不少于300平方米；派出所应有办公室、户籍室、微机室、档案室、值班接待室、会议室、财物保管室、留置室、车库以及“五小”工程设施，并对派出所装备标准进行规范；积极创造条件兴建民警宿舍，改善民警的居住条件。市公安局每年年底对派出所进行考核验收，凡达标的派出所，由市公安局党委批准，命名为“规范化派出所”。2008年1月，市公安局印发《合肥市公安局无房派出所建设实施方案》，要求各单位做好无房派出所项目建设管理和协调工作。至年底，通过省发改委批复的中央政法补助专款，完成16个派出所建设工作。

2013年9月，根据省公安厅《关于加强公安派出所外观标识日常管理维护工作的通知》，市公安局开展派出所外观标识的清查维护工作，逐所逐项检查登记，并组织清洗、维修，确保外观标识“规范、完整、整洁、通电”。

派出所目标管理　1997年12月，市公安局下发《合肥市公安局派出所目标管理和岗位职责》，提出“发案少、秩序好、群众满意”的工作目标，要求派出所接到群众报警求助或110指令后5分钟内到达现场、先期处警。1998年8月，市公安局下发《关于创建人民满意派出所活动的决定》《人民满意派出所八条基本标准》，开展“创建人民满意派出所”活动。至年底，民意测评中群众满意率达94.46%，蜀山派出所被省公安厅推荐参加公安部“全国人民满意派出所”评选。

2000年，市公安局贯彻公安部《关于加强公安机关值班和信息报送工作通知》，建立派出所值班动态信息即时上报制度。2001年2月，市公安局要求重视派出所软硬件建设，抓好“两室”（户籍室和值班室）窗口服务工作，部分派出所可在治安复杂地区设立“民警办公室”，在居民区设立“警务工作站”。全市派出所需实行接处警承诺制，要求有警必接、出警必快、处警必果，基本实现市区派出所出警5分钟到达现场，郊区派出所10分钟出警并及时到达现场。是年，根据省公安厅《公安派出所警务公开规范》要求，市公安局在全市公安派出所实行警务公开制度，明确公安派出所在执法办案和行政管理工作中除法律、法规、规定不能公开及需要保密的事项外，都要予以公开，并明确警务公开的范围。是年，全市设立公安派出所158个，民警1636人，其中市区派出所53个，民警1157人；农村派出所105个，民警499人；派出所责任区415个。派出所警力占全局总警力三分之一，责任区民警占派出所民警65%以上。市公安局按时完成肥东、肥西、长丰三县局公安三级网建设并开通运行。

2002 年 3 月,根据公安部印发的《公安派出所等级评定办法》,市公安局制定下发《合肥市公安派出所等级评定实施细则》,全市评定一级派出所 23 个,二级派出所 44 个,三级派出所 43 个,五级派出所 1 个。与此同时,根据公安部"杭州会议"精神和省公安厅要求,市公安局全面试点社区警务工作,明确社区民警基本职责和社区警务室建设标准,规定社区警务室要与社区居委会或社区服务中心设置相临近,办公用房为 1～2 间,面积不少于 15 平方米,并配备相关设施。至年底,全市建成 214 个社区警务室,建成率达 100%,其中 160 个落实单独办公用房,配置社区民警 426 人。2003 年,市公安局以省公安厅的"五统一、五规范、四做到"为标准,在全市范围内集中开展派出所内务管理整治工作,本着"先点后面、先易后难、先软件后硬件"的原则,采取强有力措施,对派出所硬件统一设置和警容风纪、纪律作风等情况进行监督、检查。一些派出所"脏乱差""稀拉松"的面貌得到根本改变,民警精神面貌焕然一新,有效促进全市公安派出所的规范化建设。

2005 年,根据省公安厅《关于实施全省公安派出所治安通报制度的通知》要求,市公安局规定每周五上午,社区(责任区)民警向群众通报本辖(社)区治安状况,公安派出所向辖区居民通报一周治安状况;每月末,公安派出所分析汇总辖区治安情况并通报街道(乡镇)、社区(村)居委会、企事业单位和辖区群众等。

2006～2007 年,根据公安部《关于实施社区和农村警务战略的决定》文件精神,市公安局推动社区和农村警务战略,按照"1000 户 3000 人"的标准划分责任区。2007 年 7 月底,城区和县城镇社区民警配备率达 100%,农村中未设立派出所的乡镇、新农村示范村以及人口较多、治安复杂地区,驻村民警配备率达 100%,全市社区和农村警务覆盖面达 100%。截至 2007 年年底,全市建成社区警务室 323 个,农村警务室 70 个,社区和驻村民警 643 名,实现城市社区警务室全部完成,新农村建设示范村、治安状况复杂村等重点区域农村警务室建设基本完成的工作目标。

2008 年,社区警务由上年的警力全覆盖向优化警力布局、全面履职转变,社区和农村警务室建设增至 504 个,社区和驻村民警增至 794 人,比上年底分别增加 29.6%、23.5%,社区和驻村民警占派出所总警力 45.1%。2009 年,市公安局进一步调整警务区划分标准,城市以社区为单位划分警务区,按照每名社区民警管理 3000～5000 名实有人口的标准配备社区民警;农村以 1 个或多个行政村划分 1 个警务区,按照每名民警管理 5000～10000 人的范围进行配备,全市配备社区和驻村民警 655 名。市公安局还首次提出对辖区面积大且难以设置固定警务室的地区,全面推行"流动警务室",延伸警务室功能。全市建成社区警务室 388 个,农村警务室 102 个。

2011 年 1 月和 6 月,市公安局先后下发《关于进一步推进社区和农村警务工作的实施意见》《关于进一步深化农村警务建设的指导意见》,明确按照实有人口"2000 户 5000 人"标准配备社区民警;纯农村按照 2 万人标准配备驻村民警,派出所根据警务区复杂程度,科学划分警务区。明确"同一县、区,统一警务室标识"的原则,城区警务室"必须与社居委合署办公";对不适合设立警务室的城郊接合部、农村偏远地区,设立"流动警务室",并出台流动警务室建设规范。至年底,全市建设社区警务室 400 个,农村警务室 98 个,配备社区和驻村民警 803 人,流动警务车 93 辆。与此同时,加强农村技防设施建设,在农村地区推广安装“联网报警系统”“红外电子狗”等防盗报警器。

2012 年，市公安局坚持警力充实一线，新招收民警全部充实基层，全局一线警力已占总警力 94.26%，社区民警达 951 名。配备 110 辆流动警务车，社区民警开车走村入户开展治安防范工作，并就近处警。2013 年，市公安局继续加强社区警务力量建设，全市社区民警达 1002 人，警务室 552 个，配备流动警务车 162 辆。2014 年，市公安局派出所总警力增至 2275 人、社区民警增至 1153 人，警务室增至 553 个，配备流动警务车 185 辆。是年，按照公安部“四个一律”要求，市公安局全面加强派出所执法场所建设，将办案区、办公区等进行改造、分离；同时进一步规范涉案财物管理，完善管理制度及台账文书，确保规范操作，有效提升派出所执法规模化水平。

2015 年 5 月，市公安局下发《关于进一步加强派出所基础工作的指导意见》《派出所基层基础工作考核办法》，对市区派出所基础工作进行考核奖惩。是年底，对成绩突出、排名靠前的三里庵等派出所进行立功授奖，对排名靠后、基础薄弱派出所领导进行约谈。同年，市公安局开展警务创新“试验田”工作，在推进“情指一体化”建设的同时，积极探索和构建适应实战需求的派出所新型警务机制，确立“一个中枢、六个融合”的工作目标，即：将勤务指挥室建成派出所警务活动的中枢，融合接警调度、融合情报研判、融合视频巡控、融合执法管理、融合勤务保障、融合队伍管理。截至年底，全市设有 115 个派出所，其中市区派出所 46 个，县（市）城关及农村派出所 69 个。

社区、农村警务

1997 年 4 月，公安部在江苏省苏州市召开全国性会议，全面部署公安派出所工作改革，明确提出“社区警务”概念。9 月，市公安局根据全国公安派出所工作会议精神，率先在东市分局 9 个派出所实施派出所工作改革，实行责任区民警责任制，并以“700 户、3000 名实有人口”规模划分民警责任区，划分 96 个民警责任区，比改革前增加 18 个，并确保民警全部到位，且 3 年保持不变。1998 年，全市建成 478 个民警责任区。

2003 年，根据省公安厅下发的《关于实施派出所民警入户查访工作制度的通知》要求，市公安局推行社区、责任区民警入户查访工作制度，规定社区、责任区民警原则上每天需开展入户查访工作，每个工作日入户查访不少于 1 户居民，每周入户查访不少于 5 户居民；农村派出所责任区民警每月入户查访不少于 20 户。

2006 年，市公安局把该年作为信息化建设年。合肥市被公安部、科技部评定为第二批全国科技强警示范城市。市公安局以加强派出所基础信息、旅馆业治安管理和警用地理 3 个信息管理系统的基础信息资源为重点，集全局之力，组织开展为期 6 个月的基础信息采集大会战，狠抓采录率、准确率和应用率。是年，全市采集、录入房屋信息 921206 条，人口信息 2201694 条，单位信息 14988 条。市公安局还建成派出所基础信息系统、旅馆业管理系统等 24 个应用系统，采录业务数据 1200 余万条；完成人口基本信息、在逃人员信息、违法人员信息等八大资源库建设任务，存储各类业务数据 1100 余万条，并通过综合查询系统实现资源共享。如骆岗派出所、常青派出所争取辖区街道支持，组建 114 人的自行车专职治安巡逻队，开展治安防范工作；一些基层所队还创造性地推出居警共建、街所共建、弹性工作制、错时工作制等新的勤务模式，受到人民群众的普遍欢迎。特别是安庆路派出所创新警务工作机制,建立“三队一室”警务模式。与此同时,全市公安机关加强对出租房屋和暂住人口的治安管理,强化了对二手手机市场、典当行、机动车交易市场等阵地控制,涌现出众多工作亮点。如亳州路派出所整合社会资源,实行街面巡控、社会群防、卡点堵截、辖区监控、信息搜集“五网合一”。

2007 年,市公安局根据省公安厅要求,组织开展社区和驻村民警“社情通”岗位技能练兵活动,以“八清”“五熟”为重点(八清:1. 对辖区实有人口包括常住人口、重点人口、暂住人口、人户分离人口、境外居留人员的底数清;2. 对辖区楼房、老旧小区、封闭式小区、城中村、自然村,特别是出租房屋的底数清;3. 对辖区道路、广场、农贸市场、商场、车站等公共场所的底数清;4. 对辖区特种行业和娱乐服务场所的底数清;5. 对辖区党政机关、企事业单位和社会组织的底数清;6. 对辖区治保组织,巡逻队的底数清;7. 对辖区自行车棚、治安卡点、门卫、监控探头的底数和分布清;8. 对每周、每月发生的可防性案件和治安乱点问题的类型、数量清。五熟:1. 熟悉辖区重点管控对象;2. 熟悉辖区重点行业场所;3. 熟悉辖区重点单位和要害部位;4. 熟悉辖区重点依靠力量;5. 熟悉辖区重点联系和帮扶对象),全面开展派出所、分县局和市公安局层面岗位练兵活动。在群众工作上,以密切警民关系为核心,积极探索新形势下发动群众、依靠群众的新思路、新办法。涌现出张怀东、牛忠永、许银章、叶道发等一批优秀社区民警,他们结合工作实践,总结各种成功做法,在排查矛盾、化解纠纷、服务群众中发挥重要作用。

2008 年 1 月 13 日,胡锦涛总书记视察合肥市公安局义仓社区警务室,并提出殷切希望:一定要把社区警务工作做好,把社区群众服务好。4 月,市公安局全面开展警民恳谈活动。各派出所以责任区为单位,由社区和驻村民警组织、派出所领导参与,每月至少开展一次警民恳谈活动。5 月,市公安局组织“社情通”比武竞赛,比赛采用网上考试方式。考试内容包含派出所基础信息系统应用操作应用、派基系统“八清”“五熟”和社区警务等基本知识。是年,基层社区民警开辟出形式多样的基层服务新途径。《新华社·国内动态清样》刊登合肥市公安局社区民警尹晓明扎根基层服务群众的事迹,孟建柱等中央领导作出批示,要求加强宣传和学习。

2009 年,市公安局以社区民警为主体,广泛发动社会力量参与,开展辖区单位安全防范工作。全面推进“三无小区”整治工作,梳理出“三无小区”620 个,由属地政府落实力量进行整治,当年消除 81 个“三无小区”。积极争取市综治部门的重视支持,出台《合肥市乡镇街道三类可防性案件考评暂行办法》,将可防性案件高发纳入对区县、街道乡镇的“一票否决”的考核项目。

2011 年,市公安局在派出所推行弹性、错时工作制,处置突发事件及一般警卫安保任务不抽调社区民警,不给社区民警下达刑事打击指标;在辖区治安较好的派出所,社区民警不参加白天值班,携带对讲机到社区开展基础工作,就近处理纠纷类警情等,保证社区民警专注社区工作。量化社区警务工作指标,每月对社区民警履行五大职责情况进行综合考评,兑现奖惩。坚持待遇向基层倾斜,引导民警扎根基层干事创业。截至 11 月底,全市社区和驻村民警采录实有人口信息 139.2 万条,注销 86.6 万条;采录房屋信息 26.5 万条,注销 12.8 万条;采录单位信息 2.4 万条,注销 0.7 万条,确保基础信息的鲜活有效;全市 7928 名重点人员均落实社区管控措施,管控率达 98.39%。对此,《人民日报》、《法制日报》、中央电视台、中央人民广播电台及新华网、人民网等新闻媒体和网络媒体纷纷在显著版面、重要时段，对合肥市公安派出所警务机制改革进行深度报道。9月27日，全省创新社会管理推进社区警务战略暨加强流动人口服务管理工作会议在合肥召开，市公安局就深入推进社区警务工作的做法和经验作典型发言，庐阳分局杏林派出所、经开分局莲花派出所和包河分局望湖派出所朱岗警务室作为先进典型接受参观并介绍事迹。

2012年，市公安局对全市派出所重新划分警区，对治安状况较好、流动人口不多的社区，实行"一警一区""一警多能"；对城中村多、暂住人口多、治安状况复杂的社区，实行"一区双警""一区多警"；相邻警务区实行联勤，互为AB岗。在农村和偏远地区推行流动警务室，建立村（居）"警民联系点"，与村（居）委会合署办公，实行"联勤联动"。并积极探索为社区民警选配移动采集终端，开展PDA采集仪应用试点，让社区民警随时随地采录信息。《法制日报》头版头条大篇幅报道市公安局围绕社区警务推行警力下沉，强化治安防控的各项举措及取得的成效。

2014年，市公安局深化基层警务改革，在城区分局扎实推进"全警下社区、全警巡逻、全警办案"勤务模式，在合肥高铁南站试点推行警务综合服务站运作模式，切实做到"一警多能、一专多能"；加强农村地区警务工作，试点"一村一警"包村联系工作制度，提升农村地区见警率，强化农村地区治安管控；狠抓"两实"（实有人口、实有房屋）基础源头管理，全市实有人口信息采录率88.09%，实有房屋采录率达到100%。

2015年，市公安局改革探索建立符合派出所实际的差异化勤务模式，出台《进一步加强派出所基础工作指导意见》，明确派出所职能定位，规范岗位设置，优化运行模式。全面开展"一村一警"包村联系工作，逐步建立起符合农村实际并与经济社会发展相适应的农村警务新机制，夯实农村治安防范基础。全市1174个行政村中已配备451名驻村民警、选配723名包村民警；加强所队协作，制定《所队协作暂行办法》，建立所队协作会商、相互配合支持、捆绑考核等工作机制，全面提升打防管控能力；社区管控重点人2.8万余名，管控率始终在99%以上，在控率始终在75%以上，社区民警通过动态管控抓获逃犯9名；建立完善调处化解矛盾纠纷工作机制，积极推进"警民联调"工作，全市113个派出所全部设立警民联调室，受理纠纷8267起，书面调解办结3457起，调解成功率为93.92%。

2016年，市公安局制定颁发《基础信息采录会战实施方案》《基础信息采录会战考评办法》，围绕7类29项警种部门具体信息采录需求，在全市范围内组织开展历时7个月的基础信息采集会战。全市采录并新增实有人口222.73万人，房屋45.01万间，实有人口、实有房屋、实有单位录入量同比分别增长249%、237%、262%。深化城乡社区警务工作，全市1169个行政村（含农村社区）配备驻村、包村民警1180人，所有行政村全部达到一村至少一警的配备要求。是年，市公安局继续推动114个派出所"警民联调"室建设工作，配备专职调解员161名，全市受理各类民事纠纷17744起，成功调解17113起，调解率为96.44%。

2007～2016 年市公安局社区和农村警务建设情况统计表

表 4－15

项目 年份	社区警务室(个)	社区民警(人)	农村警务室(个)	驻村民警(人)	流动警务车(辆)
2007	370	568	67	197	
2008	363	554	105	217	
2009	388	506	102	149	
2010	361	537	90	153	
2011	400	655	98	148	93
2012	455	697	99	199	93
2013	359	810	167	287	93
2014	381	862	291	172	162
2015	373	834	166	249	162
2016	396	738	175	308	162

社会治安防控

1990 年，市公安局开始建立市、区、内部单位三级社会治安巡逻防控，初步构建纵横交错、内外呼应、条块结合、警民协作、覆盖城乡的治安防范网络。截至年底，市区有各种巡逻队(组)400 多个，联防队员 8000 多人。在执行巡逻过程中，全年抓获各类违法犯罪分子 1440 人，协助破案 270 起，制止打架斗殴等事件 100 余起。

1991 年，市公安局多措并举加强社会治安防范，在强化社会面治安防控上，加强对治安联防队、治安办公室、治安岗亭和卡点建设，做到扼守要点，合理布局，形成点、线、面相结合、动态与静态相交织的治安防范网络。在繁华闹市区、案件多发地和县城，设置治安岗亭 35 座，派专人 24 小时值班，并根据季节变化，适时调整岗亭位置，充分发挥作用；在市区通往城外的 7 条主干道上设置 13 个卡点，全年截获被盗自行车 500 多辆，有效控制外来流动人员盗窃自行车案件的发生；市、区、内部单位三级治安联防队员 10600 多人，日夜巡逻在大街小巷，及时处置各种事件；市公安局还联合市武警支队开展治安武装巡逻。据不完全统计，通过街面治安巡逻防控，全年制止斗殴事件、调处纠纷 649 起，抓获各类违法犯罪人员 1834 人，查破刑事案件 50 多起，收缴凶器 103 件。1993 年，市公安局继续加强社会面巡逻防控工作，全市建立治安巡逻联防队(组)409 个，治安岗亭(哨卡)100 个，巡逻联防队员 3878 人，抓获违法犯罪分子 2234 人，制止打架斗殴流氓滋扰 150 起，协破(查)刑事、治安案件 1228 件，缴获赃款和赃物价值 26 万元。

1992 年，市公安局贯彻落实中共中央《关于社会治安综合治理的决定》，选派 46 名有经验的公安干警到街道、乡(镇)政府任副职，专抓社会治安综合治理工作。推广寿春路派出所在居民区进行封闭式管理经验，使全市居民区封闭式管理达 60% 以上，中市区达

80%以上。全市安装防盗铁门达13万户,在一些要害部门和要害场所安装电子报警装置。在全市独立支部以上的4000多个单位签订治安承包责任书,层层分解目标抓落实,形成齐抓共管的局面。

1994年6月,市公安局下发《郊区分局重点地区治理整顿效果明显》情况通报,在强化现行案件侦破和逃犯追捕基础上,抽调20余名干警组成3个工作组,对路边店、废旧收购市场等复杂场所,暂住人口和乡痞土霸等特殊人群,进行治安突出问题专项整治。

2000年6月,市公安局开展"两口一屋"(即重点人口、流动人口、出租房屋)专项治理和户口整顿工作,清理登记暂住人口13万余人,办理暂住证12万余份,登记出租屋2万余间。8月,市公安局下发《关于进一步加强治保联防工作的通知》,把治保联防工作摆上重要工作日程。

2001年,市公安局加强对居民小区、内部单位安全防范措施的检查、监督。各派出所加强与街道、居委会的协作配合,积极开展群防群治网络建设和治保联防工作,总结推广益民街"居警共创"和东七800户"三老联防"等工作模式,提高治安防范能力。2002年,市公安局下发《分局计算机网络建设参考标准》,明确各单位计算机网络分三期工程进行建设,实现社区警务站的公安计算机联网,建立无线移动查询,以实现"数字化警务"的目标。进一步建立严密的安全防范网络,促进人防、技防、物防各项措施落实到位,推广"居警共创""义务巡逻"等群防群治工作经验。

2002年4月,市公安局下发《关于进一步改进和加强基础防范工作的意见》,把基础防范工作置于公安工作优先发展的位置。5月,市公安局下发《关于社区警务工作的实施方案》,要求按照数量服从质量,以社区、警务区为单位进行力量整合,重点建立和完善以保安、联防队员为主的职业化,以治保积极分子、送奶员、保洁员等为主的义务化群防群治队伍,严密防范网络,延伸工作触角。2004年6月,市公安局下发《合肥市公安局城市治安防控体系建设工作方案》,屯警街面,多警联动,实行网格化巡逻;并贯彻省公安厅《全省公安机关社会治安防控体系建设三年规划》文件精神,于2005年7月1日正式启动"街面巡控"工作。2006年11月,市公安局制订《2006~2008全省公安机关治安防控体系建设规划》,提出通过三年时间,建成以情报信息为主导,以数字化警务信息化平台为依托,人防、物防、技防为基础,专群结合、点线面结合的治安防控体系。2013年,市公安局改进完善街面巡控机制,严格落实派出所巡控主体责任。市公安局110直属大队、各公安分局巡警大队警力整体下沉至派出所,推动派出所勤务机制改革,实行派出所全警轮流值班巡逻,做强派出所巡控力量;根据派出所辖区面积、治安状况等情况,科学划分108个巡控网格,按照"网格化布警、全时空覆盖"要求,全面整合交警、特警、武警以及义务巡逻等巡控力量,构建起以派出所网格化巡控为基础,特警、武警等武装力量为机动,交警、便衣和机关警力等为补充,义务巡逻队等群防群治力量为辅助的"大巡控"工作格局。10月9日,庐阳区宿州路发生疑似爆炸物事件,市公安局巡控力量闻警即动,仅用3分钟就赶到现场,迅速组织开展人员疏散、道路封控等排除疑似爆炸物工作。

2010年,市公安局加强内部单位安全防范检查,指导落实人防、物防、技防措施。督促内部单位安装监控探头5101个,同时,强化校园安全管理,以市政府名义下发文件,从市、县区层面解决校园保安派驻、监控建设经费等问题。向校园派驻保安1486人,安装监控设备1829套,配备报警及防卫器材3480套。大力整治校园及周边治安秩序,深入校园实地检查33155次,排查整改隐患2900处,调解矛盾纠纷3150余起,及时对校园内部及周边1293名重点人落实稳控措施。

2014年2月,市公安局根据“合肥市天网工程建设方案”和进度安排,全面开展视频监控系统建设工作。10月15~16日开展天网工程综合平台第一期应用培训。2015年5月,组织开展天网普及应用视频培训工作。12月,市公安局下发《关于开展天网工程视频综合管理应用平台功能内部审验的通知》《关于开展天网工程视频监控探头普查整改的通知》,组织相关警种部门开展平台功能内部审验和组织开展天网工程视频监控探头建设集中普查整改工作。市公安局下发《关于加强天网平台案件视频库采录和视频巡查工作的通知》,就加强天网案件视频库采集录入和视频巡查等工作作出部署。

2016年,市公安局推动党委政府综合治理新鸿安商城等治安热点问题,联合市综治部门开展可防性案件综治“一票否决”考核和可防性案件高发案区域约谈挂牌机制。挂牌12个高发区域,对4个派出所及对应的乡镇街道综治部门进行约谈,全市四类可防性案件发案同比下降15.53%。

第七节 案件查处

禁娼禁赌

查禁赌博 1990年下半年,合肥市街头、公园出现利用斗蟋蟀聚众赌博和利用车、船做流动赌场等新情况。市公安局明光路派出所查获1起33人利用斗蟋蟀聚赌案件,缴获赌资3700多元,以及27盆用作赌具的蟋蟀。9月份,市公安局治安大队抓赌36场,其中赌注金额在千元以上的19场,万元以上的2场。全年市公安局抓获赌博参考者5627人。

1992年,市公安局开展打击“流动赌场”专项斗争,组织30余名干警跟车执法,集中打击合肥至屯溪、安庆、南京、芜湖、马鞍山等5条长途客车上的流动赌博。在市区组织干警深入街头、公园、车站广场查禁玩花牌、套红蓝铅笔、摆象棋残局等不同形式的赌博活动。七里塘成立由镇政府、派出所、群众团体参加的“禁赌协会”,各行政村和较大的企事业单位也相应成立禁赌领导小组。通过发“公开信”、贴“安民告示”、开座谈会、进行家访等各种形式,广泛宣传省市政府的禁赌布告。在发动群众查禁赌博的同时,开展群众性的娱乐、科普和普法教育活动,丰富和活跃群众的业余文化生活,使全镇赌博活动比上年减少75%,这一做法在郊区全面推广。

1994年,市公安局还开展重点地区和场所整治行动,组织全市性和区域性统一行动60余次,清查场所978家,破获涉黄涉赌案件816起,捣毁涉黄涉赌窝点1762处。

1999年春季,市公安局开展取缔有奖电子游戏室经营活动,全市开展行动27次,取缔涉赌游戏机经营藏所332处,没收赌博机84台,电路板203块,查处人员136人。是年夏季,市公安机关收缴赌博机84台,赌博案641起。9月,市公安局开展为期1个月的秋季“禁娼禁赌”专项行动，全市出动警力9800余人次，组织全市性行动3次、区域性行动16次，清查歌舞娱乐场所2463处、电子游戏机室133处，查处赌博案件109起，取缔涉赌游戏机室84处，收缴赌博机176台。

2003年4月10日，针对合肥市利用推牌九、“唆哈”、打麻将等形式进行聚众赌博以及赌博性电子游戏机非法经营活动有所抬头的情况，市公安局开展为期3个月的整治聚众赌博专项行动。先后整治肥东县长江批发市场周边利用牌九聚众赌博的8个重点地区，瑶海区烟草大厦、工人文化宫附近利用电子游戏机聚众赌博，以及宾馆棋牌室等利用麻将、“唆哈”进行聚众赌博的重点场所，集中力量打击聚众赌博者、开设赌场抽头者等6类违法人员，有效遏制合肥市聚众赌博的抬头之势。

2005年，市公安局开展集中打击赌博违法犯罪活动专项行动，查破涉赌案件457起。其中，刑事案件123起，治安案件334起，抓获违法犯罪嫌疑人1992名，收缴赌资105.28万元。

2008年，市公安局围绕省市“两会”、奥运火炬传递等重大活动安全保卫工作，先后在全市开展6次“迅雷”和2次“飓风”统一清查整治行动，以街面社会治安秩序整治、扫黄禁赌、扫黄打非等为重点，对“黄”“赌”等社会丑恶现象坚持露头就打，绝不手软。全年查破各类赌博案件421起、卖淫嫖娼案件81起，治安拘留各类违法人员3480人。

2010年夏季，市公安局摸排全市涉赌游戏机室（赌博机房）1378家，其中残疾人和雇佣残疾人开设涉赌游戏机室（赌博机房）的达814家，占比59.1%。针对这一突出问题，7月，市公安局及时协调市综治、工商、残联等部门开展赌博游戏机专项整治行动，预先书面告知、限期撤离，对拒不撤离的坚决予以打击。截至8月，全市564家健全人经营业主100%撤离，814家残疾人经营业主主动撤离占99.75%。行动中，市公安局立赌博机案件84起，刑事拘留7人，治安拘留237人，捣毁、取缔各类赌博机窝点201处，收缴各类赌博机4587台。是年，市公安局严格落实滚动摸排、及时查证和挂牌整治制度，组织暗访倒查37次，暗访重点区域、路段600余处，对29处治安乱点地区、20余个可防性案件高发小区进行挂牌整治，查处涉黄涉赌案件1119起，处理违法犯罪嫌疑人2384名。

2015年春季，针对以“自由棋牌室”为主要形式的新型涉赌蔓延态势，市公安局及时打击整治。自3月15日起，在全市范围内开展为期2个月的集中整治行动，全市1569家涉赌“自由棋牌室”全部被关停或取缔，其中拆除招牌1418家，转行562家，查处打击17家，刑事拘留19人，治安处罚478人，相关警情持续下降。

“扫黄打非” 1990～1999年，市公安局继续保持1989年除“六害”的势头，采取日常管理工作与挂牌督办整治“路边店”和复杂娱乐场所相结合的方式。根据合肥市不同城区的治安状况，市公安机关不时开展暗访检查与“突击”式“扫黄打非”专项行动，遏制“黄”流蔓延，减少其他形式的犯罪案件的发生。

若干年份市公安局"扫黄打非"数据统计表

表4－16

年份	收缴淫秽、非法书刊(册)	抓获传播淫秽物品人数	查获卖淫嫖娼人数	其他
1990	250余种11万	189	187	1. 收缴淫秽录像带200余盘 2. 抓获传播淫秽物品189人
1992	—	团伙26个137人	卖淫团伙15个201人	收缴淫秽录像带157盘
1993	—		22	收缴淫秽录像带5盘
1994	30826	173	141	165盘
1995	165	141	415	收缴淫秽录像带369盘
1996	352	团伙26个102人	卖淫团伙44个203人、个体卖淫760人	收缴淫秽录像带1244盘
1997	597		744	
1999	161	28	3103	收缴淫秽VCD(录像带)1837盘

2003年，针对合肥市沈小郢地区的"黄"流，市公安局研究制定整治方案和措施，设置治安专项整治办公室，对该地区109户出租房屋业主分别进行法制教育和宣传，并严肃查处介绍、容留、嫖宿暗娼案件。对卫岗小花园地区、宿州路地段从事色情活动的美容美发店、城乡接合部小旅社等场所，开展多次不同规模的统一清查行动。

2004年，针对新起的网络色情问题，市公安局开展打击淫秽色情网站专项行动，核查淫秽色情网站线索33条，关闭网站32个，侦破淫秽色情网站类刑事案件11起，其中2起为公安部督办案件。12月，市公安局侦查破获"九九情色论坛"案，该案件注册人数最多(30余万人)、抓获的网络管理人员最多(12人)、危害最严重(点击量4亿余次)，这是破获的第一起中国境内外相勾结的淫秽色情网络大案。

2009年，市公安局继续围绕黄赌重点地区，实行治安热点问题挂牌整治制度，先后对黄赌问题突出的16个地区、路段及41个"三无"小区进行挂牌整治。2011年，市公安局建立涉赌问题三级核查机制和黄赌问题倒查责任制，对全市55处治安重点地区进行挂牌整治。2012年，市公安局组织开展"扫黄打非""护校安园"等全市性专项行动20余次，对全市18处治安重点地区进行挂牌整治，同时，建立"黄赌"治安问题打击整治长效机制，全市涉黄、涉赌类警情同比下降5.92％。

2013年，针对黄赌违法犯罪出现的新花样和新特点，市公安局相继组织开展"打击涉黄涉赌违法犯罪"、打击"楼凤"(指自有或租住进行非法性交易活动)等系列整治行动。全市黄赌警情32639起，比2012年下降5.07％。

2014年，市公安局严格落实打击整治"黄赌"治安问题长效机制，坚持挂牌整治、定点清除工作制度,同步落实责任倒查机制,防止"黄赌"警情出现反弹。全市黄赌警情比上年下降1.35%。

2016年,市公安局完善情报信息研判预警制度,落实三级核查、四级交办、黄赌重点地区挂牌整治机制,有效防止出现"标签式""疮疤式"突出问题。全市黄赌警情比2015年下降11.30%。

若干年份市公安局查获黄、赌案件数据统计表

表4－17

年　份	查处黄、赌案件（起）	刑事拘留人数	行政拘留人数	其　他
2003	129	7	51	出动警力731人次,清查娱乐场所569家次
2004	93	1	28	逮捕1人,其他处理14人
2009	423	—	—	1.市公安局开展全市性、区域性整治行动200次,清查各类场所2548家,取缔无证场所567家;2.处理人未分类
2011	1700	228	3812	捣毁赌博窝点9934处,收缴赌博机5827台
2012	2031	636	4295	1.逮捕318人,其他处理60人;2.收缴赌博机8057台,取缔美容院280家,捣毁赌博窝点452家
2013	1881	667	3880	收缴赌博机5803台,取缔涉黄涉赌场所914家
2014	1713	638	—	查扣淫秽物品7179件,关闭涉黄QQ群近百个,收缴赌博机3963台,取缔涉黄涉赌场所803处
2015	2501	827	7286	1.收缴赌博机3668台,取缔涉黄涉赌场所1191处;2.侦破涉网黄、赌案件295起495人
2016	1222	656	3872	整治挂牌重点地区46处,约谈问责单位6次

查处治安案件

1990年,市公安局受理治安案件5160起,查处5133起,治安处罚9735人,其中治安拘留2852人。2016年,市公安局查处治安案件142660起,治安拘留10469人。2016年治安案件查处数、治安行政拘留数分别是1990年的近2倍和近4倍。

若干年份市公安局查处治安案件情况统计表

表4－18

年 份	治安案件受理（起）	治安案件查处（起）	治安处罚（人）	治安拘留数（人）
1990	5160	5133	9735	2825
1991	4538	4522	9292	2250
1992	3560	3735	7895	1568
1993	5428	5352	8295	2073
1994	7285	7034	13531	2568
1995	4581	4471	8492	1766
1996	8592	8451	17273	2455
1997	7908	7891	17547	2266
2001	7301	7230	10501	2372
2002	7589	7577	11023	2428
2003	7198	7159	10435	2265
2004	11735	11068	12045	2675
2005	35492	35149	9108	3024
2006	60998	56202	8113	4051
2007	57084	54740	5439	3472
2008	72046	71477	5022	3480
2009	152415	150655	10314	7878
2010	175368	173920	12143	8891
2011	192186	191845	11337	8355
2012	191544	190765	10745	8040
2013	195869	194993	10684	8259
2014	191896	191169	11511	9759
2015	168527	168328	14440	9759
2016	142881	142660	11760	10469

侦办管辖刑事案件

根据治安部门管辖刑事案件权限和上级公安机关的统一部署，2001～2016年，全市公安机关治安部门承办涉及工商、医疗、卫生、文化、林业、农业等领域的刑事案件。

2001～2016年市公安局治安部门管辖刑事案件数据统计表

表4－19

年份	破案数（起）	抓获犯罪嫌疑人	年份	破案数（起）	抓获犯罪嫌疑人
2001	100	131	2009	978	2561
2002	50	81	2010	935	1948
2003	113	183	2011	1132	2257
2004	239	732	2012	1244	3549
2005	620	2084	2013	1058	3120
2006	704	1730	2014	822	2515
2007	409	1161	2015	761	2747
2008	528	1640	2016	546	1921

第五章 刑事犯罪侦查

打击刑事犯罪是公安机关的重要职能。进入20世纪90年代,随着社会变革和经济的快速发展,市公安局刑事侦查工作发生深刻变化,机构职能逐渐细化,刑事侦查日趋专业化;刑侦业务由过去的"人海战术"传统侦查模式向"传统+科技"的现代侦查模式转变。进入21世纪,随着信息技术的深度应用,刑侦工作实现了情报信息主导侦查的新突破,侦破效率发生了质的飞跃。2015年4月13日,市公安局在情报信息大队基础上正式建立合成作战中心,合署刑侦、技侦、网侦、视侦等警种合成作战,重点开展针对跨区域、多发性侵财类犯罪的刑事情报研判、刑事情报线索推送及SIS系统等信息化系统的建设。实现由情报收集型向主动预防型和联合打击型的转变,提升以情报信息辅助决策、引领实战、指导防范的能力和水平。2016年,市公安局建立"反电信网络诈骗中心",颠覆传统工作方式,借助"人工+智能"合成作战平台,整合资源,集约化打击刑事犯罪,切实提高了公安机关打击刑事犯罪的能力和水平。

第一节 刑侦改革

20世纪90年代,随着改革开放的全面深化,社会治安形势也发生很大变化。在刑事犯罪方面,表现为诱发犯罪的因素增多、社会防卫机制弱化、发案数量上升、作案手段翻新。主要突显在四个方面:犯罪的暴力性程度日趋严重;侵财案件占主要位置;流窜犯罪与日俱增;犯罪分子作案手段智能化程度越来越高,有向职业化发展的趋势。而当时的刑侦工作,是建立在计划经济基础上的静态管理体系,与现行日益严重的刑事犯罪形势不相适应,发生案件习惯于大轰大嗡、"人海战术"。刑警队与派出所对易破案件争着上案,难破案件相互推诿,所队关系不协调,难以真正形成打击合力。为此,市公安局在刑侦改革上进行了一些有益的探索。刑侦内设机构趋向合理,刑侦信息化水平逐年提高。1991年6月,市公安局增设刑警大队五队、六队和刑事科学技术研究所机构,分别承担刑侦基础、打拐和情报研判、刑事科学技术研究等职能,刑侦内设机构得到细化,职责范围得到明确。1998年年底,三大队经侦业务划出成立经侦支队。2003年,五大队缉毒业务划出成立禁毒支队;重新成立刑警支队三大队,保留五大队,分别承担"打黑除恶"和刑侦基础工作。

1994年4月,根据《刑侦工作意见》,市公安局在刑警支队一、二、五大队及郊区公安分局实行探长破案责任制试点。探长、探员实行双向选择聘任制,探长实行任期目标责任制,任期1年,完不成年度工作指标的予以解聘。4月底,16名德才兼备的民警被聘为探长,调动了民警破案的积极性。1996年,市公安局在东市公安分局试点推行科、所、队副职公开竞聘制。1997年在全市推行,提升整个刑侦队伍的工作效率。

1997年是"刑侦改革年"。6月中旬,市公安局贯彻落实全国刑侦工作会议精神,勾画合肥市公安局刑侦工作改革和派出所改革(简称"双改")的基本思路和总体框架。7月下旬,市公安局决定在基础较好的东市分局开展"双改"试点工作。8月18~20日,省公安厅在合肥市召开全省"双改"和加强派出所、刑侦工作会议,全面部署"双改"工作,并将合肥市作为全省13个联系点之一。8月28日,市公安局从"刑侦体制、工作机制、刑侦专门手段、刑侦基础工作、坚持专群结合方针、刑警队伍建设"六个方面,确定刑侦改革方向,明确刑侦部门职能,确定刑侦部门是破案的主力军,承担全部刑事案件侦破责任;改革派出所工作机制,确定派出所是治安防范的主力军,职能转变为治安防范、管理服务。市公安局还推出"双改"工作"八条措施",设置刑侦内部机构,充实刑侦人员。公安分局刑警大队按照专业化、责任区、刑侦技术体系建设要求,设立驻所中队、重案中队、直属中队、技术中队等。重新摆布警力,合理调整警种比例,坚持警力向一线和基层倾斜,逐步实现派出所民警占全部警力45%、刑警占30%的比例,其中责任区民警占派出所民警总数65%以上,驻所刑警占刑警总数60%以上。合理划分派出所责任区,责任区形式可为居民区、内部单位、集贸市场、复杂场所等组合型,也可为单一型。明确派出所责任区职责,实现"一区一警、一警多能、一包到底"的工作责任制。建立覆盖社会面的刑警队,实行中队驻派出所制,刑警中队参与派出所值班,共同处警,侦破派出所各类刑事案件。建立科学的派出所和刑侦工作考核机制,考核结果与民警的政治、经济待遇挂钩。"双改"工作在东市公安分局试点后,郊区公安分局、中市公安分局、西市公安分局、蜀山公安分局根据各自实际情况,陆续开展"双改"工作。

是年12月下旬,市公安局召开全市公安工作会议,讨论制定《合肥市公安局派出所目标管理和岗位职责》《合肥市公安局刑警驻所中队目标管理和岗位职责》《合肥市公安局派出所责任区民警和刑侦驻所中队民警考核办法》《合肥市公安局关于派出所、刑警驻所中队工作关系的暂行规定》等有关改革的配套政策措施。同时,市公安局下发《关于全面推行派出所、刑侦改革的决定》,自1998年1月1日起,在全局范围内全面推开派出所和刑侦工作改革。市公安局还实行侦审合一制,刑事案件从立案、侦查、审讯到提请逮捕、移送起诉的整个过程,由刑警大队一办到底。

1998年3月12日,刑警支队就建立新型刑侦体系、工作运行机制,以及新型刑侦体系建立后的工作成效和存在的突出问题,对下一步的刑侦改革提出六点意见:1.要理顺刑侦部门与派出所及其他警种的关系,找准打防结合点;2.以落实责任制为核心,强化破案责任;3.大力解决刑侦部门办案经费不足的难题;4.通过举办各类培训班等多种途径,切实提高刑侦人员的业务素质和执法水平;5.加大科技投入,引进技术装备器材;6.推动长丰、肥东、肥西3个县公安局刑侦改革,建立覆盖农村地区的刑警。6月22日,市公安局局长李图来在省厅签订《安徽省刑侦工作改革责任状》,旨在推动全市建立覆盖社会面的责任区刑警队,实行侦审合一,规范刑侦工作运行机制。10月20日,市公安局对全市刑侦改革工作情况进行再次总结,全市投入改革资金93万元,其中市区投入经费59万元,长丰、肥东、肥西3个县投入34万元;新增刑警235人,其中市区新增刑警183人,三县新增刑警52人;全市刑侦警力达585人,占总警力的15.12%;建责任区中队22个,其中市区建责任区中队14个,3个县建责任区中队8个。至此全市基本完成侦审合一工作。

1999年3月27日,根据《安徽省公安厅关于刑事侦查破案责任制的暂行规定》《安徽省公安厅关于办理刑事案件把关监督的暂行规定》《安徽省公安厅关于刑警大队中队规范化建设暂行规定》等3个规范化文件,市公安局相应制定《合肥市公安局关于刑事侦查破案责任制的实施细则》。至年底,全市刑侦体制改革取得突破性进展:建立覆盖社会面的刑警中队,刑侦部门承担全部破案任务,全市建立责任区刑警中队58个,专业中队30个;全部实行侦审一体化;建立既有竞争激励又有责任约束的破案运行机制;刑警总数由改革前的341人增长到682人,翻了一倍;把教育培训纳入日常工作,作为刑侦队伍建设的重要组成部分;加大硬件投入,刑侦装备大为改善,刑侦科技含量有所提高。

2001年初,市公安局出台《合肥市公安局2001年派出所基础工作考评办法》《刑警中队工作考核内容及计分办法》,明确各自的职能分工和协作配合等相关工作,深化和推动"双改"工作。至2011年,市公安局建立起刑侦、刑事技术、技侦、网侦"四位一体"同步上案和重特大案件挂牌督办机制,从制度层面保障大要案件侦办工作。完善基层所队协作机制,派出所治安民警和责任区刑警队民警捆绑考核,责任倒查,确保打防管控有机衔接。健全区域警务协作机制,与周边城市建立流动人口原籍地公安情报信息协作机制和情报区域联系制度,与犯罪流入地公安机关建立跨省警务合作关系。依托公安部"跨区域办案协作平台",强化对流窜犯罪的打击。探索便衣侦控新模式,公交分局采取"特殊性工作"方式,将工作触角向二手市场、物流运输等行业场所延伸,先后打掉违法犯罪团伙4个。

2014年4月,市公安局牵头组织刑侦、技侦、网侦等部门,从市、县两级公安机关抽调人员奔赴广西宾阳驻点,多警种合作,对电信诈骗案件开展合成打击,初步形成打击多发性侵财犯罪的合成作战机制。10月,市公安局启动警务创新"试验田"工作,把"完善多发性侵财案件合成作战机制"作为警务创新12个攻坚课题"试验田"之一,在瑶海公安分局开展试点工作。2015年3月27日,在瑶海区分局试点工作取得经验的基础上,局长办公会议讨论通过《合肥市公安局合成作战工作机制》《合肥市公安局"一长四必"现场勘查新机制实施方案》,"一长"即公安局长,"四必"即必勘、必采、必录、必比。4月13日,市公安局合成作战中心正式成立。

2015年6月,刑警部门按照市公安局党委关于警务创新"试验田"的统一部署,制订《合肥市公安局所队协作暂行办法》,理顺所队之间的协作机制,为合成作战的深入开展打通一个重要的"瓶颈"。8月7日,市公安局在巢湖市召开"侦勘一体化"暨"一长四必"现场勘查新机制推进工作会议,推动全市刑事现场勘查工作迈上新台阶。至年底,首次实现合肥市刑事案件现场全部勘验,勘验率达到100%。8月20日,市公安局出台《合肥市公安局合成作战工作规范(试行)》《合肥市公安局合成作战绩效考核办法(试行)》《合肥市合成作战工作流程图》《合成作战中心业务工作流程图》等相关文件。9月,市公安局下发《关于启用合肥市公安局合成作战平台的通知》。同时,刑侦部门牵头建立打击多发性侵财犯罪周会商制度。每周对侵财犯罪开展会商,全面提升情报研判成果的成品率和推动研判成果流转后的后续处置工作,对新发现的跨区域侵财犯罪案件线索进行梳理,将符合条件的流转至市公安局合成作战中心开展深度研判,督促各单位开展落地查证,并适时开展抓捕。通过周会商制度抓获侵财类犯罪嫌疑人120余人,破获案件700余起。

2016年,市公安局合成作战中心在新址投入运行,设有合成作战大厅、反电诈办公室等10个功能区域,设立主值班席和18个作战席位。新的合成作战中心,不仅布局合理、功能科学,而且预留充分的发展空间。通过合成作战中心的建设,市公安局着力打造以"四侦合一、三级研判、两级合成、一个平台"等"4321"为主要内容的运行工作体系,形成"刑侦主导、分工研判、定期会商、互通信息、共享资源"的工作模式,实现警种整体联动、手段同步上案、警务资源共享、区域协同作战、流程无缝对接的主动合成,有效提高公安机关打击违法犯罪的能力水平。全市公安机关共流转处理合成作战线索4695条,发布合成作战通报36期,利用合成作战中心抓获各类犯罪嫌疑人2310名,破获各类案件8743起,占该年度全部刑事案件破案数的73.6%。

第二节　刑侦信息化建设

合肥公安机关刑侦信息化是依托刑事情报资料部门建立起来的,经历由人工查询到计算机自动检索、纸质卡片建档到电子信息存储的转变。由此,实现情报研判由过去的个案分析到综合数据分析比对的转变。

信息平台建设

1985年12月10日,市公安局设立"刑事犯罪情报资料科"。负责全市刑事犯罪情报资料的交流,指导、督促全市违法犯罪人员情报资料卡建卡工作、建档协助查询及微机录入。到1992年,情报资料一直和刑事技术痕检合署办公。

1993年,刑事技术痕检业务从"刑事犯罪情报资料科"分离,划归刑科所。独立后的情报资料科主要职责为:指导、督促全市违法犯罪人员情报资料卡建卡工作、建档协助查询及微机录入;指导、督促全市追逃工作;负责全市指纹信息的管理和应用。11月,市公安局下发《合肥市公安局计算机信息系统建设方案》,12月25日,市公安局完成微机房的建设。

1994年,根据公安部、省公安厅部署,合肥市成为首批建立犯罪信息系统的重点单位之一。为此,市公安局专门成立领导机构,具体组织协调工作,由情报资料科负责继续加强人员资料的管理、完善、应用工作;充分发挥案件信息资料作用;建立运行在逃犯信息系统和被盗、抢机动车辆信息系统。1995年,相继开发、完善违法犯罪信息系统和在逃人员信息、被盗抢机动车辆信息2个快速查询系统,并和市公安局计算机中心联网。

1997年11月初,北大方正指纹自动识别系统安装调试完毕,标志着合肥市公安机关指纹自动识别系统正式建立,填补了情报资料工作的一项空白。2002年3月,经与北大高科公司联系,市公安局将指纹自动识别系统升级至3.1版本。是年,市公安局加快刑侦综合信息系统建设,将微机管理应用转向网络化管理应用。

2000年9月21日,根据省公安厅的部署,市公安局正式开展刑侦综合信息系统的试点工作,选择刑警支队情报资料科作为中心站点,西市分局刑警大队及其辖区几个派出所作为基层站点。2003年8月6~8日,市公安局充分利用三级公安信息网络开通的有利时机,在各分局、县局建立并开通NEC远程终端系统和刑侦综合系统,全市各单位均可通过网络自主实现指纹信息的录入、查询功能。2004年3月1日至5月30日,市公安局刑警支队各大队、刑事技术处和蜀山分局分三阶段开展刑侦综合信息系统试点应用工作。第一阶段,准备硬件设备,系统安装和培训;第二阶段,各单位在指定时间开展集中录入;第三阶段,对试点单位的应用情况进行考查和交流,取得进一步推广的经验。2005年4月1日,正式将系统上线运行。

2006年,市公安局"协同办案系统"建设列为省公安厅金盾工程一期建设重点项目。9月6日,市公安局协同办案系统的推广应用先期在蜀山分局进行试点工作。2007年9月20日,市公安局下发《合肥市公安局"协同办案系统"推广应用工作实施方案》。10月底,市公安局"协同办案系统"在全市公安机关开始试应用。2008年12月31日,市公安局下发《关于单轨使用协同办案系统的通知》,即日起刑侦综合信息系统停止使用。2009年,市公安局正式全面启用协同办案系统。4月30日下发《合肥市公安局协同办案综合系统(3.9版)实用操作手册(刑侦篇电子档)》。2010年3月,刑警支队初步建成"通讯录信息采集查询系统"。10月,瑶海公安分局成为全省选定的协同办案系统5.0版本试点单位之一。2011年8月13日,市公安局全面停用3.9版系统、启用5.0版系统软件。

2009年12月,市公安局刑警支队刑事犯罪情报资料科与六大队合并,组建八大队(情报信息大队),承担情报分析研判职能。

2012年4月28日,市公安局举办新版"全国重大刑事案件信息系统"应用培训班。新版"全国重大刑事案件信息系统"对原先运行"命案信息系统""未知名尸体信息系统""失踪人员信息系统"进行重新整合,比原版系统更加科学适用。

2013~2014年,市公安局在包河公安分局培训中心举办刑侦部门超级情报系统(SIS情报系统)信息采集、应用及推广工作培训班。

2015年4月13日,市公安局在情报信息大队基础上正式建立合成作战中心。从此,市公安局刑警支队情报信息大队(八大队)职能更加专业化,承担全市刑侦情报研判、合署刑侦、技侦、网侦、视侦等警种合成作战,重点开展针对跨区域、多发性侵财类犯罪的刑事情报研判、刑事情报线索推送及SIS系统等信息化系统的建设。实现由情报收集型向主动预防型和联合打击型的转变,提升以情报信息辅助决策、引领实战、指导防范的能力和水平。

2016年1月4日,市公安局合成作战中心召开会议,回顾和总结2015年工作,就合成作战中心例会、档案建立、机制细化、警种对接、平台完善等具体工作进行部署。3月31日,刑侦支队在市公安局合成作战中心举办全市跨区域系列团伙案件线索情报平台运用培训班。5月3日,市公安局合成作战中心新址在视频侦查支队施工建设。10月18日,市公安局合成作战中心整体搬迁至视频侦查支队办公。

情报信息建设

1990年3月,市公安局完成违法犯罪情报资料的集中搜集工作。期间,建卡9209套,占全市总人口10‰。至年底建卡17319套，占全市总人口19‰。据不完全统计，1989年、1990年，刑侦部门利用情报资料破案39起（直接破案21起，破重、特大案18起）。1992年，刑警支队情报资料卡片22000余套，实现微机存档、调档，并利用情报资料破获刑事案件126起。1月23日凌晨7时，郊区城东乡石马坟村一水沟内发现1具男尸。经郊区刑警队侦查，发现死者被3男2女所杀，其中一嫌疑人名叫"文昌"。查无此人后，利用情报资料扩大检索范围，查出"文昌"真名朱某某，男，24岁，住合肥三里街铁路新村。刑侦人员一举抓获朱某某和另一主犯袁某某。

1991年，市公安局刑侦部门加强情报资料自身建设，制订《情报资料检索制度》《机房工作制度》《微机操作规程》。4月，市公安局下发《违法犯罪人员资料管理使用的暂行规定》，就资料管理、任务、职责、检索应用等方面作了详细的制度性规定。截至6月，市公安局建有违法犯罪人员资料17000余套，占市区总人口的15.3‰。搜集的资料全部实现微机管理，并根据刑侦工作的实际需要，开发符合实战需要的9大类管理系统。由此，市公安局的情报资料步入制度化、规范化轨道。

20世纪90年代中期，人口信息计算机管理系统建设全面展开，市公安局开展户口核对、服务处所摸底调查、违法犯罪情报资料的整理等前期准备工作，为此后信息数据的存录打下良好的基础。

1994年12月，根据省公安厅部署，市公安局刑警情报资料科填写《在逃人员信息登记表》427份，《被盗抢机动车辆信息表》340份，并且全部输入微机，成为全省第一个将两大信息软盘上交省公安厅的单位。是年，建立人员卡3600多套，接待查询360多人次。1996年，市公安局情报资料工作实现人员、案件资料的微机联网应用，以及对情报资料信息的微机管理。全年搜集人员资料卡2704套，指纹卡2269套，《被盗抢机动车辆登记表》60份，《在逃人员登记表》69份，案件资料2276套，利用情报资料破案483起。1997年，市公安局刑侦情报部门搜集入库违法犯罪人员资料32000余套，指纹资料35000余套，被盗抢机动车资料614份，在逃人员资料462份，案件资料10000余份。为办案单位查询1600人次，利用情报资料破获特大案件28起，重大案件205起，一般案件120起。

1995年，刑警支队增加2套微机设备，使情报资料工作软、硬件建设在短时间内产生显著效益。3月份，制定下发《关于开展刑事案件资料建设工作的实施方案》，收集整理指纹资料2500套，人员资料2858套，案件资料4000余套，接待案件查询820人次。市公安局刑警支队利用情报资料信息破案352起，占全年破案总数18%，其中有30起是市公安局挂牌案件。

1998年，市公安局刑侦情报部门利用指纹自动识别系统，破获案件75起。5月，协助肥东、郊区、铁四局等地公安机关破特大抢劫案1起、盗窃案2起，带破案件42起。7月，在指纹资料输入建库过程中，比对认定长丰县粮食储备库被盗案的犯罪嫌疑人，一举侦破此案。2001年上半年，市公安局围绕"打黑除恶"专项斗争，建立违法犯罪人员资料1502套，捺印指纹资料1182套，建刑事犯罪现场指纹卡134套。全年利用情报资料破各类案件733起。

1999年1月26日，市公安局刑侦情报部门开展无刑事犯罪公证检索业务，全年办理无刑事犯罪证明250人次。全年搜集违法犯罪资料2231套，指纹资料1749套，被盗抢机动车资料383份,在逃人员资料1345份。

2002年1月,市公安局实现违法犯罪人员资料数据库网上查询,方便案件侦办。2003年3月18日,市公安局制定并下发《关于加强犯罪信息人员资料搜建工作的规定(试行)》,对犯罪信息人员资料搜建范围、搜建单位、搜集内容、职责分工等进行详细规定。2009年5月12～13日,根据省公安厅印发《安徽省公安机关违法犯罪人员标准化信息采集室建设工作规范》的要求,市公安局举办全市标准化信息采集室建设教员培训班。全市刑侦部门及相关办案单位业务骨干30余人参加培训。教授有关违法犯罪人员基本信息、人像信息、指纹信息、生物样本信息的采集、录入,利用采集的信息进行查询、比对的方法及要求,着力提升标准化信息采集室应用水平。2010年4月27日,市公安局举办全市刑侦部门违法犯罪人员标准化信息采集室采录规范培训班。各分县局刑警大队信息采集室小教员、责任区刑警队信息采集室管理员和交警、网监等支队信息采集室管理员40余人参加培训。

2004年6～8月,市公安局根据公安部、省公安厅对全市被盗抢机动车信息系统库中被盗抢汽车信息进行清理。2006年,市公安局推广瑶海分局刑警大队“网上作战十四技法”。2008年,刑警支队通过网上作战破获系列撬车盗窃案件,一举抓获4名团伙成员,这一团伙在合肥市作案300余起,在全国撬盗汽车2000余辆,涉案总价值100余万元。

2011年3月,市公安局刑侦部门着力破解犯罪重点管控系统运转不顺畅、积分模型不科学、管控措施不落实等三大难题,提升对重大刑事前科人员动态管控的能力和水平,实现情报平台由“空转”变“实转”,管控措施由“应付”变“有效”。4月7日,市公安局传达全省刑侦基础工作“黄山会议”精神,确立新时期刑侦基础工作要以信息化为引领,以服务实战为核心,以破案打击为支撑,抓住“大情报”建设新机遇,学习借鉴外地成功经验,结合实际,推动合肥市刑侦基础工作新发展,切实加强社会面控制,拓展刑事破案新的增长点。

2013年7月,市公安局开展体制外实名制社会信息采集工作。2014年9月15日,市公安局开展通信信息及社会资源信息采集工作。2015年,市公安局通过座谈和走访形式,获取包括标准化采集在内的刑侦各业务系统方面的意见和建议,结合实际情况,制定人员标准化信息采集指南、协同办案系统录入规范、电信诈骗案件录入要点等,指导基层进行规范化采集。7月,提交市公安局信息中心作软件修改,实现自动带入模板功能,既规范录入又减轻基层工作的负担。同时,强力推进手机通讯信息采集,由最初的采集率30%提升到70%。

2016年2月,市公安局针对合肥市电信网络诈骗案件的信息录入不规范情况,制定电信网络诈骗案件简要案情模板,规范电信网络诈骗案件信息采集项目、标准和要求。3月21～25日,市公安局组织各分县(市)局参加全省大要案件系统培训班,按照上级业务部门要求,规范采集命案信息、枪案信息、疑似被侵害失踪人员和无名尸体信息。9月23日,组织对各分县(市)公安局刑警大队联络员就进一步推动合肥市追逃和协同办案系统录入、标准化信息采集室工作展开培训。培训会现场还建立合肥市追逃工作联络员微信群,以利于联络员及时解决工作中出现的问题。

情报研判应用

市公安局刑事情报研判工作始于1985年刑侦情报资料科的建立，只对重点人员及个案、大案进行零星分析。2005年，市公安局刑警支队建立刑事犯罪信息的分析研判制度，开通刑事情报研判、预警网页，为领导科学决策和一线实战部门打防提供高质量的信息服务平台，尝试情报信息主导刑侦工作的新转变，真正形成规范化、系统化的工作机制。

2006年1月1日，刑警支队在市公安局主页开设“每日刑侦通报”专栏，实行每日刑事案件通报制度。情报资料科承担此专栏的数据统计、设计、维护工作。

2010年2月25日，市公安局举办刑侦情报信息研判指导平台培训班。9月中旬，贯彻公安部全国刑侦工作座谈会精神，以打好“合成战、科技战、信息战、证据战”为重点，大力推进侦查方式的转变创新。2011年4月8—12日，市公安局组织全市刑侦部门情报研判民警赴长沙参加公安部组织的全国公安信息化深度应用与大情报系统建设经验交流会。5月，市公安局下发《合肥市公安局警种合成作战工作机制》，在全市全面推动合成作战机制。

2012年2月28日，市公安局举办全市刑侦情报研判培训班；8月30日，开展信息化应用大比武；10月11日，开展“网上作战”典型案例大比武。通过全省刑侦系统的层层评选，市公安局刑警支队梅晓磊、长丰县公安局刑警大队刘浩被评为2012年度全省刑侦部门“网上作战”能手，瑶海公安分局侦破的“盗窃高档轿车后视镜案”和长丰县公安局侦破的“系列盗窃机关办公室案”被评为全省优秀案例。

2013年11月，市公安局完成“合肥市公安局涉黑涉恶线索分析系统”建设工作，利用公安机关“执法办案”系统中可能涉黑涉恶的各类刑事、治安案件相关数据进行自动增量抽取，通过专门的比对模型，自动生成涉黑可疑人员、可疑团伙、高危场所等信息提示，为打黑实战部门提供准确指向。“合肥市公安局涉黑涉恶线索分析系统”与省公安厅打黑除恶系统的案件督办、战果上报、线索上报等功能无缝对接，实现了省市间打黑除恶工作业务的互联互通。是年，全市公安机关摸排涉黑涉恶线索73条，打掉恶势力团伙65个，一审判决577人。

2015年初，全国刑侦工作会议强调要不断创新打击方式，大力推行刑侦、技侦、网侦、图侦“四侦合一”模式，坚持“多警种协调联动、多手段同步上案”。1月，市公安局组织相关人员，先后到苏州、宁波等地考察学习，撰写考察报告，结合合肥市实际，对合成作战的工作模式、组织架构、职责分工、工作流程等关键环节作出谋划。3月27日，市公安局局长办会审议通过《合肥市公安局合成作战工作机制》。4月13日，市公安局合成作战中心正式成立。

第三节　“严打”与专项行动

1991年3月，合肥市抢劫案件不断发生，市公安局果断决策，及时组织为期1个月

“打击抢劫犯罪活动”专项斗争,抓获抢劫等各类违法犯罪分子647人,其中重大在册逃犯27人;破获刑事案件346起,其中重大案件87起。10月1日至12月31日,市公安局组织开展以“破大案、追逃犯”为主要内容的“百日破案”大会战,破获各类刑事案件846起,破获重特大案件422起,其中市公安分局汇编在册的重特大积案22起,市公安局督办案件6起;在破获重特大案件中,杀人案件13起,盗窃案件104起;抓获各类刑事犯罪分子598人,其中在册逃犯108名;摧毁犯罪团伙114个,瓦解成员407人,缴获赃款赃物总价值106.4万元。会战中先后印发、张贴《通告》《敦促违法犯罪分子投案书》《规劝书》5000多份,全市有58名违法犯罪分子到公安机关投案自首。此次“百日破案”活动是市公安局首次规模最大、时间最长、参战干警最多的专项活动。

1992年,市公安局组织开展打击盗窃自行车和摩托车的专项行动,摧毁盗窃自行车团伙8个,抓获团伙成员20余名。是年,合肥市盗窃案件一直呈下降趋势。

1994年5~7月,市公安局开展声势浩大的“破大案、追逃犯、打团伙”专项斗争,抓获各类违法犯罪分子3364人,其中刑事案犯1717人;破获各类刑事案件1299起,其中重特大案件537起;摧毁犯罪团伙207个,瓦解成员1080人,抓获各类逃犯422人,其中在册逃犯127人;收缴各种枪支779支,管制刀具和凶器990件;缴获赃款和赃物折价405.83万元。

1995年1月份开始,市公安局先后有针对性地开展“冬季百日破案活动”“春季严打攻势”“夏季50日破案会战”“第四季度破案战役”等专项斗争。通过打击、破获各刑事案件201起;抓获违法犯罪分子678名,其中逃犯19名;摧毁犯罪团伙30个,瓦解犯罪成员102名;缴获赃款和赃物折价220万元。

1996年4~11月,根据中央和省、市统一部署,合肥市各级公安机关在全市范围内开展了一场新的声势浩大的“严打整治”斗争。整治重点地区170处,重点路段151个;收缴各类枪支1065支,管制刀具2277把;破获各类刑事案件3917起;抓获各类违法犯罪人员11657名,抓获逃犯423名;摧毁团伙520个,瓦解成员2293名;追缴赃款赃物总价值1604万元。

1997年3月,根据公安部和省厅统一部署,市公安局开展为期3个月以打击抢劫、盗窃犯罪为重点的春季严打整治行动,先后破获“1997·3·24”特大入室抢劫案、“1997·5·13系列抢劫、强奸案”等重特大案件695起;抓获刘其彬、张某斌等重大逃犯47人;整治治安状况复杂的重点地区、场所、路段87处;追缴赃款、赃物总价值580万元。10月,全市各级公安机关开展以“破大案、打团伙、追逃犯”为中心内容的侦破战役,先后侦破各类刑事案件70余起,追缴汽车、摩托车、电脑、电视机等赃物。蜀山公安分局、新站公安分局分别在明珠公园、新火车站广场举行赃物返还大会,将在侦破战役中追缴的价值200余万元的赃款赃物返还给群众。与此同时,针对刑事犯罪活动的规律和特点,市公安局不间断地开展“冬季行动”等专项斗争,追逃犯、反盗窃、打团伙。全年侦破侵财案件2380起,抓获犯罪嫌疑人2449名,摧毁犯罪团伙269个,瓦解成员1127名,追回赃款、赃物总价值1143万余元。

1998年3~4月,市公安局集中开展反盗窃、抢劫专项行动。其中3月1~24日,全市通过定人员、定时间、定岗位,组织警力加强夜间巡逻守候和盘查,破获各类刑事案件122

起，抓获犯罪嫌疑人55名。在为期2个月的专项斗争中，破获抢劫案件132起，盗窃案件389起，摧毁犯罪团伙39个，缴获赃款、赃物价值120余万元。5月，针对淮河路、长江路等商业地区抢劫、拎包的犯罪活动突出的特点，市公安局及时组织中市公安分局、刑警支队、公交公安分局开展为期15天，以反扒窃为主要内容的专项治理，抓获处理扒窃人员46人。9月18～30日，在全市范围内开展以"打击盗抢出租车，清查暂住人口"等为主要内容的集中整治清查统一行动和全市反扒统一行动，出动警力2100余人次，出动车辆370余台次，清查旅馆、歌舞厅、茶楼等重点复杂场所720余处，查处各类违法犯罪嫌疑人61人，缴获查扣摩托车18辆。10月底，市公安局决定自1998年11月至1999年1月31日开展反盗窃专项斗争，同时将打击盗窃、抢劫机动车辆犯罪纳入全市反盗窃专项斗争中，破获各类刑事案件1255起，抓获处理犯罪嫌疑人779人，抓获逃犯81人，追缴赃款、赃物223.93万元，追缴被盗摩托车、汽车82辆。

2001年9月，市公安局开展追逃专项行动，抓获批捕负案在逃人员106人，其中省级督捕逃犯1人，市公安局督捕逃犯3人，破案326起。10月，刑警支队开展为期10天的打击抢劫犯罪活动专项行动，破获2起抢劫出租车驾驶员财物案件，侦破1起骑摩托车抢夺行人挎包系列案件，抓获1个盗抢摩托车团伙5名犯罪成员，追缴被盗、抢摩托车17辆。

2002年5月29日零时至5月31日24时，根据省公安厅部署，市公安局开展为期3天的"集中打击现行犯罪，积极追捕在逃人员"专项行动，出动民警7654人次，动用其他社会力量4849人，清查公共复杂场所2809处，破获各类刑事案件557起，破获治安案件249起，查获各类违法人员490人，其中网上逃犯141人。8月1日至9月30日，开展打击抢劫、抢夺、盗窃等多发性犯罪为主要内容的"天网—2"专项行动。全市破获刑事案件7023起，抓获犯罪嫌疑人3085名，追逃1468名，其中网上1226名；查获犯罪团伙232个；追缴各类枪支52支，爆炸物56.1公斤，机动车180余辆等物品。市公安局在全年的"破案追逃""两抢一盗"专项斗争中，破获各类刑事案件2078起，其中省厅挂牌案件2起，摧毁犯罪团伙25个，瓦解成员84人，追缴赃款、赃物价值401万元；处理各类刑事犯罪人员724人次，抓获各类网上逃犯64人，其中市公安局督捕逃犯3人。

2003年3月10日至4月30日，市公安局开展反盗抢专项斗争，破案51起，其中盗窃案47起，其他案件4起；打掉团伙3个，抓获犯罪嫌疑人34人，包括网上逃犯13人。9月20日至10月30日，市公安局组织开展"严打侵财犯罪，整治突出问题"专项行动，破获刑事案件1294起，其中盗窃案件870起，抢劫案件72起，抢夺案件93起，诈骗案件121起；打掉各类犯罪集团22个，瓦解团伙成员93个，破案426起，包括盗窃集团12个，抢劫集团1个。

2004年初，针对故意杀人、爆炸杀人、抢劫杀人等恶性犯罪高发，市公安局制定实施方案，开展侦破命案专项系列行动：先后开展查缉"2·23"案件犯罪嫌疑人马某爵统一行动、"打击侵害师生人身安全违法犯罪活动，切实维护高校及周边治安秩序专项整治行动"、"打击盗抢工地违法专项行动"、"午季"追逃专项行动等。特别是8月10日～11月20日，在全市开展的"严打侵财犯罪百日会战"中，破获刑事案件4443起，抓获犯罪嫌疑人1349名，其中刑拘770人。

2005年5～12月，市公安局开展历时8个月的打击"两抢一盗"犯罪专项斗争，破获盗窃汽车案件 52 起,打击 2 个犯罪团伙,上网追逃 52 人,抓获犯罪嫌疑人 41 人,追回赃车 30 部。9 月,市公安局又开展为期 25 天的打击街面飞车抢夺专项行动,破获飞车抢夺案件 78 起,抓获飞车抢夺犯罪嫌疑人 15 人。

2006 年,市公安局开展打击"两抢一盗"犯罪专项行动,破获"两抢一盗"等多发性侵财案件 4432 起,其中抢劫案件 480 起,抢夺案件 119 起,盗窃案件 3833 起。期间,市公安局联合电力、电信部门开展为期 7 个月的打击盗窃、破坏电力、通信设备及窃电犯罪专项行动,清查废旧物品收购站点 40 个,整治重点村镇社区 15 处。全市立各类涉电案件 353 起,破获 219 起;抓获犯罪嫌疑人 93 名,其中刑拘 83 人,取保候审 3 人,逮捕 69 人(移送起诉 56 人),劳动教养、治安处罚及其他方式处理 7 人,摧毁犯罪团伙 19 个。是年,在全省"两抢一盗"专项斗争和侦破系列案件活动总成绩排名中,市公安局获第一。

2007 年,市公安局继续深入开展打击"两抢一盗"犯罪专项行动,侦破"两抢一盗"系列(团伙)案件 366 串,破获系列侵财案件个案数 5062 起,打掉侵财犯罪团伙数 71 个,批捕系列侵财犯罪嫌疑人数 627 人。7 月 16 ~ 17 日,市各级公安机关组织开展为期 2 天的"雷霆 1 号"打击街面"两抢"犯罪统一行动,出动警力 2500 人次,车辆 300 台次;当场抓获盗窃摩托车嫌疑人 1 人,持刀拦路抢劫嫌疑人 2 人;盘查摩托车 5282 辆,依法扣留摩托车 604 辆;当场开具行政处罚决定书 1718 份;依法审查嫌疑人员 292 人,经网上比对,查获 2 名网上逃犯。是年 10 月 29 日 22 时至次日 5 时,市公安局组织参加 2007 年度全省首次查缉涉嫌被盗抢汽车统一行动。全市设固定卡点 18 个,各卡点拦截、盘查过往车辆 130 余台,查扣嫌疑车辆 4 台,追缴赃车 66 辆,抓获涉车嫌疑人 67 人,打掉涉车团伙 6 个。

2008 年是奥运安全年,市公安局认真贯彻落实中央、省、市关于深化打黑除恶专项斗争会议精神,积极参加部署"猎狐"三项行动。2 月 1 日 ~ 9 月 30 日,在全国"打盗抢抓逃犯"专项斗争中,全市公安机关破获公安部挂牌案件 1 起、省公安厅挂牌案件 10 起;破获省公安厅认定的街头两抢、入室盗窃、盗抢机动车、诈骗、破坏电力电信设施犯罪等系列案件 275 串 5235 起,打掉团伙 91 个;破获涉枪案件 15 起;抓获重点逃犯 114 名;追缴被盗抢汽车 55 辆;抓获涉车违法犯罪人员 37 名。

2009 年,市公安局继续深入推进打黑除恶专项斗争,摧毁 44 个恶势力团伙,抓获团伙成员 230 人,破获各类刑事案件 195 起。2010 年,针对合肥市侵财类犯罪活动一度高发、突出的现象,市公安局开展年度"严打整治行动",破获刑事案件 10963 起,抓获作案成员 3331 人;抓获网上逃犯 1527 名,其中外地逃犯 430 人,历年逃犯 101 人;打掉犯罪团伙 346 个、1293 人。期间,市公安局开展打击扒窃犯罪活动专项行动,牵头组织《江淮晨报》《安徽商报》等数家新闻媒体记者、反扒志愿者开展"警民联手参与反扒活动",抓获各类扒窃人员 56 人,破案 23 起,刑拘 2 人,行政拘留 29 人,劳教 1 人,打掉扒窃团伙 4 个。

2012 年,在全省刑侦系统集中开展"灭枪"专项行动中,市公安局刑侦部门主动出击,广辟线索,缜密侦查,抓获涉枪犯罪嫌疑人 65 人,破获涉枪案件 58 起(持枪犯罪案件 13 起、非法买卖枪支弹药案件 14 起、非法持有枪支弹药案 31 起),追缴各类枪支 106 支,子弹 6403 发,抓获逃犯 3 人。侦破公安部挂牌督办的"姚大鹏团伙非法制造贩卖枪支案"和

“4·28”网络非法买卖枪支案。在全国打击拐骗、操纵未成年人违法犯罪专项行动中，市公安局组织开展为期2个月的“反扒”统一行动。立扒窃案件519起，破案136起，打击处理47人，其中刑事拘留46人，行政处罚1人。市公安局刑侦部门还利用情报信息平台破获外地案件450起；外地公安机关通过协作平台带破合肥市案件796起，打掉团伙28个。

2013年，市公安局开展“打盗抢保民安”专项行动，打掉地缘性职业犯罪团伙4个，抓获犯罪嫌疑人22名，破获案件208起，其中破获省厅挂牌案件19起。在年度“严打整治行动”中，破获入室盗窃、街面两抢、盗抢机动车及其他侵财类案件3589起，追缴赃款赃物价值1900余万元，打掉各类侵财性犯罪团伙146个，抓获犯罪犯罪嫌疑人675人，抓获各类网上逃犯576名。是年，在全省“夏秋社会治安整治雷霆行动”中，市公安局刑拘1083人，打击处理数全省排名第一；打击团伙数以155个团伙、666人的成绩在全省排名第一。

2014年，在全省“守护平安—夏秋行动”中，市公安局开展“破命案、清积案”专项行动，破获命案积案6起；开展“灭枪”专项行动，打掉29个恶势力团伙，抓获恶势力团伙成员165人；开展“破案会战、打击刑事犯罪攻坚战”利箭—1号专项行动，刑拘955人，破串案368串，个案6165起；打掉220个侵财犯罪团伙、783人；侦破五类重点案件164起；集中返赃次数237次，返赃金额400余万元。开展打击盗窃“三车”利箭—2号专项行动，7月1日至10月31日，接各类盗窃三车警情10025起，立案5084起，破案2376起，打击处理各类三车人员423人，返还赃车134辆，返赃价值20余万元。

2015年，市公安局开展“2015灭枪”专项行动，破获涉枪案件20起，处理人员40人。“飓风行动”，摸排各类涉黑涉恶线索28条，打掉恶势力团伙5个；抓获犯罪嫌疑人300人；成功侦破长丰“9·13”枪案和巢湖“7·13”聚众斗殴案等一批影响较大的涉恶案件。此外，针对合肥市夏秋入户盗窃案件高发特点，全市刑侦部门先后开展打击多发性盗窃犯罪破案会战和打击入户盗窃犯罪专项行动，打击处理盗窃犯罪嫌疑人1015人，破获盗窃案件6198起，打掉盗窃犯罪团伙63个。行动中，市公安局合成作战中心积极开展多发性侵财犯罪和跨区域犯罪的研判和侦办工作，破获跨区域、团伙、系列案件83串，办结65串，抓获犯罪嫌疑人165名，破获刑事案件500余起。

2016年，市公安局开展“除黑恶治枪爆”专项行动，摸排线索284条，办结15起挂牌督办重点案件，摧毁恶势力团伙30个、团伙成员243人，打处处理犯罪嫌疑人1842人；开展“利剑—1号”“利剑—2号”“利剑—3号”3次专项追逃行动，先后抓获涉黑涉恶逃犯136人；开展“打盗窃、反电诈”破案会战和“打击电信网络新型违法犯罪”、打击“盗抢骗”“打团伙破串案竞赛”等一系列专项行动。全年“盗抢骗”等多发性侵财案件警情、立案分别比2015年同期下降14.45%、16.30%，打处比2015年同期上升5.44%，特别是电信网络诈骗犯罪立案、群众经济损失分别比2015年同期下降20.11%、28.26%，破案数和打处数比2015年同期上升58.26%、129.47%，实现“三升两降”的工作目标。

1990 ~ 2016 年市公安局刑事案件立、破案统计表

表 5 – 1

年　份	立案数(起)	破案数(起)	抓获犯罪嫌疑(人)
1990	1780	1259	2191
1991	2108	1626	2316
1992	1640	1165	1741
1993	1624	1280	2478
1994	2029	1834	1914
1995	2804	1998	2246
1996	3101	2320	—
1997	6188	2380	2449
1998	8119	5458	2824
1999	11782	3565	3319
2000	18028	4984	—
2001	18847	6240	4361
2002	22672	6724	3816
2003	27356	13850	4412
2004	28950	6984	4358
2005	35290	7269	5467
2006	35076	10768	5897
2007	34333	11858	6032
2008	34215	15581	5920
2009	36863	16480	5778
2010	43008	16832	6888
2011	49202	17700	6848
2012	59413	20744	8778
2013	65506	23047	8396
2014	68869	16965	8052
2015	72108	16679	9093
2016	61338	15220	10361

注:1. 2007 年前的破案数和抓获犯罪嫌疑人数据,以市公安局工作总结为主,刑警支队为辅;2007 年后的统计数据,以刑警支队上报的数据为准。

2. 1994 年、2005 年抓捕人数截至本年度的 10 月份。

3. 2002 年、2003 年、2006 年、2007 年抓捕人数截至本年度的 11 月份。

第四节　打击严重暴力犯罪

命案侦破

20 世纪 90 年代，除 1991 年外，合肥市刑事命案发案数呈不断上升的趋势。市公安局重视刑侦科技在刑事侦查中的作用，也注重刑侦科技在刑事侦查过程中的运用，但刑事侦查方法和手段基本还是沿袭传统的侦查模式：以调查走访、摸排犯罪嫌疑人为主。

2000～2008 年，合肥市刑事命案发案数较多，但命案发案数总量在全国省会城市处于中等偏下的水平。2008～2016 年，合肥市刑事命案发案数虽有起伏，但呈逐年下降的趋势。这与市公安局侦破命案方式、手段、力度、保障等方面密切相关。破命案方式由过去的由案到人的传统破案方式，逐渐转变为由物到案、由人到案的破案新模式；在运用高科技侦查手段上，“传统＋科技”多法并举；在侦查力度上，选配精兵强将；在机制上不断优化，在保障上全力支撑，迅速侦破命案，提高破案率有直接关系。如 2010 年市公安局命案破案率为 90.2%；2011 年、2013 年，市公安局命案破案率为 97.7%～98.4%；2012 年命案破案率为 100%；2014～2016 年连续 3 年命案破案率均为 100%。

若干年份合肥市刑事命案立、破案情况统计表

表 5－2　单位：起

年份	立案数	破案数	年份	立案数	破案数
1990	48	—	2004	83	77
1991	61	—	2005	82	74
1992	52	—	2006	70	66
1994	50	38	2007	64	63
1995	57	40	2008	58	54
1996	69	48	2009	58	53
1997	67	45	2010	51	46
1998	71	49	2011	64	63
1999	64	39	2012	41	41
2000	72	50	2013	44	43
2001	63	39	2014	35	35
2002	60	44	2015	31	31
2003	48	35	2016	39	39

打击其他严重暴力犯罪

1990年，全市立抢劫案件141起，拦路抢劫103起，占73%；入室抢劫38起，占27%。全市立强奸案件103起。全市立爆炸案件3起，炸伤3人。肥东县公安局破获合芜公路撮镇段系列抢劫案件，破获费某耀强奸幼女案；市公安局破获王某俊、黄某忠等人暴力轮奸案。

1992年7月，合肥市火车站"三角地带"连续发生重大抢劫案件，东市公安分局立即召集胜利、明光、车站3个派出所和刑警、治安等警种联合"会诊"，开展区域重点治理行动，不断变换守候方式，于10月29日晚，摧毁20多人的纠合性抢劫团伙，一举破获抢劫等各类案件69起。

1994年，针对重大抢劫案件急剧上升的特点，市公安局及时调整警力，采取措施，利用各种侦察手段加强侦破。仅4月份就破获抢劫案件92起，其中大案31起，抓获抢劫犯罪分子143人。

1996年，全市破获"1995·12·19"抢劫杀人案、"1996·5·9"合宁公路抢劫桑塔纳轿车案、"1996·8·14"琥珀山庄爆炸案、"1996·9·17"抢劫出租车案、"1996·11·15"七桂塘杀人及劫持案等一大批重特大案件。

1998年12月18日，乐普生商厦店庆3周年之际，接到索要73万元巨款的匿名电话和恐吓信，并在二楼超级市场发现爆炸装置。市公安局接警后，成立以关皖华副局长为指挥长的专案指挥部，组建以刑警支队为主体，指挥中心、中市公安分局、交警、技侦、消防等单位参加的联合专案组全力开展侦破。正当案件在紧张侦破中，12月22日，乐普生商厦又发现爆炸装置，经过周密布控、守候，当晚7时30分将嫌疑人蔡某勇抓获。

1999年7～9月，市公安机关组织精兵强将，采取分工包干、责任到人、技术配合等措施，通过网上作战、公开缉捕、悬赏缉捕等形式，抓获逃犯1211人。其中网上逃犯963人，部、省督捕的逃犯各5人，市公安局督捕逃犯35人，带破隐、积、漏刑事案件1668起，尤其是陈某波等一批罪大恶极、久捕未获的部、省督捕逃犯纷纷落网。

2001年，市公安局始终把杀人、抢劫、爆炸、强奸等严重暴力犯罪作为严打重点，综合运用各种手段，集中优势兵力，狠抓大要案侦破工作，及时破获一批社会影响大、性质恶劣的大案、要案。特别是侦破"4·1"投毒光明乳品敲诈案，"4·21"投放爆炸装置敲诈案，"6·16"省公安厅挂牌的抢劫、杀人案等。集中开展为期70天的追逃专项斗争，积极完善和落实"破案追逃"新机制，追捕逃犯587人，其中省级督捕逃犯1人，市公安局督捕逃犯3人，97人主动投案自首，从中破获刑事案件1431起。

2003年，全市八类案件立案2110起，占全部刑事案件的7.71%。市公安局及时侦破具有社会影响的"2002·10·17"太阳城组织卖淫案，"2003·8·24"抢劫、杀人案，同时带破"2002·2·27""2003·7·24"抢劫出租车案，以及包河分局侦破"2002·11·12"系列尾随跟踪银行提款人抢劫、抢夺案，瑶海公安分局侦破"2003·7·31"邮政所抢劫案，肥西县公安局侦破"2003·3·30"特大轮奸案等。

2005年，八类案件立案2517起，占全部刑事案件的7.13%。是年，蜀山公安分局抓获流窜全国使用“三唑仑”麻醉抢劫的犯罪嫌疑人殷某华。经审查,该殷自2004年10月先后在广东、河南、山东、安徽作案多起,作案手段:以上网聊天、与网友见面为名,至宾馆或受害人家中实施麻醉抢劫。

2006年,八类案件立案2023起,占全部刑事案件的5.77%。“两抢”案件2080起,占全部刑事案件发案数5.93%,其中立抢劫案件1457起,立抢夺案件623起。市公安局破获程某、罗某晖团伙夜间拦路抢劫案件;破获包河分局“2006·12·15”某酒店女总经理万某和大堂经理李某被绑架勒索500万元案件等。特别是侦破部、省、市领导和社会各界关注的“5·5”网吧爆炸案,以及破获“2005·4·12”女高工被杀案,中国外交部专门发来贺电祝贺。

2008年,八类案件立案1330起,占全部刑事案件的3.89%,破案599起。是年,合肥市社会治安大局继续保持平稳,刑事案件发案在2007年下降的基础上再次下降0.34%,八类主要刑事案件总量下降24.77%。据省统计局调查数据表明,2008年合肥市群众安全感达95%,较2007年上升0.5个百分点,远高于全省平均值。

2009年,合肥市八类案件立案1525起,占全部刑事案件的4.14%,继续保持较低水平。市公安局查清公安部“7·31”专案合肥涉枪案,抓获涉嫌买卖枪支的违法犯罪嫌疑人李某军、王某、陈某良和丁某,缴获各类仿真枪5支;瑶海分局破获“9·23”系列抢劫出租车案(抢劫案9起),摧毁一个流窜全市、专门抢劫出租车驾驶员的犯罪团伙,抓获犯罪嫌疑人3名。

2010年,全市八类案件立案1388起,占全部刑事案件的3.23%,比2009年下降8.98%。市公安局侦破网上非法买卖枪支案件2起,非法持有枪支案1起,抓获4名犯罪嫌疑人;全年抓获逃犯3140人,比2009年上升26.2%。市公安局刑警支队荣获公安部“全国追逃工作先进基层组织”称号。

2012年,市公安局刑侦部门利用平台破获外地案件450起,(其中破外省案件266起,本省外市案件184起),外地通过协作平台带破本市案件796起,打掉团伙28个。全年八类案件立案1386起,占全部刑事案件的2.33%,在全国省会城市中处于最低位次。

2013年5月10日至年底,全市公安机关开展命案、积案攻坚专项行动,破获命案、积案3起,抓获外省命案逃犯15人。期间,市公安局制定“灭枪”专项行动方案,成立市公安局“灭枪办”,各分(县)公安局分别确立1名灭枪专项行动联络员,破获持枪犯罪案件11起,打击处理人员8人,缴获枪支13把。

2014年,全市八类案件立案880起,占全部刑事案件的1.42%;破案686起,破案率为77.95%。“两抢”案件立598起,占全部刑事案件发案数0.97%,其中立抢劫案件236起,立抢夺案件362起;破“两抢”案件193起,其中破获抢劫案件146起,破获抢夺案件47起。

2015年,全市八类案件立案735起,占全部刑事案件的1.13 %,继续保持较低水平;破案571起,破案率为77.69%。“两抢”案件327起,占全部刑事案件发案数0.5%,其中立抢劫案件160起,立抢夺案件167起;破“两抢”案154起,其中破获抢劫案件109起,破获抢夺案件45起。是年4月,市公安局抓获市委市政府督办的市检察院上网逃犯张某友,及时消除一场可能爆发的全国性舆情危机;督导及指导各分县(市)局侦破“肥东持枪抢劫案”“磨店杀人焚尸案”“庐江涉黑案”等一批重特大刑事案件。同时在“灭枪”专项行动中,市公安局刑侦部门指导分县(市)局破获一批有重特大影响力的涉枪案件20起,打击处理违法犯罪人员40人。

2016年,全市八类案件立案705起,比2015年下降8.20%,占全部刑事案件59800起的1.18%;破获八类案件615起,破案率为87.23%,同比上升5个百分点;打击处理八类案件887人,同比上升1.03%。其中立“两抢”案件255起,同比下降25.84%,占全部刑事案件发案数0.43%。除高新、庐江“两抢”案件发案数同比上升外,其余各单位发案同比呈下降趋势。其中立抢劫案件131起,同比下降19.60%;立抢夺案件124起,同比下降31.50%。破获“两抢”案件177起(抢劫110起,抢夺67起),破案率同比上升14个百分点。

第五节　打黑除恶

1990年,市公安局贯彻落实合肥市委、市政府关于加强社会治安的十条意见,精心组织精干侦查人员,破获流氓案件、车匪路霸案件69起。

1992年,合淮路交通、治安问题突出,交通事故多,车匪路霸多,群众反映强烈。市公安机关通过调查摸底等多种侦察手段,于7月7日、9月15日分别在曹庵、四树附近,摧毁2个抢劫团伙,抓获犯罪分子15人,破获30多起抢劫案和盗窃案。此后,合淮路交通事故比1991年有所减少,刑事、治安案件比1991年分别下降6.4%、12.8%。与此同时,针对县内车匪路霸突出的状况,肥西县公安局各警种联合,奋战2个多月,破获1个71人的特大车匪路霸团伙。11月,市区连续发生数起流氓团伙持械斗殴案,市公安局坚持“宜早不宜迟、宜小不宜大、宜攻不宜守、宜严不宜宽、露头就打”的方针,经过周密侦察,于12月2日晚上一举打掉危害最大的张某基流氓犯罪团伙,缴获自制长、短枪12支和刀、剑、棍棒等凶器20多件,抓获团伙成员20多人。随后又乘胜追击,打掉马某亮、夏某革等为首的多个犯罪团伙。全年全市公安机关挖出流氓团伙20个166人。

1993年3月,市公安局开展以围歼车匪路霸为龙头的“严打”专项斗争,组织发动3次战役,采取设卡盘查、伏击守候、上车进站等方式,形成车上打、站上查、途中控、沿线挖和点、线、面合成作战的态势,破获车匪路霸案件405起,抓获犯罪分子793人,摧毁车匪路霸团伙118个,瓦解成员550人,缴获赃款和赃物折款134万元。

1994年,市公安局继续开展围歼车匪路霸专项斗争,破获车匪路霸案件419起,其中重特大案件175起,抓获违法犯罪分子876人,查获各类违法犯罪团伙125个,瓦解成员581人,缴获赃款和赃物折价136万余元。

进入21世纪,黑社会性质组织犯罪较以往发生变化,除是指以暴力、威胁或者其他手段,有组织地进行违法犯罪活动,称霸一方,为非作恶,欺压、残害群众外,还有组织地通过违法犯罪活动或者其他手段获取经济利益,具有一定的经济实力,以支持该组织的活动,或者利用国家工作人员的包庇纵容,称霸一方,在一定区域或者行业内,形成非法控制或者重大影响,严重破坏经济、社会生活秩序。

2001年,杀人、抢劫、绑架等暴力犯罪时有发生,而且暴力化、有组织化倾向明显,智能化程度提高,危害程度加剧。特别是一些带“霸”字号的地方恶势力隐藏较深,严重危害一方社会治安。对此,市各级公安机关坚持“露头就打、除恶务尽”的原则,精心组织,周密安排,全力以赴,深入摸排,摧毁黑恶势力11个,抓获成员76人,涉案260起。先后摧毁以李某中、成某强为首的黑社会性质犯罪组织;公安部挂牌督办的以邹某浩为首的带有黑社会性质犯罪集团;以李某刚为首的贩卖枪支、伤害犯罪团伙等一批作恶多端、危害一方的流氓恶势力。

2003~2005年,市公安局坚持“打早、打小、打苗头”“露头就打,除恶务尽”,相继打掉37个恶势力犯罪团伙,突出战果是打掉2003年“5·19”杨某飞、杨某征兄弟为首的黑恶势力案件及胡斌黑社会性质组织,2004年王某平恶势力团伙,2005年陈某军恶势力团伙以及赵某恶势力团伙、刘某吉恶势力团伙等。

2006年,根据市委、市政府部署,市公安局在全市范围内掀起一场声势浩大的打黑除恶风暴。截至11月底,市公安局梳理涉黑涉恶案件线索104条,成功摧毁40个恶势力团伙,抓获成员268人,其中逮捕16人,移送起诉179人,劳教53人,破获各类案件311起,收缴枪支17支。特别是破获“2006·1·8”涉枪聚众斗殴案件,陈某亮、刘某新为首的涉枪恶势力团伙案和省检察院、省公安厅联合挂牌督办的陈某军恶势力团伙案等一大批涉黑涉恶案件,一举摧毁7个恶势力犯罪团伙。

2007年3月25日,市公安局下发《关于进一步加强全市打黑除恶专项斗争工作的通知》,进一步完善打黑除恶工作机制。市公安局刑侦部门狠抓涉黑涉恶线索摸底排查工作,对于特征明显、影响较大的涉黑涉恶线索,实行市公安局挂牌督办,全力攻坚。全年排查涉黑涉恶线索39条,查处恶势力团伙24个,抓获犯罪成员192人,破获各类案件196起,移送起诉165人,劳教15人。

2008年6月13日,市公安局印发《合肥市公安机关打黑除恶工作机制》,对领导负责、日常摸排、挂牌督办、情报研判、案件侦办、宣传报道及重大问题集体讨论、办案协作和责任追究等方面作出详细的规定。是年,全市继续深化打黑除恶专项斗争,再掀打黑除恶高潮,全力确保奥运会安全。全年摸排涉黑涉恶线索69条,查结线索54条,摧毁35个恶势力团伙,抓获团伙成员192人,其中移送起诉180人,行政处罚7人,破获聚众斗殴、寻衅滋事、故意伤害、抢劫等刑事案件203起,缴获枪支22支,有效地遏制了黑恶势力滋生蔓延的势头。

2009年,市公安机关按照公安部、省公安厅的统一部署,摸排涉黑涉恶线索66条,摧毁31个恶势力团伙,一审判决190人。

2010年,市公安局对“黑社会性质组织”的特征界定更加细致、清楚,对责任追究方面的规定更加明确,并从服务于全市“大发展、大建设、大环境”入手,坚持“主动进攻、打早打小、综合施策、除恶务尽”的方针,严厉打击严重危害人民群众生命财产安全和破坏“现代化滨湖大城市建设”的涉黑涉恶案件,排查涉黑涉恶线索67条,从中打掉恶势力团伙44个,一审判决人数348人,破获各类刑事案件183起,缴获各类枪支12支,有力地促进合肥市社会治安持续稳定。

2011年,市公安局摸排涉黑涉恶线索67条,打掉恶势力团伙52个,一审判决476人,破获聚众斗殴、非法拘禁、敲诈勒索等各类刑事案件257起,侦破“徐坤恶势力团伙案”、“6·2”系列拐骗、强迫妇女卖淫案和吴某、黄某贵恶势力团伙案等。

2012年,市公安局贯彻执行公安部“2·8”电视电话会议精神,制定下发《合肥市公安局深入推进打黑除恶工作方案》,摸排各类涉黑涉恶线索66条,经省打黑办审核认可,打掉恶势力团伙60个,破获涉黑涉恶案件246起,一审判决552人。查结26件上级转督办、领导交办、媒体曝光案件及群众举报线索。破获“孙某恶势力7人团伙”及以杨某东、余某飞等14人组成的恶势力团伙案。2013年,市公安机关摸排涉黑涉恶线索73条,上报打掉恶势力团伙65个,一审判决577人。

2014年,全市公安机关打黑除恶工作制度进一步完善。建立领导负责制度;制定线索排查制度;健全情报信息研判制度;设定挂牌督办制度;强化案件侦办制度;加强宣传报道制度;突出重大问题集体讨论制度;完善办案协作制度;严格责任追究制度;落实保护与奖励制度等。是年,在全省“守护平安—春季行动”中,全市打掉29个恶势力团伙,抓获恶势力团伙成员165人;全年全市公安机关摸排掌握涉黑涉恶线索100条,其中自行摸排线索83条,领导交办6条,警情指令9条,媒体曝光2条。刑警支队牵头破获罗某纪黑社会性质案件;巢湖市公安局从媒体曝光的“仗义救人者被砍”案件入手深挖,打掉1个涉恶犯罪团伙等。一审判决恶势力团伙58个,涉恶人员1281人。

2015年9~12月,根据《全省公安机关刑侦部门“飓风行动”实施意见》,全市公安机关开展为期3个月的飓风行动,摸排涉黑涉恶线索39条,包含重点线索5条,省厅挂牌督办线索2条;对聚众斗殴、寻衅滋事、敲诈勒索、非法拘禁、故意毁财、强迫交易、组织卖淫、强迫卖淫、开设赌场等九类案件犯罪嫌疑人采取强制措施1041人,打掉恶势力团伙97个。成功侦破长丰“9·13”枪案、巢湖“7·13”聚众斗殴案等一批影响较大的涉恶案件。全年公安机关掌握涉黑涉恶线索96条,其中自行摸排线索80条,群众举报涉黑涉恶线索16条。全市刑拘九类案件嫌疑人1767人,判决九类案件嫌疑人957人。一审判决恶势力团伙54个、团伙成员422人。

2016年,根据《安徽省公安机关打黑除恶工作机制》,市公安局制订《合肥市公安机关打黑除恶工作机制》《合肥市公安局涉黑涉恶类案事件处置规范》,进一步规范涉黑涉恶类案事件的侦办处置工作,扎实开展“除黑恶治枪爆”专项整治行动。是年下半年,市公安局组织开展代号为“利剑—1号”“利剑—2号”“利剑—3号”的涉黑涉恶类犯罪嫌疑人专项追逃行动,深入推进“除黑恶、治枪爆”专项行动的开展,抓获涉黑涉恶类逃犯172人。全年市公安局摸排各类涉黑涉恶线索285条,办结各级挂牌督办涉黑涉恶线索9件,打掉恶势力团伙74个,打处九类案件犯罪嫌疑人1900人。

第六节　打击拐卖妇女儿童犯罪

20世纪90年代后,随着社会的发展,流动人口的持续增多,拐卖、侵害妇女儿童的案件增速较快、增量较大，严重影响社会稳定。安徽省曾被列为全国重点“拐入地”之一。省城合肥市拐卖妇女儿童犯罪相对于皖北地区案发较少，主要集中在市辖长丰、肥东、肥西三县。

1990年，在扫“六害”斗争中，市公安机关解救被拐卖妇女、儿童248人。1991年，市公安局制定《关于打击拐卖妇女儿童犯罪，查禁取缔卖淫嫖娼活动专项斗争实施方案》，市公安局派出3名副局长到长丰、肥东、肥西3个县调查摸底，检查督促指导工作。以县、区为单位组织专项斗争集中行动，依法打击拐卖妇女儿童的犯罪分子和屡教不改的老鸨、暗娼、嫖客，查禁一批卖淫嫖娼窝点。专项斗争历时50天，全市抓获人贩47人，解救被拐卖妇女59人、被拐卖儿童7人。摧毁拐卖妇女、儿童犯罪团伙9个，瓦解团伙成员31人，破获案件13起。同时抓获卖淫妇女8人、嫖客36人。

1993年，根据市公安局统一部署，郊区公安分局和肥东、肥西、长丰3个县公安局分别成立“打拐”领导小组。长丰县公安局结合本地特点，进行划片包干、落实责任制。是年，全市各级公安机关破获拐卖妇女、儿童案件35起，解救被拐卖妇女142人、儿童66人，摧毁拐卖妇女、儿童团伙13个，抓获人贩子56人。

2000年，市公安局开展“网上”打拐集中统一行动。结合合肥市实际情况，安排打拐办、资料科、法医等人员深入各基层单位，对被拐卖、失踪的儿童父母抽取血样，建立网上比对库；牵头组织2次集中统一行动，侦破拐卖人口的犯罪案件44起，抓获人贩子36人，解救妇女197人、儿童4人。

2001年9月，海南省东方市一犯罪团伙将7名女青年从该地拐卖到肥东县陈集乡，此案被列为海南省公安厅挂牌案件。海南省东方市公安局、海南省妇女联合会专家组派人到合肥市开展调查、解救工作。安徽省公安厅高度重视，在省公安厅精心组织指导下，市公安局经过7天摸底排查，在全面掌握被拐卖7名女青年的下落和犯罪嫌疑人的确切地址后，实施抓捕和解救行动，抓获4名犯罪嫌疑人，解救6名被拐卖妇女。

2003年8月，市公安局组建刑警支队七大队，负责侦办拐卖儿童、妇女犯罪案件。俗称“打拐”。2004年7月，根据云南省宣威市板桥镇西边村村民吴仕美反映：其女吴桂平被人贩子以介绍工作为名拐卖到肥东县白龙镇孙某某家。接到报案后，市公安局刑警支队协助省公安厅刑警总队前往肥东县开展解救工作，成功将吴桂平解救。当了解到吴桂平在孙某某家生活很好，自愿留下共同生活，但其父亲等亲戚不同意的情况，省、市、县三级公安机关没有一走了之，而是按照国家“打拐”方面的法律、法规、政策，进行耐心细致的宣传教育，使双方沟通思想，化解矛盾，解决问题，双方均感满意。

2009年，根据公安部、省公安厅统一部署，结合合肥市实际情况，市公安局制定《全市公安机关深化打拐专项行动工作方案》，加强督导，明确责任，狠抓落实。是年，全市立拐卖妇女儿童案件95起，破案83起，破案率为87.37%；打击处理拐卖妇女儿童犯罪嫌疑人72名，解救妇女儿童84人。

2011年，市公安局按照市政府《合肥市妇女发展纲要（2001～2010年）、（2011～2020年）》《合肥市儿童发展纲要（2001～2010年）、（2011～2020年）》的工作要求，加强组织领导，建立保障妇女儿童合法权益长效工作机制；教育保护青少年，为青少年提供良好的成长环境；加强对涉及“黄、赌、毒”行业场所的整治，打击处理、教育、挽救从事高危行业的妇女;加大对家庭暴力及侵害妇女儿童案件的侦破,依法保障妇女儿童的合法权益;加强教育管理,有效遏制毒品犯罪向妇女儿童群体蔓延;给予危难困急的妇女儿童提供救助,使处于困境的妇女儿童获得生存的信心。是年,公安部决定自6月1日起在全国范围内开展来历不明儿童集中摸排专项行动。据此,市公安局制定《合肥市来历不明儿童集中摸排行动方案》,组织全市开展专项行动工作。市公安局充分发挥职能作用,配合市打拐办多次赴各分县(市)局,督促各级治安部门与民政、人口计生、妇联、教育、卫生等部门密切协作,摸排来历不明儿童并采集其生物检材检测DNA,利用全国打拐DNA信息库比对,查找解救失踪被拐儿童,积极回应人民群众期盼,促进社会和谐稳定。宣传部门大力宣传党和政府以及公安机关打拐反拐的决心和力度,以案说法,增强群众法制观念,发动群众检举揭发收买被拐儿童的违法犯罪行为。交巡警部门加强社会面巡逻查控,主动发现流浪、乞讨、卖艺和被强迫违法犯罪的未成年人,及时登记、采集生物检材。市、县(区)治安户政部门作为来历不明儿童集中摸排的主力军,层层建立领导责任制按照市打拐办要求,坚持"村(街)不漏户、户不漏人"的原则,逐户逐人核对实有人口情况。对来历不明儿童一律填表登记,录入"公安机关查找被拐卖/失踪儿童信息系统",并采集生物检材送交刑事技术部门检测。"110"指挥中心接到关于收买、非法收养儿童的举报后,认真记录,及时转交有关部门核查。警务督察部门对集中摸排行动落实情况的监督纳入日常工作。各级刑侦部门对集中摸排中发现的拐卖儿童犯罪线索立案侦查,逐案成立专案组,落实"一长三包"("一长"就是县市区公安机关主要领导或主管领导要担任专案组长;"三包"就是专案组长要对案件侦办、查找解救被拐卖人员、安抚被害人家庭工作全程负责到底)责任制,及时复核、确认、通报比中生物检材的DNA检验和入库比对工作。通过集中检查、突击检查、明察暗访、异地互查等方式,发现摸排中存在的问题并及时纠正,确保摸排行动落到实处。

是年,全市立拐卖妇女儿童案件192起,破案168起,破案率为87.5%;打击处理拐卖妇女儿童犯罪嫌疑人106名,解救妇女儿童156人。破获拐骗、操纵新疆未成年人违法犯罪案件11起,解救新疆未成年人53人。成功侦破"2011·8·2"特大拐骗拐卖、操纵新疆未成年人犯罪、"2011·6·2"系列拐骗强迫妇女卖淫等部督案件。

2012年7月23日,市公安局贯彻执行公安部、省公安厅统一部署,制定《全市公安机关打击拐骗、操纵新疆未成年人违法犯罪专项行动方案》,先后组织开展:"天网1号"、"反扒"专项整治、"反扒"竞赛活动等打击行动,摧毁一批拐骗、操纵新疆未成年人违法犯罪团伙,依法打击处理组织者、操纵者,解救一批新疆未成年违法嫌疑人,并4次组织35名新疆未成年人返回新疆。全年破获拐卖妇女儿童案件132起,打击处理90人,解救妇女儿童125人。

2013年,市公安局侦破拐卖妇女儿童案件122起,解救被拐卖妇女儿童133人。2014年,市公安局侦破拐卖妇女儿童案件240起,打击涉拐嫌疑人177人,解救被拐妇女儿童242人;侦破部督"2014·6·22"系列拐骗妇女卖淫案件;办结省公安厅"打拐办"督办及交办线索28条。

2015年,市公安局破获拐卖妇女儿童案件131起,打击处理涉拐嫌疑人122人,解救被拐妇女儿童134人。

2003～2016 年市公安局"打拐"案件情况统计表

表 5-3

年 份	立案数(起)	破案数(起)	打击处理犯罪嫌疑人	解救妇女儿童
2003	10	2	1	2
2004	7	4	4	4
2005	20	18	15	18
2006	2	1	1	1
2007	3			
2008	3	2	2	—
2009	95	83	72	84
2010	120	113	109	112
2011	192	168	106	156
2012	334	284	196	290
2013	423	122	55	133
2014	461	322	245	286
2015	66	43	30	41
2016	37	28	23	45

第七节　打击侵财类犯罪

20 世纪 90 年代，侵财犯罪占公安机关刑事案件立案总数 70%～80%。由于其涉及面广、社会危害大，严重威胁着人民群众的生命财产安全，直接影响社会治安稳定，历来都是公安机关打击的重点。1990～2000 年，合肥市全面开展社会治安综合治理，市公安机关相继组织开展反盗窃、破大案、追逃犯等专项斗争，增强对侵财类突出犯罪的打击力度，有效遏制侵财犯罪的上升势头。

进入 21 世纪，市公安局加强侵财案件的侦办，刑警支队调整内设机构，2003 年成立专业侵财案件大队（刑警支队四大队），主要职责为：负责组织、协调全市系列侵财性案件的侦破；负责盗抢机动车、金融部门案件的侦破；负责诈骗案件的侦破。

2010 年，市公安局决定在刑警支队成立专门打击防范电信诈骗案件的专业大队（六大队）。对内设机构职能进行调整，原来负责全市刑侦情报信息研判工作的职能大队转变为负责研究、侦办诈骗、远程非接触性犯罪等新型犯罪案件，同时兼顾外国人犯罪案件的侦办,并负责指导、协调全市新型犯罪、涉外犯罪案等工作。

打击盗抢骗犯罪

1990年,针对盗窃案件呈上升趋势,且重大案件多,内部单位盗窃严重,自行车被盗案件突出,郊区农村盗窃破坏电力设备、农业机械案件有所增加的社会治安实际状况,市公安局全年盗抢骗等侵财类刑事案件立案1780起,破案1259起,破案率70.73%,抓获刑事犯罪分子2191人,其中抓获扒窃1427人。

1991年初,根据扒窃犯罪上升的情况,市公安局及时抽调70名干警分成20个小组,开展"反扒窃"集中打击行动,7天内抓获120余人。全年立刑事案件2108起,破各类刑事案件1626起,抓获刑事犯罪分子2319人,其中盗窃团伙149个525人。2010年,市公安局推行反扒工作常态化、实战化,每日将公交分局70%警力投放到扒窃突出区域,2人一组开展便衣反扒,并从公交分局挑选50名反扒能手分配到各公安分局成立反扒专业队,强化推动公安分局层面的反扒工作。是年,全市扒窃警情同比下降38.9%。

1992年,市公安局破获自行车案件1148起,并在省博物馆广场召开退赃大会,先后将1400辆自行车归还失主。

1993年,针对盗窃案件尤其是万元以上大案呈显著上升的特点,市公安局刑侦部门及时调整警力,采取措施,利用各种侦察手段,及时破获一批撬保险柜、盗窃手枪和子弹等特大案件,特别是及时破获吴某起系列杀人盗窃案,为社会消除一大隐患。根据扒窃犯罪由车扒转入地扒这一突出动向,市公安局刑侦部门自11月中旬至年底,通过跟踪、守候等方式,抓获扒窃分子20余人,摧毁扒窃团伙3个,有力地打击了以拎包、割包为主要形式的扒窃犯罪活动。其中公交公安分局全年破扒窃案件129起,抓获扒窃分子173人,其中报捕及劳教56人。

1994年,根据侵财类犯罪特点,市公安局在合肥"两站两港"(火车站、汽车站、空港、河港)开展侦查,盘查可疑人员,并在春节前组织开展全市性的反扒统一行动,打击在公共场所和公交线路上的扒窃和拎包作案的犯罪活动,抓获扒窃分子45人。是年,全市公安机关破获各类侵财案件916起。

1999年7~10月,合肥市连续发生数十起扎汽车轮胎的拎包案件,作案手段均是犯罪嫌疑人利用空心针刺破汽车轮胎,趁驾驶员下车查看、换胎之机,拎走车内物品,其中几起更是由盗窃转化为抢劫,性质十分恶劣。10月28日,中市公安分局刑警大队将再次作案的2名黑龙江籍犯罪嫌疑人张某某、赵某某抓获,破案30余起,涉案价值10余万元。

2006年1~11月,全市发生盗窃案件25370起、抢劫案件1350起、抢夺案件560起,3类案件占全市发案总数的85.47%。且街面"两抢"犯罪主体呈现流窜化、年轻化、团伙化、专业化的倾向,打击难度加大,飞车抢夺、以"拍车门"方式盗抢车内财物以及繁华商业地段的外地人扒窃等街面犯罪一度比较突出。市公安局组织开展贯穿全年的打击"两抢一盗"犯罪专项行动,破获多发性侵财案件6712起,比2005年上升59.05%。特别是市公安局指导瑶海公安分局摧毁广东黄某信3兄弟为首的流窜全国飞车抢夺银行取款人犯罪团伙,连带破案40多起,涉案价值150多万元;破获公安部挂牌督办的桑塔纳轿车系列盗窃案件,打掉流窜于安徽省境内的特大盗车团伙。

2013 年,市公安局健全完善分级侦查制度,确保基层刑侦部门集中警力和精力,打击多发性侵财犯罪。同时,紧紧围绕群众怨气大、受害深和社会关注度高的盗、抢、骗等多发性侵财犯罪,组织开展"打盗抢保民安"、夏秋社会治安集中整治等系列专项行动,先后破获盗窃案件 14471 起、"两抢"案件 357 起、诈骗案件 382 起,同比分别上升 4.07%、15.53%、21.27%。在"雷霆"统一行动中,破获系列侵财类案件 306 串 5192 起,打掉侵财类犯罪团伙 155 个 666 人。

2014 年,市公安局坚持常态打击与专项攻坚相结合,切实加大"盗、抢、骗"等侵财类民生案件侦办力度,先后开展"雷霆""利箭""打盗抢反诈骗"和打击盗窃"三车"等一系列专项行动,全年破获盗窃案件 12012 起、"两抢"案件 196 起、诈骗案件 301 起,破获省厅挂牌督办案件 33 起,开展集中返赃 134 次。其中,在打击盗窃"三车"专项行动中,强化多警种合成作战,捣毁 97 个犯罪团伙,追缴并返还 134 部被盗车辆。加大公交车扒窃违法犯罪打击力度,全市公交车扒窃警情同比下降 23.21%。

2015 年,市公安局以打击侵财犯罪为重点,成立市公安局合成作战中心,启用"四侦合一、三级研判、两级合成、一个平台"的"4321"运行工作模式。同步建立健全绩效考核、科学管理等工作机制,细化警种部门任务分工以及工作流程,实现资源共享、深度研判、无缝协作、高效打击。年底,市公安局合成作战中心研判各类跨区域、团伙、系列案件 94 串,抓获犯罪嫌疑人 183 名,破获刑事案件 600 余起。深入开展"打击多发性盗窃犯罪破案会战""打击入户盗窃犯罪"等专项行动,刑拘盗窃犯罪嫌疑人 1976 人,同比上升 13.76%;"两抢"案件破案率 47.09%,同比上升 12.33%;诈骗案件破案 300 起,同比上升 44.92%。

2016 年,市公安局进一步健全完善合成作战"4321"运行工作模式,深入开展"打盗窃、反电诈"破案会战,集中打击"盗、抢、骗"犯罪等系列专项行动。全年盗窃、电诈两类侵财案件立案同比下降 14.5%、16.1%,打处同比上升 22.35%,实现"警情下降、发案下降、打处上升"的良好局面。

2000~2016 年市公安局侵财刑事案件统计表

表 5-4　　单位:起、人

年 份	立刑事案件数	侵财案件立案数	破案数	抓获犯罪嫌疑人数	刑事拘留数	治安拘留数	移送起诉数
2000	18029	14465	4985	3635	2488	2969	1708
2001	18847	14667	6240	4675	2843	3469	2117
2002	22672	18716	6724	4119	2331	3532	1961
2003	27356	23251	8544	4805	2458	3712	2060
2004	28950	24958	6984	4693	2720	3054	2335
2005	35290	30071	7269	6446	3262	3268	2943
2006	35076	30083	10768	6542	3887	4051	3492
2007	34333	29974	11858	6424	4161	3472	3936
2008	34215	30596	15581	5920	4130	3480	4284

续表 5 ~ 4

年 份	立刑事案件数	侵财案件立案数	破案数	抓获犯罪嫌疑人数	刑事拘留数	治安拘留数	移送起诉数
2009	36863	32764	16480	6345	4585	7878	5087
2010	43008	38233	16832	6888	5481	8891	5779
2011	49202	44584	17700	7584	6088	8355	6576
2012	59413	52251	20744	9493	5336	8040	7908
2013	65506	59434	23047	9135	7306	8259	8059
2014	68869	63678	16965	8557	4841	9759	7459
2015	72108	66599	16679	9046	7355	12390	7926
2016	60968	56161	14823	10697	8518	—	8290

打击电信网络诈骗犯罪

2009 年,市公安局刑警支队对内设机构职能进行调整,由六大队具体负责研究和侦办诈骗、远程非接触性犯罪、外国人犯罪案件等犯罪案件,指导和协调全市网络、电信诈骗犯罪、涉外犯罪案等。同年建立银行快速查询通道,建立防电信诈骗语音自动提示系统,建成合肥外语语种翻译人才库。

2010 年,市公安局立各类电信诈骗案件 611 起,破 205 起;抓获刑事违法犯罪人员 26 人。侦破省厅挂牌案件——合肥市精英私募有限公司股票诈骗案,是年 6 月 21 日,根据公安部、省公安厅统一部署,市公安局会同北京、天津、河北等 19 个省及台湾警方采取同步行动,在合肥抓获 2 名犯罪嫌疑人,缴获涉案电脑 2 台、服务器 1 台。

2011 年,市公安局刑侦部门统一印制"反诈骗宣传画""反诈骗宣传册"各 4000 份。同时,通过安徽电视台、合肥电视台、《安徽市场报》等多家媒体,向人民群众进行宣传,以此提高市民的防范意识。9 月 19 日,根据受害人手机收到的"邮包被扣""刷扣年费"诈骗短信,展开侦破工作,先后在云南、福建、合肥等地抓获李某锋、戴某磊等 13 名犯罪嫌疑人。该团伙通过发送"邮包被扣""刷扣年费"等诈骗短信,冒充邮局、公安、银联等部门工作人员,诱骗受害人将银行卡内资金转账至犯罪分子指定的账户,在全国作案上百起。后经过核实,破获案件 43 起,涉案 60 余万元。是年,全市发生各类电信诈骗案 1219 起,破 30 余起;抓获各类刑事违法犯罪人员 29 人,刑拘 18 人,逮捕 17 人,移送起诉 5 人,取保候审 4 人;摧毁诈骗团伙 5 个,成员 29 人。

2012 年,全市公安机关积极开展电信诈骗宣传工作,将电信诈骗案件的作案手段、特点等在互联网的"合肥 110"及合肥论坛、"万家热线"、安徽电视台、合肥电视台、《新安晚报》中进行宣传和预警;印制"反电信诈骗宣传画""反电信诈骗宣传册""给人民群众的一封信"等宣传品 3 万余份。4 月 20 日,根据公安部统一部署,北京、河北、安徽等 20 个省区市公安机关开展集中行动,摧毁覆盖全国、涉案人员众多的侵害公民个人信息犯罪网络。由市公安局刑警牵头,市公安局网安、技侦部门,瑶海、庐阳、包河、蜀山分局等刑侦部门参加,成立“209”联合专案组开展工作,抓获谢某昆、刘某琴等涉案人员10名,破获案件30余起。9月21日,公安部召开“7·27”特大电信诈骗案专案协调会,要求陕西、安徽等省公安机关协助福建省公安厅抓捕涉案犯罪嫌疑人。接到任务后,市公安局刑警部门迅速开展相关工作,于9月25日捣毁公安部挂牌督办的“7·27”电信诈骗案特大窝点,抓获以朱某平、吴某君为首的犯罪嫌疑人16名,缴获全部作案工具。

2013年,市公安机关集中开展各种宣传活动32次,在合肥电视台、巢湖市电视台、庐江县电视台、《新安晚报》、《安徽商报》、《合肥晚报》等电视、报纸上报道21余次,各银行成功堵截电信诈骗案件10起,发送公益短信2次60万条,同时利用“合肥110”等官方微博宣传反电信诈骗。8月1日至10月31日,按照省公安厅的部署,市公安机关开展打击非法调查类专项行动,破获非法调查类案件228起,带破其他案件140起;抓获非法调查类犯罪嫌疑人35人,抓获其他案件犯罪嫌疑人193人;查处治安案件数176起,查获贩卖公民个人信息数242179条。全年发生各类电信诈骗案2842起,涉案金额5332.6余万元,全市破获电信诈骗案44起,抓获各类电信诈骗案犯罪嫌疑人22名。如受害人褚某清4月收到1条中奖短信,对方冒充湖南卫视栏目组工作人员,称要褚交个人所得税等款项,褚通过银行将4万多元汇入对方账户,后发现被骗报警。市公安局将合肥市发生的此类案件进行串并侦查,在海南省儋州市抓获犯罪嫌疑人谭某来、谭某兴,经查谭2人在全国作案28起,案值累计达333750元。

2014年,全市公安机关开展日常宣传3000余次,发放、张贴宣传画册20余万份;发送公益短信4次120余万条;在中央电视台、安徽电视台、合肥电视台、警视窗、《合肥晚报》、合肥广播电台及本地门户网站等报道926次;在全市20个银行网点置入语音提示,成功堵截电信诈骗案件15起,堵截资金168万元。是年发生各类电信诈骗案5365起,涉案金额11487.8万元;破获电信诈骗277起,抓获各类电信诈骗案犯罪嫌疑人58名,刑事拘留49人,逮捕25人,移送起诉28人。市公安局刑侦部门积极参加省公安厅“320”专案、“1122”专案、“812”非法调查类专案、“827”非法窃听专案、“719”专案、湖北“309”专案、河北沧州“中盛安泰”网络投资诈骗专案、陕西商洛“606”专案、贵州“225”等专案的调查取证工作,协助台湾警方办理叶某哲诈骗团伙等。

2015年,市公安机关刑侦部门采用多种形式,全方位、多层次的开展防范电信诈骗宣传活动。1月,针对公司法定代表人和财务人员重点开展防范电信诈骗宣传。2月,在全市开展假借中国残联名义诈骗残疾人资金系列案件专案侦查活动及在大中专院校开展防范电信诈骗宣传活动。5月,在全市中小学校园开展以“小手拉大手,共同防诈骗”为主题的防范电信(网络)诈骗宣传活动。是年,发生各类电信诈骗案8478起,涉案金额18285.9万元;破获案件670起,刑事拘留电信诈骗案犯罪嫌疑人207人。在省公安厅对全省电信诈骗进行年度考核中,合肥市公安局排名第一。是年,市公安局还开展打击“伪基站”这一新型犯罪活动,受理利用“伪基站”发送短信实施诈骗的刑事案件765起,占全市电信网络诈骗案件总数10%。此类案件不仅严重危害广大市民财产安全,同时也严重扰乱正常的无线电通信管理秩序。11月1日起,省公安厅组织开展为期一年的打击“伪基站”“黑广播”专项行动。11月30日,市公安局按照省厅部署,集中开展打击“伪基站”第一次专项行动,打掉26个“伪基站”发送点,其中固定点16个,流动点10个;查获10个“伪基站”违法犯罪团伙，抓获31人，刑拘22人，其中湖南双峰籍8人，广东饶平籍5人；缴获“伪基站”设备28套，扣押作案用机动车3辆、电动车7辆；提取“伪基站”发送短信3143.7万条（诈骗短信2862.3万条、假发票短信257.4万条、假证短信2.8万条、赌博短信11.8万条），串并带破案件200余起。通过打击，全市“伪基站”造成的手机用户异常位置更新数从专案前平均每天30余万人次下降到不足4万人次，有效遏制“伪基站”违法犯罪活动高发势头。2016年6月1日起，市公安局开展第二次打击“伪基站”专项行动，抓获利用“伪基站”设备实施违法犯罪嫌疑犯5人，刑事拘留5人，查扣“伪基站”设备18台。为巩固成果，市公安局与市检察院及无线电管理、文广电部门探索建立长效监测、反馈和打击处理机制，截至2016年年底，缴获“伪基站”设备46台，抓获违法犯罪嫌疑人40人；查获“黑广播”设备60台（套）。

2016年3月1日公安部电信诈骗案件侦办平台启用以来，合肥市公安机关拦截4853余起，避免群众损失900余万元，信息拦截率达98.5%。5月18日，由省、市共建的“安徽省防范打击电信网络诈骗快速反应联动处置中心”成立。省公安厅、合肥市公安局、工行、农行、中行、建行、邮储银行安徽省分行、安徽电信、安徽移动、安徽联通公司分别派员，采取集中办公、不间断运作模式。7月20日，全国打击治理电信网络新型违法犯罪专项行动工作推进会，将合肥市列为新的地域性犯罪突发地区“黑名单”之一，要求安徽省对合肥市挂牌整治。9月初，根据《安徽省反电诈中心市级分中心建设规范》要求，合肥市成立“安徽反电诈中心合肥市分中心”并试运行，11月30日，搬入新的办公地点并开始正式运行。反电诈分中心工作人员29人，其中民警10人，辅警8人，通信运营商6人，银行金融部门5人。分中心严格落实省公安厅“三班两运转、7天24小时”工作时间制度，坚持时刻有人在岗在位，及时开展拦截止付工作。分中心设有警情处置、预警拦截、研判打击、宣传防范4个工作组，同时还设有银行金融部门和电信运营商工作席位。

市公安局自身也建立反电诈分中心，在市、县110指挥中心设立反电诈专席，建立拦截防范、接警止付、侦办协作机制，探索优化接警止付工作流程。深入开展打击治理电信网络新型违法犯罪专项行动，严厉打击推销假“收藏品、文物”、婚恋网站、推荐股票等电信网络诈骗犯罪活动，破获电信网络诈骗案件、查处违法犯罪人员同比上升48.76%、188.43%，挽回经济损失2000余万元。全市电信诈骗案件发案、群众损失比上年同期下降22.27%、30.05%。

第八节　刑事科学技术

技术实验室建设

1990年，合肥市公安局刑事技术部门开展法医检验、毒化检验、痕迹检验和刑事照相。1991年，成立刑事技术科。1993年，更名为刑事技术处。1995年，增设警犬基地。1999刑事技术处设法化科、痕检科、文件检验照相科、警犬队。2003年，设法医科、痕迹科、文件检验照相科、毒化室及法医物证(DNA)室、科管科、警犬队。2005年,警犬队划出,由特警支队管理。2009年,撤销技术处下属各科,建立5个专业实验室,即法医室、痕迹检验室、文件视听资料检验室、理化检验室和法医物证室。2010年,新增骨龄鉴定、模拟画像两个专业,文件视听资料检验室建设国家声纹数据库。2012年,新增图侦室、法医病理室和指纹室3个专业实验室。2016年,刑事技术处下设法医病理室、法医临床室、痕迹室、指纹室、图侦室、文检室、理化室、DNA室、科管室、质管科。

刑事技术发展

法　医　1992年,建立法医门诊。依据《人体重伤鉴定标准》《人体轻伤鉴定标准(试行)》等文件,开展伤情鉴定、伤残评定、工伤鉴定、残疾(包括军人的残疾)程度鉴定等。1997年,购置莱卡切片机、奥林巴斯BX40显微镜带照相设备,建立法医组织病理学实验室,填补安徽省司法机关司法鉴定空白,为查明命案死因提供根本依据。2002年,DNA检验与理化检验专业从法医分离。2003年,国务院发布《医疗事故处理条例》。2004年合肥市卫生局、公安局联合下文《关于指定市公安局刑事技术处法医科承担医疗事故尸检任务的通知》,法医室正式开展医疗纠纷案件尸检工作。2010年,增加骨龄鉴定业务,解决刑事案件中涉案人员篡改年龄以及年龄不准确的鉴定问题。2012年,更新切片机、脱水机,装备图像采集仪。2014年,装备胶片扫描仪。2015年,装备病理切片扫描仪、五官检查设备、裂隙灯、便携式X光机检查设备。

痕迹检验　1990~1998年,痕检专业依靠几台简易显微镜和勘查箱,开展基本的现场勘查,手印、足迹和枪弹痕迹鉴定工作。1997年,引进北大方正指纹自动识别系统。1998年,购置现场绘图计算机软件。2002年,购买车辆金属号码显现设备,开展车辆车架号和发动机号显现业务,提升打击盗抢、走私车辆犯罪能力。2003年,购买多波段光源,解决潜在痕迹物证发现和提取难题。2008年,购买枪支检验、电脑制标设备,开展全市公务用枪审验、数字化建档工作。是年,引进MVC3000大空间手印熏显柜,解决现场非渗透性客体汗液指纹熏显的难题。2009年,建成公安机关现场勘验信息系统,案件现场的笔录信息、照片、现场图以及分析意见全部录入系统,实现案件现场信息的数字化管理。是年,引进1套NEC指纹倒查分库、10台NEC指纹远程终端和22台NEC活体指纹采集仪。2010年,采购FLGM-V激光枪弹测速仪、危险枪支发射架等设备,新增枪支致伤力检验业务,开展枪口比动能测试和枪支致伤力认定工作。购置美国进口斯多汀心理生理测试仪,开展心理测试业务。2012年,配备足迹数字化采集仪,建成足迹自动比对系统,实现现场足迹和违法犯罪嫌疑人样本足迹的数据库自动化管理和比对。2014年,采购三维现场重建与测量系统,新增三维现场重建业务,能够立体展示还原案发现场三维空间状态,开展现场模拟、还原案发现场,分析案情。案件现场还原进入三维时代。2015年,采购超景深三维数字显微镜、手印工作站,利用超分辨率、超高景深观察测量工具、枪弹痕迹,实现立体痕迹的数字化观察、测量、比对。为手印无损显现、痕迹检验鉴定提供支撑,枪弹、工具痕迹比对进入数字化时代。

文件检验　1997年,开始文件检验,但只能鉴定传统单一的文件。2015年,引进VSC8000文检仪、ZEISS显微镜、猎踪便携式含碳笔迹工作站。文检仪内可对擦刮、消褪、添改、挖补等变造文件进行检验分析;ZEISS 显微镜可对文件的细节特征进行观察,在笔迹、印章、印刷文件、污损文件检验中发挥巨大作用;猎踪便携式含碳笔迹工作站利用测量笔画电阻的方法对不同书写工具或同一书写工具不同时间形成笔迹进行鉴别,对填改文件检验和文件制成时间检验提供有力证据支持。2016 年,可开展笔迹检验、印章检验、污损文件检验、印刷文件检验、文件制成时间检验。

刑事照相 20 世纪 90 年代,刑事照相技术只是单一的刑事照相和刑事现场照录像。2003 年,引进紫外观察照相仪器,建成物证检验照相专业。解决传统方法在疑难客体上无法找到痕迹和有背景图案等干扰照相的难题,在现场提取指纹、唇印、血迹、脚印、人体分泌物、微量附着物、人体组织损伤等证据和识别文检真伪发挥重要作用。2004 年,购买尼康 D100 数码单反照相机,刑事照相工作步入数码时代。2010 年,引进模拟画像专业,购置声纹处理仪并建成语音工作站,在实现对语音采集、编辑、播放等基础功能的基础上,提供数字化声谱分析、真实性检验、降噪与增益三大功能。2012 年,建成模糊图像处理实验室。2014 年,新增视频侦查专业,引进视频浓缩设备、视频高速下载器、视频勘查工具箱等,实现传统影像专业开始向视频图像处理和视频图像信息研判方向发展。2015 年,购置多光谱成像系统,实现在 420~720 纳米范围内逐级改变扫描光线波长,利用合适波长的光线将痕迹从复杂背景中凸显出来,达到痕迹与背景的高反差显现。

刑事技术科研成果

1992 年,安徽省公安厅进行公安技术职称改革,并于 1993 年对全省符合条件的公安技术人员颁发中级技术职称。市公安局有 12 人获中级职称。2005 年,全国开始评定专业技术职称,全省仅有合肥市公安局 2 名法医获得正高级职称。2012~2015 年,刑事科学技术处先后通过实验室国家认可现场评审、中国合格评定国家认可委员会专家组国家认可复评审、"刑事技术机构国家级资质认定"现场评审。2016 年,市公安局有刑事技术人员 48 名。其中,高级职称 13 人,中级职称 13 人,初级职称 21 人。公安部爆炸、投毒案专家 3 人,安徽省刑侦专家 6 人,中国刑事科学技术协会技术专业委员会委员 4 人,公安部青年人才 11 人,省公安厅理论调研特约研究员 1 人,合肥市政府专业技术拔尖人才 1 人。

1990~2016 年,市公安局刑事科学技术在全国核心期刊、杂志、学术论文集发表科研论文 136 篇,研发科研项目 13 项。其中,法医技术发表论文 46 篇,研发科研项目 1 项;痕迹检验技术发表论文 28 篇,研发科研项目 2 项,2011 年发表的《论心理测试中知情测试的五种测试技巧》,作为科技成果在全国推广应用;法医物证技术发表论文 32 篇,研发科研项目 2 项,其中"安徽地区汉族人口 15 个 STR(短串联重复序列)基因座多态性调查及法医学应用",填补省内汉族人群 STR 基因频率调查的空白;文件检验和刑事照相技术发表论文 16 篇,研发科研项目 7 项,《基于数字隐写和数据库管理技术的刑事数码片电子存档技术研究》《GSM 信道对声纹鉴定的影响研究》《"锐眼"模糊图像分析处理软件V5.00》三项科研成果已向全国公安机关推广;理化检验技术发表论文 18 篇,科研立项 2 项。

若干年份市公安局刑事技术部分发表论文一览表

表5-5

年份	论文标题	作者	刊物名称及刊号
1996	《外伤后出现截瘫法医学分析》	胡升明	《法医学杂志》
1998	《脂肪心引起猝死一例报道》	胡升明 夏元飞	《临床与实验病理学》
1999	《关于水中尸体漂浮机制的探讨》	胡升明 夏元飞 韩志杰	《刑事技术》
1999	《胃内容物推断死亡时间》	夏元飞	《法律与医学杂志》
2000	《断针刺划心脏9天后死亡1例》	夏元飞	《法医学杂志》
2001	《法医与侦查员的配合》	胡升明	《中国刑事警察》
2001	《外伤与难免流产关系鉴定3例》	杨玉玲	《法医学杂志》
2004	《现场血痕分析在侦查破案中的应用》	郭玉良	《第六届物证鉴定技术破案研讨会论文集》
	《CPS心理测试在刑案中应用探讨》	谢文明	《法律与医学杂志》
2005	《试谈心理测试技术的良好应用》	谢文明	《刑警&科技》
	《心理测试中行为的识别》	李季栋	《刑警&科技》
2006	《现场勘查中现场状态的分析与应用》	郭玉良	《刑警&科技》
	《凶杀案件分类与侦查思路》	胡升明	中国刑警学院
	《羊水栓塞致死1例》	杨玉玲 韩志杰	《中国法医学杂志》
	《安徽汉族人群11个Y-STR基因座遗传多态性》	王冬花	《中国法医学杂志》
2007	《安徽汉族人群15个STR基因座遗传多态性》	杨玉玲 王冬花	《法医学鉴定》
	《医用自动输气器致空气栓塞一例》	韩志杰	《法医学杂志》

续表5-5

年份	论文标题	作者	刊物名称及刊号
2008	《破坏电力设施案件特点及现场勘查要点》	李　志	《中国痕检技术创新与应用》
	《刑事案件现场勘查中状况物证的收集与利用》	郭玉良	《公安研究》
	《三联体亲子鉴定1例》	陈　玲	《中国法医学杂志》
	《STR分型异常图谱5例分析》	陈　玲	《中国法医学杂志》
	《腐败肌肉组织的几种提取方法比较》	王冬花	《第三届全国法医DNA检验技术研讨会论文选》
	《38例单供者造血干细胞移植后的STR基因分析》	侯庆唐	《法医遗传学进展与应用》
2009	《判断现场进出口发挥作用破案一例》	郭玉良	《中国痕检技术创新与应用论文集》
	《投毒案件的特点与综合分析》	宋　昕	《警察技术》
2010	《混合基因型分析入库比中一例》	陈　玲	《DNA数据库建设应用成果与展望-首届全国公安机关DNA数据库建设应用研讨会论文选》
	《会厌肿块致窒息死亡2例》	胡升明 王　华 吴大勇	《中国法医学杂志》
	《尿中苯及脲类除草剂代谢物气相分析》	王　龙	《刑事技术》
	《刑事毒物分析在刑事案件侦破中的作用》	宋　昕	《疑难命案分析与实践》
	《醉酒后意外在水盆内溺死1例》	但红建	《疑难命案分析与实践》
	《直接扩增方法在手工DNA建库中的应用》	侯庆唐	《DNA数据库建设应用成果与展望》

续表 5 - 5

年份	论文标题	作者	
2011	《1 例男性个体 Amelogenin 基因座 X 片段缺失的分析》	夏冬景	第十三届全国物证鉴定技术破案研讨会
	《声纹数据库建设与应用》	付新立 靳　业	第一届全国声像资料检验鉴定技术交流会
	《通过 DNA 检验及数据库比对避免错认尸源案件 1 例》	张　艳	《第二届全国公安机关 DNA 数据库建设应用研讨会论文选》
	《涉车刑事案件的现场勘查》	李　哲	《刑事科学技术学术研讨会论文集》
	《QIAcube 在疑难生物检材 DNA 提取中的应用》	陈　玲	《第十三届全国物证鉴定技术破案研讨会论文选》
	《论心理测试中知情测试的五种测试技巧》	谢文明	《刑警 & 科技》
	《性交诱发冠心病并发斑块内出血猝死 1 例》	王　华 但红建	《中国法医学杂志》
	《牙齿外伤后拔除法医学鉴定 1 例》	张宝龙 夏元飞 但红建	《中国法医学杂志》
	《"开心水"的 GC/MS 法分析》	宋　昕	《刑警 & 科技》
	《木屑、树皮的紫外光谱分析》	宋　昕	《公共安全中的化学问题研究进展》
	《杀亲命案分析 1 例》	胡升明 但红建	《刑事技术》
	《非正常死亡案件中多组分混合农药的检验》	宋　昕	《第十三届全国物证鉴定技术破案研讨会论文选》
	CD73 protects kidney from ischemia-reperfusion injury through reduction of free radical	孙　勇	APMIS

续表 5－5

年份	论文标题	作者	刊物名称及刊号
2012	《综合利用车辆痕迹、车体特征分析肇事逃逸车辆一起》	李　哲	《第一届全国司法鉴定工作规范化管理与检验新技术应用研讨会论文集》
	《DNA 技术在侦破疑似案件中的应用研究》	孙　飞	《第三届全国公安机关 DNA 数据库建设应用成果与展望》
	《MagAttract © M48 试剂盒在案例骨骼检验中的应用》	何凤琴	《中国法医学杂志》
	《IgE 升高非过敏性猝死一例》	孙　勇	《中国法医学杂志》
	《颅底脊索瘤猝死 1 例》	孙　勇	《法医学杂志》
	《对合肥市近期多发新型毒品案件的分析》	马志平	《首届全国毒物、毒品、微量物证检验技术交流会论文集》
	《支气管哮喘猝死 1 例》	项　明	《法医学杂志》
	《一例外伤性胰腺损伤的鉴定》	梁　欣 王子慎	《中国法医学会全国第十五次法医临床学学术研讨会论文集》
	《一起利用印章阶段性特征检验印文形成时间案件检验的体会》	胡明亮	《第八届全国文件检验学术交流会论文集》
2013	《DNA 数据库串并、破获系列抢劫案的启示》	何凤琴	《第三届全国公安机关 DNA 数据库建设应用研讨会论文选》
	《异基因干细胞移植患者基因状态研究》	张　艳	《皖南医学院学报》
	《混合生物样本组分含量的计算方法及应用初探》	马　庆	《中国法医学杂志》
	《合肥市公安机关 DNA 数据库建设应用情况》	周超东	《第三届全国公安机关 DNA 数据库建设应用研讨会论文选》
	《两例综合利用现场痕迹突破疑难刑案的情况剖析》	谢文明	《刑警 & 科技》

续表 5－5

年份	论文标题	作者	刊物名称及刊号
2013	《新生儿坏死性小肠结肠炎法医检验 1 例》	项　明	《刑事技术》
	《GC/MS 法检测抢劫案件中邻氯苯亚甲基丙二腈》	郑新勇	《第一届全国司法鉴定工作规范化管理与检验新技术应用研讨会论文集》
	《假彩色增强技术在物证检验摄影方面的应用》	张海东	《第一届全国司法鉴定工作规范化管理与检验新技术应用研讨会论文集》
	《GC－MS 法检验腐土中 P,P－DDE 成分一例》	郑安磊	《全国司法鉴定工作检验新技术应用研讨会论文集》
2014	《4 例肺血栓塞致死的法医学鉴定》	韩志杰	《刑事技术》
	《M48 磁珠结合 ML－STARlet 工作站批量提取案件生物检材 DNA 的应用》	侯庆唐	《第二届全国司法鉴定工作规范化管理与检验新技术应用研讨会论文集》
	《犯罪嫌疑人现场刻画一例》	储成清	《命案现场行为分析与法医鉴定——安徽省公安工作研究论文集》
	《静脉滴注头孢曲松钠致人死亡一例》	魏成桩	《命案现场行为分析与法医鉴定》
2015	《PentaD、D21S11 基因座分型异常分析 3 例》	童梦洁	《中国法医学杂志》
	《干细胞移植患者不同组织 STR 基因型分析比较》	童梦洁	《法医学杂志》
2016	《视频侦查技战“五法”助力侦查破案》	付新立 吴　锐	《第四届全国司法鉴定工作规范化管理与检验新技术应用研讨会论文集》

刑事技术应用

刑事科学，不仅给重特大疑难案件以技术支持，对重特大灾害事故进行检验鉴定，还为司法行政部门开展司法鉴定提供依据。1990～2015 年，市公安局刑事技术处受理案件

53040起,出具鉴定书、检验报告47115份,勘查现场12790起,直接利用刑事技术破获大要案件6000余起;受理市卫生局委托尸检案件156例,出具尸检报告137份。其中有代表性的有利用指纹技术先后破获1997年琥珀山庄南村入室特大抢劫杀人案、2000年娃哈哈AD钙奶投毒案;利用枪弹痕迹比对技术协破1999年双岗邮政支局储蓄所持枪抢劫银行案;利用测谎技术破获2002年肥东长城家具厂特大杀人案;利用心理测试技术破获2003年福建省南平市牛奶厂投毒案和2007年安徽农业大学牛奶厂纵火杀人案;利用DNA技术破获2008年桐城市大关镇街道杨某家烟酒超市被抢案和2013年肥东县老凤祥金店被持枪抢劫案。

2001~2016年,法医、痕迹等专业发挥全省刑侦专家作用,受省公安厅指派或其他地市的邀请,先后参加全省重特大疑难案件复勘、会诊60余起。心理测试专业在全国范围受理公、检、法及纪委委托的各类重特大疑难案件200余起,协助福建省和黄山、六安、淮北、蚌埠等地成功破获案件200余起。

1990~2015年市公安局技术处工作情况统计表

表5-6

年份	受理案件(起)	出鉴定书、检验报告(份)	勘查现场(起)
1990	374	265	583
1991	353	236	237
1992	279	188	1003(含3县)
1993	598	389	254
1994	573	357	221
1995	973	779	323
1996	1247	1152	407
1997	1493	1245	603
1998	1562	1338	486
1999	1477	1249	361
2000	1515	1357	346
2001	1632	1461	545
2002	1874	1467	523
2003	1932	1495	547
2004	2010	1525	577
2005	2839	2051	586
2006	2460	2302	596
2007	2066	1828	498
2008	2524	2327	648

续表5－6

年　份	受理案件(起)	出鉴定书、检验报告(份)	勘查现场(起)
2009	2578	2436	613
2010	2580	2780	708
2011	2864	2864	645
2012	3405	3178	558
2013	4085	3563	555
2014	4876	4631	627
2015	4871	4652	653

附:刑侦典型案例选录

破获首例利用计算机进行犯罪的案件

1991年12月,市工商银行营业部发生一起利用微机犯罪案件。犯罪分子谭某生,省工商银行兑账中心干部,其原为市工商银行营业部会计股员工。12月20日,谭某生用预先准备好的钥匙潜入市工行营业部微机房,利用微机调整10余户存款积数,从中获利息33600元。并于12月23日将利息转入市百货大楼伪造账号"钟平商店"户头上,后转入不动账号"合工大新技术研究所"户上,又用伪造的"安徽通讯技术公司"印章、私人印章和付款委托书将款提走。侦破过程中,侦察员从谭某生家搜查出谭撰写的犯罪计划卡片,验证了其犯罪行为。这是合肥市首次发生利用计算机进行犯罪的案件。

侦破"1996·11·5"故意杀人、劫持人质、抢劫、强奸、盗窃特大犯罪团伙案

1996年11月5日凌晨2时许,七桂塘菜场内的美味厨饭店附近发生一起凶杀案。七桂塘美味厨饭店店主胡某某被犯罪分子用刀刺破颈动脉流血过多死亡,胡某某妻子郑某某受伤昏迷不醒,饭店夜间当班服务员失踪,下落不明。

伤者郑某某经过抢救后断断续续讲出,案发当晚,曾在该饭店工作过的厨师小王带一陌生人来该店吃晚饭,饭后未付钱即离开饭店,胡某某追出饭店要款,遭到凶手毒打。小王叫王某军,是江西人,曾在该店工作过,有一个哥哥叫王某东。经查:"二王"系江西省公安厅通缉的抢劫出租车杀人案逃犯,景德镇市公安局在追捕中,"二王"曾开枪拒捕脱逃。在调查中获悉,王某军、王某东两人近期曾在庐江县白山镇出现。崔亚东局长通过对案件的全面了解,认为"二王"凶狠残暴且身携凶器,为擒获"二王"减少不必要的伤亡,调集刑警支队、防暴支队、交警支队及中市分局50余名干警,全副武装,赶赴庐江,捉拿凶犯。当晚7时许,案犯王某军被擒获,当场从其身上搜出长刀1把。11月26日,在村民张某稳的住处将王某东抓获,缴获作案凶器,解救出被劫持的饭店服务员。至此,该案两名主犯均落入法网,人质被安全解救。经初步审查,该团伙于1995年12月份在江西景德镇市杀死1人,抢劫出租车1辆。1996年11月份在合肥故意报复杀死1人,重伤1人,劫持人质1名。同时,还犯有抢劫、强奸、盗窃、伤害等罪行。

侦破"1997·12·31"杀人案

1997年12月31日10点多,合肥市琥珀山庄8幢601室发生一起凶杀案。死者孟某(女,25岁,安徽省阜南县人)是华宝空调驻合肥办事处请来的临时工,另一名死者余某鸿(在送往医院途中死亡,27岁,安徽省怀宁县人)是华宝空调驻合肥办事处的职工。现场有3种血型,分别是A型、AB型、O型。经血型分析,A型血是犯罪嫌疑人所留,同时血指纹也是犯罪嫌疑人所留。凶杀案发生后,市公安局迅速成立"1997·12·31"专案指挥部,并从全市刑侦系统抽调经验丰富的侦查员组成专案组,展开侦查工作。经过数月的艰苦奋战,各种线索穷尽,"1997·12·31"案件成了疑难案件。2000年10月,市公安局再次组织会战,刑警支队六大队再次把"1997·12·31"案件的有关资料上报指纹会战指挥部,选择18个省、市进行未破案件的指纹比对。11月28日,辽宁省公安厅指纹中心根据合肥市公安局提供的指纹,经比对后,反馈信息,称有一枚指纹与合肥市"1997·12·31"案件现场遗留指纹一致。该指纹系安徽省枞阳县人王某。12月4日中午,合肥市公安局在铜陵市将王某抓获。经审讯,王某交代:1997年12月初,由于工作没找到,钱也用完了,听人说琥珀山庄是富人区,于是他买了一把尖刀,到琥珀山庄踩点,伺机作案。12月31日上午10点多钟,王某转到琥珀山庄8幢楼下,看到6楼外墙上挂着很多空调机,以为这户人家有钱。他就进去上到6楼,正准备撬601门时,门从里面开了,一男子(死者余某鸿)正准备出门。王某立即拔刀顶住余的腰部,逼着余来到南边的卧室,用领带把余的双手捆起来,又用袜子堵住余的嘴,正准备翻动物品找钱时,突然看到一女子(孟某)正从外面进来,遂用刀对着孟某的前胸猛捅几刀,与此同时,余某鸿已挣脱双手,拿了一根钢管冲过来。余某鸿被王某捅了数刀,倒在客厅过道边。这时王某发现自己手被刀划破流血,顺手拿着孟某的包,脱掉外衣包着孟某的皮包和自己受伤的手,逃离现场。2003年4月25日,王某在合肥伏法。

侦破合肥市首例黑社会性质组织案

2003年3月22日凌晨,合肥市发生一起持枪故意伤害案件。胡某黑社会性质组织成员胡某东从合肥市大通路润发茶楼收12万元赌账,准备前往胡某、陈某毛开设的赌场。当其行至大通路和全椒路交叉路口时,被朱某明恶势力团伙持枪拦截。朱某明等人先是向胡某东开枪射击,胡身中三枪倒地,朱等人随即抽出砍刀、菜刀疯狂地向倒在地上的胡某东砍去,致其手筋、脚筋被砍断。

此案是一起因黑恶势力团伙之间相互倾轧和报复引发的案件,胡某东是胡某黑社会性质组织团伙的骨干成员,而朱某明则是恶势力团伙的头目。从2003年3月至2004年8月,合肥市公安局刑警支队322专案组在市委、市政府、省厅、市公安局党委的领导和协调下,在全国各地公安机关的大力配合下,克服重重困难,终于成功破获此案,抓获犯罪嫌疑人70余名;缴获制式猎枪等枪支20余支、子弹40余发、刀具20余把;收缴约100余万元赃款及团伙头目乘用的奔驰S320、奥迪A6等车辆;查出胡某黑社会性质组织涉嫌罪名12项,查证属实的刑事案件100余起。

2004年10月29日,合肥市人民检察院将此案作为合肥市第一起黑社会性质组织案件提起公诉。2005年8月胡某因犯组织领导黑社会性质组织罪、故意伤害罪等7项罪名被执行死刑，其组织成员有13人被判处10年以上有期徒刑。

侦破安徽省首起变造国际信用卡诈骗案件

2003年12月5日，中国银行安徽省分行到刑警支队报案称：有几名香港人与内地人相互勾结，持国际信用卡在合肥市一些大型宾馆、酒店进行诈骗活动，涉案金额巨大，此案在安徽省尚属首例。

经查，犯罪嫌疑人李某（香港人）伙同周某（香港人）、吕某（香港人）在香港夜总会等场所买通前台收银人员，专门窃取西方国家持卡人（多为美国人）信用卡资料信息，通过写磁设备复制他人信用卡磁条信息，制作假卡，勾结内地人员聂某和李某，由他们通过有关渠道与安徽饭店、银瑞林大酒店、和平国际大酒店、古井假日等大型宾馆销售人员取得联系，在酒店通过EDC刷卡消费，购买高档商品，制造虚拟消费，进行套现。该犯罪团伙在以上酒店累计消费32万余元。12月5日晚，刑警支队将上述犯罪嫌疑人在安徽饭店和九狮桥宾馆抓获归案，犯罪嫌疑人如实供述了犯罪事实。

侦破浩宇、巨星网吧爆炸案

2006年5月5日21时36分、21时56分，合肥市美菱大道浩宇网吧和巨星网吧相继发生爆炸，造成2人当场死亡、4人受伤，部分建筑物及室内物品受损。案件发生后，各级领导和技术人员相继赶到现场进行处置，市公安局成立了专案指挥部，由局长周礼明任总指挥，刑警支队支队长刘健任专案组组长，从全市抽调60多名民警组成专案组。"5·5"爆炸案对社会造成的影响极其恶劣，公安部、省、市领导相继作出重要批示，要求合肥市公安局克服一切困难，加快破案速度。

6月2日晚8时许，一网吧老板接到一个敲诈电话，犯罪嫌疑人要求该老板往其指定的账户上打钱，否则将炸网吧。蜀山分局接到报案后，一方面及时将有关情况通报给专案组，一方面安排警力迅速开展侦查工作。专案组敏锐地察觉这稍纵即逝的战机，迅速抽调精干力量增援，迅速锁定犯罪嫌疑人卢某淏（男，45岁，泗县泗城镇人，租住在包河区骆岗镇五里冲，无业，有前科）。6月7日下午3时，专案组民警在卢某淏的租房处，将卢当场擒获，随后，又马不停蹄地将其同伙卢某（男，24岁，泗县长沟镇人，卢某淏侄子）、卢某（男，19岁，卢某淏之子）抓获，至此，涉嫌"5·5"网吧爆炸案的3名犯罪嫌疑人悉数归案。经审查，3人对实施"5·5"网吧爆炸案供认不讳，专案组相继从其暂住处及藏匿地点搜缴出炸药21锭，雷管12枚，自制手枪1支，已安装完毕的爆炸装置2个。

侦破股票诈骗案

2009年9月至12月间，山东省梁山县邵女士被自称是"合肥市精英私募有限公司"的工作人员，以向公司缴纳"分成保证金""代为申购新股保证金""向总监及高层送红包"等形式被骗现金49688元整。案件发生后，山东省公安机关与安徽省公安厅联系后，于2009年12月29日将该案移交合肥市公安局办理。

受理案件后，合肥市公安局迅速成立专案组，开展案件侦破工作。民警利用公安网各种信息平台梳理出自2009年7月以来，以"合肥市精英私募有限公司"为名的诈骗案件先后发生在山东、安徽、陕西、广东、湖南、黑龙江等省,有50余起,涉案金额50余万元,遂并案侦查。经侦查发现:“合肥市精英私募有限公司”为一虚构机构,公司聘用员工以帮助炒股为名,发展客户成为所谓的核心会员,以缴纳“分成保证金”“核心会员费”“代为申购新股保证金”“向总监及高层送红包”等形式实施诈骗行为,涉案人员30余人,作案区域广,涉案价值大,社会影响重大,安徽省公安厅刑警总队将该系列案件定为省公安厅挂牌督办案件。

2009年12月31日,专案组在其他部门协作下,将位于合肥市濉溪路星海世纪广场B座1504室内的9名主要犯罪嫌疑人抓获归案。破获案件44起,涉案价值50余万元,追回赃款26万元,案件涉及山东、安徽、陕西、广东、湖南等十余个省。

侦破“2010·3·28”碎尸案

2010年3月28日18点35分,张某(女,住合肥市瑶海区教师新村)拨打110报警,称其出差刚回到家,打其丈夫李某某(男,46岁,为安徽省合肥市万振集团副总、财务总监)电话没有人接听,但收到李手机号发送的让其送钱到铁路医院的短信,同时发现家中有被水冲洗的痕迹,隐隐约约好像有血迹,怀疑其丈夫遭到绑架。接到报警后,刑警支队、瑶海分局侦技人员迅速赶到现场,在勘查现场过程中,发现房主李某某被杀死后肢解成14块装入5个塑料袋中,置于死者家中的储藏柜中,同时在死者家中的洗衣桶中发现肾脏等部分人体器官。

当晚11时许,侦查员通过技术手段初步确定死者楼上住户603室的男主人方某(男,38岁,合肥市育英中学教师)有重大作案嫌疑。方某于当晚9时许失去踪迹。犯罪嫌疑人确定后,追捕方某成为破案的关键,各追捕小组立即分头行动,踏上了万里缉凶的艰辛抓捕历程。2010年4月10日,死者的手机信号出现在广东东莞市。专案民警立即转战东莞,持犯罪嫌疑人方某照片开展秘密摸排。然而,面对东莞市1000多万的流动人口,专案民警连续38天在东莞做了大量的艰苦工作,方某却如石沉大海、杳无踪迹,抓捕工作一度停滞。5月27日,专案组对侦查策略作重大调整,结合当地的实际状况,决定公开悬赏,捕捉疑犯行踪。6月10日晚上19:01分,侦查员接到一名来自东莞市某公司员工的举报电话,电话称:其本厂有一名新来的仓库管理员体貌特征与悬赏通告上警方追捕的人员非常相似。11日上午10时许,在当地警方的配合下,专案组成功地将化名“李浩”的犯罪嫌疑人方某抓获。经审讯,方某对杀害李某某并碎尸的犯罪事实供认不讳。

侦破公安部挂牌的“2011·6·2”特大系列拐骗、强迫妇女卖淫案件

2011年6月2日上午9时许,瑶海分局责任区刑警二队值班民警接市公安局指挥中心指令,在合肥市瑶海区某宾馆房间解救1名被人控制的少女王某,并将两名控制王某的犯罪嫌疑人李某、秦某抓获。经审查,一个特大拐骗、强迫妇女卖淫的犯罪团伙浮出水面。该犯罪团伙自2010年7月份以来,以谈恋爱或请唱歌娱乐为名诱骗合肥、六安、江苏、上海等地多名未成年在校女学生逃学,随后对其实施非法拘禁、殴打、强奸,再强迫女学生到合肥市及周边省市的夜总会、美容店、浴池等场所卖淫,被拐骗的未成年女学生有10余人。

根据上述案情，瑶海分局迅速成立“6·2”专案组开展侦查工作。

经侦查，该团伙是以李某为首，以秦某、曹某、“阿福”为骨干的3个强迫卖淫犯罪团伙组成的纠合性组织。专案组根据3个团伙的特点，采取顺藤摸瓜、各个击破、传统和信息化工作相结合、物建专案321贴靠等工作方法，赴南京、淮南、六安、芜湖等多个地市开展工作。经过4个多月的艰苦侦查，成功破获该案，抓获李某等17名犯罪嫌疑人，解救被拐骗的少女13名。

“2011·8·2”特大拐骗、拐卖、操纵新疆未成年人违法犯罪案件

2011年8月2日下午2时许，瑶海分局长淮派出所民警在合肥火车站出警过程中发现1名10岁左右的新疆小男孩在马路上边跑边哭。经了解，该男孩称其和另外数名新疆青少年于同年7月份被人拐骗至合肥当小偷，每天都被看管人员殴打，导致遍体鳞伤。瑶海分局成立以刑警三队为主体的专案组，专案组通过每天巡控、重点场所清查、技术侦查配合等措施成功侦破该案。

经审讯，该团伙为跨省拐骗、拐卖、操纵新疆未成年人违法犯罪的特大犯罪团伙，具有完整的拐骗、拐卖、操纵网络，团伙组织较严密，分工较明确，具体有新疆艾某等人在新疆阿克苏等地物色人选，通过语言威胁、殴打等手段迫使他们上街扒窃，后又流窜至铜陵、安庆及江苏扬州、苏州等地从事违法犯罪活动。该团伙在内地多个城市疯狂作案，给当地的治安、城市形象带来极大的破坏和影响。

该案抓获6名犯罪嫌疑人，解救13名新疆未成年人。

摧毁巢湖水上一恶势力团伙

2015年，巢湖水上分局经过侦查，成功打掉一长期盘踞在巢湖水面敲诈勒索的恶势力团伙，刑事拘留7名犯罪嫌疑人。

2015年10月7日上午，巢湖水面突发一起敲诈勒索案，一伙渔民驾船强行拦截正常通行的货船，以船只偏离航道倾轧虾笼为由索要高额赔偿金。案发后，市公安局领导指令巢湖水上分局限期破案，分局迅速抽调人员成立专案组。经初查，专案组发现类似案件自2011年起已发生10余起，许多货船船主被敲诈后由于担心被打击报复都没有报案。通过侦查，专案组初步确定以姚某华、艾某为首的恶势力团伙长期在巢湖水面强行拦截船只、敲诈勒索的犯罪事实。11月24日，专案组利用巢湖休渔期，兵分三路，分别在巢湖市车管所、卧牛渔政站和散兵镇同时收网，成功抓获犯罪嫌疑人7名。犯罪嫌疑人对犯罪事实供认不讳。

第六章　经济犯罪侦查

20世纪90年代以前,合肥市经济犯罪案件在整个刑事案件中占比较小,一直呈现平稳态势。进入21世纪以后,逐渐呈上升趋势。特别是2012年,合肥市经济犯罪案件发案数量猛增,犯罪种类趋于多样化,犯罪手段趋于现代化、智能化,严重影响合肥社会经济秩序和安全稳定。市公安局针对经济犯罪新形势、新规律、新特点,建立与之相适应的经侦工作模式,加强各项机制建设,全面推行联席会议、协同作战、合成打击等机制,把握打击防范、基础工作、经侦力量建设等重点环节,不断提升经济侦查工作能力和水平。

第一节　业务培训

面对经济犯罪的作案手段智能化、科技含量高,且不断翻新的特点,要求办案人员必须精通法规,通晓金融、税务、经贸、知识产权等方面的知识,具有精湛的通讯和计算机知识,丰富的办案经验等专业化技能,四个方面缺一不可。除要求经侦民警自身加强学习外,经侦业务培训从其机构组建一开始就显得尤为重要,特别是送经侦民警到公安高等级院校"回炉"和跨行业、跨区域经侦业务培训与交流尤为难得。

2010年6月22日,市公安局经侦支队举办合肥市经侦情报暨系统应用培训班,邀请省厅经侦总队情报信息科2位专家分别就情报信息收集、研判和安徽经侦信息系统录入规范等内容进行讲解。9月19日,召开全市经侦内勤业务工作培训会,就近期合肥市经侦情报信息和系统考核方面出现的问题进行分析研究,并就如何解决这类问题提出指导性意见。11月24日,举办合肥市"反假货币工作站"联络员培训班,中国人民银行合肥中心支行货币金银处反假货币科专家在培训班上就人民币制作、假币识别等知识进行讲解,参训人员初步掌握人民币鉴别技能。11月1日,组织部分经侦民警进行经侦业务培训,主要是围绕经侦基础工作,以执法质量、经济犯罪大要案件及督办案件上报、经侦跨区域协作平台应用等为主要内容。

2011年3月23~25日,市公安局经侦支队组织人员赴滁州市参加全省"苏浙皖沪区域经侦警务合作"培训,学习区域警务合作操作流程、跨区域办案协作平台操作、警务合作情况信息定期汇总报送、全国经侦跨区域办案协助平台应用等专业知识。5月25日,市公安局经侦支队及各分县局经侦大队负责特殊性工作的民警,参加在铜陵市举办的全省经侦特殊性工作建设培训。7月7日,市公安局经侦支队举办全市经侦情报工作培训会,由省厅经侦总队情报信息科专家就当前全国经侦情报工作形势、本省经侦情报工作中的经验做法、合肥市经侦典型案例等进行讲授，并详细介绍如何在案件中发现、搜集情报线索，如何选取合适的角度进行分析研判等技巧和经验。

2012 年 1 月 15 日，市公安局经侦支队就打击非法集资犯罪、商业贿赂犯罪进行专题业务培训，邀请省厅经侦总队 2 位专家授课。2 月 21 日，举办全市“大要案上报及办案协作平台操作”培训会，现场讲解大要案上报和跨区域办案协作平台操作，并就相关问题给予解答。

2013 年 5 月 2 ~ 4 日，市公安局举办 2013 年度第一期经侦业务培训班，对全市新调入和上年度以来未参加过经侦业务培训的民警进行刑事诉讼法、办理经济犯罪案件程序规定、经济犯罪侦查等业务知识进行培训。8 月 7 ~ 16 日，市公安局在中国刑事警察学院举办合肥市经侦指挥员与骨干民警培训班，30 名经侦指挥员和骨干民警围绕经侦执法、票据诈骗、职务侵占、涉税、打假、打传、打票以及情报信息等多个经侦课题的重点、难点、对策、实战应用等进行系统的学习。

2014 年 5 月 12 ~ 16 日，市公安局经侦支队派员参加在济南市山东警察学院举办的打击制售假冒伪劣商品犯罪培训班。6 月 4 日，经侦支队对执法检查“回头看”中卷宗问题等进行评析，并进行相关业务培训。

2015 年 1 月 28 日，市公安局经侦支队举办银行卡网上非法买卖案件的侦查培训会，对网上非法买卖银行卡犯罪的特点，网上非法买卖银行卡犯罪的用途，获取网上非法买卖银行卡犯罪线索的途径，网上非法买卖银行卡犯罪的案件管辖、法律适用、诉讼证据收集工作要求、方法及打防对策建议等进行专题培训。8 月 6 日，召开 POS 机套现类非法经营案件侦查培训会，重点对案件侦办过程中的大情报信息系统综合运用、银联 JASS 系统、EXCEL 表格海量数据筛选、比对功能及利用 IP 地址的同一性锁定扩大战果等内容进行授课。8 月 10 日，市公安局举办业务培训会，围绕犯罪分子如何利用进出口业务实施骗取犯罪进行讲解分析，明晰侦查思路，并就案件侦办过程中遇到的难点、疑点进行专题培训。8 月 18 日，市公安局举办打击保险诈骗犯罪专项行动培训会，对保险诈骗犯罪的特点、主要骗保手段、线索来源及划分依据、管辖分工、法律适用、诉讼证据收集工作要求、方法及案件侦办过程中遇到的难点、疑点进行详细的分析、阐述，并就各分县局大队提出的相关问题进行解答。

2016 年 4 月 24 日，市公安局经侦支队应广厦建设集团安徽公司的邀请，组织民警为该公司负责人及员工 100 余人提供业务培训，重点对“营改增”过程中存在的防范涉税犯罪业务进行培训。7 月 29 日，市公安局举办情报信息暨违法犯罪资金查控平台应用培训会，传达学习公安部经侦局、省公安厅经侦总队相关情报工作会议精神，并就违法犯罪资金查控平台功能应用等进行培训，着力提高经侦民警情报搜集研判能力。

是年，市公安局经侦民警在编人数 179 名，大部分拥有大专以上文凭，其中法律专业毕业生 72 人，占 39.78%；侦查、治安、经侦等公安类学科毕业生 61 人，占 33.70%；财会、金融、经济等专业毕业生 14 人，占 0.77%。精通金融、税务、经贸、知识产权等方面知识的民警比例仍然很小，经侦部门把需要“精通法规，通晓金融、税务、经贸、知识产权等方面知识，又具有精湛的通讯和计算机知识，丰富的办案经验等专业化技能”的复合型侦查民警摆上议事日程。

第二节 经侦机制建设

进入21世纪后,市公安局结合经济犯罪侦查实际,不断总结实战经验,探索经济犯罪侦查工作的内在规律和特点,先后制定出台《合肥市公安局经济犯罪案件分级侦查以及案件管辖规定》《关于进一步规范市公安局指定管辖案件审核审批程序的通知》《合肥市公安局关于印发〈关于进一步加强和改进经济犯罪案件受理、立案工作的若干意见〉的通知》《经侦支队逃犯上网、撤网、移交、接收工作》《关于进一步明确诈骗类经济犯罪案件管辖工作若干规定的通知》《合肥市公安局经侦部门追赃返赃工作机制》《合肥市公安局经侦部门立案突出问题专项治理工作方案》《关于合肥市公安局经侦信访工作组织领导及运行机制的通知》《合肥市公安局经侦支队案件接报受理、立案审查制度》《合肥市公安局经侦支队执法办案流程规范(试行)》《关于印发合肥市公安局派驻合肥市国家税务局、合肥市地方税务局联络机制运行暂行办法的通知》《关于印发合肥市公安局进一步加强“楼宇经济”管控工作实施方案的通知》,使全市经侦工作逐步走向规范化、法制化轨道。

执法监督机制

2003年起,市公安局经侦部门规范立案工作,定期开展全市公安机关经侦部门立案突出问题专项治理工作,通过建立考核制度,从源头上、机制上推动依法如实立案,确保专项活动的有效开展。

2010年起,市公安局经侦部门建立四级审核把关制度,以各单位主要领导为执法工作的第一责任人,积极发挥经侦案件审核委员会和基层大队法制员作用,建立侦查大队法制员责任把关、侦查大队集体议案、法制大队执法监督、案审委员会集体决策的四级审核把关制度。是年,经侦支队和全市各分县(市)公安局经侦大队都建立案审委员会,负责对侦办经济犯罪案件中涉及的重大、疑难、复杂执法问题或事项的审议工作。各分县(市)公安局经侦大队对自侦案件可提交经侦支队案审委员会进行讨论。

2011年,经侦支队推行“一案一审一评”的监督工作机制,对立案、撤案、变更等工作,以及冻结、扣押、查封侦查措施的采取和变更等关键环节进行监督,建立常态化的经侦执法监督检查机制,形成“统一审核、统一出口”的审核模式,及时发现、解决活动中遇到的普遍性问题。

2015年起,市公安局推行刑事案件法制部门“统一审核、统一出口”制度,对案件质量进行严格控制。按照公安部、省公安厅要求,经侦支队先行对案件进行质量审核把关,实行责任量化,如需立案、报捕、起诉、变更强制措施等,再行流转到法制支队,由法制支队统一审核、统一出口,进一步保证案件的办案质量。

打防机制

市公安局依托经侦专门力量,突出防范和打击经济犯罪各项制度机制建设,提高打防实效。2008 年以来,市公安局经侦支队与市金融办、工商、税务、人民银行、质监、审计以及检察、法院等部门建立联席会议制度,定期召开联席会议,通报经济领域重大经济违法犯罪情况和相关重要信息,研究解决重大问题,制定重大案件防控工作预案;落实联席会议决策,及时交换信息,分析研判犯罪形势;落实线索查办,督导规范经济案件行政、侦查、审判等工作;并以《会议纪要》《打击经济犯罪重要信息》为载体,定期交换重要情报信息,合力维护合肥市经济社会秩序,为领导决策提供依据。

2012 年,建立合成打击经济犯罪机制,市公安局实行重大经济犯罪案件线索"统一报备、统一研判、统一经营"制度,对跨区域案件、重大团伙案件、涉众型案件、领导批办的重大案件及专项行动,在市公安局统一指挥部署下实施多警种捆绑作战、协同作战和同步上案,在情报信息共享、案件线索移交、联动侦办大要案件等方面加强协同配合,合力做好案件经营、集中收网、办案维稳、舆论宣传等各项工作,提升整体打击效能。

针对涉众型经济案件犯罪高发态势,市公安局建立涉众型经济犯罪风险排查机制,结合重大敏感时期维稳工作,经侦支队对涉众型经济犯罪及维稳隐患进行专项排查,并积极联合行政执法、行业监管部门进行常态排查,按照经营状况、有无警情等条件,评定风险等级,对发现的风险隐患进行预评预判、分类处置,切实做到发现在早、预防在先,处置在小。

协作机制

对外协作 对外协作是指合肥市公安机关经侦部门为实现打击和防范经济犯罪的目标,与本市外的公安机关联手打击和防范经济犯罪的协调与配合,如情报相互交流,协助缉拿案犯等。1999 ~ 2016 年,市公安局经侦部门协助全国各地经侦部门开展打击和防范经济犯罪工作呈逐年递增的趋势,取得积极成果。

2010 年,苏浙皖沪区域经侦警务合作提出"合心、合力、合作、合拍"的运行机制。苏浙皖沪四地经侦部门采取召开专题推进会、季度工作会议等,传达上级精神、深化思想认识、讲解协议内容、开展实务培训、明确工作要求,促使各级经侦部门将此项工作纳入日常重要工作;经苏浙皖沪四地经侦协商,建立覆盖四地 350 余个地、市、县的"点对点"三级经侦联络架构,形成四地经侦部门间"点对点"三级联络通道;制定涵盖轮值专班、统一发文、执法联动、信息平台操作等方面的系列操作机制,为区域经侦警务合作机制务实运作提供了有力保障。

2011 年,建立九省一市经侦区域警务合作机制,推进区域警务一体化进程,打造条块结合、双重覆盖、创新发展的经侦特色区域合作机制。

2013 年,九省一市公安机关经侦部门建立"全国经侦一盘棋""常态、共享、联动、共赢"的跨区域警务合作机制。

2010 ~ 2016 年,合肥市公安局经侦部门通过全国经侦跨区域协作平台发布情报信息 4673 条,协作外地公安机关开展工作 3676 条。2015 年,根据公安部经侦局第二直属总队工作部署,在协作区域内相互开放公安信息系统查询访问权限,实现九省一市协作区内警务信息资源高度开放、共享,直接服务实战。

1999~2016 年市公安局经侦部门对外协作统计表

表 6-1

年　份	对外协作数量(起)	年　份	对外协作数量(起)
1999	76	2008	129
2000	84	2009	136
2001	87	2010	145
2002	90	2011	154
2003	96	2012	169
2004	98	2013	180
2005	101	2014	191
2006	111	2015	205
2007	120	2016	103

内部协作　内部协作相对于对外协作,是指合肥市公安机关警种之间的协作和市域内经侦部门与企事业单位之间的协作。

2010~2013 年,在经侦专项行动以及经侦专案侦办中,市公安局形成经侦、刑侦、治安、网安、技侦等警种、部门捆绑作战,市公安局、分县(市)公安局一体化"条、块"结合的整体作战模式,提升全局打击经济犯罪的能力。特别是 2015 年侦办"E 租宝"案件中,市公安局领导亲自挂帅,召集相关警种、部门组建专案组,集中办公,将侦查办案、情报信息、维稳处突等工作任务分解到具体警种部门,形成既各负其责又相互协作的合成作战模式。经侦部门负责做好案件受理、侦查、追赃,并牵头协调、指导打击处置工作。国保、情报、治安、刑侦、网安、技侦、法制等警种部门协作配合做好情报信息搜集、重点人员管控、信访维稳等工作。

2014~2016 年,经沟通联系,市公安局已建立与全市 11 家行政执法部门、19 家金融机构、26 家大型企业和行业协会的信息共享、情报报送机制,签署合作备忘录 23 份,建立常态化工作合作平台,形成长效协作机制,经侦部门能够共享行政执法信息、企业业务数据、查办案件线索,为打击、预防经济犯罪发挥重要作用。

第三节　经侦情报系统建设

1999~2011 年,市公安局经侦部门情报信息工作一直由经侦支队秘书科整体负责,信息化及经侦特殊工作由经侦支队法制大队的情报技术室负责。情报员由经侦民警兼职,其中支队秘书科、法制大队及各分县(市)局经侦大队各有 1 名兼职情报员。

2011 年 6 月,市公安局成立经侦支队情报技术中心。按照安徽省公安厅经侦总队相关要求,经侦支队情报技术中心先后投入 10 万元,购置工作台、电视机、会议桌、储物柜、电子显微镜、电子视频显微镜、蛇管内窥镜、假币检验仪、假币样本收集册、假发票样本收集册、假银行卡样本收集册、录音笔、电子天平、酸碱度测试仪、金属探测仪、辐射探测仪、激光测距仪、便携式扫描仪、分贝测量仪、红外测温仪等办公办案设备。同时还购置一台"盘石取证一体机",并派员参加电子物证检验鉴定业务培训。依托 Safe Analyer(盘石介质取证分析系统)和 Safe Mobile(盘石手机取证分析系统)两个系统,对实战中电子证据的固定和获取等提供有力的技术保证。

市公安局经侦支队情报技术中心坚持"统筹规划、突出特色、立足实用、优势互补、资源共享"的建设和应用原则,在基础设备、资金查控技术手段、信息化动态管控手段、物证收集手段、电子技术手段建设等方面取得较快发展,并以技术手段建设为契机,不断强化情报服务实战的能力。情报技术中心还借助网安部门"互联网信息动态监控指挥系统"平台,实现对各类经济犯罪相关信息的动态监控与管理。自主开发适用于经济犯罪侦查的小软件,为实战提供更好的服务。开通"银联司法协助系统"查询端口,下发《合肥市公安局银联司法协助服务系统管理暂行规定》,实现银行卡跨行交易数据查询及监控等功能。

2013 年,经侦支队制定《合肥市公安经侦部门情报信息工作考核奖励办法》,每年依据此办法进行经侦情报考核,并设置一定的分值,纳入全年总绩效考核范围。考核内容主要包括:经侦情报信息、经侦情报线索、信息化建设、特殊性工作等。考核方式基本实现网络化,情报信息报送、采用数据均在"经侦信息上报系统"内自动生成;支队还实行周公示、月通报制度,使情报报送、采用、考核情况更加公开、透明、公正。

2014 年,市公安局经侦情报技术中心以《合肥经侦情报》为载体向市公安局情报处、省厅经侦总队报送预警性、分析性情报信息;利用"合肥经侦"微信公众号信息向社会公众发布预警性信息;以《风险预警通报》为载体向相关行政执法、行业监管部门发布风险通报;并利用"JASS"系统(银联查询系统)、资金查控平台、"云搜索"等系统为各警种、部门、办案实战单位提供情报导侦技术支持,服务相关单位资金查控需求。自此形成制度固化下来,长期坚持。

2015 年初,市公安局开通视频监控系统,该系统依托 1.6 万个高清、全数字监控点,构建全市万兆专网,建设有图像管理、卡口管理、警用业务、图像侦控等系统,实现全市视频资源的共享共用,提供智能化应用,在缉捕嫌疑人方面发挥重要的作用。7 月,经侦部门通过市公安局协调,从刑警支队获得 SIS 情报信息分析系统的省内和其他部分城市的使用权限,工作效率大大提高。是年,市公安局经侦部门从合肥市外事局获得全国出入境管理信息系统的使用权限。

2016 年,按照省公安厅部署,市公安局经侦部门强化资金查控平台应用工作,开通工商银行、农业银行账户资金在线查控权限。增加工商银行对公账户的查询、布控、冻结和紧急止付功能。系统自开通以来,辅助实战作用逐步显现。是年,市公安机关经侦部门建立派出所、刑警队→经侦大队→经侦支队→市公安局、省公安厅总队的四级情报信息研判报送机制。分(县)公安局层面,由经侦大队负责收集研判派出所、刑警队报送的经侦情报,以及自侦案件所发现的经侦情报,经筛选后报送经侦支队,同时利用分县公安局情报平台发布预警;市公安局层面,由经侦支队负责收集、研判各分县(市)公安局经侦大队报送的经侦情报,以及支队自侦案件、其他警种部门通报情况中发现的经侦情报,经筛选后报送市公安局、省公安厅总队情报部门。

2010~2016年,市公安局经侦情报工作主要应用:为上级单位提供参谋性情报研判材料,主要以《合肥经侦情报》为载体分别向市公安局情报处、省公安厅经侦总队报送预警性、分析性情报信息;向社会公众提供预警性信息,主要利用"合肥经侦"微信公众号发布信息;向相关行政执法、行业监管部门发布风险通报,主要以《风险预警通报》为载体发送;为各警种、部门办案实战提供情报导侦技术支持,主要利用"JASS"系统(银联查询系统)、资金查控平台、"云搜索"等系统,服务经侦及相关单位资金查控需求。

若干年份年市公安局经侦部门优秀情报信息采用情况一览表

表6-2

年　份	优秀情报信息题目	公安部经侦局采用
2010	《警惕利用政府部门退休干部影响力进行非法吸收公众存款的犯罪活动》	《预警信息》采用
2013	1.《当前安徽省工程领域经济犯罪现状及对策建议》 2.《当前房地产领域经济犯形势分析》 3.《离退休公职人员参与传销活动危害不容忽视》 4.《王丽娟等人涉嫌传销线索》	1.2.3《犯罪形势》《预警信息》采用 4.被经侦局评为2013年度一级情报
2014	1.《"云在指尖"仍在进行网络传销活动》 2.《合肥发现盗窃信用卡挂号信冒名开卡套现的新型诈骗犯罪团伙》	1.2《犯罪形势》《预警信息》采用
2015	《警惕不法分子以实体经济为幌子实施传销犯罪》	被经侦局评为2015年度一级情报
2016	1.《警惕传销"微视频"洗脑新手段》 2.《警惕假冒"中盐"注册商标的劣质低钠盐流入市场》	1.《犯罪形势》《预警信息》采用 2.《预警信息》采用

注:1.2013年《当前安徽省工程领域经济犯罪现状及对策建议》,被省政府《打击经济犯协调会商机制重要信息》刊用。

2.2013年《当前安徽省工程领域经济犯罪现状及对策建议》,被省公安厅《风险预警通报》采用。

第四节　防范宣传

自2010年5月15日开始,每年的5月15日,为全国公安经侦部门"打击和防范经济犯罪"宣传日,简称"5·15经侦宣传日"。

2010～2012年,市公安局联合省公安厅经侦总队在中国人民银行合肥中心支行、中国银联安徽省分公司、市工商局等多家单位的配合下,每年都在市府广场开展“5·15防范和打击经济犯罪宣传日活动”。省公安厅经侦总队、合肥市公安局经侦支队民警和工商、银行等单位专业人员就非法集资、传销、假币和侵犯知识产权、非法集资、传销、假发票、假币,特别是利用银行卡进行犯罪活动的防范和打击向合肥市民做宣传,并向群众散发《爱护人民币,反假人民币》《远离传销,共建和谐》等各类宣传资料3.5万余份。宣传活动期间,开展法律咨询,受理群众举报,提高广大群众识别假币的能力。省、市多家新闻媒体进行现场采访报道,取得较好的社会效果。

2013年5月15日上午,市公安局联合税务、工商、金融等部门,在市人民广场组织开展以“打击防范经济犯罪,携手平安法治建设”为主题的“5·15经侦宣传日活动”,设立报警服务台、警务咨询台、宣传资料发放台、假冒伪劣商品展示台,并通过大型显示屏滚动播放经侦宣传片,开展对侵犯知识产权和制售假冒伪劣商品犯罪、传销犯罪以及假币、假发票、集资诈骗、银行卡诈骗、合同诈骗等常见多发经济犯罪的防范宣传。省、市多家媒体对此进行现场采访。经侦支队还对现场进行微博直播,宣传面较以往更为广泛。

2014～2015年5月15日上午,市公安局联合税务、工商、金融等部门,先后在市人民广场和杏花公园组织以“打击防范经济犯罪,护航改革保障民生”和“打击经济犯罪,识假防骗共创平安”为主题的“5·15经侦宣传日活动”,设立报警服务台、警务咨询台、宣传资料发放台、展牌等。重点围绕传销、非法集资等涉众型经济犯罪,假币、信用卡诈骗、侵犯知识产权等与群众生活密切相关的经济犯罪,揭露常见犯罪手法,提高群众防范意识和能力。开展活动过程中,通过新闻发布会、微博直播、微信现场发送等形式,直播活动情况,发布预警信息等,扩大宣传效果和社会影响面。

2016年5月15日,市公安局联合税务、工商、金融等部门,在市区多个广场、车站、商场等人流密集场所设立13个会场,100余名经侦民警走进市民,集中开展以“防范风险,护航发展”为主题的“5·15经侦宣传日”活动,现场教授市民如何防范非法集资、传销、假冒伪劣商品、假币、假发票、银行卡诈骗等经济犯罪常识,用典型案例披露经济犯罪常见手法和不法分子惯用伎俩,现场解答市民法律咨询。在市府广场主会场,警方设立展牌、展柜、展台,展出假冒伪劣商品实物,现场向市民发送各类预防经济犯罪的宣传资料并现场教授对假冒伪劣商品、假币和假发票的识别技巧。警方还协调银行、保险、工商及税务部门在各营业网点利用电子屏幕,滚动展播经侦宣传日主题、几类经济犯罪的特点及预防对策,警示广大市民,提高他们的识假防骗能力。活动中,通过宣讲群众关心、关注的经济犯罪防范问题、发放自制的宣传手册、受理群众报案、现场解答咨询等方式,介绍经侦部门和相关行政执法单位的工作职能,充分展示近年来打击经济犯罪的成果,提高群众参与打击防范经济犯罪的积极性。

第五节 打击经济犯罪

1997年,中央六部委下达关于执行刑事诉讼法有关决定后,一部分原由检察机关管理的经济犯罪案件,特别是涉税犯罪案件移交给公安机关管辖。

1998年年底,市公安局经济侦查支队成立,系安徽省成立的第一支地市级专业经侦队伍。1999年,市公安局经侦部门以金融、财税领域的经济犯罪为重点,开展打击涉税违法犯罪活动专项斗争。侦破各类经济犯罪案件120起,破获刘某智特大合同诈骗等一批涉案价值大、影响恶劣的经济犯罪案件,挽回经济损失3200余万元。

进入21世纪,通讯、计算机、互联网等电子信息技术飞速发展,推动电子商务及劳动生产率的快速发展和提高,同时也带来犯罪手段的科技化发展。银行、保险、信用卡、电讯等行业的高科技犯罪激增,投资、电子商务中利用科技手段进行的诈骗以及洗钱等犯罪手段科技化,使得犯罪形式发生重大变化:罪犯可以不用暴力实施抢劫,只需轻点鼠标便可轰开银行金库大门,抢得巨额资产;可以通过互联网对远在另一半球的国家实施盗窃,而逃避该国法律管辖;互联网上建立的犯罪组织,可以由从未谋面的异国的多方人员构成,利用网络联系、实施犯罪行为,并利用网络分配犯罪所获非法利益等等。其主要特征是:犯罪主体复杂、隐蔽性强;侵犯的客体特殊、危害性大;作案手段智能化、科技含量高;团伙作案、区域跨度大。

2000年4月,市公安局组织开展为期6个月的打击制贩假币犯罪联合行动,破案56起,抓获处理违法犯罪嫌疑人61名,缴获假币14.3万元。是年,市公安局和市国家税务局、市地方税务局多次开展打击涉税违法犯罪专项行动,经过周密组织,深挖细查,立案189起,破案178起,涉案金额3.47亿元,涉案税额5901万元,涉案发票3.03万份,追缴发票2.7万份,抓获违法犯罪嫌疑人61名。

2001年,经济犯罪数量增多,涉案金额加大,涉及区域更广,危害更严重。根据省、市整顿和规范社会主义市场经济会议部署,市公安局不断加大对经济犯罪的打击力度,集中开展追捕经济犯罪逃犯的统一行动,打击金融票证犯罪、打击制贩假币犯罪等专项斗争,破获经济犯罪案件397起,抓获作案成员129人,抓获逃犯72人,挽回经济损失800余万元。市公安局还与工商、税务等部门开展联合执法统一行动192次,查处非法传销、制售假冒伪劣商品等突出违法犯罪活动,处理违法人员870人。

2002年3月26日,在省公安厅统一指挥下,市公安局与蚌埠、宿州两市公安机关联合行动,在合肥、宿州抓获8名伪造银行卡犯罪嫌疑人,彻底摧毁曾在安徽省合肥、淮南、阜阳、蚌埠作案数十起,伪造银行卡20余张,窃取客户资金10万元的诈骗犯罪团伙。是年,经侦支队和市烟草专卖局稽查支队密切配合,协同作战,在全市开展一场代号为"金网一号"至"金网五号"的清剿假烟市场专项行动。市公安局经侦部门出动警力3201人次、车辆1500余台(次),清查市场及仓库39677家,查获各类假冒卷烟10.54万条,价值1400余万元;立案30余起,抓获违法犯罪人员102人。是年,市公安局破获经济犯罪案件262

起，抓获犯罪嫌疑人134人，追捕经济犯罪逃犯36人，缴获赃款和赃物折款1311.9万元。破获王某法、陈某再等14人纠合成团并作案94起的金融凭证诈骗案等一批大要案。

2003年6月，市公安局开展“严厉打击生产销售伪劣药材、商品违法犯罪活动专项行动”，会同市工商部门、市药监局查获5家非法经营户，伪劣药品29件，价值10万元；配合税务部门开展打击涉税违法犯罪的专项行动，成功侦破一批有影响的涉税案件；组织开展集贸市场专项整治、打击生产销售假冒伪劣药品和医疗器械违法犯罪的专项行动等。截至11月，破获各类经济案件488起，涉案价值1.6亿元，挽回经济损失450万元，抓获犯罪嫌疑人115人。成功侦破李某智集资诈骗案，刘某国、陆某聪金融凭证诈骗案等一批重特大经济案件。

2004年1～11月，市公安局立各类经济犯罪案件256起，破案244起，抓获犯罪嫌疑人166人，挽回经济损失951万余元。成功侦破被新闻媒体称为“地下招办”的合肥东振教育咨询有限责任公司进行非法中介招生案件、“合肥世伟嘉业科贸有限公司”“北京宏盛达业商贸有限公司合肥分公司”虚开增值税专用发票案件、合肥利民兽药经营部销售假冒禽流感疫苗案件等一批涉案价值大、社会影响恶劣的重特大案件。同时，根据上级部署要求和合肥经济犯罪形势，市公安局适时组织开展专项斗争和集中治理，严厉打击突出经济违法犯罪活动。春节期间，市公安局协同市烟草专卖局联合开展打击销售卷烟市场违法犯罪行为的“金网三号”行动，清查市场及仓库12家，查获各类香烟1602条，计价23.30万余元。4月中旬，阜阳劣质奶粉事件曝光后，市公安局立即在全市范围内开展生活生产资料市场专项治理行动，查获假奶粉7000多千克、地钢条300多吨、伪劣药品及医疗器械15箱等一大批假冒伪劣商品。期间，市公安局还开展“放心食品工程”专项治理行动及合肥市豆制品市场专项治理行动。5～10月，市公安局与税务部门在全市范围内组织开展打击虚开货物运输发票和制售假发票等涉税违法犯罪专项整治行动，立此类案件46起，破41起，涉案金额14716万元，涉案税额2216万元，挽回税额损失1221万元。

2005年前后，合肥市连续发生数起以签订合同名义，将外地企业有关人员诱至合肥，骗吃喝、骗财物的违法犯罪案件，严重损害安徽省城合肥对外形象及投资环境。3月5日～4月30日，市公安局开展专项行动，通过不懈努力，全市破案50余起，摧毁犯罪团伙4个，抓获犯罪嫌疑人21名。其中刑事拘留12人，劳动教养2人，移送起诉7人。1～10月，市公安局破获各类经济犯罪案件275起，抓获犯罪嫌疑人141人，挽回经济损失约2000万元。

2006年4月和10月，市公安局协同市烟草专卖局联合开展打击销售卷烟市场违法犯罪行为的行动，收缴各类假烟20791.6条，计价175.94万元。1～11月，市公安局破获各类经济犯罪案件644起，移送起诉170人，抓获网上逃犯70人，挽回经济损失1.7亿多元，成功破获兴合公司涉嫌虚开抵扣税款发票案，麦柯特公司非法转让土地使用权案件等一批涉案价值大、社会影响恶劣的重特大案件。

2007年，市公安局破获各类经济犯罪案件424起，移送起诉208人，挽回经济损失7647.1万元。成功破获黄某坚涉嫌合同诈骗3.7亿元案等一批大要案。2008年，市公安局破获经济犯罪案件399起，为国家挽回经济损失7557.4万元，及时侦破省公安厅挂牌督办的“4·2”制售假发票专案等一批大要案。

2009 年,市公安机关在“09 行动”期间,立假币犯罪案件 31 起,破案 22 起,其中经侦部门立 21 起、破 19 起,刑侦部门立案 10 起、破 3 起;处理假币违法犯罪人员 34 人,其中刑事拘留 18 人、取保候审 3 人、监视居住 1 人、劳教 1 人、行政处罚 11 人;抓获网上逃犯 16 人,其中协助外省及跨省追逃抓获 2 名网上逃犯,收缴假币 90.3 万元。全年,市公安局破获各类经济犯罪案件 349 起,挽回经济损失 5092.5 万元。

2010 年 4 ~ 7 月,根据省人民政府《安徽省“迎世博、禁传销”专项执法行动方案》要求,市公安局会同工商等部门开展全市“迎世博、禁传销”专项行动,组织清查行动 40 余次,出动警力 200 余人次。立涉及传销刑事案件 18 起,其中组织领导传销活动案件 1 起,非法拘禁案件 17 起;破案 18 起,抓获犯罪嫌疑人 95 人,刑拘 89 人,逮捕 23 人,起诉 25 人,劳教 2 人,行政拘留 4 人;捣毁传销窝点 35 处,解救受骗群众 20 人,教育遣返参加传销人员 420 人。市公安机关还开展为期 10 个月的“打击银行卡犯罪专项行动”,立银行卡犯罪案件 179 起,其中信用卡诈骗案件 149 起,非法经营案件 30 起;破案 141 起,其中破获部批、部督案件 2 起,厅督案件 2 起,破获并移送起诉案件 90 起;端掉银行卡犯罪窝点 8 个,抓获银行卡违法犯罪人员 47 人,移送审查起诉 40 人,收缴银行卡 174 张。市公安局经侦部门就涉及发票犯罪方面的刑事案件立案 96 起,破案 96 起,缴获发票 636 万份,抓获犯罪嫌疑人 51 名。是年,市公安局破获经济犯罪案件 464 起,挽回经济损失 7936.9 万元,同比分别上升 9.7% 和 86.7%,成功侦破商户联保系列贷款诈骗案等一批大要案件。

2011 年,市公安局开展“亮剑”、“天网—2011”、打击整治发票犯罪、打击传销犯罪等系列专项行动,有效预防和打击经济领域违法犯罪活动。截至 11 月底,市公安局破获经济犯罪案件 734 起,抓获违法人员 361 人,挽回经济损失 1.8 亿元,同比上升 59%、53%、127%。其中,破获侵犯知识产权和制售假冒伪劣商品案件 61 起,抓获犯罪嫌疑人 101 人,打击捣毁窝点 63 处,关闭非法网站 719 个;破获发票案件 67 起,捣毁窝点 12 处,缴获发票 639 万份;侦破银行卡犯罪案件 132 起,处理违法犯罪人员 62 人,打掉犯罪团伙 16 个,捣毁套现窝点 33 处;侦破传销案件 48 起,刑事拘留 158 人,捣毁传销窝点 180 多处,教育遣返传销人员 993 余人。成功破获“统一会”特大组织领导传销案、“3 · 3”特大制售假发票案件等 4 起部督案件及“3 · 15”系列骗保诈骗案等 4 起省厅挂牌案件。特别是侦破电脑打印机耗材市场系列假冒注册商标和销售假冒注册商标的商品案,省公安厅 2 次向市公安局发来贺电。

在侦办经济案件过程中,市公安局坚持打击与维稳相结合,侦破平安汽车客运投资有限公司非法吸收公众存款案等 7 起非法集资类案件,全市未发生因经济案件引发的有较大社会影响的涉稳事件。经侦部门“天网—2011”、打击传销犯罪等四项业务位居全省第一,其中,“亮剑”行动战果全国省会城市第一,打击假发票犯罪专项行动位居中部省会城市第一。是年,市公安局经侦工作被各类媒体宣传报道 93 次。其中,《人民公安报》报道市公安局肥西县公安局经侦大队侦破的公安部督办“3 · 3”制售假发票案;《人民公安报》以《仇多馥:生命,定格在追逃路上》为名报道合肥市长丰县局经侦大队原副大队长仇多馥的事迹;中央电视台报道庐阳经侦大队侦破的劳务输出诈骗案和合肥市打击传销犯罪活动。

2012 年,市公安局积极争取党委政府支持,与工商、税务、金融、司法等部门建立打击经济犯罪定期会商制度,以打击经济犯罪"破案会战"为牵引,立各类经济犯罪案件2155起,破案1488起,抓获违法犯罪人员1039人,挽回经济损失3.48亿元,同比分别增长188.5%、102.7%、188%、93%。侦破部督案件21起、大要案件113起,在全国"百城会战竞赛"综合排名第一档。会同工商部门全方位开展打击整治传销违法犯罪活动,捣毁传销窝点4485处,刑拘犯罪嫌疑人380人,教育遣返传销人员15543人,自动离肥传销人员达2.3万人,全市传销类警情环比下降33%。

是年,市公安局经侦工作被各类媒体宣传报道66次。其中,人民网多次报道合肥市公安局经侦部门打击传销、非法集资、银行卡犯罪活动情况。中央电视台、《人民公安报》、《经济日报》报道公安机关侦破多起加盟类合同诈骗犯罪。

2013年,市公安局破获各类经济犯罪案件993起,其中部督专案16起,挽回经济损失17亿元。全市公安机关始终保持对传销违法犯罪的高压态势,先后开展"打传销、反欺诈、促和谐""全市公安机关打击传销集中行动""皖剑—2013""合肥市集中打击清理传销行动""夏秋社会治安暨传销违法犯罪整治行动"等一系列打击传销专项行动。全年出动警力2454人次,备勤警力6100余人次;立涉及传销刑事案件175起,破案166起;抓获传销违法犯罪人员811人,刑事拘留涉嫌传销犯罪人员303人。其中,破获公安部督办传销大要案5起,发动并成功收网全国传销集群战役2起。市公安局打击传销犯罪破案数、刑拘人数等打击处理数均居全国省会城市前列,破获的"4·25"组织、领导传销活动案被公安部评为"全国十大打击传销犯罪案件精品案例"。市公安局配合工商等部门取缔传销窝点5600余处,解救受骗群众1248人,教育遣返助返传销人员19194人。

是年,市公安局还开展"打假"专项行动,立打假类案件282起,破案254起,被列为公安部督办案件的4起,抓获犯罪嫌疑人265人,移送起诉40人;参加全国、全省集群战役241起,参战成功97起,自主发起并成功收网集群战役6起,被安徽省公安厅评为2013年度打假行动成绩突出集体。立涉及发票犯罪方面的刑事案件案108起,破案116起,抓获犯罪嫌疑人104名,收缴发票277.2万份,挽回国家税款损失5000余万元,专项行动名次位列全省第一。特别是侦破"2·21"特大虚开增值税专用发票案,开创全国打击发票犯罪集群战役先河。是年,市公安局经侦工作被各类媒体宣传报道42次。其中,中央电视台报道合肥警方摧毁一制售假洋酒团伙,并多次报道合肥市打击传销工作。中央人民广播电台报道合肥警方摧毁新型传销团伙。

2014年,市公安局先后组织开展"守护平安—春季行动"打击传销攻坚战、"皖剑—2014"打传联合执法战役、"守护平安—夏秋行动"打击传销犯罪专项行动。截至12月31日,出动警力17000余人次,立案327起,破案267起,抓获犯罪嫌疑人1769人,刑拘562人,其中网上逃犯152人,起诉276人,行政拘留49人。成功破获部督办传销大要案件6起,公安厅挂牌传销案件4起,发动打击传销全国集群战役2起,同时捣毁传销窝点11312处,教育遣散一般传销人员41607人,解救群众966人。

2014年12月23日至2015年4月,合肥市政府部署集中清理整顿各类投资理财中介机构工作,市公安局经侦部门积极应对,立案侦查58家投资理财中介公司涉嫌非法集资犯罪案件,涉及合肥市投资人员3000余名,涉及集资额近3.2亿元。其中破获的一起非法集资系列案件抓获犯罪嫌疑人52名,调查相关企业和公司210余家、涉案银行账户720

余户,清退或追缴涉案款物价值约6200万元,处置和化解40余起840人次老年投资群体上访或信访事件。

是年,市公安局还开展“打假”专项行动,立打假类案件108起,破案70起,抓获犯罪嫌疑人61人,移送起诉23人。被列为公安部挂牌督办案件的4起,参加全国集群战役31起,收网19起,取得战果12起。涉及发票犯罪方面的刑事案件立案70起,破案63起,挽回国家税款损失1700余万元,抓获犯罪嫌疑人92名,专项行动名次位列全省第一。2015年,市公安局开展“打假”专项行动,立打假类案件82起,破案44起,移送起诉27起,抓获94人。其中列为公安部挂牌督办案件的5起,接集群战役参战线索41起,其中25起集群战役收网,取得战果16起。

2015年,市公安局开展“守护平安”系列打击传销集中行动和“皖剑—2015”行动,立涉及传销刑事案件209起,破案201起,抓获传销违法犯罪人员1036人,刑事拘留236人,行政拘留24人,破获4起部督案件。迫于打击整治的强大压力,约8600名传销人员主动撤离合肥。“12345”市长热线接到的涉传投诉举报同比下降39%,市区110平台接涉传报警同比下降25%,全市下降3%。是年6月1日至11月30日,公安部、中国人民银行联合在全国范围内开展为期半年的打击整治假币违法犯罪专项行动。市公安局立假币犯罪案件21起,破获20起,破案率95%。截至11月,全市金融机构临柜收缴假币214.8万元,公安机关收缴假币25.4万元,金银假币收缴比例为12%。是年,省公安厅在全省开展为期半年的公安机关经侦部门联合整治银行卡网上非法买卖专项行动。行动中,市公安局经侦部门核查线索121条,通报情报线索200余条;破获银行卡非法买卖案件363起,上报买卖银行卡号961张、被冒用身份证185张、非实名手机号64个;摧毁银行卡非法买卖团伙12个,抓获违法犯罪人员41人,其中32人被检察机关批准逮捕,取得全省专项行动考核成绩第一名。

2015年,市公安局推进打击食药犯罪的“利剑行动”和环境犯罪“蓝天”“清水”战役,侦破公安部挂牌督办案件8起,省厅挂牌督办案件24起,抓获犯罪嫌疑人100人,涉案价值2000余万元。是年,市公安局经侦部门开展打击利用“黄金票”犯罪专项行动,立涉及发票犯罪方面的刑事案件案79起,破案78起,挽回国家税款损失2.7亿元,抓获犯罪嫌疑人115名,专项行动名次位列全省第一。

2016年,市公安局部署开展“打传”、“打假”、打击非法集资、打击虚开发票和出口骗税违法犯罪活动等专项行动,破获经济犯罪案件1131起,抓获违法犯罪人员919人,移送起诉792人,成功侦破涉案金额50亿元的安徽大蒲公司系列虚开增值税发票案等一批大要案件。深入推进“无传销城市”建设,侦破传销刑事案件289起,抓获传销犯罪嫌疑人2012人,成功侦破涉案金额达2.5亿元,涉案人员达2万人的“云梦生活”特大网络传销案,打响全省新型网络传销犯罪专项打击行动第一枪。同时,配合政府打传部门,取缔传销窝点5400余处,教育遣返助返传销人员6300余人,行政处罚一般传销人员1800余人,6万余名传销人员主动离肥。深入推进“E租宝”“三农资本”“泛亚”“大大集团”等非法集资案件侦办工作,全年立非法集资案件101起,破案85起,挽回经济损失13亿余元。

1999~2016年市公安局打击经济犯罪案件统计表

表6-3

年 份	立案(起)	破案(起)	破案率	挽回损失(万元)
1999	546	210	38.5%	2000
2000	680	271	39.9%	5000
2001	630	249	39.5%	4000
2002	605	262	43.3%	1300
2003	726	488	67.2%	450
2004	356	244	68.5%	950
2005	360	353	98%	23550
2006	872	644	73.9%	18000
2007	763	424	55.6%	7600
2008	503	399	79.3%	7550
2009	514	423	82.3%	7000
2010	578	464	80.3%	8000
2011	747	734	98.3%	18000
2012	2155	1488	69%	35000
2013	1130	993	87.9%	170000
2014	913	698	76.5%	125000
2015	1456	1091	74.9%	130000
2016	1461	1039	71.1%	200000

附:典型经济犯罪案例选录

侦破韩某明虚报注册资本、贷款诈骗部督挂牌案件

2001年3月25日,市公安局经侦支队接到合肥市新鑫房地产开发有限公司的举报,称合肥市万象工贸有限责任公司涉嫌虚报注册资本,该公司法人代表韩某明占有大量银行贷款,去向不明。市公安局经侦支队侦查发现:韩某明自1996年7月18日至2000年5月10日期间先后以合肥万象工贸有限责任公司、合肥万象建材有限责任公司、合肥华佳建筑装饰有限公司的名义,从安徽省建行铁路支行、安徽省工行寿春路支行、安徽省工行科技支行(合肥市工行广场支行)、合肥市工行城建支行贷款6笔,计1310万元人民币无法偿还,给国有资产造成特别重大损失。公安部将此案作为部级挂牌督办案件。市公安局专案组经过四个半月的艰苦工作,查明韩某明以虚报注册资本成立的合肥万象工贸有限责任公司、合肥万象建材有限责任公司、合肥华佳建筑装饰有限公司的真正目的,不是

用于经营,而是专用于骗取银行贷款,上述公司地址不断变更。犯罪嫌疑人韩某明为了掩盖贷款诈骗的真正目的,还利用“海南康泰装饰有限公司”“金林光电有限公司”“合肥万银制衣有限公司”“雄鹰基础建设有限公司”“中信装饰有限公司”“宝都大酒店”等10家公司从不同的银行设立账户,相互转账,便于提现,用于个人挥霍。韩某明最终于2001年7月12日凌晨,在“科苑新村”家中被抓获归案。

侦破系列以加盟代理为名进行合同诈骗案件

2009年以来,江西、河南、山东、河北等14个省市的数百名受害人陆续前往合肥市报案、信访,称“安徽省合肥市菲利普斯有限公司”“安徽省天目环保科技有限公司”等多家公司,以国外公司在中国地区总代理的名义,利用同样的产品,不同的公司、不同的产品名称、不同的国家代理证书,大肆诈骗群众钱财。受害群众交了钱后,即便是收到部分货物,也都是假冒伪劣产品,致使他们退货无门,损失惨重。

针对这种情况,市公安局相关领导高度重视,及时与市检察院、工商局等部门密切沟通。做好准备后,市公安局抽调精干力量成立专案组,从2月12日起在全市范围内开展以利用加盟代理进行合同诈骗为打击重点的“春雷一号”专项行动,打掉利用加盟代理实施诈骗的团伙3个、公司15个,破获案件150余起,涉案金额1200余万元。该项行动被《人民公安报》、公安部经侦局简报报道。

侦破部督“统一会”特大组织领导传销活动案件

2010年9月6日,庐阳公安分局在处理一起闹丧事件中发现参与闹丧人员均为在肥的传销人员,于是将其中一名领头者控制审查,随后移交至包河分局经侦大队作进一步查处。通过侦查发现:该传销人员参与的传销团伙名为“统一会”,是一个全国性的传销组织。

是年12月14日,由市公安局经侦支队牵头,从相关分县局抽调精干力量组成专案组,具体侦办此案。在前期经营的基础上,2011年1月10~16日,市公安局在全市范围内成功组织一次打击传销犯罪专项行动,出动警力1800多人次,清查、捣毁传销窝点130多处,抓获传销人员367人。为彻底摧毁传销组织网络,专案组于3月15日、4月20日、5月19日行程数千里,奔赴湖南长沙、常德、浏阳和广西南宁等地成功抓获10名在逃犯罪嫌疑人,取得重大战果。

2011年5月30日,公安部就“统一会”案件成功侦破特地发来贺电指出:合肥市公安局经侦部门从细微线索入手,缜密安排,周密部署,果断行动,成功侦破了莫某刚等人组织领导传销活动案。为此,公安部特向合肥市公安局全体参战民警表示热烈祝贺,并致以崇高的敬意和亲切的慰问。

侦破“E租宝”专案

根据公安部、省厅统一部署,2015年12月11日,市公安局陆续对“E租宝”涉及合肥市的关联公司和融资项目公司开展调查(简称“11·20”专案),接待受理投资人报案并积极做好相关稳控工作。在整个“11·20”专案中,市公安局对全市13家“E租宝”分支机构及关联公司全部立案侦查,核查融资项目公司53家,审查涉案公司相关人员110人,对其中58名嫌疑人分别采取刑事拘留、取保候审、监视居住等措施。

在案件办理过程中,市公安局依法对13家“E租宝”分支机构及关联公司的资产采取查封、冻结等措施。其中,扣押汽车4辆、现金7.7万元、银行卡65张,以及名烟、名酒、名包、电脑等物品,总价值500余万元。冻结账户320个,冻结金额47.4万元。

市公安局核查投资人11999人次、11303人,涉及投资金额4.9亿元。目前,相关案件已破案,部分案件已移送起诉。

破获安徽省境内经侦史上最大的虚开增值税发票案

2017年3月21日,《江淮晨报》A10版、《合肥晚报》A12版、《安徽商报》04版报道:一张小小的发票,成为不法分子手中变现、牟利的工具。近年来,虚开增值税发票案多发高发,虚开金额越来越大。3月20日,合肥警方对外通报一起案值达50亿元的公安部督办特大虚开增值税专用发票案,抓获余某、李某、陈某某等9名犯罪嫌疑人。据了解,这也是安徽省经侦成立以来案值最大的虚开增值税专用发票案。

2016年3月,合肥市国税稽查局向合肥警方移送安徽大蒲贸易有限公司、安徽德耀有色金属有限公司涉嫌虚开增值税专用发票的线索,案值特别巨大。接到线索后,合肥警方立即协调税务机关组成联合专案组开展工作。

此时距案发已过去半年时间,相关嫌疑人伪造、销毁证据,订立攻守同盟,专案工作一度陷入僵局。面对这一情况,专案组通过对资金流、发票流建立数据模型分析梳理,终于发现一个以“黄金票”为源头的特大虚开增值税专用发票团伙。专案组同时发现该团伙还控制另外4家公司用于虚开增值税专用发票非法牟利。

犯罪事实已经查清,对犯罪嫌疑人身份的调查及抓捕工作随即展开。嫌疑人具有极强的反侦查意识,冒用他人身份信息,利用代办人员注册成立空壳公司,在税务机关管理过程中从未留下任何蛛丝马迹。专案组立即调整思路,在有关部门的大力协助下,充分利用“大数据”开展深度研判、分析,抽丝剥茧,拨开层层迷雾,一个以余某、李某夫妻2人为首的虚开增值税专用发票的犯罪团伙终于浮出水面。

从2016年5月至8月,专案组先后抓获李某等8名犯罪嫌疑人,但主要犯罪嫌疑人余某始终在逃。专案组先后多次前往新疆、河南等地,行程近万里实施抓捕,通过不懈努力,专案组在安徽省太和县成功将犯罪嫌疑人余某抓获。

据办案民警介绍,犯罪嫌疑人余某、李某纠集犯罪嫌疑人于某、陈某某等人,先后在合肥成立大蒲公司、德耀公司、海即兴公司、皆运公司、艾利克公司、晶仙雅华公司,在没有真实业务往来的情况下,采取低买高卖的形式,从沭阳利泉商贸有限公司等全国50余家公司购买虚开的增值税专用发票,向高邮佐仕金属制品有限公司等全国200余户企业虚开增值税专用发票,涉案金额高达50亿余元,金额特别巨大,犯罪嫌疑人余某、李某等人非法牟利数千万元。

由于涉案价值巨大,该案材料足足有58卷。安徽大蒲贸易有限公司等公司特大虚开增值税专用发票案已经移送合肥市人民检察院起诉。

第七章　禁　毒

20世纪80年代,危害中国近代近百年的毒品问题在经历建国后30余年的沉寂消亡后又死灰复燃。特别是在改革开放后,由于受国际、国内总体毒情形势的影响,毒品逐步渗入安徽,在江淮大地上发展蔓延。进入21世纪,毒品由原来的传统的海洛因、鸦片、吗啡、可卡因、大麻等为主,逐步让位于新型毒品冰毒、K粉、摇头丸和麻果等,吸毒人群也渐呈低年龄化特征。吸贩毒不仅严重危及人民的身体健康,同时因吸食毒品引发的社会治安问题也日渐突出。

党和国家从一开始就高度重视禁毒,动员全社会力量,采取系列措施全面防治。合肥市公安机关也一直不断地加大对毒品违法犯罪的打击力度。2000年7月,合肥市公安局禁毒支队筹备办公室成立。2003年5月11日,合肥市公安局禁毒支队正式成立挂牌,采取禁种、禁制、禁贩、禁吸"四禁"并举,打击、宣传、防治多管齐下的禁毒工作方针,堵源截流、综合治理,全力开创合肥市禁毒工作新局面。

第一节　禁种　禁制

禁　种

20世纪80年代末90年代初,合肥非法种植罂粟情况逐渐严重。市公安局按照公安部、省厅关于查禁私种罂粟相关通知精神,抓住罂粟播种、开花、结果的时机,采取有力措施,在城镇、乡村积极开展查禁工作。

1991年,市公安局加大对非法种植罂粟、大麻等毒品原植物违法行为的打击力度。结合以往经验,因地制宜,集中时间,集中力量,全力开展查禁私种罂粟统一行动。

1992年2月3日,全省第一次禁毒工作会议在肥召开。市公安局认真抓好会议精神的学习贯彻,按照省禁毒办每年开展"春季铲毒专项行动""秋季禁种统一行动"的要求,抓住秋季罂粟种子入土播种和春季罂粟花开进入收获期两个关键环节,及时发现、铲除非法种植的罂粟。通过宣传发动、签订禁种责任书、依法打击非法种植行为、开展踏查铲毒等形式,深入开展禁种工作。

1994年,市公安局认真分析全市禁种形势,把握重点,统一部署,开展打击非法种植罂粟专项行动。

1995～2016年,市公安局坚持常态化地抓好春季铲毒、秋季禁种两个毒品原植物重要种植环节，动员全社会积极参与，落实禁种责任制，开展年度查禁私种罂粟专项行动，严格执法，使罂粟非法种植现象得到控制。

禁　制

20世纪90年代中后期，制毒分子利用麻黄素、苯基丙酮等化工资源大肆制造冰毒，走私贩运至东南亚等海外市场，给国家带来严重不良的国际社会影响。面对新的毒品形势，合肥市各级政府相关禁毒职能部门按照职权分工，各司其职，相互配合，共同强化对易制毒化工产品的生产、经营、销售进行重点管控，加大日常监督检查力度，督促企业单位守法依规经营，从源头杜绝相关化工品流入非法制毒渠道。

2003年8月，合肥市禁毒委下发《合肥市加强易制毒化学品管理专项行动实施方案》，专项整治易制毒化学品市场。2004年3月，市公安局发布《合肥市关于易制毒化学品管理的通告》，通过《合肥晚报》向全社会发布，提升全民对易制毒化学品管制工作的重视程度。2005年11月、2006年10月，《易制毒化学品管理条例》《易制毒化学品购销和运输管理办法》相继颁布，市公安局禁毒支队一方面大力宣传新法规，普及知晓度；一方面加大对易制毒化学品企业单位的检查管理力度，依法查处相关企业单位的违法违规操作行为，彰显新法实施效力。

2009年，合肥市启用易制毒化学品监督管理系统。依托互联网，督促全市易制毒化学品企业单位入网经营，实现易制毒化学品管制工作网络化、信息化、便捷化。2011年8月，合肥市禁毒办下发《关于建立合肥市易制毒化学品管理协作工作机制的意见》，市公安局、安监局、食药监局、工商局多部门建立易制毒化学品联合检查制度与信息情报互通机制，全面提升全市易制毒化学品监管工作水平。2012年5月，市禁毒办组织相关禁毒职能部门，在肥西县官亭镇召开全市易制毒化学品管理工作（肥西）现场会，分析全市易制毒化学品管理工作现状，总结工作经验，推动全市易制毒化学品管理工作正规化、制度化进程，促使全市易制毒化学品管理工作有力、有序、有效开展。2013～2016年，每逢重大节日时段及抗日战争胜利70周年纪念活动、G20峰会安保等国家重大活动期间，合肥市禁毒办均会组织政府相关禁毒职能部门，深入基层一线，走进企事业单位，查台账、看设施、抓安全、促管理，全力确保行动、活动期间各类易制毒化学品得到有效管控，严防其流入非法渠道。

截至2016年，全市有易制毒化学品入网企业933家，其中生产企业7家，经营企业100家，购买使用企业816家，运输企业10家。正常使用易制毒化学品的企事业单位主要有化工厂、食品厂、水厂、药企、学校、医院、科研机构等（医院使用的主要是药品类易制毒化学品，主要由食品药品监督管理部门管理；其他企事业单位使用的多是第二、三类易制毒化学品，包括醋酸酐、三氯甲烷、乙醚、哌啶、甲苯、丙酮、丁酮、高锰酸钾、硫酸、盐酸等）。2016年，全市审批各类易制毒化学品许可（备案）证明7416份，其中一类运输许可证明2份；二类购买备案证明953份，二类运输许可证明95份；三类购买备案证明5534份，三类运输备案证明832份。

第二节 缉毒破案

2003年以前,合肥市的禁毒工作未设专门机构,分别纳入治安部门和刑侦部门查禁和打处。1992年夏,肥东县破获"肃毒运动"后首起贩毒案件。2000年7~9月,市公安局根据公安部、省厅统一部署,开展为期3个月的"加强娱乐服务场所管理,严厉打击卖淫嫖娼、赌博、吸毒、贩毒等社会丑恶现象专项行动"。2001年至2003年4月,根据公安部和省委、省政府关于开展禁毒严打整治斗争的部署,市公安局坚持以"打"开路,以"打"促治。2001年5月,省首次"堵源截流缉毒工作会议"后,9~12月,市公安局根据全市吸毒人员和毒情普查中收集发现的线索,组织开展"全市扫毒大行动"。2002年年初,市公安局根据省厅安排,参加全省10市为期8个月的"剿毒会战"。2003年,市公安局禁毒支队正式挂牌后,把缉毒破案作为重点,强化案件侦查经营意识。是年,根据国家禁毒委、省厅统一部署,开展整治歌舞娱乐场所吸贩"摇头丸"统一行动及省内10市再次组织的"剿毒会战"。行动中破获以杨某涛为首的贩毒团伙,抓获团伙成员8名,缴获摇头丸2360粒,海洛因170克,并首次在安徽省发现摇头丸新品种"一粒砂"。同时,市公安局还开展以打击零包贩毒为主的合肥区域性高发案件,形成对毒品犯罪的严打高压态势。

2004年4~7月,根据省厅部署,市公安局开展"遏制毒源"专项行动,以缉毒基础工作为依托,对重特大毒品案件,组织专门力量重点攻坚。

2005年年初,市公安局开展为期4个月的集中普查、收戒吸毒人员的"大收戒"行动。以缉毒情报工作为先导,加大堵源截流和打击跨区域贩毒力度。

2006年,市公安局认真贯彻落实公安部"青岛会议""台州会议"精神,整合全市警力资源,强化涉毒案件线索的收集,深挖毒源上线,开展"06—风暴"打击毒品犯罪专项行动,使打击涉毒违法犯罪效能得到提高。

2007年,在注重侦办毒品目标案件的同时,加大对城郊接合部、城中村地区的涉毒问题打击力度。

2008年,注重加大隐蔽力量的建设力度,通过隐蔽力量提供线索,破获一批涉毒刑事案件。

2009年,在全局范围内初步建成"缉毒侦查三级破案机制",形成缉毒工作"全警参与、共同打击"的良好格局,有效提升缉毒侦查工作水平。

2010年,落实缉毒破案捆绑工作机制,在加强自身案件侦办的同时,指导、参与基层所队开展缉毒破案工作。

2011年,以打击网络涉毒违法犯罪活动为突破口,全面整治易涉毒突出部位和场所。

2012年,市公安局禁毒支队加大对全市禁毒(刑侦)部门侦办毒品案件的指导服务,形成全市涉毒线索登记、经营案件备案、重大案件抓捕行动全市协同等工作机制,强化对毒品案件的深度经营意识,制定并印发《合肥市公安局关于进一步加强毒品案件侦查工作意见》,成功地解决一些因跨区域办理的毒品案件遇到的困难,提高了基层办理毒品案件的积极性。

2014 年 10 月至 2015 年 3 月，公安部在全国范围内开展为期半年的百城禁毒会战行动，这是禁毒历史上规模最大的一次全国性禁毒专项行动。合肥市作为全国 109 个参战的重点城市之一，全市各级公安机关高度重视，按照会战行动的部署要求，结合各地毒情形势、特点，全警动员、全警参战、全力以赴投入会战。全市抓获各类毒品犯罪嫌疑人 481 人次，破获各类毒品刑事案件 481 起，缴获各类毒品 17.11 千克，同比分别上升 111.9%、113.2% 和 105.3%；查获各类枪支 5 支、子弹 161 发；打掉 5 人以上涉毒团伙 13 个；确立部、省毒品目标案件 7 起，破获部、省毒品目标案件 9 起，制毒案件 1 起。百城会战期间，瑶海分局"2014·9·22"贩卖毒品案（部毒品目标案件）专案组多次赶往四川成都、凉山等地，梳理毒品来源通道及四川上家贩毒嫌疑人的活动情况。2015 年 3 月 27 日，专案组果断收网抓捕，刑拘嫌疑人 9 人，强制隔离戒毒 1 人，缴获毒品海洛因 5364 克，冰毒 295 克，创全市缴获毒品数新高。瑶海分局责任区刑警一队破获公安部挂牌督办的"2015·1·15"案件，查处抓获毒品犯罪人员 36 人、处理吸毒违法人员 60 人，缴获冰毒 4600 克、仿 64 手枪 1 支。会战期间，合肥市会战战果总体考评成绩全省第二。瑶海分局刑警三队受公安部表彰。2015 年，市公安局还按照省厅统一部署，积极推进与四川禁毒警方建立协作机制，并协调技侦、网安等部门深度经营，发动对涉毒高危人群在肥涉毒犯罪的攻坚战。与合肥市铁路公安处和深圳机场公安局建立良好的协作关系，建立情报共享机制，大要案攻坚能力大幅提升。

2016 年，市公安局突出涉毒重点地区和特殊群体涉毒犯罪的两大问题，重点整治瑶海区藏、彝族特殊群体涉毒问题，并将其作为重点项目工作在全局范围予以推进。在全市范围内组织 3 次规模较大的定点清剿行动，与瑶海区委、区政府主动对接，将新鸿安商城彻底关停，有效遏制瑶海区藏、彝族涉毒问题的发展蔓延。侦破"2016·8·20"贩卖毒品案，抓获涉毒犯罪嫌疑人 3 名，缴获毒品海洛因 13.2 千克，创合肥市新中国成立以来单案缴获毒品海洛因数量新纪录。

据统计，自 2003 年起，市公安局组织全市范围内集中开展统一行动达 43 次，破获毒品刑事案件 3651 起，抓获毒品犯罪嫌疑人 3944 人。其中破获公安部毒品目标案件 16 起、百克毒品大案 326 起、千克毒品要案 37 起，缴获各类毒品累计数量 3.02 吨，摧毁跨区域贩毒团伙 89 个，缴获各类枪支 36 支、子弹 832 发，毒资 471 余万元。合肥市缉毒破案工作一直保持着全省领先位置，公安部曾 9 次发贺电表彰合肥市侦破毒品目标大案。

若干年份合肥市公安局缉毒破案统计表

表 7-1

年份	破案数（起）	抓获嫌疑人数	缴毒数量（克）	缴获毒资（万元）
1991	3	5	0.9	—
1993	2	—	—	—
1994	9	—	—	—

续表 7 - 1

年份	破案数（起）	抓获嫌疑人数	缴毒数量（克）	缴获毒资（万元）
1995	3	—	—	—
1996	14	—	9.4	—
1997	16	56	15.3	—
1998	20	97	4563	—
1999	15	20	473.9	—
2000	26	32	326.7	—
2001	31	76	423.1	—
2003	64	44	2161.01	36
2004	13	28	4371.54	48
2005	19	29	23271.12	74
2006	60	78	13331.2	35
2007	32	36	2096.79	18.7
2008	255	247	19543.4	19.04
2009	294	315	398777.1	135.72
2010	326	318	12070.8	15.3
2011	306	304	10965.4	17.9
2012	431	432	13228.4	40.2
2013	468	468	33110.4	5.6
2014	576	576	26890.2	3.2
2015	476	476	17240	1.6
2016	192	307	2445000	21.6

第三节　禁吸　戒毒

20 世纪 90 年代,公安机关把挽救吸毒人员重新回归社会,作为一项重要任务。随着司法部门的各种戒毒场所相继成立,帮教吸毒人员逐步纳入政府职责。特别是 2008 年全国首部《禁毒法》颁布后,禁毒工作成为合肥市各级政府职责之一,形成齐抓共管的局面,禁吸戒毒工作也逐步走向法制化、规范化的轨道。

登记在册吸毒人员变化

2003年之前,合肥市掌握的登记在册吸毒人员尚不足百人,之后吸毒人员数量逐年增长。由于登记在册吸毒人员基数较少,增长趋势较为明显。2004年至2016年,合肥户籍登记在册吸毒人员数由2003年之前的82人,增长至9814人,吸毒人员数量年均增长率约为30%。其中2003年滥用合成毒品人员为14人,仅占本地户籍吸毒人员总数的17%;2016年底,全市登记在册吸毒人员滥用合成毒品人数为9016人,滥用合成毒品人数占比已高达92%。至2016年年底,合肥市已陆续出现瑶海区、肥东县、肥西县、长丰县4个毒品滥用千人县(区),庐阳区、包河区、庐江县登记在册吸毒人员也有900人以上。

吸毒人员查处、管控

1997年,合肥市坚持"禁种、禁贩、禁吸"三禁并举的方针,遏制各类涉毒违法犯罪,全年查处涉毒违法犯罪人员93人次。是年,市公安局开展吸毒人员普查登记工作,摸排登记合肥管控吸毒人员97人。

2003年,因受戒毒康复设施不健全、戒毒工作人员严重缺乏等客观条件制约,对已决定实行强制戒毒但不宜收入强制戒毒所执行的限期戒毒人员,合肥市全面推进帮教管控工作,认真落实社区、单位、家庭、派出所"四位一体"的帮教措施,加强对吸毒人员戒毒情况的监督、检查,对吸毒人员进行政策法律教育,从思想教育入手,因人施教,巩固戒毒成果,努力降低复吸率。2003年,全市查处吸毒人员50人次,强制戒毒1人,劳教戒毒1人。

2004年,禁毒支队于4~8月在全市组织开展吸毒人员和毒情普查专项行动,成立由市委副书记、市禁毒委主任黄同文任组长,公安、宣传、卫生等部门负责人为成员的普查行动领导小组,摸排出登记在册吸毒人员538人,外地吸毒人员51人,涉毒范围达到3个县、5个区、80个乡镇街道。

2005年,为贯彻落实胡锦涛总书记等中央领导关于"打一场禁毒人民战争"的重要批示和"4·14"全国深入开展禁毒人民战争电视电话会议精神,合肥市按照上级禁毒部门的总体部署和目标要求,下发《关于开展禁毒人民战争方案的通知》,明确禁毒指导思想、目标任务、组织领导、工作措施。开展为期4个月的集中普查、收戒吸毒人员的"大收戒"行动,全面摸排全市吸毒人员。

2006年,禁毒支队严格贯彻公安部《关于严格依法收戒吸毒成瘾人员的通知》要求,坚决杜绝以罚代戒、降格处理和随意缩短戒毒期限的问题,依法对吸毒成瘾人员进行强制戒毒、劳教戒毒。2006年8月至2007年12月,全市采集录入吸毒人员信息1610条(其中本地户籍吸毒人员数831人),审核全市入库信息1314条,录入完成率102.3%,超额完成省厅下达的吸毒人员动态管控攻坚行动信息录入任务,取得全省吸毒人员动态管控行动第一名的优异成绩,并被省禁毒委通报表彰。自此,合肥市吸毒人员查处工作逐渐步入正轨,公安机关吸毒人员查处工作逐步趋于规范,工作力度也逐年加大,吸毒人员查处数据逐年上升。

2009年,全市登记在册吸毒人员已达1599人,新发现吸毒人员223人。当年合肥市禁吸戒毒工作单项排名由2008年全省第十六名上升至第二名。

2010年,市禁毒办对全市联络员进行一次集中培训,促进各区、县禁毒民警提升各项业务技能水平,全面提高各区、县对吸毒人员的查处管控工作能力,最大限度地减少毒品对社会的危害。同年7月底,全市召开社区戒毒和社区康复工作会议。之后,禁毒支队全力贯彻全市会议精神,组织、协调相关职能部门,积极深入基层一线,指导、协调、督促推进社区戒毒和社区康复工作在全市各乡镇、街道施行。是年,合肥市禁吸戒毒工作再次取得优异成绩,位列全省首位。

2011年,合肥市社区戒毒、社区康复工作铺开后,禁毒支队通过积极向市委政法委请示汇报并多次递交报告材料后,在全省首家将社区戒毒(康复)工作纳入全市社会治安综治考核体系中,由市综治办制定出台《合肥市社区戒毒和社区康复工作考评办法及标准》,下发至各区县综治办贯彻落实,有力地推进了社区戒毒、社区康复工作的全面开展。该项工作得到上级禁毒部门的认可并在全省予以推广。同年,为有效遏制吸毒人员尤其是戒毒康复人员脱管失控情况,市禁毒办结合合肥市实际情况,在全省首家开展戒毒康复两类人员的"无缝对接"工作,并建立长效机制。

2012年,禁毒支队印发《关于加强和创新全市吸毒人员管理工作的实施方案》,进一步加大吸毒人员排查登记与查处管控工作力度,为严防各类吸毒肇事肇祸行为的发生,禁毒支队与车管所联合对吸毒人员机动车驾驶证进行清理核查,符合吊销条件的一律依法予以注销。11月5日,合肥市印发《合肥市开展社区戒毒社区康复和戒毒康复人员就业安置示范点创建活动实施方案》,要求每个区、县(市)各创建两个社区戒毒社区康复示范点和两个戒毒康复人员就业安置示范点,再以示范点为引领,带动本地区乃至全市戒毒康复工作的深入推进,全面提高戒毒康复工作水平。

2012年社区戒毒、社区康复示范点创建工作开展后,经各区、县、乡镇、街道的共同努力,2013年,合肥市蜀山区琥珀街道被国家禁毒委命名为"全国首批社区戒毒社区康复示范点",肥西县禁毒委被省禁毒委命名为"全省社区戒毒社区康复示范单位"。在示范引领的作用下,全市大部分乡镇、街道戒毒康复人员管控工作的积极性被成功调动起来,大家结合自身实践,总结出"五心"工作机制(真心、耐心、细心、热心、尽心)、"三六"工作法(建立三级机构,落实六项配套措施)、"四步"禁毒工作法(一查、二看、三帮、四落实)、"六帮一"工作机制(一个街道专职人员、一个社区民警、一个治安民警、一个社区医生、一个网格长、一个戒毒人员家属结对帮扶一名社区戒毒社区康复人员)、"3+1"结对管控模式(一个社区民警、一个网格长、一名家庭成员结对管控一名吸毒人员)、"三个定期"工作制度(定期学习、定期尿检、定期交流)和信息平台建设(建立戒毒康复人员的飞信平台,不定期将戒毒知识、温馨提示、会议通知、尿检信息等发给戒毒人员)等一系列行之有效的工作经验和做法,很大程度上提高了吸毒人员管控工作水平,得到被管控吸毒人员的赞许。

2013年,市禁毒委(扩大)会议在市政务中心召开,会议深入分析合肥市当前禁毒工作面临的形势和存在的问题,回顾总结全市禁毒工作情况,对今后的禁毒工作提出具体意见。是年市公安局禁毒支队与驾管所进一步深化合作,建立联席会商制度。

2014年,市公安局制定《关于进一步加强违法犯罪嫌疑人员尿检工作规定(试行)》,在全省乃至全国率先开展"逢嫌必检"工作,加大对吸毒人员尤其是新发现的吸毒人员的查处力度。市禁毒办还协调法制、监管、信通等部门,从各方面为“逢嫌必检”工作提供保障。全局各级法制部门严把审核关,没有现场检测报告书的,一律不予审批;各级监管部门严把收押关,没有现场检测报告书的,一律不予收押;信通部门对协同办案系统进行微调整,将是否吸毒项由选填项调整为必填项等。

2015 年,禁毒支队针对办案单位在吸毒成瘾认定方面容易出现不当处置的问题,制作“吸毒成瘾认定”的“微课程”教学视频,供全市禁毒民警借鉴学习。是年,市禁毒办授予 13 个乡镇、街道“合肥市社区戒毒社区康复示范点”荣誉称号,通过评比审查、优中选尖,将巢湖市禁毒委和庐江县白湖镇作为全国社区戒毒社区康复示范单位和示范点上报公安部。

2016 年,市公安局制定《合肥市关于开展吸毒人员网格化服务管理工作的通知》《合肥市吸毒人员网格化管理服务工作实施方案》,指导各基层相关单位开展吸毒人员网格化管理服务工作。为提高吸毒人员网格化管理服务工作效率,方便、规范基层社区(村)网格员开展吸毒人员信息采集工作,合肥市禁毒办针对基层工作特点,分析基层工作形势,设计制作《合肥市社区(村)网格员涉毒人员情况信息登记表》,并在表格背面备注禁毒相关法律知识常识,辅助社区(村)网格员了解学习,进而方便信息采集工作。

无毒社区创建

2002 年,省综治委、禁毒委下发《关于组织开展创建“无毒社区”试点工作的通知》。2003 年,合肥市建立 8 个“无毒社区”创建试点单位,各试点单位在当地街道、乡镇党委和政府的重视下,在禁毒、综治等部门密切配合下,广泛发动辖区群众,认真开展毒情调查、预防宣传、禁吸戒毒、社会帮教等工作,以“不让毒品进我家”和“社区青少年远离毒品行动”等活动为载体,充分动员社会力量和社区资源参与禁毒工作,将创建责任层层落实到城市社区、农村党支部等基层组织。

2004 年,在第一批 8 个试点单位的引领下,合肥市“无毒社区”创建试点单位增加到 23 个,其中高新区在全省禁毒工作会议上被授予“无毒区”称号。市禁毒委在高新区国家大学科技园召开创建“无毒社区”工作现场会上,对高新技术开发区、包河区大圩乡、肥东县众兴乡等创建无毒社区先进单位进行表彰,总结推广先进单位创建的成功经验和做法。

2005 年,国家禁毒委部署开展为期三年的禁毒人民战争,禁毒支队根据省禁毒相关工作要求,制定下发《关于提前做好 2005 年度创建无毒社区活动考评验收工作的紧急通知》,积极部署无毒社区创建工作,创建“无毒社区”试点单位 102 个,其中授牌“无毒社区”16 个、“无毒区”2 个。

2006 年,合肥市按照“党委领导保证,政府分管抓落实,公安先行打头阵,部门配合齐共管,全民参与堵源头,夯实基层固基础,严密防范拓新路,扎实开展保净土”的创建工作思路,多渠道、多形式、全方位开展“无毒社区”创建工作。当年,全市 126 个乡镇、街道已全面开展创建“无毒社区”工作,覆盖率达 100%,被各区、县政府命名的“无毒社区”77 个,授牌率达 75%,被安徽省政府命名的“无毒区县”2 个。

2007 年,继续在全市乡镇、街道推进“无毒社区”创建工作,是年,被各区、县政府命名的“无毒社区”95 个,被省政府命名的“无毒区县”2 个。

2008 年 6 月 1 日,《中华人民共和国禁毒法》实施,根据禁毒法规和省禁毒办通知要求,市禁毒办在庐阳区安庆路街道开展合肥市社区戒毒和社区康复工作试点,为全面开展社区戒毒及社区康复工作积累经验。

2010 年,社区戒毒、社区康复工作在合肥市全面开展,市禁毒委先后出台相关规定和配套制度,制定《全市开展社区戒毒和社区康复工作方案》。7 月,市公安局禁毒支队牵头组织召开全市开展社区戒毒和社区康复工作会议。是年,全市责令社区戒毒 167 人,报到 52 人,报到率达到 31%;社区康复 3 人,报到 3 人,报到率 100%。

2011 年,市综治办出台《合肥市社区戒毒和社区康复工作考评办法及标准》,将社区戒毒、社区康复工作纳入全市社会治安综治考核体系中。市公安局禁毒支队建立社区戒毒、强制隔离戒毒和社区康复无缝对接工作规范,落实对戒毒出所人员的帮教工作。是年,处置社区戒毒 116 人,社区康复 28 人。

2012 年,全市社区戒毒 223 人,较上年增长 75.59%;社区康复 83 人,较上年增长 176.67%;落实社戒社康人员与乡镇、街道的协议签订等工作,报到执行率达 92.5%。11 月,市禁毒办制定《合肥市开展社区戒毒社区康复和戒毒康复人员就业安置示范点创建活动实施方案》,要求各区、县(市)创建两个社区戒毒社区康复示范点和两个戒毒康复人员就业安置示范点,以示范点带动全市戒毒康复工作。2013 年,市禁毒办深入推进戒毒康复工作示范点创建工作,申报一个国家级社区戒毒社区康复示范点(蜀山区琥珀街道)和一个省级社区戒毒社区康复示范单位(肥西县禁毒委)参加国家、省禁毒办评定。是年,按照示范点创建活动方案的总体要求部署,对各区、县(市)的示范点创建工作进行达标验收,根据验收情况,将包河区骆岗街道作为合肥市示范点进行扶持。

2014 年,市禁毒办制定下发《关于深入推进全市社区戒毒社区康复示范单位(点)创建工作的通知》,推进社区戒毒社区康复示范点创建活动的开展,筛选并创建 13 个市级社区戒毒社区康复示范点。是年,合肥市蜀山区琥珀街道、肥西县禁毒委分别被国家禁毒办、省禁毒办命名为"全国社区戒毒社区康复示范点"和"全省社区戒毒社区康复示范单位"。

2015 年,市禁毒办对全市 13 个市社区戒毒社区康复示范点进行评比审查、优中选尖。于 5 月将巢湖市禁毒委和庐江县白湖镇作为全国社区戒毒社区康复示范单位和示范点进行申报评选。

2016 年,市禁毒办组织戒毒康复工作示范点创建回头看活动,从组织保障、制度建设、台账管理、工作成效等方面,对已命名的 13 家市级戒毒康复示范点进行检查评估,巩固示范点工作成效,强化示范点标杆引领作用。同时,积极推广倡导政府出资购买社会化服务,创新戒毒康复工作新模式。是年,肥西县将上派镇社区戒毒社区康复工作通过提案助推、考察论证、公开招标等程序委托给肥西县惠普社工事务所开展,开创合肥市政府购买社会服务力量开展戒毒康复工作模式的先河。项目试点启动后,戒毒康复执行率和管控率较以前有明显提高。

第四节　禁毒宣传

市公安局突出青少年和高危人群两个重点群体，开展禁毒宣传“进学校、进单位、进社区”活动，充分运用平面媒体、网络媒体，发挥公安机关在禁毒宣传中独特优势，同时协调配合禁毒委有关成员单位，扎实开展各种形式的宣传教育活动，落实预防教育措施。

1997 年 3 月，中央 5 号文件下达后，6 月份，以市委副书记、常务副市长车俊为组长的市禁毒领导小组开展大规模的“世界禁毒日”宣传活动，利用广播、电视、报纸、板报、标语等多种形式，大力宣传毒品的危害性，使广大市民受到良好的教育。

1998 年，在“6 · 26”国际禁毒日，合肥市禁毒办通过全市广播、电台、报纸等新闻媒介大张旗鼓地进行宣传。当日上午，市禁毒办在省博物馆组织开展合肥市“珍爱生命，拒绝毒品”万人宣誓签名活动。10 月 17 ~ 18 日，根据公安部、省公安厅要求开展“全国禁毒展挂图”宣传活动，由市公安局刑警支队牵头，在市府广场举办合肥市“全国禁毒展挂图”宣传活动。

2002 年 12 月，根据国家禁毒委《关于进一步加强中小学毒品预防教育工作的通知》，市公安局积极推进在中小学生中开展毒品预防教育。2003 年，合肥市第九中学被国家禁毒办、教育部联合命名为“全国中学生毒品预防教育活动示范学校”。

2004 年 1 月初，市公安局禁毒支队与蚌埠铁路公安局火车站派出所联合在火车站售票大厅南侧外墙设立大型禁毒宣传栏，张贴禁毒宣传画 20 幅。3 月，支队精心筛选并重新设计制作 500 余套合肥市禁毒宣传挂图、禁毒宣传光盘 2 套和各种宣传资料 2 万余份，发放到各区、县禁毒办。禁毒宣传月期间，全市设置宣传点 80 余处，出动宣传车 15 辆，张贴标语横幅 600 余条，发放宣传资料 2 万余份。支队还举办合肥市首届禁毒知识竞赛，通过《合肥晚报》刊出禁毒知识竞赛试题及相关背景资料，吸引全市群众踊跃参与，反响热烈，收回答题卡 23000 余份，经评阅，答题全部正确的为 2987 份。6 月 13 日，合肥市首届“光明杯”禁毒知识电视竞赛在省电视台举行并录制。同时，支队预防教育科还与省电视台联合策划六期禁毒宣传栏目——《透视“白色地带”》，6 月 21 ~ 26 日在省电视台经济生活频道《案件调查》栏目播出。“6 · 26”国际禁毒日当天，支队与庐阳分局在市政府广场联合举行大型禁毒宣传活动。

2005 年，市禁毒办、市教育局在学校开展毒品预防专题教育，在省禁毒办的大力支持下，先后在合肥九中、三十八中、职业教育中心、行知中学等学校开展“珍爱生命，拒绝毒品，现身说法进校园”活动，由劳教戒毒人员以自己的亲身经历讲述毒品对个人、家庭造成的严重危害。在《全省中小学毒品预防教育示范学校标准》文件下发后，合肥市制定《合肥市毒品预防专题教育实施办法》，文件以广大中小学生为预防对象，建立市禁毒委成员单位与学校开展“一对一”毒品预防教育的工作机制，明确市级毒品预防教育学校考核标准。当年，全市 41 所中小学经评选验收，被命名为首批“全市毒品预防教育示范学校”。合肥市第十一中学被评为省级毒品预防教育活动示范学校。6 月 23 日，禁毒支队、团市委、市志愿者协会在庐阳区大礼堂联合举行市禁毒志愿者服务总队成立仪式,550多名社区禁毒志愿者与会。6月26日,禁毒支队与省禁毒委在市体育场共同举行公开焚烧毒品大会,销毁毒品143.6千克。是年,支队还举办第二届禁毒知识竞赛和首届禁毒征文竞赛活动,知识竞赛的相关资料通过《合肥晚报》刊出,竞赛回收答题卡近2万张。

2005年8月1日至9月16日,市文化局在全市各大娱乐场所、电影院巡回展出禁毒宣传图片。10月31日下午,禁毒支队及合肥团市委、市第九中学在合肥市第九中学阶梯教室共同举办新型毒品知识培训班。

2006年6月3日,市禁毒办、庐阳禁毒办会同市药监局、林业局,在逍遥津公园南大门组织开展以"牢记历史教训、全民参与禁毒"为主题的纪念虎门销烟禁毒宣传教育活动。国际禁毒日期间,全市设宣传点130余处,出动流动宣传车15辆,制作横幅标语600余条,发放各种宣传资料10万余份。市禁毒办在全市5条线路公交车上发布禁毒车体广告,发送100多万条禁毒公益短信,印制发放40000副禁毒宣传扑克牌。6月20日,市禁毒办、市教育局联合举办毒品预防教育师资培训班,市教育局直属学校和各县、区中学及全市毒品预防教育示范学校的任课老师130余人参加培训。各级禁毒部门积极在省市、国家级媒体进行禁毒宣传,其中被《合肥晚报》《安徽商报》和《安徽法制报》等媒体采纳稿件近100篇,被《人民日报》《中国社会报·禁毒周刊》和新华社采纳新闻稿10多篇。

2007年,市禁毒办与市文化局历时4个月,联合开展"飓风"禁毒宣传活动,在合肥市70家大中型歌舞娱乐场所开展禁毒宣传巡展。6月16日,市禁毒办在新站区向日葵会所举办全市歌舞娱乐场所禁毒知识竞赛。省、市禁毒办领导观看竞赛并为获奖代表队颁奖。9、10月份,禁毒办在全市范围内开展歌舞娱乐场所宣传专项行动,对歌舞娱乐场所逐家上门进行禁毒法制宣传教育,发放《致合肥市娱乐场所业主的一封信》500余封。是年,市禁毒办、教育局对第二批"毒品预防教育示范学校"进行检查复核,并进行授牌,有2所民办学校加入并创建成功。当年,在国家及省市媒体刊登和播出禁毒文字、音像资料229篇(次);发放禁毒宣传光盘190盒,挂图120套,宣传页14.5万份,营造全民参与禁毒的良好社会氛围。

2008年6月份,在市禁毒委的统一领导下,市禁毒办围绕禁毒品、迎奥运的宣传主题,以《禁毒法》宣传为重点,开展声势浩大的禁毒宣传活动。全市组织开展各类禁毒宣传教育活动58次,发放禁毒教育挂图270套,光盘500个,宣传单页、折页10万份,宣传扑克2000副,禁毒公益手提袋18000个。各级禁毒办领导及民警深入学校,开展39场(次)毒品预防教育活动。10月21日晚,在禁毒支队组织下,安徽医科大学禁毒志愿者在主校区阶梯教室举办一场《禁毒法》知识讲座。10月28日,合肥市印发《合肥市〈禁毒法〉集中宣传行动方案》。《方案》明确要求各县、区及团市委、市妇联、市总工会、市文化局、市民政局、市司法局等禁毒委成员单位要结合实际情况制定具体的工作方案。要求根据不同情况采取有针对性的具体措施,针对市区人口密集的特点,结合和谐社区建设,组织禁毒志愿者小分队以"进社区"为重点,开发区以"进单位"为重点,结合"职工拒绝毒品零计划行动",加强对企事业单位职工的宣传教育;要求三县以"进农村"为重点,全面开展宣传教育。

2009年4月中旬至5月底,市禁毒办和市、区两级文化市场管理办公室采取联合行动,将禁毒宣传展板《防范新型毒品危害宣传教育挂图》在市内30家大中型歌舞娱乐场所巡展。6月23日上午,省“毒害家喻户晓,禁毒全民参与”巡回宣讲报告会在合肥举行。合肥市三个优秀禁毒志愿者和两个优秀禁毒志愿小分队在会上受到表彰,优秀禁毒志愿者何明智作为志愿者代表在会上发言。是年,全市广泛开展“上一堂禁毒教育课”活动。在市属学校进行17场禁毒教育讲座,其他学校62场。2009年市禁毒办、市教育局在《2009年度中小学毒品预防教育工作的通知》中,明确把是否将毒品预防教育纳入教育、教学计划,落实课时安排,落实师资,作为毒品预防教育是否合格的标准。2009~2011年,市禁毒办和市教育局通过制定年度全市中小学毒品预防教育指导性文件,组织示范学校经验交流座谈会,开展全市中小学禁毒漫画比赛,引导全市中小学深入开展毒品预防教育专题教育。3年间,30多所学校被评为年度市级毒品预防教育示范学校,习友小学于2009年被省禁毒办评为“省级毒品预防教育示范学校”。

2010年3月,市禁毒办、市妇联、团市委举办以“不让毒品进我家”为主题的宣传活动。4月,市禁毒办、市卫生局、市教育局开展“禁毒防艾”宣传活动。5月,市禁毒办、团市委、市教育局举办以“社区青少年远离毒品”“不让毒品进校园”为主题的禁毒宣传活动。6月宣传月期间,全市举行禁毒报告、讲座40余场,大型宣传活动13场,设禁毒宣传点60余处,发放禁毒公益环保袋近1万个、禁毒宣传单2万多份,接受禁毒宣传的人数达8万人。围绕“青少年与合成毒品”宣传主题,全市举行禁毒大型宣传活动15场(次),街头宣传71次,报告、讲座33场,发放禁毒公益扑克1.2万盒、禁毒宣传资料10万余份。6月26日,市禁毒委在马鞍山路万达广场举办“6·26”国际禁毒日宣传活动,活动由市禁毒办牵头组织,包河区禁毒办协助,市委常委、政法委书记、市禁毒委主任杨思松及市人大、市政协、市综治办等领导到活动现场给予指导。

2011年6月20日,由市禁毒办、教育局、团市委联合主办的合肥市中小学生禁毒漫画竞赛圆满落幕,495人获奖。是年,合肥市禁毒办设立“合肥公安禁毒在线”新浪微博,评析国内外禁毒形势,发布本地和影响较大的禁毒案例,宣传普及禁毒常识,公开合肥市禁毒动态,及时解答网友疑问,开通3年来,发布微博3092多条,拥有粉丝近3万人。

2012年,合肥市禁毒办将社会面宣传作为常态化工作持续推进,年初,结合全年禁毒工作,制定下发全年禁毒宣传教育工作纲领性文件和考核细则,将“六进”宣传工作和“6·26”国际禁毒日大型宣传活动作为全年预防教育工作重要考核项目,制定下发《2012年全市禁毒宣传工作实施意见》和《全市2012年禁毒宣传工作安排》。3月31日至5月15日,合肥市禁毒办联合市教育局,在全市组织开展9场毒品预防教育师资培训,培训禁毒骨干教师1100多人。5月底至6月中旬,合肥市禁毒办在《合肥晚报》开展第四届合肥市防范合成毒品知识竞赛。6月,市禁毒办和市教育局联合发文对全市中小学开展“上一堂禁毒教育课”活动。6月25日,市禁毒办召开禁毒工作新闻发布会,通报合肥市毒情以及2011年以来市公安机关打击毒品犯罪战果。中央驻皖及省、市23家媒体30余名记者参加新闻发布会,人民网等国内知名门户网站,中央人民广播电台以及省内电台、报纸纷纷进行报道。“6·26”国际禁毒日当天,合肥市禁毒办,全市12个县、区禁毒办、派出所和乡镇、街道同时开展集中宣传活动,开展禁毒宣传活动80余场次,设立禁毒宣传点48个,发放宣传品6万多份,接受咨询人数5万余人次。8月27日至12月5日开展“我们拒绝毒品”2012青少年禁毒宣传教育进高校行动。合肥市禁毒办制定并下发《“我们拒绝毒品”2012青少年禁毒宣传教育进高校行动方案》,将全市76所高校细化为片区,以97个社区民警为责任人实行网格管理。9月14日,市禁毒办在市公安局驾驶人管理所举办第一期驾驶人预防毒驾教育培训,70余名即将取得驾驶证的学员参加培训,取得良好效果。

2013年5月15日上午,禁毒支队到市委党校,为第41期青干班学员作了题为《珍爱生命,拒绝毒品——不容乐观的毒品问题形势》的讲座。6月26日上午,市禁毒委员会在滨湖新区世纪金源购物中心广场举办全市国际禁毒日宣传活动。市委政法委副书记、市禁毒委副主任许道和,市公安局党委委员、副局长杨援军到活动现场。市民政局、市卫生局、市经信委、市农委等市禁毒委成员单位派人参加宣传活动,现场有民警及相关单位人员、禁毒志愿者50余人参加宣传活动。活动发放禁毒宣传资料3000余份、禁毒扑克1000盒、手提袋1000只。6月,市禁毒办通过《合肥晚报》警方专版,在全市范围举办防范合成毒品知识竞赛,收到参赛答题卡4866份,经审核,符合抽奖条件的答题卡2191份。同时,纪念“6·26”国际禁毒日文艺巡演分别在安徽省肥西师范学校、合肥服装学校和安徽江淮汽车股份有限公司举行。9月14日上午,省、市禁毒委为配合中国禁毒志愿者汽车万里行活动,在合肥政务区天鹅湖广场举行大型宣传活动。11月,市禁毒办领导带队对市第四十八中学滨湖校区等申报2013年度示范单位的学校进行验收,命名13所示范学校。当年5月,市禁毒办、市教育局还下发《关于参加全国禁毒宣传教育讲课比赛的通知》,要求各县(市)、区禁毒办、教育主管部门积极组织辖区中小学参加比赛。7月18日,合肥市禁毒办、市教育局从全市中小学上报的禁毒宣传教育讲课比赛的33件视频作品中,评选出包河区四十八中、庐江县城关小学等10件作品参加全国比赛。经国家比赛承办单位评审,合肥市2名选手荣获小学组前三名,总体参赛成绩在全省位居第一,全国位居前列。当年,在国家禁毒办、中国禁毒基金会举办的全国禁毒微电影大赛中,合肥市禁毒办制作的微电影作品《重生》在全国近300部参赛影片中脱颖而出,入围决赛,荣获“优秀影片奖”。

2014年5月14日,中国禁毒基金会、无限极(中国)有限公司社区禁毒图书角项目,启动仪式在琥珀街道文化活动中心举行。禁毒图书角建立后,学习人次已有数千人,对社区戒毒、社区康复工作起到极大促进作用。6月3日,市禁毒办、市教育局在怀宁路宁溪学校举办虎门销烟纪念活动及全市中小学生禁毒手抄报竞赛颁奖仪式。6月11日上午,省、市禁毒办在肥西师范学校开展戒毒人员现身说法暨禁毒法制教育活动。6月26日,省禁毒办、市禁毒办及庐阳区禁毒办,在杏花公园东门广场举行“远离毒品——我们一起行动”国际禁毒日大型宣传活动。是年,合肥市在各级各类媒体报道合肥禁毒消息230余条(篇),其中在央级媒体和国家禁毒办自有媒体报道12条(篇)。

2015年5月1日至6月1日,举办合肥市禁毒知识新媒体竞赛活动,市民可登录网站或微博、微信竞赛平台参加竞赛。全市有7657人参赛。瑶海区禁毒办、经开区禁毒办获得优秀组织奖。5月至6月15日,省禁毒办在全省范围部署举办禁毒漫画优秀作品评选大赛活动。全市各中小学及有关单位上报参赛作品420幅。合肥市新城高升学校学生张倩等4人荣获一等奖,占总奖项的四分之一。合肥市获奖人员在全省最多,市禁毒办、禁毒支队荣获优秀组织奖。6月3日下午,合肥市禁毒委在琴港文化娱乐有限公司举办“勿忘国耻,珍爱生命,阳光生活”为主题的合肥市“禁毒防艾”文艺演出。7月7日,市公安局政治部和禁毒支队根据禁毒支队民警薛华超和妻子程海燕的真实事迹,改编拍摄微电影《无声的爱》。2015 年,市禁毒办、市教育局集中开展示范学校辐射带动专题活动,每个示范学校辐射 4 至 5 所其他学校,全市 500 所中小学参与此次活动。2015 年国家禁毒办和教育部授予安徽省肥西县示范学校"全国学校毒品预防教育工作先进单位"称号。

2016 年 3 月,合肥市禁毒办以青少年为重点,制定合肥市贯彻《全国青少年毒品预防教育规划(2016～2018)》实施意见,积极开展毒品预防教育大型宣传活动。当月,禁毒支队创建"合肥禁毒"微信公众号,支队预防教育科每周通过微信公众号,不定期的推送识毒、拒毒、防毒知识,向微信受众面宣传毒品预防教育。经过 3 个多月的试运行,"合肥禁毒"微信公众号关注人群已达到 9000 人。同时利用支队办公场所周边户外位置,积极开拓宣传阵地,设立禁毒宣传海报。4 月,合肥市禁毒办创新禁毒宣传形式,倡导健康文明的生活方式,成功举办以"远离毒品,毅路有你"为主题的大型禁毒宣传教育活动。6 月,禁毒支队举办合肥市禁毒知识网络(微信)竞赛。全市有 49354 人参赛,活动取得预期的效果。11 月,合肥市禁毒办负责组队参赛"青春的守护"2016 全国青少年禁毒知识竞赛电视决赛,荣获三等奖、取得全国第四名的优异成绩。

截至 2016 年 12 月,合肥市现有毒品预防教育示范学校 89 所,其中,国家级毒品预防教育示范教育学校 1 所,省级毒品预防教育示范学校 4 所,市级毒品预防教育示范学校 84 所。2016 年国家禁毒委员会授予安徽省合肥市五十中学"全国青少年毒品预防教育'6·27'工程先进学校"的称号。

附:禁毒重大案例选录

破获首起毒品大案杨某贩毒案

2002 年 5 月 30 日,禁毒支队筹备办抓获伙同他人从临泉县购买海洛因后返程的杨某,当场查获海洛因 160 克。随后,又在合肥市其租住处查获摇头丸 849.5 克、大麻叶 919.5 克。杨某,阜南县人,自 2001 年以来,伙同他人雇用 9 人,以"送外卖"的形式出售海洛因 151 克。2001 年 11 月至 2002 年 1 月间,杨某还伙同他人多次从广州市购买摇头丸及大麻叶到合肥市贩卖。2003 年 6 月 25 日下午,杨某被合肥中院依法执行死刑。

破获合肥市新中国成立以来最大一起制造、贩卖毒品案

2005 年 4 月 4 日,禁毒支队在省公安厅和市公安局领导下,经过缜密侦查,一举破获合肥市新中国成立以来最大的一起制造、贩卖毒品氯胺酮(K 粉)的特大案件,摧毁制毒加工窝点 1 个,抓获董某、吴某等犯罪嫌疑人 4 名,当场缴获毒品 K 粉 22.5 千克、毒资 40 万元、运毒汽车 4 辆。

首次破获涉枪贩毒案

2007 年 1 月 31 日,禁毒支队经过缜密侦查,成功地摧毁一个涉枪贩卖新型毒品团伙,抓获团伙成员 7 人,缴获毒品冰毒 24.6 克,毒资 2 万余元,仿真 64 式手枪 1 支,子弹 6 发。当日,犯罪嫌疑人孙某正在合肥市美菱大道高速公路出口处附近向南京市的王某、黄某购买毒品冰毒时,被禁毒支队民警当场抓获。现场在孙某驾驶的皖 AE2119 小汽车上查获

24.6克冰毒;同时在黄某驾驶的小轿车上查获毒资1万余元;在犯罪嫌疑人万某身上查获现金11800元,仿真64式手枪1支。

破获全国最大制贩羟亚胺案

2009年3月31日,禁毒支队在厅禁毒总队、市公安局的指挥协调下,成功破获“2·18”公安部毒品目标案件,一举抓获犯罪嫌疑人9名,捣毁制毒物品羟亚胺地下加工厂1个,缴获羟亚胺383.35千克、毒资93万余元,扣押涉案车辆3辆。此案是自2008年羟亚胺列管以来,全国破获的最大一起制贩羟亚胺犯罪案件,成功摧毁一个跨广东、四川、湖南等地非法买卖羟亚胺犯罪网络。

犯罪嫌疑人李某与犯罪嫌疑人林某、单某在盐城市“托福咖啡馆”内密谋,准备非法生产一类易制毒化学品盐酸羟亚胺。经商议后,由李某出资金45万元,组织生产和非法买卖盐酸羟亚胺;林某负责租厂房和召集生产技术人员以及生产盐酸羟亚胺的原料和设备的采购,销售盐酸羟亚胺的获利部分和李某平分。单某负责生产盐酸羟亚胺技术,每生产一吨盐酸羟亚胺能得到15万元的报酬。随后单某在盐城市又找到会生产盐酸羟亚胺技术的宣某,以每月工资1万元的价格雇佣宣某,准备共同生产盐酸羟亚胺。2008年12月1日,犯罪嫌疑人林某和寿县小甸镇李山化工厂厂长徐某签订租赁协议,以每生产一吨盐酸羟亚胺付6万元租金的价格租下该厂制毒。

破获“2016·3·8”特大网络贩毒案

2016年3月,禁毒支队二大队接举报线索:有一寄件人署名为“权先生”的快件,从合肥寄往安庆,盒内物品疑似毒品。经初查,发现黄某(男,29岁,宣城市人)有重大贩毒嫌疑。3月8日,禁毒支队将此案立为“2016·3·8”贩卖毒品案进行侦查。经侦查发现,犯罪嫌疑人黄某住瑶海区温莎杰座3栋2701室,室内藏匿毒品。随着案件调查的深入,黄某的另外2名帮助其发展客户、寄送毒品的同伙宋某、孙某进入警方视线。6月1日,专案组成员在合肥、宣城、杭州、成都四地的8个抓捕小组集结待命,以杭州小组为抓捕突破口,其余各点及时跟进,涉案的13名贩毒嫌疑人无一漏网,缴获毒品冰毒1265克,刑拘13人,治安拘留吸毒人员12人。

破获“2016·8·20”公安部毒品目标案件

合肥禁毒支队联合技侦、网安、蜀山分局等多警种多部门参战,滇、皖两省积极开展跨区域协作,抓获涉毒犯罪嫌疑人3名,斩断一条从缅甸—云南德宏—合肥—阜阳临泉的贩毒通道,该案是合肥市历史上破获的缴获毒品数量最大的贩卖海洛因案件。

2016年8月20日10时,合肥禁毒支队接省厅禁毒总队传递线索称:云南德宏边防支队通报,有一批毒品伪装在包裹中从境外缅甸经由云南德宏,快递至安徽合肥市。合肥禁毒支队将此案立为“2016·8·20”贩卖毒品案进行侦查。经初查,犯罪嫌疑人王某(云南昭通市人,男,29岁)有重大贩毒嫌疑。18时,犯罪嫌疑人阿华临时租用一辆小货车至蜀山区绩溪路与金寨路交叉口与王某交接货物,交易中被民警当场抓获,现场缴获毒品海洛因13187.1克,后在瑶海区佳易出租公寓内将陪同阿华取货的犯罪嫌疑人阿荣抓获。

第八章　监所管理

1997年，公安体制改革，实行侦审合一，市公安局预审处职能由原来的预审、监所管理变为单一的监所管理。合肥市公安监管场所持续开展管理机制创新，监管执法制度更为健全，管理工作更加规范，执法水平不断提升，依法履职能力显著增强，从以往“一看二守三送走”向“教育、挽救、感化”的方向转变，迈入“安全规范管理、展示法治文明重要窗口”的新阶段。

进入21世纪，随着监管信息化发展，充分利用监管场所犯罪信息资源库，发挥监管场所打击违法犯罪第二战场的作用，合肥市公安监管场所深挖犯罪在全省占据前列。2012年初，监管支队卫生所成立，与安徽省立医院、合肥市第二人民医院建立“所院协作”机制，实现公安监所从医疗社会化到医疗专业化的转变。2015年9月，总建筑规模86720平方米的合肥市关押中心投入运行，合肥市公安局监管工作注重软硬措施并举，在监所精细化管理上下功夫，不断提升监所安全管理能力和文明管理水平。监管场所各项工作、各个环节的执法活动实行全面规范化管理，变无序管理为有序管理，变被动管理为主动管理，变粗放管理为科学管理，不断提高看守所整体水平，促进看守所规范化、科学化、现代化建设，推动监所管理等级不断迈上新台阶，倾力打造全省一流、全国先进的公安监管场所。

第一节　监管业务

监管支队设在合肥市关押中心内，位于合肥市北部双墩镇梅冲湖路与颍州路交口东南侧。2015年9月，合肥市关押中心建成投入运行。合肥市关押中心内设合肥市看守所、合肥市女子看守所、合肥市拘留所以及在押人员食堂、合肥市第一人民医院公安监管分院、驻武警大队所属两个中队六大主体部分。

日常管理

1990年之前，合肥市看守所及市属县看守所主要以在押人员如实供述、认罪服法、检举揭发为中心，对在押人员进行政治、法律、劳动教育，配合诉讼工作。1990年3月17日，《看守所条例》颁布后，根据看守所关押普通刑事犯和青少年犯比重大的特点，更加注重教育工作。教育的目的主要是：消除看守所不安定因素；配合预审、诉讼、审判工作；防止恶性事故发生；争取在押人员家属和社会舆论支持；有利于在押人员判刑后的改造。教育的方法主要有：采取理论联系实际、因人施教、以理服人、循序渐进的方法。教育的主要内容是:在押人员监规教育、入所教育、法律法规教育、权利义务教育、政策教育、理想前途教育、公民知识教育、文化知识教育、劳动技能教育和出所教育。教育的主要形式有:集体教育、个别教育、谈话教育。采取一般教育与个别教育相结合,以个别教育为主;务虚教育与务实相结合,以务实教育为主;言教与身教相结合,以身教为主;长远教育与现实教育相结合,以现实教育为主;面授教育与自学相结合,以自学为主。

1997年,根据公安部要求,市公安局进行公安体制改革,预审处的职能由原来的预审、监所管理变为单一的监所管理。合肥市第一看守所、第二看守所、治安拘留所、安康医院、强制戒毒所等四所一院归预审处管辖。1999年,根据公安部统一部署,市公安局对公安监管职能进行调整,将公安机关限制人身自由的"三所一院",即:治安拘留所、收容审查所、强制戒毒所、安康医院,统一归口由监管部门管理。

2002年,市公安局监管部门贯彻执行省公安厅转发的《公安机关深挖犯罪工作规则》,成立以市公安局"一把手"为组长的深挖犯罪领导小组,并制定实施方案。是年,市第一看守所破获"2001·10·19"省公安厅督办的挂牌特大抢劫杀人案等。

2003年7月9日,连日暴雨,怀远县看守所院内积水深达35厘米,监房积水深达5厘米,危及在押人员的安全。在省公安厅协调下,10日19时许,肥东县看守所接受怀远县看守所转移在押人员230名。是年,市公安局预审处更名为"合肥市公安局监所管理支队",支队承担过去预审处的职能。市公安局对监管场所实行分区关押:将瑶海分局、包河分局、新站分局、公交分局、蚌埠公安处、合肥海关缉私侦查局、交警支队、禁毒支队、刑警支队等单位送押人员由第一看守所收押;庐阳分局、蜀山分局、经开分局、高新分局、经济侦查支队、国保支队、网安支队、治安支队、检察系统、省公安厅等单位送押人员由第二看守所收押。

2004年,市公安局监管支队贯彻落实《公安部关于进一步加强看守所工作的意见》,大力加强民警队伍建设,严格各项规章制度落实,结合"执法为民"大讨论和大练兵活动,狠抓监所安全管理及拘留所、部分县看守所对外开放工作;严格落实在押人员权益保障制度;与驻所武警中队建立联席会议制度,修订完善监所与武警中队处置突发事件应急预案,坚持监所与驻所武警每半年一次防汛防灾、防袭击防暴狱应急处突演练,提高民警处突和协同作战能力;落实人大代表、政协委员和特邀监督员制度,积极接受社会各界的监督;全年组织全市看守所和驻所监察室开展加强监管执法,加强法律监督,保障刑事诉讼法顺利进行,打击"牢头狱霸",保障在押人员合法权益的"双加强、双保障"教育整顿活动,开创看守所工作新局面。

2006年,根据公安部监所管理局《看守所勤务模式改革指导意见》,市公安局监管部门以"岗位设置科学、职责任务明确、勤务制度健全、执勤行为规范、警力配置合理、科技运用充分、运转机制协调、反应快速灵敏"为总体目标,实行值班巡视、监控岗位二岗合一,管教民警包监室和主、协管制度,实现监管动态信息主导勤务,建立切实可行、科学高效的勤务运行机制,提高看守所服从刑事诉讼和公安工作的能力。是年,市公安局监管部门开展"整顿违反规定办理取保候审,整顿监管场所安全隐患,规范道路交通技术监控设备的设置、使用和管理,规范公务枪支弹药的保管、领取和使用"为主要内容的专项治理活动,并制定出台《留所服刑犯考核细则》、监室"红黄"帽轮值制度等;监管单位还与驻所武警中队开展“共建、共管、共保安全”的“三共”活动；保持对“牢头狱霸”的高压态势，狠抓余刑犯特别是死刑犯、危重病、外籍和原职务级别较高等重点在押人员的管理。是年，实现公安部监管局提出的“两无一降”，即看守所全年无脱逃、死刑犯羁押无事故、监所事故持续下降的目标。监所连续5年安全无事故和队伍管理无违纪。

2007年，市公安局全面贯彻落实全国、全省公安监管工作会议精神，先后投入资金1300多万元，完成合肥市第一看守所监区、第二看守所提审区改造和支队办公楼及武警营房楼的建设工程；对合肥市第一、第二看守所、合肥市拘留所、安康医院监控设备进行更新和安装，投入30多万元完成监所门哨系统建设，购置2台囚车，有效提升监所基础设施保障能力和安全等级。是年下半年，中央政法委、最高人民检察院、最高人民法院指定，合肥市人民检察院、合肥市人民法院办理原江苏省人大常委会副主任王某龙涉嫌职务犯罪案件的公诉和审判，由合肥市第二看守所承担王某龙的羁押监管任务。市级看守所承担羁押省级干部的任务在安徽省公安监管史上尚属首次。面对中央交办的重大政治任务，合肥市第二看守所在当时实际关押800多人（设计押量400人）的情况下，根据省、市政法委指示，在省公安厅监管处具体指导下，从硬件设施、看押警力到管教干部、后勤医疗等各方面做了精心准备，制定严密羁押工作方案。认真落实各项工作制度和安全管理措施，确保王某龙自2007年12月6日入所到2008年5月8日诉讼活动结束，羁押5个多月无任何安全事故和泄密问题，完成中央交办合肥市公安局的重要羁押任务。

2008年，市公安局围绕“创建平安监所”的总体目标，完成合肥市第二看守所对角岗楼建设及配套设施完善工作，为各看守所监所配备安装AB门；大力加强信息化建设和应用，全面提高民警信息化应用技能，先后投入大量资金为市区公安监所配备计算机140台，投影仪1台，服务器5台，安装使用看守所、拘留所管理软件，为合肥市第一、第二看守所建立动态管理信息平台，实现日常管理信息化，“信息主导警务”得到充分显现，分析研判、预警、处置的速度、精度和能力得到进一步提高，形成动态信息主导监所勤务的格局，圆满完成省公安厅“三基”工程建设监管任务。

2009年，市公安局贯彻落实公安部党委关于“三项重点工作”“三项建设”“金盾工程”二期的工作部署精神以及《公安部关于进一步加强和改进公安监管工作的意见》，围绕打造“数字监管”，提高公安监管工作科学管理水平和服务公安中心工作能力，组织开展为期5年的公安监管部门信息技术应用深化普及工作。深化普及信息技术建设与应用，探索建立信息主导监管警务机制和制度，促进队伍建设正规化、公安监所管理科学化。全体民警基本掌握汉字输入和编辑文件等综合办公技能，在参加市公安局组织的计算机基本技能考核中，全员成绩均在合格以上；开发、建立监管信息系统平台，装备完善违法犯罪人员信息系统，与全省各监所联网，使在押人员管理信息化，民警能够熟练运用信息系统平台进行日常工作、处理日常事务，增强工作的科技含量，提高监所安全的保障力。

2009年，市公安局开始组建合肥市女子看守所，先是在全局通过借调、选配等方式配备女民警从事女性在押人员的管理工作；然后在关押中心建设方案中单独规划女子监所。2011年，合肥市女子看守所正式运行，主要负责对市区及所属三县一市女性在押人员进行集中关押，并完成对市公安局及长丰、肥东、肥西三个县5个看守所230名女性在押人员的集中关押管理。

2010 年 12 月,肥西县看守所被公安部监所管理局授予第二批“全国公安监管部门信息技术应用先进单位”。2011 年 2 月,省公安厅政治部评选肥西县看守所为“全省公安监管系统安全文明监所先进集体”。

2011 年,地级巢湖市撤销,其所属的巢湖市、庐江县两地看守所及拘留所划归市公安局管辖。针对夏季监所分流转押问题,监管部门提出“提前分流、避免淤积、就近羁押、降低成本”的 16 字方针,形成一整套的制度和方案。以市区监管场所为主,长丰、肥东、肥西、庐江四个县和巢湖市监管场所为辅,分押分流,提前削减市区监所押量,成功推迟羁押高峰的形成,规避大范围转移在押人员带来的安全风险,同时有效节约大量的人力、物力、财力,顺利保证监所夏季“三高”(高温、高羁押量、高发病率)情况下的平稳过渡。

2012 年 7 月,省公安厅发出“为合肥市分流部分在押人员,以确保重要案犯监管安全”指示,指令由宿州市、黄山市、马鞍山市公安局下辖的砀山县看守所、祁门县看守所、黟县看守所、和县看守所承担 150 人的分流任务,市公安局按时完成送押分流。是年,市公安局监管支队严格执行省公安厅《安徽省看守所安全预警工作规范》,坚持月安全检查制度,敢于较真碰硬,善于发现问题,真正做到预防在先,督促在前。针对各单位存在的问题,监管支队下发整改通知 12 件,确保安全隐患得到及时整改。有效确保监所实现“两防一退”(防事故、防非正常死亡、退出舆情关注热点)的工作目标。

2013 年,市公安局监管支队创新人权、监督、帮教三大机制,其具体做法是:创新人权保障机制。规范在押人员权利义务告知制度,将《在押人员权利和义务的规定》印制成标准化模板悬挂到每个监室,在监室内张贴权利义务告知和救济渠道;改革一日生活制度,取消沿用多年的静坐、反省制度,增加在押人员读书读报、文化法律学习时间,合理安排在押人员室外活动时间,科学安排在押人员一日生活;落实在押人员救助机制,对在押人员生活困难予以救助,帮助家庭特别困难的在押人员解决衣服、被褥、加餐、日用品等问题;推行在押人员视频会见,所内设立单向视频会见室,积极推行未决在押人员单向视频会见,开通互联网,尝试留所服刑罪犯实现互联网双向视频会见。创新服务诉讼机制。向社会公布联系电话以及值守时间,实行电话预约提讯、提审。创新监督制约机制。对社会开放工作实行常态化,经常性地邀请人大代表、政协委员、警风监督员、社会机关团体、在押人员家属等来支队及下属所院视察工作;建立在押人员投诉调查处理机制,每个监室设立报告装置、检察信箱,建立在押人员投诉登记制度,告知在押人员投诉途径,建立在押人员投诉受理档案;坚持和完善“所长接待日”制度,开辟群众反映问题的有效渠道;深入开展“三访三评”工作,积极走近群众,征询他们的意见,听取他们的建议,公布所长电子邮箱、QQ 号等,方便与群众高效互动、增强联系。创新回归帮教机制。以“对在押人员负责,为社会分忧”为指导思想,坚持“四个延伸”的监管教育模式,即“向前延伸”预防犯罪、“向后延伸”跟踪教育、“向内延伸”感化教育、“向外延伸”检举犯罪,通过监所警示教育基地,深入开展对外开放、法制宣传工作;定期到监狱对监所投劳罪犯进行探视和回访,定期到已释放回归社会的困难在押人员家庭访问,联系当地社居委、派出所、劳动保障部门,及时解决他们生活、就业上的困难,防止他们因为走投无路再走老路;加强亲情化教育,每逢重大节日,走访在押人员亲属,向他们介绍在押人员羁押期间的生活与表现情况,请他们以明信片的形式进行亲情鼓励,以延伸监所人性化管理措施,进一步拓宽监管工作的外延。

2015 年 3 月,合肥市女子看守所被安徽省妇联评为“安徽省巾帼建功先进集体”。3 月 30 日凌晨 5 时许,合肥市拘留所民警孙圣权值班时及时发现并成功处置一起被拘留人员上吊自杀事件,被记个人三等功一次。8 月,监管支队制定《公安监所被监管人员出所就医向指挥中心报备制度》,切实加强被监管人员出所就医管理,防止发生脱逃事故,把被监管人员出所就医作为公安机关的重要警情,送在押人员出所就医前向市公安局指挥中心报备,内容包括出所就医被监管人员状况、押解力量、安全措施、行经路线、医院地点及监管民警的联系方式等情况。9 月 6 日、8 日,新建的合肥市关押中心正式启用,市公安局精心组织在押人员安全转移工作,全市公安机关先后出动警力 2000 余人次、车辆 170 余台次,团结协作、连续作战,安全转移在押人员 1810 人,实现了“三个坚决防止发生”(坚决防止发生在押人员逃脱、坚决防止发生在押人员伤亡、坚决防止发生涉关押中心搬迁负面舆情事件)的既定目标。是年,市公安局贯彻落实公安部《关于进一步加强看守所工作若干问题的意见》,推出看守所民警“五个严禁”措施(严禁夜间单人开启监室门,严禁私自安排在押人员会见,严禁私自为在押人员购买、转递物品,严禁私自接触、联系、约见在押人员家属或者接受馈赠、宴请,严禁将手机等移动通信工具带入监区或者为在押人员与外界联系提供方便)。监管支队及时组织各监管场所制作“五个严禁”及违反处理的标识牌、小卡片,张贴于监区明显位置和民警工作场所醒目处;看守所指定专人负责打电话与在押人员家属联系,并报支队备案;加强检查督导,将其纳入月查的内容,同时,采取突击式、不定期、视频巡查的形式,督促各监管场所落实“五个严禁”。

2016 年 5 月 28 ~29 日,全省看守所精细化管理现场会在市公安局召开,与会代表实地观摩合肥市女子看守所,参观在押人员心愿墙、手工报展区,观摩在押人员精细化管理成果展示,观看女子看守所拍摄的《一日生活规范》教学片;监管支队作了题为《培育巾帼英雄,打造书香监所》的经验介绍。7 月 8 日,市公安局成功承办全省综合治理公安监所安全文明管理工作领导小组会议。与会的省领导们在充分肯定合肥公安监所文明管理成绩的同时,希望合肥市公安局认清形势,进一步增强做好综治公安监所安全文明管理工作的使命感、责任感;突出重点,着力解决制约和影响综合治理公安监所安全文明管理工作的突出问题;加强协作,不断提高综合治理公安监所安全文明管理工作水平。

2005 ~2016 年合肥市监管场所关押量统计表

表 8 – 1　　单位:人

年　份	市第一看守所	市第二看守所	市女子看守所	合肥市看守所	合肥市拘留所	安康医院
2005	3857	2376			2399	105
2006	3924	2405			3433	114
2007	3909	2371			3004	153
2008	3959	2666			2458	152
2009	4188	2697			3787	143

续表 8－1 单位：人

年　份	市第一看守所	市第二看守所	市女子看守所	合肥市看守所	合肥市拘留所	安康医院
2010	4396	2865			6206	145
2011	4435	2938			6602	120
2012	3587	3068	664		5928	117
2013	3766	3142	733		5677	131
2014	3824	3279	742		7686	132
2015			906	7684	9120	123
2016			958	8561	6793	122

注：1. 2012 年以前，女性在押人员分别羁押在原合肥市第一看守所和第二看守所。
2. 2011 年 12 月，合肥市女子看守所成立，单独羁押女性在押人员。
3. 2015 年，原合肥市第一看守所和第二看守所合并，成立合肥市看守所，单独羁押男性在押人员。

深挖犯罪

监管场所是“违法犯罪信息库”，最大限度地利用好这个“信息库”，深挖余罪漏罪，侦破隐案积案，可以有力地支持配合刑侦等部门打击违法犯罪，维护社会稳定。

1991 年，市公安局在监管场所通过深挖余罪漏罪，侦破隐案、积案 121 起，其中大案 48 起，增捕人犯 101 人，直诉 12 人，劳教 21 人，缴获赃款和赃物折款 50 余万元。成功地攻克外地公安机关审理达 10 个月之久仍不开口的杀人案。

1992 年，市公安局重视特殊在押人员工作，提高狱中侦察破案能力，先后破案 15 起。如市公安局通过市看守所一特殊在押人员提供线索，破获李某流氓杀人案、王某云抢劫杀人案和李某桥拎包盗窃 2.7 万元的重特大案件。

2001 年，市公安局行政拘留所配合“严打”整治斗争，在监管场所开展深挖犯罪工作，采取个别谈话、摸底排查等侦查方法，鼓励被拘留人员主动自首、主动揭发违法犯罪。是年，市公安局行政拘留为办案单位提供破案线索 45 条，破获大案 3 起，抓获犯罪嫌疑人 4 人。

2003 年，市公安局在监管支队增设狱侦科。2003～2004 年，狱侦科累计深挖各类犯罪线索 560 余条，涉案 761 起，成功破获各类刑事案件 270 起，其中特大案件 26 起（省公安厅督办、市公安局挂牌案件 2 起）、重大案件 62 起、一般案件 673 起，抓获网上逃犯 13 人，其他各类逃犯 12 人。是年，监管支队被公安部评为“全国公安监管系统深挖犯罪工作先进集体”。

2005 年 9 月，根据公安部《公安机关深挖犯罪工作规则》，市公安局下发《关于规范全市监管场所深挖犯罪工作机制的规定》，明确“把教育在押人员坦白检举犯罪线索作为拓展监管工作职能的一项重要工作”。全年获取线索 143 条，破获各类案件 306 起。

2006 年 12 月，市公安局贯彻落实公安部下发的《公安监管部门深挖犯罪工作规范》。

2007 年 4 月，合肥市公安监所深挖犯罪工作率先在全省实现深挖犯罪工作网上流转。流转制度将监所在押人员检举、揭发、自首、控告的线索首次通过市公安局大情报信息平台流转至全市各侦查单位。市公安局法制、督察、情报等部门分别对监所深挖犯罪线索流转、查证、反馈进行督促、检查、考核。通过情报平台流转，实现监所深挖犯罪全警参与、全警破案。全年流转线索 1800 条，破获各类刑案 5393 起。

2007 年，市公安局监管部门制定《拘留所 2007 年深挖犯罪工作实施方案》，继续突出人性化管理教育，把深挖犯罪作为一项重点工作来抓。通过增加谈话次数，加大教育谈话深度，办好亲情餐厅，设立磁卡电话，拘留室订报纸和设立图书阅览室等形式，丰富被拘人员的生活，坚持把深挖犯罪工作与安全工作和管理教育有机结合起来，增强对被拘人员的教育感化效果。全年提供案件线索 29 条，协助查证刑事案件 128 起，破获案件 128 起，抓获网上逃犯 2 人。

2008 年 4 月，市公安局制定《全市公安机关深挖犯罪线索网上流转暂行规定》，使流转工作步入规范化轨道，提升深挖犯罪线索查证效率。据此，市公安局监管部门实行深挖犯罪线索网上流转，并纳入市公安局年度绩效考评，取得丰硕成果。全年提供各类案件线索 692 份，涉案 5203 起，各办案单位反馈率为 100%，破获各类案件 4328 起，占同期破获刑事案件总数（24010 起）的 18%。是年，监管支队被省厅评为“全省公安监管部门深挖犯罪工作先进组织单位”。

2010 年 2 月，市公安局贯彻公安部《关于规范深挖犯罪工作有关要求的通知》，确立“通过加强教育转化工作，促使被监管人员如实供述司法机关还未掌握的本人其他罪行、检举他人犯罪线索”的工作模式，防止“侦押不分”带来负面影响或社会误解。“教育感化、深挖犯罪”取代“深挖犯罪”成为规范用语。7 月，市公安局以“我局监所深挖犯罪工作成效显著”为题，编印第 69 期《合肥公安情况》，介绍全市监管场所“充分发挥监所‘犯罪信息库’的作用，广泛开辟打击犯罪活动第二战场，上半年通过深挖先后获取重要犯罪线索 373 条，涉案 3540 起，带破各类刑案 1245 起，抓获网上逃犯 4 人，破案数占同期全市刑事案件破案总数的 23.65%”的优异成绩。是年底，监管支队深挖犯罪工作经验在全省公安监所推广，并报公安部监管局备案。

2011 年 6 月，市公安局开展为期 6 个月的清网行动，全市监管场紧密配合，提供各类逃犯线索 316 条，破获案件 2592 起，比对发现各类网上逃犯 16 名，抓获和规劝自首的清网行动对象 7 人，其中命案逃犯 2 人，历年逃犯 4 人。筛选各类在押人员和相关嫌疑对象 14000 多人次，其中配合侦查破获涉恶势力犯罪 2 起，省级挂牌案件 1 起（肥西县看守所破获），捣毁 12 个盗窃团伙，破获八大类案件 60 余起，抓获各类犯罪嫌疑人 37 人。9 月，深挖犯罪线索作为市公安局基础类线索纳入市公安局大情报系统，拓展全警参与深挖犯罪的范围。

2012 年 6 月，市公安局落实公安部《关于加强教育感化深挖犯罪工作的意见》，通过全面深入细致地做好教育感化工作，有效引导被监管人员自首立功、检举违法犯罪，把公安监管场所建设成为预防和打击违法犯罪、促进社会和谐稳定的重要阵地。是年，深挖犯罪获取违法犯罪线索 455 条，协破各类刑事案件 4200 起。

2013 年 6 月，省公安厅表彰 2012 年度全省公安系统先进集体和先进个人，肥东县看守所记集体二等功一次。9月26日,合肥市第一看守所民警陈继庚及时获取在押人李某某预谋再次提审时伺机袭击办案民警并自杀的重要情报,耐心细致地展开说服教育工作,使李某某放弃报复行凶自杀的念头,有效避免一起恶性安全监管事故的发生。民警陈继庚在监所管理工作岗位上,管理教育重案重刑人员200余人,先后发现化解各类监所安全问题100余起,鉴于其突出表现,2014年2月被省公安厅记个人二等功一次。11月,市公安局在打击"实际神"专项活动中收押的2名犯罪嫌疑人,受"实际神"影响,心理偏执、思想顽固,安全隐患大,市女子看守所民警李水芳、王玲多措并举,终于突破其心理防线,使他们主动交代真实姓名等隐情,确保案件诉讼程序的顺利进行。是年,监管支队积极开展教育感化工作,注重发挥狱侦手段作用,深挖犯罪;针对重特大疑难案件,深挖余罪,先后破获"2009·10·9"南苑新村入室抢劫案、2011年铜陵路沃尔玛超市黄金饰品盗窃案等一大批重特大刑事案件。

2014年5月,合肥市女子看守所民警刘冠亚根据在押人员举报,向刑警支队提供长丰县公安局2005年网上命案逃犯杨某的相关信息,为顺利捕获潜逃10年的命案逃犯提供了宝贵线索。刘冠亚被荣记个人三等功一次。

2015年,市公安局监管民警通过强化对在押人员的管理教育,保障其合法权益,使其主动坦白检举自己和他人的犯罪线索,实现打击犯罪和被监管人员心悦诚服并服从管理,促进监管安全的双重效益。合肥市看守所全年上报深挖犯罪线索103条,破获各类刑事案件43件。

2016年,市公安局看守所先后上报线索179条,反馈查证破获案件25起,抓获犯罪嫌疑人6名,抓获历年逃犯1人。民警王道成、夏道华因深挖犯罪表现突出荣立个人三等功并荣获嘉奖表彰。

2006～2016年合肥市监管场所深挖犯罪破获案件统计表

表8－2

年　份	破获刑事案件(起)	命案或挂牌案件	网上逃犯(人)
2006	306	1	12
2007	2466	2	34
2008	5393	2	22
2009	6395	1	43
2010	4820	1	19
2011	2590	3	16
2012	4200	2	9
2013	3495	2	11
2014	215	6	10
2015	885	1	11
2016	123	1	18

信息化应用

随着信息技术的高速发展，合肥市监所安全管理信息化建设，由以往传统人工记录台账的模式向大数据转变，2000～2005年，省公安厅监管处先后在合肥连续举办5期全省监管信息技术骨干培训班，监管支队选派多人参加系统管理员培训。接着，监管支队专门举办监管信息系统管理使用培训班，开展多种形式的计算机培训活动，基本实现全市看守所109名监管民警"全员上岗、全员培训"的工作目标。

2014年8月1日起，市公安局监管支队落实省公安厅监管总队新版看守所信息管理系统（BS版本）的应用工作，进一步推进"五化建设"（看守所勤务模式科学化、执法行为规范化、管理方式精细化、监管手段信息化、设施保障标准化建设）进程，全面启用新版看守所管理系统。经过为期2个多月的使用反馈和测试修改，邀请新系统开发公司对全体监管民警进行分批次培训，逐步完成新老系统的对接工作，确保新版系统的顺利使用，提升监所信息技术应用水平。是年，根据省公安厅下发的《全省公安监所监控联网建设设施设备基本要求》，监管支队积极行动，扎实推进，于2015年9月建成集通讯指挥系统、监管信息系统、应急报警系统等12个子系统为一体的公安监管智能化信息管理系统，并顺利投入使用。

2015年9月，市公安局监管支队完成视频巡查室建设工程，并成立指挥监控大队，承担监管支队信息化建设工作。通过视频监控系统对全市监管场所进行24小时巡查，进行视频监控、扫描、查询、调取、制作材料、存档等工作，实时收集、分析、反馈和上报情报信息，及时掌握全市监所舆情，综合分析在押人员的动态，实现在押人员动态分析研判、风险预报的全部网上操作和运行，进一步提高监管工作实效性和智能化水平。

2016年7月5～7日，市公安局监管支队指挥监控大队组织人员加班加点、连续奋战，顺利完成支队主干网的优化升级工作，监管支队主干网络的传输性能及可靠性能得到提升，服务监管场所安全管理能力得到加强。

医疗卫生

2005年11月，根据卫生部、公安部、司法部联合下发的《关于印发对监管场所被监管人员开展艾滋病病毒抗体检测工作方案的通知》要求，市公安局监管部门组织所属监管场所被监管人员进行艾滋病病毒集中检测。是年，在押人员中未发现艾滋病患者。2006年起，与合肥市疾病预防控制中心建立合作机制，每年对所有新进入监管场所的被监管人员开展常规检测工作，及时掌握监管场所的艾滋病疫情。

2009年12月，公安部、卫生部联合出台的《关于切实加强和改进公安监管场所医疗卫生工作的通知》，提出监所医疗社会化目标。自2010年起，市公安局监管部门开启积极探索医疗卫生工作的进程，努力实现医疗卫生由建立到完善，由社会化到专业化的转变。2011年6月，公安部、卫生部联合印发《看守所医疗机构设置标准》（简称"两部标准"），标志着公安监所医疗社会化不仅有实体，而且有其行业的标准。是年，市公安局监管部门在合肥市第一、第二看守所的监区分别设置专门的医务室和治疗室，配备具有执业医师资格的民警作为驻所医生，依法申领《医疗机构执业许可证》，负责监所日常医疗保障工作；

积极争取经费保障,严把入所体检关,逐步完善各项制度,健全在押人员医疗档案建设,加强医务人员业务能力培训。

2012年3月,市公安局监管支队成立卫生所,与安徽省立医院、合肥市第二人民医院建立“所院协作”机制,为公安监所开辟被监管人员救治“绿色通道”、“在押人员病房”等,确保在押人员享有医院提供的公共卫生服务、场地设施、医疗器材、药品和安全保障。是年,新关押中心设计方案中为监所医疗机构设计1800平方米的医疗用房,并根据《看守所医疗卫生专业化建设标准细则》要求,向市财政局申请400万元用于购买医疗设备。

2014年12月,市公安局贯彻落实公安部、国家卫生计生委联合印发《公安监管场所医疗卫生专业化建设工作方案》,正式推行公安监所医疗专业化建设,从医疗社会化到医疗专业化,对医疗水平提出更高的要求。

2015年9月,合肥市关押中心建成投入正式运行。合肥市第一人民医院公安监管分院(简称“监管分院”)是合肥市关押中心内设五大主体部分之一。监管分院位于关押中心看守所办公东区,总规模1800平方米,设有化验室、放射室、B超室、心电图室,病房床位27张。科室配置为管理组、医疗组(巡诊、门诊体检和急诊)、护理组、放射影像组、心电图组、B超组、药房组和检验组。是年,市公安局监管部门严格规范健康检查、日常巡诊等医疗操作,精心制定急诊处置预案;坚持日常工作做到“三个重点”,即对“重点”病号进行“重点”关注,安排值班医生全天候24小时“重点”盯防,随时掌握在押人员病情变化;分别于1月、4月、10月联系合肥市疾病控制中心,对所内1487名在押人员进行HIV抗体检测,全面掌握在押人员身体健康状况,提前做好各项疾病的预防工作;换季时节提前做好监室消毒卫生工作,确保在押人员安全、舒适地度过易发病季节。是年,市财政局又投资400万元作为监所医疗专业化服务费,在合肥市三甲医院范围内公开招标。合肥市公安局与合肥市卫生计生委达成一致意见,由合肥市第一人民医院承担监所医疗任务。

2016年,合肥市女子看守所完善医疗基础设施,降低安全风险。对新入监所的犯罪嫌疑人,严格体表检查和伤情自述,由所医进行体表检查后方可关押。严格进行人身检查,杜绝违禁物品进入监所。医务室配备氧气包以及应对高血压、糖尿病、心脏病、哮喘病的特效药品。对患病的在押人员,小病在所内,大病送医院进行检查治疗,稳定在押人员的思想。每月由所医对监区、监室进行3~4次卫生防疫消毒,特殊时期,特殊处理。此外,制定应急预案,保障在押人员生命健康权。是年1月,女子看守所及时救治1名哮喘病发病患者,避免一起看守所重大事件的发生。在押人员丁某,因案情复杂,多次扬言自杀,且于4月13日至4月25日间断性绝食,被女子看守所列为重大安全风险隐患管理对象,并制定应对预案。所领导、主协管民警、所医、驻所检察官、提讯和巡控民警等多岗联动,严格执行预案分工,落实相关措施,降低安全风险,避免了安全事故的发生。

2016年7月,市公安局监管支队与合肥市第一人民医院签订协议,合作成立“合肥市第一人民医院公安监管分院”。由监管支队提供分院用房、基本的医疗设备、保障医务人员的安全、负责被监管人员的住院管理;医院提供医疗服务、满足监所的医疗需求、确保有疾病的被监管人员得到及时救治,真正实现“公安监管部门负责监管安全,卫生计生部门负责医疗卫生”职责要求,使被监管人员的生命权、健康权得到维护和保障,促进了公安监管场所的安全与稳定。9月8日,公安监管分院医疗就诊正式运行,在职医护工作人员20

人(含医师5人,医技13人,药师1人,管理1人),床位27张,承担在押人员入所健康体检,监区内巡诊、治疗、突发疾病抢救与转诊、防疫、消毒、医疗讲座、艾滋病定期检测等职责,实现小病不出所、疾病能控制,既保障在押人员的身体健康,又减少出所检查和住院治疗的次数,大大降低在押人员出所就医过程中发生脱逃事件的风险。10月初,市公安局启用全省首家公安监管医院,进一步缓解对患病在押人员的管理压力,实现监管场所连续12年安全无事故。

第二节　看　守

看守机构

合肥市第一看守所　前身为合肥市看守所,位于六安路中段。1993年1月18日迁至合肥市城东乡螺丝岗,更名为合肥市第一看守所。面积3635.4平方米,可关押600~800人,为当时全省一流的看守所。

合肥市第二看守所　前身为合肥市公安局收容审查所,位于长丰县岗集镇。1991年迁至合肥市城东乡螺丝岗。1995年底,经合肥市编委批准,将合肥市收容审查所更名为合肥市第二看守所,与市公安局治安拘留所合署办公。1998年11月,合肥市第二看守所与市公安局治安拘留所分开,并开始筹建新所。1999年2月,合肥市计划委员会批复"螺丝岗关押中心内西侧新建合肥市第二看守所"项目。项目设计容量规模500人,总建筑面积6500平方米,其中:监房3440平方米,生活用房1260平方米,监管及办公用房1800平方米,总投资1100万元。2002年6月,合肥市第二看守所新所建成并顺利搬迁。

2015年9月,合肥市第一、第二看守所合并成立合肥市看守所,设在合肥市关押中心。总规模50400平方米,其中铺位制监舍120间,床位制监舍180间,特殊监室10间,谈话室68间,律师会见、讯问、特讯室136间,禁闭室68间,行政办公等用房81间。

合肥市女子看守所　2011年10月8日,根据《公安部关于对看守所女性在押人员实行集中关押管理的通知》,合肥市编委批准成立合肥市女子看守所。在合肥市第一看守所第三监区设立女子监区。2015年9月,合肥市女子看守所搬迁至双墩镇合肥市公安局关押中心。女子看守所总规模7200平方米,其中床位制监舍35间,谈话室10间,禁闭室10间,律师会见、讯问、特讯室16间,行政办公等用房37间。

安全管理

1990年3月17日,新的《中华人民共和国看守所条例》(以下简称《看守所条例》)颁布,明确看守所是羁押依法被逮捕、刑事拘留的人犯的机关。被判处有期徒刑一年以下,或者余刑在一年以下,不便送往劳动改造场所执行的罪犯,也可以由看守所监管。由此,合肥市第一看守所、第二看守所承担被判处有期徒刑一年以下,或者余刑在一年以下,不便送往劳动改造场所执行的罪犯的羁押、改造工作。

1991 年,公安部制定《中华人民共和国看守所条例实施办法(试行)》,细化看守所警力配备标准、收押程序等具体内容。据此,市公安局制定《关于贯彻执行看守所条例及其实施办法的通知》《看守所留所服刑犯人回家探望的暂行规定》等若干规范性文件,市属各看守所的管理工作逐步走上规范化、法制化轨道。

1992 年,市公安局贯彻落实《看守所条例》,全面改进和加强看守工作,在实行目标管理、岗位责任制基础上,坚持 24 小时双人坐班制度。全年组织 28 次安全检查,查缴铁钉、绳索等违禁品 120 余件,串供信 42 封,堵塞隐患漏洞 100 余处。严厉打击"牢头狱霸",对查获的 118 名"牢头狱霸"依法予以从重处罚。严格依法管理、文明管理,不断对人犯进行法制、道德、形势和劳动教育。积极做好防暑降温、防病治病工作,使在押人犯没有发生中暑、疾病传染和死亡等重大事故。

1995 年,合肥市第一看守所、第二看守所对在押人员采取监控、看守、管教三位一体的管理体系,严把"四关":犯罪嫌疑人入所关、转捕后的审讯关、起诉认罪关和判决后的教育关。管教民警实行明确分工、责任到人,对在押人员实行"五包",即:包监房、包教育、包管理、包卫生、包安全。在日常管理中发现事故苗头及时制止,防患于未然。合肥市看守所创办《醒悟报》,其稿件来自在押人员,用自己不学法、不懂法到走上违法犯罪道路的亲身经历进行自我醒悟,教育别人,深受在押人员的喜爱。

1998 年,合肥市第一看守所、第二看守所贯彻落实公安部在全国开展"严格执法、文明管理"看守所创建活动,健全各项工作制度,落实岗位制度,向社会公开承诺,接受社会监督,依法保障在押人员的合法权益。对被关押者不得称"人犯",而称"犯罪嫌疑人、被告人",或统称"在押人员";尊重在押人员人格,禁止剃光头,禁止在服装上印有"囚""犯人"等字样和侮辱性的图案;杜绝打骂、体罚、侮辱、虐待在押人员;制定看守所"严格执法、文明管理"八项承诺。是年,被公安部确定为全国 45 个"严格执法、文明管理"创建活动试点看守所之一。看守场所规范化、科学化、现代化建设促进狱内侦查、深挖犯罪等方面成效显著,先后破获省市挂牌督办的 1989 年"3·21"凶杀案,1990 年"3·20"杀人案,1993 年"11·26"杀人、抢劫、强奸案,1994 年"4·5"盗窃、抢劫案等,荣获市公安局最佳破案奖。

2000 年,在全市看守所环境和秩序专项治理工作中,合肥市第二看守所制定《管教工作守则》,对分管监室的民警实行监室"五包制",即包管理、包教育、包卫生、包安全、包生产,并对"五包"内容的标准进行量化、细化,以作为对监管民警工作年终考评的依据之一。针对劳动号管理这一监所工作的难点和重点,专门研究制定《劳动号管理规定》,对劳动号出入所、请销假、日常劳动生产和生活做出具体、严格的要求,确定"谁主管、谁负责、谁把关"的原则,一改过去多头审批,管理无序的局面,被省公安厅评为优秀单位。

2003 年,"非典"期间,合肥市第一、第二看守所加强值班,积极筹集药品、资金、物资,改善监区卫生、通风、饮食等工作,未发生一例"非典"感染导致在押人员死亡事故。

2004 年 3 月,根据公安部和最高人民检察院部署,在全国看守所及驻所检察室开展"加强监督执法,加强法律监督,保障刑事诉讼顺利进行,保障在押人员合法权益示范单位"创建活动,合肥市第二看守所紧密结合实际,精心组织,周密部署,不断加强和改进看守所的各项工作,2005 年 4 月,被安徽省公安厅和省人民检察院评为"加强监管执法,加强法律监督,保障刑事诉讼顺利进行,保障在押人员合法权益示范单位”创建活动先进单位。8 月,合肥市第二看守所被省厅确定为对外开放看守所,这是全省唯一一个对外开放的看守所。

2005 年,公安部开展监管场所管理整顿工作,合肥市第一看守所结合监管场所大整顿,积极进行勤务模式改革,在原有的基础上拟订《在押人员受虐报警制度》《在押人员约见检察官制度》《出所回访制度》《主管民警制度》《协管民警制度》等 13 种管教制度。

2012 年 3 月 14 日,第十一届全国人民代表大会第五次会议通过《关于修改〈中华人民共和国刑事诉讼法〉的决定》,新刑诉法第 253 条明确要求,对被判处有期徒刑的罪犯,在被交付执行刑罚前,剩余刑期在 3 个月以下的,由看守所代为执行。2013 年 6 月,根据公安部监管局《关于将余刑 3 个月以上罪犯依法送交监狱执行刑罚的通知》要求,合肥市第一、第二看守所,合肥市女子看守所及时制定交付执行工作方案,迅速统计留所服刑人员数量及剩余刑期基本情况,利用 2 个月的时间,分批次将 107 名(男性 93 名,女性 14 名)余刑 3 个月以上留所服刑罪犯依法交付监狱执行,维护法律的严肃性和权威性,保障监所安全稳定。2013 年,新《刑事诉讼法》的出台使得刑事司法程序朝向更文明、更开放的方向发展,对看守所工作提出新要求,看守所职能开始从保障刑事侦查向保障刑事诉讼转变,“两保障两并重”即“保障刑事诉讼活动顺利进行和保障在押人员合法权益并重”被纳入看守所法定职责中。

2014 年 1 月起,公安部在全国公安机关开展为期 2 年的看守所“五化建设”工作,使看守所更好地适应新形势、新发展、新时代的要求,全面提升看守所依法履职能力,树立文明规范执法新形象。监管支队根据“五化建设”标准和省厅监管总队下发的《看守所岗位执法工作规范》,按照“符合法律法规、有利勤务运转、便于高效管理”的原则,设置看守所岗位,明确工作措施,强化工作责任,抓好工作落实,扎实推进全市看守所“五化建设”。

2015 年 7 月 27 日,市委常委会第十二次会议研究决定,撤销市第一、第二看守所,重新设立合肥市看守所,正科级建制,内设 7 个机构,即:综合大队、收押大队、监控大队、监区一大队、监区二大队、监区三大队、监区四大队,为副科级机构。核定政法专项编制 96 名(现有编制 77 名,从市公安局编制调剂 19 名)。领导职数 6 名,所长、政委各 1 名(按副处级配备),副所长 4 名(按正科级配备),中层领导职数 14 名(按副科级配备),管理民警 105 人,辅警职工 69 人。针对极其繁重的看守任务,合肥市看守所紧紧围绕监所安全这个中心,遵循依法建所、科学建所的原则,不断深化看守所“五化建设”进程,开展“抓基础、严规范、强责任、求实效”活动,进一步推进看守所精细化管理:1. 安全巡控。按照公安部《看守所“五化建设”标准细则》相关规定,看守所对 6 个监区 120 个监室,设立 6 个监控室,3 个巡视小组,巡控岗位民警在巡视区域超过公安部规定的 50%、监控区域平均超出公安部规定的 200% 的情况下,坚持以监管安全为中心,密切配合其他各岗位,及时发现并消除多起重大监管安全隐患,确保看守所安全稳定。协调特警支队,完成看守所 320 监室重点案犯的监控看押任务。2. 综合保障。紧紧围绕监管安全中心,着力提高综合服务水平,完成监所基础设施维护、人员日常生活保障等繁杂的工作任务。特别是夏季,随着关押量逐日提升,气温逐渐升高,监所生活基础设施使用故障率偏高,维修任务繁重,加之每天要向 100 多个监室运送冰块,进行物理降温,从事后勤保障的综合大队值班民警每天只要一进监区,就是忙得汗透衣衫,甚至连口水都顾不上喝,但都全力以赴完成各项保障工作,确保供给有力。3.收押提审。市公安局看守所从确保监管安全大局出发,严把收押入口关,尽可能地将监管安全隐患排除在公安监所之外。截至2016年10月31日,合肥市看守所收押5228人,其中收押涉嫌故意杀人16人、故意伤害368人、贩卖毒品571人;法定出所4737人。仅2006年8月、9月、10月就接待各办案单位提审4663人次,接待律师会见3687人次,换押各类法律文书5871份;依法不予收押38人次,有效避免重大监管安全事故的发生。4.落实责任。看守所开展爱岗敬业教育,提高管教民警工作责任心。管教岗位克服警力不足,在押人员超量关押的困难,平均每人分管67人以上(超出公安部规定的12%),最多的管教民警分管人数多于80人(超出公安部规定的33%)。除了日常谈话教育,管教民警还要担负值班备勤、监区警戒、处理警情、送医就诊、押解投牢、住院看管等任务。截至2016年,投送监狱1059人,刑满释放649人,交付执行死刑罪犯6人。全年管教工作安全、圆满和顺利,没有出现任何安全事故。

2015年9月,合肥市女子看守所搬迁至新关押中心后完全独立运行,月均关押量约为350人。所内配备所长、政委各1人,副所长2人,下设提审岗、管教岗、巡控岗及内勤。是年,合肥市女子看守所收押625人,月均关押量300人。全年出所396人,其中投送监狱146人,监视居住16人,临时羁押33人,取保候审141人,刑满释放59人,其他处理1人。上报深挖犯罪线索17条,出所就医31人次,年底女性在押人员324人。2011～2015年,合肥市女子看守所全体民警和辅警围绕看守所"五化建设"这一主线,坚持法治思维、底线思维、统筹思维、问题导向、责任担当,探索勤务模式改革,推进执法规范化建设,实现连续4年监所安全无事故。是年3月,合肥市女子看守所被省公安厅确定为全省精细化管理示范单位,在监所精细化管理方面走出一条具有特色的教育管理新模式:1.量化考核细则。制订《监室管理规范细则》《监室日记》《在押人员权利义务告知书》等规章制度,根据《在押人员考核办法》,日记载、月评比,从在押人员的思想品德、学习、日常生活、内务卫生等表现情况量化考核,引导在押人员树立正确的世界观、人生观、价值观、荣辱观。2.细化一日生活。分割空闲时间,随季节变化调整一日作息,将每日24小时分割成二十几个时间段,每个时间段对应生活作息的安排,包括学习、作息、活动、训练、娱乐等,丰富一日生活和学习内容。3.开展多元化教育。定期邀请社会知名人士、法律工作者、医生进所授课,同时自发印制《刑法》《婚姻法》《国学诵读系列》小册子,与合肥市图书馆联系建立流动图书借阅点,增加图书馆的藏书数量和质量,用读书读报代替原先的生产劳动,营造浓厚学习氛围,体现教育转化效果。4.营造文化氛围。在监区以传统文化为主导、设计监区文化墙,在监区走廊墙壁醒目位置张贴大量积极向上、陶冶情操的名言警句,延长电视播放时间,并精心挑选革命题材的影视作品及歌曲,定期在监区播放,进行红色教育,缓解在押人员紧张、压抑的心理状态。5.丰富文体活动。每月开展一次监区文化主题活动,通过评、查、看、听、写五个方面给监室进行评分,根据名次给予在押人员月考核加分并发放奖励。敦促在押人员遵守监规,激励她们安心改造。如开展汉字拼写、书写心得体会、书法绘画、手抄报等比赛,既考查了在押人员的文字功底,又激发其学习文化的热情,弘扬正能量。

截至2016年,合肥市女子看守所新收押各类人员912人,比同期增加331人;变动出所396人,日均押量366人,比同期多押220人;日最高关押量达到408人。上半年出所635人,其中投送监狱148人,监视居住34人,临时羁押89人,取保候审281人,刑满释放83人。上报深挖犯罪线索20条,出所就医18人次。

第三节 行政拘留

1990年,市公安局拘留所坐落于合肥市螺丝岗。1995年,行政拘留所搬迁至新址,与市公安局收容审查所合署办公。1998年10月,市公安局在原行政拘留所的基础上,设立新的行政拘留所,与市公安局收容审查所分开,属市公安局二级机构。下设管教科、后勤科、技术科。2003年初,市公安局拘留所隶属市公安局监管支队管辖。

2005年底,根据公安部下发的《关于将治安拘留所更名为拘留所的通知》,合肥市公安局拘留所更名为合肥市拘留所。是年,按照公安部监管场所大整顿的要求,市拘留所着重解决监管工作不规范、执法随意大、管理秩序不好等突出问题,针对重点环节和重点岗位,制定措施,完善制度,建立健全长效工作机制。通过整顿,建立"两个规范",即《民警一日生活制度》《被拘留人员一日生活制度》。推行全员交接班,用早会的形式,由带班所领导对前一日值班情况进行讲评,指出需要注意的重点人、重点工作,部署需要完成的工作。改革勤务模式,实行民警面对面管理和主管、协管责任制,要求民警做到"四个知道、一个跟上",即知道被拘留人员基本案情、拘舍动态、在拘人员想什么、在拘人员需要什么,谈话教育要跟上。

2006年,市拘留所率先在全省应用拘留所信息系统进行被拘人员管理。建立起民警绩效考评制度,实现科学量化管理,解决"干与不干一个样,干好干坏一个样"问题。制定的《绩效考评细则》涵盖队伍管理、基础工作和被拘留人员管理等主要工作30余项,并坚持奖惩兑现,把绩效考核结果与民警个人的晋级待遇、评先评优有机结合,进一步激发队伍的生机和活力。制定《突发事件综合演练预案》,对劫持人质、暴力行凶企图脱逃、群殴、突然停电、火灾、地震、水灾、重大疫情等多种突发事件进行充分预设,制定应对措施,组织模拟演练,确保遇到重大突发事件可以从容应对处置、有备无患。

2008年,根据市公安局信息化建设的总体部署,拘留所加强信息化应用技能培训,信息管理系统录入工作全面展开,实现电脑辅助管理;建立综合信息平台,对监区动态、通知通报、意见建议、请示汇报、学习情况和考勤等日常工作实现信息化管理,结合民警绩效考核细则,增强信息及时传达、反馈和监督落实。

2010年,拘留所积根据公安部《关于全面深化拘留所收容教育所对社会开放工作的通知》要求,开展对外开放工作。开放过程中注意把好"三关",即符合参观接待条件的申请人员的"政审关"和入所"安检关""警戒关",确保开放工作的有序和安全。

2012年4月1日,《拘留所条例》正式实施。市拘留所按照条例提出的"依法、科学、文明"的总要求抓好管理,突出对人权的尊重和保障。12月14日,市拘留所贯彻落实公安部颁布的《拘留所条例实施办法》,将行政拘留、司法拘留和行政强制措施性质的拘留人员全部纳入拘留所的收拘对象,制定和完善对被拘留人员的相关管理规定;进一步规范收拘、安全检查、值班巡视、应急处置、生活卫生、教育引导、请假出所、解除拘留等各个执法和管理环节。

2012年,市拘留所首次设立严管拘室,对情绪不稳者、严重吸毒、重复违纪和拟送劳教、转刑拘人员实行"四严"(严把收拘关、严把会见关、严把出所关、严把管教关)重点管理,加大教育管理力度,坚决保证拘留室正常秩序和安全。同时,在严格执法中体现人性化管理。搞好会见工作,发挥被拘留人员亲友的亲情作用,建立起拘留所、社会、家庭三重帮教体系,一方面争取被拘留人员亲友或单位负责人的配合教育,另一方面使被拘留人员心理压力得到缓解,有效增强了对被拘留人员的教育感化效果,社会反响较好。

为外流的、家庭确实困难的被拘留人员提供棉被、生活用品,免除他们的伙食费,让他们切实体会到拘留所对他们的关爱,从而在一定程度上消除他们对政府、对公安机关的抵触情绪,对教育转化起到一定的作用;对确实有病不适宜关押的人员与办案单位及时沟通,及时采取变更措施。

关心照顾被拘留残疾人员,强调宽严相济的原则,既要维护执法的严肃性,又要想方设法在生活上关心照顾他们。为照顾他们的日常生活,所里购买简易坐便器,安排专人负责他们的就餐和起居,让残疾人员真切体会到家庭式的温暖。

2014年6月起,根据公安部的统一部署,市拘留所开展为期18个月的以"规范执法、创新管理、化解矛盾"为内容的拘留所"三项重点工作"推进落实活动。

2015年9月,合肥市拘留所搬迁至双墩镇合肥市公安局关押中心。市拘留所总规模7900平方米,其中拘留室74间,谈话室20间,禁闭室10间,会见室20间,行政办公等用房27间。是年11月10日,公安部下发《拘留所社会矛盾化解工作规范》,市拘留所设立矛盾纠纷调解办公室,对被拘留人所涉及的可能影响社会和谐稳定的社会矛盾进行排查。通过分析评估、政策引导、社会联动等多种工作方法,促使被拘留人与有关当事方之间消除对抗和矛盾,直接或者协助化解社会矛盾,全面提升管理、教育和服务的能力。

2016年,市拘留所通过开展"两学一做""正风肃纪""坚守纪律底线,培养高尚情操"等系列教育学习活动,从基础工作抓起,顺利实现当年度"两个安全"目标。基本做法是:1.以被拘留人一日生活制度的贯彻落实为抓手,规范被拘留人日常生活管理。落实省公安厅制定的《被拘留人一日生活制度》《拘室内务制度》,使被拘留人在拘留期间的所有活动、行为都有章可循,有据可依。拘留所印制《合肥市拘留所管理教育手册》,做到被拘留人入所人手一册;被拘留人的一日生活行为规范全部由广播号提示,包括每日的起床、就餐、就寝、静坐思过、法治讲堂、广播操等内容,确保其在拘留期间生活学习充实,管理教育有序,养成好的行为习惯。2.加强被拘留人动态跟踪管理。每日交接班集中进行所情汇总,由交班带班领导将前日收拘、管理风险评估等情况进行讲评,提出具体要求。建立被拘留人风险评估机制,使各岗位民警全部参与到被拘留人的管理工作中,改变原有单一的管理模式,有效降低风险。3.强化严管拘室管理。严管拘室基本关押吸毒人员。部分吸毒人由于畏惧强制戒毒,容易采取吞噬异物、自缢等极端方法逃避处理。为此,拘留所已经给严管拘室窗户加装防护网,并由管教民警指定人员,实行被拘留人值班制度,最大限度降低安全隐患。4.规范会见制度。规定每周二下午为会见时间,每次会见不超过3人,且必须携带身份证件进行登记。严管人员和节假日期间严禁会见，特殊情况要求会见的报支队领导批准。5. 设置储物柜，用于被拘留人暂存物品；开设被拘留人亲情连线，安装10部电话，方便其与家人沟通，保障其合法通讯权利；开放图书阅览室，方便被拘留人员借阅。此外，根据公安部监管局《拘留所社会矛盾化解工作指导意见》和省厅监管总队《拘留所社会矛盾化解工作规范（试行）》部署，拘留所积极开展社会矛盾化解工作。是年，排查社会矛盾纠纷31起，成功化解矛盾12起，最大限度地减少不和谐因素，确保监所安全和稳定。是年1月～11月，拘留所收拘6207人，同比下降23.7%，其中女性1924人，吸毒人员1234人，行政拘留6107人，司法拘留61人，拘留审查39人；办理建议停止执行33人，请假出所10人，外出就医32人次，转刑拘45人，强制戒毒或社区戒毒66人。

第四节　安康医院

合肥市公安局安康医院是安徽省唯一的一所依法对危害社会治安的精神病人进行强制医疗的专门机构，依法对不负刑事责任的精神病人履行强制医疗职责，具有治安管理和医疗的双重职能。

1992年5月18～20日，华东、中南、西南片安康医院协调会议在合肥召开，研讨收治管理危害社会治安精神病人办法。市委、市政府决定每年拨款10万元作为合肥市公安局安康医院日常经费，并增加更换X光线机、心电图、脑电图机的经费。是年，市公安局安康医院收治精神病患者95人次，治愈缓解出院23人次。

1993年5月，合肥市公安局安康医院被确定为“推进全国精神病防治康复试点单位”之一，逐步建立社会化的精神病防治康复工作体系。对此，市政府成立合肥市精神病康复工作领导小组。由副市长杨振坦任组长，公安局副局长沈成东任副组长，领导小组下设办公室，安康医院副院长王志祥任办公室副主任。随后，市精神病康复工作领导小组下发《合肥市精神病防治康复工作实施方案》。

1995年10月，市公安局制定下发《关于在我市部分大中型企业开展精神病社区防治工作的意见》，安康医院专门成立精神病防治康复工作小组（简称“精防小组”），到企业单位宣传精防工作，了解病员分布状况以及对社会治安的影响情况。帮助企业成立精防领导小组，指导制定精神病人肇事肇祸汇报制度、监护管理制度、随访治疗制度等规章。至1998年底，先后在美菱集团公司、荣事达集团公司、合钢公司、铁四局四处医院、省外贸包装印刷厂、合肥化工厂等大中型企业试点，建立精神病社区防治康复点，对可能肇事肇祸的病人实施有效的监护。如：合钢公司一病人，经常扛着铁棍四处游荡，甚至到办公室吵闹，被精神病防治康复点送入安康医院治疗，出院后正常工作，单位和家人均感满意；化工厂一工程师，每年发病1～2次，1996年落实精防措施后，精防医生定期随访指导其服药，之后其病情稳定，参加了厂里的多项技改工作，还升任为主任工程师。

1997年，合肥市公安局强制戒毒所（正科级编制）成立，与安康医院合署办公，“一套班子、两块牌子”。安康医院改造14间病房，设20张床位供戒毒人员使用。安康医院着眼于强制医疗病人对医疗质量的现实需求,抓好制度落实,搞好基础性工作,着力提高医护质量。坚持做好从病人入院收治、临床诊疗、疾病控制、病区巡视监护、重症患者的隔离治疗以及心理疏导、精神抚慰等每一个操作规程,在程序上严谨、缜密,努力做到不漏掉一个环节,不放过一个问题。为医疗工作、安全管理和医护质量提供有力保障。

同时,做好季节转换期各项工作。针对春夏、夏秋换季期精神病、老弱病残病员疾病易复发和流行病多的情况,注意加强病区卫生消毒防疫工作,提前备齐各种抢救器械和应急药品,以应对各种突发情况。细化病人的伙食安排、娱乐活动以及后勤保障、人员车辆值班备勤以及防火、防水、防电等具体事项,保证安全稳定。比如每年夏季,院里都会提前维护病房空调设备,维修更换病区的纱门纱窗;提高伙食标准,尤其是加大黄瓜、西红柿、绿豆汤等防暑降温应时菜蔬、食品供应;备齐备足十滴水、人丹等防暑药品和夏季常用急救药品;加强值班,加大巡查力度和对重点病人的跟踪观察力度,确保证病人安全。

注重加强医疗技能培养。通过不断强化医疗工作规范化、制度化建设,安康医院基本形成二级综合医院规模。1995～1997 年,精神病人收治数年平均增幅 25% 以上,随着医疗、护理任务的不断加重,医护要求的不断提高,现有的医护力量难以适应医疗工作新需要。安康医院借助外部资源,与合肥市第四人民医院(精神病医院)建立合作关系,一方面不定期派员跟班学习,提高精神病防护能力,一方面不定期请四院专家来院会诊重点精神病患者,提高医疗质量,增大安全系数。

进入 21 世纪,合肥市城市规模不断扩大,为解决安康医院床位不足困难,满足收治病人日益增多的需要,2002～2003 年,市公安局在双凤工业区金梅路 5 号新建安康医院。2006 年 6 月,安康医院新院落成启用,占地 40 亩,建筑面积 10000 平方米,其中住院部(病房楼)7000 平方米,行政综合楼 3000 平方米。经合肥市卫生局批准被列为二级综合医院。编制床位 300 张,实际投入使用 200 张,医疗设备总投资约 300 万。设有精神病专科、内科、外科、五官科、皮肤科、妇科、麻醉科等 10 多个科室,以及心电图、脑电图、医学检验、医学影像等多个辅助科室。工作人员 75 人,其中在编干警 17 人、聘用人员 62 人(其中政府雇员 30 人);从事医疗业务人员在职 41 人,其中医生 15 人、护士 26 人;中级职称 5 人、初级职称 20 人。2007 年 10 月,合肥市首家“国家级药物维持治疗点”在安康医院开诊。

2009 年 7 月,安康医院作为合肥市唯一的美沙酮维持治疗门诊,承担起全市长丰、肥东、肥西三个县和市区美沙酮维持治疗任务。

2011 年 1 月 18 日,市公安局安康医院参加“合肥市防治艾滋病工作委员会成员单位会议”,向与会人员介绍了上年度合肥市美沙酮门诊维持治疗工作情况,对 2011 年度美沙酮门诊工作提出具体意见,得到与会专家一致认可。5 月 12 日,合肥市市政府副秘书长刘锡成、市综治办副主任丁源军、市委组织部处长戴永莉、市残联理事长李民安、副理事长王宏等一行 9 人深入安康医院病区检查、指导工作,并召开座谈会。

2012 年 2 月,经市人社局审核批准,合肥市公安局安康医院被确定为“合肥市城镇居民医保定点医院”。

2016 年,安康医院收治病人 3 人,治愈出院 2 人,全年在院住院人数 119 人,为维护社会安全稳定增加了一道“安全阀”。

附:合肥市监所深挖犯罪典型案例选录

市第一看守所抓获一名历年命案逃犯

2010年12月22日,犯罪嫌疑人袁某又因故意伤害案件羁押在合肥市第一看守所。2011年1月7日,同案犯张某因涉嫌窝赃、销赃羁押于合肥市第一看守所,管教民警韦矿查其有3次前科记录。针对张某一直无业、经历复杂的特点,管教民警韦矿将其列为重点狱侦深挖对象,引导他交代余罪、检举揭发他人的犯罪,并通过特殊手法了解其思想动态情况。1月13日,张某检举同时关押在第一看守所的袁某参与2005年3月15日故意杀人案,指出其真名、户籍等信息。线索转至侦查单位瑶海分局责任区刑警二队,经查证,张某检举袁某故意杀人案属实:2005年3月15日晚,犯罪嫌疑人王某与受害人李某发生矛盾后,找来袁某(当时化名为袁伟)、张某、叶某驾驶皖A56790轿车至长丰县埠里乡中学北侧公路边,持刀将站在公路边的李某多处砍伤,后李某经抢救无效死亡。犯罪嫌疑人张某、叶某已被抓获归案,袁某由于真实姓名及身份一直无法查清,仍然在逃。

市第二看守所破获一起命案,抓获13年命案逃犯

1998年11月16日,长丰县水湖镇阮巷窑厂承包人代某与村民阮某柱因窑厂拉砖问题发生纠纷。次日,代某邀集俞某林、胡某友等人对阮某柱进行殴打,致阮某柱重伤死亡。案发后,主要犯罪嫌疑人俞某林一直潜逃。俞某林故意伤害致人死亡案案发时间长,涉案人员多,主要犯罪嫌疑人潜逃,受害人亲属多次上访,要求立即抓捕犯罪嫌疑人,尽快破案。

2010年11月,关押在第二看守所的杨某辨认合肥市历年在逃人员照片册时,检举在逃人员俞某林,提供俞某林经常出没于深圳和淮南两地,与之联系的相关人员也多是深圳市和淮南市人的线索,并反映俞某林在淮南购有房产一套。根据线索,长丰县刑警大队周密部署,2011年4月10日下午,在淮南市某茶楼包房内成功抓获俞某林,最终破获此案。

市第二看守所配侦一起公安部挂牌案件

犯罪嫌疑人王某娟、姜某杰等人,2009年起在广西南宁和安徽合肥等地组织领导传销活动,大肆发展下线,下线人员8000余人,涉案金额19亿元。该案件被公安部列为督办案件。

犯罪嫌疑人罗某强因在包河区滨湖新区从事非法传销活动,于2012年6月23日被第二看守所收押,其曾是王某娟手下另一传销分子王某的下线,民警利用这条线索,以罗某强为突破口,动之以情,晓之以理,通过对其进行政策教育和法制宣传,最终罗志强如实交代了王某娟等人的犯罪事实,并将所知的整个传销体系人员的详细情况一一供出,案件得以成功侦破。

市第一看守所破获省厅挂牌案件

在押犯罪嫌疑人宋某入所后,在民警教育下,宋某检举在押犯罪嫌疑人倪某盗窃案的重大线索。根据安徽省公安厅刑警总队下发的《关于公布"2012打击多发性侵财犯罪专

项行动”第二批挂牌督办案件的通知》,“合肥市瑶海区系列盗窃药房案件”赫然在列,而倪某正是该案件的嫌疑人之一。

瑶海分局责任区刑警二队接到线索后,立即组织得力人员,成立专案组进行查证。在瑶海刑警二队专案组的不懈努力下,最终于2012年4月7日顺利抓获该案件另一名在逃嫌疑人朱某。经审查,朱某交代自2008年以来,其先后40余次伙同倪某、席某等人流窜合肥、含山、安庆、祁门等地,采用租车方式,撬盗各大医院和社区卫生服务中心的药房,涉案总价值近80万元。省厅挂牌案件“合肥市瑶海区系列盗窃药房案件”顺利告破。

市女子看守所提供线索抓获一名命案逃犯

李某因涉嫌贩卖毒品羁押关入合肥市女子看守所。入所之初,因李某的毒瘾尚在发作期,管教民警一边进行心理疏导,一边给予生活照顾。细心的关心和帮助赢得李某对管教民警的感激和尊敬。

2014年5月的一天,李某再次询问举报能否立功的问题,但触及实质问题,又表现出犹豫,表示记不清楚了、再想一想。针对李某的犹豫反常情况,管教民警通过细致的工作,搜集李某的言语片段和生活中的异常变化。在全面掌握李某因顾虑怕牵连其男友的情况下,管教民警于5月26日对李某进行深入谈话,详细说明案件检举流程以及政策兑现情况,对其顾虑怕牵连其男友的情况进行了分析,最终打消了李某的思想顾虑。李某在沉默了一阵后,详细交代了一起命案逃犯的线索,并详细提供在逃主要犯罪嫌疑人的个人详细情况以及社会关系网。

管教民警和分管领导经分析,将李某相关检举材料迅速固定、流转,将潜逃10年的命案逃犯杨某抓获归案。

合肥市看守所深挖出一名隐姓埋名的历年网上逃犯

2016年5月初,管教民警通过日常工作,了解到2016年4月12日因涉嫌盗窃被捕的犯罪嫌疑人陈某用的可能不是真名,而且是网上在逃人员。管教民警在询问陈某的详细地址及家庭成员情况时,陈某吞吞吐吐,犹豫不决,心存顾虑。管教民警立即对其的身份信息进行查询,发现其可能系砀山县警方2012年上网的历年逃犯。看守所再次对陈某进行政策教育,说明坦白自首的法律政策,并将相关查询信息对其进行核实讯问。迫于强大的政策攻势,陈某承认了自己是冒用他人身份信息,其真名叫陈某某,并主动交代了2012年9月4日下午,指使他人进行诈骗,骗取受害人杨某某15万元的犯罪事实。看守所迅速将相关线索转递给办案单位,案件经查证属实。

第九章　警　卫

在安徽省境内，省会合肥市公安机关担负的警卫次数最多，承受的警卫任务最为繁重，这也是合肥市公安工作突出的亮点之一。进入21世纪，随着党和国家领导人以及重要外宾来皖视察的规模和频次逐年递增，合肥公安警卫工作实现从传统的人海战术向现代的科学用警、精确布警转变，极大地释放了警力资源，提升了警卫工作科学化水平。

第一节　警卫制度

1989年2月，市公安局落实省公安厅《关于警卫工作若干问题的规定》，对警卫人员职责、警卫部署和执行、警卫基础工作、警卫工作纪律等均作出具体规定。3月，市公安局贯彻省公安厅《关于执行警卫任务中道路安全工作有关问题的意见》，对省会城市道路安全有关随行警卫车辆的职责、措施、交接等事宜作出详细规定。

1990年12月，市公安局贯彻落实省公安厅下发的《安徽省专列警卫工作暂行规定》《住地警卫工作细则》《现场警卫工作细则》《重要会议警卫工作细则》《专机警卫工作细则》等文件。克服过去警卫工作的随意性、部署上的盲目性，促进合肥市警卫工作制度化、程序化。

1992年8月3日，市公安局贯彻执行《安徽省警卫工作暂行规定》，加强警卫对象活动现场、住地和重要会议的警卫工作。11月4日，市公安局贯彻省公安厅《警卫任务方案（试行）》，根据不同警卫对象的规格和安全措施，研究、制定不同等级的警卫任务方案，并就相关细节做出具体规定，确保警卫目标安全。

1994年7月，市公安局贯彻执行中共中央办公厅、国务院办公厅《警卫工作规定》，明确警卫工作的主要任务、方针、指导思想、原则、组织指挥等内容，内宾、外宾警卫对象及其警卫范围，严格执行警卫规格和相应的安全措施，就紧急情况处置作了说明和规定。

1995年，市公安局贯彻落实省委、省公安厅关于“进一步改进警卫工作形式问题”的5点意见，严格执行中央《警卫工作规定》及安徽省《重要内宾来皖接待试行办法》，简化各级领导干部外出活动接待警卫工作。在警卫工作形式简化的情况下，更加注重警卫工作在组织上、部署上的“精细”，确保安全，万无一失。

1996年2月2日，全国人大常委会副委员长李沛瑶被害。市公安局组织警卫部门和相关单位认真学习中办发〔1996〕9号文件精神，贯彻省公安厅《关于进一步加强警卫工作措施的通知》，以及7月17日《安徽省省级领导机关警卫工作暂行规定》；加强省领导机关所在地派出所的政治思想、组织、业务和装备建设,使之适应担负治安管理和外围保卫任务的需要;加强省领导机关所在地的社会面控制和交通管理,建立快速反应、整体协同工作机制。

1997年7月,市公安局贯彻执行省公安厅《安徽省警卫方案图例》,规范合肥市辖公路路线警卫方案制图工作。

1998年6月,市公安局贯彻落实省公安厅下发的《关于认真落实居住在社会面上的省领导住地安全措施的通知》,要求警卫处负责对省委、省人大、省政府、省政协保卫处经常性的安全工作指导、检查和协调工作。12月,市公安局严格执行公安部《关于对元首级重要外宾警卫勤务进行适当调整的通知》,具体落实对元首级重要外宾警卫任务中精简礼仪、警卫形式、警力部署等方面的调整。按照正式活动和非正式活动的不同性质进行区别性警卫部署。

1999年3月,市公安局贯彻落实省公安厅《关于加强警卫工作的通知》,明确要求警卫部门和相关单位充分认识加强党政领导机关保卫工作和确保警卫对象安全的重要性;加强警卫基础工作,严密安全措施;严格执行《警卫工作规定》,不得擅自提高警卫规格,努力改进形式;进一步加强省级领导机关的安全警卫措施。

2000年12月7日,市公安局落实省公安厅转发的《公安部关于加强省部级领导干部出行安全保卫工作的通知》,针对省会城市社会治安和道路交通的复杂情况,加强道路交通的路面管理和重点整治,把警卫任务和省部级领导出行的交通安全工作纳入日常安全管理之中,加强对省级领导机关接待车队的交通安全教育指导。

2003年11月18日,市公安局严格执行省公安厅《关于我省县级公安机关警卫职能归属治安部门的通知》,明确合肥市辖县公安机关治安部门在日常警卫工作、警卫执勤中的职责范围和任务,规范警卫工作在公安业务工作中的运行模式机制,推动合肥公安警卫工作的科学化、正规化发展。

2005年市公安局贯彻省公安厅和省交通厅联合印发的《安徽省高速公路道路安全警卫工作实施意见》,明确合肥市公安机关在任务中组织交警、治安等警种部门,加强对道路的勘察、检查,做好对社会面的控制、巡查,制定工作方案,加强交通管理,确保执行任务的车辆安全通行。

2006年4月,市公安局贯彻落实公安部《关于进一步改进路线警卫工作的通知》,根据任务等级、路况特点,有针对性部署路线警卫,重点做好基础工作和紧急情况的处置。

2007年3月,市公安局贯彻执行省公安厅《安徽省警卫方案制定规范》,结合省会城市特点,制定下发《合肥市警卫方案制定规范》。各警种和部门进一步规范警卫实施方案、常备方案、应急预案的制定原则和标准,明确方案制定所需的要素和细节,并对过去制定的常备性警卫方案进行修订,逐步完善和规范警卫基础工作台账。

2011年8月26日,市公安局执行省公安厅《关于进一步明确行政区划调整后道路路线警卫任务交接工作的通知》,明确撤销地级巢湖市后路线警卫任务交接工作相关事宜。合肥市公安机关与周边相邻地市公安机关明确任务交接点,重新划分管辖范围,勘察掌握沿线治安交通情况,对部分警卫常备方案预案进行调整充实。

2012年12月4日,习近平总书记主持召开中共中央政治局会议,审议通过中央政治局关于改进工作作风、密切联系群众的"八项规定",明确要求改进警卫工作。合肥市公安机关全面深化落实中央八项规定有关要求,牢固树立政治意识、大局意识、责任意识、忧患意识,研究新形势下警卫工作的新对策,规范警卫勤务的程序、模式和方法,切实改进警卫形式。

2014 年 6 月 23 日,市公安局严格执行省公安厅《调整芜合高速公路警卫任务交接工作的通知》,合肥公安机关和周边相邻地市公安机关实地勘察对接,调整治安和交通管辖范围,修订路线警卫方案。9 月 17 日,市公安局贯彻落实省公安厅《进一步规范和加强重大活动安全保卫工作的通知》,就重要会议、重大活动安全工作进行部署,强化社会面整体防控,严格警卫界限,加强安全检查和人员审查,做好现场管控,加强应急处突,完成各项安保工作任务。11 月 13 日,市公安局贯彻执行省公安厅《安徽省警卫任务方案》《安徽省警卫勤务规范》,结合省会城市特点,制定《合肥市公安局警卫勤务规范》,不断在实践中加强和改进警卫工作,完善运行机制,优化管控方式。

第二节　基础工作

20 世纪 90 年代初,公安警卫基础工作主要依靠人工操作和发动群众的传统模式来进行。如 2001 年 5 月 22 ~ 24 日,江泽民总书记一行到合肥视察。市公安局制订各种警卫任务实施方案 9 份,涉及现场警卫、路线警卫等 11 大类 27 项,近 9000 个固定点和摸排对象,全都依靠传统模式完成。这种模式一直延续至 2007 年 6 月底。

2007 年 7 月 12 日,公安部将《公安警卫基础工作信息数据结构》纳入《中华人民共和国公共安全行业标准》(代码 GA/T705 - 2007)中,对警卫基础工作信息数据采集进行规范。市公安局警卫部门按照部颁规范要求,指导全市公安机关对辖区范围内的警卫基础数据进行采集,推动全市公安警卫基础工作向规范化发展。与此同时,市公安局启用警用地理信息系统,警卫部门逐步将警卫基础信息采集纳入系统中,推动合肥公安警卫基础工作的信息化进程。

2009 年 3 月 16 日,全省公安警卫工作现场会在市公安局召开,部分省、市领导,省公安厅和武警总队领导参加。会上,市公安局进行路线警卫勤务、警卫技能和反恐处突演练,其中警卫信息化应用演示给与会代表带来科技现代化的崭新认识,成为该次现场会重头戏。3 月 31 日,市公安局贯彻落实省公安厅《全省高速公路警卫方案制定工作意见的通知》《进一步规范全省专列警卫方案制定工作意见的通知》,完善警卫常备方案预案体系。

2010 年 3 月起,根据分县(市)局辖区内建设发展状况,市公安局警卫部门每年年初向各分县(市)公安局下发《警卫基础工作实施计划》《警卫业务培训实施计划》,将警卫基础工作不断更新和加强,培训工作不断制度化、规范化、常态化。

2011 年 3 月,市公安局下发《关于进一步优化"天网工程"建设监控探头布局选点工作的通知》,将重要警卫阵地纳入"天网工程"的覆盖范围,为警卫任务的安全提供强大的科技支撑。是年9月,市公安局按照省公安厅要求,在各分县(市)公安局成立警卫预备队,特警支队成立防爆安检队,交警支队成立交通警卫专业队,在全市选定警卫信息联络员,并于10月召开全市警卫信息联络员工作会议,正式建立警卫信息联络员制度。至此,合肥公安警卫工作初步建立"三队一员"(警卫预备队、防暴安检队、交通特勤队、情报信息员)机制。

2012年8月,根据《安徽省公安厅关于进一步加强公安警卫基层基础建设的实施意见》,结合自身实际,市公安局制定下发《合肥市公安局关于进一步加强公安警卫基层基础建设的意见》《关于进一步规范社区民警信息采集工作的意见》,并专门召开会议进行部署,提出采集需求,治安部门归口统一下达采集单,将警卫基础信息纳入社区民警信息采集内容,使合肥市公安警卫基础工作逐步向制度化发展。是年12月,中央出台"八项规定",公安部对警卫工作提出努力改进警卫形式的要求。面对警卫工作实施难度不断加大,市公安局研究决定,向信息化要警力,以信息化为支撑,更好地完成警卫任务,努力实现警卫工作信息化。

2014年11月,市公安局将警卫工作纳入全年公安工作"四项建设"(基础信息化、警务实战化、执法规范化、队伍正规化)重点范围。市公安局警卫部门以市公安局基础信息化建设为依托,对分县(市)公安局的基础工作信息录入进一步规范。是年,市公安局建设警卫信息化应用平台,整合警卫工作可用的信息化系统,实现登陆一个平台,就可以进行各项信息化应用数据查询。

2015年6月,市公安局警卫部门制定下发《合肥市公安局警卫勤务规范》,进一步明确不同规格的警卫勤务,各参战单位承担的任务和职责。是年,市公安局还结合深化改革工作,确立"警卫试验田"重点研究课题,探索和研究警卫部门与多部门建立警卫情报信息交流通报和协作机制,规范各警种、各部门加强警卫基层基础和执行警卫勤务的职责任务,构建多警种联勤联动机制,并在日常警卫执勤中,通过实践不断检验、总结和完善。

2016年,市公安局完成各类警卫任务263批次,确保习近平等党和国家领导人在合肥视察期间的绝对安全。

第三节 警卫任务

1990～2016年,市公安局完成各种警卫任务6500余批次,其中二级及以上警卫任务550余批次,重要会议、重大活动警卫任务930余批次。确保了江泽民、胡锦涛、习近平等三届党的最高领导人到合肥视察以及俄罗斯总理梅德韦杰夫、德国总理默克尔等重要外宾在合肥访问期间的安全。27年来,市公安局警卫处荣立集体二等功1次、集体三等功2次,多次被评为优秀基层党组织、基层基础建设先进单位;警卫干部有数10人次荣立个人三等功。

1990～2016年市公安局警卫任务量变化示意图

图9－1

附：重要警卫任务选记

李鹏总理视察合肥

1991年6月9～16日，中共中央政治局常委、国务院总理李鹏到合肥视察，深入基层单位检查工作，座谈、听取汇报等，项目多、时间紧凑。虽然此次警卫任务时间紧，临时变化多，但是由于市公安局计划周密，警卫部门制订多个应急预案，多方设想各种可能出现的情况，从难从严研究处置措施，确保万无一失，保证在几分钟内及时做出反应，所以没有发生因警卫任务变化而耽误领导视察活动的情况。同时，警卫处把改进警卫形式、方便领导联系群众贯穿于警卫任务的始终，为警卫对象视察工作营造随和轻松的气氛。

赞比亚总统奇卢巴到合肥访问

1993年10月10～11日，赞比亚共和国总统奇卢巴一行41人到合肥进行为期一天的参观访问，先后参观美菱冰箱厂、荣事达洗衣机厂和淝河钢窗厂等，并观看文艺演出。赞比亚总统一行在合肥活动虽然只有22小时，但由于访问人数多、时间安排短，活动紧凑，各级领导对警卫工作高度重视。市公安局在严密部署的同时，充分做好安全应急预案准备，做到3个警卫现场气氛热烈、形式自然。参加警卫任务的警种和部门互相配合、密切协作，方方面面进行大量细致的工作，保证这次警卫任务得以圆满完成。

法国总理若斯潘访问合肥

1998年9月25日上午，法国总理昂内尔·若斯潘一行50人乘专机抵达合肥。正在合肥视察的江泽民主席在稻香楼宾馆亲切会见法国总理一行，这样盛大的国事活动在安徽尚属首次。

江泽民主席会见法国总理一行仅有3个半小时，会见及活动地点却多达5处，情况比较复杂。市公安局警卫部门根据任务分工，在安全措施方面严密部署，细致工作，重点加强各警种的统一指挥和协同作战,圆满地完成警卫任务。

江泽民总书记视察合肥

2001年5月22~24日,中共中央总书记、国家主席、中央军委主席江泽民,中共中央政治局候补委员、书记处书记、中共中央组织部部长曾庆红一行到合肥,在义城镇听取合肥市基层党组织代表关于农村"三个代表"学习教育活动情况的汇报、看望村民李先和并视察巢湖大堤建设情况。

此次警卫任务级别最高、要求最严,安全保卫工作压力巨大。据此,市公安局在部署警卫任务、组织实施警卫工作上做到"精细、周密、安全"。制订警卫任务实施方案等9份,制作任务证章300个,召开会议15次,进行现场停车及调车演练3次。5月21日晚8时至12时,全市各级公安机关开展"严打"以来第3次地毯式的集中统一行动。出动警力4500余人次,车辆1210台次;清查公共场所2790余家;盘查可疑人员1790人;破获各类案件182起;抓获犯罪嫌疑人70人,其中网上逃犯7人,主动投案2人;缴获非法枪支10支,子弹76发,炸药16千克,导火索21米,雷管149枚,废旧炮弹6枚;取缔无证经营的旅社、游戏机房等80余家;查获卖淫嫖娼人员10人。净化合肥市的治安环境,为总书记到合肥视察奠定坚实的社会基础。

针对警卫任务现场义城镇的实际情况,市公安局领导带领相关警种负责人多次进行实地勘察,重点加强社会面的控制。由于巢湖大堤上停车、调车难度较大,交警支队先后3次实地查看,确定停车和调车位置。由于测量准确,预先准备工作充分,指挥得当,使得20多辆任务车队在5分钟之内调到指定位置。

此次警卫任务,出动各类警用车辆564台次,安全警卫工作组织严密,措施得力,确保总书记一行在合肥期间的绝对安全。同时经过此次警卫任务,市公安局对快速处置现场围观群众、合理布警、调配机动警力等方面积累了经验。

吴邦国委员长视察合肥

2003年11月14~16日,中共中央政治局常委、全国人大常委会委员长吴邦国一行到合肥视察企业发展和灾后重建工作,慰问企业工人和灾区干部群众。

此次警卫任务行车里程远、各路段路况复杂,加之城乡社情不同,市公安局警卫处快速反应,严密方案,充分准备。在对各住地进行全面安全检查、整改安全隐患的基础上,市公安局分层布控,确保警卫对象的安全。针对首长与工人、农民、干部亲切座谈,广泛接触群众,涉及多个现场的情况,警卫工作因地制宜,灵活机动,分类部署,加强警戒,达到良好的效果,实现安全保卫与政治保卫的双重目标。

此次首长到合肥视察日程变化快、任务行程长、活动现场多、接触群众广,警卫工作难度大。在市委、市政府和省公安厅领导下,市公安局精心组织,周密部署,在警卫组的统一指挥下,各警种加强纵向配合,与民航、接待等部门横向联系,科学分工,协同作战。全体执勤人员牢固树立"大警卫"思想,不辱使命,积极配合,形成警卫工作的整体合力,圆满完成警卫任务。

胡锦涛总书记视察合肥

2008年1月12~14日，中共中央总书记、国家主席、中央军委主席胡锦涛到合肥，先后视察合力叉车公司、国通管业、义仓巷居委会、中科院合肥分院、38所等单位。

此次警卫任务标准高、要求严、时间紧、节奏快、变化频繁，任务艰巨，警卫工作压力大。接到任务后，市公安局制订科学严密的警卫工作实施方案和各类应急预案，成立全市公安机关安全警卫工作领导小组，任务所涉分局、县局、支队、机关处室主要领导为指挥组成员。各单位“一把手”亲自挂帅，坐镇一线协调指挥，狠抓各项措施的落实，为此次警卫任务圆满完成提供有力的组织保证。

此次警卫任务筹备部署过程中，恰逢省、市“两会”召开，全市安全保卫工作任务十分繁重，警力紧张的问题显得尤为突出。各级公安机关以此次安全警卫工作为中心，克服重重困难，合理调配警力，统筹兼顾。首长在视察期间，走进群众中间，与百姓面对面亲切交谈，现场气氛热烈，聚集人员众多。根据这一情况，警卫处会同指挥组当即调整警力部署，既确保首长的绝对安全，又方便首长接近群众，让人民群众亲眼看到党和国家领导人亲民、爱民、近民的工作作风。

此次警卫工作中，公安机关各级领导恪尽职守，身先士卒，率先垂范，全体担任警卫执勤任务的民警在刻骨的寒风中顶着大雪，连续作战，坚守岗位，不折不扣地落实各项工作措施，圆满完成警卫任务，向党和人民递交上一份满意的答卷。

第四届中国中部投资贸易博览会安保工作

2009年4月26~28日，在合肥市举办第四届中国中部投资贸易博览会（简称“中博会”），近2000名国家领导人、境外政要、港澳特首、部分世界500强企业高管等重要来宾、134个代表团、3.8万名嘉宾参加。涉及场馆21处，来宾住地宾馆113家，这是合肥市历史上举办的来宾最多、规格最高、规模最大的一次盛会。

4月24日，随着参会代表陆续入住合肥，市公安局全体民警进入实战状态。4月26日，市公安局根据情报预警，采取措施，成功阻止香港某组织企图到中博会开幕式现场进行抗议示威活动。4月26~28日，中博会举办期间，市公安局在指挥中心依托视频监控系统、警用地理信息系统等科技手段，进行总体指挥调度。在会展中心等大型活动现场，设立现场指挥部。任务期间，全局出动各类安保力量73000多人次，其中，民警31000多人次、武警22000多人次、保安18300余人次，车辆6200多台次，先后完成二级以上警卫任务76批次，中部六省领导警卫任务及交办事项107批次，重要交通保障任务183批次，一般性开道任务1232批次，安检场馆41处4万余人次。

第四届全国体育大会安保工作

2010年5月7~26日，在合肥市举办的第四届全国体育大会（简称“四体会”），是新中国成立以来合肥乃至安徽历史上首次承办全国大型综合性体育赛事，也是合肥市体育发展史上前所未有的一项重大赛事活动。期间，中央领导、部分省市领导、教练员、裁判员、媒体记者、中外游客等5万多人到合肥。

4月15日，市公安局启动“四体会”安保实战工作，实行“主要领导负全面责任，分管领导负具体责任,一般民警负岗位责任”的“三级责任体系”。5月16日,“四体会”开幕式在市体育中心体育场举办。市公安局抽调2000名警力和500名保安投入安保工作,调集1000名武警官兵和490名省公安学院学员,充实安保力量,并安排8支机动力量备勤待命。

“四体会”安保期间,市公安局出动安保力量84000多人次,车辆19300多台次,完成重要交通保障任务1175批次,安检场馆59处1.9余万人次。

俄罗斯总理梅德韦杰夫访问合肥

2013年10月23日,俄罗斯总理梅德韦杰夫应邀到合肥访问,参观中科院合肥物质科学研究院、中国科学技术大学和包公祠,并在稻香楼宾馆与省主要领导会见。

任务期间,市公安局牢固树立“安全第一”的思想,把确保任务安全作为头等重要工作来抓,全心投入、全力以赴,精心组织、精密部署,通力协作、无缝对接,保证各项安全措施落实、执行到位。全体警卫执勤人员坚持高标准,突出抓细节,严格讲规范,守职尽责、克难奋进,不辱使命、不负重托,优质高效、和谐自然地完成此次重要外宾来访警卫任务。

中德总理视察、访问合肥

2015年10月29～30日,中央政治局常委、国务院总理李克强到合肥视察,并与到访的德国总理默克尔共同出席合肥学院30周年纪念活动、中德经济顾问委员会会议等活动。两个一级警卫任务在合肥同时进行,规格之高,要求之严,系合肥近十几年之最。此次警卫任务空间范围广,涉及现场多,时间衔接紧,临时变化多,群众知晓范围广,社会关注度高,警卫任务十分艰巨。

市公安局专门成立市公安局党委成员和各分县(市)局及相关警种29个任务涉及单位主要负责人为成员的安全警卫工作指挥组,指挥组下设后台指挥、现场警卫、路线警卫、应急处置、情报信息、社会面控制等6个职能小组,由市公安局党委成员分片包干,分头负责。

执行警卫任务中,各警种、各部门牢固树立大局意识,在完成各自安保任务的同时,跨区调动警力1000余人次,积极支援任务相对较重的单位执行警卫任务,充分发挥整体作战优势。落实具体的责任民警和责任领导,狠抓督导检查,各级督察部门深入一线,就队伍执行力、警容风纪等情况进行现场督察,确保各项部署落到实处。严肃战时纪律,对部署不到位、措施不落实,影响任务顺利进行的,严格倒查问责,依法依纪严肃处理;对脱岗离岗、松散疲沓、不积极履职等问题,普通民警就地停止执行职务,领导干部就地免职,以铁的纪律推动工作落实。

在警卫住地和现场内外开展安全大检查、加强对警卫线路及沿线的交通管理和道路交通隐患检查,排查消除各类安全隐患457处。由警卫处牵头,先后到任务现场、住地和线路开展全面性实地踏勘百余次,深入开展基础调查,准确掌握8个住地现场,29个备用住地现场,26条线路、备用线路及99条周边线路情况,绘制现场平面图和路线行车示意图40余幅,备用现场及周边路线图150余幅。在此基础上,制定警卫工作总方案和住地安保、交通安全、安全检查、通讯保障等11个子方案,对任务的每一个环节和细节都反复推敲、精心谋划。

此次警卫任务与中共十八届五中全会安保工作首尾相接。合肥公安机关和广大民警在相继完成“农交会”“文博会”、国庆、马拉松、五中全会安保，赴疆轮训执勤等重大任务后，放弃休整，连续作战，无私奉献，积极投入到此次警卫任务中，确保李克强总理和德国总理默克尔2处住地、6个视察点及近400千米线路的绝对安全。

习近平总书记视察合肥

2016年4月24～27日，中共中央总书记、国家主席、中央军委主席习近平一行到合肥视察。24日，任务专机抵达合肥，首长一行乘坐汽车前往六安。25日，任务专列由六安途经合肥前往蚌埠。26日，任务专列由蚌埠出发抵达合肥。期间，在省市领导的陪同下，首长一行先后视察中科大先进技术研究院、中国科技大学;27日，任务专机离开合肥。此次警卫任务的特点:警卫空间范围广，围绕警卫工作的中心点合肥，转场多且交替进行、时间衔接紧。

市委、市政府，省公安厅领导高度重视此次任务，多次听取市公安局警卫部门工作情况汇报，及时协调解决安全警卫工作中存在的难点和问题。市公安局将此次任务作为当时公安工作压倒一切的政治任务，专门成立市公安局党委成员和各分县(市)局及相关警种任务涉及单位主要负责人为成员的安全警卫工作指挥组，下设12个小组，党委成员兼任各组组长，对任务所涉路线、现场分片包干、分片督导检查。

在充分掌握任务有关情况后，市公安局领导悉心指导，由警卫处牵头，经过实地调研、缜密研究、多方论证后制订警卫工作总体实施方案，并对各执勤单位进行针对性的业务培训，明确任务责任，严密安全措施，同时警卫处制订“重大警卫任务情况演示PPT文稿”，实现警卫勤务部署的科学化、直观化、便捷化。

此次警卫任务历时4天，涉及公路路线和专列路线，总行程达385千米。市公安局在市委、市政府和省公安厅的领导下，全体警卫执勤人员全力以赴，恪尽职守，不怕疲劳，连续作战，保证各项活动安全顺利进行，确保了首长在合肥期间的绝对安全。

第十章　网络安全保卫

1994年互联网正式进入中国。互联网在丰富人类生活、改变生产生活方式、推动经济快速增长的同时,也产生出网络犯罪。与传统犯罪相比,网络犯罪成本低、传播快、范围广、隐蔽性高、取证难,具有严重的社会危害性,给公安机关维护网络安全能力和水平带来新挑战。

1996年,合肥市公安局设立计算机管理科,1998年更名为计算机管理处。2003年,撤销计算机管理处,设立公共信息网络安全监察支队。2011年更名为网络安全保卫支队,承担网络违法犯罪案件侦办、网络与信息安全等级保护、国家网络与信息安全通报预警等职责。

第一节　互联网单位管理

运营单位管理

互联网运营单位是指从事互联网接入、主机托管及租赁、空间租用、域名注册等互联网运营服务的单位。

2004年,互联网接入运营单位向市公安局提供联网用户数据,市公安局建立IP地址数据库、互联网用户备案数据库、重点单位数据库和打击涉网犯罪信息库。

2008年,市公安局与各互联网接入服务单位和重要联网单位建立联网备案、联网用户查询查证等工作机制。对全市29家互联网接入服务单位网络基本情况、安全保护管理制度、安全保护技术措施、信息安全等级保护、国际联网备案制度5个方面进行检查,掌握全市信息网络的基本情况和网络安全状况。

2009年,网络运营商落实联网备案制度实行,定期向市公安局报告网络用户变更情况和对数据进行维护、更新、上报,数据采集入库工作实现日常化、制度化。

2010年,网安警务室建立,强化对网络安全监管力度,提高网络事件的快速反应能力。

2013年,市公安局对互联网运营单位实施违法信息周上报和基础数据月上报工作机制,要求定期开展自查工作,实时上报自查结果。

2015年,市公安局与电信、联通和移动等单位联合下发《关于深入开展电话"黑卡"专项行动工作的通知》,对全市电话卡、上网卡销售渠道详细信息进行采集。利用"网警巡查执法账号"在新浪微博、腾讯微博、百度贴吧、微信平台等公众平台向网民宣传电话"黑卡”的内容、危害性和网络诈骗等信息。开展查处销售非实名电话卡违法行为，检查24次，检查销售渠道262家，发现违规销售渠道52家，破获使用电话“黑卡”违法犯罪案件835起，抓获违法犯罪嫌疑人975人，查获电话“黑卡”52561张，案件反查违规销售渠道281家。

2016年，市公安局进一步加强与市移动公司的宽带账号数据采集工作。确定移动宽带账号重点采集项内容，采取一般采集与重点采集相结合，全年重点开展针对性数据采集约4万条。

信息服务单位管理

互联网信息服务单位是提供网站、电子邮件服务及网上公共信息场所等的单位。

2005年，市公安局对全市重点网站、重点论坛重新调查摸底，对互联网服务单位进行备案。全市有159家互联网服务单位通过一审，通过二审（终审）的有近100家单位。

2006年，市公安局与全市各重点网站建立联系机制，要求其建立安全技术措施。与30余个网站建立应急处置联系机制，便于处置有害信息和打击网络犯罪。2007年，同本市各重点网站建立联系机制，指导督促其建立健全安全技术措施。

2008年，市公安局对8家互联网数据中心（简称IDC）公司开展安全技术措施建设，要求落实“周报表”、源端口号日志留存、违法信息发现处置、网站备案、24小时值班巡查、有害信息及时上报等工作措施。

2010年，市公安局在IDC领域推出“白名单”制度，对接入网站的登记注册和备案信息进行梳理、核对，对信息不完整、不准确的限期补充、更正，对未办理备案手续的主动停止接入服务。

2012年，市公安局研发出IDC管控系统平台，使违法有害信息自主发现和处置能力大大提升，全市IDC公司全部落实安全技术措施。是年，IDC管控系统自主发现、处置和上报违法有害信息1万余条。

2013年，市公安局建立“7×24小时”查询机制和应急处置预案，督促全市86家重点论坛完成源端口号日志留存改造工作，完成率达95%，关闭违法网站14家，整顿网站282家次，约谈网站论坛800余家次，处罚网站650家次。

2014年，市公安局建立网站备案、违法处罚、系统安装、自主发现、挖掘线索、联络员档案6大类工作台账。从网站开办审核抓起，严格网站入网审核备案制度，指导全市8家IDC公司建成互联网管控系统建设。

2015年，市公安局对重点网站信息安全进行整治，清除单条违法信息2322条，单条累计违法信息26条，违法网站109条，违法栏目120条，告知网民当地报案189条，责令限期改正155家。

2016年，市公安局推进万家热线、中安在线、合肥在线、安徽网等新闻媒体和重点论坛网站备案工作，在监督新闻媒体、重点论坛网站的同时，对互联网站公安备案工作进行推广宣传。对IDC企业进行业务培训，对落实技术管控措施进行监测，保障IDC安全技术措施有效运行，指导IDC企业通知客户开展互联网站公安备案工作，备案2287家网站，其中交互式论坛615家。

联网单位管理

互联网联网单位管理对象是通过接入网络与互联网连接的计算机信息网络用户。

2005年，市公安局下发《非经营性互联网服务单位登记备案和安全管理通知》，对学校、宾馆、酒店、浴场等非经营性互联网上网服务场所摸底调查和备案登记。

2006年，对校园网络信息安全进行管理。是年，对合肥学院计算机网络安全工作进行检查。

2010年，全市257家宾馆、7家浴场、图书馆、健身房等非经营性场所落实互联网安全保护技术措施。市公安局对市政府办公网络升级改造，安装防火墙等安全保护设备。

2012年，全市415家宾馆落实互联网安全保护技术措施。在中共十八大安保、省市两会、党代会期间集中开展宾馆网络安全检查，累计检查梅山饭店、稻香楼、天鹅湖大酒店等重点宾馆200余家次，对未严格落实管理制度的旅馆业开具责令改正通知书14份。

2013年，在大中型宾馆系统落实互联网安全保护技术措施100%的同时，推进小宾馆旅馆业落实。

2014年，对全市88所学校104个校区的网络安全进行摸底排查，开展高校网络安全知识培训，提高高校对互联网安全管理重要性的认识。

2015年，市政府采纳市公安局关于“网络信息体系建设与网络信息安全体系建设同步进行”的建议并将安全审计管理纳入《合肥市加快推进公共场所无线局域网建设行动计划(2015~2016年)》。

2016年，研发安卓版的采集APP“场所通”，实现警务工作任务安排、信息数据采集和互联网技术高度融合，实现场所履行网络安全职责、安全厂商提供安全产品服务、公安机关依法督促监管的工作信息化流程。

网吧管理

1998年，合肥市第一家网吧“安华网吧”开业。2003年，安徽省开始停止受理非连锁网吧申请，合肥市网吧达1042家。2014年，国家放开单体网吧申请，截至2016年，合肥市登记在册网吧1131家。

2003年，市公安局在全市网吧行业推行上网实名制管理，对全市500余家网吧的企业名称、经营地址、法人代表、固定IP、电脑台数、所属公安派出所、经营面积及营业状态等各项经营项目内容进行登记备案。

2005年，市公安局下属各派出所每周对辖区网吧进行不少于3次的信息网络安全检查，督促网吧经营者落实上网实名登记制度、从业人员上岗培训制度。

2006年，对网吧实行市公安局、分(县)局、派出所三级管理机制。

2008年，市公安局对全市网吧管理工作每月一检查，每月一通报，每月一排名，每月随机对市区52个派出所及三县的计120余家网吧进行现场检查。全年检查网吧1400余家次，处罚违规网吧75家次。

2009年，市公安局对网吧采取重点检查和集中互查相结合方法，适时开展专门治理，对7个城区分局和3个县局的896家网吧每月进行检查和抽查。

2010年,在全市范围内开展“净网一号”“净网二号”等多次专项行动,按照管理规范标准将全市网吧分类为A(好)、B(较好)、C(差)(C类网吧是指实名制登记准确率80%以下、机器编号不规范、《安全审核意见书》逾期未审、发现案件未向公安机关报告的网吧)三个层级,根据综合检查情况对A、B、C类进行调整。对管理规范的网吧进行鼓励和奖励,对不规范的网吧坚决给予严厉惩处。

2012年,市公安局采取“违规网吧网上查,重点网吧实地查”,落实“考核通报机制,温馨提示机制”,督促指导分县局加强网吧管理。是年,市公安局协同文化、工商部门对“黑网吧”进行治理,7~9月在全市范围内开展为期3个月的“黑网吧”专项清理整治行动,召开3次黑网吧整治联席会议,开展5次集中行动,打击取缔“黑网吧”73家。

2014年,市公安局与文化、工商等部门联系,借助外力,形成网吧管理的合力,联合取缔“黑网吧”63家。进一步简化审批提供材料,优化审核方式,对无变更内容的互联网上网服务营业场所,取消窗口网络安全审核,同时缩短办事时限,将原先办事时限15个工作日缩短至10个工作日。根据中央、省、市有关文件精神,按照便民利民、快捷高效的工作思路,结合日常互联网上网服务营业场所工作实际,把互联网上网服务营业场所信息网络安全审核工作下放至各分局。4月10日起,各分局依法受理辖区内互联网上网服务营业场所信息网络安全审核工作。

2016年,在长丰县局、肥西县局和巢湖市公安局的6家网吧开展指纹、手机短信及EID身份实名验证测试工作,形成测试报告。9月,在巢湖市区域开展网吧指纹识别全面试点。

2003~2016年合肥市网吧管理情况统计表

表10-1　　单位:家

年　份	检查(家次)	查　处	取　缔	整　改
2003	200	95	5	—
2004	600	61	3	195
2005	1000	386	—	21
2006	2200	83	—	35
2007	2100	46	—	17
2008	1400	75	—	24
2009	896	42	—	12
2010	4600	272	—	75
2011	3410	112	4	51
2012	6500	71	73	63
2013	5100	210	—	47
2014	5030	178	63	72
2015	2764	157	—	34
2016	2422	61	2	27

第二节 计算机信息系统安全保护

信息系统安全保护管理

2007年,市公安局、市国家保密局、市密码工作领导小组办公室和市信息化工作办公室联合成立重要信息系统信息安全等级保护定级工作协调小组,制定《合肥市重要信息系统信息安全等级保护定级工作方案》。对全市30余家重点单位的网络与信息系统进行检测,指出各单位信息系统存在的网络安全隐患,向各被检查单位介绍公共信息网络系统中可能发生的突发事件和应对处置措施。

2008年,市公安局建立重要信息系统信息安全等级保护工作备案制度,受理备案单位128家,其中省级单位49家,市级单位79家,发放备案证书63份。根据省公安厅《关于在全省范围内组织开展信息安全等级保护检查工作的通知》要求,为保障北京奥运会期间网络信息安全和社会稳定,市公安局会同市信息办、市保密局、市应急办、市劳动社会保障局等10家单位组成4个检查小组,对政府部门、重点公用企事业单位网站和信息系统进行等级保护专项检查,各被检查单位对检查组提出的整改意见采取补救措施,堵塞安全漏洞。

2010年,市公安局以等级保护工作为抓手,督促基础运营单位、重点联网单位,确定专人,按照“虚拟社会现实化管理”的要求,完善安全管理制度和安全技术措施,推动网络违法犯罪案件协查处置、违法网站(信息)发现处置以及移动上网日志留存等问题解决。初步建立快速联动工作机制,强化公安机关网络安全监管力度,提高应对网络事件的快速反应能力,最大限度保障网民的合法权益不受侵害,努力为网民创造安全、便捷的网络环境。

2011年,市公安局推动重要信息系统使用单位等级保护测评工作,利用QQ群和邮件平台完善联络员机制,邀请网络安全专家开展等级保护培训。全市重要信息系统备案率95%以上,每年开展对所有三级以上系统的安全检查,二级系统检查50%以上,督促三级系统开展测评工作。

2012年,市公安局会同市综治办印发《合肥市虚拟社会防控工作考评标准》,将全市等级保护工作纳入社会管理创新综合治理。联合国资委、国家保密局、密码管理局成立合肥市信息安全等级保护协调小组;联系财政局等单位研究将重点单位等级保护测评资金纳入系统运行维护费支出;与安全厂商及中国科学技术大学测评中心、安徽省信息安全测评中心等单位建立安全技术协作机制,提高信息系统等级测评技术水平。

2013年,市公安局与高校及科研单位成立合肥市信息网络安全应急处置小组,并聘请高校专家、安全公司技术骨干和重要信息系统备案单位联络员任小组成员,完善“公安依法管理、单位负责落实、专家技术支撑”三位一体管理模式,及时监测预警并处置影响网络安全的重大案事件,提升网络安全应急处置效率和水平。

2014年，市政府下发《合肥市人民政府办公厅关于印发合肥市政府网站及重要信息系统安全管理工作实施方案的通知》，在全市范围内推进等级保护工作。国资委从市政府信息化专用资金中专门划拨等级保护资金用于政府网站及重要信息系统测评工作。市公安局利用合肥科教资源优势，建立网络安全专家库，组织技术企业对水电气、教育、卫生等重点行业网站及系统进行深度检测，逐步形成“科学监测、系统分析、限期整改、归口上报”的信息安全等级保护监测工作体系。成立以分管局长为组长的合肥市信息网络安全应急处置小组，并聘请高校专家、安全公司技术骨干和行业主管部门负责人任小组成员，及时监测预警影响网络安全的重大情况信息。是年，开展重要信息系统和政府网站安全扫描1671家次，发现网络安全隐患541处，处置125起信息安全事件，全年未发生重特大网络安全事件。全市定级备案入库557家单位，631个系统，414家政府网站签订安全责任书。

2015年，市公安局推进定级备案，推动等级测评，进行远程技术监测，协助堵塞安全漏洞，依法开展应急处置，履行监督、检查、指导的工作职能，全面提高本市重要信息系统和重点网站的安全水平。全年定级备案入库763家单位，856个系统（其中三级信息系统23个）。开展信息安全等级保护服务项目建设，网站监测平台于10月13日正式上线，实现对100家政府网站的安全监测。完成15家政府网站等级测评工作，与100余家重点党政部门建立应急联络机制，制定“7×24小时”多对一的应急联系方式。

2016年，合肥市成立市政府领导担任组长的网络安全等级保护工作领导小组，健全应急处置联络机制，协助成员单位堵塞安全漏洞、处置安全事件。是年8月，合肥市网络与信息安全信息通报中心成立。全年撰写11期《网络与信息安全情况通报》，接收786家单位的定级备案，开展671次实地检查，督促8家单位开展等级测评，出具431张法律文书，组织392次应急处置。

计算机安全员培训

2003年，市公安局举办首次计算机安全员培训班，以提高计算机安全员的计算机网络安全知识、计算机病毒及防治知识、计算机安全法律法规知识，提高各单位网络安全防范能力，防范和制止计算机犯罪、计算机安全事故的发生。是年，举办4期培训班，轮训安全管理员320名。

2004～2011年，市公安局举办18期计算机安全员培训班，培训安全管理人员640余人，轮训网吧安全管理员631名，邀请专家讲授《刑法》《治安管理处罚法》《消防法》《计算机信息安全保护条例》等法律知识，示范网吧安全管理软件操作使用、网吧技术维护、网吧安全监管等技术技能。

2012年，市公安局开展网络安全法律法规专门业务培训和计算机安全员培训。全年培训计算机安全员1500余人次。

2013年，市公安局对18名全市重点门户网站相关负责人和安全员进行培训，培训主要围绕安全保护职责、网络安全监管和保护、公安机关对互联网监管的相关程序、备案管理制度、配合案件调查、违法信息界定及处置、专项巡查信息、网上责任区划分、相关法律责任及法律依据等内容。

2014~2016年,市公安局采取以会代训培训形式,对全市各网吧业主和安全管理员、重点联网单位负责人及技术人员培训20余次,培训1940人次。

第三节　网上公开巡查执法

2015年,全国首批50个省市“网警巡查执法”账号正式上线。首批上线的“合肥网警巡查执法”账号先后在“新浪微博”“腾讯微博”“百度贴吧”“微信公众号”“今日头条”5家网络平台上线。

网上巡查

2015~2016年,通过24小时网上信息巡查,发现处置涉毒、涉黄、涉枪等违法有害信息16813条;梳理各类涉网违法犯罪线索240条,将线索移交办案单位开展查处工作。

警示教育

2015~2016年,市公安局对在互联网上有散播网络谣言、发布极端言论、发布虚假信息、泄露他人隐私等情节较轻的网民,开展警示教育882人次,其中对违法网民进行法制教育谈话63人,行政处罚6人。

2016年11月1日,新浪微博网民“px”发帖扬言要做炸弹炸学校。经核实,该网民为安徽医科大学彭某某,公安人员对该网民进行法制教育。

宣传防范

2015~2016年,市公安局发布涉及公安工作宣传、政策普及、网络安全防范、电信诈骗防范等主题帖3139期,被阅读481万余次。开展网上正面宣传引导,一是发布防范最新网络诈骗案件手段、特点的宣传帖文,提醒网民加强防范类似诈骗,避免财物损失。二是针对当下网络安全问题,引导网民积极应对网络安全威胁,有效防范日常各类网络安全风险。三是发布辟谣信息,避免社会恐慌。四是宣传公安工作,加强警民沟通,争取网民对公安工作的支持理解。五是发布便民信息,宣传日常安全常识,提高网民安全意识。

服务群众

2015~2016年,市公安局利用“合肥网警巡查执法”账号实现警民互动,公开执法账号,与网上接报警机制相结合,实时接收网民的举报、咨询、求助,及时向网民提供咨询、服务。接受网民举报、咨询、求助等各类信息849条,对网民咨询、求助规范回复,认真梳理案件线索,及时通报办案部门查处,成功破获刑事案件3起,抓获犯罪嫌疑人8人。

2016年7月,新浪网民向“合肥网警巡查执法”账号举报,称合肥有一犯罪团伙勾结交警内部人员,非法处理交通违章扣分信息。通过侦查,成功捣毁一贩卖交警系统内部个人信息实施销分的犯罪团伙,抓获主要犯罪嫌疑人5名。是年12月,网民向“合肥网警巡查执法”账号咨询是否可以利用微信交违章罚款，并附有含微信二维码的交警违章通知书二联单。经查，此为又一新型网络诈骗手段。市公安局随即开展相关处置工作，第一时间联系深圳腾讯安全团队快速封冻涉案账号，及时防止群众上当受骗。在肥西县桃花镇习友路御景前城小区 9 栋 1 单元 503 室成功抓获嫌疑人 2 人，现场缴获作案用《合肥市公安局交警支队违法停车告知单》1 箱（内有罚单近 1 万张），交警大队公章 7 枚，作案手机 2 部。

第四节　电子物证实验室建设

市公安局电子物证实验室建设

合肥市公安局电子数据检验鉴定工作开始于 2000 年。2003 年，采购第一套计算机现场勘察箱，配备只读接口、硬盘复制机、取证分析软件等必要软硬件装备，电子数据检验鉴定工作开始走向规范化。

2010 年，市公安局开始筹建电子数据检验鉴定实验室。2011 年，完成实验室建设。2013 年，通过国家实验室认可（CNAS）现场评审，获得“中国合格评定国家认可委员会”颁发的《实验室认可证书》（注册号：CNAS L6346），标志着合肥市公安局电子物证检验鉴定中心具备国际司法认可资质。截至 2016 年年底，市公安局培养 20 名专业电子数据鉴定人员。

分县（市）局电子物证实验室建设

2012 年底，分县（市）局网安部门逐步配备计算机犯罪现场勘察一体机、电子介质分析工具、手机等移动终端取证分析工具、计算机仿真还原工具等装备。2015 年，肥东县局、肥西县局完成三级标准电子物证检验鉴定实验室建设。2016 年 6 月，长丰县局，巢湖市公安局、庐江县局完成三级标准电子物证检验鉴定实验室建设。7 月，启动城区公安分局电子物证检验鉴定实验室建设。10 月，蜀山分局完成电子数据检验鉴定实验室建设并投入使用。

第五节　打击网络违法犯罪

打击涉网犯罪

2003 年，市公安局授予网安部门执法权限。是年，网安部门侦破刑事案件 2 起，治安案件 17 起，抓获违法犯罪嫌疑人 46 人。

2004年,市公安局侦破"5·22"黑客攻击案和蒋某利用互联网诈骗案等一系列案件。是年7月,按照省公安厅的部署,市公安局开展打击淫秽色情网站专项行动。合肥网安部门在3个月时间内,破获淫秽色情网站类刑事案件11起(其中2起为公安部督办案件),抓获犯罪嫌疑人6名,查破治安案件6起。

2005年,成功侦破非法入侵"特丽洁"公司网站案、"99BBS"专案等一系列重大案件。先后开展点对点网络和视频聊天室专项整治活动和网络赌博专项行动。专项行动期间,查处1起制作、传播淫秽物品案,破获1起网络赌博案件。

2006年,市公安局建立网安部门与各警种之间联络员制度、大要案同步上案制度。是年,侦办刑事案件13起,劳教1人,查处治安(行政)案件351起,抓获各类违法犯罪嫌疑人196人。

2007年,市公安局对全市范围内的互联网网络淫秽色情网站进行地毯式搜索,处置并上报线索651条,关闭网站及栏目380个,删除有害信息1225条,受理案件5起,查破3起,刑拘5人,刑事审判1人,行政处罚17人。为防止已关闭的淫秽色情网站死灰复燃,对关闭的网站定期进行复查。同时加强网上巡查力度,及时受理、查处群众举报的网上有害信息线索。

2008年,市公安局侦办刑事案件5起,刑拘10人,移送起诉9人,办理行政治安案件85起,抓获各类违法犯罪嫌疑人101人,删除赌博、诈骗等有害信息372条。先后侦破"3·5"传播淫秽物品案、"桃花源交友网"组织卖淫案、"中奖网"网站特大赌博案等一批案件。

2009年,市公安局先后开展打击整治网络淫秽色情的"09亮剑"专项行动、打击手机WAP网站淫秽色情专项行动和涉枪涉爆专项行动。行动期间,关闭涉黄手机网站500余个,一举端掉40余个犯罪团伙,先后破获部督"5·11"专案等一批案件。抓获犯罪嫌疑人17人,批评教育25人,查获各类枪支70支。在打击网上猥亵奸淫幼女专项行动中,抓获12名涉案人员,对所有涉案人员的网上活动行为、随身电子设备等进行勘验检查,提取肥东张某在互联网上教唆他人猥亵迷奸幼女、传播犯罪方法的犯罪证据,以及其他多人参与网上涉幼群体的违法事实。

2010年,根据公安部打击网络赌博专项行动工作要求及加强足球世界杯期间打击网络赌球犯罪活动文件精神。市公安局网安部门将打击网络赌博作为工作重点之一狠抓,将全市分散的网上赌博线索统揽起来,先后破获吴朝晖"新迪威"网络赌博案、"3·18"新迪威网络赌博案和"3·2"网络赌球案件。是年,还开展网上贩卖枪支弹药、爆炸物品等危险物品专项治理行动,发现网上贩卖枪支弹药、爆炸物品、管制刀具、弩等危险物品信息513条,删除331条,通报外地182条,检查清理网站200多个,整改网站16个,关闭网站1个。协助江苏南通公安侦破1起网上贩卖枪支案,现场缴获气手枪1支、防暴枪2支、气枪子弹1500发、其余气枪配件2000余件。

2011年,市公安局对通过冒充QQ好友、淘宝钓鱼网页等手段实施诈骗的案件材料及线索进行全面梳理,侦破网络诈骗案件3起,抓获犯罪嫌疑人9名。利用多种途径发现和查处网上涉及侵犯知识产权和制售伪劣商品的犯罪信息,破获案件10起,抓获犯罪嫌疑人40人,查获涉案网站1214个,缴获网站服务器263台。

2014年,市公安局先后开展扫黄打非"净网2014"专项行动、扫毒专项行动、缉枪制爆专项行动和打击整治"伪基站"犯罪专项行动。破获网络淫秽色情案件31起,关闭涉黄QQ群百余个;协助破获"8·4"特大网络贩卖精神类药品案等网络吸贩毒案件;破获网络涉枪案件24起,缴获枪支67支,铅弹7300余发;破获10起利用"伪基站"设备破坏公用电信设施案件,捣毁"伪基站"生产窝点2处,缴获"伪基站"发射设备12套以及用于组装"伪基站"设备的零配件200余件。

2015年,电信网络诈骗犯罪持续高发,市公安局开展防范打击电信网络诈骗专项行动。全市公安机关拓展延伸宣传渠道,强化研判打击力度,从机制、措施等多方面掀起全市防范打击电信网络诈骗的攻坚势头。全年侦破电信网络诈骗案件256起,抓获嫌疑人789人,电信网络诈骗案件破案数同比提升56.7个百分点,全市电信网络诈骗案件发案增幅同比下降14.9个百分点。是年,深入开展打击互联网涉毒违法犯罪,梳理一大批外地网络涉毒线索,联合禁毒部门,连续破获网络涉毒案件39起,抓获违法犯罪嫌疑人41名。

2016年,网上侵犯公民个人信息违法犯罪案件频发,为保护公民个人信息安全,市公安局开展打击整治网络侵犯公民个人信息专项行动,破获"3·24"非法获取公民个人信息案等网络贩卖公民信息案件35起,抓获犯罪嫌疑人84名,查获车主信息、银行卡信息、工商信息等公民个人信息数据3亿余条。破获"3·8"特大网络贩毒专案,摧毁一特大网络吸贩毒团伙,抓获吸贩毒嫌疑人20余人,缴获冰毒1千克,斩断一条跨越3省的贩毒链条。

2003～2016年合肥市公安局打击涉网犯罪情况统计表

表10－2

年　份	办理案件(起)		抓获(人)
	刑事案件	治安案件	
2003	2	17	46
2004	19	25	105
2005	15	405	193
2006	13	351	196
2007	15	271	198
2008	5	85	101
2009	21	540	509
2010	27	514	502
2011	30	412	404
2012	48	415	438
2013	89	425	469
2014	272	339	489
2015	136	341	448
2016	188	345	457

传统犯罪配合侦查

2003 年,网络技术手段在服务于网安部门侦查办案的同时,也配合市公安局其他部门侦查破案。是年,运用网络技术手段,协助全市公安机关侦破重特大刑事案件 23 起,抓获各类违法犯罪嫌疑人 17 人。破获"3 · 13"特大投毒敲诈案,抓获杀人逃犯谷某川。协助瑶海、蜀山、包河分局破获 4 起重特大刑事案件。

2006 年,市公安局建立《网监支队配侦工作规定》《协办案件登记表》《在逃人员抓获登记表》《电子数据鉴定报告登记表》《案件移交登记表》等一系列台账。

2008 年,网安部门开始配合全国公安机关开展犯罪证据和事实的网上侦查。是年,配合外地公安机关网上侦查 123 起,抓获犯罪嫌疑人 28 名。

2016 年,网安部门实行分级配侦,常规案件由各分县(市)局网安部门自主配侦,恶性案件和跨省案件由网安支队实行同步上案配侦。2003～2016 年,网安部门利用网络技术手段协助全国各地公安机关配合侦破各类案件 16962 起,抓获各类违法犯罪嫌疑人 12092 人。先后协助破获 2003 年"3 · 13"特大投毒敲诈案,2013 年肥东"1 · 12"抢劫金店案,2015 年河南驻马店市系列贩毒案等多起重大案件。

2003～2016 年合肥市公安局传统犯罪配合侦查情况统计表

表 10－3

年份	本地配侦		外地协查	
	办理案件(起)	抓获(人)	办理案件(起)	抓获(人)
2003	23	17		
2004	206	105		
2005	660	216		
2006	625	198		
2007	574	496		
2008	642	563	123	28
2009	561	509	166	34
2010	680	502	280	51
2011	715	606	298	106
2012	1279	1124	246	125
2013	1743	1363	358	104
2014	2598	2044	358	113
2015	2192	2154	412	159
2016	1883	1254	340	221

附：网侦案例选录

中国科技大学邮件敲诈勒索案

2004 年 5 月 9 日，中国科技大学东区校长办公室工作人员收到一封电子邮件。该邮件以在校内投放炸弹相威胁，勒索 10 万元钱，并留下账号。科大保卫处随即报案。接案后，市公安局于当晚在科大召开紧急案情会议，经网安支队技术分析，认定此邮件从山西省太原市某地发出。在太原市公安局网安支队的大力配合下，通过大量细致地工作，5 月 17 日晚，专案组民警将该案犯罪嫌疑人单某某抓获。

“99 情色论坛案”

2004 年，合肥市公安局根据公安部交办的“99 情色论坛”色情网站线索，调集网安、刑侦民警 60 余人，成立专案组，历时 6 个月，跨越 14 个省市调查取证，侦破全国首例服务器在境外，管理人员在境内的网络淫秽色情案件，抓获犯罪嫌疑人 12 名。中央电视台焦点访谈、中央电视台法制频道等全国数十家媒体对该案进行专题报道。

2010 年“1·5”网络组织卖淫案

2010 年，一封匿名举报信反映：有人在合肥利用互联网组织介绍卖淫招嫖活动，并称可能涉及大学生。市公安局立即组织警力开展侦查。经过初步侦查，一个在合肥通过网络组织、介绍卖淫团伙的轮廓露出水面。该团伙申请 10 余个 QQ 号码，在 QQ 的空间里放置多名女性的照片，并在每个人的照片下备注了身高、服务项目及价格等内容，随后他们在论坛版块发布暧昧帖子吸引网友，然后通过加 QQ 好友，由嫖客在空间内挑选卖淫女并谈好价格，开好宾馆房间再打其留在网上的手机号码，该团伙派人上门提供性服务。由于该团伙的主要成员都是通过网络进行联系，居无定所，分合不定，为了逃避公安机关打击，甚至有时会一天更换好几处上网场所。他们通过网络和电话接洽嫖客、遥控卖淫女，且活动时间没有规律，卖淫活动地点分散。经过近 10 天的紧张工作，专案组成功将该团伙的 3 名组织者及 6 名卖淫女全部抓获。

“新迪威”网络赌博案

2010 年，合肥市公安局网安部门工作中发现“六姐”赌博团伙参与“新迪威”娱乐网站的百家乐网络赌博。与此同时，公安部将侦办位于柬埔寨的“新迪威”娱乐网站的专案指定合肥市公安局管辖。市公安局随即成立专案组开展侦查工作。经查，锁定以吴某某等人为首的网络赌博总代理，在合肥地区发展周某、张某、黄某、武某等十多人为二级代理的赌博团伙。他们在合肥地区发展下级代理，招揽赌徒聚众赌博，涉案资金高达 25 亿元人民币。专案组安排侦查员对该团伙的一级代理、二级代理落实查证工作，明确嫌疑人员身份，对纳入视线的每一名嫌疑人开展侦查，重点摸排组织团伙的主要嫌疑人的日常活动、赌博窝点、交通工具、来往人员等情况。经艰苦工作，以吴某某为首的“新迪威”网络赌博团伙逐步浮出水面。吴某某作为合肥市的一级代理，其伙同爱人李某某、妹妹吴某某、表弟吴某某操纵整个赌博团伙运作，有二级代理 10 个，二级代理下的三级代理众多。经网上查证,其短短一个星期时间,总押注金额即达到2亿元以上,吴某某及二级代理每星期获利数百万元。8月4日,专案组开展统一行动,将吴某某赌博团伙中为首的4个一级代理密捕到案,并陆续将周某等十余名二级代理及部分参赌人员抓获归案。经查,犯罪嫌疑人吴某某等人在合肥市蜀山区黄山路某小区利用网络开设“百家乐”赌局聚赌,通过抽水、洗码、返点等方式获取高额利润。经统计,该赌博团伙聚众赌博300余次(参赌人员约5000余人),获取利润人民币400多万元。

蜀山系列新型信用卡盗窃案

2013年11月10日,合肥市公安局蜀山分局刑警一队接到受害人冯某报警称:其刚申办的一张中信银行信用卡在并没有收到信用卡的情况下,于2013年10月23日被他人激活信用卡,并被银行短信通知信用卡透支9980元。案件受理后,侦查员经走访得知,大铺头邮局、五里墩邮局、新站邮局和葛大店邮局也有类似情况发生,具体被盗时间和过程均不清楚。其中大量信用卡已经被盗刷,被盗刷的信用卡包括中信银行、招商银行、交通银行、建设银行。银行称所有信用卡均系持卡人所登记的手机号码拨打银行客服电话并提供居民身份证号码后激活卡片,后将信用卡在POS机上刷卡套现。网安支队获悉案情后立即启动同步上案机制开展侦破工作,通过侦查,于2014年2月25日,在包河区万振逍遥苑小区将姚某等3名主要犯罪嫌疑人抓获。现场缴获被盗银行卡数张,作案用笔记本电脑一台,在电脑内发现大量作案用的网络软件、涉案聊天记录及电子文档。

安徽省电信CRM系统被黑客入侵盗窃案

2014年10月20日,安徽省电信公司发现其缴费系统轧账存在问题,其CRM(客户关系管理)系统宣城工号W9133677系统轧账目录显出有黄山、亳州等其他区域费用,总轧账费用与员工实际收费金额明显不符。通过核查,10月16日至19日,该工号向本省12个地市,2467个电信充值卡违规缴费997712元,初步判断此CRM员工账号系被他人盗用。通过初步侦查,明确了嫌疑人盗取CRM账号,盗充电信充值卡,之后通过爱冲印网上平台进行消费的作案过程,初步掌握孙某萌具有重大嫌疑。但如何盗取CRM账号,如何快速充值及消费,潮州、马鞍山、亳州、芜湖等地嫌疑人是何种关系等等疑点,仍困扰着专案组。专案组通过研究决定,从嫌疑人孙某萌入手,打开案件突破口。2014年11月11日,专案组赴芜湖、马鞍山两地开展侦查。通过对芜湖作案地豪盛戴斯酒店进行实地调查,在酒店监控录像中发现,孙某萌10月17日晚入住该酒店时,同行还有其他3人,并明确了其他3名嫌疑人身份——巴某某、谢某、曹某。2014年11月12日,专案组对嫌疑人孙某萌实施抓捕,一路从当涂县、丹阳镇,追踪到南京江宁区,11月13日凌晨,嫌疑人孙某萌被抓获归案。同日中午,专案组在当涂县抓获另一名嫌疑人谢某,并在其家中查获作案电脑13台、猫池6台、电信充值卡2000余张。11月20日、26日,专案组又分别在广东潮州、安徽亳州将犯罪嫌疑人谢某彬、王某磊抓获归案。

“云梦生活”网络电商平台传销活动案

2016年,合肥市公安局摧毁一个特大网络传销犯罪组织——“云梦生活”网络电商平台，抓获传销骨干成员27人，移交工商部门行政处罚34人。该案犯罪网络涉及安徽、辽宁、江苏、浙江、北京、上海、广东、江西、河北、湖北、河南等多个省市，注册人员28万余人，涉嫌传销3万余人，涉案金额2.8亿元。该公司主要使用互联网网站和手机微信公众号涉嫌组织、领导传销活动，其对外打着响应“大众创业、万众创新”的国家战略口号，积极发展所谓的“电商平台”，实现“分享经济”的幌子，实际却在以少数核心人物的家族成员为班底，通过“拉人头”“分层提成”的方式积极网织传销体系。该传销体系从“人身束缚”“洗脑培训”的传统传销模式，进化到“股权化”“创业化”“自愿加入”的新型网络传销模式，更具欺骗性和诱惑性。他们妄图钻空子，利用立法上还没有清晰界定网络传销模式的空白，炒作电商平台、分享经济、虚拟货币等概念，掩耳盗铃，达到大肆聚敛钱财的目的。专案组通过取证，提取到“云梦生活”网站后台数据库数据。查明云梦商城注册会员28万余人，其中3万余人为参与传销的“创智合伙人”，层级最高已达到214层，进行传销的违法资金2.76亿元。9月12日，市公安局开展统一抓捕行动，现场抓获云梦公司132人，主要人员无一漏网。

张某某团伙非法控制计算机信息系统案

2016年，全市多个政府、教育和企事业单位网站被黑客入侵，并被植入“黑链”广告，成为提升“办证”“开发票”“网络赌博”“淫秽色情”“电信诈骗钓鱼网站”等网络违法广告推广和关键词百度搜索排名的帮凶，其中部分网站甚至含有大量公民个人资料，存在信息泄露的风险。2017年1月初，一高校网站再次被入侵控制，并被黑客挂上广告内容为“代办各种证件”的“黑链”。经合肥市公安局专案组前期侦查，确定两案同为张某某团伙所为，在掌握充分证据之后，专案组决定及时收网。2017年1月7日21时许，专案组在庐江县一小区内将正在作案的张某某、陈某、潘某某一举抓获，现场提取了作案用的非法程序软件。3人对非法入侵控制网站服务器，上传“黑链”广告文件，并借以提升相关违法广告关键词百度搜索排名的犯罪事实供认不讳。经查，该团伙头目张某某为某职业院校计算机专业毕业生，一直从事网站维护工作。2016年，张某某在网上得知，以利用网站漏洞植入“黑链”的方式帮助提升违法广告关键词的百度搜索排名“来钱较快”。凭借自身掌握的技术优势，张某某纠集同乡陈某和潘某某在庐江县租了一套房间专门用于从事该违法犯罪活动。自2016年10月份至被抓获期间，该3人非法获取各类政府、教育、企事业单位网站的控制权限，后在互联网上做广告招揽“广告客户”，以每月收费6000元的方式帮助别人做灰色广告和提升百度关键词搜索排名，3个多月非法牟利10余万元。

第十一章　出入境管理

1983 年,合肥市公安局成立外事科。1995 年,外事科更名为出入境管理处(正科级)。2006 年,出入境管理处更名为出入境管理局(副县级)。合肥市公安出入境管理部门主要负责受理签发普通护照、出入境通行证、内地居民往来港澳地区通行证件及签注以及大陆居民往来大陆和台湾地区通行证件等,受理签发外国人签证及居留许可,对外国人居留进行管理,负责华侨回国定居和港澳台人员来内地(大陆)管理,查处出入境违法犯罪活动等工作。

合肥市公安出入境管理局是合肥市公安局对外“窗口”,是公安机关联系人民群众的桥梁和纽带,是合肥市对外开放交流的前沿阵地,为合肥走向世界打开窗口,为世界了解合肥畅通渠道。“出入有境”是出入境管理的职责任务,“服务无境”是出入境服务的目标宗旨。出入境管理局不断简化办事程序、精简工作环节、缩短审批期限,窗口服务实现“365 天常态化”,努力打造“人本、安全、专业、便捷”的出入境服务品牌。

第一节　外国人入出境管理

外国人入境

1982 年 10 月,根据公安部、外交部、国家旅游局等《关于外国人在我国旅行管理的规定》,合肥市被列为对外开放的乙类地区,外国人来肥需办理旅行证。

1985 年 12 月,取消对外开放地区的甲、乙类之分,合肥市被划为对外国人开放地区。

1993 年,公安部转发外交部《关于进一步简化签证手续的若干规定》,外国人入境限制进一步放宽。是年,合肥市办理外国人签证 81 起,旅行证 7 个,加签、变更 78 起。

2000 年,市公安局根据公安部《关于启用贴纸签证的通知》,开始启用贴纸签证。

2001 年,公安部转发外交部《关于启用手写贴纸签证的通知》,在签证量较小的驻外使领馆启用手写贴纸签证,已采用打印贴纸签证的使领馆在出现设备故障时也将签发此类签证。合肥市公安出入境管理部门及时传达通知精神,并在受理签证过程中注意鉴别。

2004 年,市公安局提出针对《外国人签证和居留许可工作规范》和《外国人口岸签证规范》的贯彻落实意见。是年 5 月,市公安局起草下发《关于为在肥工作的外籍人才提供出入境便利的相关措施的通知》,在“两个规范”范围内,为外籍人才及其家属开辟“绿色通道”,提供签证便利,吸引外资人才,服务合肥经济建设。

2005年12月,市公安局停止签发旧版外国人签证,启用新版外国人签证。

2008年,市公安局针对北京奥运会期间外国人入境量激增的情况,根据公安部相关政策变化,及时调整签证办理工作,简化办理手续,方便奥运会期间外国人入境和在肥旅行。是年,全市临时入境外国人19752人次,同比增长46.7%。

2013年,《中华人民共和国出境入境管理法》《中华人民共和国外国人入境出境管理条例》规定,因工作、学习、探亲、旅游、商务活动、人才引进等非外交、公务事由入境的外国人,签发相应类别的普通签证,并对签证类别做调整修改,扩大过境免签适用范围。将外国人24小时过境免签政策从空港口岸扩大至海、陆、空口岸,并授权国务院可以批准特定地区过境免签时间超过24小时,以促进国际航空枢纽港建设和邮轮经济的发展,吸引更多外国人来华旅游、商务。规定外国船员及其随行家属登陆港口所在城市,免签过境人员需要离开口岸和外国人因不可抗力或者其他紧急原因需要入境的,可以申请临时入境。新法颁布实施后,市公安局按照新规定为入境外国人办理签证及延期。是年,全市临时入境外国人36582人次。

2014年,人力资源社会保障部、外交部、公安部、文化部联合印发《外国人入境完成短期工作任务的相关办理程序(试行)》(以下简称《办理程序》)。《办理程序》进一步明确外国人入境完成短期工作任务的有关情形,对与完成短期任务相似的其他情形明确签证签发种类,重新规范外国人申请入境完成短期工作任务的办理程序。市公安局坚持服务与管理并重,在依法查处外国人在肥非法就业活动的同时,为来合肥完成短期工作任务的外国人提供入出境和停居留便利。

2015年,市公安局根据公安部《关于为备案引才计划引进的外籍高层次人才提供签证及居留便利的通知》要求,为符合条件的外籍人才换发5年多次有效人才签证(R签证),方便其多次入境并短期停留。是年,为外籍高层次人才办理签证证件325人次。

2016年,市公安局根据签证证件类型及申请业务类别不同,编制《外籍高层次人才出入境服务指南》,绘制流程图,所需材料和操作流程一目了然。为入境海外高层次人才办理相关业务提供便利。全年临时入境外国人55856人次。

外国人居留与管理

1993年,公安部下发《关于落实基层公安机关外国人管理工作的意见》。是年,"三资"企业(中外合资、中外合作、外商独资)以及常住外国人申请多次入出境有效签证受理审批权下放到地市公安处、局。市公安局开始依法对在合肥常住外国人申请多次入境有效签证进行受理和审批。

1994年,公安部下发《关于公安机关出入境管理部门对"三资"企业内外国人实行管理的意见》,外国人管理工作被纳入分县(市)局、派出所等基层公安机关的日常业务范围,并依法对"三资"企业内的外国人进行管理。市公安局组织出入境管理部门民警认真学习外管相关业务,要求各派出所积极走访,准确掌握辖区内"三资"企业及企业内外国人的基本情况,并加强与经贸、工商等部门的联系和配合,贯彻执行在企业内设立联络员制度。在涉外宾馆饭店设立户管员,建立健全户管组织,强化对入境人员的住宿登记管理工作。

1995年,市公安局实现同涉外宾馆、饭店的计算机联网,提高住宿登记的申报率和准确率,增强对外国人管理能力。1998 年,市公安局对涉外宾馆饭店联网软件升级,提高入境人员住宿登记管理水平。每周对涉外宾馆饭店进行培训,做好户管组织和户管员、联络员、信息员的管理工作。

2000 年,合肥日立挖掘机有限公司总经理木川等人被授予在华永久居留资格,这是安徽省首次也是全国率先授予外国人"永久居留资格"。省公安厅在肥举办授予仪式,省内多家媒体进行详细报道。

2001 年,市公安局开展境外企业在合肥设址情况调查摸底,并对境外企业在合肥设址需提供的材料作出具体规定,初步划定一些不宜批准外企设址的区域。是年,合肥市率先取消境外人员定点住宿限制,放宽对境外人员落脚点的限制,方便境外人员在肥居留和旅行。

2002 年,市公安局"住宿登记信息管理系统软件"中增加境外人员的住宿登记信息,实现与治安部门的信息共享。包河、蜀山、开发区 3 个分局将外国人管理工作纳入社区警务工作。是年,为符合条件的外国人积极申请第二批"在华永久居留资格"。在合肥任职的多名外籍人员入选第二批获得"永久居留资格"人员。

2003 年,市公安局制定大专院校、"三资"企业相关代办员花名册制度,建立分(县)局外管框架、常住外国人简表和境外人员花名册。

2004 年,市公安局执行《外国人签证和居留许可工作规范》和《外国人口岸签证工作规范》及新版证件。两个《工作规范》进一步简化外国人居留审批程序,同时调整了公安、外事部门为外国人办理居留业务的分工。8 月,公安部、外交部发布实施《外国人在中国永久居留审批管理办法》,对申请在中国永久居留的人员条件、申请材料,时限等作出具体规定。市公安局开展相关受理工作。是年,在肥的 3 名外国人获得中华人民共和国永久居留证。

2005 年,市公安局根据省公安厅下发《关于加强外国人在中国永久居留受理审核工作的通知》,按要求规范永久居留上报材料,受理永久居留申请 8 人,均获批准。12 月,启用公安部 6.0 版本的《境外人员管理信息系统》,实现境外人员签证网上审批;39 家宾馆饭店安装第二版《宾馆饭店境外人员管理信息系统》,信息采集、人员查询、数据统计更简便快捷。

2009 年,市公安局依托基层外管系统和企业联络员制度,为在合肥常住境外人员的签证和居留许可办理实行签证到期提醒,提醒境外人员及时办理签证及证件延期,防止因疏忽大意而造成非法居留。

2010 年,市公安局对全市涉外单位、"三资"企业、大专院校和外国人管理领导小组成员单位进行季度走访,及时了解境外人员动态,收集相关信息,提升境外人员管理与服务水平。全年走访涉外单位 110 余家。

2011 年,市公安局牵头建立全市境外人员入境、居留、出境全过程的动态管理体系。健全外国人管理外部联系协调机制和公安机关内部外管机制,落实各警种工作职责。是年,境外人员住宿登记率达到 100%,准确率达到 95.2%。

2013 年,《中华人民共和国出境入境管理法》《中华人民共和国外国人入境出境管理条例》先后施行。市公安局在受理窗口加大审核审查力度,严格按照新法受理签证、居留许可等证件,并对申请人做好解释宣传工作。是年,办理外国人各类签证 1421 人次,同比增长84.5%;办理外国人居留许可4183人次,同比增长118%。

2014年,市公安局修订完善《合肥市公安局出入境管理工作考评细则》。把规范常住境外人员管理工作纳入业务考评范围,规定各派出所须对常住境外人员执行"一人一台账""一月一汇总""情况变动随报"制度,落实管理措施。是年,全市有常住境外人员3091人,均建立台账。

2015年,市公安局下发《关于进一步加强我市境外人员服务管理工作的意见》,要求全市各级公安出入境管理部门要全面落实各项措施,加大对境外人员住宿登记工作的倒查考评,实行窗口、补录、审批三级把关制度,逐层审核临时住宿信息。是年,全市开展为期两个月的出入境管理基础调查工作,核查基础信息5200余条,全面掌握在肥境外人员、涉外单位的基本情况。

2016年,市公安局将境外人员管理与服务工作纳入社区警务,制定《合肥市公安局境外人员管理服务站规范》,在常住境外人员集中的高校、涉外企业以及境外人员聚居区试点设立"境外人员服务站"。经开分局位于安徽大学的境外人员服务站建成并投入使用,新站分局、蜀山分局的境外人员服务站基本完成建设,包河分局境外人员服务站在筹建中。"境外人员服务站"集临时住宿登记、证件到期提醒、法律宣传咨询、社会治安防范等管理服务功能于一体。是年,市公安局和雄帝公司合作,研制出外国人签证证件申请自助填表机,确保外国人信息录入的完整性和真实性,提高外管窗口受理业务效率。

2004～2016年合肥市外国人在华永久居留证办理统计表

表11－1　　单位:人

年　份	受　理	批　准
2004	3	3
2005	8	7
2006	1	1
2007	5	2
2008	—	—
2009	1	—
2010	5	3
2011	7	5
2012	11	11
2013	3	3
2014	8	7
2015	12	7(另5人待审批)
2016	15	7(另8人待审批)

外国人出境

1990~2012年,市公安局根据《中华人民共和国外国人入境出境管理法》及其《实施细则》的有关规定,依法对违反出入境管理法律法规的外国人采取缩短停留期限、取消居留资格、遣送出境、限期出境或驱逐出境等强制外国人出境的措施。全市查获并遣送出境非法入境、非法居留的外国人20余人。

2013年,市公安局加大“三非”(非法入境、非法居留、非法就业)打击力度,遣送8名非法入境、非法居留的外国人。2014年,在全市范围内开展打击“三非”专项行动,办理“三非”案件57起,其中非法入境6起、非法居留50起、非法就业1起,遣送外国人6名。

2015年,市公安局开展出入境基础业务调查“三非”专项清理整治行动,办理各类涉外案件26起,其中非法居留案件21起、非法入境案件4起、非法就业和非法雇佣外国人案件1起。处理“三非”人员28人,对13人处以警告,对9人处以罚款,拘留审查5人,限制活动范围1人。

2016年,13名“三非”外国人被遣送出境。

国籍管理

1992年,公安部下发《关于受理审批国籍申请的程序和注意事项》,规范国籍受理、呈报的程序。国籍的受理审批程序为:在国内由县(市)公安机关出入境管理部门受理入籍、退籍和复籍的申请,市级公安机关出入境管理部门负责进行初审,省级公安机关出入境管理部门负责再次审核后上报公安部审批。市公安局开始依法受理国籍申请。

2000年,市公安局启用公安部下发的新版入籍证书、退籍证书、复籍证书。

2006年,市公安局受理某国公民李某的入籍申请。李某出生在中国,生长在中国,对中国有着深厚的感情,申请加入中国国籍。

2010年,妥善处理两名儿童的国籍冲突问题。经审查,两名儿童均出生在中国,父亲为外国籍,母亲为中国籍。两名儿童分别于2005年和2009年取得外国护照,但长期在肥生活、学习。根据《国籍法》有关规定,市公安局认定两人仍具有中国国籍,对于他们取得的外国护照,中国不予承认。两名儿童的监护人也自愿放弃外国国籍,并向该国驻上海总领馆提交退籍申请。

2013年,市公安局受理吴某退出中国国籍申请。审核发现吴某曾持因公护照出境并加入外国国籍。根据公安部1992年下发的《关于执行国务院办公厅〈关于在外留学人员有关问题的通知〉应注意事项的通知》,对持因公护照出国并在国外定居人员自愿加入或取得外国国籍的,应履行退出中国国籍手续后,方认可其外国国籍。市公安局告知其相关规定,并受理其退籍申请。

2014年,市公安局受理叶某退出中国国籍的申请。申请人叶某的父亲为外国人,母亲为中国人,定居国外。根据《国籍法》第十条规定,叶某符合退出中国国籍的条件。市公安局为其办理退出中国国籍手续,经报公安部批准后,将退籍证书转交其监护人。

2015年,省公安厅出入境管理局给市公安局提出的《关于未成年人国籍认定有关问题的请示》批复:“其本人在国外出生后即取得外国护照的,如其在所持护照国已连续居住满2q年或连续5年内累计居留不少于30个月的,认定其为外国国籍。"该批复为父母双方或一方为中国公民且未取得外国永久居留权、出生在国外的未成年子女的国籍认定提供依据。

2016年,根据《安徽省公安厅治安总队关于办理出国境定居注销户口业务的批复》规定,声称已加入外国国籍要求注销户口的,由市级出入境部门对当事人进行国籍认定,并出具国籍认定书。国籍认定申请量骤增。市公安局根据《国籍法》相关规定,制定《国籍认定受理审批规范》,细化国籍认定的各个环节,包括认定种类,认定方法,处理方式,申请材料及受理审批流程等。是年,受理恢复国籍申请1人,退出国籍申请4人,出具国籍认定证明5人。

第二节　中国公民出入国管理

公民出国管理

1990年,合肥市一些不具备出国勤工俭学条件的公民,却大量筹借资金,私自倒卖外汇,高价购买外国入学通知及经济担保,盲目申请出国。市公安局在受理留学护照申请时,要求申请人必须提交前往国公证机关公证书以及中国驻该国使领馆认证。同时,积极配合新闻宣传部门进行宣传引导,依法查处弄虚作假骗领护照行为。是年12月,市公安局依据安徽省公安厅《关于进一步增加出入境管理工作透明度的通知》,承诺在受理公民出国申请30天内做出批准或不批准的决定,及时向社会公布申请结果,接受社会和群众监督,增加出入境管理工作透明度。

1992年,市公安局在受理"三资企业"中方人员、私营企业人员出国(境)申请时,对于开展经济贸易、技术交流、业务培训等活动的,规定可凭外国有关单位的邀请函、所在企业营业执照和企业出具的证明等申请办理护照。之后进一步扩大公民因私出国申办护照人员范围,工商联会员由市级以上工商联出具证明、个体工商户和私营企业人员由市县级个体劳动者协会或私营企业协会出具意见,即可申请办理护照。对持普通护照人员出境回国后再出境的,凭有效护照和前往国有效签证或其他再入境许可,无需再申领出境登记卡。

1995年,市公安局对外省居民在合肥市购买户口或把户口迁移至合肥市申请出境的情况,对确实常住在合肥市的予以正常受理。合肥市在审批护照过程中加强对户口迁移真实性、有无在原户籍所在地申请出国、是否属于空挂户口等情况进行核查。是年9月,合肥市开始审批公派留学人员、"三资"企业和私营企业人员出国申请。

1996年,公安部印发《公民因私事出国护照申请、审批管理工作规范》,对公民因私事出国实行统一政策,即统一申请办法、统一审批条件、统一办事时限、统一收费标准。按照规范,合肥市民申请出国凭本人的居民身份证、户口簿或其他有效户籍证明即可向公安出入境管理部门领取"公民因私事出国申请审批表";出国探亲访友须提交亲友的邀请信和邀请人在前往国的居住证明;个人出国旅游须提交旅行所需费用证明及境外亲友的邀请或担保信函;自费出国留学须提交入学通知书、经济保证证明,大专以上学历人员还须提交省级教育主管部门出具的"自费留学资格审核证明";公安出入境部门在受理申请20个工作日内作出批准或不批准决定并通知申请人;在合肥的"三资"企业或境外商社常驻机构等连续工作一年以上的外省(区、市)暂住人员,因业务需要出国,可向合肥市公安出入境管理部门申请,改变过去不能异地办理出入境证件的做法;护照有效期为5年,可以延期2次,每次不超过5年;参团出国旅游人员持有效期为1年的护照,一次出境有效,不得办理延期;签发护照附发的出境登记卡事由变更为"定居"或"短期出境"。

1997年,市公安局在颁发护照时要求持证人亲自领取证件,并当面签署本人姓名;对因年迈、年幼、文盲等特殊情形不能由持证人领取证件并签名的,可由持证人的监护人(或亲属)或委托人代领证件代签名并进行登记。

2000年,市公安局简化申请手续,放宽公民出国限制,取消公民申请出国探望国外居住的子女、父母、配偶须提交国外亲属的邀请信和居住证明;取消大专以上人员申请自费出国留学须提交经济担保的规定;将公民出国(境)申请办理时限缩短至15个工作日等等。

2001年,市公安局进一步简化手续,放宽个人出境旅游条件,对于出国探望亲属不再要求提供邀请函和身份证明;因公出国留学不再要求提供省教育厅审核证明;对于公民出国(境)的申请均在10个工作日内办结,换发出境卡在5个工作日内办结。

2002年,市公安局取消签发护照附带出境登记卡、办理出国需要国外邀请函等政策;不再办理出境卡的换发和补发手续,进一步放宽出国条件。是年7月,省公安厅将境外就业服务机构协助办理出国就业的受理审批权下放至合肥市。

2003年,市公安局简化公民因私出国从事文化活动及具有大专以上学历人员申请自费出国留学手续,对于申请出国从事文化交流活动的,不再要求提交省级以上文化主管部门出具的同意证明,对于大专以上学历人员申请自费出国留学的,不再要求提交省一级教育主管部门出具的"自费留学资格审核证明"。

2004年,市公安局根据公安部修订下发《中华人民共和国普通护照受理、审批、签发管理工作规范》,取消人户分离人员异地申办护照政策,所有在合肥市工作的外省人员须回常住户口所在地申请护照。

2007年,省公安厅转发公安部《关于同意安徽省81个公安机关出入境管理机构分别承担普通护照、出入境通行证受理、审批签发职能的通知》,确立县级以上地方人民政府公安机关出入境管理机构受理、审批签发护照的法律地位。市公安局遵照此要求,赋予相关管理机构承担普通护照、出入境通行证受理及审批签发职能。

2008年,市公安局实施市民在全市范围内跨户籍地就近申领出国(境)证件试点工作,制定《合肥市跨户籍地就近申领出国(境)证件试点工作方案》。合肥市及所辖三县居民可跨户籍地就近在合肥市内及所辖县区的居住地申请护照。不受户籍所在地限制。

2009年,市公安局简化办证手续,除申请定居以外,申请人一律填写并提交一张申请表和一份申请材料。鉴于合肥市外派劳务人员数量多且劳务纠纷案件频发,经公安部批准,5月4日起,合肥市对外派劳务人员申请护照实行备案制,根据商务部门批准的《外派劳务人员招收备案表》和企业确认的外派劳务人员名单依法为外派劳务人员办理护照。

2012 年,市公安局正式开展省内居民跨户籍地就近申办出国境证件工作,凡在合肥市工作、学习或居住一年以上的安徽省其他地市常住人员可在合肥就近申办出入境证件。全日制大中专院校学习的学生凭所在学校开具的证明及学生证复印件、登记备案国家工作人员凭工作单位证明及工作证复印件、在合肥市居住满一年以上暂住人员凭公安机关出具的居住满一年以上的证明(含居住证、暂住证),即可在合肥就近申请电子普通护照,是年,合肥市受理省内异地申请护照 52 人次。

2013 年,合肥市施行全国 43 个大中城市流动人口异地办理出入境证件政策,最大限度方便在肥就业、就学、暂住人员申请护照。合肥市户籍人员的非合肥市户籍的配偶和未满十六周岁子女凭身份证、户口簿及双方亲属关系证明,非合肥市户籍的就业人员凭社保部门出具的在合肥市连续一年以上缴纳社会保险的证明,就学人员凭就读院校出具的在学证明,可以在合肥市就近申请护照。除此之外,非合肥市户籍的六十周岁以上老人和需要换发、补发护照的申请人凭本人身份证、户口簿和公安机关出具的居住满六个月以上的证明也可在合肥就近申请护照。是年 10 月,合肥市放宽省内就近申领出入境证件条件,规定在合肥市居住六个月以上的安徽省其他地市常住人员凭公安机关出具的暂住证明即可就近申领护照,将居住期限由原先的一年缩短至六个月。按照公安部规定,因丢失证件要求补发护照的,收费由原先的 420 元更改为 220 元。

2014 年,市公安局把护照、港澳通行证、大陆居民往来台湾通行证的申请表格整合为一张出入境申请表格,实现"三表合一",市民申请两本以上出入境证件只需填写一张表格。取消对合肥居民出国劳务申请护照实行备案制度的特殊调控措施,合肥市及下辖四县一市居民凭身份证、户口簿即可申请护照出国务工。

2015 年,市公安局根据《国务院办公厅关于简化优化公共服务流程方便基层群众办事创业的通知》相关要求,对办理护照所需材料进一步简化,不再要求申请人提交户口簿,改变以往申请护照需要交验身份证和户口簿的做法。同时,不再要求申请人提交部分申请材料复印件。

2016 年,在合肥居住的外省市居民既可按照 2013 年实施的全国 43 个大中城市流动人口异地办理出入境证件政策提交材料异地申办护照,也可凭本人身份证和居住证办理。是年 7 月,市公安局对户籍迁入安徽省满一年以上的安徽省内其他地市居民简化办证手续,居民凭身份证即可就近办理电子护照首次申领、换发和补发业务。

护　照

1993 年,合肥市启用 1992 版护照。此版护照采用机器制作,此前护照为手工填写,增加持照人的身份、婚姻状况、身份证号三项内容。是年,省公安厅将市公安局确定为全省四个护照制作点之一,安庆、淮南、六安、巢湖等地市的护照由合肥制发。

2000 年,合肥市启用 1997－1 版《中华人民共和国护照》及新版出境登记卡。建立护照签发三级模式:县级出入境管理部门受理,地市级受理、审批,省级证件制作。合肥市的护照制作点取消。

2003 年 8 月 1 日,合肥市实行公民"按需申领护照"试点工作,市民仅凭身份证、户口簿即可申领护照,取消普通市民申请护照时需要提交单位或派出所意见的政策。实行“按需申领护照”后,出国手续得到极大程度简化,合肥市出国人数也大幅增长。2007 年 10 月,肥东、肥西、长丰三县全部实行“按需申领护照”政策。

2007 年,合肥市启用 1997 -2 版护照。新版护照取消公民身份证号码的登记项目,未满十六周岁的护照有效期为五年,十六周岁以上的护照有效期为十年,取消护照延期规定。

2012 年,合肥市启用电子普通护照。5 月 15 日,合肥市正式签发电子普通护照。省公安厅在合肥市公安出入境受理大厅举行安徽省首本电子护照颁发仪式,二十余家中央、省、市级新闻媒体进行现场报道,见证安徽省第一本芯片中含有持照人信息的电子护照的颁发,合肥市因私出入境管理迈入电子护照时代。

1990 ~2016 年合肥市因私出国护照签发量统计表

表 11 -2　　单位:人次

年　度	护照签发	年　度	护照签发	年　度	护照签发
1990	996	1999	2946	2008	32824
1991	1089	2000	5711	2009	31744
1992	1125	2001	7362	2010	40962
1993	1378	2002	9873	2011	52371
1994	1539	2003	11751	2012	64916
1995	1688	2004	13207	2013	84218
1996	1851	2005	14133	2014	107939
1997	2570	2006	20718	2015	140107
1998	2700	2007	29006	2016	169871

因私出入境中介

改革开放以后,公民因私出国定居、探亲、访友等从事非公务活动人数逐年增多,大量申请因私事出国人员需要有专门机构为其提供法律咨询、沟通联系、协助办理签证等服务,一些专职从事此类业务的因私出入境中介机构应运而生。由于出入境中介机构的主管部门不明确,各管理部门之间职责不清,且缺少有效管理手段,出入境中介市场秩序一度较为混乱。

1998 年,外国某企业在安徽省招聘 250 余名劳务人员赴当地矿山工作,其中大部分为合肥市居民。经中国驻该国大使馆经商处了解,该公司大使馆认证材料的印章系伪造。市公安局查处有关人员的假劳务订单,并将材料及时提供给安徽省外经贸委合作处,避免了非法劳务活动的开展。

2000 年,市公安局对全市出入境中介机构进行全面清理整顿。当时,经批准的自费出国留学中介服务机构有3家：合肥工业大学出国服务中心、安徽省经济干部管理学院出国服务中心、皖华出国留学培训中心；经批准办理境外就业的中介机构有1家：安徽省劳动厅下属的安徽省境外就业介绍中心。此次清理整顿活动重点是清理未经批准的中介机构和无资金、无场所、无机构从事出入境中介活动的"三无"中介组织。全市查出非法出入境中介机构20家，大多数是非法为客户提供出国信息服务、法律咨询，帮助与境外学校联络，帮助办理出国劳务和境外就业，办理赴加拿大技术移民和投资移民的中介机构。市公安局联合工商部门，对20家非法中介机构分别采取依法取缔、吊销或变更营业执照等措施，勒令其停止非法活动。

2001年2月11日，合肥市某中介公司非法在媒体刊登出入境中介广告，准备于2月17日在合肥金城大厦举办出入境中介现场咨询会，并邀请两名外籍人士介绍赴加拿大移民、留学等信息；2月15日，另一中介公司也在《新安晚报》刊登"赴加拿大大型免费讲座"广告，定于2月20日在省人大会议中心举办赴加移民、留学出入境中介咨询现场会。这两家公司都系非法出入境中介机构。市公安局出入境管理处得到消息后，立即与工商部门协商，对两家公司下达"取消出入境中介咨询现场会通知"，责令其取消此次咨询活动。为防止两家公司秘密举行咨询会，市公安局联系金城大厦、省人大会议中心，要求其拒绝为这两家公司提供会场，成功阻止两起非法大型出入境中介咨询会，维护了正常的出入境管理秩序。

2001年，公安部和国家工商总局联合制定下发《因私出入境中介活动管理办法》，文件规定设立中介机构应当向机构所在地的地、市级公安机关出入境管理部门提出申请，经省级公安机关资格认定后报公安部备案。依据此《办法》，省公安厅明确规定出入境中介机构受理标准、审批办法、备用金数额、因私出入境中介机构的受理和审批程序等。是年8月，市公安局受理因私出入境中介机构经营许可证申请。

2002年，合肥市有9家公司获得从事因私出入境中介活动资质，分别是安徽省国际交流服务公司、安徽省诚英达出国咨询公司、合肥好声信息咨询有限公司、合肥嘉利科技发展有限公司、安徽省外国企业服务有限公司、安徽康辉出入境服务有限责任公司、合肥中肯出入境咨询有限公司、安徽安教因私出入境服务有限公司、天旅出国咨询服务公司，准予其在全省范围内从事为中国公民出国定居、探亲、访友、继承财产和其他非公务活动提供信息介绍、法律咨询、沟通联系、境外安排、签证申办及相关服务的经营活动。是年，新西兰、澳大利亚、加拿大等国家的移民政策改变，新西兰投资移民要求提供雅思成绩等，美国、加拿大等国家经济不景气，本国就业形势不佳，使得这些国家的签证成功率大大降低，使得当年合肥市出入境中介机构普遍出现亏损现象。

2003年，受"非典"疫情影响，合肥市绝大部分因私出入境中介机构业务量急剧下降，营业收入锐减，其中安徽省诚英达出国咨询有限公司等3家公司业务基本停止，其余几家中介公司也基本处于亏损状态。为帮助中介公司渡过难关，经报公安部和省公安厅批准，市公安局决定，允许各出入境中介机构在"非典"期间动用备用金20万元，帮助解决各中介公司资金中转的困难，助其渡过难关。

2004年，合肥市的因私出入境中介机构如需变更《因私出入境中介机构经营许可证》上登记的国别信息，需将与外国出入境服务机构签署新的合作意向书或协议以及驻外使领馆对其境外合作方合法资格的认证报合肥出入境部门确认。市公安局在收到认证材料的5个工作日内,向省级工商行政管理部门出具《因私出入境中介机构变更国别确认函》。

2006年,市公安局对安徽省国际交流中心、安徽省外国企业服务有限公司、合肥加成信息咨询有限公司、安徽诚英达出国咨询有限公司、合肥中肯出入境咨询服务有限公司、安徽康辉出入境服务有限公司、安徽安教因私出入境服务有限公司7家因私出入境中介机构进行年审。经检查,2005年度7家出入境中介公司做到了守法经营、诚信服务,未发现违法违规问题,年审全部予以通过。

2009年,受全球金融危机影响,安徽省国际交流中心业务量急剧下降,资金周转困难,各项业务受阻。为支持企业正常经营,帮助企业顺利渡过难关,经报公安部和省公安厅批准,市公安局决定,允许安徽省国际交流中心从已缴纳的70万元备用金中解冻30万元,解冻期限至2010年底,2011年元月备用金缴足70万元,以供其在金融危机时期经营所需。

2010年,市公安局对全市6家因私出入境中介机构进行年审,未发现有违法违规问题。其中安徽省国际交流中心和合肥中肯出入境咨询服务有限公司依托安徽省外办,办理的签证范围广、国家多,在省内合作单位中口碑较好,取得经济、社会效益的双丰收。由于受金融危机和流感影响,发达国家失业率攀升,移民政策收紧,安徽卓越高飞出入境服务有限公司、合肥加成信息咨询有限公司、安徽安教因私出入境服务有限公司、安徽诚英达出国咨询有限公司4家公司经济状况不佳,业务签约量有所下降。

2013年,市公安局采取措施防范本市居民因美国EB-5投资移民芝加哥会议中心等项目遭受损失。“EB-5”是美国投资移民第五类优先计划的简称,是指申请人在美任何地方投资100万美元或在国家认可的就业区域投资50万美元,并可提供10个美国工人岗位,即可取得两年期的“有条件绿卡”。两年届满前90天若该投资行为及所创造的就业机会仍然存在,可申请解除条件,成为永久居民。当月,美国证券交易委员会在其网站上宣布,美国某商人谎称投资者购买其公司股份便可快速获得移民美国的机会,诈骗250余名投资者1亿多美元投资资金和1千余万美元管理费用,这些投资者大多来自中国。为了避免合肥市居民遭受损失,合肥出入境管理局及时将情况通报安徽省国际交流中心等全市10家因私出入境中介机构,实地走访经营范围涉及美国投资移民的中介机构,要求其严格按照因私出入境中介规定,谨慎选择境外合作伙伴,谨慎稳妥开展移民业务,并通过媒体发布预警提示,提醒本市居民谨慎选择移民机构,勿轻信境外机构的宣传。

2014年,市公安局对全市因私出入境中介公司开展年审。民警深入走访,听取中介机构年审汇报,对办公场所、从业人员等情况进行实地检查,重点审核中介机构有无弄虚作假、骗取出入境证件、不履行中介服务协议、欺骗服务对象、违规设立分支机构等情况。经检查,合肥亨瑞信息咨询有限公司、合肥澳星投资咨询有限公司、安徽省国际交流中心、合肥伊恩投资顾问有限公司、安徽凯瑞达出入境咨询服务公司、安徽省诚英达出国咨询有限公司、安徽安教因私出入境服务有限公司守法经营,诚信服务,通过年审。

2015年,市公安局对合肥某出入境服务有限公司进行走访调查。该公司于2014年4月4日成立,公司位于合肥市庐阳区濉溪路汇丰广场1-2001,为公民出国定居、探亲、访友、继承财产和其他非公务活动提供信息介绍、法律咨询、沟通联系、境外安排、签证申办及相关的服务。经查,该公司未经安徽省和合肥市人民政府商务主管部门批准,未能取得对外劳务合作经营资格,不能办理出国劳务。但该公司却以技术移民加境外安排工作为幌子,以高薪为诱饵,欺骗客户与其签订合同。自2014年1月份至2015年4月份,先后与同样没有境外劳务派遣资质的湖北某出入境服务有公司、东莞某出入境服务公司合作,分别以三个公司的名义与客户签订委托办理因私出入境合同书,收取客户费用,涉及客户约600人,收取客户费用约1500万元。但没有给任何一名客户办理出国务工,且无法在约定的期限内退款。受害人唐某等人于4月29日报案至合肥市公安局庐阳分局。接群众报案后,市公安局出入境管理局会同经侦支队立即展开调查,冻结该公司交纳的保证金70万元。犯罪嫌疑人蒋某兵于5月1日因涉嫌合同诈骗罪被合肥市公安局庐阳分局刑事拘留,6月5日被依法执行逮捕。

公民出国旅游

1990年,国务院批准广东、海南等地开办公民赴东南亚三国(泰国、新加坡、马来西亚)旅游业务,1991年在全国范围实行。在泰国、新加坡、马来西亚有亲友并愿意担保和承付其旅游费用的合肥市民,可凭亲友寄回的交款收据和担保书副本以及单位证明、本人身份证、户口簿和照片等材料到承办此项业务的旅行社或旅游总公司办理有关申请手续,由安徽省公安厅出入境管理处审核签发因私普通护照,同时附发两张出境卡,并在备注页上加盖"限壹次旅游出入境"字样蓝条章。当时,公民出国旅游必须在户口所在地旅行社报名办理护照,但是海南省部分旅行社违反规定组织安徽省公民参加"泰港游"旅行团。安徽省公安厅要求,凡外省、市旅行社组织安徽省公民参加国外游的,各级公安机关不予出具政审意见。

1996年,市公安局根据省公安厅下发的《公安部关于加强公民出国旅游证件申请、审批管理工作的通知》要求,开展出国旅游护照的受理、审批签发工作。合肥市民申请参加旅游团出国旅游的,本人直接到合肥出入境管理部门提出申请,旅行社不再代为受理。申请人需向合肥出入境管理部门提交本人户口簿、身份证、工作证、单位对申请人出境的意见和经国家批准有权组团的旅行社出具全额旅行费用发票。出入境管理部门对于符合条件的,依法予以批准;对参加未经批准授权的旅行社、组团前往未开通旅游国家等情况不予批准。在出国旅游人员的护照备注页加盖"跟随旅行团一次出入境有效"蓝色条章,证件制作完成后寄送参团旅行社。参团人员回国后,10天内旅行社负责收回护照,并送到省公安厅出入境管理处集中销毁。

1997年5月,市公安局根据省公安厅下发《关于加强公民团队出国旅游管理工作的通知》,要求申请人在领取证件时,必须当场在证件上签名,参加旅行社组织的出国境旅游团成员必须整团出境,所持的一次出入境有效证件必须在回国后10天内由组团社送交原发证机关核销。在为外省旅行社代办本市公民的出国旅游护照时,申请人必须持有经营权的旅行社开具的全额费用发票、委托函及代办旅行社开具的收费发票到合肥市出入境管理部门申请护照,旅行社组团领队的护照一律由省级出入境管理部门办理。是年7月,国家旅游局、公安部下发《关于发布施行〈中国公民自费出国旅游管理暂行办法〉的通知》。市公安局要求市民自费出国旅游主要以团队形式进行,必须有组织、有计划地开展。

申请护照,除按规定提交组团旅行社开具的旅游所需全额费用发票外,还必须提交经省以上旅游行政管理部门加盖审核章的《中国公民自费出国旅游审核证明》。合肥市仅有安徽海外旅游总公司是经国家旅游局批准并报公安部备案为特许经营中国公民自费出国旅游业务的旅行社。

1998 年,国务院批准韩国为中国公民自费出国旅游目的地国家。是年,合肥市开始受理赴韩国团队旅游护照申请。安徽省海外旅游总公司和安徽省中国旅行社等在安徽省代理出国旅游业务,开展赴越南、缅甸、柬埔寨、文莱、印度尼西亚、马耳他等国家旅游业务。依据公安部通知精神,合肥市逐步取消出国旅游人员申请办理护照时所要提交的境外邀请函、经济保证书等一系列相关材料。

2000 年,市公安局根据省公安厅发布"关于改革出入境管理工作,进一步简化出入境手续的通知",放宽个人出国旅游条件,申请人只需提交户口簿、身份证、所在单位证明和本人 4000 美元以上(或等值国际流通货币或等值人民币)存款证明,即可申办护照。申请自费出国,无须提交国外经济担保书。

2002 年,市公安局按照公安部《中华人民共和国普通护照审批、签发管理规范》,取消在签发公民护照时须附带出境登记卡的规定,取消公民出国旅游申请须提交 4000 美元以上(或等值国际流通货币或等值人民币)存款证明,并统一为团队出国旅游人员签发 5 年有效的普通护照。

2004 年,市公安局发布《关于共同做好境外游服务工作的通知》,针对旅行社工作人员、证件办理时限等问题作出明确的说明和要求。

2013 年,公安部出台异地办理出入境证件措施,省公安厅发布《安徽省居民在省内就近办理因私出入境证件实施办法》。合肥市对符合条件的省内其他地市居民开展就近办理因私出入境证件业务,市民出国境旅游人数持续攀升。

出国劳务、就业

改革开放初期,合肥市居民出国劳务、就业人员数量很少,且多以对外承包工程或劳务合作等国家公派形式为主。1990 年 12 月,公安部下发《关于外派劳务人员出国审批手续和办理护照的暂行办法》,规定除为执行政府或政府部门对外签订的协定而派出的劳务人员、外派单位对外签订合同并完全由其选派的劳务人员及个别国家和地区要求持因公普通护照的劳务人员外,其他劳务人员原则上持用因私普通护照,由外派单位向省级公安部门申请办理。此间,由于出国劳务仍基本属于公派形式出国,个人申领因私普通护照出国劳务的人员很少。

1996 年,公安部制定《关于办理外派劳务人员出国手续的暂行规定》,规定为执行中国政府对外签订的协议、协定而派出的劳务人员,可直接实施管理的成建制派出的劳务人员及派往国家和地区要求持因公护照的劳务人员需办理因公护照,其他外派人员一律办理因私护照,明确外派劳务人员持用因公普通护照和因私普通护照的范围。对外劳务合作的经营公司须按办理因公出国程序履行劳务项目审批手续,再向外派劳务人员户口所在地省级公安机关申办因私护照,需提交外派单位的外派劳务人员许可证、外派劳务出国报批表(附对外签订的劳务合同)、外派劳务人员出国审查表、外派劳务人员身份证或户籍证明。同时,规定外派单位一般应在本地区、本部门选派劳务人员,如业务确有需要,经部门批准,可跨地区、跨部门选派,增加跨地区、跨部门选派劳务人员的内容。

1998年,外派劳务人员申请护照一律由户口所在地县、市级公安机关出入境管理部门受理,报经地市公安局审批签发。自此,市公安局开始正式受理外派劳务人员因私普通护照申请,劳务人员只需凭本人身份证、户口簿、《外派劳务人员许可证》、外派劳务出国报批表和外派单位与外派人员签订的合同即可申领护照。当时,外派劳务仍实行省、市审核的双重审批办法,合肥市外派劳务人员出国就业需经省级出入境管理部门认证《外派劳务出国报批表》。

2001年,省公安厅将受理审批劳务人员的出国申请权限下放至地市。市公安局在受理劳务申请时,主要负责审查申请人身份资料的真实性,经营公司是否具有外派劳务经营资格,不干预经营公司正常的经营活动。

2002年,公安部下发《关于执行办理劳务人员出国手续办法有关问题的通知》和《办理劳务人员出国手续办法》,文件规定自4月1日起,外派劳务人员统一改持由公安机关签发的因私普通护照,不再持因公护照。市公安局在受理劳务人员护照申请时要求外派劳务公司应提交经营公司出具的劳务合作项目说明、申请人的身份证和户口本等材料,取消劳务公司出具的对外经济合作经营资格证明。同时,还为选派劳务人员超过5人的劳务经营公司提供凭劳务项目说明和劳务人员名单集中代办护照服务,劳务人员既可本人也可由经营公司集中向合肥出入境管理部门申办护照。同时还为在合肥市连续工作半年以上的外地劳务人员提供由经营公司集中代办护照服务,申请人或经营公司在办理时无须提交常住户口所在地公安派出所意见。

2003年,合肥市允许经营公司跨省、跨地区招聘劳务人员,并可由经营公司按规定直接向出入境管理部门申办护照。除国家工作人员外,其他人员的单位或派出所意见由经营公司出具。

2004年后,合肥市劳务经济蓬勃兴起,大量城镇、农村富余劳动力前往境外务工,本地就业的矛盾和压力得到缓解,但一些非法中介的"外派劳务"行为扰乱合肥市正常的劳务经营秩序,侵害外派劳务人员的合法权益。根据省公安厅《关于规范外派劳务经营秩序的通知》《关于规范外派劳务经营秩序加强劳务中介经营管理的通知》,市公安局联合外事、工商、劳动保障、旅游等部门开展行动,对本市劳务中介市场进行全面检查。其中,出入境部门主要负责依法加强申领护照的审查工作,规范出国手续,在受理时加强询问,防范利用旅游签证组织非法外派劳务。

2006年,合肥某劳务公司与桂林某公司签署境外就业中介协议,并先后两次向对方提供赴境外就业人员护照163本,代办签证费50万元。后桂林某公司经办人携款而逃,163本护照下落不明。下落不明的163本护照中,有149本护照由市公安局签发。鉴于163本护照难以追回,合肥某劳务公司向出入境管理部门申请宣布该批护照作废。为防止不法人员利用此批护照组织他人偷越国边境犯罪,维护合肥市劳务市场正常秩序,经公安部和省公安厅同意,合肥市公安出入境管理部门依法宣布149本护照作废,并统一办理补发手续。

2009年,合肥市制定《合肥市外派劳务人员办理普通护照的贯彻意见》,对外派劳务人员申领护照实施调控措施,加强外派劳务市场的管理,并于5月4日起对外派劳务人员申领护照实行备案制,即劳务人员办理护照须持有劳务备案表。市公安局对以其他事由申请护照达到出国劳务目的申请人进行劝阻,告知应事先通过有资质的外派劳务企业办理相关出国劳务手续。通过印发宣传材料、设立宣传展板等方式,向劳务人员宣传出国务工、维权知识以及相关政策,提高务工人员辨别非法中介的能力,引导出国务工人员通过正规渠道出国务工。是年7月,市公安局对肥东县出国务工人员在安哥拉病死一事,会同商务部门积极配合该县疾病预防控制中心做好出国务工人员清理统计工作。针对肥东县劳务输出人员较多、纠纷事件频发的特点,要求肥东公安出入境管理部门将该县持有效护照的28000余居民的情况按乡镇进行梳理上报,确保及时掌握出国劳务人员信息及务工情况。是年,市公安局受理出国劳务护照2120人次,同比下降59.5%;发现500余名隐瞒出境劳务事由、企图弄虚作假骗取护照的人员。

2013年,市公安局根据《安徽省公安厅出入境管理局关于加强外派劳务人员出国(境)证件受理审批签发工作的通知》,在受理护照时,重点加大对前往传统劳务输出目的地人员的询问和审核。对出国非法采金、非法务工的人员面临被所在国遣返、追究法律责任等问题,市公安机关加强对外派劳务人员法律政策宣传,加大对非法外派劳务活动的打击力度。合肥市对外派劳务人员实行申领护照备案制后,一定程度上维护了劳务人员的合法权益。但后来出现部分中介公司挂靠有资质的公司,以出具外派劳务人员招收备案表和名单表为由向申请人收500~1000元费用;部分申请人以有资质的中介公司提供的备案表办理护照,却从其他渠道出国劳务的问题。2014年,鉴于备案制度不能解决出国劳务市场混乱的源头性问题,合肥市向省公安厅提交《关于报请批准恢复我市实施按需申领护照的报告》,呈请取消合肥市出国劳务申请护照备案制度,批准恢复按需申领护照。4月18日,省厅批复同意合肥市取消对出国劳务人员申请普通护照采取的特殊调控措施,统一实行凭身份证、户口簿申办护照的按需申领政策。

出国留学

1990年,中国开始实行"对具有大专以上学历的自费出国留学人员进行资格审核并收取高等教育培养费"的制度。是年,公安部下发《关于办理具有大学学历的人员申请自费出国留学有关手续的通知》,规定凡具有大学学历的人员申请自费出国留学,均由当地省、自治区、直辖市一级教育委员会审核,经核准后方可到公安部门申办出国手续。市公安局依据此通知依法受理出国留学人员的护照申请,合肥市自费出国留学人员人数上升。

1996年,市公安局要求,自费出国留学除提交接受学校出具的入学通知书,申请人还应提交必需的经济保证证明;具有大专以上学历的申请人申请自费出国留学,须提交省级教育主管部门出具的"自费留学资格审核证明";出国学习宗教课程(含前往宗教院校学习)的,须提交省级以上宗教局出具的同意证明;公派留学人员(含国家公派和单位公派留学人员)出国留学,须提交填写完整的《公派留学人员申请护照登记表》。

1997年,国家教育委员会、公安部、外交部下发《关于公派留学人员出国统一持用因私普通护照的通知》。自1997年3月1日起,合肥市按照规定对公派留学人员出国留学,不论其在境外停留时间长短,原则上均签发因私普通护照。是年4月,市公安局对公派出国研究生、进修人员、访问学者的配偶和子女不是在职职工的申请出国探亲,由所在街道(乡)或派出所出具证明。如父母都是公派出国留学人员,未成年儿童单独申请出国探亲,由父母单位同意,并原则上由其父母回国探亲时带领;对父母一方是公派留学,一方是自费留学的(或出国探亲后我驻外使领馆证明确实在学习的),未成年儿童出国探亲并有人带领,可以签发护照。

1999年,市公安局依据省教委、省公安厅、省工商局联合印发教育部、公安部和国家工商总局《自费出国留学中介服务管理规定》及其《实施细则》,批准具备一定条件的中介服务机构开办公民自费出国留学中介业务,负责为已完成高级中等教育或高等教育后申请自费出国留学的居民提供留学的相关信息和法律咨询、代办入学申请、提供签证服务、进行出国前培训等。

2000年,市公安局针对不同的留学情况进行护照受理,个人联系的自费出国留学的须提交接收学校出具的入学通知书;通过合法中介机构联系的须提交入学通知书或该中介机构出具的有关证明。

2002年,市公安局落实国家关于"支持留学、鼓励回国、来去自由"的出国留学工作方针,简化对大专以上学历人员自费出国留学的审批手续,取消向申请自费出国留学的高校在校生以及具有大专以上学历但尚未完成服务期年限的各类人员收取"高等教育培养费"(大学生出国留学要缴纳高等教育赔偿费来补偿在国内受教育而不在国内工作给国家造成的损失),取消对上述人员进行"自费出国留学资格审核"工作。

2003年,合肥市取消居民申请因私出国(境)从事文化交流活动须提交省级以上文化主管部门出具的同意证明;取消具有大专以上学历人员申请自费出国留学须提交省级教育主管部门出具的"自费留学资格审核证明"的规定。是年,合肥市实行"按需申领护照"政策,合肥市居民申请出国留学仅凭居民身份证、户口簿即可申领护照。

华侨回国定居

1987年,国务院侨办下发《关于华侨回国定居的审批意见》(以下简称《审批意见》),规定各级人民政府侨务办公室与同级公安机关共同受理审批华侨回国定居管理工作。《审批意见》明确规定对符合下列情况之一的予以受理审批:一是夫妻一方在国外,国内一方能自行解决对方回国定居后的工作或住房等问题的;二是在国外无依无靠的孤寡老人,国内有亲人能解决住房、赡养等生活问题,不增加国家负担的;三是在国外的老人用外汇已在国内购买住房,又有外汇积蓄或退休金、养老金可转回国内领取,国内有亲属(该亲属的户口不得由农转非或由小城镇迁入大城市)协助料理生活等问题的;四是在国外受到迫害,失去谋生条件,使馆认为其必须回国,并服从分配接受安置的。此外,对国内公民出国定居后在短期内又要求回国定居的,以及个别老人因水土不服,生活不习惯等原因,坚决要求回国定居的,也做出详细规定。

1990~2007年,市公安局依据职责分工,密切配合侨办部门,认真贯彻落实《审批意见》精神,严格执行华侨回国定居受理审批政策,严格审核把关,对符合政策规定的定居申请均予以受理审批,协助侨务部门办理回国定居业务79人。

2008年,市公安局与市侨办等部门协商,请示省公安厅适当放宽华侨来肥定居的入户条件,并简化相关手续。

2010年,市公安局根据中共安徽省委办公厅、安徽省人民政府办公厅下发的《关于加强新形势下侨联工作的意见》,在严格把关的同时,简化华侨回国定居落户办理程序,帮助归国华侨解决落户过程中遇到的实际困难。

2012年,市公安局对2010年以来的侨务工作进行调研总结,形成《合肥市华侨有关工作情况的报告》,总结2010年以来维护华侨和归侨侨眷的合法权益,对投资的侨商及侨资企业提供优质服务等情况,对修改完善归侨侨眷权益保护法提出意见和建议。是年,办理华侨归国定居50余人。

2013年,《中华人民共和国出境入境管理法》实施,其中第十三条规定:"定居国外的中国公民要求回国定居的,可以由本人或者经由国内亲属向拟定居地的县级以上地方人民政府侨务部门提出申请。"10月,根据国务院侨办、公安部、外交部制定的《华侨回国定居办理工作规定》,结合安徽省实际,省人民政府侨务办公室、公安厅、省人民政府外事办公室印发《安徽省实施〈华侨回国定居办理工作规定〉办法(试行)》(以下简称《办法》)。《办法》规定,华侨回国定居申请由侨务部门受理审批。侨务部门调查核实申请人身份及申请材料,书面征求公安机关的意见,必要时可请公安机关核查出入境记录、出入境证件签发信息等。市公安局认真落实《办法》,积极协助侨务部门核查申请人的出入境记录、出入境证件信息等,保证新法实施后华侨回国定居工作平稳交接过渡。

第三节 内地居民往来港澳地区管理

内地居民往来港澳地区证件签发

1990年,市公安局根据省公安厅《关于进一步增加出入境管理透明度的通知》要求,对居民因私去香港和澳门地区实行政策公开制度:即公开审批条件、公开审批名额、公开批准名单、公开审批时限、公开收费标准。针对短期探望定居在香港、澳门的亲属,短期去香港、澳门会见定居在台湾的亲属等四类情形的申请人可申请往来港澳通行证。

1991年,市公安局采用全省统一使用的"出境申请办理程序表",并将合肥市民申请赴港澳的审批情况全部及时进行公布,接受申请人和社会监督。

1993年,市公安局对居民再次申请双程去香港、澳门的,除提交境外亲属的邀请信件外,无需再提交证明其亲属关系的证明材料,将受理、复核机关意见由原来的层层审批简化为出入境管理部门直接签发,受理审批时限缩短为一个月。

1994年,安徽省公安厅在合肥召开出入境管理工作座谈会。经充分调研、多方征求意见后,安徽省公安厅决定自1995年7月1日开始将双程去香港的审批权下放给设有专门出入境管理机构的包括合肥在内的10个地市。

1995年,市公安局根据《关于内地公民出境受理审批工作中有关问题的意见》,对外省居民在合肥市购买户口或把户口迁移至合肥市的申请去香港、澳门的情况,若户口属正常迁移(如上学或毕业分配、工作调动、婚姻、无依无靠老人和儿童投靠直系或近亲属等),可与本市常住居民一样受理;对其他理由将户口迁移至合肥市或购买户口申请去港澳地区的,需要在合肥市稳定居住满5年才予以受理;申请去港澳地区探亲的,则需要稳定居住满2年才予以受理。

1997年,公安部规定,持"前往港澳通行证"赴香港定居的,证件上出境地点填写"罗湖",持证人只能从罗湖口岸出境赴港;持有多次签注人员可从开放的水陆空口岸赴港;持探亲签注出境地点填写"开放水路、陆路口岸",持证人可从除空港以外的口岸赴港;前往澳门定居的出境地点填写"拱北",持证人只能从拱北口岸赴澳门;探亲、旅游、多次签注出境地点一律填写"开放口岸",持证人可从开放的水、陆、空口岸赴澳门。市公安局温馨提示申请人,注意港澳证件上的出境地点,合理安排出行。

1998年,市公安局开始为应聘在香港工作的外籍人、华侨的内地亲属赴港探亲,以及在外国定居或者工作、留学的中国公民临时回内地期间急需去港人员签发《往来港澳通行证》和探亲签注。

1999年,香港特区政府实施"输入优秀人才计划",拟从内地引进掌握高新技术或科技人才,不设限额,同时允许其配偶及21岁以下未婚子女随同前往。市公安局对赴港就业人员及其配偶、21岁以下未婚子女提出赴港申请的,要求提交填写完整并贴有近期正面免冠照片的《内地居民往来港澳地区申请审批表》、香港入境事务处签发的就业或家属进入许可、居民身份证和户口簿或其他户籍证明以及工作单位对申请人赴香港就业的意见(无工作单位的由公安派出所出具意见)即可办理港澳通行证及签注。是年12月20日,市公安局停止签发八页版往来港澳通行证、入出境通行证;12月31日停止签发十六页版往来港澳通行证、前往港澳通行证,并于同日启用新版往来港澳通行证、前往港澳通行证和入出境通行证。

2002年,合肥市启用新版(2000版)前往港澳通行证、往来港澳通行证及签注;放宽企业申请赴港澳从事商务活动的受理审批标准;依法受理和审批合肥市居民赴港澳团队旅游、赴澳门探亲申请;申请人办理赴港澳证件可以选用特快专递。

2003年,市公安局受理审批赴香港、澳门一年多次往返商务签注;对持有效证件再次申请短期往来港澳的,本人确有困难不能前往办理的,允许书面委托其亲友办理。

2005年,市公安局为香港某公司组织的港澳中资机构人员的内地亲属人员赴港探亲签发有效期为28天的旅游签注。7月,开始为持香港特区政府签发的新就读类进入许可赴香港就读的内地居民签发往来港澳通行证和学习类签注。9月,开始为在澳门从事劳务人员的内地亲属办理往来港澳通行证及签注。11月,开始为在澳门就业的内地居民办理赴香港其他类签注。

2006年,市公安局启用2005版往来港澳签注。经国务院批准,自2007年1月1日,合肥开通内地居民赴港澳地区个人旅游业务。是年12月30日,合肥市举行市公安局出入境管理局挂牌暨港澳个人游证件首发仪式。

2012年7月1日,合肥市实施跨户籍地申办港澳通行证政策。凡在合肥工作、学习或居住一年以上的安徽省其他地市居民,可在合肥申办港澳通行证及团队旅游签注。在合肥的暂住人员需提交由公安机关出具的居住满一年以上的证明(含居住证、暂住证),在全日制大中专院校学习的学生提交所在学校开具的在校学习证明及学生证复印件,登记备案的国家工作人员提交工作单位证明及工作证复印件。合肥市居民也可在其他地市就近办理港澳通行证和个人旅游签注,庐江县和巢湖市因尚未开通个人旅游,只可在其他地市就近申办团队旅游签注。

2013年,合肥市放宽安徽省内居民就近办理港澳通行证政策,将在合肥暂住的时间由一年缩短至六个月,庐江县和巢湖市居民也可在其他地市就近申办港澳个人旅游签注。是年11月,省公安厅发布《关于简化内地居民再次申办往来港澳签注手续的通知》。市公安局依照通知精神,自11月11日起实施简化再次办理往来港澳签注手续措施,对符合条件再次办理往来港澳签注的申请人免交验户口簿、居民身份证复印件。

2014年5月,市公安局根据省公安厅发布《关于单独签发赴港澳台通行证件有关事项的通知》,为合肥市民单独签发往来港澳通行证,申请人无需提交与申请事由相应的证明材料,告知其如需前往港澳地区,还应按规定办理相关事由的往来港澳签注。6月,在自助签注申请工作中针对自助申请的证件条件、签注类别、受理材料、审批情况做出明确要求和说明,优化自助申请工作流程。9月,启动2014版往来港澳通行证受理签发工作。

2015年,市公安局对往来港澳通行证的电子化,以及工作中出现的新情况、新问题,对往来港澳通行证及签注受理、审批、签发工作流程和管理制度做出调整和优化。实施大厅值班长工作制,在全省率先开展"微笑服务"活动,推出网上预约申请、老弱病残孕"绿色通道"、开展"志愿者"进大厅等新服务举措。是年11月,市公安局开通"港澳台再次签注双向速递"业务,省去群众办理港澳台再次签注往返办证大厅的时间,通过热线电话即可享受邮政特快专递(EMS)提供的上门取证及签注办理完毕邮寄到家的服务,整个过程5个工作日即可完成(不包含邮递的时间);开通合肥市区、巢湖市区、肥东县城关个人旅游、团队旅游的港澳台再次签注上门取证及全国范围内的邮寄送达服务。实现港澳台旅游类再次签注自助申请、POS机刷卡缴费、港澳台再次签注EMS双向速递等便民措施。

2016年4月1日起,外省、外市居民凭本人居住证和身份证即可在合肥申办港澳通行证及各类签注,扩大跨户籍地申办港澳通行证的范围。是年7月,市公安局对户籍迁入安徽省满一年以上的安徽省内其他地市居民简化办证手续,实施凭身份证即可就近办理港澳通行证首次申领和换发、补发以及签注申请业务(个人旅游签注除外)。

1990～2016年合肥市往来港澳通行证签发数量统计表

表11－3　　单位:人次

年度	证件签发	年度	证件签发	年度	证件签发
1990	89	1999	533	2008	41400
1991	143	2000	665	2009	66551
1992	189	2001	2536	2010	76384
1993	243	2002	5654	2011	107794
1994	315	2003	8214	2012	128967

续表 11－3　单位：人次

年度	证件签发	年度	证件签发	年度	证件签发
1995	389	2004	12741	2013	176108
1996	412	2005	13762	2014	237997
1997	444	2006	14459	2015	220380
1998	457	2007	42283	2016	234408

内地居民短期往来港澳地区

香港回归以前，合肥市居民因商务或培训等非公务活动赴港，需办理因私普通护照，同时要提交香港有关机构、企业或个人的通知、邀请函等证明材料，并要取得进入香港许可。

1996 年，市公安局对外省市居民在合肥市购买户口或将户口迁移到合肥市后申请赴香港、澳门地区探亲的，不再要求稳定居住满两年才受理，同时取消夫妻团聚的受理时间限制。

1998 年，市公安局为“三资”企业、集体和私营企业、股份合作制企业的管理、业务、技术人员审批签发往来港澳通行证以及商务、培训、就业签注；取消为赴港从事商务、培训、就业等非公务活动的内地居民签发护照的做法。12 月，市公安局根据公安部《关于印发〈部分省市内地居民赴港澳从事商务活动审批管理工作会议纪要〉的通知》精神，下调申请赴香港商务签注的各类企业标准，同时规定对有发展潜力的高科技企业、符合当地产业政策的重点企业，可根据企业的实际情况和需要受理审批，不受受理审批标准的限制。依据公安部《关于为港澳中资机构内派人员家属赴港澳旅游办理有效期 20 天签注的通知》，为中资机构内派人员内地家属赴港澳旅游团队审批办理往来港澳通行证及有效期最长为 20 天的一次旅游签注。港、澳中资机构内派人员家属参加 20 天赴港澳旅游团队除办理一般港澳游申请审批手续之外，须提交在港澳中资机构亲属的港、澳居民身份证和来往港澳与内地所持的旅行证件复印件。

2000 年，市公安局根据公安部《关于印发内地居民赴港澳地区探亲审批管理工作规范的通知》要求，确定港澳探亲条件、履行手续、审批程序和时限，开始受理审批赴港澳申请，并按要求对外公布探亲名额及使用情况。7 月，凡年满 65 周岁以上（含 65 周岁）的合肥市民再次申请赴港澳地区探亲的申请人，可免交单位意见或者派出所意见。是年，开始为赴香港及澳门旅游人员签发旅游签注（“L”签注），审批签发赴澳门商务类签注。

2001 年，市公安局为在香港高等院校毕业的合肥市民，凭香港入境事务处签发的“进入许可”申办赴港通行证件，批准后发给申请人往来港澳通行证及就业签注，办证时限、亲属赴港探亲、申办因私护照等事项均同“优才”及“专才”赴港的审批规定。是年 12 月 1 日起，根据《关于调整内地居民赴港澳地区商务签注有效期限及受理审批标准的通知》，市公安局将商务签注类型调整为有效期 15 天一次和 3 个月多次、1 年多次、3 年多次四种类型，每次在港停留期统一为不超过 14 天。有效期为 15 天一次和 3 个月多次的商务签注由合肥出入境负责审批，1 年、3 年多次的商务签注由合肥出入境审批后再报省公安厅审批。

2002 年，市公安局取消赴港澳商务签注邀请函，对申请有效期三个月以下商务签注的,免于提交纳税或创汇证明。10月,对赴港澳旅游人员申请往来港澳通行证和签注条件进行调整,规定合肥市居民凭国家旅游局批准的528家出国旅游组团社出具的全额旅游发票,以及本人身份证、户口簿及其复印件,即可申请办理往来港澳通行证及签注。12月,对申请需要两次进入香港或者澳门的人员,给予两次进入有效的赴香港或者澳门的旅游签注;对申请赴香港或澳门探望父母的18周岁以下内地居民,根据申请人的需要,准予签发三个月多次的探亲签注。

2003年4月,市公安局针对一般去港澳旅游的,要求交验全额团费的发票(金额一般应在2000元以上);针对参加旅行社组织赴港澳探亲团的(费用在2000元以下),由于此类团组费用很低,一些在港澳从事非法活动的人员多是通过此渠道赴港澳,对在港澳有亲属的(档案里有亲属关系反映的,或提交亲属关系公证的)申请人方能批准参加此类团队;针对赴港澳进行商务活动的,规定原则上一个企业赴港澳商务人员应在4人以内,且应为确有需要前往的管理人员。8月,对申请短期往来港澳地区的,无需再提交工作单位或派出所意见。是月,赴港澳1年多次往返的商务签注审批权下放,市公安局负责港澳商务签注的受理、审批和制证工作;同时将企业申请商务签注的注册资金由100万元人民币下调为50万元人民币;将往来港澳商务签注的申请范围由原来的具有独立法人资格省内企业的员工,扩大到省内个体工商户和在港澳地区注册企业的员工。对持有效往来港澳通行证再次申请短期往来港澳地区,本人确有困难不能前往申请办理的,可以书面委托亲友代为办理。12月,合肥市再次放宽部分申请赴香港、澳门地区探亲人员的签注时限,对于申请赴香港或澳门探望父母的18周岁以下(不含)及申请赴香港或者澳门探望子女的内地居民,可根据申请人需要,签发3个月多次探亲签注。

2004年,市公安局为符合条件的合肥市居民赴港澳地区探望父母签发3个月多次赴港澳地区的探亲签注。依据公安部、国务院港澳事务办公室、商务部《关于调整内地赴港澳劳务人员审批办证手续的通知》及公安部关于《内地居民从事劳务往来香港或者澳门特别行政区审批管理工作暂行办法》通知精神,合肥市开始受理审批合肥市居民赴港澳地区从事劳务的申请。

2007年1月1日,经国务院批准,合肥市开办内地居民个人赴港澳地区旅游业务。合肥市辖区居民凭本人户口簿和身份证原件及复印件,即可申请办理往来港澳通行证和个人旅游签注。"自由行"开通当月,合肥市受理赴港澳申请3932人次,其中赴港澳个人旅游签注2556人次。8月,市公安局出入境管理局制定《合肥市申请赴港澳地区商务签注单位登记备案及审批工作管理办法》,针对赴港澳商务签注政策进行部分调整,把单位注册资金提高到150万元或者上年度纳税在10万元人民币以上,登记备案单位必须提供为备案人员交纳的上年度保险凭证,建立备案单位专办员制度,《单位登记备案证明书》由原先的自签发之日起两年内有效,改为自签发之日起一年内有效。未办理登记备案的单位人员,也可以签发3个月一次的商务签注。12月,暂停签发赴澳门两次的个人旅游签注和团队旅游签注,只签发赴澳门一次的个人旅游签注和团队旅游签注。

2009年,合肥市取消内地居民申请赴港澳地区团队旅游需提交国家旅游局指定旅行社出具的旅游费用发票的规定。增加1年多次赴香港探亲签注,内地居民与香港配偶生育有未成年子女的夫妻团聚类申请人可申请1年多次赴香港探亲签注。属于其他探亲情形、有特殊家庭困难的申请人也可申请1年多次赴香港探亲签注，报请省级公安机关出入境管理部门审批。

2011年，市公安局依据省公安厅《关于取消本省范围内异地赴港澳商务签注核查的通知》，在受理港澳商务签注时，对安徽省其他地市居民在合肥申请办理异地商务签注的，不再进行核查。

2012年，市公安局下发《港澳通行证再次签注自助申请管理规定》，对再次签注的自助受理、审批、制证、双向邮政速递等工作进行明确的业务划分。合肥市居民通过自助申请设备自助办理往来港澳地区团队旅游、个人旅游再次签注业务。与邮政部门合作，实行港澳旅游再次签注邮政代办制度，设立邮政代办热线，将出入境服务延伸到居民家里。

2013年，市公安局简化申请赴港澳地区商务登记备案人员所需提交的申请材料，规定单位法定代表人申请赴港澳地区商务登记备案时无需提交社保部门出具的备案人员社保缴费明细单。是年，巢湖市、庐江县开办内地居民赴港澳地区个人旅游业务。

2014年，合肥市启用电子往来港澳通行证，新版电子往来港澳通行证采用卡片式，证件内含电子芯片，采集申请人的指纹等生物信息，提高签注的签发和查验效率，方便群众快捷通关。依据《关于开展赴港澳地区商务备案单位专项清理行动的通知》要求，对商务备案单位进行清理，抽查走访，审查备案单位83家，实地走访8家，重点了解其是否具有赴香港、澳门地区进行商务的业务需要。主动征求其对公安机关出入境管理部门工作的意见和建议，就如何为本地企业与香港、澳门地区间的商务交流提供便利进行深入探讨。在受理过程中，对已取得赴澳门商务备案资格的人员申请赴澳门商务签注时，须要求其提交赴澳门从事商务活动的行程安排或澳门合作单位出具的邀请函。

2016年，市公安局联合邮政部门在全省率先拓展网上办理赴港澳个人旅游二次签注业务，实现公民足不出户即可申领内地居民赴港澳个人旅游二次签注的网络工作新模式。符合条件的合肥市居民，通过合肥警务网就可在网上申请双向速递办理赴港澳个人游二次签注业务。申请受理成功后，邮政人员将上门收取申请人的证件速递至出入境管理局制证，签注制作完毕后，再通过邮政部门送证到申请人手上。市民安坐家中，点击网络就可以办理赴港澳个人旅游签注。

内地居民赴港澳地区定居

1993年以前，市公安局依据《关于执行中国公民因私事往来香港地区或者澳门地区的暂行管理办法的通知》，在受理定居时规定：夫妻一方在香港、澳门定居，另一方申请前往团聚的，夫妻分居的时间需满两年以上；在香港、澳门定居的无依无靠的老人需内地直系亲属前往照料等可申请赴港澳定居。

1993年，市公安局根据《中华人民共和国香港特区基本法》第二十四条的规定以及中英双方达成的原则协议，“在香港特别行政区成立以前或以后在香港以外出生的中国籍人士，其出生时父母任何一方在香港有居留权的中国公民，即香港特别行政区永久居民，其本人即可享有香港特别行政区的居留权”，开始受理香港永久性居民子女赴港定居申请，规定香港永久性居民内地子女的出生日期必须早于其父亲或母亲的香港永久性居民的身份证日期，1997年前只受理未成年儿童。1993年，在受理夫妻团聚类定居申请时要求分居年限必须达两年以上才能受理；如需申请偕行十二岁以下子女去香港定居的，分居时间须达三年以上才予以受理。

1997年，市公安局取消夫妻团聚类赴香港、澳门定居人员的提交定居申请时间限制，依据《内地居民赴港澳地区定居审批管理工作规范》开始受理以下五类定居申请：夫妻一方定居香港、澳门，分居多年的；定居香港、澳门的父母年老体弱，必须由内地子女前往照料的；内地无依无靠的老人和儿童须投靠在香港、澳门的直系亲属和近亲属的；定居香港、澳门直系亲属的产业无人继承，必须由内地子女去定居才能继承的；有其他特殊情况必须去香港、澳门定居的。当时合肥市受理夫妻团聚类偕行子女规定只可携带一名十四周岁以下子女同行，内地无依无靠儿童申请投靠亲属的也必须未满十四周岁，在受理定居申请时申请人要提交身份证、户口簿、与港澳定居事由相应的证明、单位或者派出所的意见以及港澳亲属的邀请信等材料。对符合定居条件的，在签发证件前十五天在接待室张榜公布申请人的姓名、性别、出生日期、单位、定居理由、分居年限等基本情况，实行阳光作业，增加合肥市定居受理、审批工作透明度。《规范》还规定，对经审核符合赴港澳定居条件的人员实行电脑排队打分，依得分高低排队放行的办法。这是定居审批管理工作上的一项重大改革，也是国际上对定居配额管理的通行做法。

1998年，市公安局对外省市居民在本市购买户口或将户口迁移到本市后申请去港澳定居的，不再要求稳定居住满五年后才予以受理。嗣后，根据公安部通知精神，合肥市居民赴香港、澳门地区定居由原来的按公安部分配的定额审批，改由现行的按公安部划定的分数线进行审批。依据公安部规定，是年合肥市夫妻团聚类赴香港定居分数线为201分，澳门为237分。

1999年，澳门回归后，《澳门特别行政区基本法》规定澳门永久性居民在内地所生中国籍子女自1999年12月20日起享有澳门特别行政区居留权。

2000年，市公安局根据公安部《澳门永久性居民在内地所生中国籍子女赴澳门定居审批办法》，受理澳门永久性居民子女赴澳定居申请。对于父或母所持有效澳门居民身份证上载明出生地为澳门的；父或母首次取得身份证日期距申请人出生时已满7年的；父或母持有效澳门居民身份证，且在申请人出生时也持有澳门治安警察局发出的永久居留证的申请人，不受年龄限制，均可向市公安局提出定居申请。

2001年，市公安局开始受理香港居民在内地收养子女赴港定居的申请。申请规定，1992年4月1日前建立收养关系的，在申请时须提交合肥市县级以上司法公证部门在建立收养关系时出具的收养公证书；1992年4月1日至1999年7月31日建立收养关系的，须提供合肥市县级以上人民政府民政部门签发的收养证或收养公证书；1999年8月1日以后建立收养关系的，须提交合肥市民政部门签发的收养登记证。在受理内地无依无靠儿童投靠港澳亲属定居申请时放宽申请人的申请年龄限制，规定凡未满十八周岁的无依靠未成年人，可申请赴港澳地区定居投靠直系亲属或近亲属。

2002年，根据2001年公安部与香港入境事务处决定共同对亲子关系存疑的香港永久性居民子女申请进行亲子鉴定的要求，合肥市开始对亲子关系存疑的澳门永久性居民子女及其申报的父亲或母亲在内地进行亲子鉴定。

2003年，参照香港居民在内地收养子女赴港定居有关规定，合肥市开始受理澳门居民在内地收养子女赴澳定居的申请。按照公安部《关于明确无依靠未成年人投靠类申请人年龄问题的通知》,合肥市对于申请时未满十八周岁,但申请过程中超过十八周岁的申请人,按程序予以审批。对于申请赴港澳定居,应交验港澳亲属的港澳居民来往内地通行证和港澳居民身份证原件,确有原因不能交验原件的,办理时可以提交复印件。

2005 年,根据公安部《关于进一步明确内地居民申请赴港澳地区定居有关问题的通知》,针对定居申请工作中的实际问题和申请人的特殊困难,合肥市对以下几种特殊情况开展受理工作:在港澳地区定居的配偶去世,丧失夫妻团聚申请条件,其配偶去世时未满十八周岁的亲生子女已在香港地区定居,申请赴港澳地区定居照顾亲生子女的;夫妻团聚类申请人达到当年赴港澳地区定居审批分数线,因故放弃或暂时放弃赴港澳地区定居,其偕行子女申请赴港澳定居的;未满十八周岁,亲生父母离异,抚养其的父亲或母亲即将或已经赴港澳地区定居的;未满十八周岁,属于非婚生子女,亲生父亲或母亲即将或已经赴港澳地区定居的,作为夫妻团聚类偕行子女或按照未成年人投靠父母受理。对于获得香港或澳门永久性居民身份证之前结婚的,其内地配偶申请赴香港或澳门定居,夫妻团聚分居时间按照其香港或澳门永久性居民身份证签发之日计算。

2008 年,公安部下发《2009 年内地居民赴港澳地区定居审批办法》,按文件规定,合肥市将夫妻团聚类偕行子女受理条件由原先的只受理一名偕行子女改成所有未满十八周岁子女均可申请。

2009 年,按照公安部《内地居民前往香港或澳门定居审批管理工作规范》,合肥市在受理定居申请时不再将继承产业作为申请条件单列,对个别确有需要的申请纳入群众特殊困难的个案处理。增加香港或澳门永久性居民在内地所生中国籍子女类申请事由。同时文件还规定要根据实际情况逐步由市级公安机关出入境管理部门负责审批定居申请。是年 12 月,省公安厅将“夫妻团聚”“照顾父母”“投靠子女”“永久居民子女”四类定居申请的审批权限下放至合肥市。“夫妻团聚”类申请人如有十八岁以下偕行儿童随申请人,由市公安局进行审批。市公安局制定《合肥市关于贯彻〈内地居民前往香港或者澳门定居审批管理工作规范〉实施意见》,明确合肥市在受理、审核的基础上,负责审批“夫妻团聚”“照顾父母”“投靠子女”“永久居民子女”四类定居申请,“投靠父母类”“特殊情况类”仍由合肥市受理审核后上报省厅审批,并对工作流程、受理审批等做出详细规 00 定。

2009 年港澳定居工作流程图

图 11－1

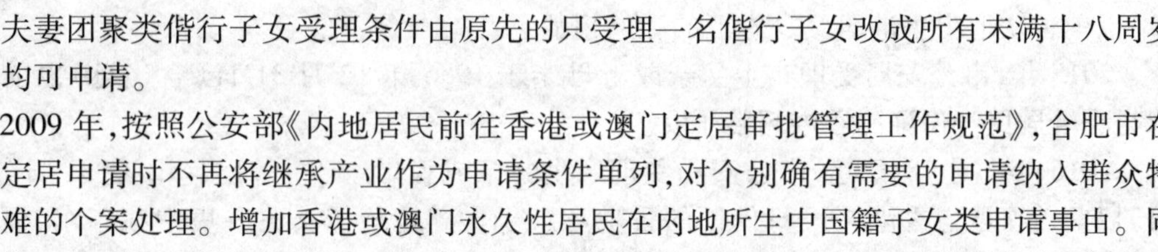

2011年,市公安局根据公安部下发的《香港居民在内地超龄子女申请前往香港定居受理审批办法》,从2011年4月1日起开始受理香港居民在内地超龄子女前往香港定居与父母团聚申请。香港居民在内地超龄子女,是指在其亲生父亲或者母亲于2001年11月1日以前取得香港居民身份证时未满十四周岁的在内地子女。根据公安部通知,合肥市按照申请人在香港亲生父亲或母亲取得居民身份证的先后顺序,分阶段受理超龄子女前往香港定居申请,不设申请截止时间。2011年4月1日起,合肥市受理亲生父亲或母亲于1979年12月31日以前取得香港居民身份证的香港超龄子女。

2012年,公安部下发《关于调整香港超龄子女申请赴港定居审批工作安排的通知》,简化申请材料,对香港超龄子女申请人无法提交父母结婚证明或者本人出生证明的,如本人同意做亲子鉴定,在申请时免交父母结婚证明和本人出生证明。5月15日起,合肥市受理亲生父亲或者母亲于1980年12月31日(含当日)以前首次取得香港居民身份证的香港超龄子女。

2013年,市公安局受理亲生父亲或者母亲于1981年12月31日(含当日)以前首次取得香港居民身份证的香港超龄子女。

2014年2月10日起,市公安局受理亲生父亲或者母亲于1983年12月31日(含当日)以前首次取得香港居民身份证的香港超龄子女。

2015年,市公安局受理亲生父亲或者母亲于1986年12月31日(含当日)以前首次取得香港居民身份证的香港超龄子女。

2016年1月18日起,市公安局受理亲生父亲或者母亲于1991年12月31日(含当日)以前首次取得香港居民身份证的香港超龄子女。超龄子女主要集中在广东、福建两省。2016年,合肥市受理2名超龄子女赴香港定居申请。

2010～2016年合肥市审批签发前往港澳定居人数统计表

表11－4 单位:人

类别 年份	夫妻团聚	偕行儿童	投靠子女	照顾父母	永居子女
2010	13	4	1	—	—
2011	10	1	—	—	3
2012	12	—	2	—	5
2013	14	3	—	—	5
2014	20	—	3	—	5
2015	27	2	5	1	2
2016	22	4	6	1	6

第四节　两岸居民往来台湾管理

大陆居民往来台湾

1992年,合肥市民凭国务院台办批件、所在单位同意证明、有效身份证件、入台许可证向户籍所在地公安出入境管理部门提出赴台申请。是年4月,省公安厅下发《关于印发贯彻中国公民往来台湾地区管理办法有关文件的通知》,合肥市民赴台进行经贸活动和文化、教育、学术、科技、卫生、体育、新闻等各项交流活动及参观、访问、考察、采访、举办展览等,均需报国务院台湾事务办公室审批。经国务院台湾事务办公室批准后,申请人持入台批件向市公安局申办赴台手续。

1994年,公安部取消赴台出境口岸限制,规定持证人可从任何开放口岸经香港赴台湾。鉴于内地居民须经香港去台湾,中间要办理、领取入台证明等情况。根据公安部的通知,市公安局适当延长内地赴台人员证件签注的有效期:对因私赴台的,签发一年有效签注;对应邀赴台的,签发半年有效签注;不再办理十二岁以下儿童的往来港澳通行证偕行加注。

1996年,市公安局根据省公安厅《关于非公职人员应邀赴台有关事项的通知》要求,对有关部门正式批准的无挂靠或无主管的民间工商业者和经济机构人员及“三资”企业(含台资企业)所聘中方人员应邀赴台进行经贸、交流活动,公安机关和国务院台办将分别依据《中国公民往来台湾地区管理办法》及有关规定和国务院台办、外交部、公安部、财政部《关于大陆居民赴台进行经贸、交流等活动的暂行规定》对人员和立项进行审批。上述人员办好赴台立项审批手续并经国务院台办经济局审核同意后,持批准函件及有关证明材料到市公安局办理赴台出入境手续。

1996年,合肥市启用大陆居民往来台湾通行证。是年11月,公安部发布《关于大陆居民经澳门去台有关事项的通知》,澳门葡萄牙政府同意大陆居民持大陆居民往来台湾通行证经澳门去台湾,并可在澳过境停留20天。

1997年,市公安局根据公安部《关于对〈公安部关于大陆居民获准定居台湾后申请来往大陆有关问题的通知〉的补充通知》要求,对大陆居民与台湾居民结婚所生子女,只要领取台湾身份证件,可按台湾居民对待;凡未领取台湾身份证件的,仍按内地公民对待。

1997年,台湾当局放宽65岁以上或有中度残疾台湾居民的大陆配偶赴台探亲的停留期和在台无子女的大陆亲属在台探病的停留期限。市公安局自1998年2月5日起,开始调整合肥市民赴台证件签注有效期限,合肥市民申请赴台湾探亲、探病,在签发大陆居民往来台湾通行证的同时,签发3年有效的往来台湾签注;对应邀赴台讲学、工作等超过半年的,根据国务院台办赴台批件的在台停留期限签发相应有效期限的往来台湾签注。

2003年,合肥市居民申请办理大陆居民往来台湾通行证无需再提交单位或派出所意见。是年12月,合肥市居民可凭本人居民身份证、户口簿及“入台许可”申请办理大陆居民往来台湾通行证及签注。经国务院台湾事务办公室批准赴台湾进行交流活动的人员，凭“赴台批件”即可办理往来台湾通行证及签注，不需再提交所在工作单位意见。未满16周岁或70周岁以上人员，可由其监护人或直系亲属代办；应邀组团赴台湾从事交流活动的，可由组团单位代办。经国务院台湾事务办公室批准赴台湾进行交流活动的人员，如工作所在地与常住户口所在地不属同一个地(市)级公安机关管辖的，可凭“赴台批件”向其工作所在地公安机关出入境管理部门申请办理往来台湾通行证及签注。大陆居民申请前往台湾居留，公安机关可为其签发3年有效多次前往台湾签注。持国务院台湾事务办公室“赴台批件”或“关于应邀往来台湾立项的批复”前往台湾进行经济、文化、科技、体育、学术、合作研究等交流活动，或者前往台湾讲学、进修、技术培训、工作的，以及进行两岸事务性商谈、新闻采访和执行两岸直航航运任务的，市公安局根据国务院台湾事务办公室核准的在台湾停留期限和出入境次数，为其签发相应期限的多次前往台湾签注。合肥市民在台湾期间自行取得台湾居民身份证件的，可自愿选择保留大陆居民身份或者台湾居民身份，但不得具有双重身份。

2004年，公安部制定《大陆居民往来台湾通行证、签注审批签发管理工作规范》，对大陆居民往来台湾通行证的受理、审批、签发、工作时限、证件的补换发及吊销和宣布作废工作做出明确规定。是年，市公安局对合肥市民赴台不再限定在台的期限。

2008年，台湾当局开放大陆居民赴台团队游，公安部下发《关于做好大陆居民赴台湾地区旅游出入境管理工作的通知》。大陆居民赴台旅游，由大陆海峡两岸旅游交流协会和台湾海峡两岸观光旅游协会联系实施，由国家旅游局会同有关部门指定的旅行社组织，以团队形式整团往返，并实行配额管理。旅游团在台停留时间为自入境次日起不超过10天。市公安局提醒合肥市民赴台旅游，应先向组团社报名，缴纳所需费用后，凭组团社出具的收费票据提出申请。申请人的“入台许可”在办妥大陆居民往来台湾通行证、签注后，由组团社通过台湾接待社办理。

2009年，市公安局规定，在出入境管理部门登记备案的国家工作人员，按照组织、人事管理权限履行审批手续后，可提交赴台旅游申请。出入境管理部门凭申请人所属工作单位或者上级主管单位出具的同意赴台旅游的证明，审批并办理相关手续。

2010年，市公安局对组团社出具的旅游发票无姓名、旅游费用等登记项目，赴台旅游组团社出具的公函无个人基本信息的，及时向旅游主管部门通报；对未经批准组织跨省、自治区、直辖市人员赴台旅游的，不予受理其大陆居民往来台湾通行证申请。

2012年，合肥市实施跨户籍地申办大陆居民往来台湾通行证政策。凡在合肥工作、学习或居住满1年以上的安徽省其他地市居民，可在合肥申办台湾通行证及签注。在合肥的暂住人员需提交由公安机关出具的居住满1年以上的证明(含居住证、暂住证)；在全日制大中专院校学习的学生提交所在学校开具的在校学习证明及学生证复印件，向登记备案的国家工作人员提交工作单位证明及工作证复印件。当时，全省都未开放赴台个人旅游，只可办理赴台团队旅游签注，还需提交旅行社出具的组团发票。是年10月，发现有8名申请人持国务院台湾事务办公室批件应邀赴台，持用“健检医美”类入台许可申请办理大陆居民往来台湾通行证，其情形不符合公安部《大陆居民往来台湾通行证签注审批签发管理工作规范》中的相关规定。市公安局立即停止对8名申请人的受理审批工作，并将情况书面请示省公安厅出入境管理处。经公安部出入境管理局与国务院台湾办公室联系确认,批复合肥市不批准该8名申请人应邀赴台的申请。

2013年,合肥市施行全国43个大中城市流动人口异地办理出入境证件政策。合肥市户籍人员的非合肥市户籍的配偶和未满16周岁子女凭身份证、户口簿及双方亲属关系证明;非合肥市户籍的就业人员凭社保部门出具的在合肥市连续1年以上缴纳社会保险的证明;就学人员凭就读院校出具的在学证明,可以在合肥就近申请大陆居民往来台湾通行证。非合肥市户籍的60周岁以上老人和需要换发、补发大陆证的申请人凭本人身份证、户口簿和公安机关出具的居住满6个月以上的证明也可在合肥市就近申请。是年,合肥市被列为第三批赴台个人旅游试点城市,合肥市正式启动大陆居民赴台个人旅游,审批签发大陆居民往来台湾通行证及个人旅游(G)签注。10月,合肥市放宽安徽省内居民就近办理台湾通行证政策,将在合肥暂住的时间由1年缩短至6个月。

2014年,市公安局开始签发赴台探亲多次签注,大陆居民赴台探亲签注分一次有效和多次有效两种。对持“探亲”“团聚”“陪同来台”“随行团聚”等一次有效入台许可的,为申请人签发6个月有效的一次探亲签注;对持“陪同来台”“随行团聚”等多次有效入台许可的,依据申请和其入台许可有效期,签发1年、2年、3年有效的多次探亲签注。是年5月,市公安局为合肥市民单独签发大陆居民往来台湾通行证,不再要求申请证件时必须申请赴台签注;合肥市民单独申请办理大陆居民往来台湾通行证的,无须提交入台许可证明以及与申请事由相应的证明材料。6月,大陆居民赴台团队旅游申请人无须提交赴台旅游组团社发票,取消查验发票手续。

2015年,市公安局开展自助办理赴台团队旅游、个人旅游签注业务。依据《关于明确为跨户籍地就近办理往来港澳和台湾签注人员签发签注种类的通知》,对符合全国以及省内跨户籍地就近申请条件的申请人,市公安局为其签发往来台湾团队旅游或个人旅游签注。

2016年,外省、外市居民凭本人居住证和身份证即可在合肥申办台湾通行证及签注(赴台定居除外)。市公安局为户籍迁入安徽省满1年以上的安徽省内其他地市居民简化异地办证手续,凭身份证即可就近办理台湾通行证首次申领和换发、补发以及签注申请业务(个人旅游签注、赴台定居签注除外)。是年,肥西县、长丰县、庐江县、巢湖市、肥东县出入境管理部门先后开始开展往来台湾签注制作工作。

1990~2016年合肥市居民往来台湾通行证签发数量统计表

表11-5　　单位:人次

年　度	证件签发	年　度	证件签发	年　度	证件签发
1990	51	1999	245	2008	585
1991	78	2000	260	2009	2847
1992	89	2001	325	2010	5596
1993	102	2002	387	2011	9386

续表 11-5 单位:人次

年　度	证件签发	年　度	证件签发	年　度	证件签发
1994	134	2003	406	2012	15503
1995	150	2004	469	2013	17477
1996	181	2005	517	2014	56506
1997	206	2006	390	2015	57167
1998	230	2007	579	2016	40888

台湾居民来往大陆

20 世纪 80 年代后,岛内民众要求取消限制、增进两岸往来的呼声日益高涨。期间,台湾居民开始避开台湾当局到香港或澳门与其在大陆亲属会面。

1987 年 11 月,台湾当局同意开放台湾居民赴大陆探亲。省公安厅下发《关于贯彻公安部关于台胞来大陆探亲旅游几个问题的通知》以及《关于加强台胞管理工作的初步意见》,提出了接待台胞探亲的要求和注意事项。市公安局认真贯彻落实各项管理工作措施,加强来肥探亲台湾居民的户口申报工作,确保户口申报质量。

1990 年,市公安局为方便台湾居民因经营企业需长期居住在大陆,在肥“三资”企业中的常住台湾居民可以办理暂住证和一年多次入出境证件。

1992 年 4 月,市公安局开始受理台湾居民在大陆延期停留签注和台胞一年以下暂住加注。这两项权限的下放使得台胞往来大陆更加方便。5 月 1 日,《中国公民往来台湾地区管理办法》(以下简称《办法》)施行。该《办法》是新中国成立后国家出台的第一部处理两岸人员往来问题的法规性文件,充分体现了“一个中国”原则和“一国两制”方针,兼顾台湾的历史和现实的特殊性。《办法》明确规定中国公民往来台湾与大陆之间是国内旅行,但又不同于大陆居民在大陆地区的旅行,体现了既方便往来,又加强管理的施政理念。

1993 年,市公安局按照公安部和省公安厅的工作部署,对滞留人员情况进行调查摸底,对滞留台湾居民的现状、滞留原因进行认真分析,根据不同情况采取相应的处置措施。

1995 年,市公安局根据省厅《关于简化台湾居民申请办理多次出入境有效签注手续的通知》要求,对在肥投资兴业、学习或进行其他经贸活动的台胞申请多次出入境签注的手续进行简化。

1996 年,市公安局根据省公安厅的部署,继续加大清理遣返工作力度,并对符合条件的台湾居民的定居申请尽快予以受理上报。嗣后,台湾居民在肥滞留不归的问题逐年减少,并逐步得到解决。

1999 年,市公安局落实一系列放宽台商入出境措施,如给台商办理 2 至 3 年有效多次出入境签注,切实方便台商入出境。

2002 年,审批签发台湾居民多次入出境签注的权限下放至各市公安局办理,市公安局开始审批签发台湾居民多次入出境签注,进一步方便了申请人。

2003年"非典"疫情期间,市公安局本着"管理就是服务"的原则,积极为不便返台的台湾居民提供便利,为在肥停留的台湾居民办理暂住加注、停留延期等手续,受到广大台湾居民的好评。

2004年,公安部《关于进一步简化台湾居民来往大陆及在大陆居留手续的通知》,决定扩大长期居留和多次出入境签注适用范围,简化台湾居民办理在大陆居留签注及多次出入境签注手续,为不在大陆常住但需要多次往返大陆的台湾居民提供便利。11月,合肥市开始启用新版一次有效台湾居民来往大陆通行证(97版)及台湾居民来往大陆签注(2003版)和台湾居民居留签注(2003版)。

2005年,《台湾居民来往大陆通行证签注受理审批签发工作规范》(以下简称《规范》)开始实施。《规范》对台湾居民入出境和在大陆居留手续作了简化调整。市公安局开始签发多次来往大陆签注。通过证件和签注的审核、审批,切实加强对基层公安机关台湾居民住宿登记工作的监督、检查,促进了基层公安对台基层基础工作的顺利开展。并在涉台工作中继续落实便民措施,方便台胞、台商出入境,取得突出成绩,被合肥市评为对台工作先进集体。

2008年,市公安局对在工作中发现台胞与外国人住宿登记表格使用混乱的问题,专门设计制作了港澳台胞住宿登记表格,使得港澳台胞住宿登记工作更加规范。

2010年,市公安局加大对台胞、台资企业的走访力度,加大法律法规的宣传,加强住宿登记管理。通过到期提醒业务,提醒广大在肥台胞及时办理签注,避免逾期。

2011年,合肥市政协港澳台侨务委员会在市政协十二届四次会议上提交了《关于解决境外人员出入境签证和驾照办理问题的建议》的提案。市公安局接到提案后认真开展调研工作,走访台胞、台资企业,切实掌握在肥常住台湾居民的基本情况,帮助其解决在出入境管理方面存在的问题和困难,如在政策法规允许范围内尽可能为其签发长期签注,并积极申报台湾居民口岸落地签证权,方便台胞出入境。

2012年,市公安局根据公安部《关于实施台湾居民来往大陆便利措施的通知》,开始办理2年多次台湾居民来往大陆签注;并为台湾居民免费提供其旧台湾居民来往大陆通行证号码加注服务。

2013年,皖各县、市公安机关出入境管理部门承担补换发5年有效台湾居民来往大陆通行证的受理工作,授权市级公安机关出入境管理部门承担审批签发工作。具体工作流程如下:各县、市公安机关出入境管理部门承担受理工作,市级公安机关出入境管理部门承担审批签发工作,省公安厅出入境管理局承担证件制作工作。

2014年,合肥机场签证处正式启动台湾居民口岸签注业务,为事先未办妥入境手续的台湾居民办理入境证件、签注。口岸签注点的开通使得台湾居民往来合肥更加便捷,极大地促进了皖台经贸文化交流。

2015年,市公安局根据《国务院关于修改〈中国公民往来台湾地区管理办法〉的决定》,自7月1日起,全面停止受理、签发台湾居民来往大陆签注和居留签注。台湾居民凭有效的台湾居民来往大陆通行证即可出入境并在大陆居留,极大地方便了台胞出入境。9月21日,2015版台湾居民来往大陆通行证(即"电子台胞证")受理签发工作启动,同时停止签发本式台湾居民来往大陆通行证。

2016 年,市公安局承办在肥台胞座谈会,为在肥台资企业及台胞传递最新的政策信息和服务举措,面对面为企业答疑解惑,现场协调有关需求与问题,帮助企业与公安部门间搭建沟通协调的平台。是年,办理台胞证件相关业务 76 人次,全市常住台胞 275 人,临时入境台胞 17632 人次。

附:中国公民出入境案件查处

1995 年,市公安局查处张某等 4 人伪造身份资料骗取出国境证件案例。

1998～2006 年,市公安局先后查处安徽省某建筑企业为外单位员工袁某出具假证明,协助袁某骗取护照出国案;福建、江苏居民利用在安徽省捐资购买当地农转非户口,伪造材料企图骗领护照出国案;军人王某掩藏其军人身份,利用朋友提供的虚假材料骗领护照案;安徽省某证券投资咨询公司违规为外单位员工谢某出具出国意见案;合肥某武术学校违反规定为某武术运动中心队运动员刘某、王某签署赴美证明材料案;夏某等 5 人利用假身份证冒领护照案;吴某、卫某、唐某、胡某、卫某、卫某某等 6 人弄虚作假骗取出国境证件案;合肥某交通设施公司为外单位员工元某开具虚假证明骗取赴港通行证件和商务签注案等案件。

2011 年,合肥市公安机关开展清理整治办理公民因私出入境证件专项行动。市出入境管理局对 2007 年以来审批签发的出入境证件签发情况进行倒查,查处多起冒用他人身份证件骗领出入境证件案。

2012 年,市公安局通过系统信息比对发现 179 对照片相似而身份信息不同的出国境人员。经调查核实,确认骗取护照人员 122 对,其中涉及双重户籍人员 102 人,冒用他人身份证件和户籍资料骗取护照人员 20 人,注销相关人员的出入境证件 142 本。

2014 年,市公安局查处各类骗领出国境证件、提供虚假材料办理赴港澳商务签注案件 10 起,处罚违法嫌疑人 11 人,单位 1 家,处以罚款 56000 元人民币。是年 2 月 20 日,王某义到肥东出入境窗口申请办理护照,经公安部人像系统比对发现其与王某如历史办证资料人像相似,疑为同一人。经查,王某义冒用其双胞胎哥哥王某如身份办理因公普通护照及因私普通护照,并持冒领的护照 6 次出入中国(边)境。其行为已经触犯《刑法》第三百二十二条,涉嫌偷越国(边)境罪。8 月 15 日,肥东县人民法院依法审判王某义犯偷越国(边)境罪,判处拘役 3 个月,缓刑 3 个月,并处罚金人民币 4000 元。2014 年 2 月至 9 月期间,犯罪嫌疑人吴某某组织 20 余人以旅游签证的方式出境前往俄罗斯、越南务工,从中非法获利 10 余万元。吴某某涉嫌组织他人偷越国(边)境罪。2015 年 7 月 27 日,巢湖市人民法院判处吴某某有期徒刑 4 年,并处罚金人民币 6 万元,对全部违法所得予以追缴。

2015 年,市公安局陆续接到群众报警,称一家因私出入境中介公司替他们办理旅游签证,安排他们前往国外务工。经调查,发现该公司以高薪为诱饵,欺骗客户与其签订合同,骗取客户中介费,致使约 600 名客户遭受 1500 余万元的经济损失。合肥市中院以合同诈骗罪一审判处该公司负责人蒋某某有期徒刑 15 年,并处罚金 50 万元。

2016 年,市公安局查处阮某和高某两起利用双重户籍骗领出入境证件案,分别给予 2 人罚款 4000 元的处罚。

第十二章　道路交通安全管理

1990年,合肥市有城市道路26条,机动车4万余辆,自行车40多万辆,三孝口等10多个繁华路段交叉口安装数字交通指挥仪。

2016年,全市道路总里程达5228.1千米,全市机动车保有量达159.22万辆,驾驶人达199.8万人,市区交通信号灯控路口1634处,人行横道灯1080处,交通标牌22234块,道路中心隔离护栏151.38千米,机动车停车场(点)320处,停车泊位2.82万个;高架桥道路总里程达60.24千米,轨道交通1号线建成通车,2、3号线均在施工建设,已形成"三环多放射"的城市交通动脉网。

随着社会经济的快速发展,合肥市交通建设日新月异,道路总里程数不断增长,交通设施智能化,高架桥、轨道交通从无到有,交通呈现"地上、地面、地下"立体化格局。机动车保有量和驾驶人数量持续增加,危害道路交通安全的危险驾驶案件时有发生,交通拥堵加剧,城市道路交通管理难度加大。面对日益复杂的道路交通状况,市公安局严格执行各项道路交通法规,加大路面执法力度,强化道路交通安全综合治理,优化道路交通管理手段,扩大交通安全宣传,确保市民畅通安全出行。

第一节　道路交通法规制定

合肥市道路交通管理地方性法规

1994年7月13日,合肥市第十一届人民代表大会常务委员会第十三次会议通过《合肥市城市道路交通管理规定》,经1994年12月27日安徽省第八届人民代表大会常务委员会第十四次会议批准,于1995年3月1日起施行。废止1984年1月19日公布施行的《合肥市城市道路交通管理办法》。

2004年6月30日,合肥市第十三届人民代表大会常务委员会第十次会议通过《合肥市城市道路交通安全管理条例》,经2004年8月20日安徽省第十届人民代表大会常务委员会第十一次会议批准,于2004年10月1日起施行。废止1995年3月1日施行的《合肥市城市道路交通管理规定》。

2009年8月27日,合肥市第十四届人民代表大会常务委员会第十二次会议通过《合肥市道路交通安全条例》,经2009年10月23日安徽省第十一届人民代表大会常务委员会第十四次会议批准,于2010年1月1日起施行。废止2004年10月1日施行的《合肥市城市道路交通管理条例》。

2013 年 8 月 30 日,合肥市第十五届人民代表大会常务委员会第五次会议对 2010 年 1 月 1 日施行的《合肥市道路交通安全条例》进行修订,于 2014 年 1 月 1 日起施行。

合肥市道路交通管理规范

2008 年,市公安局印发实施《合肥市道路交通事故自行协商处理及保险快速理赔工作若干规定》,对在本市市区道路上机动车发生的轻微交通事故,实施快速处理,保险快速理赔,并建立两处“道路交通事故快速处理保险理赔服务中心”,鼓励人民群众依法自行快速处理机动车物损道路交通事故,最大限度减少交通事故对人民群众工作生活的影响。

2009 年 12 月 3 日,合肥市人民政府常务会议审议通过《合肥市机动车停车场管理办法》,2010 年 2 月 1 日起施行。

2010 年 12 月 13 日,市公安局和市保险行业协会联合印发实施《关于公布〈合肥市机动车物损交通事故快速处理办法〉的通告》,并于 2011 年 1 月 1 日起正式施行。

2013 年 2 月 17 日,市公安局印发实施《道路交通事故人民调解工作实施方案》,完善人民调解制度,规范人民调解活动,维护社会和谐稳定。是年 4 月,市公安局先后印发实施《新改建道路附属交通设施工程设计审核工作规范》《新改建道路附属交通设施工程移交验收工作规范》,进一步规范新改建道路附属交通设施工程设计审核及移交验收工作。

2014 年,根据《中华人民共和国大气污染防治法》《合肥市道路交通安全条例》《合肥市大气污染防治条例》《合肥市机动车排气污染防治办法》等有关规定,市公安局、市环保局报请市政府同意后发布通告:自 2014 年 7 月 1 日起对黄标车、无标车和摩托车实施市区一环路(不含一环路)区域内 24 小时禁止通行,控制机动车尾气排放污染,改善环境空气质量,保障人民群众身体健康。是年 12 月,根据《合肥市加快推进黄标车及老旧车淘汰工作实施方案》,市政府第 41 次常务会议决定:从 2015 年 6 月 1 日起,市区(不含四县一市)对黄标车、无标车实施市区二环路(不含二环路)区域内 24 小时禁止通行。

第二节　道路交通秩序管理

道路交通执法

1993 年,针对市区夜间交通流量大、道路管理失控状况,市公安局将交警执勤时间由每日 20 时止延长至每日 22 时止。

1996 年,合肥市机动车驾驶人在市区违章被处罚款的,一律到指定银行缴纳罚款。1997 年初,市公安局与市区 5 家银行实行微机联网,在市区 180 个储蓄所同步开展代收交通罚款业务。1998 年,市区农业、交通、工商、建设和中国银行 200 个网点均可交纳交通违章罚款。

1997 年,根据高峰时段交通状况,市公安局路面交警在每日 4 个上下班交通高峰时段在交警站台指挥交通,其他时间在路口周围查纠交通违章行为。各路面执勤大队设立机动中队,民警驾驶摩托车进行巡逻管理,查纠交通违章行为,及时疏导交通。是年7月,各重点路口指挥民警走下岗台,按照“点线结合、以点带线,动静结合、以动为主”的原则,采取巡逻执勤的方式查纠各类交通违章,及时排除交通堵塞,维护道路安全畅通。

1999年,市公安局实施巡逻管理机制,错时上路,全线巡逻,加大对各类交通违章监控力度,全市公路24小时处于警力管控状态中。

2001年,市公安局公开招聘220名大龄、特困下岗职工,从事交通协管员工作,协助民警维护道路交通秩序,重点劝阻、纠正行人和非机动车交通违章行为。2002～2005年,又先后公开招聘190名大龄、特困下岗职工,从事交通协管员工作。

2002年,市公安局实行路面执勤“四定一包”工作责任制,即各路面执勤大队定时间、定人员、定路段、定职责、包交通秩序,非执勤单位定责任路段、包交通秩序。

2005年,市公安局在全市开展道路交通安全秩序路面巡控,构建高密度、快反应的网格式路面巡控网络,查纠各类交通违法行为,发现和处置交通、治安、刑事等类街面警情。是年,发现并抓获24名盗窃、诈骗、伤害、抢夺、抢劫违法犯罪嫌疑人。

2008年,合肥市区交通拥堵严重、午间道路交通失控,市公安局交警支队组织机关各科室及机关服务中心、安全教育学校等非执勤单位,采取分组巡逻、路段承包的方法,加强市区道路午间高峰时段(12时至14时,含双休日)管理。第一小组由安全教育学校、机关服务中心、考核科、宣传科、事故科等单位组成,主要负责管理淮河路、安庆路及市府广场周边道路的交通秩序;第二小组由纪委、政治处、秩序科、科技科、法制科、后勤科等单位组成(其中纪委和政治处共同组成一个巡逻单位),主要负责管理阜阳路、沿河路、临泉路的交通秩序。执勤单位按照规定路段轮流上路,每日中午由单位派出1辆车、2名民警上路执勤。

2011年,市公安局实行以路面勤务、事故预防处理、综合警务“三队制”为主要内容的路面勤务机制改革,提高路面见警率、管事率。

2014年,市公安局交警支队实施定岗位、定标准、定人员、定考核,包秩序、包设施的“四定两包”网格化责任区勤务管理模式。网格化勤务模式中,各交警大队统筹辖区内道路条件、流量特点、管理重点和事故警情等参数,建立“路口与路段相结合、高峰与平峰相结合、定点与巡逻相结合、日常与重点相结合、民警与协警相结合”的勤务运行模式,按照中队、警组“两级”,划分设置97个网格责任区,测算配置相应的管控力量,形成系统性管控网络。

2015年,市公安局在市区设立22个一级示范标准岗、30个二级示范标准岗。“示范标准岗”实行“1+4”勤务机制,即路口1名民警根据路口实际交通流量情况站在指挥台上通过指挥手势疏导交通;其他4名警力按照“三线齐”(分道线、停车线、人行横道线)、“四角清”(路口四角无行人、非机动车、非交通占道等交通违法行为)的要求做好路口四角管控。

2016年,市区22个一级示范标准岗民警不再站在指挥台上指挥疏导交通,路口路段执勤和管理标准保持不变。

道路交通秩序整治

1993年,市公安局开展无牌无证车辆整顿工作,遏制城乡道路无牌无证车辆上路行驶、事故频发等现象。全市出动警力31500余人次、车辆2800余辆次,查扣无牌无证车辆375辆,罚款7万余元,吊扣驾驶证60余本,185辆机动车和210名驾驶人分别补办车辆入户手续和驾驶证。是年6月,市公安局部署开展"保障夏季交通安全,开展百日整顿道路交通秩序"活动,重点整顿长江路、金寨路等10条主干道和范巷口、三孝口等10个主要路口的交通秩序。严格查纠行人和自行车不各行其道、自行车带人、机动车驾驶员不按规定使用安全带以及人力客运三轮车、正三轮机动车、残疾人专用车等车辆交通违章行为;从严查处城郊道路超速行驶、违章装载、疲劳驾车等违章行为;查纠各类交通违章45.75万人次,罚款483万元,吊扣驾驶证352本,吊销驾驶证75本,治安拘留驾驶员113人、收审15人、报捕12人。

1996年,市公安局为改变城区无证及酒后驾驶机动车、不遵守交通信号通行等违章状况,对出租车、非机动车及行人等交通参与者,开展为期1个月的交通秩序整顿工作,查处各类违章车辆3070辆次,纠正非机动车及行人违章4500人次,吊扣驾驶证87本。1996年12月至1997年2月,在全市范围内开展冬季道路交通秩序整顿活动,全面整治闯红灯、不各行其道、不按规定鸣笛、强超强会、出租车截头猛拐、小公共汽车随意停靠等交通违章行为,对违章驾驶员统一办学习班并安排上路执勤。

1997年,开展夜查闯红灯集中整顿行动,出动警力120人次,查扣证件284本,并将违章车辆号牌在《合肥晚报》《合肥公安报》上公开曝光。

1998年,市公安局以抓自行车、行人违章为突破口,大力整顿交通秩序,查扣自行车3808辆,处罚自行车及行人违章10800起。市区主干道自行车、行人遵章率提高,基本做到"车不越线、人不斜穿、遵守交通信号、人车各行其道"。8月,开展为期3个月的"百万市民告别不文明交通行为"交通秩序集中整治活动,并与市公交总公司联合开展为期1个月的"公交车辆告别不文明交通行为"活动。9月,市公安局和市文明办联合开展"全体市民都来当一天交警"活动,组织全市各大企事业单位、机关、团体、学校师生上路执勤,重点协助交警查纠自行车和行人交通违章行为。

1999年7~9月,市公安局组织开展为期3个月的交通秩序集中整治活动,先后开展夜查行动59次,查纠交通违章37万起,暂扣车辆5794辆,暂扣证件3598本,查扣自行车3.3万辆。是年11月,针对市区夜间无牌无证及报废大货车上路行驶现象突出情况,市公安局组织开展夜查统一行动,查纠交通违章820余次,暂扣车辆130余辆,报废货车59辆。

2001年9~12月,市公安局开展严重交通违章行为集中整治行动,严查重处闯红灯、超速行驶等严重影响交通安全和道路畅通的违章行为。

2002年,市公安局开展"一月攻坚、百日冲刺、誓夺目标"集中整治道路交通秩序活动,加大中午和夜晚路面警力配置,交警支队机关等非执勤单位参加每周一次的夜间统一行动,从严查处机动车辆不按规定分道行驶等容易产生交通拥堵的违章行为,会同市容、市政、工商等部门大力整治占道摊点,并鼓励市民抓拍、举报交通违章。

2003 年 1 月 6 日，合肥工业大学北门（屯溪路）发生一起涉及该校学生的交通事故，引发上千名学生上访堵路。按照中央、省、部领导关于加强校园周边交通秩序整治工作批示精神，是年 2 月，市公安局组织开展为期 3 个月的校园周边交通秩序整治工作，投入 146.756 万元，改造完善合工大等 34 所高校及中小学周边交通设施，加大校园周边交通违章的整治力度。

2004 年，市公安局开展无牌无证交通违法行为集中整治行动，上门宣传、督促群众自觉办理机动车、驾驶员牌证，严格查处无牌行驶、无证驾驶违法行为，并制定便民措施，方便群众办理牌证业务。

2005 年，市公安局开展正三轮机动车专项整治行动，会同市残联、交通运管部门和各区政府，向正三轮机动车、残疾人专用车驾驶人和车主广泛宣传《中华人民共和国道路交通安全法》等法律法规，严格查纠正三轮机动车和残疾人专用车无牌无证、非法营运等违法违规行为。是年 8 月，针对合肥市区摩托车非法载人（简称“摩的”）突出现象，交警支队以无牌无证摩托车及摩托车非法载人为打击重点，以客运站点、公交站台、繁华路口及闹市区为区域重点，组织开展 2 次统一行动，出动警力 414 人次，采取“点上清、线上查、面上控”的方式，查处“摩的”交通违法行为 712 起，暂扣车辆 49 辆。

2006 年，合肥市区夜间交通违法行为情况突出，市公安局抽调交警支队机关及非执勤单位民警组成夜间道路交通秩序巡查队，每日 19 时 30 分至 22 时 30 分各安排 1 台警车及 2 名民警，在重点路段及区域开展交通指挥疏导、交通违法查处工作。

2008 年，市公安局会同城建、农机、安监、交通、市容、劳动等部门，联合整治“渣土车、运料车、混凝土搅拌车”（以下简称“三大车”）交通违法行为，单独或联合开展区域性集中整治统一行动 70 余次，查处“三大车”违法行为 11174 起。是年，市公安局针对不同阶段突出交通问题，开展各项专项整治行动 109 次，出动警力 48.5 万人次，查处各类交通违法行为 41.7 万起，记分 33.4 万分。其中，查处机动车涉牌涉证违法行为 3127 起，查处危险化学品运输车辆交通违法行为 327 起，查处“三大车”交通违法行为 3788 起，查处“四小车”交通违法行为 3133 起。

2011 年，市公安局在市区查处交通违法 139.7 万起，罚款 1.6 亿元，记分 161.2 万分，扣留机动车 1.2 万辆，暂扣驾驶证 255 本。其中，查处“三大车”交通违法 4.2 万起，罚款 442.4 万元，记分 1.1 万分；查处酒后驾车 612 起，5 月 1 日前查处醉酒驾车 96 人，均行政拘留，5 月 1 日后查处醉酒驾车 216 人，均依法追究其刑事责任。

2012 年，市公安局以严格查纠“三小车”和行人乱穿行等为重点，以提高路面见警率、管事率和执法形象为抓手，开展街面交通治安秩序集中整治行动，制止及查处在路面散发广告、兜售发票、敲车窗乞讨等违法违规人员。全年查处机动车乱停乱放 25.5 万起，罚款 2539.1 万元，“三小车”和行人乱穿行 10.4 万起，罚款 559.9 万元。

2013 年，市公安局开展全市性专项整治活动 26 次、区域性整治行动 77 次，查处各类交通违法行为 199.7 万起，记分 268.4 万分，罚款 1.4 亿元，扣留机动车 2.9 万辆，其中醉酒驾车 353 起，涉牌涉证 2.5 万起，“三小车”和行人乱穿行 5.09 万起，客货运车辆“三超一疲劳”58.2 万起。

2014 年 7 月 1 日，合肥市区一环（不含）以内全面实施摩托车禁止通行措施。市公安局在深入评估执法风险、全面开展宣传提示等工作基础上，依法教育纠正摩托车和燃油助力车闯禁区10.9万辆次，现场查处无牌无证等交通违法行为3.7万起，扣留车辆1.8万辆。是年，查处各类交通违法行为220万起，记分380万分，扣留驾驶证3852本，吊销驾驶证478本，行政拘留231人。

2016年，市公安局开展"文明行车、文明行走"专项整治行动。行动中，采取"固定查缉+流动巡逻"的勤务模式，利用视频抓拍系统，组建执法小分队等方式，全面加大违法停车、车辆随意变道等突出交通违法行为的查处力度，查处各类交通违法行为304.4万起，罚款34232.7万元，记456.6万分。其中，现场查处109.2万起，暂扣车辆2.59万台，吊销驾照487本，拘留298人，现场查处违法停车77189起，酒后驾驶6057起（含醉酒驾驶1112起），涉牌涉证61264起，超速14609起，超员8169起。是年，针对酒驾、"三大车"、飙车等突出交通违法问题，市公安局在全市范围开展全国统一行动15次，全省统一行动34次，自行组织开展统一行动57次。出动警力2.59万人次，查处酒驾3494起（含醉酒驾驶384起），渣土车交通违法4.72万起，暂扣摩托车117辆，拘留12人。

高速公路交通管理

2005年，市公安局在全市高速公路设置19台固定式测速雷达、14套区间测速系统，配发20台数码相机，对超速行驶、不按规定分道行驶、违反规定停车等交通行为实施非现场处罚。是年，金寨路道口"交通治安自动报警（道口拦截）系统"建成，利用该系统可查处盗抢车、肇事逃逸车、外省违法车辆。

2008年，市公安局对高速公路交通违法行为实行非现场处罚，罚缴分离。

2009年，市公安局给全市高速公路大队配发高速公路移动车载警务信息处理平台，通过移动车载警务信息采集系统固定违法证据。

2011年，根据国家发改委、交通运输部印发《关于规范高速公路车辆救援服务和收费有关问题的通知》，市公安局印发《高速公路交通管理廉政风险防范工作规范》，要求高速公路故障和事故车辆遇需施救情形，应及时通知高速公路业主单位，不得与社会施救单位直接联系。

2013年，市公安局在合肥市高速公路7个大队设置7个二级执法服务站。高速公路实施外省机动车交通违法记录转递和处罚业务。合安高速合肥段实行"一路三方"联勤联动警务模式。

2015年，市公安局建设的高速公路交警车载便携式视频传输系统投入使用。该系统对实时全面地掌握高速公路交通动态信息、提升应急处置效能，具有重要作用。2015～2016年，市政府投入1600万元建设高速交警7个大队的智能分控中心，投入5154万元在全市高速公路沿线新建15座350兆无线通信基站，实现高速公路信号全覆盖；在全市高速公路水系发达、地势低洼和桥梁枢纽等重要节点增建补建31处气象设备，提高对团雾的预警能力。

2016年，市公安局建立警用直升机巡航高速公路联动机制，发挥警用直升机在违法行为抓拍、交通事故处置、应对严重拥堵等情形下的空中调度指挥作用。是年，安徽省公安厅交警总队将96处视频监控、45处雾情监测设备、14处缉查布控系统、19处固定式证眼雷达，移交给合肥市公安局管理。

优化交通组织

优化交通组织即在有限的道路空间上，科学地分配通行时间、空间，合理地限制车种、流向，使道路交通处于有序、高效运行状态。

20世纪90年代初，合安路改造项目完成，合肥市道路交通“大转盘”（现金寨路与繁华大道交口）正式投入使用，为当时地标性建筑。2000年前后，合肥市先后建成东流路与潜山路、东流路与怀宁路等多处大转盘。此后，随着机动车保有量的不断增加、车流量的持续提升，“大转盘”已无法满足实际交通需求。2006年，合肥市对金寨路“大转盘”实施改造，将“大转盘”改造为平交路口。2011年，合肥市启动“畅通二环”政务区段改造工程，东流路与潜山路、东流路与怀宁路两处“大转盘”被改造成下穿桥立体交叉路口。至此，“大转盘”退出合肥市道路交通平台。

1991年，市公安局在濉溪路、明光路、合裕路（南至屯溪路）、屯溪路、金寨路（南至屯溪路）、梅山路、蜀山路（西至合作化路）、合作化北路连接组成范围以内的所有道路，禁止拖拉机和畜力车驶入；在合安路（南至姚公公安交通检查站）、蜀山路（西至合淮路）、合岗路（北至林店公安交通检查站）、张洼路（北至七里塘镇）、蚌埠路（东至东七公安交通检查站）和合裕路（东至大兴公安交通检查站），禁止机动柴油三轮车驶入；在长江路、徽州路、阜阳路（北至环城路）、金寨路（南至芜湖路）和明光路（胜利路至蚌埠路），每日7:00～19:00，禁止人力三轮车通行。

1993年，市公安局规定在蚌埠路与明光路交口、芜湖路与徽州路交口，每天7:00～19:00，除公共汽车外，禁止其他机动车转弯；芜湖路与金寨路交口，每天7:00～19:00，禁止机动车辆由北向东左转弯；三孝口每天7:00～21:00，禁止除公共汽车外其他机动车由北向东、由东向南、由南向西左转弯；长江路、金寨路（博物馆至环城南路段）每天6:00～22:00，禁止货运车辆通行；市区一环以内道路禁止长途客车通行。

1995年，每日7:00～22:00，市公安局在寿春路、长江东路、滁州路、环城公园路、美菱大道等多条道路及相关的交叉口实施禁止左转弯、禁止掉头等措施。

1997年，市公安局规定在长江中路沿线的支路和小街巷“禁止左转”，并在与之平行的两条道路设置单行线，减少冲突和干扰。长江中路平均车速提高20%，改善了长江中路的交通面貌。3月，经报请合肥市人大常委会第21次会议审议，同意市公安局对合肥市区环城公园路及以内道路采取24小时禁鸣措施。5月，红星路（美菱大道至舒城路段）7:30～8:30、11:30～12:30、13:30～14:30、17:30～18:30内，禁止出租车及单位大客车驶入。6月，长江中路与宿州路口、舒城路等24处路口、路段分别禁止左转和实行单向通行。

1998年，在安庆路、淮河路（均为蒙城路至美菱大道）实行配对单向通行。2月，宿州路（长江中路至庐江路段）由北向南单向通行，每日16:00～19:00禁止出租车辆在金寨路与跃进路交口由西向北左转弯行驶。5月，合肥市区禁鸣范围扩大至一环路及以内道路。

1999年，市公安局在百花井等市区8处主要路口先后进行交通渠化改造，拆除路口四周100米内绿化带，增设进口车道，安装多相位交通信号灯。是年6月，长江中路、胜利路、明光路等主干道沿线各小交口7:00～19:00禁止左转。

2001年,市公安局对营运客车实行按规定路线进出市区制度,以减轻市区特别是由胜利路、明光路、长江东路围成的东门金三角地段的交通压力,凡发、抵合肥市各客运车站的营运客车,在二环以内道路全部凭证并按规定路线行驶。

2005年,市公安局规定,每日7:30~8:30、17:00~18:30,禁止公交车以外的7座(含)以上机动车和悬挂外地以及肥东、肥西、长丰三县号牌的机动车进入长江中路行驶,以减轻长江中路的交通高峰压力,但准许横穿。

2010年,市公安局针对北一环与亳州路、长丰路五岔路口交通复杂、相互干扰情况,通过增设北一环掉头车道、长丰路右转车道及隔离护栏等设施,优化交通信号设置及配时,改善路口通行秩序。

2011~2014年,市公安局对长江西路高架与五里墩立交桥之间区域、芜湖路万达广场段、徽州大道与太湖路交口等101处路口路段,对徽州大道(安庆路—芜湖路)、绩溪路(金寨路—肥西路)等31处道路节点、8条道路,进行交通组织优化。

2013年,市政府批准市公安局建议,在长江西路高架桥8处上行匝道口及五里墩立交2处上行匝道口建成升降式限高架,对限高时间、路段及高度智能控制,解决大量货运车辆夜间在高架桥道路违规通行的问题。合肥市建设的升降式限高架为全国首例。至2016年,全市建成使用限高架69处,在建28处。

2016年,位于滨湖新区的省级政务中心正式投入使用。市公安局根据滨湖政务中心上下班高峰潮汐交通特点,加强包河大道(中山路至包河大道高架起点)、中山路(包河大道至上海路)、迎淮路(包河大道至徽华路)沿线交口及路段的交通管理,采用"高架高峰分流,地面排堵保畅"的管理方式缓解交通拥堵。是年,市公安局会同市规划局、庐阳区政府、市政管理处等单位,对一环路裕丰花鸟市场门前、城隍庙周边道路进行交通组织优化,完成一环路新蚌埠路交口改造、徽州大道慢行交通系统完善等方案的审查。对长江路、翡翠路、习友路等15条道路,长江中路与含山路交口、金寨路与环城路交口、祁门路与翡翠路交口等30余处交口的交通渠化、交通设施、信号配时等进行优化完善,提高路口、路段的通行效率。

停车场管理

1992年,合肥市区设置3处公共停车场,分别为逍遥津停车场(70个停车位)、滁州路停车场(30个停车位)、长江饭店停车场(18个停车位)。是年7月,市公安局根据合肥市机动车保有量持续提升,车辆停放静态交通场地严重不足等实际情况,开辟滁州路、安庆路等29条道路为机动车临时停放处。

1995年,合肥市公安局、市建委、市容局、市规划局联合发布《关于加强机动车道路临时停车场管理的通告》,明确合肥市区道路临时停车场由合肥市公安交通管理机关负责统一管理,规定道路临时停车场收费管理要求,并对全市道路临时停车场进行重新规划设计,确定合肥市区63处道路临时停车场的名称和位置。

1997年,市公安局制定印发《市区机动车临时停车点管理规定》,规范道路临时停车管理。

1998年,合肥市区新增临时停车点36处,临时停车位达1520个。

2009年,合肥市区机动车停车泊位达82256个。其中,公建停车场78处,停车泊位7161个;配建停车场537处,停车泊位60522个;道路停车点532处,停车泊位14573个。

2010年,市公安局在环城公园路至中环线之间设置164处、4400个路面临时停车泊位,推动12家社会单位、1857个内部停车泊位对外开放,有偿使用。

2012年,市公安局协调市政部门列出40万元专项资金,在市区172处重点路段非机动车道、人行道设置5500根挡车柱等隔离设施,提高管理效能;协调物价等部门,在芜湖路、金寨路等路段,新增1156处临时停车泊位,缓解停车难问题。

市区通行证管理

1993~1994年,市政府先后对合裕路、徽州路(芜湖路至市府广场段)进行封闭改造。市公安局对道路沿线机动车辆发放临时通行证。

1995年,市公安局在大西门岗、稻香楼岗、大钟楼岗、九狮苑岗、大东门岗、双岗岗6个市区出入口设置办证窗口,为外地来肥需要进入市区车辆办理通行证,随到随办。

1996年,市公安局向部分运送蔬菜、副食品的人力三轮车,发放《合肥市人力三轮车运送蔬菜副食品专用通行证》。持证车辆每日9:00~11:30、15:00~17:00、19:00~次日3:00,可在除长江中路、金寨路(屯溪路以北路段)、美菱大道(屯溪路以北路段)、寿春路、芜湖路以外的道路上行驶。

1997年,市公安局规定外地货运车辆禁止驶入一环(含)以内道路,并在蚌埠路与当涂路交口、合裕路与当涂路交口、美菱大道与东流路交口、金寨路与东流路交口及十里庙设置通行证办理点,为确需进入禁行道路车辆发放临时通行证。

1998年,市公安局规定载重量2吨以上外地货车一律由当涂路、东流路等二环路过境,确需进入二环以内道路的,在二环路沿线5个交通治安执勤点办理通行证,凭证驶入。

2003年,市区禁行线路通行证办理业务入驻合肥市政务中心窗口。

2015年,市公安局研发市区禁行线路通行证办理系统,建立健全通行证发放流程和规范,市区禁行线路通行证可以网上办理。

2016年,所有通行证业务均在市公安局交警支队驻合肥市政务中心窗口办理,临时通行证办理权下放至交警各大队窗口。办证人持相关证明材料至办理窗口,条件符合的,办理窗口予以即到即办。

附:创建全国文明城市交通秩序整治

1993年,合肥市委、市政府提出"力争三年建成国家卫生城市"的奋斗目标。是年,市公安局印发《关于交通秩序组创建国家卫生城市实施方案》,在合肥市区组织开展交通秩序整治行动。

1996年,市公安局全力投入合肥市第三次创建"全国卫生城市"活动。1996年12月至1997年2月,组织开展为期3个月的冬季交通秩序整顿活动,合肥市区查扣违章出租车10257辆次、货车331辆、人力三轮车及正三轮机动车1766辆;暂扣证件42570本;拆除、没收警灯警报器46套。是年,在合肥市公安局举办的"万名市民评交警"活动中,广大群众对交警满意度达85%。

1997 年,市公安局开展“讲文明、树新风”交通秩序整顿工作。是年 9 月 19 日,市委召开“讲文明、树新风”整顿交通秩序动员大会,动员合肥市 195 家单位 500 余人参与,组织机关、企事业单位等 80 个单位 1500 多人到市区主干道协助维持交通秩序,实现治堵、治乱,事故减少、车速提高的目标。

2004 年,市政府组织开展“车让人,让出一分文明;人让车,让出一分安全;车让车,让出一分秩序”为主要内容的城市文明交通“三让”活动,号召全体市民摈弃交通陋习,积极参与城市交通管理,营造文明的交通氛围,推动文明城市创建工作。

2013 年,市公安局下发《文明交通创建工作迎检方案》,进一步细化文明创建工作措施,明确“八个到位”,即:警力部署到位,切实提高路面见警率;整治措施到位,切实提高路面管事率;社会宣传到位,强化部门协同作战;志愿引导到位,规范路口交通秩序;综合保障到位,全面推进迎检工作;内部管理到位,推动文明单位创建;信息沟通到位,确保工作指导有力;资料报送到位,确保台账完善齐全。是年,开展校园周边交通秩序整治,完善“护学岗”工作,在紧邻城市主干道、交通繁忙的学校门前,确定专职民警(或协警)维护校园门前交通秩序。先后在滁州路小学、合肥市少儿艺校、合肥市第五中学等 30 所中小学校门前设立“护学岗”。

2014 年,创建全国文明城市工作进入攻坚阶段。全市公安交通民警对照测评指标体系,补“短板”、清“死角”、扫“盲区”,加大警力投入、强化工作力度,查处“三小车”交通违法行为 1.3 万起,机动车违法停车 2.14 万起,拖移车辆 4400 多辆,查处非残疾人驾驶三轮车 3700 余起,扣留车辆 182 台,查获移交乞讨、散发小广告人员 288 人,增设隔离护栏 4800 余米、人行过街设施 33 处、标志牌 890 块,完善 39 所沿街中小学门前交通设施,会同区街设置和施划道路临时停车泊位近 3 万个。经过数月的努力,市区道路交通面貌焕然一新。

2015 年,合肥市被评为全国文明城市。

第三节 道路交通设施

交通信号

1990 年以前,市区有 18 个道路交叉口采用单点定周期自动式信号灯,其余路口信号灯仍靠手工操作。1991 年,新安装信号灯 9 处。

1993 年,在蜀山路和梅山路交口、芜湖路和桐城路交口、明光路和濉溪路交口、蚌埠路和当涂路交口等 4 处交口增设交通岗亭和指挥信号灯;在芜湖路与马鞍山路交口、合裕路与屯溪路交口、金寨路与安庆路交口、金寨路与东流路交口、蚌埠路与滁州路交口等 5 处路口增设指挥信号灯。

1997 年,合肥市第二个多相位交通信号灯在双岗路口投入使用,多相位交通信号灯设置直行、转弯信号,改变以往红绿灯的单一指挥模式。

1998 年,市公安局在三牌楼、寿春路、阜阳北路、小东门、范巷口等处安装自行研制的近程红绿灯装置,交通民警可随时调节信号灯装置,控制车流量。

2000 年,合肥市区开始采用 LED 式信号灯,逐步替代灯泡式信号灯。相比灯泡式信号灯,LED 信号灯具有单色光、发散角大、寿命长、可靠性高、功耗低、亮度高的优点。

2001 年,合肥市在三孝口、范巷口各安装一套具有全国领先水平的红绿灯控制系统,该系统与交通指挥中心联网,可随时查询、存储路口各车道流量、适时调整信号控制时间,减少路口的行车延误,提高通行效率,缓解路口交通拥堵状况。安装前的三孝口 24 小时车流交通流量最大为 47000 辆,实行智能化后能达到 53000 辆,日增 6000 辆。

2002 年,百花井路口信号灯被更换为当时全国最先进的 16 吋 LED 组合灯,并增加对右转车辆的控制。

2004 年,屯溪路与马鞍山路交口、三孝口、范巷口等 18 处信号灯更换成 16 吋 LED 信号灯。是年,市区安装首个人行横道自助信号灯,即触摸式红绿灯,方便行人安全、及时通过马路。

2011 年,市公安局更换市区一环路内非集中协调式信号机 11 台,同时将未联网的 82 台集中协调式信号机全部完成联网,实现一环路内的路口信号机全部联网。

2014 年,合肥市集中对市区二环路以内的 24 条城市主干道,政务区的"三横四纵"主干道,稻香楼、新桥机场、京东方、动漫基地、滨湖新区等重点区域交通信号进行改造和完善,升级改造路口信号机核心模块 253 处,更换路口信号机 129 台,联网路口信号机 278 处(有线联网 148 处,无线联网 130 处),实现二环路以内主干道的 278 个路口信号可联可控、联网控制率 100%,常用警卫路线的 118 个路口信号可联可控、联网控制率 100%,政务区的 30 个主要交通信号可联可控。

2011～2015 年,集中对市区内 514 个信号灯控路口的信号机进行升级改造。

2016 年,合肥市对市区 158 处灯控路口的电子警察补充升级,将老旧信号灯更换为符合国标的新信号灯。随着新改建道路的建设完成,市区灯控路口的数量增加至 1760 处。

若干年份合肥市区灯控路口统计表

表 12－1　　单位:个

年　份	灯控路口
1990	18
2000	653
2005	867
2010	1343
2015	1634
2016	1760

视频监控

1988 年,市公安局在合肥市区开始建设彩色视频监控系统,20 个点位,分别部署在长江中路、寿春路、蒙城路上。1989 年,因夜晚亮度不够,这 20 个点位全部改为黑白视频监控。

1991 年,市公安局开通闭路电视监控点 9 处。

2009 年,市政府印发《合肥市道路交通设施建设管理实施细则》,规定交通视频监控随新改建道路同步设计、招标、施工、验收。是年,市公安局在全市建设监控点位 109 处。

2012 年,市公安局在新改建道路中随路建设的交通监控开始使用高清监控,取代原来使用的标清监控,解决标清视频质量差、画面不清等问题。

2016 年,市公安局在二环路以内的主要交通节点、堵点建设 136 处视频监控,4 处无线视频监控,14 处制高点监控,二环路以内主干道视频监控覆盖率达 90%。可及时查纠乱停车、逆向行驶、随意调头等严重交通违法行为,实时观察掌握交通态势,第一时间发现并指挥调度处置突发交通事件。截至 2016 年,市区交通监控数量达 2308 个。

若干年份合肥市区监控点位统计表

表 12－2　　　　单位:个

年　份	监控点位
1990	20
2000	80
2005	290
2010	1178
2015	2205
2016	2308

标线　标牌　隔离护栏

1991 年,市公安局在金寨路安装中心隔离栅栏,增设各类道路交通标志 46 块,安装交通岗亭 3 座,整理、安装交通隔离墩 25000 余米,施划交通标线 8700 米。

2000 年,市公安局在金寨路沿线首次启用网格式道路中心隔离护栏,杜绝非机动车、行人任意穿行,保障道路安全畅通。2000～2002 年,在长江中路、寿春路等 6 条道路,三孝口、范巷口、百花井、寿胜路口、胜风路口 5 个交通严管路口施划道路交通标线 12.24 平方米,安装各类标牌 2026 块,维修及更换岗亭 41 座、隔离栏 150 处,增设网格式道路中心隔离护栏 9700 米。

2003 年,市公安局在一环路(全线)、长江东路(三里街—当涂路)、胜利路(明光路—新火车站)、金寨路(一环路—十八岗)、长江西路(青阳路—十里庙)等道路安装网格式道路中心隔离护栏 2.66 万米;在寿春路、胜利路、市府广场四周安装了不锈钢式机非隔离护栏 5840 米；对市区 6 米以上道路的交通标线全面施划，完成施划量 8 万平方米；增加各类交通标志 672 块。

2005 年，《道路交通标志标线》(GB5768 - 1999)国家标准第二号修订单实施。市公安局对照修订单对市区交通标志和标线进行排查整改，整改交通标线 8600 平方米，整改交通标志 276 块。

2006 年，因网格式道路中心隔离护栏易损坏、安装后无法移动，市公安局在市区开始启用“京式护栏”。逐步对原有的网格式中心隔离护栏、不锈钢式机非护栏实施更换。2007 年，市公安局完成网格式中心隔离护栏更换工作，设置“京式护栏”1.2 万余米。

2009 年，国家标准《道路交通标志标线》(GB5768 - 2009)实施。市公安局按照新国标对合肥市区道路交通标志、标线进行勘查、摸底，集中对一批设置不合理、不科学的交通设施进行清理。对大东门、大西门、金屯路口、美屯路口、胜明路口、长青路口 6 个路口新安装岗亭 6 个，对 16 个示范路口进行渠化和学校门口人行横道线重新施划；金寨路、寿春路、南一环、阜阳路、铜陵路、安庆路等道路新增中心隔离护栏 6000 余米。

2011 年，市公安局摸索试制水泥铁壳、高分子材料两种新型护栏底座，解决“京式护栏”铸铁底座人为偷盗严重的问题。是年，拆除南北高架南延工程、畅通一环工程 K 标段、徽州大道高架、铜陵路高架、淠河路下穿工程等多处重点工程施工区域内交通标志 367 余块，同步安装 135 块交通诱导标牌。

2013 年，市公安局在全市增设标志 601 块、拆除更换标志 518 块；重新渠化优化路口 163 个；施划交通标线 17.98 万余平方米、清除废旧标线 3.89 万余平方米；整改非标信号灯 118 处、完善标志标线与信号灯相匹配路口 41 个、整改未按条件设置信号灯路口 222 个、整改排列不合理信号灯路口 94 个、维修故障信号灯 1054 组、新增信号灯 223 组；调校、检定交通技术监控设备 196 套、拆除交通技术监控设备 35 套、更换交通技术监控设备 38 套。是年，新桥国际机场正式交付使用，市公安局为新桥国际机场安装 168 块指路标牌，并对全市范围内骆岗机场指路标牌进行拆除。

2014 年，合肥市高铁南站正式启用。市公安局在高铁南站周边一级、二级、三级布设区内通车道路上安装 111 套指路诱导标牌。是年，一环路(不含)内全面实施“黄标车”、摩托车禁止通行措施。市公安局按照“远端预告、应设尽设”的原则，安装禁行标志标牌 147 块。

2015 年，市公安局在马鞍山路下穿桥、合肥工业大学北门、金寨路南一环、曙光路、南薰门桥等多处路段点位开展设施优化组合工作，完成道路标线施划 570.3 平方米，增设隔离护栏 75 米，安装交通标牌 9 块。是年，合肥市区实行“黄标车”、摩托车禁行措施。市公安局安装禁行标志标牌 31 套，更换标牌 26 套，更改标牌版面信息 58 块，拆除标牌 69 套。为解决“京式护栏”受外力碰撞后易出现长距离倒伏现象，且易出现纯白色喷塑层污损、剥落的现象，影响其美观度和整齐度，在金寨路(红星路—芜湖路)、寿春路、长江中路(含山路—小东门)、长江东大街(小东门—铜陵路)、庐江路(含山路—宿州路)、马鞍山路(马鞍山路高架下桥口—长江中路段)等主干道逐步用新式护栏替代原有“京式护栏”，更换 10116 米。

2016 年，市公安局在全市开展城市道路交通信号灯、标志标线排查整改工作。排查交通标志 8931 套,整改老旧、破损、信息错误、标志遮挡、标志间信息传递矛盾等不规范设置标志点位 861 处,拆除标志 281 块,新增标志 1278 块;排查道路标线 513 千米,对 139 条标线磨损严重的道路路段进行了重新施划,对 722 处交口节点地面标线进行了渠化调整,施划热熔标线 30 万平方米,清除标线 2 万平方米;排查信号灯控制交口 1287 个,优化交口相位相序配时 106 次,应急抢修 391 次,整改优化信号灯具和设置点位 161 处;排查交通隔离护栏 162 千米,抢修出动人员 561 次,校正维护 36.4 千米,更换老旧护栏 23.9 千米。拆除市区 98 条道路 484 块不适宜宣传标志。完成 63 所学校周边交通设施整改工作,安装更换标牌 282 套,施划标线 4228.8 平方米。

其他交通设施

1990 年,市公安局开始使用雷达测速仪对超速车辆进行测速,并实施处罚。至 1995 年,市区雷达测速仪由 4 部增长到 9 部。

1991 年,市公安局在市区通往城外的 7 条干道上设置 13 个卡点,控制农村流肥人员盗窃自行车案件的发生。全年截获被盗自行车 500 余辆。

1997 年,市公安局在市区主要路口开始安装闯红灯检测仪,监控路口机动车辆闯红灯违章行为。

2000 年,市公安局在三孝口路口安装计算机控制、视频检测式“电子警察”,实现全天 24 小时对路口机动车闯红灯违章行为进行监控,摄录的违章数据存储在计算机中,违章照片能够随时打印,克服了照相式“电子警察”胶卷存储容量小、需到现场取底片的缺点。

2002 年,市公安局在合肥市区建成 46 个点位数码式“电子警察”。

2004 年,市公安局自行研制的路缘牌移动“电子警察”,通过公安部交通安全产品质量监督检测中心技术检测,并逐步开始投入使用。

2005 ~ 2007 年,市公安局先后建成视频式电子警察系统和视频线圈式电子警察系统。电子警察通过视频线圈对违法行为进行抓拍,能够更方便的安装于已建成道路路口,减少破路埋线圈的成本。

2008 ~ 2009 年,市公安局在市区新建雷达测速系统 18 套、线圈测速系统 6 套、高清雷达测速系统 6 套、闯禁行自动检测系统 40 套;违法抓拍建设 37 处、闯禁行抓拍 20 处、雷达测速 9 处、时间检测器 39 处、交通诱导屏 8 处、交通智能卡口 2 处。

2015 年,市公安局对市区芜湖路、徽州大道等道路的 163 个路口进行电子警察升级和补点,并在二环路以内重点路段及交通节点建设 10 处违反禁令标志自动抓拍系统,在长江路、徽州大道建设 10 处违法占用公交车道违法自动抓拍系统。是年,建设高清雷达卡口系统点位 22 处,其中路段超速抓拍 18 处,便携式测速 4 处。

2016 年,合肥市在市区新建普通卡口及电子警察类卡口 36 处,新建电子违法抓拍点位 70 处,已建成电子交通诱导 121 处。

若干年份合肥市城区电子违法抓拍点统计表

表 12－3　单位:个

年　份	电子违法抓拍点位
2000	6
2005	52
2010	135
2015	279
2016	349

若干年份合肥市城区卡口统计表

表 12－4　单位:个

年　份	卡　口
2005	10
2010	84
2015	125
2016	161

第四节　车辆管理

机动车登记

1991 年,市公安局与市工商局直属分局签订《关于加强机动车交易市场管理事宜的协议》,规定旧机动车辆一律须经交易市场成交,才能办理车辆入户、转籍手续。

1994 年,市公安局根据省财政厅、省公安厅《关于对社会集团购买小汽车继续实行控购审批的通知》,在办理企业单位购买的小汽车注册登记业务时,审核留存《控购证明单》。

1997 年,市公安局根据公安部印发《机动车注册登记工作规范(试行)》(以下简称《规范》),办理机动车新车注册、过户转籍、变更改装、停驶复驶、报废注销、临时入境业务。

1998 年,《车辆识别代号(VIN)管理规则》(以下简称《规则》)实施,《规则》要求自 1999 年 1 月 1 日起,车辆制造厂需按照编排规则打刻车辆识别代号(VIN)代替车架号码作为判别车辆唯一性的标识之一。公安部随后下发《关于实施〈车辆识别代号(VIN)管理规则〉有关问题的通知》,市公安局根据通知要求,在办理车辆注册登记业务时,查验车辆识别代号(VIN)确认车辆唯一性,并在《机动车登记表》《机动车行驶证》的车架号码栏填写车辆识别代号,拓印车辆识别代号,粘贴在《机动车登记表》上。

1999年,市公安局根据《公安部关于转发〈国家税务总局关于统一机动车销售发票式样问题的通知〉的通知》,在办理机动车注册登记业务时,审核留存《机动车销售统一发票》第四联为注册登记联。对持旧版购车发票申请办理机动车新车注册登记的,延长到1999年2月底,3月1日起停止受理。是年,遵照公安部交管局下发《关于印发〈进口机动车登记审批管理规定〉和〈全国进口机动车计算机核查系统管理规定〉的通知》,市公安局建立完善的进口机动车审批制度和核对制度,按照上述规定对进口机动车登记业务进行审核和初审,并报送省交警总队车辆管理所进行复审、批准后,方可办理。

2001年,市公安局使用全省统一的机动车登记信息数据库,办理机动车注册、过户、转出、转入、变更、抵押、停驶、复驶、临时入境和注销登记业务。在办理机动车注册登记时,向车主增发《机动车登记证书》;新增办理机动车抵押登记业务,对办理业务的机动车档案采用国际标准A4纸尺寸装订。是年,公安部交管局修订下发《全国进口机动车计算机核查系统2000版运行管理规定》及《进口机动车登记审批管理规定》,除根据上述规定审核报批进口机动车业务外,对申请注册登记的进口车辆《货物进口证明书》右下角、《没收走私汽车、摩托车证明书》左上角进行打孔,并存入车辆档案,严禁再次办理车辆注册登记手续。

2002年,市公安局按照市政府《合肥市正三轮机动车交通管理若干规定》的要求,对办理符合条件的正三轮摩托车办理入户、上牌手续。

2003年,根据省公安厅交警总队《关于凭暂住证办理车辆登记有关事项的通知》,外地户籍车辆所有人办理业务时,审核公安机关为其核发的有效期一年以上的《暂住证》原件,并留存复印件。是年,根据省公安厅下发的《关于停止查验、留存控制社会集团购买小汽车、大轿车行政审批相关凭证的通知》,市公安局在办理企业单位购买车辆的注册登记业务时,不再查验相关行政审批凭证。

2004年,市公安局依据公安部颁布实施的《机动车登记规定》(公安部令第72号)及其《机动车登记工作规范》,办理机动车注册、变更、转移、抵押、注销登记。启用全国统一版机动车登记核心软件,办理机动车辆登记业务。是年,根据公安部《关于对军人办理机动车和驾驶证手续时使用身份证明问题的批复》,军人在未办理《居民身份证》的情况下,审核留存军队有关部门为其核发的《军官证》《文职干部证》《士兵证》《离休证》《退休证》,以及团级以上单位出具本人住所地址证明办理机动车业务。

2005年,市公安局根据国家发展和改革委员会、公安部的《关于规范机动车整车出厂合格证明管理的通知》,规范合格证的式样和内容,建立合格证信息管理系统。在办理国产机动车注册登记时审核留存机动车生产企业随车配发的符合规定的合格证。是年,根据公安部《关于国家税务总局统一二手车销售发票式样有关情况的通知》,在办理二手车登记时,审核留存全国《二手车销售统一发票》。对2005年10月1日前取得的二手车销售发票,给予办理业务,不要求机动车所有人更换发票。

2006年,市公安局根据安徽省公安厅《关于下放外籍机动车管理业务权限的通知》,

开始办理本辖区外籍机动车注册登记、外地转入登记及其他各项业务。是年，根据《机动车交通事故责任强制保险条例》，办理机动车注册、检验业务时，审核留存其投保的《机动车交通事故责任强制保险单》第三联原件。

2007 年，安徽省公安厅转发公安部交通管理局《关于转发国家发改委〈关于规范三轮汽车、低速货车管理有关事项的通知〉的通知》。市公安局在办理三轮汽车、低速货车注册登记时，严格审核把关，对不按要求标注产品名称和车辆识别代号的车辆不予办理注册登记。并将“三轮农用运输车”“四轮农用运输车”产品名称全部规范为“三轮汽车”“低速货车”。是年，根据省公安厅《关于委托各市公安局交警支队办理警用车辆及皖“O”专段车辆注册登记工作的通知》，按照《警车管理规定》，市公安局开始办理辖区内警用国产小型车辆及皖“O”专段车辆的注册登记、转入登记业务。

2008 年，市公安局依据公安部颁布实施的《机动车登记规定》（公安部令第 102 号）及其《机动车登记工作规范》，办理机动车注册、变更、转移、抵押、注销登记。按照新规要求，取消了停、复驶业务；增加机动车质押备案业务，允许机动车检验有效期满前 3 个月内申请核发检验合格标志，对符合条件的机动车所有人可申请留用原号。是年，根据《轻型汽车污染物排放限值及测量方法（中国Ⅲ、Ⅳ阶段）》（GB18352.3－2005），对未达到国家机动车尾气排放“国Ⅲ标准”的轻型车，不予办理注册登记业务。

2010 年，《合肥市道路交通安全条例》实施，其中第十条规定：“市区停止办理摩托车的注册登记，因公务需要的除外。外地注册登记的摩托车（含三县）不得迁入市区登记。”自此，市公安局彻底停办市区摩托车新车注册登记业务。

2012 年，市公安局依据公安部颁布实施的《机动车登记规定》（公安部令第 124 号）及其《机动车登记工作规范》，办理机动车注册、变更、转移、抵押、注销登记，以及校车标牌核发等业务；办理因车辆损坏无法驶回登记地的机动车报废业务。是年，根据合肥市人民政府《合肥市倡导绿色出行加强机动车排气污染管理意见》，市公安局对未达到国家机动车尾气排放“国Ⅳ标准”的汽油车，不予办理注册登记业务。

2014 年，《合肥市居住证管理办法》正式实施，在办理外地户籍人员车辆业务时，审核公安机关核发的居住证，留存复印件。12 月 10 日（含）后办理的暂住证，不得再作为身份证明使用；12 月 10 日前办理的且在有效期内的暂住证，仍可使用。是年，根据合肥市环境保护局、合肥市公安局《关于新购柴油车实施国家第四阶段排放标准的通告》，对尾气排放未达到国Ⅳ排放标准的柴油车，不予办理注册登记业务。

2015 年，市公安局根据省公安厅交警总队《关于将警用大型车辆注册登记业务委托各市公安局交通警察支队办理的通知》要求，开始办理辖区内警用大型车辆的注册登记等业务。

2016 年，市公安局按照 2012 年公安部颁布的《机动车登记规定》（公安部令第 124 号）及其《机动车登记工作规范》办理机动车业务。

若干年份合肥市机动车保有量统计表

表 12-5

单位:辆

年份	全市	市区
1994	60430	—
1995	61026	—
1997	70475	—
1998	64271	—
1999	78844	—
2000	111378	—
2001	100922	—
2002	109906	67179
2003	190327	80637
2004	204377	97358
2005	213103	112129
2006	248145	133668
2007	291547	162947
2008	346555	196113
2009	436864	257910
2010	543677	336455
2011	660286	424066
2012	976451	524721
2013	1043706	644692
2014	1212440	784407
2015	1393689	936129
2016	1592249	1122322

机动车牌证管理

牌证核发 1993 年,根据公安部、海关总署、国家行政管理局联合下发的《关于贯彻实施〈国务院办公厅关于加强进口汽车牌证管理的通知〉有关问题的通知》要求,市公安局在办理核发进口汽车、摩托车牌证手续时,查验收存海关签发的《货物进口证明书》;办理公安机关、海关和工商行政管理部门查处没收的走私汽车、摩托车牌证手续时,查验收存《没收走私汽车、摩托车证明书》。

1994 年,根据《中华人民共和国机动车号牌》(GA306-1992)规定,合肥市公安局启用、换发汽车及挂车“九二”式号牌和行驶证,启用“九二”式白底黑字标有“皖 A”字样的不干胶机动车临时号牌，原“安徽01—”白底红字机动车临时号牌停止使用。

1995年，市公安局换发除汽车及挂车以外的其他机动车“九二”式号牌和行驶证。汽车及挂车旧号牌和行驶车执照停止使用。1996年1月1日，旧号牌和行驶车执照停止使用。

2000年，市公安局暂停办理市区各类摩托车入户手续，三县及挂外地号牌的摩托车禁止进入二环以内市区道路行驶。是年，按照市政府部署，市公安局在市区实施摩托车按年限量发展、逐步减少战略，即每年限量投放一批摩托车号牌供公众公开竞投，中标者方可购车入户。计划以五年时间，递减投放号牌数量直至停发摩托车号牌。对摩托车“报废”“被盗”两种情况，可以凭有关材料更新号牌。2002年，市公安局不再发放新的摩托车号牌。不受“限量发展”限制的“被盗更新”政策，因存在号牌倒卖漏洞，于2002年9月底被取消。

2006年，市公安局开始对外商独资企业进口汽车、摩托车和中外合资企业外商自用进口汽车、摩托车核发机动车号牌。

2007年，《中华人民共和国机动车号牌》（GA306－2007）颁布实施，规定机动车号牌的分类、规格、颜色、适用范围和式样。市公安局按规定核发车辆号牌，并按照标准中对号牌的分类，对原核发小型汽车号牌的中型载客、载货汽车变更为核发大型汽车号牌。取消外籍汽车号牌，外籍汽车换发普通民用号牌。按照规定停止核发外籍汽车号牌，对在用的外籍车辆，在申请办理转移登记或补、换领机动车牌证业务时，换发相应的普通机动车号牌。

2008年，《中华人民共和国机动车行驶证》（GA37－2008）颁布实施。该标准规定机动车行驶证的组成、技术要求、检验方法、检验规则以及包装、标志、运输及贮存和生产管理。市公安局按照该标准使用全国统一版行驶证芯、塑封套、车辆标准照片及公安专用打印机打印证芯内容，制作核发机动车行驶证。机动车行驶证主页正面、副页正面、备注栏、检验记录栏相关信息内容，按照2008年10月1日颁布实施的中华人民共和国公共行业安全标准《机动车登记信息采集和签注规范》（GA805－2008）采集签注。

2009年，《机动车号牌专用固封装置》（GA804－2008）颁布实施，规定机动车号牌专用固封装置的技术要求、试验方法以及生产管理。市公安局根据该标准，在核发车辆号牌时为车主免费配发4副固封装置，并督促车主严格按照要求每面号牌应至少使用两个号牌固封装置进行固定安装。是年6月，市公安局下发《关于印发“皖OA”公安专段号牌换发地方民用号牌工作实施方案的通知》，决定取消“皖OA”公安专段号牌，统一更换为“皖A”地方民用号牌及“警”字号牌。全市838辆“皖OA”公安专段号牌车辆，662辆换发民用号牌、176辆换发警用号牌。

2011年，中华人民共和国公共行业安全标准《道路交通管理信息采集规范》（GA/T946.2－2011）修订替代2008年（GA805－2008）采集签注，机动车行驶证增加残疾人专用小型自动挡载客汽车在备注栏签注等内容。载客汽车临时行驶车号牌核发由1张调整为2张。是年8月，因区划调整，庐江、巢湖两辖区的车辆业务权限划入合肥市公安局交警支队，市公安局取消“皖Q”号段号牌，在用的“皖Q”号牌车辆办理在辖区内转移、补换领号牌业务时，将号牌变更为“皖A”号牌。

2012年,《机动车登记规定》中新增“校车标牌核发”内容。市公安局配合教育行政部门,审核校车使用许可条件,对校车安全技术状况、车辆座位数和核载人数、校车外观标识、校车标志灯、停车指示标志、逃生锤、灭火器、急救箱配备以及卫星定位装置安装等情况进行检查,依规开展校车注册登记和校车标牌核发。

2013年,按照《安徽省公安厅关于统一取消皖O专段民用号牌限时换发普通民用或者警车号牌的通知》要求,市公安局交警支队统一办理全市公安机关以外的其他单位及省直机关“皖O”号牌换发普通民用号牌业务。

2014年,《中华人民共和国机动车号牌》(GA306-2014)颁布实施,市公安局修改摩托车号牌数量,取消前号牌;删除发牌机关代号安徽省巢湖市的“Q”;增加5种序号中字母和数字的组合方式;在办理车辆业务时,核发符合行业标准统一制作或印刷的机动车号牌、临时行驶车号牌。

2015年,合肥市教育局、公安局、交通运输局联合发文《关于进一步明确全市校车使用许可校车标牌核发程序的通知》,进一步明确校车使用许可的办理流程、申请条件等。市公安局按照相关技术标准严格审查校车安全运行条件,签署审查意见。

2016年,市公安局按照2011年实施的《道路交通管理信息采集规范》标准,签注机动车行驶证内容。

号牌选号 2003年以前,合肥市车辆号牌号码由合肥市公安局机动车管理部门依次发放。2003年,所有车辆号牌号码由电脑公开选取,车主两次选号,任选其一。

2006年,市公安局将机动车号牌选号系统中可供车主选择的号牌号码数量增至六块,车主可进行“六选一”随机选号选取车辆号牌号码。

2007年,市公安局启用“九二”式小型机动车自编自选号牌。车主可按照“前两个号位只可使用英文字母(I、O除外),后三个号位只可使用阿拉伯数字,但不得全为‘0’”的编号规则自主选号。

2009年,市公安局根据公安部《交通管理服务群众十项措施》及安徽省公安厅交警总队的实施意见,调整小型机动车号牌自编自选规则。车主可按照“5位字符中第1位必须为英文字母,后4位中任选且必须有1位为英文字母,其余3位为任意数字组合,其中,英文字母不得选用‘I、O、Q’,3位数字不得全部选‘0’”的编号规则自主选号。

2011年,市公安局正式启用皖A0A001至皖A9Z999自编自选小型机动车号牌号段。车主可按照“第一位在数字0~9中任选,第二位在英文字母A至Z(O,I除外)中任选,第三至五位仍在数字0~9中任选并自由编排,但第一位和最后三位数字不得同时为0”的编号规则自主选号。原小型机动车号牌自编自选选号方式同时保留。小型汽车“六选一”的选号方式取消。

2013年,经安徽省公安厅交警总队批准,市公安局将因报废、转出等原因而闲置未用的12万副小型机动车非自编自选号牌投入选号库,并启用“十选一”的选号方式供车主随机选号选取车辆号牌号码。原两种小型机动车号牌自编自选选号方式同时保留。

2015年,市公安局对合肥市小型机动车启用“三十选一”的选号方式,因报废、转出等原因而闲置未用的号牌投入选号库供车主随机选号选取。原两种小型机动车号牌自编自选选号方式同时保留。小型汽车“十选一”的选号方式取消。

2016 年,市公安局对合肥市小型机动车启用"六十选一"的选号方式,皖 A0A001 至皖 A9999Z 自编自选小型机动车号牌号段,未使用部分依次投入号牌库供车主进行"六十选一"。小型汽车"三十选一"的选号方式取消。是年 4 月,市公安局启用互联网 12123 平台,开通自编自选号牌功能,设置小型机动车皖 A00AA1 至 A99CC9 专段号牌。群众在购买新车后,注册新车车主用户,可自行办理预选机动车号牌号码业务。

机动车检测检验

1992 年,合肥市机动车辆检测车间建成并投入使用。市公安局根据合肥市《关于对机动车辆进行检测有关规定的通知》,对参加年审的机动车、新旧车入户及办理临时号牌的机动车、参加年审 3 个月后办理转出或变更手续的机动车、改型车辆及进行更换底盘的改装车辆、因机械故障和安全技术状况等原因肇事的机动车辆进行检测。检测合格后,核发机动车检验合格标志。

1993 年,市公安局依据《合肥市汽车技术状况鉴定、监督检测实施办法(试行)》,对机动车辆进行检测。

1997 年,市公安局对切诺基牌越野车和红旗牌、奥迪牌、捷达牌、桑塔纳牌、富康牌系列轿车的新车,在办理临时号牌或初次登记时免予车辆安全性检测。

1998 年,市公安局执行国家标准局《机动车运行安全技术条件》(GB7258－1997)查验车辆,对车辆路试制动、车辆安全结构、装备、机动车公害等方面进行查验。

2003 年,市公安局根据公安部、发改委《关于进一步扩大新车入户免上检测线范围的通知》,对中国第一汽车集团公司、一汽大众汽车有限公司等 37 家汽车生产企业生产的小型、微型载客汽车,在新车入户时免上检测线检测。

2004 年,市公安局依据《机动车安全检验项目和方法》(GA468－2004),对机动车辆进行安全技术检测。在办理新车注册登记时,要求机动车提交安全技术检验合格证明,并对机动车进行安全技术检验,但经国家机动车产品主管部门批准免予安全技术检验的车型除外。

2006 年,根据《中华人民共和国道路交通安全法》的要求,市公安局机动车辆检测站实行社会化,整体移交给合肥市夏阳科贸发展有限公司经营,并更名为"合肥市夏阳科贸发展有限公司机动车辆检测中心"。检测中心经营管理与市公安局完全脱钩,其安全检验检测活动及检测结果由该公司承担相关法律责任。

2010 年,市公安局依托自主研发的"机动车远程审验系统",在全省率先设立机动车监管中心。实现审验全过程录像,杜绝人为因素。并依托该系统,委托各检测机构办理核发检验合格标识业务。是年 10 月,市公安局根据工业和信息化部、公安部联合发布的《关于进一步加强道路机动车辆生产一致性监督管理和注册登记工作的通知》,扩大机动车免检范围,对所有轿车办理注册登记时不再要求进行机动车安全技术检验。

2014 年,市公安局根据公安部《加强和改进机动车检验工作的实施意见》,施行六年以内的非营运轿车和其他小型、微型载客汽车(面包车、7 座及 7 座以上车辆除外)免检制度,对上述车辆在核发检验合格标志时,不再要求提供安全技术检验合格证明。

2015 年,全国统一机动车安全技术检验监管系统正式启用,各机动车检测机构安装全国统一安全技术检验监管系统软件，应用该系统软件对机动车进行检测。

2016 年，市公安局按照《安徽省机动车安全技术检验监管工作规范（试行）》，监管全市机动车安全技术检验工作。

机动车报废淘汰

1997 年，市公安局按照公安部《关于实施〈汽车报废标准〉有关事项的通知》的要求，对各类车辆按规定年限进行注销登记、强制报废或延缓报废登记。延缓报废的汽车不予办理过户、转籍登记。

1998 年，市公安局按照国家经贸委、发展计划委、公安部、环保总局等四部门发布的《关于调整轻型载货汽车报废标准的通知》要求，将中轻型载货汽车（含越野型）报废标准调整为：累计行驶 40 万千米或使用 10 年；对达到使用年限，汽车性能仍符合有关规定的，允许办理最长不超过 5 年的延缓报废。

2000 年，市公安局按照国家经贸委、发展计划委、公安部、环保总局四部门《关于调整汽车报废标准若干规定的通知》的要求，将非营运载客汽车和旅游载客汽车的使用年限及办理延缓的报废标准调整为：9 座（含 9 座）以下非营运载客汽车（包括轿车、含越野型）使用 15 年；旅游载客汽车和 9 座以上非营运载客汽车使用 10 年；车辆达到报废年限后需继续使用的，必须依据国家机动车安全、污染物排放有关规定进行严格检验，检验合格后可延长使用年限。但旅游载客汽车和 9 座以上非营运载客汽车可延长使用年限最长不超过 10 年；延长使用年限的车辆，应当按照规定增加检验次数。一个检验周期内连续三次检验不符合要求的，应注销登记，不允许再上路行驶；营运车辆转为非营运车辆或非营运车辆转为营运车辆，一律按营运车辆的规定报废。

2001 年，市公安局按照国家经贸委、发展计划委、公安部、环保总局四部门印发的《关于〈农用运输车报废标准〉的通知》要求，对达到规定年限的农用运输车进行注销登记、强制报废或延缓报废。

2002 年，市公安局按照安徽省经贸委、发展计划委、公安厅、环保局四部门印发的《关于我省摩托车使用年限的通知》要求，对使用年限达到 10 年或累计行驶达到 10 万千米的轻便两轮摩托车、轻便三轮摩托车、两轮摩托车和边三轮摩托车；使用年限达到 9 年或累计行驶达 8 万千米的正三轮摩托车进行注销登记。达到使用年限或累计行驶里程后，经检验合格可延长使用年限 3 年，但须每年检验 2 次。

2003 年，市公安局根据公安部《关于达到〈汽车报废标准〉规定的使用年限未办理延缓报废手续的车辆如何定性的批复》，将批复所述车辆定性为报废汽车，对这类车辆的道路交通管理均执行报废汽车的有关规定。按照批复内容定期清理，注销档案，并公告其机动车号牌、行驶证、登记证书作废。

2009 年，市公安局根据省公安厅交警总队《关于强制报废车辆追销问题的批复》，对合肥市达到国家强制报废标准未办理注销登记的摩托车和大型客车集中清理、核查，对于达到强制报废标准已满一年且查实车辆确已被毁弃解体无法上路行驶的，凭车辆所有人出具情况说明并书面承诺车辆不再上路行驶后，按照车辆灭失的有关规定办理注销登记。

2010 年，市公安局对报废期满前 2 个月的机动车，通过发送短信息，通知机动车所有人办理注销登记业务。

2011 年，市公安局根据合肥市人民政府《关于印发合肥市倡导绿色出行加强机动车排气污染管理意见的通知》，对达到国Ⅰ及以上排放标准的汽油车、达到国Ⅲ及以上排放标准的柴油车、摩托车和轻便摩托车，核发绿色环保标志；未达到上述标准的机动车核发黄色环保标识。市有关部门制定促进"黄标车"和老旧车提前报废更新鼓励政策，开展资金补助工作。市公安局车管所配合做好车辆注销登记业务。

2012 年，市公安局开展"加强大中型客货运车辆及驾驶人管理——清源行动"，由车管所统计并将废而未销的大中型客车数据分发至对应的辖区执勤大队，开展告知和督办工作，对报废车辆上门追销。

2013 年，市公安局根据《机动车强制报废标准规定》，对各类车辆按规定年限进行注销登记、强制报废。并对在检验有效期届满后连续 3 个检验周期内没有取得机动车检验合格标志的车辆进行强制注销。对临近强制报废年限 1 年以内的机动车，不得办理变更使用性质、转移所有权或者转出登记地的业务。

2014 年，根据《合肥市关于提前淘汰黄标车、摩托车（燃油助力车）给予补偿的实施意见》《合肥市黄标车、摩托车（燃油助力车）提前淘汰补偿兑现工作方案》文件精神，市政府在市、各区、县（市）行政服务中心设立 7 个联合服务窗口，市公安局交警支队负责对提前报废的黄标车、摩托车（燃油助力车）申报材料的审验、确定补偿额度，方便车主办理提前淘汰补偿手续。截至 2015 年 10 月，全市办理提前报废黄标车注销登记 3766 辆，摩托车、燃油助力车注销登记 158 辆。

2015 年，市公安局根据合肥市人民政府办公厅《关于印发合肥市加快推进黄标车及老旧车淘汰工作实施方案的通知》，制定《加快推进黄标车及老旧车淘汰工作实施方案》，扩大"非绿标车"禁行范围，并开展黄标车违法违规行为集中整治行动，促进黄标车淘汰任务的落实。是年 3 月，市公安局禁止黄标车在合肥市范围内转移登记。对达到强制报废年限或安全技术检验有效期满后连续 3 个检验周期内未取得机动车检验合格标志的车辆，严格按照《机动车强制报废标准规定》予以强制报废。对逾期未办理注销手续的，不予办理机动车所有人的新车注册等业务，并公告该机动车登记证书、号牌、行驶证作废。是年 6 月 1 日，市公安局对 562 辆党政机关、事业单位的黄标车在系统中逐台予以锁定，并不予核发机动车安全技术检验合格标志。是日起，黄标车及无标车全时段区域禁行范围扩大到全市区（不含四县一市）。各路面执勤大队在日常工作中进一步强化路面巡逻管控，加大对黄标、无标车辆违反禁行规定以及已达强制报废标准未办理注销手续的车辆上路行驶的查处力度，并与市环保局联合每周开展黄标车违法违规行为集中整治行动。期间，查处 5893 起黄标车违法违规行为（非现场处罚 3414 起、现场处罚 2479 起），罚款 58.31 万元。

2016 年，市公安局根据合肥市环境保护局、公安局、交通运输局、财政局联合发文《关于进一步加快我市黄标车提前淘汰的通告》，停止核发黄标车安全技术检验合格标志，停止办理委托外省、市进行安全技术检验业务，促进黄标车提前淘汰。

非机动车管理

1990年,合肥市公安局非机动车管理所对全市非机动车进行管理,主要管理对象为自行车、人力车、畜力车等。

1991年,全市建有自行车棚1500个,自行车入户费2.5元每辆,市区入户注册自行车48.3万辆。

1992年,合肥市自行车审验、换发牌证工作办公室成立,市公安局在市内设10个固定和1个流动发牌证点,对全市自行车逐车打上钢印号牌,建立车辆档案,进行年审和换发牌证。新入户上牌的自行车收取2.5元手续费,每年收取2元管理费,每年审验一次,审验费1.5元,过户费0.5元;人力三轮车每辆入户手续费30元,管理费每年2元,审验费10元;残疾人专用车入户手续费每辆5元,其他项目免费。是年,三孝口一带14个自行车免费停车场正式启用。

1993年,无号牌和无行驶证的残疾人专用车,一律不得上路行驶。市公安局启用全省统一式样的残疾人专用车号牌及行驶证,对残疾人专用车实行每两年审验制度并换发行车证,成立安庆路非机动车管理办公室,担负自行车交易市场秩序的维护。新建红旗百货大楼等7处自行车停车场(棚)。市区发牌证非机动车58.5万辆。

1995年,市公安局在市区主干道的公共场所、大商场、酒店等门前施划自行车停车位线,按"谁主管谁负责"原则管理自行车的停放秩序。在全市启用自行车防盗车牌,实行自行车办证、入户一条龙服务。市区非机动车78.8万辆。

1996年,市公安局给部分运送蔬菜、副食品的人力三轮车发放合肥市人力三轮车运送蔬菜副食品专用通行证。是年6月,对全市自行车公共停车场实行统一管理,发放牌证,统一管理员着装。自行车被盗现象有所遏制,停车场秩序改观。

1997年,市公安局到自行车、人力三轮车数量多的单位进行上门服务。与自行车专卖行合作,实行卖车、办证、入户"一条龙"服务。规范自行车停车场管理,撤销免费停车场。是年,新增自行车入户4400辆。

1998年,市公安局对全市自行车统一打钢印,换发"分合式"防盗号牌。市区14个换牌点及三县换牌点全面展开工作。市区换牌45万副,全市换牌率达到98%。先后有十多个省市前来参观学习。取缔双岗自行车交易市场,在市物资大厦建立新自行车交易市场,制定《自行车交易市场管理暂行规定》,对自行车交易市场的设置、经营、管理及交易行为进行规范。

1999年,《合肥市自行车管理规定》正式施行。市公安局为落实规定,让牌证不全和无牌自行车及被盗自行车上不了路。非机动车辆管理所制作宣传横幅90余条,悬挂在大街小巷广泛宣传;购置电钻机,在全市10处主要路口设置自行车入户上牌打钢印配套服务点,免费为自行车上牌打孔30000余副;深入中国科技大学、安徽大学等16所大中专学校,办理自行车入户12000余辆。是年,全年自行车上牌换证18.3万余辆,市区发牌证非机动车74.6万辆。

2000年,市公安局"助动车"上牌工作全面开展,办理摩托车、"助动车"入户登记近2万辆;增设自行车上牌点,上牌5万余副;新建12处自行车临时停车场。

2002 年,市公安局禁止人力货运三轮车进入市区一环路以内道路行驶,确需进入的须办理专用通行证。全年自行车入户上牌 3815 辆,发放人力三轮车市区通行证 2100 余张。

2004 年,市政府终止《合肥市自行车管理规定》,自行车上牌全面停止。

2007 年,市公安局在市区设 8 个上牌点,对以电动自行车为主的非机动车辆正式予以登记和核发临时通行标志。是年,电动自行车登记上牌 1.6 万辆,核发燃油助力车(非标准车)临时通行标志 10052 辆(有效期自 2007 年 5 月 1 日至 2010 年 5 月 1 日)。

2008 年,市公安局对电动车、燃油助力车生产和销售环节进行专项治理整顿活动,保证“两车”上牌工作稳步推进。是年,市区电动车上牌 19.3 万辆,燃油助力车(非标准车)上牌 5.2 万辆,残疾人轮椅车上牌 1074 辆。

2010 年,市公安局停办燃油助力车上牌业务。

2011 年,合肥市公安局非机动车管理所撤销,业务并入新设立的合肥市公安局交警支队交通安全教育学校。市区设蜀山大队、庐阳大队、新站大队及交通安全教育学校 4 个非机动车业务办理网点。

2012 ~2016 年,全市电动自行车登记上牌 3.16 万辆,燃油助力车销户 151 辆。

2007 ~2016 年合肥市非机动车保有量统计表

表 12 -6　　单位:辆

车辆类型 / 年份	电动车	残疾人机动轮椅车	燃油助力车	合计	保有量
2007	31568	26	10781	42375	42375
2008	204035	1413	43731	249179	291554
2009	105848	211	259	106318	397872
2010	101642	—	—	101642	499514
2011	50913	44	—	50957	550471
2012	17448	1	—	17449	567920
2013	8005	—	—	8005	575925
2014	3459	—	—	3459	579384
2015	1811	87	—	1898	581282
2016	809	—	—	809	582091

注:根据《安徽省道路交通安全管理规定》(2007 年 3 月 30 日,省政府令第 200 号)第二章第四条第二款,残疾人机动轮椅车属非机动车。

第五节 机动车驾驶人管理

驾驶人考试

20世纪90年代初,驾驶人考试由安徽省公安厅交警总队统一组织,实行异地监考制度,并采用全省统一的《交通法规及安全驾驶常识统一试卷》。

1992年,市公安局利用岗集原拘役所400多亩空地和旧房条件开始筹建驾驶员培训中心。1993年,合肥市计划委员会批复同意市公安局在长丰县岗集镇设机动车驾驶员培训基地。

1996年,《机动车驾驶证管理办法》和《机动车驾驶员考试办法》在全国正式施行。为了对驾驶人考试工作进行规范,引入"科目考试"概念。科目一为"交通法规相关知识",科目二为"场地驾驶",科目三为"道路驾驶考试"。市公安局印发《关于贯彻实施〈中华人民共和国机动车驾驶证管理办法〉和〈中华人民共和国机动车驾驶员考试办法〉的通知》,正式施行新的机动车驾驶证管理及机动车驾驶员考试办法。

1997年,由市公安局自主开发、研制的机动车驾驶员考试微机管理系统正式启用,科目一考试不再使用纸质试卷,改变过去依靠人工考试、阅卷的状况,当时在全省处于领先地位。

2000年,国家规定公安机关不得从事驾驶培训工作,市公安局驾驶员培训中心改为驾驶员考试中心。

2004年,根据公安部发布第71号令,市公安局调整驾驶人考试科目设置,科目一为"道路交通安全法律、法规和相关知识考试",科目二为"场地驾驶技能考试",科目三为"场内道路考试和实际道路考试"。

2005年,市公安局合肥市驾驶人视频桩考系统建成使用。该系统使各种车型均可考试,对考试全程录像,自动检测、记录、公布考试情况,并与公安部全国机动车驾驶人核心软件联网运行。

2006年,市公安局投资500万元修建电子路考系统,投资40万元改造科目一考场,新增40台电脑。是年,根据公安部《关于加强县级公安交通管理部门车辆管理工作的意见》,市公安局下发《关于委托办理部分车辆管理业务的决定》及《车辆管理业务委托书》,决定自2007年1月1日起至2008年12月31日,委托肥东、肥西、长丰车管所办理各自辖区内轻便、普通摩托车,三轮汽车、低速载货汽车登记和相应的驾驶人身体条件证明接受、驾驶人考试、驾驶证核发、遗失补证、期满换证以及其他汽车类机动车检验合格标志的核发业务。

2007年,市公安局合肥市驾驶人场内道路考试系统正式启用,改变之前人工评判模式。同时驾驶人考试采用桩考与选项考试分开预约、考试的模式。是年,实行夜考项目,凡报考B证以上准驾车型的,参加夜考率100%;报考C证准考车型夜考率20%。

2008 年，合肥市公安学院驾校、新亚驾校科目二考场建成投入使用，市公安局开始启用社会化考场缓解考试压力。

2011 年，市公安局科目三电子路考考场正式启用，开始以计算机和人工评判相结合的模式进行科目三考试。2012 年 3 月 1 日起，市公安局交警支队对所有小型汽车科目三考试全部采用计算机智能评判系统，合肥市驾驶人考试迈入全科目“电子化”时代，开创安徽省计算机智能评判科目三考试的先例。

2012 年，市公安局决定在小型汽车考试中，凡是不进行“夜间行驶”项目考试的考生均需参加模拟夜间灯光使用考试。考试内容、标准等均依据公安部第 111 号令中驾驶人考试“夜间行驶”项目评判标准设定。

2013 年，公安部令第 123 号令规定，科目一为“道路交通安全法律、法规和相关知识考试”，科目二为“场地驾驶技能考试”，科目三为“道路驾驶技能考试和安全文明驾驶常识考试”。市公安局将合肥市驾驶人考试桩考改为倒车入库，视频桩考系统及桩考考试废止，倒车入库与其他考试项目合并预约、同时考试。是年，大中型客货车驾驶人科目一考试增加安全文明驾驶常识题目，并包含 flv 格式的动画试题。所有车型科目一考试中，题目的正确答案选项不再固定，采用随机方式进行排序。驾驶人理论考试拆分为两部分，第一部分主要考核道路交通安全法律法规、交通信号、通行规则等知识，仍作为科目一；第二部分作为安全文明驾驶考试项目，列为科目三，在实际道路考试后进行，考核安全文明驾驶要求、复杂条件下的安全驾驶知识等，加深驾驶人对安全文明驾驶常识的理解记忆。

2014 年，市公安局根据安徽省公安厅交警总队印发《安徽省公安厅关于创新机动车驾驶人考试工作的意见》要求，对具备符合条件的驾驶人考试场地、设施及有资质考试员的县级公安机关交通管理部门，全面下放小型汽车类驾驶人考试工作。是年 12 月，安徽省公安厅交警总队印发《关于进一步加强和改进机动车驾驶人考试工作有关问题的通知》，要求各地依托安徽“交管 e 点通”互联网服务平台，将驾驶人考生录入考试预约系统，由系统按照先后顺序对考生的考试时间、地点进行自动分配，彻底改变考试安排的人为控制，做到考试信息公开、透明、公平、公正。

2015 年，市公安局根据安徽省公安厅印发的《关于进一步加强和改进机动车驾驶人考试工作有关问题的通知》要求，逐步推行省内异地预约考试，缓解考试积压的社会压力，组织合肥市符合异地约考条件的 5 名考生，试点前往淮南市平安驾校考场开展小型汽车科目二考试。4 月 1 日，小型汽车驾驶人科目二考试全部实现互联网约考，杜绝了考试约考环节的人为干扰。是年 9 月、10 月组织 103 名考生到巢湖平安驾校考场开展小型汽车科目二异地考试。

2016 年，市公安局在市区实现部分驾驶人考试科目的自主约考，由考生自主选择考试时间和考试场地，实现排队顺序、考试时间、考试地点由预约系统自动分配。7 月，全市驾驶人考试所有科目实现互联网约考。是年，市公安局对小型汽车科目取消夜考，改为进行模拟夜间灯光考试，大中型客货车夜间考试没有变化。

若干年份合肥市驾驶人保有量统计表

表 12－7　　　　单位:人

年　份	全　市	市　区
1994	86401	69282
1996	128149	—
1997	123984	—
1998	134012	—
1999	140019	—
2000	150981	114212
2001	229728	125610
2002	242872	121598
2003	256848	136361
2004	310444	172527
2005	336925	213731
2006	383660	250110
2007	439212	293560
2008	497390	337997
2009	606569	402950
2010	689310	464631
2011	1052756	548239
2012	1226627	648340
2013	1354762	733013
2014	1532533	839432
2015	1745177	965735
2016	1997999	1121186

机动车驾驶证

1990 年,市公安局在全市换发新式机动车驾驶证件。驾驶证件采用打印、塑封技术,分为驾驶证(正证、副证)、实习证(正证、副证)、学习证、教练员证四种,驾驶证分为 A、B、C、D、E 等类,分别准许驾驶不同类型机动车。

1991 年,市公安局启用机动车驾驶证待办凭证,用以代替驾驶证副证,有效期 7 天,方便办理换证、审验和实习期满换发正式驾驶证的驾驶员继续驾驶车辆。1994 年,公安部印发《公安部交通管理局关于启用换发九二式机动车号牌及行驶证有关问题的通知》,公安部 1991 年规定的《机动车驾驶证待办凭证》于 1994 年 7 月 1 日废止,并于当日启用

《驾驶证件、行驶证待办凭证》。

1992年,市公安局运用台式计算机办理车、驾管业务。

1996年6月,《机动车驾驶证管理办法》(公安部令第28号)将驾驶证分为机动车驾驶证、学习驾驶证和临时驾驶证,取消实习驾驶证。市公安局停止签发实习驾驶证。

2004年,公安部颁布《机动车驾驶证申领和使用规定》(公安部令第71号)和《机动车驾驶证业务工作规范》,修订《机动车驾驶证》(GA482-2004)等行业标准。自此,全国机动车驾驶证只有一种,即《中华人民共和国机动车驾驶证》。市公安局遵照执行。

2008年,《机动车驾驶证件》(GA482-2008)实施,市公安局启用新版机动车驾驶证。2008版本驾驶证在保持原驾驶证式样不变的基础上,重点改进驾驶证证芯和塑封套的防伪技术,增加唯一性识别条码,使用33项防伪技术。

2010年,根据公安部修订颁布的《机动车驾驶证申领和使用规定》:"允许双下肢残疾及有听力障碍的残疾人驾驶汽车。"驾驶证增加C5准驾车型(即残疾人专用小型自动挡载客汽车)。市公安局在合肥市开展C5车型驾驶证申请考试,寿县王俊昌领取到合肥市颁发的,也是安徽省第一本C5驾驶证。

2013年,2008版本驾驶证副本上的识别条码移到正本的背面,删除"有效起始日期"栏目,对驾驶证上各栏目英文进行修改与调整。

2014~2016年,沿用2013年修改后的2008版本驾驶证。

违章违法记分

1999年12月,公安部颁布《机动车辆驾驶员交通违章记分办法》(公安部第45号令)。2000年,市公安局在合肥市全面施行对机动车驾驶员违章记分管理。是年5月,合一个记分周期内记满11分以下的驾驶员,到交通安全教育学校参加交通法规教育。

2002年,市公安局在合肥市启用《机动车驾驶员违章记分卡》。

2008年,根据安徽省公安厅《关于进一步强化重点车辆和重点驾驶人管理工作的通知》规定,市公安局驾管所对每月记满12分的驾驶员,采取交秩序科登报、数据上传支队互联网、逐一电话或短信通知到本人、登记信息寄特快专递等方式,对记满12分驾驶员建立管理模式,确保驾驶员依照机动车驾驶证管理规定进行学习。是年5月,机动车驾驶人和所有人可以通过安徽道路交通信息网实时查询机动车驾驶证记分、机动车驾驶证逾期未换证等信息和交通管理部门的相应提示。

2009年,市公安局驾管所信息服务中心开通"96598"热线电话,为群众提供记分、交通违法查询服务。

2014年,"安徽交管e点通"互联网平台上线,市公安局施行省公安厅推广"机动车驾驶人交通安全信息管理系统暨牡丹畅通卡"项目。凡领取"牡丹畅通卡"的驾驶人通过登录"交管e点通"系统成为实名认证用户后,可随时查看本人车辆交通违法、驾驶证记分情况;可在线处理车辆违法,交纳省内交通违法罚款;可网络在线办理本人机动车、驾驶证补牌补证业务;可预约车辆、驾驶证业务办理等交管服务;可享受本人车辆交通违法情况,本人驾驶证满分、换证、体检到期的自动提醒,车辆年检到期、非现场违法等及时提醒等告知服务。

2016年,市公安局"互联网综合服务管理应用平台""交管12123"手机APP相继上线,为群众提供自助查询交通违法记录与记分服务。

第六节　道路交通事故预防及处理

道路交通安全综合治理

1993年,市公安局坚持"预防事故、缓解路阻",深化交通安全目标管理责任制,狠抓路面管理和源头管理,严防重特大事故的发生。是年,全市万车死亡率下降0.53%。

1997年,市公安局在全市启动"交通安全村"试点工作。全市首批确定12个"交通安全村",其中肥东5个、长丰2个、肥西5个,分别位于合芜路、合蚌路、合安路、合淮路等5条国道省道上。是年8月,"交通安全村"建村工作全部完成。

2000年,合肥市政府印发《关于进一步加强道路交通安全工作的通知》,明确全市预防道路交通事故的指导思想和具体目标,建立"道路交通安全联席会议制度",研究解决道路交通安全中的重大问题。

2002年,市公安局对合裕路岗南菜场等6处重大交通事故隐患进行整改。

2003年,市公安局在全市实行交通安全"黄牌"警告制度,对辖区道路连续3个月发生两起以上一次死亡3人特大交通事故或发生一次死亡4人以上特大交通事故的大队,发放警告"黄牌",大队领导作书面检查,集体接受训诫,限期进行整改。

2007年,市公安局实施全市中小学生交通安全教育卡记分制度,加强全市中小学生的交通安全意识和文明交通的自觉性。

2010年,市公安局推动组建合肥市道路交通安全隐患排查专家组,并召开第一次评审会,确定市级道路交通安全隐患9处。是年底,9处隐患均得到有效治理整改。2010～2011年,市政府组织开展"三大车"专项治理工作。总结推行"168"工作机制:搭建"一个"管理平台,严格"六个"落实(落实企业安全主体职责、落实县区属地监管职责、落实部门协同监管职责、落实并联审批管理制度、落实安全宣教机制、落实责任追究制),狠抓"八项"监管措施(安排督导员派驻企业、签订责任状落实职责、建立风险抵押金机制、推行公司化营运管理、建立联动治理机制、实行黑名单曝光制度、实行"三大车"亮牌亮证、"三大车"GPS定位监管),全力推进"三大车"整治工作,处罚"三大车"违法行为5.58万起,罚款678.34万元,记分2.7万分;追责罚款"三大车"公司及企业法人222万元,开展宣传教育4700场次,受教育群众达50万人。合肥市"三大车"交通安全综合治理先后被《人民日报》《法制日报》《中国安全生产报》《人民公安报》等多家中央媒体作为先进典型进行宣传报道。

2012年,市公安局与市交通运管处共同制定实施《关于加强道路旅客运输安全源头管理协作联动实施方案》,市公安局交警支队与市交通运管处客运管理所、安监局稽查支队建立协作联动机制，共同实行交通安全教育培训、交通违法抄告、安全隐患限期整改、每月会商和季度例会、联合检查执法等制度，实现“动态监控时刻抓、安全隐患常排查、车辆出站必先检、安全常识经常学、交通违法常清理、源头管理多方抓”。2012～2016年，全市客运车辆交通违法行为逐年下降，平均每年下降5%～10%。全市客运车辆没有发生一起同等责任以上的交通死亡事故。

2013年，市公安局在“五类车”动态监管系统基础上，研发、拓展《“七座及以下面包车”动态管理系统》，在全省率先实现“七座及以下面包车”属地化监管落实到街道、乡镇一级。是年，全市排查道路交通安全隐患58处，其中市级5处，高速公路14处，县（区）级39处，隐患治理率分别达到100%、92.86%、92.31%。推动治理省级督办重点道路交通安全隐患2处，隐患治理率100%。合肥市政府投入0.68亿元对省级督办重点隐患之一的省道105合肥巢湖经开区路段进行改造治理。

2014年，市公安局在全市组织开展道路交通安全专项整治和道路交通安全大检查“回头看”活动，组织开展检查120次，检查运输企业271家，排查“四无”车辆93辆，排查“三缺失”路段190处。对公路交通事故多发点段、公路隧道、涵洞（下穿桥）等一系列交通安全隐患开展排查治理，确定4处市级和53处县（区）级隐患及13处高速公路隐患。是年，4处市级、13处高速公路隐患治理全部完成；县（区）级隐患治理完毕52处。

2015年，市公安局对全市331起亡人事故，从人、车、路及交通环境等方面，逐一进行综合分析。排查梳理出导致事故发生的源头监管、路面管控等方面存在的问题和薄弱环节800余处，针对性地调整勤务，开展违法整治及专项整治行动。市内3处省级、3处高速、4处市级隐患治理完毕，县（区）级隐患治理完毕35处。

2016年，市公安局在全市推动交通安全责任制向乡镇、行政村延伸，健全完善“主体在县、管理在乡、延伸到村、触角到组”的管理体制，切实做到县管、乡包、村落实。合肥市四县一市的76个乡镇均设置了交管站（交管办）、专职交通管理员，设有乡镇交通安全员249人；1193个行政村（居委会）设置了交通安全协管员；全市178个“交通安全村”全部建成。市公安局建立“分析研判、排查隐患、跟踪治理、效果评估”工作制度，编印《事故预防工作简报》12期、《每日交管及会商研判信息》365期。对每一起亡人事故，均从人、车、路及交通环境等方面进行综合分析，并对事故发生的时段、气候、道路断面等情况进行排查梳理，找出事故发生的主客观因素和规律特点，查找源头监管、路面管控等方面存在的问题和薄弱环节，调整勤务，开展专项整治行动。是年，合肥市排查出道路交通安全隐患73处。截至2016年底，治理完毕69处（含高速公路6处、省级挂牌督办4处、市级4处、县区级隐患27处、汛期隐患28处）。

道路交通安全教育

1992年，市公安局开办交通违章机动车驾驶人学习班，对违章驾驶人除依法处罚外，以路面执勤大队为单位，每月举办一期交通法规学习班，组织违章驾驶人进行集中学习、考试，并到路面协助民警维护道路交通秩序，亲身感受交通管理工作的重要性。

1994年，市公安局举办违章驾驶人学习班14期，288人参加学习。

1996年,市公安局开办年审教育培训班,要求交通违章、肇事及客运驾驶人,参加为期5天的交通法规、职业道德学习、考试和上路执勤。

1997年3月起,市公安局规定每月最后一周的星期一全天,在市车管所,对违章、肇事驾驶人,从事客运的驾驶人,持有准驾车型A驾驶证的驾驶人开展年审教育。是年12月,安徽省交通安全教育总校合肥市分校(以下简称教育学校)成立,主要负责对全市机动车驾驶人的日常教育学习和执行省总校的教学计划,统一安排违章、肇事驾驶人学习和再教育以及社会公众和车管干部培训。

1998年,市公安局先后开办"春运"驾驶人安全教育学习班,年审、换证驾驶人学习班,违章、肇事驾驶人学习班,受教育驾驶人52000余人。到党政机关、企事业单位上门授课163次。

1999年,市公安局重点抓好客运驾驶人和违章、肇事驾驶人的教育,到机关、企事业单位授课50余次,全年6.6万人参加交通安全教育。

2000年,市公安局对违章记分驾驶人按所记分值进行相应课时(1分2课时,最高22课时)的交通法规教育,测验合格方可参加年审。

2001年,市公安局组织1483名驾驶人进行交通安全集中教育(全市一般以上交通事故中负有同等责任[含同等]以上的机动车驾驶人)。教育学校按省总校教学大纲组织教学,开展"春运"教育、记分教育和换证、补证教育。培训"春运"驾驶人1355人,记分教育1.7万余人;到交通运输、学校、部队及政府机关等单位上门授课32次。

2002年,全市启用机动车驾驶人违章记分卡,12分以下的参加教育。全年,教育学校和三县学校接纳43500人学习。

2004年,市公安局依照安徽省公安厅规定,开设"春运"教育班、记分教育班和换证法律、法规教育班。未满12分的可以销3分,只限一次。

2005年,市公安局开办机动车驾驶人12分教育班,暂停换证教育。记满12分驾驶人,学习40课时(5天),交通管理实践8课时(1天)。是年,教育记满分驾驶人402人。

2011年,安徽省交通安全教育总校合肥市分校更名为合肥市公安局交警支队交通安全教育学校(下简称为交通安全教育学校)。

2012年,交通安全教育学校组织开展市区校车驾驶人安全教育培训班,210名校车驾驶人参加学习、考核并领取教育学习卡。5月,大中型客货车驾驶人记分审验教育(简称审验教育)全面实施,驾驶人参加集中警示教育不少于3小时。是年,交通安全教育学校开展审验教育24112人。

2016年,市公安局交通安全教育学校实行朝九晚五工作制,并推行双休日、节假日受理大中型客货车审验教育,全年审验驾驶证22410本。

1998～2016年合肥市交通安全教育学校教育数据统计表

表12－8　单位：人次

年　份	春运教育	记分教育	换证、五进及审验教育	校车教育
1998	2500		50476	
1999	1206		64822	
2000	1242		63303	
2001	1355	17178	4535	
2002	1884	19754	6914	
2003	1993	16136	15192	
2004	1573	15351	2320（可销3分）	
2005	1579	762（含满分）下为满分	暂停换证	
2006	17863（含出租车）	902	销3分6月止下为五进宣传	161
2007	1864	1050	315	146
2008	1950	2007	1066	142
2009	1992	1123	332	214
2010	1680	1753	5000/46场	306
2011	1700	1943	2750/26场	291
2012	1750	1784	下为审验教育24112	210
2013	1860	3126	15358	180
2014	2130	7508	24916	144
2015	935	4810	30511	126
2016	637	5306	29339	37

道路交通事故处理

1992年，市公安局与中国人民保险公司合肥市支公司联合印发《关于机动车交通事故逃逸案件的处理及有关问题的通知》，自1992年7月1日起，“凡在合肥市道路发生的机动车交通逃逸事故，事故伤员抢救费用和死者丧葬费，一律先由市保险公司预付，待逃逸事故侦破后，交警支队再协助保险公司追回已付费用，机动车第三者责任和旅客运输意外伤害险系法定强制保险，对机动车未按规定参保的，交警支队不予年审”。是年8月，公安部颁布《道路交通事故处理程序规定》，明确交通警察须有3年以上交通管理实践经验，经过专业培训考试合格,由省、自治区、直辖市公安交通管理部门颁发证书,方准处理一般事故以上交通事故。

1997 年,市公安局与中国人民保险、中国平安、太平洋保险公司联合成立道路交通事故车、物评估定损委员会。公开、公正、快速评定交通事故车、物损失;与中国人民解放军第 105 医院协议成立“合肥市道路交通事故急救中心”,快速救治交通事故伤员。

1998 年,市公安局“安徽省版交通事故处理系统”建设完成,统一处理全市交通事故。

1999 年,市公安局贯彻执行《道路交通事故处理规定》,对交通事故接报警、现场勘查、调查取证、车辆和证件暂扣、检验、鉴定、评估定损、责任认定、损害赔偿调解、事故责任者处罚审批、案卷文书制作、民警办案纪律等分别作出明确规定。

2000 年,市公安局实行《道路交通肇事逃逸案侦查奖励暂行规定》,对侦破一般、重大、特大交通肇事逃逸案民警,以及检举、协助破案群众,相应给予 200 ~ 5000 元奖励,对成功破案单位和民警,报请上级机关给予嘉奖或记功奖励。

2001 年,市公安局交警支队与市救护站联合印发《关于加强“122”“120”联动工作的意见》,密切相互联系、配合,快速救治交通事故伤员。

2002 年,市公安局成立道路交通事故处理审定领导小组,研究分析复杂、敏感和通过信访渠道要求重新审理的交通事故以及特大事故案情,并确定最终办理意见。

2003 年,全国版交通事故信息管理系统建成。市公安局全面实行交通事故现场笔录制度,对责任明确、损失轻微的交通事故,由路面执勤民警勘查,并经事故各方签订统一格式的现场笔录后,撤除交通事故现场。

2004 年,市公安局制定施行《重特大道路交通事故现场应急处置及救援预案》,快速处置交通事故现场,抢救交通事故伤员和财产。是年,交警支队与安徽科力公司联合研制的“道路交通事故现场快速处置系统”正式启用。告别皮尺测量的传统方式,使用手持式激光测距仪、平板电脑、便携式打印机等科技设备,精确采集交通事故现场信息,当场绘制、打印交通事故现场图表,实现与交警支队中心数据库的实时交互。

2008 年,合肥市惠丰(2011 年更名为“开源”)道路交通事故快速处理理赔服务中心、风之星(2009 年更名为“滨湖”)道路交通事故快速处理理赔服务中心先后建立。两个快速理赔中心分别位于合肥市当涂北路与双七路交口西北角、金寨南路 282 号,占地面积 2000 多平方米,有 14 家财产保险公司进驻,市公安局选派 7 名交通事故处理民警和 3 名机动车管理、驾驶人管理民警驻点工作,全面推行轻微交通事故快速处理和当事人自行协商处理“一站式”服务。理赔中心设置触摸式查询机、交通违法处罚窗口、银行代缴罚款点、车驾管业务窗口;在休息等待区,电视机不间断的播放交通安全宣传教育片和交通事故预防基础知识、交通事故警示录等。平均每起事故仅需 30 分钟即可处理完毕。

2013 年,市公安局设立 12 个交通事故人民调解委员会,路面民警开始利用移动警务系统处理轻微交通事故。市公安局制定《车险轻微人伤案件快赔暂行办法》,把市区发生的仅造成人员轻微伤的交通事故也纳入快处快赔范畴,简化快撤快处流程,完善快处工作机制。

2015 年,市公安局印发《轻微交通事故快撤快处工作规定》和《高速公路物损交通事故快撤快处工作规定》,对市区发生的财产损失交通事故或轻微人伤交通事故,完善和细化“互拍照、留电话、约时间、快撤离”等工作流程，规范快撤快处工作；对在合肥市辖高速公路上发生的仅造成财产损失的交通事故，均可到快速理赔服务中心处理，提高高速公路物损交通事故快撤快处工作能力。是年，蜀山道路交通事故快速处理理赔服务中心建立。

2016 年，市公安局建立的合肥市交通事故快撤快处微信平台上线。凡在合肥市区发生的仅造成财产损失的交通事故，当事人可以通过微信平台，利用手机拍摄并按提示上传事故照片及各方证件照片后撤除现场，采集上传当事人、车辆基本信息后进行事故网上定责，微信平台系统推送短信确认责任后生成电子认定书，随后即可进行网上定损和理赔。交通事故快撤快处微信平台运行后，减少对道路通行的影响，实现轻微交通事故快速撤离、网上定责、网上定损、网上赔付一条龙服务。当事人从上传现场图片到损失赔付到位最快只需 5 分钟，交通事故快撤快处微信平台成为“指尖上的交通事故快处快赔中心”。

1990 ~ 2016 年合肥市交通事故统计表

表 12 – 9

年　份	一般程序事故(起)	死亡(人)	受伤(人)	直接经济损失(万元)
1990	523	91	309	113.8
1991	1230	315	1056	260.5
1992	916	313	742	202.4
1993	894	319	695	295.5
1994	542	302	436	362.9
1995	748	395	741	654.5
1996	672	332	426	465.6
1997	745	365	655	687.5
1998	758	398	710	605.4
1999	881	394	711	46.5
2000	4636	379	2463	1371.3
2001	4147	463	1813	1220.4
2002	3715	466	1905	1235.7
2003	2422	407	1756	1046.9
2004	1928	411	1471	1146.3
2005	1399	363	1492	985.6
2006	1143	305	1431	1068.8
2007	707	324	859	360.3

续表 12－9

年　份	一般程序事故(起)	死亡(人)	受伤(人)	直接经济损失(万元)
2008	587	303	587	223.6
2009	693	302	730	314.4
2010	677	300	677	268.6
2011	1852	392	2012	1267.9
2012	2367	380	2661	1452.3
2013	2356	375	2600	1737.9
2014	2347	374	2592	1465.9
2015	2386	373	2469	1209.9
2016	2066	437	2293	1531.5

2008～2016 年合肥市交通事故快速处理理赔起数统计表

表 12－10　　单位:起

年　份	滨湖(风之星)快速处理理赔服务中心	开源(惠丰)快速处理理赔服务中心	蜀山快速处理理赔服务中心
2008	4720	9861	
2009	11956	10877	
2010	17219	13819	
2011	28427	35767	
2012	37966	51140	
2013	47171	65016	
2014	59052	69842	
2015	61254	65276	13553
2016	65705	69487	28117

附:重特大交通事故选录

1990 年 3 月 1 日,合肥市运输公司一辆大客车载客 58 人,由合肥开往南京。当晚 8 时许,客车在江蒲县高里店村发生翻车,引发客车后油箱起火爆炸,造成乘客 22 人死亡,26 人受伤。

1993 年 1 月 16 日 1 时许,肥东县一辆大客车载客 51 人(核载 25 人),行驶至 312 国道江苏省丹阳市境内不慎翻入路边水塘内,造成 30 人死亡。

1994年10月1日3时20分，肥西县化建公司一辆东风拖挂货车与该县一辆中巴客车相撞，造成两车32名乘客中8人死亡，24人受伤。

1996年11月4日16时30分，淮南市运输公司一辆中巴车在长丰县双凤大道10千米+50米处，与太和县一辆解放带挂货车迎面相撞，造成8人死亡，2人重伤，3人轻伤。

1998年10月30日4时40分，合宁高速公路下行线肥东段29千米处连续发生26起交通事故，造成6人死亡，13人受伤，82辆机动车受损，直接经济损失达55万元。

1999年9月3日16时30分，一辆解放加长大货车在206线979千米处（长丰县土拐乡境内）附近与一辆夏利车和一辆金杯面包车迎面相撞，造成13人当场死亡，3人受伤。

2000年11月29日16时20分，含山县东关水泥厂一辆大货车在合蚌路肥东县境内与明光市女山新村焦某驾驶的依维柯客车相撞，造成7人死亡，17人受伤。

2002年7月17日8时20分，巢湖市第三运输分公司一辆卧铺大客车在合巢芜高速公路上行线44千米+80米巢湖段试刀山隧道内，违章超越河南省焦作市运输公司的一辆大货车时发生追尾相撞，造成大客车内13名乘客当场死亡，23人受伤。

2003年10月24日11时50分，阜阳市第一客运公司一辆金龙大客车在206国道1008千米+660米处（长丰县杨庙境内）与长丰县长茂运输公司一辆平头解放货车迎面相撞，造成9人死亡，30人受伤。

2006年8月24日22时05分，耿某某驾驶重型厢式货车超载行驶至101省道23千米+500米处，与周某某驾驶的中型普通货车（超载，驾驶室超员）迎面交会，造成5人死亡，3人受伤。

2007年10月8日01时50分，彭某某驾驶重型半挂牵引车途经合宁高速公路由东向西行驶至下行线（南京往合肥方向）15千米+600米处（该路段因合宁高速公路0千米~42千米路段改扩建施工，限速80千米/小时），穿越已搬离中央隔离墩和锥筒的中央分隔带掉头时，与一辆大型普通客车碰撞，造成6人死亡，17人受伤。

2008年7月20日20时50分，赵某某驾驶自卸货车，在店忠路（X024线）10千米+100米处，与对向一辆正三轮摩托车（实载8人）相撞，造成7人死亡，1人受伤。

2009年6月7日2时55分，沈某某驾驶轿车由蚌埠往合肥方向行至京台高速公路981千米+120米处时，追尾撞上前方重型半挂货车尾部，造成轿车上5人死亡。

2010年1月10日17时40，朱某某驾驶重型特殊结构货车在206国道合安路1078千米+350米处与前方一辆轿车碰撞后，驶入逆向车道与对向一辆轿车相撞，造成5人死亡。

2011年2月23日4时36分，沈某某驾驶重型仓栅式货车在沪陕高速公路579千米+686米处时，撞上在应急车道修理车辆的5人，造成5人死亡。

2012年1月3日8时，韩某某驾驶越野车在肥西县X038线上小路24千米+30米处，行至对向车道与一辆重型普通半挂车迎面相撞，造成5人死亡，1人受伤。

2013年8月9日，安徽省合肥市长丰县境内蚌合高速公路（合肥往淮南方向）111千米+500米处发生一起大客车追尾大货车的道路交通事故，造成10人死亡，37人不同程度受伤。

2014年4月27日16时，合淮路与大杨南路交口发生一起中型普通货车与小型交叉相碰的道路交通事故,造成3人死亡,1人受伤。

2015年7月12日10时43分,未取得机动车驾驶证的鲁某某驾驶无号牌正三轮摩托车在庐江县栖石路14千米+300米处,与对向一辆重型专项作业车碰撞,造成3人死亡,1人受伤。

2016年6月26日凌晨3时30分左右,张某饮酒后驾驶奔驰轿车载4人沿环巢湖大道由北向南行驶至环巢湖大道与深圳路交叉路口北侧约300米处的立交桥时,车辆撞断道路西侧的路灯杆及桥梁护栏后坠落桥下翻车,造成4人当场死亡,1人受伤,车辆燃烧损毁。

第七节　道路交通安全宣传

1992年,市公安局与市人民广播电台在《早间新闻》栏目中联合开办《交通一分钟》。每日早晨7:15,电台直播间与民警进行电话连线,向广大听众直播交通事故、秩序管理、安全常识等信息。

1994年,市公安局开展"江淮红绿灯"宣传活动,向省公安厅交警总队和8家新闻单位开设的《江淮红绿灯》栏目投稿40余篇。是年,在全市工矿企业、车辆单位、中小学校举办交通安全课28场,受众人数4200人。

1996年,市公安局根据公安部《交通安全宣传教育三年计划(1996～1998)》,每年4月1日至7日是全国统一的"交通安全宣传周",开展首个"交通安全宣传周"活动。1996～1998年,连续三年举办"交通安全宣传周"活动。组织新闻记者专题采访,在市电视台播放专题片;在市区主要路口、路段悬挂宣传横幅,发放宣传材料。1999～2016年,市公安局每年都开展"交通安全宣传周"或类似宣传活动。

1997年,市公安局向六安路、永红路两所小学无偿赠送3000顶交通安全"小黄帽",在社会上引起较好的反响。安徽省关心下一代委员会十分关注,并与太平洋保险公司在市政府广场联合举办向小学生赠送2000顶"小黄帽"仪式;安徽商之都向中小学生赠送2万顶"小黄帽"。是年,市公安局自筹资金拍摄的18条电视公益广告在安徽电视台、安徽有线电视台、合肥电视台和合肥有线电视台播放。

1998年,市公安局与合肥有线电视台合办电视专栏《红绿灯下》正式开播。《红绿灯下》由市公安局交警支队编制,时长10分钟,每周一期,每周五晚黄金时间播出,设"122"报警台、交通视点、法制经纬、前车之鉴、曝光台、太阳伞、停车场、八面来风、驾车一族等版块。1999年,市公安局投资80万元建成专门演播室,用于《红绿灯下》栏目制作。2004年,《红绿灯下》改为《直击122》,在市电视台法制教育频道播出。

2000年6月,市公安局与合肥电视台法制频道联合开设《郑东说交通》(后改为《张丽说交通》)专栏(2001年5月停播)。民警郑东在路面一边执法,一边针对违法行为发生的原因、违法行为的危害和应当受到何种处罚、交通事故处理知识等逐一进行讲解。是年,市公安局组织民警驾驶100辆摩托车和10辆巡逻车组成宣传方队通过"严管街"——长江中路，广泛发放《致“严管街”沿线单位的一封信》《致“严管街”沿线居民的一封信》等宣传材料。

2001 年，市公安局在车辆单位、服务站等处设立宣传点，印制发放《致驾驶员朋友的一封公开信》《致车辆单位的一封信》等宣传材料 5000 份，制作悬挂宣传标语 20 幅。在《交通一分钟》《红绿灯下》中多次报道交通秩序整治工作，在合肥交通台《交广热线》现场说法。

2004 年，市公安局根据公安部决定，在全市集中开展交通安全宣传进农村、进社区、进企业、进学校、进家庭活动，广泛深入地开展交通安全宣传。

2008 年，市公安局开展交通安全宣传提示进酒店活动，在全市 218 家较大酒店开展“酒后禁驾”的宣传提示，与酒店餐饮单位签订《交通安全工作责任状》。

2010 年，市公安局与安徽交通广播开通《交警面对面》专栏，每周五下午 15 时至 16 时，民警做客直播间，与交通广播主持人和听众交流交通管理工作，宣传交通法规，引导市民文明交通。

2011 年，市公安局“合肥公安交警宣传在线”交警微博开通。至 2016 年 9 月底，微博粉丝达 26.4 万人，发布博文 4470 篇。是年，开展首届“无记分、有奖励”活动，当年驾驶证没有记分、没有交通事故未处理的机动车驾驶人，均可报名参加该活动。该活动设置最高奖项一等奖奖品为一辆江淮轿车。2011 ~2016 年，连续举办 6 届“无记分、有奖励”活动。

2012 年，《国务院关于加强道路交通安全工作的意见》将每年 12 月 2 日设立为“全国交通安全日”。是年，市公安局会同省公安厅交警总队、安徽交通广播在安徽广播电视台院内联合举行首届 122“全国交通安全日”主题宣传活动。至 2016 年，连续举办 5 届“全国交通安全日”主题宣传活动，宣传主题分别为“遵守交通信号、安全文明出行”“摒弃交通陋习、安全文明出行”“抵制七大交通违法、安全文明出行”“拒绝危险驾驶、安全文明出行”“社会协同治理、安全文明出行”。2012 年，市公安局会同合肥市慈善协会、合肥交通广播等单位，在潜山路伊赛特家具汇广场举办“爱心后备厢”首届公益市集主题宣传活动。该活动旨在纪念每年 11 月第三个星期日的世界道路交通事故受害者纪念日，通过号召民警、合肥交通广播工作人员及热心公益事业的市民参加义卖，将募集到的善款捐助给困难的交通事故受害者亲属，使受害者及其亲属得到一定的经济救助，倡导广大交通参与者拒绝危险驾驶，摒弃交通陋习，安全文明出行，开文明车，行文明路，做文明人。2012 ~2016 年，先后在长江路银泰商场门前、宁国南路罍街等地连续举办 5 届主题活动。

2014 年，市公安局抽调 2 名民警在交通指挥中心采取电话连线的方式，通过省、市交通广播，实时播报全市路况，引导车辆合理选择路线，缓解交通拥堵。

2015 年，市公安局“合肥交警”微信服务号上线，设置交通违法查询、路况查询、路况上报、车检在线预约、事故快撤快处、相关法律法规查询等功能，至 2016 年 9 月底，微信粉丝达 7 万人，发布微信 220 余条，阅读量超过 400 万人次。

2016 年 1 月，市公安局对全市开展“文明行车、文明行走”专项整治行动进行引导宣传，并对交通违法行为进行媒体曝光。2 月 24 日，交警支队召开新闻发布会，集中宣传轻微交通事故“微信快处”平台上线。8 月 9 日，交警支队与合肥广播电视台在《合肥新闻联播》中开辟固定专栏《红灯记 · 文明行》。该栏目每周一至周五播出，至 2016 年，已播出 110 期。其中包含行人闯红灯、大货车超载、非机动车占道行驶，机动车违停、闯禁限行、逆向行驶等七大类交通违法行为的相关新闻。《红灯记·文明行》栏目成为反映合肥市"文明交通、文明出行"的品牌栏目,得到社会各界广泛好评。9月6日,交警支队第一次使用"@合肥公安交警宣传在线"新浪微博账号通过"一直播"平台,全网直播合肥交警城市高架道路交通违法行为查处执法活动。是年,市公安局报送的文明交通公益宣传作品《生活因她而美》荣获公安部交管局"公益广告类"三等奖,《自驾出行50问》荣获知识手册和出版物优秀奖。同时,在省厅交警总队宣传作品评选中,交警支队有5件作品获奖,有一等奖2件,二等奖1件,三等奖2件,市公安局交警支队被交警总队授予组织奖。

第八节 智能交通系统

智能交通系统建设

2008年,市公安局在合肥市启动智能交通系统建设。根据《合肥市智能交通管理系统建设总体规划(2010~2020年)》,智能交通分两期建设,累计投资1.21亿元。智能交通系统建设主要是系统整体架构搭建、综合管理平台及后台的建设和路口、路段智能交通设施的建设。

智能交通一期工程于2015年建设完成,建成智能交通集成管控平台、交通指挥调度、交通信号控制、交通监控、违法综合监测、FCD浮动车流量监测、车辆稽查布控、占用公交车道违法抓拍等系统,完成城区大队分控中心建设以及部分监控、闯红灯、超速、闯禁行、卡口、交通诱导、流量检测等外场建设。新改建交通信号751处,视频监控2090处,交通流量及事件检测307处,"电子警察"462处,闯禁行20处,雷达测速36处,智能卡口107处,交通诱导屏43块,建成长江路、裕溪路、合作化路、南北高架一号线、繁华大道等一批示范路,实现监控全覆盖,信号联网控制。搭建起智能交通基础网络,初步完成智能交通分级管理的技术架构。

智能交通二期工程于2014年启动建设,主要对交警支队交通指挥中心进行改造完善,建设高清视频平台及卡口稽查布控等后台系统。同时,针对二环内未列入新改建计划的主干道路、常用警卫线路及政务区"三纵四横"道路,增建信号、监控、卡口、非现场执法等外场设备。项目分电子警察、项目监理、链路租赁、交通指挥大厅改造、外场设备5个分包。2016年底,智能交通二期项目主体建设基本完成。

2014~2015年,市公安局对交警支队智能交通控制中心进行升级改造。新的智能交通控制中心在原有基础上进行软、硬件的全方位升级。将原有1024×768UHP光源的DLP投影单元改造为1680×1050LED光源的DLP投影单元,大屏数量由28块增加到55块。DLP系统可以实现IP数字视频信号的处理和显示、功能分区显示、视频信号显示、视频信号显示、计算机信号显示,日常工作计算机可生成任意高分辨率图像在显示拼墙上全部快速显示、全屏显示,高分辨率应用、超高分辨率图像、视频、计算机、网络信号综合显示等多种应用。智能交通控制中心还具有辅助系统,主要包括大厅音响、会议系统、集中监控系统、电子沙盘、操作台等。智能交通控制中心所有电脑主机均放入机房统一管理，智能交通控制中心的大屏和坐席上的显示器均作为显示终端使用。

智能交通系统应用

智能交通系统主要包括交通信息集成管理平台和交通指挥调度、交通控制、违法监测抓拍、智能监控四大系统。市公安局交通信息集成管理平台集成四大系统的后台程序，交警支队智能交通控制中心及各分控中心通过交通信息集成管理平台对各大系统进行协调使用，从而整体把握和干预合肥市道路交通情况。

指挥调度系统利用监控、350 兆集群对讲、GPS 车辆定位等系统调度就近警力，实现快速处警。智能交通控制中心通过监控巡检，能够及时发现拥堵、事故；通过事件监测，能够及时对异常事件进行报警；通过 350 兆集群对讲系统，能够及时调度警力处置突发事件；通过 FCD 数据采集终端，能够对全市道路现状、交通流量等交通信息进行采集、整理、分析、研判，实现对交通拥挤、重大交通事故、突发事件等特殊事件的指挥调度，快速反应；也可通过后端信号干预调节信号配时，合理布局城区道路交通流量。在日常工作中，合肥公安交警利用交通信息采集系统实现对交通流量、交通特性、交通事件和拥挤程度等信息的采集，通过交通诱导信息发布系统应用，依托 LED 交通诱导标志，向市民发布交通信息。同时，公安交警利用交通广播、电视、互联网站等多种发布手段，向交通参与者提供道路或停车场的实际运行情况，提醒、建议或控制交通参与者选择最佳的行走路线，提高行车速度，减少停车次数和延误时间。2016 年，市公安局公安交警通过省、市交通电台进驻智能交通控制中心播报员发布实时路况信息日均达 120 多条。

交通控制系统通过对信号联网控制，根据路网结构、交通流分布、关键路段及交叉口交通拥堵情况，实现对信号系统的单点感应控制、单点多时段定时控制、干道线协调控制、区域协调控制、绿波控制和特勤控制，实现交通管理与控制策略。在胡锦涛、习近平等党和国家领导人到合肥视察、“奥运火炬传递”、“中博会”、全国公安厅局长会议安保工作、“四体会”、徽商大会等重要警卫任务中，智能交通系统发挥了不可替代的作用，仅在“中博会”期间执行警卫线路特勤控制即达 617 次。

违法监测抓拍系统可实现对机动车违法行为进行自动记录和人工抓拍，具有号牌识别的卡口可实现对经过车辆的号牌识别和轨迹记录。通过交通违法行为监测系统（电子警察、测速、闯禁行等）应用，对机动车违法行为进行自动记录和人工抓拍，一方面规范了市民的交通行为，一方面将现在的人力型现场执法模式改变为科技型非现场执法。至 2016 年，合肥市卡口和具有卡口功能的闯禁行均实现了智能网上统一平台的报警。

智能监控系统通过交通视频监控对主要路段、路口、关键区域或道路、复杂场所、事故黑点等开展网上巡检；观察各高架桥等交通要道，根据道路流量开启、关闭上下行匝道，有效地提高了交通通行效率。同时，路段上的事件检测设备配合交通视频监控，及时发现警情。智能交通控制中心通过 350 兆集群对讲调度警力，变被动出警为主动发现，防止道路交通拥堵发生。

随着智能交通设备的应用，市公安局日均发布拥堵、事故警情 120 余起，干预、处置各类警情千余起。交通违法处罚方式由现场处罚向非现场处罚转变。

第十三章　公共交通治安管理

1990年,合肥市公安局撤销公共交通派出所设立公共交通分局,属企业公安性质。1998年,公共交通分局划归合肥市公安局,成为市公安局正式建制单位。2011年,公共交通分局增挂合肥市公安局便衣侦查支队名称。2016年,公共交通分局(便衣侦查支队)更名为视频侦查支队(图侦支队)。1990~2016年,视频侦查支队先后承担公共交通治安管理、打击扒窃犯罪、便衣侦控、视频侦查等职责,主管全市视频工作,履行"天网"系统"建、管、维、用"职能,是集规划建设、系统管理、网络维护、技术支撑、应用保障、手段研发、服务全局为一体的综合实战主体。

第一节　公交线路站点管理

1990~1998年,公共交通治安管理主要是查处全市公交公司所属营运车辆上、各停车场、站点发生的治安案件、刑事案件,行使警告、50~200元之间的罚款、治安拘留权。

1992年,市公安局公交分局查处发生在站车之中的治安案件268起,破获刑事案件25起,抓获扒窃分子349人,捣毁扒窃团伙18个,为乘客追回经济损失15万元。

1993年,复杂公共场所和商业街道的扒窃犯罪呈现抬头趋势,公交分局组织干警跟车反扒,使公交车上的扒窃活动得到遏制。下半年,地面扒窃犯罪高发,市公安局组织几次较大的反地扒统一行动,重点加强对火车站、汽车站、明光路三角地带等复杂公共场所的扒窃活动的打击。11月中旬,突击整治淮河路步行街,通过跟踪守候、化装侦查等方式,抓获扒窃分子20余人,摧毁扒窃团伙3个,有力地打击了以拎包、割包为主要刑事的扒窃犯罪活动。是年,市公安局公交分局查破扒窃案件129起,抓获扒窃分子173人,其中报捕及劳教56人。

1999年,市公安局在公交分局设立第一、二、三、四派出所,承担全市公共汽车运营线路及市内客运汽车站(换乘中心)治安管理工作。

2001年,市公安局对全市公交线路、站点、商业网点等扒窃、盗窃案件高发地段进行集中整治。"国庆""中秋"两节期间,分局民警跟车作业,破获刑事案件38起,抓获各类违法犯罪人员43人;对全市主要公交线路车辆、站点进行9次清查搜捕,抓获各类嫌疑人68人;对12名扒窃人员公开宣判,震慑犯罪分子。摧毁一个长期在全市各大医院采血室、收费处行窃的犯罪团伙,抓获团伙成员10名,追缴赃款赃物价值15000余元。

2002年,市公安局印发《关于全市客运汽车站点治安管理为公交分局统一管辖的通知》,全市长、短途客运汽车站、换乘中心的治安管理交由公交分局统一管辖。分局多次组织清查行动,打击、收容、遣送一批外省籍违法犯罪人员和聋哑扒窃犯罪嫌疑人,摧毁一个多次盗窃耕牛、铝锭、机动三轮车、电缆线的犯罪团伙和一个利用布条缠绕过往自行车进行抢夺的犯罪团伙,抓获嫌疑人员15名,带破获刑事案件30余起。

2003年,市公安局公交分局在全市各客运站、换乘中心,设立8个警务工作室,查处各类治安、刑事案件和调处纠纷。对客运站点喊、拉、宰、欺客等违规行为集中整治,查处治安事件45起,抓获处理违法人员64人。是年,南门换乘中心和东门客运站相继发生个体车主无理取闹、停运罢工,围攻、谩骂客运公司工作人员事件,严重扰乱公共场所秩序。市公安局依法对事件的组织者及“车霸”予以治安处罚,恢复正常的客运班次。

2004年,市公安局派出民警对合肥至南京、芜湖、安庆、六安等发案较高的客运线路跟车反扒,打掉从河南罗山流窜至合肥的盗窃团伙,抓获扒窃嫌疑人员8名。是年,女人街、淮河路步行街等繁华购物场所外省籍扒窃人员流窜作案警情高发,公交分局增派警力,与其他分局联合反扒,抓获流窜作案人员300余人。

2005年5月,长途客车扒窃警情高发,市公安局抽调50名反扒骨干,在合肥至芜湖、安庆、南京、武汉等多条客运线路上,开展为期一周的“闪电行动”,抓获外省籍扒窃人员4人,破案3起。5月17~18日,国际徽商大会在合肥召开,通过提前清剿、现场安保、打击现行等举措,抓获扒窃嫌疑人26名,摧毁团伙3个,破案10余起,追缴数码相机2部、手机5部,案值1万余元。7月,市公安局公交站台发生一起“抱腿剪项链”新型盗窃案件,此后一个月内连续发案26起,涉案金额7万余元。市公安局经过一个多月的细致摸排、全警围捕,一个疯狂在公交站点,利用抱腿、抛手机、抛MP3等方法掩人耳目,用剪刀剪乘客金项链的盗窃团伙被摧毁,8名作案成员全部被抓获。是年,市公安局先后6次组织警力对客运站点频繁出现拉客、宰客现象进行集中整治,抓获拉客人员30人,治安拘留4人。

2006年,市公安局启动城市报警与监控系统建设,在全市客运站布设94个电子监控探头,提高客运场站的治安管理效能。春运期间,市公安局以车站及车内易发的诈骗、盗窃案件为素材,制作VCD光碟,在客运场站循环播放,散发《乘车安全防范手册》和《致旅客朋友们的一封信》,提醒广大旅客提高防范意识。是年,市公安局先后在公交线路、客运场站等案件高发区域,组织开展8次“闪电”系列反扒行动,抓获各类犯罪嫌疑人282人。

2007年,市公安局先后开展10次代号为“飓风”系列反扒统一行动,集中警力在繁华场所、路段及大型商务活动区域进行高密度集中反扒行动。

2008年,市公安局根据公安部、省厅关于《奥运治安保卫攻坚专项行动工作方案》的要求,加大对长短途客运市场治安管理力度,开展危险品管理专项整治行动,开展对公交车、站点及客运站武装巡逻和便衣反扒统一行动。行动期间,出动巡逻车辆15000台次,盘查人员2万余人次。是年,市公安局公交分局与刑警支队成立联合反扒行动组,集中优势警力对繁华场所、路段及大型商务活动区域进行高密度集中反扒,遏制扒窃等普发性案件上升势头。全年开展12次“迅雷”集中统一反扒行动,破盗窃案件279起,抓获违法人员417人,其中治安拘留192人,刑事拘留99人。采取集中抓获、集中遣返方式,打击市区繁华场所、路段外省籍未成年人扒窃犯罪行为,遣返2批18人。

2009年，市公安局推行反扒工作常态化机制，将集中突击、统一行动式的打击转变为全天候、运动式的打击。是年，开展“迅雷”“春雷”“猎鹰”等系列反扒专项行动22次，破刑事案件663起，抓获各类违法人员756人；刑事拘留208人，治安拘留461人；转移送起诉15人，转逮捕18人，转监视居住5人，转劳动教养24人；摧毁犯罪团伙7个。是年4月，市公安局在第四届“中博会”期间，侦破“4·18”重大扒窃团伙案，抓获聋哑扒窃人员10名，缴获手机7部，赃款1万余元。12月，市公安局抽调45名反扒民警与属地分局90名民警编组实战，开展为期一个月的反扒业务技能培训，提升属地分局基层民警反扒能力。

2010年，市公安局下发《关于调整公交车、公交站台、客运汽车站及公交场站等接处警工作的紧急通知》，通知规定，自2010年9月18日0时起，按照“属地管辖”的原则，原先由公交分局管辖的公交车、公交站台、全市10个客运汽车站和公交场站的治安管理工作移交给属地公安派出所，相应的接处警工作，统一由所属派出所、巡控车承担。公交分局继续负责受理公交车上扒窃类警情。公交分局把工作重心转移至打击公交车厢内扒窃犯罪，制定“反车扒为主，反地扒为辅”的工作方针，建立以情报信息主导反扒勤务，落实“日综合、周研判、月分析”的情报信息研判机制，对扒窃犯罪实施精准打击。10月1～7日，在全市公交车上开展国庆反扒统一行动，重点加大对通往市区繁华路段方向公交车上的防控和反扒。先后出动警力280人次，破刑事案件12起，抓获违法人员24名，其中，刑事拘留8人，行政拘留15人。11月，邀请市聋哑学校教师为分局45名民警开展常用哑语培训，加强对聋哑扒窃嫌疑人的审讯和打击力度。11月9日～12月9日，在为期30天的全市“反扒竞赛”活动中，抓获各类扒窃人员74人，破案49起，刑拘6人，治安拘留68人，打掉扒窃团伙22个。

2011年，市公安局将反扒警力全部投放到扒窃发案突出的线路、站点和区域，以警组为单位开展便衣反扒；反扒民警根据扒窃特点，自主选择反扒工作时间，在重点区域开展巡控；实行弹性工作制，警力向上下班高峰、节假日等案件高发时段、高发线路和区域倾斜。是年，破获公交车内割包扒窃系列案，抓获犯罪嫌疑人6名。全年打掉扒窃犯罪集团1个，打击处理集团成员8人，破获集团扒窃案件33起，收缴赃款赃物5000余元。

2012年，市公安局以“打团伙、挖幕后、端窝点”为目标，坚持全天候、运动式的打击模式，坚持以情报信息主导警务，坚持以科技信息手段指导实战，坚持“弹性工作制”，针对节假日扒窃高峰期特点，开展反扒行动，不断地加大打击扒窃犯罪的工作力度。5月，市公安局公交分局通过加强视频侦查等科技手段在破案中的应用，经过40余天连续奋战，侦破“3·29”特大盗窃案，摧毁一个扒窃团伙，抓获违法犯罪嫌疑人3人，破案5起，追回赃款15000元。9月15日～11月15日，市公安局开展为期两个月的“反扒”统一行动，立扒窃案件133起，破案23起，抓获扒窃嫌疑人30人，其中刑事拘留16人，行政处罚5人。中秋、国庆双节长假期间，市公安局在保持对公交线路上高压严管态势的同时，兼顾各公交换乘枢纽、场站以及长途客运站点等扒窃高发案区域的巡逻管控，出动反扒民警94人次，破扒窃案件7起，抓获扒窃犯罪嫌疑人10人，其中刑事拘留4人，行政拘留5人，追缴赃款赃物价值1.07万元。

2013年，市公安局在屯警街面、提高公交路线布警密度的同时，做强警情研判，实行每日扒窃警情及相关情报线索分析制度，强化对外省籍犯罪重点人群作案手段、活动轨迹的分析，及时对扒窃犯罪活动分析预警。摸索出一套行之有效的吞食异物扒窃嫌疑人员的审查工作流程，加大对吞食异物的扒窃嫌疑人员的打击；积极探索科技破案模式，先后通过案后追赃、视频比对、轨迹碰撞等新型侦破方式破获一批扒窃案件。编写出《反扒工作手册》《公安民警反扒工作常用手语实用手册》印发给一线民警，为一线实战民警提升工作能力，规范反扒警务提供有力支撑。

2014 年，市公安局公交分局将打击范围从公交线路向周边高发案区域延伸，打击手段从街面抓扒单一模式，逐步向主动抓扒与视频侦查、控赃侦破等手段相结合的主动进攻模式转变。与外省公安机关横向沟通和联系，获取全国扒窃前科人员相关数据 13 万余条，通过甄别梳理，将近 6 万名扒窃人员信息导入管控平台。建立流入扒窃人员轨迹核查工作机制，变被动打击为主动出击，挤压扒窃人员犯罪和生存空间。核查活动扒窃人员 6000 余人次，直接、间接审查嫌疑人员近 300 人，迫使其离开合肥。通过轨迹核查成功抓获 93 名违法犯罪人员。建立便衣携枪巡逻工作机制，集中反扒、侦控警力不间断地对火车站、步行街等重点区域开展便衣携枪巡逻活动。协助经开分局培训、锻造一支专业反扒队伍，一个月抓获违法犯罪人员 10 人。

2015 年，市公安局先后制定出台《合肥市公安局街面犯罪侦查队伍建设规范（试行）》《街面扒窃犯罪打击工作考核细则》，从警力配备、勤务运作、警务保障和打击成效等方面规范街面犯罪侦查队建设，积极推广专业警种与属地力量联动打击街面扒窃犯罪新模式，引导有限警力向群众反映强烈的扒窃等街面侵财类犯罪打击倾斜，强化重点区域联合整治。建立街面扒窃案件视频追踪研判工作机制，完善视频跟踪、便衣打击同步上案机制，推行警情处置与视频排查同步开展，实行每起警情周边视频必查和被害人参与视频排查案件线索，使街面扒窃犯罪线索发现和犯罪证据收集能力进一步提升。对在合肥频繁作案的吞食异物、患病、怀孕、年满 70 周岁或未成年的职业扒窃犯罪群体，市公安局与监管部门建立吞食异物犯罪嫌疑人员羁押工作机制，完善处置规范。全年，抓获审查吞食异物逃避公安机关打击嫌疑人员，以及未成年、处于怀孕或哺乳期、年满 70 周岁以上扒窃嫌疑人员 109 人。持续加强火车站、步行街、高铁南站等处重点区域的便衣武装巡逻，并结合重点区域的治安特点，将反恐、反扒工作有机融合，持续推进街面扒窃犯罪的打击工作。市公安局全年在上述区域抓获扒窃犯罪、吸毒等违法犯罪嫌疑人员 149 名。

2016 年 3 月下旬，市区公交车辆及站点扒窃案件急剧升高，市公安局通过警情预警、视频追踪和便衣侦控等多种手段，先后摧毁聋哑扒窃人员团伙 2 个，捣毁窝点 3 个，抓获聋哑扒窃嫌疑人员 19 人。与河南省厅、武汉、南京、杭州、石家庄等地公安机关建立区域扒窃犯罪打击协同机制，定期交换情报和重点人员数据，获取外地扒窃前科人员数据近 17 万条。建立在合肥的前科人员落脚点、同行人、携带物、活动轨迹等多角度核查机制，核查流窜到合肥的扒窃前科人员信息 8556 条，涉及前科人员 940 人。11 月 7 日，市公安局通过对一起扒窃案件视频图像的抽丝剥茧、深度研判，打掉一个组织严密、分工明确、盗销“一条龙”的外省籍扒窃团伙，抓获团伙成员 13 人。12 月 22 日，公交分局与庐阳分局刑侦部门紧密合作、协同作战，一举打掉流窜至合肥疯狂作案的特大外省籍扒窃团伙，抓获嫌疑人员 19 人，查获涉案手机 21 部。

2000～2016 合肥市扒窃案件发破、抓获违法人员统计表

表 13－1

年　份	刑事案件		行政案件		抓获、盘查违法人员(名)
	立案(件)	破案(件)	受理(件)	查处(件)	
2000	447	173	411	97	963
2001	721	747	375	169	1223
2002	758	570	140	49	913
2003	1734	696	133	47	1082
2004	1528	753	324	250	1413
2005	1321	570	158	51	864
2006	1767	724	910	897	882
2007	1567	550	792	792	913
2008	1236	742	234	228	810
2009	1315	659	146	144	760
2010	1240	651	82	81	894
2011	1208	395	2	2	641
2012	862	183	1	1	249
2013	983	129	—	—	155
2014	1342	123	1	1	437
2015	1296	125	13	13	486
2016	598	36	—	—	304

第二节　出租车管理

1994 年,市公安局成立出租车治安管理办公室,对全市出租车行业进行管理。着重加强对出租车司机和主管单位负责人的思想教育、法制宣传,强化防范意识。建立健全出租车档案管理,做到一车一档,要求出租车安装统一的防护网,定期对出租车进行检查,取缔黑户车,协助有关部门维护正常的营运秩序。

2003 年,市公安局成立出租车管理大队,对出租车治安实施管理。通过基础信息采集、组建信息员队伍、开展安全检查和宣传教育活动、整治出租车客运市场,加强对出租车行业的治安管理和社会治安面控制。配合运管部门对“两站一场”(火车站、汽车站、市府广场）出租车拉客、宰客及无租赁营运证的经营车辆进行查处，查处违章车辆14台，其中黑头车1台，异地营运车6台，不在指定站点停车拉客车4台，无租赁营运许可证的车3台。破获"8·22"肥东特大抢劫出租车案件，摧毁宋某、张某光、刘某喜、韦某、孙某奇等5人抢劫出租车犯罪团伙。

2004年，市公安局下发《关于加强客运出租车行业治安管理和治安防范工作的通知》，要求各出租车公司建立、健全治安责任制，确定专人负责治安保卫工作，落实治安情况月汇报、重大情况及时反馈工作机制。对全市43家出租车公司、375名管理人员、6483辆出租车和14500余名从业人员信息进行登记管理，建立信息档案数据库，全面掌握行业治安动态。通过省交通台制作连线法制宣传节目，向出租车驾驶员通报相关案情，分析典型案例，传授法律知识，帮助广大出租车驾驶员提高自我防范意识和防范能力。

2005年，市公安局出台《关于参与维护社会治安的客运出租车经营单位和从业人员的奖励办法（试行）》，对积极向公安机关提供违法犯罪线索和治安信息、扭送或协助抓捕违法犯罪嫌疑人的客运出租车经营单位、从业人员，予以奖金奖励和"治安积分"奖励。9月，召开出租汽车行业维护社会治安积极分子表彰大会，对表现优异的57名出租车行业的从业人员进行通报表彰。针对抢劫出租车案件高发态势，在长江批发市场附近、北二环等路段，设置出城卡点及流动盘查点。检查出城出租车有无安装防护网，所贴的隔热膜及广告等是否影响车辆的透视性，同时提醒广大出租车司机在夜间营运及节日前夕提高安全防范意识。是年，汽油价格上涨，部分出租车从业人员停运抗议、集体上访。市公安局调集警力上街巡逻控制事态，抓获打砸、拦截出租车嫌疑人3名，维护出租车市场运营秩序。

2008年，《合肥市出租车汽车管理办法》正式实施，全市43家出租车公司重组合并为合肥新亚、安徽大众、合肥天一、安徽天奥、安徽国泰、合肥天友6家公司，分批次新增运力1650辆。市公安局建成出租车管理系统，对出租车行业进行安全检查和宣传教育，完成出租车经营权转换工作。是年，出租车管理大队整建制划归交警支队管理。

2009～2010年，和瑞出租车公司部分驾驶员以生意不好、车辆维修费过高、承包费偏高、车辆小、毛病多、维修费用高为由，先后3次到和瑞公司和市政府上访。市公安局出租车管理大队妥善处置，与行业主管部门沟通协商，采取应对措施，对参与鼓动上访的驾驶员专门进行法制宣传教育，避免了人员大规模的聚集，维护了行业的稳定。

2011年，市公安局对出租车及驾驶员信息管理系统进行升级和优化，加强基础信息采集录入及系统维护，全面掌握出租车行业的从业状况。是年，成功化解安徽国泰出租车公司驾驶员因债务问题准备上访事件。

2012年9月17日，一辆黄色起亚赛拉图出租车门上贴有"抵制日货"等字样的标语，部分驾驶员立即响应，准备于18日上午9点到市政府门口聚集，举行反日示威活动。市公安局出租车管理大队立即将情况上报，并通报运管处和各出租车公司。18日上午7时，出租车管理大队会同运管处和各公司人员先期赶至市政府门口，在保护群众爱国热情的前提下，劝离前来集会的8名出租车驾驶员，阻止了游行集会的发生。

2015年，市公安局对全市8000余辆出租车通行数据整合，建立出租车GPS数据共享机制。是年，因受到"滴滴快的"专车、黑头车和异地营运车的冲击，有出租车驾驶员在合肥论坛上发布"取缔异地黑车、打击非法营运"等维权标语，要求出租车驾驶员将标语贴在车辆后挡风玻璃上。市公安局出租车管理大队与相关部门共同协调,及时找到发帖和印制散发标语的范某,对其进行法制教育并将其印制的标语收缴,要求各公司及时通知驾驶员将已张贴的标语去除。

2016年,受"网约车"影响及重庆、西安等地出租车群体聚集事件波及效应,合肥市部分出租车驾驶员因要求降低"份子钱"等问题,先后在和瑞出租车公司、天鹅湖龙泉路周边、屯溪路与曙光路交口路段附近聚集,并在一环路"打双跳灯"缓慢行驶。市公安局在市委、市政府统一领导下,与有关部门配合,积极稳妥地处置此事件。7月,市公安局执行国务院公布的《关于深化推进出租汽车行业健康发展的指导意见》《网络预约出租汽车经营管理暂行办法》,规范出租车行业管理。

第三节　行业场所侦控

2011年,市公安局依托公交分局组建便衣侦查支队,开始对犯罪人员涉及的行业、场所进行摸底排查,搜集违法犯罪情报、犯罪线索及证据。是年,破获"销售假冒注册商标"案,查封售假门面点2处,仓库窝点1个,收缴假冒高仿手机(苹果、诺基亚、三星等品牌)价值40余万元,涉案金额上百万元。

2012年,对有组织犯罪、团伙犯罪、职业犯罪和犯罪人员涉及的行业、场所予以重点关注并开展摸排工作,重点监管机动车交易市场、典当业、物流运输业、二手机市场和娱乐场所等。是年,捣毁一处生产、销售伪劣种子窝点,查获伪劣种子25吨;打掉一个贩毒团伙,抓获团伙成员3人,缴获K粉460克。

2013年,《中华人民共和国刑事诉讼法(修正案)》正式实施。第一百五十一条规定:"为了查明案情,在必要的时候,经公安机关负责人决定,可以由有关人员隐匿其身份实施侦查。"根据法律赋予的职权,市公安局便衣侦查支队充分发挥"隐蔽、灵活、机动"的特点,探索便衣侦查工作的新思路、新模式。是年,市公安局摸清全市764家物流业、29家快递业、167家开锁业及主要二手市场等重点行业、场所的基本状况、分布情况和运行模式。

2015年,市公安局通过传统手段与视频侦查手段有机融合,摧毁一个长期在火车站周边区域利用色情手段实施盗窃抢劫的犯罪团伙,6名犯罪团伙成员全部被抓获,带破获多起案件,使火车站周边地区治安得到净化。

第四节　视频侦查

随着视频监控系统快速发展和打击犯罪形势的深刻变化,视频侦查技术在公安工作中的应用越来越广泛,地位越来越重要,正逐渐成为侦查破案的又一重要技术支撑。2016年,视频侦查支队成立后,在全市范围内遴选多名视频应用骨干力量,组建一支视频侦查专业队伍。在考察学习外地市视频侦查、视频巡查、视频指挥、系统建设管理和整合社会力量参与治安防控体系建设等方面的做法经验基础上，支队依托“天网”一期工程，对公安自建的市重点单位、重要场所、交通卡口等视频资源进行整合，开展视频侦查工作。

视频监控工作机制

2015 年，市公安局推广视频巡查“三机四屏”工作模式，探索建立全天候的视频巡查网，与街面巡控网互为补充，增强“事前发现、事中控制、事后追踪”的能力。

2016 年，市公安局下发《合肥市公安局视频应用工作规范》《合肥市公安局涉案事件视频信息采集录入标准(试行)》等文件，明确规定市公安局各级公安机关视频工作职责，对视频巡查工作的组织、力量配备、工作流程、信息采录质量、信息上报进行细化规范，统一全市涉案视频信息的采集、录入、存储等工作流程标准，提高视频采集的数量及质量，更好发挥视频信息在侦查破案中的作用。

视频监控应用

2015 年，市公安局深化图侦系统的案件标注、轨迹跟踪、浓缩摘要等视频高端技术的运用，探索视频合成作战工作机制，完成图侦系统 600 余名扒窃前科人员照片资源的录入，140 余份涉案视频的采集。建立街面扒窃案件视频追踪研判工作机制，完善视频跟踪、便衣打击同步上案机制，通过视频侦查共抓获各项犯罪嫌疑人员 70 余人。

2016 年，利用“人脸识别”技术等视频高端手段，先后侦破多起案件，辨明犯罪嫌疑人员真实身份 38 人，抓获各类违法犯罪嫌疑人员 80 人，其中网上逃犯 51 人。通过视频巡查发现违法犯罪线索 1143 条，采录涉案视频 1217 条，有效发现处置敏感、重大案事件 292 起，通过视频支撑抓获违法犯罪嫌疑人 569 名。

第十四章　消防管理

20世纪80年代,武警合肥市消防支队(又称合肥市公安消防支队,以下简称市消防支队)成立,隶属合肥市公安局和武警安徽省消防总队双重领导。支队和各县(市)、区消防科(大队)担负防火宣传、检查,灭火执勤及组织发动群众增强自防自救能力等任务。2009年5月,修订施行的《中华人民共和国消防法》,赋予公安消防部门担负抢救人员生命为主的抢险救援任务。2013年,合肥市政府将消防工作纳入社会综合治理、平安合肥建设和安全生产目标管理责任制考核。

1990年来,全市公安消防部队加强火灾隐患排查整治,深化消防安全宣传教育,推进城镇公共消防设施建设,完成一系列急、难、险、重的灭火和应急救援任务。市消防支队先后荣获集体二等功1次、集体三等功4次;2011年至2015年,全市公安消防部队先后有2人荣立一等功、17人荣立二等功、316人荣立三等功,5783人次收到公安部、公安部消防局、省消防总队以及省、市、县(区)政府的表彰。2014年2月,合肥市消防支队被合肥市委市政府授予"人民满意消防卫士"荣誉称号。

第一节　消防组织

现役消防队伍

1986年4月,武警合肥市消防支队(正团级建制)正式组建,机关办公楼位于长江中路111号,后迁至桐城路210号。

1990年,消防支队在合肥市所辖三县四区设有消防科,副营级建制。

1992年1月,消防支队内设4个处室,下设10个中队、7个消防科。

1999年4月,支队新建七中队、八中队、九中队,增设新站综合开发实验区公安分局消防科、经济技术开发区公安分局消防科。11月,支队特勤大队投入执勤。

2000年11月,公安部批准消防支队军政主官高配为副师职。其他建制级别不变。

2002年1月,市高新技术产业开发区消防大队成立;5月,市新站综合开发实验区消防大队成立;11月,市经济技术开发区消防大队成立。

2007年5月,肥东、肥西、长丰三县公安局和瑶海、庐阳、蜀山、包河四区公安分局消防科改为消防大队。截至2008年1月,所有消防科、队合一,实行"队"建制。

2011年5月,经公安部党委批准,消防支队建制级别由正团级调整为副师级,庐阳、瑶海等13个大队建制级别由正营级调整为副团级。9月，原省辖市巢湖市行政区划撤销，所属的巢湖市消防大队、巢湖经济开发区消防大队、庐江县消防大队划归合肥市消防支队管辖。是年11月，支队机关办公大楼搬迁，新的119指挥中心正式启用，合肥市消防工作和部队建设进入高速发展期，队伍进一步壮大，装备进一步更新，战斗力进一步提高。

群众性消防组织

1990年以前，合肥非现役消防力量主要以企业专职消防队为主，少量群众性义务消防队为辅。1990年以后，全市企事业专职消防队、义务消防队在发展中有起伏。至2007年，合肥多种形式消防队伍建设有了一定的发展并逐步得到加强，一支以公安消防部队为主要力量，以专职消防队伍、义务消防队伍等多形式消防力量为补充的社会消防体系初步形成。

1990年，消防支队举办“纺织杯”消防业务竞赛，全市24支企业专职消防队全部参加。比赛历时7天，13人、3个项目打破省级记录。

1992年，支队对83个防火重点单位的义务消防队进行组织建设和业务训练，对1538名义务消防队员进行技能培训。是年，全市工业企业发生的173起火警和初起火灾，都是由义务消防队及时扑救和扑灭的。

进入21世纪，为适应市场竞争，有的企业进行改制重组，有的企业实施关、停、并、转，导致企业消防力量严重衰减。2005年调查数据显示，全市仅有企事业专职消防队23支，真正有战斗力的不足50%，而且还有下滑的趋势。

2005～2007年，依据公安部多次召开的消防队伍建设现场会、推进会和座谈会精神，合肥市政府将多种形式的消防队伍建设作为“政府工程”“民心工程”强力推动实施，并写入“十一五”消防工作规划。

2006年，市消防支队根据《合肥市国民经济和社会发展第十一个五年规划纲要》和国务院《关于进一步加强消防工作的意见》，提请市政府办公厅出台《关于加强多种形式消防队伍建设的意见》。

2007年，市政府专题下文，为市本级增加100名政府专职消防队伍编制。消防支队制定合同制消防员招聘、管理、经费保障及其相关待遇的具体实施办法，通过举办消防知识培训、业务指导等，不断提高专职消防队的灭火救援能力。6月，举办企事业专职消防队运动会，通过竞技检验，提高专职消防队伍的灭火救援能力，更好地发挥其在社会消防中的作用。

2008年，合肥市消防支队井岗中队、骆岗中队、星海中队、沱河中队4个合同制消防队正式投入执勤。消防支队先后聘用120名合同制消防员、20名文职雇员，有效缓解消防“警力不足”的矛盾。

2009年，消防支队出台《合肥市合同制消防队伍管理办法》，参照现役消防部队的条令条例、规章制度，首次对合同制消防队伍实行军事化管理。在此基础上，消防支队印发《合同制消防员业务训练与考核实施方案》，规范合同制消防队伍训练，合同制队伍建设水平进入稳步发展阶段。

2011年起，消防支队认真贯彻公安部座谈会精神，提出从“建、管、训、用、养”等五个方面发展多种形式消防队伍的思路、标准和目标要求,先后在部分乡镇组织试点,大力推进合同制消防队伍建设。

2014年2月14日,合肥市编制办公室专题发文,确定市本级合同制消防队伍人员编制数为277人;3月6日,市人社局发文批复,同意将合同制消防队员的工资及福利待遇标准从3.2万元/年/人提高到5.3万元/年/人;6月5日,市财政局追加专项预算资金544.15万元,总额达到1252.49万元,全部用于合同制消防队伍建设。

2015年,消防支队出台《合肥市公安消防支队合同制消防员招收管理办法(试行)》,紧扣"招、建、管、训、用、责"六大环节,明确各部门职责、合同制消防员的范围界定、建设标准、人员招收、队伍管理、工资及福利待遇、关系解除等事项,着力解决全市政府专职消防队伍建设的现实需求,为长远发展提供有力的政策支撑。同时,修订《政府专职消防队伍建设管理规定》,首次对合同制消防队员进行分级管理,按照工作时间、岗位等级的不同,设定初级、中级、高级三个岗位等级,结构比例控制在45%、35%、20%;划分五个工资层级,定期开展考核、评审、晋级,拉开档次和级别,打破原来的"干好干坏一个样"的"大锅饭"局面,以此调动全体专职消防队员的工作积极性。

2016年,消防支队开展乡镇专职消防队示范点建设,按照《乡镇消防队标准》,确定建立2个一、二级乡镇专职消防队示范点。是年,合肥市政府批复,将市本级合同制消防队伍人员编制数增加至419人,合同制消防队员的工资及福利待遇标准,提高到7.2万元/年/人,位居全国前列。

截至2016年年底,全市设有2个市属区政府专职消防中队,有专职消防员416人(队员241、文员115、驾驶员17、厨师43人)。19个乡镇政府专职消防队,35个乡镇志愿消防队,335个村(社区)志愿消防队。乡镇政府专职消防员270人,义务消防员1430人。

消防协会

1992年,合肥市消防协会成立,第一届第一次会员代表大会通过《合肥市消防协会章程》,选举产生首届会长、副会长、秘书长、常务理事、理事及普通会员单位,明确协会会长、秘书长、常务理事等工作职责;建立会议制度(每周一次工作例会,每季度一次会长办公会,每半年一次常务理事会,每年一次理事会)、安全管理制度、财务管理制度、车辆管理制度等;按照法律、法规和协会章程,开展消防学术交流和消防安全宣传教育活动,推广先进消防技术,规范消防产品生产、销售和消防技术服务行为,指导、督促会员单位提高产品和服务质量。充分发挥提供服务、反映诉求、规范行为的作用。

协会积极配合行政部门创办消防科普教育基地。2006年6月,消防支队在特勤二中队建成了合肥市消防教育馆;2009年,消防教育馆被国家科技部、公安部消防局、中国消防协会授予首批"全国消防科普教育基地"。

第二节　灭火救援

队伍管理

1990 年，消防支队根据武警总部部署，开展作风纪律整顿教育活动，重点学习和贯彻《共同条令》，提高官兵遵守条令的自觉性，官兵的警容警貌、部队的作风有较大改观。

1993 年，根据中央军委 3 号、6 号文件精神，消防支队加大部队管理工作力度，制定“九条禁令”和消防官兵廉政建设“十不准”等规章制度，从净化营区入手，对部队实行封闭式管理。

1994 年，针对新时期管理教育面临的新情况、新问题，依据全国消防部队基层建设工作会议和武警总部《关于加强部队管理教育工作的决定》精神，消防支队在基层中队开展学习贯彻“共同条令”的试点工作，对照“共同条令”和《军队基层建设纲要》，建立健全《兵员管理规定》《战士请假销假制度》等规章制度，着力规范部队管理教育的各项工作秩序，提高各级官兵遵纪守法、服从管理、爱警习武的自觉性，形成机关按“纲要”指导基层，基层按“纲要”建队的工作格局。同时，开展以预防车辆事故和警民纠纷为主要内容的保安全防事故工作，出台《支队值班员制度》《车辆调派制度》等 6 项制度，定期开展安全教育，签订安全责任书，有效遏制各类安全事故的发生，使安全管理工作走上制度化轨道。

1996 年，消防支队开展“首届条令条例知识和队列会操竞赛”。在国家实行“双休日”作息制度后，要求基层中队星期六安排活车试水、器材保养、整理环境内务卫生以及文体活动，做到管理不松、作风不散。

1997 年，根据中央军委《军队基层预防犯罪工作暂行规定》《关于在公安现役部队集中进行作风纪律教育整顿的通知》，消防支队成立政法领导小组，开展作风纪律教育整顿，布置 14 项整顿内容，提出 9 条整顿要求，把机关及机关干部作为整顿的重点，推动部队教育和管理上新台阶。

1998 年上半年，全市消防部队层层举办《共同条令》集训班，开展新条令理论学习、队列会操和内务设置检查考评活动。并以“四个秩序”为重点，狠抓作风养成教育，基本实现部队警容严整、纪律严明、作风优良、秩序正规、内外团结、步调一致的目标，部队的凝聚力和战斗力得到进一步增强。

2000 年，加大“从严治警”力度，推进部队正规化建设。先后修订《合肥市消防部队机关、基层正规化管理规定（试行）》《预防行政责任事故暂行规定》《合肥市消防部队正规化管理评定标准》《士官管理规定》等 16 项规章制度，并统一印制《中队要事日记》《队务会记录本》和《正规化建设和管理职责制度汇编》等 23 种表、簿、册，促进部队正规化管理。

2003 年，消防支队重点贯彻公安部“五条禁令”和公安消防部队“六个严禁”，统一印制成卡片，要求官兵随身携带。同时，各单位领导与干部、干部与战士层层签订责任书，并将责任书落实情况列为督察工作的重要内容，确保“五条禁令”和“六个严禁”落实到位。

2004年4月29日起,消防支队深入贯彻落实公安部消防局访察通报精神,开展专项教育整顿活动。对部队管理、执勤备战、官兵应知应会、内务设置等各方面情况进行拉网式清查,找准存在问题,深刻剖析,查找症结,举一反三,提出切实可行的整改措施。

2005年5月,消防支队开展为期一个月的部队安全管理专项治理行动,制定完善《合肥市公安消防部队安全工作规定》《支队机关车辆使用管理办法》等10项规章制度,使部队管理进一步制度化、正规化、规范化。此后,消防支队每季度召开一次形势分析会,每月对机关和基层单位进行一次安全检查,并定期对全市消防部队所发生的事故进行"回头看",逐条清理,对责任进行倒查。

2006年,消防支队先后开展条令条例学习月、"三无"竞赛、纪律作风教育整顿、"百日安全会战"、规范警用车辆及警灯警报器管理使用专项整治活动,针对部队管理工作的薄弱环节,集中时间、瞄准问题,狠抓责任机制的落实。

2006年至2007年,消防支队贯彻全省消防部队"三基"工程建设现场会精神,在全部队开展正规化建设。先后出台《落实部队正规化管理工作暂行规定》,对内务设置、执勤战备等各个方面加以规范;投入大量资金,对基层单位的营房、营具和办公设施进行更新和改造;统一规范支队机关、中队的表、簿、册、卡,建立健全各项规章制度,保证正规化管理有章可循。

2008年,芜湖勤务实战化、队伍正规化"两化"现场会召开后,消防支队确定肥东、蜀山两个大队为试点,探索建立合肥市消防正规化执勤、训练、工作和生活秩序。

2010年起,消防支队持续开展新《共同条令》宣传贯彻,举办条令条例学习月活动和队列会操比赛,建立安全防事故工作"一票否决"机制,确保部队安全稳定。

2012年至2014年,消防支队启动第二轮正规化建设工作,召开正规化建设现场会,编发《合肥市消防部队正规化建设制度汇编》,出台和修订《机关正规化管理暂行规定》《行政车辆使用管理暂行规定》《干部绩效考评实施办法》《士官量化考评暂行规定》《官兵婚恋管理暂行规定》等35项规章制度,基层大、中队正规化建设达标率100%。

2015～2016年,消防支队在全部队开展新一轮的正规化建设达标工作。6月,在肥东县中队召开正规化建设试点工作会议,确定支队机关和基层中队建设的软硬件标准,此后在全部队推广,不断推进部队正规化建设和管理。

日常训练

1990年初,消防支队围绕《公安消防队执勤条令》和《公安消防队灭火战斗条令》,出台贯彻落实的具体意见,在各中队健全执勤备战、灭火战斗和一日生活管理等15项制度,建立执勤登记簿、火警登记簿、车泵登记卡、车辆维修登记簿、交通水源手册、考勤登记簿等21种表、簿、册。同时,修订和完善各项管理制度,建立健全部队灭火救援的正规秩序。

10月,全市消防部队实行消防战斗员等级训练制度,区别班长、副班长、各战斗员以及担任供水任务的人员等四类岗位,划分三、二、一3个级别,开展战斗员等级训练。自此,消防部队训练工作不断正规化、多样化,并逐步以强化基本功训练为核心,将训练重点向适应性、应用性训练转移。是年,在安徽省第四届消防运动会中,合肥市公安消防、企业消防两支代表队取得10个单项第一,双双荣获团体总分第一名,并获得大会组织优胜奖。

1991年起，支队将日常训练项目由原22项扩展至32项，新增防毒保护、破拆等训练项目。消防支队开通14对“119”火警电话和5对火警专用线。市区6个中队均能及时分区受理火警电话，缩短受理火警时间。是年，全市各级消防部队有无线电台主机1台，无线通信基地台5台，车载台9台，手持台67台，基本建成无线通信二级网络。

1992～1995年，安徽省举办四届“省直辖市消防特勤业务比赛”，合肥消防支队连续4年获得团体总分第一名，有2人打破两项运动会纪录。

1995年起，支队将消防工作“五熟悉”增加为“六熟悉”，新增单位内部消防设施设备熟悉项目。

1996年1月，消防支队结合《公安消防部队执勤业务训练大纲》，制定出台具体实施意见，贯彻按纲施训、科技兴训，从实战需要出发、从难从严训练的方针，遵循训战一致、科学练兵、注重效益、保证质量的原则，不断探索训练新方法、改革组训模式，提高部队灭火救援能力。同时，支队投入数百万元，完善训练设施设备，逐步建成标准体育场、化工模拟训练装置、热烟训练室、深井训练装置、标准练习塔、消防培训中心等，保证全市消防部队业务训练工作的正常开展。

整个20世纪90年代，消防支队贯彻执行新的战备等级，通过夜查、巡查、不定时点名等方法，不断加强执勤备战工作。中队实行24小时全勤值班，人员安排轮休，保障高效接处警情。

进入21世纪，消防支队在全部队开展轰轰烈烈的“大练兵”活动，按岗位、分类别、分级别强化岗位练兵，在各级各类比武竞赛、岗位练兵中取得优异成绩。有3个大队和4个中队被评为全国消防部队执勤岗位练兵先进单位，有1人被评为全国消防部队执勤岗位练兵“十佳基层优秀指挥员”，有2人被评为全国消防部队执勤岗位练兵“十佳训练标兵”。

2000年，合肥市投入300多万元，建成200平方米的119消防指挥中心，设置主叫号码显示、集中接警、高空瞭望系统、GPS卫星定位和350兆无线三级网，接处警效率不断提高。支队通过培训主官、召开现场会，组织干部认真学习《公安消防部队执勤条令》《军队参加抢险救灾条例》等方式，建立健全支队、大队、中队指挥体系，制定《消防支队、大队火警值班及灭火救援组织指挥暂行规定》《支队机关战备值班规定》，着力加强人员业务技能，全力做好执勤备战工作。

是年9月15～19日，消防支队举办首届消防运动会，进行六个项目竞赛。此后，每年举办一届运动会。截至2016年，累计举办16届消防运动会。

2002年，消防支队协助市政府完成《合肥市重特大火灾事故专项应急预案》消防子预案的制订和修订，并成功开展跨区域应急救援消防力量集结演练。对辖区交通道路和水源，每周不少于两次熟悉检查，每年五一、十一、元旦、春节四大节日前，组织重点单位开展实战演练，对辖区重点单位消防工作做到底数清、情况明。

2004年，消防支队按照新制定的《公安消防部队灭火救援业务训练大纲(试行)》，结合合肥实际情况，相继制订并下达53个应用性训练课目。突出警官训练、士兵训练、特勤训练和合成训练，规定各级部队全年训练时间不得少于150天，企业事业单位专职消防队全年训练时间不得少于120天。同时，每年培训一次各级指挥员，进行危化品泄漏、重大交通事故、建筑物倒塌、爆炸、地震、恐怖袭击等灾害事故的处置程序和方法的训练，以此提高部队抢险救援的技术水平和能力。

2006 年，消防支队首次启用网上练兵业务系统，贯彻新的《公安消防部队灭火救援业务训练大纲》《公安消防部队执勤战斗条令》，立足新采购的卢森保亚登高车、高喷车、军事毒剂侦检仪、音频生命探测仪、视频生命探测仪、便携式万象切割器等器材装备，制定《重点单位手册》《"五知一能"和"六熟悉"应知应会手册》，在全部队首次开展"六熟悉""五知一能"训练，不断提高业务训练的实战化水平。

2008 年，消防支队以特勤大队为基础，组建一支 150 人的"省地震灾害紧急救援队"。

2009 年，新《消防法》修订后，消防支队围绕增加的 22 项应急救援职责，全面部署开展打造消防铁军工程，狠抓练兵考核和灭火演练，突出操法创新和编程训练，参与总队打造铁军灭火实战演练，着力夯实灭火救援基点。9 月，公安部消防局高层领导对支队处置公众聚集场所、地下建筑灭火救援准备、战训工作和信息化建设等进行专项检查，并给予高度评价。

2011 年编制调整后，支队立足合肥实际，坚持"以考促训、以训促战"的方针，将整个练兵活动分为冬训、春节运动会、应用操法比赛、年终对抗赛四个阶段进行，确保经常性训练和全员化参训，不断提升部队训练水平。是年，消防支队投入 400 多万元建设新的通信指挥系统，并在 2012 年组建短波电台通信网和卫星电话通信网，提高消防作战的科技含量。

2013 年，消防支队出台《关于进一步加强战训工作的决定》，从组织领导、考核长效机制、全勤指挥部建设、人才配备使用、奖惩力度五个方面，提出固本强基、优化指挥、提升战力的"十二项规定"，牢固树立战训工作的重要地位。

2015 年，消防支队与 38 所合作研发北斗导航系统消防应用子项目，筹建基于北斗导航系统的消防指挥网络。

2016 年，消防支队立足市情，贴近实战，牢牢把握"可复制、易推广、能形成战斗力"的工作理念，边建设边运行、边运行边完善，全力推进微型消防站建设，探索创新联勤联训新模式，累计成功培育全市 120 个社区、890 家重点单位建成微型消防站，配备消防员 3000 余人、各类消防装备 10000 余件(套)，实行统一指挥、统一训练，同时给予装备器材、信息通讯、管理机制等方面的实物和智力支持，保证微型消防站战斗力。其中，明光路街道、安利集团、罍街等试点最为典型。9 月 22 日，全省微型消防站联勤联训现场会在合肥成功举办。

2015～2016 年，消防支队首次制定营以下干部晋职体能考核标准，坚持干部提前晋升必须体能过关，坚持每月发放战训岗位特殊补贴，着力培养、选拔和保留战训骨干人才。

扑救火灾

1991 年 4 月 15 日零时 40 分，合肥市省交通厅俱乐部发生火灾。支队迅速调集 24 辆消防车、200 余名官兵赶赴火场救火。火灾过火面积为 1067.5 平方米，烧死 2 人、伤 3 人，直接财产损失 30 余万元。

1996 年 1 月 16 日 4 时 59 分，位于市区金寨路 431 号的台湾独资企业哈罗快餐厅发生火灾。5 个中队、200 余名官兵先后赶到现场救火，成功营救 2 名被困人员。此起火灾造成2人死亡、1人受伤，直接财产损失88.75万元。

2000年10月28日下午5时57分，市西河新村4号楼1楼发生爆炸。支队调集5个中队、200余名官兵赶赴现场施救。此次事故造成10人死亡、10人受伤。

2005年4月25日18时53分，林店村一酒精厂发生爆炸。支队先后调集7个中队、20辆消防车投入战斗，于21时许彻底扑灭大火。火灾造成1人死亡、6人受伤。

2006年7月3日19时17分，位于界首路的安徽物资储备站05仓库突发火灾。支队迅速调集5个中队、17辆消防车、140余名官兵赶赴火场救火。20时47分，在省总队、市公安局各级领导的指挥下，大火被扑灭。

2008年1月中旬，合肥市同全国大部分地区一样，发生冰冻自然灾害。消防支队官兵战严寒、锄冰雪，圆满完成抗雪救灾任务。5月，四川省汶川发生大地震，支队集结54名官兵赶赴汶川地震灾区救援，搜救出27名被困人员，疏散转移群众300多名。是年9月3日15时19分，位于阜阳北路的庐阳区杏林街道望城店第一工业区5号厂房发生火灾，支队先后调集6个中队、23辆消防车、200余名官兵赶赴火场救火。17时许，大火被扑灭。

2009年11月17日20时许，市内最大的“菜篮子”周谷堆批发市场干货区突发大火。支队迅速调集10个中队、28辆消防车、240余名官兵赶赴现场，历经3个多小时的苦战，基本控制住火势。至18日6时许，残火被全部扑灭。此起火灾过火面积约1500平方米，无人员伤亡。

2010年4月13日3时30分，长丰县吴山镇固体废物处置有限公司暂存库车间发生火灾，过火面积约1200平方米。支队先后调集6个中队、12台消防车、近百名消防官兵参与灭火。经过近6小时的扑救，大火被扑灭。

2011年7月25日凌晨2时许，位于肥东县元疃镇工业园区内的优而特家具厂发生火灾，过火面积近3000平方米。支队先后调集5个中队、10台消防车、98名消防官兵参与灭火。经过近3小时的扑救，大火被扑灭。

2012年7月26日和12月28日，蚌埠市八一化工厂连续2次突然爆炸起火。支队前后调集12个中队、20台消防车、152名官兵火速驰援，在芜湖、淮南等支队的配合下成功将火灾扑灭。

2013年6月28日9时许，位于合肥市丹霞路的安徽江淮汽车厂车间突发大火。支队先后调集8个中队、12台消防车、120名官兵参战，将大火成功扑灭。8月15日23时7分，巢湖市皖维集团大维分厂发生火灾，过火面积约3000平方米，危及厂内上亿元资产。支队先后调集16个中队、23台消防车、143名官兵参战，历经18个小时的连续奋战，终将大火成功扑灭。

2014年1月3日，位于经济技术开发区的美的集团冰箱工业园内一厂房发生火灾。支队先后调集15个中队、44台消防车、145名官兵参战，历经5个多小时的连续奋战，终将大火成功扑灭。10月15日19时32分许，合肥市绿园小区地下仓库发生火灾。支队先后调集18个中队、40台消防车、285名官兵参战，历经44个小时的持续战斗，成功将火灾扑灭，未造成人员伤亡。

2015年8月20日12时29分，位于合肥市派河路与上派路交口的国风涂料厂仓库发生火灾，过火面积约1000平方米。支队先后调集10个中队、21台消防车、125名官兵参战,成功扑灭火灾。

2016 年 7 月 13 日早晨 7 时许,合肥市东二十埠原美菱工业园仓库区发生大火,多处仓库被大火吞噬,10 多家商户受损。支队先后调集 5 个中队、11 台消防车、93 名官兵参战,历经 2 个多小时的连续奋战,成功扑灭大火。10 月 19 日晚 9 时许,位于经开区锦绣大道与合掌路交口的合肥安诺管业厂区内一处厂房突发大火,过火面积超过 1000 平方米。支队先后调集 6 个中队、12 台消防车、105 名官兵参战,成功扑灭火灾,无人员伤亡。

全市消防部队参与抢险救援、社会救助、为群众排忧解难,从 1999 年的 11 起增加到 2016 年的 7600 余起。市消防支队先后制订取钥匙、取蜂窝、解救自杀群众、救助动物等 12 个方面的处置程序,建成 1 个高层专业救援队,1 个危险化学品专业救援队,2 个轻型、重型地震救援队,组建全省第一支搜救犬队伍以及一星级铁军中队 9 个、二星级铁军中队 3 个、灭火攻坚组 19 个、抢险救援攻坚组 15 个、化学抢险攻坚组 1 个。初步形成了现代化条件下社会抢险救援新的战斗力。

1990～2016 年合肥市消防部队接处警数据一览表

表 14－1

年份	出动次数（次/起）	出动官兵（人/次）	出动车辆（台/次）	疏散抢险群众(人)
1990	107	3985	486	22
1991	115	4192	525	52
1992	314	8124	1028	18
1993	145	4567	598	23
1994	458	4268	714	46
1995	505	9310	832	62
1996	423	4315	758	51
1997	385	3752	650	43
1998	1052	13558	2350	235
1999	733	10852	1984	175
2000	694	9782	1865	147
2001	822	4108	2316	155
2002	1305	15426	2654	1324
2003	1890	21585	3190	2017
2004	1939	25768	3216	4525
2005	2116	27523	3454	3516
2006	2180	27904	3488	536

续表 14－1

年份	出动次数（次/起）	出动官兵（人/次）	出动车辆（台/次）	疏散抢险群众（人）
2007	1581	17869	3216	1559
2008	3712	46073	6847	805
2009	3799	42852	5486	2556
2010	3962	43992	5809	3529
2011	5035	54980	7319	4093
2012	5510	56077	7474	4116
2013	7593	76114	9669	3634
2014	7959	76821	10537	4217
2015	9897	86142	12453	5871
2016	9621	87614	13240	6087

火灾调查统计

20 世纪 90 年代，根据国务院办公厅转发公安部《关于当前火灾和进一步加强消防工作意见的报告》，消防支队加强对重大、特大火灾事故的原因调查，查清一大批重大火灾。

2001 年，消防支队下发《关于加强火灾事故调查工作的通知》，要求火灾调查人员严格执行火灾现场勘察程序规定，科学地实施勘察；严格执行火灾统计程序，保障统计资料的准确性和及时性；严格查处火灾事故责任者；同时确保一般火灾查清率不低于 80%，重特大火灾查清率力争达到 100%，进一步规范了火灾调查工作。

2004 年 11 月，经市人民政府批准同意，消防支队成立有 18 人的火调专家咨询组，制定《合肥市火灾事故调查专家咨询组管理办法》。火灾调查专家工作制建立以后，每年发生在汽车、化工、电气行业疑难火灾中，都会聘请专家指导调查，确保调查结论的权威性。

2005 年 6 月，消防支队下发《关于加强和改进火灾事故调查工作的决定》，建立火灾调查区域协作机制，即在典型和疑难火灾调查时，抽调起火地周边支队、大队火灾事故调查人员参与调查，既整合了火灾事故调查的人力资源，又丰富了火灾事故调查的经验。

2006 年起，消防支队通过狠抓火灾事故调查干部培养、完善火灾事故调查工作机制、改善火灾调查技术装备，成功调查认定了大量重特大火灾事故和疑难火灾事故。同时，各级部队多方筹措资金，积极购置或更换火场勘验和个人防护设备，火灾事故调查装备逐年改善。至 2015 年，全市各大队均配备照相机、摄像机等常规器材以及专用勘查箱等设备，调查取证技术含量明显提高。

火灾统计是公安业务统计的重要内容之一。合肥市公安机关消防部门认真执行国家有关火灾统计的规定，按照各个时期的统计标准做好全市火灾统计工作。

1990 年 1 月 1 日起，火灾统计标准再次调整。凡是在时间或空间上失去控制，需要扑救的燃烧现象,不论损失大小,都列入火灾统计范围。火灾统计分为3类:1.死亡10人以上;重伤20人以上;死亡重伤20人以上;受灾50户以上;烧毁财物损失50万元以上为特大火灾。2.死亡3人以上;重伤10人以上;死亡、重伤10人以上;受灾30户以上;烧毁财物损失5万元以上为重大火灾。3.不具备前两项情形的燃烧事故为一般火灾。火灾损失分直接经济损失和间接经济损失两项。

1997年1月1日,火灾统计标准部分修改。将烧毁财务损物100万元以上的定为特大火灾,烧毁财物30万元以上、100万元以下定为重大火灾,间接经济损失不计算统计。

2007年6月1日,国家对火灾统计标准再次调整。分为4级:1.特别重大火灾指造成30人以上死亡,或者100人以上重伤,或者1亿元以上直接财产损失的火灾。2.重大火灾指造成10人以上30人以下死亡,或者50人以上100人以下重伤,或者5000万以上1亿元以下直接财产损失的火灾。3.较大火灾指造成3人以上10人以下死亡,或者10人以上50人以下重伤,或者1000万元以上5000万元以下直接财产损失的火灾。4.一般火灾指造成3人以下死亡,或者10人以下重伤,或者1000万元以下直接财产损失的火灾。(“以上”包括本数,“以下”不包括本数)

1990～2016年合肥市火灾情况统计表

表14-2

年份	起数(次)	死亡人数(人)	伤人数(人)	直接财产损失(万元)
1990	95	2	5	102.87
1991	128	5	10	156.67
1992	161	8	6	188.96
1993	131	2	3	123.52
1994	96	1	6	105.94
1995	455	4	4	1250.11
1996	392	0	2	876.35
1997	316	1	3	771.24
1998	304	2	6	739.47
1999	505	2	5	863.65
2000	627	8	2	2411.56
2001	374	3	3	165.28
2002	427	7	3	2929.25
2003	192	7	7	189.97
2004	347	2	2	341.19

续表 14－2

年份	起数(次)	死亡人数(人)	伤人数(人)	直接财产损失(万元)
2005	192	3	8	1824.01
2006	118	3	3	189.84
2007	1203	3	0	641.61
2008	1458	1	0	1317.6
2009	1394	7	3	716.78
2010	1251	4	0	553.84
2011	1318	1	0	672.84
2012	1277	7	6	673.06
2013	2967	4	2	2304.71
2014	2624	6	13	2747.55
2015	2904	9	14	795.21
2016	2506	4	0	784.39

第三节　消防监督

法制建设

1991 年,消防支队成立法制科,设有专门的法制人员从事法制建设和指导,并通过加强制度建设和法制培训,不断提高监督队伍的执法能力和法制水平,以适应服务地方经济建设的需要。

1992 年 8 月,市公安局、市城乡建设环境保护委员会联合颁布《合肥市建筑装饰装潢工程消防技术管理规定》,对新建、扩建、改建的建筑装饰工程的材料检测指标和工程设计、施工以及电气设备安装等提出具体要求,着力解决合肥市装饰工程激增、消防安全突出的问题。

1994 年,消防支队召开首次消防法制工作会议,制定 3 年内把合肥市消防工作纳入法制化轨道的目标。

1995 年,消防支队依据国务院颁布的《消防事业发展纲要》,提请市政府出台《合肥市消防发展规划》,明确市政消火栓建设、消防宣传培训等工作目标。

1998 年 1 月 1 日,合肥市颁布的《合肥市消防条例》,是合肥市也是安徽省消防历史上第一部地方性法规。《条例》7章、48条,明确公共消防设施的建设与维护、建筑工程防火安全管理、易燃易爆化学物品和消防产品安全管理、火灾预防与扑救以及法律责任等。依据《条例》规定,消防支队成立消防执法领导小组,各单位普遍建立消防法制员队伍,加强法制队伍建设。

1999年,公安部消防局颁发《消防监督检查规定》后,消防支队制定出台《合肥市消防监督执法管理制度》,对干部在监督执法工作中需要注意的程序、义务和责任进行具体的规范。同时要求严格执法程序、秉公办事、敢于监督。此制度在2004年和2006年分别予以修订完善,以不断适应消防监督工作的需要。

2001年,市公安局出台《公安派出所消防管理规定》,在全省率先实行消防三级管理制度,开展派出所消防工作考核,把履行消防监督职责纳入派出所基层基础工作的重要内容之一。市公安局、各分局相继将派出所消防工作纳入年度工作考核范围,推动派出所消防工作制度不断健全。

2002年10~12月,对《合肥市消防条例》进行第一次修订,修订后的《合肥市消防条例》6章、39条,涵盖公共消防设施的建设与维护、建筑工程消防安全管理、火灾预防与扑救以及法律责任等。

2004年,消防支队开展"3个内部执法规定"的宣传贯彻工作,蜀山消防科作为全省消防部队规范工作先进典型,多次迎接省内消防部队的参观学习。

2008年,按照公安部消防局的工作部署,消防支队开展执法规范化建设,出台消防执法责任、执法制约等5项机制及34项工作制度,推行使用"消防监督业务信息系统",实行网上执法。

2011年,消防支队建立执法质量考核考评机制,制定7个方面43项制度,编印《消防执法规范化建设制度汇编》《合肥市消防行政执法示范卷》,出台《合肥市消防行政法律文书审批程序规定》,制定《单位执法档案》《消防监督干部个人执法档案》式样,启用《消防行政执法卷宗质量审核记录表》,着力提升监督执法水平。2012~2016年,支队连续4年获得全省消防部队执法质量考评第一名。

2012年2~4月,合肥市对《合肥市消防条例》进行第二次修订,并于6月1日颁布实施。修订后的《合肥市消防条例》7章、59条,涵盖消防安全职责、火灾预防、消防组织、灭火救援以及法律责任等。

防火宣传

1990年11月9日,市防火安全委员会根据冬季火灾高发形势,开展首届119宣传活动,散发传单,展出各类消防展板。此后,每年开展119宣传活动,形式不断创新,规模不断变大,从最初的"119宣传日",逐渐演变成"119宣传周""119宣传月"。

1991年,合肥地区遭受特大洪水侵袭,部分灾民临时安置在堤坝庵棚内,火灾隐患严重。消防支队成立多支宣传小组,将《庵棚防火须知》等宣传资料发到灾民手中,筑牢灾民思想上的防火墙,为灾民生活自救、重建家园、预防次生灾害提供消防服务。

1996年"119宣传日"当天,消防支队组织17个中央驻肥及省市新闻单位的36名记者跟踪采访,及时报道,采发消防稿件56篇,《人民日报》连续3次报道合肥市消防工作情况，取得良好的社会效果。是年，合肥市先后被评为全省消防宣传先进单位、消防好新闻竞赛优秀组织单位，获得“119”消防宣传二等奖。

1998年“119宣传周”活动期间，消防支队利用沿街电子广告屏幕和电视台开展消防宣传。全市设置宣传站(点)1300个，宣传展板7800块，悬挂大幅标语5万余幅，散发宣传资料40余万份。

自2000年起，消防支队每年都开展“119宣传月”活动，人员、规模不断扩大，形式内容不断创新。活动期间，各级政府领导带头参与消防宣传。

2001年6月，消防支队首次在全市范围内公开举行消防站开放活动。全市所有消防站集中对外开放，接待群众2万余人，提高了市民的消防意识，推动了消防工作社会化。

2004年起，消防支队深入开展消防宣传进企业、进社区、进学校、进农村为主题的“四进”活动。市防委会在庐阳区大杨镇召开全市消防宣传“四进”活动现场会，深入推进消防宣传工作。11月，消防支队与市公交总公司举办首届“公交杯”消防运动会，此后每2年举办一次，截至2016年底，已举办七届“公交杯”消防运动会。

2006年8月份，消防支队专门成立安徽省电视台《第一时间》消防记者站，及时向社会宣传报道消防工作，曝光火灾隐患。

2007年，按照公安部消防局的工作部署，消防支队将消防宣传“四进”活动升为“五进”活动，以进社区、进学校、进企业、进农村、进家庭为主题，积极向广大群众开展消防安全知识宣传教育活动，提高全民消防安全意识。2015年，再次提升为消防宣传“七进”活动，以进机关、进学校、进社区、进企业、进农村、进家庭、进网站为主题。

2008年，消防支队专门成立宣教中心，确定5名人员专职负责消防宣传，在省市媒体开设6个专题专栏，播发新闻稿件680多件，并成立奥运女子消防宣传队。同时，充分利用户外广告、公交移动电视、商店电子屏幕等手段，掀起消防宣传教育高潮，先后在滨湖新区、金寨路高架桥等显著位置悬挂消防宣传广告牌60余块。

2009年4月，消防支队与安徽电视台经济生活频道《第一时间》栏目联合制作《谢警官说消防》9期消防知识专题片。9月，与安徽人民广播电台交通广播、安徽电视台公共频道和安徽省消防总队共同主办全民体验式消防竞技类节目《火警大冲关》。同时，专门制作防火教育专题片，作为酒吧、KTV等歌舞娱乐场所的开机视频，此举为安徽省内首创。

2011年4月，消防支队与《江淮晨报》推出警民互动活动“我当一天消防兵”；5月31日，消防支队在蜀山区举办“关注消防，共享平安”大型消防文艺晚会；6月，消防支队联合安徽新兴格力空调销售有限公司举办“格力杯”消防安全知识有奖竞赛。是年，新站区消防大队投入150多万元，购置一台多功能消防宣传车，是当时全省唯一的一台消防宣传专用车辆。

2013年，消防支队首次开通新浪官方微博“119—合肥消防在线”，先后发布消防安全提示400余条，提升消防网络影响力。同时，在合肥八中进行试点，率先在全省推出“消防必修课”，将消防安全教育纳入校园学分制。

2014年6月，《人民公安报·消防周刊》分别在6月2日的头版头条和6月13日的整版报道合肥消防先进事迹，合肥消防在全国知名度不断提高。

2013年至2015年，消防支队启动万人消防培训活动，每年对基层乡镇、街道的分管领导、安办主任、专职消防人员进行轮训。同时将培训工作向农村、社区相关管理人员延伸、覆盖,进一步夯实社区、农村消防管理工作基础。各级政府也将消防法规和消防知识纳入对党政领导干部、公务员的晋职培训中,有关职能部门均建立消防知识定期培训制度。至2015年底,消防支队先后为1.8余万人进行消防知识培训,组织6000余名市民参加消防志愿者活动,在各类场所悬挂消防标语条幅1.5万余条,群发公益短信20余万条,发放宣传单40余万份。

2015年,消防支队首次开通合肥消防官方微信,开展线上线下互动体验活动,进一步扩大消防宣传面。截至2016年底,吸纳9万余人关注合肥消防在线微博、微信公众号,总阅读量达75万,位居全国同类消防节目前列。

2016年11月,消防支队联合市燃气集团公司签订战略合作协议,率先在全国开展"百万家庭学消防"大型主题宣传活动,并拍摄《百万家庭学消防,平安就在您身边》宣传片,进一步延伸消防宣传的触角。自此,全市所有燃气抄表员利用入户服务机会,将各类消防宣传制品送进千家万户。截至2016年年底,发放100余万份消防宣传资料。

监督管理

1990年,市政府下发文件,要求各区县政府和企事业单位全面落实消防工作法人代表负责制。据统计,全市98个一、二级消防重点管理单位全部落实了以法人代表为主体的防火负责制,一般单位也落实了95%。3月,消防支队提请市政府制定市一级消防安全重点单位《十条标准》、重点部位《九条标准》和二级管理单位《十条标准》。据此,全市确定一级重点单位17家、二级重点单位141家、三级重点单位786家。重点单位的确认,由公安机关逐级审核批准后行文公布。是年5月,市政府恢复合肥市防火安全委员会,负责组织、领导和协调全市的消防工作。

1990～1996年,全市各级防委会与各企事业单位法人代表签订消防责任书,并开展消防知识专项培训17期,培训人员1573人。

1998年1月1日,《合肥市消防条例》经省、市人大批准通过,正式实施,成为安徽省第一部消防地方法规。是年,市政府在全省率先制定并实施《消防安全目标管理责任书》考核制度,每年年底对各级政府落实《消防安全目标管理责任书》情况进行检查考评,并召开会议总结表彰。各县、区和市消防安全重点单位纷纷与所属街道、乡镇乃至车间、班组签订责任书,建立健全和落实防火责任制度,使消防工作层层明确责任、上下形成网络。

1999年,市防火安全委员会制定下发《关于印发开展消防安全标准化管理达标示范活动方案的通知》,要求各重点单位落实消防安全主体责任,规范消防管理行为,提高消防管理水平。各区县教育、商贸、文化广电、旅游、人防部门各抽调1人与当地公安消防部门(不少于2人)组成达标验收小组,共同对本地区试点单位标准化管理达标情况进行验收,分别按成绩评选"示范单位""达标单位""不达标单位"。

进入21世纪,消防支队狠抓消防管理责任制的落实,按照"谁主管、谁负责"的原则,层层落实消防安全责任制。在各级领导班子换届选举后,及时报请市政府领导与各区(市)县和市级主管局系统签订《消防安全目标责任书》,不断完善各级消防安全法人代表负责制。

2001年11月，公安部颁布《机关、团体、企业、事业单位消防安全管理规定》（简称《规定》）后，市公安局发布《合肥市消防安全重点单位界定标准》，对全市消防安全重点单位重新调整，分为三级，即由支队直接监督管理的市级重点单位137个，由区县大队负责监督管理的二级重点单位1295个，由派出所负责监督管理的三级重点单位4536个。根据公安部要求，从2003年起，每年对消防安全重点单位进行一次调整。

2006年，市政府多次召开会议，专题研究贯彻落实《国务院关于进一步加强消防工作的意见》《安徽省人民政府关于进一步加强消防工作的通知》的具体举措，要求市规划局、国土局、建委、财政局相互配合，落实全市消防站增建和灭火救援指挥中心的建设计划，加快城市消防站的建设步伐。

2010年，消防支队在全省首次开展社会单位消防安全“四个能力”建设，创新推出社会单位消防安全等级评定“4A”认证制度、人员密集场所标准化管理。全市各级政府和社会单位累计投入资金1.1亿元打造“四个能力”样板工程，有389家人员密集场所消防安全重点单位全部达标。3月29日，打造安徽消防安全“四个能力”建设创新做法全省现场会在合肥召开。是年，市政府首次建立年度目标评先消防工作“一票否决”制度，规定凡是消防工作考核排名靠后的单位，一律取消评先评优资格。

2012年，合肥市推行消防安全网格化管理、消防安全重点单位“户籍化”管理两项工程。市政府下发《关于在全市推行消防安全网格化管理的通知》《关于街道乡镇实施消防安全网格化管理的意见》，消防支队联合中国电子集团第三十八研究所研制开发消防安全网格化管理平台系统，建立完整的三级网格结构和层次，层层落实责任，实行网上督察和考核；各乡镇、街道都设立消防工作办公室，确定1至2名消防专兼职管理人员，负责经常性防火检查和宣传教育；所有社区都成立群众性消防安全志愿组织和消防宣传队，建立消防安全自我检查、自我宣传、自我管理的群防群治工作体系。庐阳区大杨镇等15个社区（行政村）配备21辆消防巡逻车、160辆电瓶消防车，为590个社区（行政村）和2300余家沿街小场所配置消防灭火器材万余套；高新区天乐社区、包河区沁园社居委等32个社区（行政村），依托电子火灾模拟系统、家庭模拟灭火装置、网格化管理触屏等系统，建立消防体验中心。截至2013年年底，共建成“大网格”142个、“中网格”1682个、“小网格”7026个，形成街道乡镇抓“面”、行政村社区抓“片”、行业巡防抓“线”、派出所抓“点”的管理模式，初步实现“全覆盖、无盲区”的管理目标。

开展消防安全重点单位“户籍化”管理工作，对重点单位实行“红、黄、绿”三色预警动态监管（红色表示单位消防安全管理“差”，黄色表示“一般”，绿色表示“好”），推动单位进一步落实消防安全主体责任，提升消防安全“四个能力”，实现重点单位“安全自查、隐患自除、责任自负”。截至2013年，全市2092家消防安全重点单位落实消防安全管理人履职、消防设施维护保养、消防安全自我评估等三项报告备案，建立“户籍化管理”档案，使消防重点单位日常消防管理走向信息化、精细化。

2013年，消防支队提请市政府出台《合肥市消防工作考核办法》，规定消防工作考核的形式、内容及结果运用等。年底，市政府组成4个考核组，对各县（市）、区政府和开发区管委会2013年度消防工作的完成情况和年度消防工作目标责任书的落实情况进行全面考核,并将考核结果通报市级组织人事部门,作为干部提拔使用的重要依据。

2014年,国务院首次开展消防工作考核。作为第一批迎考省份,合肥市代表安徽省迎接国务院消防工作考核组,并取得全国第4名的优异成绩。

2016年,消防支队协调市发改委将“智慧消防”建设纳入“智慧城市”建设范畴,联合中国电子集团第三十八研究所成功研发“智慧消防”系统并建立运营中心,逐步在全市所有消防安全重点单位进行安装运营,初步实现隐患报警、火灾预警和隐患查处的有机结合和联动。截至2016年年底,全市确定消防安全重点单位2904家,其中,支队列管重点单位262家,大队列管重点单位2642家。全市有火灾高危单位375家,人员密集场所1566家,公众聚集场所1162家,公共娱乐场所436家,易燃易爆危险品场所475家。

专项整治行动

1991年6月至7月,针对3月长淮电影院火灾、4月省交通厅俱乐部火灾暴露出的问题,消防支队召开火灾通报会,组织开展对200多家影剧院、酒吧、舞厅等公共娱乐场所的消防安全专项整治,督促整改涉及用火用电、安全疏散等方面的各类火灾隐患310条。

1994年,消防支队集中开展装饰工程和化学危险品的专项治理,对全市装饰工程企业进行资质审查发证,对120个装饰工程进行全面检查,督促整改隐患250多条,并会同劳动局等单位集中检查液化气灌装站点。

1995年1月,市政府颁布实施《合肥市文化娱乐场所消防安全管理规定》,消防支队集中开展为期1个月的专项治理活动,查封存在严重消防问题的歌舞厅11家。

1996年,针对合肥市年初连续发生2起高层建筑火灾,消防支队开展22天的建筑消防设施专项治理,检查160个单位,其中高层建筑97栋,整改隐患653条。对检查中发现的问题,消防支队提请以市政府名义限期整改,集中解决城隍庙市场、新民服装厂等一批重大隐患。

1998年5月,消防支队会同建设、财政、劳动等部门,对高层建筑、大型商场、公共娱乐场所、石油化工、大专院校等40个火灾危险性大的单位进行检查,开展易燃易爆场所和“三合一”厂房消防安全专项治理活动,累计排查重大隐患252条,一般性火灾隐患7000多条,违章、违规建筑7处。

1999~2000年,根据国家六部委《关于开展对公众聚集场所安全疏散设施专项检查的通知》要求,消防支队提请市政府召开专题会议,部署对公众聚集场所消防安全进行全面、深入、彻底的大检查。截至2000年年底,检查公众聚集场所2780个,发现并整改安全疏散、消防设施等方面存在的隐患3991件。

2002年,根据国家11部委局《关于加强公众聚集场所消防安全专项治理的通知》,市政府制定《在全市范围内开展公众聚集场所消防安全专项治理的实施方案》,成立公众聚集场所消防安全专项治理督查领导小组,领导小组办公室设在消防支队,全面负责全市公众聚集场所专项整治工作。按照市政府“六个一律”的要求,支队制作《公众聚集场所消防安全专项治理基本情况统计总表》和《公众聚集场所消防安全专项治理基本情况分项统计表》,对全市公众聚集场所消防安全状况进行全面普查。

2003年4月,消防支队组织对2000年和2002年公共聚集场所专项治理后遗留下的

250 条火灾隐患,进行跟踪督促整改;7 月份,对人员密集场所的消防安全疏散通道、安全出口进行专项整治,检查人员密集场所 2104 个,发现和整改隐患 1089 个。

2004 年,密云"2·5"特大意外事故和吉林市"2·15"特大火灾事故后,消防支队联合治安、银行等部门对全市党政机关、金融系统、供电、供水、供气、通讯等关系国计民生的重点单位、要害部门开展安全大检查,从安全防范设施使用情况、消防设备、处置突发事件工作预案、值守情况等关键环节逐项检查,排除隐患。

2006 年,消防支队提请市政府首次在全市范围内开展重大火灾隐患挂牌督办工作,开展对重点火灾隐患单位的排查整改。年内,对全市 49 处火灾隐患单位实行区(县)政府挂牌督办。此后,重大火灾隐患政府挂牌督办工作形成长效机制,每年各级政府都挂牌督办重大火灾隐患单位。

2006~2007 年,消防支队连续 2 年对"三合一"建筑开展专项排查整治,对排查整治出的 35 处隐患,全部按时整改消除。按照国务院安全生产委员会《关于印发集中开展火灾隐患普查整治工作方案的通知》要求,联合安监、建设、工商、质检等部门在全市扎实开展为期 6 个月的火灾隐患排查整治。

2009 年 2 月 27 日,福建、湖北、北京等地连续发生公众聚集场所重特大火灾事故后,按照公安部要求,市政府下发《关于全面开展公众聚集场所、高层和地下建筑消防安全专项整治行动的通知》。各区县迅速成立组织机构和领导小组,普遍开展联合检查、联合执法,发现和整改一大批火灾隐患。截至年底,发现各种消防安全隐患 6591 处,罚款 50 万余元,查封 193 家、责令停产停业 69 家。

2011~2012 年,消防支队在全市范围内普遍开展声势浩大的"清缴火患"战役,累计出动警力 2.2 万人次,检查社会单位 3.5 万余家,督促整改火灾隐患 8 万多处,责令"三停"单位 1818 家,罚款 2100 余万元,临时查封单位 2023 家,拘留 287 人,有效震慑各级各类消防违法行为。

2013 年 6~10 月,长丰县、巢湖市、包河区和经济技术开发区先后发生 4 起火灾事故。针对上述火灾暴露出的问题,当年至次年初,消防支队在全市范围内相继开展养老机构的集团化、连锁型企业消防安全专项治理活动。在经开区开展规模以上企业消防安全专项整治工作,重点纠治违规使用彩钢板建筑问题,累计拆除违规搭建彩钢板用房 3.73 万平方米,严厉震慑各种违法行为。

2014 年起,根据公安部《建立消防安全形势分析评估制度的指导意见》的要求,消防支队提请市政府建立消防安全形势分析评估制度,每年对全市消防安全形势进行总结分析,提出加强消防工作的目标和措施。5 月份,结合群众举报投诉,抽调全市消防监督骨干进行区域火灾隐患集中排查,集中力量消除隐症顽疾,并向市政府提交第一份《合肥市消防安全形势评估报告》。

2015 年 8~9 月,市公安局部署各级公安机关在全市范围内组织"拉网式"火灾隐患排查整治行动。消防支队联合民政部门,开展养老机构专项整治"回头看";联合教育、文化、商务、卫生等部门,深入排查人员密集场所火灾隐患;联合文物部门,开展文物古建筑火灾隐患专项整治。深刻吸取天津"8·12"危险化学品特大爆炸事故教训,提请各级政府组织安监、商务、质监、交通运输等部门,开展化学品场所消防安全专项整治。截至

2015年年底,排查单位9730家,整治隐患8102处,临时查封81处,责令"三停"47家,罚款247万元。各派出所检查单位2.65万家次,排查隐患3.59万余处,下发《责令改正通知书》16739份,责令"三停"15家,临时查封35处。

2016年,支队以"守护平安"系列行动、夏季消防检查、冬春火灾防控三项专项行动为主线,针对城市发展现状,部署对城市商业综合体、大型医院、古文物建筑、"三合一"场所、易燃易爆场所、居住类小区等六类场所专项消防安全检查。全市检查单位15.1万家,整改隐患15.8万余处,临时查封229处,责令"三停"169处。

消防工程审核验收

1990年,消防支队设立建审科,进一步规范建筑设计防火审核相关制度,推动建审工作逐步走上正轨。每周一、三、五下午,建审科与建审单位联合办公审核发证。截至1990年年底,消防支队对326个新建和改建项目,特别是高层建筑项目进行防火建筑审核,参加128个建筑项目的竣工验收。同时,提请市政府批准,实行《关于征收高层建筑消防设备费的办法》。

1991年,消防支队出台《建筑防火安全管理暂行办法》,凡是新建、改建、扩建的建筑工程,必须执行国家相关的建筑防火设计规范,将建筑设计图纸及资料送消防监督机关进行防火审批通过后,城建规划管理部门才可核发施工许可证,施工单位才能施工;施工中,承建工程单位不能擅自改变设计,必须按图施工;竣工后,必须经城建、消防等部门联合组织验收,方能投入使用。

1992年,消防支队参加30个大型企业的"八五"技改项目的审核和40个重点项目及高层建筑的方案论证会,提交相应的消防审核意见。全年,审核基本建设项目265项,其中工业项目120项、民用项目80项、"三资"项目65项,审核总面积50万平方米,同比提高7.8%。

1993年初,针对市域内部分高层建筑消防设计存在漏审、拒审、不送审的情况,消防支队下发《进一步加强建审工作的意见》,查找分析建筑设计审查尤其是高层建筑消防设计工作中存在的突出问题,并就这些问题在审核程序、审核权限、施工检查和业务建设等方面提出更为明确的要求,进一步规范建审工作。

1995年,消防支队制定建审工作"三公开、两监督、十二不准"的规定,加强对建审干部队伍思想、业务建设的约束。10月,市消防支队向市政府提交了《关于加强建设工程消防审核监督管理工作的报告》,针对合肥市建设工程项目尤其是高层建筑消防设计审核工作中存在的问题提出改进措施。

1998年5月,消防支队下发《关于贯彻公安部第30号令〈建筑工程消防监督审核管理规定〉的通知》,提出建审工作必须坚持时限承诺制、专家论证制、技术负责和总复核制。

2000年,消防支队认真贯彻公安部30号令,实行分级技术负责制和流水作业,防火审核和竣工验收分工把关,技术检验和行政执法分开。同时,分别于2000年9月、2002年6月先后2次调整审核权限,规范法律文书格式,实行审、验分离制和统一收发件制,完善逐级审核审批制度、建审技术岗位责任制和行政负责制。自此,建筑工程消防设计审核和验收工作正式分离。

进入21世纪后，建筑审核工作更加制度化、规范化，日益成为消防部门服务地方经济建设的窗口。2005年，消防支队制定《合肥市建筑工程专家论证管理暂行规定》，大型复杂建筑审核推行专家论证制度，加强对复杂工程的审核工作。

2005年，消防支队积极为到合肥投资企业做好服务工作，深入企业、厂矿、工地，为外资、合资企业实地解决消防难题37个，赢得企业和外商的一致好评。全年审核建筑工程项目488个，审核面积596万平方米；验收工程375个，其中验收高层建筑87个，设置有自动消防设施的工程211个。

2006年7月，消防支队专门召开全市消防工程施工、检测企业会议，对企业负责人进行培训，规范从业意识，加大建筑消防设计审核、验收工作力度。全年审核新建建筑工程项目1327个，审核面积983万平方米，验收项目713个。

2007年，消防支队审核新建建筑工程项目1568个，验收项目1237个，消除建筑设计不完善和施工变更造成的先天性火灾隐患986处。

2008年，消防支队审核新建建筑工程项目2920个，审核建筑工程面积3861万平方米，验收项目1532个，消除建筑设计不完善和施工变更造成的先天性火灾隐患1123处。

2009年，消防支队首次启用网上办事大厅，调整相关审批流程和受理窗口告知事项，充实窗口受理服务人员力量，着力提高工作效能。全年办理消防设计审核项目595个，消防设计备案抽查项目549个，其中抽中项目332个；消防竣工验收项目386个，消防竣工备案抽查项目38个，其中抽中项目7个。

2011年，消防支队在国内率先建立重大行政审批项目会审制度，每周会审重大项目、重大事项，并开辟行政审批“绿色通道”，实行重大项目提前介入，不断提高办事效率。2011年至2015年，审批各类行政许可项目1.5万余件（个），召开省广电新中心、安粮城市广场等大型项目评审会10起，快速审批新桥机场、合肥地铁等政府重点项目近百个，无一起超时、违规审批。

2014年，消防支队建立建设工程设计、施工质量和消防审核验收终身负责制，实名落实消防监督人员责任。严格消防安全事项行政审批，规定凡未经消防审批合格的项目，住建、教育、卫生、民政等部门均不核发相关许可证照。

2015年，消防支队创新建立消防工程“容缺”制度，受到市领导和社会各界的高度称赞，消防支队行政服务窗口5年内第6次被市政府评为“先进窗口”。年内，完成659个消防审核（备案项目862个）、533个验收工程（备案项目612个）、835个安检项目办结的工作。

消防产品管理

20世纪90年代，消防部门对消防产品主要以日常检查和随时抽查为主，同时开展消防产品销售行业清理整顿和产品质量检测。

1992年，在工商、质检部门的配合下，消防支队对全市消防器材流通领域进行清理整顿，查封非法销售消防器材门店8个。

1995年，消防支队组织召开消防产品生产厂家、销售门市部质量工作会议，要求市内消防产品生产厂家和销售门市部必须严格履行相关职责,初步理顺和规范消防产品监督管理程序。1996 年,消防支队再次对全市消防产品进行质量清理整顿,并实行消防产品定点销售许可证制度和门市部挂牌年审制度,进一步理顺和规范对消防产品市场的监督管理。

1998 年,新《消防法》颁布实施后,消防支队及时调整职能范围,加强消防产品流通领域的管理,连续 3 年对全市流通领域内 6 类消防产品进行市场监督抽检。

2001 年,消防支队召开全市消防产品质量工作会,查处一批在建工程中使用的消防产品质量问题和生产劣质消防产品的企业。此后,通过抽查,流通领域消防产品的合格率稳步提升,整体质量水平有较大的提高。

2006 年,消防支队开展消防产品生产、经营、使用领域专项检查,检查单位 21 个,发现伪劣产品 11 批次,对 3 家经营伪劣产品的单位进行处罚,罚款 1.2 万元。

2007 年,消防支队建立消防产品检测制度,协调质检部门成立消防产品检测中心。

2008 年,消防支队下发《2008 年度消防产品专项治理工作实施方案》,在全市范围内开展消防产品专项整治“春雷行动”,重点检查全市正在生产、销售和使用的火灾自动报警设备、自动喷水灭火设备、防火门等主要消防产品。“3 · 15”消费者权益保护日当天,消防支队对查获的千余件假冒伪劣消防产品进行公开销毁。截至年底,全市检查消防产品生产、销售单位 72 家,消防产品使用单位 1534 家,检查在建重点建筑工程 31 个。查处假冒伪劣消防产品案件 25 起,捣毁制假贩假窝点 5 个,没收假冒伪劣消防产品 2954 个(套、盘),罚款 26.4 万元和没收违法所得 11.3 万元。

2009 年,根据部局《关于进一步落实消防产品身份证管理制度的通知》要求,消防支队对灭火器、防火门、消防应急灯具等三类消防产品实行身份证管理,并逐步在其他消防产品中推行。此后,凡是没有身份标识的消防产品不能上市流通。通过加强对流通领域消防产品的监督管理,使消防产品在大流通、大发展的格局中走上规范化管理道路。

2010 年,消防支队开展建筑装修材料见证取样专项行动。全年抽样送检 2962 组,责令 60 家使用不合格装修材料的建设单位更换材料。

2011 年,上海静安区“11 · 15”特别重大火灾发生后,消防支队联合住建局、工商局开展建筑消防设施、外墙保温材料专项整治行动,加强消防产品的源头治理,累计查封、扣押、没收、更换消防产品 6342 件(套),净化全市消防产品市场。

2014 年,消防支队建立消防信用等级评定机制,严格管控消防施工检测单位,认真落实消防安全不良行为公布制度,对 32 家检测、设计和施工单位进行约谈,有效规范消防检测施工行为,提升消防工程质量。截至 2014 年年底,消防支队联合质检、工商等部门集中开展 2 次消防产品专项治理,在“3 · 15”消费者权益保护日期间集中销毁处理一批不合格消防产品。

2016 年 3 月,消防支队联合市质监、公安、工商等部门联合下发《合肥市消防产品专项整治工作实施方案》,办理使用领域消防产品案件 13 件,罚款 5 万元,销毁、更换不合格产品 800 余件(套),消除产品类火灾隐患千余处。

第四节　战勤保障

消防经费

1986 年,根据中发(1982)30 号文件精神,公安消防部队全部纳入武警部队序列实行现役制,行政经费由中央财政保障,消防业务经费仍由地方财政负责,结束了两种编制和两种工资待遇的历史。

1998 年《消防法》颁布实施后,消防部队经费来源渠道和方式主要包括中央财政保障的武警经费、地方财政保障的消防业务经费和开展各种农副业生产创收的预算外经费。其中,武警经费由消防支队直接供应到各大队,各单位负责供应所属部队;消防业务经费为分级保障,支队机关、直属单位和特勤大队、市区中队的消防业务、基本建设等经费由市财政保障,消防支队负责供给;各区消防科、县消防大队及其所辖中队的消防业务、基本建设等经费由所在地财政保障。

1999 年,为了统一全市消防部队同级财务供给关系,消防支队会同市财政局出台《关于将各区县(市)级公安消防部队业务经费纳入同级财政预算的通知》,各区县(市)消防科、消防大队的财务管理,自 2000 年 1 月 1 日起,从当地公安机关财务管理中分离出来,作为财政一级预算单位,独立核算,将业务经费纳入同级财政预算安排。

2002 年,消防支队与市财政局联合下发《关于消防执勤生活补助经费纳入同级财政预算的通知》,由同级财政保障每名消防官兵每天两元的执勤伙食补助,并争取经费 20 余万元,为消防支队机关和一线官兵购买团体意外伤害保险、重大疾病保险等。

2005 年,消防支队与市财政局联合转发公安部和财政部联合颁发的《消防部队业务费管理暂行办法》,在支队进行"防消合一"体制调整后,按事权划分原则,顺利将市属各区消防队业务经费关系由市财政局统一供应下划到各区财政局,确保了部队体制调整后各新建支队的业务经费保障工作,为各级消防部队建立了经费保障长效机制。

2007 年,市政府首次将合同制消防员、后勤保障社会化、执勤补助、地方性生活补贴、官兵人身意外及重大疾病医疗保险等经费全部纳入地方消防业务费保障范围,向基层一线消防官兵发放灭火救援、火灾原因调查等特殊岗位津贴,以及夜间执勤训练、灭火救援误餐补助。消防支队贯彻落实《武警消防部队预算编制暂行规定》,加强经费的管理使用。8 月份,集中对大队主官、财务人员的财经管理情况进行审计。

2008 年,市、县(区)两级政府首次将支队、大队两级消防业务经费全部纳入同级财政预算,消防部队各项经费总量首次突破 1 亿元,正常业务经费超过 20 万的大队数达到 8 个。消防支队制定《基层大(中)队经费统筹暂行办法》,加强后勤管理,规范财务秩序。

2011 年,省政府出台《安徽省消防部队经费保障办法》。是年底,全市消防业务经费总量首次突破 1 亿元,较 2010 年增长 12%。蜀山、高新大队正常业务经费超过 300 万,包河、经开区和肥西大队正常业务经费超过 200 万。此后,各级政府从严落实该政策,推动消防部队保障经费呈梯次式增长。2011 年至 2015 年，消防支队本级累计争取经费 3.6 亿余元，各大队争取经费 5.4 亿元。

2015 年起，消防支队全面推进后勤管理正规化建设，先后制定印发《合肥市消防支队采购管理办法（暂行）》《关于进一步加强财务管理工作的通知》等多项制度，开展财务大清查及“回头看”活动，停止对外有偿服务，不断完善后勤保障体系。

2016 年 12 月，市公务员局、市财政局联合批复，同意为全市消防官兵发放高危行业补助。

器材装备

1986 年，消防支队从西德引进波浪涛 32 米曲臂云梯消防车，曲臂可伸高 31.5 米，填补了合肥市无消防举高车的空白。

1992 年，市政府批准进口 1 辆德制、价值 67 万美元的 50 米直臂登高车。

1996 年，市政府拨款 168 万元购买 4 辆大功率消防执勤车，并决定在 3 年内，每年购置 4 辆大功率消防执勤车，以更新淘汰退役车辆。同时，拨款 20 多万元购置 1 套液压破拆工具和 1 具热视仪，填补全市乃至全省此项消防装备的空白。

1999 年，合肥市被公安部、国家计划委员会、财政部联合确定为第一批开展公安消防特勤队伍建设的 25 个大城市之一。市政府累计投入 1000 多万元，购买多功能抢险破拆车、侦毒防化抢险救援车、化学洗消车各 1 辆，基本配齐各类器材装备，特勤装备建设取得长足进步。

进入 21 世纪后，消防支队积极拓展资金来源渠道，通过政府增加资金投入、利用外国政府贷款和省财政特勤装备建设项目等方式，推动车辆装备建设加快发展。

2004 年，消防支队成功申请奥地利政府贷款 280 万欧元，购买 2 辆 40 米云梯车、2 辆大功率水罐车和 2 辆大功率泡沫车。

2003 ~ 2005 年，消防支队争取到省市配套消防特勤装备建设资金 1000 万元，购买高喷车、泡沫运输车、干粉—二氧化碳联用车、重型水罐车等一批现代化消防车辆和特勤器材装备。同时，市政府从 2005 年起，分 3 年投入 340 万元用于消防监督检查器材装备建设。截至 2005 年年底，全市有各类消防车辆 83 台，一线消防员“两器一服”（呼救器、空气呼吸器、灭火战斗服）配备率达到 100% 。

2006 ~ 2008 年，消防支队开展为期三年的“三基”工程建设。作为消防“161”工程的内容之一，消防装备建设进入飞速发展阶段。2007 年，消防支队编制《2007 ~ 2010 年消防装备建设总体规划》，利用市政府 320 万元车辆装备资金、148 万元防火监督车辆装备资金和省财政 35 万元配套奖金及市人防（150 万元）、省地震救灾基金（433 万元）等 1000 多万元购置 5 台消防车、防火监督检查和抢险救援器材等。经过 3 年建设，全市消防车辆数量大幅增加，种类也从单一的水罐、泡沫车发展到防化、洗消、防化后援、排烟拖挂、抢险救援等多功能、多用途的战斗车辆，车辆数量成倍增长，大大提高全市消防部队的装备实力。

2009 年，消防支队开展新一轮的“三基”工程建设。年内，市政府投入资金 1800 多万元，购置一辆 78 米登高平台消防车，举高高度为全省第一、全国第三。同时，拨付专款

3000余万元，为6个开发区新消防站购置14辆消防车；投入近700万元采购一批特勤器材。

2010年，市政府投入4000多万元购置的警用直升机，为全省唯一的消防直升机。同时，投入6000多万元购置各类消防车辆14台，专项解决防化装备“升级”经费880万元。2011年，消防支队积极协调市、县两级政府，落实综合应急救援队伍装备5年配套资金2140万元。截至2011年年底，全市有各类消防车辆127辆（其中水罐车56辆；泡沫车14辆；抢险救援车15辆；登高、云梯车9辆；高喷车13辆；其他消防车20辆）、4辆消防摩托车、1台消防机器人、2艘冲锋舟、2艘橡皮艇。

2013年，消防支队开展消防装备建设评估工作，编制《2013～2015年支队装备建设规划》，建立消防装备建设长效机制。三年内，市、县（区）均按时完成消防装备建设评估工作，按规划争取资金、购置装备。截至2015年年底，全市有各类型执勤消防车201台，其中水罐车72辆（载水量6吨以下有43辆、6吨至12吨有10辆、12吨至25吨有19辆）、泡沫消防车23辆（载液量10吨以内14辆、10吨至20吨9辆）、压缩空气泡沫车14辆、登高平台车5辆、云梯车9辆、强臂破拆消防车1辆、举高喷射消防车18辆（臂架20米以上5辆）、抢险救援车27辆（其中14辆具有牵引、吊升功能）、化学事故抢险救援车4辆、高层供水车2辆、战勤保障类消防车12辆等。

2016年，消防支队在部队推行装备统型建设，为全省首创。年内，自主设计新型执勤消防车6辆，包括3辆城市主战车、2辆泡沫车、1辆抢险救援车以及各类器材1.17万件（套）。同时，落实专项配套资金675万元，首次配备4台大型工程机械。

队站建设

1990年，全市有9个消防站，营房大多是20世纪六七十年代修建的，房屋破烂陈旧，有的临近危房，电器设备也已老化。更为主要的是，老式营房在布局和功能使用上达不到《城市消防站建设标准》及《公安消防部队中队建设标准（试行）》要求，严重影响了部队正规化建设和规范化管理。10月，消防支队召开专题会议，研究解决危旧营房改造工作，并按计划实施。1991～1992年，全市消防部队完成9个基层消防中队的危旧营房改造工作。1993年，在阜阳北路新建1个消防站。1997年，在濉溪路、高新区新建2个消防站。至2000年底，全市建14个消防站。

进入21世纪后，全市各级消防部队积极争取资金，不断加强基层设施建设。2005年，投入经费400余万元，对2个中队执勤楼进行修缮。2006年，投入经费396余万元，对特勤一中队、六中队和肥东县中队进行改建和新建。期间，新建2个消防站。

2007年，消防支队提请市政府出台《合肥市2008～2020年城市消防设施专项规划》，明确在2007、2008两年内投入2.2亿元专项资金建设11座消防站。2009年底，全部建成并投入使用。

2008年，市政府批准投入2000万资金建设新的合肥市消防指挥中心，2010、2012年又追加资金6000万元。2011年11月，新的合肥市消防指挥中心建成并投入使用。

2010年，在包河区、滨湖区、政务区、瑶海区、新站区新建5个消防站，2011年底陆续投入使用。

2011 年 11 月 29 日,消防支队机关大楼从长江西路搬迁至习友路,老大楼交庐阳中队使用。

2012 年,在蜀山区、庐阳区、高新区、长丰县新建 4 个消防站,2013 年年底陆续投入使用。

2015 年,合肥市一次性投入近 3 亿元资金、近百亩土地,启动特三、东门、万达、京商、巢湖特勤、肥西桃花特勤等“六站”建设。10 月 28 日,市政府举办公共消防设施暨“六座消防站”集体开工仪式。截至 2016 年年底,6 个消防站基本竣工,即将投入使用。

2016 年,消防支队提请市政府出台《2017～2019 年消防站建设规划》,规划未来 3 年内新建、改建 14 座消防站的目标,夯实合肥消防事业的发展基石。年内,新战勤保障大队暨支队室内体能训练馆项目破土动工,部队基础越打越牢、环境越来越好。

市政消火栓建设

20 世纪 90 年代,随着城市建设规模的扩大和发展,市政消火栓建设得到重视。1989 年底到 1990 年初,市建委拨款 5.3 万元,对全市样式落后、年久失修的 37 只消火栓进行更新,并在拓宽改造的蜀山路、梅山路等处新增消火栓 9 只。截至 1990 年年底,全市有市政消火栓 187 只,但离《建筑设计防火规范》差距甚远。

1992 年,市政府将市区 28 只英式接扣和地下式消火栓全部淘汰,更换为新式消火栓,并对遍布全市的 230 只消火栓普遍进行检测和保养。

1996 年,市政府投资 238.3 万元,在长江路等 50 余条路段增设 270 只消火栓,初步解决合肥老城区消火栓“欠账”问题。

1998 年,市政府拨款 100 万元,补建老城区消火栓 260 只。此后,逐年拨款,不断弥补消火栓数量不足的漏洞。截至 2005 年年底,全市有市政消火栓 1247 只。

2006 年,市政府召开专题会议,依据《安徽省加强城镇消防规划和公共消防设施建设工作实施方案》,责成市建委对全市主要市政道路及住宅小区消火栓建设情况进行调查,拿出全市主要市政道路的消火栓补建方案,并要求今后消火栓建设与城市道路建设要同设计、同施工、同验收,确保今后消火栓建设做到“老账快还、新账不欠”。年内,新增消火栓 86 只。

2011 年,市政府颁布《十二五消防事业规划》,将消火栓建设列入规划范围。《规划》要求,5 年内全市应新增消火栓 4102 只。

2014 年,市政府出台《合肥市消火栓管理规定》,推行市政消火栓监管考核问责机制,强化居民小区、重点单位内部消火栓及消防取水点巡检维护,努力做到“补足旧账、不添新账”。年内,新建市政消火栓 750 只,消火栓完好率达 98%。

2015 年,市政府首次将消火栓建设任务写入《消防工作责任书》,并推动各级政府逐级签订,与其他重点工作同计划、同部署、同落实。此后,该项工作形成长效机制。截至 2016 年年底,全市消火栓数量达到 10322 个,完好数 9933 个,完好率达到 96.23%。

合肥市公安志

Hefeishi Gonganzhi

(1990 ~ 2016)

下册

合肥市公安志编纂委员会

时代出版传媒股份有限公司
安 徽 文 艺 出 版 社

图书在版编目（CIP）数据

合肥市公安志.1990-2016/合肥市公安志编纂委员会编.—合肥：安徽文艺出版社，2018.3
ISBN 978-7-5396-6303-6

Ⅰ.①合… Ⅱ.①合… Ⅲ.①公安工作－概况－合肥－1990-2016 Ⅳ.①D631

中国版本图书馆CIP数据核字(2017)第321306号

出 版 人：朱寒冬　　出版统筹：周　康
责任编辑：宋潇婧　王婧婧　　装帧设计：文　艺

出版发行：时代出版传媒股份有限公司 www.press-mart.com
安徽文艺出版社 www.awpub.com
地　　址：合肥市翡翠路1118号　邮政编码：230071
营 销 部：(0551)63533889
印　　制：安徽新华印刷股份有限公司　(0551)65859551

开本：787×1092　1/16　印张：49.25　字数：1200千字
版次：2018年3月第1版　2018年3月第1次印刷
定价：398.00元(精装)(上、下册)

目　录

第一章　组织机构

第二章　警务指挥

第三章　特(巡)警建设

第四章　治安行政管理

第五章　刑事犯罪侦查

第六章　经济犯罪侦查

第七章　禁　毒

第八章　监所管理

第九章　警　卫

第十章　网络安全保卫

第十一章 出入境管理

第十二章 道路交通安全管理

第十三章　公共交通治安管理

第十四章 消防管理

第十五章 公安法制建设

第十六章　公安信息化建设

第十七章　机关文秘管理

第十八章　警务保障

第十九章　队伍建设

第二十章　纪检　督察　审计

第二十一章 公安宣传 公安文艺

第二十二章 区、县(市)公安纪略

第二十三章　人物

附　录

Table of Contents

Chapter 3 Construction of Special Policeman (Patrolman)

Chapter 4 Public Security Administration

Chapter 5 Criminal Offence Investigation

Chapter 6 Economic Crime Investigation

Chapter 7 Drug Control

Chapter 8 Prison Management

Chapter 9 Guards

Chapter 10 Cyber Security Guard

Chapter 11 Entry and Exit Control

Chapter 12 Road Traffic Security Administration

Chapter 13 Public Traffic Security Administration

Chapter 14 Fire Services Administration

Chapter 15 Legal Construction of Public Security

Chapter 16 Police Security Information Construction

Chapter 17 Organ Secretarial Management

Chapter 18 Police Protection

Chapter 19 Construction of Troops

Chapter 21 Public Security Propaganda and Literature and Art of Public Security

Chapter 22 Brief Records of District and Country (City) Public Security Bureaus

Chapter 23 Figures

Appendices

第十五章　公安法制建设

1990年，市公安局成立法制办公室。1995年，法制办公室加挂“合肥市劳动教养管理委员会办公室”牌子。1998年，成立市公安局法制处，法制处和劳教办分为两个独立的机构。2008年，设立市公安局法制办公室，法制处、劳教办并入市公安局法制办公室管理。2010年，成立法制工作部。2011年底，撤销法制工作部，设立法制支队（副县级），主要负责法制宣传、法制调研、执法监督以及地方性法规的起草工作；行政案件的复议、应诉及理赔工作；刑事案件赔偿的复议、理赔工作；指导各分局、支队听证和应诉工作；在市劳动教养管理委员会领导下，负责本市劳动教养、收容教养案件的审批等。

20世纪90年代，市公安局在认真执行国家法律法规的同时，参与拟定合肥市地方性法规。2000年以后，更加注重执法思想和理念创新，规范公安内部执法制度建设，公安执法工作逐渐走上法制化、规范化轨道。

第一节　公安执法制度建设

地方公安法规拟制

1990年，市公安局制定《社会治安综合治理条例（试行）》，使社会治安综合治理法制化、规范化。

1991年，市公安局起草《合肥市关于惩治扒窃的规定》《合肥市关于惩治盗窃自行车的规定》2件地方性法规。

1994年，市公安局草拟并报经省、市人大常委会批准地方性法规1件，为《合肥市道路交通管理规定》。草拟地方政府规章3件，分别为《合肥市营业性歌舞娱乐场所管理实施细则》《关于加强美容厅、桑拿浴等特种行业管理问题的通知》《市公安局关于加强发令枪购销管理的意见》。

2009年，市公安局完成《合肥市城市道路交通安全管理条例》修订草案的起草工作，由市人大常委会审议通过，并经省人大常委会批准，于2010年1月1日正式施行。

2011年，市公安局进行《合肥市燃放烟花爆竹管理规定（草案）》和《合肥市消防条例（草案）》的制定修改工作。《合肥市燃放烟花爆竹管理规定》经省人大常委会批准，于2011年12月1日正式实施。《合肥市消防条例》经省人大常委会批准，于2012年6月1日起实施。

2013年,市公安局草拟《合肥市道路交通安全条例》和《合肥市特种行业治安管理条例》2件地方性法规,草拟《合肥市大型群众性活动安全管理规定》1件政府规章。

2014年,市公安局制定政府规章2件,分别为《合肥市大型群众性活动安全管理规定》和《合肥市居住证管理办法》,均经市政府常务会通过。

公安内部执法制度建设

合肥市公安内部执法制度的建设,从执法工作最基础的环节、最基本的要求抓起,从容易出问题的执法活动和执法环节入手,以标准化、流程化、精细化为目标,建立健全各种执法流程和标准,使民警执法行为更加规范。1990~2016年,市公安局先后制定50余项内部执法制度。

若干年份合肥市公安内部执法制度一览表

表15-1

年　份	内　容
1991	合肥市公安局关于进一步严格执法的通知
1994	合肥市公安局关于提高打击力度,杜绝不严格执法办案有关问题的通知
	合肥市公安局关于实行案件跟踪查询的通知
	合肥市公安局关于实行错案追究制的暂行规定
1995	合肥市公安局办理各类案件程序暂行规定
1999	关于取保候审保证金管理工作的补充通知
	关于严格按法定程序办理案件的通知
2000	中共合肥市公安局委员会关于加强公安法制工作的决定
	关于加强对取保候审案件监督有关事项的通知
2001	关于严格执行治安拘留处罚有关问题的通知
2004	关于进一步加强规范性文件法律审核有关事项的通知
	关于进一步严格取保候审案件审核纪律的通知
2006	执法责任制试行办法
	执法过错责任追究办法
	执法质量考核评议实施细则
	关于合肥市市辖区一审未成年人刑事案件管辖的规定
	合肥市公安机关负责人出庭应诉和民警旁听庭审规定
2007	市公安局规范性文件监督管理规定
2009	关于大力加强执法规范化建设的工作意见
	关于进一步规范市公安局案件审核审批工作的通知

续表 15－1

年份	内容
2010	110 接警用语规范
	刑事证据审查规范
	交通警察执法规范
	户政窗口管理规范
	关于进一步加强基层单位和民警执法档案管理的通知
	关于加强行政法律文书管理工作的通知
	关于进一步规范劳教审核审批工作的通知
	关于进一步规范行政案件执法告知程序的通知
2012	关于进一步深化全市公安机关执法规范化建设的通知
	关于进一步加强我局法制部门维护民警执法权益工作的通知
	关于依法办理侮辱诽谤案件的通知
	关于明确取保候审案件审核审批相关事项的通知
	合肥市公安局重大行政决策程序暂行规定
	关于对部分行政案件实行报备制度的通知
2013	合肥市公安局涉案财物管理暂行规定
2014	关于进一步规范取保候审案件保证金管理的通知
	合肥市公安局执法办案场所讯(询)问室全程同步录音录像系统技术标准
	协同办案系统应用管理工作暂行规定
	关于建立巢湖流域环境资源行政执法与刑事司法衔接工作机制的暂行规定
2015	关于贯彻执行行政规范性文件“三统一”制度的通知
	合肥市公安局刑事案件统一审核统一出口工作方案
	合肥市公安局刑事案件统一审核统一出口工作规范（试行）
	合肥市公安机关执法监督管理委员会工作规则
	合肥市公安机关执法过错责任追究程序规则

续表 15－1

年　份	内　容
2016	合肥市公安局部分行政处罚裁量权基准
	关于进一步规范刑事拘留强制措施的通知
	合肥市公安局受案立案工作规定(试行)
	合肥市公安局办理行政执法机关移送涉嫌犯罪案件实施办法(暂行)
	合肥市公安局电子数据检验鉴定工作规定
	关于进一步规范基层所队案件管理工作的通知

规范性文件清理

据不完全统计,2004～2016 年,市公安局法制部门清理全局规范性文件 686 件,其中废止不符合建立法治社会要求的,不符合时代发展需要的,与新的法律、法规及其他规范性文件相冲突的规范性文件 181 件,保留 423 件,修订 42 件,宣告失效 28 件,新增 10 件。规范性文件清理是转变政府职能,清除制度障碍,保证法制统一,维护人民群众合法权益,推进依法行政的重要举措。

若干年份合肥市公安局清理规范性文件统计表

表 15－2　　单位:件

年　份	废　止	保　留	修　订	宣告失效	新　增
2004	149	128	42		
2008	11	33		17	
2009	5	30			2
2010		46			
2011	8	27		11	
2012		31			4
2013	2	33			
2014	3	32			2
2015	1	32			1
2016	2	31			1

行政权力清理

2006 年,根据《国务院办公厅关于推行行政执法责任制的若干意见》通知精神和市政府的统一要求,市公安局对设定公安机关执法权力的 70 余部法律、法规和规章逐条梳理,梳理出公安执法权力 711 项,其中市级机关行政许可 25 项,非许可的行政审批 6 项,行政处罚358项,行政强制45项,行政确认5项,其他行政执法权力12项。

2007年,市公安局清理行政许可、行政审批项目12项,完成市政府立法征求意见稿9件,依法审核市公安局各部门草拟的规范性文件5份。

2010年,市公安局保留行政许可项目30项,非许可行政审批项目1项,下放行政许可项目8项,非许可行政审批项目4项。

2012年,市公安局清理行政权力793项,变动410项,保留909项,其中行政许可项目28项,非许可行政审批项目1项。

2013年,市公安局对30个市级行政审批项目进行清理,清理15个,保留15个。向市政府政务服务中心和合肥市监察局报送保留的13个行政审批项目的审批流程,包括审批项目名称、审批依据、申报条件、申报材料、办理程序、办理时限(法定时限和承诺时限)、收费标准、收费依据、承办处室、联系电话、监督电话等。

2014年,市公安局根据市政府法制办《关于进一步做好行政审批项目清理工作的通知》要求,通过取消、下放、合并、冻结等措施,精简行政审批项目,清理后保留行政审批项目11个,承接省政府下放行政审批项目2个(外国人签证和拘留许可,台湾居民来往大陆通行证审批),报送保留尚未进入市行政服务中心的13个行政审批项目的审批流程。

2015年,市公安局下放限制养犬等其他权力4项,取消劳动教养等15项,动态管理27项,属地管理483项,整合667项。清理1371项行政权力,保留175项,其中行政许可项目11项。

2016年,市公安局根据《合肥市人民政府办公厅关于制定政府权力运行监管细则的通知》要求,对已公布的175项行政权力分别制定权力运行监管细则,使每一项行政权力都有细化可操作的运行规范,实现对行政权力事项运行的全过程标准化监管,切实推进简政放权、放管结合、优化服务。

第二节　执法教育培训与考试

执法教育培训

1992~2008年,市公安局公安法制培训主要采取集中培训、邀请专家学者讲课、以会代训、旁听庭审等形式,以国家新颁布、新修订的法律法规,最高人民法院、最高人民检察院和公安部制定出台的系列司法解释和执法制度为重点内容,开展传统模式的法制培训。搜集汇编国家颁布的与公安工作有关的现行刑事、行政法律法规、司法解释,编印成《公安法规选编(一)至(十一)》。

1995年,市公安局下发《关于新任职干部到预审、劳教法制部门进行培训的通知》,规定自1995年1月1日起,凡新任职的干部都必须到预审、劳教、法制部门进行为期2个月的业务轮训,并把业务轮训作为干部试用期中的一项考核内容。是年,开展《国家赔偿法》《人民警察法》等法律知识专题培训。

1996 ~ 1997 年,新修订的《中华人民共和国刑法》《刑事诉讼法》《行政处罚法》颁布实施,市公安局组织 36 名业务骨干参加公安部、中国社会科学院、政法大学、省公安厅等单位举办的培训班,参训人员成为全市公安机关法制培训的主要师资力量。

2000 年,是安徽省实施县级公安机关执法质量考评的第一年。市公安局组织 12 期培训班,培训民警 3600 人次,提高了全局执法民警的业务素质。

2005 年,市公安局采取脱产培训、专家授课、以会代训、案例评析、案卷讲评、举办模拟法庭、召开疑难案件现场集体评议会等形式,把法制培训与执法办案结合起来。

2008 年,市公安局法制培训依托于基层培训工作开展,通过举办执法培训班、专题讲座,开展案例评析、卷宗评议、旁听庭审、法律知识竞赛等活动,以公安网络为信息载体,组织法制培训。一些单位还采取审核案件"一案一析"、上门培训、下派流动执法服务队的方法,对执法薄弱的所队进行重点帮扶。

2009 年,市公安局开通"合肥公安法制信息网",网上开设"远程视频讲座""法制在线""网上法制大讲堂""个案评析""法制研究"等栏目,各类音频视频教学片、专题讲座、教学案例、疑难解答等均可以通过网上传送,运用互联网技术,实现公安执法网上培训的新突破。

2010 ~ 2012 年,市公安局编有《110 接警用语规范》《刑事证据审查规范》《交通警察执法规范》《户政窗口管理规范》《四体会安全保卫手册》《常用公安法规选编(2012 年版)》等学习资料,下发给民警,供民警日常执法和学习使用。

2013 年,市公安局邀请中国政法大学刑事司法学院学术委员会主席、刑事诉讼法学教授洪道德,讲解新《刑事诉讼法》对侦查活动的影响和对策。

2016 年,市公安局举办执法规范化建设提高班,培训对象为:2015 年度执法质量考评后两位所队主要负责人;被市公安局下发执法监督意见书、行政复议意见书和在市公安局季度执法例会上被作为典型案件剖析点评案件的承办人、办案所队的主要负责人;复议案件被市公安局撤销、产生行政败诉、执法过错、国家赔偿案件的承办所队的主要负责人和主办民警、负有审核责任的案件审核人;执法场所违反"四个一律"、造成严重后果的所队主要负责人、主要责任民警。培训内容涉及执法场所、涉案财物管理、行政执法业务、刑事执法业务、行政复议诉讼、国家赔偿等。

若干年份合肥市公安局法制教育培训统计表

表 15 - 3

年　份	培训班名称	期(场)	受训人数
1990	—	14	2000
1992	—	11	1400
2000	—	12	3600
2004	行政执法培训班	3	1168
2006	《治安管理处罚法》培训班	3	3000

续表 15－3

年　份	培训班名称	期(场)	受训人数
2007	机关执法培训班	3	300
2012	《执法细则》培训班	15	—
2013	法制培训班	—	100
2014	提高执法质量培训班	30	2000
2015	执法规范化建设提高班 法制员、审案民警培训班	—	185
2016	执法规范化建设提高班	—	84

网上学法积分

2011 年,市公安局下发《关于推行网上学法积分制的通知》,在全局推行民警网上学法积分制。利用局域网络平台,开展民警网上自学自考执法培训活动,系统自动生成民警、单位电子执法培训档案,并规定每名民警每年必须掌握的法律科目和必须达到的学分,实行分段学习、分段考核、累积记分,积分成绩纳入县级公安机关年度执法质量考评,并作为参加年度大学习、大讨论考试的前置条件,从而实现降低民警学习考试成本、促进民警自觉学法用法、单位对民警学法定量考核的目标。

民警网上学法积分考试,按照不同部门和警种分为综合类、专业类两类进行。公安机关刑事犯罪侦查、经济犯罪侦查、治安管理、出入境管理、消防、交通管理、禁毒机构的人民警察参加分警种的专业类考试,上述警种以外的其他警种和部门参加综合类考试。综合类考试内容为法律知识基础科目,专业类考试内容为法律知识基础科目和相应执法警种必须具备的专业法律知识和业务知识,分为刑侦、经侦、禁毒、治安、外事、交警、消防七类专业科目。

网上学法积分制度后被纳入市公安局民警教育训练工作,由政治部负责。考试科目增加政治理论考试、警规警纪考试等内容,学法积分成为积分考试中单独一项内容。网上学法积分制度的推行,使“执法必学法、执法必懂法、执法必用法”的理念在基层民警中入脑、入心,“以法说理、以法为据、以法服人”的良好学法氛围在民警中形成,有利于公安机关整体执法能力和执法水平的提高。

执法资格等级考试

2011 年,《公安机关人民警察执法资格等级考试办法》(以下简称《办法》)施行。该《办法》将执法资格等级考试分为基本级、中级、高级三个等级;基本级执法资格考试始于 2011 年,中级执法资格考试始于 2012 年。基本级执法资格考试和中级执法资格考试命题、阅卷均由各省级公安机关组织,报公安部审核,考试合格分数线由公安部审定,考试由市级公安机关组织。高级执法资格考试始于 2013 年,高级执法考试命题、印制试卷、阅卷均由公安部统一组织,考试合格分数线由公安部确定。按照公安部统一要求,高级执法资格考试由省公安厅统一组织,每年的高级执法资格考试,各省只允许设2至3个考点,全省公安机关参加考试民警分别到对应考点参加考试。《办法》要求所有人民警察应当在2011年内参加基本级执法资格等级考试并取得基本级执法资格;未取得基本级执法资格的,不得办理案件,公务员年度考核不得被评为称职及以上等次,不得晋升职务、级别;担任县级、市(地)级公安机关内设执法勤务类机构、公安派出所主要负责人的人民警察,必须取得中级以上执法资格。执法资格等级有效期为5年,自人民警察取得执法资格等级之日起计算;执法资格等级考试情况应记入人民警察档案,作为晋升职务、级别的重要依据;在同等条件下,应当优先提拔执法资格等级高的人民警察。

2011～2012年,市公安局组织民警人工填写《市公安局民警执法资格考试申报表》报名,采取人工分配考场、座位,每个考场架设摄像器材,考试全程录音录像,并刻录成光盘,报公安部备查。全市有8590名民警参加执法资格考试。

2013年,公安部开发出"执法资格考试报名系统",考场、座位分配由计算机代替人工分配。

2014年,按照公安部和省公安厅统一部署,每年5月、11月、12月份的第二个星期天,分别组织开展不同等级的执法资格考试。其中,基本级执法资格考试分别于每年5月、12月各举行一次,中级、高级执法资格考试分别于每年5月、11月各举行一次;均采取民警自主网上报名参加考试的方式,各省辖市只允许在省辖市的市区设置一个考点,必须安排在标准化考场举行考试,考场视频监控必须做到全覆盖,省厅、公安部派员到各地市进行现场巡考和网上巡考。

2015年,公安部出台《关于进一步改革完善公安机关人民警察执法资格等级考试制度的通知》(以下简称《通知》)。规定自2016年起,取消基本级和中级执法资格考试中刑事犯罪侦查、经济犯罪侦查、治安管理、出入境管理、消防、交通管理、禁毒7种专业警种科目考试,将其中主要内容纳入公共科目考试。《通知》要求,2016年底前,将公安民警执法资格信息导入系统,实现公安民警执法资格与执法办案权限挂钩,未取得基本级执法资格的,不得从事执法活动。将基本级执法资格考试作为新录用的公安民警试用期满的考核内容,在试用期满未取得基本级执法资格的,确定为不合格等次,取消录用。担任县级和市(地)级公安机关执法勤务类机构和公安派出所负责人以及主办侦查员和案件审核人员,必须取得中级以上执法资格,取得高级执法资格的公安民警同等条件下优先于通过基本级、中级执法资格考试和国家统一法律职业资格考试的公安民警。未依照规定取得相应执法资格的,当年公务员考核不得评为称职(含)以上,取消综合类评先评优资格。单位未按要求落实结果运用的,对其本年度执法质量考评予以减分;除当年新录用的公安民警外,在编在职的执法民警未全部取得基本级执法资格,执法勤务类机构和公安派出所负责人、主办侦查员和案件审核人员未全部取得中级执法资格的县级、市(地)级公安机关,不得参加优秀公安局和执法示范单位评比。作弊人员三年内不得申报各级执法资格考试,不得晋职晋级晋衔。最终取得的执法资格有效期届满而未参加考试或者未通过考试,仍从事执法活动的,或者已担任县级和地(市)级公安机关执法勤务类机构和公安派出所负责人、主办侦查员和案件审核人员的,应当离岗学习或者调整岗位。对被追究执法过错责任的公安民警,情节严重的,由省级公安机关报经公安部批准后,取消其各级执法资格。

2011～2016 合肥市公安局参加执法资格等级考试民警人数统计表

表 15－4　单位:人

年　份	基本级	中　级	高　级	合　计
2011	4999			4999
2012	416	3175		3591
2013	302	1808	628	2738
2014	110	548	406	1064
2015	356	1759	979	3094
2016	1235	1156	776	3167

第三节　公安执法监督

案件审核

案件审核主要是通过阅卷,审查案件办理的相关事实和程序,特别是对于各类证据材料进行查实和认定,使之达到"事实清楚、证据确实充分"的要求。

1993 年,根据省公安厅下发《安徽省公安机关法制部门职责范围暂行规定》的要求,市公安局法制部门承担"承办领导交办的刑事、行政案件的审核工作,参与研究、办理重大疑难案件,指导下级公安法制部门的案件审核工作"职责;各县(区)公安局(分局)法制部门承担"承办县(区)局(分局)裁决的治安处罚和劳动教养、收容教养、收容审查及领导交办的其他案件的审核工作,参与研究、办理疑难案件"职责。

1995 年,市公安局下发《市公安局办理各类案件程序的暂行规定》,规定各县、分局、支队法制科审核案件的范围是:报批、解除收容审查案件;呈报劳动教养案件;复议派出所、大队裁决处罚的治安案件;领导和上级业务部门交办的案件。法制劳教办公室审核案件范围是:审核延期收审案件;审理、报批劳动教养案件;受理复议行政、治安案件;受理复议刑事案件;上级交办的案件。审核案件事实是否清楚,证据是否充分,定性和适用法律是否准确,量罚是否适当,程序是否合法,法律文书是否规范等。

2000 年,市公安局下发《关于加强对取保候审案件监督有关事项的通知》,规定取保候审案件在取保期限届满 10 日前送法制部门审核;侵财案件涉案金额超过 2 万元,办理取保候审时应采用财保方式,禁止采用人保方式等。

2007 年,市公安局下发《市公安局"协同办案系统"推广应用工作实施方案》,正式启用协同办案系统。法制处负责规范系统审核审批流程,各类相关文书管理、修改、完善,利用协同办案系统加强执法工作监督和管理等。

2009 年,市公安局下发《关于进一步规范市公安局案件审核审批工作的通知》,规定案件审核实行书面审核、全面审核,提出审核意见,建立案件审核台账,实行执法责任制和责任追究制度等内容。是年,下发《关于进一步规范市公安局案件审核审批工作的补充通知》,统一办理取保候审、移送案件两类案件内部呈批样式。

2010 年,市公安局下发《关于进一步规范几类刑事执法证据审查的通知》,进一步规范物证、书证、证人证言、被害人陈述、犯罪嫌疑人供述和辩解、鉴定意见、勘验、检查笔录、视听资料、电子证据等刑事执法证据的审查判断。

2011 年,市公安局下发《关于规范取保候审、监视居住审核审批程序的通知》,明确审核取保候审的范围及取保候审、监视居住强制措施报备制度等内容,规范取保候审、监视居住的审核审批。

2012 年,市公安局下发《关于明确取保候审案件审核审批相关事项的通知》,明确审核取保候审范围:保证金数额二万元以上(含本数),市区各分局办理的团伙、结伙犯罪案件以及相关支队办理取保候审案件。明确四类案件报备制度:规定各分县局、支队办理取保候审、监视居住、不予立案、撤销案件等四类案件,在决定后 24 小时内报法制支队备案等内容,规范取保候审的审核审批。

2013 年,市公安局下发《关于进一步规范市公安局指定管辖案件审核审批程序的通知》,规定各分县(市)局应严格依照公安部《公安机关办理刑事案件程序规定》关于管辖的规定办理案件。对于不属于自己管辖的刑事案件,要主动、及时移送有管辖权的分县(市)局办理;对管辖权无异议的案件,无须经过市公安局审批,自行移送;对管辖权有争议或者情况特殊的案件,需要市公安局指定管辖的,逐级进行审核审批等内容,规范市公安局指定管辖案件的审核审批。

2014 年,市公安局下发《关于进一步规范取保候审案件保证金管理的通知》,规定取保候审保证金实行"办审管分离"的管理原则,即后勤部门负责取保候审保证金专户的管理;法制部门负责保证金收取、退还、没收的审核和监督;办案单位负责保证金收取、退还、没收等法律程序的启动及流转。同时,规定收取、退还、没收保证金具体流程、管理台账、定期对账等制度,规范取保候审案件保证金管理。是年,市公安局将刑事案件法制部门统一审核、统一出口工作(以下简称"两统一")作为警务改革攻坚课题。巢湖市公安局在全市范围内率先推行"两统一"工作机制。与此同时,市公安局下发《协同办案系统应用管理暂行规定》和《协同办案系统应用管理考核办法(试行)》,规定案件审核审批网上流转,主要证据材料实时上传,法律文书、信息安全管理,网上执法监督、考核等内容,做好协同办案单轨制运行制度保障。协同办案系统"单轨制",是指除涉及国家秘密的案件,所有行政、刑事案件均应当通过协同办案系统进行网上办理,不再进行纸质材料报批,也不再开具纸质法律文书。2014 年 8 月 1 日,市公安局协同办案系统"单轨制"正式运行。

2015 年,市公安局制定《刑事案件统一审核统一出口工作方案》,规定"两统一"工作基本原则,统一审核范围、流程和方式,统一出口等具体内容,在全局正式推行"两统一"工作机制。"两统一"工作把刑事立案(仅限于经侦部门管辖刑事案件)、提请批准逮捕和移送审查起诉等主要环节统一由法制部门审核,变过去办案部门直接对接检察院移送案件为法制部门统一对口检察院,进一步强化法制部门审核、监督职能,统一证据标准和执法尺度，执法质量明显提高。是年，参照公安部和省厅关于网上执法办案规定，市公安局修订并下发《协同办案系统应用管理规定》《协同办案系统应用管理考核办法》，对案件信息录入，案件审核审批，系统、法律文书管理，考核、监督、奖惩等方面进行详细规定。采取日常考核、每月定期通报方式加强对各单位应用协同办案系统情况进行监督，将考核情况纳入执法质量考评范围。

2016年，省公安厅下发《关于刑事案件法制部门统一审核统一出口统一接受工作机制的指导意见》（以下简称"三统一"），在原"两统一"的基础上增加统一接受工作机制。是年，市公安局下发《关于办理取保候审、监视居住案件审核审批程序的通知》，规定各分局、县（市）局办理取保候审、监视居住案件，由各分局、县（市）局自行网上审批办理等内容，提高案件审核审批效率。同时，市公安局制定并下发《协同办案系统"单轨制"应用考核办法》，进一步深化协同办案系统"单轨制"应用，严格考核，杜绝系统外流转办理案件、不按规定上传案件实体材料等现象。

执法质量考评

2000年，安徽省开始实施县级公安机关执法质量考评。市公安局按照省公安厅的统一部署，在全市公安机关开展执法质量考评工作。

2001年，市公安局制定执法质量考评工作实施方案，考评内容主要为刑事、行政案卷考评和民警基本法律素质测试。案卷考评采取由市公安局从信访、复议以及案件系统、存根台账中随机抽取刑事、行政案件，从各分县局以及交警、刑警、治安、经侦、禁毒等支队抽选业务精通、责任心强的民警参加考评组。民警基本法律素质测试由考评组从各分县局及交警、刑警、治安、经侦、禁毒等支队抽取执法岗位民警及一定比例的领导班子成员参加。

2002年，市公安局调整考评工作领导小组，制定实施方案，抽调业务骨干组成考评组。坚持"公开、公平、公正"原则，实行"一个考评组、一把尺子、一种标准"。

2003～2004年，市公安局把违反考评项目执法活动、扣分情况，发现的突出的、普遍性问题及督促整改等环节全部纳入考评流程，建立考评记录档案；严格考评纪律，实行考评责任制，做到谁阅卷谁扣分，谁签名谁负责。

2005年，市公安局通过执法监督档案，将日常执法民警违反考评内容扣分情况记录在案，使执法质量考评实现对公安执法全方位监督。

2006年，执法质量考评实行"现场评议、现场打分、现场反馈"。

2007年，市公安局采取"互动、互查、互学"方式，随机抽取下属各单位刑事行政案件进行考评。

2009年，市公安局出台《日常执法质量考评办法》，每半年考评变为每季度考评，强化日常考评和动态考评。执法问题上网公布，各被检单位对考评结果有疑义，可以申请复核。

2010年，突出考评日常性，将执法规范化建设阶段性任务完成情况及执法突出问题、有理涉警投诉、有责涉法信访案件等情况纳入考评范围。

2011年，根据《安徽省县级公安机关执法质量考评办法》，市公安局将接处警情况、行政复议、行政诉讼、国家赔偿案件情况、监所管理、执法场所安全设置、涉案财物管理专项治理、社会评价纳入考评内容。

2013年,市公安局制定《2013年度合肥市县级公安机关执法质量考评办法》,将立案监督情况、内部执法监督工作和民警违法违纪情况纳入考评内容。

2014年,市公安局下发《关于进一步严格取保候审等四类案件法律审核和日常考评的通知》,规定对各单位送法制支队审核的取保候审、监视居住、撤销案件、不予立案等四类案件纳入执法质量考评等内容。

2015年,市公安局制定《2015年度合肥市县级公安机关执法质量考评办法》,将执法办案场所规范化改造、使用和管理,网上执法办案"单轨制"应用,执法活动财物审计,接处警、受案、立案、命案办理质量等纳入考评内容。

2016年,市公安局制定《2016年度合肥市县级公安机关执法质量考评办法》,将依法保障律师执业权利、行政许可实施纳入考评内容。

执法质量考评发现案件存在的问题大多为共性问题。(一)事实、证据方面:犯罪事实未查清;收集、调取的证据材料不符合法律、法规要求;应当并且能够收集的证据没有收集。(二)定性、处理方面:不能正确认定此罪与彼罪、罪与非罪;将一个犯罪行为定性为数个犯罪行为,或将数个犯罪行为定性为一个犯罪行为;部分不需要追究刑事责任的嫌疑人,应当作出行政处理未作处理或作出后未执行;在侦查活动中发现其他应当依法查证的违法犯罪事实、线索没有查证。(三)办理程序方面:适用、变更、解除、执行强制措施不符合规定;取保候审或者监视居住期间不开展实质性侦查工作;不依法履行通知、告知义务;其他在讯问、检查、搜查、扣押、辨认、送达等过程中违反有关规定。

2002~2016年合肥市公安局执法质量考评情况统计表

表15-6

年份	考评案件(卷)		执法问题整改建议(条)
	行政	刑事	
2002	3069	2861	69
2003~2004	15200	7600	138
2005	4680	2880	96
2006	1860	820	81
2007	1520	760	645
2008	—	—	—
2009	248	113	778
2010	490	229	—
2011	349	176	830
2012	220	112	967

续表 15－6

年　份	考评案件(卷)		执法问题整改建议(条)
	行　政	刑　事	
2013	568	276	1011
2014	520	474	700
2015	630		1070
2016	480	235	670

执法过错责任追究

1994 年,市公安局出台《市公安局关于实行错案追究制的暂行规定》,列举民警办错案应追究责任的情形,并成立错案追究办公室。

1999 年,市公安局出台《关于严格按法定程序办理案件的通知》,列举违法办案的情形,一经查实,按照《市公安局关于实行错案追究制的暂行规定》,追究办案人员责任。

2000～2014 年,市公安局遵照公安部出台的《公安机关人民警察执法过错责任追究规定》(公安部令第 41 号)和省公安厅出台的《安徽省公安机关人民警察执法过错责任追究办法(试行)》,依法追究执法过错人员责任。

2015 年,市公安局召开执法监督管理委员会全体会议暨执法监督工作推进会,会议审议通过《合肥市公安机关执法过错责任追究程序规则》《合肥市公安机关执法监督管理委员会工作规则》,明确执法过错责任追究的重点,针对新闻媒体曝光,行政复议、诉讼被撤销,国家赔偿,检察院作出绝对不起诉决定,法院判决无罪等类型案件开展重点督查。

2016 年,遵照新修订的《公安机关人民警察执法过错责任追究规定》(公安部令第 138 号),依法追究执法过错人员责任。通过倒查新闻媒体曝光,涉法涉诉信访,行政复议、诉讼被撤销,国家赔偿,检察院作出绝对不起诉决定,法院判决无罪等类型案件,开展重点督查活动,严格落实执法过错责任追究制。

第四节　法律救济

行政复议

1987 年,《中华人民共和国治安管理处罚条例》实施,公安机关开始行政复议工作,仅限于治安案件。

1991 年,《中华人民共和国行政复议条例》实施,对申请复议范围、复议管辖、复议机构、复议参加人、申请与受理、审理与决定、期间与送达、法律责任等作出具体规定。是年,全市公安机关发生行政复议、应诉案件 42 起。

1992～1999 年,全市公安机关发生行政复议案件 83 起。其中维持原裁决 74 起,撤销

7 起,当事人撤回申请 2 起。

1999 年,《中华人民共和国行政复议法》正式颁布实施。市公安局转发省公安厅转发的《公安部关于公安机关贯彻实施〈中华人民共和国行政复议法〉若干问题的意见的通知》,对全市公安行政复议案件管辖予以明确,对城市分局所在地公安交通警察大队作出的具体行政行为不服,向该城市公安分局申请行政复议,对县局交警大队作出的具体行政行为不服的,向县局申请行政复议;城市公安交通警察大队所管辖的路段跨两个或两个以上行政区域的,由市公安局负责复议。对隶属市公安局的公安消防、边防机构作出的具体行政行为不服的,由市公安局负责复议。

2005 年,市公安局实行复议案件"公开听取意见会"(涉及国家秘密、商业秘密、个人隐私或者未成年人的案件不公开举行)、行政案件"证据调查听证会"两项制度。以模拟法庭形式,由复议申请人与作出行政处罚的公安机关当场对质、辩论,其他公民可以参加旁听,以保障当事人实现平等陈述、质证和辩论等权利,充分听取多方面的意见;在此基础上,依法对原办案单位收集的有关证据、客观存在的事实、办案程序、案件定性、适用法律依据等进行核查。是年 3 月 21 日、28 日,先后为两起行政复议案件举行公开听取意见会和行政案件证据调查听证会,部分分局、县局、支队的科、所、队长以及执法业务骨干列席旁听。

2010 年,市公安局对办理的每宗行政复议案件写出审查报告,对发现的行政执法问题,下达《行政复议意见书》,将问题反馈给办案单位,责令限期整改。

2011 年,市公安局开通网上受理行政复议系统,申请人可通过互联网提起行政复议申请。

2015 年,市公安局制发《关于开展行政处罚案件群众公议工作有关事项的通知》,明确实行行政处罚案件群众公议的范围及具体工作安排。行政处罚案件群众公议工作的开展,对促进规范公安行政处罚行为,完善行政执法公众参与机制,减少行政复议、诉讼数量,化解各类行政争议起到积极作用。

若干年份合肥市公安局行政复议情况统计表

表 15 - 7　　　　单位:起

年　份	行政复议申请	不予受理	维　持	撤销、变更限期履行	当事人撤回申请
2000	38		28	5	5
2003 ~ 2004	74	2	43	7	22
2005	23	1	15	2	5
2006	19	2	12		5
2007	25	1	14	5	5
2008	31		27		4
2009	25		17	4	4

续表 15－7 单位:起

年 份	行政复议申请	不予受理	维 持	撤销、变更限期履行	当事人撤回申请
2010	63		53	4	6
2011	128		93	13	22
2012	88		46	30	12
2013	57		41	11	5
2014	84	2	72		10
2015	125	3	104	4	14
2016	149	4	125	7	13

行政诉讼

《行政诉讼法》于 1989 年通过,1990 年 10 月 1 日起施行。1990 年 11 月 30 日,市公安局转发省厅转发的公安部制定的《关于公安机关贯彻实施〈行政诉讼法〉若干问题的通知》,该通知对委托出庭应诉问题、关于公安派出所参与行政诉讼问题等作出规定。

1992～1999 年,全市公安机关发生行政诉讼 9 起,其中 1 起法院判决公安机关败诉,8 起判决公安机关胜诉。

2006 年,市公安局制定《合肥市公安机关负责人出庭应诉和民警旁听庭审规定(试行)》。

2013 年,市公安局转发市政府《合肥市行政首长出庭应诉工作办法》。行政首长出庭应诉工作纳入年度依法行政考核。

2015 年,修订后的《行政诉讼法》开始施行,明确将作出维持原行政行为决定的复议机关在诉讼时作为共同被告,有助于提升复议机关的责任意识,督促复议机关切实履行监督职能;加大对公民诉讼权利的保障,将未经复议的案件起诉期限由 3 个月延长至 6 个月;明确被诉行政机关负责人应当出庭应诉,有利于行政争议的化解。自新修订的《行政诉讼法》施行后,市公安局作为共同被告的行政诉讼案件大幅上升。

2016 年,全市公安机关行政应诉 177 起,同比上升 70.2%。市公安局采取加大行政案件内部审核力度,有针对性地开展执法培训等多种形式,规范公安机关执法活动,加强行政应诉工作。

刑事复议、复核

2013 年,公安部《公安机关办理刑事案件程序规定》(2012 年修订)正式施行,规定公安机关作出驳回申请回避、没收保证金、对保证人罚款、不予立案决定,当事人有权申请复议、复核。复议、复核主要涉及不予立案的情形,对于受案单位不予立案的,由所属分县局复议(业务支队受案的,由市公安局复议),复议后维持不立案决定的,当事人可向上一级公安机关申请复核。此规定意在最大限度地保护当事人在立案环节的合法权益

2014 年,公安部《公安机关办理刑事复议复核案件程序规定》颁布实施,进一步规范公安机关刑事复议、复核案件办理程序。规定公安机关办理刑事复议、复核案件,遵循合法公正、有错必纠原则。公安机关法制部门作为刑事复议、复核专门机构。

2015 年,控告人刘某报称:2004 年 11 月,其通过大圩乡招商引资办,以 7 万元的价格购买位于包河区骆岗街道石桥村的 2.8 亩土地,后在土地上建了厂房,做宠物养殖场使用。2010 年 5 月其将厂房出租给张某松使用。2015 年 3 月 14 日被骆岗街道强行拆除,财物损失 60 多万元。2015 年 8 月 19 日,包河分局对刘某所报案件以无犯罪事实为由作出不予立案决定。8 月 21 日,刘某不服提出复议申请,8 月 27 日,包河分局以无犯罪事实为由作出维持不予立案的复议决定。8 月 30 日,刘某向市公安局提出不予立案复核申请。9 月 29 日,经复核,鉴于案情复杂,案件事实不清,需要进一步查证,延长复核期限 30 日。10 月 29 日,鉴于包河分局撤销维持不予立案的复议决定和原不予立案决定,该案需要继续调查取证,作出中止对包河分局不予立案的复核程序,同时,责令包河分局在两个月内作出立案或者不予立案的决定。2016 年 1 月 11 日,鉴于包河分局已对该案立案侦查,申请人刘某提出撤回复核申请,市公安局作出终止复核程序。

2013～2016 年合肥市公安局办理刑事复议、复核案件情况统计表

表 15－8　　单位:起

年份	刑事复议		刑事复核				
	申请	维持	申请	不予受理	终止	维持	撤销
2013	2	2	9			9	
2014	2	2	14			13	1
2015	1	1	15	2	1	12	
2016	1	1	27	2	2	20	

国家赔偿

1995 年,《国家赔偿法》实施,市公安局申请下拨国家赔偿金 100 万元。

1998 年,省公安厅对《关于不服裁决赔偿损失或者负担医疗费用的申诉期限问题的请示》作出批复,确定治安案件的当事人不服公安机关作出的赔偿损失、负担医疗费用裁决的,应当告知当事人到人民法院民事诉讼,公安机关不予复查。

2014 年,公安部颁布《公安机关办理国家赔偿案件程序规定》,对受理、审查决定、刑事赔偿复议、执行等办理国家赔偿案件的环节进行明确规定。是年开始,市公安局一直遵照执行该规定。

2015～2016 年,市公安局发生 6 起国家赔偿案件。其中,1 起决定不予赔偿,5 起维持原不予赔偿决定。

国家司法救助

国家司法救助是对遭受犯罪侵害和民事侵权,无法通过诉讼获得有效赔偿的当事人采取的辅助性救济措施,重点解决符合条件的特定当事人生活面临的急迫困难。国家司法救助以支付救助金为主要方式,同时与思想疏导、宣传教育相结合,与法律援助、诉讼救济相配套,与其他社会救助相衔接,是有效保护当事人合法权益,促进社会和谐稳定的重要措施。

2015 年,合肥市国家司法救助工作全面启动。市公安局成立国家司法救助工作领导小组,负责组织实施本单位司法救助工作。2015 年 9 月 15 日,合肥市委政法委、市财政局等八部门联合下发《合肥市国家司法救助实施办法(试行)》,根据《实施办法》,市公安局制定《市公安局国家司法救助实施细则(试行)》,细则要求,每一起司法救助案件都要经过申报单位逐级审核和领导小组召开案件评查会集体研究,确保案件审核审批公平、公正和客观。截至 2016 年,市公安局审批同意救助 76 案,救助金额 254.5 万元。

第五节　公安执法管理

法制员队伍建设

法制员是公安执法管理的具体实施者,案件的审核把关、内部执法监督和执法质量考评等工作都要通过法制员来实现,公安机关的法制员是执法办案的监督员和质检员。其职责是:进行法律审核,并提出书面审核意见;提供法律指导服务,解答民警执法疑难问题;组织开展案例点评、旁听庭审,举办法制讲座和法律知识培训;参与办理涉及所在单位的行政复议、应诉及国家赔偿案件等。

2006 ~ 2008 年,市公安局对法制员制度建设进行探索,逐步确立法制员的职责、任职条件等。2009 年,在调研、探索的基础上,制定出台《市公安局法制员管理规定》,明确法制员的任职条件和选任程序、工作职责和任务以及法制员的管理和奖惩,将法制员制度作为一项长效机制建立起来。2011 年,在部分所队实行专职法制员委派试点工作。专职法制员参与派驻单位执法办案、严把案件审核关口,发挥职能作用,试点工作取得实效。2012 ~ 2013 年,市公安局连续举办全市公安机关法制员业务技能竞赛,以赛促练、以考促学,103 名法制员参加竞赛。2014 ~ 2015 年,先后举办全市公安机关提高执法质量培训班,全局专兼职法制员、案审民警培训班,170 人参训。2016 年,市公安局有专兼职法制员 635 名。法制员在案件审核、日常执法考评、案例点评指导等工作中,发挥重要作用,充分发挥法制员的法律服务和执法监督作用,推进执法规范化建设。

办案场所规范化建设

2010 年以前,各分、县(市)局没有规范性的办案场所,也没有统一的建设标准。2010 年 4 月,市公安局印发《关于规范办案场所设置的通知》,对执法办案场所的设置进行规范,防止执法安全事故的发生。2010 年 10 月和 2011 年 3 月,公安部、省公安厅先后出台文件对派出所、刑侦等部门的执法办案场所设置规范进行具体规定:办案单位应将接待群众、内部办公、办案和生活区域实行分区设置和管理,保持相对独立;办案区应设置在一楼,应当符合安全、保密要求,并与其他功能区实行物理隔离;应安装紧急报警装置,并配备安全检查设备;主要用于讯问、询问、候问、醒酒、信息采集、辨认、安全检查;建立覆盖各个区域的监控探头等。市公安局按照文件要求,进行执法办案场所建设或改造升级。2014 年,市公安局印发《市公安局执法办案场所讯(询)问室全程同步录音录像系统技术标准》。规范全市公安机关执法办案场所同步录音录像硬件建设,确保讯(询)问室全程录音录像系统正常有效使用。至 2016 年,全局建成并投入使用办案场所 138 个,其中办案中心 10 个,派出所办案场所 104 个;在建 4 个,其中办案中心 2 个。

办案场所使用和管理

2012 年,公安部提出"四个一律"的要求,即违法犯罪嫌疑人被带至公安机关后,一律直接带入办案区,严禁违反规定带出办案区讯问询问;进入办案区后,一律先进行人身检查和信息采集;违法犯罪嫌疑人在办案区内,一律要有人负责看管;在办案区内开展执法活动,一律要有视频监控并记录。

2012 ~ 2014 年,市公安局按照上级公安机关统一部署,组织开展公安机关规范使用办案区"四个一律"专项检查活动。开展 7 次检查,督促办案单位规范建设使用办案区。监督检查活动取得明显成效:一是办案区硬件设置水平进一步提升,办案区均实现物理隔离,安装覆盖全区域的电子监控设备,绝大部分安全隐患问题得到有效排查清理,个别执法单位的办案场所通过改造重新投入使用;二是办案民警对"四个一律"的工作要求入脑入心,规范使用办案场所的水平明显提升。

2015 年,结合省厅开展的执法办案场所挂牌整治活动,根据办案场所设置标准,市公安局对监控全覆盖、视频保存、安全隐患等几个重点方面进行补缺补差。是年 8 月,印发《关于对瑶海分局大兴所等单位执法办案场所挂牌整治的通知》。10 月,对挂牌执法办案场所整治情况进行检查验收,所有挂牌场所全部验收合格。

2016 年,市局印发《市公安局规范使用办案"四个一律"专项检查活动方案的通知》《合肥市公安机关执法办案场所安全管理"回头看"专项检查活动方案》。对执法办案场所使用管理情况和看守所讯(询)问室建设情况进行全面清查,彻底消除场所使用管理方面存在的顽疾固症,全面提高场所精细化使用管理水平,确保讯(询)问室同步录音录像设备配置齐全,进一步推动执法办案场所规范化建设。是年 8 月,对检查情况进行通报。本次检查发现各类问题 134 个,其中场所设置存在安全隐患、未与其他区域物理隔离、视频监控建设不符合要求等问题 53 个,占问题总数的 40%;违法犯罪嫌疑人在办案区内无人看管、未按要求建立办案区使用登记管理台账或未如实登记、登记不全面不规范等场所使用管理类问题 81 个,占问题总数的 60%。

涉案财物管理

2008 年以前,各办案单位自行保管涉案财物,各单位均未设立涉案财物集中保管中心。2008 年,市公安局下发《合肥市公安机关涉案财物管理规定》的通知,规范全局涉案财物管理工作。明确涉案财物范围、管理和涉案财物处理原则、各管理部门的职责及责任;确定涉案财物保管场所和保管人员,完善涉案财物登记台账,做到逐案逐物登记,手续完备,分类保管。

2011 年,根据公安部印发的《公安机关涉案财物管理若干规定》,市公安局印发《市公安局实行涉案财物集中统一管理工作方案》,实行涉案财物集中统一管理,建立健全涉案财物管理制度,坚决杜绝由办案人员自行保管涉案财物的现象,应指定不承担具体办案工作的民警负责本部门涉案财物的接收、保管、移交等管理工作。并将涉案财物管理工作全部纳入执法办案信息系统,进行实时、动态、信息化管理。

2013 年,由刑警支队承担的涉案财物集中统一管理职责,调整为由法制支队承担。是年,对《市公安局涉案财物管理规定》进行修订,更名为《市公安局涉案财物管理暂行规定》。设立涉案财物保管中心,确定涉案财物的接收、保管工作应由不承担具体办案工作的民警负责以及涉案财物管理工作纳入信息化建设。

2014 年,市公安局研发涉案财物管理系统,在庐阳分局和肥西县局试点运行。涉案财物管理系统的应用实现涉案财物分级管理、办案与保管相分离、来源去向明晰、妥善保管、案结物清、依法及时处理,对涉案财物实行信息化、动态化管理,一物一档,条码管理,设置期限,自动提醒,全程流转涉案财物。

2015 年,根据中共中央办公厅、国务院办公厅《关于进一步规范刑事诉讼涉案财物处置工作的意见》和公安部《公安机关涉案财物管理若干规定》文件精神,再次对《市公安局涉案财物管理暂行规定》进行修订,更名为《市公安局涉案财物和涉案人员随身物品管理规定》。主要修订涉案财物管理部门职责和分工,设立涉案财物保管室条件,涉案财物保管年限以及违反涉案财物管理规定的法律责任等。

附:公安普法工作

1985 年 11 月,中共中央、国务院转发中宣部、司法部《关于向全体公民基本普及法律常识的五年规划》。是年 12 月,全国人大常委会作出《关于在公民中基本普及法律常识的决定》。

"一五"普法(1986~1990 年)于 1986 年开展,普法内容主要是"十法一条例":即《宪法》《民族区域自治法》《刑法》《刑事诉讼法》《民法通则》《民事诉讼法(试行)》《婚姻法》《继承法》《经济合同法》《兵役法》《治安管理处罚条例》,全市公安机关的普法重点在《刑法》《刑事诉讼法》和《治安管理处罚条例》。市公安局通过"一五"普法,在执法民警和人民群众中普及依法办事的理念,养成依法办事的习惯。

"二五"普法期间(1991~1995 年),市公安局围绕党和国家的中心工作,深入学习宪法,有针对性地学习国家基本法律常识,有计划、有步骤、分层次、分部门地学习专业法律知识,在工作中以宣传宪法为核心、以专业法为重点,普法活动开始转向学用结合、依法治理的轨道。

"三五"普法期间(1996~2000 年),市公安局对全体民警继续开展宪法、其他基本法律知识以及与维护社会稳定有关的法律知识教育,着重抓好有关社会主义市场经济法律知识的普及,不断提高全市公安机关依法办事、依法管理的水平和能力,普法工作逐步走向制度化、法制化。"三五"普法期间,市公安局逐步开展具有公安特色的法制宣传教育活动,“110”“119”“626”等宣传活动成为惯例。2001 年,市公安局被合肥市委、市政府授予“合肥市‘三五’法制宣传教育暨依法治市先进集体”荣誉称号。

“四五”普法期间(2001 ~2005 年),市公安局坚持法制教育与法制实践相结合,以法制宣传教育为基础,全方位推进依法治理工作。市公安局每年支出普法宣传及购买普法教材、订阅法制报刊费用 30 万元。从 2003 年开始,陆续投资 4 万余元建起阅览室,购置 2200 余册书籍供领导干部和广大民警学习法律知识。举办法制讲座 136 场,法制教育培训班 35 期,培训民警 4448 人次,普法教育面达到 100%。全市各级公安机关组织形式多样的群众性普法宣传活动,进学校 115 处,上法制课 350 余场,播放宣传光盘 44 场,展出展板 540 块,发放宣传材料 124420 份,悬挂宣传条幅 112 条,张贴宣传画 377 张,学生受教育人数达 81900 人次;进乡镇 82 处,播放宣传光盘 48 场,展出展板 685 块,发放宣传材料 21600 份,悬挂宣传条幅 125 条,张贴宣传画 518 张,农民受教育人数达 328530 人次。利用自办的《合肥晚报 · 庐阳警方》《警视窗》《安徽消防》和安徽交通广播电台等媒体进行普法宣传,扩大社会影响面。2005 年,市公安局被省公安厅授予“全省公安机关‘四五’普法工作先进集体”。

“五五”普法期间(2006 ~2010 年),市公安局以“法律六进”活动为载体,充分发挥“五五”普法工作在“平安合肥”建设中的重要作用。组织开展广场法制宣传教育活动,积极参与合肥市“法治一条街”“法治广场”创建活动。通过法律咨询、法律服务和法律援助等形式,为农民、城镇居民以及流动人口、外出务工人员、下岗职工等特殊群体提供有效的法律服务。加强对在校学生的法制宣传教育。各派出所及交警、消防部门以法制副校长、法制辅导员为载体,组织民警深入辖区校园,组织开展法制进校园、消防安全进校园、交通安全进校园等活动。全市公安机关进学校上法制课 350 余场,播放专题片 64 场,展出展板 540 块,发放宣传材料 10 万份,悬挂宣传条幅 112 条,张贴宣传画近千张,学生受教育人数近 10 万人次。依托《合肥晚报 · 庐阳警方》《警视窗》等公安自办栏目平台,在新闻媒体开展法制宣传教育。市公安局警官艺术团深入三县农村地区、基层边远所队、社区、学校、企业、敬老院等单位,开展慰问演出 20 场,观众达 2 万余人。市公安局党委中心组学法 247 次,参与学习 3587 人次。市公安局培养和创建执法示范单位 7 个,其中庐阳分局、稻香村派出所被评为“全国公安机关执法示范单位”,蜀山分局被评为“全省县级公安机关执法示范单位”,市公安局驻肥东县公安局龙岗派出所服务队被公安部评为“全国公安机关基层执法质量先进服务队”。

“六五”普法期间(2011 ~2015 年),市公安局以社区警务为载体,深入开展社会面普法宣传,每年利用重要法制宣传教育日和“普法江淮行”的专题普法宣传活动,设立法律宣传咨询点。利用社区(农村)警务室为流动人口等特殊群体进行法制宣传教育工作。全市公安机关进学校上法制课 500 余场,展出展板 450 余块,发放宣传材料 13 万份,悬挂宣传条幅 152 条,学生受教育人数近 20 万人次。以文艺演出的形式送法到基层,警官艺术团基层慰问演出 40 余场次,观众达 3 万余人。在依托电视、广播、报纸等传统传媒进行法制宣传的同时,开拓网络宣传通道,利用微博、微信、QQ、论坛等现代网络传播途径,进行法制宣传。市公安局党委中心组学法 300 余次,在全警中开展“以人为本,执法为民”的执法理念教育,筑牢执法为民的思想基础。市公安局被安徽省依法治省领导小组办公室表彰为“全省‘六五’普法中期先进单位”。

第六节　公安信访

1998年以前，人民来信来访工作由市公安局办公室专人负责处理。1998年，市公安局设信访科（副科级）。2010年，信访科更名为信访处（正科级），负责接待来访群众，阅办群众来信，初信初访事项核查，督办信访案件和稳控信访重点人。

信访工作制度

20世纪90年代，市公安局实行随时接待群众来访，领导接待来访日，综合研究、汇报，多办少转、归口办理4项信访工作制度。信访干部必须具备群众观点和一定政策业务水平，掌握处理信访事项的原则和方法。

1998年，市公安局建立局长接待群众来访日制度，确定每周二上午为局长接待日，采取预约接访的形式。局长接待日批办的信访案件在1个月内向接待局长报告办理结果。是年，制定《市公安局信访工作领导小组工作制度》，确定信访工作例会、通报、督办、协调、信访网络和信息反馈、回访等6项制度。

2003年，市公安局设立群众来访接待室，把接访民警照片、办公电话、信访工作职责、信访事项办理规定等上墙公布。对群众来访反映的问题在1个月内予以答复。是年，市公安局规定每月15日，不论是工作日还是节假日，由一名局领导主持局长接待日活动。凡是局长接待日受理的群众来访反映的问题，信访科都必须根据接待领导的处理意见进行跟踪督办，确保件件有查处结果，给来访群众以满意的答复。全年局长接待日处理群众来访反映的问题35件次，群众满意率达89.3%。

2005年，市公安局建立健全公安信访事项受理登记和转送制度、督察督办制度、案件终结制度，形成一套公安信访事项的受理、转送、交办、督办、回告、答复、复查、通报等各个环节相互衔接、操作性强的工作程序。

2006年，市公安局制定下发《市公安局机关部门警种接待处理信访事项暂行办法》，建立部门、警种解决信访问题的制度，实行信访案件归口办理，明确各部门、各警种和机关有关处室在办理信访案件方面的职责分工，加大信访部门协调督办力度。制定《伤害案件和交通事故的处理工作规范》，落实信访事项责任倒查和责任追究制度。制定《预防和处理信访案件责任倒查追究暂行办法》和《合肥市公安派出所基层基础工作倒查办法（试行）》。把通报信访工作纳入局双月例会制度，与其他公安业务工作同研究同部署。建立完善局长接待日制度。市公安局和分县局两级公安机关对日常信访事项及时协调办理，一些疑难的、重要的信访问题被预约提交局长接待日接待处理。

2008年3月，市政府开通“12345”政府服务热线。“12345”政府服务热线电话办公室采取网络派单、电话直转（三方通话）等形式，向全市各有关职能单位交办市民的各类诉求。热线开通后，市公安局受理的转办事项剧增，市公安局各相关办理单位采取切实可行措施,及时解决值守接听等方面存在的问题,做到"确保畅通、热情受理、及时处理、力求满意"。自3月开通至10月底,市公安局办理1215件热线转办事项,同期上升172.4%。受理的市长热线电话转办事项总量居全市前列,按期反馈率、办结率及群众满意率等3项指标均居全市85个职能单位前列。

2009年,市公安局建立信访案件评查制度,定期组织相关警种部门和信访工作单位对重大信访案件和事项进行评查和通报。

2013年,市公安局在全实行市、县两级公安机关领导干部定点接访、重点约访、专题接访、带案下访和领导包案等"四访一包"制度,要求各单位创新接访方式方法,提高工作实效性。将疑难复杂、涉及面广、政策性强及苗头性、群体性信访事项作为班子成员接访下访的重点,着重解决一般干部、单个部门解决不了的事项。各单位在继续坚持"一把手"和班子成员每月(周)接访时间和次数的基础上,在全国"两会"及中共"十八届三中全会"期间实行全天开门接访。对赴省进京访和重大、疑难信访事项,涉及单位的班子成员主动约访当事人,引导信访人把问题解决在当地。

2014年,对于进京非正常访、重复赴省到市访以及重大、疑难信访事项,市公安局领导亲自接访,指导、督促涉及单位及时化解矛盾纠纷,把信访群众吸附、稳控在当地。加强对信访人的法制教育和思想疏导,引导信访群众依法、理性、有序维权,对在信访活动中扰乱工作秩序违反法律法规的,及时收集固定证据,坚决依法打击处理,确保正常信访秩序。

2015年,市公安局制定出台《市公安局信访工作组织领导及运行机制》《市公安局信访事项办理规范》《市公安局信访问题责任倒查追究规定》等7个涉法涉诉信访改革配套文件。从依法规范办理涉法涉诉信访事项、源头治理控增减存、有责事项倒查问责、信访基础建设等方面入手,推进信访工作法制化、规范化建设,指引全市公安信访部门从受理、转送、交办、答复、办结等各个环节,对接待处理的信访事项进行认真审查、甄别,引导信访群众通过法律途径解决合法诉求,推进"诉访分离",以法制思维依法处理信访问题。是年,市公安局远程视频接访系统建成投入使用,实现与公安部、省公安厅互联互通。

2016年,市公安局建立规范领导干部接访工作和信访督查专员管理制度,引导信访群众通过法律途径解决合法诉求,推进"诉访分离"。推进律师参与代理和化解涉法涉诉信访案件工作,出台具体细则,为律师参与化解和代理涉法涉诉信访案件工作提供制度保障。坚持初信初访事项季度核查通报机制,严格落实倒查问责。建立打击处理进京非访人员违法行为考核机制,治安拘留14名进京非访人员,对1名在逃非访重点人员予以刑事拘留处罚。

办理信访事项

自1990年,市公安局接待日常来访群众,阅办群众来信,办理信访复查,呈办上级机关发函交办件及领导批示件,办理并回复市长热线电话办公室的网络转办事项,办理"省长信箱""厅长信箱""局长信箱"中信访事项留言。据不完全统计,1990～2016年,市公安局办理群众来信来访10235件,办理电子类信访事项72892件。

2003～2016 年合肥市公安局接待、办理信访事项数据统计表

表 15－9　单位:件

年　份	来信来访	电子类信访
2003	980	512
2004	953	907
2005	2927	925
2006	726	398
2007	715	940
2008	677	2194
2009	615	2337
2010	412	3229
2011	354	4324
2012	307	6244
2013	424	10118
2014	485	10512
2015	388	13545
2016	272	16707

注:电子类信访包括市长热线、市长信箱、警务网留言

信访专项治理活动

2002 年,市公安局开展信访隐患排查和集中清理遗留信访问题专项整治,116 件信访遗留问题全部办结。

2003 年,市公安局开展信访老户专项清理和信访举报积压件集中清理整治工作,完成省公安厅交办的信访举报积案 15 件,市公安局排查出来的信访举报积案 63 件,全部办结。

2004 年,市公安局开展集中处理涉法涉诉信访问题专项治理活动,完成省公安厅和市委政法委督办的 66 件涉法信访案件。

2007 年,市公安局开展集中排查化解矛盾纠纷,解决公安信访疑难问题攻坚战,办结上级交办的全部 23 件疑难信访案件。

2008 年,市公安局开展重信重访专项治理,推进信访规范化建设活动,办结中央政法委、公安部、省人大、省公安厅等上级机关交办的 19 件信访案件。

2009 年,市公安局开展涉法信访案件集中整治活动,完成市委政法委交办信访案件 21 件,自排信访案件 13 件。是年,市公安局信访部门开展上海世界博览会安保涉沪人员

的背景审查工作,完成 66 批次 1729 人次背景审查任务。

2010 年,市公安局开展化解信访积案攻坚战活动,化解信访案件 14 件。其中,中央政法委交办 2 件,省人大交办 6 件,省公安厅交办 6 件。

2012 年,市公安局先后组织开展重点信访案件专项治理、积案化解推进、涉法涉诉及信访积案化解督办和集中清理涉法涉诉信访积案四项活动,完成各级交办信访积案 32 件,其中中央政法委、公安部和省公安厅交办 19 件、市信访联席会议交办 3 件、市人大交办 2 件、市委政法委交办 8 件。

2013 年,市公安局开展重点信访案件集中交办化解攻坚和疑难信访案件化解攻坚战活动,摸排梳理出 31 件重点信访案件进行集中化解,并全部办结。

2014 年,市公安局开展公安信访突出问题治理专项行动,摸排梳理出 42 件信访案件进行集中化解,并全部办结。

大接访

2005 年,按照公安部部署,省公安厅决定自 4 月份起,在全省开展为期 5 个月的大接访工作。4 月 21 日,市公安局在全国率先启动县、区公安(分)局大接访工作。大接访分三个阶段,第一阶段从 5 月 18 日到 7 月 17 日,由县级公安机关一把手处理属于本级公安机关管辖的信访事项;第二阶段从 7 月 18 日到 8 月 17 日,由地级公安机关一把手处理属于本级公安机关管辖的信访事项,并协调做好信访人不服县级公安机关处理意见请求复查的信访事项;第三阶段从 8 月 18 日至 9 月 6 日,由省级公安机关主要负责人接待处理属于本级公安机关管辖的信访事项。在大接访的第二阶段,市公安局制定《市公安局集中处理群众信访问题工作责任追究办法》《集中处理群众信访问题文件材料归档办法》等规定和办法,建立健全信访首问责任制、领导包案制等制度。开展“百名局处领导包案下访处理信访事项”活动,市公安局 112 名局、处领导下访、回访群众 225 次。政治部、指挥中心、科技处、治安管理支队等直属单位的领导对一把手接待的 112 起信访事项进行包案下访,112 起信访事项全部办结。在大接访第三阶段,包案处理的信访事项当事人 80% 被稳定在当地,没有越级上访。大接访期间,市公安接待受理群众信访问题 2053 件,全部办结;停访息诉 2045 件,停访息诉率为 99.61%;市公安局领导接待群众来访 174 件,全部办结;公安部交办的 33 件全部停访息诉。先后化解姚昌敏、卜兰英等一批疑难信访案件。

附:信访案例选录

宋某弟信访案

2009 年 2 月 24 日晚,合肥居民祁某国的妻子宋某林在家中突然晕倒,经医院抢救无效死亡,医院诊断为心源性猝死。公安机关对现场进行勘查、询问和尸体的初步检验,排除他杀可能。但死者父亲宋某弟及其家人对死因有异议,认为是其女婿杀害。自 2009 年 3 月开始,多次到各级公安机关信访,要求对宋某林死亡一事进行立案侦查,并要求安徽公安机关全体人员回避尸检。为此,省、市和分局公安机关领导及信访部门多次对其接待。2009 年 9 月,省厅作出决定,同意聘请北京华夏物证鉴定中心进行鉴定。但当尸体化冻准备解剖时,宋某弟又提出公安机关要先立案再进行尸体检验的无理要求,导致出现僵局。为此,市委政法委、省公安厅先后于2011年和2012年将此信访案件交办包河分局化解。

2011年,包河分局先后赴六安金寨县和肥东县,找宋某弟的社会关系人做矛盾化解工作,并多次约谈宋某弟夫妇的兄弟姐妹,其亲戚的意见均支持尸体解剖,并表示愿意配合公安机关积极做宋某弟的思想工作,以尽快结案。经做大量工作,宋某弟仍坚持己见且不与公安机关接触,导致无法开展尸体解剖工作。后包河分局又做死者母亲和弟弟的思想工作,两人提出不愿做尸体解剖,要求其女婿补偿60万元费用即火化尸体,因双方就补偿费用分歧较大,导致该信访事项一时难以化解。2011年8月9日,包河分局以没有犯罪事实决定不予立案,后宋某弟申请复议,经公安机关审查,维持不立案决定,宋某弟又向包河区检察院申请立案监督,检察院也维持公安机关的决定。与此同时,包河分局将该信访事项报结。

2012年3月,省公安厅再次将宋某弟信访案件交办包河分局,要求开展化解工作。包河分局领导高度重视,多次约谈双方,耐心做化解工作。终于在2012年6月6日,双方达成协议,同意尸体火化,同时死者丈夫愿意将包河花园的一套住房(回迁房)过户给死者母亲陈某作为补偿,祁某国当场在协议上签字,但在要求宋某弟签字时,其担心签字后房屋产权不过户,当场不予签字并独自离去。由于宋某弟无联系电话且行踪不定,当民警想方设法找到宋某弟时,其又出现反复,坚持要求公安机关立案侦查,否则尸体摆放一百年不动,之后则一直不见其踪影,不管不问此事。为了尽快化解该信访事项,包河分局信访办工作人员多次约谈死者母亲陈某,数次在夜晚到其家中做思想工作,打消其关于房屋产权问题的疑虑。最终,陈某表态虽宋某弟一直不知去向且对此事不管,自己可以全权做主处理女儿后事,并于2012年6月21日在协议书上签字,同时签字同意停访息诉。

信访人虽不再信访,但死者尸体还未火化,包河分局积极开展后续化解工作。而此时,死者宋某林的尸体已存放在殡仪馆3年多,费用高达十几万元。考虑到双方家庭均难以承担如此高的费用,包河分局向市委政法委汇报,与市民政局、财政局、合肥市殡葬管理处积极协调免除停尸费用。2012年7月,市委、市政府领导批示同意对停尸费用予以免除。待双方要进行房屋过户时,原回迁房房主又提出要求补偿其3万元,包河分局又多次做原回迁房房主的思想工作,同时向包河区政法委汇报,在区政法委和骆岗街道的支持下,2012年8月19日上午,原房主无偿配合双方办理房产过户,并商定房屋过户相关手续暂由包河分局保存,待死者火化后再交给死者母亲。而针对死者丈夫要求在火化前将死者户口注销一事,由于死者宋某林户口在淮南,户主系宋某弟,而宋某弟对此不管不问,也不愿提供户口本去销户,导致死者母亲陈某两次到淮南办理销户未果。2012年11月底,包河分局又书面向省公安厅、市公安局报告,通过省厅信访办、治安总队的协调和淮南当地公安机关的配合,方将死者户口销户。

2013年元月,当包河分局向死者母亲提出商定具体火化事宜时,死者母亲又提出必须先将房屋过户手续交到其手再商定火化一事,包河分局考虑到信访人一家犹豫不决、反复无常等性格因素,未答应其要求。经多次的做工作,约定在合肥市殡仪馆同时交接房屋过户手续和办理火化手续,并于2013年4月16日办理相关手续,同时决定于2013年4月21日上午火化尸体。考虑到火化一事应通知死者父亲宋某弟,2013年4月17日,包河分局又安排民警专程驱车前往淮南,寻找到宋某弟,并书面告知火化事宜。4月21日,死者尸体如期顺利火化。至此,该起停尸长达四年之久的疑难信访事项,终于彻底化解。

李某松信访案

2012年12月24日,滨湖某土菜馆报警称有人被打,经开分局锦绣派出所出警现场,了解系土菜馆店主李某松的妻子高某萍被一男子打伤。李某松认为可能是某专卖店的石某指使他人所为,两家因小孩玩耍受伤赔偿问题曾闹过矛盾,要求公安机关处理石某。案发后,因为肇事者逃离现场,派出所前期调查,无证据显示石某与本案有联系,无法确定嫌疑人,致使案件调查一度陷入僵局。

自2013年3月开始,李某松先后频繁到经开分局、市公安局、省公安厅上访,反映锦绣派出所办案不力,要求尽快追究打人者责任,并要求对方给予赔偿。

经开分局高度重视李某松上访案件,召集分局法制大队、信访室、锦绣派出所、刑警大队负责人专题讨论,研究调查方案,加大案件调查力度。此案受理后,锦绣派出所领导及办案民警多次上门与李某松等人进行沟通,试图获取案件线索,但信访人李某松对公安机关办理案件的证据要求不理解,执意要求民警在没有掌握充分证据的情况下将其所称的嫌疑人石某关起来。分局信访室也多次与信访人李某松沟通,通报案件调查进展情况。

2013年4月27日,锦绣派出所再次将石某传唤到经开公安分局刑警大队,经审讯,石某交代了其唆使周某殴打高某萍的违法事实。2013年5月15日,经开分局依法对石某作出治安拘留十日并处罚款五百元的处罚。当告知信访人李某松对石某的处罚结果时,信访人李某松拒绝在处罚决定书上签字,要求公安机关就石某给予其赔偿问题一并解决。

2013年5月20日,经开分局接待信访人李某松,告知其案件办理结果,解释公安机关职责和权限,并告知信访人李某松可以凭公安机关的处罚决定书,到人民法院依法提起民事赔偿诉讼。经多次协调和多方努力,李某松最终同意通过法律途径,向肇事者石某提出民事赔偿诉讼。至此,该信访案件圆满终结。

郭某成信访案

2012年9月18日,郭某成在安徽省第二建筑工程公司南陵路小区84栋附近被人打成轻伤,要求公安机关尽快破案。案发后城东派出所受案办理,及时开展相关调查取证工作。2012年10月19日,经市公安局刑科所鉴定,郭某成被打伤构成轻伤,城东派出所遂将此案立为刑事案件侦办,后又与责任区刑警二队联合开展侦查工作。由于案发时无现场目击证人,加上受害人郭某成高度近视、整个案发地段监控稀缺,办案民警一时找不到有价值的案件线索,导致案件一直未破。

信访人郭某成自2012年12月份开始先后到瑶海分局、市公安局、省公安厅上访。瑶海分局多次接待信访人郭某成,鉴于信访人郭某成及其儿子均有中度抑郁症,分局领导在责成办案单位加大办案力度的同时,明确告知郭某成,其被故意伤害一案,公安机关将竭尽全力侦办,力争尽快查明案情,抓获涉案犯罪嫌疑人。

2013年9月份,瑶海分局专门组织相关人员三次召开郭某成信访事项分析研判、推进会,明确指示要侦破此案。瑶海分局在深入梳理、排查案件相关线索的同时,充分通过信息主导警务的实战经验,先后在安徽、江苏、上海、浙江等地的十余个市县,夜以继日、马不停蹄地开展侦查工作。经过办案民警的不懈努力,成功将犯罪嫌疑人沈某、吴某森、李某华等人抓获,成功侦破郭某成被故意伤害一案。2013 年 11 月 19 日下午,信访人郭某成在得知案件侦破后,特地从庐江县工地赶到瑶海刑警二队,当面向办案民警表示感谢,并书面承诺对此案件不再上访。

徐某峰信访案

2013 年 3 月 24 日,肥西官亭镇八十墩村民李某成驾驶电动三轮车由南向北行驶至芦塘村二标料场前,与正在道路上横向倒车的袁某军驾驶的皖 N89629 号大型货运汽车发生交通事故,电动三轮车驾驶人李某成,乘坐人韩某珍、徐某受伤,徐某经抢救无效死亡。

死者徐某的父亲徐某峰等人对交管大队事故中队出具的"无法认定交通事故责任"的结论不服。徐某峰 8 次到肥西县公安局上访,并写信到中纪委,投诉肥西县公安局交通警察管理大队在处理此次交通事故过程中枉法裁判,办案民警在处理此次交通事故过程中有违法违纪行为。

接到当事人投诉后,肥西县公安局主要领导高度重视此案,从法制、纪检、督察、交管大队、有关派出所等部门抽调骨干民警组成联合调查组,对徐某峰投诉的各项问题进行认真调查和核实。经调阅卷宗材料、核查警情登记系统、询问现场目击证人、当事人等方式,认为肥西县公安局交管大队在处理"3·24"交通肇事案件中不存在执法不公、渎职失职、枉法裁判的行为。

7 月 19 日下午,县公安局法制大队、督察、纪检、官亭派出所和交管大队负责人在官亭派出所办公室对信访人徐某峰及其亲友给予对"3·24"交通事故案件重新调查后的答复,并劝解信访人徐某峰回归理性,正确认识到善后处理的方式,听从规劝,尽快处理好善后事宜。经过努力,在各警种的通力协作下,7 月 20 日上午,徐某峰在交管大队人民调解室签订调解协议。

第十六章　公安信息化建设

公安信息化是提高公安机关整体战斗力的重要途径,是提升公安工作水平的重要载体。随着信息技术的迅猛发展,现代信息技术在公安工作中发挥的作用日益突出。1995年,市公安局设通信科、计算机监察管理科,承担全市公安信息化建设和管理。2002年,设立科技处。2003年,科技处内设科技管理科、安全技术防范管理科;信息通信处内设通信科、网络管理科。2005年,在信息通信处基础上成立"合肥市公安信息中心"。

1990年以来,市公安局不断开展各类有线、无线通信基础设施建设和科技工程软硬件建设,丰富通信手段;与高校和企业科研单位合作,研发并推出一大批技术革新成果,为指挥决策提供强有力的科技支撑。

第一节　信息通信建设

信息网络建设

公安信息通信网建设　公安信息通信网是为各种与公安业务有关的应用系统提供信息交流与共享的平台。公安信息通信网分为一级网、二级网、三级网、四级接入网。一级网是公安部到各省公安厅信息通信网络,二级网是省公安厅到各市公安局的网络,三级网是各市公安局到分县局的网络,四级接入网是县公安局(分局)到基层所队的网络。

1991年,埋设市公安局至刑警大队500米50对地下管道电缆,在办公区和宿舍区架设600米40对专用电缆,8台传真机投入使用。市公安局完成无线组网工作,帮助东市分局重新组网。新建双工基地台、单工基地台14座,车载台11部。1995年,配备VAX－4200小型机一套,386以上P100各113套,全面开通城市三级网,实现信息中心与局长室、指挥中心、分局、派出所、刑警支队、交警支队、政保处、治安处、出入境管理处等100多个网点联网。1996年,开始建设公安信息通信网,通过DECnet(数字设备公司网络)网络协议向分县局传输各类数据。DECnet网络协议采用电话线作为传输介质,市公安局安装8部电话,用于接收拨号信号,成功拨号后,用户可进行人口数据查询。2001年,开始公安三、四级网络建设。2003年,完成设备采购及安装部署,并通过租用电信运营商光纤线路,建成全市公安三、四级网络,同步建成市公安局机关局域网,实现网速100兆带宽传输。2005年,对公安二级网线路进行升级改造,网络带宽提升至100兆。2007年,二级网带宽扩容至1000兆,三、四级网带宽提升至1000兆。2012年,市公安局借助原巢湖市公安局划转设备,对市公安局至安徽省公安厅公安二级网进行优化升级,实现网络设备及链路冗余备份,网络带宽升级至2000兆。2015年,市公安局通过“以租代建”方式,开展全市公安三、四级网优化升级工作,组建公安专用传输环网,实现公安三级网设备及链路冗余备份,三级网带宽升级至2500兆,四级网带宽升级至1000兆,市公安局机关局域网骨干带宽升级至10000千兆。

公安互联网建设　20世纪90年代末,市公安局互联网用户配置调制解调器和一根电话线,向本地ISP(分层服务提供商)供应商申请账号,通过拨号连接到互联网,带宽最大不超过20千字节每秒。2002年,市公安局建设公安网门户网站“合肥警务网”,主要用于工作动态和通知通报发布。2003年,市公安局租用电信运营商IP专线,实现市公安局机关互联网接入,网络带宽为100兆。2005年,以合肥市公安二、三级网为载体,通过多协议标签交换虚拟专网(MPLS VPN)技术组建政法专网,实现省、市、县各级检察院、法院、司法局单位的互联互通。2006年,开通市电子政务专网接入,网络带宽为100兆,实现市统一政务信息处理平台在市公安局的部署与应用。2013年,对互联网接入专线进行扩容升级,网络带宽提升至200兆。2015年,新版“合肥警务网”上线运行,网络带宽提升至400兆,完成新版统一政务信息处理平台的安装。

音视频通信建设

公安语音电话　1993年,市公安局从南斯拉夫引进第一套程控电话系统,提供200线电话用户。1997年,建设新一代的飞利浦公安电话程控交换机系统,号码容量为1000线,并与110接警台直连,通过模拟线路与市话互通,并与安徽省公安厅专线电话网互联。1999年,进行市话中继线路数字改造,与电信通过数字中继线直连。2004年,通过复用设备实现与安徽省公安厅专线电话数字中继互联。2006年,建成覆盖市区公安机关的VOIP语音电话,提供1000线IP电话用户。2008年,原有IP电话数量严重不足,IP电话号码资源扩容到3000个。2012年,因原有程控交换机系统设备老化,新建华为程控交换机系统。2015年,开始论证全局15000门电话建设方案,新建系统将覆盖全市公安机关。

公安视频会议系统　1996年,市公安局建设第一套模拟电话会议调度机,通过模拟电话线路实现多方电话会议的召开。2003年,模拟电话会议升级为数字电话会议调度系统。2004年,建成一套科达2兆视频会议系统,实现与公安部、安徽省公安厅召开远程视频会议的目标,原有的数字电话会议调度系统作为视频会议的语音备份系统。2006年,对科达2兆视频会议系统进行扩容,系统覆盖至所有分县局及驻外支队;满足各单位参加由公安部、安徽省公安厅、合肥市公安局召开的各类视频会议的需要。2007年,市公安局至安徽省公安厅建设一套科达6兆视频会议系统,作为原有2兆视频会议系统的备份。2009年,安徽省公安厅给合肥市公安局配发一套可视调度指挥系统,此系统24小时运行,作为省、市、县公安机关指挥部门可视调度、应急指挥的重要手段。2011年,市公安局完成图控中心建设,实现音视频应用系统和音视频资源的整合,方便公安图像控制管理工作。2014年,依托量子通信的高度保密性,自主建设一套保密高清视频会议系统,覆盖至各分局及部分驻外支队,满足全市公安机关重大决策、远程会商的需要。2015年,开始筹划建设覆盖全市的高清视频会议建设,满足新形势下各级公安机关召开、参加视频会议的需求,提升视频会议收看效果。

无线通信

350兆模拟通信系统　1993年,市公安局开始350兆无线集群系统建设,采用泰和公司设备建设4信道标准基站,全局有对讲机120部,主要给110接处警单位使用。1996年,系统扩容为8信道。扩容后,单基站350兆系统运行更加稳定,各类警务指挥通信更加畅通。2001年,350兆系统进行改频改制,采用泰和公司二代产品,将低频段改为高频段,8信道单基站建立在合肥市公安局指挥中心大楼,覆盖全市建成区。2007年,采用万格公司10信道单基站系统,替换原有的泰和系统。2008年,建成350兆联网控制中心,将主基站扩容到16信道,并在经开区新建一座8信道基站,新基站与市公安局基站联网,350兆系统告别单基站状态,进入联网时代。是年,交警支队指挥通信并入全局集群通信网,在交警指挥中心安装无线调度系统,与主基站联网,除高速交警使用常规信道外,其他所有大队均使用集群信道进行通信。2009 ~ 2013年,建设包河、高新、新站、滨湖、东部城区、新桥机场6个分基站和包河、高新、磨店3个光纤直放站。2013年,将高新分基站迁移至大蜀山顶并对其进行扩容升级,提高基站的覆盖范围及使用效率。依托350兆集群基站开展录音系统建设,为市区各350兆分基站配置录音服务器、录音板卡、接口,安装录音软件,对基站所有的通话进行录音和存储。2015年,建设350兆基站8座,72个通信信道,光纤直放站13套,网内电台5000余部,350兆集群信号覆盖市建成区90%以上的区域。

350兆数字通信系统　2014年,因350兆模拟通信系统自身存在的一些固有缺陷得不到根本解决,无法满足警务工作指挥通信的需要。市公安局与国内PDT主流研发单位合作,在全市建设350兆数字集群试验网,测试电台自动跨站过网功能、语音通话质量、环巢湖水面覆盖效果及其他数字集群功能,为全局无线通信系统的建设提供技术和经验积累。是年,制订合肥轨道交通350兆警用数字集群系统需求方案,轨道交通350兆警用数字集群系统与市公安局地面350兆模拟集群网有机衔接,整合为一套完整、统一的通信调度网。2015年,市公安局牵头开展合肥政务应急指挥调度数字通信专网建设方案论证及完善工作,计划建设1套全网控制交换中心、市区10个基站PDT通信网、环巢湖10个基站PDT通信网、全市高速15个基站PDT通信网、1套市区应急同播通信系统、1套机动应急通信系统以及一定数量的数模兼容PDT终端,实现合肥市区、环巢湖区域以及合肥市辖区所有高速公路全覆盖。是年,轨道一号线350兆警用数字集群系统开始建设。

公安应急通信系统　2008年以前,市公安局一直依赖公安无线系统作为应急指挥系统,实现前后端的语音互通。2008年,市公安局建成一套基于编码正交频分复用技术的600兆无线图传系统。该系统包括车载图传一套、固定点接收站两座、前端单兵图传一套。2009年,利用高性能越野车辆建设一套3G(第三代移动通信技术)图传车,与无线图传车互补,满足不同场合下的图像传输需求。2011年,市公安局与市人防办、应急办共同完成“动中通”卫星通信车建设,在市公安局大楼配套建设固定卫星地面站,实现全天候条件下的卫星通信。2011年,接收原巢湖市公安局的应急通信车,该车综合340兆图传、350兆常规转信台、3G图传等设备。2012年,建成直升机高清图传系统以及配套“静中通”卫星通信系统，直升机采集的图像可直接传输到市公安局并在指挥中心大屏上显示。2014 年，“天网工程”建设完成，市公安局整合日常有线视频资源以及 340 兆图传、直升机图传、3G/4G（第四代移动通信技术）图传、卫星通信车等应急视频资源与天网平台对接，实现通过一个平台可调看各类视频资源的功能。

信息网络安全建设

2005 年，市公安局公安信息通信网、互联网建成防火墙、入侵检测、网络版杀毒软件；公安信息通信网建成“一机两用”监控安全设施，初步建成网络安全防范体系。2005 ~ 2007 年，通过省公安厅下发和市公安局采购，全部在职民警全部配备数字身份证书（PKI）。2007 年，市公安局自建成市级公安身份认证与访问控制管理（PKI/PMI）系统，制定《合肥市公安信息系统数字身份证书管理办法（试行）》等文件，加强数字证书使用与管理。2011 年，建成公安网边界接入平台。搭建社会企事业单位接入，党、政、军机关接入，公安机关驻地外接入，视频安全接入和移动警务接入 5 条链路平台。是年，综合信息系统查询、一键通全文检索系统、派出所基础工作管理系统、旅馆业信息查询系统等大部分应用系统均改造成数字证书单轨登录，确保应用系统数据安全使用。2012 年，通过“一机两用”监控系统在全局分发“安全 U 盘”，即在公安网数据拷贝必须使用安全 U 盘，确保公安网络信息安全。2013 年，集中清理“一机两用”监控系统中非法被保护设备、无效设备和不合格的注册数据，建立完善保护设备申请制度。2014 年，采购新一代防火墙，采用 IP 与 MAC 绑定策略，防止公安网电脑误接互联网自动获取 IP 地址导致“一机两用”安全事件。2015 年，建成边界接入平台公网信息采集链路。

附：机房建设

1993 年，市公安局中心机房始建于合肥市公安局办公大楼（位于寿春路与阜阳路交口西 100 米）3 楼，面积约 100 平方米。1997 年，新增 3 台 ALPHA 系列小型机，提高信息存储量，计算机运转速度加快，数据提取更加快捷、准确。1999 年，市公安局新建办公大楼落成（位于寿春路与六安路交口西北角），中心机房同步搬迁至办公大楼 4 楼，4 楼东、南、北三面区域全部按照机房标准设计，初步启用东面机房区域，面积约 160 平方米。2011 年，机房进行一期扩容改造，将南边区域约 70 平方米培训教室扩容为机房，同时升级改造 UPS 系统、供配电系统、空调系统等。2013 年，将北边区域计算机培训教室改造为中心机房，扩容面积约为 100 平方米。2014 年，将南边约 70 平方米的会议室扩容为机房，采购 1 台容量为 160KVA 的 UPS 主机和 40 节 200AH 电池，采购 2 台制冷量为 65kW 的精密空调及 1 台制冷量为 25kW 的工业空调，提高机房基础设备环境的安全性、可靠性、冗余性。

2014 年，市公安局向市政府申报业务技术用房项目建设。是年，市发改委同意业务技术用房项目立项建设，项目地址位于滨湖新区徽州大道与黄河路交口东北角。2015 年，信息中心组织开展业务技术用房智能化系统及数据中心机房规划设计工作，形成智能化项目 18 个子系统规划方案和数据中心机房整体规划初步设计，并通过市国资委组织的可行性报告评审。

第二节　信息系统建设

金盾工程

“金盾工程”实质是公安通信网络与计算机信息系统建设工程,主要包括:全国公安综合业务通信网、全国违法犯罪信息中心、全国公安指挥调度系统工程、全国公共网络安全监控中心4个方面。“金盾工程”是公安机关利用现代化信通技术,增强统一指挥、快速反应、协调作战、打击犯罪的能力,提高公安工作效率和侦查破案水平,适应新形势下社会治安动态管理的工程。其目的是实现以全国犯罪信息中心(CCIC)为核心,以各项公安业务应用为基础的信息共享和综合利用,为各项公安工作提供强有力的信息支持。

2003年,公安部在全国范围内正式启动“金盾工程”建设,合肥市公安局随即开展“金盾工程”一期建设。2005年底,基本完成“金盾工程”一期建设任务。2009年,市公安局分批次开展“金盾工程”二期项目建设,2013年,“金盾工程”二期建设完成。

金盾工程使市公安局网络、安全等信息化基础设施进一步完善;公安业务工作信息在采集、使用、维护上基本实现信息化流程;人口基本信息等八大信息资源库和主要业务信息系统的数据质量全面达到完整、准确、鲜活的要求;社会信息资源的共享利用进一步拓展和充实;公安“大情报”系统等高端应用得到推广,公安信息资源综合开发利用水平提高;全警采集、全警利用、全警共享的公安信息化应用格局基本形成。

应用信息系统建设

1993 ~ 2016年,市公安局建成各类业务应用系统和综合应用平台22个,并不断进行更新升级,使办公、办案更加高效、便捷,达到信息共享和综合利用的目的,也推动公安警务模式的变化,实现公安现代化。

若干年份合肥市公安局应用信息系统(应用平台)建设一览表

表16 - 1

年　份	信息系统名称
1993	常住人口信息管理系统
2006	综合信息查询系统
	派出所基础工作管理系统
	旅馆业治安管理信息系统

续表 16－1

年　份	信息系统名称
2007	警用地理信息系统
	积分预警分类管控系统
	协同办案综合管理系统
	教育训练一网通系统
	协同办公系统
	请求服务系统
	运维管理平台
2009	现场勘验信息系统
	一键通检索系统
2011	语音回访与短信评警系统
2012	超级情报系统(SIS)
	民警个人工作档案系统
	情报信息综合应用平台
2014	公安信息系统应用日志安全审计平台
	警务信息综合应用平台
2015	警务数据云中心和警务智能语音云平台
	移动警务系统
2016	人脸识别系统

附:合肥科技强警示范城市建设

2006 年,公安部和科技部联合下发《关于天津等城市开展第二批科技强警示范城市建设工作的通知》,合肥市被确定为第二批开展科技强警示范城市建设工作的 38 个城市之一。是年,合肥市政府启动科技强警示范城市项目建设。2008 年,项目竣工,合肥市被公安部授予"全国科技强警示范城市"称号。

2006 年,肥西县公安局被省公安厅授予"科技强警示范县"称号。2009,肥东县公安局被省公安厅授予第二批"科技强警示范县"称号。

通过科技强警示范城市建设,全市公安机关三、四级千兆网络全覆盖;电视电话会议系统开通到所有分县局、部分支队和市区所有派出所;网络语音电话系统覆盖率 100%,安装网络电话 2065 部。基层所队普遍配备 U 盘、数码相机、数码摄像机等"工作必备五小件";基层一线 2728 名民警全部开通手机警务通。配备固定点电子警察 126 套,移动电子警察 49 套,部分交通岗亭实现数字化。完成八大信息资源库、"金盾工程"一期 23 个应用系统以及省公安厅 5 个重点项目建设,存储各类业务数据 3500 万条,主要公安业务实现网上运行。

第三节　视频监控系统建设

“3111”工程

“3111 工程”即城市报警与监控系统建设,每个省选一个地(市)、每个地(市)选一个县(市、区)、每个县(市、区)选一个乡(镇、街道)进行城市报警与监控系统建设。

2005 年,公安部印发《关于开展城市报警与监控技术系统建设的意见》,提出在全国开展城市报警与监控技术系统建设。是年,公安部科技局制定《城市报警与监控系统建设“3111”试点工程实施方案》,提出在全国开展城市报警与监控系统建设“3111”试点工程。是年,合肥市被省公安厅确定为“3111”工程全省试点城市。

2006 年,合肥市“城市报警与监控系统建设”技术方案通过省公安厅、公安部“3111”试点工程专家论证。市委、市政府下发《关于推进城市报警与监控系统建设的意见》,明确“3111”工程建设目标、原则、任务、步骤及工作要求。2007 年,合肥市城市报警与监控系统建设项目在市政府采购中心完成公开招标工作。2008 年,市公安局建成城市报警与监控系统传输平台,建成监控中心 31 个,公安自建前端监控点 1107 个,在建 575 个,全市公安机关大门口安装监控点 92 个。全市党政机关、金融单位、企业事业单位、居民住宅小区、商场、超市、学校、医院建设报警与监控系统 820 余个,安装前端监控摄像机 2.1 万余个、入侵探测器 1.7 万余个、紧急报警按钮 2.05 万余个;建成交通卡口 32 处,主要出城卡点 5 处,高速公路出口卡点 8 处,实现车辆号牌自动识别、实时比对。至 2008 年底,利用监控系统,直接抓获各类现行违法犯罪嫌疑人 490 名,破获各类案件及提供线索等 390 余起。

“天网”工程

“天网”工程,即城区电子监控系统,指的是为满足城市治安防控和城市管理需要,利用图像采集、传输、控制、显示等设备和控制软件,对固定区域进行监控和信息记录的视频监控系统工程。

2010 年 3 月,市公安局将视频监控建设推进列为全局重点工作。拟定 8000 个监控点建设规划,完成建设方案及技术方案的编制。经市政府批准,由国资委牵头,推进项目具体建设实施。4 月,市委、市政府下发《关于在全市中小学、幼儿园安装视频监控系统的通知》,要求建立覆盖中小学校及幼儿园人员进出通道的校园视频监控系统,并纳入全市视频监控系统整体规划,作为天网先期工程启动。是年,市区 600 多所中小学、幼儿园建成 795 个高清数字视频探头,5 万个视频点接入容量的视频监控网络平台。市公安局建设 1 个一级监控中心后台系统,7 个公安分局二级监控中心,39 个派出所三级监控中心。

2012 年,市公安局编制全市“天网”工程建设需求方案。需求方案提出:按照点线结合、分层设防、封闭成环、汇聚成网的原则,重点开展市区三道防线、社会面和重点部位等探头布点建设，实现在全市范围内监控视频的有效覆盖和违法人员、车辆活动轨迹的有效管控。是年，市政府专题听取“天网”工程建设汇报，原则同意项目建设，并作为全市重点项目纳入“大建设”工作计划。

2015 年，“天网”工程开发 1 套视频综合平台、搭建 2 朵视频云、开发 9 类应用，完成 15670 个探头图像接入平台应用。其中普通探头 15512 个，高空探头 78 个，卡口 21 套(80 个探头)，补光灯 2000 套。整合公安自建视频资源 2057 路，包含校园监控 795 路、交通监控 1230 路、卡口及电子警察 32 路；整合社会视频资源 3510 路，包括火车站南北广场 22 路、淮河路步行街监控 40 路、环保局黄标车卡口 51 套、徽商银行监控 414 路、公交集团视频监控 1887 路、高铁南站监控 819 路、合肥市奥体中心监控 16 路、运管处监控 28 路、部分小区监控 233 路。

2016 年，合肥市“天网”工程二期项目建设方案，通过中央综治办、国家发改委、公安部三部委审核。该项目将在城区新建高清视频探头 1.8 万余个，系统开展全市社会视频监控资源整合，完善视频应用基础支撑建设，拓展全市视频监控资源共享应用，深化视频图像信息智能应用，推动构建“全域覆盖、全网共享、全时可用、全程可控”的公共安全视频防控体系。市公安局开展“天网”工程二期准备工作，梳理汇总政府机关和公安机关内部建设需求，启动布点摸排工作。是年，对分县(市)局“天网”建设方案审核评估，推进支网建设项目落地，攻关支网与“天网”主干网网络兼容和安全防范难题。市区规划探头 8658 个，拟启动建设探头 5356 个，完成有效接入平台应用探头 409 个；县(市)规划探头 7723 个，拟启动建设探头 6463 个，有效接入应用探头 3234 个，整合重点单位、重要场所、交通卡口等视频资源 1.4 万余路。是年，“天网”工程一期项目通过全国、省专家验收。

第四节　科技管理

科技专家库

2010 年，市公安局印发《关于批准合肥公安科技专家库人选的通知》，确定 98 人为公安科技专家库专家，其中社会专家 27 人，公安内部专家 71 人。

2013 年，市公安局印发《关于对合肥公安科技专家库征集意见的通知》，对公安科技专家库进行补充修改，确定 76 名专家，其中社会专家 30 人，公安内部专家 46 人。是年，市公安局印发《关于印发〈合肥市公安科技专家使用管理办法(暂行)〉的通知》，从专家库建设管理、专家库使用、专家的权利和义务三个方面，对专家的遴选、管理、使用、经费、职责进行规定。

2010～2016 年，合肥公安科技专家为公安科技信息化发展规划编制提供咨询，对拟建设的重大公安科技信息化建设项目进行立项论证、评估，对公安科研成果或应用成果进行评审、验收、鉴定，定期开展科技信息化知识讲座及交流，为公安工作提供技术支持与服务，帮助公安科技信息化人员和基层民警了解科技信息化新知识，解决技术难题，提高公安机关科技信息化应用能力。

科技合作

2010 年,市公安局与安徽中新软件有限公司联合成立合肥市公安局网络安全技术研究中心,共同开展网络犯罪打击、网络突发事件处置新技术的应用。

2014 年,与中国电子科技集团第三十八研究所、中国科学技术大学、合肥工业大学、华为技术有限公司签订合肥城市公共安全技术研究联合实验室合作协议,成立联合实验室,开展研发合作与交流。是年,与科大讯飞股份有限公司共同建设语音基地,商讨在社会管理信息化、警务语音云平台、智慧城市建设等方面进行战略合作事宜。

2015 年,与安徽中新软件有限公司签订战略合作框架协议,共同开展网络安全与大数据分析技术应用和相关智能装备的研制推广。

截至 2016 年,市公安局通过与高校、企业科研单位合作,申报国家、省、市科研项目 27 项。其中,公安部 8 项,安徽省 8 项,合肥市 11 项。

若干年份合肥市公安局申报公安部科技计划项目一览表

表 16－2

年　份	申报项目	合作单位
2008	嵌入式智能卡口系统	安徽继远软件有限公司
2011	数模一体智能集成监控主机设备研制	安徽农业大学、安徽恒瑞科技有限公司
	多媒体服务网站监管技术研究	安徽中新软件有限公司、中国科学技术大学
2012	公安语音回访与短信评警系统	安徽山立信息工程有限公司
2013	结合量子通信的身份认证技术应用	安徽量子通信技术有限公司
	基于智能终端的勤务联动指挥系统的研究	上海益创信息科技有限公司
2014	基于移动警务终端的智能语音技术应用	安徽中科大讯飞信息科技股份有限公司
	外场专用结构光型立体足迹扫描仪开发	中国电子科技集团公司第三十八研究所

若干年份合肥市公安局申报安徽省“科技强警专项”项目一览表

表 16－3

年　份	申报项目	合作单位	备　注
2011	视频监控系统图像状态自动识别、统计与分析	合肥博微安全电子科技有限公司	已验收
2013	互联网基础信息智能搜索与数据挖掘应用平台	安徽中新软件有限公司、中国科学技术大学	已验收
	手机数据采集分析系统	合肥宝龙四凯信息科技有限公司、安徽农业大学	已验收
	社会治安视频监控枪球联动及接力跟踪系统研发	安徽大学、安徽水天信息科技有限公司	已验收
2014	审讯对象微表情高速智能摄像系统研究	合肥君达高科信息技术有限公司	
	智能消防侦察机器人的研制	安徽大学	
	海量人脸图像快速检索云服务平台及应用示范	中国科技技术大学	
2015	城市视频安全防控体系研究	安徽四创电子股份有限公司	

2005～2007 年合肥市公安局申报合肥市科研项目一览表

表 16－4

年　份	申报项目	合作单位	备　注
2005	公安信息移动服务平台	安徽山立信息工程有限公司	已验收
2006	面向反恐处突领域的海量人脸图片比对系统研究	安徽山立信息工程有限公司	已验收
	基于空间分析和指挥学研究的可视化警用系统	安徽迈普德康信息科技有限公司	已验收
	城市报警与视频监控系统管理平台	安徽广成科技有限责任公司	已验收
	基于数字建模技术的公安情报信息研判分析综合应用平台	安徽中科大讯飞信息科技股份有限公司	已验收
	基于 CDMA 无线视频传输技术的警务监管和快速响应系统应用	合肥工业大学	已验收

续表 16 – 4

年 份	申报项目	合作单位	备 注
2007	刑事科学技术业务管理系统	瑶海分局	
	可视化警务(案件)综合管理和智能分析决策系统	庐阳分局	
2007	动态视频监控智能卡口关键技术研究与示范	安徽广成科技有限责任公司	
	基于空间立体数据模型的社区警务可视化管理系统	安徽迈普德康信息科技有限公司	
	目标物体的视频智能识别、跟踪与报警系统	安徽广成科技有限责任公司	

科技成果

2009 ~ 2016 年,市公安局不断开展基层技术革新活动,取得一批技术革新成果,项目成果不仅在工作中发挥重要作用,且具有很高的推广应用价值,16 个项目获得全国、安徽省公安基层技术革新奖。

2009 ~ 2016 年合肥市公安局技术革新成果一览表

表 16 – 5

年 份	项目名称	获得荣誉
2009	网上指纹比对破案十法	全国应用战法类三等奖
	视频采集技术在基层交通管理中的多功能开发应用	全国应用战法类三等奖
	刑事科学技术业务管理系统	安徽省技术应用开发类三等奖
2010	“一键通”检索系统	安徽省公安机关“三项建设”优秀工作项目
	电子物证应用工作法	安徽省公安机关“三项建设”优秀工作项目
	MAC 地址在现代侦查中的作用	安徽省公安机关“三项建设”优秀工作项目
2011	机动车检测远程监管系统	全国公安基层技术革新奖三等奖
2012	语音回访与短信评警系统	安徽省公安机关“三项建设”优秀工作项目
	教育训练一网通系统	安徽省公安机关“三项建设”优秀工作项目

续表 16－5

年　份	项目名称	获得荣誉
2013	基层民警教育训练平台	全国公安基层技术革新优秀奖
	合肥市校园监控视频系统	安徽省公安机关“三项建设”优秀工作项目
2015	基于智能终端的勤务联动指挥系统	全国公安基层技术革新二等奖
	动态管控五法	全国公安基层技术革新优秀奖
2016	基层交警日常巡逻发现、上报、处置闭环管理系统	全国公安基层技术革新奖一等奖
	人体损伤程度快速鉴定软件	全国公安基层技术革新奖三等奖
	视频监控摄像机布点工作法	安徽省公安基层技术革新奖二等奖
	基于移动警务终端的情报语音采集	安徽省公安基层技术革新奖三等奖

第十七章　机关文秘管理

1995年3月9日,成立合肥市公安局指挥中心(办公室),为副县级机构。2010年,合肥市公安局指挥中心(办公室)更名为警令部(办公室)。警令部(办公室)除负责110接报警、指挥调动各警种进行协同作战、处置重大刑事、治安和灾害性事故外,还承担全市公安机关的政务工作。即:负责掌握全市各地公安工作情况,调查、收集、分析、研究、报告有关社情及公安信息,为领导决策提供服务;经办、督查、督办上级以及领导交办的有关工作和公安数据汇总;管理或指导公安的档案等工作;负责全局办公自动化系统管理和指导全局公文办理工作等。

第一节　文　秘

文书管理

1998年4月,根据市编委《合肥市公安局职能配置、内设机构和人员编制方案》,指挥中心内设秘书科和调研信息处。秘书科编制3人,负责机要文电的收发,行政公章的保管、使用,保密工作及机关各类文件的打印。调研信息处编制9人,负责全局公安业务和专项业务的调查研究,以及对外宣传工作;掌握全市公安工作情况,综合分析敌情、社情和社会治安情况;收集、分析、反馈各类公安信息,负责《每日情况》《公安简报》《情况汇报》《重要情况专报》的编写、传递;负责有关会议和文件材料的撰写和整理工作;负责人大代表、政协委员的各类建议和提案的办理工作。

公文处理　20世纪90年代,公文管理逐步走向科学化、制度化、规范化。2007年后,市公安局建成协同办公系统,非涉密文件实现网上收文、发文和流转,传统办公方式向无纸化办公转变,公文处理效率大大提高。截至2016年年底,协同办公网上收文81610件,发文24496件。

印章管理　印章管理是文书管理部门的一项重要职责。市公安局党委印章、党委书记签名章由政治部保管,市公安局印章、局长法人印章由警令部(办公室)保管,内设机构、派出机构印章,看守所、拘留所印章及各级党组织负责人、行政负责人私章由各单位保管。21世纪初,随着使用印章频率、范围的不断扩大,市公安局对印章使用范围和批准权限作出补充规定,全市公安机关行文用印、业务用印、介绍信用印,均按规定严格执行。

会议制度

2009年市公安局专门下发《合肥市公安局工作规则》，规范会议制度，根据会议规格和事项涉及范围，分为一类、二类、三类会议和紧急会议四个类别。

一类会议　主要是指全市公安工作会议，全市公安系统英模表彰会议，部署涉及多警种、多部门的重大专项工作的全局性会议，以及公安部、省公安厅等上级机关召开的，要求各单位主要负责人收听收看的重要电视电话会议等。一类会议由局长或副局长提请局长审核同意后召开，重要会议经市公安局党委会议或局长办公会议研究通过后召开。会议由局长或局长委托的副局长主持，各单位主要负责人及其他有关人员参加。

一类会议包括全市公安工作会议及例会。全国、全省公安会议之后，市公安局均根据上级会议精神，及时组织相关部门深入基层调查研究，起草贯彻落实上级公安会议精神的有关文件，适时召开全市公安工作会议。每年度根据公安工作的需要，适时安排月度或季度例会。全市公安工作会议以及例会的材料、议程等工作，均由市公安局警令部具体负责。会前完成有关议题、程序、文件草稿、讲话初稿及会议所需各项资料的准备和组织；会后对会议形成的文件、纪要、领导讲话等材料进行整理打印，上报下发。

二类会议　主要是指涉及单个警种业务，以市公安局名义召开的，要求各市公安局各单位分管负责人参加的专项工作会议。二类会议由涉及业务的主管部门提出意见，逐级呈送市公安局分管副局长、局长审批同意后召开。会议由市公安局分管副局长主持。会务工作由业务主管部门牵头，警令部、警务保障部等单位参与。

三类会议　主要是指各支队、市公安局机关处室召集各分局、县局对口部门负责人及相关人员参加的，部署本部门、本系统业务工作和队伍建设的会议。三类会议由召集会议单位主要负责人审定后召开，并报市公安局警令部登记备案。对于邀请市公安局领导出席会议的，召集会议的单位要在会议前2天内将邀请函呈交市公安局相关领导，并将市公安局领导出席会议情况报警令部备案，由召集会议单位负责会务工作。

紧急会议　主要是指研究、部署紧急突发情况处置工作的临时性会议。紧急会议根据市公安局领导指示随时召开，并根据市公安局领导指示和工作需要，通知相关部门人员参加会议。由涉及业务的主管部门负责会务工作。

省、市人大建议和政协提案办理

省、市人大建议和政协提案办理，是公安机关每年承办的一项重要工作。2009年3月，市公安局印发《合肥市公安局关于办理市人大代表、政协委员建议提案工作规定》，规定每年人民代表大会和政协会议结束后，市公安局警令部对上级交办的建议、提案逐件分类登记，提出拟办意见，经局领导审批后，下发督办通知单，指定办理单位；各承办部门对所承办的建议、提案，一般在2个月内办理完毕；问题比较复杂的，最迟不得超过3个月办结；承办单位根据办理工作进度，在办理中与人大代表和政协委员进行充分沟通，汇报办理情况，在充分征求意见建议的基础上形成答复意见，报送警令部。警令部整理并报经相关局领导审阅批准后，以文件形式报送市人大和市政协。2015年，根据国务院、省、市《关于做好人大代表建议和政协委员提案办理结果公开工作的通知》和政府信息公开有关规定,市公安局将经审查可以公开的建议和提案办理复文,采用主动公开的方式在政府信息公开网和合肥警务网上进行公开。2016 年,市公安局承办省政协提案 6 件(主办 5 件、会办 1 件),市人大议案 1 件,市人大建议 13 件(主办 6 件、会办 7 件),市政协提案 73 件(主办 48 件、会办 25 件),全部办结。

调查研究

警务调研 调研处自 1998 年起,每年牵头组织开展警务难题调研,围绕群体性事件处置、社会治安防控体系建设、情报信息工作体系建设、城乡社区警务工作机制、流动人口管理新机制、公安信息化应用机制、公安"大情报"建设等重大课题,深入基层,开展理论和实践研究,把广大基层民警的有效做法和特色经验进行总结完善,上升到理论和制度的高度,撰写调研文章、实施方案等材料 100 余份,为领导决策、方案制定提供第一手资料。

社会治安调研 围绕"问安于民",调研处每年组织开展"压降多发性案件,促进社会治安好转","万名民警访平安",征求企业和投资者意见等调研活动,全面收集广大群众对社会治安状况的反映,及时发现治安突出问题,查找公安工作自身存在的问题和不足,研究采取有针对性的工作举措。针对社会治安的重点、热点、难点问题,开展专项调研,根据调研情况,采取有针对性的严打整治措施,推出打击"两抢一盗"工作机制、命案侦破工作机制、打黑除恶工作机制等制度,强力推进严打整治长效机制建设。

政务公开

工作体系 2014 年 6 月,市公安局下发《关于调整合肥市公安局政务公开工作领导小组成员的通知》和实施办法,明确领导小组成员及成员单位,成立市公安局政务公开工作办公室,落实专人负责推进。2016 年 9 月,市公安局从警令部、治安支队、法制支队抽调 3 人,组成政务公开工作专班。同时,市公安局下发《关于进一步加强政务公开工作的通知》,细化和规范政务公开各项工作。

公开内容 在市政府政务信息公开网主动公开发布市公安局机构组织人事变动、制定出台的涉及群众及公众利益的规范性文件、便民利民措施、财政预决算、警务工作动态、政务公开工作要点、政务公开年度工作报告等信息;编制 175 项政府权力清单和责任清单,在具体行政行为作出后 7 个工作日内,将行政审批、行政处罚结果和行政处罚决定书文本信息上网公开。受理、承办社会单位及人民群众申请公开的事项,接听答复群众咨询电话,在政府信息公开网上公布依申请公开工作程序,明确受理场所、机构、人员,建立归档制度,卷宗明确记录回复时间、公开情况,在规定时间内回复申请人并上网公开。进行随机抽查和事中事后监管工作。出台《合肥市公安局推广随机抽查规范事中事后监管工作实施方案》,建立市公安局随机抽查主体名录库和随机抽查对象名录库,明确 6 个重点抽查对象及主要工作任务,严格按照省公安厅及市政府部署,推动相关警种部门深入开展随机抽查工作。市公安局出台网民留言办理规范,安排专人每天梳理人民网、中安在线等群众反映涉及公安工作的问题,接收市委督查室交办的《网民留言办理通知》,采取下发督办单形式,明确办理单位和办理、反馈时限,办理情况纳入各单位绩效考核。

公开方式 通过市政府信息公开管理平台公开,做好合肥市政府信息公开管理平台的日常信息录入和维护工作，确立合肥警务信息网为市公安局政务（警务）信息发布的主渠道，在门户网站显著位置设立合肥市政务信息公开网的链接；通过督查督办公开，主要包括依申请公开办理、网民留言办理和人大代表建议、政协委员提案办理，明确来源渠道、办理流程和办理时限，按照规定要求及时将办理情况回复并公开；通过"七天双公示"公开，对于公安机关作出的行政许可、行政处罚、特种行业、公章刻制业许可证信息，在具体行政行为作出后7个工作日内，通过合肥市发改委"信用合肥"网站公开行政审批和行政处罚结果；市公安局建立并完善新闻发言人制度，各级公安机关普遍设置警务公开栏、公开牌以及电脑触摸屏等信息发布载体，及时向社会发布重大决策和群众关心的公安热点问题。

监督保障　每年出台政务（警务）公开年度计划、目标、措施及政务公开工作要点，明确全年工作重点、具体内容和工作要求，完善主动公开、依申请公开、保密审查等工作制度，并在工作中严格予以监督落实。完善群众利益诉求受理办理机制，出台文件，规范全市公安机关督察部门对群众投诉事项的核查、处置工作，拓宽行政复议受理渠道，不断完善行政复议职能。2014年，行政诉讼案件维持率100%，全年没有发生行政复议、行政诉讼问责案件。2015年，有一起依申请公开件答复迟延，导致行政复议败诉。2016年，完善政务公开考核制度，制发《合肥市公安局警务公开工作考评细则》，对因政务公开工作不到位、不作为等造成重大负面影响的，严格追责问责。

第二节　统　计

1990～1999年，公安统计报表采用公安部下发的纸质报表，包括刑事类报表、治安类报表、交通类报表、火灾类报表等。

2000年1月，根据公安部和安徽省公安厅统一部署，公安统计报表计算机信息系统（单机版）正式在市公安局安装运行，系统包括刑事类报表、行政类报表、报警类报表、监管类报表等。当时，由市公安局指挥中心调研处承担公安统计工作。

2006年4月，市公安局指挥中心情报处与调研处合署办公。2007年8月，情报处从指挥中心调研处划出单列，自此公安统计工作由指挥中心情报处承担。自2006年12月，开始编发《合肥公安统计提要》（每月一期），同时建立和华东及中部城市的数据交流机制，更好地服务领导决策，服务基层实战。

根据《公安统计工作规则》，市公安局统计机构和统计人员接受安徽省公安厅统计机构的指导、检查和监督，负责开展公安统计工作的综合管理，组织完成上级下达的公安统计调查任务，定期编辑公安统计资料，提供或审核市公安局内部使用和对外公布的公安统计资料，开展统计人员培训及统计软件推广使用工作。

统计项目

1990～1999年公安统计报表名称、内容及范围一览表

表17－1

报表名称	统计内容及范围
刑事案件统计月报表	公安机关所管辖的全部刑事案件的立破案等情况
刑事案件作案成员统计月报表	公安机关抓获的刑事案件作案成员的基本情况
公安工作几项主要统计指标快报	公安机关打击处理情况、查获犯罪团伙情况及缴获情况
交通事故月报表	公安机关所管辖的全部交通事故的伤、亡及损失等情况
火灾统计月报表	公安机关所管辖的全部火灾事故的伤、亡及损失等情况
治安案件统计月报表	公安机关所管辖的全部治安案件的发生和查处情况

自2000年1月,公安部统一使用的《公安统计报表计算机信息系统》(单机版)包含的报表、基本内容及统计范围。

2000～2016年公安统计报表名称、内容及范围一览表

表17－2

报表名称	统计内容及范围
刑事案件综合统计月报表	公安机关所管辖的全部刑事案件的立案、破案等情况
刑事案件综合统计月报表(附表)	统计危害国家安全案件情况、刑事案件直接受害人情况、公安机关查获犯罪集团情况以及涉外刑事案件情况
抓获刑事案件作案成员统计月报表	公安机关抓获的刑事案件作案成员的基本情况
危害公共安全案件立案统计月报表	公安机关管辖的刑事案件中危害公共安全案件的立案情况
危害公共安全案件破案统计月报表	公安机关管辖的刑事案件中危害公共安全案件的破案情况
破坏社会主义市场经济秩序案件立案统计月报表	公安机关管辖的刑事案件中破坏社会主义市场经济秩序案件以及职务侵占案件、挪用资金案件、挪用特定款物案件的受理、立案情况

续表 17－2

报表名称	统计内容及范围
破坏社会主义市场经济秩序案件破案统计月报表	公安机关管辖的刑事案件中破坏社会主义市场经济秩序案件以及职务侵占案件、挪用资金案件、挪用特定款物案件的破案、结案情况
侵犯公民人身、民主权利案件立案统计月报表	公安机关管辖的刑事案件中侵犯公民人身、民主权利案件的立案情况
侵犯公民人身、民主权利案件破案统计月报表	公安机关管辖的刑事案件中侵犯公民人身、民主权利案件的破案情况
侵犯财产案件立案统计月报表	公安机关管辖的刑事案件中侵犯财产案件（不包括职务侵占案件、挪用资金案件、挪用特定款物案件）的立案情况
侵犯财产案件破案统计月报表	公安机关管辖的刑事案件中侵犯财产案件（不包括职务侵占案件、挪用资金案件、挪用特定款物案件）的破案情况
妨害社会管理秩序案件立案统计月报表	公安机关管辖的刑事案件中妨害社会管理秩序案件和危害国防利益案件的立案情况
妨害社会管理秩序案件破案统计月报表	公安机关管辖的刑事案件中妨害社会管理秩序案件和危害国防利益案件的破案情况
妨害社会管理秩序案件补充统计月报表	公安机关管辖的刑事案件中扰乱公共秩序案件、危害公共卫生案件、破坏环境资源保护案件、组织强迫引诱容留介绍卖淫案件、制作贩卖传播淫秽物品案件和危害国防利益案件的立案、破案情况
涉枪及盗抢危险物品刑事案件统计月报表	公安机关管辖的刑事案件中涉枪及盗抢危险物品案件的立案、破案情况
毒品犯罪案件统计月报表	公安机关管辖的刑事案件中毒品犯罪案件的立案、破案情况及缴获毒品情况
违反治安管理案件统计月报表	扰乱公共秩序治安案件，妨害公共安全治安案件，侵犯人身权利、财产权利治安案件，妨害社会管理秩序治安案件的发现受理和查处情况
行政案件统计月报表	违反治安管理处罚法的行政案件以及公安机关管辖的各类行政案件的发现受理和查处情况
报警情况统计月报表	报警处警情况、出警情况

续表 17-2

报表名称	统计内容及范围
收缴罚没财物统计月报表	公安机关在办理案件中收缴罚没财物情况
抓获处理违法犯罪人员统计月报表	违法犯罪人员被依法执行逮捕、刑事拘留、取保候审、监视居住、拘传、继续盘问情况
逮捕统计月报表	公安机关管辖案件提请检察院批准逮捕情况、检察院批捕情况、实际逮捕情况
拘留所拘留人员情况统计月报表	公安拘留所拘留人员基本情况
看守所在押人员统计月报表	公安看守所在押人员基本情况
安康医院精神病人收治情况统计月报表	公安机关安康医院收治的精神病人基本情况
看守所在押人员管理情况统计季报表	以季度为期(统计时段),统计公安看守所收押非拘捕人员情况、投送监狱被拒收罪犯刑期情况以及看守所在押人员相关情况
群体性事件统计月报表	发生群体性事件的表现形式、原因、发生地域、规模、参加人员(人次)以及人员死亡、受伤、直接经济损失情况

统计方法

1990~1999年,各类公安统计报表主要由各相关警种负责收集上报,《公安工作几项主要统计指标快报》由市公安局政策研究室负责收集上报。2000年1月,公安部推行的《公安统计报表计算机信息系统》(单机版)中的各类报表由区县(市)公安局及市公安局直属单位向基层所队收集,审核汇总后上报市公安局,市公安局审核汇总后上报省公安厅。2015年10月,省公安厅情报指挥中心建设完成《安徽公安统计信息系统》(网络版)并在全省公安系统试运行,该系统改变单机版统计系统人工填写报表的模式,从协同办案、接处警等业务系统中抽取数据自动生成报表。2015年,受制于协同办案等业务系统信息质量,公安统计暂时实行网络版统计信息系统与单机版统计信息系统双轨运行。

统计管理

1999年5月,市公安局制定印发《合肥市公安局立案统计工作暂行规定》,建立刑事案件立案定期检查通报制度。2009年,建立公安统计月考核通报制度,将其纳入每年绩效考评。同时,针对统计报表数据与相关业务系统数据的差异,每月将各单位报送的报表通报相关业务警种,要求相关警种对数据审核把关并进行反馈,构建数据复审程序,确保及时修正相关统计数据。

2010年,警令部(情报处)、刑警支队、法制办、督察支队、治安支队等部门组成联合检查组,定期在全局范围内开展如实立案专项检查,通过随机抽取警情进行现场核查和电话回访,加强数据比对验证,下发检查情况通报,指出存在问题,督促落实整改,并将检查结果纳入分县局的年终绩效考评,促进统计数据的真实性和准确性。是年,警令部(情报处)、刑警、治安、督察支队轮流牵头,对市刑事案件如实立案进行3轮专项检查。2011年10月,对2011年市区各公安分局第一、二、三季度的警情反馈、治安案件受理查处、刑事案件立案等数据进行抽查。2012年6月、12月,对上、下半年各分县(市)局警情反馈、治安案件受理查处、刑事案件立案情况进行抽查;7月25日,组织召开合肥市如实立案工作会议。2013年6月、12月,对各分县(市)局上、下半年警情反馈、行政案件受理查处、刑事案件立案情况进行检查。2014年6月,对各分县(市)局上半年刑事类警情反馈、行政案件受理查处、刑事案件立案情况进行抽查。2015年,如实立案检查工作交由法制支队牵头负责。

自2000年1月《公安统计报表计算机信息系统》(单机版)正式运行以来,每年均举办统计业务培训,对基层统计员进行培训指导,培训内容涵盖统计报表系统的安装、使用、维护及统计相关法律法规等一系列内容。2015年10月,对全市公安统计员开展网络版全省公安统计信息系统视频培训,推进系统应用。

第三节　档　案

1994年6月8日,指挥中心内设档案科,编制正科级,负责对全市公安机关各综合部门、各支队、各分县(市)局及派出所的档案工作进行指导、监督和考核。档案科设领导干部1名,配4名专职档案人员,保管文书、业务、会计、科技、声像、干部等六大门类档案。8月23日,交警支队机动车辆管理所内设档案科。10月14日,明确分县局、支队指挥室职责包括档案工作。各分县(市)局指挥室设专兼职档案员,负责管理各科室、大队的全部档案,同时对派出所档案的归档工作进行指导和监督,及时帮助解决归档工作中的问题。支队、机关各综合部门秘书处(综合处)(设兼职档案员)负责整理本单位的全部档案,并移交至市公安局警令部档案室。其中,监管、出入境、交警设有档案室。各派出所设综合档案室,设兼职档案员(肥东县局经开派出所设专职档案员)。

1995年2月,市公安局成立档案管理升级领导小组、档案保密领导小组、档案鉴定销毁领导小组,确定各部门兼职档案员13名,建立档案管理组织网络。是年,市公安局机关档案管理工作通过评审,达到“省一级”标准。1998年4月3日,档案科对外称“合肥市公安局档案馆”,副科级机构,负责全局各类文书档案的管理工作,编制5人,其中副科级领导干部1名。2002年确定档案科为正科级单位,编制5人,其中正副科级领导干部各1名。2013年更名为档案室。2016年,全市公安设综合档案室单位128个,通过“省一级”认定的68个,其中肥西、肥东县局和经开分局所属单位全部通过“省一级”认定。

档案管理

1995年8月,市公安局落实财政部、国家档案局《会计档案管理办法》,对会计档案进行归类,标注会计档案保管期限等,交由市公安局档案室统一管理。

1996年3月,市公安局下发《关于印发〈公安派出所规范化建设实施意见〉的通知》,明确将派出所档案室纳入市公安局每年年底对派出所进行的考核验收,凡达标的派出所,由市公安局党委批准,命名为"规范化派出所"。

1999年5月,市公安局印发《合肥市公安局关于加强档案管理工作的若干问题的决定》,要求各分、县局确定一名专职档案员,1999年、2000年两年,40%的分县局实行计算机管理档案,2001年达到80%。

2000年起,文书档案整理方式由按卷整理转变为实行一文一件的按件整理。

2004年3月,印发《合肥市公安局机关档案工作业务建设规范》,明确机关档案工作业务。2007年,印发《合肥市公安派出所档案管理办法》,明确派出所档案按文书、专业、户籍、声像等进行分类管理。2011年印发《关于规范派出所档案管理工作的通知》,根据形势发展,对派出所档案管理作进一步规范。2013年,根据国家档案局通知要求,建立部门立卷归档制度。根据"谁产生、谁归档"的原则,进行整理归档。文书档案在次年6月前整理、验收、录入完毕,移交档案室。业务档案随办结、随归档。

2016年,印发《合肥市公安局档案管理工作规范(试行)》,对全市公安档案管理工作全流程进行规范,并提出到2018年全部单位档案管理水平达到"省一级"标准的目标。

馆藏设施及馆藏资料

1995年,市公安局在寿春路220号办公楼1层西侧调整扩大一个50平方米库房,使库房面积增至150平方米,安排调阅室面积18平方米。投入资金近20万元,用于装修库房、添置设备等,使档案库房室内灯光充足,地面粉刷后清洁卫生,墙面喷塑,安装了铝合金门窗、防盗网、高级窗帘、排气扇、五组十六列密集架,购置2台除湿机、1台切纸机等必要的档案装具和设施。是年,市公安局档案室保管档案40586卷,其中文书档案3163卷,业务档案30263卷,会计档案3254卷,声像档案41册(600张),科技档案150卷,干部档案875卷。还保存法律汇编478卷,报刊和其他资料2840册。

1999年,档案库房搬迁至市公安局新办公大楼26层。2008年,因为承重出现问题,档案库房搬回寿春路220号办公楼1层原址,设有库房两间220平方米,档案用房总建筑面积380平方米,密集架29组130米。另有除湿机4台、空调6台、灭火器、防光窗帘、防盗门窗、监控摄像系统、防磁柜等档案八防装具、设施,另有电脑、扫描仪、复印机、装订机等装具。

2008年,市公安局建设世纪科怡档案信息管理系统,大部分警种部门、各分县局和派出所安装使用。2015年,建设思源档案信息管理系统。是年,市公安局档案室保管档案108790卷、19120件,资料13718册。

若干年份合肥市公安局档案室档案库存变化统计表

表 17－3

年 份	卷	件	资料(册)
2002	73759	1261	3470
2003	77203	3167	3682
2004	89047	5623	3948
2006	106085	7214	4133
2007	107426	9036	4265
2008	107580	11100	4346
2009	101714	12212	6426
2010	107553	13214	7141
2011	108029	14212	8966
2012	108400	15244	10717
2013	108708	16464	12717
2014	108735	17847	13718
2015	108790	19120	13718
2016	108825	21119	13920

档案应用

1993 年,市公安局推行房改工作,从市公安局科技档案、基建档案图纸中,解决购房面积、工龄计算等数据,保证房改工作顺利进行。截至 1995 年,市公安局档案室编制和建立各类档案检查目录 52 本,著录卡片 36000 张,为落实党的干部政策和平反冤假错案提供翔实资料和有力证据。

2011 ~2015 年,平均每年接待查询实体档案约 300 至 400 人次。

2016 年,完成 1989 年以来文书档案中所有永久、长期及部分短期 26 万页的数字化扫描工作。是年,由于公安志编纂需要,接待文书实体档案查询共 700 多人次,档案信息网查询 2000 余人次。

第十八章　警务保障

警务保障是公安事业“肌体”内不可或缺的“血液”。其工作涵盖公安经费、警用装备、基础设施建设、应急保障以及后勤综合服务等主要内容，涉及公安工作和队伍建设的各个方面，是开展各项公安工作的物质基础，是公安机关依法全面履职和战斗力生成的重要条件。

20世纪90年代，随着公安工作对经费、装备、基础设施等保障需求的急剧增加，警务保障的重要性日益凸显，合肥公安警务保障工作经历了一个从传统的、单纯的只管“吃喝拉撒睡，桌椅板凳柜”的后勤服务，逐步向构建现代警务保障体系转型升级的过程；公安预算经费编制由“粗放式”向“精细化”转变的过程；警务保障机构和队伍也经历了一个从小到大，内部分工不断精细化、专业化的发展过程，为确保各项公安保卫任务的圆满完成奠定坚实基础。

在公安装备保有量方面，合肥市公安局指挥通信、侦查技术、执法勤务、反恐处突、教育训练等装备体系日趋完备，实现从单一型设备向复合型装备转变，从一般装备向高精尖装备转变，从零散配备到标准化配备转变，确保市公安机关民警单元化和整体化的实战能力。

第一节　警务保障改革

经费是开展各项工作的前提条件。过去，合肥市公安经费保障不足的问题十分突出，基层所队或是“等米下锅”，或是“外出化缘”，严重阻碍公安工作的正常开展。据调研统计，2005年1~10月，市区基层所队经费收入中，财政拨款仅占40.92%，捐赠收入比例达42.88%，罚没款安排、行政性收费返还等其他收入占16.2%。例如，井岗派出所同期总支出145.73万元，财政拨款为33.71万元，仅占总支出的23.13%；南湖派出所总支出54.78万元，财政拨款为9.55万元，仅占总支出的17.43%。由于财政预算拨款不足、捐赠收入比例过大，导致“乱摊派”“乱拉赞助”“以捐代罚”等现象存在，造成公安机关形象受到极大损害，所队领导精力受到极大牵扯，民警工作动力基础发生极大偏差。各级公安机关为筹措经费，在辖区内企事业单位东奔西走，拉赞助，搞创收，牵扯过多精力。一些基层刑警、防巡单位热衷于办治安案件，放松主业，甚至存在以捐代罚、违法办案等问题。与此同时，也造成一些所队领导和民警嫌贫攀富，希望调到辖区地段好、单位多的所队去工作，影响队伍稳定。

2006年6月，经市政府批准，合肥市实行公安财务管理体制改革，公安经费在保障模式、保障能力、管理水平上实现翻天覆地的变化。建立“全额保障，收支脱钩，加强统管，不拉赞助”的全新公安财务体制，经费保障从以前的吃“杂粮”变为吃“皇粮”，经费来源从原来的多渠道供给转为由政府财政统一保障，严禁一切社会赞助；财务管理模式由过去的市公安局、公安分局（支队）、基层所队三级核算变为市公安局、公安分局（支队）两级核算，分局（支队）会计人员由市公安局会计核算中心派驻，内设处室、基层所队实行报账制度，不得开设银行账户，财务收支行为全部纳入两级会计核算中心统一归口管理。是年年底，在2006年预算的基础上，市财政追加解决公安经费2000万元，用于弥补基层经费不足。通过新型财务管理体制模式的运行，切实增强市公安局经费调控能力，加大对基层的保障力度，在政策层面彻底解决一直困扰公安工作的经费保障问题，解放基层民警精力，规范财务行为，促进规范执法。

2009年7月，中共中央办公厅、国务院办公厅印发《关于加强政法经费保障工作的意见》（简称“两办32号文件”），明确提出将公安经费保障体制由原来的“分级保障、分级管理”调整为“明确责任、分类负担、收支脱钩、全额保障”。此次改革明确分项目、分区域保障政策，将保障区域划分为中西部地区县级、维稳任务重的地区、经济困难地区市（地）级、东部地区四类。中央和省级政府通过增加转移支付资金和投资补助，按比例加大对前三类地区的经费投入，承担比例达到50%以上，最高可达90%以上。划分中央、地方各级财政的保障责任，明确中央和省级财政要将保障范围扩大到重点支持中西部地区和维稳任务重的地区公安基层单位，改变以往仅补助贫困地区的做法。此次改革是国家公安经费保障史上力度最大的一次，标志着新的公安经费保障体制的初步确立，也标志着公安经费保障开始走上规范健康的发展道路。“两办32号文件”的下发以及中央和省级经费投入的加大，尤其对作为中西部地区的合肥市各县（市）公安机关意义重大、影响深远，使得公安经费“全额保障”的目标得以真正实现。2009～2016年，中央和省级公安转移支付资金累计投入合肥市6.19亿元，其中投入各县（市）公安局4.59亿元，县（市）级公安经费保障能力大幅提升，充分体现了公安经费保障体制改革的成果。

2010年，合肥市在全国率先推行“开门编预算”，部门预算实行专家公开评审。全市各级公安机关的预算意识不断加强，充分认识到“没有预算就没有经费”，为争取公安预算经费投入增长奠定基础。市公安局积极推进预算编制由“粗放式”向“精细化”转变，突出对经费资源的统筹整合、科学配置，信息化系统、视频监控等重大项目建设资金，各类信息系统运维费用、聘用人员工资，以及基层单位科技建设、装备建设、教育培训等开支统一纳入预算，由市政府全额承担并形成制度。

2011年，市公安机关预算发生较大变化，业务经费实现分警种按实有人员保障，即刑警人均2.6万、巡警2.4万、派出所民警2万、交警3万、普警1.8万。各独立核算单位的业务经费由市财政按照警种标准和人员数直接拨付到位，不再需要市公安局进行预算、二次分解。分警种预算的意义在于，一方面各公安分局、警种业务经费在原有基础上实现较大幅度的增长；另一方面也是最重要的，实现市公安局总体经费的持续增长，只要增加人员就能够增加相应的经费，改变过去人员增加与经费保障之间没有直接关系的不合理局面。

2015 年，市公安局选择 15 个公安派出所、刑警队作为“基层所队经费需求测算点”，进一步对基层一线经费需求进行系统分析，形成量化指标，争取根据形势发展适时提高保障标准。

合肥市公安财务管理体制改革以来，公安经费总量持续保持整体增长态势。尤其是 2005 年以来，受经济环境影响，市直部门经费全面压缩，公安经费不减反增，充分体现各级党委、政府对公安工作的重视和支持。2005 ~ 2016 年，市公安局预算资金从 2.47 亿元到 12.72 亿元，年均增长 16.07%；市财政实际拨款从 2.89 亿元到 15.95 亿元，年均增长 16.80%。

2005 ~ 2016 年市公安局预算资金及财政实际拨款情况示意图

图 18 – 1

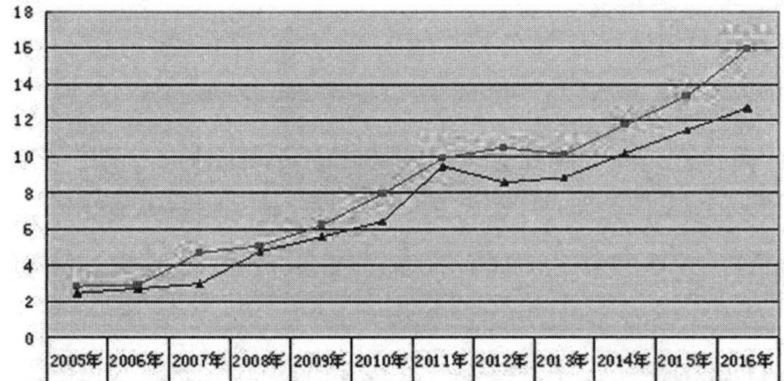

	2005年	2006年	2007年	2008年	2009年	2010年	2011年	2012年	2013年	2014年	2015年	2016年
预算资金(亿元)	2.47	2.75	3	4.76	5.6	6.4	9.46	8.6	8.85	10.2	11.44	12.72
财政实际拨款(亿元)	2.89	2.91	4.71	5.11	6.25	7.93	9.94	10.49	10.09	11.77	13.36	15.95

市公安局机关合理压缩机关开支，对基层一线以及实战单位的经费倾斜力度始终不减，基层所队经费保障在全面达标的基础上实现“逐年稳步提升”的目标。在全额保障基层经费的同时，市公安局积极争取市委、市政府支持，出台一系列措施，基层单位的装备维护、基础设施修缮、民警保险、体检费用等开支全部由市公安局解决，进一步减轻基层经费支出的负担，确保核拨的经费能够完全用于日常工作运转。

从中央到地方，公安警务保障尤其是经费保障体制的改革，推动公安保障水平显著提升，从根本上突破多年来制约公安机关特别是基层一线的保障瓶颈问题，为确保各项公安保卫任务的圆满完成奠定坚实基础。

第二节　财务管理

经费预算

1992 年，市公安局贯彻落实安徽省人民政府下发的《切实加强预算管理的通知》精神，强化预算管理，整顿预算秩序，严肃财经纪律，一切国家预算收入必须及时足额缴入国库，严格控制各项减免税，严格管理预算收入退库，严格控制各项预算支出。要求各单位所有罚没收入必须按规定解缴国库,任何单位和个人不得隐瞒、截留、提成和坐支,各项预算支出必须如实反映,不得弄虚作假、虚列支出或隐瞒不报。

1999 年,市公安局转发市财政局印发的《合肥市市级政府采购管理实施细则》并严格执行,进一步规范政府采购行为,加强财政支出管理,提高财政性资金使用效益。

2001 年,市公安局转发市财政局、监察局印发的《关于市属行政事业单位公务车辆实行定点维修的通知》,确立市公安局公务车辆维修保养执行定点维修制度。

2002 年,市公安局车辆开始通过市政府采购中心实行集中统一保险。

2003 年,市公安局贯彻执行省财政厅、公安厅联合下发的《关于改革公安交警经费管理方式的通知》,主要包括:省财政适当集中调控部分资金,对全省交警系统上缴省级管理的行政性经费,以上年实绩为基数,基数内部分按实际入库数调控 8%,超出部分调控 25%,不再返还交警总队。改革收支预算编制及申报办法,市级公安、财政部门联合上报预算,由省交警总队进行汇总审核后报送省财政厅,省财政厅在向省交警总队批复年度预算时,分别抄送市级财政部门;市级财政部门汇总市、县两级财政安排的交警部门预算报省财政厅,以便于各级财政部门合理编制预算,加强对交警财务收支监管。改革经费拨付方式,全省交警系统纳入省国库集中支付中心实行集中支付,交警系统所属各支队、大队以市为单位在省国库支付中心开设零余额账户,各地交警部门按月将执行情况报送同级财政,年终,省财政厅将实际执行情况通知市级财政部门,以便加强监督。11 月 1 日,市公安机关车辆用油实行 IC 卡管理,由各处室确定专人办理 IC 卡,对车辆用油实行按标准供应、按月充值,预付 IC 卡汽油费一律实行转账结算。

2004 年,按照全面推进市级预算改革总体要求,市公安机关预算支出划分为基本支出和项目支出。基本支出是指维持单位正常运转、完成日常工作任务所必需的支出;项目支出是指为完成特定工作任务和事业发展目标而发生的支出。预算支出规范分类,有利于贯彻落实"一要吃饭,二要建设"原则,优先保障正常运转的合理需要,有利于建立健全基本支出预算定额管理制度,有利于加强项目支出评审论证,推进项目支出预算管理制度化和科学化,有利于与国库集中支付制度相衔接,增强预算约束,提高财政资金使用效益。

2008 年 8 月,市公安局贯彻执行市政府办公厅《关于进一步严格预算管理的通知》,要求各级公安机关尤其是领导自觉强化预算意识,切实增强"开源节流"意识,严格经费支出行为,严肃财经纪律。重申严禁向辖区企业、厂矿"吃、拿、卡、要",严禁以任何形式向企业、群众搞摊派和拉赞助,严禁借办案为名向企业索要办案经费。

2009 年 10 月,市公安局贯彻落实市财政局《合肥市市级部门预算编制工作考评办法(试行)》,按照"二上""二下"程序编制部门预算,开展部门预算编制考评工作,预算安排坚持绩效优先,从源头上控制无绩效、低绩效财政支出,提高财政资金配置和使用效益。是年,根据市政府办公厅《关于印发合肥市 2009 年市级政府集中采购目录及限额标准的通知》要求,市公安局日常办公用品纳入政府集中采购目录范围。

2012 年 1 月,市政府印发《关于完善市级公共预算编制管理的意见》,明确预算编制责任主体,完善预算绩效目标编制,健全预算评审机制,严格控制预算调整。2013 年 6 月,市财政局印发《合肥市本级财政预算绩效管理暂行办法》,着力构建覆盖所有财政性资金,贯穿预算编制、执行、监督全过程的预算绩效管理体制,市公安局严格执行上述文件。

2014年度,市公安局部门预算可支配收入102042.8万元。支出预算102042.8万元,其中基本支出53446.09万元,用于保障机构日常运转、完成日常工作任务等;项目支出48596.71万元,用于办案侦察和公安基础设施建设等。全年支出按功能科目分类为:公共安全支出88444.27万元,占86.67%;社会保障和就业支出4910.3万元,占4.81%;医疗卫生与计划生育支出4010.03万元,占3.93%;住房保障支出4678.2万元,占4.58%。为全面反映"三公"经费支出,公布的"三公"经费预算为部门预算汇总数,包含市本级和所属二级独立核算单位。2014年,市公安局财政拨款开支的"三公"经费预算数为6804.46万元,其中:因公出国(境)费0万元;公务接待费260万元;购置公安执法执勤用车840.5万元,运行维护费5703.96万元。

2016年度,市公安局部门预算可支配收入127186.66万元。支出预算127186.66万元,其中基本支出74194.79万元,用于保障机构日常运转、完成日常工作任务等;项目支出52991.87万元,用于完成公安工作任务。全年预算支出按功能科目分类为:一般公共服务支出110680.13万元,占87.02%;社会保障和就业支出6205.34万元,占4.88%;医疗卫生与计划生育支出4511.43万元,占3.55%;住房保障支出5789.76万元,占4.55%。2016年为全面反映"三公"经费支出,市公安局建立"三公"经费预算公布制度。2016年,局机关本级和局属单位"三公"经费财政拨款预算数为1931.23万元,其中因公出国(境)经费0万元,公务接待费66.63万元,公务用车购置及运行费1864.60万元。

财务规范

1990年,市公安局贯彻省财政厅《关于"办案补助费"专项经费的有关问题的通知》精神,明确办案补助经费开支范围包括侦缉调查费,办案专用车、船的燃料费和修理费,罚没或扣留物质的运输费和仓储费,案件告发人接待费、奖励费和协助破案单位的奖励费,其他办案开支。

1991年,市公安局贯彻落实省人事厅、省财政厅联合印发的《关于调整国家机关事业单位职工福利费标准的通知》,在不变动按人均月工资2.5%提取幅度的前提下,职工福利费由每人每月2.5元调整为每人每月3.5元。

1992年,市公安局把加强财务管理作为年度工作要点之一,要求财务统一管理,健全财务制度,严格财经纪律,依照政策规定抓好各项收费。是年,市公安局贯彻执行市"纠治办"检查反馈意见,开展全局财经管理检查,纠正部分基层单位多设银行账号和公款私用的问题,并且规定罚没款收据及暂扣证必须使用统一条据。

1993年,全市公安机关取消乱收费项目22项,并对相关民警在乱收费中涉及违法违纪问题进行查处。截至12月1日,在"双清"工作中,市公安局清理出挪借公款30359.90元并全部收回欠款。

1994年,市公安局印发《关于财务管理的规定》,在加强财务管理,确保公共财产、物资安全完整,合理使用经费等方面做出明确规定。同时,市物价局批准市公安局提出的《出租车治安管理费》《车辆撞坏交通设施赔偿费》《快证费》《出境人员培训课时材料费》《调整保安服务收费标准》等5项收费立项。是年,市公安局筹集固定破案奖励基金400

万元,取其利息设立“最佳破案奖励基金”,将奖励机制引入侦查破案工作中。

1995年,根据省人事厅、省财政厅《转发人事部、财政部关于人民警察实行警察津贴问题的通知》,市公安局自1月1日起执行民警警衔津贴,标准为:二级警员64元,一级警员68元;三级警督85元,二级警督90元,一级警督95元;三级警监100元,二级警监105元,一级警监110元;副总警监116元,总警监123元。是年,市公安局印发《合肥市公安局财务管理暂行规定》,对会计单位和会计机构设置、会计人员与会计交接、预决算及会计报表、财务报销审批、货币资金管理、预算外资金管理、固定资产管理、收据管理、控制社会集团购买力、会计档案管理、财务互审制度、财经工作纪律等进行全面细致规定。是年,市公安局印发《关于进一步明确机关内部财务审批的通知》,根据“谁主管谁负责、谁审批谁负责”的原则,对借款、经费支出等事项内部财务审批手续进行明确规定。

1996年,市公安局严格执行财政部《会计基础工作规范》,加强会计基础工作规范宣传,提升各部门领导和会计人员对会计基础工作的思想认识,了解和掌握会计基础工作各项要求,同时,完善会计核算体制,增设分局、支队为二级会计机构,派出所、大队为三级会计机构,按照规范要求部署建账。

1997年,根据财政部、公安部《公安机关财务管理暂行办法》,市公安局明确公安机关财务管理的主要任务是通过合理安排单位预算,依法管理各项收费,加强资金核算和管理,建立健全财务管理制度,开展财务分析,加强财务监督检查,提高警务保障能力,保证公安工作顺利开展;公安机关财务管理的范围包括:预算管理、收入管理、支出管理、资产管理、财务分析与监督等。

1998年,市公安局贯彻《省政府关于厉行节约控制财政支出的通知》精神,加强预算管理,严格控制会议、基本建设、庆典活动等各项支出;枪支弹药费、特别业务费、专线电话租金、编制内人员在国家规定着装范围内所需服装及标志经费,实行省级财政部门统一安排、统一管理;不再从事经商活动,全部财务收支活动,由财务部门统一归口管理。8月,市公安局贯彻落实财政部、国家档案局《会计档案管理办法》,对会计档案进行归类,标注会计档案保管期限等,交由市公安局档案室统一管理。12月10日,中共中央办公厅、国务院办公厅转发《财政部关于政法机关不再从事经商活动和实行收支两条线管理后财政经费保障的若干意见》,明确各级政府要在分级管理、分级负担的原则下,积极做好本级政法机关经费保障工作。政法机关履行职能所必需的经费要给予保障,并随着经济发展和财政收入的增长,逐步加大对政法机关的经费投入。财政部门在安排政法机关预算时,要按照预算内外资金结合使用的原则统筹协定,不得与政法机关行政性收费和罚没收入挂钩。市公安局贯彻执行“收支两条线”规定,将行政事业性收费和罚没收入按规定全额上缴国库或预算外资金财政专户;再根据公安工作实际需要向财政部门申请拨付财政资金。

1999年,市人事局、财政局下发《关于调整机关事业单位工作人员午餐补贴标准的通知》,市公安机关在职民警和工作人员每月“午餐补贴”和离退休人员“生活补贴”分别在原来基础上增加20元。是年,市公安局被列为市直行政事业单位会计电算化试点单位。

2000年,市政府办公厅下发《关于合肥市市级行政事业单位财政统一发放工资有关问题的意见》,自10月1日起,市公安机关在职民警工资实行财政统一发放,执行“编制部门核准编制、人事部门核定人员和工资、财政核拨经费、银行代发到人,及时足额到位”的管理原则。市公安局全面落实民警住房公积金缴存工作,缴纳比例为单位、个人各6%。

2001年1月1日,市公安局正式实行计算机替代手工记账。1月21日,市政府印发《关于在全市推进公共财政支出改革的意见》,建立国库集中收付制度,推行政府采购制度,继续推进一般性支出的货币化改革。国库集中收付制度实施后,收入直接进入国库,支出严格按预算执行,由财政直接支付,相对于层层申请、层层拨付的传统资金拨付方式,资金运转效率得到极大提高;实现对每一笔资金的查询和监督,财政监督由事后检查转变为事前审核监督、事中实时监控、事后绩效评价的全过程监督,尤其是公务卡制度实行后,资金进出在公开透明的"阳光"下运行,有利于从源头上防治腐败等问题的发生;进一步提升合肥市公安财务管理水平和服务质量,为公安工作跨越式发展奠定坚实基础。是年,根据市财政局、监察局《关于在行政事业单位实行财务"两公开一监督"工作的通知》精神,市公安局成立"民主理财监督小组",公开财务管理制度,公开财务执行结果,接受群众监督。

2002年,省公安厅开展全省公安经费保障情况调研,市公安局东市区公安分局被列为10个长效机制试点单位之一。

2003年,市公安局制定《合肥市公安局财务管理暂行办法》,办法分为总则、单位预算管理、收入管理、支出管理、资产的管理、票据的管理、财务机构和财会人员、会计档案管理、财务监督、财经工作纪律、奖惩、附则等12章51条。

2004年,市公安局印发《关于进一步严格执法加强罚没收入管理的暂行规定》,主要包括罚没收入收缴、行政罚没处罚主体及权限、涉黄涉赌行政案件处罚、违反规定责任等内容,要求各单位坚决落实"应罚尽罚,应缴尽缴"、罚没收入"收支两条线"的管理规定。

2005年,市公安局印发《合肥市公安局科技经费使用管理暂行办法》,对科技经费的来源及其使用管理进行明确规定。科技经费由市公安局后勤部和信息中心共同管理,支出范围为设备购置费、建设费、科研消耗费、合作协助费、租赁费、调研费、鉴定验收费及与科研开发相关的其他支出。

2006年,市公安局修订并印发《合肥市公安局财务综合管理办法》,财务核算体制从三级核算改革为二级核算,成立市公安局会计核算中心,负责全局财务管理工作,实行"集中管理、统一开户、分级核算"管理模式。是年,市公安局下发《关于严禁收取捐赠款的紧急通知》,要求自4月1日起,停止使用代码为"00500"的捐赠收费项目,各单位一律不得以任何名义、任何方式再收取捐赠款,对违反规定的责任人一律予以纪律处分,并追加所在单位主要领导责任。

2008年8月,市公安局印发《合肥市公安机关涉案财物管理规定》,分为总则、涉案财物的管理、涉案财物的处理、执法监督和责任追究、附则等5章26条。11月,市公安局下发《关于进一步提高基层所队经费保障标准的通知》,要求各分局2008年对所辖所队经费必须按照年人均不低于1.7万元的标准予以保障。是年,市财政局出台《合肥市市直机关差旅费管理办法(试行)》,城市间交通费和住宿费在规定标准内凭据报销,住宿费规定限额为省外每人每天200元,省内每人每天150元;伙食补助费实行定额包干,省外每人每天30元,省内每人每天20元。

2010年11月,市公安局贯彻落实公安部《公安机关涉案财物管理若干规定》,明确规定涉案财物的范围以及涉案财物的移交、保管等管理程序，并对未履行保管职责而造成财物毁损及灭失的明确法律责任。

2011 年 5 月，市公安局印发《关于进一步强化合肥市公安局经费管理的通知》，加强"三公"（公务出国/境经费、公务用车购置及运行费、公务接待费用）经费管理，强化可控性行政经费支出管理。是年，市公安局部署开展"小金库"专项治理工作，要求各单位深入分析"小金库"专项治理工作中暴露出的突出问题，建立健全防治"小金库"长效机制，同时将治理工作与制止奢侈浪费、遏制消极腐败和不正之风、治理"三公"消费、检查会计信息质量等相结合。

2012 年，市公安局全面实施公务卡结算制度，各单位在公务消费活动中，除特殊情况外，不再支付现金，而是使用公务卡刷卡支付。民警在办理公务时，不再需要提前到财务部门借款，简化办事环节，提高工作效率，最大限度减少现金交易。同时，财务部门在办理审核业务时，通过与发票及刷卡凭证一一核对，可以有效杜绝利用虚假发票报销等漏洞，增加公务消费的透明度，加强对公务支出真实性的监控。是年 12 月，财政部审议通过《行政单位财务规则》。市公安局要求严格执行规则，科学合理编制预算，完整、准确、及时编制决算，真实反映单位财务状况；项目经费实行备选制度，本着"急用先办、分步实施"的原则，排列项目支出计划，按计划逐步支出；依法取得各项收入，分项如实核算；严格执行国家规定的开支范围及标准，对"三公"经费的支出进行重点管理和控制；严格执行国库集中支付制度和政府采购制度；定时清理各种暂存、暂付款项；加强固定资产管理，定期开展固定资产自查清理。

2013 年，市公安局转发《合肥市市直单位接待经费管理暂行办法》，明确规定接待简餐标准为每天不超过 90 元/人（不含早餐），原则上不安排宴请，确需宴请的须经本单位负责人批准，不得超过一次，标准低于 100 元/人，陪餐人员原则上不得超过接待对象。是年，市公安局贯彻落实市财政局《合肥市市直机关会议费管理办法》，会议费按照"分类管理、会前审批、核定总额、会后结算、超支不补"进行管理。全市会议分为两类，一类会议指全局年度工作总结会、表彰会、大型工作部署会；二类会议指各警种、部门组织召开的系统工作会议。会议费实行综合定额，包括住宿费、伙食费以及会议室租金、交通费、办公用品费、文件印刷费等。综合定额标准为住宿费每人每天 120 元，伙食费每人每天 80 元，其他费用每人每天 40 元。各项费用之间可以调剂使用，在综合定额控制内据实报销。是年 12 月，市公安局印发《合肥市公安局涉案财务管理暂行规定》，明确法制部门牵头负责涉案财物管理工作，纪检、监察、审计、警务督察等部门，在各自职权范围内对涉案财物管理工作进行监督，各级后勤部门负责与财政等部门联系涉案财物变卖、拍卖、上缴、回收工作，市公安局及各分县（市）公安局要分别设置涉案财物管理中心；明确涉案财物应当进行分类或分案保管，并及时录入执法办案系统，进行实时、动态、信息化管理。

2014 年，《行政事业单位内部控制规范（试行）》正式施行，市公安局编制《合肥市公安局内部控制工作手册》。手册上篇包括经费保障及财务管理、装备建设及使用管理、基础设施建设与管理、资产管理、车辆配备及使用管理、应急保障、后勤保障综合管理等内容；下篇为各项具体业务流程汇编。

2015 年 3 月，市公安局印发《进一步加强公务接待经费管理的通知》，加强公务接待审批管理，对确需接待的公务活动，应根据对方单位公函制定接待方案和填报经费预算审批单，报单位负责人审批。公务接待结束后，凭派出单位公函、经费预算审批单、票据、消费清单和接待清单等报销相关费用。8 月 6 日，市公安局修订 2006 年制定的财务综合管理办法，印发《合肥市公安局财务综合管理办法》，分为总则、预算管理、收入管理、支出管理、涉案财物管理、现金管理、转账管理、银行账户管理、票据管理、决算和财务分析、财务机构和财会人员、会计工作交接、会计档案管理、财经工作纪律、内部控制、财务公开、财务监督和奖惩、附则等 18 章 162 条。

2016 年 4 月，市公安局印发《关于进一步完善全局内部控制制度建设的通知》，要求各单位认真履行内部控制制度建设主体责任，各单位主要负责人对建立与实施内部控制的有效性承担领导责任，确保制度健全、执行有力、监督到位。明确警务保障部门负责对各部门进行督促指导，加强统筹协调，全面推进内部控制建设工作；纪委监察部门负责督促各单位加强内部权力制衡，规范内部权力运行，对因内部控制缺失，导致违纪违法行为发生的，在追究直接责任人的同时，追究相关人员的领导责任；审计部门对各单位进行审计时，调查了解单位内部控制制度建立和实施情况，揭示内部控制存在的缺陷，有针对性地提出审计处理意见，并督促单位整改到位。是年 7 月，市公安局警务保障部转发《合肥市财政局关于印发〈市本级部门决算管理暂行办法〉的通知》，要求全局各单位严格遵照执行。

固定资产管理

1993 年，根据市财政局《转发省财政厅关于提高事业行政单位固定资产会计核算起点的通知》要求，市公安局对固定资产会计核算起点进行调整，专用设备 500 元以上（含 500 元），一般设备 200 元以上（含 200 元），单价低于固定资产核算起点，但耐用时间在 1 年以上的大批同类财产，也进行固定资产的会计核算。同时，对已有固定资产进行全面清查盘点。

1996 年，市公安局严格执行市政府《合肥市行政事业单位国有资产管理办法》，认真履行管理职责，切实维护国有资产的安全完整，提高资产使用效益。

2002 年，市公安局贯彻落实合肥市国有资产管理委员会办公室、合肥市财政局《关于进一步加强预算单位资产和财务管理工作的通知》精神，建立固定资产总账、明细账，并定期清理单位资产；对通过政府采购、非政府采购手续取得的固定资产，分别进行账务处理；对资产调出、出售、报废、报损及投资等资产处置，严格按照相关手续申报办理。

2007 年，市公安局组织力量对各单位资产情况、财务情况进行全面清理、清查。

2008 年 11 月，市公安局转发市政府《关于进一步加强行政事业单位国有资产管理的意见》，明确国有资产管理范围和管理原则，健全管理机构，细化工作职责；严格资产配置管理，优化资产结构；加强存量资产管理，提高资产使用效益；规范资产处置管理，防止国有资产流失；加强资产收益管理，强化收支两条线制度；规范资产评估，确保资产价值；加强产权登记，明晰产权关系；建立资产动态管理系统，实行资产管理绩效考核；健全资产监管体系，明确资产管理法律责任。

2014 年 2 月，市公安局开展固定资产集中清查工作，对各单位实际占有、使用的所有固定资产进行分类、核查、粘贴条形码,完善监管措施,消除管理漏洞。

2016 年 4 ~9 月,市公安局部署开展国有资产清查工作,通过资产清查,摸清全局"家底",并从资产的数量、价值、结构、使用状况等多层面准确反映全局财务、资产情况。当年,建立市公安局机关新购资产卡片 657 张、1086 万元,完成全局报废资产处置审批 1658 万元。

第三节　装备保障

警用装备配置

20 世纪 90 年代,合肥市公安机关基本装备严重匮乏。全市 60 多个基层公安所队,仅有井岗公安派出所、南七公安派出所、包河公安分局责任区刑警一队等几个所队配备少量的头盔、反光背心等防护器材。有的派出所仅有 1 辆出警车,有的派出所出警车是从外单位借来的报废车。2005 年,全市公安机关单警装备尚不足 100 套。

随着合肥市公安工作的快速发展,公安装备建设得到不断加强,装备保有量逐年递增,装备品种日趋完备。尤其是进入 21 世纪后,全市公安机关装备建设投入每年都有几千万元,仅"十二五"期间就累计投入 3.89 亿元。截至 2016 年,全市公安装备保有量已经超过 8 万件(套),指挥通信、侦查技术、执法勤务、反恐处突、教育训练等装备体系日趋完备,实现从单一型设备向复合型装备转变,从一般装备向高精尖装备转变,从零散配备到标准化配备转变。

2016 年市公安局公安装备保有量统计表

表 18 - 1

类　别	执法勤务装备	防护装备	专业技术装备	武器装备	交通工具	通讯装备	其他装备	合　计
数　量(件/套/辆等)	27465	13532	2056	6495	1951	8608	21631	81738

备注:统计表数据截至 2016 年 12 月 31 日

按照"紧跟前沿、贴近实战、必需必配、急需先配"的原则,大量符合实战需求的新装备配备到基层一线,电子围栏、互联网节点侦控等"三侦"手段建设不断转型升级,装备科技含量显著提升。警用直升机、装甲运兵车、反恐突击车、卫星通信车、宣传照明车、巡逻艇陆续投入实战。拐弯枪、高精度狙击步枪、弓弩,以及各类反恐、防暴、排爆装备等陆续入编,满足在不同环境下以及执行特殊任务的实战需要。流动警务车、多功能执法车、执法记录仪、指纹采集仪、防护装备分批配备到位,所队装备室规范化建设全面推进,一线执法执勤装备保障能力实现全面提升。

单警装备 公安单警装备是指公安民警在执法、执勤等任务中所佩戴的个人基本装备,分为必配和选配两种类型,包括警棍、手铐、强光手电、催泪喷射器、对讲机等20余种,具有救助、防护、约束、制服、杀伤、通讯等基本功能。

1991年,市公安局购置车载台11部、对讲机125部。

2008年5月,市公安局首次配备单警装备4241套,配备率(不含县局)达到100%。

2011～2014年,根据警力增加、装备损耗等情况,市公安局从公安部定点生产企业累计采购单警装备2045套,确保在每名民警配备1套的基础上,各一线实战单位增配5%～10%作为备用。是年,省公安厅调拨市公安局对讲机542台。2009年、2010年、2011年,市公安局分别购置对讲机2365台、1700台、673台,由市公安局信息中心配发。2011～2014年,省公安厅调拨市公安局催泪喷射器500支,市公安局购置防割手套314副、强光手电100支,用于补充更新及备用。

2016年,市公安局组织开展"公安装备资产管理服务信息平台"网上巡查,确保每一件单警装备都"定位到人、责任到人",避免人为因素造成缺失、损坏;组织开展全市公安装备实地点验,全面检查单警装备配备达标、装备质量以及管理措施落实情况。

执法记录仪 2009年年初,市公安局开始启用"现场执法记录仪",对警务活动进行全程录音、录像,并以数字化形式储存备查。7月,市公安局在交警、巡警、刑警等部分执法执勤单位试用执法记录仪;10月,市公安局后勤部门为交警支队配备300台执法记录仪,广泛征求一线民警意见建议。经调研论证及实际应用,执法记录仪可应用于交通执勤、巡逻盘查、治安检查、社区管理、纠纷调解、刑事侦查、窗口服务、群体性事件处置以及信访等执法现场。

2010年,市公安局在全省率先推进执法记录仪建设,利用市财政资金、中央和省级转移支付资金、市本级业务装备经费,采购执法记录仪(警视界)1415台、后台存储服务器7台,初步实现一线执法执勤岗位"人手一台"、街面巡控车辆"一车一台"、相关部门"按需配备"。9月16日,省公安厅装备财务处到市公安局调研,向全省公安机关推广执法记录仪配备工作。

2011年,在总结执法记录仪前代产品优缺点的基础上,市公安局采购执法记录仪(特眼)1300台。

2013年,利用中央和省级转移支付资金,市公安局采购高清执法记录仪1350台,全面替换2010年配备的执法记录仪。2014年,市公安局购置11台高清执法记录仪,用于补充及备用。2015年,市公安局采购新一代执法记录仪1500台,新增GPS定位、激光摄像定位、对讲机接口等功能;采购音视频数据采集工作站65台。11月23日,市公安局针对新一代执法记录仪及音视频采集站的使用管理,在全局组织开展培训。

2016年,市公安局申报1000台执法记录仪采购项目,因公安部出台新标准,市场现有产品尚未通过公安部质量检测,招标采购工作推迟。

防暴防护装备 1993年,组建合肥市公安局防暴警察支队,市公安局申请装备费126.30万元,分别用于购置车辆、枪支弹药、通讯器材等装备器材。

1999年3月,市公安局申请装备费115万元,补充更新防暴支队部分装备,用于购置交通工具、武器警械及通讯技术设备。

2000 年 12 月，市公安局向市财政申请装备费 371.6 万元，加强公安防暴装备建设，购置追捕车 2 辆、防弹车 1 辆、宣传指挥车 1 辆、活动式防弹盾牌 10 个、狙击步枪 4 支、97 式防暴枪 10 支、防暴服 36 套、新大洲警用摩托车 60 辆。

2001 年，市公安局投入 258 万元购置防暴装备，保障公安防暴队伍在处理突发事件过程中发挥攻坚作用。

2006～2008 年，省公安厅调拨市公安局防刺服 156 件。

2011 年，市公安局采购、配发全护式防弹衣 10 件，吊带式防弹衣 160 件，防弹头盔 170 顶。是年，省公安厅调拨市公安局防刺服 10 件、防暴盾牌 50 个、防暴头盔 50 顶、橡胶警棍 50 根，作为市公安局应急储备物资。

2012 年，市公安局采购、配发防刺服 168 件，吊带式防弹衣 404 件，防弹头盔 404 顶，防暴头盔 330 顶，防暴盾牌 330 个，防暴警棍 660 根。

2013 年，市公安局采购、配发防暴钢叉 101 支，防毒面具 184 具，橡胶警棍 415 根。

2014 年，市公安局采购、配发防弹面罩 20 具，防暴服 100 件，防暴盾牌 300 个，T 型警棍 400 根，防刺服 100 件，全护式防弹衣 20 件，吊带式防弹衣 140 件，防弹防刺服 160 件，防弹头盔 280 顶。

2015 年，市公安局采购防弹防刺服和防弹头盔 300 套，配发至各分局以及特警、交警、技侦、禁毒支队。

2016 年，市公安局采购防弹防刺服 327 件、防弹头盔 333 顶、防暴钢叉 202 支、防弹盾牌 45 片、防爆毯 3 套、GPS 定位仪 2 件。是年，G20 峰会期间，市公安局设计并购置警用帐篷 20 顶、遮阳伞 32 套、远视距交通诱导屏 25 套、警用折叠桌椅 20 套，配备全市各武装卡点。

警用直升机　2010 年 8 月 15 日，市公安局与中航直升机公司签订合作协议，合肥市警航项目筹备工作正式启动，直升机及维护维修服务购置、任务设备选装、基础设施建设、飞行机制协调、人员培训等各项筹备工作同步推进。

2011 年 2 月 23 日，经过政府招标，市公安局配备 1 架 AC312（直 9 型）警用直升机及维修维护服务购置合同正式签订，标志警用直升机项目筹备工作进入实质性阶段。

2016 年 8 月 4 日，市公安局与昌飞公司正式签订 1 架 AC311 直升机采购合同。11 月 26 日，市公安局、中航工业昌飞公司举行 AC311 警用直升机验收仪式。AC311 警用直升机的交付使用，将与市公安局前期配备的 AC312 直升机形成功能互补，降低警航巡逻、训练及任务飞行运行成本，增强警航不同环境下的处置能力，有效提升合肥市应急保障和应急救援力量。

装备管理

2000 年 11 月 30 日，市公安局严格贯彻落实省公安厅《安徽省公安机关公安装备管理暂行规定》，加强公安装备标准化、规范化管理。

2008 年 8 月 11 日，市公安局印发《单警装备使用管理暂行规定》，7 章 34 条，全面规范单警装备使用管理工作。9 月，印发《关于单警装备使用管理情况的督察通报》，指出单警装备使用管理中存在的基础台账不完善、使用保管不到位、部分品种配发不齐等突出问题，提出整改意见。

2010年11月29日,市公安局出台《现场执法记录仪使用管理暂行规定》,7章40条,全面规范执法记录仪使用管理工作。

2011年11月,市公安局成立“210工程”公安装备建设领导小组,强化“210工程”装备建设组织领导工作,着力提升全市公安机关核心战斗力。

2012年8月27日,市公安局印发《关于现场执法记录仪使用管理情况的督察通报》,就执法记录仪使用中出现的问题,提出整改措施。8月31日,根据《安徽省公安一线实战单位装备室设置标准》,市公安局印发《关于加强基层一线实战单位装备室建设的通知》,对所队装备室面积、存放装备范围、装备柜规格、管理员职责及存储条件等做出统一要求。以被省厅确定为“全省基层派出所装备达标工程建设首批示范单位”的长丰县公安局、肥东县公安局为引领,全面推进各县(市)局一线实战单位装备室规范化建设。是年,涵盖市区66个所队的标准化装备柜及配套的常用装备配备到位。

2013年2月28日,市公安局后勤部组织开展公安单警装备问卷调查,在全市公安机关征求单警装备性能、操作等方面存在的问题与不足。10月23日,市公安局印发《执法记录仪使用管理培训工作方案》,全面加强执法记录仪使用操作培训。是年,市公安局开展“装备资产大清查”,全面清查、录入全市公安现有各类装备资产信息,初步形成装备资产动态管理机制。同期,市公安局开展“装备设备大检查”,全面掌握近年来配备的装备、设备、车辆使用管理情况,推广各单位装备使用管理的成功经验,督促纠正工作中存在的问题和不足。

2014年初,市公安局瑶海公安分局创新装备管理理念、强化装备管理维护,建立“一室两平台工作机制”。2月11日,市公安局印发《单警装备及执法记录仪配备管理和质量情况专项检查工作实施方案》,加强和规范执法记录仪质量管理。3月19日,市公安局印发《关于进一步加强装备管理工作的意见》,明确装备管理工作的指导思想和目标任务,针对装备源头管理、装备基础管理、装备质量管理、装备培训应用和装备应急保障机制建设等5个方面,提出15条具体措施。5月4日,市公安局印发《单警装备问题专项检查治理工作实施方案》。5月26日,市公安局转发省公安厅《安徽省公安单警装备配备使用管理规定》,结合合肥市公安工作实际,严格落实各项措施,规范和加强单警装备使用管理。6月4日,印发《关于在全市公安机关开展单警装备抽查工作的通知》,针对单警装备配备更新不够及时、佩戴使用不够规范、质量监督不够严格及培训演练不够全面等问题,开展专项检查治理。6月26日,市公安局印发《警用装备调拨使用管理办法》,初步建立合肥市公安机关警用装备资源共享机制,提高装备使用整体效益。10月9日,市公安局转发安徽省公安厅、安徽省财政厅《关于加强全省公安机关执法执勤装备采购工作的通知》,全市公安装备采购正式启用“省级统采、市县统购”模式。

自2014年开始,市公安局组织开展“公安装备资产管理服务信息平台”网上巡查,目标是实现每一件装备设备的使用管理责任都能够“定位到人、责任到人”。

2015年1月20日,市公安局下发《关于开展警用装备点验工作的通知》。1月23日,市公安局下发《关于我局“公安装备资产管理服务信息平台”数据录入情况的通报》,点名批评部分单位存在的问题并要求落实整改措施。1月26~30日,开展全局警用装备大点验。2月11日,市公安局下发《关于全市公安机关基层所队警用装备点验情况的通报》,

点名批评个别单位在装备管理工作中存在的突出问题,并要求及时进行整改。3 月 4 日,市公安局转发公安部《公安机关装备管理办法》,进一步加强和规范合肥市公安装备管理,着力提高装备使用效益。3 月 30 日,市公安局印发《2015 年装备管理工作要点》,以建立健全公安装备分类分层保障体系、全面推动公安装备资产管理服务信息平台深度应用等 5 个方面为重点,提出 16 条工作措施。4 月 3 日,市公安局印发《关于打好“210 工程”装备建设收官攻坚战的通知》,细化项目梳理,加强沟通协调,强化序时推进,确保及时完成全市公安机关“210 工程”装备建设各项重点任务。5 月 11 日,市公安局印发《公安单警装备问题专项整治工作实施方案》,以单警装备采购配备、报废更新和质量管理为重点,开展全面检查、整治。8 月 11 日,市公安局印发《装备室精细化管理工作规定》,重点加强装备室标准化设置、装备全程信息化管理、强化各级责任追究、加强装备管理员队伍建设等方面工作,着力提升全市公安装备室管理精细化、规范化水平。

2016 年 3 月 25 日,市公安局印发《2016 年装备管理工作要点》,围绕装备制度建设、装备实战化建设、装备管理信息化建设、装备使用规范化建设以及装备管理队伍建设等,提出 16 项重点工作。4 月 28 日,市公安局印发《关于进一步加强装备质量管理工作的实施意见》,以省公安厅“装备质量管理年”活动为载体,以装备制度规范化建设为支撑,以装备管理信息化建设为依托,以点验检查和绩效考核机制为抓手,从 10 个方面对各公安分局、县(市)公安局、支队及机关综合部门提出具体措施和要求,确保实现“切实加强全市公安机关装备质量管理工作”的目标。

被装管理

自新中国成立以来,人民警察制式服装先后经历过 8 次调整和改革,即“50 式”“55 式”“58 式”“66 式”“72 式”“83 式”“89 式”和“99 式”警服。从 1989 年决定对“83 式”警服进行改革,到 1995 年“89 式”警服定型,期间经过许多变化和调整。1990 年 5 月,公安部要求人民警察在着“83 式”警服时取消红领章,改配金属领徽。1992 年 7 月,改用领章式警衔时,仍穿着“83 式”警服,但要求将原肩袢的黄色装饰丝带取消。1995 年 7 月,采用肩章式警衔时,“89 式”警服才最后定型。

1997 年 1 月起,根据省财政厅《关于变更行政编制人民警察服装经费供给渠道的通知》,原由省财政供给的公安民警服装经费,改由省级与各地同级财政分别负担 50% 的供给方式。是年,合肥市财政拨给市公安局被装经费 138.65 万元。6 月 10 日,市公安局转发省公安厅政治部《关于严格管理警衔标志的通知》,针对未被评授警衔而佩戴警衔标志、低衔级佩戴高衔级标志及管理混乱等问题,规范警衔管理。

2000 年 10 月 1 日,市公安局全面完成“99 式”警服换装工作。12 月 1 日,市公安局转发省公安厅《转发公安部关于换装后公安机关人民警察着便装有关问题的通知》,组织全体民警学习贯彻。2004 年 6 月,市公安局印发《关于贯彻落实公安部〈关于开展警服“三乱”专项整顿的通知〉的实施意见》,对公安机关内部着装中存在的问题及社会上出现的警服“三乱”(乱生产、乱销售、乱着装)现象进行清理整顿。

2011 年下半年,市公安局开展被装“按需申领”模式研发工作,后勤部多次开展实地走访、问卷调查和现场座谈,充分征询广大民警意见建议,全面了解被装配备基本情况和实际需求。

2012年11月,市公安局"公安被装按需申领管理系统"完成设计工作,软件平台以设置科学、操作快捷和管理方便为重点,集成民警个人申领、新警着装标准、着装经费换算、人员交流和被装管理员审核统计等内容。12月,"按需申领"模式在特警支队、新站分局和庐江县局试运行。

2013年5月20日,市公安局印发《关于开展全局民警被装按需申领工作的通知》,根据警种不同设定不同的被装经费额度,在强制某几类必购被装的前提下,由民警自行选择每年所需被装。5月25日,全局7858名民警完成第一次被装个人申领。截至11月,先后完成6批次按需申领被装发放工作:发放夏季执勤服2581件、单裤5575条、棉皮鞋3850双、皮凉鞋4908双、长袖T恤3436件、短袖T恤9293件、交警帽类2781顶、警便帽1468顶、中筒胶鞋2056双、V领羊毛衫4738件、作训鞋1987双,累计投入被装经费1923.38万元。

是年,省公安厅在全省公安机关推广合肥市公安局被装"按需申领"模式。

2014年3月,市公安局印发《全市公安机关辅警着装管理暂行规定》,6章23条,目的是提高全市公安机关辅警服装及其标志供应与管理的规范性。是年,全市民警配备警服52187件、警帽6520顶、警用鞋16398双、警用装具35123套。2015年,全市民警配备警服49391件、警帽6192顶、警用鞋14744双、警用装具33787套。

2016年,全市民警配备警服48526件、警用鞋14047双、警帽3336顶,警用装具33540件。

第四节　基础设施建设

公安基础设施是指保障公安机关警务活动最根本的系统、建筑和设施等,主要包括:行政办公用房、业务技术用房、公安监管场所和派出所用房等房屋建设,指挥、通讯、交通、消防、教育训练等设施建设以及相配套的大型通用和专业设施、设备购置。

20世纪90年代初,市各级公安机关公安基础设施建设进入初步发展时期。从市公安局、公安分局到基层所队,各级公安机关建成一大批民警宿舍,有效改善广大民警的居住条件。由于整体基础薄弱,历史欠账较多,公安基础设施保障不足仍是这一时期的主要特征。

1992年,市公安局新建封闭式自行车棚300平方米,解决民警家属存车难问题;对市公安局机关食堂、会议室进行改造;机关住宅区安装闭路电视300户、煤气管道62户;"百花饭店"全部竣工,并签订租赁合同。1995年1月,市公安局印发《关于加强内部房屋管理的规定》。4月,市公安局印发《关于机关大院住房维修规定的通知》。是年,市公安局同意机关大院新建浴室、锅炉房。

21世纪初期,市公安机关108个基层派出所、责任区刑警队,其中靠借用、租用办公用房的所队就有66个,无房所队的比例达61%。2004年,中央启动中西部地区无房派出所建设项目,省发改委下发《关于印发全省公安机关无房派出所、刑警队业务用房建设补助投资使用和管理办法的通知》，市公安局确定11个派出所和4个责任区刑警队作为省发改委帮扶对象。

2000年，市公安局搬迁至寿春路与六安路交叉口的指挥中心新大楼办公。

2005年，市公安局根据全国公安派出所统一外观形象要求，对派出所外观形象进行改造。

2009年，中央“两办”32号文件下达，将原来“地方投资为主、中央补助投资为辅”的保障体制变为“中央和地方财政分类、分区域、按比例共同负担”的保障体制，打破原来公安基础设施建设投资模式。

2011年，“十二五”起始之年，中央“两办”4号文件明确公安基础设施建设实行“明确各级责任、坚持建设标准、区分地区类别、规范建设程序、全额投资保障”的投资保障机制，对公安基础设施建设工作具有基础性、突破性、决定性的意义，标志着公安基础设施建设迎来快速发展的历史机遇期。

“十二五”期间，中央批复合肥市公安基础设施建设项目9个，其中业务技术用房4个（瑶海区、肥西县、长丰县、庐江县4个区县局业务技术用房项目），监管场所1个（关押中心整体搬迁项目），派出所用房4个（巢湖市夏阁、槐林、苏湾、银屏4个派出所），开工率、竣工率均达100%，累计争取到位中央和省级配套资金1.64亿元（中央1.16亿，省级0.48亿），地方配套资金到位率100%。

与此同时，市政府将所有公安用房用地等基础建设作为公益性项目，纳入城市发展整体规划，由政府统一规划、统一建设，与城市发展建设同步进行，城市建设到哪里，公安机关就建设在哪里，实施“交钥匙”工程，建成后直接交付公安使用。《合肥市控制性详细规划通则（试行）》规定“公安派出所用房应设置在交通便捷的地方，建筑面积为2000～3000平方米，占地1500～2500平方米，单独分区，设置独立的竖向交通、平面交通、场地及出入口，一层预留足够的执法场所面积”。合肥公安基础设施建设步入健康、有序发展的良性轨道。特警支队新基地、关押中心、警察培训中心、车驾管中心、市公安局业务技术大楼、出入境管理局等重点项目建设取得全面进展，总面积约25万平方米，累计投入超过20亿元。

市公安局会同规划等部门编制《合肥市公安机关布点专项规划》，在充分考虑城市发展趋势及公安工作发展需要的基础上，采用老城区改造提升、新城区开发共建的策略，通过现场勘察、GPS卫星定位等方式，对全市各级公安用房尤其是基层所队用房逐一落实规划布点，建设用地由规划、土地部门预留，建设资金由财政资金和社会资金共同解决，彻底解决公安基础设施建设中立项审批、建设用地、配套资金难以落实等问题。2015年，作为土地出让的配套条件，完全由开发商出资建设的公安所队用房建成4个、开工3个；2016年建成3个、开工4个。“十二五”期间，全市先后解决基层所队用房76个，不仅全面解决无房所队问题，而且实现所队办公用房条件、执法办案场所规范化。

1990～2011年，合肥市公安局基础设施建设取得长足发展，建成各类业务技术用房176个，总建筑面积约36万平方米。2011～2016年，市公安局基础设施建设迎来一个高峰期，建成各类业务技术用房50个，总建筑面积30万平方米，年均建设项目8个，年均建成面积5万平方米，全市公安基础设施保障实现质的飞跃。

若干年份市公安局基础设施建设情况一览表

表18-2

建成时间	项目名称	建筑面积(平方米)
1990	合肥市公安局交警瑶海大队业务技术用房	2282.47
	合肥市公安局交警设施管理大队业务技术用房	288
	合肥市公安局交警五里墩原二大队办公楼	331
	合肥市公安局龙城大酒店	9146
	合肥市公安局巡防大队业务技术用房	860
	庐阳公安分局保安管理科业务技术用房	811.35
	长丰县公安局交管大队庄墓中队办公用房	500
1991	合肥市公安局交警庐阳大队业务技术用房	1551
	瑶海公安分局责任区刑警三队用房	860
	长丰县公安局交管大队业务技术用房	1000
	长丰县公安局交管大队杨庙中队办公用房	800
1992	合肥市公安局交警机动车辆管理所检测车间	1387
	禁毒支队办公楼	1793.02
	警察培训学校用房	3200
	蜀山分局稻香村派出所业务技术用房	532
	长丰县公安局交管大队岗集中队办公用房	800
	长丰县公安局交管大队双墩中队办公用房	150
	合肥市公安局交警机动车辆管理所	2041
	逍遥津派出所用房	1921.35
	肥西县公安局交警大队业务技术用房	900
	肥西县公安局高刘派出所用房	650
	合肥市公安局交警包河大队用房	1488
	合肥市公安局交警新站大队用房	3782.54
	瑶海分局业务技术用房	3530
	庐阳公安分局业务技术综合楼	4749
	大杨派出所社区警务室用房	372
	三牌楼派出所用房	400
	义城派出所用房	1255
	淝河派出所用房	1261
	肥西县公安局交警大队山南中队业务技术用房	150
	郊区派出所办公楼	589

续表 18－2

建成时间	项 目 名 称	建筑面积(平方米)
1992	保安公司保安管理处办公楼	1500
	技侦支队郊区分局办公楼	5683.03
	瑶海分局办公楼	3550
	逍遥津派出所用房	564.43
	琥珀派出所用房	1000
	包河公安分局责任区刑警一队用房	1060
	肥东县公安局西山驿交警中队用房	642
	肥西县公安局交警大队考试、报名、体检、值班室	650
	肥西县公安局官亭派出所用房	580
	肥西县公安局严店派出所用房	360
	合肥市公安局交警支队交警安全教育学校	639
	庐阳公安分局责任区二队用房	495.32
	三里庵派出所用房	3550
	包公派出所用房	1000
	常青派出所用房	1950
	大圩派出所用房	500
	肥西县公安局交警大队花岗中队用房	681
	肥西县公安局交警大队花岗中队厨房、值班室、车库	300
	肥西县公安局桃花派出所用房	1280
	肥西县公安局防巡大队用房	710
	合肥市公安局交警蜀山大队用房	4181.92
	瑶海公安分局长淮派出所办公楼	600
	庐阳公安分局责任区三队用房	420
	庐阳公安分局巡警大队用房	700
	杏花派出所用房	2063
	五里墩派出所用房	491.37
	井岗派出所业务技术用房	1920
	长丰县公安局治安管理大队办公用房	1000
	长丰县公安局双墩派出所办公用房	800
	肥东县公安局新城派出所用房	860
	肥西县公安局交通警察管理大队三河中队用房	380
	肥西县公安局铭传派出所用房	468
	合肥市公安局指挥中心大楼	28786
	方庙派出所办公楼	1461

续表 18－2

建成时间	项 目 名 称	建筑面积(平方米)
1992	大杨派出所用房	830
	长丰县公安局行政办公楼	3988
	长丰县公安局水家湖派出所用房	1000
	肥东县公安局众兴派出所用房	794.4
	瑶海分局责任区刑警二队用房	835.46
	胜利路派出所办公楼	1641
	长丰县公安局经侦大队办公用房	800
	肥西县公安局交通警察管理大队业务技术用房	600
	肥西县公安局交通警察管理大队检测房	600
	新站分局办公楼	5368.2
	三里街派出所办公楼	685.92
	大通路派出所办公楼	1680
	亳州路派出所用房	976.4
	肥东县公安局看守所用房	8800
	肥西县公安局城关派出所用房	5214
	肥西县公安局交通警察管理大队官亭中队用房	696
	肥西县公安局交警大队桃花中队业务技术用房	564
	肥西县公安局山南派出所用房	660
	盛桥派出所办公楼及配套用房	633
	大兴派出所办公楼	700
	城东派出所办公楼	1100
	望湖派出所办公楼	1763
	肥东县公安局 110 指挥中心大楼(行政办公用房)	4741
	肥东县公安局 110 指挥中心大楼(业务技术用房)	3500
	经开分局办公楼	5500
	合肥市公安局交警支队出租车管理大队用房	986.7
	龙岗派出所办公楼	1400
	长丰县公安局交管大队朱巷中队办公用房	600
	肥西县公安局交通警察管理大队城关中队	430
	肥西县公安局三河派出所用房	780
	肥西县拘留所(办公、监舍)	900
	肥西县看守所办公室、监舍	4950

续表 18－2

建成时间	项 目 名 称	建筑面积(平方米)
2003	骆岗派出所用房	600
	长丰县公安局交管大队下塘中队办公用房	400
	经开分局治安大队用房	800
	经开分局指挥室用房	650
2004	蜀山分局荷叶地派出所用房	1000
	肥东县公安局八斗派出所用房	2370
	肥西县公安局交通警察管理大队小庙中队用房	630
2005	公交分局办公楼	4603
	交警支队新办公楼	15489.8
	合肥市公安局金方城	145.36
	蜀山分局综合办公楼	5484
	蜀山分局责任区刑警二队业务技术用房	1200
	蜀山分局责任区刑警三队业务技术用房	2380
	长丰县公安局看守所用房	4171
	肥东县公安局撮镇交警中队用房	708
	肥西县公安局紫蓬山派出所用房	1089
	防巡大队训练基地	566
	高新分局办公楼	5400
2006	合肥市公安局交警驾管所电子监考楼	850
	安康医院技术综合楼	3000
	安康医院病房楼	7000
	庐阳公安分局责任区刑警一队用房	330
	双岗派出所用房	1280
	包河公安分局办公楼	8000
	长丰县公安局出入境管理大队办公用房	140
	长丰县公安局吴山派出所用房	1364
	肥东县公安局交警大队办公用房	6106
	肥东县公安局培训中心	1410
	肥东县公安局店埠派出所用房	2118
	肥东县公安局撮镇派出所用房	2095
	肥西县公安局小庙派出所用房	786
2007	合肥市公安局交警经开大队用房	2457.48
	滨湖派出所用房	600

续表18-2

建成时间	项目名称	建筑面积(平方米)
2007	长丰县公安局岗集派出所用房	1150
	长丰县公安局朱巷派出所用房	1015
	肥东县公安局石塘派出所用房	1790
	肥东县公安局古城派出所用房	2185
	肥东县公安局白龙派出所用房	3042
	高新分局巡警大队用房	1800
	刑警大队刑侦业务用房	1640
	防巡大队巡防技术业务用房	1640
2008	花冲派出所办公楼	826.2
	蜀山分局业务技术用房	900
	责任区刑警三队用房	500
	肥东县公安局驾驶员考试中心	2100
	肥东县公安局警犬基地	380
	肥西县公安局丰乐派出所用房	330
	高新分局刑警大队用房	1800
2009	合肥市公安局交警高新大队用房	3200
	合肥市公安局交警驾管所综合办公楼	4650
	长丰县公安局下塘派出所用房	1326
	长丰县公安局庄墓派出所用房	1158
	长丰县公安局杨庙派出所用房	1140
	长丰县公安局义井派出所用房	500
	长丰县公安局杜集派出所办公用房	500
	肥东县公安局陈集派出所用房	607
	肥东县公安局拘留所	1480
	肥东县公安局食堂	1025
	肥西县公安局交警大队紫蓬山中队用房	260
	肥西县公安局高店派出所用房	691
	肥西县公安局柿树岗派出所用房	700
	七里塘派出所用房	2012
	磨店派出所用房	1260
	经开分局莲花派出所用房	2200
	经开分局芙蓉派出所用房	2200
	高新分局蜀麓派出所用房	1800

续表 18－2

建成时间	项 目 名 称	建筑面积(平方米)
2010	特警支队综合楼	10467
	特警支队营房	5630
	特警支队攀登楼	426
	特警支队射击馆	1412
	特警支队警犬基地	579
	特警支队食堂	2350
	特警支队观礼台	354
	特警支队车库	972
	特警支队泵房	210
	南七派出所业务技术用房	1200
	肥东县公安局梁园派出所用房	1600
	肥东县公安局桥头集派出所用房	1200
	肥西县公安局综合业务用房	18670
2011	合肥市公安局交警公巡二大队用房	5380
	瑶海分局办公用房	11600
	蜀山分局责任区刑警一队业务技术用房	1183
	包河分局责任区刑警二队用房	600
	长丰县公安局行政拘留所用房	1250
	经开分局锦绣派出所用房	2020
	高新分局高新派出所用房	1700
2012	巢湖市公安局夏阁派出所用房	584
2013	高新分局指挥综合楼	2800
	巢湖市公安局槐林派出所用房	584
	特警支队直升机警航基地用房	700
2014	肥东县公安局众兴派出所业务用房	392
	肥东县公安局刑警大队店埠责任区队业务用房	495.14
	巢湖市公安局苏湾派出所用房	555
	特警支队综合实战训练馆	3240
	合肥市交警车驾管中心开工建设	25000
	水上分局办公房改造、装修项目	1000
2015	合肥市关押中心	86680
	长丰县公安局业务技术用房	6916
	巢湖市公安局同炀派出所用房	820

续表 18－2

<table>
<tr><th>建成时间</th><th colspan="2">项 目 名 称</th><th>建筑面积(平方米)</th></tr>
<tr><td rowspan="19">2015</td><td colspan="2">巢湖市公安局散兵派出所用房</td><td>820</td></tr>
<tr><td colspan="2">巢湖市公安局坝镇派出所用房</td><td>470</td></tr>
<tr><td colspan="2">巢湖市公安局银屏镇派出所用房</td><td>1400</td></tr>
<tr><td colspan="2">肥东县公安局新城派出所业务用房</td><td>182</td></tr>
<tr><td colspan="2">肥东县公安局车管所车辆查验大棚</td><td>600</td></tr>
<tr><td colspan="2">庐江县公安局业务技术用房</td><td>3394</td></tr>
<tr><td colspan="2">合肥市公安局业务技术用房开工建设</td><td>39400</td></tr>
<tr><td colspan="2">合肥市人民警察培训学校配套工程</td><td>17300</td></tr>
<tr><td colspan="2">庐阳分局中铁国际城业务用房开工建设</td><td>1800</td></tr>
<tr><td colspan="2">经开分局新港治安办业务技术用房开工建设</td><td>2400</td></tr>
<tr><td colspan="2">高铁南站派出所建成</td><td>1600</td></tr>
<tr><td colspan="2">庐阳分局双岗派出所维修改造工程</td><td>1200</td></tr>
<tr><td colspan="2">庐阳分局大杨派出所用房</td><td>2300</td></tr>
<tr><td colspan="2">出入境管理支队业务用房</td><td>8900</td></tr>
<tr><td>水上应急救援基地及派出所项目</td><td rowspan="5">被列入合肥市公益性建设项目</td><td>12000</td></tr>
<tr><td>警察培训基地战术模拟训练街区项目</td><td>2780</td></tr>
<tr><td>刑警支队刑事技术实验室装修项目</td><td>8967</td></tr>
<tr><td>特警支队游泳训练馆维修改造项目</td><td>1350</td></tr>
<tr><td>特警支队备勤楼项目</td><td>4000</td></tr>
<tr><td rowspan="11">2016</td><td colspan="2">视频侦查支队业务用房</td><td>5811</td></tr>
<tr><td colspan="2">轨道一号线南端派出所用房</td><td>2479</td></tr>
<tr><td colspan="2">庐阳分局杏林派出所新所用房</td><td>2000</td></tr>
<tr><td colspan="2">蜀山分局五里墩派出所用房</td><td>2250</td></tr>
<tr><td colspan="2">蜀山分局荷叶地派出所新址改造工程</td><td>2500</td></tr>
<tr><td colspan="2">蜀山分局西园派出所过渡用房装饰工程</td><td>3000</td></tr>
<tr><td colspan="2">蜀山分局南七派出所装饰工程</td><td>300</td></tr>
<tr><td colspan="2">蜀山分局稻香村派出所新建工程</td><td>2800</td></tr>
<tr><td colspan="2">经开分局芙蓉派出所办案中心改造项目</td><td>200</td></tr>
<tr><td colspan="2">刑警支队刑事技术实验室装修项目</td><td>8967</td></tr>
<tr><td colspan="2">警察培训基地战术模拟训练街区项目</td><td>2780</td></tr>
</table>

第五节　综合服务保障

车辆管理

1991年2月，市公安局印发《关于加强内部驾驶人员、机动车管理的通知》，结合公安机关车辆逐年增多的现状，分析车辆和驾驶人员管理中存在的驾驶人员私自用车、违章行车，甚至造成交通事故等突出问题，要求“各单位必须加强车辆及驾驶人员管理，交通民警在执勤上岗中对公安内部的驾驶人员和车辆必须按有关道路交通规定，一视同仁，严格管理，查纠违章，不得视之任之”。

1991年，市公安局购置各类用车34辆。1992年春节期间，市公安局抽调力量，集中两周时间，深入基层单位，对内部车辆使用管理情况进行检查并通报。1994年2月，市公安局印发《关于机动车辆购置、使用及管理规定》。是年，机关、公安分局、支队办理购置摩托车、汽车登记手续91辆。1995年4月，市公安局印发《关于车辆修理和油料供应的通知》。8月，行政财务处制定《小车队驾驶员工作制度》，包括值班交接、车辆保养、通信保障等7项内容。

1998年9月，市政府办公厅印发《关于党政机关公务用车定编发证工作有关问题的会议纪要》，由车管所配合，对合肥市81个单位179辆公务用小汽车进行核定编制、发放证卡，确保编制证、卡和号牌的“三统一”。

2000年4月，根据《合肥市市直行政事业单位公务用车实行定点加油的暂行规定》，市公安局公务用车实行定点加油。2001年4月，市公安局公务用车保险实行政府采购、统一办理。市公安局还印发《关于清理整顿警用车辆的情况通报》，普查登记市公安局在用警牌和民牌车辆474辆，排查整改挪用警用号牌和皖O专段民用号牌（简称“两个号牌”）现象32起，全市违规使用“两个号牌”现象得到有效遏制。2003年3月，市公安局印发《合肥市公安机关机动车辆使用管理规定》，贯彻落实公安部“五条禁令”，进一步加强和规范公安机关机动车辆使用管理。

2004年12月，公安部下发《关于加强和规范全国公安机关2004式警车外观制式涂装管理工作的通知》。作为全省首批试点，市公安局于2005年9月1日前完成368辆警车外观制式改装工作。

2008年12月，市公安局投入经费874.38万元，购置72辆巡控车辆（江淮瑞丰7座商务车42辆、宾悦车30辆），加强街面巡控工作。

2009年1月，市公安局印发《关于严格警务车辆管理的通知》，要求全市各级公安机关坚决落实公安部新修订的《警车管理规定》，禁止公安民警驾驶警车从事非警务活动，严禁开霸王车、特权车，并对车辆报废、案件暂扣车辆管理等提出要求。是年，市公安局在全省率先将630辆“皖OA”公安专段号牌车辆统一更换为警字号牌及地方民用号牌，规范警用车辆管理，提升公安形象，密切警民关系。

2010 年 1 月,市公安局后勤部门印发《关于规范新购警用车辆保险办理流程的通知》。4 月,市公安局印发《关于规范市公安局各单位公务车辆年审驾驶员年检换证相关事项的通知》,对公安机关内部车辆年审、驾驶员体检、驾驶员换证等工作流程予以明确。7 月,市公安局印发《关于进一步规范全市公安机关公务车辆维修、保险管理相关事项的通知》,落实市政府公务车辆定点维修、定点保险相关规定,对车辆故障报修以及车辆保险办理、保险索赔等程序予以细化、规范。2011 年 6 月,市公安局贯彻落实中共中央办公厅、国务院办公厅《党政机关公务用车配备使用管理办法》《关于进一步做好党政机关厉行节约工作的通知》、财政部《党政机关执法执勤用车配备使用管理办法》,以及 12 月财政部、公安部印发的《公安机关执法执勤用车配备使用管理办法(试行)》,对配备条件和编制、配备标准、使用管理、监督检查等提出具体要求。

2011 年,市公安局落实深化社区警务战略、完善巡控勤务模式,深入一线实战单位调研功能需求,开展流动警务车、中型巡逻勤务车车型选择、功能设计、设备选装、样品车改装等工作。是年,市公安局购置 93 辆流动警务车、26 辆多功能巡逻勤务车分批配备到位并投入使用,取得良好的实际使用效果和社会反响,省公安厅装备财务处在全省公安机关推广合肥市公安局的经验。

2012 年 7 月,根据省财政厅、公安厅印发的《安徽省公安机关执法执勤用车配备使用管理办法(试行)》,市公安局制定《合肥市公安机关执法执勤用车定编管理暂行办法》,细化、明确全市各级公安机关,各分县公安局、警种、部门车辆的功能种类、数量、车型、更新年限等。编制标准作为各单位车辆配备、更新报废、经费供给的基本依据,超编的不再予以新增,缺编的逐步配备到位。车辆定编结合"一车一档",从标准到制度、措施,全面加强和规范市公安局车辆配备、使用、管理。

2013 年 5 月,市公安局转发合肥市财政局《关于加快交通卡办卡及安装 ETC 电子标签工作的通知》,市公安机关执行公务用车使用高速公路不停车收费系统,不再报销高速公路现金通行费票据。

2014 年 12 月,市政府办公厅下发《关于开展全市公务用车制度改革统计摸底工作的通知》,市公安局公务用车制度改革工作正式启动。2015 年 12 月,市公安局召开公务用车制度改革工作动员暨业务培训会议。12 月 17 日,印发《合肥市公安局公务用车制度改革实施方案》。12 月 23 日,市公安局向市车改办上报《关于审批合肥市公安局公务用车制度改革方案的请示》。12 月 31 日,市公安局公务用车制度改革各项工作顺利完成,全局保留执法执勤用车 963 辆,机要应急车 5 辆,特种专业技术用车 3 辆,封存、上交各类公务用车 833 辆。

2016 年,市公安局执法执勤用车购置及运行费 3520 万元,经费使用严格按照公务用车配备使用管理规定,主要用于车辆更新、燃料、维修、过路过桥费等支出。是年,市公安局规范机关车辆停放工作,规划、分配停车位 116 个,协调合肥市针灸医院增加 60 个停车位,进一步解决机关车辆停放问题。

应急保障

2003 年 4 月,国家部分地区突发"非典"疫情,合肥市先后发现疑似和确诊病例。市公安局后勤部门积极组织人力、物力采购相关防疫物品，为一线民警及防“非典”特勤大队购置专用防护服800套、口罩1800只、眼罩300只。后勤部医务室张贴、发放宣传材料1000余份，购置发放消毒药剂5000余瓶，为民警注射α－2β抗生素注射液700余支；机关食堂熬制防非药汤供民警免费应用。防“非典”期间，市公安机关没有一名民警感染“非典”。

2007年，市公安局制定《大型警务行动后勤保障工作预案》，包括指导思想、适用范围、主要职责、保障原则、组织领导、任务分工、工作要求等7个方面内容，列入市公安局预案库执行，

2008年，市公安局先后完成赴川抗震救灾、处置抵制家乐福事件、奥运安保等重大应急保障任务。以此为契机，市公安局积极争取市委、市政府追加专项经费2532万元，添置一大批基础装备设施，既保证重大任务的圆满完成，同时也为全面提升应急保障能力奠定物质基础。

2009年，市公安局圆满完成第四届“中博会”安保后勤保障工作，累计投入餐饮、油料、装备购置等经费约668.8万元，投入后勤保障警力268人次。是年7月至2010年3月，市公安局圆满完成合肥特警赴新疆维稳期间装备器材、办公器材、勤务用车、医疗器具、生活用品以及执勤补贴等应急保障任务。2010年5月，市公安局后勤部门完成第四届全国体育大会安保后勤保障任务，投入后勤保障警力363人次。

2011年9月、12月，省公安厅警务保障部先后印发《省级应急储备分库装备物资调拨管理规定》《安徽省公安机关应急装备物资储备管理办法》。市公安局在特警基地建立市级公安机关应急储备仓库，面积为280平方米，各类应急装备物资储备额达307.649万元。2013年11月，根据省公安厅警务保障部印发的《安徽省公安机关应急装备物资调拨预案》，市公安局修订《合肥市公安局应急保障工作预案》，涵盖组织体系、运行机制、监督管理以及综合保障、经费保障、装备物资保障、交通运输保障、勤务餐饮保障、宿营保障、医疗保障等应急保障措施及职责分工，列入市公安局预案库执行。

2014年6月，市公安局后勤部应急保障处成立会议服务中心，加强会议服务保障制度化、正规化建设。

2015年，市公安局圆满完成特警赴疆轮训执勤应急保障任务，应急处突以及跨区域保障能力得到进一步提升。

2016年，市公安局累计投入应急保障经费1000余万元，配置远视距交通诱导屏、三角硬质隔离、阻车路障、帐篷、遮阳伞、LED检查示意牌、反光标识等安保设备以及救生圈、喊话器、强光搜索灯、救生浮索、沙袋等应急储备物资，有力支撑G20峰会安保、国际马拉松赛安保、防汛抗洪救援等重大任务的经费、装备、器材、运输、餐饮服务等保障任务。

后勤管理

文明创建　1994年8月，市公安局以创建文明大院和卫生合格单位为抓手，加强市公安局办公区和宿舍区规范化管理。1998年3月，市公安局机关大院开展创建安全文明小区、争创文明楼院活动。1999年2月，市公安局成立“爱国卫生委员会”，指导公安系统卫生清洁、创建文明工作。2006年10月，市公安局印发《关于进一步完善办公楼保洁工作

的通知》,加强公安机关内部环境卫生管理。11 月,市公安局荣获合肥市卫生先进单位称号。2010 年 7 月,市公安局印发《合肥市公安机关内务环境卫生管理暂行规定》,内容包括内务环境卫生管理标准、职责分工、责任追究等 4 章 14 条,旨在提高公安机关内务环境卫生水平。2015 年 8 月,市公安局被评为"合肥市卫生先进单位";12 月,被评为"省级节约型公共机构示范单位"。

民警医疗管理 1992 年 5 月,市公安局制定医药费管理制度,并组织全局民警进行肝功能检查。2009 年,市公安局按照检查项目最多、体检经费最优、服务条件最好进行充分比较,确定全省医疗条件最好的省立医院为民警体检医院。

民警医疗保险 2001 年,市公安局民警医疗保险制度全面实行。2003 年 8 月,省公安厅与中国人寿保险安徽省分公司营业部签订民警保险协议,保险费 40 元/人/份,保险期限 1 年,保险责任及分项保额 2 万元/份。2004 年 5 月,市公安局印发《关于切实加强从优待警工作的意见》,提出建立民警保险制度,每年投入专项资金,为市区在职民警购买保险,对参保民警病故、因公负伤、牺牲和意外死亡、伤残的,及时督促理赔,兑现保险金。2006 年,市公安局为全体在职民警办理团体人身意外伤害保险和附加团体人身意外伤害医疗保险,投入保险费用 41.14 万元,其中财政安排 39 万元,市公安局自筹 2.14 万元。2008 年,市公安局提高民警保险份额和理赔金额,在原有基础上再购买第二份保险,每人每年保险费 100 元。2009 年,民警人身意外伤害保险费由 100 元标准提高至 200 元,新增民警补充住院医疗保险,解决医保剩余部分的医疗费用,同时,民警享受住院治疗期间每天 20 元的生活补助。2012 年,市公安局民警人身意外伤害保险赔付金额达 114.2 万元。2013 年,市公安局民警保险标准进一步由 200 元增至 300 元,保额上浮 42%,远远高于全省其他地市。该合同年度,全局民警保险赔付 77 人次,赔付金额 106.09 万元,同比增长 71%。

内部安全管理 2002 年,市公安局大楼建立"总值班室值班接待制度",加强公安机关自身安全管理。2006 年 12 月,市委办公厅印发《关于加强市直机关编外聘用人员管理试行办法》。2008 年 7 月,市公安局机关大楼实行民警与保安联合值班制度。2009 年 2 月,市公安局印发《关于进一步加强公安机关内部安全管理工作的通知》。2010 年 5 月,市公安局印发《关于切实加强市公安局机关大楼民警与保安联合值班的通知》。后勤部牵头政治部、督察部,对机关民警参加大厅值班情况进行专项督察。

其他服务与管理 2014 年 7 月,市公安局机关食堂完成天然气改造,停止使用罐装煤气。9 月,市公安局机关食堂就餐大厅完成扩建改造,进一步提升行政餐饮保障能力。是年,市公安局统筹利用各类教育训练场馆资源,推行"网上预约系统",面向全体民警开放,全局 5 个单位场馆、40 余块场地累计接受预约 600 余次,惠及民警 3100 余人次。

2014 年,全局建成 8 个"连锁运行"的洗衣房服务网点,累计服务民警 3.2 万余人次,清洗各类衣物 4.5 万余件。2016 年,规范洗衣房"连锁运行"管理,累计为全局民警清洗衣物 5.2 万件;市公安局机关食堂累计提供民警日常餐饮保障、安保执勤等应急餐饮保障 35.32 万人次。

2015 年 2 月,根据市委、市政府《关于进一步做好市直行政单位办公用房清理通知》要求,市公安局认真开展办公用房自查清理工作。3 月,市委办公厅印发通知,要求建立全市市管干部办公用房档案。

第十九章　队伍建设

20 世纪 90 年代，市公安局把公安队伍建设列入党委的重要议事日程，坚持一手抓业务、一手抓队伍的指导思想，注重抓好队伍的思想政治建设，抵制资产阶级自由化思想对公安队伍的侵蚀和影响，确保党对公安的绝对领导。市公安局政治部和各分（县）局政治处协助局党委和主要领导主抓队伍建设。进入 21 世纪，随着经济和社会的不断发展，公安工作任务日益繁重，公安队伍不断壮大，市公安局更加重视队伍建设，坚持政治建警、素质强警、文化育警、从严治警、从优待警要求，努力打造过硬队伍，相继开展各类学习、教育和培训，制定一系列管理制度（规定）和考核办法，保证队伍持续稳定、健康发展。

第一节　思想政治教育

1990 年上半年，全市公安机关认真学习中共十三届六中全会精神，增强群众观念，牢固树立全心全意为人民服务思想。并结合两次执法执纪检查，加强廉政教育和制度建设，增强广大干警的廉政意识，提高反腐倡廉的自觉性，行业不正之风和消极腐败现象得到不同程度的制止和好转。7 月，按照合肥市委统一部署，组织开展党员重新登记工作，市公安局以此为契机，开展一次理想、信念、党的宗旨和党员标准专题教育，进一步强化党员的党性观念、纪律观念和先锋队意识。

1991 年，市公安局组织全体公安干警系统学习马克思主义哲学、中国共产党党史和建设有中国特色社会主义理论，开展坚定信念、反和平演变以及国际、国内形势教育，组织干警观看《东欧剧变见闻》录像片，进一步提高全体干警政治觉悟，坚定社会主义信念。是年，市公安局机关成立工委，基层党组织普遍进行改选，并组织开展党员培训工作。在合肥地区遭遇百年不遇的洪涝灾害中，广大党员和团员在抗洪抢险中较好地发挥了先锋模范作用。

1992 年 3 月，市公安局组织广大干警学习领会邓小平视察南方谈话、中共中央关于公安工作的决定和党的十四大报告等文件精神，分三期对全局 328 名正副科、所、队长进行专门集中培训。各分局也相继举办学习班、培训班，以首次授衔为契机，对全体干警进行职业道德、纪律作风教育。同时抓好全国十八次公安工作会议精神的学习贯彻，先后编发《合肥政工简报》5 期。

1993 年，市公安局集中组织干警学习马列主义、毛泽东思想的基本理论，邓小平建设有中国特色社会主义理论和《中共中央关于建立社会主义市场经济体制若干问题的决定》,加深对党的“一个中心、两个基本点”基本路线的理解,增强主动为经济建设服务的意识。市公安局、分局两级坚持政治工作例会制度,保证思想教育的经常化、制度化。

1994 年 1 月,市公安局突出党员干部特别是领导干部的学习,于上旬集中全市 80 名中层干部学习《邓小平文选》,着力提高各级领导干部的理论水平。是年 10 月至年底,在全市范围内集中开展教育整顿,组织全体干警学习《人民警察职业道德规范》,采取多种形式,全方位开展思想、宗旨、法制和职业道德教育。

1995 年 10 月,全市公安机关组织学习 10 月 11 日公安部《关于在全国公安机关开展向济南交警支队学习活动的决定》、10 月 15 日江泽民总书记为济南交警支队所作的“严格执法,热情服务”题词。11 月 13 日下午,市公安局召开向济南交警学习誓师大会,局党委书记、局长崔亚东作“学济南交警精神,塑合肥警察形象”的动员报告,要求交警、巡警部门先行一步,为全市和全省当好龙头;各级公安窗口行业和部门要紧密跟上,重点解决群众反映的热点问题,改变“门难进、脸难看、话难听、事难办”(以下简称“四难”)的工作作风问题,改变“乱收费、乱罚款、乱摊派”(以下简称“三乱”)和执法随意性问题,会议下发《合肥市公安局关于开展向济南交警学习活动的意见》。

1996 年 7 月 23 日,中共中央政治局常委、书记处书记胡锦涛考察合肥市“严打斗争”情况,视察合肥市公安局基层单位,胡锦涛在讲话中指出“希望广大公安政法干警保持清醒头脑,进一步认识到严打斗争的长期性、艰巨性、复杂性,再接再厉,夺取严打斗争的全面胜利”。市公安局党委发出号召,要求全市公安机关和全体民警以胡锦涛重要讲话为动力,团结战斗,奋勇拼搏,夺取严打斗争更加辉煌的战绩。是年 12 月,市公安局党委决定,号召全市公安民警向李素珍学习。李素珍是郊区分局常青派出所户籍内勤,多年来,她在平凡的工作岗位上兢兢业业,一心为民,即使患病后,仍带病坚持工作,不幸于 1996 年 11 月 30 日病逝,年仅 41 岁。是年 12 月 31 日,公安部授予李素珍“全国公安战线一级英雄模范”称号。翌年 1 月 3 日,安徽省公安厅作出《关于开展向李素珍同志学习活动的决定》。1 月 10 日,中共合肥市委作出《关于在全市开展向优秀共产党员李素珍学习的决定》。3 月 5 日,中共安徽省委隆重召开命名表彰大会,追授李素珍“安徽省优秀共产党员称号”。

1997 年,市公安局突出领导班子建设,举办全局中层干部“讲学习、讲政治、讲正气”(以下简称“三讲”)培训班,集中学习江泽民总书记“三讲”重要讲话精神和邓小平建设有中国特色社会主义理论,教育广大党员干部牢固树立正确的世界观、人生观和价值观;组织全体民警认真学习、领会党的十五大精神,加强政治建警。12 月 12 日,市公安局党委决定,在全市公安系统广泛开展向张圣峰学习活动。张圣峰生前系肥西县公安局刑警大队大队长,先后被省厅评为“全省十佳刑警”、被公安部授予“全国百名特优民警”,由于长期带病超负荷工作,于 1997 年 11 月 27 日下午在外办案时,突发脑溢血,不幸殉职。

1998 年 4 月至 7 月,市公安局根据中央政法委及上级公安机关的统一部署,开展全市公安机关队伍集中教育整顿活动,市公安局、分(县)局纷纷召开干警大会,对集中教育整顿工作进行全面动员部署。整顿查摆中,针对队伍存在的问题,市公安局及时制定一系列队伍管理制度,从治本上下功夫。同时,市公安局首次实行人民警察基本素质考试,加强民警的教育培训，提高民警的政治和业务素质。并以实施“三定”方案为契机，加快干部人事制度改革步伐，调整提拔干部139人，引进竞争激励机制，竞争上岗10人，公安干部队伍建设得到加强。

1999年10月20日，根据市委统一部署，全局集中时间、集中精力，以整风精神开展“三讲”教育，重点加强中层以上领导班子和领导干部思想政治教育，组织学习邓小平理论和以“三讲”为主要内容的党纪党风教育，建立“三簿”制度，将政治理论学习常态化、制度化。坚持从严治警方针，在全局开展党风廉政建设和反腐败斗争，落实领导责任制，加强反腐倡廉工作。全面开展“争创人民满意单位和民警”活动，在广大民警中深入进行全心全意为人民服务宗旨教育和职业道德教育。是年，蜀山派出所被授予“全国人民满意派出所”、西市分局被授予“全国创人民满意先进单位”称号，其中，有2个单位2人分别被公安部荣记一等功，4个单位被授予省级“青年文明号”，15个单位被授予市级“青年文明号”，2人当选“合肥市十大杰出青年卫士”，2人当选全市“文明十佳人物”，1人当选全国第二届“青年卫士”。

2000年，市公安局组织开展以“全心全意为人民服务的宗旨教育、实事求是的思想路线教育和严格公正文明执法的法制教育”为主题的“三项教育”。2月14日，公安部召开全国公安系统“三项教育”试点工作座谈会，将合肥市公安局列为全国12个“三项教育”试点单位之一。2月29日，市公安局召开全市公安机关“三项教育”动员大会，提出通过“三项教育”活动，保持公安队伍的纯洁性，全面加强自身建设，提高队伍整体素质，为跨入新世纪、完成新任务、开创公安工作新局面奠定坚实的思想基础和组织基础。市公安局专门成立“三项教育”领导小组和办公室，按照学习动员、查摆剖析、整改建制、总结交流四个阶段进行。3月24日，市公安局召开“三项教育”第二阶段动员大会，市公安局党委书记、局长、“三项教育”领导小组副组长李图来在会上强调，全市各级公安机关和全体民警要认真解决好六个方面问题：一是解决好认识问题，使各级领导干部和广大民警充分认识到“三项教育”中查摆剖析的重要性；二是解决好深化学习问题，为查摆剖析奠定良好的理论和思想基础；三是解决好突出重点问题，着重查摆在宗旨意识、实事求是、执法方面存在的问题；四是解决好深入剖析问题，认真撰写好剖析材料；五是解决好开门整风问题，积极开展谈心活动；六是解决好边整边改问题，确保全市治安大局的稳定。4月18日至20日，全国公安机关“三项教育”试点工作汇报会在合肥市召开，公安部部长贾春旺，公安部党委委员、政治部主任祝春林，全国省、市、区公安厅(局)长及12个试点单位的领导参加会议。6月中下旬，市公安局在“三项教育”中推出“末位调整”制度，各公安单位将按照不低于总数1%的比例，排定“末位调整”对象，市公安局规定，对全局排定出的48名后进民警集中在公安干部学校进行为期3个月的待岗培训，培训结束仍不合格的将被调出公安机关。6月30日上午，市公安局召开“三项教育”总结大会。

2001年，市公安局组织全市公安民警学习贯彻“三个代表”重要思想和《中共中央关于加强和改进党的作风建设的决定》为主要内容的教育活动。组织开展“三项教育”“回头看”，对后进民警分离培训，分离187名民警参加素质培训。其中主任科员、副主任科员39人，中层干部1人，科所队长22人，科员125人。是年，市公安局把学习贯彻《内务条令》作为队伍正规化建设有力抓手，选定6个基层单位为全市公安机关内务管理示范单位,建立完善各项制度,推进公安队伍正规化建设。5月,市公安局被评为全国公安机关贯彻《内务条令》工作先进单位。

2002年,市公安局开展"解放思想、实事求是"大讨论活动,认真查找公安队伍存在的问题及其原因,开展队伍突出问题专项整治,以"万名民警访平安"和改革行政审批项目为契机,落实工作责任,改进工作作风,推动队伍建设健康发展。

2003年3月,公安部决定3月至12月在全国公安机关和全体民警中开展"贯彻十六大,全面建小康,公安怎么办"大讨论活动,市公安局积极探索公安工作新举措,创造队伍建设新经验,并被确定为全国公安机关深入开展大讨论活动的联系点之一,由公安部副部长白景富联系指导市公安局工作。2003年4月10日,市公安局召开"贯彻十六大,全面建小康,公安怎么办"大讨论活动再动员大会,全局迅速展开大讨论。8月上旬至年底,市公安局开展"端正执法思想,转变执法观念,解决执法活动中存在的突出问题"专项教育整治活动,市公安局分层次、分批次地进行全市公安民警"端正执法思想,坚持执法为民"专项轮训。

2004年,市公安局组织"坚持执法为民"大讨论和学习任长霞活动,市公安局以"三个代表"重要思想学习纲要、市公安局编印的"二十公"学习手册以及任长霞的先进事迹为主要内容,以贯彻执行执法为民"五不准"为切入点,强化队伍宗旨意识,打牢广大民警执法为民的思想根基。

2005年1~6月,全市公安机关按照中央、省、市委和上级公安机关的统一部署,开展保持共产党员先进性教育活动。4月上旬,公安部主要领导亲临市公安局,召开先进性教育座谈会,并将市公安局作为联系点。

2006年,市公安局开展形式多样的思想教育活动。2月21日,长丰县公安局刑警大队民警李庆因办案连续奋战4个昼夜,劳累过度导致心力衰竭不幸殉职。2月28日,市公安局党委决定,在全市公安机关和广大民警中广泛开展向李庆学习的活动。先后组织召开座谈会,收看专题宣传片,到烈士家乡慰问,将思想教育做到入耳入脑。4月,在全局范围内广泛开展社会主义荣辱观和法制理念教育,着力引导民警牢固树立正确的人生观、世界观、价值观,全面加强全市公安民警的思想道德建设,推进公安队伍建设不断走向正规化。

2007年6月,针对合肥市公安工作和队伍建设中存在的突出问题,市公安局从解决思想认识问题入手,集中4个月时间,组织开展以"振精神、树形象,强素质、促发展"为主题的"大学习、大讨论"活动,大规模、硬性地要求民警学政治理论、学警规警纪、学法律法规、学公安科技,在全警大兴学习之风。活动中,全警参加网上考试,三个科目考试一次性全部通过率达84%;举办各类专题讲座18场。通过学习和讨论,"人人讲学习、人人爱学习、人人会学习"的氛围日益浓厚。同时,建立健全民警学习电子档案,把民警学习、考试结果纳入民警绩效考评,与评先奖优及岗位资格认证等挂钩,形成长效机制。《人民公安报》等媒体纷纷报道市公安局"大学习、大讨论"情况。11月26日,市公安局召开"贯彻十七大,谋划新思路,推动大发展"主题座谈会,会上,市公安局党委决定从12月3日开始,利用15天时间,在全市各级公安机关开展"学习十七大,从警为什么"大讨论活动。通过学习讨论,引导全体民警进一步端正从警动机,正确认识和对待个人利益和群众利益的关系，履行职责与提高素质的关系，切实转变思想观念，改进工作作风。

2008年5月，全市公安机关开展学习党的十七大精神和胡锦涛总书记在全国政法工作会议代表和大法官、大检察官座谈会上的讲话精神，中央政法委和公安部党委关于“大学习、大讨论”活动的通知精神，围绕合肥市委、市政府统一部署的全面开展科职以下民警交流轮岗工作，进行针对性的思想教育，增强广大民警的大局意识、服从意识；弘扬典型，在全局开展向5月7日在岗殉职的王道权学习活动；深入推进“大学习、大讨论”活动，累计举办专家讲座26期，邀请北京师范大学教授于丹等国内知名人士，开展《构建和谐心灵》讲座。坚强的思想保障，为广大民警立足岗位、献身公安事业提供了强大的精神动力。是年，市区交流轮岗民警达1224人，占科职以下民警总数的29.99%，占市区总警力的28.85%。其中，市公安局二级机构领导44人，队伍思想稳定，全部按时到岗。《人民日报》《法制日报》《新华社内参》等中央级新闻媒体也都大篇幅地对市公安局公安工作进行专题报道，在社会上引起良好反响。同年，市公安局取得“两示范一先进”的光荣称号，即合肥市被公安部、科技部联合评定为“全国科技强警示范城市”，市公安局被公安部评为“全国公安队伍正规化建设示范公安局”，授予“全国公安‘三基’工程建设先进集体”。

2009年3～9月，在全市公安机关开展深入学习实践科学发展观活动。3月2日，市公安局召开深入学习实践科学发展观活动动员会议。此次活动以“推动科学发展，推进三项建设”为主题，组织广大党员民警特别是各级领导班子和党员领导干部，紧紧围绕党员干部受教育、科学发展上水平、人民群众得实惠的要求，进一步解放思想、实事求是、改革创新，着力解决影响和制约公安工作科学发展的突出问题，以及党员干部党性党风党纪方面存在的问题，着力构建有利于公安工作科学发展的体制机制，切实提高领导公安工作科学发展、促进社会和谐的能力。期间，组织开展“为党旗增辉，为国旗增艳，为警徽增彩”主题宣誓活动。7月23日，市公安局开展为期3个月的“我的岗位我负责，我的岗位请放心”专题讨论活动。讨论活动按学习动员、查摆整改、总结提高三个阶段进行。活动以推进“三项建设”为抓手，以本职工作岗位为载体，以提高履职能力为核心，以各级领导放心、人民群众满意为目标，组织全警开展思想大讨论，积极引导广大民警牢固树立正确的人生观、价值观、政绩观，不断增强岗位的责任感、使命感、荣誉感，激发工作责任心、自信心、进取心，全面提升队伍的凝聚力、执行力、战斗力，着力打造一支高素质队伍，为推动合肥市公安工作和队伍建设科学发展提供强有力的思想基础和智力支持。

2010年5月至2012年11月，在全市公安机关党组织和党员中开展“创建先进基层党组织、争当优秀共产党员”活动（简称“创先争优活动”）。活动以“奋力创先促和谐，勇当先锋铸忠诚”为主题，以创建“五个好”先进基层党组织，争当“五带头”优秀共产党员为主要内容，紧紧围绕迎接建党90周年、向党的十八大献礼两个重大节点开展。期间，组织开展“发扬传统，坚定信念，执法为民”主题教育实践活动，合肥公安精神“大讨论、大实践”活动，“基层组织建设年”活动和“政法干警核心价值观教育实践”活动。2011年7月10日4时30分许，长丰县公安局党委委员、经侦大队大队长仇多馥带领民警在赴江西南昌追捕逃犯途中突发疾病（急性脑梗死、主动脉夹层瘤破裂），抢救无效，因公殉职；是年11月4日凌晨4时许，杏花派出所民警王世好在值班中处理完一起警情后，突发疾病，经抢救无效不幸殉职。市公安局先后开展向仇多馥、王世好学习活动。省厅、合肥市也先后发文在全省公安系统、全市范围内开展向仇多馥学习活动。2012 年 6 月下旬至 10 月底，在全市公安机关开展“保持党的纯洁性，迎接党的十八大”主题教育实践活动，全市各级公安机关开动员部署会 86 场次，有 228 个党组织和 8000 余名党员民警参加本次活动。

2013 年 7 月至 2014 年 10 月，在全市公安机关开展党的群众路线教育实践活动。活动以“照镜子、正衣冠、洗洗澡、治治病”为总要求，以为民、务实、清廉为主要内容，以坚定理想信念、牢固树立宗旨意识和群众观念为首要任务，突出抓好作风建设，坚决反对形式主义、官僚主义、享乐主义和奢靡之风。推动思想作风进一步转变，能力素质进一步提高，服务效能进一步提升，爱民形象进一步树立，警民关系进一步和谐，基层基础进一步夯实。期间，组织开展“为何从警、如何做警、为谁用警”大讨论活动，“正警风、肃警纪、树形象”整治活动和“强组织、固堡垒、当先锋”创先争优活动。2013 年 12 月 27 日，市公安局党委决定在全市公安机关和公安现役部队中广泛开展向陈彬学习的活动。2013 年 12 月 10 日 14 时 49 分，肥东县公安局经济开发区派出所民警陈彬处置完当天第 9 起警情后，在对一名违法行为人调查询问过程中，突然晕倒在派出所询问室内，当日 17 时 32 分，因抢救无效，牺牲在工作岗位上。

2015 年 4～12 月，在全市公安机关县处级领导干部中开展“三严三实”专题教育。5 月 14 日下午，市公安局召开“三严三实”专题教育党课报告会暨党委中心组理论学习会，对开展专题教育进行部署。这次活动紧紧围绕推进“四个全面”战略布局，对照“三严三实”要求，聚焦对党忠诚、个人干净、勇于担当，把思想教育、党性分析、整改落实、立规执纪结合起来，教育引导各级公安机关县处级以上领导干部加强党性修养，坚持实事求是，改进工作作风，切实解决“不严不实”问题，增强践行“三严三实”要求的思想自觉和行动自觉，做到心中有党不忘恩、心中有民不忘本、心中有责不懈怠、心中有戒不妄为，努力在深化“四风”整治、建立作风建设新常态上见实效，在守纪律、讲规矩、营造良好政治生态上见实效，在真抓实干、提高执行力上见实效，在锻造过硬队伍、推动公安事业发展上见实效。庐阳分局逍遥津派出所民警王军从警 10 年来，通过巡逻抓获各类违法犯罪嫌疑人 800 多名，其中外省逃犯 67 名、本省逃犯 49 名，为群众挽回经济损失价值 680 多万元，多年巡控战果均为合肥巡警第一，被群众和媒体赞誉为“江淮神捕”“庐州第一神捕”。4 月 28 日，庆祝“五一”国际劳动节暨表彰全国劳动模范和先进工作者大会在北京人民大会堂隆重举行，王军被授予“全国先进工作者”荣誉称号并出席此次表彰大会，受到习近平、李克强等党和国家领导人亲切接见，这也是市公安局民警历年来荣获的最高荣誉。5 月 25 日，市公安局党委决定，号召全市各级公安机关和广大民警学习王军心系群众，以民为本，全心全意为人民服务的公仆情怀；学习王军不怕牺牲，英勇善战，无私无畏的崇高精神；学习王军刻苦钻研，精益求精，勇于创新的进取精神；学习王军爱岗敬业，勤勤恳恳，任劳任怨的奉献精神。

2016 年 4～12 月，在全市公安机关开展“学党章党规、学系列讲话、做合格党员”（简称“两学一做”）学习教育，把党的思想建设放在首位，以尊崇党章、遵守党规为基本要求，以用习近平总书记系列重要讲话精神武装头脑为根本任务，着眼党和国家事业的新发展对党员的新要求，坚持以知促行，做讲政治、有信念，讲规矩、有纪律，讲道德、有品行，讲奉献、有作为的“四讲四有”合格党员。领导干部率先垂范，通过围绕专题学习讨论、创新方式讲党课、召开专题组织生活会和开展民主评议党员等一系列举措，不断加强党员党性观念和组织意识，教育引导党员时刻铭记党员身份，履行党员义务，做出党员表率，进一步坚定理想信念，提高党性觉悟；进一步增强政治意识、大局意识、核心意识、看齐意识，坚定正确政治方向；进一步树立清风正气，严守党的政治纪律和政治规矩；进一步强化宗旨观念，勇于担当作为。学习教育期间，还组织开展“讲看齐、见行动”学习讨论、“学讲话、强党性、转作风、提能力”活动、“强化党员意识专项活动”和“亮身份、作承诺、当先锋、树形象”活动。

第二节　民警培训

20 世纪 90 年代开始，全市公安机关教育训练工作主要以岗位培训为主，采取警种专业院校代训、业务警种培训和单位师带徒等形式开展。1995 年，随着公安警察培训制度建立、市公安局培训机构设立和培训基地建成，新录用人民警察初任培训、警衔晋升培训和各岗位业务培训走向常态。2001 年，《公安机关人民警察训练条令》的出台和 2003 年“三个必训”制度的建立，使合肥公安教育训练走向制度化、规范化、法制化轨道。按照“向教育要素质，向素质要警力、要战斗力”要求，市公安局建立和完善各项训练保障机制，加大基础设施建设的投入，把公安经费的 5% 投入到教育训练之中，为全警训练创造良好的软、硬件环境。随着全警大练兵活动持续深入推进，市公安局培训学校整体建设得到全面加强，专职教官和兼职教官队伍进一步壮大，各警种教材教案进一步完善，教学和生活设施进一步配套，教育培训由粗放式向精细化迈进，向规模化、体系化、专业化、多样化发展，形成以警察培训学校为基地，以合肥公安论坛和教育训练平台为载体，以市公安局警种部门、分(县)局和基层所队三级机构培训为主体的大培训格局，队伍教育训练水平和整体素质不断提升，较好地实现警力无增长改善。

培训组织

1990～1995 年，合肥市人民警察培训主要由市公安局政治部教育科负责。1995 年 11 月，合肥市公安干部学校成立，正科级建制，与政治部教育科合署办公。主要承担全市公安机关岗位培训、警衔晋升培训和短期专项业务培训任务。2002 年 10 月，合肥市公安干部学校更名为合肥市人民警察培训学校，副县级建制；2011 年，增名为合肥市公安局警察培训支队，内设机构有办公室、总务科、教务科、学员科、战训大队(均为正科级)，对外仍称合肥市人民警察培训学校。学校主要担负全局民警的岗前培训、业务培训、任职培训、晋衔培训、更新知识培训、待岗培训等任务，同时还承担省公安厅安排的培训任务。各分(县)局警种部门政治处负责本单位的教育训练工作。2007 年，各分(县)局先后在政工部门设立战(警)训队，建立战训基地，在市公安局政治部和警察培训学校指导下落实民警年度训练内容。

教学保障

教官　20 世纪 90 年代初期,市公安局没有专职教官,主要通过外聘的方式邀请教官保障教学。2000 年之后,学校开始设置专职警务技能教官。2007 年 7 月,市公安局按照初级教官评审标准并通过考核,评选出张永景等 143 人为合肥市警务实战初级教官(兼职),任期从 2007 年 8 月开始,有效期 4 年。届满进行教官资格考核,重新评审确认。2010 年,根据省公安厅“领导干部走上讲台当教官”的意见,11 月 30 日,市公安局选聘以刑警支队支队长杨援军等 98 名各警种领导干部及骨干组成的市公安局第三届市级教官组,并纳入合肥市人民警察培训学校的兼职教官序列。2013 年,学校成立法制、治安、刑侦、交通、警务技战术、综合类教研组开展教学研究工作。截至 2016 年年底,学校有在编专职警官 7 名,初、中、高三级兼职教官近 400 名,形成门类齐全的各警种专(兼)职教官队伍。同时,积极借助外力,利用省会城市教学资源优势,聘请 12 名专家教授为学校的客座教官。

教材　对新民警的初任培训和警衔晋升培训,学校一直使用中国人民公安大学出版社出版的公安机关人民警察训练系列教材;2007 年,调整为全国公安民警“三个必训”统编教材;2008 年,使用省公安厅政治部统编的《全省公安民警警衔晋升培训分类教学训练大纲》。为满足全市公安机关不同岗位民警的培训需求,从 2011 年起,市公安局组织力量开展课程研发,制定培训项目规划书,编制部分教材,作为定制类教材的补充。2012 年底,根据实战和提升岗位核心能力要求,学校完成侦查、治安、交通、法制等专业警种和警务实战技能教材的分类编写工作。2016 年 10 月,学校制作《警械应用——应急状态下警用长棍与盾牌的使用》《徒手实战——压点与关节控制》《现场管控——轻装战术队形》三部视频教学片;在此基础上,又将这三部教学片制作成微课程,供全局教学使用。

教法　学校完成由建校之初采用的传统教学教法向多媒体教学的根本转变。在常规课堂教学的基础上,不断开展教法创新,推行案例教学、模拟教学、现场教学、网络教学等,大力倡导启发式、研究式、讨论式教学,使教学紧贴实战。自 2008 年起,学校引入心理行为拓展训练,学校 5 名教官通过外出培训的方式获得拓展训练师资质,并在培训班中开展各类项目的应用训练。

训练基地建设

1994 年 11 月,合肥市公安干部学校成立时,校址位于合肥市长丰县岗集镇合瓦路,占地面积 60 亩,设有一栋建筑面积为 3155 平方米的综合服务楼,集教学、宿舍、办公等为一体,拥有 1 个室外篮球场、1 个简易的室外训练跑道。2002 年 10 月,合肥公安干部学校更名升格为副县级合肥市人民警察培训学校。经 2008 年、2013 年两次改造扩建,截至 2016 年,合肥市人民警察培训学校占地规模达 280 亩,房屋总建筑面积约 2.7 万平方米。其中,有可供 500 人就餐的食堂、可容纳 800 人的学术报告厅、公安网电子阅览室、心理健康咨询中心,有各种教学台式机 160 台等配套的多媒体教学设施,有八类学科组教研室的综合楼,室内综合训练馆,150 米标准化室外射击靶场、400 米标准跑道体育场等配套设施,可同时容纳330余人参加培训。2012年,在全省警察培训学校评估中,由B级培训学校升级为A级,成为省级公安教育培训基地。

2011年,市公安局建立特警训练基地,位于包河工业园内上海路与花园大道交口,总占地172亩,各类建筑物总面积2.24万平方米,总投资1.6亿元。基地设有综合体能训练馆、战术训练馆、室内射击馆、拓展训练场、警犬训练场、标准塑胶400米跑道田径运动场、200米综合障碍场等训练场馆,以及室外射击场、全天候50米数字影像射击馆等10余个功能场馆。2015年,合肥公安特警新基地由省公安厅推荐参评"全国公安特警专业训练基地",是华东地区规模较大,配套设施较为完善的一流训练基地。

自2007年始,各区县(市)局陆续建成不同规模的战训基地,按照省厅规范化战训基地要求,训练保障设施逐步完善,基本满足基层训练需要。

业务培训

1990年,市公安局对部队转业、学校分配等调入的48名新干警进行培训,培训结业后,有45名充实到基层第一线。

1993年3~5月,市公安局组织100多名企事业单位保卫干部参加由公安大学政保系举办的经济改革形势下的内保工作讲习班,提高广大保卫干部的业务水平和事故处理、现场保护与勘查等技术操作能力,为公安保卫工作提供支持。

1994年,市公安局举办刑侦、户政内勤、计算机操作等多种业务培训,3月中旬,市公安局对1992、1993年全市公安系统军转干部和地方院校进入公安系统的大中专学生进行为期两个月的培训,经考核全部达标。8月,又分期分批对全市干警进行公务员业务培训,重点提高干警的专业水平。11月,合肥市公安干部学校成立,正科级建制,与政治部教育科合署办公。主要承担全市公安机关岗位培训、警衔晋升培训和短期专项业务培训任务。

1995~2000年,在市公安干部学校先后组织5期青年民警骨干培训班,193名骨干民警参训,为全市公安机关培养后备干部。市公安局还组织第五期培训班全体学员赴北京开展为期10天的教学、参观、访问。期间,还组织新入干警、新任职干部的培训、调训、轮训工作。1997年,市公安局还有针对性地组织176名一线干警进行刑法、刑诉法两个新法的学习培训。

2001年,市公安局开展民警计算机应用技能培训,提高全警科技信息化应用水平。各级公安机关结合实际,组织民警采取自学、集中授课、参加社会培训班等形式,认真学习计算机基本知识和应用技能,市公安局机关开班培训三期,受训民警160余人。此外,各级公安机关还节约开支,挤出资金,购置一批微机设备,加强公安信息微机化管理,大大提高公安工作的质量和效率。是年,市公安局对三项教育分离待岗的198名民警进行素质培训。

2003年,根据省公安厅统一部署,市公安局开展"端正执法思想、坚持执法为民"专项轮训,有4331名参训民警,完成专项轮训任务的100%。是年,全国公安机关实行首任和上岗必训、职务和警衔晋升必训、基层和一线民警每年实战必训的"三个必训"制度。自此,岗前培训、职务和警衔晋升培训成为培训学校业务培训的重要组成部分,培训人数迅猛增加。年内,市公安局先后组织98名三级机构领导任职培训、375名民警警衔晋升培训。按照三年内实现60%以上民警通过计算机应用技能培训考试的目标,市公安局分期分批培训民警2200名并通过网上考试,名列全国第11位,全省第1位,提前超额完成考试目标;有535人经过培训、考试,获得有关部门颁发的计算机等级证书。交警、刑警等部门,根据实践需要,灵活多样地组织开展各项业务培训和实战训练。鼓励和支持民警参加公安院校和其他成人学历教育,有738人参加各类学历教育,其中自学考试470人,函授210人,研究生学习52人。

2004年,市公安局学习贯彻全国第二十次公安工作会议精神,印发《合肥市公安局关于加强教育训练工作的意见》,按照"全警参与,重在基层,立足岗位,注重实效"和"干什么、学什么,缺什么、补什么"的要求,制订大练兵方案和学习训练大纲,在全市开展大练兵活动。市公安局成立17个督导组,分片包干,对全局大练兵工作进行指导、督促和检查。投入经费550.9万元,购置大量的学习训练基础设施,编印《全国公安民警学习贯彻"二十公"精神100问》《公安民警政治理论和法律基本知识200问答》《人民警察内务管理与礼仪》和《警务实战基础训练手册》等训练教材20000余本,培训200余名"五会"(即会示范、会讲解、会组织、会教学、会考核)教官,为大练兵活动提供全方位保障。各单位按照市公安局部署,立足岗位实际,开展形式多样的岗位练兵活动。刑侦部门以攻克命案、难案为载体,以练促战,战练结合,狠练"八功",并作为刑侦练兵经验在全国推广。市公安局团委在全市公安机关青年民警中倡议开展"拜师学艺"活动,号召全市公安机关青年民警,向身边的老民警、工作标兵、业务能手学习。庐阳分局开展"周末学习日"活动,实行"结对子,手拉手"练兵,提高科所队领导干部的说写能力、组织指挥能力和民警的侦防联动能力。各单位还充分利用公安三级网的优势,开设网上课堂,建立网上知识库,实行网上答疑,进行网上练兵,拓宽民警学习练兵渠道。通过组织开展"治安防范能手""调解群众纠纷能手""学习训练标兵"等评选活动,实行练中评比,竞赛练兵。7月,市公安局组织全局23个单位,在安徽国际会展中心开展大练兵会操竞赛活动,把考核与练兵竞赛融为一体,从市消防支队聘请专业考官,现场打分,现场亮分,当场颁奖,掀起阶段性的大练兵高潮。全省公安局(处)长会议在合肥召开期间,市公安局按省厅要求,于8月4日在安徽国际会展中心向省公安厅领导和全省16个市公安局(处)长进行一次大练兵汇报演练,有200余名民警参加,8个演练项目。充分展示市公安局的练兵成果,受到省公安厅厅长崔亚东、市委副书记黄同文、副市长雍成瀚等领导的高度评价。

2005年4月,印发《合肥市公安局关于全面推进大练兵活动的实施意见》,强力推动大练兵活动向纵深发展。5月,选派11名刑警队长参加省厅刑警大队长任职资格培训班。8月,制定教官管理工作暂行规定,规范教官选聘、使用工作。

2006年,市公安局对2005年新招录的265名特警、141名军转干部进行首任培训,643名民警晋衔培训以及197名领导干部的任职资格培训。在严格落实"三个必训"制度基础上,狠抓经常性的练兵活动,坚持全员练兵、全面练兵、岗位练兵和科学练兵,提高民警的政治、业务和体能素质。各部门也分门别类,长远规划,科学制订不同岗位民警能力素质标准和训练内容,自行组织相关培训、考核。建立、健全、完善教育训练长效机制,严格落实主要领导练兵责任制、奖惩激励机制和"训考分离"制度,坚持教育训练效果与用人机制挂钩,切实调动广大民警自觉训练的积极性和主动性。是年,举办“群体性事件处置”领导干部研讨班,市公安局党委成员及各二级机构负责人参训。开展信息化应用技能培训,有4760人参训,参训率达99%;考核人数4571人,考核合格率100%。当年,市公安局还选派14名派出所所长参加省厅公安派出所所长任职资格培训班。

2007年,市公安局在全省率先推行“战训合一、轮训轮值”模式,合理设置训练内容,严格落实封闭集训制度。设立“集中考核日”,市公安局定期在市人民警察培训学校对各战训基地开展单警队列、基本技能和战术、基本体能和手枪射击等必训课目的集中考核。召开全市公安机关战训工作现场交流会,统一思想,规范训练模式。《人民公安报》内参部记者专程到市公安局调研战训工作,在该报头版头条对市公安局战训集中考核予以大篇幅报道。公安部人事训练局网站、省公安厅《安徽公安政工简报》对市公安局深化战训工作做法均作了刊载。6月,市公安局组织开展教官资格评审,批准张永景等143人为市公安局初级兼职教官。10月,首次开展全警大学习、大讨论考试,内容涵盖政治理论、党建、党风廉政建设、法律法规、公安信息化和公安业务知识等。

2008年,继续构建“大教育”“大培训”体系,组织全警参加年度“大学习、大讨论”考试(包含政治理论、法律法规、科技应用三个方面内容)。完善“轮值轮训、战训合一”训练模式,以训为主,以战为先,全市11个战训基地培训民警3432人,出动警力17542人次,执行实战任务1100余次,成为全市群体性事件先期处置的先锋队和抢险救急的战斗队。全省16个兄弟市公安局先后到市公安局参观考察“战训合一”工作,香港警务代表团也专程到市公安局交流、学习警务训练工作。

2009年,市公安局按照“规范设计、岗责相适、职考结合、持证上岗”的要求,将警种部门划分为18类127个岗位,建立岗位资格认证制度,出台《岗位资格认证管理暂行办法》,全警参加岗位资格闭卷考试,合格者颁发岗位资格证书,实现持证上岗。继续深化“战训合一、轮训轮值”工作,统一训练大纲,规范训练标准,严格训练要求,建立缺课补训制度,确保训练和实战效果。截止11月底,举办战训班185期,参训人员达3725名,出动战训队执行实战任务852次。

2010年11月,经市公安局批准,杨援军等98人成为合肥市公安局市级教官,涵盖侦查、法制、队伍管理、治安、警务技战术、交通管理、公安信息应用、国内安全保卫等8个学科组。

2011年,研发“教育训练一网通”系统,涵盖学习、训练、考试和管理四项功能,包括学员、训练、积分、考试、教学、档案等6个中心板块以及报表统计、系统管理等2个管理板块。6月,推行民警教育训练网上学习积分制,设定公共基础、网上学法和岗位专业知识三个类别,分别设定相应的积分标准,积分达标者方可参加市公安局年度统一组织的“大学习、大讨论”集中考试。

2012年,市公安局研发民警个人工作档案系统,该系统链接市公安局教育训练一网通系统,实现两个系统间各功能模块数据自动提取、对接,可自动生成民警个人综合档案。

2013年,按照总则、分则和附件三个体例,拟定《合肥市公安局教育训练工作通例》。坚持总体规划、逐层递进的原则,邀请公安部部属院校及地方高校教授多次研讨,按照初、中、高级三个递进层级,拟定市公安局层面各类培训规划书和大纲,各警种制作本部门专业培训规划。常态化开展二级机构领导培训班,邀请清华大学、北京大学、中央党校专家教授到合肥授课,全局240余名二级机构领导干部分4期8个批次参训。组织治安类、刑侦类、交通类967名所队长开展三级机构领导干部培训。组织各分局30岁以下及交警支队45岁以下民警到特警支队开展轮训。开展专兼职教官的选聘,遴选8大类别344名兼职教官及11名客座教授纳入市公安局教官库。组织教官培训班、警种培训班、晋衔班、上级调训、战训班计500余期,全局85%以上民警参训。6月,国务委员、公安部部长郭声琨到市公安局视察,对市公安局"大学习、大培训、大比武"高度评价,赞扬市公安局教育训练工作有特色。

2014年6月,在全市公安机关开展依法使用武器警械专项训练活动,开展不同层次送教活动200余批次,全局6000多名民警受训。8月,省厅举办全省公安机关依法使用武器警械专项训练考核比武,市公安局荣获团体总成绩第一名、民警组手枪射击第一名、教官组团体第二名。对新招录的108名民警开展为期10个月的初任培训;举办优秀青年骨干民警培训班,54名青年骨干民警参加为期15天的培训。组织开展二、三级领导干部培训班7期,二、三级领导干部全部轮训。组织教官培训班、警种培训班、晋衔班、上级调训、战训班计400余期,培训民警1.8万余人次。

2015年9月,组织开展2015年度警务实战训练考核活动,全局13个战训基地243人参考,其中二、三级机构领导干部58人,交警支队、巢湖市公安局、包河分局位列前三名。开展微课程建设,举办微课程制作培训班,各单位制作微课程70个,在省厅评选中获得团体第二名。蜀山分局制作的《公安机关出城卡点设置与查控战术》荣获全省微课程评比第一名。11月,召开"推进实战训练,提升全警素质"重点课题调研座谈会,姜明副市长提出"着眼素质、立足实战、分类分层、项目实施"的教育训练方针。分批组织各分县市公安局参加省公安厅举办的四项建设培训班,包括4名市公安局副局长在内的40人参训;组织二、三级领导干部培训班、教官培训班、警种培训班、晋衔班、上级调训、战训班计460余期,培训民警2万余人次。

2016年,抽调22人分别参加省委组织部专题研讨班、市委组织部县处级、科级领导干部培训班等各类调训;按季度开展警务实战考核,第一季度全局147人参考;随机抽取313名民警参加网上学习成效抽考活动;开展警务实战送教活动,对各战训基地、监管支队500余名民警送教上门;组建市公安局微课程建设教官团队,举办微课程建设培训班,116人参加培训。1999～2016年,合肥市人民警察培训学校承担全省范围内的警衔晋升培训及省厅各个部门组织的业务培训25期、2732人次;承担市公安局使用的保安、辅警培训8期、566人次;合肥市其他部门委托培训2期、380人次。

若干年份合肥市公安局民警培训统计表

表19－1

名称 年度	入警培训			警衔晋升培训			领导干部培训		青年骨干民警培训	警种专业培训	合计
	新招录民警	新招录军转干部	新招录其他身份人员	司晋司	司晋督	督晋督	二级机构领导干部	三级机构领导干部			
1995	—	—	—	—	—	—	—	—	30	—	30
1996	—	—	—	—	—	—	—	—	52	—	52
1997	—	—	—	—	—	—	—	—	37	—	37
1998	—	—	—	—	—	—	—	—	38	—	38
1999	—	—	—	—	—	—	—	—	—	—	—
2000	—	—	—	98	—	—	—	—	33	—	131
2001	—	—	—	—	141	—	—	—	—	—	141
2002	—	—	—	145	168	—	—	—	—	—	313
2003	—	—	—	—	—	—	—	—	—	108	108
2004	194	—	—	—	—	637	—	—	—	200	1031
2005	—	141	—	291	—	—	—	—	—	391	823
2006	—	160	—	344	—	—	—	—	—	—	504
2007	113	122	—	265	—	—	—	—	—	279	779
2008	141	127	—	239	116	—	—	—	—	199	822
2009	385	—	117	214	—	—	—	—	—	80	796
2010	—	—	120	119	—	—	—	—	68	—	307
2011	177	—	127	556	—	—	—	—	75	445	1380
2012	—	—	—	242	—	—	226	—	84	160	712
2013	—	—	—	387	—	—	513	642	91	685	2318
2014	102	—	—	—	—	—	725	900	54	100	1881
2015	—	—	—	—	—	—	460	316	—	—	776
2016	113	—	—	—	—	124	228	395	50	674	1584
合计	1225	550	364	2900	425	761	2152	2253	612	3079	14321

拓展培训

合肥公安讲坛　进入21世纪,市公安局紧贴民警的思想实际和多元化需求,不断拓展教育培训形式和内容,创建合肥公安讲坛。2007年6月,针对民警队伍中存在的思想理念滞后、视野不够开阔、能力素质不足等问题,市公安局党委在全市公安机关组织开展以"振精神、树形象、强素质、促发展"为主题的教育活动。期间,邀请省内外专家、学者和上级公安机关领导及业务能手,举办一系列专题辅导讲座,受到广大民警好评。受此启发,2009年4月,市公安局党委规定各类辅导讲座由市公安局集中举办,市公安局政治部具体牵头负责,取名为"合肥公安讲坛"。2013年3月,为进一步拓宽师资力量渠道,合肥公安讲坛采取市公安局政治部牵头举办和各单位轮流承办相结合的方式进行。市公安局政治部根据全局重点工作,适时邀请国内外知名专家学者,举办全局综合性讲坛;各分局、业务警种部门利用自身资源,结合工作实际和民警需求,自选课题,轮流承办单项业务讲坛。2014年年底,根据上级有关文件精神,邀请专家学者讲课授课需报上级主管部门审批,继续举办合肥公安讲坛条件受限。为满足不同层次、警种部门民警学习需求,市公安局决定将合肥公安讲坛拆分为"国保大讲堂""禁毒大讲堂""特警大讲堂"等各个业务警种部门讲堂,不再举办综合性的"合肥公安讲坛"。2007～2014年,合肥公安讲坛历时八载,举办74期,内容涉及政治、经济、军事、文化、历史、科技、艺术、心理等方面,满足民警不同层次的精神文化需求。余秋雨、于丹、徐沛东、阎崇年、武和平、鲍鹏山等一大批专家学者、文化名人应邀做客传道,为推动合肥公安各项工作和队伍建设持续向好提供强有力的智力支持和文化支撑。

2007～2014年"合肥公安讲坛"统计表

表19－2

序　号	时　间	主讲人	单　位	职称、职务	主讲题目
1	2007年 7月4日	强昌文	安徽大学	教　授	解读社会主义 法治理念
2	2007年 7月6日	梁　辉	瑶海分局 刑警大队	副大队长	网上作战 十四技法
3	2007年 7月11日	曹　进	解放军炮兵学院	教　授	国内国际形势 分析
4	2007年 7月13日	吴　斌 王　斌	芜湖市弋江分局 瑶海分局城东 派出所	副局长 副所长	网上作战方法与技巧; 社区警务信息 平台应用
5	2007年 7月16日	陈荣政	省厅治安总队	副总队长	"三基"工程建设
6	2007年 7月25日	胡化凯	中国科学技术 大学	博士、教授	当代前沿科技 发展状况

续表 19－2

序　号	时　间	主讲人	单　位	职　称	主讲题目
7	2007 年 8 月 1 日	吴　波	市公安局信息中心	副主任	公安科技基础知识及公安信息管理
8	2007 年 8 月 4 日	武和平	公安部办公厅	副主任、部新闻发言人、部宣传局局长	警察如何应对与媒体之间的关系
9	2007 年 8 月 8 日	李美平	市公安局	副调研员	全市公安机关民警当前执法办案中存在的问题及对策
10	2007 年 8 月 24 日	周海宏	中央音乐学院音乐学系	教　授	走进音乐的世界
11	2007 年 8 月 29 日	韦　伟	安徽省政府	副秘书长兼政策研究室主任	解读科学发展观
12	2007 年 9 月 20 日	张再勇	市公安局信息中心	副主任	警用地理信息应用
13	2007 年 10 月 17 日	陈勇琦	南昌市公安局青山湖分局	民　警	社区警务工作法
14	2007 年 11 月 8 日	李显冬	中国政法大学国土资源法律研究中心	主　任	《物权法》解读
15	2007 年 11 月 14 日	李志广	市公安局警察培训学校	校　长	群体性事件的预防和处置对策
16	2007 年 11 月 28 日	程彰德	市公安局	党委委员、副局长	党的十七大报告解读
17	2007 年 12 月 5 日	潘小平		著名作家	警察素质和安徽人文
18	2007 年 12 月 19 日	高　锋	北京警察学院	教　授	当代警务反劫持谈判与现场处置
19	2008 年 1 月 3 日	李志广	市公安局警察培训学校	校　长	人民警察使用警械和武器条例
20	2008 年 1 月 23 日	吴维库	清华大学经济管理学院企业管理系	副教授、领导力研究专家、国内著名战略管理专家	如何保持阳光心态
21	2008 年 3 月 20 日	石钟山	武警总部政治部	专业作家	英雄主义情怀
22	2008 年 4 月 2 日	赵　甄	庐阳分局	党委书记、局长	孙子兵法和现代管理理论在实践中的运用

续表 19－2

序　号	时　间	主讲人	单　位	职　称	主讲题目
23	2008 年 4 月 16 日	郭　因	安徽省政协文史办公室	副主任	国学基本知识与和谐社会构建
24	2008 年 5 月 7 日	张　宇	省公安厅九处	副处长	关于奥运筹备及举办期间境外媒体在肥采访的管理问题
25	2008 年 6 月 19 日	王　伟	国家行政学院公共管理教研部	教授、博士生导师	加快行政体制改革建设服务型政府
26	2008 年 11 月 16 日	于　丹	北京师范大学艺术与传媒学院	副院长	构建和谐心灵
27	2009 年 1 月 12 日	项性礼	省纪委宣教室	主　任	如何筑牢反腐倡廉防线
28	2009 年 3 月 20 日	潘玉良	市公安局后勤部	副部长	公安装备管理信息系统培训
29	2009 年 4 月 21 日	戴　建	合肥市政协	副秘书长	烁古灼今话合肥
30	2009 年 5 月 12 日	汪兴福	安徽省委党校科社部	教　授	科学发展观是新时期现代化建设的重大战略思想
31	2009 年 6 月 10 日	余秋雨		著名文化学者	文化·警察·人生
32	2009 年 8 月 5 日	万四海	中国武警	十大忠诚卫士	忠诚·岗位·职责
33	2009 年 8 月 12 日	张　理	市公安局情报处	处　长	情报信息主导警务的做法
34	2009 年 8 月 25 日	桂　龙 音卫东	市公安局	党委委员、政治部主任；政治部副主任、新闻中心主任	介绍全国公安机关舆论引导工作培训班的有关情况；媒体应对与舆论引导方法
35	2009 年 10 月 16 日	李　群	合肥师范学院	教　授	乐观是可以修炼的
36	2009 年 11 月 20 日	胡忠明	安徽省委党校	教　授	中国共产党十七届四中全会精神解读
37	2009 年 12 月 29 日	刘　健	安徽中医学院第一附属医院	常务副院长	中医药学在养生保健中的应用
38	2010 年 4 月 15 日	孙　娟	中国人民公安大学公安管理系	教　授	警察公共关系建设

续表 19－2

序　号	时　间	主讲人	单　位	职　称	主讲题目
39	2010 年 5 月 13 日	桂　龙 音卫东	市公安局	党委委员、政治部主任；政治部副主任、新闻中心主任	如何提高舆论引导水平增强公安“软实力”；媒体应对与舆论引导技巧
40	2010 年 6 月 3 日	李良栋	中共中央党校政法教研部	主　任	如何看待当前社会矛盾和群体性事件
41	2010 年 6 月 11 日	李玫瑾	中国人民公安大学	教　授	犯罪心理学
42	2010 年 7 月 20 日	付志刚	公安部纪委法规审理室	主　任	《纪律条令》解读
43	2010 年 8 月 19 日	李明发	安徽大学法学院	院　长	《侵权责任法》解读
44	2010 年 9 月 29 日	徐沛东		著名音乐人	音乐·艺术·人生
45	2010 年 9 月 30 日	阎崇年	北京满学会	会　长	袁崇焕的爱国精神
46	2010 年 12 月 18 日	鲍鹏山	上海电视大学中文系	教　授	孔子的刑律
47	2011 年 3 月 18 日	黄太云	全国人大常委会法制工作委员会刑法室	副主任	解读刑法修正案(八)
48	2011 年 6 月 9 日	程立云	合肥市委党校	教　授	中国共产党九十年光辉史
49	2011 年 6 月 23 日	王淑合	中国人民公安大学犯罪学系心理学教研室	主　任	民警心理压力与自我调适方法
50	2011 年 11 月 21 日	石子坚		教　授	美国警察执法模式及其法律支持
51	2011 年 11 月 25 日	董晓宇	北京行政学院公共管理教研部	教　授	如何加强与创新社会管理
52	2012 年 3 月 12 日	崔跃松	省精神文明建设研究中心	副秘书长	怎样做一名幸福有魅力的公安民警
53	2012 年 4 月 2 日	贾建芳	中央党校马克思主义理论部	教　授	社会管理创新与社会和谐
54	2012 年 7 月 27 日	洪海鸥	安徽省立医院健康管理(体检)中心	主　任	健康与保健
55	2012 年 11 月 30 日	辛青峰	中国传媒大学	副教授	工作语言表达艺术技巧

续表19－2

序号	时间	主讲人	单位	职称	主讲题目
56	2012年12月6日	郝欣富	省委党校党史党建教研部	教授	解读党的十八大报告
57	2013年3月22日	祝利	解放军电子工程学院	教授	我国周边安全形势分析
58	2013年4月11日	李平	安徽省中医药学会肿瘤专业委员会	主任委员	情绪与健康
59	2013年5月27日	孙鸥	上海市公安局警民直通车	负责人	新媒体在公安工作中的应用
60	2013年6月7日	王行舟	省地震预报研究中心	主任	地震的基本知识和建筑物震害
61	2013年7月9日	吴新华	中国管理科学研究院领导科学研究所	研究员	创新思维与执行力提升
62	2013年7月26日	沈跃春	省社科院社会学所	所长	党的群众路线与社会管理创新
63	2013年8月9日	孙自铎	安徽省社会科学院	教授	当前中国经济形势分析
64	2013年8月27日	柴学友	安徽省人民检察院	党组成员	如何远离职务犯罪
65	2013年9月10日	姜平	国家行政学院	教授	为实现中国梦而奋斗
66	2013年9月23日	蒋凡	中国科学技术大学计算机科学与技术学院	教授	信息网络安全态势感知研究与实践
67	2013年11月21日	洪道德	中国政法大学刑事司法学院	教授	新刑诉法对侦查活动的影响与对策
68	2013年12月31日	张宇	省公安厅出入境管理局	副局长	出境入境管理法
69	2014年3月4日	郝欣富	省委党校党史党建教研部	主任、教授	如何坚持群众路线转变工作作风
70	2014年4月3日	邵明	省委党校科文教研部	副主任、副教授	如何掌握意识形态领导权
71	2014年4月28日	尹伟	中国人民公安大学	教官	武器警械的使用及训练
72	2014年6月17日	崔跃松	省精神文明建设研究中心	副会长	怎样打造一流队伍建设幸福公安
73	2014年7月24日	芮必峰	安徽大学新闻学院	院长	新传播革命的挑战及其应对
74	2014年11月13日	高淮成	省委党校	教授	解读党的十八届四中全会精神

综合能力提升培训　2004年，市公安局学习贯彻全国第二十次公安工作会议精神，按照“干什么、学什么，缺什么、补什么”的要求，注重岗位和实战能力培训，提高队伍的战斗力。2008年起，学校引入心理行为拓展训练，学校5名教官通过外出培训的方式获得了拓展训练师资质，并在培训班中开展各类项目训练。心理行为训练是民警培训的一项重要内容，通过设置信任背摔、高空断桥、绝壁逢生、飞越自我、丛林追踪、赴汤蹈火、凌空跨越、攀峰越险、挑战极限、勇攀高峰、极限攀岩等十几个拓展项目，训练学员的团队意识和心理素质。

2009年，建立民警外挂学习制度，组织60名派出所所长分四批赴深圳、杭州等7个先进发达地区派出所挂职锻炼。建立内部跟班学习制度，组织肥东、肥西、长丰三县公安局38名基层所队长分批到市区所队跟班学习。

2010年9月，市公安局组织中青年领导干部和专业骨干14人赴香港考察交流，学习香港警方先进的管理理念、情报运行机制和警务运行模式。

2012年9～12月，市公安局在清华大学举办四期二级机构领导高级研修培训班，市公安局各单位225名正副职领导参训。

2015年8月，组织皖港警方双向交流活动，与香港警方一行8人进行为期一周的“刑事情报收集与分析、公众活动行动策略、推动社群参与、严重案件调查、投诉警察机制”等八个课题的交流研讨。

2016年，抽调22人分别参加省委组织部专题研讨班、市委组织部县处级、科级领导干部培训班等各类调训。

第三节　组织人事管理

人员编制

1995年8月24日，市公安局增加编制80名，总专项编制为2416名。1997年12月3日，市公安局增加编制40名，总专项编制为2456名。1998年4月3日，市公安局“三定”方案核定公安行政编制2898名，其中省下专项编制2456名，地方专项编制442名。8月10日，根据市政府《合肥市国家公务员制度实施方案》和市公安局“三定”方案，批准市公安局实行国家公务员制度。2001年8月15日，市编办将37名招警专项编制调整到合肥市公安局使用，总专项编制为2643名。

2002年9月29日，市公安局“三定”方案核定公安政法专项编制3286名，其中，下达中央政法专项编制2644名，地方自定编制642名。此后，陆续下达中央政法专项编制305名，地方自定编制397名。

2007年8月29日，对1039名地方自定编制全部予以核销，重新下达中央政法专项编制1039名，另新增政法专项编制200名，撤并乡镇等调整政法专项编制50名，市公安局政法专项编制总数为4238名。此后，陆续新增公安政法专项编制660名。

2010 年 5 月 26 日，市公安局“三定”方案核定政法专项编制 4898 名。5 月之后，陆续新增公安政法专项编制 705 名，截至 2015 年 9 月 29 日，肥西县小庙派出所、高刘派出所随区划调整编制划转，市公安局政法专项编制 5603 名。

人员划转移交

1999 年 8 月 19 日和 2001 年 11 月 20 日，根据省公安厅、人事厅《关于同意合肥市从公交分局在册的企业公安人员中择优录用部分人民警察的批复》文件精神，省公安厅批复吸收录用原合肥市公交分局 119 名企业公安人员为市公安局人民警察。

2003 年 7 月 14 日，根据省人事厅、公安厅《关于全省企业事业单位公安机构体制改革工作中录用人民警察有关问题的通知》等文件规定，市人事局批复录用 94 名驻合钢刑警队、建工刑警队、东风机械厂派出所等企业公安机关人员为国家公务员，其中合肥市 93 名，长丰县水家湖农场派出所 1 名。2007 年 12 月 25 日，根据《从全省汽车站派出所人员中考试录用人民警察工作实施方案》，省公安厅批复吸收原合肥市汽车站派出所 10 名人员为市公安局民警。

2008 年 9 月 8 日，根据省编办《关于第二批中央企业公安机构移交地方管理有关机构编制问题的批复》精神，原中国铁路工程总公司中铁四局集团铁路工程公安局第四公安处及其下属的第一、四、七、八、十一、十二等 6 个公安分处，移交市公安局管理。

2009 年 11 月 1 日，根据市政府办公厅《关于印发合肥龙岗综合经济开发区移交工作方案的通知》，按照“整体划转、对口移交”的原则，原肥东县公安局龙岗派出所和龙岗交警中队 33 名在岗人员划转移交市公安局。

2010 年 2 月 8 日，合肥市人民政府与中铁四局集团有限公司签署补充协议，原铁路工程公安局第四公安处 178 名民警，自 2010 年 3 月 1 日起正式移交市公安局管理。9 月 7 日，根据市政府第 68 次常务会议等有关精神，原长丰县公安局三十头派出所 9 名民警整建制移交给市公安局。

2011 年 9 月 9 日，根据省委政府关于巢湖市行政区划调整的决策部署和市公安局党委的统一安排，按照“整体划转，对口交接，就地接收”的原则，市公安局接收 213 名原地级巢湖市公安局划转安置民警。

2013 年 8 月 5 日，根据市委市政府《关于肥西县与蜀山区部分行政区划调整工作实施办法》，按照“整体划转、对口移交”的原则，肥西县小庙派出所、高刘派出所、小庙交警中队、高刘交警中队治安和交通管辖区域，一并移交给市公安局管理，肥西县公安局移交在岗正式人员 37 人。

干部管理

公务员转任　根据合肥市统一部署，2008 年 6 月，市公安局开展第一次公务员集中转任工作，交流轮岗民警 1208 人，占科级以下民警总人数的 29.3%，其中，科职干部 241 人(含跨二级机构交流轮岗 140 人)，科级及以下非领导职务民警 967 人。2010 年 12 月，市公安局开展第二次公务员集中转任工作，交流轮岗民警 929 人，其中，科职干部 72 人(含跨二级机构交流轮岗 58 人)，科级以下非领导职务民警 862 人。2013 年 3 月，市公安局开展第三次公务员集中转任工作，交流轮岗民警866人，其中，科职干部89人（均为跨二级机构交流轮岗），科级以下非领导职务民警777人。通过公务员转任工作，提升公安队伍的整体素质和活力。

警力充实基层　2006年2月，市公安局机关17个处室39名科职干部和民警，分别被安排到基层派出所挂职或下派锻炼。各分局、县局和支队机关57名民警，分别被下派到所属基层所队工作。2009年7月，市公安局启动机关充实基层警力工作，市公安局机关9个处室和6个支队49名民警，被充实到分局基层所队工作，各分局、支队有96名民警被充实到各所队一线岗位。2013年8月，市公安局开展机关民警充实基层工作，市公安局机关综合部门和相关支队16个单位，按照各单位所属三级机构警力总数10%的比例，择优挑选43名民警充实到基层所队工作，基层警力得到保障，实战能力大大增强。

竞争上岗　2008年2月，市公安局首次在全局范围内组织实施公推公选，公开选拔2名副县级领导干部，分别担任交警支队支队长、出入境管理局局长职位。2009年，开展市公安局团委书记竞岗工作。2010年，市公安局拿出20个正科职、30个副科职、50个三级机构科职职位，在全局范围内实行竞争上岗。50个职位涉及10个警种、23个部门，竞岗职位范围延伸拓展到大多数的警种部门。通过层层发动，全局有1840名民警报名参加，占市区总警力的38%，与竞争职位的比例约为35∶1。2012年，市公安局拿出59个科级领导职位（8个正科职位、51个副科职位），在全局范围内再次实施竞争上岗工作，通过笔试、技能体能测试、民主测评、面试、差额考察等程序，59名基层和实战一线民警从全局1099名报考者中脱颖而出，走上科级领导岗位。

警员职务套改　根据人社部、公安部、国家公务员局《关于印发公安机关执法勤务机构人民警察警员职务套改方案的通知》精神，自2010年3月份开始，市公安局开展执法勤务机构警员职务套改工作，4631名执法勤务机构民警，参加套改的3617人，约占执法勤务机构民警总数的78%。

警衔管理

首次授予警衔　1992年7月1日，《中华人民共和国人民警察警衔条例》由中华人民共和国第七届全国人民代表大会常务委员会第二十六次会议审议通过，公布施行。1992年9月10日，公安部拟定的《评定授予人民警察警衔实施办法》经国务院批准，转发全国公安机关执行，《评定授予人民警察警衔实施办法》明确评定授予警衔的范围、首次评定授予警衔的标准、首次评定授予警衔工作的步骤安排等。首次评授警衔工作中，市公安局有2500余名民警被评授警督和警司警衔。

日常晋升警衔　首次授予人民警察警衔工作完成后，按照上级公安机关要求，市公安局每季度开展一次晋授警衔工作，截至2016年6月，市公安局有1人被授予二级警监警衔、8人被授予三级警监警衔、1459人被授予一级警督警衔、1838人被授予二级警督警衔、1968人被授予三级警督警衔、1096人被授予一级警司警衔、227人被授予三级警司警衔、2人被授予一级警员警衔、未授警衔21人（大多为试用期干部和尚未申报警衔的当年度军转干部）。

警衔微调　1992年9月，全国公安机关实施人民警察警衔政策的同时，开展过警衔微调工作(警衔微调是指在首次评授警衔的衔级期间内,按照《首次评定授予人民警察警衔的标准》达到评授上一级警衔条件的,可在其职务等级编制警衔幅度内调整至上一级警衔)。但是之后这一政策未能延续,直到2013年3月12日,公安部再次下发《关于人民警察警衔微调及衔级时间合并计算两项政策规定的通知》,明确警衔微调工作的常态化。2014年第三季度,根据上级公安机关统一部署,市公安局开展警衔微调工作,微调晋升警督警衔人员7人、警司警衔人员43人;2015年微调晋升警督警衔人员7人、警司警衔人员63人;2016年一至三季度微调晋升警督警衔人员5人、警司警衔人员31人。

警衔津贴 1995年9月16日,人事部、财政部下发《关于人民警察实行警衔津贴问题的通知》,明确从1995年1月1日起执行警衔津贴,并明确各级警衔享受的津贴标准。随后,人事部、财政部分别于1999年10月、2003年7月、2006年7月、2015年1月,四次调整警衔津贴标准,具体情况如下表。

1995～2015年合肥市公安局警衔津贴标准及执行时间表

表19－2

标准/执行时间	二级警监	三级警监	一级警督	二级警督	三级警督	一级警司	二级警司	三级警司	一级警员	二级警员
1995年1月	105	100	95	90	85	80	76	72	68	64
1999年10月	138	131	124	118	112	106	100	94	89	84
2003年7月	194	184	174	165	156	147	138	129	121	113
2006年7月	263	249	235	223	211	199	187	175	165	155
2015年1月	1600	1400	1250	1100	960	860	760	660	610	560

警衔津贴调标 2016年3月28日,市公务员局和市财政局联合下发《转发关于调整人民警察警衔津贴标准的通知》,根据通知精神,市公安局全面部署开展警衔津贴调标工作。在省厅业务部门的大力指导下,在市直相关单位的全力配合下,市公安局于2016年4月底全部完成警衔津贴调标工作,5484名民警(其中在职民警5348人,2015年1月以后因退休、调出、辞职、辞退、病故等原因减少民警136人)补发金额全部发放到位,兑现相关待遇。四县一市公安机关警衔津贴调标工作也于2016年5月底之前全部完成。

民警工资福利

工资改革 1993年,《机关工作人员工资制度改革方案》明确提出,新工资制度要防止高定级别、高套职务工资等不良现象。与此同时,不再划分工资区,而是引入地区津贴。地区津贴包括艰苦边远地区津贴和地区附加津贴。前者主要体现各地自然地理环境等差异;后者用于补偿机关工作人员在不同地区生活成本,地方政府可根据自有财力发放此类津贴。2006 年 6 月 14 日,《国务院关于改革公务员工资制度的通知》出台,文件在“改革的原则”部分强调,要有效调控地区工资差距,逐步将地区工资差距控制在合理的范围内。这次改革除要求完善津补贴发放制度外,也对基本工资结构做了调整:基础工资和工龄工资不再保留,级别工资权重有所加大。2014 年,《国务院办公厅转发人力资源社会保障部财政部关于调整机关事业单位工作人员基本工资标准和增加机关事业单位离退休人员离退休费三个实施方案的通知》下发,明确从 2014 年 10 月起,调整公务员基本工资标准,将部分规范津补贴纳入基本工资,建立定期调整机关工作人员基本工资标准制度,此后基本工资标准原则上每年或每两年调整一次,近期每两年调整一次。同时明确机关事业单位 2014 年 9 月 30 日前已办理离退休手续和已达到退休年龄的人员,从 2014 年 10 月起增加离退休费,以及在职人员预扣养老保险费的标准和具体办法。在历次的工资制度改革工作中,市公安局都能够在市委市政府相关业务部门指导下,顺利完成工作,确保民警切身利益落实到位。

遗属生活困难补助　机关事业单位工作人员(含离退休、退职人员)死亡后,从死亡的下个月起停发工资待遇,国家对无劳动能力或丧失劳动能力的遗属进行适当的困难补助。遗属生活困难补助的对象为依靠死者生前供养的直系亲属或其他亲属,具体为死者父、母、子女、弟妹、岳父母等。近年来,政府对遗属生活补助标准作多次调整,2003 年 1 月 1 日起统一调整为:遗属均按死亡职工单位所在地最低保障标准计发。截至 2015 年 12 月 31 日,市公安局有 69 名已故民警(工人)的 92 名遗属享受生活困难补助,实行每月 510 元标准。

乡镇补贴　2015 年 8 月,安徽省人社厅和财政厅下发《关于全省乡镇机关事业单位工作人员实行乡镇工作补贴的通知》。经协调市政府相关职能部门,明确市公安局瑶海等 6 个分局下设的 8 个派出所(其中一般乡镇 6 个、艰苦偏远乡镇 2 个)271 名民警能够享受乡镇补贴,同时明确乡镇补贴按年度发放,一年审核一次。

第四节　立功创模

2003 年 9 月以前,公安机关对涌现出的英雄模范人物和先进集体,主要依据 1984 年颁布施行的《人民警察奖惩条例(试行)》予以表彰奖励。随着改革开放的不断深入,任务重、风险高,“时时有流血、天天有牺牲”成为警察行业鲜明的职业特点。为及时奖励在各项公安工作中做出突出成绩的集体和个人,公安部于 2003 年 9 月 1 日颁布施行《公安机关人民警察奖励条令》(以下简称《奖励条令》)。根据新时期公安工作和队伍建设的实际,为使《奖励条令》既符合公务员奖励规定,又符合公安工作实际、体现公安奖励特色,公安部对《公安机关人民警察奖励条令》进行重新修订并于 2016 年 1 月 1 日颁布施行。市公安局在不同时期,依据奖惩条例、新旧条令,及时表彰奖励在公安工作和队伍建设中涌现出的先进集体和个人,极大地调动了各级公安机关和广大民警的工作积极性、主动性、创造性,激励着全体民警更好地履行职责、服务人民,在本职岗位上建功立业。

1990～2016年,全市公安机关有1295个集体、5959名个人荣获三等功(含三等功)以上表彰。其中,获省部级以上表彰的单位有98个,市级以上表彰的单位有257个,荣立集体一等功的单位有12个、二等功的单位有132个、三等功的单位有796个;获省部级以上表彰的先进个人有110名,市级以上表彰的先进个人有699名,荣立个人一等功的有46名、二等功的有284名、三等功的有4820名。

1990～2016年合肥市公安局立功受奖统计表

表19－3

年份	先进集体(个)						先进个人(人)					
	省部级以上表彰	市级以上表彰	一等功	二等功	三等功	小计	省部级以上表彰	市级以上表彰	一等功	二等功	三等功	小计
1990				2	9	11				1	33	34
1991			1	6	15	22	1		2	3	72	78
1992	2			5	12	19			6	1	51	8
1993			1	3	1	5	2			3		5
1994				5	14	19	2			3	58	63
1995				2	18	20	3			3	52	58
1996			1	4		5	3			5		8
1997	1	4	1		28	34	3	17		1	127	148
1998	1	1	2	3		7	4	0	2	9	3	18
1999	3			2	33	38	3	10	2	1	155	171
2000	4	15	1	8	3	31		21	2	5	25	53
2001	1	11		16	17	45	3	10	2	11	90	116
2002	3	0	1	4	26	34	3	1		8	123	135
2003	4	10		10	19	43	7	16		11	99	133
2004	6	11		7	51	75	5	22	4	12	205	248
2005	8	9		4	31	52	4	13	1	9	112	139
2006	7	41		5	35	88	1	5	2	12	140	160
2007	6	16		4		26	6	10		8	14	38
2008	7	10	1	4	49	71	11	10		7	225	253
2009	6	5		11	93	115	3	5	3	25	370	406
2010	7	11	1		64	83	12	15	7	30	445	509

续表 19－3

年份	先进集体(个)						先进个人(人)					
	省部级以上表彰	市级以上表彰	一等功	二等功	三等功	小计	省部级以上表彰	市级以上表彰	一等功	二等功	三等功	小计
2011	4	42		8	138	192	12	46	1	15	539	613
2012	8	21		12	31	72	9	35	8	43	313	408
2013	4	15		6	76	101	7	18		12	490	527
2014	12	12			5	29	2	145		6	362	515
2015	3	11			7	21	3	150	3	22	363	541
2016	1	12	2	1	21	37	1	150	1	18	354	524
合计	98	257	12	132	796	1295	110	699	46	284	4820	5959

1. 省部级以上表彰含省部级，市级以上表彰含市级及省公安厅；
2. 市公安局表彰的先进集体、先进个人及嘉奖项目未列入表内。

第五节　党团组织　群众团体

1990～2016 年，中共合肥市公安局委员会始终坚持党要管党、从严治党方针，注重加强党的思想建设、组织建设、作风建设、制度建设、廉政建设，全面加强党对公安工作的绝对领导，保证党的路线、方针、政策、重大决策在公安机关的贯彻执行。截至 2016 年底，市局党委下辖 121 个基层党组织，其中：基层党委 8 个，基层党总支 4 个，基层党支部 109 个。1991 年 7 月，市局成立机关党委，负责对所属 16 个基层党组织和 292 名党员的管理和教育。2015 年 7 月，市局党委对所属基层党组织设置进行了适当调整，将由市局机关党委管理的国保支队等 13 个单位党组织调整为由市局党委直接管理。市局纪委监察室、政治部、警令部、后勤部、机关党委等 5 个市局机关综合部门的党组织，以及离退休干部党组织隶属关系不变，仍由市局机关党委管理。同时，对市局政治部和市局机关党委党建工作职责进行了调整分工。市局政治部党建工作职责，是在市局党委领导下，负责组织、指导、推动全市公安机关党建工作。市局机关党委党建工作职责，是在市局党委的领导下，负责组织、指导、推动市局机关综合部门的党建工作。党的十八大以来，市公安局坚持党建引领，以党建带群建，以党的政治优势促进群团组织更好地履行职能、发挥作用，推动公安工作和队伍建设可持续发展。

中共合肥市公安局机关委员会

1991 年，合肥市编制委员会办公室（以下简称合肥市编制办）批复正式建立中共合肥市公安局机关委员会(以下简称机关党委)。1998年,合肥市编制办批复,市公安局机关党委作为公安局内设机构之一;8月,市公安局机关党委召开党的代表大会,经民主选举,由8名成员组织新一届市公安局机关党委。市公安局机关党委下辖1个党总支、19个党支部。此后,每4年换届一次,并适时对领导变动后班子成员进行增补和调整。2002年,合肥市编制办下发《关于印发合肥市公安局职能配置、内设机构和人员编制方案的通知》,核定机关党委人员编制3名,核定正科级领导职数1名。2008年,市公安局党委决定,工会、团委及妇女工作调整到机关党委。2009年,市公安局机关党委开展所属31个党组织和711名党员的信息录入工作。2010年,合肥市编制办下发《关于印发合肥市公安局主要职责、内设机构和人员编制规定的通知》,核定机关党委人员编制9名,内设工会、团委2个正科级机构,核定副县级领导职数1名、正科级领导职数2名、副科级领导职数1名。是年,市公安局机关党委开展"创先争优"活动,"七一"前夕,对经过评选的于清等8名优秀党务工作者、23名优秀共产党员和7个先进基层党组织进行表彰。2011年,市公安局机关党委评选后勤部党支部等6个先进基层党组织、陈祥明等6名优秀党务工作者和范勇等39名优秀共产党员,受市公安局表彰。2013年,新成立警令部党总支部、水上分局党支部。2014年,撤销市公安局新闻中心党支部,是年,机关党委下辖2个党总支,32个党支部,有党员922名。2015年7月,根据《关于对市公安局党委所属基层党组织设置进行调整的通知》要求,对市公安局机关党委管理的党组织进行划转增补,调整后,下辖2个党总支、31个党支部,有党员911名。12月15日,经市公安局党委批准,市公安局机关党委召开第一次党员代表大会,出席党员代表100余人,选举产生由10名成员组成的新一届市公安局机关党委。11月,市公安局党委第五检查组,完成对高新分局、肥西县局、交警支队等6个单位党组织党建工作责任制检查考评。2016年8月11日上午,市公安局党委召开党员代表大会,来自全局各基层党组织的党员代表134人参加大会,选举产生9名党员为中共合肥市第十一次党代会代表。是年,开展评选推荐省、市和市公安局党委"两优一先"(先进基层党组织、优秀共产党员和优秀党务工作者)、选树机关党建工作标杆活动。

1990年至2016年,市公安局机关党委在抓好自身建设的同时,认真抓好各个时期党员队伍的思想教育和管理工作,加强队伍的思想作风建设,严格党的组织生活制度,抓好入党积极分子培养和新党员的发展工作,开展形式多样的主题教育实践活动,大力推选"五一"劳动模范人选,"青年文明号"创建和"三八红旗手"等一系列先进人物和集体的选树工作,并取得丰硕的成果。

合肥市公安局工会

2003年,市公安局工会下设市公安局机关、瑶海分局、庐阳分局、蜀山分局、包河分局、高新分局、新站分局、经开分局、公交分局、刑事警察支队、交通警察支队、防暴巡警支队、监管管理支队13个分工会,各设正、副主席和若干名委员。2007年,市公安局组织开展团体无偿献血活动,全局285名民警参加献血,之后每年开展此项活动。2008年5月,四川汶川地震发生后,市公安局工会发动全体民警向地震灾区捐款、捐物,全市公安机关捐款50余万元。2010年4月青海玉树发生地震后,市公安局工会第一时间组织全局民警向灾区捐款617701元。5月,市公安局工会对有关分工会负责人进行改选。12月8日,市公安局印发《合肥市公安局民警慰问工作暂行规定》,对民警伤病慰问、吊唁慰问、吊唁活动、春节慰问等作出统一规定,规范工会慰问帮扶工作。2015年8月,市公安局工会制订《基层工会委员会换届选举流程办法》,指导瑶海分局等8个城区分局、刑警支队等4个警种支队和市公安局机关(市公安局综合部门、其他支队、巢湖经开分局、巢湖水上分局)在原工会分会基础上,分别选举成立工会委员会并同步建立女职工委员会,健全完善基层工会组织,规范工会组织建设。截至2016年年底,市公安局工会下辖12个二级工会委员会,会员5200余人。2002年以来,市公安局工会组织开展高温"送清凉"慰问、文明行业创建、慈善一日捐等活动,积极参加历届合肥市职工文化节、职工运动会、市直机关各项比赛,积极参加合肥市先进单位、先进集体、先进工作者、合肥市五一劳动奖状、五一劳动奖章、工人先锋号以及上级工会牵头的评选活动,市公安局庐阳分局王军被党中央、国务院授予"全国先进工作者"荣誉称号。

共青团合肥市公安局委员会

1990年,根据合肥市编制办《关于公安局团委设置的批复》精神,确定市公安局团委为正科级机构,定编3名,其中科级干部1名。1995年,市公安局团委组织开展元旦春节"橄榄绿"系列活动,合肥、天津、上海、苏州公安桥牌协作赛,人民警察法律知识竞赛,纪念反法西斯战争胜利50周年,纪念建国46周年文艺演出等系列活动。

1996年,组织开展迎新春系列活动,参加合肥自行车慢骑大赛,"警探杯"广播操比赛,市公安局、人事局、劳动局棋牌联赛和津、苏、皖、沪四省市桥牌协作赛。市公安局交警支队一大队、东市分局巡警大队二中队和刑警支队一大队"杨四虎探组"分别被公安厅和团省委授予"青年文明号"荣誉称号。翌年,市公安局团委对潘敏等14名优秀共青团干部、张永创等24名优秀共青团员进行表彰。

1998年,市公安局公政〔1998〕237号文件任命程彰德为共青团合肥市公安局委员会副书记。是年,全局有3人被评为"安徽省杰出(优秀)青年卫士";有7个单位被团市委评为"青年文明号",有1个单位被评为"合肥市青年文明号十大标兵",市公安局团委被团市委评为"红旗团委"。

2004年,交警支队青年民警王诗琪被评为全省优秀团员,王希泉荣获省"青年岗位能手"荣誉称号,防巡支队七大队团支部被评为2003年度市"五四红旗团(总)支部",防巡支队特勤大队民警杨岳松被评为2003年度市优秀共青团员,市公安局警卫处和包河分局骆岗派出所被评委为2003年度市"青年文明号",庐阳分局刑警大队被评为2003年度市"青年文明号标兵",市公安局110直属大队被评为2003年度"光明"志愿者行动先进集体,指挥中心团支部书记沈典模、防巡支队团委书记洪冰冰被评为2003年度"光明"志愿者行动先进个人,瑶海分局车站派出所等15个基层所队被评为全市公安系统优秀"青少年维权岗"。

2007年,市公安局团委举办首届登山比赛和首届青年文艺汇演,纪念中国共产主义青年团成立85周年和五四运动88周年。交警支队四大队三孝口岗亭成功申报国家级"青年文明号";信息中心团支部书记王虚谷被团省委评为2006年度全省"优秀共青团员";交警支队团委被授予2006年度全市"五四红旗团委"荣誉称号,瑶海分局责任区刑警二队、特巡警支队一大队被评为2006年度市"青年文明号",市公安局团委被授予2006年市"红旗团委";市公安局团委书记李义祥,特警支队政治处副主任、团委书记洪冰冰被评为2006年度全市"优秀共青团干部";指挥中心110大队民警陈胜被评为2006年度全市"优秀共青团员",市公安局党委副书记、副局长杜明克被评为2006年度市"共青团工作最佳支持者",蜀麓派出所所长陈春强被评为市"第四届十大杰出青年"。翌年,瑶海分局责任区刑警二队被评为2007年度市级"青年文明号"标兵集体,包河分局责任区刑警三队获评2007年度"青年文明号";特(巡)警支队团委荣获市"五四红旗团委"称号,市公安局指挥中心团支部荣获市"五四红旗团支部"称号,庐阳分局团支部书记孙台萍荣获市"优秀共青团干部"称号,瑶海分局民警杜艳涛荣获"市优秀共青团员"称号。

2009年,蜀山分局责任区刑警一队荣获全国公安系统"青年文明号",特警支队二大队一中队、特警支队三大队二中队、交警支队三大队一中队、高新派出所、网安支队管理监察科获评市第五批优秀"青少年维权岗"单位。

2010年7月,市公安局团委组织"青年文明号"集体开展济困助学活动,各"青年文明号"集体、"青少年维权岗"集体等20多个单位捐款6900元。刑警支队向先平被授予第六届"安徽省杰出青年卫士",交警支队陈之干被授予第六届"安徽省优秀青年卫士";瑶海分局责任区刑警二队、庐阳分局刑警大队成功申报省级"青年文明号";交警支队公巡一大队一中队潜休岗、出入境管理局涉外管理科、特警支队八大队、瑶海分局责任区刑警三队成功申报市级"青年文明号",交警支队经开大队一中队、蜀山分局井岗派出所成功申报市优秀"青少年维权岗"。11月,市公安局团委下发《关于开展2011年度"百家团委助百户"活动的通知》,以两节为契机,组织开展"百家团委助百户"活动,进行"一助一"结对帮扶。

2011年,全局团干及青年民警代表开展"缅怀先烈 重温誓词"送温暖活动。特警支队一大队成功申报省级"青年文明号",交警支队公巡一大队二中队等4个集体成功申报市级"青年文明号",特警支队胡张源、交警支队陈颢被授予"安徽省青年岗位能手"荣誉称号,瑶海分局文奇等4人荣获"合肥市青年岗位能手"荣誉称号,特警支队青年民警朱东兵荣获第六届"合肥十大杰出青年"。

2012年,新站分局磨店派出所、庐阳分局责任区刑警一队、交警支队高新大队二中队、出入境管理支队出入境管理科荣获市"青年文明号",便衣侦查支队谈鹏飞、经开分局梁冲、新站分局杨赵荣获全市"优秀共青团员"。

2013年,市公安局团委组织40多名未婚单身青年民警,参加以"幸福合肥,让爱持久保鲜"为主题的"三洋帝度冰箱"年轻的朋友来相会联谊活动。市公安局团委书记方建荣获"全国优秀共青团团干"荣誉称号;交警支队瑶海大队夏锋荣获安徽省"优秀共青团员";新站分局刑警大队、蜀山分局刑警三队、交警支队包河大队三中队、交警瑶海大队六中队荣获市"青年文明号";蜀山分局三里庵派出所俞飞成功荣获第三届"合肥青年五四奖章"。

2014年,开展"青年文明号""青少年维权岗"创建活动。蜀山分局三里庵派出所俞飞荣获第三届"合肥青年五四奖章",高新分局刑警大队顾胜涛荣获第四届"合肥青年五四奖章”，特巡警支队政治处副主任宣元户被评为“合肥市优秀共青团干部”，刑警支队指挥室民警齐阳、包河分局望湖派出所民警马垚瑶被评为“合肥市优秀共青团员”，交警支队瑶海大队团支部被评为“合肥市五四红旗团支部”。市公安局团委书记方建被团中央评为“全国优秀共青团干部”，被团省委评为“省青年文明号先进工作者”。

2015 年，市公安局团委发布《姜明副市长致青年民警一封信》，激励全体青年民警携起手来，发挥生力军作用。市公安局团委组织机关青年民警参观安徽名人馆，联合《人民公安报》安徽记者站开展“为折翼天使献爱心”义卖活动，帮助全国最美家庭、最美警嫂程海燕所在“笑童颜”康复部的残障儿童，举办“分享阅读快乐·共建书香警营”百日读书活动。瑶海分局刑警三队成功获评全国“青年文明号”；特警支队四大队、交警支队庐阳大队二中队成功申报省级“青年文明号”，包河分局望湖派出所马垚瑶荣获 2015 年度“安徽省优秀共青团员”；市公安局警令部指挥调度中心（110 报警服务台）、特巡警支队五大队成功申报市级“青年文明号”，市公安局团委荣获 2015 年度市共青团工作先进集体，机关团委荣获 2015 年度“合肥市五四红旗团委”，交警支队滨湖大队团支部、特警支队二大队团支部荣获 2015 年度“合肥市五四红旗团支部”，刑警支队王聪聪荣获 2015 年度“合肥市优秀共青团干部”，特警支队张宇翔荣获 2015 年度“合肥市优秀共青团员”，市公安局团委王丛荣获 2015 年度市“共青团工作先进个人”。

2016 年，市公安局团委组织编印《共青团合肥市公安局委员会工作手册》，内容包括公安团组织工作基本依据、基本知识、基本制度、常用文书四部分，对各级团组织设置、基本工作职责、团干部岗位职责、基本选举程序、团组织负责人会议、调查研究等进行规范，实现团组织工作有章可循。市公安局举办“胸怀理想 奉献青春”纪念五四运动主题座谈会、“青年民警论坛”、青年民警公安写作比赛，开展志愿者注册工作，召开“金点子”团活动征集会等。特警支队一大队荣获全国“青年文明号”，交警庐阳大队二中队、特警支队七大队荣获全省“青年文明号”，瑶海分局民警牛世超当选第三季安徽省特别关注“最美青工”，市公安局团委荣获市共青团网络新媒体工作绩效考核优秀单位、共青团工作先进集体。市公安局团委副书记王丛荣获 2016 年度“合肥市优秀共青团干部”荣誉称号。截止至 2016 年年底，市公安局团委下设直属团委 18 个、团支部 14 个，有共青团员 153 名。

合肥市公安局妇女委员会

2015 年 9 月，市公安局成立妇女委员会（简称妇委会），协助党组织和行政部门做好妇女工作，由 18 名委员组成，有女民警 721 人。瑶海分局等 8 个城区分局、刑警支队等 4 个警种支队也相应成立妇委会。2016 年 3 月，市公安局妇委会、市公安局新闻中心与合肥报业传媒集团联合开展“寻找合肥最美女警”主题宣传和评选活动，引发社会各界广泛关注。采取自下而上民主推荐、网络投票、组织评审等环节，命名表彰胡宁等 10 人为合肥市公安系统首届“十大最美女警”；张美硕为合肥市公安系统首届“最美女辅警”；马倩茹等 8 人为合肥市公安系统首届“优秀女警”。副市长、市公安局党委书记、局长姜明，市委宣传部副部长，合肥报业传媒集团党委书记、社长甄奎为获奖女警颁发奖杯和证书。同年 3 月，组建“合肥公安巾帼志愿者服务队”，并在合肥瑶海区“笑童颜”教育信息咨询服务部成立“巾帼志愿者爱心工作站”，将该部 79 名残障儿童确定为第一批志愿服务对象，定期开展爱心帮扶活动。自2016年起，市公安局开办“女警讲堂”，邀请专家授课，是年底，“女警讲堂”开办3期，400余人参加听课。是年，市公安局推进家风建设，组织参加寻找“最美家庭”，寻找“好警嫂”，“家有好故事”，“好家风·好家训”征集活动以及市妇联举办的“低碳环保作品展”、三八保龄球、家庭运动会和最美阳台摄影比赛。禁毒支队薛华超家庭荣获“全国最美家庭”、第十届“全国五好文明家庭”和“全国五好文明家庭标兵”；交警支队民警汤振宇家庭荣获“安徽省最美家庭”称号，视频侦查支队民警陈小虎家庭荣获“安徽省五好家庭”称号，禁毒支队民警薛华超妻子程海燕荣获2016年“安徽好警嫂”称号；经开分局民警钱莉家庭荣获“合肥市最美家庭”称号。2016年底，市公安局有女民警726人。

合肥市公安民警基金会

2012年1月10日，市公安局民警基金会成立，召开基金会第一届理事会第一次全体会议，会议通过《合肥市公安民警基金会章程》，选出基金会理事长、副理事长和秘书长，设立基金会办公室等机构。依据《基金会管理条例》等法规要求，制定《合肥市公安民警基金会援抚暂行办法》等规定，登记管理机关是安徽省民政厅，业务主管单位是安徽省公安厅，原始资金为人民币400万元，主要来源于全市公安民警自愿捐款、政府资助以及社会捐赠。

2012年，基金会组织对全市公安机关援抚对象开展调查摸底。2013年初正式启动援抚活动，首期将英烈、牺牲、在职病故民警和因公伤残、重病困难民警列入援抚对象，经各单位调查审核、基金会常务理事会研究、监事会审议“三级审核把关”并公示，最终确定援抚对象和援抚金额，当年发放援抚金470余万元。

2013年12月25日，市公安局在肥东县局举行陈彬因公牺牲援抚金发放仪式，市公安局党委委员、副局长、政治部主任桂龙率市公安局机关党委、基金会负责人出席，慰问陈彬亲属，代表基金会发放陈彬牺牲援抚金50万元。

2014年，基金会援抚活动进入常态化开展阶段，发放援抚金310余万元。4月3日，市公安局在包河分局望湖派出所举行因公牺牲民警刘华良援抚金发放仪式暨先进事迹座谈会，市公安局党委委员、政治部主任章小平带领基金会负责人，亲切慰问刘华良家属，代表基金会发放援抚金50万元。包河分局主要负责同志，刘华良亲属、生前同事及服务对象，省市新闻媒体代表共同参加。12月4日，市公安局召开全国公安系统二级英雄模范陈彬先进事迹报告会，副市长、市公安局党委书记、局长姜明接见慰问陈彬家属，向家属颁发陈彬全国公安系统二级英雄模范奖章和证书，代表基金会为家属增发陈彬英模援抚金50万元。

2015年，基金会拓展“健康工程”暨民警大病体检筛查活动，依托公安机关基础体检，针对早期肺癌、胃癌等开展大病筛查；拓展“老同志关怀工程”，将离退休重病困难老同志纳入援抚对象；拓展“情暖百姓伙伴计划”“金秋助学工程”，将与公安工作有关的社会特殊家庭、寒门学子纳入援抚范围，发放援抚金460余万元。

2016年，基金会完善大病体检筛查活动，进一步聚焦精准体检、健康预警；拓展“战时慰问”，及时将抗洪抢险负伤人员和受灾家庭纳入援抚范围；拓展“金盾精准扶贫行动”，与金寨县公安局开展扶贫共建，意向3年援助100万元，主要用于革命老区金寨县公安局结对的金寨县长岭乡永佛村光伏精准扶贫项目，帮助老区困难群众脱贫解困，打赢脱贫攻坚战。2016年11月7日，金寨县公安局党委书记、局长李云峰，党委副书记、政委储士亮一行，专程到市公安局联系商洽扶贫共建事宜。副市长、市公安局党委书记、局长姜明出席座谈会，就两地公安机关扶贫共建、制度性交流等提出规划意见，市公安局机关党委专职副书记苏克勇、基金会负责人陶志淮、周晓晴、尹晋康等参加座谈。

合肥市前卫体育协会

1990年始，市前卫体育协会（以下简称市前卫体协）依据《安徽省前卫体育协会章程》《合肥市前卫体育协会章程》开展活动。1994年，合肥市举办第六届运动会，5～10月，市公安局按照参赛项目，举行围棋、中国象棋、乒乓球、田径等系列选拔赛，在合肥市第六届运动会上一举夺得金牌18枚、银牌13枚、铜牌13枚，总分324分，居第三名，其中金牌总数列各代表队之首。1996年，市公安局在参加省市各项体育赛事中，获省“前卫杯”象棋、市第四届“保险杯”围棋团体冠军，被评为省前卫体协“先进单位”。1998年，市公安局以前卫体协名义组团参加合肥市第七届全运会，获得金牌19枚、银牌5枚、铜牌7枚，金牌总数和团体总分均居全市行业（企业）部门36个参赛队第二名。2005年年底，市公安局机关队参加市公安局工会举办的“庆元旦、迎新春”乒乓球比赛，督察支队汪更生获男子个人第八名。2006年4月20日，参加市直工委举办的“正创杯”登山比赛，市公安局选派15名队员参加比赛，最终有12人取得不同名次的佳绩：防巡支队杨树林和钟声并列男子青年组第一，信息中心宣蓓蓓获女子青年组第二。5月23～29日，市公安局组队参加市公安局工会举办的第二届“金盾杯”男子篮球比赛，机关代表队喜获第六名的好成绩。11月1～20日，市公安局组织47人代表团参加由市直工委举办的“合肥市直机关第二届运动会”，整个赛程分15大项86小项，有79家代表团2544名运动员参加角逐。市公安局代表团取得金牌数第二，团体总分第四的佳绩。团体赛中获得多项奖项，获得乒乓球团体冠军，篮球、羽毛球团体亚军，围棋团体第三，桥牌团体第五；个人赛中获得多项前八名的佳绩，其中冠军7人，亚军4人，第四名1人，第六名1人，第七名3人，第八名1人。2009年，机关党委分别组织民警参加市直工委举办的第七届登山比赛、第三届市直机关运动会等活动。2010年4月18日，市直机关工委在大蜀山举行喜迎“四体会”市直机关第八届登山比赛，参赛队员2340余人，市公安局有40多人报名参加男子青年组、男子中年一组以及女子青年组、女子中年一组的比赛，最终夺得男子青年组第一、第四、第六以及女子青年组第五的优秀成绩，有13人取得名次。

2010年8～10月，本着“全警参与、层层选拔、人人爱健身、人人爱运动”的活动宗旨，由机关党委牵头，从各单位抽调人员集中办公，成功举办首届警察体育大会。首届警察体育大会历时58天，共设球类、田径、游泳、射击、武术、铁人三项和团体协作7个大类，每大类设置2～7个大项、1～20个小项，有66个项目；比赛场地主要设在市公安局特警支队新基地，相关分局、支队，市全民健身中心等也安排部分项目。全市有7489名民警参加334场次的选拔，其中男民警6219人次，女民警1270人次，到选拔现场观看民警5819人次。在正式比赛中，有2055名民警参加562场次的角逐，其中男民警1739人，女民警316人，参加比赛现场啦啦队7158人次；警察体育大会产生67枚金牌、62枚银牌、61枚铜牌以及4个大会优秀组织奖和2个道德风尚奖。此后，市公安局又相继举办第二、第三届警察体育大会。

在组织开展全局性各项体育运动的同时，市公安局还不断加强体育场馆和设施建设，截至2016年年底，市公安局先后投入1260余万元，建成占地面积32000多平方米的民警体育设施和训练室内活动中心，有标准跑道和球场、乒乓球、羽毛球、篮球、练功房等训练场地，并配置相应的训练设施。各分（县）局也初步建成功能齐全、设施配套的训练和运动场所。

合肥市警察协会

1996年12月，合肥市公安局成立“合肥市警察学会”，是从事公安理论研究的学术团体。2008年10月，“合肥市警察学会”更名登记为“合肥市警察协会”。2009年4月，合肥市警察协会召开成立大会，大会通过《合肥市警察协会章程》，选举产生合肥市警察协会第一届理事会成员和协会领导机构，选出51名理事、25名常务理事。

合肥市警察协会是以合肥市公安机关人民警察及其社团组织为主体组成的、具有独立法人地位的非营利性社会团体；是联系社会各界、协调警察公共关系的桥梁，是了解人民警察诉求、为其提供法律政策服务的渠道，是开展公安理论研究的阵地，是推进人民警察事业发展的社会力量；业务主管单位是合肥市公安局，社团登记管理机关是合肥市民政局。

1997年，创办会刊《警坛博览》。2008～2016年，向外界报送各类优秀公安理论研究文章215篇。2000～2016年，连续17年承编《合肥年鉴·公安》内容。2013～2016年，承编《合肥市政法委年鉴·公安》内容。2015～2016年，启动重修《合肥公安志（1949～1989）》，续修《合肥市公安志（1990～2016）》工作。此外，警察协会还编辑出版有《实践与探索》《闪光的利剑》《合肥公安大事记》《合肥公安志》《合肥公安二十年史》等优秀论文集和公安史志研究成果。

2008～2016年合肥市警察协会选报优秀公安理论研究文章数量统计表

表19－4

年　份	2008	2009	2010	2011	2012	2013	2014	2015	2016
选报优秀公安理论研究文章数量	6	16	70	76	22	11	10	6	4

第二十章　纪检　督察　审计

1989年,合肥市公安局成立监察室,与中共合肥市公安局纪律检查委员会是一个机构两块牌子,正科级建制。负责并指导全市公安机关的纪检监察、警务督察方面的工作;各县、区局的纪检监察、警务督察工作由纪检、政工部门负责;审计工作由后勤部门负责。1998年,纪委升格为副县级建制,内设监察室、审计室、督察室(均为正科级),是年,市公安局正式设立督察部,督察工作从纪委分离。

第一节　纪检监察

20世纪90年代初期,全市公安机关加强纪检监察组织建设,狠抓领导干部廉洁自律、查处民警违法违纪案件、狠刹部门不正之风。1996年以后,市公安局全面贯彻落实党风廉政建设责任制,在反腐败着力治标的同时,加大从源头上预防和治理腐败力度。2003年,《中国共产党党内监督条例(暂行)》《中共中央关于建立健全教育、制度、监督并重的惩治和预防腐败体系实施纲要》颁布,市公安局以改革和加强制度建设为重点,推动党风廉政建设和反腐败斗争向纵深发展。2012年党的十八大以后,市公安局坚持把纪律规矩挺在前面,坚持标本兼治、综合治理,建立起预防机制、制约机制、惩戒机制,积极探索不敢腐、不能腐、不想腐的全面从严治警体制机制,使事前防范、事中监督和事后查处三个环节环环相扣,真正做到权力运行到哪里,监督的触角就延伸到哪里。着力解决群众身边的不正之风,不断取得党风廉政建设和反腐败斗争新成效。

党风廉政建设

1990年,市公安局纪委监察室把党内监督工作的重点放在协助市公安局党委指导局属各单位党组织建立健全党内监督机制上。局属各单位党组织通过建立健全本单位党风廉政建设的一系列规章制度,确保党风廉政建设工作责任制的落实。是年,市公安局抓好队伍特别是领导干部的党风廉政教育,组织民警参加全市优秀纪检干部先进事迹报告团的巡回报告会,接受教育,先后开展两次执法执纪检查,纠正行业不正之风和消极腐败问题。

1991年,在全市公安机关巡回播放廉政教育片《心蚀》,有3000余名民警接受教育。1992~1993年,市公安局组织党员干警学习党章和《邓小平文选》以及市公安局自编的辅导材料,通过“三会一课”、播放录像片、知识竞赛等形式,开展党的基本路线和优良传统作风教育。1993 年,市公安局《党风廉政建设工作责任制》下发试行。根据《中共中央国务院关于反腐败斗争近期抓好几项工作决定的通知》,市公安局成立反腐败斗争领导小组,设立办公室,抽调专门人员集中办公,研究制定《合肥市公安局反腐败斗争工作实施方案》,编印《反腐败斗争学习材料选编》,干警人手一册;同时,注重抓好各项制度建设。6 月 22 日至 7 月 2 日,对全市公安机关专职纪检监察干部分两批进行业务培训。10 月20 ~ 22 日,集中全市公安机关科所队以上干部 354 人进行为期 3 天的反腐倡廉纪律作风整顿,局长崔亚东作专题报告,对队伍作风建设提出具体要求。

1994 年,市公安局党委先后研究制定《中共合肥市公安局委员会关于加强局党委自身建设的意见》《中共合肥市公安局委员会关于干部管理的若干规定》等 8 项制度。根据《关于继续深入开展反腐败斗争的意见》文件部署,市公安局组织 43 名副处级以上领导干部集中学习中央和省、市关于继续深入开展反腐败斗争的有关文件,并对照文件自查自纠;11 月 2 日,市公安局组织 200 余名科所队长参加由局党委委员、副局长汪学明主讲的《牢记全心全意为人民服务的宗旨,不断树立人民警察良好形象》专题教育,组织由 11 个勤政廉政先进单位、先进个人组成的事迹报告团,在全局范围作报告 6 场次,受教育干警 2000 余名。

1995 年,根据中纪委五次全会精神和上级部门关于年度反腐败工作的部署,5 ~ 7 月,全局 155 个基层党委、总支和支部先后召开民主生活会,学习有关文件;850 名科所队长以上的领导干部认真对照中央的“新、老五条规定”、“四条补充规定”、中央政法委的“三个禁令”、公安部、省公安厅的有关廉洁自律规定以及市公安局的“七个不准”,进行自查自纠。翌年,市公安局制定下发《关于加强党风廉政建设工作的意见》,对全市公安机关党组织的党风廉政建设工作提出具体规范和要求。

1998 年,根据中央统一部署和省、市关于对政法队伍进行集中教育整顿的要求,市公安局从 4 月份开始,集中 3 个月时间,对全市公安队伍进行一次集中教育整顿。活动分为自查自纠、教育整顿、整改和建章立制三个阶段,共计梳理出共性问题 26 条,整改措施 33 条,针对存在的突出问题建立相关制度 12 个。

2002 年,市公安局加大党风廉政教育力度,创编《纪检监察简报》,编发简报 9 期,刊发文章 25 篇、6 万余字。

2003 年,市公安局将《慕、马腐败案》刻录成光盘在全体民警中巡回播放,6000 余名民警受到教育;全年编发 11 期《纪检监察简报》。是年 7 月,瑶海分局局长尹晋康荣获“全省勤廉兼有的党员领导干部”称号。

2004 年,在全市公安机关开展忠诚教育、执法为民教育、艰苦奋斗教育,组织 37 名纪检监察干部进行为期 2 天的《中国共产党党内监督条例(试行)》和《中国共产党党内处分条例》学习培训。市公安局还向全体民警分发《安徽省反腐倡廉警示教育读本》,组织全局 2044 名民警观看警示教育片《王怀忠的两面人生》,编发 5 期《纪检监察简报》,强化民警廉洁从警意识。是年,还先后出台《合肥市公安局执法为民“五不准”》《纪委负责人同分(县)局、支队和机关各处室负责人谈话制度》等制度规定,进一步规范对领导干部的党内监督,市公安局纪委负责人年内分别对经侦支队、保安支队等单位负责人进行廉政谈话,各单位纪委也对 407 名科以上领导干部进行廉政谈话。

2005年2月，市公安局组织4000余名民警分43场观看《塌方后的反思》警示教育片，并由各单位组织专题讨论，个人撰写观后感。是年，市公安局出台《领导干部任期经济责任审计暂行规定》《健全机关内部管理的八项制度》《贯彻上级信访举报有关文件的实施意见》。8月，针对全市公安机关发生的两起违反“五条禁令”案件，市公安局及时通报情况，并抽调人员对全市公安机关贯彻执行“五条禁令”的情况进行暗访，使禁令得到有效执行。是年，市公安局纪委监察室被公安部授予“全国公安纪检监察系统先进集体”。

2006年，组织全市公安机关300余名民警观看电影《生死牛玉儒》和廉政文化建设专题节目《国之坚盾清风来》，组织播放警示教育片《嫌疑人消失的背后》，用正面先进人物和反面典型案例教育、警示广大干警；8月，全市公安机关纪检监察部门开展“树荣辱观，唱正气歌”主题演唱等活动，强化纪检监察干部队伍责任意识，消除队伍中的“老好人”思想，有53名纪检监察民警参与主题演唱活动。先后制定下发《关于全市公安机关监督制约机制建设的实施意见》《合肥市公安机关建立健全教育、制度、监督并重的惩治和预防腐败体系实施意见》等系列文件。是年，市公安局纪委监察室被市纪委、市监察局、市人事局授予“2001～2006年度全市纪检监察系统先进集体”；被市纪委、市监察局授予“2004～2006年度纪检监察系统办案工作先进单位”。

2007年，市公安局对新入警的160余名军队转业干部、130余名晋衔的民警开展廉政专题教育；编发5期《纪检监察简报》，重点宣传领导干部廉洁自律、整治损害群众利益不正之风和源头治理教育；在全市公安机关巡回播放《祸起特权思想——公安机关反腐倡廉警示录之五》警示教育片，5020名民警观看，其中处级以上领导干部有54人，科级领导干部995人；为各分局、县局、支队和机关处室的领导干部购买《不容亵渎——法律法规案例选编》《悔罪——安徽省部分违法犯罪领导干部忏悔录》《行政机关公务员处分条例释义》《廉洁从政党纪政纪及相关法规手册》等书籍千余本；6月中旬，中纪委下发《关于严格禁止利用职务上的便利谋取不正当利益的若干规定》后，市公安局按照要求，对1000余名副科以上党员干部和在人财物等关键岗位上工作的党员干部全面进行一次廉政谈话，市公安局党委班子成员按照分工对各自分管或联系的40余个部门和单位的主要负责人进行廉政谈话。

2008年5月，市公安局出台《合肥市公安局行政问责暂行办法》，对各分局、县局、支队和机关各处室的行政主要负责人违反相关规定进行问责；7月，市公安局结合“五条禁令”严格执纪教育活动，在全市公安机关巡回播放公安部纪委摄制的专题片《你永不可逾越》警示教育片，4000余名民警接受警示教育；是年，市公安局还制定下发《合肥市公安局责任追究规定（试行）》，对责任追究的范围和情形、责任追究的种类和方式、责任追究的机构和程序等作了具体的规范和要求。

2009年，市公安局开展以着力解决党员干部党性党风党纪和执法活动中存在的突出问题、全面推进公安反腐倡廉建设为重点的廉政教育。1月，邀请省纪委宣教室项性礼主任以“如何筑牢反腐倡廉防线”为主题进行廉政讲座，各分局、支队和机关处室及各基层所队长共计500余人接受教育；4月，在全市公安机关组织开展以“反腐倡廉、勤政廉政”为主题的廉政书画征集活动，共收集到作品200余幅（件），并从中精选30幅书画作品在市公安局一楼大厅集中展出，市委常委、纪委书记雍成瀚带领市纪委领导班子全体成员应邀参观;6月,全市公安机关广泛开展廉政文化"六进"活动,有16个单位向市公安局申报示范点,通过考核评定,特警支队、肥东县局、荷叶地派出所等3个单位被评定为市级廉政文化"进机关"示范点,瑶海分局大通路派出所等8个基层所队被市公安局评为"廉政文化示范点";8月,组织部分党员领导干部观看反腐倡廉主题话剧《红叶旅途》,用优秀共产党员、优秀纪检监察干部王瑛的先进事迹激励和鼓舞广大民警忠实履行职责,热情服务群众;是年,市公安局还组织全体党员民警集中开展为期两个月的"学习《廉政准则》、规范从政行为、促进科学发展"主题教育活动,通过集中学习辅导、播放专题教育片、党委班子主要领导讲党课、召开民主生活会和举办知识竞赛等多种形式,促进广大民警自觉遵守《廉政准则》,正确行使权力和履行职责。同时,对新提拔交流的110余名科所队领导干部进行任前集中廉政谈话;对分配到全市公安机关的120余名军队专业干部进行上岗前集体廉政教育;组织128名县处级以上党员领导干部、1858名副科级以上党员民警填写《廉政准则》报告表。

2010年3月,组织播放警示教育片《贪之害——贪权、贪财、贪色警示录》106场,4726名民警受到教育,举办185名新招录民警廉政专题讲座;5月,《公安机关人民警察纪律条令》颁布实施后,专程邀请公安部纪委法规审理室付志刚主任以"《纪律条令》主要内容和重点问题"为主题,为全市1500余名民警举办辅导讲座,引导全警树立风险意识,筑牢拒腐防变的思想道德防线。自年初开始,市公安局陆续出台《2010年全市公安机关反腐倡廉建设要点》《关于对公安民警实行廉政勤政提醒和诫勉谈话的若干意见》《关于加强全市公安机关基层所队党风廉政建设的意见》《合肥市公安局队伍建设联席会议制度》《合肥市公安局关于民警政纪处分权限的规定》《合肥市公安局警务公开工作办法》《合肥市公安局告诫暂行规定》等7份文件,建立督导巡察制度,从退居二线的干部中选调人员成立督导巡察组,围绕市公安局党委反腐倡廉重点任务和队伍管理措施,对基层公安机关开展明察暗访。至2010年,市公安局连续开展反腐倡廉制度建设推进年、巩固年和执行年活动,分别在制度清理完善和创新落实,制度的创新、宣传和执行,以及巩固制度建设取得的成效上下大气力,不断把制度建设的重点向基层延伸、向薄弱环节延伸、向新的工作领域延伸。一系列制度的出台,不仅推进了全市公安机关的制度建设,也形成了具有合肥市公安特色的反腐倡廉制度体系。

2011年,市公安局先后组织民警9898人次观看《欲盖弥彰——刘志华腐败案警示录》《暴风雨中的忏悔——皮黔生渎职受贿案警示录》《警鉴高悬》等警示教育片;组织80名科所队长前往省博物馆,参观全国检察机关惩治和预防渎职侵权犯罪展览安徽巡展;还组织广大民警阅读《惩贪警示录——五十六名贪官腐败人生的警示》《界线——近年典型案例评析》等书籍;举办首届"清风作伴·读书思廉"征文活动,征集93篇文章,将其中41篇优秀文章刊登在市公安局协同办公系统《清风明镜》专栏,民警计点击4.6万次,跟帖500多篇;开展勤廉兼优民警事迹宣传教育活动,在《合肥晚报·合肥警方》和公安局域网开设《民警勤政廉政风采录》专栏,对16名优秀基层民警进行典型宣传,用身边的先进人物激励全体民警廉洁从警;组织纪念建党90周年反腐倡廉知识竞赛,有4963名党员民警参加知识测试,成绩合格率达100%。是年,庐阳分局纪委书记章笑梅荣获"全国纪检监察系统先进工作者"称号。

2012年,市公安局以突出抓好领导干部廉政教育为重点,先后组织115名副县级以上领导干部观看公安部拍摄的警示教育片《手莫伸》、1250名三级机构以上领导干部观看《苏共亡党二十年祭》电教片,转发民警违法违纪案件通报21起;纪委副书记、监察室主任李义祥以"古典诗歌与廉政文化建设"为题,对170余名新警进行廉政教育;严格执纪,组织3826名民警开展《纪律条令》等警规警纪的再学习再教育,开展重点人员谈话125人次,结对帮扶321对。继续开展第二届"清风作伴·读书思廉"征文比赛活动,37名参赛民警分别获得一、二、三等奖和优秀奖;深入开展廉政文化"六进"示范点创建工作,1个基层所队被评为省级廉政文化"进机关"示范点,2个基层所队被授予市级廉政文化"进机关"示范点;在《合肥晚报·合肥警方》开辟《民警勤政廉政风采录》专栏,在公安网主页增加《民警风采》栏目,对28名全市公安机关基层和一线在职民警的勤政廉政先进事迹进行大力宣传,发挥先进典型示范引导作用;全年对215人进行廉政谈话,对51名民警进行诫勉谈话和提醒谈话。是年,制定《合肥市公安局领导干部廉洁自律预警机制实施办法》,对市公安局科级以上(含非领导职务)民警涉嫌违反廉洁自律规定的有关问题,通过特定方式进行提醒防范、动态监督、及时纠错,保证领导干部不犯或少犯错误,避免由小过酿成大错。

2013年,市公安局把贯彻落实中央"八项规定"以及省委、市委和公安部、省厅党委各项改进工作作风等规定,作为年度党风廉政建设和反腐败工作的重点,采取联合交叉检查的方式,先后6次对全市各级公安机关贯彻落实中央"八项规定"情况进行现场检查督导;9月27日,全省公安机关贯彻执行公安部"三项纪律"电视电话会议结束后,市公安局研究具体落实措施,全市公安机关7960名民警签订严守"三项纪律"保证书,纪委监察室先后4次组织专门力量对各单位"三项纪律"贯彻执行情况进行监督检查,通过深入各基层单位,采取随机提问、查阅台账等多种形式,进行现场督察。是年,开展学习宣传勤政廉政先进典型活动,集中选树16名全市公安机关基层和一线在职民警的勤政廉政先进典型,并在《合肥晚报·合肥警方》和警务网上进行报道宣传;开展廉政文化示范点创建工作,交警支队经开大队被评为省级廉政文化示范点,9个基层所队被授予市级廉政文化"进机关"示范点;在市公安局协同办公系统的《清风明镜》专栏中刊登、转载廉政建设文章59篇,广大民警踊跃点击、跟帖612篇;开展第三届"清风作伴·读书思廉"征文比赛活动,收到民警撰写的文章203篇,经评审,评选出一等奖2名,二等奖5名,三等奖10名,优秀奖20名;10月,集中组织全局296名二级机构以上领导干部观看警示教育片《手莫伸(三)》。

2014年初,市公安局学习贯彻公安部、省公安厅反腐倡廉建设电视电话会议精神,于2月27日上午,召开全市公安机关反腐倡廉建设会议,总结经验,部署新年度反腐倡廉建设工作任务;印发《关于认真学习贯彻全国全省全市公安机关反腐倡廉建设会议精神的通知》,将中纪委十八届三次全会以及习近平总书记在会上的重要讲话、省市纪委以及公安部、省厅、市公安局反腐倡廉建设相关精神汇编成专题学习资料,供民警学习领会。是年,市公安局组织开展学习《党内监督条例》《廉政准则》、中央八项规定、省委"三十条措施"、合肥市委"十项规定"以及公安部"三项纪律"等一系列规定的活动,并根据市委《关于贯彻落实中央、省委部署建立健全惩治和预防腐败体系2013～2017工作规划的实施办法》要求,积极研究构建全市公安机关及其民警"不敢腐、不能腐、不想腐"的有效机制;结合开展党的群众路线教育实践活动,组织民警观看《焦裕禄》影片,重温学习焦裕禄精神;组织民警观看《四风之害》影片以及参观全市廉政警示教育展览;市公安局纪委和新闻中心以新站分局原户籍民警詹卫东严重违法犯罪案件为反面典型教材,联合摄制《贪腐的代价——詹卫东案件启示录》警示教育片,在全市公安机关进行播放并开展大讨论,深刻剖析身边事,教育引导身边人;10月下旬,召开落实党风廉政建设和反腐败工作党委主体责任集体谈话会,传达学习市委《关于落实党风廉政建设党委主体责任和纪委监督责任的实施办法》,姜明代表市公安局党委与各二级机构党委(总支、支部)书记签订落实党风廉政建设主体责任责任状。12月,制定《县级公安机关关于落实党风廉政建设党委主体责任纪委监督责任检查考核办法》,细化和明确全市公安机关党风廉政建设党委主体责任和纪委监督责任;成立6个检查组,实地检查考核全局各单位落实"两个责任"情况,各分县(市)局、支队、机关综合部门党委(总支、支部)均取得合格以上成绩。

2015年3月31日,市公安局召开全市公安机关反腐倡廉建设会议,姜明在会上做重要讲话,与37个单位的党委(总支、支部)书记签订《全市公安机关党委(总支、支部)落实党风廉政建设主体责任责任状》,市公安局党委委员、纪委书记程光祥在会上作题为《全面落实"两个责任",强化监督执纪问责,深入推进全市公安机关党风廉政建设和反腐败斗争》的工作报告;先后在全局范围内开展"从警为什么"主题讨论和书记上党课活动,1600余名民警通过撰写心得体会、网络发帖留言等形式参与"从警为什么"主题讨论活动。4月,下发《2015年全市公安机关党风廉政建设和反腐败工作要点》,将市公安局全年反腐倡廉工作任务细化成7个方面23项工作,并明确牵头单位和配合单位,特别是对廉政教育做出具体部署。5月,市公安局研究制定《合肥市公安局队伍建设联席会议制度》,由纪委监察室、政治部、警令部等8个部门按照各自职责,对队伍建设情况进行通报、交流,有效形成队伍管理信息共享、齐抓共管的大监督格局。8月份,开展全市公安机关纪律作风问题大排查暨制定"四个清单"活动,全局基层所队建制以上单位和每位民警,均结合本单位、部门和警种及个人工作职责、法律法规、制度禁令等有关规定,梳理和建立权力、责任、负面(禁止性的行为)、忌语(工作忌语)"四个清单"工作,进一步构建权责明晰、风险明示、管理精细、制度预防与个人防范相结合的管控体系。9月,市公安局党委印发《合肥市公安局党风廉政建设党委主体责任和纪委监督责任清单目录(试行)》,列出52个责任清单项目,其中党委主体责任34项,纪委监督责任18项,进一步明确各级公安机关党委、纪委的职责。是年,市公安局还组织开展为期两个月的"正警风、肃警纪"专项教育整顿活动,6000余名民警分批次前往合肥监狱、蜀山监狱等廉政警示教育基地,听取职务犯罪服刑人员现身说法,通过召开座谈会、观看警示教育片等形式,组织民警对詹卫东等发生在身边的违法违纪典型案例进行讨论剖析,制定和完善一批切实可行的规章制度。市公安局持续开展9轮纪律作风督导检查,现场督察196个基层所队,对各基层单位贯彻中央八项规定、警车管理、公款吃喝、窗口服务、值班备勤等情况开展明察暗访,现场查纠各类问题45个并及时通报整改;出台《中共合肥市公安局委员会巡查工作实施办法》,对高新分局和监管支队进行年度巡查。

2016年1月28日,召开全市公安机关队伍建设视频会议,全市各级公安机关600余人收听收看电视电话会议,会议通报纪检监察和督察工作中发现的突出问题,分析问题产生的原因,并提出整治要求。5 月底,全市公安机关开展为期三个月的"以解决当前全市公安机关领导班子和领导干部中存在的突出问题"为主要内容的正风肃纪专项整治活动,重点整治政治纪律、组织纪律、廉洁纪律、群众纪律、工作纪律、生活纪律等六个方面存在的突出问题,正本清源、修复政治生态。6 月 7 日下午,召开全市公安机关正风肃纪专项整治活动再动员部署会议,姜明作动员讲话。活动期间,准确运用把握监督执纪"四种形态",坚持"惩前毖后、治病救人"的工作方针,对 167 人开展"红脸出汗"的谈话工作,使接受谈话的人员能够牢记宗旨、重拾信心、重塑忠诚;6 月 29 日、7 月 22 日,根据"两学一做"学习教育活动要求,市纪委常委、市公安局党委委员、纪委书记王晓晨围绕"正确把握运用监督执纪四种形态,正风肃纪,努力营造风清气正的政治生态环境"主题,分别给市公安局纪委、督察支队、包河分局部分民警等 120 多名民警上廉政党课;此后又以"主动作为,系统治理"为题,分别为市公安局二级机构领导干部、警察培训支队领导班子、市公安局治安类三级机构领导干部培训班和 2016 年度优秀青年骨干民警培训班 256 人作廉政教育专题讲座。是年,市公安局制定下发《关于实行查办违纪违法案件"一案双报告"制度的通知》《全市公安机关内部人员过问及干预、插手案件办理的记录、通报和责任追究实施办法》《全市公安机关重大违法违纪案件实施"一案两谈"的暂行办法》等,对推进"两个责任"落实、规范工作、严明纪律、监督和保护民警起到积极的作用。11 月,制定下发《关于严禁执法执勤车辆用于一般公务活动的通知》,要求全局各单位进一步严格公车改革纪律,加强执法执勤车辆管理,杜绝公车私用现象的发生。同时,市公安局纪委监察室会同督察部门在节假日期间成立联合督导检查组,对各基层单位贯彻中央八项规定精神、警车管理、公款吃喝、窗口服务、值班备勤等情况开展明察暗访,现场查纠并及时通报。

政风建设

1990 年,市公安局结合学习贯彻中共十三届六中全会精神,开展两次执法检查,落实从严治警,强化作风建设,增强群众观念,使行业不正之风和消极腐败现象得到不同程度的遏制和好转。

1991 年 1 月,根据省公安厅《关于认真贯彻落实公安部加强廉政建设纠正行业不正之风电话会议精神的通知》要求,市公安局开展纠查警风警纪、纠正行业不正之风、整顿纪律作风的"两纠风一整顿"活动。市公安局还结合"爱民月"活动,组织和发动全体干警立足岗位学雷锋,积极争创文明单位,推广"马上就办工作法",切实做到为民办好事、办实事。通过教育整顿,队伍形象得到维护,不正之风得到扭转,全年拒吃请 4000 余次,拒贿 2 万余元,收到单位和个人送来的锦旗 45 面、感谢信 55 封、匾 48 块。

1992 年 1 月,根据中央〔1991〕17 号文件精神,市公安局纪委会同机关党委,就制止公款吃喝、送礼问题进行专项检查,及时指出少数单位存在的问题,使队伍不良风气得到扭转。

1993 年 2 月中旬,市公安局召开纪检监察工作会议,传达贯彻全省公安纪检监察工作会议精神,通报全市公安干警违反纪律情况,讨论分析队伍纪律作风现状及应对之策;5 月初至 7 月上旬,在全市交警系统开展以廉洁文明执法为主要内容的纪律作风整顿,重点解决少数干警不廉洁和"吃拿卡要""冷硬横推"的不良现象。

1994 年,根据中央政法委和省、市政法委、省公安厅关于在政法队伍中集中开展一次教育整顿的工作部署,市公安局下发《关于继续开展队伍教育整顿的意见》,自10月开始至年底,对全市内保干部(含经济民警)、保安队以及治安联防队进行一次集中教育整顿。

1995年起,针对群众反映的热点问题和行业不正之风,市政府每年选5~6个单位,开展行风评议。翌年,市公安局被确定为全市开展行风评议的单位之一,6月3日,市公安局召开行风评议动员大会,以"深入开展反腐败斗争,认真抓好行风评议工作"为主题内容,对年度行风评议工作进行部署,各单位广泛开展征求意见活动,发出征询意见书3200份,设立举报电话46部,投诉箱51个,从社会各界聘请行风评议监督员659名(其中市公安局直接聘请45名);12月,以树公安新风为主题,开展贯彻公安部"十条要求"和省厅"六项要求"活动,在全警种和各部门中挑选20个有代表性的单位,作为"首批服务示范窗口",以此推动公安机关的政风建设。

1997年5月18日,市公安局召开行风评议动员大会,各单位结合实际,认真开展自查自纠活动。市公安局监察室主动走访单位83个,发出问卷调查和征求意见书4161份,明察暗访1098人,自查自纠132个问题,通报批评29人,政纪处分3人,停职检查2人,6起违纪案件在自查后得到纠正和处理。

2002年7月25日,市公安局召开年度政风评议工作动员大会,就政风评议工作提出具体实施意见,会后及时成立工作领导小组,设立政风评议办公室,在全市公安机关推进落实。

2003年,全市各级公安机关以"贯彻十六大,全面建小康,公安怎么办"大讨论活动为契机,广泛开展"四个零"活动,即:在窗口服务单位开展"服务零距离"、在执法单位开展"执法零错案"、在全市公安机关开展"执行'五条禁令'零违禁"、在广大民警中开展"遵纪守法零发案"活动,大力推进政风建设。5月,市公安局召开全局二级机构正职参加的全市公安机关反腐倡廉暨政风评议工作会议,制定下发《关于进一步深入开展2003年政风评议工作的实施意见》,编发《政风评议简报》22期。6月,市公安局颁布"服务经济建设,加快合肥发展"五十条措施,得到社会各界的普遍欢迎。11月22日,在市政府广场开展政风建设宣传日活动,各业务警种民警现场为群众提供法律、车管、户政等业务咨询,接待群众咨询300余人次;全市各级公安纪检监察部门召开各种类型的座谈会391场(次),走访人大代表、政协委员551人,走访辖区单位672个,发出征求意见表(函)2万份,征集到意见和建议300余条。活动中,各级公安机关设置意见箱163个,悬挂宣传横幅152条,积极营造政风评议浓厚氛围。

2004年1月8日,省公安厅召开由新闻记者、特邀监督员、人大代表、政协委员和民营企业家等参加的座谈会,市公安局政评办对参会代表反映的10个问题进行认真核查,并在2月4日一一回访,反馈情况,征求意见,得到代表的认可和领导的肯定。3月初,由市公安局监察室和督察支队组成两个检查组,对全市公安机关贯彻落实全省公安系统行政事业性收费工作的情况进行一次全面的检查,没有发现超项目、超标准收费现象,并将收费情况在警务公开栏上予以公示,使办事群众一目了然。9月,市公安局委托合肥市城调队(合肥市民情民意调查办公室)在全市范围内开展一次"合肥市公安系统政风建设民意调查活动",采用入户问卷面访与拦截街访两种方式相结合的调查方式收集数据,其中入户面访问卷1200份,街访问卷4650份,计5850份。是年,全市公安机关按照"四个一"(在办公场所悬挂一条宣传横幅,向辖区单位和群众发送一封公开信,设置一个意见箱,制作一块宣传栏)要求,积极推进政风评议工作,并在《警示窗》栏目和《庐阳警方》开辟政风评议专栏,积极营造政风评议氛围,为政风评议创造良好的社会环境。

2005年9月,召开全市公安机关科、所、队以上领导干部大会,就加强政风建设、开展行政效能评议建设工作进行动员部署,编发行政效能建设评议简报11期;增聘特邀监督员14人,使特邀监督员人数达到25人。10月23日,组织交警、治安、消防、法制、出入境等部门在多点开展行政效能建设宣传日活动。

2007年12月13日,市公安局召开特邀监督员座谈会,认真听取特邀监督员对全市公安工作和队伍建设的意见建议,市公安局警务公开办公室还配合市有关部门,将本市涉及公安机关的77项行政许可项目、2项行政审批项目、8项行政执法项目、39项办事公开项目全部录入合肥市政风行风热线网站,方便群众上网查阅,接受群众监督。

2008年7月4日,市公安局在百花宾馆举行第二届特邀监督员聘请仪式并召开座谈会,聘请何世友等20人为市公安局第二届特邀监督员,并颁发聘书。9月27日,市公安局选派道路交通、消防、出入境、身份证制作管理等部门相关负责人,走进合肥人民广播电台的直播间,接听由市纠风办和合肥人民广播电台联合开播的2008年政风行风热线,接听热线电话15人次,通过短信平台接受短信20条,现场解答咨询、投诉问题9件,带回处理2件。11月初,市公安局2次组织市政风行风监督员深入治安支队户政处、出入境管理局、车管所等三个2008年度政风行风民主评议重点单位,开展明察暗访,虚心听取各方意见,提高管理服务水平。

2009年,市政府在市公安局试点开展民主评议基层所队活动,市公安局专门制定下发《关于开展2009年度民主评议基层所队工作实施方案》,提出以“基层满意、企业满意、群众满意、上级机关满意”为标准,进一步巩固和发展政风评议工作成果,并确定瑶海分局等7个城区(开发区)分局以及交警支队所属69个基层所队参加评议,从退居二线的干部中挑选10名政治素质高、工作责任心强的民警,组成5个督导评议组,深入各参评所队和窗口单位,开展明察暗访和群众满意度问卷测评工作。

2010年,市公安局和市工商局、卫生局被市政府纠风办作为全市试点单位,开展为期三年的“民主评议基层所队”活动(2009年市公安局已作为市政府开展“民主评议基层站所”试点单位),每年度分上、下半年两次组织开展安全感、满意度调查活动。11月16~20日,市公安局专门组成5个调查组,对全市10个分县局辖区近2000名群众安全感和满意度进行抽样调查,有92.42%的群众对所在地目前的社会治安状况表示有安全感,同比上升4.29个百分点;有97.42%的群众认为“和以前一样”,同比上升2.06个百分点;有92.42%的群众对合肥市公安机关工作表示满意,同比上升9.61个百分点。全年市公安局还邀请市纠风办领导对4个基层所队进行实地调研指导,并组成5个督导巡察组,对67个基层所队进行问卷测评和群众满意度调查,调查结果普遍反映良好。各分局、交警、治安、指挥中心等警种、部门陆续开通“政民直通车”信件受理专线,确定专人负责,及时受理解决群众反映的社会治安热点问题。全年组织走访群众36210人,解决群众实际困难7089个,收集群众意见和建议2541条,邀请10批次、1156人次的特邀监督员和群众代表走进警营,近距离沟通交流,建立互动互信的良好关系,邀请127人次的新闻媒体记者走进警营,分警种开展体验式采访报道,实地体验公安工作。

2011年初,全市公安机关开展"大走访"开门评警活动,市公安局成立4个小组,深入新站区乡镇、街道、社居委、学校、企业走访群众800余人,发放和收回调查问卷200余份,收到各种意见和建议9条,当场解答群众咨询200余个,解决群众反映的困难和问题12个;通过信访和"政民直通车"系统,为群众解答问题386个,解决问题92个。是年,市公安局还制定下发《关于认真开展2011年政风评议工作的通知》,成立5个督导评议组,人员由退居二线的老民警、市公安局特邀监督员等组成,走访39个基层派出所和10个交警路面执勤大队、车管所、驾管所、辖区单位群众,发放调查问卷,开展测评活动。是年,推进政务公开工作,市公安局纪委监察室会同指挥中心、交警、治安、消防、网安、出入境、禁毒等警种、部门,从绘制执法流程图和行政许可申请表入手,共同做好政府信息公开、信息录入工作,录入1258条,按时办结申请公开5条。

2012年,市公安局成立2个评议组,对所有参评的49个基层所队进行明察暗访和问卷调查活动,走访78个街道(乡镇)、社区(村),518个机关、企事业单位,向企事业单位负责人、个体工商户、街道(社区)工作人员、社区群众、窗口服务对象等6类人员发放《群众满意度测评表》4900份、《效能服务满意率调查表》980份,并全部现场收回。结合"三访三评"深化"大走访"活动,全市各级公安机关开展评议活动6756次,走访群众308159人,回收走访评议表146935份,走访警风警纪监督员、人大代表、政协委员3540人。

2013年7~11月,市公安局民主评议基层所队督导评议组,先后深入瑶海、庐阳、蜀山、包河、高新、新站、经开分局和交警支队8个单位所属的50个参评所队,围绕依法行政、效能服务、廉政建设、警务公开和内部管理等5个方面的评议内容,开展两轮明察暗访和民主评议问卷测评工作,累计走访184个街道(乡镇)、社区(村),1306个机关、企事业单位。按照《合肥市人民政府关于深化政务公开加强政务服务的意见》要求,继续做好政府信息公开涉及公安部门的日常工作,全年累计录入更新政府公开信息935条,按期办结申请公开7条。

2014年6月,市公安局召开上半年队伍建设联席会议,局纪委监察室等7个成员单位分别从民警违法违纪、审计监督、涉警投诉举报、涉警舆情、执法监督、财务管理等方面对上半年全市公安政风建设情况进行分析研判,并就进一步加强政风建设提出建议对策。11月20日,市公安局举行第三届特邀监督员聘请仪式暨座谈会。副市长、市公安局党委书记、局长姜明出席会议并讲话。会议下发《关于聘请忽伟平等27名同志为合肥市公安局第三届特邀监督员的通知》,市公安局党委成员为特邀监督员颁发聘书。

2015年2月8日,全省公安局处长会议在合肥召开。副市长、市公安局党委书记、局长姜明作题为《民意引领、服务为先——全面推进公安政风行风建设》的典型交流发言。3月,组织三级机构以上领导干部400余人收听收看全省公安机关反腐倡廉暨政风行风建设电视电话会议,学习领会公安部、省厅党风廉政建设和反腐败工作有关会议精神,研究出台《巡查工作实施办法》,进一步推进全市公安机关政风建设工作落实。

2016年8月,市公安局下发《关于加强和改进窗口单位管理服务的通知》,明确要求公安机关窗口单位(全市各级公安机关值班室、接待室,交警队、刑警队、巡警队、派出所、车驾管所、出入境管理办证大厅、信访办、办证中心、110接处警服务台等直接面向社会,接待和服务群众的单位)进一步规范服务,树立公安机关良好形象。国庆、中秋两节期间,紧盯重点领域和关键环节，以滥发过节费、公款吃喝、公款送礼、公车私用等问题为重点，由市公安局纪委监察室会同市公安局督察支队等相关职能部门组成联合督导组，通过明察暗访、专项检查、随机抽查等方式，对全市各级公安机关和广大民警过节期间落实中央八项规定精神和相关纪律要求执行情况进行监督检查，努力营造风清气正的浓厚氛围。先后转发4起市纪委"为官不为"的通报，市公安局也下发7起通报，对少数民警不作为、乱作为现象进行点名道姓的曝光，对33人进行问责追责，通过身边的人和事警醒全体民警，使他们增强责任担当意识，弘扬务实高效作风。

2003～2016年合肥市公安局历年在全市政风评议中排名一览表

表20－1

序　列	年　份	参评单位（个）	年度排名
执法监督类	2003	28	26
	2004	28	14
	2005	32	14
	2006	34	25
执法监督类	2007	28	16
	2008	27	4
	2009	26	8
	2010	22	9
	2011	23	5
执法监督类	2012	23	12
	2013	23	7
	2014	23	8
	2015	—	—
	2016	—	—

2008～2013年百个重点处室、民主评议基层所队情况一览表

表20－2

年　份	全市"群众评议满意处室"称号	全市"群众评议满意基层站所"称号
2008年	治安支队户政处	未部署开展
2009年	交警支队秩序科	益民街派出所、井岗派出所、骆岗派出所、蜀麓派出所、驾管所
2010年	网安支队	锦绣派出所、车管所、五里墩派出所、高新派出所、望湖派出所、双岗派出所

续表 20－2

年　份	全市“群众评议满意处室”称号	全市“群众评议满意基层站所”称号
2011 年	出入境管理局、网安支队	安庆路派出所、胜利路派出所、机动车辆管理所、包公派出所、莲花派出所、蜀麓派出所
2012 年	出入境管理局	机动车辆管理所、大通路派出所、莲花派出所、磨店派出所、高新派出所、包公派出所
2013 年	未部署开展	交警蜀山大队、胜利路派出所、常青派出所、逍遥津派出所、蜀麓派出所、磨店派出所、三里庵派出所

专项治理

1991 年,按照市委市政府和省公安厅关于“纠风治乱”专项工作部署,市公安局制定下发“纠风治乱”工作意见,并在 6 月下旬召开县局、分局、支队、大队的分管领导、纪检监察干部和机关各处室负责人会议,党委书记周延文、局长车俊到会听取汇报并讲话。随后,交警支队及时取消 10 个不合法的收费项目,主动退还不合法收入 16792 元,对无法退还的 3988 元全部上缴财政,主动取消已联系好的 15 万元集资款,主动退还 11 万元赞助款。

1992 年,市公安局重点对公款吃喝、送礼、滥发钱物和公费旅游等情况进行专项检查。根据市监察局关于贯彻“企业法”专项检查的通知,及时召开分局、支队、大队等有关单位负责人和纪检干部会议,就公安系统是否存在向企业借款、借物、借人和集资摊派搞赞助等方面的问题,进行专题布置,开展自查。是年,下发《关于印发公安部、公安厅关于坚决制止公安干警刑讯逼供的通知》,在全局开展自查自纠的基础上,纪委、监察室、法制办等单位抽调 5 人,分成两组,于 7 月中旬,对部分县局、分局、派出所、收审所等单位进行重点抽查。

1993 年,全面清理不合理收费,坚决制止“三乱”,并根据公安部“取消十六项乱收费项目”的规定,对市公安局各单位、部门的收费、罚款情况进行调查后,取消和纠正不符合规定的收费项目 22 项。7 月下旬,在全局范围内(不含三县)开展“双清”专项清理活动和“减轻农民负担”的专项检查。

1994 年,根据市委、市政府关于开展“清理党政机关及其工作人员利用职权无偿占用企业钱物”“清理检查党政机关小金库问题”和“清理市直机关、事业单位用公款安装使用住宅电话”的“三项清理”工作部署,市公安局及时下发贯彻实施意见,自 9 月 1 日起至年底,全面开展清理工作。经过清理,发现全局用公款安装的住宅电话 174 部(其中内线 6 部),公款购大哥大 4 部,公款购 BP 机 789 台,有 5 个单位设立小金库,合计款 40559.45 元,这些现象全部得到纠正。同年 4 月、6 月,市公安局纪委监察室还会同政治部、机关党委成立检查组,对肥西县局、东市分局、交警支队、机关五处及部分基层科所队的行业不正之风进行专项检查。

1995 年上半年,全市公安机关开展清理纠正违反规定使用公安、武警车辆号牌问题,纠正不符合规定使用的武警车号牌3副和公安车号牌6副。开展公路“三乱”问题的治理整顿，市公安局纪委抽调专人，实地检查肥东、肥西、长丰三县“三乱”治理情况。推进纠风工作，下发《关于一九九五年下半年深入开展纠风工作的实施意见》，把队伍中存在的贪赃枉法、权钱交易、办“人情案”、“三乱”、“四难”、要特权和以权谋私等问题作为纠风的重点。

1996年3月，市公安局下发《关于开展制止刑讯逼供专项教育整顿的实施意见》，开展为期20天的制止刑讯逼供专项教育整顿活动，活动把非法拘禁、违反枪支警械使用规定纳入教育整顿范围。自3月27日至年底，市公安局纪委监察室、政治部成立联合检查组，对3个县局、5个分局、2个支队以及14个科所队进行检查。经过教育整顿，刑讯逼供现象基本得到遏制。

2003年，市公安局开展“十四项清理”工作，各级纪检监察部门按照“应清尽清、清则务净”的要求，清理收费项目30大类110项行政性收费。5月，清理纠正拖欠公款及用公款为个人购买商业保险等，查出并纠正拖欠公款的民警5人，金额达3.3万元；查出并纠正用公款为612名民警办理个人养老保险的问题。7月，根据市纪委、省公安厅纪委关于进一步加强纠风和减轻农民负担工作的通知要求，全市公安机关开展纠风和减轻农民负担活动；结合公路“三乱”治理，全面清理机动车辆的收费项目，规范民警上路的执法行为，巩固已经取得的纠风治乱成果；根据市政府和省公安厅统一部署，按照合法、合理、效能、责任、监督五项原则，对原有涉及7个部门的72个行政审批项目进行合并，取消20项，保留52项，并将有关项目纳入市行政服务中心。

2005年上半年，在全国公安机关开展“大接访”的活动中，市公安局纪委监察室受理群众举报投诉92件，承办复查案件7起，督办案件12起，解决10项久拖不决的问题。同时，纪委监察、督察部门对全市公安机关开展“大接访”活动进行督促检查，派出30人次，检查15个单位，督促2起个案的查处工作。开展纠正超标准购买公有住房的专项行动，在市纪委规定的时间内完成任务，受到市纪委的表扬。是年，全市公安机关还先后开展行政许可法专项清理行动，清理入股煤矿和行政机关“乱办班、乱收费、乱发证”的专项活动。通过纠风治乱，公安机关的行业不正之风得到有效的治理。

2006年，全市公安机关结合公安部纪委部署开展的“三项排查”和“三个专项治理”，开展商业贿赂专项治理，对民警存在的特权思想、滥用强制措施和刑讯逼供、贪赃枉法和索贿受贿等行为进行排查和治理，并建立治理商业贿赂的长效机制。9月，根据省厅的统一部署，全市公安机关开展为期三个月的“规范执法行为、解决突出问题”集中教育整改活动，查纠队伍执法中存在的突出问题，有力推动全市公安队伍建设。

2007年4月至年底，全市公安机关开展“反特权思想、树良好警风、创无违纪所队、做合格警察”专项教育整顿活动。是年，市公安局4次配合有关部门对肥东、肥西、长丰三县公路“三乱”问题进行重点明察暗访，现场纠正存在的问题。

2008年3月，全市公安机关开展查宗旨意识、查纪律作风、查执法执勤、查行政效能、查内务管理“五查”活动，对基层所队的思想作风、学风、工作作风、落实民主生活会、述职述廉、谈话等情况开展专项检查。采取听汇报、召开座谈会、现场察看、个别提问等方式，及时下发通报，总结“五查”活动的经验和做法，指出一些单位存在的问题，推动“五查”活动深入开展。4月下旬至10月,市公安局分三个阶段在全市公安机关中深入开展“加强纪律作风建设、构建和谐警民关系”专项教育活动。先后开展“两整顿两规范”工作,即:整顿违反规定办理取保候审,整顿监管场所安全隐患,规范道路交通技术监控设备的设置、使用和管理,规范公务枪支弹药的保管、领取和使用。结合治理公路“三乱”、兑现服务承诺等方面存在的问题,市公安局成立联合检查组,不定期到基层所队进行督促检查20余次。开展“创无违纪所队”活动,全市公安机关300个具有执法和行政管理职能的基层所队,有276个被评为年度“无违纪所队”,占92%。

2009年,市公安局开展为期5个月的查思想、查执法、查纪律、查作风“四查”专项教育整顿活动。市公安局成立督导组,采取听汇报、查资料、看账目、现场察看等方式,抽查单位专项教育的组织领导、方案制定、开展过程、管理措施等落实情况。开展公路“三乱”治理,在市政府纠风办的牵头带领下,与市交通局、市农委等有关部门组成治理公路“三乱”联合检查组,对市区、三县的有关站卡和流动执法情况进行全面的检查,对容易出现“三乱”行为和群众反映比较多的路段进行重点监控,发现问题及时现场纠正。9月,省政府纠风办暗访组在长丰县境内暗访时,发现该县交警大队民警在实施交通处罚时存在违反规定的问题,市公安局立即抽调专人,配合上级纠风部门查处,在深入细致调查的基础上,对责任民警给予行政处分,并通报全局。

2010年,市公安局开展涉案财物的专项治理工作,投入120余万元在12个分县(市)局建成8个涉案财物集中保管室,平均面积达到101.67平方米,庐阳分局保管室达到132平方米,其余四个分县(市)局保管室也都建成并陆续投入使用。5月,全市各级公安机关开展为期两个月的纪律作风集中教育整顿活动,重点整顿执法不公正、涉案财物管理混乱、涉黄涉赌涉毒涉恶、以权谋利、效能服务、治警不严格等6个方面21项突出问题;全年召开8次队伍管理联席会议,编发通报8期,对民警在公正廉洁执法、行政不作为、交通管理、效能服务、纪律作风等五个方面的问题进行整改落实。

2011年4月开始,全市公安机关开展涉案财物管理问题集中治理工作,全年排查案件27991起。

2013年4月,开展民警违规建房和多占住房专项清理活动,对145名处级(含副调研员)以上领导干部的个人房产信息建档并上报市清房办,梳理126名二级机构领导干部和全体民警的房产信息并存档。7月,在全市公安机关纪检监察队伍中开展会员卡专项清退活动,全局49名纪检监察民警均作出“零持有”报告;随后,在合肥城区公安机关开展会员卡专项清退活动,有5386名民警出具会员卡“零持有”报告。10月,组织开展清理规范全市公安机关为民服务窗口经营性收费行为,各分局、支队、市公安局机关综合部门填写上报《合肥市行政服务事项需提供复印件(照片)精简情况统计报》《合肥市进驻为民服务窗口经营性收费标准自查自纠情况统计表》,梳理出需提供复印件(照片)行政服务事项41项,为民服务窗口收费(含经营性)项目43项。8～10月,开展全市公安机关党员领导干部经商办企业专项清理工作,全局130名市管干部按规定进行对照检查,一一过关。

2014年,先后开展民警住房问题专项清理、民警参与经营性活动专项清理、行政审批服务中介组织专项清理、全市公安机关办公用房超标整改及吃喝风、“红包”风等专项整治工作,整改办公用房面积12589.7平方米,腾退办公用房467间;落实整改市政府检查组提出的清理规范行政审批中介活动2项；主动接受纠正处理民警(不含县处级以上干部)6名，涉及房产12套，纠正超标面积852.56平方米，并全部按市清房办要求补缴差额房价。

2015年7月，开展“四风”及腐败问题专项治理活动，发现群众身边的“四风”和腐败问题线索8件，查处2件。9月，根据省厅纪委部署及市公安局“飓风行动”工作方案要求，全局各级纪检监察部门按照统一部署，积极行动、立即参战、全程监督、深度介入，对各参战单位纪律作风建设、领导干部和民警履职尽责、纪律执行等情况开展督导检查，排查出黄赌黑恶涉警线索8个，组织处理民警9人，1名辅警被移送司法机关。

2016年1月，根据中共合肥市委办公厅《关于印发〈省委第三巡视组对合肥市巡视反馈意见任务分解方案〉的通知》要求，市公安局在全局范围内开展违规收取企业社居费用问题的专项整治工作。市公安局纪委监察室牵头组成2个核查组，对部分涉及的单位进行重点核查，并责令整改到位。同时，依纪依规处理杏花、大杨2个派出所违规收取费用问题，对负有领导责任的3名负责人给予政纪处分，并在全局范围内通报。6月，在全市公安机关开展“酒桌办公”专项整治工作。先后制定下发《“酒桌办公”专项整治工作方案》《“酒桌办公”专项整治督察工作实施方案》，明确规定对违规违纪问题发现一起、查处一起，典型问题及时点名道姓公开通报曝光。市公安局纪委监察室牵头组织各级纪检、督察、警保等部门20余个联合督察组，通过财务检查、审计和明察暗访等形式，进行不间断、滚动式专项督察，及时发现和严肃查处“酒桌办公”方面存在的突出问题。7～8月，开展“以值班室名义超标准配备领导办公用房”专项清理整改“回头看”活动，重申值班室标准和纪律要求。成立2个检查组，进行明察暗访，重点抽查市区6个单位的领导班子成员办公用房(含值班室)情况。9月，研究制定《合肥市公安局对公安民警违规从事营利活动、利用职权职务影响为家属及特定关系人的经营活动谋取利益问题全面清理工作方案》，组织全体民警填写《公安民警违规从事营利活动等经营活动谋取利益问题清理工作统计表》，全局各单位二级机构领导班子成员284人，全部签订专题承诺书。

内外监督

1997年10月，市公安局下发《关于局纪委监察室与局属部分党委建立联系点工作制度的通知》，进一步加强对基层单位的监督和指导，零距离地对联系点单位党风廉政建设、上级部署的反腐败工作任务和各项制度、规定的贯彻落实等情况实施监督，有效发挥纪检部门的职能作用。

2002年，对32名现职处级和566名科级领导干部接受赠送现金、有价证券和支付凭证情况进行认真登记；组织实施科以上领导干部的财产申报和重大事项报告。严格执行接待标准，坚决抵制用公款大吃大喝的奢靡现象发生；对新提任的领导干部及时建立廉政档案。

2003年，重新修订《合肥市公安局执行党风廉政建设责任制的规定的实施办法》，进一步完善党风廉政建设责任制的运行机制。继续深入开展警务公开活动，从社会各界聘请义务监督员531人(其中市公安局聘请监督员14人)，加大对全体民警外部监督。

2004年，进一步拓宽监督渠道，提高执法透明度，全市各级公安机关健全完善聘请特邀监督员、党风党纪监督员、特邀监察员的制度,聘请监督员162人(不含基层所队聘请的监督员),召开各种类型的座谈会215次,走访人大代表、政协委员215人(次),走访辖区单位1623家,发放征求意见书(函)13310份,梳理意见和建议315条,设置意见箱98个。同时,各监督职能部门积极组织力量,采取交叉督察、明察暗访等现场督察方式,强化对民警的执法行为的监督。全年现场督察32次,发出督察通报6期。

2005年1月,市公安局纪委监察室先后派出12人参加各分局、支队和机关处室组织的领导干部述职述廉活动,听取56名二级机构领导班子成员对上年度的述职述廉,并及时提出一些合理化的意见和建议。同年,对40余名新任的领导干部进行任前廉政谈话,对6名有苗头性问题的民警进行诫勉谈话。

2006年3月,制定下发《全市公安机关2006年党风廉政建设和反腐败工作意见》,文件首次规定,全市公安机关基层所队长每半年向民警和辖区单位、群众进行一次述职述廉,主动接受民警和社会各界监督并形成长效机制;局纪委先后15次派出人员参加市公安局三级机构领导干部提拔、部分三级机构领导岗位竞岗、执法质量检查、年终综合考评等工作,还对市公安局拟提拔和表彰的民警认真进行审查,有效地监督干部提拔和任用工作。

2008年2月,全市公安机关投入合肥百年不遇的雪灾战斗中,市公安局纪委监察室成立3个督导组,分赴"三县"和交警支队等30余个基层所队,检查抗雪防冻救灾措施落实情况。5月28日,市公安局纪委监察室会同警务督察支队组成联合督导组,对奥运火炬接力传递现场进行督察。

2010年,制定出台《合肥市公安局队伍建设会议制度》,根据制度要求,局纪委、监察室牵头召开11次联席会议,先后对676件信访投诉、91篇涉警舆情报道、29起行政复议案件进行深层次剖析、会商,梳理出苗头性、倾向性问题五大类,提出治理对策和建议20余条。

2012年,全市公安机关开展廉政风险防控工作。制定下发《关于在全市公安机关开展廉政风险防控工作的实施方案》,重点围绕监督制约和规范权力运行,查找岗位职责、警务流程、制度机制等方面可能发生不廉洁行为的风险点,采取前期预防、中期监控、后期处置等措施,进行科学化、系统化管理,形成以积极防控为核心、以严格管理为手段的廉政风险防控管理机制。分县(市)局、支队和机关综合部门等35个单位确定内部职权49项,编制内部权力运行流程图41幅,外部职权1450项,外部权力运行流程图53幅,排查单位廉政风险点1408个,岗位廉政风险点725个。制定《合肥市公安局领导干部廉洁自律预警机制实施办法》,针对科级及其以下的领导干部涉嫌违反廉洁自律规定的一般性问题,情节轻微、不需要进入案件检查程序的问题,由市公安局预警办(设在纪委)通过发函或约谈的方式,要求预警对象当面或书面说明情况,给予及时提醒,及时纠错,积极预防民警违法违纪案件的发生。坚持队伍建设联席会商制度,由市公安局纪委监察室牵头,会同警令部、政治部(新闻中心)、法制支队、督察支队、网安支队等5个单位,全年召开10次队伍建设联席会议,先后对135件信访投诉、42篇涉警舆情报道、5起效能服务方面问题等进行深层次剖析、会商,分析梳理出苗头性、倾向性问题三大类,提出治理对策和建议10余条。

2013年8月,制定下发《关于进一步深化全市公安机关廉政风险防控工作的通知》,建立和完善廉政风险防控长效机制,保证廉政风险防控工作常态化、制度化。是年,市公安局改变队伍建设联席会商模式,由原来的纪委监察室、警令部、政治部、法制支队、督察支队、网安支队等6个警种部门参加会商，扩大到各分县(市)局及交警支队等20余个单位参加，并由每月会商改变为每季度会商，形式的改变，不仅较全面地掌握队伍存在的苗头性、倾向性问题，而且让综合职能部门与分县(市)局、相关警种之间可以针对问题面对面地进行交流，研究应对之策。全年，对民警在公正廉洁执法、行政不作为、交通管理、效能服务、纪律作风等五个方面中存在的突出问题进行分析和研判，提出26条治理对策和建议。据此，各分县(市)局、相关支队也开始建立队伍建设联席会商制度，全年开展队伍建设联席会议68次；推进各种谈话制度落实，全年全市各级公安机关纪委负责人开展廉政谈话187人次，任前谈话42人次，诫勉谈话23人次。全面推广监督信息化应用系统，利用安徽公安监督管理信息平台，从事前预防、事中提醒、事后报警入手，实现系统的主动报警和智能化，及时对民警执法执勤各个环节进行动态监督管理。

2014年，市公安局出台《合肥市公安局特邀监督员工作规定》，规定对特邀监督员的条件、聘用时间和解聘办法、特邀监督员应当履行的职责等予以明确。是年，"12389"举报电话和公安监督信息管理平台建成并投入使用，公安监督信息管理平台接入457路视频监控，10部监听电话，对每一起案件作出异常提醒，初步实现对民警执法办案全过程实时、动态的监督。

2015年7月下旬，市公安局第一、第二巡查组分别进驻监管支队和高新分局，开展为期两周的驻点巡查工作。巡查组采取发布巡查公告、民主测评、问卷调查、个别谈话、召开座谈会、查阅资料、全程接受群众来电来访等多种方式，有重点、多层次、全方位地开展巡查工作。驻点巡查结束后，市公安局巡查办先后向巡查工作领导小组和市公安局党委进行专题汇报，召开被巡查单位巡查情况反馈会，提出14条整改建议，明确整改时限和要求。市公安局巡查办建立问题线索台账"清单"，跟踪了解被巡查单位整改落实情况，对已办结的问题线索，经过审核及时进行销账。对整改落实不到位的，通过采取督办、约谈等方式，抓好巡查整改措施落实。11月25日，在交警支队举行年度特邀监督员调研座谈会，会后对特邀监督员提出的30多条意见和建议分解到相关的警种部门予以整改。

2016年上半年，市公安局纪委监察室创建"合警清风"特邀监督员微信工作群，通过这一新平台，快速处理特邀监督员在微信群里反映的20余起公安民警在日常执法中的不规范行为和对公安工作意见建议，受到特邀监督员的好评。出台《2016年度巡察工作方案》，于7月底成立市公安局第一、第二巡察组，分别由市纪委常委、市公安局党委委员、纪委书记王晓晨，市公安局党委委员、政治部主任章小平担任组长，先后对庐阳分局、瑶海分局、包河分局、蜀山分局等四家单位开展驻点巡察工作。巡察期间组织个别谈话515人次，发放、回收各类测评表格485份，实地走访22个基层所队，发现分局领导班子及其成员在党风廉政建设、落实中央八项规定和反"四风"、执行政治纪律、选拔任用干部以及完成重大警务部署工作任务等方面的问题线索计39条，并严格督促落实整改。积极响应市委关于加强领导干部家风建设的号召，坚持家风建设与党风政风建设、廉能文化建设、精神文明建设相结合，认真组织全局领导干部学习《家风抵万金——致全市领导干部一封信》；8月4日，向全市公安青年民警及家属发放以"树良好家风，走好廉洁从警第一步"为主题的公开信，引导民警培养高尚道德情操和优良思想作风、工作作风和家风；12月29日，召开"树良好家风　走廉洁警路"青年民警家属座谈会，有50多名青年民警家属参加，会后向1000多名青年民警发放“廉洁从警”主题调查问卷,积极发挥家庭的预防、教育、监督职能。12月16日,召开年度特邀监督员座谈会,会后,将特邀监督员在交通管理、执法办案、服务群众等方面提出的40余条意见建议分解到相关责任单位,规定时限进行整改解决。

违纪案件查处

1990~2016年,市公安局党委始终坚持从严治警方针,秉承“严管就是厚爱”理念,成立正风肃纪工作组,对发生的民警违法违纪案件,发现一起就查处一起,不姑息、不手软,确保队伍纯洁性。

若干年份合肥市公安局违法违纪案件查处统计表

表20-3

年　份	查办案件(起)	党纪、政纪处分(人)
1990	22	24
1991	20	24
1992	17	15
1993	18	22
1994	33	39
1995	41	51
1996	18	22
2002	14	15
2003	10	14
2004	14	16
2005	13	15
2006	15	20
2007	12	20
2008	5	6
2009	16	21
2010	10	12
2011	11	13
2012	9	15
2013	9	11
2014	24	27
2015	23	23
2016	60	60

第二节　警务督察

1997年11月2日，合肥公安督察部（筹备）正式组建上岗，警务督查工作逐步走上规范化、法制化轨道。进入21世纪，警务督察从传统的人工督察方式向“传统+网络”的现代督察方式发展，督察内容也进一步延伸，把群众最关心、最直接、最现实的利益问题作为重中之重，认真受理群众举报投诉，狠抓案事件查处督办，开展执法执勤过程的核查，积极维护民警执法权益，常态化开展值班备勤窗口单位明察暗访，加大内部管理督察，狠抓“五条禁令”“三项纪律”“内务条例”等警规警纪的贯彻执行，铸造合肥公安的优良警风。2011年10月，督察部改为警务督察支队。2015年5月，合肥市公安局设立督察委员会，主要职责是领导全市公安机关的督察工作，负责对市公安局所属单位和下级公安机关及其人民警察依法履行职责、行使职权和遵守纪律的情况进行监督，警务督察支队为市公安局督察委员会的办事机构。

合肥督察部自建立至2016年年底，出警6483人次，发现和纠正各类问题1929件，组织专项督察2008次，开展视频巡查19轮，累计督察所队4957个（次），发现各类问题681个，值班处置投诉5502件，12389举报投诉平台受理3471起，发出督察建议8155条，查处严重违法违纪民警27人次，辞退16人，禁闭29人，停止执行职务33人，责令写出书面检查306份，查获非法着警服人员482人次，没收非法使用的警用标志265个，警服460套，查处非法使用警灯警报器的车辆229台。

制度建设

1990～1997年，主要依据《内务条令》和执勤执法相关制度规定开展督察活动。1997年6月20日国务院《公安机关督察条例》发布后，市公安局制定相应的具体落实措施。

1999年上半年，进一步完善督察工作规章制度，增订《警务督察队规范化服务细则》《警务督察工作纪律》等。6月9日，督察人员发现市公安局某派出所对3名嫌疑人留置时，没有办理留置手续，当场责令该派出所补办。当事人第二天被释放后到合肥晚报社反映，引起检察院重视并派监察干警到该所进行调查，由于督察发现及时并整改，从而避免一起非法拘禁案件的发生。

2002年8月，全国公安机关“三项治理”工作电视电话会议后，督察部结合历年来专项督察留置室查处案例，研究制定《关于执行留置措施报督察部门备案的实施意见（试行）》，规范留置措施的使用，结合群众投诉，重点督察派出所、刑警队等基层一线单位，关闭存在安全隐患的“小黑屋”，严格留置人员的审批制度，落实看守人员责任制，杜绝刑讯逼供现象。通过开展系列专项督察，从7月1日至11月30日，各单位执行留置措施报督察部备案的达4220人。

2003年，研究制定《公安警务督察的主要职责》《值班制度》《警务督察队队长职责》《警务督察队政治教导员职责》《警务督察队副队长职责》《指导协调科科长职责》等。翌年,督察支队结合业务编印《现场督察33问》。

2006年1月,出台《合肥市公安局警务督察工作规范》,对警务督察的职责权限、现场督察、一般性现场督察、专项督察、法律文书的管理和使用、值班和受理群众投诉举报、队伍建设等七方面内容进行明确规范。4月,全省公安机关反腐倡廉暨第二次警务督察工作会议后,市公安局出台《进一步加强警务督察工作的意见》。11月8日,下发《合肥市公安机关维护人民警察执法权益委员会工作规则(暂行)》,对建立组织机构、设定维权范围、划分维权办职责以及维权案事件的受理、查处和申诉程序等做出明确的规定。维权办设在警务督察部门,负责受理和办理民警维权事项的申诉。

2008年,督察支队建立维权月报制度、重要情况随时报告制度以及情况迟报漏报惩罚制度。是年,各分县局、支队向市公安局维权办上报有关侵权案事件情况44起,涉及民警50人,市公安局向省厅上报维权案事件20件。

2009年初,制定《督察部警务督察工作纪律(试行)》《警务督察队规范化服务细则(试行)》。9月2日,出台《合肥市公安局督察部门现场督察工作规定(试行)》和《合肥市公安局督察部门核查检举控告工作规定(试行)》。

2010年4月1日下午,督察支队召开维护人民警察执法权益委员会办公室成员会议,讨论修改督察支队制定的《合肥市公安局保障民警依法履行职务实施细则(讨论稿)》。5月26日,出台《合肥市公安局保障民警依法履行职务工作暂行规定》,要求各单位成立机构,建立工作机制,充分发挥职能作用,切实履行职责,加强信息报送,落实工作制度。督促全局范围内成立保障民警依法履行职务工作组织机构,并将该项工作纳入2010年绩效考评。

2013年,市公安局先后出台《工勤人员岗位工作规范》《工勤人员微笑服务和文明用语规范》《车辆管理使用暂行规定》《工勤人员考核与奖惩暂行办法》《慰问补助工作办法》《合肥市公安局警务督察部门处置投诉工作规定(试行)》。翌年,制定下发《合肥市公安局飞行临检工作规定》。

2015年,市公安局先后出台《合肥市公安局内部监控系统网上巡查工作暂行规定》《合肥市公安局内部监控系统网上巡查工作考核办法》,建立三级巡查管理体系,实行周巡查、月汇总,每周巡查一次并建立工作台账,通过网络视音频实时监督民警执法、维护民警权益等。6～9月,先后出台《合肥市公安局警务督察部门处置投诉工作规定》《合肥市公安机关重要警务活动和重点工作部署督察机制》《合肥市公安局警务督察问责暂行规定》等。

2016年10月,市公安局出台《合肥市公安局举报投诉核查专门人才库工作规则(试行)》,从各单位遴选确定47人作为首批举报投诉核查专门人才库成员。

现场督察

1997年11月2日,合肥市公安局警务督察人员举行上岗仪式,上午10时,合肥督察首次就警容风纪、公安车辆和警报器使用以及所属单位值班备勤等情况进行督察,至12日,督察人员出动警力85人次,纠正教育警容不整人员22人次,查处违反公安车辆和警报器使用管理规定问题10起,受理群众举报投诉36起。11月,督察部就合肥市公安局民警执行《公安民警饮酒问题暂行规定》和派出所值班备勤情况进行专项督察。

1998 年上半年，督察部随同 110 直属大队，重点对全局交警、刑警、巡警、派出所等基层单位接处警情况进行督察。对 5 个分局的 21 个守候点春节严打整治工作专项斗争的部署落实情况实施全过程督察。配合全市公安机关开展集中教育整顿工作，督察基层集中教育整顿和执法检查工作开展情况，及时向行政首长提出督察建议。9 ~ 10 月，督察部先后对市公安局各单位迎接全国卫生城市检查团检查情况、落实市公安局《关于严格人民警察警容风纪管理的通知》等进行专项督察。

1999 年 1 月，根据合肥市创建工作要求，督察部对全局各单位承包的路段、交警支队各停车场的卫生情况和市中心街头流动乞丐的清理和控制等进行全面督察，并对全市交通民警文明执勤情况、窗口服务单位“创建人民满意活动”及三县部分派出所值班备勤等情况进行 1 个月的明察暗访。3 月，督察部紧扣省厅“五条禁令”，结合群众投诉，针对极少数民警滥用警械、体罚嫌疑人等问题，与纪检、监察、法制等部门密切配合，对全局办案单位开展为期 1 个月的专项督察。6 月 7 ~ 30 日，督察部对全局各执法办案单位的枪支管理使用和留置室设立、使用情况进行调查摸底和现场督察。7 月，督察部对全局 90 余个科所队开展严禁非法拘禁、滥用强制措施的专项督察。是年，还配合相关单位开展执法大检查，春季打击走私、盗窃、抢劫机动车辆专项斗争统一行动，禁毒焚毒，纠正立案不实等专项督察检查。

2000 年 3 ~ 6 月，全市公安机关开展以“全心全意为人民服务的宗旨教育，实事求是的思想路线教育，严格、公正、文明执法的法制教育”为内容的三项教育，市公安局对全局各级公安机关、各警种机关人员上下班、民警着装等遵守纪律和执行规章制度，交警文明执法执勤，执行警务公开制度，执行《禁酒令》，值班备勤及接处警，窗口单位为民服务等情况进行暗访。督察部还会同市公安局新闻中心，办好内部“焦点访谈”，对群众反映的热点、难点、焦点问题进行明察暗访。3 月 3 日，深入三县集中开展对民警接受群众报案求助情况及服务态度、公安机关实行警务公开制度以及交通民警文明执法情况的专项督察。6 ~ 10 月底，市公安局开展“文明创建优胜杯”竞赛活动，督察部对市公安局各单位开展的取缔街头封建迷信活动，规范车辆停放秩序，收容遣送街头精神病人、乞讨、盲流人员等创建工作开展 6 轮督察。7 月 12 日，公安部召开坚决制止公安民警涉枪违法违纪案件电视电话会议，督察部在 40 天时间内，对全局实战单位的枪支管理使用情况进行现场督察，同时印制 100 份关于枪支管理使用规定的试卷抽测部分民警，在全局发出督察通报，并提出整改意见。9 ~ 11 月，公安部在全国看守所开展以解决环境差、卫生差、管理秩序乱等问题为主要内容的专项治理工作，市公安局对各看守所专项治理工作进行督察。10 月，督察部对市公安局首次换发“99 式”新警服情况进行现场督察。

2001 年 3 月 12 日，公安部召开全国治理刑讯逼供、滥用枪支警械和滥用强制措施电视电话会议，督察部集中 1 个月时间对全局各单位开展“三项治理”工作进行督察，纠正和处理问题 3 起，出动警力 120 人次，检查枪支近千支，发现安全隐患 10 余处。督察组针对保安管理处枪支保管不符合规定，枪弹没有分开存放，押运科仅有 3 名民警难以对枪支使用过程进行动态监督检查等问题，以督察要情专报提出建议，局长李图来专门批示，并抽调 2 名民警加强押运科警力。4 月、5 月，督察部还对合肥市企事业单位的公务用枪进行全面的清理检查,现场检查企事业单位9家,实地查看枪支100余支,翻看有关资料20余册。5月、6月、9月三个月全市开展严打整治斗争,督察部成立11个严打整治督察指导组,对口督导全市各单位严打整治斗争开展情况。8月,根据公安部督察局对合肥市群众问卷调查结果及访查发现的反映较为强烈的问题,对全局60多个基层单位进行暗访,督察要情专报得到市公安局主要领导的肯定。9月,督察部会同交警支队等部门在全市8个主要路口设点,对过往的装有警灯、警报器的政法单位用车进行4次现场督察,检查过往警车400多辆,暂扣违规车辆16台,暂扣证件68本,现场拆除违规安装的警灯12个,发出督察通知书24份,省市多家新闻单位作出报道,社会反响强烈。

2002年,全国开展"万名民警访平安"活动,4月,督察部对活动中群众举报的问题进行督察整改;根据公安部作风建设办公室对合肥市公安局暗访检查中通报的派出所和窗口单位的问题,6月~7月,督察部牵头对全局窗口单位收费及警务公开情况进行明察暗访,使窗口作风得到转变。6月10日至12月20日,根据全国公安机关"三项治理"工作部署,督察部围绕全市公安机关队伍突出问题开展督察,检查30多个科所队和30余处留置室。是年,督察部对机动车检测站强迫车主修理或调试车辆、只收钱不检车、乱收费和检查数据严重失实等突出问题进行督察,全局4个机动车检测站检查出问题11项,其中立即整改9项,限期整改2项。同年,督察部会同市公安局严打办对全市公安机关开展街面巡逻打击现行犯罪专项行动实施现场督察,深入基层科所队及卡点线路150处,治安重点整治地区20余处,提出督察建议52条,责令单位整改12条,督察部受到市公安局表彰,荣获"全市公安机关开展街面巡逻打击现行犯罪专项行动先进集体"。

2003年,督察部对市公安局20个二级机构、45个派出所、20个责任区刑警队、3个监管场所执行"五条禁令"情况进行明察暗访。2月9日至3月2日,督察部牵头对全市公安机关机动车辆及民警遵守"五条禁令"情况进行现场督察,检查车辆1249台次,路面设卡检查警车397辆,检查娱乐场所和酒店洗浴中心340余处。7月,督察部对通报中指出的问题进行跟踪督察和"回头看",连续查处2起反映民警非工作时间饮酒事件,局长陈文明在公安督察通报上批示"专项督察工作十分必要,请进一步加强并跟踪整改情况","督察支队工作认真负责,希望长抓不懈,一定能对合肥市公安队伍建设起到积极作用"。是年,督察支队对基层所队窗口单位贯彻执行公安部三十项、省公安厅二十三项、市公安局五十条便民利民措施情况开展现场督察。

2004年初,公安部要求全国开展警用车辆的专项治理活动,督察支队牵头对全市警用车辆全面摸排,清理警用车辆1200多辆,发现挪用警牌车辆71辆、丢失牌照车辆14辆、报废车辆96辆,在内部通报107次警车违反交通信号记录,对少数违反规定将警车车牌借给地方企业或个人使用的,责令收回。3月14日下午6时,皖OA0116警车在"红绿蓝"大酒店门前发生交通事故,造成1人轻伤3辆机动车受损,督察支队及时赶往现场查清事实,责成车辆所属的包河分局做出整改处理。9月6~21日,督察支队根据《公安部关于贯彻实施〈公安机关适用继续盘问规定〉的通知》精神,对8个分局的刑警大队、12个责任区刑警队的贯彻落实情况进行现场督察并提出整改意见。9月20日至22日、29日至30日,市公安局两次开展全市集中统一行动,清查中小旅店、出租房、建筑工地外来人员,督察支队对各单位统一行动情况进行现场督察。

2005年1～2月,依据市公安局《关于开展处置封门堵路群体性事件专项活动的工作方案》,督察支队对专项活动进行24次现场督察。3月底开始,根据公安部警务督察局《关于对全国集中打击赌博违法犯罪活动专项行动开展现场督察的通知》和省公安厅督察处部署,督察支队对集中打击赌博违法犯罪活动专项行动开展现场督察,检查35个基层单位,查阅卷宗70卷,提出督察建议25条。5月18日开始,全国公安机关开展集中处理群众信访问题,合肥各分局、县局局长,交警、消防支队支队长在局长(支队长)信访接待室开门接待群众来访,督察人员对11个分县局、刑警、交警、消防支队的接访工作进行现场督察。5月,督察支队对基层执法活动开展12次现场督察,检查基层单位打击"两抢一盗""破案追逃"等专项斗争进展情况,提出督察建议14条。是年,先后对市公安局组织开展警容风纪整顿、"中绿广场之夜"大型演唱会安保工作、国际徽商大会和资本项目对接会以及国际美术展等大型活动的安保工作进行现场督察。

2006年,公安部开始实施"抓基层、打基础、苦练基本功"的"三基"工程,市公安局出台《全市公安机关"三基"工程建设专项督察实施方案》,围绕传达贯彻"沈阳会议"、完成阶段性任务、警务保障、充实基层、苦练基本功、内务管理、执法办案服务现实斗争等项工作任务,开展为期3个月的专项督察。根据公安部《关于对公安机关警车外观制式涂装工作开展专项督察的通知》要求,督察支队对各分县局、支队开展6次路查。6月23日,市公安局《关于查纠协勤辅警人员穿着制式警服等问题的通知》下发后,对辅警人员穿着制式警服、佩戴警用标志或相仿服装标志和从事执法活动问题较多的三县进行现场督察。是年,市公安局推进4级巡逻防控网络,实行整体联动全天候巡逻,市公安局成立联合督察组,围绕巡逻人员、车辆、线路、时间等进行现场督察。在全市公安机关开展万名民警访平安活动中,督察支队抽查30余个派出所,进行现场督察,随机抽查市民问卷并约见当事人。同时,市公安局对合肥市连续出现危害严重的"割喉案"、冒充公安民警抢劫案的侦破情况进行专案督察;并对八一齿轮厂搬迁工作、市公安局"打黑除恶"专项斗争、夏季治安整治行动开展专项督察。是年,组织督察活动96次,出动督察人员189人次,纠正各类问题77个。

2007年2月15日,根据全国公安机关深入开展"三基"工程建设专项督察电视电话会议要求,市公安局下发《关于集中开展公安"三基"工程建设专项督察行动的实施意见》,7月底至9月底,组织各分县局政工、纪检和县局督察大队等部门,按照"三基"工作和正规化建设考核细则内容要求,对下级公安机关的所属各部门开展专项督察活动。6月,督察支队成立清理扣押物品工作领导小组,对依法扣押物品情况进行专项督察,调阅及建立卷宗101卷,清查保存在办案单位的扣押物品295件。8月5～12日,针对群众反映市公安局窗口单位存在服务态度、服务质量、办事效率等问题,市公安局对治安支队、出入境管理局以及派出所、车管所、驾管所等窗口单位进行现场督察。9月1日,市公安局在杏花公园开展"2008年奥运会倒计时牌"活动,督察支队对活动现场、周边情况和赛事路线等进行督察检查。9～10月,根据公安部《关于对涉爆安全隐患排查整治专项行动、预防重特大火灾事故专项行动和遏制特大交通事故专项行动开展重点督察的通知》及"全省五城联创文明城市"工作要求,督察支队会同治安、消防、交管部门对市区主要的10家电子游戏厅、12家歌舞厅、KTV遵守《中华人民共和国娱乐场所管理条例》,依法经营情况等进行明察暗访和专项督察。

2008 年，督察工作突出奥运安保重点，先后制定《合肥市公安局奥运安全保卫工作督察方案》《奥运会火炬接力合肥传递安保工作督察方案》《关于加强对奥运会开幕式及户外广场观看奥运赛事安全保卫工作督察方案》等 7 个文件。5 月 26 日奥运火炬接力传递当天，对现场执勤民警安全保卫工作进行督察，共计出动警力 480 人次，实施现场督察 240 次，提出整改意见 352 条，编发督察通报，通报涉及县局 1 个，执勤人员 65 人。及时总结五点经验做法，被公安部督察局刊用。7 月 17 日，省公安厅召开奥运安保信访工作电视电话会议后，督察支队确定 9 个方面督察重点，在一个月内，督察各信访单位排查出重点信访案件 148 件，查办信访案件 4 起，处置群众投诉 72 件，督促有关单位办结信访案件 8 件。7 ~ 10 月，督察部门联合指挥中心，对街面巡控坚持每周 2 次督察，突出加强奥运会开闭幕式期间安全保卫工作的督察，实施现场督察 108 次，编发督察通报 3 期。是年，市公安局作为全国 50 个队伍正规化建设示范公安局，迎接公安部的评估验收，督察支队研究制定《关于督察“三基”工程和队伍正规化建设的实施方案》，对 16 个派出所，3 个刑警队，5 个交警队，1 个治安大队，1 个车管所，深入督察，有效解决窗口服务设施不全，警官证不随身携带，警徽和帽徽混用，着装和警衔佩戴不规范等问题。同时，还在抗御雨雪冰冻灾害斗争、2008 紫蓬山第十三届“国际奥委会主席杯”全国城市自行车赛暨与奥运同行自行车赛决赛、“紫蓬山杯”全国少年自行车锦标赛等执勤现场开展专项督察工作。

2009 年，正逢国庆 60 周年，市公安局按照《公安部督察委员会关于组织开展迎国庆平安专项督察活动的通知》要求，对国庆 60 周年安保工作开展专项督查。10 月 1 ~ 8 日国庆期间，督察支队对全市公安机关 44 个相关单位、基层所队的值班备勤、内务管理及执行“五条禁令”“十项规定”等要求的情况进行现场督察，对发现的问题发出督察通报并要求限期整改。是年，3 月 4 日至 4 月 28 日，市公安局对第四届中部投资贸易博览会安全保卫工作开展督察，市公安局加强督察力量，分 4 个组对全市 9 个分局 29 个派出所、4 个责任区刑警队、32 个出城卡点、47 个战术卡点和重要贵宾、会议代表驻地的 8 个大型宾馆饭店、3 个大型文艺演出场馆以及国际会展中心场馆等重要会议场地、代表驻地进行全方位督查。10 月 29 日至 11 月 2 日，全国公安厅局长会议在合肥召开，督察支队会同纪委监察室组织实施现场督察 21 次，出动警力 46 人次，车辆 12 台次，督察 9 个分县局，4 个支队，44 个基层所队。

2010 年 2 月，按照公安部要求，市公安局在全市范围内开展为期 8 个月的警车和涉案车辆专项治理工作。期间，市公安局每月进行督察并通报，发《督办函》18 份、《督察通知书》2 份，责令 16 个单位限期整改。1 ~ 9 月，市公安局还先后开展对砺剑系列社会治安集中整治统一行动的现场督察，对“两会”“世博会”“四体会”“第六届中国国际徽商大会”、迎接中央文明委到合肥检查和“2010 中国企业 500 强发布暨中国大企业高峰会”等活动期间安保工作的专项督察。其中 5 月 7 日，根据市公安局《四体会安保工作督察方案》，对各赛场的安保工作进行督察，督察住地宾馆 71 家次，比赛场馆 42 处次。9 月 28 日至 11 月 19 日，对各单位亚运会安保社会面防控工作落实情况进行专项督察，出动警力 256 人次，督察 64 个派出所，各类旅馆 203 家，出租房屋 124 处，剧毒、爆炸、易制爆物品单位 88 个，校园、幼儿园 37 所，重点单位 16 个，对督察发现问题进行 3 次全局通报。11 月 14 ~

15 日，督察支队对“515”“1111”警务任务安保工作各项部署进行现场督察。

2011 年 4 月 30 日至 5 月 1 日，对“429A”“429B”警卫任务进行督察。5 月，市公安局决定在全市范围内开展为期 8 个月的农村社会治安集中整治专项行动，督察支队牵头法制办等部门开展执法规范化建设专项督察，对全市各分县局 2011 年报备刑事卷宗现场抽调 20 起案件进行检查。6 月 2 日，根据公安部关于在全国公安机关开展网上追逃专项督察“清网行动”的决定要求，督察支队牵头刑侦、治安、经侦等业务警种组成联合督察组开展专项督察 6 轮，出动警力 98 人次，督察基层单位 105 个，编写简报 44 期，工作动态 57 篇，下发通知通报 80 份，通报行动战果 149 条，月度考核通报 5 份，召开专题协调会 8 次。2011 年 2 月 7 日、8 日晚，配合省公安厅组织的查处酒驾工作全省公安微博直播报道活动，督察支队在各设卡道口，对查处酒驾车辆违法违章行为统一行动进行现场督察。是年，还先后对 3 次明星演唱会、文艺演出晚会现场安保工作进行督察。

2012 年 1 月 20 日开始，警务督察支队对单位积极开展“三访三评”，深化“大走访”活动进行督察。5 月，支队会同治安部门组成联合督察组，对各单位使用管理枪支弹药情况进行专项督察，检查基层所队 24 个。8 月份，警务督察支队联合警令部、后勤部开展执法随录仪使用管理专项督察，实地检查基层所队 35 个，对执法随录仪的配备、损坏、佩戴等情况进行全面了解。9 ~ 10 月，警务督察支队配合交警部门开展对警车和“皖 O”号牌车辆管理使用情况的专项督察工作，下达《督察通知书》6 份，对“三证”不齐、警车外观不洁等问题予以现场纠正。11 月，警务督察支队开展十八大安保现场督察任务，开展 15 轮专项督察，出动警力 90 余人次，明察暗访基层所队 60 余个，发现并查纠各类问题 30 余个，提出督察建议 35 条，下发督察通知书 7 份。是年，还先后对 2 次明星演唱会和 1 次“中国 U22 国家队—韩国 U22 国家队”足球比赛安保现场开展督察。

2013 年 6 月，公安部部署开展全国公安机关取保候审突出问题专项督察工作，市公安局出台《合肥市公安局取保候审突出问题专项督察工作实施方案》，在 6 个月的专项行动期间，开展 3 轮专项督察，集中阅卷 5 轮，阅卷数达 7023 人次，下发《督察通知书》12 份，对 506 名民警进行通报批评等问责处理。当月，警务督察支队联合消防支队、治安支队开展“江淮安宁”消防安全工作专项督察，实地检查社会单位 24 家，消防大队及派出所 36 个。9 月 30 日，根据省公安厅关于组织开展三项纪律、道路交通安全、值班备勤、国庆安保督察工作的通知要求，结合国庆安保、值班备勤、道路交通管理等工作，开始专项督察工作，全年累计开展节假日期间督察 21 轮次，现场督察 117 个基层所队，现场查纠各类问题 40 余个，并及时在全局通报。

2014 年 3 月 14 日，公安部部署开展全国公安机关执法检查“回头看”活动，市公安局下发《执法检查“回头看”活动督察方案》，先后进行两轮督察，并通报整改。其中依法受立案 22910 起，依法撤案 55 起，依法解除强制措施 24 人，退还涉案财物 8 万元，返还罚款 1000 元，整顿窗口单位 129 个，整顿治安乱点 198 个，新建、改造办案场所，规范场所设置、使用、管理 74 个，制定出台规章制度 127 个，举办学习培训班 285 期，收到感谢信、锦旗 86 个，民警追责 544 人。5 月，针对“5·22”乌鲁木齐暴恐事件，市公安局积极做好反恐怖应急处置工作，5 月 23 日支队印发《反恐怖处突工作现场督察方案》，要求各县（市）局警务督察大队同步开展督察工作。5 月 22 日至 6 月 19 日，全市警务督察部门出动督察警力

266 人次，督察基层所队 130 余个，街面巡控警组 72 个，出城卡口 13 个，社会重点单位和人员密集场所 80 余个，检查维稳重点人员管控情况 38 人，督促整改安全隐患 30 余处，编发督察通报 2 份。6 月 23 日，警务督察支队联合合肥铁路公安处警务督察支队，制定《火车站区域联勤联动工作联合督察机制》，对火车站区域巡逻防控工作“常态警力部署”进行督察。7 月 4～6 日，警务督察支队牵头随机暗访 48 家涉恐、涉危重点单位，24 个人员密集场所，9 个交通治安卡点。8 月 16 日，南京青奥会开幕式当天，对全市 11 个武装卡点、部分基层所队值班备勤、近期反恐怖维稳工作落实等情况进行督察，9 月 9～12 日，根据公安部《关于认真贯彻落实中央领导批示精神切实加强管理确保看守所安全的通知》精神，警务督察支队联合监管支队对全市 8 个看守所、6 个拘留所进行专项督察。10 月 31 日至 11 月 12 日，按照副市长、市公安局党委书记、局长姜明关于 APEC 会议安保工作“市、县两级要加强安保工作督察力度，强化督导问责”的指示，警务督察支队联合警令部、治安支队、国保支队对 APEC 会议安保措施贯彻落实情况进行督察。12 月 25～29 日，警务督察支队联合警令部、法制支队、新闻中心实地跟踪警情现场处置和后续处理，实地检查警情 12 起，检查基层所队 21 个。10～11 月，对“万科杯”2014 合肥国际马拉松赛、3 场明星演唱会安保现场进行督察。

2015 年 4 月 29 日，公安部召开全国公安机关立案突出问题专项治理动员部署电视电话会议，5 月 12 日，市公安局全面启动立案突出问题专项治理工作。6 月 5～10 日，督察支队、法制支队、刑警支队、治安支队、经侦支队、警令部联合进行三轮督察检查，梳理 4 类共性问题，提出督察建议 8 条。8 月 19～30 日，警务督察支队联合消防支队对市区公安机关拉网式消防隐患大排查推进情况进行专项督察。8 月 28 日至 9 月 5 日，市公安局暂停休假，启动一级巡逻防控和二级戒备勤务、启动武警和公安武装联勤、入城卡点武装盘查等工作，警务督察支队联合警令部、刑警支队共同开展现场督察，检查武警公安联勤点 14 次，入城卡点 28 个，分局战训队 14 个，模拟警情 9 个。9 月 6 日、8 日，警务督察支队启动重大警务督察机制，开展关押中心搬迁安保现场督察工作，实地检查执勤民警 800 余人次，车辆 70 余台次，现场纠正执勤不规范情形 30 余处。10 月 29 日、30 日，警务督察支队开展“1029”“1030”一级警卫任务现场督察工作。12 月 2～18 日，开展上合组织成员国政府首脑理事会第十四次会议和第二届世界互联网大会安保现场督察。

2016 年 7 月，根据省公安厅督察总队《关于传发〈安徽省公安厅 G20 峰会安保督察工作方案〉的通知》和市公安局《关于印发合肥市公安局 G20 峰会安保环浙社会面管控工作方案的通知》要求，警务督察支队启动重大警务活动督察机制，制定四个阶段的现场督察方案，迅速开展 G20 峰会安保督察工作，组织督察组对各单位落实情况进行现场督察。8 月份，G20 峰会安保运行督察阶段，市、县两级警务督察部门开展实地检查 20 轮，出动督察警力 43 组 128 人次，检查基层单位 285 个，省级重要部位 53 处，“软目标数”51 处，执勤点 49 个，发现各类问题 58 个，当场整改 44 个，限期整改 14 个，提出督察建议 22 条，印发督察通报 4 期。G20 峰会安保实战督察阶段，结合雷霆 2 号统一行动，持续开展现场督察。决战督察阶段，警务督察支队会同治安支队对实战阶段存在问题的单位进行复查，检查分县局 13 个，火车站、汽车站 5 个，中小旅馆 24 家，加油站 22 家，涉危涉爆重点单位 9 家，武装卡点 9 个及部分派出所的值班备勤及重点人员管控情况，发现各类问题 37 个，编发通报13篇,工作报告6篇。是年,督察部门还开展“1601”警卫任务安保现场的专项督察,合肥国际马拉松赛、铁人三项赛、万达文旅城开业现场安保督察,轨道交通一号线开通仪式、“引江济淮”仪式现场安保督察,BIGBANG、陈奕迅、周杰伦明星演唱会安保工作督察等。

网上督察

网上督察指以公安信息网络为基础,运用信息技术手段对公安机关及人民警察依法履行职权和遵守纪律情况开展实时、动态督察。2008年,根据公安部督察委员会《关于加强网上督察工作的指导意见》要求,制定《合肥市公安局警务督察视频信息系统项目建设方案》,规划建立语音报警声控、视频监控、网上执法办案监督、GPS定位4个子系统。把系统的端点建设到派出所、责任区刑警队、监所和车驾管、外事、户政等公安行政服务窗口,覆盖各分局和交警、刑警、治安、特警、经侦、禁毒等警种,为三县局接入预留空间,市区规划安装541个室内摄像机、500部数字录音电话,三县公安局参照建设,所选设备与市区相当。7月,赴芜湖市公安局实地考察督察部门信息化建设和实际应用,启动公安督察工作信息化建设。从2008年开始向市财政部门上报该项目,未批复前,暂利用110报警服务台实时语音记录部分接处警情况的督察和部分窗口单位的视频督察。

2009年,市公安局提出“合肥市公安局警务督察信息系统”项目需求,依托公安网络和公安业务系统,组织开展网上督察系统建设,并经层级整合后形成“全国网上督察系统”,实现对公安机关及民警执法执勤、服务群众和内部管理情况的网上实时、同步、动态监督。建设语音督察、视频督察、执法业务信息督察、卫星定位督察4个子系统,将以上一个或多个子系统整合于一个界面,总合为本级网上督察系统,实行统一登录、集中管理。翌年6月,研究制定《合肥市公安局网上督查系统实施方案》,进行项目可行性论证,预算400余万元,上报市政府立项审批。7月,督察支队随市公安局考察团到广州、深圳参观学习网上督察工作的开展情况。7月12日,警务督察支队在肥西县局召开市公安局督察系统视频监控建设现场会,启动系统建设。

2011年5月,根据公安部、省公安厅文件相关督察系统建设的项目推进要求,对各单位录音电话和监控的视音频进行摸底。按照公安部金盾办《关于推进公安监督信息化建设的指导意见》,逐步推进落实,至年底,网上督察视频系统初步建成。是年,根据“大走访”开门评警活动需要,市公安局还自主研发语音回访和短信评警系统。6月15日,市公安局召开征询意见会,征询各单位对系统的意见建议,完善系统功能。6月27日,市公安局正式启用语音回访和短信评警系统。7月14日,市公安局下发《关于切实做好短信评警系统中群众不满意情况回访工作的通知》,要求对于短信评警系统接收的有效不满意评价,由属地分县局以及涉及业务工作的特(巡)警、交警、消防支队政工监督部门负责进行电话回访,“不满意”评价的回访率必须达100%,督察支队按照不少于10%的比例,对各单位电话回访情况进行电话抽查,定期对各分县局及有关支队相关工作群众评价不满意率、回访率、抽查回访率、回访满意率进行通报。

2012年,省公安厅统一采取中央和省级政法转移支付资金建设视频监控监督系统,市公安局成立公安监督信息化建设领导小组,专门组织协调全市公安监督信息化建设工作。截至6月，语音督察子系统和视频督察子系统初步建成，其中视频督察子系统安装4台42英寸液晶电视和电视柜组成的电视墙。语音督察选定10个所队安装录音电话，作为试点单位。开发监督系统平台，将10个试点单位的视频和音频接入该平台，实现网上督察。是年，抽查语音回访和短信评警系统“不满意”评价回访2359条，抽查率为10.85%，抽查回访满意率为95.5%。按照重点工作项目推进计划，警务督察支队逐季度对语音回访与短信评警情况进行全局通报。

2013年4月10日，市公安局安排专人赴芜湖市公安局考察学习督察信息系统，推进网上督察工作。7月17～18日，警务督察支队前往庐阳、蜀山、包河、高新、新站、经开分局、交警支队、肥东县局等9个单位开展调研，考察场地设施，征求意见需求。8月1日，研究出台《关于进一步加强语音回访与短信评警系统中群众不满意情况回访工作的通知》，提出回访工作具体要求。10月，完成对系统的升级改造。

2014年12月25～29日，开展整风肃纪专项视频巡查，巡查基层所队48个，及时发现查纠问题21个，汇编成视频资料在全市“正警风肃警纪”专项教育整顿活动部署大会上播发。根据系统使用过程中的不合理因素，在短信评警系统中增设“非交警部门统计”模块，通过不断改进创新，听取基层各种意见建议，梳理整合6条系统改进需求，提交技术部门加以改进完善。

2015年2月4日、3月30日，市公安局相继出台《合肥市公安局内部监控系统网上巡查工作暂行规定》《合肥市公安局内部监控系统网上巡查工作考核办法》，根据规定要求，督察部门开展视频巡查10轮，累计督察所队1357个（次），发现各类问题323个，编发4期通报，1期专报。建设覆盖全局的视频监控系统，整合内部场所监控资源1980个，约占全部应整合资源的70%。是年，根据省公安厅督察总队《关于在全省公安机关开展政风行风建设专项督察的通知》要求，市公安局警务督察支队将政风行风建设纳入常态化网上督察内容，通过内部监控系统对各分县（市）局行政服务、接处警、执法办案等场所进行巡查。国庆期间，对所有基层所队进行视频巡查，巡查基层所队149个。11月，全市公安机关开展群众安全感满意度测评工作，警务督察支队对市区7个分局部分基层所队进行视频巡查，巡查基层所队28个。

2016年7月，根据公安部《公安执法规范化网上督察工作方案》要求，市、县两级警务督察部门利用内部监督系统，同步开展执法规范化网上督察工作。根据省厅《关于转发〈全省公安机关警务督察部门开展G20峰会安保网上督察工作方案〉的通知》要求，市公安局启动G20峰会安保网上督察工作，开通警务督察支队天网即社会面监控资源以及交警部门路面监控系统查询权限，为网上督察系统配齐专用监控电脑，启用网上视频巡查室。根据省厅“公安监督信息化系统更名为网上督察系统”要求，10月，合肥市警务督察支队联系软件开发公司进行更新，并正式命名网上督察系统，系统有执法业务督察、语音监督、视频督察、执法报备督察、综合应用5个模块子系统。是年，视频督察音频设备采购获批，截至12月中旬，有关设备配置、部署、调试入网基本完成，实现顺利对接。12月13日，通过市发改委组织的项目验收评审，全面进入试运行阶段，初步实现对全局接报警、求助、咨询等对外电话的同步录音、同步存储，并开放接口便于数据调用，基本实现对一线实战单位的动态实时监督。

检举控告核查

1990～1997年，市公安局接到检举控告较少，主要是在接处警和案件办理中有群众举报现象，一般由分县局和基层所队作调查处理，情节严重的由市公安局纪委监察部门派出工作组进行调查核实，根据事实情况，依法依纪作出相应处理。1997年11月2日，局长李图来在督察队伍正式组建仪式上向社会郑重宣布，督察部开通监督举报电话，24小时由督察人员值守，保持畅通。至12月2日，督察部受理检举控告申诉69起，核查8起典型性案事件。

1998年，市公安局督察部受理710余起举报投诉并作相应处理。其中8月查处东市刑警大队驻大通路派出所探组违反市公安局关于对旅馆业的治安管理实行属地管理的规定，越权办案。督察部作出决定，责令东市分局刑警大队作书面深刻检查，将罚没款交市公安局行财处，全局范围内通报批评。

1999年，市公安局督察部受理492起举报投诉并作相应处理。根据群众投诉，督察部及时查处西市分局巡警大队民警滥用警械、刑讯逼供违纪事件，辞退涉案民警1人，保护投诉人正当利益。市公安局局长李图来在《督察要情专报》上批示"刑讯逼供有很多血的教训。我局必须杜绝，若再发生要处理当事人及追究有关领导责任"。11月11日，《江淮晨报》刊登标题为"恋人相会受处罚，民警登记被猜疑"的报道，督察部获悉后立即督查查实，责成常青派出所立即退还违规罚没款并向当事人赔礼道歉，有关责任人作出深刻检查，对办案民警作行政警告处理。

2000年，市公安局督察部受理538起举报投诉。2月29日，市公安局在"三项教育"动员大会上向媒体通报：自3月1日起，公安部决定在全国公安机关"110"报警服务台受理群众电话投诉，并规定督察部门的职责。"110"接受群众投诉向社会公开，督察部两次召开会议组织学习和研究落实，重新修改和加强值班备勤制度，与"110"配合，对移交的投诉进行查处。3月，督察部受理"110"转来的群众电话投诉180起，督察出警25起。

2001年，市公安局督察部受理253起举报投诉。1～5月，先后核查《商报内参》刊登的"粗暴执法引起声讨"报道事件、美菱大厦反映西市分局刑警大队违规办案、群众反映东市分局明光路派出所出警问题、《合肥晚报·内部参考》刊登市公安局某基层派出所民警有关问题等4起上级领导批示具有典型代表意义的投诉。12月29日，市公安局成立警风举报投诉中心，负责接听和记录群众对市公安局窗口部门和其他部门的投诉举报电话，负责对举报投诉内容进行核查，对有关举报投诉情况不定期编发通报，负责上报对有关单位和人员的初步处理意见。市公安局举报投诉中心主任由督察部副督察长兼任，从督察部和其他部门抽调专人办公，举报投诉中心办公室设在督察部。由市公安局统一制作标有举报投诉中心办公地址及举报投诉电话的标牌，悬挂在各派出所办证窗口，车管所、检测站和各交警大队办证办事窗口，行政服务中心的出入境、户政、消防等办证窗口的醒目位置。翌年1月1～15日，警风举报投诉中心接待投诉、咨询和来信来访50起。2002年，市公安局督察部受理240起举报投诉。

2003年，市公安局督察部受理247起举报投诉。是年，《合肥晚报·内部参考》分别刊登《这样的警察让人心寒》和《报案为啥这样难?》两篇文章,督察部按局党委指示,迅速开展调查。经核查属实,分别对办案人员在接处警过程中出现的问题进行严肃批评教育,对责任人作相应处理,责成各单位立即整改,要求民警吸取教训,深刻反思。

2004 ~ 2012 年,市公安局督察支队受理 2358 起举报投诉。根据公安部"五条禁令"查处民警酒后驾驶机动车案事件,给违反规定的民警以辞退或者刑事拘留处理。2007 年《合肥晚报》B1 版刊登《警察目送砸店打人者扬长而去》报道,造成恶劣影响,督察支队介入调查,查清派出所民警处置警情失职事实,提出整改意见并落实。2009 年,查处肥东县局一派出所在接命案后出警不及时的事件,对分管和主要领导予以行政处分。

2013 年 3 月 29 日,制定出台《警务督察支队受理投诉举报件移交进一步核查的规定(征求意见稿)》,明确督察部门内部投诉举报件的移交流程。8 月,督察部门对投诉受理核查的登记范围和数据统计方式进行调整,基本形成投诉受理、案件核查、移交转办以及限时反馈的规范化流程。年度受理投诉 237 起,编发公安督察专报 2 期,下发《公安督察通知书》1 份。12 月 12 日,警务督察部门处置投诉工作规定(试行)下发,明确各单位在流转群众投诉时必须通过监督信息化平台,并对各单位每月投诉核查流转反馈迟报、漏报、瞒报等情况进行通报,同时积极主动梳理平台改进需求 14 条,积极联系系统开发公司予以改进,实现投诉核查任务短信提醒功能。

2014 年,督察部门处置各类群众投诉和舆情 350 起,其中省厅交办案件 32 起,市公安局领导交办舆情 6 起,直接受理投诉 311 起,查实有理投诉 23 起。

2015 年 6 月 30 日,修订完善《合肥市公安局警务督察部门处置投诉工作规定(试行)》,进一步规范投诉受理核查处置程序。9 月 30 日,规范督察问责机制的《合肥市公安局警务督察问责暂行规定》出台,详细梳理共八类 55 种需要进行督察问责的内容。根据公安部警务督察局下发的《关于做好全国公安机关 12389 举报电话职能移交工作的通知》要求,警务督察部门按省公安厅部署,在 7 月 15 日前完成跟市公安局纪委的 12389 举报电话受理、办理的职能移交接受工作。7 月 16 日,12389 群众投诉举报平台工作正式由纪检监察部门移交警务督察部门,由警务督察支队二大队承担此项工作,2 名文职人员专职负责接听 12389 举报电话并登记、录入转办,由二大队负责对 2 名文职人员的管理。

2016 年,督察部门受理各类投诉 2484 起,其中督察部门日常值班受理 229 起,12389 举报投诉平台受理 2255 起,查实有责投诉 18 起(其中 4 起系同一核查线索),下发《公安督察通知书》7 份、《公安督察建议书》1 份。12389 平台受理投诉量占到督察部门受理投诉总量的 90.74%,是主要的投诉来源。是年,警务督察支队研究建成投诉核查人才库,制定工作规则,加强投诉核查工作,先后下发《关于报送市公安局举报投诉核查专门人才库推荐人员的通知》《关于成立市公安局举报投诉核查专门人才库通知》,从各单位遴选投诉核查专门人才 47 人。9 月 21 日,召开举报投诉核查工作座谈会,对入库人才进行举报投诉核查业务培训及工作交流。市公安局还制作投诉核查业务视频微课程,以微电影形式详细介绍流程和处置方法,提高核查人员的业务能力。

维护民警权益

1997年《公安机关督察条例》并未赋予督察机构维护民警权益的职能，1998年合肥市机构编制委员会文件对合肥公安局督察部职能定位也没有维护民警权益的内容。但在日常受理、核查群众投诉和现场处置110投诉案件时，督察部门对检举和控告进行调查核实的同时，对遭受恶意投诉、没有执法过错的民警予以维护。对诬赖以逃脱处罚的投诉人予以批评教育。

1999年4月2日，有群众举报：在省公安厅环城路口，有2名交警乱罚款，且不像警察。督察部核查，投诉人系驾驶车辆违章被处罚，2名执勤民警警容严整，佩戴警号和执勤证，处罚得当，督察部当即对交警的做法给予支持和肯定，并反馈给投诉人，该投诉人表示服从交警处罚。

2000年6月26日，交警二大队执勤民警被举报执法不公。督察部核查发现，投诉人驾驶出租车违规乱停，导致交通阻塞，且投诉人拒绝配合民警正常检查，民警正常执法，没有执法不公问题。督察民警现场对投诉人进行教育，使其认识错误，对交警工作予以支持配合。

2001年2月19日，群众投诉瑶海分局胜利路派出所民警违法乱纪，随便抓人。督察部核实民警属依法传唤，正常履行职务。该群众经营场所长期以来有敲诈勒索顾客行为，群众反映强烈，市领导和市公安局领导先后批示要求予以整治。2月14日上午，派出所依法传唤涉嫌人员并进行法制谈话教育。

2002年6月30日上午10时，群众电话投诉称其于6月9日11时驾驶正三轮摩托车途经望江路与合作化南路交口时被交警拦下殴打。接到投诉后，督察人员核实系该群众驾驶的正三轮摩托车无牌无证，交警按有关交通法规和市政府的通告精神，对车辆进行暂扣，该群众报复性打110投诉。督察部当即对交警予以支持，对该群众进行严肃批评教育。

2003年8月12日，常青派出所处理“金伟庆电子公司和合盛电子公司员工”打架一案，金伟庆电子公司主管认为常青所处理不公，多次到市政风建设投诉中心进行投诉，经督察人员调查证实投诉不实，严正拒绝当事人无理要求。

2004年8月26日，安徽大市场一群众电话投诉：方庙派出所出警民警干涉她与出租房房东的经济纠纷，不准她搬运租住房内货物，民警像土匪一样。督察支队调查核实，该群众与房东发生纠纷后报警，方庙派出所民警出警到现场，要求双方协调解决。民警在受到该群众辱骂的情况下，始终坚持文明执法，耐心说服，没有插手经济纠纷，督察支队及时肯定和支持派出所文明、公正的执法行为，对该群众不实投诉予以批评。12月下旬，督察支队接到一封题为“一个9岁女孩的血泪控诉”的人民来信，反映芜湖路派出所民警在出警过程中打骂其母亲。督察支队经过深入细致调查发现，信完全是由小女孩母亲一手炮制。督察人员对芜湖路派出所接110出警令后，及时出警恰当处理，在受到小女孩母亲辱骂的情况下始终坚持文明执法的行为予以肯定，向民警宣布调查结果，同时将查处情况通报给小女孩母亲工作单位的党组织，要求加强教育。

2005年9月1～2日，公安部在北京召开公安机关维护民警正当执法权益调研座谈会,要求年内各级公安机关建立“维护公安民警正当执法权益委员会”。12 月 5 日,市公安局出台《合肥市维护公安机关人民警察执法权益暂行办法》。

2006 年 1 月 10 日,按照公安部和省厅通知要求,市公安局建立各单位逐月填报《维护公安机关民警执法权益工作统计月报表》制度。6 月,《合肥晚报》连续报道“党报记者采访遭到包括 1 名警察在内的一伙人的群殴”事件,在社会上引起恶劣影响,省市领导纷纷作出批示,要求严肃查处。根据市公安局领导的安排,督察支队迅速介入,查明事实真相,排除民警打人事实,澄清是非,平息事态。11 月 13 日,市公安局印发《合肥市公安局合肥市公安机关维护人民警察执法权益委员会工作规则(暂行)》。同月 23 日,经局长办公会研究同意,成立“合肥市公安机关维护人民警察执法权益委员会”并下设办公室。主任委员由局党委书记、局长周礼明担任,办公室设在督察支队,公布民警申诉电话 0551 - 2928287,维权办电话 0551 - 2928284。8 个分局、3 个县局和 3 个支队于 11 月也相继成立组织,设立专门办事机构,开展民警维权日常工作。是年,查处民警在执行职务时被无端阻挠、围攻、辱骂甚至殴打的案事件 53 起,治安拘留 16 人,行政处罚 4 人,追究刑事责任 14 人,其他 19 人。

2007 年 1 月 31 日上午,交警支队五大队民警在站前路白马服装城外机动车道上查纠无牌正三轮车,遭到驾驶员殴打,民警鼻骨左侧粉碎性骨折,鼻中隔断裂。新站分局依法对肇事人刑事拘留,移送检察院起诉。民警执法受侵害案件,引起上级领导的关注,市委、市政府和省公安厅、市公安局领导纷纷到医院看望慰问受伤民警,并要求公安机关对围攻、辱骂、殴打执勤民警的当事人依法予以严惩。是年,市公安局维权办指导查处侵权案事件 58 起,刑拘 5 人,行政处罚 38 人,赔礼道歉 3 人,其他 8 起。

2008 年 4 月 8 日,市公安局调整“合肥市公安机关维护人民警察执法权益委员会”组成人员,对市公安局和成员单位领导因工作变动引起的空缺进行调整。是年,市公安局维权办指导查处侵权案事件 44 起,刑拘 20 人,治安拘留 12 人,其他 27 人,对执法执勤中受到侵害的民警发放慰问金 27000 元。

2009 年 3 月 18 日,根据省厅《关于及时上报侵害民警执法权益案件情况的通知》精神,市公安局要求“凡发生侵害民警权益造成民警受伤、牺牲以及冲击公安机关、围攻殴打民警等在社会上引起恶劣影响的袭警案件,要在案件发生后的 5 小时内上报”。3 月 25 日凌晨,特警 205 巡控车在包河区王大郢城中村盘查涉嫌盗窃嫌疑人时,有民警被咬伤。督察支队督办维权,包河分局对涉嫌暴力妨碍公务的嫌疑人依法处理。7 月 24 日,省公安厅《舆社情编报》第 83 期刊载《合肥:特警被推倒在滚烫的油锅上》,根据市公安局领导批示,督察支队督办此案,经查,系特警在带离违法嫌疑人过程中被其家属阻挠,被推倒在油锅上烫伤,督察支队(市公安局维权办)赶赴办案单位淝河派出所,听取案件汇报,查阅卷宗,提出意见和建议,要求办案人员将证据收集细致,办成铁案,切实维护法律尊严,维护公安机关执法权威和民警的合法权益,后嫌疑人被刑事拘留。9 月 5 日晚,在临泉路与当涂路交口处发生一起群众咬伤执勤交警手臂并撕坏民警警服的恶性事件,督察支队及时督办,在新站分局纪委配合下,将此事件作为民警维权案件处置,对违法嫌疑人进行治安处罚。9 月 17 日,市公安局转发公安部警务督察局关于认真贯彻执行《公安机关保障民警依法履行职务工作规范》的通知,要求全体纪检监察、督察民警认真学习,推动保障民警执法权益工作深入开展。是年10月21日，因人事变动，调整“合肥市公安机关维护人民警察执法权益委员会”组成人员。

2010年10月20日，督察支队组织召开市公安局保障民警依法履行职务工作会议，通报1至8月份全局民警执法权益遭受不法侵害情况，详细分析在保障民警依法履行职务工作中存在的问题，提出具体工作目标和落实措施。

2011年1月24日，市公安局召开2010年度全市公安机关保障民警依法履行职务工作总结会议，对年度工作进行谋划部署。4月14日，市公安局召开严厉打击袭警行为新闻发布会，就有关问题接受记者采访，督察支队向媒体通报2010年以来市公安局依法严肃查处暴力阻碍民警依法执行职务案件的有关情况。7月中旬，组织开展对全市公安机关保障民警依法履行职务工作的专项检查，围绕建章立制、组织部署、案件查处和信息报送情况进行摸底。8月24日，国务院第169次常务会议修订通过《公安机关督察条例（新修订）》，第十五条新增“督察机构及其督察人员对于公安机关及其人民警察依法履行职责、行使职权的行为应当予以维护”。自此，民警维权成为督察机构工作职责之一。是年，核查对民警的不实和恶意投诉12起，对投诉举报人不合理要求予以严正拒绝并开展法律宣传。

2011年4月13日上午，交警支队包河大队民警在黄山路路口执勤时，被一辆涉嫌交通违法车辆上的2名驾乘人员阻碍执法并殴打，督察支队前往芜湖路所督办此案，会同办案民警对嫌疑人进行讯问，对2名犯罪嫌疑人刑事拘留。4月16日晚21时许，交警包河大队值班民警出警处理合肥包河区元一柏庄小区6号楼下交通事故，遭到醉驾当事人殴打。督察支队接到报告后，连夜赶往望湖派出所督办此案，会同办案人员对嫌疑人讯问，将犯罪嫌疑人刑事拘留。

2012～2014年，全市公安机关发生民警在执法执勤中遭受不法侵害的案（事）件153起，造成246名民警不同程度受伤或被谩骂侮辱，依法处理违法犯罪人员257人。2013年8月，市公安局在庐阳、蜀山分局和交警支队等3个单位建立现场执法记录仪使用管理试点。2014年，市公安局先后下发《关于调整合肥市公安局保障民警依法履行职务工作委员会组成人员的通知》《关于进一步加强保障民警依法履行职务工作的通知》，完善组织机构，规范民警维权工作。

2016年10月13日，瑶海分局民警王开满在依法开展消防检查时，被一男子恶意拍摄视频并在网络上发帖，诽谤王开满是“冒充警察的骗子”。舆情开始后，警务督察支队立即启动民警维权机制，积极介入案事件调查进程。经核实，王开满当日系依法正常履行职务，所携带证件、着装和执行程序均符合相关规定。10月25日，造谣者被依法行政拘留。11月3日、7日，市公安局先后收到公安部、省公安厅领导对王开满事件的批示。督察支队努力做好正面宣传和维护民警执法权益工作，加强网络舆情引导和新闻采访宣传，澎湃新闻、《人民公安报》等舆论媒体专版刊发王开满感人事迹，宣扬正能量。警务督察支队负责人带队，赴瑶海分局方庙派出所为王开满遭网民发帖诽谤一案维权正名。下达《维护公安民警正当执法权益正名通知书》，积极维护民警正当执法权益。

若干年份合肥市公安局民警维权情况统计表

表 20－4

年　份	维权总起数	民警总人数	打击处理人数
1997～2004 年	352	664	—
2006	40	68	26
2007	58	—	46
2008	44	50	59
2009	34	37	30
2010	90	122	90
2011	77	85	86
2012	70	131	152
2013	46	76	46
2014	37	39	59
2015	83	132	129
2016	106	131	127

警务评议

1999 年 9 月，全局开展“创人民满意活动”，由督察部牵头，从政治部、治安支队抽调人员组成联合督察组，对全市近 40 个窗口单位明察暗访，深入广大市民当中，听取群众意见建议，对各窗口单位进行测评。

2001 年 8 月，根据市政府关于政风评议工作部署，市公安局从廉政建设、作风建设、勤政为民、依法行政 4 个方面在全局范围内开展一次警务评议活动，在《合肥晚报》上发表《致广大市民一封公开信》，提出“评政风、正警风、强素质、保平安”的警务建设目标，面向社会，开门评警。市公安局成立警务评议领导小组，党委书记、局长李图来任组长，市公安局督察部专门成立警务评议办公室，督察部牵头抽调人员集中办公，在全市各级公安机关集中开展警务评议工作。8 月 22 日，市公安局召开警务评议动员大会。9 月 18 日至 10 月 8 日，督察部牵头组织对窗口单位进行警务公开专项检查。在自查自纠阶段，全局采取开门评警的办法查找存在的问题，发放《征求意见表》4 万余张 ，设置意见箱 120 个，召开各类座谈会 60 余次，走访人大代表、政协委员、各界群众 2000 多人次，走访外资企业 50 多家，受理群众信访投诉 48 件。对全市公安机关收集各方面的意见、建议 2000 多条进行归纳梳理，制定整改措施予以解决。经过部署动员、自查自纠和迎检测评三个阶段，历时 3 个多月，至 11 月 26 日评议工作基本结束。

2002 年 2 月，由督察部牵头，分别与政治部、治安支队、巡警支队组成联合督察组，对全局所属窗口进行1000余次的服务质量检测，对市公安局的所有窗口、单位明察暗访，组织群众开展民主评议。

2003年，督察支队结合市公安机关开展的“贯彻十六大，全面建小康，公安怎么办”大讨论活动，通过问卷调查，走访人大、政协及社会各界群众，积极开展警务评议活动。

2008年11月下旬至12月中旬，根据省公安厅《转发公安部警务督察局关于开展万名督察民警“进村入户大走访、问计求策促平安”专项活动的通知》，督察支队分成5个组开展活动，走访村庄25个，形成专题情况汇报材料。翌年，市公安局督察民警继续开展“大走访”活动，17名督察民警参加，深入10个县区、15个乡（镇），走访行政村31个，村民小组64个，走访群众98户，召开座谈会3次，发放征求意见表110张，发现影响当地安全感的突出治安问题2个，收集整理群众意见、建议4条（不含相同），整改各类问题2个。

2011年2月11日，制定《督察支队关于参加“大走访”开门评警活动的实施方案》，全面部署开展“大走访”开门评警工作。2月14日开始至3月底，督察支队3个走访组深入全市城乡接合部、治安情况复杂区域进行入户走访，倾听群众对公安工作、公安民警包括督察民警及督察工作的评价意见和要求，发放《致全市人民的一封信》1450余份，收回有效调查问卷900余份。2月26日，督察支队联合特巡警支队组成联合走访组，前往肥西县上派、三河两镇开展“大走访”开门评警活动，通过悬挂横幅驻点宣传，向过往群众发放一封信，宣传“大走访”开门评警活动及合肥公安近年来的工作成效，主动接受群众评议，同时深入商业街等治安复杂区域，向群众宣传法律、法规及安全防范知识，与群众进行深入交流。3月31日，督察支队与新闻中心一起邀请部分市民代表及新闻记者开展一次“今天我当督察”体验活动，让市民跟随督察民警组成2个督察组，深入基层所队对接处警、值班备勤、内务卫生、窗口服务、警车管理等方面进行现场督察，让市民对公安工作有更深的了解。是年，市公安局在充分调研论证的基础上，把传统有效的走访形式与现代科技手段结合起来，在全省率先研发“公安语音回访与短信评警系统”。将“接处警、案件受理、证件办理、场所检查、企业走访、户籍办理、新车入户、驾照初领”等8项与群众直接打交道的公安业务，全部纳入群众短信评价范围。该系统的运行，将公安工作的评判权交给广大群众，群众对民警在接处警、执法办案等工作中的履职情况，能够通过短信、语音等信息化手段直接进行评议，做到“一事一评”“一案一评”。8月，督察支队编发《关于八月份语音回访与短信评警有关情况的通报》，翌年，建立每季度通报一次短信评警制度。

2012年1月20日，研究制定《合肥市公安局督察部门“三访三评”深化“大走访”活动实施方案》，要求全市各级督察部门紧密结合督察职责深入开展“三访三评”活动，促进和谐警民关系建设。2～4月，发放并收回有效调查问卷323余份，召开各类座谈会4次，开展“送温暖”6次，先后深入高新兴园小区、肥东县桥头集镇等社区、单位看望慰问困难群众。

从2014年开始，每月将短信评警分析通报内容纳入督察支队月工作通报，纳入年度绩效考评。督察支队在对群众不满意的短信评价及电话回访中，发现并掌握在服务管理、业务工作以及队伍建设中存在的问题，对其进行分析研判，发出通报，实现科技信息化手段服务于常态化警务评议工作，节约督察警力，提高督察效力，创新督察手段。

2015～2016年，警务督察支队利用短信评警回访系统，每月网上研判群众不满意事项,对不满意率较高的单位和涨幅较大的单位抽查回访信息,梳理存在的问题和群众意见,以专报形式呈督察长审阅,并督促其按要求进行落实整改,推进警务评议活动扎实有效开展。

第三节 审　计

1995 年 5 月,组建合肥市公安局纪委监察室审计科;1998 年,经合肥市委编委核准为合肥市公安局局属独立二级机构,更名为合肥市公安局审计处;2003 年,经合肥市委编委核准,更名为合肥市公安局纪委监察室审计处。2016 年 12 月,审计处实有民警 7 人。根据《合肥市公安局内部审计工作规定》等有关规定,审计工作的主要职责范围是:对全局所有财政、财务收支及有关的经济活动进行审计;财务计划、装备计划、单位预算的执行和决算;预算外资金的管理和使用;其他资金的管理和使用;行政事业性收费的收入和上缴;职业据点的资产、负债、损益;领导干部任期经济责任;建设项目预(概)算、决算;国有资产的管理和使用;国家财经法规和单位内部规章制度的执行以及内部控制制度的建立、执行情况;对本单位社会团体的财产和各项基金、资金的管理和使用等进行审计监督;其他审计事项。

2005 ~ 2014 年,审计处连续被安徽省审计厅、合肥市审计局授予年度省、市内部审计先进单位;2013 年 3 月 5 日,获安徽省公安厅“全省公安机关‘审计整改年’活动成绩突出集体”称号;2015 年 12 月,被安徽省审计师协会评为“全省内部审计质量评估先进单位”。

领导干部经济责任审计

按照干部管理权限,负有经济责任的领导干部全部纳入经济责任审计对象范围,采取任中审计和离任审计相结合的方式开展审计。

根据 1997 年 7 月印发的《合肥市公安局各级领导干部离任审计暂行规定》,受市公安局政治部委托,审计处自 2002 年开始对各分局、支队、保安管理处(后更名为合肥市保安服务总公司)、劳动服务公司、局机关各处室主要领导以及科(所、队)主要负责人任期内的经济责任、廉政情况进行审计。

2002 ~ 2005 年,受市公安局政治部委托,审计处对张应高、张华等 39 名领导干部实施离任经济责任审计。

2005 年 10 月,印发《合肥市公安局领导干部任期经济责任审计暂行规定》,规定有下列情形之一的,应当接受任期经济责任审计:(1)领导干部任期届满或者任期内办理调任、晋升、转任、轮岗、免职、辞职、退休等事项的。(2)领导干部任职期间。(3)党组织指令进行审计的。根据此规定,审计部门在接到政工部门关于“领导干部任期经济责任审计委托书”或者党组织的指令后实行分级组织实施。市公安局审计处负责对市公安局机关各处室、分局、支队的领导干部进行任期经济责任审计;分局、支队的纪检监察部门和市公安局机关各处室负责对其所属科、室、所、队的领导干部进行任期经济责任审计,并将审计结果报送市公安局审计处备案。未经审计不得解除领导干部的任期经济责任。

2006年，受市公安局政治部委托，审计处对颜景炬、夏良忠、刘辅荣、傅强、张卫国、吴家田、吴增生、何金定、王于掌、刘殿勤、钱永生、李景国等12人实施离任审计，分别出具审计报告。

2007年，受市公安局政治部委托，对瑶海分局原局长尹晋康、政委张良金实施离任审计，提出审计意见及建议8条。

2008年，受市公安局政治部委托，对尹若成等8名领导干部进行任期经济责任审计，针对审计发现的固定资产管理等问题，提出审计意见及建议34条。

2009年，受市公安局政治部委托，审计处对魏常年等3名领导干部进行离任经济责任审计，针对审计中发现的问题，向被审计领导干部和其任职单位提出审计意见及建议11条。审计处督促指导分局、支队对168名交流轮岗三级机构领导实施经济责任审计。

2010年，受市公安局政治部委托，审计处对黄运生等4名二级机构领导干部实施任期经济责任审计，及时向市公安局领导报告审计情况，向被审计领导干部及其任职单位提出审计意见和建议9条。

2011年，对汤玉龙等9名二级机构领导干部实施任期经济责任审计，及时向市公安局领导报告审计情况，向被审计领导干部及其任职单位提出审计意见和建议17条。

2012年，根据《合肥市公安局领导干部任期经济责任审计暂行规定》，受市公安局政治部委托，审计处完成对13名市公安局二级机构主要领导干部的任期经济责任审计，审计资金10725万元，提出审计意见14条。指导分局、县（市）局组织对63名三级机构领导干部进行任期经济责任审计。

2013年7月，根据公安部《公安机关领导干部经济责任审计规定》的要求，印发《合肥市公安局领导干部经济责任审计工作联席会议制度》，联席会议的成员单位为市公安局纪检监察、政治部、后勤部、督察支队、审计处等部门。同时，成立合肥市公安局经济责任审计工作领导小组，设组长一名，由市公安局纪委书记担任，副组长由各联席会议成员单位负责人担任。联席会议办公室设在审计处，办公室主任由审计处长兼任。是年，完成对市公安局二级机构1名领导干部和14名派出所所长、教导员的任中经济责任审计，形成分项报告8份、综合报告1份、分析报告1份，审计资金25875万元。

2014年，根据组织人事部门委托和领导批示，审计处完成4名二级机构领导干部任期经济责任审计（2名离任审计、2名任中审计）、2名基层所队长任中经济责任审计，指导各分局、县（市）局、支队完成基层所队长经济责任审计31人（26名离任审计、5名任中审计）。

2015年，审计处完成对4名二级机构领导干部任期经济责任审计（2名任中审计、2名离任审计），提出审计意见及建议9条并督促整改落实。

2016年3月，根据《中共安徽省委办公厅印发〈关于推进“四个全覆盖”强化对权力运行制约和监督的意见〉的通知》文件精神，制定下发《合肥市公安局领导干部经济责任审计监督全覆盖工作方案》，自2016年3月初至2017年11月底，完成对全市公安机关应当开展经济责任审计的领导干部在任职期间依法履行经济责任情况轮审一次，实现审计全覆盖、监督全落实。是年，审计处完成对庐阳分局、包河分局、治安支队、监管支队等6个单位10名市公安局二级机构主要领导干部任期经济责任审计,同时配合市公安局巡察工作组完成对庐阳分局、瑶海分局、蜀山分局、包河分局巡察工作。督促上缴管理不规范资金112万元。对各分局、县(市)局及相关支队开展科所队领导干部经济责任情况进行考评。

财政财务收支审计

1997年,对金寨路、亳州路、三牌楼、车站、东七、红光等6个派出所1996年度财务收支情况进行审计,出具审计报告。

1998年5月,配合市审计局对市公安局机关及所属单位1996 ~ 1997年各项收费、罚没款及正常经费财务收支情况进行审计,出具审计报告1份。

1999 ~ 2005年,开展财务收支审计较少。2000年为厘清劳务公司、保安公司、制证处、原一处、原五处、行动技术支队、法制处、警察学会等8个单位的经营状况,对其1999—2000年财务收支进行审计,出具审计报告。

2006年,对制证处2003 ~ 2005年财务收支情况就地审计,提出审计意见及建议6条。

2007年,对市公安局保安管理支队(保安管理处)2003 ~ 2006年财务收支情况进行审计,提出审计意见及建议12条。

2008年9月,对“5 · 12”四川汶川特大地震专项拨款260万元,以及各单位募集捐赠的342万元资金物资收支、管理使用情况进行审计。

2009年5月,对交警支队所属单位路缘公司2006年1月至2009年5月期间的财务收支进行审计,向市公安局领导提交审计报告,提出建立健全财务管理制度、加强固定资产管理、严格控制经费支出等审计意见及建议5条。12月,对市公安局特警支队2009年7 ~ 11月援疆期间经费收支情况进行审计。

2010年,对保安管理处2008 ~ 2009年期间财务收支、资产负债等情况实施审计,向被审计单位提出建立健全财务管理制度、加强固定资产管理等审计意见及建议8条。

2011年,对瑞达公司、原巢湖市保安服务总公司等5个单位的财务收支情况进行审计,向被审计单位提出审计意见及建议18条。

2012年,对合肥市保安服务总公司以及瑶海、庐阳、包河、经开4个保安分公司的财务收支进行审计,审计资金23885万元,提出规范经费开支,强化资产管理等审计意见9条。

2013年,根据公安部《关于加快推进公安机关保安企业脱钩改制工作的通知》及合肥市《全市公安机关所属保安服务公司脱钩改制工作实施方案》文件要求,审计处对庐阳、蜀山、瑶海等7个保安分公司2013年1 ~ 5月份经营状况,合肥市保安服务总公司2007年以来经营管理情况,以及巢湖市、庐江县、长丰县等保安分公司涉及武装押运业务等,实施脱钩改制移交前审计,帮助被审计单位做好资产盘点和债权、债务清理等各项移交准备工作。

2014年1月,对合肥市保安停车场经营服务公司、瑞达分公司2个单位2013年度的财务收支进行审计,审计资金1443万元,提出加强资产管理等2条审计意见。

2015年,根据市公安局领导的批示,审计处于2015年5月5 ~ 10日,对瑞达分公司

2014年1月1日至2015年4月30日财务收支及资产负债情况进行审计。

2016年，对市公安局机关、合肥市拘留所开展财务收支审计。督促合肥市拘留所及时上缴违规发放补贴资金11万元，将案件线索移送市公安局纪检部门，4名有关责任人受到党纪政纪处分。

建设项目竣工决算审计

1997年，市公安局印发《关于基建、装修工程实施审计的规定》；1998年，印发《关于加强建设项目竣工决算审计工作的通知》；2007年，印发《关于建设项目竣工决算审计暂行规定》。对市区公安机关建设项目工程竣工决算审计实行统一管理，属于建设单位投资每个建设项目工程资金3万元（含）以上的竣工决算，必须一律报送市公安局审计处组织审计（县局由其自行组织审计）。未经市财政部门或市公安局审计处组织审计，不允许与施工单位办理支付建设项目工程资金财务结算手续。

1996～2007年，组织建设项目竣工决算审计382项，送审资金3.41亿元，审减资金6322万元。

2008～2016年，组织建设项目竣工决算审计700项，送审资金2.1亿元，审减资金3478.65万元。

2008～2016年合肥市公安机关建设项目竣工决算审计一览表

表20－5

年　份	决算审计项目（项）	送审金额（万元）	审减金额（万元）	审减率（%）
2008	68	4690.5	839.8	17.9
2009	71	4521	604.7	13.4
2010	84	1507	252	16.7
2011	71	1641	203	12
2012	61	926	168	18.14
2013	95	1573	287	18.2
2014	96	2381.5	449.15	18.9
2015	96	3019	482	16
2016	58	832	193	23.2

专项审计

1996年8月，市公安局下发《关于对职业据点财务情况进行抽审的通知》，审计科于1997年完成对7个职业据点1996年财务收支情况的抽查审计。

1998～2008年未开展专项审计活动。

2009年5月，根据省厅《全省公安机关监管场所专项审计调查实施方案》，审计处对全市5个监管场所开展专项审计调查，促进监管场所解决有关问题。针对部分单位在经费收支管理方面存在的问题、薄弱环节和困难,提出专项审计调查建议 3 条。10 月,按照市公安局领导的批示,市公安局审计处开展对市公安局法制处 1998 年 10 月至 2008 年 9 月期间,在办理案件中收取、退还和没收保证金的管理情况的专项审计,审计过程中调阅 989 人 1978 份卷宗。

2011 年,对经侦支队及全市经侦部门开展涉案财物、保证金的专项审计;对全市公安机关 2009 ~ 2010 年中央转移支付等专项资金进行审计调查,对合肥市第一看守所生产经营收支情况进行专项审计。4 ~ 10 月,按照公安部、省厅统一部署,市公安局党委加强公安审计工作,在全市公安机关开展"审计整改年"活动。审计处对 2008 年以来审计发现的 43 个问题进行了认真梳理,要求各单位对照整改,整改率为 100%。本次活动,各级报请地方政府补拨县级保障经费 1305 万元,增加市级监管场所水电费等 120 万元。11 月,采取就地审计方式,对交警支队 2009 年交通事故预交金收支情况开展专项审计,出具审计报告,提出审计意见及建议 4 条。

2012 年,根据省公安厅统一布置,市公安局下发《合肥市公安机关"审计整改年"回头看活动实施方案》,对 2011 年审计中发现的问题及当年审计整改未到位的问题督办整改,整改率 100%,通过省厅考评验收。4 ~ 8 月,对刑警支队等 12 个单位刑侦部门开展涉案财物、保证金等专项审计。针对台账建立、登记不规范,业务卷宗整理、保管不完善等问题,调查组及时提出合理化审计建议 2 条。5 ~ 6 月,对市区本级、长丰县局、庐江县局、巢湖市公安局 2011 年度中央和省级公安转移支付资金到位、管理和使用情况开展专项审计调查工作。

2013 年 3 ~ 5 月,对交警支队及 14 个执法办案大队,肥东、庐江、巢湖、长丰 4 个交警大队等单位,2012 年度取保候审保证金及事故处理押金收支管理情况进行专项审计。6 月,对全市公安机关 2012 年度中央和省级财政公安转移支付资金的拨付、到位、管理、使用等情况开展专项审计调查。通过开展专项审计调查,掌握第一手资料,及时发现存在的新情况、新问题,研究解决办法。

2014 年 3 ~ 5 月,根据《全市公安机关禁毒部门执法活动财物专项审计工作方案》,审计处成立两个专项审计组,对禁毒支队、瑶海分局、庐阳分局、蜀山分局、包河分局、肥西县局、巢湖市公安局、庐江县局等 8 个单位禁毒部门进行专项审计调查。对审计发现的问题,能够当场整改的均要求及时整改到位,一时难以解决的查找问题成因,提出解决问题的建议 3 条。11 月,依据中共中央办公厅、国务院办公厅《党政机关厉行节约反对浪费条例》《党政机关国内公务接待管理规定》等规章制度,以及《全省公安机关厉行节约反对浪费审计工作方案》文件要求,对市公安局机关 2014 年 1 ~ 9 月发生的公务接待、会议费、培训费、因公出国(境)费、公务车辆购置及运行维护费等开展厉行节约反对浪费专项审计。

2015 年 4 ~ 6 月,根据省公安厅《全省公安机关治安部门执法活动财物专项审计工作方案》部署,审计处对治安支队、包河分局治安大队、庐江县局治安大队、包河分局滨湖派出所、庐江县局白山派出所等 5 个单位及部门 2014 年度执法活动财物管理情况开展专项审计。10 月,对瑶海分局 2014 年发生的各项费用进行专项审计。

2016 年 4 月,根据省公安厅统一布置,对全市公安机关刑侦部门 2015 年度执法活动财物管理情况进行专项审计。在各单位自查自清基础上,审计处组成 2 个审计组,抽取刑警支队、经济开发区分局、巢湖市公安局、长丰县局等4个单位就地进行专项审计，审计组抽查案件50起，审计总金额452.65万元，查出长期挂账款121.05万元，发现问题21个，提出审计意见及建议15条。7～9月，按照公安部《关于进一步加强看守所基础工作和队伍建设有关问题的规定》，市公安局制定下发《全市看守所财经专项审计工作方案》，对全市看守所2015年度财政收支、财务收支和执法活动财物管理等情况开展专项审计。审计资金8393万元，发现问题20个，提出审计意见及建议17条。5～12月，按照公安部、省公安厅统一部署，市公安局制定下发《全市公安机关开展审计整改专项检查工作实施方案》，对2013～2015年审计处审计工作中发现的问题进行梳理统计，包括领导干部经济责任审计、警种部门执法活动财物审计等各类问题62个，涉及资金5271万元。市公安局成立由分管领导为组长，市公安局纪委监察室、政治部、警务保障部、督察支队、法制支队等部门分管负责人为组员的审计整改工作领导小组，负责对审计整改专项检查工作的督促、指导和验收。审计整改工作领导小组采取召开阶段性工作推进会、集体约谈、挂牌督办、网上通报、现场督导等措施力推审计整改。梳理的62个重点问题全部整改落实，审计整改率100%，通过了公安部考评验收。

第二十一章　公安宣传　公安文艺

公安宣传文化工作是传达党和政府的声音,联系和密切群众的桥梁纽带。市公安局坚持"以科学的理论武装人、以正确的舆论引导人、以高尚的精神塑造人、以优秀的作品鼓舞人"这一新时期党的宣传思想工作指导方针,时刻把握正确的舆论导向,不断加强宣传阵地建设和管理,围绕队伍建设,紧扣公安中心工作,充分发挥宣传文化"内聚警心、外树形象""弘扬主旋律、传播正能量"的作用,广泛运用典型宣传、新闻发布、专题报道、舆论引导、文化育警等手段,充分展示合肥公安工作成果,充分展现合肥公安民警风采,扩大合肥公安社会影响,密切警民鱼水关系,为合肥公安工作和队伍建设跨越式发展提供强大的精神动力、舆论支持和文化支撑。

第一节　公安宣传

20 世纪 90 年代,合肥市公安机关认真贯彻"立足公安、面向社会、解放思想,开拓进取"的公安宣传工作方针,以公安宣传队伍为主体,以社会新闻单位协作为依托,通过报刊、广播、电视等新闻传播媒介,宣传公安法制、打击刑事犯罪、教育发动群众参与社会治安综合治理,促进全社会的精神文明建设。2002 年,随着市公安局专门的新闻机构建立和队伍的加强,以及与各级宣传部门和省市媒体的广泛联系协作,公安宣传工作迅速发展,宣传的影响和效果不断扩大。进入 21 世纪 10 年代后,随着互联网的快速发展,传统的平面媒体逐步向网络媒体迈进,市公安局积极运用新媒体技术,开拓网上宣传阵地,围绕各个时期的公安任务,全方位、多角度地开展宣传活动,展示公安风采,弘扬主旋律,宣传正能量,不断提高公安新闻舆论宣传的传播力和引导力,有力地助推合肥公安事业的发展。

宣传载体

合肥公安报　1994 年 5 月 1 日,由市公安局独立主办的《合肥公安报》正式试刊,这是合肥公安史上第一份报纸,每周一期,4 开 4 版,试刊内部发行,总计出版 5 期。10 月 28 日,《合肥公安报》(安徽省统一刊号 AH - 219,安徽省内部报纸准印证第 1028 号)创刊号正式出刊。主要由市公安局发行,面向社会单位、商铺、公安基层单位,每期发行 2 万份。《合肥公安报》1 版为要闻版,主要宣传公安工作路线、方针、政策和中心工作;2 版为新闻版,主要宣传公安在打击犯罪、社会治安整治方面取得的成绩;3 版为服务版,主要宣传公安先进集体、民警战斗业绩、普及法律知识、介绍交通安全知识、维护公民合法权益等；4版为大特写版，报道大案要案的侦破过程。至1998年12月30日，总计出版208期。此时的《合肥公安报》通过全市公安基层所队向社会发行。

1999年1月7日，《合肥公安报》更名为《庐阳警方》，由合肥晚报社主办，市公安局协办，每周一期，4开4版，为《合肥晚报》的报中刊，随《合肥晚报》发行。《庐阳警方》版式新颖，视觉冲击力强，每期都有深度报道，深受广大市民喜爱。5月，《庐阳警方》出版至19期时停刊。6月，《庐阳警方》变更为内部资料，每周一期，4开4版或8版，6月25日出版第1期，至12月10日，出版24期。

2000年1月2日，由合肥晚报社主办、市公安局协办的《庐阳警方》复刊，仍为每周一期，4开4版，至2005年底，总计出版304期。翌年1月1日，合肥市区区名变更（中市区更名为庐阳区），《庐阳警方》更名为《合肥警方》，由合肥晚报社主办，市公安局协办，每周一期，4开4版，当年出版49期。2007年1月7日，《合肥警方》减为4开2版，每周一期，仍随《合肥晚报》发行。2015年年底，《合肥警方》停刊。

警视窗　1995年8月，《警视窗》正式播出。《警视窗》是市公安局与合肥电视台联合开办的一档栏目，它把发生在公安战线上的人和事作为焦点热点，坚持正面宣传为主，遵循服务公安工作的原则，容新闻性、社会性、纪实性于一体。每半月一期，每期时长15分钟。《警视窗》开设《警方110》《警民桥》《警官写真》《红绿灯下》《公安半月要闻》等小栏目，提高节目的可视性。《警方110》及时报道合肥市开展的专项斗争和侦破的大案要案；《警民桥》帮助市民熟悉与工作和生活紧密相关的各项公安业务和法律法规；《警官写真》再现人民警察的先进事迹和丰富多彩的内心世界；《红绿灯下》《公安半月要闻》是为了增强公安工作的透明度。至1998年1月共播出63期节目。1998年1月后停播一年。

1999年1月，《警视窗》改版复播，每周日晚19时45分在合肥电视台教育法制频道播出，每期时长10分钟。2016年底共播出952期。

警方在线　《警方在线》是市公安局新闻中心和合肥交通广播于2011年联办的广播专题栏目，是年8月1日起开播，波段为FM102.6，播出时间是每周一至周五的14:00～14:30，每期时长30分钟。开设的子栏目有《警务资讯》《案件传真》《防范365》《警官风采》《相约警务室》《警民热线》等。其中《警务资讯》主要报道公安中心工作及各级公安工作动态；《案件传真》主要是破案信息等；《警官风采》则是宣传报道公安队伍中涌现的先进人物和先进集体；《防范365》是发布警方预警信息，提高听众自我安全防范意识；《相约警务室》主要报道社区民警工作、社区安全防范等。为增强互动，方便与市民沟通，还特别设立"警民热线"，通过电台热线，征集听众对公安工作的建议和意见，及时回复听众咨询。

网络媒体　"合肥警务网"是合肥市政府2009年投建的市政务网站群子站之一，是市公安局官方网站。网站存储服务器、后台维护均由市政府信息资源管理中心负责，网站建设纳入合肥市政府对市公安局的年度绩效考评。"合肥警务网"承担着市公安局警务公开、新闻发布、对外宣传、警民互动、便民服务等职能。从建设之初到2016年年底，由市公安局新闻中心负责网站的管理维护。此外，市公安局交警支队、消防支队，以及长丰县公安局建有互联网网站。

“合肥警方”新浪微博是市公安局官方微博，于 2011 年 12 月份开通，至 2016 年底已吸引粉丝 36.2 万，发布各类帖文信息 4000 余条。

“合肥警方”微信公众平台是市公安局官方微信，于 2015 年 9 月初上线，至 2016 年底已发布文章 216 篇，吸引粉丝 6.4 万余人。另建成合肥警务网矩阵，所辖肥东、肥西、长丰、庐江等 4 县公安局和巢湖市公安局均开通警务网。

2016 年，合肥市公安机关建立完善以“合肥警方”为龙头的警务微博微信矩阵，其中有“合肥 110”“合肥公安交警宣传在线”“合肥公安禁毒在线”“合肥公安出入境”等知名警务微博，还建有“合肥警方”“肥西公安”“合肥交警”等 4 个包含警务动态、新闻发布、预警防范、公安导航、平安地图、办事预约、投诉举报等微信客户端服务事项流程的微信公号平台，“合肥经侦”“合肥网警巡查执法”等 6 个微信订阅号，有 23 个民警工作微博。是年，市公安局梳理合肥市公安出入境、治安、交管等警种部门的 9 类 22 项便民服务事项，纳入“合肥警务网”“合肥警方”微博微信等互联网终端，通过“合肥警方”微信公众平台“微服务”“微发布”“微看点”栏目，提供法律法规、交通违法信息、实时路况、新生儿姓名重名、全市公安机关窗口服务单位的地址、业务电话和交通路线等查询导航服务，并提供户政、交警、出入境、治安等部门的办事指南、办事预约服务。6 月上旬，“合肥警方”微信公众平台增建“合肥公安微警务大厅”，全面整合微警务服务事项，增加交通事故快处快撤、身份证办证进度查询、出入境办证进度查询等全新服务事项，方便市民查询办事。10 月底，“合肥公安微警务大厅”再次整合服务功能，新增城市积水上报项目，初步完成 3 期改造。此外，“合肥警方”已在阿里巴巴支付宝、腾讯微信城市服务内开设公安政务服务事项，受到广大网民欢迎。由于合肥警方微信公众号具备网上预约、查询及办事等便民服务功能，实现由单纯的宣传发布扩展到服务民生、应对舆情及网上服务等更为具体的层面，成为推动全市公安机关社会管理创新的一种有效方式，影响力和关注度与日俱增。截至 2016 年 11 月 1 日，合肥公安微矩阵有粉丝 297 余万，累计发帖 29200 余条，“合肥警方”微博、微信两大平台累计发布信息 3700 余条，日平均访问量 60 万余次，日平均互动 690 余次。因信息发布、服务群众、舆论引导工作的出色表现，合肥警方官方微博先后被新浪(安徽)微博授予“2015 安徽年度突破力政务微博”称号；被合肥市网宣办授予“2015 合肥年度影响力政务微博”称号；该微信号于 2016 年 4 月被安徽省公安厅授予全省公安机关“优秀政务微信”称号。

新闻宣传

1990 年，全市公安机关重点围绕《行政诉讼法》《集会游行示威法》等法律法规对市民开展法制宣传；元旦、春节期间，市公安局联合有关媒体利用广播、电视、宣传车揭露卖淫嫖娼、制作贩卖传播淫秽物品、拐卖妇女儿童、私种吸食贩运毒品、聚众赌博、利用封建迷信骗财害命等“六害”对广大群众，特别是青少年身心健康的严重危害。是年起，市公安局在 11 月 9 日进行全市性的消防安全宣传活动(称“119”消防安全宣传日)。据不完全统计，当年，全市公安机关有 1000 余篇新闻稿件被报刊、广播电台采用。

1991 年，针对合肥市长淮电影院、省交通厅俱乐部先后发生火灾，损失重大的情况，市公安消防部门在全市影剧院、酒吧、舞厅等同类行业的 200 多个单位开展预防火灾宣传活动并进行报道。

1992年夏季,市公安局开展收缴私造枪支弹药和管制刀具统一行动,收缴的非法枪支及管制刀具在市公安局进行公开展览后全部销毁。省市媒体进行了详细报道。

1993年,市公安局开展"110"报警服务台建立运行专题宣传报道。4月30日至7月31日,全市开展无牌无证机动车集中整治行动,市公安局协调媒体进行跟踪宣传报道。

1994年12月,市公安局对被追授全国公安系统二级英雄模范的肥西县公安局刑警队副队长周开国的事迹进行专题宣传报道,并在《民主与法制》显著版面刊载。

1995年,《合肥市城市道路交通管理规定》3月1日起正式实施,市公安局和省、市媒体进行专题宣传报道。5月9日,合肥市"十佳民警"评选委员会召开新闻发布会,并于6月22日召开"合肥市'十佳民警'命名表彰大会",市公安局广泛开展多种形式的宣传活动。10月,公安局召开向济南交警学习誓师大会,《法制日报》整版刊登合肥公安学济南交警的纪实文章。是年,公安部"金盾文化工程"优秀作品评选揭晓,市公安局政治部宣传科影视中心民警李长虹采写的电视新闻《公安英模在安大》荣获金盾新闻奖三等奖。

1996年9月2日,市公安局举行安徽电视台合肥公安记者站授牌仪式暨《警视窗》栏目开播一周年座谈会。10月6日,市公安局召开有全市各界人士参加的《合肥公安报》出刊100期座谈会。11月,由市公安局、市妇联联合举办的合肥市"好警嫂"评选揭晓,叶萍等9人获殊荣,市妇联同时授予这9人市"三八"红旗手荣誉称号,《合肥公安报》作大篇幅的跟踪报道。12月31日,公安部部长陶驷驹签署命令,追授李素珍全国公安系统一级英雄模范称号,市公安局配合省、市及中央新闻媒体先后作全面翔实的宣传报道。

1997年1月10日,《合肥公安报》评选出"1996年度合肥市公安十大新闻"。1月17日,《人民公安报》在头版头条位置刊登《燃尽丹心为人民》的长篇通讯,详细报道合肥市常青派出所民警李素珍心系群众、带病工作、敬业爱岗的感人事迹。8月,中央精神文明建设指导委员会办公室、中央新闻单位联合采访组就合肥市"讲文明,树新风"创建工作进行明察暗访。8月14日早晨,中央人民广播电台的"新闻和报纸摘要"节目中,用大篇幅报道合肥环境卫生和合肥交通民警,并予以充分肯定。

1998年4月,《人民公安》杂志第4期集中宣传报道原肥西县公安局刑警大队大队长张圣峰的先进事迹,后张圣峰被追授"全国公安系统二级英雄模范"称号。4月20~26日,团市委、市教委、市公安局交警支队联合开展为期一周的"1998年交通安全宣传周"活动。20日上午10时,电讯、政讯、宏达无线寻呼中文机,同时呼叫一句交通安全提示语:合肥交警敬告广大市民,增强交通安全意识,预防交通事故。全市约10万中文机用户收到这一信息。5月4日,交警支队与合肥人民广播电台联合开办的合肥人民广播电台交通台顺利开播。7月,由公安部主办的第三届全国公安系统"金盾文化工程"评选揭晓,市公安局政治部宣传科与省电视台联合摄制的电视专题片《皖鲁警民情》获新闻奖三等奖。9月29日,合肥市委举办电视片《刑警队长张圣峰》首发式,省、市有关领导出席首发式。11月10日,《人民日报》刊载通讯《合肥公安把队伍建设摆在首位》,报道合肥市公安局在民警培训、划定责任、公安督察等队伍建设方面取得的成果。12月,由合肥市警察学会秘书长沈友信主编的新闻纪实文学集《闪光的利剑》在黄山书社出版发行,主要记述改革开放以来合肥公安侦破的大案要案始末。

1999 年 3 月 1 日，市公安局出台《合肥市自行车管理规定》，中央、省、市媒体对合肥自行车管理走上法制轨道分别给予报道。6 月 7 日，《人民日报》华东版和 6 月 8 日的要闻版、中央人民广播电台《新闻摘要》节目以“合肥警务督察过硬”为题，连续三次进行报道，《政法参考》《文摘周刊》等报刊先后进行转载。《人民公安报》6 月 19 日在《督察条例两周年》专版中以“合肥领导重视是关键”为题对市公安局督察工作予以报道。7 月 31 日，《合肥市公安局新闻宣传暂行规定》出台并于 8 月 15 日起实施。8 月 5 日、6 日，省委常委、市委常委分别集体观看由市公安局新闻中心工作人员在 7 月 13 日围捕杀人恶魔法子英的激烈枪战中，冒着生命危险拍摄的珍贵录像、图片，一致称赞合肥公安是能战斗的队伍。

2000 年 4 月，市公安局在全市范围内开展“百万市民评公安”活动，《合肥警方》在头版位置刊登“百万市民评公安调查问卷”，供读者填写意见，为开门评警提供依据。8 月 31 日，由中央社会治安综合治理委员会和中华全国新闻工作者协会联合举办的全国综治好新闻评比揭晓，市公安局新闻中心民警音卫东的摄影作品《围捕杀人恶魔》获优秀摄影奖。9 月，市公安局出台《保护外来投资者利益八项规定》，《庐阳警方》在头版头条位置刊登《为外来投资者撑开“保护伞”》进行宣传，省、市媒体竞相转载。

2001 年 4 月，全国严打整治斗争拉开序幕，省、市媒体竞相报道市公安局两次大规模严打整治统一清查行动。7 月 7 日，《庐阳警方》召开有全市各界人士参加的出刊 100 期座谈会。会议表彰 10 名立足公安基层的《庐阳警方》“十佳通讯员”。8 月，第六届全国公安系统“金盾文化工程”优秀作品评选揭晓，市公安局新闻中心民警左晓坤、消防战士汤复陆的作品《金钱扭曲的灵魂》获金盾新闻奖三等奖。

2002 年 3 月 21 日，市公安局新闻中心民警解正钧、音卫东、吴本生、郭彬(合肥公安消防支队)撰写的长篇通讯《从泼皮无赖到乡村霸王》获 2001 年度全省公安机关严打整治好新闻一等奖。4 月 1 日至 5 月 31 日，市政府组织公安、交通、市容、民政、工商、技术监督等部门对全市的正三轮机动车进行全面整治，市公安局组织宣传警力连续发布新闻稿件，创造整治舆论氛围。6 月 30 日，市公安局 10 个责任区刑警队相继挂牌成立，初步发挥刑侦破案的尖刀作用。市公安局新闻中心以“责任区刑警队初显锋芒”“责任区刑警队捷报频传”为题进行连续报道。11 月 27 日，市公安局开展“百万市民参与畅通工程”活动，以多种形式对市民开展交通安全知识教育，曝光交通陋习，宣传交通法规，扩大社会效果。

2003 年 4 月 4 日，李素珍铜像落成仪式在合肥市蜀山文化陵园举行，省、市媒体均作详细报道。6 月，市公安局出台“服务经济建设，加快合肥发展”五十条措施，省、市媒体作为社会热点进行宣传报道。

2004 年 3 月 22 日至 4 月 10 日，省、市媒体报道市公安局开展的“民警访平安”活动。5 月 28 日至 10 月底，市公安局在全局范围内开展岗位大练兵活动，市公安局新闻中心先后发表《全市民警开展岗位大练兵》《锻造钢铁防巡队伍》《民警必须跨越的台阶》《我市警方掀起“大练兵”热潮》《骄阳如火锤炼精兵》《三个人的大练兵》《检验练兵成果，展示公安英姿》《目标永远第一》《练体能，强素质，保平安》等报道。市公安局新闻中心副主任音卫东的新闻摄影专题《三个人的大练兵》获第八届全国公安系统“金盾文化工程”新闻奖一等奖。8 月 3 日，市公安局刑警擒获在合肥市鼓楼商厦制造“4 · 26”“4 · 28”两起爆炸案的犯罪嫌疑人蒯文利、崔慧,《法制日报》《人民公安报》《安徽日报》《合肥晚报》等中央、省、市媒体纷纷予以报道。

2005 年 4 月 21 日至 5 月 20 日,市公安局对大接访活动进行系列跟踪报道。《庐阳警方》刊发《和煦春风暖民心》《尽洒热情解民忧》《公安局长真情接访》等头版报道。7 月 1 日,市公安局举行街面巡控暨夏季社会治安整治专项整治行动启动仪式。60 辆警车、240 名巡控民警走上巡控岗位。省、市媒体进行了广泛宣传报道。

2006 年 4 月 21 日,中央、省、市新闻媒体争相报道长丰县公安局刑警李庆在连续工作 4 昼夜后以身殉职的事迹。同年 4 月李庆被公安部追授全国公安系统“一级英雄模范”称号。6 月 9 日,震惊全国的“5 · 5”网吧爆炸案告破,新闻中心采写《寻觅破案曙光的艰苦 35 天》长篇通讯,报道专案组破案过程。10 月 11 日,《合肥警方》以“插上腾飞的翅膀”为题报道公安部科技局专家论证评审会通过合肥市科技强警示范城市建设规划。

2007 年 3 月 14 日晚,中央电视台《新闻联播》报道庐阳分局亳州路派出所社会治安防范工作。同时,中央电视台新闻频道还对合肥交警和市教育局联合实施《中小学生交通安全卡》情况进行报道。6 月 22 日,《人民日报》以内参的形式刊登合肥市公安局开展的“大学习、大讨论”活动。10 月,第九届全国公安系统“金盾文化工程”优秀作品评选揭晓,市公安局民警左晓坤、李长虹、宋军的作品《生命边缘的握手》获“金盾文化工程”新闻奖二等奖。是年,市公安局在中央、省、市各新闻媒体刊发宣传稿件 5000 余篇,其中,中央电视台 20 余条,《新华社》通稿 3 篇,《人民日报》2 篇,《法制日报》3 篇,《人民公安报》20 余篇,《中国警务报道》近 30 篇,《安徽日报》20 篇,安徽电视台 210 余条,安徽人民广播电台 120 余条。市公安局宣传民警制作的专题片《合肥警方社区警察全时服务群众》《合肥警方破获特大虚开增值税案》《盗窃团伙覆灭》《拯救花季》等在中央电视台强档时间播出。

2008 年 1 月,市公安局交警张新民在抗御合肥市历史罕见的雨雪冰冻灾害斗争中以身殉职。从 1 月 26 ~ 31 日,中央电视台《整点新闻》《第一时间》和《焦点访谈》等栏目分别对张新民的事迹进行报道。1 月 28 日,《人民公安报》在头版显要位置以“当生命化作那朵洁白莲花”为题,刊登市公安局新闻中心民警许敏采写的长篇通讯。3 月 29 日,《法制日报》在头版显著位置,以“把群众的小事都当大事办——记宁愿默默无闻服务百姓的警官尹晓明”为题刊登长篇通讯,报道瑶海分局大通路派出所社区民警尹晓明事迹。《人民日报 · 情况汇编》《新华社 · 国内动态清样》先后刊登市公安局推进社区和农村警务的情况和社区民警尹晓明的事迹。4 月 3 日,《人民公安报》在头版头条以“合肥民警办案离不开电脑——公安信息化建设实现量和质的全方位进步”为题刊登长篇通讯,报道市公安局强力推进公安信息化建设。5 月起,市公安局 480 名民警分 4 批奔赴汶川灾区参加抗震救灾,市公安局分三批次邀请新华社、《人民日报》、《法制日报》、《安徽日报》、安徽电视台、安徽人民广播电台、《合肥晚报》、合肥电视台等媒体记者进行实地采访。随后,中央、省、市等媒体全方位、深层次、多角度报道市公安局特警参加抗震救灾的感人事迹。10 月 26 日,市公安局新闻中心成功举办“第 24 届全国部分城市公安传媒协作年会”,来自北京、上海、天津、武汉等 25 个城市 50 多位从事公安宣传和公安传媒工作的民警齐聚合肥,共商“公安传媒如何更新观念,理清思路,找准工作切入点、着力点”。11 月 4 日,《人民公安报》以“合肥:跨警种轮岗激发活力”为题,在头版头条刊登介绍市公安局民警交流轮岗工作的长篇稿件,详细报道合肥民警轮岗交流开展情况和取得的成效。

2009 年 2 月,市公安局制作的专题片《敏感 主动 稳妥 果断——合肥市公安局处置部分群众抵制家乐福事件做法》,受到公安部人事局好评。公安部专门向省公安厅发来感谢信,感谢市公安局为全国县级公安局长培训班提供质量上乘、制作精良的教学片。2 月 23 日,《人民日报·情况汇编》以“合肥公安开展‘大走访’架起警民连心桥”为题,专题报道市公安局开展大走访活动情况。4 月 24 日,《人民网·安徽视窗》在《本网关注》栏目,大篇幅、图文并茂刊登《合肥警方开展春雷 2 号治安整治集中统一行动》稿件;7 月 1 日上午,由中央驻皖媒体和省内主要媒体记者组成的“和谐警民——江淮行”采访市公安局规范化执法情况。7 月 15 日,《安徽日报》法治版以“力除治安毒瘤”为题,大幅报道市公安局各级治安部门整治行动情况。7 月 17 日,《人民日报》在头版位置,开辟《今日谈》栏目,以“调解关口再前移一些”为题,报道市公安局与市内几大医院建立医患联合调解室,化解医患纠纷问题。8 月 12 日,《人民公安报》头版头条以“用文化《软实力》提升警队战斗力”为题,大篇幅报道市公安局文化育警情况。10 月 29 日至 11 月 2 日,新华社、《人民日报》、中央电视台、中央人民广播电台、《法制日报》、《安徽日报》、安徽电视台、《新安晚报》、《合肥晚报》等中央、省、市主流媒体浓墨重彩,从“队伍正规化建设”“信息化建设”“构建和谐警民关系”“街面巡控”“文化育警”“社区警务”等方面,多角度、长时段、大篇幅地对市公安局近几年来工作进行宣传报道。10 月 30 日,《安徽法制报》在头版头条位置以“规制行为创造示范——合肥公安制度建设带来执法和谐”为题,报道市公安局执法规范化建设情况;11 月 2 日,《人民公安报》在二版头条位置以“合肥街面巡控实现无缝对接”为题报道市公安局街面巡控取得的成效。《法制日报》在头版头条位置以“安全感 95%、满意率 97%——合肥公安坚持内涵式发展迎来‘最好时期’”为题,报道市公安局整体工作。12 月 26 日,《人民公安报》头版头条报道合肥市公安局从政策导向等方面倾斜基层、重视基层、关心基层的工作举措。

2010 年 1 月 10 日,中央电视台新闻频道长时段报道合肥市公安局“110”工作及侦破的安徽省首例非法经营信用卡套现案等系列案件。1 月 14 日,《安徽法制报》在头版头条位置,以“全时空守护省会平安”为题,从“整合警务资源,城市立体化布防”“科学研判警情,街面无缝隙巡控”“依托技术优势,打击整治提效能”等方面报道市公安局在新形势下的社会治安防控体系建设。5 月 13 日下午,市公安局新闻中心举办全市公安机关舆论引导培训班。各分局、支队、机关处室分管领导,新闻宣传具体责任部门负责人及部分通讯员在市公安局主会场聆听讲座。各分县局、警察培训学校、监管支队 1000 余名民警在分会场收看讲座。5 月 29 日,《人民公安报》以“合肥:集中考核确保战训工作质量,已完成考核 20 次,民警单警素质和实战本领明显提高”为题,头版头条报道市公安局战训工作。6 月底,瑶海分局民警王佩玲退休前,辖区居民自发以写请愿书、按红手印的方式挽留其继续留在社区民警岗位上。7 月 6 日开始,《安徽日报》、《新安晚报》、《合肥日报》、《合肥晚报》、安徽电视台、合肥电视台等媒体对王佩玲的先进事迹进行多次报道。7 月 19 日,中央电视台新闻频道《法治在线》栏目以“小人物大英雄——148 个手印真情挽留退休民警”为题播放王佩玲先进事迹的电视专题片。8 月 7 日,中央电视台新闻频道报道市公安局向俄罗斯引渡涉嫌跨国拐卖妇女卖淫的犯罪嫌疑人索罗维耶娃,宣传市公安局打击跨国犯罪,维护法律尊严,捍卫公平正义的坚定决心。8月26号,市公安局邀请人民网、安徽电视台、《安徽日报》、《中安在线》、《安徽商报》、《安徽法制报》、《合肥日报》等12家媒体20余名记者参加2010年1~7月份社会治安状况新闻通气会。8月27日、28日,人民网在《本网关注》显著位置、《安徽日报》在江淮要闻版、中安在线在网站首页位置、《安徽商报》在《省城新闻》版头条位置、《安徽法制报》在头版头条位置、《合肥日报》在二版头条位置、《市场星报》整版报道1至7月份合肥市社会治安形势,《江淮晨报》《合肥晚报》等媒体也从不同侧面对合肥市公安工作取得的成效进行报道,各媒体纷纷称赞合肥市社会治安持续向好,群众安全感进一步增强。11月5日,《法制日报》头版头条以"借力科技发动群众,构筑全天候治安防控网""合肥社会治安状况持续向好,呈现'六升六降'态势"为题大篇幅报道合肥市良好的社会治安状况。

2011年3月4日,《〈人民日报〉内参》(第316期)以"警务向社区倾斜建矛盾化解机制探索全时空防控——合肥市公安局全方位强化社会管理工作"为题,从警务工作向城乡社区延伸、建立健全矛盾纠纷排查化解机制、探索全时空立体化治安防控格局三个方面,对市公安局社会管理工作进行报道。3月15日至4月11日,新闻中心联合《江淮晨报》组织开展"今天,我当警察"警民互动交流活动。整个活动期间,有读者500多人次、记者60多人次参与各类体验活动。《江淮晨报》用20多个整版报道活动情况。3月30日,人民网、中央人民广播电台、《新安晚报》等10余家媒体在显著版面和重点栏目对市公安局加强基层基础建设、警力向基层一线倾斜的做法进行报道。4月7日,市公安局召开派出所整合新闻发布会,中央驻皖及省、市20余家媒体40余名记者参加当日下午的新闻发布会。市公安局指挥中心、政治部、治安支队等部门负责人在新闻发布会上介绍市公安局派出所整合有关情况。随后中央、省、市各大媒体在显著版面、重要时段全方位报道市公安局派出所整合情况。5月5日、6月2日,市公安局先后召开打击侵犯知识产权和制售假冒伪劣商品"亮剑"专项行动、打击传销专项行动新闻发布会。中央驻皖及省、市20余家媒体40余名记者参加新闻发布会。各大媒体纷纷在显著版面、重要时段报道市公安局开展专项行动所取得的显赫战果。7月10日,长丰县公安局党委委员、经侦大队大队长仇多馥在赴江西南昌追捕逃犯途中突发疾病,因公殉职。市公安局新闻中心立即深入采访,协调中央及省市媒体进行报道,《法制日报》《人民公安报》率先转载新闻通稿,大篇幅报道仇多馥的感人事迹。8月2日,中共中央宣传部下发通知,要求中央媒体广泛宣传仇多馥的先进事迹。8月3日,中央人民广播电台在《新闻和报纸摘要》栏目中刊播报道《仇多馥:最重百姓事,看淡钱与利》长篇通讯;8月11日,新华社在《身边的感动》栏目中刊发通讯《"我们开着拖拉机去送他最后一程"——记安徽省合肥市长丰县公安局经侦大队原大队长仇多馥》;8月12日,《人民日报》《光明日报》在《身边的感动》栏目中刊发通讯《生命,定格在追逃路上》;8月15日晚,中央电视台《身边的感动》栏目播出《情赋长丰》电视专题片,《中国青年报》《法制日报》等也刊发仇多馥先进事迹稿件。7月11日,市公安局新闻中心会同庐阳分局、经侦支队召开新闻发布会,向媒体通报市公安局抓获一名境外逃犯有关情况。犯罪嫌疑人陶茂桥于2004年假冒"中国驻蒙古国大使馆武官参赞",以"中介"之名在合肥市组织159名民工去蒙古淘金,诈骗民工230万元,之后陶茂桥在蒙古国躲藏了7年。中央、省、市等等各大媒体及网站对此案的侦破情况进行详细报道。11月4

日凌晨 4 时许,庐阳公安分局杏林派出所 53 岁社区民警王世好值班处警回到派出所后,因病抢救无效,不幸因公殉职。新华社、中央人民广播电台、《法制日报》、《人民公安报》、《安徽日报》、安徽电视台等媒体纷纷在重要版面、时段,多角度、多次报道社区民警王世好的先进事迹。国内知名网站也纷纷转载王世好的先进事迹。有记者根据新闻报道,专门制作视频短片并配乐,优酷等视频网站纷纷转载。是年,市公安局在中央、省、市媒体刊播稿件 10932 篇(条),其中新华社、《人民日报》、《人民日报 · 内参》、《法制日报》、《人民公安报》、中央电视台等中央级媒体刊播 359 篇(条),《安徽日报》、安徽电视台等省级媒体刊播市公安局正面新闻达 5567 篇(条)。所报道的稿件在媒体头版、重要版面、重要时段所占比例大幅增加。

2012 年 1 月 10 日,市公安局在杏花公园广场举行"110 宣传日"活动,以"110 开门评警、解民忧保平安"为主题,将现场咨询与"合肥 110"微博网上互动相结合,在现场和网上进行现场解答、网络互动、装备展示、视频宣传,并发放问卷调查。省市媒体对活动进行宣传报道。2 月 13 日,新华社以"合肥建成高清视频监控'天眼'网络力促校园安全"为题报道市公安局校园视频监控建设情况及在校园周边安全防范方面发挥的显著成效。中央、省、市等 20 余家媒体进行转载。3 月 11 日,市公安局组织开展"警民和谐共筑平安"为主题的合肥特警警营开放日活动。"万家热线"网站在首页开辟专栏大力宣传,在网民中引起强烈反响,从数千名网上报名者中遴选出 150 名网友参加当天的警营开放日活动。活动当日,市公安局新闻中心邀请中央驻皖、省、市媒体,以及新浪、腾讯等网站微博驻皖主管、版主等 60 余人到现场观摩、采访。自当日下午起,各家媒体相继在重要时段、版面报道此次活动,"万家热线 365 网""合肥网"等网站还在现场直播此次活动,参加活动的许多网民还通过自己的微博、博客以及网络论坛发表参加活动的图片和对合肥特警的良好评价。3 月 15 日开始,合肥晚报社记者分成 3 个采访组,先后对李素珍、李庆、周开国、张圣峰、张新民、仇多馥、马恒松、郭道清、薛华延、夏成秉、王能武、陈明志、彭和平等 13 名英模和烈士生前所在单位的领导、同事,英模和烈士的亲属等进行采访。合肥晚报社专门设立《警界先锋》专版,先后 9 天、连续 13 个整版,对合肥市 13 名全国英模和烈士的先进事迹进行全景式系列报道。5 月 17 日上午,市公安局治安支队联合省公安厅治安总队,组织各分县(市)局开展省暨合肥市缉枪治爆集中宣传日活动。6 月 14 日,由中国国际公共关系协会和中国人民公安大学联合主办的第二届中国最佳警察公共关系案例研讨会暨第二届中国最佳警察公共关系案例大赛颁奖仪式在山东省济宁市举行。合肥市公安局报送的《合肥警方加强和谐警媒关系建设活动》等 5 个案例荣获金奖。7 月 18 日,合肥公安特警新基地揭牌暨警用直升机首航仪式在合肥公安特警新基地举行,中央、省、市媒体进行现场采访报道。8 月 15 ~ 19 日,由青海法制报社主办的第 28 届全国部分城市公安传媒协作年会在西宁召开。合肥市公安局选送的《生命,定格在追逃的路上》等 6 篇新闻作品分别获得一、二、三等奖。10 月,合肥跻身"中国最佳投资城市"前三甲,市公安局新闻中心协调省市各媒体围绕公安机关创建"平安合肥"进行深度采访报道。10 月 26 日,《法制日报》头版头条以"'平安合肥'成为引资金字招牌"为题,大幅报道合肥市平安、和谐的投资环境,宣传合肥市群众安全感持续高位提升。11 月 1 日,《合肥晚报》以"到群众身边去"为题,用 7 个整版的篇幅报道市公安局警务机制改革,市民、专家、律师、外籍人士纷纷发表看法,评说市公安局警务机制改革为老百姓带来了实实在在的平安和幸福感。11月27日,《法制日报》头版头条,以“持续推进社区警务构筑全天候治安防控网合肥超九成警力下沉可防案三年连降”为题大篇幅报道市公安局围绕社区警务推行警力下沉,强化治安防控,取得显著成效。凤凰网、人民网、法制网、新浪网、搜狐网、网易、中国日报网等媒体原文转载。

2013年1月7日,人民网、新华网等中央及省、市媒体集中刊播新闻稿件,报道市公安局2012年命案侦破率100%,破案率在全国省会城市排名第一的稿件。5月15日上午,市公安局联合税务、工商、金融等部门,在人民广场组织开展以“打击防范经济犯罪,携手平安法治建设”为主题的“5·15”经侦宣传日活动,省市多家媒体进行现场采访报道。6月19日上午10时,安徽省公安厅与合肥市公安局联合在杏花公园东门举办“打击食品犯罪保卫餐桌安全专项行动成果集中展示及宣传教育活动”,省市等10余家新闻媒体在现场进行新闻专访。6月25日,市公安局召开禁毒工作新闻发布会。中央驻皖及省、市21家媒体30余名记者应邀采访报道。9月5日,《法制日报》等国家、省市主流媒体纷纷宣传报道市公安局历经6个多月侦破公安部挂牌督办的“2012·9·19”利用网络贩卖国家管制精神类药物目标案件。此外,新华网等国家、省、市知名网站进行转载。10月7日,《人民公安报》头版头条以“警务保障为‘平安合肥’加油助力”为题,大篇幅报道市公安局创新警务保障模式、做强管理与服务两大主题等情况。12月1日上午,市公安局交警支队会同省公安厅交警总队、省交通广播共同承办的安徽省暨合肥市“2013年122全国交通安全日主题活动”,在省广播电视台演播大厅,客货运车辆驾驶人、驾校学员、交通民警、大学生交通志愿者、网友代表等200多人参加现场活动。此后,每年都举办122交通安全日主题活动并组织宣传报道。

2014年1月,人民网安徽频道全景式报道市公安局警务工作,通过媒体视角,从解读“中国幸福城市”“中国安全城市”入手,全面盘点合肥警务工作亮点。6月24日,市公安局召开禁毒工作新闻发布会,中央驻皖及省、市20家媒体、30余名记者参加新闻发布会,并对合肥市禁毒工作进行宣传报道。6月26日,省禁毒办、市禁毒办及庐阳区禁毒办,在杏花公园举行“远离毒品——我们一起行动”国际禁毒日大型宣传活动,中央驻皖及省、市近20家新闻单位记者参与现场采访报道。9~12月,联合《江淮晨报》《江淮网》组织策划“圆你警察梦”系列大型警民互动活动,与人民网、安徽电视台、合肥电视台联合举办“合肥警察故事”系列采访活动,与《市场星报》联合举办“合肥警界先锋”系列采访活动。据统计,系列采访活动期间,平面媒体和网络媒体发新闻稿件150余篇,图片200余幅,网站转载2000余次;电视媒体播出300余分钟。9月28日,市公安局刑警支队牵头组织全市刑侦部门及部分派出所210余人在全市36个宣传点,开展防范电信诈骗集中宣传活动,省市媒体全程跟踪报道。9月29日,市公安局召开打击传销工作新闻通气会,通报2014年以来打传战果。全市公安机关出动警力14490余人次,立案229起,破案203起,抓获各类传销违法犯罪嫌疑人1169人,捣毁传销窝点4910处,教育遣散一般传销人员16202人,发动打击传销全国集群战役两起。中央、省、市等16家媒体20余名记者参加新闻通气会,并对新闻发布会内容进行详细报道。12月14日,《人民公安报》在3版头条刊登合肥市副市长、市公安局党委书记、局长姜明发表的《全面推进法治公安建设的四个着力点》署名文章。

2015年1月,中央、省、市等16家媒体纷纷在主要版面、重要位置,用一组组数字、图表,大篇幅形象“再现”合肥市各级公安机关在2014年度工作业绩。3月31日,《人民公安报》3版以“选编37类常用党纪法规警纪人手一册——合肥健全规章制度开展‘正警风、肃警纪’专项教育整顿”为题,大篇幅报道市公安局开展“正警风、肃警纪”专项教育整顿活动。5月,公安部《现代世界警察》杂志第7期刊登专访合肥市副市长、市公安局党委书记、局长姜明的文章,并在杂志封面刊发姜明副市长照片。6月24日,《人民公安报》头版头条以“深耕创新‘试验田’适应工作新常态”为题,报道市公安局开展的警务创新“试验田”工作。后《法制日报》头版头条也予以报道,省、市媒体纷纷予以转载。根据禁毒支队民警薛华超和妻子程海燕的真实事迹,改编拍摄微电影《无声的爱》,于7月7日上午,由市公安局政治部和禁毒支队联合举行开机仪式。8月初,市公安局新闻中心与《江淮晨报》合作开展“安全伴童行、快乐过暑假”系列暑期安全课堂策划活动。600余名学生和家长及该报社30多名记者先后走进警营开展活动。《江淮晨报》刊发预告稿件10篇,7个整版报道公安民警的辛劳工作,近3个版选登30多位学生的体验感受稿件,同时江淮网同步转载活动开展情况。11月份,市公安局组织中央及省市媒体记者深入合肥市公安机关开展“媒体记者看公安”系列采访活动,先后有300人次记者到20余家单位采访,媒体刊发稿件200余篇,被搜狐、新浪、网易、凤凰等各类商业网站转载1000余次,其中,今日头条手机客户端推送近40篇。11月底至12月初,市公安局举办全市公安机关首届“警营开放周”活动。“警营开放周”包括“警民恳谈”“专题座谈”“警营开放日”“我当一天警察”“相约杏花警务广场”“我和警察的故事征文”等6大主题,每天都是活动日,每天都有新主题,全市各级公安机关和全体民警充分利用媒体、微博微信等自媒体,最大限度地吸引市民参与,最大范围倾听民意民声,同时也让市民亲身体验公安民警的执法执勤活动和警营生活。据统计,中央、省、市媒体报道市公安局“警营开放周”活动相关稿件300余篇(条),凤凰网、新浪网、腾讯网、网易等各类网站转载多达数千条。截至12月9日,在百度搜索“合肥警营开放周”,搜索网页结果已达176万个。合肥公安微博、微信矩阵中互动话题“警营开放周”的阅读量达120余万次。

2016年1月10日,《人民日报》、《法制日报》、《人民公安报》、《安徽日报》、安徽电视台、安徽广播电视台等媒体对市公安局组织的全国第30个“110宣传日”“5·15经侦宣传日”进行专题报道。5月18日上午,市公安局举办全市公安系统首届“最美女警”评选活动颁奖仪式。《合肥警方》《江淮晨报》等官方微博、微信平台进行广泛的网上宣传,先后有1000余万名网民关注阅读及转发、评论、点赞女警事迹,总投票量达到80余万票。7月1日,《人民公安报》3版头条、《安徽法制报》头版头条以“合肥:党建引领公安工作提质增效”为题报道市公安局党建工作。7月15日,《安徽日报》头版对巢湖水上分局组织民警和多名志愿者冒雨加固巢湖堤坝的事迹以图文的方式进行报道。11月6日,中央电视台综合频道和新闻频道并机播出的《朝闻天下》栏目对肥西县局破获一系列针对农村老年人诈骗盗窃案件进行宣传报道。11月27日下午,市公安局在杏花公园成功举办第二届“相约杏花警务广场”活动。省、市有关部门领导及荣获合肥市首届“最美警察”“优秀警察”称号的民警、部分中央及省市媒体记者、各界市民3000余人参加当天活动。11

月底,新华社、人民网、《法制日报》等30余家媒体,对市公安局打击整治利用网络侵犯公民个人信息专项行动取得的战果进行宣传报道。中国日报网、网易、凤凰网、新浪、搜狐、腾讯等知名网站均进行转载报道。11月30日中央电视台新闻频道《新闻直播间》、12月2日《法制日报》8版以“合肥侦破侵犯公民信息案”为题进行报道。反映市公安局先后侦破侵犯公民个人信息犯罪案件37起,抓获各类违法犯罪人员115名,涉案金额1000余万元,查获公民个人信息数据两亿余条。是年,对市公安局涌现出的全国先进工作者庐阳分局逍遥津派出所民警王军等100余名优秀民警、30多个集体进行内外宣传和报道,开展“打盗抢、反电诈”等系列新闻策划活动60余次,组织召开新闻发布会、通气会76场次,对外发布新闻通稿312篇,接待记者采访3000余人次。中央、省、市媒体及门户网站刊播有关合肥公安的正面宣传稿件9000余篇(条),其中新华社、中央电视台、《法制日报》《人民公安报》等中央级媒体和全国知名门户网站刊播1000篇(条),省级媒体刊播市公安局正面新闻达4000篇(条);播出《警视窗》节目30期,300分钟;播出《警方在线》节目240期,1200分钟;“合肥警方”微博、微信两大平台累计发布信息3700余条,日平均访问量60万余次,日平均互动690余次。截至11月1日,合肥公安微矩阵现有粉丝297万多,累计发帖29200余条,在安徽区域范围内具有一定影响力。

第二节　公安文艺

公安文化是公安组织群体在长期的警务活动中形成的公安意识形态,它是公安思想、公安职业道德和公安价值观的总和。公安文化建设是加强公安队伍建设的“原动力”。合肥公安文化以推进人民警察“忠诚、为民、公正、廉洁”核心价值建设作为首要任务,充分发挥公安文化“育警、励警、律警、悦警”的功能,坚持用文化创新思想政治工作,用法治文化、英雄文化和廉政文化熔铸“忠诚可靠、秉公执法、英勇善战、纪律严明、无私奉献”的新时期人民警察精神。

文艺活动

1993年1月19日,市公安局举办“闪光的金盾”迎春文艺晚会,编排表演合唱、独唱、小品、群口快板、相声、配乐诗朗诵等11个节目。

1999年9月12日,市公安局合唱队参加全市“广玉兰”首届合唱节政法系统、驻肥部队专场比赛,荣获第一名。9月21日,市公安局合唱队参加全省公安系统“庆国庆、迎澳归”文艺汇演,荣获一等奖。9月27日,市公安局合唱队参加市直机关“祖国颂”歌咏比赛,荣获一等奖。

2001年6月17日,市公安局合唱团参加庆祝中国共产党成立八十周年“共产党好”合肥市第二届合唱节政法系统、驻肥部队专场比赛。6月18日,市公安局合唱团参加合肥市市直机关纪念中国共产党成立八十周年歌咏比赛。

2004年1月2日,市公安局主办的“情系110”文艺晚会在安徽大剧院举行,省、市及公安厅领导、公安民警和社会各界代表2000余人观看演出。9月21日，市公安局组织120人合唱团参加合肥市“广玉兰艺术节”合唱比赛。

2005年6月10日，市公安局在华都宾馆多功能厅，举办全市公安机关“歌唱祖国、歌唱党”警察歌手比赛。32名来自全市各级公安机关的民警，经过角逐，蜀山分局的周曙东获得一等奖；交警支队的汤振宇和肥东县局的黄升福获得二等奖；由机关党委推荐的四人小乐队、防巡支队的姚鸿和新站分局的汪平获得三等奖；庐阳分局、肥西县局、刑警支队获得组织奖。

2006年1月18日，市公安局选送歌舞《为了谁》、舞蹈《卫士风采》和情景剧《情系大接访》参加全市政法系统“平安合肥”文艺调演。10月11日，市公安局选送舞蹈《卫士风采》和情景剧《情系大接访》参加市委政法委在安徽大剧院举办的“平安、和谐、崛起”专场文艺演出。10月，市公安局合唱团参加合肥市第四届合唱节演出活动。

2007年7月5日，在省公安厅的统一部署下，市公安局组织100名民警参加省委宣传部和省军区在安徽大剧院举行的“安徽省纪念建军八十周年歌咏大会”。12月2日，市公安局制定下发《关于印发〈合肥市公安局公安文化建设实施意见〉的通知》。

2008年1月9～10日，市公安局在安徽大剧院举行由民警自编自演的“警徽铸忠诚”首届文艺汇演，文艺汇演有16个节目，全局16个单位350余名民警参演，2天连演3场，省公安厅、市委、市政府有关领导，全市各级公安机关广大民警及其家属以及部分辖区群众6000余人观看演出。5月份，经市公安局党委同意，政治部筹备成立警官艺术团，起草并通过《合肥市公安局警官艺术团筹建方案》，8月8日，下发《关于成立合肥市公安局警官艺术团的通知》，艺术团设三个队，分别是演出队、管乐队、合唱队，吸纳团员185名。10月16日，警官艺术团赶赴庐江对赴川返肥民警进行慰问演出。11月3日，合肥市举办以“颂扬改革成就，奏响和谐乐章”为主题的“纪念改革开放三十周年”职工歌咏大赛。市公安局警官艺术团组织参赛，荣获一等奖和组织奖。11月24日，市公安局召开合肥市公安局警官艺术团成立大会暨2009年春晚动员大会。12月21日，市公安局警官艺术团赴芜湖市参加由全省13支合唱队参加的“岁月如歌”安徽省改革开放三十周年经典老歌电视赛歌会，并荣获金奖。

2009年1月20～21日，市公安局在安徽大剧院举办“金盾高歌向明天——2009年春节文艺晚会”，晚会连续演出四场，有7500余名观众观看演出。2009～2012年，每年举办一次春节文艺晚会，2012年以后每2年举办一次。2009年2月13～20日，警官艺术团分赴长丰县局双墩派出所、肥西县局三河派出所、肥东县局撮镇派出所、庐阳分局三十岗派出所、瑶海分局磨店派出所和特警支队6个基层边远派出所和一线实战单位，进行“心连心”慰问演出活动。5月4日，下发《关于成立合肥市公安局警官艺术团分团的通知》，要求民警总人数达到100人以上（含100人）的分局、县局、支队必须成立警官艺术团分团。6月9日，省公安厅组织芜湖、铜陵、安庆、淮南、淮北和滁州等市公安局宣传部门，在市公安局召开全省部分市公安局警营文化工作座谈会。各兄弟市公安局代表先后观摩市公安局特警支队、西园派出所和肥东县局的警营文化建设成果，听取上述单位警营文化工作的情况汇报，观看市公安局警官艺术团管乐队的汇报表演。9月14日，市公安局警官艺术团合唱团参加在胜利广场举行的合肥市第五届合唱节政法系统专场比赛，荣获比赛第一名,并代表政法系统参加合肥市第五届合唱节闭幕式。11 月 16 ~24 日,市公安局警官艺术团编排的黄梅小戏《和谐心曲》,在北京举办的“为祖国放歌——2009 年全国公安系统文艺汇演”中荣获铜奖。

2010 年 1 月 8 日,市公安局在安徽大学新校区礼堂举行 2010 年迎新春文艺汇演。市公安局领导、各单位主要负责人和民警代表,以及省、市文艺界部分专家老师 400 余人观看演出。3 月 12 ~26 日,市公安局警官艺术团文艺小分队,奔赴三县局及市区边远基层所队进行“心连心”慰问演出。演出历时半个月,为各分局、县局,交警支队等一线基层单位和大中专学校、企业、社居委、敬老院的 5000 余名民警以及辖区群众演出 11 场次。8 月 12 日下午,全市公安机关在包河分局举行器乐比赛决赛,各分局、县局、支队和机关党委等 14 个器乐节目参加决赛。经开分局、机关党委分别夺得器乐组合和器乐独奏一等奖;特警支队、包河分局、蜀山分局、消防支队分别获得器乐组合和器乐独奏二等奖;庐阳分局和包河分局获得本次比赛的优秀组织奖。12 月 29 日,市公安局在合肥工业大学(老校区)斛兵礼堂举行 2011 年文艺调演,全局 16 个单位精心准备,选送 29 个节目参加演出。

2011 年 3 月,市公安局下发《关于成立合肥市公安局警官艺术团分团(队)的通知》,全面整合各单位的文艺人才资源,成立警官艺术团管乐团、民乐团、合唱团、舞蹈队、戏曲队、曲艺队、主持朗诵队等 8 个分团(队)。4 月 7 ~25 日,市公安局警官艺术团文艺小分队奔赴三县及市区边远基层所队进行“心连心”慰问演出。演出 12 场次,观众一万余人次。5 月 31 日,市公安局在解放军电子工程学院礼堂举行庆祝建党九十周年红歌合唱比赛。6 月 14 日,市公安局警官艺术团合唱团参加“颂歌献给党”合肥市第六届合唱节市直机关专场比赛,荣获一等奖。7 月 15 ~18 日,在合肥大剧院隆重举行“在灿烂阳光下”中国合唱节暨庆祝建党九十周年献礼歌会,市公安局警官艺术团合唱团作为 50 支参赛队中唯一一支由公安民警组成的代表队,参加比赛并荣获银奖。

2012 年 4 月 23 ~27 日,市公安局警官艺术团文艺小分队前往巢湖市公安局、庐江县局、高新分局、瑶海分局、特(巡)警支队进行“心连心”慰问演出。6 ~7 月,市公安局举办全市公安系统庆祝建党九十一周年合唱比赛,来自全市各级公安机关的 1500 余名民警组成 18 支合唱队伍参赛。7 月 3 日下午,在安徽大剧院,12 支从预赛中胜出的合唱队参加决赛。特(巡)警支队和交警支队荣获一等奖,机关党委等 4 支合唱队荣获二等奖,长丰县局等 6 支合唱队荣获三等奖。8 月 27 日,市公安局下发《关于进一步明确警营文体活动举办周期的通知》,规定市公安局每两年分别举办一次春节文艺晚会(文艺调演)和警察体育大会,两项活动隔年轮流举办。9 月 18 ~22 日,市公安局警官艺术团报送的小品《三杯酒》参加安徽省第六届曲艺节曲艺大赛,从入围决赛的 53 个优秀作品中脱颖而出,荣获三等奖。9 月 27 日,全省公安文化工作座谈会在瑶海分局召开,来自省厅直单位,各市、省直管县公安局的 60 余名代表参会,并观摩瑶海分局公安文化建设情况。12 月 3 日,市公安局制定下发《合肥市公安局关于进一步加强公安文化建设实施意见》《合肥市公安局进一步加强文体人才管理实施办法》等 8 个文件,进一步规范公安文化建设的各项工作。

2013 年 1 月 19 ~20 日,市公安局在合肥体育中心体育馆举办“点燃激情 跨越辉煌——‘口子窖杯’合肥市公安系统‘运动 · 阳光 · 活力’主题活动”文艺晚会,晚会连续演出两场,省市各级领导、新闻媒体、公安民警及其亲属、社会各界人士 6000 余人观看演出。7 月,选报小品《红绿灯下》参加全市法治文艺汇演,获三等奖。9 月份,市公安局合唱团参加“圆梦大湖名城、抒情创新高地”合肥市第七届合唱节群众歌咏活动,市公安局警官艺术团合唱团、长丰县局合唱团、肥东县局合唱团先后摘得市直专场、长丰专场、肥东专场比赛桂冠。11 月 22 日,市公安局在合肥大剧院举行 2013 年全市公安系统文艺调演,全市 18 个公安基层单位民警自编自演声乐等 22 个文艺节目,用艺术再现全市公安民警“快乐工作、幸福生活”的画面,基层民警、消防官兵 1000 余人观看演出。

2014 年 1 月 17 日,政治部印发警官艺术团暨各分团 2014 年工作要点。6 月,组织民警参加公安部开展的“梦想与共和国同行”诗歌散文征文活动和市委举办的学习党史国史征文活动。新闻中心民警许正敏诗歌《灵魂的细雪》荣获一等奖。8 月 31 日至 9 月 5 日,市公安局警官艺术团创作、编排的喜剧小品《特殊病号》,作为安徽省公安机关唯一入选“为祖国放歌——2014 年全国公安系统文艺创作汇演”决赛的节目,参加在广西南宁的演出,获得铜奖。12 月 30 日,市公安局政治部民警戴陈轶、特巡警支队民警燕莹参加由市委宣传部主办的全市“贯彻全会精神、建设法治合肥”主题演讲比赛,分获一、二等奖,市公安局荣获优秀组织奖。

2015 年 4 月 27 ~ 30 日,市公安局警官艺术团文艺小分队先后到庐江县庐城镇、新站分局、蜀山分局、巢湖市黄麓镇开展“心连心”慰问演出。6 月,市公安局出台《关于进一步加强公安文化建设的指导意见》,进一步规范公安文化建设工作,实现警营文化建设常态化、制度化、规范化。7 月 20 日,市公安局印发《关于成立合肥市公安局公安文化建设重点工作领导小组的通知》,牵头组织市公安局公安文化园、公安陈列馆建设及《合肥市公安志》编纂等三项文化重点工作,经市公安局党委研究及主要领导同意,确定三项文化重点工作推进方案。自 7 月份开始,三项文化重点工作全面启动。同月,参加省公安厅举办的公安题材文艺作品征集活动,市公安局推荐参评的 13 个作品全部获奖,其中 5 部作品获一等奖、8 部作品获二、三等奖,市公安局荣获优秀组织奖。12 月 24 日,市公安局政治部民警许正敏被公安部政治部评为“公安文艺工作成绩突出个人”。

2016 年 5 月 23 ~ 26 日,市公安局警官艺术团文艺小分队先后前往肥东县局、长丰县局、瑶海分局、经开分局开展赴基层“心连心”慰问演出,被慰问单位民警以及辖区单位的学生也编排文艺节目与艺术团演员同台联欢。11 月 27 日,市公安局警官艺术团在杏花公园举办一场以“警民一家亲”为主题的文艺演出。有关部门领导、荣获合肥市首届“最美警察”“优秀警察”称号的民警及各界市民 3000 余人观看了当天的演出。演出活动期间,还为合肥市“优秀人民警察”“最美人民警察”进行颁奖。是年,市公安局警官艺术团曲艺分团原创小品《不认账》在 2016 年合肥市第五届职工艺术节曲艺大赛上荣获第二名。

文艺创作

1990 ~ 2016 年,市公安局把繁荣警营文化、陶冶民警情操作为队伍思想文化建设的一项重要内容,发挥公安文联的作用,以公安基层为土壤,以公安典型为题材,通过开展文学座谈会、作品研讨会、文学沙龙、文艺采风等多种形式,鼓励民警立足岗位持续开展丰富多彩的公安文艺创作活动,促进警营文化的繁荣和健康发展。市公安局民警创作的长篇小说、纪实文学作品集、诗集等 12 部文学作品先后出版发行,近 10 篇文学作品在省级以上刊物上发表,10 余部文艺作品获得不同级别的奖项。

1997 年 12 月,肥西县公安局民警许正敏(笔名许敏,下同)的诗集《草编月亮》由春风文艺出版社出版发行。

1998 年 7 月,市公安局办公室副主任傅强的纪实文学作品集《疾风行动》由警官教育出版社出版发行。

1999 年 9 月,东市公安分局民警张振山的纪实作品集《警官轶事》由党建读物出版社出版发行。

2002 年 9 月,瑶海公安分局民警张振山的纪实作品集《智勇神探》由远方出版社出版。

2004 年 12 月,市公安局新闻中心副主任音卫东的摄影作品集《一个警察摄影家的 24 小时追踪》由安徽美术出版社出版发行,此书荣获公安部"金盾图书奖"和"安徽图书奖"。

2006 年 5 月,由市公安局学习宣传李庆活动领导小组编写的《李庆的故事》作为内部资料出版。12 月,市公安文联主席音卫东的作品集《一个警察摄影家的视觉长征》由合肥工业大学出版社出版发行。

2008 年 11 月 4 日,市公安局下发《关于成立合肥市公安文学艺术联合会的通知》《关于组织民警报名参加合肥市公安文学艺术联合会的通知》,合肥市公安文学艺术联合会正式成立。新闻中心主任音卫东担任主席,新闻中心报纸编辑科副科长许正敏担任秘书长,文联成立摄影、书画、写作三个协会。

2009 年 3 月,市公安文联举办"纪念改革开放三十周年"征文大赛颁奖会暨公安文学座谈会。8 月 ~9 月,市公安文联组织开展建国六十周年大型书画、摄影展和征文比赛等"迎新春"系列文化活动,对 35 位获奖者进行表彰,近百幅的书画摄影作品在市公安局大厅展览。同时还组织民警参加公安部开展的"梦想与共和国同行"诗歌散文征文活动、市委举办的学习党史国史征文活动、市委宣传部主办的全市"贯彻全会精神、建设法治合肥"主题演讲比赛等系列活动。

2010 年 2 月 9 日,市公安局在指挥大楼六楼会议室召开全市公安文联迎春座谈会,总结回顾、研究部署市公安文联工作。市委宣传部副部长、市文联党组书记王浩,省公安文联常务副主席、秘书长周春,市公安局党委委员、政治部主任桂龙等领导出席座谈会。6 月,长丰县公安局民警杨俊生的长篇小说《太阳挂在河边》由作家出版社出版发行。

2011 年 3 ~6 月,市公安文联组织民警举办庆祝建党九十周年摄影、书画征稿,遴选优秀作品参加公安部举办的第四届全国公安系统"卫士之光"书法、美术、摄影作品展和省厅举办的庆祝建党九十周年书法美术摄影作品网上展。

2012 年 12 月,省公安厅在合肥举办"文达杯"首届安徽公安文学创作大赛颁奖大会。市公安局民警申信、许正敏、葛杨、夏鼎分获小说类一等奖、诗歌类一等奖、散文类三等奖、纪实文学类二等奖。

2013 年,市公安局民警贺铁牛被 6 月 12 日全国《书法报》公布为"安徽省百名富有发展潜能的中青年书法优秀人才"。8 月 4 日,在合肥、哈尔滨、昆明等 10 个地市公安机关摄影大 PK 活动(由全国公安文联、人民公安报社共同主办,在内蒙古鄂尔多斯市举行)中,市公安局民警徐永杰、许诺、陶鑫组成的合肥公安代表队,斩获两金、一银、一铜,获得金奖第二、综合成绩第四的优异成绩。

2014 年 7 月,国家禁毒办、中国禁毒基金会下发《关于“全国禁毒公益微电影大赛”获奖单位和个人的通报》,合肥市禁毒办与新闻中心联合制作的微电影《重生》荣获优秀影片奖。9 月,在安徽省公安系统庆祝中华人民共和国建国六十五周年书法美术摄影作品展评选中,市公安文联获优秀组织奖,市公安局民警徐永杰摄影作品《冬练三九夏练三伏》获摄影类一等奖,张纯石书法作品获书法类二等奖,王华进摄影作品获三等奖。10 月,公安部宣传局与人民公安报社、中国人民公安出版社共同举办“梦想与共和国同行”诗歌散文征文活动,市公安文联秘书长许正敏荣获征文一等奖。11 月,市公安局监管支队民警张纯石书法作品《节录文心雕龙原道》入展中国书协举办的长沙“欧阳询杯”全国书法展。同月,张纯石书法作品《节录文心雕龙养气》入展安徽省书法大展。

2015 年 9 月 15 ~ 16 日,由合肥市委组织部、市老干部工作局主办的全市老干部系统“弘扬抗战精神、圆梦大湖名城”书画摄影展在合肥市久留米美术馆举行。此次展出作品 234 幅,其中书法 115 幅、绘画 60 幅、摄影 59 幅。市公安局退休干部汪帮胜、史学宽、郑章元、赵建国、袁德宝、徐宁宁选送的书画摄影作品参加展出。10 月,安徽省文联、作协联合表彰安徽省千名文艺家下基层采风创作成果,市公安局民警许正敏创作的组诗《灵魂里的白雪》获文学类一等奖。11 月 10 日,第五届全国公安系统“卫士之光”美术书法摄影展在国家博物馆开展,合肥市公安文联报送的作品《5 个死囚的 10 个瞬间》(音卫东摄)获摄影类二等奖,《文心雕龙征圣篇》(张纯石书)获书法类三等奖,《我们的故事》(邱雪峰摄)获摄影类优秀奖。12 月,市公安局新闻中心副主任许正敏被公安部政治部评为全国公安文艺工作成绩突出个人。

2016 年 2 月 1 日,肥东县局开展迎新春系列文体活动,县局邀请部分书画名家,以习近平总书记系列重要讲话和文章中引用的经典名句为内容,进行书画篆刻创作。2 月 3 日,在市政务中心举行 2015 年合肥市十大“书香机关”“书香企业”“书香家庭”和“读书之星”颁奖仪式,市公安局被评为合肥市“十大书香机关”。10 月,在第六届书香中国 · 北京阅读季“聚焦阅读——寻找最美阅读风景”摄影大赛(由新华社图片社、新华社摄影世界杂志社联合北京阅读季组委会主办)中,市公安局民警陈浩摄影作品《书》,荣获最美阅读空间金奖。11 月,在全省公安系统“纪念建党九十五周年、红军长征八十周年书法、美术作品展览”98 件优秀作品评选中(由省公安厅政治部举办),市公安局民警张纯石、贺铁牛的书法作品分别获得书法类一等奖。

第二十二章　区、县(市)公安纪略

第一节　瑶海分局

瑶海分局前身为车站分局,成立于1951年11月。1960年6月,车站分局更名为东市分局。2002年,合肥市行政区划调整,东市分局改名为瑶海分局。至2016年年底,瑶海分局内设4个处室、6个职能大队,下辖3个责任区刑警队、10个派出所,民警总数588人,辅警603人。

业务建设

1990～2016年,瑶海区处于区划调整、企业改制、社会转型时期。作为合肥市的老旧工业区,经济发展相对滞后,辖区内破产企业多、下岗职工多、汽车场站多、中低档旅馆多、暂住人口和流动人口多,治安状况复杂,各种矛盾突出。面对这一形势,合肥市公安局瑶海分局以"发案少、秩序好、社会稳定、群众满意"为目标,不断加强社会治安防控体系建设,重拳打击严重刑事犯罪、新型经济犯罪、毒品犯罪,积极维护瑶海社会治安大局的稳定,为推进瑶海经济社会发展,建设"平安瑶海、和谐瑶海"做出积极的贡献。

维护辖区社会稳定

推进情报信息建设　2009年5月19日起,分局在全市率先建立情报信息中心,搭建情报信息综合应用网络平台,建立情报信息日分析、周研判、月综合等分析机制,拓宽情报信息收集渠道,及时获取内幕性、预警性的情报信息,使情报信息分析研判逐步走向制度化、规范化轨道。机制建立后,每年收集上报维稳信息1000余条,市公安局采用100余条,为党委政府的决策提供了第一手资料,为服务现实斗争创造了良好条件。

加强矛盾纠纷联调联处机制建设。在区委、区政府的领导下,建立健全区、街两级维稳联动机制。2013年4月,协同区委、区政府制定《瑶海区街所联动维护稳定工作实施方案》。2014年5月,分局正式启动反恐情报会商机制,争取地方政府支持协作,建立了街所联动会商机制,对政府重大建设项目进行风险评估,并将范围拓展到案件压降、小区管理、公共部位安全管理、治安灾害性事故处置等方方面面。建立了关口前移的风险评估机制、严密监控的舆情引导机制、责任包保的重点人稳控机制、规范有效的群体性事件现场处置机制,陆续修订完善了12个涉及不同层面、不同类型的《突发事件应急处置预案》,由党委统揽、政府牵头、各单位部门各负其责的联动格局初步形成。

推进反恐维稳力量建设　自2008年始,分局常年集中20名左右警力开展“战训合一、轮训轮值”。2015年,根据市公安局提出的“各分局可以根据需要,探索建立一支警、辅结合的机动巡逻队伍,担负巡逻防控、设卡盘查、应急处突等职责”指示精神,是年11月23日,分局成立了有60名辅警参加的“海鹰”应急反恐处突队,2016年人员增加到100人。模拟根据不同突发性事件背景进行常态化训练、演练,参与应急处突任务,加强火车站等重点目标区域的巡逻防控。反恐处突队的运行模式和勤务机制作为“2016年微改革、微创新”一个重点课题,不断探索完善和巩固提高。

依法处置各类群体性事件　1998年至2007年十年间,随着经济的快速发展,因企业改制、征地拆迁引发的群体性事件日益增多,辖区内10余家企业改制相继启动后,因职工待遇、分流等问题,职工封门堵路事件时有发生,分局每年参与处置此类规模较大的群体性事件20余起,并积极协助党委政府做好职工的稳控工作。2003年6月20日,东七“八百户”部分拆迁户聚集到省政府上访,围堵省政府大门,打出横幅、呼喊口号,严重扰乱了机关办公秩序,社会影响恶劣,分局果断采取措施,对扰乱机关办公秩序的为首人员,治安拘留6人,治安传唤8人,确保了东七“八百户”拆迁工作的顺利进行。2004年,分局先后处置改制企业部分职工封门堵路事件21起。2008年以后,随着社会的发展进步和法制的逐步完善,群众维权意识显著增强,因社会保障、涉众性经济案件、重大项目建设、环境污染等问题引发的不稳定因素也随之上升,分局处置的不同规模群体性事件也逐年递增,年均80余起。期间,先后参与处置了2008年4月18日抵制家乐福事件;2013年5月因“金三角加油站”出售低质油导致众多车主受损要求赔偿事件;2015年12月马合钢铁公司开始关停转产、职工分流、安置事件等。由于坚持了“积极、稳妥、慎重、依法”的处置原则,没有一起因处置不当而危害社会稳定。

严厉打击刑事犯罪

坚持以打促防,采取“传统加科技”手段,综合运用“合成战、科技战、信息战、证据战”方式,保持对各类刑事犯罪活动和社会丑恶现象的凌厉攻势,全面挤压各类违法犯罪人员的生存空间。

研究侦查破案技战法。2006年,分局研究出技战法“网上作战十四技法”,仅当年1～5月份,利用“网上作战技战法”先后破获各类刑事案件371起(其中命案2起),抓获处理犯罪嫌疑人76人,摧毁抢劫团伙7个、盗窃团伙6个,工作成效显著。是年7月5日,被公安部在全国范围内推广。

创新刑侦机制。积极推行技术探组下中队、刑警工作日志和刑侦平台等创新举措。从2010年起成立14人的街面犯罪侦察队;2011年,针对辖区内入室盗窃和“三车”盗窃案件呈高位运行的情况,专门组建刑侦情报中队、案审中队和街面犯罪侦查队等,并统合派出所、巡控等各单位、各警种力量,对区域内普发性侵财类案件予以重点打击。2016年立现行八类案件83起,破获63起,破案率75.9%。

侦破重特大案件。1990年以来,对市公安局、省厅和公安部挂牌督办的60多起重特大、影响大的案件全部破案摘牌;对1993年以来瑶海辖区内发生的92起命案全部侦破,命案侦破率为100%。2002年以来,分局结合“清网行动”专项斗争,采取网上追逃、主动追逃、规劝自首等相结合方法,抓获逃犯5257人。

打击黑恶犯罪。自 2003 年以来,分局摧毁黑恶团伙 58 个,抓获黑恶犯罪嫌疑人 247 人。通过办理案件获取线索,对建筑行业、鱼虾市场等容易滋生黑恶犯罪的各类行业市场进行摸排、调查、梳理,获取证据,于 2003 年 4 月,彻底摧毁胡某斌黑社会性质犯罪组织,抓获成员 34 人,缴获仿真枪支 20 支,子弹 19 发,刀具 20 余把,收缴约 200 万元赃款和奔驰 S320、奥迪 A6、起亚索兰特、凌志 300、三菱 V6 3000 等高级汽车 6 辆,首要分子胡某斌被判处死刑。2015 年 2 月,瑶海分局刑警大队成功打掉一个由工程纠纷引起的非法拘禁、敲诈勒索等涉恶团伙,抓获该团伙成员 11 人, 9 人被判以重刑。

打击毒品犯罪。1998 年以来,辖区内毒品问题日趋严峻,分局在抓好禁毒宣传的同时,开展专项打击整治行动。先后侦破毒品案件 386 起,抓获犯罪嫌疑人 638 人,刑拘 231 人,逮捕 15 人,起诉 53 人。办理涉毒行政案件 242 起,强制戒毒 175 人。缴获毒品海洛因 9015.93 克,冰毒 10840 克,K 粉 581 克,毒资 6 万余元。先后侦破公安部督办的涉毒案件 3 起,省厅挂牌案件 4 起。2015 年 3 月 27 日,在禁毒百城会战期间,分局刑拘嫌疑人 9 人,强制隔离戒毒 1 人,缴获毒品海洛因 5364 克,冰毒 295 克,创全市缴获毒品数新高。期间,分局责任区刑警一队破获了公安部挂牌督办的“2015 · 1 · 15”案件,查处抓获毒品犯罪人员 36 人、处理吸毒违法人员 60 人,缴获冰毒 4600 克,仿 64 手枪一支。

打击新型经济犯罪。1997 ~ 2000 年,瑶海区经济犯罪案件主要有合同诈骗、制售假发票、贩卖假币、职务侵占等几种类型。2001 年以后,由“楼宇经济”催发的加盟代理诈骗、集资诈骗、非法吸收公众存款、传销等涉众性经济犯罪逐步上升,非法传销、银行卡诈骗、互联网诈骗等经济犯罪日益增多,分局及时研究发案特点和规律,重点打击防范。

构建社会治安防控体系

整治治安热点问题。1990 年以来,分局坚持“打、防、管、控、建”一体化思路,重拳整治社会治安突出问题,全面推进社会治安防控体系建设,创新行政服务理念,积极推进社区警务战略,使公安基层基础工作得到夯实。开展黄赌治安热点问题整治,每年根据黄赌警情变化,协同区市容、工商、税务、文化等部门联合执法,加大对网吧、美容院、文化市场的管理力度。2013 年专门成立治安行动中队,集中开展整治摆放“老虎机”违法犯罪活动、“扫黄打非”和打击聚众赌博专项行动,综合运用异地用警、统一行动、动态巡查、定点守候等各种方式,落实每日黄赌警情挂网问责、通报制度等措施,力促对黄赌治安问题进行高压整治。1990 ~ 2016 年,分局破获涉黄、涉赌案件 11500 余起,刑拘近 1300 人次,治拘 12200 余人次,集中铲除了 1300 余家利用电子游戏机进行赌博的机房,取缔了 111 个残疾人利用残疾为掩护的露天牌九场,整治了定远路、龙岗二十埠桥等 31 处市公安局挂牌的治安重点区域,查处了 42 个市公安局挂牌整治场所。针对瑶海辖区“三无”小区多、人员流动大、防范基础差等区位特点,先后投入 5000 万元,对城区 236 个“三无”小区进行安防改造,为 4000 多辆电动车安装“车卫士”。

建立治安防控网。建立完善视频技术防控网。自 2013 年“天网”工程启动后,分局根据警情量、治安复杂程度、区域场所重要性,按照布点合理、布局科学的要求进行复勘论证,至 2014 年 12 月,分局“天网”工程全面建成,全区建设监控摄像机 3064 个,分局及 10 个派出所标准化天网机房也相应建成。截至 2016 年,瑶海区已有 2872 台摄像机接入平台投入使用,极大地提高了分局技防水平,为侦查破案和社会管理提供了强大支撑。分局

《视频监控摄像机布点工作法》获第五届安徽省公安基层技术革新二等奖。建立完善街面巡控网。分局在坚持巡警大队24小时常态巡逻与重点时段加密巡逻相结合的基础上,将派出所巡逻纳入街面巡控的关键节点,划定20个网格、配备20部专职巡控车辆,建立完善"定区、定段、定点、定人、定责"的网格化管控模式。在政府的支持下,截至2016年,有430名专业巡逻队员充实到街面巡控队伍。建立完善内部单位防控网。以《内保条例》为依据,以每周例会制度、驻企警务站制度、单位联防队制度、流动黄牌警示制度为抓手,挖掘辖区单位场所在安全防范方面的潜力与作用,通过主体责任的落实,健全辖区内部单位和行业场所的安全防范体系。截至2016年,辖区单位场所有1500多家建有完整的安保防范体系和规范的运行机制,占单位场所的56%;安保力量达4200人。建立完善城乡社区防控网。针对瑶海区"老工厂"的区位特点,分局从2007年开始探索建立社区义务巡逻队,当年的"老八百"户老年义务巡逻队做法,被人民公安报等新闻媒体刊载,引发强烈社会反响。通过几年的摸索后,于2011年在全市范围内率先启动义务巡逻队集中组建工作,并通过政府公安联动、深入宣传发动、比学赶帮互动、点燃激情带动、实地参观触动和解决问题感动等各项行之有效的措施,全面挖掘义务巡逻队"巡逻员、信息员、宣传员和调解员"的潜能。至2016年已建成135支、1553人的巡逻队,实现常态化上路巡查。由老党员、老工人和治安积极分子等群众力量组成的、戴有红色臂章的义务巡逻队,穿梭在社区乡村,发挥着积极的作用,辖区内四类可防性案件得到明显控制。建立完善"虚拟网"。分局抽调3名警员专门负责网安工作,在基层所队组建60人的网评员队伍,坚持推行"虚拟社会"现实化管理策略,扎实推进互联网基础数据采集工作,至2016年底已采录单位信息500余家;完善网上巡查监控机制,探索QQ群、社交类网站、3G等新兴网络的管理方法,进一步拓宽情报信息来源,坚持发挥网上技术优势,通过网上配侦抓获各类犯罪嫌疑人近300人次。

积极推进社区警务战略。自2006年全国公安机关实施社区和农村警务战略后,分局采取多种形式推进社区警务工作,在警力配置上,实现警力下沉,派出所警力达到总警力的43%、社区民警占派出所民警的40%。同年8月9日,分局12个派出所59个社区警务室同时举行挂牌仪式。10月,"三里街派出所社区警务信息平台"初步建成并投入运行。该平台以社区为单位,以"人口管理""治安管理""安全防范""情报信息""服务群众"五大项工作为主线,集成了60余种直观、易学、好用的社区警务所涉及的台账表格及社区警用地理信息。2007年6月,分局召开"派出所社区警务信息平台"推进会,后在全局试点推广,省公安厅还以此平台为蓝本,研发了"派出所基础管理信息系统"。分局坚持不懈地开展基础信息质量"回头看"活动,常态化对辖区实有房屋、实有单位、实有人口开展调查走访和信息采集。2016年,分局采取集中时间、集中精力、打歼灭战的方式,开展实有人口、实有房屋信息采集大会战工作。截至11月20日,瑶海分局添加实有人口187849人、注销140169人,添加实有房屋29309户、注销136户,添加实有单位7320家、注销2668家,基础信息变动总量为367451。

创新社会管理。2010年以后,针对人流、物流、信息流快速变化的形势,分局在继承传统管理模式的基础下,积极创新,由管理向服务转变。加大对涉及枪支弹药,危爆物品等场所的管理力度,严厉打击非法制造、运输爆炸物,对黑火药、花炮生产、经销、储存、运输等环节采取安检、抽查、监督、爆破一体化管理措施。对特种行业进行分级、分类管理。对70家寄递业、34家物流业主及从业人员进行动态管理，并逐一签订寄递业渠道责任书，要求从业人员严格验视、登记，物流寄递实名制提升65%。2010～2016年，仅在特行管理中抓获各类网上逃犯379人。开展校园周边秩序环境整治，进行法制教育进校园、设立平安护校岗、校园安全大检查专项活动。落实高等院校、中小学、幼儿园安全整改措施，打击处理在校园周边滋事违法犯罪。同时注重听取群众呼声，力推便民措施落实。分局专门设置"一站式"服务窗口，基层所队实行"错时制"，"弹性工作制"，推出AB岗制等运行机制，保证各项便民措施得到有效落实。

探索警务改革。在警务指挥上，面对逐年增加的警情，自行研发合肥市公安局瑶海分局指挥室办公自动化系统，并在全市范围内率先对所有接报警情及后期处置情况输入微机进行登记，在合肥火车站建立与铁路公安联勤联动工作机制，成立"海鹰"反恐应急处突队，科学行使直接指挥、先期处置、装备调用、检查督办和通报协调权。在情报工作上，以"信息主导警务，科技服务实战"理念为指导，保障公安情报信息及时、可靠、准确、全面，发挥情报信息在辅助决策、引领实战、指导防范中的重要作用，提高公安机关预警预测、精确打击和应急处置的能力；先后构建覆盖所有基层所队和实战单位的情报网络体系，搭建自行研发的警情、案件常量监测系统，启动敏感期会商、重点人管控风险评估和重点区域情报研判督办工作机制。在网安工作上，积极探讨互联网阵地管控方法，引导和处置涉稳涉警舆情，捕捉和反馈互联网涉稳信息，扎实开展网上案件主侦和配侦，提升全警应用能力。2016年，网安警务创新作为全市公安机关"试验田"，建立完善"虚拟世界有效掌控"的各项机制。在应急处突上，紧紧抓住应急力量建设、应急预案演练、突发事件处置等关键环节，突出合肥火车站、旅游汽车站等重点单位，充分发挥辖区派出所、街面巡控、战训队和应急处突队的作用，抓好突发事件的预警、前期处置，积极应对日益严峻的反恐形势，为瑶海老工业区的经济转型、拆迁改造和社会发展保驾护航。在公安科技上，积极想办法完成市科技强警示范建设和基础信息化软硬件建设，自主研发多个应用系统，总结提炼多个信息化应用技战法，建立"天网"视频监控支撑警务实战平台，为公安工作插上腾飞的翅膀。

队伍建设

1990～2016年，瑶海分局始终抓住队伍建设这个根本任务不放松，坚持政治建警、从严治警、文化育警和素质强警建设。努力打造廉洁、亲民、高效警队，全力推进公安队伍正规化建设。

注重思想政治建设　在思想政治建设上，坚持理论武装，把广大民警的学习教育作为一项系统工程来抓，先后开展讲学习、讲政治、讲正气"三讲"教育、"保持共产党员先进性"教育，"三项教育"(宗旨教育、思想路线教育、文明执法教育)、"社会主义法制理念教育"、党的群众路线教育实践活动、"三严三实"和"两学一做"等政治教育活动。通过学习教育活动的扎实开展，使广大干警理想信念、宗旨意识不断强化，"忠诚、为民、公正、廉洁"的职业价值理念深入人心，在全局上下营造健康向上的浓厚氛围，为队伍建设打下了良好的思想政治基础。在组织建设上，抓住党委、支部班子建设不放松，重视领导表率示范作用,建立完善领导班子例会制度、党委中心组理论学习制度、党委议事规则以及廉洁自律约束机制。严格按照民主集中制原则,重大事项集中讨论。抓好党委自身建设的同时,始终把基层党支部建设放在突出位置,分局领导与各支部分别建立联系点,经常深入基层所队参加早会,与各单位开展交流,掌握基层一线情况,及时指导基层党支部加强自身建设,提高抓班子带队伍的能力,确保基层单位各项工作运转正常,工作成效明显。

推进教育训练改革和创新 分局的教育训练工作主要为法律、法规的学习,业务警种的培训和体能达标训练;组训方式主要是以各警种、所队为主体,采取师代徒、岗位练兵等形式开展。2003年,全国公安机关"三个必训"机制逐渐形成,大练兵活动悄然兴起,教育训练的形式和内容得到丰富和发展,分局每年有计划、有步骤地开展全面轮训,各单位和警种部门也组织业务训练和考核。至2008年,分局以"战训合一、轮训轮值"为主要形式的训练模式初步建立,"大教育、大培训"工作格局基本形成。2009年,分局专题培训更加系统、规范,分类别、分层次、分岗位的警种分类教育训练机制初步建立。2010年,分局成立教育训练工作领导小组,此后又专门成立警训队,围绕公安中心工作,抓住"教官、教材、教法"三个基本要素,立足执法需要和基层实际,突出警种特点和实战要求,促进基础训练普及化、体能训练常态化、专业训练岗位化,全面构建分层级、递进式、重实战的警务训练体系。分局制定三年的远景规划,依托分局训练基地,科学设置年度教学内容,使教育训练内容呈递进式、系统化,民警培训由低向高升级式发展。注重研究训法、战法,采取了"短周期、针对性、岗位化"的"短平快""订单式"培训,警种部门根据基层单位需求,送教上门。开展"师带徒"传帮带的结对练兵活动,推行"随时、随地、随人、随事"的岗位练兵。同时创新服务实战的实训模式,让参训民警在实兵、实景、实地的仿真环境中,通过反复操练,亲身感受"战场"氛围,提升实战能力。分局还紧跟信息化发展的步伐,建立一个综合网上教育训练平台,设置种类齐全、内容丰富的教育训练栏目,涵盖远程教学、档案、交流等系统功能,使民警通过在线学习、在线讲座、在线自测、在线考试等,较好地解决了工学矛盾。分局还不断加强完善战训基地硬性建设,不断拓展战训基地的功能,满足理论教学及战训合一的需要,为各项实战训练提供有力支撑。2012~2016年,分局办轮值轮训班164期,3062人次受训。开展警种培训169期,9725人次受训。战训队出警1140起,出动警力17640人次,有效完成了处置群体性事件、安保、警卫、重点地段巡逻等实战任务。

加强廉政和纪律作风建设 分局党委高度重视党风廉政教育工作,每年都组织各级领导干部观看系列反腐倡廉警示教育专题片,确保科所队领导干部普遍接受廉政教育。各党支部加强对党员民警经常性的党性、党风、党纪教育,永葆先进性。认真贯彻党风廉政建设责任制,落实一岗双责。在2016年"正风肃纪"工作中,纪监部门查办投诉156件,行政警告3人,集中约谈三里街派出所、广场派出所领导班子,对十个派出所双正职进行诫勉谈话。分局政工纪检部门开展督察暗访114人次,编发督察通报19份,对5个单位,5名民警给予通报批评。2010~2016年,分局开办法制教育、纪律作风教育培训班19期,开通语音回访、短信评警,提高民警守法遵纪意识、法制观念和程序、证据意识。牢牢把握违纪事前预防、事中督察、事后问责三个环节。延伸管理触角,将队伍管理向八小时以外延伸,向家庭延伸。分局每年向民警家属发放1份《廉政倡议书》,动员民警家属协助搞好民警八小时以外的监督。以部门、警种和派出所为单位,组织开展民警家属座谈会,强化家警互动;每年向民警家属发放廉政文化书籍,签订助廉承诺书600余份,征集廉政意见建议35条。开展警风警纪监督,坚持把廉政文化进机关和接受群众监督有机结合起来,分局和基层所队在辖区群众中聘请警风警纪监督员,定期召开会议,听取群众意见,分析改进公安工作的方式方法。分局紧紧依靠区委、区政府,在区人大、政协、区直有关部门中,积极聘请政府机关和社会知名人士担任分局的行风监督员,定期开展座谈,营造了良好的社会氛围,促进了队伍监督管理。分局内部建立了"三员合一"督导工作机制,聘请分局科、所、队教(指)导员担任兼职纪检和警务督察员,从民警基本的作风纪律养成抓起,围绕中心工作、健全队伍管理,推动工作落实。分局注重廉政宣传,先后联系省市电视台等媒体,组织社区民警尹晓民、窗口民警王兴梅、刑侦民警朱昌圣等走进万家热线直播间,与群众开展面对面交流活动,引起了强烈的反响。

完善抓警务保障机制建设　坚持从优待警,严格执行年休假制度,购买意外伤害保险、年度体检、援助家庭困难民警,慰问因公受伤民警、救助特困民警,建立民警维权案件"快侦快审快判"联动机制等措施。坚持文化育警,积极参加市公安局和市、区组织的文化体育活动,2009年7月,分局成立合肥市公安局瑶海分局警官艺术分团,组建了合唱队、曲艺队、器乐队。2009年,分局先后制定警营文化建设实施意见、分局警体运动委员会和部分运动项目协会。2009年9月,全省公安文化工作座谈会在瑶海分局召开,分局公安文化建设得到省厅领导肯定,受到与会人员好评,分局被公安部确立为全国基层警营文化示范点。推进警察公共关系建设,开展"警营开放周""媒体走进基层体验公安""相约警务室"等活动,让民警与群众之间扩大交流,良性互动。

27年来,瑶海公安分局公安工作和队伍建设受到上级机关及辖区群众的肯定,连续2次被评为"全省优秀公安局",1次荣获"全国优秀公安局"荣誉称号,连续3年被市公安局评为"绩效考评先进单位",队伍中先后涌现出"全国优秀人民警察"尹晓明、"全国优秀社区民警"王佩玲、"全省公安机关爱民模范"王连等一大批先进集体和先进个人。

第二节　庐阳分局

庐阳分局前身为1951年11月设立的东市分局。1960年6月,更名为南市分局。1963年6月,改称中市分局。2002年3月,合肥市行政区划调整,中市分局更名为庐阳分局。截至2016年年底,分局内设4个综合处室、6个职能大队,下辖3个责任区刑警队、8个派出所,民警总数524人,辅警751人。

业务建设

1990～2016年,庐阳(中市)公安分局在履行职责职能过程中,坚持从辖区实际情况出发,勇于探索、担当、奉献,全面履职尽责,有效守护省会城市核心区的一方平安。

群体事件处置和重大活动安保 庐阳(中市)区首脑机关集中,大型活动较多,加之社会转型期利益冲突凸显,各类群体涉稳案件、事件易发多发,做好维稳安保工作成为首要任务。为此,分局党委加大警力投入,充实一线实战单位,加强防范控制和快速反应能力建设,出色完成群体事件处置、重大活动保卫等任务,保证辖区社会政治平稳有序。27年中,分局依法参与处置各类集体上访请愿、聚众堵塞交通、出租车停运、妨碍单位正常生产经营活动等涉稳案件、事件3724起。2011年年初,原建材一厂部分职工受人挑唆煽动,非法阻扰华润集团橡树湾工地施工长达3个月时间。在多方做工作无果的情况下,5月20日,分局按照区委、区政府的统一部署,在区相关部门的大力配合下,调集350名警力,采取果断行动,对6名组织、煽动、策划聚众滋事的挑头骨干给予治安拘留,对14名积极参与活动者予以治安传唤并强行带离现场进行法制教育,对其他在现场围观的职工进行劝离。处置行动极大地震慑了犯罪,教育了群众,使受到长期干扰几乎濒临停工的华润橡树湾工地重新恢复施工。同时,分局扎实做好重大活动、重要节日及敏感时点安保工作,出色完成中央领导到合肥的警卫以及奥运会、世博会等重要节点的安全保卫任务,守护一方平安。合肥明教寺是国家重点开放寺庙、省级重点文物保护单位,每年除夕至明教寺烧香祈福的群众逐年增长,2016年已达万人。寺内人员聚集拥挤,极易发生火灾、踩踏等安全事故。分局每年均抽调民警100余名、保安40余人承担明教寺除夕夜现场安保任务。因各项措施落实到位,从未发生任何安保事故。

打击各类犯罪 庐阳(中市)区是省会合肥商贸中心,人流物流密集,人员成分复杂,极易成为各种犯罪和黑恶势力滋生的温床。尤其是1990年后,全区进入犯罪高发期,各类新兴犯罪日益突出,黑恶势力渐趋猖獗。针对这一实际,分局加大打击力度,逐步形成打击严重暴力犯罪、经济犯罪、黑恶势力犯罪、侵财犯罪并重的长效工作机制。27年来,分局先后办理打黑除恶案件308起,抓获犯罪嫌疑人1238人次。积极预防和处置影响社会秩序的各类突出事件,坚持严打方针,多次组织开展专项斗争和统一行动,始终保持对各类刑事犯罪活动的高压态势,使严重暴力犯罪案件发案势头得到有效遏制。设立专门机构,抽调高素质民警专门负责严重经济犯罪侦察工作,开展专项整治行动,打击整治"黑作坊""黑工厂""黑市场""黑窝点",依法严惩组织者、经营者、获利者,摧毁犯罪团伙、网络,维护经济健康发展。成立专业打黑除恶队伍,始终把打黑除恶作为一项突出任务来抓,对黑恶势力团伙犯罪坚持打小打早,露头就打,追根溯源,除恶务尽,使辖区社会治安形势明显改善。制定并实施以"打、防、建、管"为主要内容的综合治理方案,有准备、有步骤地开展打击侵财专项斗争和专项治理,使"两抢一盗"、飞车抢夺、公共场所扒窃、电信诈骗等犯罪现象得到有效打击和遏制。自1996年以来,以李某中、成某强为首的黑社会团伙先后创办长运货场、合肥安广建筑材料有限公司两个经济实体,网罗社会闲杂人员芦某、徐某光以及体校学生丁某海、邱某成等人充当打手,长期在北门一带兴风作浪。为谋取经济利益采取威胁、恐吓、殴打等暴力手段,争夺货场、工地,严重扰乱社会经济秩序。2000年10月31日晚,李某中、成某强带领打手丁某海、邱某成、芦某、徐某光等人携猎枪、斧头等凶器,在益民街35号萨克斯酒吧将柏景湾建筑工地工程竞争对手白某武当场砍死,将沈某东砍成重伤。此案被列为部级挂牌案件,成为安徽省打黑第一大案。分局抽调精干力量,精心组织,先后前往广州、上海、南京、苏州等地,行程万余里,历时5个月,终于在2001年8月19日打掉了这个黑社会性质的犯罪组织，抓获组织成员9名，缴获五连发猎枪1支、自制转轮手枪1支、管制刀具1把、子弹39枚、账簿3本，使当地社会治安及经济秩序迅速恢复正常。

治安管理和便民服务　打造宜业宜居高品质城区，是党委政府的规划要求和辖区群众的普遍企盼，也是分局确立的重要工作目标。为此，分局下大力抓好治安行政管理，做实防灾减灾基础工作，尽可能防患于未然，把各种事故、灾害、犯罪消解在萌芽状态。27年来，先后查缴非法持有的枪械319支、子弹25790发、管制刀具5959把、爆炸及剧毒危险化学物品116件，查处取缔聚赌窝点8663个，排查并督促整治火灾隐患点6256处。由此大大降低了各种事故、灾害、犯罪的发生概率，增大了人民群众生产生活的安全系数。当各种危及人民群众生命财产安全的事故、灾害、犯罪实际发生时，全局干警更是恪尽职守，毫不犹豫地冲在前头，成为人民群众生命财产的“守护神”。2014年2月23日4时17分，合肥市桃花社区瑶池老年公寓突发火灾，83名行动不便的老人被困在公寓内，情况十分危急。接到报警后，支队指挥中心迅速调集3中队7辆消防车、45名官兵赶赴现场。经过近1个小时的紧张扑救，成功扑灭火灾，将被困老人全部安全解救出来，避免了一起群死群伤的重特大事故。在平时办理户籍业务、身份证换发补发、出入境证件等“窗口服务”事项中，积极推广实行“一站式”服务模式，尽最大可能为办事群众提供方便。2009年3月，分局在全市率先试点设立户政服务中心，将辖区内8个派出所的户政业务统一集中到中心办理，既更加方便群众，又有效节省警力。中心设立6年来，共办理居民二代身份证32万张、临时身份证7万张，办理户籍业务51万人次，提供咨询服务78万人次。2010年5月20日上午，分局双岗派出所民警蔡传桥亲自登门，为瘫痪16年的刘志藩老奶奶在家中办理了二代身份证照片采集事项，一时被当事人和社区群众传为佳话。

综合防控和公安改革　分局党委抓当前，谋长远，始终坚持把工作目标定位在辖区长治久安和人民群众满意上。实行警力下沉，大力加强社区和农村警务区、警务室建设，推广居警捆绑模式，以工作优异民警姓名命名其工作的警务区和警务室，打牢公安机关维护稳定、构建和谐的根基。指导加强单位内部安全防范，推进网格化管理防控，加大重点人口管控力度，努力构建起严密的群众性治安防范网络。每年7月6日、9月12日，分别是穆斯林群众传统节日“开斋节”和“古尔邦节”，每次均有1万多穆斯林群众到位于逍遥津附近的清真寺参加聚礼活动。为确保开斋节活动安全有序进行，分局每次均抽调精干警力100余人次，定人、定岗、定责，各执勤单位按照方案部署，协同交警、消防等警种以及市、区党委政府职能部门认真履职尽责，注重形象，讲究方式方法，尊重民族习俗和宗教传统，热情周到为信教群众提供解答咨询服务，引导穆斯林群众有序进出活动现场，确保活动现场的安全和稳定，得到穆斯林群众和社会各界的一致好评。加快科技强警步伐，相继实施公安网络建设，分局指挥调度系统实现语音、数据、图像“三网合一”；实施视频监控系统建设，全部完成“平安合肥”天网工程项目，并总结出“视频监控作战八法”“刑事情报研判之海量信息深度应用”“陌陌搜索定位技战法”等实用警务技战术，指导基层，开展网上作战。深化公安改革，以此破解各类公安业务瓶颈问题，提高公安队伍整体战斗力。分局成立深改重点工作领导小组，以实战为导向，突出工作重点，对重点改革项目实行倒计时推进。同时按照市公安局统一部署积极开展警务改革创新“试验田”工作,鼓励“微创新、微改革”活动。在所承担的6项改革创新“试验田”项目中,所队协作、完善查处网络非法期货交易工作机制、基础设施建设、派出所警务勤务机制改革和涉案财物规范化管理5个项目被市公安局推广,党建项目被评定为“A类”项目。

1990 ~ 2016年庐阳(中市)分局立案破案情况一览表

表22 - 1

年份	立案(件)	破案(件)	抓获犯罪嫌疑人	年份	立案(件)	破案(件)	抓获犯罪嫌疑人
1990	165	127	418	2004	4932	1074	367
1991	183	131	426	2005	6709	933	161
1992	195	135	457	2006	6494	2113	271
1993	175	134	403	2007	5961	3997	370
1994	289	215	392	2008	5734	4161	766
1995	362	214	287	2009	6601	4877	714
1996	604	476	311	2010	6878	2330	838
1997	1031	747	323	2011	7718	2694	997
1998	1553	818	285	2012	7780	3720	1065
1999	2406	1847	290	2013	8263	3699	1005
2000	3125	1523	279	2014	8215	2755	950
2001	3545	1636	281	2015	8864	2366	1011
2002	3856	1737	483	2016	7146	1398	989
2003	4811	1330	538				

队伍建设

1990 ~ 2016年,庐阳(中市)公安分局党委始终坚持把加强干警队伍建设作为全局工作的重中之重,多措并举,紧抓不放,在实践中形成具有本局特色的建队工作路子,并取得良好效果。

学习教育　分局党委班子把强化干警队伍学习教育作为打基础、铸警魂的根本途径,一任接着一任抓,持续发力不放松。切实抓好党的重要会议精神和方针政策学习。1990 ~ 2016年,分局先后组织政治学习300余次,分局以上领导宣讲辅导120余次,组织专题培训研讨100余次,广大干警政治素质不断提高,始终在思想上、行动上同党中央保持高度一致。组织开展学习济南交警及学习孔繁森、李素珍、任长霞等先进典型活动,充分发挥时代英模的示范感召作用。按照上级统一部署,扎实有效地组织实施“三讲”(讲学习、讲政治、讲正气)教育、“三项教育”(宗旨教育、思想路线教育、文明执法教育)、保持共产党员先进性教育、深入学习实践科学发展观活动、党的群众路线教育实践活动、“三严三实”(即习总书记提出的“严以修身、严以用权、严以律己,谋事要实、创业要实、做人要实”)专题教育和“两学一做”(学党章党规、学习总书记系列讲话,做合格党员)学习教育。通过学习教育活动的扎实开展,使广大干警理想信念、宗旨意识不断强化,“忠诚、为民、公正、廉洁”的职业价值理念深入人心,在全局上下营造健康向上的浓厚氛围,为建设过硬干警队伍奠定坚实的思想政治基础。

从严治警　27 年来,分局领导班子始终坚持高标准、严要求,从严格执法执纪、抓好日常养成入手,致力打造干警铁军,锻造过硬警风。为此,先后组织实施以杜绝“三乱”(乱收费、乱摊派、乱罚款)为重点的队伍整顿,学习贯彻《人民警察法》、制止违法违纪专项治理,贯彻落实“五条禁令”等一系列活动,先后利用反面教材开展警示教育 50 多次,组织实施行风评议 25 次、执法质量考评 64 次。与此同时,对干警队伍中出现的违法违纪行为,坚决依法依纪处理,绝不迁就放任。据统计,1991 ~ 2016 年,先后处理违法违纪人员 38 人次,其中追究刑事责任 1 人次、辞退 8 人次、给予党纪处分 9 人次、给予政纪处分 20 人次。

创先争优　为有效激发广大干警“奋力创先、追求卓越”的拼搏进取精神,全面提升队伍履职能力,分局先后开展“创建人民满意派出所”活动,以“树立好形象、争做好公仆”为内容的“双好”活动,“我的岗位我负责、我的岗位请放心”专题讨论活动,“创建先进基层党组织、争当优秀共产党员”活动。2007 年 5 月,庐阳公安分局获得“全国优秀公安局”称号。分局党委面对荣誉不自喜,组织全局开展“荣誉面前怎么办”大讨论,引导全局干警通过讨论做到“三个认清”“三个定位”。“三个认清”即认清形势,增强紧迫感;认清责任,增强使命感;认清自我,增强危机感。“三个定位”即把出发点定位在巩固“国优”成果上,将先进的旗帜高举好;把落脚点定位在转化“国优”成果上,将发展的后劲积蓄好;把着力点定位在深化“国优”成果上,将领先的优势保持好。通过讨论,全局干警头脑更加冷静,思想得到升华,“不可枉做国优单位一员、要向更高更新目标迈进”,迅速转化为共同心声和自觉追求。

党建工作　在加强队伍建设过程中,庐阳(中市)公安分局领导班子十分重视充分发挥党委的核心领导作用、党支部的战斗堡垒作用和广大党员的先锋模范作用,以党的建设带动队伍建设。分局党委“一班人”自身标准高、表率作用强,要求干警做到的自己首先做到,要求别人不做的自己坚决不做,以实际行动为全局干警做出榜样。27 年中,先后在分局任职的 24 名主要领导干部,立功受奖达 16 人次。严格落实党章党规和“三会一课”等制度,及时调整配强党支部书记,把加强基层党组织建设作为一项经常性工作抓紧抓好。通过领导上党课、专家办讲座、观看正反典型教育片、举办党员“向我看齐”签名倡议仪式、组织“保持共产党员先进性教育”理论考试、党员佩戴党徽上岗、党员群众交流谈心等多种形式,不断强化党员干警的“先锋”意识,做到“平时工作看得出来,关键时刻豁得出来”,在加强队伍建设中有力发挥骨干和中坚作用。27 年中,分局干警立功受奖有 558 人次,其中党员干警 539 人次,占 96.59%。

经过多年持续不断的努力,庐阳(中市)公安分局干警队伍建设有了长足发展,不仅有力保证了打击罪犯、治安维稳等工作任务的完成,而且锻造出一支过硬的干警队伍,涌现出一批先进集体和英模人物。据统计,1990 ~ 2016 年,庐阳(中市)公安分局除自身被评为“全国优秀公安局”外,还有 8 人(次)被评为全国英模或先进人物,15 个(次)单位被评为全国年度或单项工作先进集体,4 人(次)被评为全国年度或单项工作先进个人;40个(次)单位被评为全省先进单位,68 人(次)被评为全省先进个人。自 2003 年起,每年都有数十个单位受到市级以上表彰、数十名干警立功受奖。杏林派出所民警王世好从警 17 年,始终战斗在基层一线,用扎实的工作赢得辖区群众的信任和尊重。被公安部追授"全国公安系统二级英模"称号。先后荣获"全国优秀人民警察""全国公安机关爱民模范""全国先进工作者"的逍遥津派出所民警王军从警 9 年,先后抓获 800 多名犯罪分子,其中外省逃犯 67 名、本省逃犯 49 名,被群众誉为"江淮神捕"。

若干年份年庐阳(中市)分局受到全国表彰单位、个人一览表

表 22－2

受表彰单位、个人	荣誉名称	表彰时间	授予机关
庐阳公安分局	全国优秀公安局	2007	公安部
	全国县级公安机关执法示范单位	2006	公安部
	全国公安机关执法示范单位	2007	公安部
	全国公安机关执法示范单位	2010	公安部
	全国公安机关取保候审突出问题专项督察行动成绩突出单位	2013	公安部
安庆路派出所	全国优秀少年维权岗	1999	团中央、公安部
	2006 年度全国一级公安派出所	2006	公安部
	全国优秀公安基层单位	2012	公安部
亳州路派出所	2006 年度全国一级公安派出所	2006	公安部
	全国公安机关实施社区和农村警务战略优秀公安派出所	2009	公安部
益民街派出所党支部	全国基层公安先进党支部	2001	公安部
三牌楼派出所	全国老年维权示范岗	2006	公安部
刑警大队	全国治理自行车被盗问题专项行动先进集体	2006	公安部
责任区刑警二队	全国一级责任区刑警队	2003	公安部
	全国一级责任区刑警队	2006	公安部
刑事科学技术室	全国一级示范刑事科学技术室	2005	公安部
王世好	全国公安二级英模	2012	公安部
丁　勇	全国优秀人民警察	1999	公安部
王　强	全国优秀人民警察	2003	公安部

续表 22－2

受表彰单位、个人	荣誉名称	表彰时间	授予机关
王　军	全国优秀人民警察	2012	公安部
	全国公安机关爱民模范	2012	公安部
	全国先进工作者	2015	中共中央国务院
薛　莉	全国优秀人民警察	1996	公安部
宋之海	全国优秀人民警察	2012	公安部
黄军龙	全国优秀法制辅导员	2003	公安部
邢永乐	全国知识型职工先进个人	2008	全国总工会
唐俊平	2012 年度全国公安机关重点信访案件专项治理工作成绩突出个人	2013	公安部
赵本楼	全国公安机关学雷锋活动成绩突出个人	2013	公安部

第三节　蜀山分局

蜀山公安分局前身为西市公安分局，成立于 1951 年 8 月。2002 年 3 月，合肥市行政区划调整，西市公安分局更名为蜀山公安分局。截至 2016 年 10 月，分局内设 4 个综合处室、6 个职能大队，下辖 9 个派出所、3 个责任区刑警队，民警总数 555 人，辅警 340 人。

业务建设

1990～2016 年，蜀山(西市)公安分局在市公安局党委和区委区政府的正确领导下，全体民警踏实苦干、勇攀高峰，队伍战斗力不断增强，治安防控水平不断提高，严打整治力度不断增大，各项公安业务工作飞速提高，较好地服务蜀山区经济社会发展，维护了辖区的平安稳定，人民群众安全感和满意度大幅提升。

维护社会稳定

蜀山(西市)作为老城区和科教之区，涉及企业工人和学生群体的涉稳案事件较多。2002 年后，随着全市区划调整，井岗、南岗、小庙等 3 个镇陆续划入蜀山区，涉农群体矛盾纠纷急剧增加，加之社会转型期利益冲突凸显，各类群体涉稳案事件易发多发，做好维稳安保工作成为压倒一切的首要任务。为此，分局积极推动建立党政主导的多元化纠纷排查化解体系和风险评估制度，落实不稳定因素和重点人包保责任，组建处置突发事件专职力量，出色地完成群体性事件处置、重大活动安保等任务。20 多年来，分局圆满完成奥运火炬传递、中博会、四体会、十八大安保和处置抵制家乐福事件、涉日维稳、薄谷开来专案侦办及庭审安保、“9·3”大阅兵等维稳安保任务 900 余起，有力地维护了社会大局稳定。同时，在公安部、省公安厅和市公安局的领导下，组织警力参加汶川地震救灾等一大批急难险重任务,受到各级领导的充分肯定。

打击各类违法犯罪

20 世纪 90 年代后,针对各类违法犯罪大量涌现,尤其是侵财类犯罪日益突出这一形势,分局牢固树立“打击犯罪是公安机关主业”理念,在不断地系统分析、精确研判刑事犯罪案件发案走势、动态变化、规律特点的基础上,研究制定、健全完善有效打击、控制、防范刑事犯罪的长效机制,实现对动态变化、发展演变刑事犯罪的有效防范、有效遏制和打击控制模式,并随着形势发展而不断创新。以“命案侦破”为龙头,以组织开展各种专项行动为手段,严厉打击严重暴力犯罪活动,并在实战中逐步建立“指挥高效、科技支撑、情报研判、多警联动”的重大案件侦破机制,对杀人、抢劫、强奸、爆炸等重大影响案件做到快侦快破,及时消除影响。大案关系群众安全感,小案涉及群众满意度。在保持对杀人、抢劫等严重刑事犯罪和黑恶犯罪高压态势基础上,分局紧紧抓住“两抢一盗”等多发性侵财犯罪和非法集资、传销等涉众型经济犯罪,紧紧扣住侵害民生的电信诈骗、食品安全、制假售假、吸贩毒品等突出犯罪,开展打击专项行动,做到更快地破大案,更多地破小案,更好地控发案,让老百姓居家更安心,出行更放心,生活更舒心。深入开展打黑除恶专项斗争,全面净化社会治安环境。一方面,坚持“打早打小、除恶务尽”,深入摸排混迹在批发市场、建筑工地、娱乐场所有前科劣迹、“看场子”“收保护费”的“黑恶痞霸赖”式人物,依法进行严厉打击震慑,从中发现犯罪线索,搜集掌握证据。另一方面,以上级批转的涉黑涉恶案件为重点,彻底摧毁其组织架构,挖出幕后“保护伞”,查清全部犯罪事实,予以歼灭性打击。2001 ~ 2016 年,分局打掉恶势力团伙 70 余个。

构筑社会治安防控体系

在社会治安形势日益复杂、打防管控任务日益艰巨的情况下,分局认真履行平安职责,始终坚持“两手抓、两手都要硬”的方针,在严打的同时,狠抓防范。大力加强“六张网”(街面防控网、社区防控网、内部单位防控网、视频监控网、重点部位防控网、虚拟社会防控网)建设,基本建成全天候、全方位、立体化的社会治安防控网络。将刑事发案作为社会治安“晴雨表”,建立“红橙黄”、刑事发案“日通报”等预警机制,强化刑事发案“周研判”、“月分析”、系列案件串并分析,真正实现警力跟着警情走、警务围着警情转,牢牢把握打防工作主动权。随着互联网的迅速普及和应用,分局按照市公安局科技强警战略部署,逐步建立覆盖全局的公安网络,先后建成“三台合一”系统、协同办案系统、警用地理系统等一批应用系统,指挥调度系统实现从 20 世纪 90 年代的电话派警到语音、数据、图像“三网合一”。从城市安全和社会治理大局出发,大力推动“公共区域政府建、场所内部单位建、商户门面业主建、居民小区物业建”的“天网”工程建设,3000 个监控探头的市一级“天网”工程一期和 400 个区级支网工程一期全部建成并投入使用,前端采用高清探头和部分红外探头,后台利用物联网、云计算技术,实现视频智能检索、图像智能分析等图像侦控技术手段的综合应用。城市“天网”已经在维护稳定、打击犯罪、城市管理等方面发挥巨大作用。建立地面网格化巡控格局,全区划分成 24 个巡控网格,26 辆巡控车全部安装 GPS,扁平化调度、点对点指挥,撒开成网、收拢成拳。同时,按照群防群治的方针,组建近千人的专职巡逻队、义务巡逻队,动态化布局、精确化设防。推动区综治部门将可防性案件以及群防群治等纳入综治“一票否决”项目。统筹“网上网下”两个战场,立足虚拟社会现实化管控,成立网安中队,建立互联网管控平台,虚拟网管控不断加强,专业性、预警性、导控性愈来愈强,为防止现实危害,堵塞防控漏洞发挥重要作用。

强化基层基础

“求木之长者,必固其根本;欲流之远者,必浚其泉源”。蜀山公安分局牢固树立科学发展、固本强基长远战略,不断夯实基层基础工作,为公安工作可持续发展奠定坚实基础。在夯实基层所队基础建设上,紧紧抓住“三基”工程建设、“三项重点工作”和“三项建设”有利机遇,利用多种场合、多种渠道,全方位争取党委政府和各级领导的支持,在基层所队建设、装备配备、经费保障、警力下沉等方面取得突破性进展。先后完成三里庵、琥珀、南七、荷叶地、五里墩派出所和刑警一队、刑警二队、刑警三队办公用房建设,所队基础建设面貌焕然一新;稻香村、西园派出所新业务用房建设纳入蜀山区旧城改造总体规划,全面实施“交钥匙”工程。装备设施进一步配齐配全,全局计算机、通信台、民警单警装备配备率均达到100%,警用车辆从20世纪90年代的寥寥数辆到现在的100多辆,全局基层所队警力占总警力的95.2%,派出所警力占61.3%,警力进一步实现下沉;人均经费达到2.1万元,经费保障机制进一步建立和完善。2008年,分局顺利通过上级“三基”工程建设考核验收,被评为“全省公安机关三基工程建设先进集体”。在城乡社区警务建设上,制定出台《关于加强和改进社区警务工作的实施意见》《社区民警工作职责》《社区警务工作规范》《社区工作信息采集规范》,进一步明确社区(农村)警务工作目标方向、推进措施以及社区(农村)民警日常工作职责,同时,创新警务模式,坚持“脚板+网络”“面对面+键对键”相结合,利用“网上警务室”、警务通、警民QQ群、微信等即时通信手段,与社区群众实时互动交流,开展预警宣传,全面掌握辖区情况。截至2016年10月,分局社区民警从20世纪90年代的40余人增加至150人,社区警务室从20世纪90年代末的17个增加至64个,流动警务车2011年开始配备,至2016年已达11辆,下辖的9个派出所全部建立了微信公众平台,建立警民QQ群75个,微信群91个,开展网上便民服务2万余次、安全宣传4万余次,收集各类信息10万余条。在勇破基础难题上,针对长久以来无证小旅馆管理中存在的两实信息登记率不高的问题,分局充分依据《治安管理处罚法》《合肥市房屋租赁管理办法》等法律法规,借全市公安机关开展加强旅馆业、洗浴场所住宿旅客实名登记工作“试验田”之机,多方考察,积极探索,将无特行许可证有系统的旅馆业作为“试验田”工作的重点突破口,转换工作思路,变换更改旅馆业名称和标志标牌,将无证小旅馆统称为“某某出租公寓”,同时对旅馆业旅客信息上传系统进行升级改造,即通过将已安装的旅馆业信息上传系统名称变更为“出租房屋人员信息上传系统”,变换系统功能,将住宿旅客纳入出租房屋人员予以管理,既消除了经营者的后顾之忧,又提升了公安机关的管理效能,更为公安机关提供了有效的管理抓手,有效破解了一直以来无证小旅馆管理的难题。2015年底,辖区183家无证小旅馆全部改造完毕,全年旅客信息采集量为400万余条,同比提高43.1%,通过系统查获临控人员23人,查破治安刑事案件7起,抓获网上逃犯9名。在2015年省厅和市公安局的历次明察暗访中旅客登记上传率均达到95%以上。旅馆业“试验田”被市公安局评定为A类,在全市进行推广、复制。

推进公安改革创新

社会的发展和形势的变化给公安工作带来新的挑战,不适应、不适宜问题日益突出,对此分局主动应变,在机构设置、警务模式、队伍管理等方面采取许多改革创新措施,不断推动公安工作前进和发展。

探索推动警务运行机制改革。在全市率先建立技侦工作站、网安工作站、合成作战室,研发建设分局大情报合成作战平台、所队协作平台,实现横向集成、纵向贯通。横向联通所有实战单位,打通业务系统,打破“情报围墙”“信息孤岛”,将分散于各警种的职能按性质类别进行整合。纵向按照“一级研发、二级共用”原则,通过合成作战平台、所队协作平台把信息资源全部联通起来,让基层所队可第一时间把报警线索、社情民意等信息转化为网上共享信息,分局可第一时间把高质量预警情报和急需的研判指令推送至基层一线。2016年10月,公安部基础信息化建设考察组到分局调研参观警务改革成果,市公安局在分局召开网安工作站现场会,省厅、市公安局专门就分局警务机制创新的做法编发简报,给予充分肯定。

探索推动警务指挥体系改革。按照省公安厅全面深化公安改革、推进“四项建设”、打造“五个公安”总体部署,分局围绕提升公安机关警务实战化水平和驾驭社会复杂治安局势能力的目标,牢固树立打信息战、科技战、合成战的现代警务理念,将以往的合成作战中心与指挥室有机整合成情报指挥中心,以此作为分局“发号施令”的唯一“神经中枢”,运用“一二三四”工作法,推动情报研判与指挥调度无缝对接和相互融合,积极推进“情指一体化”实战指挥体系建设。2016年,通过“情指联动”,分局共抓获各类违法犯罪嫌疑人121名,打掉犯罪团伙11个,抢劫、盗窃、诈骗警情同比分别下降20.11%、24.07%、0.6%,快速处置30人以上群体性事件20余起,高效处置“3·25”松芝万象城聚众斗殴、“2·5”银泰城故意杀人案等案件,有力维护辖区社会治安大局持续稳定。

探索推进巡控机制改革。针对一直以来巡控捕现战果不理想的现状,分局秉承“警力跟着警情走”的工作思路,积极探索巡控工作新模式,在网格化巡逻防控的基础上,结合辖区治安形势认真研判分析,成立进攻性盘查队,“步巡+车巡”与“便衣守候+公开震慑”相结合,实施以提高“见警率、捕现率、威慑率”为主要内容的进攻性盘查,犯罪实时控制能力显著提高,捕现数成倍增加。2016年1月,分局成立进攻性盘查队,至年底盘查嫌疑人员2100余人次、嫌疑车辆1400余台次,抓获违法犯罪嫌疑人93人,占分局巡控抓获总数的20.1%,其中刑拘46人,治拘41人。

探索推进单警考评机制改革。1990～2016年,公安工作效能步步提升,单位绩效考评机制发挥重要作用,随着单位绩效考评工作体系的日趋完善,逐步向民警个人绩效考核延伸,但因岗位不同、标准不一、实际操作难等因素制约了绩效考核作用的发挥。针对这一情况,分局自2015年起,将工作目标责任细化分解到每个岗位、每位民警,坚持日清周推月考制度,完善动态常态督查考评机制,初步形成以执行力考评为核心内容的单警考评体系,并且将单警考评结果与干部选拔任用、职务升降、“4+1”岗位争先、年终考评、离岗培训、待遇调整等紧密挂钩,促进民警养成“以实干论英雄”的干事创业新思维。单警考评正式落地后,在队伍中引起强烈的反响。至2016年年底,分局运用单警考评结果,评定月度先进184人次,嘉奖10名民警,4名民警荣立三等功,问责个人12人次、单位2个次,累计约谈(或座谈)民警12人次,2015年度蜀山分局总体绩效考评成绩在全市7个分局中名列第一,初步达到绩效考评的杠杆作用和导向效果。

1990～2016年蜀山(西市)分局主要刑事案件立、破案情况一览表

表22－3

年份	总计		八类案件		盗窃		抢夺		诈骗		毒品犯罪	
	立案	破案	立案	破案	立案	破案	立案	破案	立案	破案	立案	破案
1990	212	165	40	38	161	116	1	1	8	7	1	1
1991	198	185	60	42	124	80	1	1	5	4	—	—
1992	176	138	58	52	91	56	3	2	6	6	—	—
1993	212	147	69	42	159	106	2	1	5	3	—	—
1994	274	152	60	43	169	112	3	2	9	7	—	—
1995	373	250	76	58	240	109	15	10	21	9	—	—
1996	463	236	60	46	382	206	11	9	33	29	—	—
1997	611	226	68	50	464	128	5	12	43	26	—	—
1998	1549	560	156	99	1193	363	31	4	118	50	—	—
1999	2116	503	150	75	1742	334	40	4	128	39	—	—
2000	3014	750	216	88	2404	471	—	—	166	27	58	58
2001	3354	921	275	105	2420	496	—	—	297	103	150	150
2002	3519	808	221	83	2887	564	—	—	220	22	—	—
2003	3992	1266	278	169	3219	855	—	—	304	146	1	1
2004	4541	1131	271	107	3831	877	—	—	215	50	1	1
2005	4684	952	250	88	3980	703	—	—	178	15	1	1
2006	4604	1241	240	1478	3945	903	69	15	214	10	4	6
2007	4358	1857	168	128	3718	1428	98	98	246	76	21	21
2008	5108	2846	116	93	4452	2482	82	51	272	65	64	64
2009	5429	2843	165	121	4593	2410	75	33	360	76	57	82
2010	6308	3008	124	61	5372	2659	75	11	463	34	107	107
2011	6251	2990	170	105	5229	2594	117	9	485	75	97	93
2012	7053	3493	140	90	5831	2936	49	1	455	58	90	90
2013	8250	3268	142	104	6937	2689	59	3	628	35	73	73
2014	8285	2924	91	74	6851	2417	20	1	895	78	106	106
2015	8908	2879	68	62	7144	2458	18	10	1258	50	90	65
2016	7422	2906	68	62	5835	2468	4	2	1070	69	56	32

1990～2016年蜀山(西市)分局治安案件主要数据统计表

表22－4

年　份	发现受理(起)	结案(起)	查处违法人员(人)	
			罚　款	拘　留
1990	621	604	286	313
1991	612	598	290	188
1992	580	539	287	293
1993	547	522	396	250
1994	908	860	399	304
1995	852	806	644	299
1996	956	901	598	206
1997	1290	1167	1973	103
1998	1253	1159	1904	95
1999	1335	1028	732	113
2000	2214	639	179	162
2001	1803	677	328	183
2002	1725	889	331	269
2003	1395	567	315	216
2004	1345	596	235	228
2005	3110	2229	258	193
2006	8596	6233	349	394
2007	7894	4852	316	309
2008	12736	9333	265	270
2009	21526	17368	524	785
2010	23041	16194	420	1130
2011	23023	21385	240	1208
2012	25439	21378	122	1055
2013	25787	20591	193	1039
2014	25171	15987	261	1308
2015	18389	10399	354	1540
2016	17892	11289	128	1515

队伍建设

1990～2016年,蜀山分局以提升群众安全感满意度为总目标,以正规化建设为方向,重点突出政治建警、素质强警、从严治警、典型树警,努力锻造一支听党指挥、服务群众的公安精兵,为顺利完成公安各项工作提供坚强的支撑。

政治建警　分局党委高度重视队伍思想政治工作,始终坚持政治建警战略,薪火相传,久久为功。27年来,先后组织开展"讲学习、讲政治、讲正气"教育,争创人民满意活动、"三项教育"(全心全意为人民服务的宗旨教育、实事求是的思想路线教育和严格、公正、文明、执法的法制教育)、保持共产党员先进性教育、"大学习、大讨论"、"深化社会主义法治理念教育"、"深入学习实践科学发展观"、党的群众路线教育实践活动、"为何从警、如何做警、为谁用警"大讨论、"三严三实"、"两学一做"等一系列主题教育活动,通过大规模、强化式的学习、讨论,使全局民警进入常态化学习自觉状态,在不断学习中切实提高个人素质,树立优良警风和良好形象,增强干事创业的使命感和责任感。

素质强警　没有一支训练有素的队伍,就不可能担当重任、经受考验。多年来,分局围绕"说得过、追得上、打得赢"的目标,按照"人人参加练兵、人人受到教育、人人得到提高"的要求,深入开展"大练兵"、"大比武"、"大学习大讨论"、"师带徒"、"四随"、微课程教学、跟班学习等教育训练活动。2007年1月,分局积极顺应公安工作队伍发展需要,按照"以训为主,以战为先"的理念,建立了分局战训基地,按照队建制组建战训队,实行全脱产集中学习培训,并依托战训基地,组织开展民警体能、警务技能、公安业务、法制讲座、心理健康讲座等各类培训活动600余次,培训民警5000余人次,广大民警的业务水平、体能素质和实战能力得到全面加强。分局拍摄制作的微课程教学片《出城卡点设置与查控战术》获省公安厅微课程教学片评比一等奖,制作的《金新友"五微"社区警务工作法》宣传片荣获市公安局2015年度改革创新大赛三等奖。战训教官林卫华2011年被评为"全省公安教育训练工作先进工作者"。

从严治警　分局以实现队伍建设正规化为目标,坚持从严治警方针不动摇,以不断规范完善队管制度为抓手,实施精细化管理,致力打造忠诚可靠、纪律严明的公安铁军。20多年来,分局先后出台《蜀山分局队伍管理若干规定》(简称"八条规定")、《蜀山分局"四个严禁"工作制度》、《蜀山分局约谈、诫勉谈话机制》、《蜀山分局民警八小时外管理制度》等队伍管理制度50多项,深入开展"纪律作风教育""创无违纪基层所队""队伍纪律作风教育整顿"、违法违纪警示教育、队伍突出问题整治"试验田""正警风、肃警纪"、贯彻落实"五条禁令""三项纪律"等一系列活动,广大民警的纪律意识、底线意识不断强化,遵纪守规的主动性、自觉性不断增强。与此同时,对队伍中出现的违法违纪行为,坚持"零容忍"态度,坚决依法依纪处理。据统计,1990～2015年底,分局先后处理违法违纪33人次,其中追究刑事责任5人次、辞退6人次,开除1人次,给予党纪处分3人次,给予政纪处分18人次。

典型树警　深入推进典型选树工作常态化、系列化,先后开展"学习李素珍,真情献人民"、"树立好形象,争做好公仆"、争当人民满意民警和争创人民满意单位、"我的岗位我负责,我的岗位请放心"等活动,涌现出"全国优秀人民警察"喻栋林、魏国、陶军、胡仕康,

"全省十大忠诚卫士"俞飞等一大批模范典型,并充分利用公安信息网、互联网、电视、报纸等载体,大力宣传队伍中涌现出来的先进人物和事迹,营造干事创业、赶学帮超的良好氛围,形成凝聚警心、争先创优的正能量。不断涌现出先进典型,汇聚了风清气正的警营生态,铸就了蜀山公安一个又一个辉煌。

1992 年,西市分局被公安部评为"全国优秀公安分局"称号;1999 年,西市分局被公安部评为"创建人民满意派出所工作先进公安局";2008 年,蜀山分局被评为"全省优秀公安局";2009 年度,蜀山分局被表彰为"全省公安机关'三基'工程建设先进集体";2015 年度,蜀山分局荣获全省公安工作先进县市(区)公安局(分局)称号。除了分局自身荣誉外,自 1990 至 2015 年底,蜀山(西市)分局共有 4 人(次)荣获全国先进个人,5 个(次)单位被评为全国年度或单项工作先进集体;17 个(次)单位荣获省级先进单位,37 人(次)荣获省级先进个人;被市公安局以上表彰的单位 104 个次、个人 119 人次。

若干年份蜀山(西市)分局受到全国表彰单位、个人一览表

表 22－5

被表彰单位、个人	荣誉名称	表彰时间	授予机关
西市公安分局	全国优秀公安局	1992	公安部
西市公安分局	创建人民满意派出所先进公安分局	1999	公安部
井岗派出所	全国模范派出所	2003	公安部
责任区刑警一队	全国公安系统青年文明号	2009	团中央、公安部
三里庵派出所	全国公安机关执法示范单位	2010	公安部
王万成	一等功	1999	公安部
俞栋林	全国优秀人民警察	2000	公安部
魏　国	全国优秀人民警察	2007	公安部
高毓晞	灾区群众满意的公安特警	2008	公安部

第四节　包河分局

包河分局前身为郊区分局,成立于1959年2月。1960年6月,更名为北市分局。1963年6月,恢复名称为郊区分局。2002年3月,合肥市行政区划调整,郊区公安分局更名为包河公安分局。截至2016年10月,分局内设4个处室、7个直属大队,辖9个派出所和3个责任区刑警队,民警总数598人,辅警751人。

业务建设

27年来,包河(郊区)分局以邓小平理论、"三个代表"重要思想和科学发展观为指导,以提升群众安全感和满意度为目标,紧紧围绕"六个坚持",不断提升打防管控能力和队伍战斗力,确保辖区社会治安环境持续良好,积极打造"平安包河、和谐包河"社会环境,为辖区社会经济快速发展保驾护航。

坚持主动维稳　随着经济发展和社会转型,辖区由郊区转变为城区,经济总量跃居全省区县第一,涉及企业改制、征地拆迁、工程建设和城市改造的各种利益群体相互交织,矛盾相互叠加,涉稳事件频发。分局党委始终坚持关口前移、源头化解,争取区委区政府支持,先后在街道和派出所分别成立"综治信访维稳中心"与"警民联调室",探索建立"大联调"工作机制,将矛盾解决在苗头、化解在基层。针对群体性事件,建立健全应急处突方案预案,2011年在全市率先成立应急处突队,由20名民警和100名辅警构成,平时训练、战时处突。27年来,妥善处置1400余起群体性事件,确保社会大局持续稳定。其中依法妥善处置2007年高压开关厂职工阻挠拆迁事件、2008年百脑汇"万人签名"、2008年马鞍山路部分学生群众"抵制家乐福"活动、2009年43号大院群众聚集阻挠拆迁事件、2010年义城镇施口村村民阻扰南淝河大桥施工事件等各类群体性事件。

坚持严厉打击　辖区在原郊区基础上形成新城区,违法犯罪区域性特点较为明显,1990~2002年,抢夺、抢劫、盗窃和寻衅滋事、聚众斗殴等违法犯罪比较突出。区划调整之后,由农村变为城区,商业区、城中村、农村相互交错,人员构成复杂,流动人口急剧增加,盗窃、诈骗等侵财类犯罪大幅上升并高位运行。分局党委始终坚持"打击是第一主业"的理念,本着"什么问题突出就解决什么问题,哪里犯罪严重就在哪里开展集中打击"的原则,突出重点、因地制宜,不间断地组织开展一系列专项斗争和重点整治,有效地解决了一些区域犯罪活动猖獗的问题。20多年来,相继开展打击整治"车匪路霸""扫黄打非""打黑除恶""命案侦破""禁毒禁赌""校园治安整治""两抢一盗""网上追逃"等专项行动,有效整治社会治安突出问题,遏制刑事案件快速上升势头,维护了社会治安持续稳定。针对经济领域犯罪越来越突出的情况,分局专门成立机构,严厉打击各种经济违法犯罪活动,整治和规范市场经济秩序。连续开展"制贩假币""地下钱庄""侵犯知识产权""银行卡诈骗""制售假发票""非法吸收公众存款""非法集资"等专项行动;特别是2009年以后,大量传销人员融入滨湖新区,成为全市的重灾区,涉及传销警情年均达到3000起,分局举全警之力,发起打击传销攻坚战。截至2016年,辖区传销违法犯罪基本得到遏制。破获刑事案件156起,采取刑事措施521人;教育遣返2万余人,挽回经济损失9000余万元。其中,破获公安部挂牌督办的“2011·1·18”“2012·5·15”“2013·4·25”等特大组织、领导传销活动专案。

1990～2016年包河(郊区)分局立破案一览表

表22－6

年份	立案	破案	年份	立案	破案
1990	270	202	2004	6773	898
1991	432	380	2005	7768	976
1992	243	183	2006	8227	1892
1993	234	196	2007	7508	1177
1994	332	284	2008	7355	1869
1995	453	344	2009	8098	2829
1996	407	326	2010	7629	2728
1997	940	364	2011	8171	2601
1998	1335	501	2012	8360	3564
1999	1844	306	2013	9157	3574
2000	3429	744	2014	9175	2985
2001	3856	1045	2015	10463	3088
2002	4962	1149	2016	8301	3146
2003	6231	1408	—	—	—

坚持严密防范　分局按照社会化防范的思路,整合资源、创新举措,最大限度地压警情控发案,辖区可防性案件高发势头得到基本遏制。争取政府区政府出资,2011年建立专业巡逻队,550名专业巡逻队员按照“网格化”模式动态巡逻;2012年,出台《包河区基层单位社会治安防控工作考评办法》,在全市率先将综治“一票否决”延伸到村(居),调动基层组织参与防范工作积极性;2013年,建立“社会力量抓获违法犯罪嫌疑人和社会力量提供有价值破案线索及视频资料奖励”长效机制,两年时间,社会力量直接抓获犯罪分子495人次,奖励491人次,发放奖金63万元。发挥技防优势,“天网”工程从无到有,从粗到细,从弱到强,已有3166个市级“天网”探头建成并投入使用;另外区政府出资增建的2000个监控探头正在建设之中。依托“天网”,全市率先建立视频巡查队伍和所队视频监控室,开启“探头站岗、鼠标巡逻”新模式。推动群防群治,积极推动在商场、医院等单位门前建立看护点、实行“聘任看管”,在商户比较集中区域推行“商户联防”等市场化运作防范模式。不断探索治安防范新模式,借鉴先进发达地区经验并结合实际,在人口高度密集区域和大型商业区建立综合警务站。2014年,在全市率先建立高铁南站综合警务站,随后省行政服务中心综合警务站和芜湖路万达广场综合警务站相继建立。

坚持民意引领　以提升人民群众满意度为目标，在政策上、制度上推出惠民利民举措，畅通服务群众“最后一公里”。不断优化服务举措，在特行管理、消防审批和户籍办理等行政业务上，简化行政审批流程、建立绿色通道。2009 年 10 月 1 日，在全省率先推出“临时身份证现场办结”服务，最大限度地方便群众。2012 年 11 月 26 日，分局成立全省第一个户政中心，抽调 15 名民警、17 名辅警，实行集中办理户籍业务，简化流程、下放权限，实行窗口全域式服务、一站式办结。受到省厅、市公安局肯定并在全省逐步推广。不断创新服务措施，针对旅馆业实名登记上不规范现象，依据《治安管理处罚法》《安徽省旅馆业住宿登记管理规定》等法规，制定《旅馆业实名登记工作分级管理办法》，对辖区提供住宿服务的宾馆、旅店、酒店、洗浴等 670 家经营场所，评为“一、二、三”三个等级进行动态管理，提高业主自我管理的积极性和主动性，提升监管效率和服务水平。

坚持严格执法　紧紧围绕执法主体、执法制度和执法环境三个重点环节，深入推进执法规范化建设。强化能力建设，开展全警培训、案件旁听庭审、“小班”授课、“微课程”教学和网上在线指导等教育培训模式，提升民警法律素养和执法能力。2010 年，实行民警法律知识考试学分累计制，市公安局根据包河经验研发全市民警教育训练一网通系统。强化制度建设，坚持以解决执法突出问题为突破口，先后制定下发了《执法场所办案区管理规定》《执法记录仪使用规定》《非涉案财物管理规定》等 21 项执法制度，进一步规范执法流程，保障执法安全。强化执法监督，建立执法质量审核与考评同步制度、考评情况 48 小时通报制度、四类案件报备检查制度、退查与纠正违法制度等一系列执法监管制度，有效减少执法过错的发生，执法质量稳步提升。2011 年，开展“说理式执法”活动，提炼总结出 20 种说理方法、4 类说理技巧和 16 种常见情景说理应对措施，促进“理性、平和、文明、规范”执法理念的养成。2011 ~ 2012 年，分局连续两年被评为“全省执法示范单位”。2016 年 8 月，分局芜湖路派出所被评为“全省公安机关执法示范单位”。2003 ~ 2013 年分局在市公安局执法质量考评中，连续 10 年获执法质量考评“优秀”等次。

队伍建设

分局党委始终把队伍管理教育作为各项工作的重中之重，紧紧围绕“增强宗旨意识、点燃工作激情和提升执行力”工作目标，抓住内外因素，推进队伍专业化建设，提升队伍向心力、凝聚力和战斗力。

注重思想教育　通过组织开展“爱民月”“四个教育”（职业道德教育、法制法规教育、权力教育和当一名合格民警的教育）、“三项教育”（全心全意为人民服务的宗旨教育，实事求是的思想路线教育，严格、公正、文明执法的法制教育）、先进性教育、社会法治理念教育、学习实践科学发展观教育、“我的岗位我负责、我的岗位请放心”、党的群众路线教育、“三严三实”（严以修身、严以用权、严以律己；谋事要实、创业要实、做人要实）、“两学一做”（学党章党规、学系列讲话，做合格党员）等专题思想教育活动，使全体民警增强党性，提升修养。抓好典型宣传教育，鼓励干警立功创模，相继组织开展“学杏花（派出所）、赶杏花”、“学济南交警”、学“一级英模”李素珍等学习活动。

注重民警管理　相继制定《加强民警作风纪律建设七项规定》《内务管理及民警养成教育标准》15 项制度规定，有效促进民警的作风养成。分局于 2003 年率先实行对单位及民警的目标管理考核,落实政治、经济等待遇与工作绩效挂钩,规范评先创优机制,增强各基层单位和全体民警的荣誉感。2009 年,在全市范围内率先实行指纹打卡考勤制度,得到省厅肯定并作为经验交流。结合市公安局警务创新"试验田"项目,2015 年,分局率先建立辅警人事信息系统,完善辅警电子档案,将辅警纳入分局教育管理范围,从人员招录、岗位设定、教育培训、考核奖惩等各个方面全方位细化和规范。分局辅警队伍管理工作经验被公安部、省厅以简报形式刊发。

注重教育训练 认真落实"三个必训"制度,严格实施教育训练"准入制"。2007 年,结合全国开展大练兵活动,分局创新练兵方式,按照"以训为主,以战为先"的工作理念,建立战训基地,实行封闭式管理,常年保持 20 人,每期 15 天,24 小时备勤,"以训为主、以战为先";开创"分层次、分警种、分专业"教学模式,开设"局长论坛""所队长讲堂""优秀教官精品课程讲坛""兼职教官课堂""优秀民警讲坛""实训基地座谈"和"网上学校"七大课程。包河分局"战训合一、轮值轮训"经验做法在全省推广。是年 11 月,东盟 12 国驻华执法联络员项目学员代表团到分局观摩交流。2012 年战训基地被评为"全市标杆所队"。

27 年来,包河分局民警整体素质不断提高,在各种考验面前表现出不怕流血牺牲和忘我的奉献精神,用实际行动践行"忠诚、公正、尚学、奉献"的合肥公安精神。先后有 7 人荣获全国先进个人,65 人荣获省级先进个人,10 人荣立个人二等功,271 人荣立个人三等功。2013 年分局被评为全国"打传销 反欺诈 促和谐"成绩突出单位,2009 年、2011 年、2013 年被评为全省先进公安分局,2004 年被评为全省"严打"整治斗争先进集体,2006 年被评为全省公安机关"追逃"工作成绩突出基层单位,2008 年被评为全省公安机关"三基"工程建设先进集体、全省公安系统奥运安保工作先进集体,2011 年、2012 年被评为"全省执法示范单位",2011 年被评为全省公安机关重点信访案件专项治理先进集体。2009~2013 年,分局连续 5 年在市公安局年度考核中荣获"优秀"等次单位。1996 年、1997 年、1998 年,分局杏花派出所连续 3 年被评为全国先进单位;1996 年 12 月,已故常青派出所户籍民警李素珍被授予"全国一级英模"荣誉称号。

第五节 高新分局

高新分局前身为蜀山分局,成立于 1993 年。1999 年 1 月,更名为合肥市公安局高新技术开发区分局(简称高新分局)。2016 年,分局内设 4 个处室、7 个直属机构,下辖 2 个派出所,民警总数 165 人,辅警 307 人。

业务建设

1993~2016 年,高新(蜀山)分局勇于担当、忠诚履职,以防为主,打防管控齐抓,有效地维护高新区社会治安秩序,为建设"中科智城、江淮硅谷"做出积极贡献。

维护社会稳定 24 年间,高新分局坚持敏感敏锐、关口前移,注重加强深层次、内幕性情报信息获取，增强预见性、敏感性，提高发现、控制和处置能力，维护辖区的社会治安秩序。开展矛盾纠纷排查调处，加强社会稳定风险评估，对不稳定因素和重点人，协调区管委会及相关部门落实包保责任，从源头上化解矛盾。平均每年约化解较大矛盾纠纷260余起，先后依法妥善处置“抵制家乐福”“飞歌空调公司工人维权”“荣事达公司重组员工维权”等重大群体性事件850余起，没有一起因处置不当而造成不良影响。在全市率先组建应急处突队，投资100余万元用于装备升级、人员招聘，应急处突大队辅警人数达110人。建立起以公安为主导的高新区涉稳事件应急联动体系，制定反恐维稳应急处突预案9大类35套，年均开展反恐检查20余次，年均开展反恐怖袭击等实战演练和应急拉动2次以上。

严打刑事犯罪　24年间，随着辖区人口的增长，刑事发案逐年上升，犯罪手段也向隐蔽化、智能化的方向转变，发案类型则由侵害人身安全向侵财性案件转变。

大要案侦破。牢守命案必破理念，24年破命案12起，破案率为100%，其中11年无命案。先后开展打击“车匪路霸”“围歼车匪路霸、反抢劫”“破大案、打团伙、追逃犯”“灭枪、缉枪、治爆”等专项行动，打掉涉黑涉恶犯罪团伙8个39人。打击侵财性犯罪，先后开展“打击盗窃三车”“打盗抢保平安”“百日会战”等130余次专项斗争，破获砸车盗窃、撬门扭锁、攀爬入室、白日闯等侵财类案件4986起，打掉盗窃团伙92个，抓获420人。2016年破获丰泰银网络炒原油期货诈骗案，刑拘19人，破获案件100余起，挽回群众损失30万元。

遏制经济犯罪。24年间，分局共立经济案件677起，破案383起，抓获犯罪嫌疑人156人，挽回经济损失10.8亿元。

深化禁毒斗争。加强禁毒志愿者队伍建设，常态化开展禁毒宣传，年均开展集中宣传活动10余次，年均发放禁毒宣传品资料5000余份，提高全社会识毒拒毒能力。重视目标毒品案件侦办，24年间共破获涉毒案件199起，打击处理73人，缴获汽车7辆，现金25.88万元；其中破获省厅毒品目标案“2013·4·5贩毒案”“2015·4·7贩毒案”等一批大要案。对辖区110家易制毒企业常态化监控，确保安全。

加强社会治安防控　24年间逐步构建以社会面防控网、单位内部防控网、视频技术防控网、网络社会防控网为主的治安防控体系，辖区刑事发案全市最低，仅占全市刑事发案总数的4%以内。

社会面防控网建设。1993年，街面巡控工作，由辖区派出所负责，辖区治安巡逻防范以社区民警为主，以群众义务巡逻为辅。1997年抽调干警，组成一个警组，专职开展街面巡逻。2003年，在辖区五个主要路口设立治安岗亭。2005年综治联防大队成立，协助派出所治安巡逻和守候。2008年由武警、公安联合开展街面巡控。2010年3月，市公安局批准成立高新分局巡逻警察大队，进一步强化街面巡逻工作。2015年成立应急处突大队，从事街面巡逻警力超过百人，街面“两抢”案件年均发案低于5起。

单位内部防控网建设。加强重点单位保安力量建设，实现省级重点单位95%以上有专门保安组织，有效减少了单位内部发案。2001年，董铺派出所辖区全年无刑事案件。加强警务室建设，社区和驻村民警进社居委、村委会班子。2015年起，每个社区民警配备1~2名协管员，提升户籍人口信息采集质效，人口基础信息采集抽查合格率平均达到

96%以上。发展群防群治组织，建立义务巡逻队，小区巡逻队有240余支1200余人，在治安防范中发挥积极作用。2012年，区管委会出资对辖区回迁小区进行人防、技防改造，引进物业公司4家，增加维修监控80余处，增加车棚4个，减少回迁小区内部发案。

视频技术防控网建设。2005年初，分局开展社会治安视频监控系统建设。2012年启动“天网”工程建设，2015年底，“天网”工程一期完工，分局辖区共建监控探头1200个。2016年全面开展视频巡查侦查工作，分局在指挥室、应急处突大队、派出所组建4支视频巡查中队，通过“天网”破案13起，抓获犯罪分子17名。

网络社会防控网建设。加强网安力量配备，建立互联网舆情监控中心、网安专网办公室、三级电子物证鉴定实验室，出资16万元购置电子物证勘验等网安装备。先后在新华学院、安徽行政学院等2家单位建立网安警务室，强化网络安全监管。

开展涉网案件宣传及侦办工作。累计发放、张贴防范电信网络诈骗宣传资料8万余张，开展宣传100余次。侦办涉网案件45起，配侦案件88起，配侦抓获逃犯113人。

公安行政管理。24年间，分局坚持民意主导警务，不断加强公安行政管理，社会管理服务创新水平显著提升。行政窗口服务办理，不断提升身份证办理速度，最大化地方便群众。加强出入境窗口行政服务标准化、规范化建设。加强外国人管理，始终保持对辖区涉外人员的底数清、情况明。2016年年底，辖区涉外单位87家，常住境外人员131人。加强对外国人聚集区、大专院校和涉外企业服务管理。2015年根据市公安局要求，在分局设立出入境办理点，接收各类护照等证件办理。2016年8月，将出入境业务和户籍业务统一从分局迁至区管委会政务服务中心。

消防安全管理。消防组织机构不断壮大，2003年高新区消防部门为消防支队八中队，2007年组建高新消防大队。随着辖区规模不断发展扩大，辖区火灾警情不断上升。2000年仅有火灾警情18起，2015年上升为312起。创新消防安全管理，有效落实消防安全责任制，基本形成社会化消防工作格局，提高火灾防控水平，2003～2016年间未发生亡人火灾事故。危爆物品管理，定期对辖区3家剧毒化学品使用单位进行安全大检查，督促危险品所有、使用、运输、保管单位落实责任，24年间未发生丢失、被盗、被抢和爆炸、泄漏等安全事故。

人口、户籍管理　辖区人口不断增加，2001年辖区实有人口10.9万人，2006年增加到12万人，2011增加到17万，2016年增加到23.3万。加强出租屋管理，开展信息采集会战，人口信息保持鲜活、准确。落实国家户籍改革相关措施，推出暂住证、居住证等多项管理措施。

黄赌毒整治　24年间，无间断地对黄赌毒违法犯罪行为予以打击，定期开展专项统一行动，清查宾馆洗浴场所，先后收缴零散摆放赌博机1062台，捣毁赌博窝点153处，取缔小美容院132家，查处涉赌涉黄案件1426起，刑事处罚涉赌涉黄犯罪嫌疑人248人，行政处罚涉赌涉黄违法嫌疑人4177人。

队伍建设

1993～2016年间，高新（蜀山）分局党委始终将队伍建设放在首位来抓，并将队伍建设与业务工作有效结合，重点抓理想信念教育、实战训练、管理监督、警务资源优化四个方面,锻造一支忠诚、为民、公正、廉洁的人民卫士。

开展理想信念教育 以理论学习武装干警。常态化地开展理论学习活动,24年间,共开展主题教育活动40余次,政治理论学习280余次,专题学习活动120余次,先后组织开展学习《人民警察职业道德规范》、整顿纪律作风及“三清”工作、学习济南交警,学习孔繁森、李素珍、任长霞等先进典型活动,扎实开展“三讲教育”(讲学习、讲政治、讲正气)、“三项教育”(宗旨教育、思想路线教育、文明执法教育)、保持共产党员先进性教育、深入学习实践科学发展观活动、党的群众路线教育实践活动、“三严三实”专题教育和“两学一做”(学党章党规、学习总书记系列讲话,做合格党员)学习教育,确保在政治思想上、行动上始终同党中央保持高度一致,确保政治过硬。

以先进典型激励干警 先后开展“我的岗位我负责、我的岗位请放心”“争先创优”“发扬传统、坚定信念、执法为民”“4+1”岗位争先等活动,不断推出具有鲜明时代特征、能代表从警价值取向、能带动工作的先进典型,如荣获“全省杰出人民警察”称号的孙传洋,荣获市“十佳政法干警”“青年五四奖章”的顾胜涛,形成你争我赶、奋勇争先的氛围。以警营文化感召干警。先后开展“警营文化进校园”“文艺调演”“七月放歌”“警体会”等文体活动,建设图书室、警体馆等设施,在分局、各所队营房,通过警营文化上墙等活动,注重公安文化价值观的灌输。每年定期开展各类演讲、征文、体育活动,活跃民警的工作和生活,发挥文化提升民警综合素质的作用。

坚持教育训练 以提升民警素质为目标,立足实际,补缺补差,分类分层施训,提高教育训练的针对性,先后组织民警参与公安大讲堂、青年民警大讲堂等学习课程200余次,先后组织开展计算机能力、法律法规、信息化、警务技能、警务云及各类业务培训600余次。创新培训模式。依托网上网下两个平台,落实分类分层培训。先后推行“大学习大讨论”“以会代训”“警师制”“我来上一课”等活动。狠抓“战训合一”工作,通过战训,提高民警的射击、警务技能、反恐处突等能力。严格教育质量,不断优化教育训练考核,建立完善警务实战技能分类达标考核、随机抽考等机制,将考核成绩作为民警提拔晋升、单位评先评优重要依据。建立培训随堂测验,并将考核纳入年终考评制度。

强化管理监督 立足标准化、流程化,完善管理制度,促进高效履职。加强公安党建,不断加强分局党委及各支部建设,2014年在联防大队建立辅警党支部,创新辅警管理模式。加大对“三会一课”等制度落实情况的督导力度,增强各级党组织的凝聚力和战斗力。先后开展“建党九十周年”“主题党日”等活动,号召党员民警践行“一名党员一面旗帜”的承诺。深化廉政教育,定期组织干警学习《中国共产党廉洁自律准则》《中国共产党纪律处分条例》等党纪法规,落实队伍管理联席会议、廉政谈话、预警谈话、责任追究等制度,狠抓涉案财物管理等重点环节,开展“廉政文化进警队”活动,营造尊廉崇廉的氛围。狠抓督察问责,先后组织开展杜绝“三乱”(乱收费、乱摊派、乱罚款)为重点的队伍整顿、学习贯彻《人民警察法》、制止违法违纪、落实“五条禁令”“三项纪律”等活动,及时对违纪违法苗头予以制止整改。对发生的违法违纪行为,坚决依法依规处理,1993~2016年年底,党纪处分3人,行政处分6人,辞退1人。

优化警务模式 通过优化警务资源,构建民警职业发展规划,促进警力改善。激发民警活力,按照警力跟着警情走的思路,综合警力结构、治安状况等因素,建立动态化的警力调配模式。推行派出所整合等警务模式,减轻基层民警值班压力,盘活警力。强化干部配备管理,坚持"五重"标准,建立科学选拔干部标准,公开选拔过程,组织"青干班"培训等活动,建立后备干部人才库。组织开展民警竞岗等活动,多途径选拔优秀干部,先后有 8 人被遴选到省公安厅及市直部门,有 15 人被选拔到市公安局机关及相关支队。促进民警成长成才,倡导"成长比成功重要"的理念,以组织管理主导、尊重民警意愿、管理衔接配套,规划民警职业生涯,实行重大事项民警参与议事制度。严格绩效考核,建立分局对科所队、科所队对民警的三级考核机制,奖优罚劣。坚持从优待警,落实年休假和轮休制度,加大公安民警基金会援抚力度,维护民警正当执法权益,组织民警体检,为民警购买人身意外保险,对考取高等院校的民警子女给予奖励,在民警生日给予礼物,全力将从优待警措施落细落到细处。

1993 ~ 2016 年,高新分局及所属民警,荣获集体三等功及市级以上奖励 60 次,荣获个人三等功及以上荣誉 142 人次。

第六节　经开分局

1998 年 8 月,市公安局经济技术开发区分局(简称经开分局)成立。内设 8 个职能部门,下辖 3 个派出所,有民警 37 人。截至 2016 年年底,分局内设 4 个职能部门、6 个直属大队,下辖 4 个派出所,民警总数 244 人,辅警 362 人。

业务建设

1998 ~ 2016 年间,经开分局针对社会治安形势的变化,不断开阔思路,与时俱进,勇于创新,加强各项公安业务建设,有效维护了辖区稳定,为经开区经济快速发展,人民安居乐业保驾护航。

维护社会稳定　经开分局始终把维护社会政治稳定作为首要任务,敏感敏锐,严密防范,确保全区社会大局持续平稳。

矛盾排查化解工作常态化。紧抓情报信息搜集和预警工作,1998 ~ 2016 年,收集上报各类信息 5120 条,涉稳事件有效预警率达 77%;排查征地拆迁、讨要工资、补偿安置、非正常死亡等重大不稳定因素 688 起,化解矛盾纠纷 4337 起;妥善处置 1999 年因征地拆迁 400 人封堵管委会、"2011 · 6 · 16"莲花路群众聚集堵路、2012 浅水湾居民阻挠高铁施工等 121 起群体性事件。

反恐工作机制化。制定《经开分局反恐维稳处突工作预案》《新桥国际机场反恐应急处置预案》等一系列方案,明确各单位职责任务;深入开展反恐"大排查"专项行动。2016 年,会同经开区应急管理办公室、社区管理局、消防大队等单位组织辖区内的反恐重点单位进行反恐实战演练 10 次。

信访工作完善化。坚持依法治访,强化协作,完善机制,不断优化信访渠道、信访程序和工作机制。投资 20 万元对信访接待中心进行改造,监控实现全覆盖,信访接待场所更加安全、开放、合理。1998～2016年,全局共受理信访案件3549件,接待来访群众882批次903人。省厅、市公安局等上级机关先后交办的246件疑难积案全部成功办结,621名初信初访人员停访息诉。

打击刑事犯罪　经开分局坚持日常破案打击和适时专项打击相结合,始终保持对违法犯罪的严打高压态势。

攻坚克难,命案必破。1998～2016年,发命案18起,全部侦破,侦破率100%。快速侦破"2015·6·11"故意杀人案,抓获犯罪嫌疑人6人。

重大案件侦破。1998～2016年,累计破获重大案件10725起,逮捕犯罪嫌疑人1538人。市公安局、省厅和公安部挂牌督办的30起重特大案件全部破案摘牌。结合"清网行动"专项斗争,采取网上追逃、主动追逃、规劝自首相结合的方法,抓获逃犯1335人。

压降侵财类案件。经开分局立足辖区治安形势,重点打击盗窃、诈骗、抢夺等侵财性案件,先后开展"平安行动""打击盗窃三车""打盗抢保平安""百日会战"等多次专项斗争,1998～2016年,破获侵财类案件6214起,摧毁专业盗窃团伙174个,抓获盗窃犯罪分子971人。

打击经济犯罪。1998～2016年,共立经济案件591起,破案458起,抓获犯罪嫌疑人301人,挽回经济损失560万元。2012年,侦破公安部督办的"黄泉江组织、领导传销活动案",清查、捣毁传销窝点37处,抓获涉案嫌疑人35人,教育遣返一般传销参与人员300余人,缴获各类传销书籍、资料1500余份,扣押车辆8台,冻结涉案银行账号57个,涉案金额达900余万元。

打击毒品犯罪。经开区设立禁毒委员会,经开区管委会副主任担任禁毒委主任,经开分局分管刑侦的副局长担任禁毒办主任。成功侦破毒品案件98起,查获吸毒人员159人,缴获冰毒2100余克。2013年,侦破"6·21"公安部毒品目标案件,彻底捣毁以武某飞、李某冬、杨某龙为首的跨广东、江苏、安徽三地的特大贩毒团伙,缴获毒品冰毒298.4克,K粉1310克,神仙水40瓶。斩断广东至安徽、江苏至安徽的两条跨省贩毒通道,获得全市"禁毒百城会战"先进集体的荣誉称号。

构建社会治安防控体系　经开分局坚持把构建社会治安防控体系与社会发展同步推进,从当初基础薄弱型逐步向日臻完善型转变,不断推陈出新,锐意改革,治安防控体系建设得到有效提升。

建立视频侦查防控网。经开区自2007年开始"天网"建设,至2015年,建有监控探头1350个;2016年,又投入7600万元,增建监控点1680个。2007～2015年,通过监控视频发现处置各类案、事件1380余起,提供线索协助查破刑事治安案件540起,抓获各类犯罪嫌疑人224人,为交通违法取证800余次,在治安防控、打击犯罪、维护社会治安秩序和城市文明创建等方面发挥巨大作用。2015年,经开分局成立合成作战室,配置视频监控专职人员31人,调取各类视频资料8500余起,传送各类图片8000余帧,为463起案件的破案提供了直接视频证据,先后成功协作侦破"2015·04·19"抢劫强奸、"2016·05·06"故意杀人案等多起恶性事件。

织密街面巡逻防控网。经开分局立足实际,注重网格化巡逻、武装巡逻和社会力量巡逻的有机结合,整合指挥、巡控、辅警力量,逐步完善巡逻防控工作措施,坚持信息引领、情报导巡、打造主动型巡逻警务,有效压降街面违法犯罪活动。1998～2016年,通过巡控工作抓获各类违法犯罪嫌疑人1608人。

完善城乡社区防控网。经开分局配有社区民警47名,社区警务室18个。围绕社区民警"五大职责",以"社区警务室"为依托,以"一辅一警""一村一警"为延伸,依靠基层组织、群众,形成群防群治网络。在社区民警组织指导下,开展经常性群防群治活动,在街头、企业、商业网点、校园等人流密集场所开展以"反恐、防盗、防诈骗、防传销、禁毒"等为主题的宣传活动。2014～2016年,累计向群众散发防盗知识扑克牌2500多副、防电信诈骗鼠标垫3700多个、宣传手册5500多份、报警器2500余个,接受群众咨询2900余人次,不断提升社会公众安全防范意识。

强化网络社会防控网。在网上开辟"合肥经开微警务"微信公众平台,设置便民服务、警务资讯、投诉举报等功能,向公众提供办事指南等业务,让群众享受到更快捷、更便利的服务。明确专人对微信工作群进行管理维护,倾听收集网上群众声音,加强与公众的双向互动。对群众在微信上的求助和投诉,及时答疑办理,对群众提出的问题及时回复。

加强网络舆情监控。建立"舆情预警与情报研判同步,网络评论与情报收集同步"的工作机制,进一步强化情报收集长效机制建设,分局网安办每天安排人员对情报信息进行搜集、分析和研判,2016年通过"公安部互联网信息监控处置系统"上报互联网情报信息684条,上报有害信息3000余条。推进校园治安防护网。经开区高校集中,分局高度重视校园安全工作。1999～2003年,连续4年开展校园及周边治安秩序专项整治行动。2005年,按照公安部下发的《公安机关维护校园及周边治安秩序八条措施》,建立学校安全双月例会制度,开展"创平安校园"活动。2006年8月,在省教育学院启动"创平安校园志愿者队伍"活动,指导高校制作《校园路面巡逻、部位值守人员分布图》,使校园建立"组织健全、制度完善、责任到位、措施落实、工作规范"的平安创建体系。2012年在安徽大学成立了第一家网安警务室,强化情报信息的收集,掌握辖区高校维稳动态。网安警务室民警定期发布"治安防范预警",及时总结发案规律,与高校师生互动,征集防范"金点子",深化群防群治,提醒师生采取正确、有效的安全防范措施。2012～2016年,共发布安全提示、防范常识、法律小知识等1200余条,通过群众回复,提供治安防范信息322条,发布重大预警信息227条。

公安行政管理　着力推进公安行政管理改革,提高管理效能和服务水平,从政策上、制度上推出更多惠民利民便民新措施,提高人民群众的满意度。

危爆物品管理。辖区内共有6家加油站、1家液化气站,3家有放射源、2家使用剧毒化学品、2家使用易爆品企业,144家烟花爆竹销售网点。分局均定期进行严格检查,对检查中发现的问题,逐一登记造册,跟踪督促整改,坚决消除隐患。在加强生产经营企业安全管理的同时,对购买、运输、生产、存储和使用环节采取有效管控措施,确保企业安全生产,实现全区剧毒、危爆单位安全责任事故"零发案"目标。

行业场所管理。举办从业人员培训班,组织学习有关政策和法律规定并签订《治安责任状》。2011年分局协调区综治委、社区管理局和社区委,以天门湖新界为试点,成立出租房屋业主委员会,79家出租户业主为协会会员。集中清理无证小旅馆217家,并责令停业整顿,整改治安、消防隐患旅馆184家,查处旅馆内案件41起。严格落实网吧管理实名制,登记准确率在99%以上,通过网吧实名制登记比对抓获各类网上逃犯9人。对17家寄递业业主及从业人员动态管理、及时更新,并逐一签订寄递渠道治安管理责任书,严格按照"谁经营,谁负责""谁收件,谁负责"的原则,逐件落实实名登记制度,并对收寄物品名称、验视人、寄件人、收件人的身份信息进行详细登记。各派出所对辖区物流寄递场所每月进行不少于1次的治安检查,检查记录经业主签字盖章后备查,确保每月业务流程特别是所寄物件"物品清白、信息清楚、流向清晰"。

查禁黄赌。始终保持对黄赌案件的高压态势,1998~2016年,先后开展"禁赌禁娼""严打整治""清理整顿赌博机"等专项行动,捣毁各类赌博窝点280处,行政拘留525人,收缴各类赌博机、老虎机850台。收缴淫秽光盘300盘,抓获卖淫嫖娼人员207人。

便民利民服务。在公安服务窗口推行AB岗、首接负责制、"一站式"办理等服务举措,深入开展民警示范岗、巾帼文明岗活动,2015年成立分局户政中心,开展集中式办理,一站式服务,有效提升办事效能,首创并实现户政窗口"零空岗、零拖延、零距离、零投诉、零差错"的"五零"工作目标,不断提升群众满意度。2016年上半年分局户政中心共受理前台材料4782份,办理户籍业务24650条,接受群众各类咨询41350次。

警卫安保 经开区内大型企业多,高校多,有翡翠湖迎宾馆、明珠国际大酒店、安徽国际会展中心、江汽集团等重要外事接待场所,新桥国际机场也坐落在此。因此,区内的警卫安保任务一直比较繁重。1998~2016年,分局累计圆满完成1130次重要警卫、保卫任务,累计出动警力47042人次,累计出动车辆34111台次,历次重要活动未出现一次安全事故。2007年,经开分局荣获"合肥警卫工作示范单位"称号,2015年,被市公安局确定为全市警卫工作"试验田",分局的"三个到位"(组织领导到位、协调联动到位、政府督导到位),"四项机制"(教育培训机制、信息采集机制、风险评估机制、人员管控机制)工作经验在全市公安机关推广。

队伍建设

经开分局立足队伍长远发展,不断强化政治建警、素质强警、从严治警、从优待警四项举措,打造出一支政治坚定、业务精通、作风优良、执法公正的高素质公安队伍。

政治建警 政治建警是队伍建设的生命线,1999年,分局建立政治理论学习制度并一直坚持,不定期邀请省内院校知名教授开展专题辅导讲座,不断提升民警政治修养和大局观念,切实增强贯彻落实中央和上级机关决策部署的自觉性、主动性。按照上级统一部署,组织实施"三讲"(讲学习、讲政治、讲正气)教育、"三项教育"(宗旨教育、思想路线教育、文明执法教育)、保持共产党员先进性教育、深入学习实践科学发展观活动、党的群众路线教育实践活动、"三严三实"(即习总书记提出的"既严以修身、严以用权、严以律己,又谋事要实、创业要实、做人要实")专题教育和"两学一做"(学党章党规、学习总书记系列讲话,做合格党员)学习教育。1999~2016年,组织政治学习100余次。在全体民警中分层分类普遍开展谈心谈话活动,认真分析研究民警思想状况,增强队伍凝聚力,扩大思想政治工作的覆盖面和影响力。引导党员在真学、真懂、真信、真用上下功夫,真正把合格党员的标尺立起来,把党员的先锋形象树起来,把全面从严治党的要求落实到每个支部、每名党员。

素质强警　以能力建设为核心,以执法需求为导向,以信息化实战应用为重点,创新民警培训机制,不断提升教育训练的针对性和实效性。积极参加市公安局历年组织的大练兵、大学习、大讨论活动;组织民警参加战训、警衔晋升培训;同时创新培训模式,自2011年起,按照“着眼素质,立足实战,分类分层,项目实施”的要求,连续6年开展春季培训活动,组织民警认真开展法律法规、业务理论和警务技战术的学习培训,全面提升民警的综合素质、职业素养和实战能力。2014年开创“走读夜校”微课堂培训活动,累计开展30期微课堂培训活动,参训民警达890人次。

从严治警　经开分局把纪律作风建设作为提升队伍战斗力和凝聚力的重要内容来抓,日常教育和制度建设双轨并进,推进公安部“五条禁令”“三项纪律”的贯彻落实,严防发生民警违法违纪行为,努力建设政治坚定、业务过硬、作风优良、公正执法的廉洁警队。2012年,率先在城区分局建立专业的督察队伍,每月从基层各所队抽调3名熟悉公安业务、敢抓敢管的民警组成警务督察队开展督查工作,至2016年年底,开展督察活动1200次,编发督察通报62期。对民警、辅警队伍中出现的违法违纪行为,坚决依法依纪处理,绝不迁就放任。据统计,自1998 ~2016年,先后处理违法违纪人员12人。

从优待警　在政治、工作和生活上关心爱护广大民警,充分体现公安队伍“大家庭”的温暖,最大限度地缓解民警的工作压力,鼓舞士气,凝聚警心。认真组织分局民警及退休老干部参加年度健康体检工作。严格落实民警休假制度,先后为76名民警的子女高考升学赠送励志书籍和纪念品,传递分局党委的关怀和殷切期望。对患病及在工作中负伤的民警、家庭遭受重大变故的民警及退休老干部先后进行慰问467人次;制定并实施《合肥市公安局经开分局退休民警离职欢送制度》,坚持传统节日和重大纪念日走访慰问老干部制度,传送党组织的关怀和温暖。从优待警举措有效调动了广大民警工作热情和积极性,队伍的凝聚力和战斗力得到全面提升。

19年来,分局民警整体素质不断提高,在各种考验面前表现出不怕流血牺牲和忘我的奉献精神,用实际行动践行“忠诚、公正、尚学、奉献”的合肥公安精神。先后有4人荣立个人二等功,74人荣立个人三等功,荣立集体三等功11次,其他表彰嘉奖346次。

第七节　新站分局

1998年8月,新站公安分局正式成立,内设8个科室、2个直属机构,下辖2个派出所。截至2016年年底,分局内设4个处室、下设7个直属大队,下辖3个派出所,民警总数209人,辅警291人。

业务建设

分局成立以来,在市公安局党委和区党工委的坚强领导下,认真履职尽责,坚持“打、防、管、建”并举的方针,切实担负起维护国家安全和保一方平安的责任,为建设平安新站、和谐新站做出积极的贡献。

维护社会稳定　分局始终把维护社会稳定作为首要任务,积极稳妥处置涉稳事件。分局始终把握好涉稳事件处置的"三个环节":完善"事前"预警化解,强化演练,做到及时预警、快速调集警力;"事中"开展法制宣传教育,果断有效处置;"事后"依法处理,总结完善提高。在党委政府的领导下,协调相关部门妥善处置各类涉稳事件631起,没有引起矛盾的扩大和激化,尤其是成功处置北岗花园、兴华苑安置户不满安置方案越级群访等一批有影响的涉稳事件。

1997～2016年新站分局涉稳事件统计表

表22－7

年　份	涉稳事件数	年　份	涉稳事件数
1997	2	2007	53
1998	4	2008	55
1999	7	2009	51
2000	6	2010	38
2001	4	2011	41
2002	9	2012	64
2003	21	2013	42
2004	32	2014	50
2005	41	2015	39
2006	50	2016	22

强化反恐基础工作。2014年,昆明"3·01"暴恐袭击事件发生后,分局积极推动新站区管委会成立区级反恐怖工作协调小组,同年侦破全市首例涉恐案件。2016年新站区反恐怖工作协调小组更名为新站区反恐怖工作领导小组,进一步明确各成员单位职责,建立常态化反恐工作机制。分局建立反恐工作运行机制,落实反恐重点工作的牵头警种。2014～2016年,在全区范围内推进反恐怖宣传工作进社区、进企业、进学校、进重点场所、进重点单位的"五进活动",组织反恐志愿者队伍,开展形式多样的反恐宣传,切实提升辖区居民反恐怖意识。

开展严打整治　1997年以来,分局始终坚持"什么犯罪严重就打击什么犯罪,什么问题突出就解决什么问题"的原则,严厉打击严重刑事犯罪,集中整治治安突出问题,确保辖区治安大局的平稳。

1997～2016年新站分局刑事案件立破案情况统计表

表22－8

年　份	立案数	破案数	年　份	立案数	破案数
1997	62	28	2007	2029	744
1998	125	61	2008	2345	720
1999	220	83	2009	2403	959
2000	330	117	2010	3229	574

续表 22－8

年　份	立案数	破案数	年　份	立案数	破案数
2001	602	508	2011	1975	444
2002	568	129	2012	2636	615
2003	1021	207	2013	3087	645
2004	1691	323	2014	3678	626
2005	1710	360	2015	3718	492
2006	2229	587	2016	3322	336

强化命案侦破　牢固树立“命案必破”理念，全力攻坚。辖区命案发案从分局成立之初呈缓慢增长，至2006年后呈下降趋势，连续11年现行命案全破。先后侦破1998年5月17日夜火车站广场西侧美食一条街因消费问题发生的1死5伤的“5·17”命案，2004年6月9日晨发生在站塘村的抢劫杀害出租车司机案件，2011年5月14日发生在新蚌埠路陈小郢门面中的玩赌博机输钱杀死服务员并焚尸等54起现行命案。

重拳打黑除恶　坚持“打早打小、除恶务尽”的原则，始终保持对黑恶势力的严打高压态势，并结合新站区实际，重点对易滋生黑恶势力的领域，如工程领域、征地拆迁领域和城乡接合部赌博场所开展摸排。对排查梳理的每条线索，明确落实责任人，加大查证力度，全力予以打击。成功侦办省厅挂牌的“2003·5·19”杨某征、杨某飞暴力强揽拆迁的特大恶势力团伙案件，抓获犯罪嫌疑人20余人，收缴自制散弹枪5支，管制刀具30余把，该团伙共涉嫌寻衅滋事、敲诈勒索、强迫交易、私藏枪支、非法讨债、抢劫、强迫妇女卖淫等多项罪名。

严打侵财犯罪　侵财案件的发案数占辖区全部发案95%以上，直接侵害群众切身利益。分局积极回应群众呼声，紧盯侵财犯罪，以打团伙、打系列、打流窜为重点，持续深入开展侦破工作，最大限度地挽回群众损失。

1997～2016年新站分局侵财案立破情况统计表

表 22－9

年　份	立案数	破案数	年　份	立案数	破案数
1997	51	12	2007	851	110
1998	89	23	2008	1170	143
1999	182	43	2009	1269	200
2000	221	112	2010	2140	185
2001	421	405	2011	1118	165
2002	369	35	2012	2384	125
2003	458	120	2013	2682	290
2004	597	12	2014	3421	399
2005	1007	112	2015	3597	357
2006	1116	126	2016	3097	205

打击经济犯罪　分局成立之初主要是打击一般性经济犯罪,2005年以后,重点打击破坏社会主义市场经济秩序和侵犯知识产权犯罪,2013年以来重点打击传销犯罪和涉众型经济犯罪,先后侦破一批有影响的案件。2011年清网行动中抓获以“海南房产”“亳州大伟房产”“清欣片”等项目为名实施集资诈骗的公安部B级逃犯陈某平。2014年在全国发起集群战役,一举侦破部督邓某年组织领导传销案件,抓获传销骨干分子11人,破案44起,捣毁传销窝点120处,遣返传销人员997人,涉及资金3000万。2015年历时3年侦破欢乐城诈骗案,涉及购房户800余户,购房款达3.1亿余元,受害人群体多次大规模赴省市群访,挽回损失近3亿元。

加强基础建设　近年来,分局在管委会的关心和支持下,全面实施“交钥匙”工程,投入近8000万元,先后完成七里塘派出所、三十头派出所、刑警大队、巡警大队的基础用房建设,分局业务技术大楼拟于2017年改造完毕。按照规范化建设要求,先后投入450万新建新站分局执法办案中心,改造完善各派出所执法办案场所。分局计算机、单警装备、350M手台配备率达100%,一线实战单位民警全部配置执法记录仪。人均经费从2011年不足1万元提升到2016年的2.8万元。分局规定新警优先安排充实至基层所队工作,2016年底分局一线实战单位警力185人,占分局总警力的88.94%。

探索社区警务新思路　积极探索适合新站实际的社区警务工作新模式,2012年率先在全市成立社区警务工作指导办公室,统筹分局社区警务工作的规划、指导、考评。根据辖区现状,按照建成区、大型企业聚集区、高教园区和农村地区四种类型,科学划分警务区49个,制定《社区民警工作规范》、“四考四评”、责任倒查等六项制度,确保社区警务工作正常、高效、规范运转。将“一村一警”包村联系制度作为社区警务的有效补充,制定完善《新站分局包村联系工作考评细则》,建立社区民警、包村民警微信工作群,顺应“互联网+”,打造指尖警务、亲民警务,实现警民交流零距离。截至2016年年底,分局社区民警数达到48人,占派出所总警力的45%。

做实立体治安防控　2015年完成1252个点位的新站“天网”主干网建设,同年,总投资3068万元、650个点位的新站支网及配套项目启动,并在全市创新性采用“单一来源谈判”采购模式和“建设—移交”(BT)建设运营模式。将文浍苑全小区视频接入“天网”,成为全市区级社会资源整合首例。“天网”建成使用以来,为服务实战提供坚实的保障,收集各类视频信息和视频线索近18000余条,借助视频手段服务群众2700余起次,妥善处置规模性涉稳事件58起,为侦查破案提供线索3200余条,直接破获各类案件310起,通过视频分析研判破获2015年“3·26”命案。完善街面巡控工作,搭建起以巡警大队武装巡逻车为主干、各派出所网格化巡逻车为支撑、应急处突大队重点巡逻为补充的地网,实现“屯警街面、动中备勤、快速反应、高效处置”,利用视频、警用地理、GPS、天翼对讲等科技信息化手段实现可视化、扁平化指挥调度,及时有效处置各类警情,压降发案。2015年以来,辖区可防性案件实现连续两年下降,涌现出连续15个月未发案的安居园小区等一批防范工作典型。深化虚拟社会现实化管理,落实舆情引导机制,成立网安办并在派出所勤务指挥室设网安席位,负责虚拟社会动态管控。2012年,依法处理在网络媒体上炒作“新站区在拆迁中使用麻醉针对付群众”不实报道的王某。配侦案件95起,协助破案218起,协助抓获各类违法犯罪人员127人。

公安行政管理　分局结合自身职责,紧紧围绕新站经济社会发展需要,全方位做好服务工作。做到经济社会发展到哪里,公安服务措施就跟进到哪里。

加强户政管理。1998年,分局开始办理一代居民身份证。2005年换发“二代证”工作全面启动。2014年实行登记指纹信息系统前置、登记指纹信息核验。2015年落实居民身份证异地受理办证制度。2016年落实居民身份证市内异地受理。在做好日常户政管理工作的同时,核查辖区人口户籍是否符合征地拆迁安置政策成为一项重要工作,关系党委政府相关政策兑现及中心工作推进,分局共审核征地人口安置、养老保障3.46万人,清理整顿核查户口68443份,纠错3626项,补录92人,删除1134人,清理重复人口2382对。

服务企业发展。结合区内大型企业、高教园区、高校聚集的特点,指导企事业单位开展内部防范,培训各单位保安力量,组织企业、高校开展企际、校际联防。协调管委会将物防、技防规范作为建设项目验收前置条件。在京东方设立全省首个企业警务室,在高教园区设立高教园区治安办,全方位为企业、学校及职工、学生提供户籍、办证、治安、出入境等服务。近年来查破涉企案件35起、涉校案件12起,打击违法犯罪人员57人,有效维护大型企业和高教园区的正常生产、教学秩序;针对企业、高校外籍专家、外籍员工增多的情况,建立出入境业务受理点,在京东方建立出入境工作服务站,不断加强外国人管理和出入境服务。2015年破获韩国人入室抢劫案,2016年破获7名缅甸人“三非”案件。随着京东方、海润、彩虹等大型企业的建成投产,各级领导到新站区调研大型企业逐年增多,分局积极谋划,完善工作预案,健全风险评估体系,不断加强培训,切实提升安保工作能力。1997年以来,先后完成300余次安保警卫任务。

严格消防管理。坚持预防为主、防消结合的方针,全方位开展消防宣传活动。2012年装备全市首台消防宣传大篷车,深入小区、学校、社区、广场等场所开展宣传活动,普及消防常识,以寓教于乐的形式将消防安全工作深入人心。2013~2016年,连续四年举办企事业单位消防运动会、开展消防安全知识竞赛;建立区域联防消防机制,在高教园区、九久夕阳红老年护理中心周边建立联防联勤机制。打造精品微型消防站,九久夕阳红老年护理中心微型消防站建设走在全省的前列。

深化公安改革　分局始终把改革创新作为公安工作发展的不竭动力,充分激发广大民警的智慧,进行微改革、微创新,破解制约公安工作发展的难题,切实提高警务工作效能,特别是公安部推进“四项建设”以来,分局专班推进,在完成市公安局规定动作的同时,自主申报并完成一批改革创新项目。

建立两级指挥体系。按照市公安局建立集“情报合成、指挥调度、勤务管理”于一体的市公安局、分局、派出所三级情报指挥平台的要求,完成全部派出所勤务指挥室建设,并按照分局“一长三员”(即指挥长、接警调度员、视频巡查员、情报研判员)、派出所“一长四员”(即指挥长、接警调度员、视频巡查员、情报研判员、勤务保障员)的运行模式运行。在巡警大队、刑警大队和各驻所刑警中队开通“天网”平台,延展情指一体化,服务实战,初步形成接警调度、同步视频追踪、回溯,情报研判指导打击、巡逻防范的新型工作机制。

改革巡控模式。2016年上半年分局巡警大队恢复重建,完成新址搬迁,配齐班子、人员和车辆,并投入正常运转,形成“指、巡、督、考”分层督察考核机制,实现每日通报、定期暗访、定期督导;完成120人应急处突大队的组建工作,建立警力梯次调集相应机制,有效地破解应急警力难题,实现警力第一时间集结,第一时间形成战斗力,避免频繁调集警力影响一线实战单位的正常勤务。巡警大队的"探索应用辅警进攻性盘查战法"项目被市公安局列为2016年"微改革、微创新"项目,并取得初步成效,2016年累计推送各类线索200余条,主动或协助办案单位抓获犯罪嫌疑人65名,辖区街面"两抢"案件同比下降78%。

深化刑侦工作改革。试点驻所刑侦中队建设,建立由刑警大队管理,刑警+治安民警+辅警组成的驻所刑侦中队,创新"三三四"工作模式,即加强三项保障(组织、机制、硬件保障)、发挥三项功能(海绵、龙头、支撑功能)、健全四项机制(线索汇集、线索互推、跟踪问效、培训帮教机制),有效提升刑侦工作整体合力。2016年,破获现行侵财案件150起,刑拘69人,打掉团伙12个,挽回经济损失200余万元,成功破获系列盗窃电梯主板案、系列砸车玻璃案等一系列侵财案件。

队伍建设

分局自成立以来,始终把加强队伍建设作为公安工作的永恒主题,坚持政治建警、素质强警、从严治警、从优待警和典型引路,不断探索新形势下加强政治思想工作的方法与路子,队伍整体素质和正规化建设水平有明显提升。

政治建警　分局党委高度重视民警的思想教育、价值引领和精神塑造,坚持把"绝对忠诚、绝对可靠"作为队伍建设的总要求,坚定政治立场,强化理想信念教育,狠抓经常性思想政治工作落实,不断加强核心价值观教育。1997年以来,按照上级部署在全体民警中开展各项学习教育活动,2000年,开展以"全心全意为人民服务的宗旨教育,实事求是的思想路线教育,严格、公正、文明执法的法制教育"为主要内容的"三项教育"活动。2003年起严格落实公安部"五条禁令"。2004年开展"坚持执法为民"大讨论。2006年开展社会主义法治理念教育。2010年开展创先争优活动,并与纪念建党八十九周年、"学沈浩"等主题活动相结合。2012年开展核心价值观教育实践活动。2013年开展"下基层、接地气、找问题、转作风"活动。特别是中共十八大以来,坚持以党建促队建,认真组织开展群众路线教育、"三严三实"、"两学一做"等系列学习教育活动,为公安队伍的发展进步奠定了坚实的思想基础。

素质强警　抓民警素质提升是确保公安机关整体战斗力的基本途径,分局始终坚持"以学为先、以训促战、以战促学"的指导思想,紧紧抓住民警能力提升这个关键点,不断探索教育训练的新模式。推行"需求订单化、项目专题化、方式多样化、互学常态化"的四化培训理念,先后推出"四随"(随时、随地、随人、随事)、夜校、专题培训和情景化教学等培训模式,累计开展培训627场次,培训民警23000余人次。2004年,开展大练兵活动。2006年,深化全警大练兵活动。2008年,为全面推进"三基"工程建设,开展派出所基础工作及派出所基础系统建设应用全员培训。2011年,分局在开发区分局中率先成立警训队,开展轮值轮训工作。2012年,在分局内部开展"大培训、大比武"活动。2013年,在分局范围内推广"四随"培训模式,具体问题具体分析,增强教育培训工作的针对性。2014年,将战训周期由15天调整为8天,在全市各战训队推广。2015年,成立10个教官学科组,评聘教官35人,开展情景式教学,模拟实战现场,边处置边点评,使民警在情境中提升实战能力。

从严治警　公安工作的发展和进步,需要一支纪律严明的队伍作保证。分局始终把纪律作风建设作为队伍管理的重中之重,着力打造过硬警队。坚持制度管警,先后制定《合肥市公安局队伍建设联席会议制度的通知》《新站分局谈心家访制度》《新站分局党风廉政建设责任制度制度》《党内监督制度》《述职述廉制度》和《新站分局三级督察暂行规定》等45项规章制度,以分局、警种部门、派出所为督察主体的三级督察机制为抓手,确保各项规章制度落到实处。2014年以来,共开展各类督察活动153起,发现整改问题320起。定期召开政工例会,对队伍管理现状和民警思想状况进行分析研判,掌握队伍建设中存在的问题,及时发现苗头性、倾向性问题,及时解决问题。健全外部监督机制,拓宽监督渠道,充分利用用政风评议、短信评警、举报投诉、市民直通车、信访等外部数据,及时发现问题,加强事前防范和过程监督。开展所队领导测评,科学掌握评判三级机构班子工作状态,为加强基层领导班子建设提供参考。

从优待警　分局在着力改善民警的工作环境和生活条件的同时,通过深入细致的工作,认真落实暖警心、得警心的具体措施,达到凝聚警心、鼓舞士气、激励斗志的目的。根据民警的结构特点,坚持"以加强沟通增进了解,以开展文化活动增添活力"为抓手,健全分局工会、共青团、妇委会等群团组织,高度重视民警的医疗健康、未成年子女就学、家属就业等问题,关心解决一线民警的实际困难,千方百计解决民警的后顾之忧,累计慰问民警及家属1200余人次,解决民警及家属实际困难300余个,发放慰问金近40万元。不断加强警营文化建设,在基层所队创办健身房、电子阅览室等,成立分局摄影小组、篮球队、足球队、拔河队等民警兴趣活动组织,定期举办体育赛事、文艺晚会,活跃民警文化生活。在消防大队设置心理疏导室,聘请心理专家为民警提供心理咨询、疏导,对工作暂时遇到困难、家庭发生变故、受到挫折的民警开展谈心,体现组织关怀。2015年以来共开展心理咨询、疏导22次,有效地缓解了民警的工作、思想压力。

典型引路　先进典型是公安机关和广大民警的杰出代表,是公安事业不断发展进步的精神动力和宝贵财富。分局以"4+1"岗位争先活动为载体,通过选树典型,宣传典型,学习典型,在全局上下营造尊重先进、学习先进、争当先进的良好氛围。分局成立以来,被公安部授予"2014年打击整治传销集中行动成绩突出单位",受市级以上表彰7次,受省级表彰5次。民警姚勇2013年被公安部评为"全国公安机关成绩突出法制员",3名民警荣立二等功,7名民警被评为全省"优秀人民警察",88名民警荣立三等功,198人次受嘉奖。

第八节　巢湖经开分局

巢湖经开分局,前身为原地级巢湖市公安局经济技术开发区分局,成立于2003年6月。2011年8月,因区划调整,巢湖市经济技术开发区分局划归合肥市公安局,更名为合肥市公安局巢湖经开分局,由县级巢湖市公安局代管。2015年9月,巢湖经开分局改为市公安局直接管理。至2016年年底,分局内设6个职能机构,有民警41名、辅警45人。

业务建设

由于经开区经济高速发展,基础建设项目多,规模大,征地拆迁任务重,政府、投资商、群众在利益分配上存在一定的矛盾,加之抢劫、重伤等暴力性犯罪和偷盗、抢夺等侵财性犯罪案件仍处于高位运行,维护辖区社会治安稳定任务艰巨。分局紧密围绕维护国家安全和社会稳定总目标,以服从和服务于经济建设为中心,以"构建平安和谐开发区"为主题,抓好"打、防、管、控",为开发区经济社会的跨越式发展创造稳定的政治环境和良好的治安环境。

维护社会稳定　分局始终把维护政治稳定作为首要任务,牢固树立政治意识、大局意识、责任意识和忧患意识,紧盯影响政治安全和社会稳定的重点方面、重点领域和重点群体,建立情报信息会商机制和维稳处突工作机制,切实抓好情报预警、重点管控、矛盾化解、应急处突等关键措施,确保将各类风险隐患解决在萌芽状态,全力维护社会政治稳定。分局圆满完成了原国家领导人江泽民,全国人大副主任,全国政协副主席,青海省委主要领导,省委、省政府主要领导视察巢湖的重要警卫任务和"两会"、奥运会、国庆六十周年、世博会、纪念抗日战争胜利七十周年、APEC会议等重要活动的安全保卫工作。成功处置广通公司融捷集团污染纠纷、烟草公司工地施工人员非正常死亡、巢湖学院学生因意外事故死亡、光盛紫御城拖欠农民工工资等群体性事件。

若干年份巢湖经开区群体性事件发生情况统计表

表22－10

年　份	群体性事件发生数
2006	10
2007	10
2008	30
2009	18
2010	21
2012	32
2013	30
2014	27
2015	29
2016	34

开展严打整治　分局先后组织开展"优化经济环境、整顿社会治安月""打黑除恶"、打击"两抢一盗"、打击盗窃破坏电力电信设施、缉毒破案、破案会战等系列严打整治行动,相继破获"2004·10·25"杀人案、"2006·8·9"故意伤害致人重伤案、"2008·6·

24”过失致人死亡案、“2008·9·16”系列抢劫案、“2009·6·4”毁容案、“2010·12·19”绑架案、“2011·9·8”故意伤害案等暴力性犯罪;成功破获刘某军系列入室盗窃案件,耿某香、凌某强盗窃巢湖学院女生公寓笔记本电脑、手机系列案件，程某富系列盗窃案,梁某灿、范某东系列盗窃案,陆某生系列“白日闯”盗窃案,姜某清、黄某国、王某明系列砸车盗窃案等一系列侵财性案件。自2006年元月至2016年6月,分局共立刑事案件1221起,破案230起,抓获犯罪嫌疑人108名,挽回经济损失约300余万元。

加强治安管理　分局依托信息化建设成果,突出“人、物、地、事”四个重点,大力推进社区警务建设,提高治安管理与防范控制能力,实现社会治安管理工作的良性循环。组织开展人口数据采集录入攻坚战、“百日安全生产大检查”、“社会治安突出问题专项整治”、警车进社区和“警灯闪烁”工程、“两个实有信息采集回头看”、“清剿火患”战役工作、安全生产系列检查活动、巢湖学院后山环境整治、中小学校园周边环境整治等一系列活动。自2006年元月至2016年6月,分局共查处治安案件1860起,调解民事纠纷2032起,建立社区警务室7个,设立4个重点项目警务工作站,组建30余支义务巡逻队。深入实施科技强警战略,特别是把“天网”工程建设作为社会治安防控体系建设的重要方面,积极争取开发区管委会支持,前期投入项目资金3千万,建设783个社会监控点、12个卡口和13套电子警察,预计2017年12月建成使用。

经过多年的不断努力,辖区社会治安秩序不断向好,人民群众安全感、满意度逐年提升。2011年群众安全感90.96%,满意度85.86%;2012年群众安全感93.56%;2013年群众安全感94.64%;2014年度群众安全感93.01%;2015年度群众安全感93.28%;在2016年上半年的测评中,群众安全感达96.9%,满意度92.77%。

队伍建设

队伍管理　分局始终以政治建警、素质强警、从严治警、从优待警、文化育警为主线,推进队伍政治思想教育和队伍正规化建设,努力打造一支“亲民、爱民、为民”的公安队伍。认真开展“社会主义法制理念教育”、“落实科学发展观主题教育”、“三项教育”、群众路线教育实践活动、“三严三实”、“两学一做”专题学习教育等专项教育活动,加强反腐倡廉和党风廉政建设,广泛开展人民警察核心价值观学习教育,进一步打牢民警政治意识、大局意识、宗旨意识,提高民警执法为民的意识。深入开展“创先争优”活动。分局将“4+1”岗位争先活动与公安业务工作、思想政治工作深度融合,以选树典型、模范引路等举措,加强队伍建设,规范执法行为,调动广大民警比、学、赶、帮、超的激情,激发全体民警爱岗奉献、干事创业的内在动力和工作热情。增强全体民警的整体素质和战斗力。紧紧围绕公安中心工作,大力推进分局党支部思想、组织和作风建设,充分发挥党支部战斗堡垒和党员先锋模范作用,保证分局各项工作任务顺利开展。加强辅警队伍建设。分局把加强辅警队伍建设作为警力外延扩展的重要手段,积极争取党政支持,采取政府购买社会服务的办法,充实辅警力量,截至2016年底,分局共有辅警45人。同时,为明确辅警队伍管理责任,保障辅警合法权益,分局出台《警务辅助人员使用管理办法》,初步形成辅警管理的长效机制。

党组织建设　2004年3月,经地级巢湖市公安局党委批准,分局成立中共巢湖市公安局巢湖经济技术开发区分局党支部,党员5人。2013年5月,经合肥巢湖经济开发区党工委批准,成立中共合肥市公安局巢湖经济开发区分局党支部,党员13人。2016年6月,经合巢经开区党工委批准,决定成立中共合肥市公安局巢湖经济开发区分局党委,党员人数54人(含辅警),下设分局机关和半汤派出所两个支部。

2014年,分局被合肥市评为"2011～2013年先进单位",2015年被合巢经开区评为"文明单位"。分局自分局成立以来,先后有3人次获合肥市先进个人称号、5人次荣立个人三等功、18人次获"优秀公务员"称号、5人次获合巢经开区"先进个人"称号。

第九节　巢湖水上分局

巢湖水上分局成立于1997年11月,由原巢湖行政公署公安局管辖。1999年11月,巢湖地区撤地设市,次年巢湖水上公安分局更名为巢湖市公安局水上分局。2011年8月,因区划调整,原巢湖市公安局水上分局划归合肥市公安局。2012年10月起,合肥市公安局重新筹建巢湖水上分局,2013年3月,合肥市公安局巢湖水上分局正式成立,2014年3月挂牌办公。巢湖水上分局位于包河大道与北部湾路交口东200米,占地面积20亩,办公用房1300平方米。截至2016年年底,内设3个职能机构,下辖2个派出所,现有民警25人,辅警78人。有大小船艇14艘,其中指挥艇1艘、巡逻艇4艘、水陆两栖艇1艘,有动力橡皮艇2艘、无动力橡皮艇2艘、冲锋舟3艘。有执法执勤车辆5辆、电瓶巡逻车3辆、无人机3架。

业务建设

办理"水上三证"　2013年办理船民证1500个,船舶户口簿900本,船舶证10副;2014年年审货船56艘,年审船民107人,新增办理船舶户口35艘;2015年办理船舶户口簿和船牌103艘,船民证367人次;2016年办理船民证210本,船舶户口簿92本,船户牌38个。

配合渔政、海事等部门执法　2016年5月16日、6月6日,开展2次专项行动,对包河区万年埠、塘西河周边"三无船舶"清理整顿。行动中,协助渔政主管部门收缴钢丝网水泥船、钢制机盆、木盆等大小船只200余条,清理拖曳"三无船舶"23艘,现场抓获阻碍执行职务违法人员3人,行政拘留1人,批评教育2人。是年6月8日上午,分局出动工作艇3艘,出动警力40余人次,联合海事部门,在龟山水域开展取缔非法营运快艇、画舫船专项行动,查获非法营运快艇2艘、画舫船1艘,并当场予以扣押,由海事部门作进一步调查处理。

严厉打击黑恶势力犯罪　2015年10月7日上午,巢湖水面突发一起敲诈勒索案,一伙渔民驾船强行拦截正常通行的货船,以船只偏离航道倾轧虾笼为由索要高额"赔偿金"。分局迅速抽调人员成立专案组,制定详细周密的方案,经过缜密的侦查,最终确定以姚本华、艾华为首的恶势力团伙长期在巢湖水面强行拦截船只、敲诈勒索的犯罪事实。11

月24日,专案组利用巢湖休渔期,兵分三路,分别在巢湖市车管所、卧牛渔政站和散兵镇同时收网,成功抓获犯罪嫌疑人14名,14名犯罪分子全部被判刑。

严厉打击非法捕捞水产品犯罪 针对非法电捕鱼活动对巢湖渔业资源和生态环境造成极大破坏,分局在前期进行调查摸底的基础上,与渔政部门采取水陆协同并进,常态化沿巢湖对非法电捕鱼频现的烔炀唐咀水域、黄麓卢溪咀水域、巢湖柘皋湖口、扬河水域、中埠罗巷水域、槐林马尾河水域、长临河水域、滨湖湿地公园水域、万年埠水域、木兰村水域等重点水域进行全面清查。在巢湖槐林水域,依法刑拘利用蓄电池和升压器自制的电捕鱼工具进行非法捕鱼的汤某。在肥西县木兰村水域,通过分局和辖区陆地派出所深入的法制宣传,迫使4名拒绝上岸接受调查处理的非法电捕鱼违法犯罪嫌疑人投案自首。

严厉打击破坏保护环境资源犯罪 针对上市公司无锡德林海蓝藻环保技术公司反映,在巢湖岸边1个蓝藻泵站附近的电缆屡次被盗窃,严重影响巢湖蓝藻治理的情况,分局一方面组织第二派出所警辅人员每晚6时至9时开展夜巡压降发案,另一方面由刑警大队带领5名辅警每天凌晨1时至4时在案发现场便衣蹲守,经过连续一周的伏击守候,2016年3月29日,将2名盗窃犯罪嫌疑人现场抓获,缴获价值3000余元的铜芯电力电缆。

加强联动联勤、联合执法机制建设 2016年上半年,组织人员多次深入渔政、海事、环保、水利等相关部门,调研联合执法以及应急救援等体制、机制建设,牵头起草《关于建立巢湖水域社会治安综合治理及行政执法执勤联动工作实施意见》《巢湖水域行政执法联席会议制度》《巢湖水域行政信息共享工作实施方案(征求意见稿)》《关于巢湖水域应急救援机制工作意见》,并与包河区建立《社会治安综合治理及行政执法执勤联动工作机制》。在2016年上半年保护水生资源的"清湖行动"以及"三无船舶"整治活动中,渔政、海事、公安以及辖区政府部门各司其职、秩序井然,联动联勤、联合执法机制运转良好,成效显著。

参加抢险救灾 2016年6~7月,合肥地区连降暴雨,巢湖水域水位猛涨,巢湖水位已接近历史最高水位,超警戒水位2米左右,沿岸41座旅游、货运、渔港码头全面封闭,滨邻巢湖水域的西河、杭埠河、丰乐河、派河、南淝河、裕溪河、柘皋河、兆河等河流沿岸堤坝全面告急。7月2日,肥西三河镇圩堤出现险情,圩内群众被紧急疏散;7月5日,肥东县长临河镇姚埠圩圩堤坍塌,圩内群众被紧急转移安置。巢湖水上分局第一时间紧急召开抗洪抢险动员大会,启动防汛抗灾应急预案,部署防汛具体工作,整装各类防汛器材,全员停休,全警投入。截至7月底,分局共参与抢险救援50余起,出动警力800余人次、警车300余台次、船艇180余艘次,处置险情12件次,参与救助被围困群众170余人,抢救遇险群众7人。组织合肥市水上应急救援志愿者队伍,组成水上应急救援抢险队,配合沿岸乡镇街道突击抢险,成功预警堤坝险情4处,隔离危险码头11处,封闭人行栈桥和围堰20余处。在灾情严重的水域设立3个治安点,2个集结点,强化湖岸线巡逻治安防控和湖区巡查工作,会同乡镇街道干部对码头、栈桥、堤段实行24小时巡逻,加强防汛地段和人员密集场所的重点巡查,严厉打击偷盗、哄抢防汛物资等违法犯罪行为,严保巢湖水域治安秩序总体稳定。

队伍建设

民警队伍　2011年8月,原地级巢湖市区划调整前,巢湖市公安局水上分局有民警9人,其中局领导3人,办公室主任1人,水警大队大队长1人,教导员1人,民警3人。大专以上学历6人,平均年龄46岁。至2016年,分局有民警25人,其中分局领导6人,第一派出所民警4人(含所领导1人),第二派出所民警4人(含所领导1人),指挥室民警4名(含副主任1人),治安大队民警3人(含大队长1人),刑警大队民警4人(含大队长1人)。大专学历以上23人,31~40岁5人,41~50岁11人,51~60岁9人,平均年龄49岁。

辅警队伍　2015年下半年开始有辅警队伍,后陆续增加编制及人员。2016年,分局有辅警78名(其中水上应急救援队队员20名),大专以上学历56名,21~30岁52名,31~40岁6名。

水上应急救援队　合肥市水上应急救援队成立于2016年3月23日,隶属于合肥市人民政府应急办的水面专业应急救援队伍(事业单位),业务上属市政府应急办和巢湖水上分局双重领导,负责全市开放性水域的应急救援、水下搜救等任务。有应急救援队员20名,其中大专以上学历17名,21~30岁18名,31~35岁2名。人员构成为水上应急救援队队长王旭(巢湖水上分局局长)、政治委员史向阳(合肥市政府应急办副主任)、副队长刁连成(巢湖水上分局副局长)、衣劲松(巢湖水上分局主任科员)、高云贵(巢湖水上分局副主任科员)、副政治委员李敦勇(巢湖水上分局副主任科员)。

教育训练　巢湖水上分局成立后,每年均组织全体警辅人员进行岗位技能、专业知识、法律知识、船艇操作等方面的培训和练习。2015年8月中旬,分局组织全体民警开展水上安全、防火与灭火等方面的培训,培训后,全体民警通过海事部门组织的考试,取得内河船艇船员适任证。2016年8月下旬开始,在分局操场及电教室、世纪金源酒店游泳馆、包河印象旅游公司水上训练基地,常态化组织全体警辅人员开展法律知识、纪律作风养成、队列、警务技战术、水上警务技能等业务技能大培训。

立功受奖　2015年10月25日,合肥国际马拉松赛期间,第一派出所民警张万龙荣获市公安局嘉奖;10月29~30日,第二派出所徐雪松、治安大队李敦勇在一级警卫安保工作中分别荣立个人三等功和嘉奖;是年11月24日,在侦破"10·7"案件期间,第二派出所郑曙东、刑警大队董照曙荣立个人三等功,刑警大队李东、第一派出所刘军荣获嘉奖。

2016年4月24~27日,第二派出所民警陆武卫在一级警卫安保工作中荣立个人三等功。6月27日,巢湖水上分局李东被评为庆祝建党九十五周年活动"优秀共产党员"。8月18日,第一派出所被巢湖市政府评为全市抗洪抢险"先进集体",王海艇副局长被评为全市抗洪抢险"先进个人"。陈春祥、管国虎、周玉祥、刘菲沫、夏玉付等5位民警被巢湖管理局评为抗洪抢险"先进个人"。11月11日,分局在江西省九江市举行的全国水警"长江、鄱阳湖、庐山西海"冬泳联赛中,被公安部全国水上治安工作协调小组评为"团体道德风尚奖",副局长王海艇荣获中年组400米耐力赛个人第六名的优异成绩。12月15日,分局在2016年度长江、珠江流域禁渔期执法管理工作中表现突出,被农业部"长江流域渔业资源管理委员会、珠江流域渔业管理委员会"评为"先进集体",第二派出所民警郑曙东被农业部"长江流域渔业资源管理委员会、珠江流域渔业管理委员会"评为"先进个人"。

第十节　肥东县公安局

肥东县公安局成立于1949年2月。1992年全县撤区并乡,县公安局设10个直属单位,辖39个派出所、2个治安办。至2016年,肥东县公安局内设4个综合部门、14个直属单位,下辖12个派出所,有民警522人、辅警425人。

业务建设

肥东县局围绕"发案少、秩序好、社会稳定、群众满意"的工作目标,始终坚持党委领导、专门机关与群众路线相结合的方针,大力加强业务建设,维护社会稳定,打击违法犯罪,强化治安防范,严格行政管理,便民利民服务,着力打造平安,构建和谐肥东,创建文明肥东。

维护社会稳定　狠抓维稳处突工作。随着改革开放的深入发展,肥东县在旧城改造、征地拆迁、企业改制、出租车改制、农民工讨薪等方面出现影响社会稳定的因素,群体性事件时有发生。县局建立以指挥中心主导,国保大队主抓,各警种及派出所为基础的情报系统,通过公开和秘密渠道,及时获取深层次、内幕性、行动性的情报信息,明确职责,做好调查、维稳、非访、稳控等情报工作,依托社(居)委、乡镇、县维稳办的工作网络,整合信息资源,化解矛盾。2005 ~ 2016年,收集信息2713条,妥善处置各类群体性事件2266起。在处置突发性事件中,县局依法逮捕2人,行拘2人,传唤教育重点人85人,为农民工讨薪4000余万元。2010年、2011年、2015年被合肥市评为维护社会稳定工作先进集体。

打击刑事犯罪　肥东县局始终坚持严打方针,根据不同时期刑事案件发案特点,开展专项斗争,实行打防并举,确保社会治安稳定。20世纪90年代,开展围歼车匪路霸,严打专项斗争,破获案件268起,打掉车匪路霸团伙18个,瓦解成员154人,抓获各类违法犯罪人员365人,解救妇女儿童12人,追回逃犯705人。2003年荣获全省"严打"整治斗争"先进集体"荣誉称号。

对严重危害人民生命财产安全的案件,县局坚持快侦快破。2005 ~ 2016年,全县发生命案72起,破获66起。2005 ~ 2016年多次开展网上追逃,抓获逃犯2647人,其中命案逃犯35人,公安部A级命案逃犯1人。27年来,全县立刑事案46864起,破获20627起。

对黑恶势犯罪,县局坚持"打早打小、露头就打、除恶务尽"的原则,加强打黑除恶长效机制建设,对敏感行业、区域、群体和敏感案件重点监控,多渠道、多途径发现黑恶线索,多措并举,全力以赴,重拳出击,严厉打击黑恶犯罪势力,保障投资发展环境。2006年成立打黑除恶小组,2007年成立打黑除恶中队。2006 ~ 2016年,县局打掉黑恶势力团伙48个,抓获违法犯罪嫌疑成员379人。

对毒品犯罪,县局于2009年成立禁毒中队,坚持不懈防范打击。2005 ~ 2016年,查破涉毒刑事案件113起,刑拘94人,治安案件145起,行拘263人,收缴冰毒7716.22克,海洛因25.16克,铲除罂粟45664棵。1998年荣获全省禁毒工作"先进集体"称号;2015年荣获全市百城禁毒会战“先进集体”称号。

打击经济犯罪　县局2000年8月成立经济犯罪侦查大队,紧紧围绕规范市场经济秩序,严厉打击诈骗、走私、制造、贩卖假冒伪劣商品、假冒商标、传销、非法集资等违法犯罪。2000～2016年,破案469起,抓获犯罪嫌疑人378人。破获公安部挂牌案件12起,省厅挂牌案件2起。2015年3月,破获公安部督办的龚某某组织领导传销案,抓获首犯龚某某。2016年,县局破获公安部督办刘某、汪某及“6·9”系列销售不符合标准食品案4起;破获公安部打假集群战役中的苏某假冒注册商标案及肥东精品机械厂、合肥飞阳机械制造公司虚开增值税发票案等6起。

社会治安防范　1990～2016年,县局以社会面巡控为基础,充分运用现代科学技术,加强社会治安防范,保一方平安。加强社会面巡控,县局始终把加强社会面巡控,抓现行压发案,提高群众安全感作为公安工作的主业常抓不懈。根据全县治安特点,在案件多发时间、多发地点在公共场所组织进行巡逻,抓获违法嫌疑人601人,查处治安案件575起,处置突发事件和制止群体性上访事件133起。

2005年以来,县局以严厉打击“两抢一盗”等多发性违法犯罪为重点,按照“全面控制,重点防范,点、线、面三结合”的原则,科学划分巡控网格,实行三级巡控,形成“网格化布警、全时空覆盖”的街面巡控格局,有效挤压犯罪空间,保障社会面平安和国家重点工程施工顺利进行。2005～2016年,抓获各类违法犯罪嫌疑人819人,刑事拘留236人,治安拘留225人,劳动教养2人,打掉犯罪团伙10个,破案650余起。加强社会面视频监控,2006年9月,县局先后在龙岗、店埠地区建成有50个探头的城市报警与监控系统,实时对主要路口、繁华地段、要害部门、治安复杂场所进行监控。2008年年底,建成由龙岗、指挥中心和交警大队3个监控中心和前端150个监控探头组成的城市报警与监控系统,实现对店埠城区公共复杂场所、主要道路和治安卡口、易发案区的实时监控。2009年12月,省厅、省科技厅授予肥东“科技强警示范县”称号。随后“天网”工程总体技术方案全面实施,实行延伸覆盖,布点加密,2016年年底,完成全县331个村(居、社区)和城镇公共复杂场所的995个治安监控点的覆盖工程,派出所监控中心和县局综合视频监控系统平台联网。2007～2016年,通过视频监控系统,为查处和侦破各类案件提供证据和线索1075条,破案567起,抓获各类现行违法犯罪嫌疑人424人。

加强虚拟社会监管。2009年10月以来,县局围绕网上舆情热点、敏感问题,积极对相关网站、论坛等开展网上信息巡查和舆情管控工作,紧紧围绕网络突发舆情、敏感群体、敏感事件等,严格落实24小时双值班制度,不断加大网络巡查力度和密度,及时动态管控。2012年3月,县局建立多部门互联网舆情快速通报、联动处置机制,制定《互联网舆情引导控制工作方案》,培训全局网评员62人,形成以网安部门负责发现舆情、各部门参与处置舆情的全局互联网舆情工作格局,全面加强对虚拟社会监管。2009～2016年,围绕网上热点事件上报舆情信息841条,发帖4950条,有效完成网上舆情的导控任务,维护社会安宁。

狠抓社区警务。社区警务是公安工作的根基,攸关社会稳定,县局始终紧抓不放。2006年以前,实行派出所负责人联系乡镇、中队包片、民警包村的方式开展基层警务工作。2007年3月,县局印发《肥东县局农村警务战略三年实施意见》,建成社区和农村警务室 26 个。2012 年,全县有 47 个警务室、247 个警民联系点和 12 台流动警务车,覆盖全县未设派出所的 7 个乡镇、14 个治安复杂村居、12 个省级新农村建设示范村、全县 40 个重点和要害单位,社区警务工作取得明显成效。2015 年 1 月,县局制定"一村一警"包村联系制度实施方案、考核办法,细化包村名单,选派 270 名民警(其中机关民警 146 名)担任包村民警。2016 年 10 月 22 日,县委组织部、县综治办和县局等部门联合行文,任命社区(包村)民警兼任社区(村)党组织副书记或居(村)委会主任助理,开展"一村一警"工作。2015 ~ 2016 年,县局包村民警向群众发放 20 万余份安全防范宣传材料,调解各类矛盾纠纷 1760 起,搜集情报信息 127 条、案件线索 164 起,协助破获案件 59 起、抓获逃犯 15 人,收缴枪支 4 支,上门发放身份证 2312 张、代办户口 1652 人次,有效强化基层基础治安防范工作。一名民警被评为"2016 年度全省优秀包村民警"。

公安行政管理　27 年来,县局坚持打、防、建、管和服务并重的方针,强化社会治安综合管理机制,维护治安稳定,服务经济建设。1998 年、2008 年、2011 ~ 2013 年,肥东县公安局被评为合肥市社会治安综合治理工作"先进集体"。

户政管理　1996 年前,全县有 5 个派出所管理户口,其余户口均由乡镇政府管理。从 1996 年起,全县 39 个派出所全部管理户口,实行簿册人工手写管理。2000 年 7 月,全县有 7 个派出所实行微机管理户口,2003 年全县 39 个派出所全部实行微机管理户口。2004 年 2 月全县 39 个派出所整合为 10 个派出所,建立户政服务大厅。2005 年 6 月,户籍实现全国联网。2015 年 7 月 1 日,全省公安机关取消"农业户口"和"非农业户口"分别登记常住户口的办法,统一登记为"居民户口"。

1989 年,县局开始办理居民身份证。1995 年启用防伪身份证。1999 年 10 月身份证编号升为 18 位。2005 年 2 月 20 日后入户的公民身份证地区号码由原来的"340123"更改"340122"。2006 年 1 月 17 日,办理二代居民身份证,派出所设立人像采集点,停办一代居民身份证。2012 年 10 月,县局集中警力开展为持一代证公民换发二代证工作"回头看"专项行动,排查动员 6510 人换领二代证。2013 年 11 月 5 日起,二代身份证办理统一采集指纹信息。2015 年 9 月 1 日,全省跨市居民可以就近在省内任何一个公安派出所内申请异地办证业务。2012 年度,县局被评为"全省公安机关居民身份证管理工作先进集体"。

交通管理　县局始终以安全畅通为目标,多策并用,加强交通安全管理。1992 年 5 月,交警撤销固定检查站,变静态管理为动态管理,上路巡逻,纠违章,压事故,保畅通;在全县主干道沿线开展创建"平安大道""交通文明村"活动,深入沿线乡镇机关、学校、村组开展交通安全宣传,维护交通安全秩序。2004 年,全县有机动车 1.48 万辆,驾驶人 2545 人,年发生交通事故 154 起,死亡 89 人,受伤 116 人,直接经济损失 8.9 万元。2005 年后,肥东交通大发展,人员大流动,货物大流通,道路交通流量大增长,至 2016 年,全县有机动车 10.9 万辆,驾驶人 16.4 万人,当年发生交通事故 25573 起,死亡 128 人,受伤 5938 人,直接经济损失 666.3 万元。

县局针对全县道路里程、汽车保有量、驾驶人的迅猛增长,抓源头治理、秩序管控、隐患排查、事故处理、优质服务不放松,全力保障道路安全畅通。结合元旦春节、奥运会、文明县城创建等一系列重要节日和活动,查处"三超一疲"、酒驾醉驾等违法行为,整顿交通安全秩序,积极开展“五进”宣传,推进交通安全社会化管理,查处交通安全“黑点”“盲点”,消除交通安全隐患,依托“天网”工程建设电子警察42处,全天候加强交通安全监控。2005~2016年,查处各类违法行为107.5万起,整治交通安全隐患263处,保障全县道路安全畅通。2009年,合肥市政府在肥东召开现场会,推广县局交通安全社会化管理“元疃模式”。

消防管理　肥东消防坚持以防为主、以消为辅、防消结合的方针,对消防安全重点单位实行消防安全户籍化管理,开展系列消防安全专项整治,2005~2016年,检查单位11240家次,罚款363.3万元,行政拘留51人。办理行政审批事项3029项,其中消防建筑工程审核1583项、消防验收1446项。开展消防宣传“进社区、进学校、进企业、进农村”“四进”工作,成立消防宣传组织1个和义务消防队伍2个,散发各类消防宣传品42万余份,扑救火灾4312起。消防大队分别于2011~2012年、2014~2015年,被评为“全省标兵大队”,2016年被县委、县政府授予“人民满意消防卫士”“抗洪抢险先进集体”荣誉称号。

烟花爆竹管理　肥东县梁园、撮镇地区是烟花爆竹传统主产地,1987~2004年,全县发生烟花爆竹爆炸事故36起,死亡43人,伤99人,直接经济损失近100万元。县局发布关于烟花爆竹实行安全管理的通告,始终将其列为治安管理的重中之重,采取多项措施,投入大量警力加强管理。2002年,肥东县政府提出“三年内全部转产,取缔全县烟花爆竹生产”的目标,县局进行地毯式检查,依法加大检查、打击力度,取缔非法烟花爆竹生产点4个,逮捕2人,治安拘留25人,收缴生产工具8套。通过打击和教育,2005年年底全县实现取缔烟花爆竹生产的目标。此后,县局对烟花爆竹生产继续保持严管态势,发现一起,查处一起。至2016年年底,开展查处烟花爆竹专项行动33起,查处案件262起,逮捕2人,行政拘留257人,消除安全隐患41处,保障社会安宁。

特种行业管理　特种行业是公安机关发现、控制和打击违法犯罪活动的重要阵地。县局始终依法对旅馆、刻字等特种行业实现登记、备案和检查管理。2002年,肥东有旅馆137家,刻字业17家。2006年后,在旅馆等特种行业建立治安管理信息系统,对特种行业实行实时监管。2016年,全县有旅馆257家、刻字店13家、典当点1家,其他备案特行105家。2005~2016年,县局加强特行许可年审和从业人员安全培训,定期和不定期开展检查活动,检查4404次,刑事拘留6人,治安拘留55人,消除安全隐患,净化社会环境。

“扫黄打非”　改革开放以来,肥东县文化市场走向繁荣,文化市场的主流健康向上。但是贩黄、制黄、淫秽色情及反动非法出版物混杂其间,社会危害极大。县局始终坚持“扫黄打非”,27年来全县公安机关开展打击公共娱乐服务场所卖淫嫖娼等违法犯罪活动专项整治行动23次,查处涉黄案件156起,刑事案件22起,刑事拘留50人,治安案件134起,治安拘留913人,劳动教养4人;配合县文管办查处违法经营音像制品店79家,查扣非法出版口袋书一万多本,收缴非法出版的书刊2514本、黄色书刊31000多册、黄色磁带碟片5497盒,净化了社会环境。

查禁赌博　赌博是一种社会丑恶现象,是“六害”中重要的一害,可能诱发犯罪,甚至造成家破人亡,给社会治安造成严重威胁。严禁赌博是净化社会空气,遏制犯罪,促进社会精神文明建设的一项重大举措。27年来,县局开展集中打击赌博违法犯罪活动专项行动及“春雷”专项行动38次,查处赌博4975场次,刑拘461人,治安处罚7826人,劳动教养6人,批评教育4780多人,收缴赌资1293.7万元,罚没款1053.9万元,收缴各类赌博游戏机5613台,销毁5613台。

便民利民服务 肥东县局全面落实公安部、省公安厅和合肥市公安局便民利民措施,2001年5月,在肥东县便民利商服务中心设立户政、消防、车管3个服务窗口,至2016年年底,办结服务事项18.6万件,接受群众咨询4.4万人次。

户政服务 全局12个派出所户政服务大厅配有低台敞开式服务柜台,指示标牌,工作制度,方便群众办理户籍和居民身份证。开辟居民身份证办理绿色通道,为考生推出预约办理身份证服务,对考试前丢失身份证件的考生提供一站式办理临时身份证服务,及时将证件送到高考学生手中。公开户籍窗口办证热线,方便老弱病残等行动不便人员电话预约,提供免费上门办证服务。2005～2016年,户政服务大厅通过绿色通道为学生办理二代身份证50789张,上门为老弱病残办证25629张,送证上门130685张。2012年度,县局被评为全省公安机关居民身份证管理工作"先进集体"。

出入境服务 县局以人为本,亲情服务,着力打造敬业、高效、便捷、利民的服务品牌,畅通出入境渠道,服务肥东跨越式发展,创新运用新技术,积极拓展业务新领域,率先实行公民按需申领护照、合肥地区跨地(区)申请护照、开通港澳自由行及往来港澳通行证再次签注业务,最大限度方便群众办事。2005～2015年,共受理申请公民因私出国(境)115088人次,临时入境境外人员215人次。2006年度被省厅授予出入境管理部门"省级文明窗口"单位,2008年被公安部授予全国公安机关出入境管理部门"全国文明窗口"。2011年被合肥市公安局评为全市公安机关"十佳文明窗口"。

车(驾)管服务 县局车管所坚持"立警为公、执法为民"的宗旨,积极创造条件,全面落实便民利民措施。2016年5月,车管所实现C1驾驶证县内全程办理,同年12月26日肥东县道路交通事故快速处理理赔服务中心投入使用,实现轻微事故处理快撤快处。制定、落实机动车业务办理、机动车检验、档案管理和机动车驾驶人业务办理等规章制度,抓好预防道路交通事故的源头管理;加强车管队伍正规化建设,坚持"主动、微笑、高效、满意"服务,开展亲情服务,视群众如亲人,最大限度为地群众提供热情周到、高效优质的服务,车管民警形象得到提升,车管业务得到规范,服务更加贴近群众。车管所在2008～2009年度被省厅交警总队评为全省优秀县级车管所,2009～2010年度、2010～2011年度、2012～2013年度、2014～2015年度连续四届被公安部评为"全国一等县级车管所"。

队伍建设

肥东县局始终坚持政治建警、从严治警、科技强警、文化育警、从优待警的方针,着力把公安队伍锻造成一支忠诚可靠、训练有素、业务精通、纪律严明、作风过硬的战斗集体,具备统一指挥,快速反应,秉公执法,熟练驾驭复杂社会治安局势的能力,为肥东经济建设创造优良的社会治安环境。

政治建警 肥东县局坚持在民警中开展政治信仰、理想信念、宗旨意识、社会主义核心价值观教育,使民警做到在思想上、政治上、行动上绝对同党中央保持一致。1990～2016年,先后在全局开展"向英雄模范学习""内强素质,外树形象""讲学习、讲政治、讲正气""树立好形象、争做好公仆""三项教育""五条禁令""保持共产党员先进性教育"

"社会主义法制理念教育活动""学习实践科学发展观活动""下基层、接地气、找问题、转作风活动""群众路线教育实践活动""三严三实专题教育""学党章党规学系列讲话、做合格党员学习教育""万名民警访平安"等一系列教育活动,实行理论武装,增强民警的政治意识、纪律意识、法制意识、宗旨意识和廉洁从警意识,强化民警对党绝对忠诚的政治信仰,营造安全稳定的社会环境,为肥东的经济建设提供更好服务。

27 年来,肥东县局先后荣立集体二等功单位 7 个,荣立集体三等功单位 48 个,民警被授予革命烈士 6 人,被授予全国公安系统二级英模 1 人,被评为全国优秀人民警察 1 人,荣立个人一等功 8 人,荣立个人二等功 14 人,荣立个人三等功 483 人,还有许多单位、个人受到省、市、县的表彰。

从严治警　县局坚持以政治思想教育为先导,建立健全监督机制,建章立制,用制度管人管事,建立干部能上能下、选优任贤的用人机制,坚持"公开、平等、择优"的原则,实行部分科所队室正职职位竞争上岗机制。2005 ~ 2016 年,全局有 34 人通过竞争上岗。1990 ~ 2005 年,全局制定办案、管理、服务等 18 种制度,2005 ~ 2016 年,先后制定完善接处警、办案、办证、窗口服务、办案场所等一系列规章制度。2008 年建立民警战训基地,实行"战训合一、轮训轮值"制度化、常态化,规定每位民警每年必须到培训基地接受 15 天脱产培训,同时还开展一系列专业技术培训班。2010 年 12 月,县局战训队代表市公安局参加全省公安机"战训合一、轮训轮值"训练效果考核,获全省第一名。2011 年 7 月,县局被省公安厅授予全省公安教育训练"先进集体"荣誉称号。

2004 ~ 2008 年,开展队伍正规化建设,县局制定刑事案件和行政案件审核制度,强化民警执法规范化,实行刑事案件"四级把关"责任制、行政案件"四级审核"把关制,任命案件审核员 62 人,定期对案件实行考评。2015 年 6 月,县局实行刑事案件法制部门统一审核、统一出口制度。2011 ~ 2016 年,全局民警取得执法基本级资格 533 名,中级资格 334 名,高级资格 24 名。

2011 ~ 2016 年,全局建立标准执法办案场所 15 个,进办案场所办案实行"四个一律"。2002 年省公安厅启动公安派出所等级评定工作,2004 ~ 2016 年,全局有 2 个一级派出所,5 个二级派出所,3 个三级派出所,县局及其所属 13 个派出所档案室全部晋升为省一级档案室。2014 年,县局机要室被评为全国一级机要室。2015 年,信访办被评为全省一级信访接待窗口。

2003 年县局被省公安厅评为抗洪抢险"先进集体",2004 年度被市委评为先进基层党组织,2007 年被省公安厅评为全省公安机关基层建设优秀单位,店埠责任区刑警中队被评为全国一级责任区刑警队。2007 年、2010 年、2015 年县局获全市公安机关绩效优秀等次,2010 年被评为全市公安机关"十佳执法单位"。2012 年县局培训大队被命名为"全市公安机关 2011 年度标杆所队",2015 年度刑侦大队被评为全省公安机关"百优所队"。县局 2014、2015 年度被评为肥东县政府目标管理考核优秀单位,2016 年被县政府评为抗洪抢险"先进集体"。肥东县局在省公安厅组织的全省公安机关执法质量考核中,2005 ~ 2007 年度、2009 ~ 2011 年度、2013—2015 年度获优秀等次,受到省公安厅通报表彰,桥头集派出所 2014 年被省公安厅评为"全省执法示范单位"。

科技强警　2004 年以来,县局加强刑事技术、网络软硬件建设,实行公安网、互联网和刑事技术覆盖基层一线,在全警中开展科技大练兵活动,举办各类计算机应用技能培训班500多期,全局民警平均轮训近30次,奋力推进基础工作信息化,向科技要工作效率,提升公安机关的战斗能力。

公安网建设　2004年6月,肥东县局在合肥三县率先用100兆光纤开通连接基层所队的公安四级网,实现警务工作信息网上流转。2005年12月,县局在全市率先将视频会议系统开通到基层所队。2008年底,全局接入公安网电脑有355台,基本实现民警人手一台公安网电脑,为网上办案追逃、公安业务全面开展奠定基础。2016年年底,全局接入公安网计算机1100台。

2006年后,县局陆续为全局民警配发PKI数字证书、公安专用安全U盘、执法记录仪等单警科技装备。2016年3月,县局为全局民警配发移动警务手机、执法执勤单位配发32部移动警务专业终端,满足民警在移动中查询、录入、比对、定位警务信息的需求,基础信息化迈出坚实的步伐。

三台合一　2004年8月,县局整合110、119、122三个报警服务台,对外统称110报警服务台,实行"三台合一"。县局制定《110报警服务台接处警工作程序》《110接处警、信息报送和统计工作考评办法》等制度,建立统一高效的指挥系统。2009年11月,县局"三台合一"启用接处警网络派单系统,规范接处警工作。

2013年7月,县局应急联动指挥中心启用,应急联动指挥大厅面积400余平米,设置20余个指挥调度台、接处警和监控席位,大厅前方的电视墙由32块80寸DLP大屏组成,大厅两侧的液晶电视墙分别由49块32寸高清液晶屏组成,将肥东县的重点单位、重要交通路段纳入监控范围,实现24小时全天候视频监控。指挥大厅以三台合一接处警为龙头,集视频指挥调度、350兆集群通信、视频监控、警情分析研判、技防联网报警等系统为一体,一线处警单位配有智慧110终端,指挥中心配有一辆无线3G图传系统应急通信指挥车,具备现代化综合指挥功能,能够保障全天候受理、处置辖区群众报警求助,实现可视化、扁平化、点对点指挥调度和警务信息共享、交换等警务功能。

互联网建设　2005年,县局开通10兆互联网专线,接入互联网电脑12台。2008年2月,县局治安大队和各派出所等单位设立信息警务室,增设互联网计算机17台。2016年底,县局所有部门均开通互联网,配备电脑155台,作为警务创新"试验田"的试点单位,实行网安工作向基层延伸。2015年底,摸排检查各类联网单位480余家,采集备案网络基础数据500余条,指导166家公共上网服务场所,落实安全管理技术措施。应急处置各类网站安全事件60余起,监督指导120余家网站到公安机关完成网站备案。2016年,检查政府部门和企事业单位等联网单位275家次、非经营性上网服务场所234家次,针对存在网络安全隐患的联网单位,下达限期整改通知书共639份,要求其在指定期限内落实网络安全技术保护措施。

网侦技术　2014年11月,县局开通网安专线,建成网安专用机房。2015年,县局投资140余万购置取证软件和设备16套,5名民警参加市公安局技术培训,建成三级电子数据实验室。2011～2016年,县局利用网侦技术,积极开展网上斗争,出具电子数据提取勘验报告284份,配侦案件395起,抓获各类违法犯罪嫌疑人380人,协助抓获网上逃犯313名,同步上案67起。2013年度被省厅授予集中打击整治网络违法犯罪专项行动"先进集体”称号。

刑事科学技术　1990 年以来,县局始终注重加强刑事科学技术建设,1995 年达到公安部三级技术点要求,2005 年被评为全国一级技术室。技术室制定工作制度和考核办法,规范技术人员、器材装备、基础设施、现场勘验、检验鉴定、物证管理、科学研究等工作,建立技术档案管理系统和物证管理系统,实行“一长四必”约谈制度,促进刑事科学技术服务实战。县局围绕“以评促建、以建设促发展”的目标,按照《县级公安机关基本业务装备配备标准》《全国公安装备“十二五”规划重点项目建设任务书》要求,强化刑事科学技术建设,2014 年 12 月,县局投入 180 万元购置设备,建成视频侦查室;2015 年 5 月,视频侦查室与“天网”联通投入使用,成为合成作战室。2015 ~ 2016 年,侦办案件 400 余起,打处侵财犯罪嫌疑人 79 人,打掉侵财犯罪团伙 5 个,破获侵财案件 300 起,抓获命案逃犯 1 名。2016 年 1 月,刑事科学技术室被公安部评为全国一级示范技术室。

2006 年,民警参加公安部协查指纹集中比对工作中,一举比中 1 枚 B 级、2 枚 C 级公安部协查指纹,受到省厅刑警总队领导高度称赞。民警在部级和省级专业学术刊物上发表论文 10 余篇。

文化育警　肥东县公安局党委高度重视公安文化建设,从人、财、物和机制方面给予保障,将警营文化建设纳入公安工作的总体规划。2007 年前,广泛开展摄影、读书、演讲、体育等各种警营文化活动,编纂出版《肥东县公安志(1986 ~ 2004)》,派出所建设荣誉室、健身房、阅览室等活动场所。2008 年,县局印发《肥东县局文化建设实施意见》,拨专款在办公楼楼梯墙壁和走廊建设文化苑、荣誉室、接待室、健身房、民警之家、反腐倡廉教育基地、金盾之光宣传长廊,形成一层一景的警营文化景观。

2009 年 8 月 22 日,《人民公安报》以“肥东县局:文化育警尝到甜头”为题予以报道。2009 年 6 月 14 日,《新安晚报》以“从一楼一景打造人文办公环境”为题予以报道。2009 年被评为“合肥市廉政文化进机关示范点”。

县局成立有公安文学联合会、书画协会、文学写作协会、摄影协会、音乐舞蹈协会、警官乐团、合唱团、篮球、乒乓球、羽毛球等组织,在省、市比赛中都取得了较好成绩。在重大节假日,县局均组织文体活动,活跃警营文化生活。警营文化丰富多彩,滋润警心,赢得外地公安机关的青睐,全国先后有 26 个公安机关到肥东县公安局参观、交流学习。

从优待警　2005 年,肥东县局出台《关于切实加强从优待警工作的意见》,加强对民警休假制度的督促检查,完善民警体检制度和民警正当权益维护的工作机制,做好特困民警家庭情况的摸底工作,尽最大可能帮助特困民警解决实际困难。2008 年 4 月以来,县局给全局民警分别购买人身意外伤害保险、人身意外伤害医疗保险和住院安心健康保险,解决民警在工作中发生人身意外伤害、医疗、住院津贴等问题,切实解决民警的后顾之忧。2013 年,制定《肥东公安局民警慰问工作暂行规定》《关于切实加强从优待警工作的意见》,慰问 388 人次,发放慰问金 57 万余元。1990 ~ 2016 年,县局落实从优待警措施,配备非领导职务 272 人次。

县局强化组织领导、队伍思想教育,组织开展一系列文明创建活动,提升文明素质,营造文明氛围,建设文明单位。县局先后被评为第十届、第十一届、第十二届、第十三届“合肥市文明单位”,为民警工作、学习创造优良的环境。

第十一节　肥西县公安局

肥西县公安局成立于1949年4月。1990年,县公安局内设16个直属机构,下辖10个派出所。历经沿革,至2016年,肥西县公安局内设4个职能机构、12个直属机构,下辖12个派出所,有民警483人,辅警670人。

业务建设

1990 ~ 2015年间,肥西县局在县委、县政府和上级公安机关的坚强领导下,不断开阔思路,勇于创新,紧紧围绕维稳、打击、管理等主业,卓有成效地开展各项公安工作,圆满完成各项目标任务,公安事业与时俱进、蓬勃发展。仅2012年以来,县局连续3届被授予"全省公安机关执法示范单位",连续3年被评为"全省公安工作先进分县局",群众安全感满意度连续3年位居全市先进行列,公安工作绩效连续9年位居全市优秀、序列第一,执法质量考评连续11年全省优秀,安全监管连续19年未发生责任事故。全县八类案件占总发案比重和"黄赌"警情连续5年呈下降趋势,四类可防性案件发案数始终位于全市较低水平,现行命案连续12年全破(总47起)。县局及所队先后荣获公安部"清网行动"成绩突出集体、全省社会治安防控体系建设先进集体、全省优秀公安基层单位、全省禁毒工作先进集体、全省公安机关基层正规化建设优秀单位、全省学法用法示范单位、全省公安机关一级信访接待窗口、全省县级公安机关示范战训基地等省级以上表彰22次、市级以上表彰94次、集体二等功2次、集体三等功4次。2016年12月,肥西县局被省公安厅推荐申报"全国优秀公安局",已通过考核待批。

维护社会稳定　2005年以后,全县征地拆迁矛盾多、特殊利益群体诉求多、宗教场所隐患多和历史遗留问题解决难等"三多一难"特点明显,县局党委及时调整工作思路,不断创新工作举措、健全工作制度,最大限度地把不稳定因素和苗头消除、化解在萌芽状态;同时建立高效、迅捷的快速反应和应急处置工作机制,有力确保全县社会大局持续稳定。

化解矛盾纠纷与处置突发事件　县局建立健全情报信息收集研判和矛盾纠纷排查化解工作机制,及时上报研判出的不稳定因素及工作建议,为党委和政府决策提供参考,同时充分发挥公安信息网络优势和各乡镇"维稳综治中心"作用,主动配合党委、政府采取联排、联调、联治等方法,最大限度地将各类矛盾纠纷化解在基层。围绕可能发生的暴恐或群体性突发事件,县局进一步建立健全以前端预防、部门联动、快速反应、现场处置等为核心的应急工作机制,依托数字化指挥调度中心、车载无线图传系统、350兆集群通信和130人的巡逻(防暴)警察大队、街面巡控力量,重要点位可在"1分钟应急响应、3分钟到场处置、5分钟增援到位",突发事件可在10分钟内调集百余名警力迅速到达现场。

打击刑事犯罪　"群众看公安,关键看破案"。对各类刑事犯罪,县局一以贯之坚持严打方针,以"零容忍"的决心主动进攻、专项整治,以打开路、打防并举,始终保持高压态势,严惩各类犯罪分子。尤其是对杀人、强奸、抢劫等严重暴力犯罪,第一时间组织精干力量快侦快破,根据不同时代刑事发案特点,适时调整工作重心和打防举措,有力确保全县治安形势持续平稳。27 年来,全县八类案件始终位于全市较低水平。

命案侦破　2007 年以前,全县命案年均发案达 7.5 起;2007 年以后,相对较低,年均发案 3.3 起。对各类命案,县局始终坚持“必破”决心,第一时间成立专班组织攻坚破案。2004 ~ 2016 年,现行命案连续 12 年保持全破。少数几起命案积案受制当时条件限制,虽至今未破,但专班一直仍在开展工作。

1995 ~ 2016 年肥西县局命案发破情况一览表

表 22 - 11

年　份	立案(起)	破案(起)	抓获嫌疑人(名)
1995	9	9	9
1996	13	10	10
1997	9	6	6
1998	8	5	5
1999	6	6	6
2000	5	4	6
2001	6	5	6
2002	5	6	6
2003	7	5	5
2004	9	10	10
2005	4	4	6
2006	8	8	8
2007	9	9	10
2008	4	4	5
2009	5	5	5
2010	4	4	4
2011	5	5	10
2012	3	3	3
2013	1	1	1
2014	1	1	2
2015	4	4	4
2016	4	4	4

打黑除恶　肥西县黑恶势力总体上停留在较低层面,大多数犯罪团伙的势力范围和人数有限,“保护伞”现象不明显,多以敲诈勒索、寻衅滋事、打架斗殴、强买强卖等犯罪手段攫取经济利益。县局对各类黑恶势力犯罪始终坚持“打早打小、露头就打”,有力维护广大人民群众的生命财产安全和正常市场经济秩序。1990~2005年,县局先后组织开展多次专项打击行动,打掉李某田等特大车匪路霸团伙、黄某傲等特大拦路抢劫团伙、李某山等地方恶势力团伙、何某文等流氓恶势力团伙17个,抓获团伙成员92人,破获各类案件400余起。2006年中央专题部署打黑除恶专项斗争,各地均加大打击力度。2006~2010年,全县先后成功摧毁以王某明、施某华、周某柱等人为首的22个恶势力团伙,抓获恶势力团伙犯罪嫌疑人246人,移送起诉195人,破获各类涉恶刑事案件164起,缴获枪支5支。2011~2016年,全县先后打掉以武某成、张某峰、郭某财等为首的黑恶势力团伙29个,抓获涉案人员374人,破获各类涉恶刑事案件340余起,收缴枪支1支,作案凶器砍刀和木棍多把。2012年、2013年连续两年打黑除恶工作位列全市第一。

打击拐卖妇女儿童犯罪　1990~1995年,全县先后打掉分别以庞良平、张从贵、陈兰英为首的拐骗贩卖妇女犯罪团伙3个、涉案成员19人,解救被拐卖妇女54人。1995~2000年,公安部在全国范围内部署开展“打击拐卖女儿童”专项工作,县局全警动员,积极开展调查摸底及宣传防范打击工作,期间未发生拐卖妇女儿童案件。2001~2010年,全县共破获拐卖妇女案件17起,破获强奸案件217起,破获强迫、卖淫案件258起、抓获拐卖妇女犯罪嫌疑人25名,摧毁团伙4个,解救被拐妇女17名,解救被拐儿童7名。2011~2015年,全县共破获拐卖妇女案件21起,破获强迫、容留卖淫案件6起,打击处理拐卖妇女犯罪嫌疑人16名,解救被骗妇女23名;摸排来历不明儿童63人(DNA血样均采集入库),采集失踪儿童父母DNA血样34人次。2013~2016年,全县连续四年无涉拐信访事件。

打击侵财犯罪　以盗窃、抢夺、抢劫(以下简称“两抢一盗”)为主要表现的多发性侵财犯罪历来是公安机关打击的重点之一。1998年以前,肥西县“两抢一盗”案件发案较低,每年不超过500起,且多为偷盗类案件。2000年以后,盗窃“三车”(自行车、摩托车、电瓶车)案件多发,导致各类侵财犯罪总量大幅上升,由1999年的563起,上升到2011年的1698起。2012年以来,随着互联网技术的兴起,以网络、电信等新型手段实施跨区域跨国境诈骗的犯罪在全国范围内高发,肥西也未能幸免,约占全部刑事案件的三成左右,给公安机关打击犯罪、压降发案工作带来新的挑战。

对各类侵财犯罪,县局始终坚持“严打”方针,对抢劫、抢夺等严重危害人民群众生命财产安全的侵财犯罪坚持露头就打、快侦快破,有力震慑犯罪分子,全县抢劫、抢夺两类案件连续多年未超过10起。强化集中整治和专项打击工作,尤其是加强对系列、团伙侵财犯罪的串并打击力度,通过网侦、技侦、图侦、刑事技术等多种手段实现“多轨合一、规模打击”“破一起带一串、打一个带一窝”,27年来,累计破获各类侵财案件近2万起、抓获犯罪嫌疑人5000余名,全县侵财案件发案始终在全市保持较低水平。2012年以来,公安部先后就电信诈骗犯罪法律适用、工作机制、打击措施等予以明确,肥西县也集中开展多轮专项打击工作,取得一定成效。2016年9月20日,最高人民法院、最高人民检察院、公安部等中央六部委联合发布《关于防范和打击电信网络诈骗犯罪的通告》,随后安徽省、合肥市及肥西县相继出台集中整治电信网络新型违法犯罪专项行动实施方案，县局正按照“标本兼治、综合治理、重拳打击、健全机制、长效管控”的思路稳步开展打击整治工作。

打击经济犯罪 1998年，县局在刑警大队内设经案中队，负责全县经济犯罪预防和打击工作。2003年4月，又顺应形势专门成立经济犯罪侦查大队。2004～2016年，县局累计侦破各类经济案件684起、抓获犯罪嫌疑人413人、网上逃犯193人，挽回经济损失3.93139亿元，先后多次受到公安部、省公安厅、市公安局和县委、县政府的表彰奖励。2003年7月，成功侦破原合肥东方经济发展有限公司(合肥东方功德园)非法经营、职务侵占案，缉拿犯罪嫌疑人13名，查清非法经营金额1800万元、涉及人员1200多人，追回赃款74.2万元、挽回直接经济损失390余万元。2005年1月，侦破金家柱等重大集资诈骗案，查实非法集资565.5274万元。2006年5月，破获省厅挂牌督办“3·12”网络销售假烟系列案件。2008年9月，破获假冒“富光”牌新世纪滤叶太空杯案，是肥西县首例跨省维权行动。2009年12月，侦破肥西县首例串通投标案，抓获犯罪嫌疑人7名。2011年3月，侦破公安部挂牌“303”特大制售假发票案，缴获安徽、四川、河南等省市增值税假发票成品、半成品587万多份，涉案票面金额近百亿元。2013年5月，侦破袁垣虚开增值税专用发票案，是肥西县经济犯罪嫌疑人“零口供”被法院认定有罪的首起案例。2014年9月，破获公安部挂牌督办的“五级三阶制软件官方网”传销案，一举捣毁隐藏在肥西县小区内的特大传销团伙，抓获传销头目20余人，遣返15个省市参与传销人员1000余人，清查涉案金额3000余万元。2015年1月，破获公安部挂牌督办的特大制售假冒计生用品案，该案被安徽省公安厅评选为2015年七大打假典型案例。2016年8月，成功侦办合肥锐利置业投资有限公司法人张大恒非法吸收公众存款案，涉及受害人273人，涉案金额9754.74万元人民币。2016年9月，一举破获涉及江苏等20多省市、300余万元案值的李某某销售假冒美国“特百惠”口杯案，中央电视台CCTV－2频道作了专题报道。

治安行政管理 县局始终坚持打击与防范并重、管理与服务并重原则，坚持走规范化管理、综合治理和创新式发展之路。一方面，重拳整治“黄赌毒”、传销、食品卫生等社会治安热点问题，持续净化社会风气；另一方面，全面落实剧毒化学品、易制爆化学品、烟花爆竹、散装汽油等危险物品和道路交通、消防安全管理措施，全县连续19年未发生安全生产责任事故。

黄赌毒整治 1990～2016年，县局通过常态整治、专项打击、异地用警、顶格处理、强化宣传等措施，始终保持对黄赌等丑恶行为和毒品犯罪活动的严打高压态势。1990～1992年，连续3年开展扫“六害”专项行动，捣毁卖淫窝点49处，抓获并教育处理参赌人员5000余名。1993～1998年，先后组织开展打拐禁娼、“扫黄打非”、清查“路边店”等专项行动9次，依法打击处理一大批卖淫嫖娼和设赌参赌人员。2003～2007年，再次集中组织开展整治聚众赌博、打击公共娱乐服务场所色情淫秽表演、“扫黄打非”、整治利用游戏机赌博等专项行动，有力净化社会环境。2010～2015年，又先后组织开展查处取缔赌博型游戏机、“风暴三号”、“飓风行动”等专项行动，破获吴某勇等强迫他人卖淫案、董某荣等容留卖淫案、丁某等开设赌场案等一批典型案件，经过不间断的有力打击，至2016年年底，全县涉黄涉赌警情已连续5年呈下降趋势。

2008年6月1日，《中华人民共和国禁毒法》正式施行，自2009年始，县局一方面深入开展禁毒人民战争、禁毒严打整治、“扫毒害保平安”、“肃毒害创平安”和“百城禁毒会战”等系列行动，累计破获涉毒案件346起，打击处理涉毒人员391人，铲除罂粟49870株，收缴毒品500余克。另一方面，不间断地开展吸毒人员大排查，做到主动发现、如实登记，同时率先在全市推行社区戒毒、社区康复政府购买服务工程，依法开展对吸毒人员社会帮教、动态管控、戒毒康复、就业安置等工作，帮助吸毒人员戒断毒瘾，回归社会。2014年1月29日，肥西县禁毒委被安徽省禁毒委命名为全省首批社区戒毒社区康复工作示范单位。2016年11月，县局推动政府购买服务，开展社区戒毒社区康复工作经验，受到国家禁毒委和省市领导的充分肯定，并在全市推广。截至2016年12月，全县共有在册吸毒人员1040人，接受社区戒毒130人。

道路交通管理 1990年，全县共有各类机动车956辆(含摩托车25辆)、机动车驾驶人1107名(含摩托车驾驶人370名)，当年共发生各类交通事故162起、死亡59人、受伤124人，直接经济损失33.737万元。2016年年底，全县共有各类机动车101028辆、机动车驾驶人168554名，全年共发各类交通事故16453起、死亡68人、受伤18人，直接经济损失24.24万元。27年来，在全县道路通车里程、机动车保有量、机动车驾驶人数量逐年大幅增长的情况下，县局通过积极落实源头治理措施、深入开展交通安全服务、严厉查纠交通违法行为、全面加强路面秩序管控、倾力营造安全宣传氛围等五项举措，着力实施源头预防、综合治理，道路交通事故得到有效控制，事故起数、死亡人数、直接财产损失数同比稳中有降。2009年，肥西县被评为全省交警系统“规范执法示范县”和省级平安畅通县区。2010年11月被授予“国家级平安畅通县区”称号。2011年4月，县局交通管理大队被安徽省公安厅记“集体二等功”。

2012年5月23日，挂牌成立肥西县道路交通事故损害赔偿纠纷人民调解委员会，并在8个交警中队分别设立“人民调解工作室”。2014年8月18日，肥西县道路交通事故处理综合服务中心正式挂牌成立，通过整合交警、保险公司、人民调解、司法、法院等部门职能，形成交通事故“快处快撤、勘验定损、保险理赔、人民调解、司法鉴定、法律援助、法律诉讼、宣传+处罚”八位一体的道路交通事故社会化处理模式，受到中央综治委、省、市领导的充分肯定。2015年，首创的农村地区道路交通安全管理新模式，被公安部、安徽省人民政府表彰，并在全省推广；同年，事故中队被评定为一等管理水平交通事故处理岗位。

消防安全管理 1990年，全县共接火灾警情10起、抢险救援警情2起，当年解救被困群众8人。2016年，全县共接火灾警情477起、抢险救援警情363起，解救被困群众162人。27年来，全县火灾警情、救援警情逐年呈上升趋势。县局以强化消防队伍建设为抓手，突出源头管控、动态监管、规范管理、宣传教育等关键环节，建立覆盖全县的消防安全主体责任体系、隐患排查治理长效机制、“户籍化”和网格化管理制度，全县连续多年未发生重大火灾亡人事故。2001～2003年，县政府累计投入300万元对消防官兵的办公用房、消防器材、救援装备进行升级改造；至2015年12月，有消防官兵57人，中型水罐车8辆、云梯车1辆、抢险救援车1辆，全县消防重点单位共210家。县消防中队1994年被武警合肥市公安消防支队评为“基层建设达标中队”；1997年，被武警合肥市公安消防支队评为“落实《纲要》达标中队”；2000年，被武警合肥市公安消防支队评为“落实《纲要》达标中队”“先进党支部”，被合肥市团市委授予“青年文明号”称号；2002年，被安徽省消防总队评为“三年规划建设达标中队”;2013 年 7 月 16 日,省消防总队在肥西县召开全省消防部队县级消防装备评估现场会。2015 年 6 月 10 日,成功处置常安液化气站泄漏事故,被县委、县政府通报表彰并被授予集体三等功,被省厅消防总队记集体二等功。2016 年 10 月 18 日,耗资 3995 万元、占地 25 亩、总建筑面积 1.7 万平方米的桃花特勤和战勤保障消防站顺利封顶,即将投入使用。

户政和出入境管理　2000 年以前,肥西县户政工作主要以一般性的户口登记、户口迁移、居民身份证制度、重点人口管理、暂住人口管理、户籍调查、人口统计、户口档案管理等为主。2000 年 9 月,中央提出“小城镇、大战略”方针,加快农村城镇化进程。县局起草《关于肥西县小城镇户籍管理制度改革实施方案》并报经县政府予以发布,对在城镇规划区内购商品房、经商两年以上、投靠亲属等符合条件的农业户口人员根据本人申请和有关证明材料可将其转为非农业户口。2004 年 4 月,为贯彻落实公安部、安徽省公安厅、合肥市公安局提出的便民利民措施,县局出台户籍办理工作暂行规定,对户籍办理的方法、程序和应具备的申报材料做了详细规定。自 2005 年起,开展多轮户籍清理专项整治工作,对全县疑似重户、错误户籍信息、错误身份证号码等进行核查、删除和补录。

2007 年 5 月以前,肥西县居民申请办理因私出国护照及往来香港、澳门、台湾地区通行证等出入境管理业务由县局国内安全保卫大队统一管理。2007 年 6 月,县局成立出入境管理科(大队),负责全县出入境证件办理和出入境人员管理业务。2014 年 11 月 18 日启用新的出入境办证大厅,面积 200 平方米,设有 7 个受理窗口。2007 年 10 月,被评为“全国公安机关出入境管理部门省级文明窗口”。2009 年 3 月,被授予安徽省“巾帼文明岗”称号,为全省唯一获此表彰的县级公安窗口单位。

队伍建设

1990～2016 年,县局毫不动摇地贯彻政治建警、素质强警、从严治警、从优待警方针,认真抓好问题引领和目标导向、正向教育和反面警示、制度落实和机制建设,全面推进队伍正规化建设,显著提高公安队伍的整体素质和战斗力。27 年来,肥西公安队伍不断发展壮大,全县公安民警数已由 1990 年的 242 人发展到 2015 年的 483 人(其中一级警督 92 人、二级警督 106 人、三级警督 111 人、一级警司 39 人、二级警司 110 人、三级警司 25 人,大专以上学历 467 人,占比 96.6%),队伍中先后涌现出曹自和、周开国、张圣峰 3 名全国二级英雄模范以及“全省十大忠诚卫士”“全省优秀人民警察”“全市十佳政法干警”、全市五一劳动奖章获得者等一大批先进个人。仅 2012 年以来,民警个人荣立三等功以上就达 194 人次。

政治建警　县局始终把强化民警的政治信仰、理想信念、宗旨意识、价值理念教育作为铸警魂、强素质的根本途径,一任接着一任抓,持续发力不放松。1990～1999 年间,先后在全局范围内组织开展学习英雄模范、“内强素质、外树形象”、“爱民主题实践活动”、“讲学习、讲政治、讲正气”、“树立好形象争做好公仆”等专项教育活动。2000 年起,全局开展以“全心全意为人民服务的宗旨教育,实事求是的思想路线教育,严格、公正、文明执法的法制教育”为主要内容的学习教育活动,简称“三项教育”。2002～2004 年,连续 3 年开展“万名民警访平安”活动。2003 年 1 月 22 日,公安部“五条禁令”正式颁布实行,全局民警切实把贯彻执行“五条禁令”培养成一种习惯和自觉行为。2001～2010年间,先后开展“三个代表”“贯彻十六大,全面奔小康,公安怎么办”“民警访千家,服务零距离”“端正执法思想,坚持执法为民”等主题或专项教育活动。2011～2013年,先后开展创先争优活动、“大走访”开门评警活动和“发扬传统、坚定信念、执法为民”主题教育实践活动。2012年,集中开展“保持党的纯洁性、迎接党的十八大”主题教育实践活动。2014～2016年,在全局范围内开展党的群众路线教育实践“三严三实”、“讲看齐、见行动”等主题教育实践活动。通过上述学习教育,有力推进肥西公安工作和队伍建设,进一步增强全局民警的政治意识、纪律意识、法治意识和廉洁从警意识,强化“对党绝对忠诚”的政治信仰,营造安全稳定的社会环境、公平正义的法治环境和优质高效的服务环境以及风清气正、干事创业的良好警风,公安执法为民、服务群众的制度机制更加完善,队伍良好形象更加彰显。

素质强警 县局始终坚持文化育警、素质强警,把着力提高全体民警的综合素质和文化素养作为队伍建设的工作重点。一方面狠抓民警综合素质提升,以提升民警基本业务素质、基本法律知识和基本警务技能为重点,全方位开展“分层分类、多层递进、按需施训”,不间断加大软、硬件投入和教育培训力度,不断增强队伍的凝聚力和战斗力;另一方面,积极开展警察文化活动,通过举办培训班、专题教育讲座、先进事迹报告会、知识竞赛、演讲比赛、比武竞赛以及各类文娱体育活动,文化育警和素质强警的有效结合,既充分发挥文化调节功能和缓解民警压力的作用,又有效地保护民警的身心健康。

2004年5月,县局专门建立警务技战术、科技、政治、理论三大练兵基地,同年被省公安厅评为“县级公安机关大练兵活动优秀组织单位”。2005年投入100余万元,建立警察培训学校、民警网吧、警察俱乐部、图书阅览室,其中图书阅览室藏书15000册,并统一办公楼内的标志标牌。2007年投入20万元,将原北张派出所办公地点改造为“战训合一,轮值轮训”的战训基地,建成专供学员使用的宿舍、教室、健身房、食堂、洗漱间和近2000平方米的训练场地及其他办公用房,购买一整套训练器材;同年12月17日,率先在全省县级公安机关启动“战训合一,轮值轮训”工作,首期战训班正式开训,从全局范围内选聘21名岗位业务知识和专业技能突出的民警担任教官,“轮值轮训”分期进行,每期15天,每期20人,训练对象为全局50周岁以下民警。2011年9月,耗资80万、面积270平方米的民警射击训练馆建成并投入使用,4个射击靶位均采用最新隔音、静噪技术和安全防范措施,可自动测靶、电脑报靶,适时掌握射击成绩。2012年,在全市“大培训、大比武”活动中,肥西县局荣获刑事案件现场勘验技能三等奖、交管科技三等奖、公安情报团体二等奖、民警法律知识二等奖、公安装备“大比武”二等奖、法制员业务技能竞赛县(市)系列第一名、社区(驻村)民警岗位技能三等奖、外管岗位技能三等奖、巡特警岗位团体第三名、国保岗位技能三等奖、警务实战教官团体三等奖。

2014年12月8日,占地18亩的民警训练中心建成并正式启用,由室内综合训练馆、室内游泳馆、室外运动场三部分组成,其中综合训练馆内设健身馆、篮球馆和乒乓球室等功能设施,室内游泳馆内设一座50×21米标准泳池,室外运动场建筑包含200米塑胶跑道、网球场和两个篮球场;同年12月,县局战训基地由原北张基地搬迁到县局办公大楼。2015年,投入300多万,正式启动肥西公安史馆建设;同年,县局战训基地被评为全省公安机关县级示范战训基地。

科技强警　2003年以前,肥西县局和全国大多数县级公安机关一样,只有一部110电话受理群众报警。2003年开始,逐步加大以110公安指挥体系为核心的科技强警投入力度。同年4月1日,建成110、122、119"三台合一"报警服务中心,初步建立以指挥中心为龙头,以交警、巡警、刑警、派出所、110应急中队为主体的统一指挥、信息共享、高效灵敏、警种联动、整体作战的指挥和接警处警工作机制,处于全国领先水平。同年6月10日,被安徽省公安厅在全省推广;12月23日,全国公安指挥系统工作现场会在肥西县召开,来自全国31个省(市)公安厅(局)指挥中心主任参会。2004~2005年,县局在不断健全完善公安指挥体系的同时,接待全国30个省、市公安机关学习观摩。2005年11月,肥西县被省公安厅、科技厅确定为全省首批11个科技强警示范建设县之一。2015年12月,肥西县局在全省率先实现110、119、122、120"四台合一"。指挥调度中心大厅拥有80英寸DLP屏28块、接警席位20个,建成分监控中心12个,日接警量约540起,实现以视频巡查、街面巡控、GPS定位、"智慧110"和无线图传等高度融合的现代化指挥调度体系。

县局在强化公安指挥体系建设的同时,继续强化公安业务科技投入力度,并在刑事科学技术、网络安全、视频监控、智能交通等方面取得突破。2003年10月,县局刑事科学技术室被公安部评为"全国一级刑事科学技术室";2014年2月,被公安部评为"全国示范刑事科学技术室"。2014年10月,累计投入700多万,在全省县级公安机关率先建成DNA实验室。2014~2015年度,圆满完成公安部"一长四必"现场勘查新机制试点推进任务(安徽省唯一),为在全国推广提供示范经验。2003年4月,率先在全省县级公安机关成立公共信息网络安全监察大队。2015年在全省率先开展电子数据勘验检查工作,同年7月建成电子数据取证三级实验室;期间因网络安全保卫工作成效突出,多次受到公安部、省公安厅表彰。2009~2015年,累计争取政府投入4000多万,建成高清监控探头2235个,接入社会单位监控图像800多路,初步实现农村技防村村通和重点路段、重点场所、重点部位监控全覆盖。2015年10月,推动制定《肥西县2015年社会治安视频监控建设方案》,建立视频监控建设长效机制。2015年11月,累计投入280余万元,建成高标准视频侦查工作室,走在全省县级公安机关前列。2014年初,正式启动县域智能交通建设,至2015年12月,累计投入330万元完成项目一期建设;2015年6月18日,肥西县政府正式批准智能交通二期工程建设经费2708万元,正在有序推进。

第十二节　长丰县公安局

长丰县公安局成立于1965年6月。1990年9月,县公安局内设7个直属单位,下辖4个派出所。2003年1月,长丰县公安局进行机构改革,设5个职能处室、11个直属机构,下辖31个派出所。至2016年年底,县公安局内设4个综合科室、12个直属单位,下辖11个派出所,有民警400人,辅警610人。

业务建设

1990～2016年,长丰县局坚持围绕中心、服务大局,在做好维稳、打击、防范、管理、服务等主业工作基础上,开拓创新、锐意进取,圆满完成各项任务。先后被评为"全省严打先进单位"、1996～1998年度全省农村公安派出所规范化建设"先进集体"、全省公安机关一级信访接待窗口单位,荣获市级、县级表彰90余次。

维护社会大局稳定 加强情报信息工作。1998年,县局建立情报信息制度规范,情报信息搜集数量由此逐年增长。2002年建立情报信息网络,初步规范情报信息搜集、上报程序。2007年建立健全社情民意搜集网络,情报信息搜集工作走上制度化、规范化道路。2007～2008年,每年搜集情报信息300多条。2009年建立完善以国保大队为龙头,以治安、派出所为主干,以基层民警、单位内保人员为主体,以治安信息员、治保会为触角的情报信息网络,同时建立"日综合、周研判、月分析"情报信息工作机制。随着经济的发展,情报信息搜集能力的提高,自2010年开始,情报信息搜集数量越来越大,年均1600多条,通过对搜集的情报信息进行分析研判,积极为领导决策提供依据,为长丰县社会大局平稳夯实基础。

排查化解矛盾纠纷 县局建立完善矛盾纠纷预防排查化解工作机制,定期召开社会治安形势研判分析会,及时上报研判不稳定因素和工作建议,积极开展矛盾纠纷调处工作,最大限度地将各类矛盾纠纷化解在初始阶段。特别是近年来,随着社会经济的快速发展,房地产纠纷、农民工讨薪、非法传销、道路建设、拆迁纠纷、非正常死亡等群体性事件频发,县局不断健全应急工作机制,成立以青年民警为骨干的应急队伍,加强重点地区应急处突力量。2016年在北城地区组建一支由39名招聘人员组成的应急处突队,经过严格系统的培训,已全部上岗,积极开展巡逻防控和应急处突工作,在区域社会治安管控中发挥重要作用。推进警民联调室建设,充分发挥人民调解员作用,扎实推进矛盾纠纷滚动排查化解工作机制,依托社区警务和"一村一警"工作,延伸警务触角,及时发现各类矛盾纠纷,积极会同党委政府及有关部门排查化解。推进"信访部门带案下访"制度,对已经终结仍缠信缠访的,制定化解方案,把信访问题解决在当地。坚持局长接访日工作制度,积极解决群众诉求。

打击刑事犯罪 长丰县局紧紧围绕维护社会大局稳定、保障人民群众安居乐业的根本目标,始终保持主动进攻态势,严厉打击各类违法犯罪活动,确保治安形势持续平稳。

打击严重暴力犯罪 突出命案侦破,2009年之前,命案发案相对较高,年均发案11起;2009年后,命案发案逐渐减少,年均发案5起。一直以来,县局秉持"命案必破"原则,成立专门班子组织攻坚,不破案不收兵。2009年～2016年,现行命案连续8年全破。2016年连续侦破"1994·12·2""1994·8·12""1995·10·4""1997·11·5"等4起故意伤害致死的命案积案。

1990～2016年长丰县局命案发破情况一览表

表22－12

年　份	立案(起)	破案(起)
1990	20	12
1991	27	20
1992	17	8
1993	9	8
1994	10	7
1995	10	6
1996	9	6
1997	12	8
1998	15	15
1999	20	12
2000	27	20
2001	17	8
2002	9	8
2003	6	3
2004	9	9
2005	6	6
2006	1	1
2007	5	5
2008	5	3
2009	5	5
2010	4	4
2011	5	5
2012	2	2
2013	9	9
2014	5	5
2015	5	5
2016	5	5

打击黑恶势力犯罪　县局利用区域治理、集中打击、侦审结合等多种手段,持续开展打击黑恶势力犯罪活动。1990～2005 年,县局开展多次专项行动,打掉以樊某新为首"车匪路霸"团伙,"四虎一狼"犯罪团伙,黄某东、李某金、邹某浩等流氓恶势力团伙 18 个,抓获团伙成员 61 人,破获案件 135 起。2006 年,先后打掉闫某亮、杜某捷、郑某飞 3 个恶势力团伙以及葛某鹏、赵某群涉恶势力犯罪团伙 25 个,抓获团伙成员 192 人,破获案件 81 起。

打击拐卖妇女儿童犯罪　20 世纪 80 年代,由于农村单身汉娶妻难,一时间拐卖妇女案件频发,长丰县成立打击拐卖妇女、儿童领导组,从公、检、法、司、县妇联、财政局等单位抽调人员组成办公室,主要负责处理全县拐卖妇女、儿童案件,梳理全县被拐卖到外地和外地被拐卖到长丰的妇女儿童线索,研究方案、组织力量实施解救。1985 年,拐卖人口势头得到遏制,"打拐办"撤到县局刑警队办公,主要是接待处理登记拐卖妇女儿童的有关事宜,然后按不同的情况分别交各有关职能部门办理或解救。1986 年后,"打拐"工作逐渐转归县局刑侦大队负责。2000 年之后,拐卖妇女、儿童案件逐渐减少,2003～2016 年,此类案件在县内未发生过。

1990～2002 年长丰县局打击拐卖妇女、儿童情况一览表

表 22－13

年　份	拐卖妇女案件数	案件团伙成员数	人贩子数量	解救妇女人数	解救儿童人数
1990	—	—	—	191	—
1991	18	41	—	124	—
1992	—	—	—	65	12
1993	8	30	39	86	4
1994	—	—	—	76	—
1995	—	—	—	73	3
1996	—	—	—	81	4
1997	—	—	—	50	1
1998	—	—	—	14	2
1999	—	—	—	—	—
2000	—	—	—	168	7
2001	—	—	—	23	2
2002	—	—	—	19	—

打击侵财犯罪　1990～1996 年,长丰县侵财类案件,年均发案 142 起。1997 年后,侵财类案件发案数量大幅上升,由 1998 年的 485 起上升到 2010 年的 1037 起,主要是"三车"(自行车、摩托车、电瓶车)被盗案件多发。2015 年后,网络诈骗、电信诈骗等新型侵财类案件数量大幅增加。

县局通过对案件高发地段、时段、作案手段进行分析研判,及时总结案件规律特点,利用刑侦专业技术开展案件的串并侦破。加强地区协作,利用全国跨区域协作平台,与外地警方协同作战,深挖犯罪,提高侵财类案件破案率。27 年来,累计破获各类侵财类案件 1 万余起,抓获犯罪嫌疑人 3000 多人。

打击经济犯罪　1998 年 3 月,成立长丰县局经济犯罪案件侦查科;2003 年 1 月,更名为经济犯罪侦查大队。1998 ~2016 年,侦破各类经济案件 524 起,抓获犯罪嫌疑人 95 名,挽回经济损失 7592 万元。在打击一般经济类犯罪的同时,县局紧盯大要案件,抽调人员组成专案组,经过细致调查取证,侦破一系列案值较大、影响恶劣的案件。2013 年破获中澳混凝土公司集资案,涉案资金 9234 万元。2014 年破获天一养殖公司集资诈骗案件,涉案合计 1887 万元。2015 年破获公安部挂牌督办案件的百氏情缘"4·23"非法集资系列案件,抓获丁某琴等 6 名犯罪嫌疑人,涉案金额达 6.4 亿元。2016 年破获枭龙公司集资诈骗案,抓获 7 名犯罪嫌疑人,涉案资金 4.3 亿元。

打击整治传销违法犯罪　随着传销活动逐渐潜入长丰并不断发展蔓延,导致北城地区成为合肥市传销凹地。长丰县局在县委、县政府和市公安局的正确领导下,与相关部门积极配合,充分发挥打击职能,开展打击传销违法犯罪专项整治行动。2012 ~2015 年,查处传销类案件 86 起, 刑事拘留 105 人。2014 年,经侦大队严厉打击 7 个外省籍规模传销团队,涉及人员 3000 余人。

2016 年,长丰县打击传销工作进入"深水区"。面对传销人员众多、打击难度加大等问题,县局不断创新工作办法,坚持"专案经营"与"面上清理"相结合、刑事打击与综合治理同步推进,积极与政府各部门联动,建立健全涉传警情跟踪督办工作机制,强化协作配合,推行"混凝土工程",安排战训队、巡控队会同属地打击传销力量战役式清理、阵地式固守,严厉打击传销违法犯罪活动。6 月份,全市打击传销工作现场会在长丰召开;11 月份,新华社安徽分社到长丰县调研打击传销工作经验做法,并形成调研报告向全省推广。2016 年以来,立组织领导传销犯罪等案件 25 起,同比上升 228%,破案 51 起,同比上升 255%,采取强制措施 103 人,移送起诉 223 人,教育遣返 3072 人次,录入传销黑名单 3072 人。先后组织 5000 多人次,对北城地区传销凹地开展集中清理整治行动,清理、整固涉传重点小区 31 个,成功处置"3·14"瑞徽苑传销人员寻衅滋事案件,有力地打击传销人员的嚣张气焰,破获江苏沭阳籍传销犯罪团伙,抓获犯罪嫌疑人 24 人,瓦解团伙成员 3000 余人。

打击整治毒品违法犯罪　27 年来,县局始终坚持严打方针,紧盯涉毒违法犯罪动向。2009 年之前,县内毒品犯罪主要是非法种植罂粟;2009 年之后,各类毒品犯罪滋生,县局根据不同时期毒品犯罪特点,不断调整打击毒品犯罪重点。自 2009 年始,以坚持日常经营、打击为基础,以各类专项行动为突破口,相继通过开展禁毒人民战争、禁毒严打整治、"扫毒害保平安"、"肃毒害创平安"和"百城禁毒会战"等专项行动,严厉打击县内各类毒品犯罪活动。破获重大或者典型案件有:2009 年破获胡某、蔡某、杜某团伙贩毒案,2014 年侦破"2014·08·01"公安部毒品目标案,2016 年破获刘某龙等人网络贩卖毒品案。累计铲除非法种植罂粟 37133 株,破获涉毒案件 63 起,打击处理涉毒人员 63 名。随着境内易制毒化学品企业由少到多,县局建立"长丰易制毒"企业 QQ 群,对辖区内易制毒化学品企业开展"网上服务",加强易制毒化学品管理。

2007 年,县局深入推进"吸毒人员动态管控机制"建设,开展吸毒人员"大普查"工作,对全县登记在册的吸毒人员进行重新梳理,发现过去漏登人员 27 人,实现全县吸毒人员“底数清、有人管、管得住”的重大突破。全县公安机关依法对吸毒人员进行社会帮教、动态管控、戒毒康复、就业安置等工作,帮助吸毒人员戒断毒瘾,回归社会。在开展社区戒毒、社区康复工作中,长丰县局密切与乡镇人民政府进行协作,严格落实戒毒康复人员“无缝对接”机制,依法落实戒毒康复措施,同时不断加大对脱管失控及严重违反协议等戒毒人员的打击力度。截至 2015 年 12 月,全县共有在册吸毒人员 1210 人,接受社区戒毒 160 人。

加强治安行政管理 1990 年以来,县局治安部门坚持打击与防范并重,以社会面管控为重点,全力加强社会面巡逻防控工作,深入开展不稳定因素摸排化解和重点涉稳群体动态监测、预警稳控工作。确保了全县治安状况平稳可控,社会治安大局稳中向好。

黄赌整治 随着涉及黄赌警情逐年增加,县局针对重点地区开展集中整治,先后开展“除黑恶治枪爆”专项行动、“守护平安春季行动”、打击黄赌“断链”行动、扫黄禁赌系列专项行动,出动警力 2000 余人次,开展专项整治 23 次,收缴各类赌博机 335 台,收缴赌资 60 余万元,刑事拘留 145 人,行政拘留 518 人。

户政管理 1992 年 9 月前,全县非农业户口和自理户口由各镇派出所管理,或由所在乡镇政府办公室管理。1995 年开始,户籍管理逐步得以完善和规范。1988～1997 年,县局根据上级公安机关的文件精神,相继办理征地转户、捐资“农转非”、新生儿落户随父母自愿入户、专业技术和党政管理人员家属“农转非”户口。1997 年,县委、县政府实施对农村计划生育两女户、独生子女“农转非”优惠政策。2000 年开始,按照上级业务部门要求,县局开始开展小城镇制度改革,为符合政策的农民工进城务工、购房、经商的农业户口转为非农业户口。2005 年起,开展户籍清理专项整治,对全县疑似重户、户籍信息及身份证号码错误进行核查、删除和补录。2015 年 10 月,实施《居住证暂行条例》,县局创新流动人口服务管理,积极推行居住证制度,切实保障流动人口权益,为构建和谐社会发挥重要作用。截至 2016 年 11 月,全县制发居住证 10531 张。

危险物品管理 县局由治安大队负责民用爆炸物品公共安全管理和民用爆炸物品购买、运输、爆破作业的安全监督管理。2015 年,县局治安大队破获一起涉嫌生产、销售假冒伪劣产品案,收缴非法运输的 808 件爆竹,涉案金额在 26 万元以上,移送起诉 1 人。

农村、社区警务战略 2007 年 4 月 4 日,县局下发《长丰县局农村警务战略实施意见》,相继在全县设置 12 个警务室,配备警务室民警 25 名,协警 6 名。在实施农村警务战略实践中,形成了具有长丰县特色的经验做法,即以固定警务室为依托,辐射建立村居“警民联系点”,推出“流动警务室”,形成以“室”(警务室)带“点”(联系点)、以“点”延“线”(流动警务室),“室、点、线”有机串联的网格式农村警务模式,并于 2011 年在全市公安机关推广。

道路交通管理 1987 年,长丰县局成立交通警察队,当年度全县共有各类机动车 360 辆,全年共发生各类交通事故 239 起,死亡 62 人,受伤 186 人,直接经济损失 53 万元。至 2016 年 11 月底,全县机动车总数已达 10.6 万辆(其中含农用机动车 6.3 万辆)。2016 年 1 月至 11 月底,全县共发生各类交通事故 20132 起、死亡 39 人、受伤 311 人,直接经济损失 102.76 万。在全县国道、省道、县乡及村村通道路不断增加、辖区机动车及驾驶人数量急速增长的背景下,县局交通管理大队积极排查治理道路交通安全隐患,加大路面交通秩序管控,严查各类违法行为,扩大交通安全宣传面,优化交通管理服务,全力预防重特大道路交通事故发生,切实落实“以人为本、安全第一、预防为主、综合治理”的工作要求,确保辖区道路交通安全形势平稳。县局交通管理大队1995年被省公安厅评为“全省道路交通安全管理工作优胜大队”,1998年被评为“全省道路交通目标管理优胜大队”,县局2002年被评为全省公安交警计算机三级网建设“先进单位”,2008年被评为安徽省公安系统抗雪救灾“先进集体”,2015年被评为全省公安机关春运道路交通安全管理工作“先进集体”。

消防管理　1990~2016年,县域内发生火灾3993起,直接或间接损失近千万元,年均火灾警情呈上升趋势。为加强消防工作,提高群众火灾安全意识,县局不断强化消防管理基础工作,通过举办安全管理培训班、加强火灾隐患排查、提高抢险救援能力等措施,全面加强消防安全管理。与此同时,加大力度,提升县局消防中队灭火救援战斗力,加大投入,改善消防中队灭火执勤装备和营房基础设施建设。2016年年底,县局消防中队共有官兵24人,整体搬迁至新营区。新营区占地面积为25亩,总投资2000余万元,各项设施齐备,增配多辆执勤车辆。

出入境管理　2007年12月,经省公安厅出入境管理处和县局领导同意,设立长丰县局出入境管理科。2008年起,长丰县实行护照按需申领制度,开办居民个人赴港澳地区旅游业务。2012年5月,启用电子护照。2013年8月,开办居民赴台个人游业务。2014年9月,启用电子港澳通行证。2015年6月,启用网上预约办证服务,推进网上预约申请工作。2016年3月起,由于往来港澳通行证再次签注制作权限下放,长丰县也开始办理此项业务。

科技应用　1996年7月,县局指挥中心成立,按照公安部“有警必接、有难必帮、有险必救、有求必应”要求,加强警务指挥调度,配备1部接处警电话,受理群众报警。2000年6月开始,县局坚持高起点、高标准,分步实施信息化建设。次年1月,率先在市属三县开通合肥市公安局三级网。至2005年,相继建成交通常规无线通信、道路交通监控、视频会议、“三台合一”联网接警、互联网安全监控、看守所多媒体技术监控、县局办公大楼和刑侦办公楼综合布线,全局VOIP电话等多种信息管理系统,并逐步开通350W常规、集群系统,连接基层所队的公安四级网全面使用,人口信息系统实现网上办公。2005年,在公安部开展的第二次技术室等级评定中,长丰县刑事技术室被评为“全国一级刑事科学技术室”。2006年,开通全局IP语音电话,建立GPS卫星定位与350兆通讯自会系统。2012~2015年完成“天网”工程建设,建成13个监控分中心、1150个治安监控点和7处高空探头、20台移动监控、33处电子警察、22处智能卡口、11处交通监控、461台摄像机,并能与市公安局“天网”主干网联网共享。2016年3月,完成县局三级电子物证实验室建设。

队伍建设

27年来,长丰县公安队伍不断发展壮大,民警编制数由1990年的214人增长到2016年底的418人。队伍建设是根本,为带好队伍,长丰县局紧抓队伍管理不放松,坚持夯实基础,稳步推进,求实创新,促进正规化建设,有效提升公安工作的能力和水平。

加强思想政治工作。深入学习宣传贯彻党的路线、方针、政策,把握时代脉搏,先后开展创先争优、“我的岗位我负责”、“大走访”、党的群众路线教育实践活动、“三严三实”和

“两学一做”等政治学习教育活动,不断巩固党的建设成果。

加强组织人事管理。以上率下,全面加强领导班子建设,严格选人用人,科学设置机构、调配警力。

加强教育训练工作。坚持实战引领,适时改进方案,组建教官团队,2016 年从局属警种部门选聘出 11 类 25 名专(兼)职教官,并积极借助外力办教育,在全局全面推行“警师制”。2016 年县局战训基地成功申报为安徽省公安机关县级示范战训基地。

强化纪律作风。认真贯彻党风廉政建设责任制,落实一岗双责,纪律作风整顿常抓不放。

完善警务保障机制。规范表彰奖励与慰问关怀工作机制,关心民警身心健康,加强民警权益保护。

加强公安宣传文化。对外宣传工作取得长足进步,大到中央电视台,小到“幸福长丰”手机微信,都留下长丰公安的美好形象。警营文化活动丰富多彩,人民群众安全感满意度显著提升。特别是进入 21 世纪以来,县局先后涌现出以公安部一级派出所水家湖派出所和“一级英模”李庆、“二级英模”仇多馥以及“全省优秀共产党员”户籍女警周鸿程为代表的一大批先进集体和先进个人。

第十三节　庐江县公安局

庐江县公安局成立于 1948 年 11 月。2011 年 8 月,地级巢湖市撤销,庐江县隶属于合肥市。庐江县公安局划归合肥市公安局管辖。至 2016 年,庐江县公安局内设机构有 3 个综合部门、13 个直属机构,下辖 19 个派出所,民警总数 500 人,辅警 392 人。

业务建设

1990~2016 年,县局立足县情,围绕服务经济建设这一中心,抢抓改革机遇,创新职能建设,尽职履责,勇于担当,有效提升治理社会治安的能力和水平,全县治安秩序平稳,人民群众安居乐业。

坚持底线思维,维护社会稳定　处在社会转型期的庐江,多元社会矛盾叠加,各类涉稳、涉众事件易发多发。为维护一方和谐发展,县局推进警力下沉,充实维稳队伍,建立联动机制,完善应急处突预案,排查化解矛盾纠纷,出色地完成各类涉稳案事件的处置,保证庐江发展环境的安定有序。27 年来,累计处置涉企(改)、社改、征地拆迁、劳资纠纷、医患纠纷、公交车改、教(育)改、重点工程建设等方面的群体性事件 3986 起,有效停息涉军群体、“老民师”等特殊群体串联赴省进京群访群诉 279 起。建立个人极端行为风险评估和涉案信访包保机制,防范个人极端行为的发生。坚持社会稳定风险评估机制建设,落实滚动、集中、重点“三排查”,形成 1326 件研判成果以周报、专报上报党委政府,为党政统揽维稳工作提供信息支撑和导向。发挥环合肥“护城河”作用,着力加强国内重大活动、重要节日及敏感时点的安保工作,适时启动情报会商制度、重点人管控和等级巡逻防控机制,确保隐患问题不出县。

坚持守护平安,严厉打击各类刑事犯罪　庐江与两市四县交界,水陆路通达,人流物流密集,地域环境、人员结构复杂。作为"合肥经济带副中心"的庐江,随着经济发展和城镇化建设,社会日趋开放多样,各种违法犯罪活动也突显。据统计,1990～1997年年均刑事发案在150～200起之间,2006年增至1929起,2013年达到峰值3200余起,呈现犯罪对象不确定化和犯罪动态化、职业化、组织化、极端化等特点。2014年以来,电信、网络诈骗等非接触性新型犯罪也充斥庐江,成为新态势,传销、集资等涉众型犯罪冲击社会稳定。县局理性分析刑事犯罪的发展变化,抓住全面深化公安改革机遇,通过"打、防、管、控、建",推进刑侦体制、机制改革和专业化建设,创新惩防和打击犯罪工作手段,走情报战、合成战的新路子,逐步形成独具特色的打击暴力犯罪、经济犯罪、黑恶犯罪和侵财犯罪并重的长效机制。至2016年,先后破获"2009·8·20抢劫出租车杀人案""2011白湖杀人碎尸案""2012·4·8周大生珠宝店抢劫杀人案""2016·5·13"白山镇白石场杀人抛尸案等命案170起,打掉"黑社会性质犯罪集团"6个,剿灭"鬼谷子"等恶势力团伙81个。原供电局人员姚某义纠集社会劣迹人员20余人,多年来盘踞庐江,为恶一方,涉嫌抢劫、强奸、伤害、寻衅滋事、聚众斗殴、私藏枪支、贪污、索贿和冲击公安机关等多种犯罪,社会各界敢怒不敢言。县局顶住各种社会压力和干扰,成立专案组,历时8个月,一举摧毁这个具有黑社会性质的犯罪集团,抓获成员24人,社会反响强烈,群众拍手称快。2015年省委巡视组驻庐期间,以罗某为首的带有黑社会性质的犯罪团伙公然在巡视组驻地持刀砍人,严重影响庐江安全稳定的形象。县局迅速启动打黑除恶工作机制,专案组夜以继日地开展侦破工作,将涉案团伙22人悉数抓获,全部移送检察机关审查起诉。为遏制群众反映强烈的侵财类案件高发问题,部署开展打击侵财类犯罪专项斗争和综合治理,2012年以来,累计破获盗、抢、骗等侵财案件1832起,打掉盗窃等侵财团伙28个。不间断地严打整治斗争,有效遏制重特大刑事案件的发生,至2015年,"八类"刑事案件发案同比下降3.3%,入室盗窃、盗窃电瓶车类案件同比下降3.3%,"两抢"案件下降70.83%。

1990～2016年庐江县公安局立破案统计表

表22－14

年　份	立　案	破　案	抓嫌数	年　份	立　案	破　案	抓嫌数
1990	184	144	174	2003	839	456	388
1991	185	164	279	2004	813	427	473
1992	170	133	378	2005	1682	639	671
1993	143	120	318	2006	1989	686	663
1994	177	145	382	2007	2146	971	783
1995	155	126	258	2008	2215	855	732
1996	152	136	237	2009	2501	923	618
1997	199	176	274	2010	2667	1196	462

续表 22—14

年　份	立　案	破　案	抓嫌数	年　份	立　案	破　案	抓嫌数
1998	360	246	169	2011	2409	1062	441
1999	437	439	396	2012	2620	533	489
2000	666	306	376	2013	3231	1057	706
2001	1122	599	416	2014	2871	973	659
2002	1225	474	326	2015	2792	855	662
				2016	2279	697	720

坚持改革创新,夯实社会治安综合治理　20 世纪 90 年代以来,县局发挥社会治安综合治理骨干作用,打击防范并举,治标治本兼顾,综合运用多种手段预防和治理违法犯罪,化解不安定因素,社会治安稳定。2011 年以来,在工业化、城镇化、社会信息化背景下,社会治理面临新的阶段性特征,社会治安防控工作重点和薄弱环节也发生相应变化。为适应形势,进一步发挥好综合治理主力军作用,县局坚持向改革要活力、向创新要动力,以理念、制度、机制、方法创新提高治理社会治安水平,服务治安防控体系建设。

抓住指挥体系、合成作战等关键环节,建立符合实战、运转高效的警务机制,提升社会治安防控能力。在 2007 年建成“三台合一”接处警系统、2 兆可视指挥调度系统。在 2013 年“三台合一”升级改造基础上,2015 年健全完善《庐江县局警务指挥运行机制》《庐江县局重大警情应急响应机制》及后台指挥部、现场指挥部两个子机制,以精细分工减少指挥层级、规范警力整合,形成指挥灵敏、运转高效的扁平化指挥调度运行机制,同时立足指挥中心转型升级引领警务机制变革,以“情指一体化”工作思路,将指挥中心升级为大数据指挥服务中心,通过情报会商、合成作战机制建设,推动由传统的接警派警拓展到汇聚研判数据、精准推送信息、引领基层实战的信息化警务,有效提升精确指挥、精准行动、预知预警、防控风险、服务群众的能力。优化巡逻防控和接处警工作模式,2016 年,以庐城城区为重心,新建《庐江县局规范庐城地区巡控接处警工作方案》,确定 5 个单位在 4 个点位、4 条主干道屯警街面,有警处警,无警巡逻,强化首接负责制与就近处警原则,切实提升接处警时效和各警种协同作战能力。按照“培植试点,抓点带面,稳步推进,全面发展”的创新思路,扎实开展警务创新“试验田”工作。以白湖、庐城两所为试点,建立执法管理中心、勤务指挥室,出台系列规章制度,用制度管人、管事、管流程,为基层实战警务与执法管理探寻科学、规范、实效的新路子。

科学统筹警力资源。根据形势任务发展变化,因事设岗、因岗定人,常态轮岗交流机制,盘活基层一线警力结构性缺编问题,把更多警力投向案件多、任务重的地区和岗位,发挥社会治安防控体系整体效能作用。通过推进农村和社区警务战略,2013 年,全县 66 个社区(农村)警务室民警到相关社区、村两委挂职。2014 年全面落实“一村一警”包村联系工作,首次下派 104 名民警到各所各村,在 218 个行政村实现一村一警。一批优秀警务室、包村民警涌现。2015 年,合肥市公安局第一个以成绩优异民警姓名命名的农村警务室“俞红梅警务室”挂牌,9月29日,在安徽省公安厅与省综治办联合召开的全省“一村一警”包村联系工作电视电话推进会上,包村民警汪祥柱作为全省唯一代表作经验交流发言,《人民公安报》刊登《安徽“一村一警”包村联系制度落地生根惠百姓》报道。至2016年,全县社区民警11名,驻村民警56名,包村民警162名(机关下派民警108名)。

坚持警务跟着民意走,注重过程让群众参与、成效让群众评判、成果让群众共享。通过大型时政访谈“问政庐江”面对面媒体联动、“两代表一委员”座谈、季度警民恳谈、半年向群众汇报工作、“大走访”开门评警、“百姓、网民进警营”、“110宣传日”和完善网络民意收集机制等举措,倾听民声、了解诉求,凝聚社会治安综合治理共识、合力。

围绕破难题、补短板,切实加强社会治安防控体系 2014年在城区组建由庐城镇政府出资、巡逻防暴大队管理、35名退伍军人组成的维稳处突队伍,专司社会面巡控与反恐防暴工作,在17个镇组建由各镇出资,派出所管理的10人“战斗式”巡逻队,平时巡逻演练、战时闻警而动,切实解决巡逻防控工作效果不突出,巡逻盲点、时段不能有效填补和警力不能最大限度摆布出去的问题。健全党政机关、水电油气、大型企业等重点单位、监所安全防范制度,将19辆运钞车、35辆危化品运输车纳入GPS卫星定位系统网络,红外线防越报警系统、104家金融网点自动报警系统、46家加油站、22家民爆库视频监控系统全部与110联网报警。强化消防、交通、危爆品、大型活动安全管理,完善风险隐患排查工作机制、安全生产风险管控体系,健全安全生产管理工作考评、责任追究机制,划分风险管控片、段、点,形成风险管控网络,有效预防和减少公共安全事故的发生。加强对城区小区物业的管理服务,督促落实“人防、物防、技防”措施,开展安全防范和安保培训,提升他们履行治安责任的意识本领。通过实有人口、实有房屋管理攻坚行动,完善“以证管人、以房管人、以业管人”的流动人口服务管理模式,切实消除管理死角和防控盲区。注重信息研判,以“案前发现”预测预警控发案。民警刘朝喜运用2014年被省厅命名、评为年度情报工作“十佳技战法”的独创技战法,两年来,派发研判单2311份,抓获违法犯罪人员223人,预控高危群体117人,缴获涉案物品4344余件(套)。推进“天网工程”“平安交通”“安全停车”等平安工程建设。至2016年,在城区主要路口、治安复杂地区、重点场所和各镇治安卡点设置高清探头1112个,架构视频监控“三级防护圈”。落实视频巡查工作机制,在110指挥中心大厅设3人巡查岗,推动视频巡查工作与110接处警工作无缝对接,达到情指合一、情勤联动的工作效果。对现有城区及辖区主干道35套高清监控和8套高清卡口升级改造,实现卡口监控组网联通。为压降撬盗电动车案件高发,“安全停车”工程建成非机动车停车点(棚)99个,落实专人看护、视频监控,实行市场化管理。随着让“红袖章飘起来”、警民联调等群防群治措施的落实,形成了专群结合、治安联防、联治、联动的共同防控风险的崭新局面。

队伍建设

培育优良警风,打造信念坚定、执法为民、敢于担当、清正廉洁的高素质队伍,是庐江公安队伍正规化建设始终坚持的方向。27年来,通过科学实践,取得良好效果。

政治建警 县局成立之初,就按照党的政治建军的方针进行政治建警,建立政治制度,执行党的路线、方针、政策,把公安工作置于各级党委政府之下,走群众路线,造就一支坚强的公安队伍。改革开放后，把政治工作作为公安工作的生命线，抓宗旨教育，学习实践“三个代表”重要思想，开展“三讲”(讲学习、讲政治、讲正气)教育，提高全警政治理论水平和为民服务意识。通过2003年“贯彻十六大，全面建小康，公安怎么办”大讨论、2009年“全面落实科学发展观”学习实践、2012年学习贯彻党的十八大和2014年习近平总书记系列重要讲话读本学习，以及贯彻落实《中共中央关于全面推进依法治国若干重大问题的决定》，宣讲党的十八届三中全会、四中全会精神，中心组理论学习等系列活动，民警政治觉悟明显提高，政治观念进一步增强，保证全警在思想上、行动上同党中央始终保持一致。群众路线教育实践、“三严三实”等专题教育，有效解决“为了谁、依靠谁、我是谁”的问题，全警理想信念、宗旨意识进一步增强，“忠诚、为民、公正、廉洁”核心价值观根植警心。

从严治警　20世纪90年代，贯彻《中共中央关于加强公安工作的决定》，在全体公安干警中开展遵纪守法集中教育整顿，落实从严治警，从优待警。2000年后，严格执行公安部“五条禁令”“十不准”规定，规范民警日常工作生活、执法执纪行为。学习贯彻《人民警察法》，教育民警严格执法，自觉守法，将法制意识贯穿于各项公安工作中。通过开展“三乱”(乱收费、乱摊派、乱罚款)整治、“反特权思想、树良好警风、创无违纪所队、做合格警察”等系列活动，以及每年一次的政风行风评议，800余次的警务督查，每季度一次的执法检查、50余次的反面教材警示教育，贯彻中央“八项规定”、反“四风”制度以及人民警察相关纪律规定，保持从严治警的延续性和常态化，确保庐江公安队伍的健康稳定发展。坚持依法依纪处理民警违法乱纪行为。1990～2016年，先后有97名民警受到党政纪处理，刑事处罚1人。

党建铸警　县局特别注重在公安队伍中发展党的组织，配备政治工作人员，开展思想政治工作。2000年后，突出加强基层党支部建设，配齐配强党支部班子。至2016年，公安局党委会下辖1个党总支、21个党支部、47个党小组，466名党员。坚持党建带队建，以队建促工作。2015年，制订党建工作推进计划、党建工作责任制落实情况考评细则和党建工作要点，以党委班子建设为龙头，坚持党委中心组理论学习制度、民主生活制度、谈心沟通制度、重大事项民主决策制度和党章党规、“三会一课”等制度落实。2016年开展“学系列讲话、学党章党规、做合格党员”学习教育活动和“讲看齐、见行动”学习讨论，凝练党委领导核心作用，发挥党支部战斗堡垒作用和全体党员民警先锋模范作用。坚持从理想信念、领导作风、工作状态、机关秩序、执法执纪、文明风尚六个方面查找问题，边学边查、边查边改、边改边建，完善思想建设、组织建设、反腐倡廉建设等各项规章制度，用制度堵塞漏洞，“抓常、抓细、抓长”，有效解决出工不出力、在岗不尽责、工作效率低等不良现象，全面提高党建工作水平。1990～2016年，先后有713名民警立功受奖，其中97.13%为党员民警。

从优待警　县局坚持从政治上、工作上、生活上、精神上爱警、护警、暖警，激发民警工作活力，增强队伍凝聚力和战斗力。累计投资8904.19万元新建县局办公楼、14个无房派出所、看守所、拘留所、战训基地等，为民警提供良好的工作环境。2011年以来，进一步落实干部公开推选、测评、公示制度，公开透明人事任免，以良性竞争机制提增民警干事创业激情，形成上下一心搞改革、锐意进取谋发展的良好局面。坚持表彰奖励向基层一线倾斜,把90%的立功评奖放到一线。27年来,600多名基层民警受到省市县立功嘉奖。缓解基层压力,优化警力配置,保障派出所警力达到总警力的42%。坚持“暖警”行动,通过对患病或受伤的民警及家属600余人次的上门走访慰问和对100多名退休人员的走访慰问,让他们感受“公安大家庭”温暖。落实民警救助制度,至2016年,累计对困难民警家庭募捐41余万元。开通民警食堂,方便民警工作生活,畅通民警就医“绿色通道”,与卫生、教育部门衔接沟通,为200多名民警就医和子女入学提供便利。丰富警营文化生活,成立13个文体兴趣活动小组,开展形式多样的文体活动,营造“快乐工作、幸福生活”的良好氛围。开展寻找“最美家庭”活动,倡导公安民警家庭互敬互爱、共同进步。落实辅警住房公积金、养老保险、医保等,辅警归属感和工作热情得到提升。

持续的队伍建设,锻造一支忠诚实干、守法尽职的人民警察队伍,确保了各项公安工作任务的完成,涌现出一大批先进集体、先进个人。27年来,县局先后被评为“全国公安机关执法示范单位”“安徽省优秀公安局”,被安徽省公安厅记集体二等功。1名民警获全国“五一劳动奖章”,被评为“全国先进工作者”“劳动模范”并记个人一等功,1名民警被评为“全国优秀派出所长”,5名民警被评为“全国优秀人民警察”,6个单位和4名民警被评为全国年度单项工作优秀、先进个人,1个基层集体在全国单项工作中被记集体三等功、被评为“全国成绩突出单位”。高空飞身救人的庐江公安现役消防武警战士沈鑫敏被公安部授予“全国特级优秀人民警察”,公安消防部队第三届“十大杰出消防卫士”,网友亲切地称他为“飞身哥”。带病坚持工作,因劳累过度牺牲的“百姓民警”张忠能,突发脑溢血倒在社区警务室办公桌旁的社区好民警赵小纯分别被公安部追授个人一等功。“全国公安机关优秀专业技术人才”、安徽省刑侦专家、痕检专家,庐江县局刑事科学技术室痕检高级工程师孙业俊,从事刑警工作24年来,始终如一日地坚守在刑事科学技术痕迹检验岗位,苦心钻研指纹技术,在破译罪证、侦破各类重大疑难案件中屡建奇功。其参与的2100余起刑事案件现场勘查,直接认定破案的1270余起,其中NEC查询指纹直接认定案件1200余起,足迹认定破案50余起,工具痕检破案20余起。

1990~2016年庐江县公安局先进集体一览表(部级以上)

表22-15

单位或部门	荣　誉	授奖单位	奖励时间
巡警大队	全国青年文明号	公安部、共青团中央	2001
刑警大队	全国优秀基层单位	公安部	2004~2005
经侦大队	全国公安机关打击假币犯罪“09行动”先进集体	公安部	2009
庐江县局	全国公安机关执法示范单位	公安部	2010
指纹比对	优秀工作法	公安部	2011
机要室	县级公安机关一级机要室	公安部	2012

续表 22－15

单位或部门	荣　誉	授奖单位	奖励时间
矾山派出所	全国“缉枪治爆”成绩突出的基层单位	公安部治安局	2013
经侦大队	全国县级公安机关“二级经侦大队”	公安部	2014
交管大队车管所	2012 至 2013 年度全国优秀县级车辆管理所	公安部	2014

1990～2015 年庐江县公安局先进个人一览表

表 22－16

个　人	荣　誉	授奖单位	奖励时间
胡先玉	全国公安基层优秀派出所长	公安部	1990
邢小青	全国优秀人民警察	公安部	1993
计光义	全国优秀人民警察	公安部	1995
曹福祥	安置帮教先进个人	中央综治委	1997
曹福祥	全国优秀人民警察	公安部	1998
邢小青	全国先进工作者	国务院	2000
周甄立	全国优秀人民警察	公安部	2000
朱方来	全国优秀人民警察	公安部	2000
张忠能	追记个人一等功	公安部	2003
赵小纯	追记个人一等功	公安部	2010
孙业俊（指纹查询比对工作法）	优秀奖	公安部	2010
孙业俊	全国公安机关优秀专业技术人才三等奖	公安部政治部	2013
沈鑫敏	全国特级优秀人民警察	公安部	2014
沈鑫敏	第三届“十大杰出消防卫士”	公安部消防局	2014
徐明高	2013 年度全国毒品案件信息管理先进个人	国家禁毒委	2014
严　明	2013 年度全国缉枪治爆专项行动成绩突出的个人	公安部治安局	2014

第十四节　巢湖市公安局

巢湖市公安局前身为巢县人民政府公安局,成立于1949年3月。1984年1月,撤巢县设立县级巢湖市,“巢县公安局”改称“巢湖市公安局”。1999年7月9日,撤地设市,县级巢湖市改为居巢区,“巢湖市公安局”更名为“居巢区公安分局”,隶属地级巢湖市公安局管辖。2011年8月,撤地级巢湖市,居巢区易名为县级巢湖市,整体划入合肥市代管辖,遂成立合肥市巢湖市公安局(县级)。至2016年,巢湖市公安局下设20个直属机构,辖3个派出所和13个乡镇派出所,有民警573人、辅警683人。

业务建设

2011年8月,合肥市巢湖市公安局(以下简称“巢湖市公安局”)组建之时,恰逢巢湖区划调整,各种矛盾突出,社会治安复杂。突出表现在新老矛盾叠加交织,群体性事件高位运行,各种严重影响社会政治安定的不确定因素日益增多,尤其是严重影响群众安全感的各类刑事案件高发,街头暴力、抢劫抢夺、攀爬入室、撬门扭锁“白日闯”等多发性侵财案件居高不下;赌风盛行,涉黄涉毒案件时有发生。面对复杂的社会治安情况,巢湖市公安局勇于担当,不辱使命,坚持防范在前、管理在先,打防管控齐抓,坚持严厉打击严重刑事犯罪不动摇,确保全市政治稳定、经济发展、人民安居乐业。

维护社会稳定　巢湖市公安局积极应对可能发生的突发性和群体性事件,注重加强深层次、内幕性、行动性情报信息获取,增强预见性、敏感性,提高发现、控制和处置能力,巩固发展全市安定团结的政治局面。获取深层次涉稳信息。市公安局内部建立以指挥中心为主干,刑警大队情报分中心为支撑,其他警种和派出所为基础的三级情报信息体系,明确职责分工,共同承担“导侦、导稳、导访、导控”等情报职能。发挥政府部门三级情报网络作用。依托社区(村)综治工作室,乡镇(街道)综治工作中心,市维稳办三级信息工作网络,利用社会力量,拓宽情报信息渠道,整合情报信息资源,做到社会全覆盖。2011年以来,共收集情报信息13300余条,特别是获取越级赴省进京上访、涉日保钓、邪教聚会、封门堵路、“两会”召开、“6·4”“7·5”等敏感日期深层次涉稳信息207条,全部得到有效钝化和阻止。

反恐处突意识提高,措施增强　提请市委、市政府成立反恐怖工作领导组。建立统一指挥,上下联动,部门联动的反恐处突机制。

组建反恐处突专业队伍。对巡警大队职能进行重新定位,新聘50名辅警交由巡警大队管理使用。制定反恐维稳应急处突预案9大类37套,开展反恐常态化检查78次,投资近100万元加强反恐处突装备升级改造,组织开展反劫持人质等实战演练和应急拉动7次。快速妥善处置群体性事件。全局先后妥善处置各类涉稳群体性事件1367件,处置率达100%。主要是立足疏导,处早处小,把问题解决在萌芽状态,对蓄意制造事端人员依法严厉打击。对一些要求虽然具有一定的合理性,但反映形式违法,特别是对少数与其利益无关，蓄意制造事端，企图将小事“闹大闹炸”的违法人员，证据一经固定，立即出手，先后刑事拘留13人，行政拘留33人，训诫46人。处置因欠薪引发群体性事件107起，对恶意欠薪的立案31起，对27名违法犯罪人员采取强制措施，协助政府讨回农民工工资2.1亿元。同时，实现25批次警卫工作任务绝对安全，圆满完成巢湖国际马拉松邀请赛、南京青奥会、杭州G20峰会、银屏牡丹节、中国（合肥）旅游节、环巢湖自行车邀请赛等27场次大型活动安保任务。

封门堵路“零忍让”。巢湖市划归合肥市管辖后，全市进行了“南扩北移”“十大工程”建设，仅巢湖高铁站建设就涉及54万平方米房屋拆迁和征收。加上传统花炮企业退出市场，涉众型经济犯罪、国企攻坚改革等不断成为矛盾焦点，诱发新的矛盾燃点。近年来全市发生聚众拦堵政府、企事业大门，拦堵巢庐路等交通要道及巢城主干道事件186起，严重影响社会稳定，使群众产生“乱象环生”的不良印象。为坚决扭转这种不稳定局面，巢湖公安树立封门堵路“零忍让”观念，划定群体性维稳事件底线。一旦接到报警，第一时间采取有效措施，无条件疏通撤离；凡是不听劝说，顽固坚持甚至已经踩踏维稳底线的，集中优势警力，强行推进，先后刑事拘留8人，行政拘留26人，训诫36人。至此封门堵路事件逐年下降，到2016年10月，此类事件基本得到有力控制。在信访工作方面，全局共受理信访案件689件，接待来访群众369批次1837人。中央政法委、公安部、省公安厅、合肥市公安局等上级机关先后交办的赖某某、项某某等73件疑难积案全部成功办结。配合党委政府有效劝阻企业军转干部、老农技员、老放映员、老民师等各类群体越级赴省进京上访56起，将498名重点信访对象稳控在当地，将问题解决在基层。813名初信初访人员停访息诉；王某某、倪某某、吴某某等5名无理闹访、非法上访人员受到行政治安拘留处罚与刑事处罚。

打击邪教组织非法活动。6年来，全局抓获“法轮功”“全能神”等邪教人员65人，打击处理61人，其中刑事拘留8人，行政拘留36人，捣毁“全能神”非法聚集点21处，收缴邪教散发的“白皮书”等各类宣传品7800册（本），收缴印制宣传品的电脑、打字机6台及光盘500张。成功处置“法轮功”重点人员童某与境外重点人员林某秘密勾结活动，抓获公安部督办“法轮功”2号逃犯程某某。

打击刑事犯罪　6年来，巢湖市公安局始终保持“严打”高压态势、进攻态势，做到露头就打，不使其形成气候，以求打击犯罪的针对性、主动性和实效性的高度统一。

攻坚克难破命案　坚持命案必破，6年来全市发生命案20起，全部侦破，命案侦破率100%。2016年9月，散兵镇发生的“9·19”、栏杆镇发生的“9·27”疑难命案，10天时间破案。

重特大案件侦破　全市共立刑事案件19789起，其中重特大案件477起，破398起，破案率84.27%。合肥市公安局、省厅和公安部挂牌督办的21起重特大、影响大的案件全部破案摘牌。

追逃犯　结合“清网行动”专项斗争，采取网上追逃、主动追逃、规劝自首相结合的方法，6年抓获逃犯1137人。同时，先后解救被拐卖妇女儿童187人。

压降侵财案件　6年来，先后开展“平安行动”“打击盗窃三车”“打盗抢保平安”“百日会战”等40多项专项斗争，破获系列盗窃沿街店面、飞车抢夺、砸车盗窃、撬门扭锁、攀爬入室、白日闯等70多种形成系列的侵财类案件4986起,摧毁专业盗窃团伙37个,抓获盗窃犯罪分子491人。成功摧毁广州市番禺区一非接触性电信诈骗团伙案。2016年11月破获“10·31”特大网络电信诈骗案,涉案金额数百万,组织近80名干警远赴深圳抓获犯罪嫌疑人34人。

打击黑恶犯罪　6年来,摧毁黑恶团伙25个,抓获黑恶犯罪嫌疑人307人。适时开展打击街头暴力专项行动。凡是在街头闹市、公共娱乐场所、敏感区域地段聚众械斗、寻衅滋事的一律严惩,挽回所造成的社会影响,还社会以安宁,增强群众安全感。深入摸排,通过办理案件获取线索,群众举报线索,对建筑行业、鱼虾市场等容易滋生黑恶犯罪的各类行业市场进行摸排、调查、梳理,获取证据,确定重点,集中打击。先后在巢城市区,经济大镇槐林、中垾等地一举摧毁黑恶团伙17个。2014年4月,在城南刑警责任区内打掉以全椒县籍人为主,盘踞在巢湖市的黑恶主要犯罪嫌疑分子6人。

惩治经济犯罪　到2015年,全市立案594起,破案433起,破案率72.8%,抓获犯罪嫌疑人233人,挽回经济损失6317.62万元,特别是在“猎狐2015”专项行动中,逃往境外达4年的重大犯罪嫌疑人钱某在柬埔寨被巢湖警方成功抓获,使合肥市公安局“猎狐2015”专项行动取得重大突破。

打击传销活动。先后摧毁传销窝点253处,破案91起,打击处理103人,解救被困人员78人,教育遣返2186人。一举摧毁2014年由省厅挂牌督办的“1040”工程传销团伙,仅此一案,立破案13起,刑事拘留13人,批准逮捕11人,均被判处有期徒刑。巢湖警方打击传销的力度,解救被困传销人员的效果,被《安徽法制报》、《新安晚报》、中国反传销网、人民网、中国新闻网、凤凰网等12家新闻媒体相继报道。

查处毒品犯罪　先后破案58起,打击处理124人,摧毁团伙6个,瓦解成员67人,缴获冰毒2608.11克、麻果160粒。摧毁一处制毒原料加工厂,缴获原料邻酮800千克、溴素1008瓶、甲胺水193桶、氯化氢气体24罐及价值百万元的离心机、冷冻机、真空泵等制毒设备,缴获汽车10辆、现金30.5万元,缴获仿五四式手枪一把、自制长枪一把及子弹若干。省厅毒品目标案(2013年)“2·08案”、(2014年)“2·26团伙贩卖毒品案”、“3·27顺丰快递运输毒品案”、(2015年)“1·21特大涉枪团伙买卖毒品案”“9·25团伙非法买卖制毒物品案”等,被巢湖市公安局逐一攻克,有力打击了巢湖市及周边地区的毒品犯罪,斩断了从湖北至巢湖的贩毒通道。同时,铲除罂粟18760株。2016年,查获240名吸毒人员,强制戒毒37人,社区戒毒64人,转刑事处罚10人。

加强治安防控　巢湖市公安局始终把基础工作提上突出位置,全力打造“意识防”工程,不断增强立体防控能力。织密天网,筑牢地网。天网:投资4500万元,打造城市治安管理视频监控系统。全市1476个治安监控点,7个高空监控点,7套卡口系统,18个十字路口电子警察系统,一个中心机房(市公安局指挥中心),4个分控中心机房(交警大队机房、柘皋派出所机房、黄麓派出所机房、槐林派出所机房)全部建成投入使用。通过“天网”探头搜取的犯罪线索107起,为侦破案件提供作案分子逃逸方向线路57起,破案46起,通过卡口堵截抓获犯罪分子61名。地网:强化街面巡控,制定《巢湖市公安局日常巡逻防控工作实施方案》,将巢城市区划分为八大巡逻区域,12条巡逻线路,实行交警、巡警、派出所三警合一街面快速反应模式。建立市区3个警务站,即“火车站警务站、城北警务站和朝阳门警务站”,采取“巡警大队驻点巡逻,交警大队控线巡逻派出所管区巡逻,战训队加强巡逻”的点线区三结合,囤警街面,提高见警率,形成多层次、全方位、多角度、全覆盖的街面巡逻防控机制。推广发案高的小区巡逻队伍建设等,有效挤压犯罪空间,减少发案。6年来,通过地网巡控,抓获各类违法犯罪嫌疑人107人,使57起正在积聚滋事的违法事件及时平息。

社区防控 先后投入2000万元,对城区20个“三无”小区进行安防改造,为7000多辆电动车安装“车卫士”。提请巢湖市委、市政府,要求每个乡镇组建一支专职治安巡逻队。加强行业场所防控。加大对涉及枪支弹药、危爆物品等场所管理力度,严防危险物品丢失、被盗、流散社会。对全市274所中小学、幼儿园配备312名校园保安,安装118个高清视频监控。对全市1200名各类重点人员实行分级分类、动态跟踪监控。对43家寄递业、34家物流业主及从业人员进行动态管理,并逐一签订寄递业渠道责任书,要求严格验视、登记,物流寄递实名提升45%。

虚拟社会防控 先后在巢湖学院、巢湖职业技术学院、中国电信、中国移动公司4家单位建立网安警务室,落实互联网安全管理工作机制。坚持网上网下并重,严密控制网上重点人员动态,持续强化有害信息查处能力。出台《巢湖市公安局抓获街面现行违法犯罪嫌疑人奖励办法》,列支10万元设立专项奖励经费,对辅警和巡防队员等在巡逻守候中现场抓获盗窃“三车”和入室盗窃嫌疑人员等,给予“一案一奖”。2016年以来,已抓捕违法犯罪嫌疑人20人(刑拘9人,行政拘留5人,逃犯6人),兑现13500元奖励经费。街面“两抢”案件破案率在合肥市公安局排名第一。2015年,刑事发案总数同比下降2.7%,2016年同比又下降15.7%;八类案件2015年同比下降13.6%,2016年同比又下降25.9%;四类可防性案件2015年下降4.6%,2016年同比下降2.2%。开展“两个实有”信息采集会战。2012年以来,采取集中时间、集中精力,打歼灭战的方式,开展实有人口、实有房屋信息采集工作。全市派基系统添加人口变动信息260389人,修改697402人,注销208320人;房屋变动添加79378处,修改11148处,注销2797处。使全市人口和房屋信息准确鲜活。推进社区警务战略,实现警力下沉。全市派出所民警占总警力的40%、社区民警占派出所民警的40%已经实现,并在合肥市公安系统率先探索实行“一村一警”的警务模式和“一区一室一中心”的派出所勤务机制改革。《人民公安报》对此作过专题报道。

公安行政管理 巢湖市公安局坚持与时俱进思想,不断改革创新,寓“打击、防范、管理、控制、服务”为一体,充分发挥公安职能作用。严防严管严治,保障社会公共安全。

涉枪涉爆涉危管理 严厉打击非法制造爆炸物、非法运输爆炸物,对黑火药、花炮生产、经销、储存、运输等环节设立检查站,对涉爆单位采取安检、抽查、监督、爆破一体化等管理措施。先后立案216起,刑事拘留45人,行政拘留265人,查获非法运输黑火药车辆21辆,收缴黑火药21吨、危险化学物品31.5吨,收缴雷管17600发、导火索2万余米、花炮138900件。督促整改各类涉爆安全隐患207处,摧毁非法生产储存爆炸物品“黑窝点”27处,注销爆破作业单位21家。使43家花炮生产企业有序退出市场,67家矿山开采企业平稳关闭。开展多次专项治理,进行枪支弹药、散装汽油收缴。确保“不炸响、不打响、不流失”,无安全责任事故发生。

交通管理　到2016年5月,全市机动车保有量9.8万多辆,驾驶人保有量17.5万余人。处理交通事故67208起,重大交通肇事逃逸案35起,全部破获,破案率100%,多次被中央、省、市主流媒体报道。开展加强交通事故防范、严查醉驾毒驾等交通违法行为,细化交通安全宣传,排查整改交通安全隐患,推进“交通文明行动计划”、城区排堵保畅、“三超一疲劳”等工作常态化。

消防管理　紧扣“以防为主,以消为辅”主题,忠诚履行防火监督、灭火救援的神圣使命,有效地保护国家和人民生活财产安全。全市发生的491起火灾全部有效扑救。特别是2012年“3·02”佛岭黑火药厂爆炸火灾、2013年“8·15”皖维特大火灾(损失2500万元)都得到成功扑救。2012年以来,先后开展以“清剿火患”为中心的“除隐患　保平安”“江淮安宁”、冬春季消防安全大检查等30多项行动,共检查单位9307家,发现整改6335处,下发通知书1836份,查封63家,办理行政案件165件,行政拘留50人,罚款225.47万元,对6家重大火灾隐患单位拟请市政府挂牌限期整改。推进乡镇、街道消防“网格化”、重点单位“户籍化”管理,60家重点单位逐一建档,全市13个乡镇聘用专职消防员,派出所配有专用消防车,组织消防官兵开展“六熟悉”实战演练,开展高层建筑、公共聚集场所扑救演练90多场次。走进市中心幼儿园、春晖幼儿园、一中、三中等八所中小学、幼儿园开展疏散逃生演练;走进医院、企业、银行等56家单位播放火灾警示案例、安全常识、逃生自救视频;走进商场、市场电梯处,建立消防电子屏180多块,张贴消防安全常识1万余处。采取发短信、办宣传专栏、拍电视短片、“119”知识有奖竞猜、开宣传车、发宣传册、走乡入村进家等60多种形式开展消防宣传。6年来,抢险救灾271起,解救被围人员141人,社会救助128起,疏散群众8705人。

特种行业管理　进行文化娱乐场所分级管理,建立旅馆业无证人员住宿视频认证,安装网络安全管理系统,采集互联网IP基础信息等。对二手市场、废旧回收、典当业、汽车租赁业、洗浴场所等,全面摸排建档,加大管理力度。2012年以来,仅在特行管理中就抓获各类网上逃犯103人。

黄赌整治　推进黄赌警情挂牌整治,先后开展“打击赌博违法犯罪”“集中清剿零散摆放赌博机”等专项行动,收缴零散摆放赌博机1196台,捣毁赌博窝点72处,取缔小美容院100家,查处涉赌涉黄案件35起,刑事处罚40人,行政处罚182人。

校园安全防范　开展校园周边秩序环境整治、法制教育进校园、设立平安护校岗、校园安全大检查等专项活动。对全市近300个高等院校、中小学、幼儿园落实整改措施317项,查办涉校案件366起,打击处理在校园周边滋事违法人员87人。

满足群众需求,力推便民措施　户政、外事、交警、消防等窗口单位365天接待办理业务,全局城区户籍办理集中到行政服务中心,“一站式”服务得到全面落实,基层所队实行“错时制”“弹性工作制”,推出AB岗制。为了让巢北片群众少跑腿、多办事,克服警力紧张的困难,在黄麓辖区成立半岛公安综合服务中心。交警开通交通违法适时短信告知服务,上牌照、买保险“一站式”服务,建立事故快处分中心等。出入境管理大队开展自助受理、证件邮政快递、开通“港澳自由行”“出境个人游”等便民措施。

队伍建设

在整个公安工作中,队伍建设是根本也是保证。6年来,巢湖公安紧扣队伍建设主题,多措并举、多管齐下,着力建过硬班子,带一流队伍。坚持主体责任和监督专责齐抓,从严治警和从优待警并重,全力推进公安队伍正规化建设。

政治建警 巢湖市公安局党委高度重视领导表率示范作用,带动中层,启示基层。一把手喊响"向我看齐",主动接受班子其他成员监督,党委成员要求所队长做的,自己首先做到,从自身做起,建过硬班子。重申提拔使用干部不搞圈子,一律按照"凭德才选干部,论实绩用干部",努力营造风清气正的良好氛围。以"两学一做"为抓手,教育先行,全力践行"四讲四有",把思想工作做到每一个民警的心中。学党章,学习系列讲话,做到"讲政治、有信念,讲规矩、有纪律,讲道德、有品行,讲奉献、有作为"。加强基层党组织建设,完善"三会一课"制度。开展"坚持执法为民,树立良好警风""发扬传统、坚定信念、执法为民""三严三实""秉公执法、人民公安为人民"等主题教育实践活动,加大教育力度,使全体党员、民警坚定政治信念,忠诚履职,矢志不渝地做党和人民的卫士。

素质强警 完善执法标准,严密执法流程,规定执法环节,发挥5.0版本协同办案系统的监督功能,对办案执法全程控制监督。通过旁听庭审、以案释法、法律知识考试、培训、执法技能大比武等提高民警素质。依托教育训练一网通、公安法制网站,开展网上执法指导,网上学法积分纳入绩效考核,让"执法必须学法,执法必须懂法,执法必须用法"的理念入脑入心。年龄在50岁以下的民警,每年15天封闭式集训。组织以提高警务实战技能,增强体能素质为主要内容的轮值轮训,全面提升实战能力。作为一支机动力量处突防爆,参加突击整治治安乱点和值班备勤,实现训练与实战的紧密结合。2012～2016年,办轮值轮训班179期,3542人次受训。出警374起,出动警力5700人次,有力配合处置群体性事件、安保、警卫、重点地段巡逻等,并协助有关警种抓获现行犯罪嫌疑人30余人。拥有占地面积9亩的教育训练基地,投资800余万元建造建筑面积3200平方米的警体训练中心,开展师带徒、"新警讲坛"等活动,推动民警素质提升,行政复议、诉讼维持率达100%。

从严治警 开办法制教育、纪律作风教育培训班21起,开通语音回访、短信评警,提高民警守法遵纪意识、法制观念和程序、证据意识。牢牢把握违纪事前预防、事中督察、事后问责三个环节。触角延伸,将队伍管理向8小时以外延伸,向家庭延伸。依托人大、政协、新闻媒体、警风警纪监督员,开展队伍建设评议会。在2016年"正风肃纪"工作中,纪监部门查办投诉42件,行政警告3人,通报7人,约谈13人,诫勉谈话7人。警务督察部门开展督察暗访251次,编发督察通报19份,对9个单位及13名民警、辅警给予批评。

文化育警 开展"我的岗位我负责,我的岗位请放心"征文演讲比赛,组织"为何从警、如何做警、为谁用警"大讨论和演讲比赛,撰写心得体会,开辟学习专栏,参加合肥市公安局组织的"两学一做"主题演讲比赛,举办建党九十一周年合唱比赛,举办元旦、春节文艺晚会,警营文艺调演,第一届警察体育大赛,开展棋牌、登山、游泳、篮球、乒乓球、羽毛球、田径等比赛。推进警察公共关系建设,开展"警营开放周""媒体走进基层体验公安"

"相约警务室"等活动,让民警与群众之间扩大交流,良性互动。引导民警自觉践行社会主义核心价值观和当代人民警察核心价值观,助推中国心、民族魂、中国梦、强警梦的实现。

从优待警　严格执行年休假制度,为民警购买意外伤害保险、进行年度体检,援助家庭困难民警,慰问因公受伤民警,救助特困民警。仅患病民警张生一人,全合肥市公安就为其募捐80万元。安排420名优秀民警赴外地考察学习,建立民警维权案件"快侦、快审、快判"联动机制等,所有这些已经形成常态化、制度化,温暖警心,凝聚警力。

2012年以来,巢湖市公安局有815个单位、个人先后荣获国家、安徽省、合肥市公安局、巢湖市委市政府及本局授予的先进称号。

第二十三章　人　物

为巩固共产党执政地位,维护国家长治久安,保障人民安居乐业,服务经济社会发展,合肥市广大公安民警在打击犯罪、维护治安、处置突发事件、抢险救灾等各项公安保卫工作中,忠实履行宪法和法律赋予的神圣职责,不畏艰险,不怕牺牲,无私奉献,顽强拼搏,先后有47人献出了宝贵生命。1990～2016年,合肥市公安系统共有8人被追认为烈士,分别是:马恒松、王能武、陈明志、郭道清、夏成秉、薛华延、彭和平、张新民。被公安部授予"一级英雄模范"称号2人,分别是李素珍、李庆。被公安部授予"二级英雄模范"称号8人,分别是:彭和平、曹自和、周开国、张圣峰、张新民、仇多馥、王世好、陈彬。

第一节　人物传略

李素珍(1955～1996)女,汉族,安徽怀远人,生于1955年4月,合肥模范户籍民警。

李素珍出生在一个具有光荣传统的家庭。父亲李大鹏曾出席全国第二次青年建设社会主义积极分子大会,耳濡目染使她从小就受到先进思想的熏陶。1974年,李素珍高中毕业后下放到农村,她刻苦锻炼自己,第二年便加入中国共产党,1976年通过招工进厂当工人。1982年,她参加蚌埠市招警考试,以第二名的成绩被录取,成为一名人民警察,被安排在蚌埠市公安局郊区分局刑警大队工作。在蚌埠市公安局工作的8年时间里,李素珍长年累月地战斗在刑侦工作第一线,参与办理刑事案件108起。在一次外出办案过程中不幸摔伤而留下终身病痛。1992年底,为解决夫妻长期两地分居问题,李素珍从蚌埠调到合肥市公安局常青派出所任户政内勤。

常青派出所管辖常住、暂住人口10万余人,十几所大中专院校。在基层派出所工作的几年里,李素珍为方便来所办事群众,设立了警民联系卡,打印了许多小卡片,上面印有办理户口所需材料的名称,交到需补办材料的群众手中,坚决不让群众跑第三趟。并设置了老弱病残座椅,添置了便民伞、笔、墨、纸等用具。平均每天接待办事群众80余人,办理户口100余人次,基本无差错。在常青派出所工作的3年多时间,李素珍为群众做好事不计其数,加班310个工作日,为居民办理身份证5074人次,参与侦破刑事案件78起。李素珍数年如一日,立足岗位、真诚为民,赢得辖区群众一致称颂,亲切地称她为"好人李大姐"。因长期超负荷工作,李素珍积劳成疾,于1996年11月30日不幸殉职。

李素珍在合肥市公安局工作不足4年，5次受嘉奖，1次立三等功，3次被评为“优秀共产党员”，1996年被合肥市公安局授予“十佳户籍民警”称号。李素珍的事迹被《人民日报》《人民公安报》《安徽日报》《合肥晚报》等报刊和电视台、广播电台报道后，在社会上引起很大反响。李素珍捧着一颗心来，不带半根草去，是无数基层公安民警的杰出代表。1997年，中共安徽省委追授她“优秀共产党员”称号，公安部追授她“全国公安系统一级英雄模范”称号。为了纪念李素珍，2003年4月，合肥市在蜀山文化陵园塑建了她的铜像。

李　庆（1968—2006）男，汉族，安徽寿县人。生于1968年3月，1989年3月应征入伍，1990年11月加入中国共产党，1993年2月通过招考参加公安工作。先后任长丰县公安局防暴大队、杨公派出所和刑警大队民警，三级警督警衔，1995年荣立个人三等功一次，1998年被县公安局嘉奖，2005年被市公安局评为“大练兵”标兵。2006年2月21日，李庆参加执勤和刑事案件侦查，连续奋战4个昼夜，因劳累过度，导致心力衰竭，经抢救无效，于当日21时33分不幸去世，年仅38岁。李庆的先进事迹经媒体报道后，在社会各界引起强烈反响。公安部追授李庆“全国公安系统一级英雄模范”称号，中共安徽省委、省委政法委、省公安厅党委，合肥市委、市委政法委、市公安局党委，长丰县委、县委政法委、县公安局党委先后作出向李庆学习的决定，安徽省委、合肥市委、长丰县委分别追授李庆为“优秀共产党员”。

张新民（1957—2008）男，汉族，河北乐亭人，大专学历，生于1957年，1976年1月参加工作，1980年4月参加公安工作，1986年7月加入中国共产党，历任安徽省肥东县公安局办事员、科员，安徽省公安厅交警总队高速公路支队肥东大队科员、中队长、主任科员，合肥市公安局交警支队高速公路二大队主任科员。自2008年1月12日凌晨起，一场暴雪持续袭击江淮大地，给道路交通安全带来极大隐患，给高速公路交通管理工作带来极大的压力。张新民与合肥市公安局交警支队高速公路二大队战友们始终奋战在抗御雨雪冰冻灾害第一线。1月22日晚，春运前夜，大队领导考虑到张新民年龄偏大，并且连续多日加班加点，没有安排他值夜班，但张新民考虑路面巡逻警力紧张，便主动请缨。当晚，他开着警车坚守岗位。23日凌晨4时30分许，连续工作5个半小时的张新民驾驶皖A9012号警车并开启警灯，沿合徐高速公路下行线（往合肥方向）执行巡逻任务，当行至15千米+700米处时，与因故障未按规定停靠在路肩的一辆重型厢式货车相撞，张新民当场殉职。2008年2月，张新民分别被中华全国总工会和公安部追授“全国五一劳动奖章”“全国公安系统二级英雄模范”荣誉称号，并被中央、省追授全国、全省抗御雨雪冰冻灾害“优秀共产党员”。同年3月18日，被安徽省政府批准为革命烈士。

第二节 人物简介

陈明志 马恒松 王能武 薛华延 郭道清 夏成秉

1992年7月22日上午,肥东县公安局刑警队副队长、技术科科长陈明志带领法医马恒松、王能武,驾驶员薛华延,桥头集派出所民警郭道清、夏成秉等5名侦技人员,前往桥头集镇放牛山石料厂勘查碎尸案现场。经现场勘查,初步确认此案系爆炸案。正在勘查时,又接到报警称:距碎尸案现场西侧直线距离约400米的肥东县公路站横山石料厂炸药库被盗。为了维护国家和人民生命财产的安全,陈明志、马恒松、王能武、薛华延、郭道清、夏成秉等6人,又冒着酷暑辗转前往横山石料炸药库现场进行勘查。上午11时35分,他们在勘查中触发犯罪分子预先埋设的引爆装置,库内存放的2424公斤铵锑炸药被引爆,陈明志等6人全部壮烈牺牲。

1993年1月,陈明志、马恒松、王能武、薛华延、郭道清、夏成秉等6人,分别被省公安厅追记一等功,并于同年7月12日被安徽省人民政府批准为革命烈士。

陈明志(1958~1992) 男,汉族,安徽肥东人,中共党员,中专文化。1980年7月从安徽省人民警察学校毕业参加公安工作,1986年3月加入中国共产党,历任肥东县公安局技术科办事员、刑警队副队长、技术科长。

马恒松(1965~1992) 男,汉族,安徽肥东人,大学文化。1989年7月由安徽医科大学医疗系毕业后分配至肥东县人民医院外科工作,1991年5月调至肥东县公安局任法医。

王能武(1969～1992)　男,汉族,安徽肥东人,大专文化。1991年7月由皖南医学院医学系毕业后分配至肥东县公安局任法医。

薛华延(1956—1992)　男,汉族,安徽肥东人,中共党员,高中文化。1976年11月参军,历任战士、组长、代理参谋,在对越自卫还击战作战中,先后两次荣立个人三等功,1990年6月转业参加公安工作,任肥东县公安局驾驶员。

郭道清(1939～1992)　男,汉族,安徽肥东人,中共党员,高小文化。1960年4月参加工作,1960年8月应征入伍,在青岛市4109部队25分队服役,1965年4月加入中国共产党,1966年6月调海南岛4306部队25分队服役,1968年3月退伍分配至肥东县看守所工作,1970年4月调至阚集派出所工作,1973年8月调至肥东县公安局桥头集派出所工作。

夏成秉(1970～1992)　男,汉族,安徽肥东人,中专文化。1991年7月由安徽省警校毕业分配至肥东县公安局桥头集派出所工作。

彭和平(1955～2005)　男,汉族,安徽定远人。大专文化,一级警司警衔。生于 1955 年 6 月,1977 年 12 月参加工作,2001 年 6 月加入中国共产党,先后任中国人民解放军 7410 工厂派出所干事、经济民警队队长。2003 年 12 月企、事业单位公安机构体制改革后,任巢湖市公安局环城派出所民警。2005 年 4 月 22 日晚,彭和平在巡逻中接 110 指令前往辖区某砖窑厂处置外地民工与本地村民械斗警情。到达现场后,彭和平大声亮明身份,责令凶手住手,已经打红了眼的几名民工,遂群起围攻殴打出警民警和治安联防队员。为控制局面,彭和平不顾个人安危,救护战友,身负重伤,经抢救无效,于 4 月 23 日凌晨 2 时壮烈牺牲。2005 年 11 月,彭和平被公安部追授“全国公安系统二级英雄模范”称号,2006 年 1 月,被安徽省人民政府批准为革命烈士。

周开国(1956～1994)　男,汉族,安徽淮南人,中共党员,大专文化,三级警督警衔。生于 1956 年 11 月,1978 年 12 月参加工作,1987 年 3 月参加公安工作,生前系肥西县公安局刑警大队副大队长。曾荣立个人一等功 1 次,先后被评为合肥市“优秀共产党员”“先进工作者”。在去世前的 125 天里,他带病坚持工作,参加办理案件 115 天,特别是在侦破“94 · 4 · 25”特大蒙面入室抢劫案件中,连续奋战 40 多个小时,终将 2 名主要犯罪嫌疑人抓获。1994 年 5 月 6 日 8 时 35 分,周开国在审理案件时突发心脏病,经医院抢救无效,光荣殉职。1994 年 12 月,周开国被公安部追授“全国公安系统二级英雄模范”荣誉称号。

张圣峰(1952～1997)　男,汉族,安徽肥西县人,生于 1952 年 3 月,1970 年 12 月参加工作,1974 年 12 月加入中国共产党,1980 年 3 月参加公安工作,生前系肥西县公安局刑警大队大队长。1997 年 11 月 27 日,因连续办案,积劳成疾,突发脑溢血,经抢救无效,光荣殉职。1998 年 5 月,张圣峰被公安部追授“全国公安系统二级英雄模范”荣誉称号。

仇多馥(1964～2011)　男,汉族,安徽长丰人,中共党员,一级警督警衔。生于 1964 年 12 月,1982 年 10 月入伍,1987 年 7 月加入中国共产党,1988 年 9 月参加公安工作。历任南空部队战士、学员、排长、教员,长丰县公安局朱巷派出所、刑警大队科员,张祠派出所副所长、所长,刑警大队、交警大队、经侦大队大队长,长丰县综治办副主任、双墩镇党委副书记,长丰县公安局党委委员等职。曾荣立个人三等功 2 次,先后被评为合肥市“优秀共产党员”“优秀青年”

"先进工作者"。2011 年 7 月 10 日,仇多馥带领民警在赴江西南昌追捕逃犯途中突发疾病,抢救无效,因公殉职。仇多馥牺牲后,中共中央宣传部专门下发通知,要求中央媒体广泛宣传仇多馥先进事迹,安徽省委宣传部把仇多馥列为全省重大先进典型。中共中央电视台、中央人民广播电台、新华社、《人民日报》、《光明日报》、《法制日报》等纷纷刊发仇多馥先进事迹报道。2011 年 9 月 16 日,国务委员、公安部部长孟建柱签发命令,追授长丰县公安局经侦大队大队长仇多馥"全国公安系统二级英雄模范"荣誉称号。安徽省委政法委、合肥市委、安徽省公安厅党委、合肥市公安局党委先后作出关于开展向仇多馥学习活动的决定。

王世好(1957~2011)　男,汉族,安徽肥西人,中共党员,中专学历,二级警督警衔。生于 1957 年,1976 年 12 月参加工作,1994 年 9 月参加公安工作,历任合肥市公安局杏花派出所科员,杏林派出所科员、副主任科员(三级警长),曾荣立三等功一次,多次受到嘉奖。2011 年 11 月 3 日,王世好处警 19 起,其中复杂警情 4 起。忙了一整天,晚上还顾不上休息,连夜赶着整理有关资料,准备第二天的工作汇报。11 月 4 日凌晨,王世好接市公安局 110 指令出警,在处理好现场情况并向 110 反馈后,回到派出所猝然倒下,经抢救无效,光荣殉职。2012 年 7 月 2 日,公安部追授王世好"全国公安系统二级英雄模范"荣誉称号。为纪念王世好,2013 年 4 月,合肥市在蜀山文化陵园塑建了他的铜像。

陈　彬(1966~2013)　男,汉族,安徽省肥东县人,中共党员,大专学历,二级警督警衔。生于 1966 年 12 月,1984 年 11 月入伍,1991 年 7 月入党,1993 年 9 月参加公安工作。历任上海警备区司令部战士,南京军区训练中心军医,肥东县原三十埠派出所、县刑警大队、撮镇派出所、县巡防大队、经开区派出所科员(一级警员),曾荣立个人三等功一次,被评为合肥市"优秀社区民警",并多次受到县公安局嘉奖。2013 年 12 月 10 日,陈彬在办案过程中因劳累过度突然晕厥,牺牲在工作岗位上。2014 年 8 月,国务委员、公安部部长郭声琨签发命令,追授陈彬"全国公安系统二级英雄模范"荣誉称号。

曹自和　男,汉族,安徽肥西人,中共党员,中专文化,一级警督。1946 年出生,1964 年 12 月参加中国人民解放军,1982 年 3 月参加公安工作,历任安徽省肥西县公安局丰乐派出所民警、副政治指导员,交警大队三河中队中队长。系肥西县公安局退休民警。先后被评为安徽省公安系统"先进个人""优秀共产党员""精神文明十佳个人",全国"优秀人民警察"等。1991 年 7 月,面对合肥地区百年不遇的特大洪水袭击时,曹自和始终战斗在抗洪抢险的第一线,及时引导处于深水区的合肥炮兵学院100名抗洪抢险官兵撤离危险地带。在抗洪抢险期间,曹自和顶烈日、战高温连续工作19个日夜,疏导车辆,维护交通和治安秩序,保证5万吨救灾物资安全顺利运到灾区。1991年8月,被公安部授予“全国公安系统二级英雄模范”荣誉称号。

王　军　男,1976年出生,江苏省睢宁县人,中共党员。2005年12月从部队转业到合肥市公安局防巡支队三大队工作,自2013年6月起担任逍遥津派出所巡控民警至今。参加公安工作以来,王军先后被公安部表彰为“全国公安机关爱民模范”“全国优秀人民警察”;被安徽省政府表彰为“先进工作者”,被安徽省委政法委表彰为“优秀党员干警”;被合肥市政府表彰为“先进工作者”,合肥市委政法委表彰为第三届“十佳政法干警”;连续7年被评为“优秀公务员”,1次荣立个人二等功,4次荣立个人三等功。2015年4月,王军被评为“全国先进工作者”。王军从警9年来,通过巡逻抓获800多名违法犯罪嫌疑人,其中外省逃犯67名、本省逃犯49名,为群众挽回经济损失价值680多万元,多年巡控战果均为安徽巡警第一,被群众和安徽省主流媒体赞誉为“江淮神捕”“庐州第一捕快”。

第三节　人物表

若干年份合肥市公安机关个人荣获全国先进工作者、全国五一劳动奖章荣誉称号一览表

表23－1

姓　名	单位及职务	荣誉称号	授奖部门	授予时间
王　军	合肥市公安局庐阳分局逍遥津派出所副主任科员	全国先进工作者	中共中央国务院	2015年4月
吴　起	合肥市公安局交警支队二大队一中队长	全国五一劳动奖章	中华全国总工会	2002年4月
张新民	合肥市公安局交警支队高速公路大队民警	全国五一劳动奖章	中华全国总工会	2008年2月
孙　伟	合肥市公安局交警支队新站大队副主任科员	全国五一劳动奖章	中华全国总工会	2010年9月

若干年份合肥市公安机关个人荣获全国特级优秀人民警察、全国公安机关爱民模范、安徽省先进工作者、安徽省人民满意公务员荣誉称号一览表

表23－2

姓　名	单位及职务	荣誉称号	授奖部门	授予时间
吴　起	合肥市公安局交警支队二大队一中队长	全国特级优秀人民警察（享受省劳模待遇）	公安部、人力资源和社会保障部	2000年3月
杨援军	合肥市公安局刑警支队一大队大队长	全国特级优秀人民警察（享受省劳模待遇）	公安部、人力资源和社会保障部	2003年7月
孙明余	合肥市公安局花冲派出所民警	全国特级优秀人民警察（享受省劳模待遇）	公安部、人力资源和社会保障部	2007年4月
尹晓明	合肥市公安局大通路派出所社区民警（副调研员）	全国公安机关爱民模范	公安部	2010年
李志广	合肥援疆公安特警队指挥员	全国公安机关爱民模范	公安部	2010年
王　军	合肥市公安局庐阳分局巡警大队副主任科员	全国公安机关爱民模范	公安部	2012年
杨援军	合肥市公安局刑警支队一大队大队长	安徽省先进工作者	安徽省人民政府	2002年9月
胡建生	合肥市公安局交警支队四大队副大队长	安徽省先进工作者	安徽省人民政府	2007年4月
王　军	合肥市公安局庐阳分局巡警大队副主任科员	安徽省先进工作者	安徽省人民政府	2012年4月
吴　起	合肥市公安局交警支队二大队一中队中队长	安徽省人民满意公务员	省委组织部、宣传部、省文明办、人事厅	2002年4月
李业飞	合肥市公安局东七派出所副所长	安徽省人民满意公务员	省委组织部、宣传部、省文明办、人事厅	2004年
尹晓明	合肥市公安局大通路派出所社区民警（副调研员）	安徽省人民满意公务员	省委组织部、宣传部、省文明办、人事厅	2010年8月

若干年份合肥市公安机关个人被评为全国优秀人民警察一览表

表 23－3

姓　名	单位及职务	授奖时间
张晓明	交警支队一大队大队长	1993 年
陈家宝	肥东县看守所所长	1994 年
胡仕康	交警支队二大队	1995 年
薛　莉	三牌楼派出所	1995 年
缪守宝	刑警支队	1995 年
赵　敏	交警支队一大队	1996 年
李显义	刑警支队一大队大队长	1996 年
陶　军	交警支队四大队一中队队长	1997 年
李国云	长丰县公安局杜集派出所所长	1997 年
潘　龙	交警支队三大队副大队长	1998 年
丁　勇	益民街派出所民警	1998 年
王克平	蜀山派出所所长	1999 年
何艳燕	胜利路派出所民警	1999 年
王　军	防暴(巡警)支队一大队大队长	2000 年
宋之海	益民派出所所长	2000 年
喻栋林	南七派出所所长	2000 年
胡建生	交警支队一大队民警	2003 年
李业飞	瑶海分局东七派出所民警	2003 年
周诗华	肥西县公安局局长	2005 年
王希泉	刑警支队一大队大队长	2005 年
王艾堂	公交分局治安大队大队长	2005 年
魏　国	蜀山分局责任区刑警一队队长	2007 年
朱　林	交警支队七大队副大队长	2007 年
王　军	庐阳分局巡警大队副主任科员	2012 年
尹晓明	瑶海分局大通路派出所副调研员	2012 年
岳宏骏	肥西县局严店派出所所长	2012 年

若干年份合肥市公安机关被评为安徽省“十佳、优秀”政法干警一览表

表 23－4

姓　名	单位及职务	荣获称号	授奖部门	授予时间
张滨霞	刑警支队六大队民警	安徽省“十佳政法干警”	省委政法委	1997 年
孙明余	合肥市公安局花冲派出所民警	安徽省第三届“十佳政法干警”	省委政法委	2007 年
杨　斌	交警支队庐阳大队中队长	安徽省首届优秀政法干警	省委组织部、省政法委、省人社厅	2010 年 12 月
朱昌圣	瑶海分局责任区刑警三队队长	安徽省第二届优秀政法干警	省委组织部、省政法委、省人社厅	2013 年
李家旺	肥西县局刑警大队大队长	安徽省第二届优秀政法干警	省委组织部、省政法委、省人社厅	2013 年

若干年份合肥市公安机关荣立个人一等功一览表

表 23－5

姓　名	单位及职务	授奖部门	授奖时间
周开国	肥西县公安局刑警大队侦察员	省公安厅	1991 年
程　涛	长丰县公安局朱巷派出所民警	省公安厅	1991 年
陈明志	肥东县公安局技术科科长	省公安厅	1992 年
薛华延	肥东县公安局民警	省公安厅	1992 年
马恒松	肥东县公安局法医	省公安厅	1992 年
王能武	肥东县公安局法医	省公安厅	1992 年
郭道清	肥东县公安局民警	省公安厅	1992 年
夏成秉	肥东县公安局民警	省公安厅	1992 年
张爱华	刑警支队四大队大队长	省公安厅	1998 年
王希泉	刑警支队四大队副大队长	省公安厅	1998 年
王万成	西市分局刑警大队大队长	省公安厅	1999 年
周　永	合肥市公安局 110 大队副大队长	省公安厅	1999 年
丁　涛	合肥市公安局一处处长	省公安厅	1999 年
杨援军	刑警支队一大队大队长	省公安厅	2000 年
李业飞	东七派出所民警	中央办公厅	2001 年
张武道	肥西县局刑警大队技术中队指导员	省公安厅	2001 年

续表 23－5

姓　名	单位及职务	授奖部门	授奖时间
桑宝庆	合肥市公安局副局长	省公安厅	2004 年
刘　健	刑警支队支队长	省公安厅	2004 年
沐俊东	刑警支队副支队长	省公安厅	2004 年
张德勇	行动技术支队二大队副教导员	省公安厅	2004 年
张昌敏	肥东县局交警大队店埠中队民警	省公安厅	2005 年
岳志伟	刑警支队副支队长、刑事技术处处长	省公安厅	2006 年
桑祥庆	蜀山分局副局长	省公安厅	2006 年
王道权	五里墩派出所民警	省公安厅	2009 年
常　横	特警支队一大队大队长	省公安厅	2009 年
岳宏骏	肥西县局三河派出所教导员	省公安厅	2009 年
桂春生	特警支队指挥室主任	省公安厅	2010 年
罗云峰	特警支队作训指导科副科长	省公安厅	2010 年
朱东兵	特警支队二大队民警	省公安厅	2010 年
孙利军	特警支队四大队大队长	省公安厅	2010 年
董政帮	特警支队四大队民警	省公安厅	2010 年
刘　涛	特警支队七大队大队长	省公安厅	2010 年
周　坤	特警支队七大队民警	省公安厅	2010 年
赵小纯	庐江县局庐城派出所科员	省公安厅	2011 年
张述忠	肥西县局责任区刑警一队副队长	省公安厅	2012 年
杨援军	合肥市公安局副局长兼刑警支队支队长	省公安厅	2012 年
胡金万	刑警支队副支队长	省公安厅	2012 年
李彩敏	刑警支队一大队副大队长	省公安厅	2012 年
郑　田	刑警支队一大队副大队长	省公安厅	2012 年
彭　鹏	刑警支队一大队科员	省公安厅	2012 年
荣翠鹏	刑警支队一大队科员	省公安厅	2012 年
王培东	刑警支队一大队科员	省公安厅	2012 年
李家旺	肥西县局刑侦大队大队长	省公安厅	2015 年
王　连	瑶海分局胜利路派出所副主任科员	省公安厅	2015 年
俞　飞	蜀山分局三里庵派出所所长	省公安厅	2015 年
余　伟	庐阳分局经侦大队副主任科员	省公安厅	2016 年

附　录

重要文献辑存

一、地方性法规

合肥市社会治安综合治理条例

（1995年9月28日合肥市第十一届人民代表大会常务委员会第二十四次会议通过　1995年11月18日安徽省第八届人民代表大会常务委员会第二十次会议批准）

第一章　总　则

第一条　为了保障社会稳定和改革开放、社会主义现代化建设的顺利进行，保护公民的合法权益，预防和惩治犯罪，依据《全国人大常委会关于加强社会治安综合治理的决定》和《安徽省社会治安综合治理条例》及有关法律、法规，结合本市实际，制定本条例。

第二条　本条例适用于本行政区域内的一切国家机关、武装力量、社会团体、学校、企事业单位、群众组织和公民。

第三条　社会治安综合治理工作，由市人民政府统一组织实施。

第四条　社会治安综合治理坚持打击和防范并举，治标和治本兼顾，重在治本的方针；实行谁主管、谁负责的原则和“条块结合，以块为主”的属地管理原则。

第五条　社会治安综合治理的主要任务是：

（一）依法打击各种危害社会的犯罪活动，严惩严重危害社会治安的刑事犯罪分子，查禁取缔各种危害社会治安的丑恶行为；

（二）采取各项治安防范措施，调解、疏导民间纠纷，缓解社会矛盾，消除不安定因素和各类治安隐患；

（三）加强对公民特别是青少年的思想政治教育、法制和道德教育，增强法律意识和道德观念，提高其遵纪守法、维护社会治安、勇于同违法犯罪行为作斗争的自觉性；

（四）严格流动人口、暂住人口管理，加强特种行业、劳动力市场、文化市场、集贸市场以及其他公共场所的治安管理，堵塞违法犯罪漏洞；

（五）加强社会治安综合治理的基层基础工作，建立健全治安防范机制和网络，全面推行社会治安综合治理目标管理责任制；

(六)加强对违法犯罪人员的教育、挽救和改造工作,多渠道安置刑满释放、解除劳动教养人员以及失足青年,预防和减少重新违法犯罪。

第六条　各级人民政府社会治安综合治理工作机构所需经费,列入各级财政预算。

机关、学校、企业、事业单位内部社会治安综合治理所需经费,列入本单位经费管理收支计划。

社会治安综合治理群防群治的费用,严格按市财政、物价部门核定的范围、标准收取,执行收支两条线,专款专用,接受财政、物价、监察、审计部门和群众监督。

第二章　组织机构及其职责

第七条　市、县、区和蜀山镇设立社会治安综合治理委员会,由市长、县长、区长、镇长任主任委员,设副主任委员、委员若干名,其中一名副主任主持日常工作。

各级社会治安综合治理委员会设办公室,配备专职人员,负责处理日常工作。

第八条　社会治安综合治理委员会的主要职责是:

(一)贯彻执行国家和省有关社会治安综合治理的法律法规和决定,制定本地区社会治安综合治理工作计划,并组织实施;

(二)加强社会治安综合治理组织机构工作制度建设,组织落实综合治理的各项措施;

(三)建立社会治安综合治理奖惩制度,对辖区内的国家机关、社会团体、企业事业单位的社会治安综合治理工作进行指导、协调和检查、考核,并决定奖惩事项或者向同级、上级人民政府提出奖惩建议;

(四)分析社会治安形势,加强分类指导,总结、交流、推广社会治安综合治理工作经验;

(五)办理社会治安综合治理的其他事项。

第九条　乡、镇、街道办事处设社会治安综合治理领导小组,由乡长、镇长、街道办事处主任任组长,公安派出所所长兼任副组长。下设办公室,由分管社会治安综合治理的副职兼任主任,公安派出所副所长兼任副主任,配备专职人员处理日常工作。其主要职责是:

(一)贯彻执行上级有关社会治安综合治理的工作部署;

(二)根据本辖区的实际情况制定社会治安综合治理工作计划,在乡村推行文明户、安全村,在城镇创建居民安全小区,对楼群大院实行公寓式管理,检查、推动社会治安综合治理各项措施的落实;

(三)开展群防群治和军民、警民治安联防活动,建立、健全治保会、调解委员会和以乡镇、街道为中心的联合防范、联合调解组织;

(四)建立健全社会治安综合治理工作例会制度,指导、帮助基层组织,推动、协调本地区其他单位的社会治安综合治理工作;

(五)负责与本辖区内的国家机关、社会团体、学校和企业事业单位签订治安责任书,并对执行情况进行检查、考核,提出奖惩建议;

(六)办理社会治安综合治理其他事项。

第十条　国家机关、社会团体、学校和企业事业单位设立社会治安综合治理领导小组,主要负责人任组长,确定保卫组织或其他工作部门为办事机构,并配备专职或兼职人员处理日常工作。其主要职责是:

(一)加强对本单位人员的法制和道德教育,增强法制观念,提高安全防范意识,遵纪守法,自觉维护社会治安秩序;

(二)加强综合治理办公室和保卫组织建设,落实社会治安综合治理目标责任制,严格执行户籍管理制度,落实防火、防盗、防破坏和防其他治安灾害事故的措施,预防和减少各类案件、治安灾害事故的发生;

(三)及时保护各类案件和治安灾害事故的现场,抢救受伤人员和物资,并向公安机关和上一级主管部门报告,协助侦查、处理;

(四)对本单位的刑满释放人员和解除劳动教养人员进行教育、管理,协助安置工作,做好有轻微违法犯罪人员的教育转化工作;

(五)协助公安、司法机关监督、考察在本单位的被依法判处管制、判处有期徒刑宣告缓刑、监外执行的犯罪分子以及被假释、监视居住、取保候审的人;

(六)调解处理单位内部民事纠纷,及时疏导、缓解各类矛盾,防止矛盾激化;

(七)参与所在地区的社会治安综合治理活动,定期通报治安情况,并经常检查、督促所属单位的社会治安综合治理工作。

第三章　目标与责任

第十一条　市长、县长、区长、乡长、镇长对辖区内的社会治安综合治理工作负全面责任,实行目标管理责任制。其主要目标是:

(一)严重刑事犯罪受到有力打击,重大恶性案件、多发性案件和流窜犯罪得到控制;

(二)突出的治安问题及时得到整治,社会丑恶现象得到有效遏制,正常的生活、生产、教学、科研、工作秩序得到保障,群众有安全感;

(三)劳动改造和劳动教养人员的改好率提高,刑满释放人员的重新犯罪率下降;

(四)民间矛盾、纠纷得到及时调解,各项治安防范措施得到有效落实,社会治安整体防范功能不断提高;

(五)法制宣传教育得到普及,公民遵纪守法、勇于同违法犯罪行为作斗争。

第十二条　人民法院、人民检察院和公安、安全、司法、民政等部门,特别是主管社会治安工作的公安部门,应当在社会治安综合治理中充分发挥骨干作用。其主要责任是:

(一)依法严厉打击危害国家安全的犯罪活动,依法惩治刑事犯罪分子和经济犯罪分子;

(二)打击、查禁、取缔卖淫嫖娼,聚众赌博,制作、贩卖、传播淫秽物品,拐卖妇女儿童,制造、贩卖、吸食毒品和种植罂粟,利用封建迷信骗财害人,进行非法宗教活动等各种危害社会治安的违法犯罪活动,做好吸食毒品者的戒毒工作和卖淫妇女的收容教养;

(三)严格各项治安管理措施,对治安问题较多或案件易发地区(单位),特种行业、出租车业、文化娱乐业,暂住、流动人口、重点人口以及枪支弹药、易燃易爆、剧毒危险物品、违禁物品等实行目标管理、重点治理;

(四)加强对保卫、治保组织以及巡警、经济民警、保安和治安联防队伍的建设和业务指导,发挥巡警、武警、民兵在维护治安中的特殊作用,加强城乡治安巡逻和治安岗亭等公共安全防范设施和技术防范措施,提高群防群治和整体防范控制能力;

(五)开展法制宣传教育,结合办案开展检察和司法建议活动,协助有关部门、单位做好刑满释放和解除劳动教养人员以及失足青年的帮教、管理和安置工作;

(六)做好群众来信来访和受理控告申诉工作,加强基层调解工作,防止矛盾激化,采取有力措施,预防和处置突发性事件;

(七)依法保护未成年人的合法权益,打击、查禁侵害妇女儿童合法权益的违法犯罪活动;

(八)做好精神病人的管理和盲流乞讨人员的收容遣送工作,减少社会不安定因素。

第十三条 宣传、教育、文化、工商、劳动、卫生、工会、共青团、妇联以及驻肥部队等社会治安综合治理委员会成员单位在做好本系统、本单位内部综合治理工作的同时,结合各自工作职责,主动承担起减少违法犯罪、维护社会治安和社会稳定的整体责任。

第十四条 居民委员会、村民委员会对社会治安综合治理实行主任负责制,或确定专人负责。其主要责任是:

(一)经过民主讨论,制定居(村)民文明公约;

(二)监督户主安全负责制的实行;

(三)组织治安联防和居民楼院的守护工作;

(四)调解邻里、家庭纠纷;

(五)对居民、村民进行爱国主义、道德和法制教育,关心青少年的健康成长;

(六)协助公安机关加强常住、暂住人口管理;

(七)定期向公安派出所、街道或乡、镇社会治安综合治理办公室报告治安情况和社会治安综合治理工作。

第十五条 家庭实行户主安全负责制:

(一)教育家庭成员遵纪守法,处理好邻里之间的关系;

(二)预防火灾、盗窃等案件或事故的发生,及时消除安全隐患;

(三)主动配合社会、学校,加强对子女的思想品德教育和法制教育,促使其健康成长;

(四)接受居民委员会或村民委员会对家庭安全的指导。

第四章 社会保障

第十六条 公民因维护社会治安,保护国家、集体财产和人民生命、财产,同违法犯罪分子作斗争而牺牲的,根据《革命烈士褒扬条例》,由发案地的人民政府报请授予烈士称号,并根据有关规定对其家属进行抚恤。

第十七条 公民见义勇为,在与违法犯罪分子作斗争中受伤或致残的,其治疗费、生活补助费,由侵害人承担;如侵害人确实无力承担的,由侵害人的监护人承担及侵害人所在单位适当承担。公民为保护本单位财产和职工人身安全见义勇为负伤致残的,由公民所在单位承担。

国家工作人员和企业事业单位职工因同违法犯罪分子作斗争误工的，视同出勤；负伤致残的，按因公伤残处理。其他公民负伤致残的，由当地人民政府负责安排其医疗、劳动和生活，符合评残条件的，按照国家有关参战致残民兵、民工的规定处理。

第十八条　市、县、区社会治安综合治理委员会设立见义勇为奖励基金会，对在维护社会治安中见义勇为的公民给予奖励；

基金会设人身意外伤害保险，公民与违法犯罪分子作斗争人身受到伤害的，经基金会批准，由市人民保险公司在保险金额以内给付。

第十九条　本行政区域内各医疗单位对因维护社会治安同违法犯罪分子作斗争而负伤的公民，应无条件及时予以救治，医疗费由办案单位按本条例第十七条和十八条的规定办理，凡贻误救治造成严重后果的，要依法追究医疗单位的有关领导和医务人员的责任。

第五章　奖励与处罚

第二十条　符合下列条件之一的街道、乡镇、大中型企业、机关大院、大中专学校、医院及其主要领导、主管领导以及治安责任人，由各级社会治安综合治理委员会或者由其报请同级人民政府给予表彰和奖励：

（一）社会治安综合治理组织机构健全，并充分发挥作用，落实社会治安综合治理目标管理责任制成绩显著的；

（二）全面落实社会治安综合治理措施，在打击犯罪、治安防范、法制宣传、人民调解、治安管理和安置帮教等综合治理工作中成绩突出，治安秩序、社会风气良好的；

（三）多发性案件下降，违法犯罪减少，没有发生重大恶性案件和治安灾害事故，社会丑恶现象得到有效遏制的；

（四）群众敢于检举、揭发，与违法犯罪行为作斗争，及时防范制止重大刑事案件和治安灾害事故发生，对维护社会秩序和公共安全有贡献的；

（五）为社会治安综合治理工作提出合理化建议被采纳，探索出新做法、新经验，社会效果显著的；

（六）在社会治安综合治理工作中做出其他突出贡献的。

居民委员会、村民委员会及人数较少的单位，没有发生刑事案件、治安案件和治安灾害事故的，由县、区、蜀山镇社会治安综合治理委员会或由其报请同级人民政府给予表彰和奖励。

第二十一条　有下列情况之一的地区、部门和单位，经各级社会治安综合治理委员会决定给予警告，未能及时整改的，当年不得参加评选综合性荣誉称号，并视情节建议有关部门依照规定对主要负责人和治安责任人予以纪律处分和行政处罚，构成犯罪的，由司法机关依法追究刑事责任。

（一）因领导不重视，社会治安综合治理机构、人员、经费、目标管理责任制不落实，造成本地区、本部门、本单位治安秩序严重混乱的；

（二）社会治安综合治理措施不落实，发生重大刑事案件或者重大治安灾害事故，后果严重、影响恶劣的；

（三）对不安定因素或者内部矛盾纠纷不及时消除和化解或者处置不力，致使矛盾激

化,严重危害社会治安和社会稳定的;

(四)对社会治安综合治理领导机构或公安、司法机关发出的重大治安隐患警告或建议,未及时采取有效措施加以改进,以致发生刑事案件或重大治安灾害事故并对其隐瞒不报,作虚假报告或者有其他弄虚作假行为的;

(五)因管理教育不力,本地区、本部门、本单位人员违法犯罪或刑满释放、解除劳动教养人员重新违法犯罪情况严重以及聚众赌博、卖淫嫖娼、吸毒贩毒等社会丑恶现象比较突出的;

(六)对公民检举、揭发、制止违法犯罪行为打击报复的;

(七)在社会治安综合治理工作中有其他严重失职、渎职和违法行为的。

第二十二条 各级社会治安综合治理机构和各级政法机关必须加强自身队伍建设和基层基础工作,强化廉政和服务意识,严格履行法定职责。

从事社会治安综合治理的国家机关工作人员、群防群治的治安人员,在社会治安综合治理工作中违法乱纪、失职渎职、徇私枉法的,视情节给予行政处分;构成犯罪的依法从严惩处。

第六章 附 则

第二十三条 本条例具体应用中的问题,由合肥市人民政府负责解释。

第二十四条 本条例自公布之日起施行。一九九〇年制定公布的《合肥市社会治安综合治理条例(试行)》同时废止。

合肥市暂住人口管理规定

（1996年9月4日合肥市第十一届人民代表大会常务委员会第三十一次会议通过　1996年11月27日安徽省第八届人民代表大会常务委员会第二十七次会议批准）

第一章　总　则

第一条　为使暂住人口管理纳入法制轨道，保障暂住人口的合法权益，维护社会秩序，加强计划生育工作，促进本市经济发展和社会进步，根据《中华人民共和国户口登记条例》及有关法律、法规，结合实际，制定本规定。

第二条　本规定所称暂住人口，是指常住户口不在市区、郊区、蜀山镇而来暂住的中国公民。

第三条　暂住人口的合法权益受法律保护。暂住人口必须遵守国家法律、法规和本省、市的地方法规、规章，自觉维护社会公共秩序。

第四条　市公安局是暂住人口管理的主管机关，公安分局、派出所负责本辖区内暂住人口的管理工作。

劳动、工商、教育、计划生育、城建、房地产、卫生、民政等职能部门及区、乡（镇）人民政府、街道办事处按照各自职责，配合公安机关做好暂住人口的管理工作。

暂住人口现居住地的居（村）民委员会，应协助公安派出所做好本辖区内暂住人口的管理工作。

留宿、招聘暂住人口的单位和个人应依本规定，按现居住地公安派出所的要求做好暂住人口的管理工作。

第二章　登记与领证

第五条　拟居住3日以上的暂住人口，必须在到达后3日内持《中华人民共和国居民身份证》（以下简称《居民身份证》）到现居住地公安派出所或公安机关指定的机构申报暂住登记。

本市居民的配偶、三代以内直系血亲来本市探亲、度假3日以上的，由户主告知本单位保卫部门或居委会。

第六条　暂住人口登记，分别由下列单位和个人负责申报：

（一）留宿或寄住在本市居（村）民家中的，由户主申报暂住登记；

（二）暂住在机关、团体、企业、事业单位内部及工地和水上船舶的，由用工单位统一登记造册，申报暂住登记；

（三）租赁房屋的，由房屋出租人申报暂住登记；

（四）外地驻肥机构的，由该机构申报暂住登记；

暂住宾馆、旅店、招待所、医院的住宿、住院登记，即视为暂住登记。

第七条　请假回肥暂住的服刑或者劳动教养人员，由本人凭所在监狱管理部门或劳动教养机关的批准证明，在到达之日起24小时内，到现居住地公安派出所申报暂住登记，离开前申报注销。

第八条　拟居住30日以上、年满16周岁的暂住人口,应到现居住地公安派出所申领公安机关统一印制的暂住证。

育龄妇女申领暂住证,须同时提交原常住户籍所在地乡(镇)、街道计划生育部门出具的婚姻、计生状况证明及本市区现居住地乡(镇)、街道计划生育部门出具的查验证明。

第九条　下列人员只须申报暂住人口登记,不须申领暂住证:

(一)不满16周岁的;

(二)来本市区探亲、访友、旅游、就医、出差的;

(三)来本市区党校、干校或各业务系统的教学单位短期学习的。

第十条　本市公安机关核发的暂住证是暂住人口在本市的有效证件之一,其有效期为一年。暂住期间变更地址的,应到公安派出所申请办理变更手续。期满继续暂住的,应到公安派出所验证。

第十一条　暂住人口向公安派出所申领暂住证,须缴纳工本费。务工、经商的,应当交纳暂住人口管理费。证件工本费和暂住人口管理费的收费标准,由省物价、财政部门核定。

对来本市学习、接受培训、当家庭保姆的,公安派出所应当免收暂住人口管理费。

第十二条　公安机关收取暂住证工本费和暂住人口管理费,应使用财政部门统一印制的票据,并接受物价、财政部门监督。所收取的暂住人口管理费,一律上缴财政。暂住人口管理工作所需经费由财政部门核拨。

第三章　管　理

第十三条　暂住人口应随身携带居民身份证、暂住证,以备公安机关查验。如有遗失或者损毁的,持证人应及时向原发证机关申请补领。

第十四条　暂住证除公安机关依照规定收缴或者吊销以外,任何单位和个人不得扣押。

第十五条　公安机关对租赁房屋实行治安管理,建立登记、安全检查等管理制度。

第十六条　房屋出租人应遵守以下规定:

(一)不得将房屋出租给无居民身份证的人员;

(二)发现承租人有违法犯罪行为或者可疑情况时,应当及时制止,同时向公安机关举报;

(三)定期检查出租房屋的安全设施,及时消除安全隐患。

第十七条　机关、团体、企业、事业单位及工地和水上船舶的单位内部暂住人口,由保卫部门或指定专人管理。其他暂住人口由公安机关统一管理。

第十八条　公安机关在对暂住人口管理过程中,发现暂住人口有违反计划生育管理行为的,应及时通知暂住人口现居住地计划生育管理部门依法查处。

第十九条　对无居民身份证或者虽有居民身份证,但无固定住所、无正当职业,盲目流入本市的暂住人口,公安机关和民政部门应相互配合,劝其离开本市区或及时收容、遣送。

第四章　权益保护

第二十条　暂住人口的人身权、财产权和劳动报酬、劳动安全等权利不受侵犯。暂住人口有权拒绝各种名目的乱收费、乱摊派、乱集资。

暂住人口的合法权益受到侵害时，有权向有关机关控告或者申诉，有关机关应当认真办理，依法保护。

暂住人口被雇用在劳动中发生伤亡事故的，用人单位应当及时组织救治，并按照有关规定，做好善后工作。

第二十一条　暂住人口可凭暂住证到劳动、工商、卫生等部门办理就业、营业、卫生许可证等手续。

第二十二条　暂住人口持有本市公安机关核发的暂住证，有固定住所、职业、收入，其子女入托、就学、计划免疫，由教育、卫生等有关部门按规定办理。

第二十三条　持有本市公安机关核发的暂住证的暂住人口，在本市区内购买成套住房，有正当职业、收入，且无违法犯罪行为的，可申请办理本市区常住户口迁入手续。

第二十四条　对本市经济发展、精神文明建设、维护社会治安等做出突出贡献的暂住人口，给予表彰、奖励，并按程序报经批准后，优先迁入本市区常住户口。

第五章　法律责任

第二十五条　违反本规定的单位或者个人有下列情形之一的，由公安机关给予处罚：

（一）不按规定申报暂住登记、申领暂住证的，责令其补办登记、领证手续，并对当事人处五十元以下罚款；

（二）骗取、冒领、出借、转让、买卖、伪造、变造暂住证的，处二百元以下罚款；行为人有非法所得的，除没收非法所得外，可并处非法所得一至三倍的罚款；

（三）雇用无暂住证的或者扣押暂住人口暂住证和其他身份证件的，对法定代表人或者直接责任人处一千元以下罚款；

（四）宾馆、旅店、招待所不按规定办理暂住登记的，对其按未登记的人数每人处五十元以下罚款。

第二十六条　房屋出租人有下列情形之一的，由公安机关给予处罚：

（一）房屋出租人将房屋出租给无居民身份证或者超过三十日未申领暂住证的暂住人口，由公安机关处二百元以下罚款；

（二）房屋出租人明知承租人利用所承租的房屋进行违法犯罪活动不制止、不报告的，由公安机关处五百元以下罚款；构成犯罪的，依法追究刑事责任。

第二十七条　房屋出租户或者暂住人口围攻、殴打、拒绝、阻碍国家公务人员依法执行公务的，由公安机关依照《中华人民共和国治安管理处罚条例》给予处罚；构成犯罪的，依法追究刑事责任。

第二十八条　当事人对公安机关作出的行政处罚决定不服的，可按《行政复议条例》和《中华人民共和国行政诉讼法》的规定申请复议或者提起诉讼。

第二十九条　公安机关工作人员，应严格执法、秉公办事，并在登记、办证等管理工作中为暂住人口提供方便和服务。

公安机关工作人员在执行本规定中,玩忽职守、敲诈勒索、收受贿赂、徇私舞弊的,由其主管机关或者行政监察部门视情节轻重给予行政处分;构成犯罪的,依法追究刑事责任。

第六章 附 则

第三十条 本规定具体应用中的问题,由市公安局负责解释。

第三十一条 本规定自1997年1月1日起施行。

合肥市限制养犬条例

（1999年4月29日合肥市第十二届人民代表大会常务委员会第十次会议通过　1999年8月1日安徽省第九届人民代表大会常务委员会第十一次会议批准　根据2005年10月21日安徽省第十届人民代表大会常务委员会第十九次会议通过的关于批准《合肥市人民代表大会常务委员会关于修改〈合肥市限制养犬条例〉的决定》的决议修正）

第一条　为了加强养犬管理，保障公民身体健康和人身安全，维护社会公共秩序及市容环境卫生，根据有关法律、法规，结合本市实际，制定本条例。

第二条　凡本市限制养犬区内的一切单位和个人，均应遵守本条例。

第三条　本市限制养犬区为市区二环路以内区域、大蜀山游览区、骆岗机场、开发区建成区。

第四条　市公安部门是本市限制养犬工作的主管部门。市畜牧、工商、市容、卫生等部门应依据各自的职责做好工作。各区、乡（镇）人民政府、街道办事处、居（村）民委员会协助有关职能部门做好辖区内犬类的管理工作。

第五条　限制养犬区内每户只准饲养一只小型观赏犬，禁止饲养烈性犬和大型犬。本条例另有规定的除外。烈性犬、大型犬和小型观赏犬的分类，由市公安部门会同市畜牧兽医行政管理部门确定并公告。

第六条　限制养犬区内个人申请饲养小型观赏犬，应当具备下列条件：

（一）有本市常住户口或暂住户口；

（二）具有完全民事行为能力；

（三）独户居住。

第七条　限制养犬区内实行养犬许可证制度。未经核准登记，任何单位和个人不得养犬。

第八条　限制养犬区内个人饲养小型观赏犬，科研单位饲养科研实验用犬，演出团体饲养表演道具用犬，重点防护单位饲养护卫犬，盲人饲养导盲犬和生活不能自理的残疾人饲养助残犬，应当向所在地公安派出所提出申请，经审查同意后，到市畜牧兽医行政管理部门所属的动物防疫监督机构进行犬类健康检查、免疫注射，凭市畜牧兽医行政管理部门核发的犬类免疫证，到市公安部门登记，领取犬类准养证和犬牌。部队、公安等部门饲养的特种犬，按国家有关规定执行。

第九条　外来人员携小型观赏犬进入本市限制养犬区，应当按规定携带当地公安部门核发的犬类准养证或当地县级以上动物防疫监督机构出具的犬类健康检查和免疫注射证明。进入本市暂住的，须按规定到市公安部门办理犬类准养证。外来人员不得携烈性犬、大型犬进入本市限制养犬区。

第十条　经登记注册的犬，因出售、赠予、更新、走失或死亡的，购犬人、受赠人、养犬人应当在30日内到公安部门办理过户、审验注册或注销手续。

第十一条　禁止在限制养犬区内从事经营性犬类养殖。

第十二条　经批准养犬的单位和个人，应当遵守下列规定：

(一)定期到市动物防疫监督机构为犬只注射预防狂犬病等疫苗;

(二)养犬不得危害公共利益,不得侵扰他人的正常生活、工作和学习;

(三)不得携犬进入机关、学校、医院和商场、饭店、浴池、体育场、歌舞厅等公共场所;

(四)不得携犬乘坐公共交通工具;

(五)携小型观赏犬出户时,犬须挂犬牌、束犬链,并由成年人牵领;

(六)负责立即清除犬在户外排泄的粪便。

第十三条　开办为犬类服务的商店、医院(诊所)及犬类交易市场,应当依法办理登记注册手续。犬只交易必须持犬类准养证方可进入犬类交易市场进行交易。

第十四条　犬只伤害他人时,养犬人或管理人应当立即将受害者送至当地卫生防疫站或医院进行诊治和防疫,并依法承担法律责任。

第十五条　单位或个人发现饲养的犬只出现狂犬症状时,应当立即进行捕杀,并向畜牧兽医行政管理部门报告。未按规定自行捕杀的,由公安部门强行捕杀。狂犬尸体必须到指定地点焚烧,所需费用由犬主承担。畜牧兽医行政管理部门应当按规定对发现狂犬的区域进行疫情调查和疫区处理。

第十六条　单位和个人有下列行为之一的,按下列规定处罚:

(一)在限制养犬区内从事经营性犬类养殖的,由公安部门予以取缔,没收非法所得,并处以非法所得3倍以上5倍以下的罚款;

(二)养烈性犬或大型犬,或者携带烈性犬、大型犬进入本市限制养犬区的,由公安部门没收其犬,并对犬主处以每条犬500元以上1000元以下的罚款;

(三)未经登记擅自饲养小型观赏犬的,由公安部门责令限期登记,拒不登记的没收其犬,并对犬主处以每条犬1000元以下的罚款;

(四)外来人员携小型观赏犬进入本市限制养犬区,无犬类准养证或犬类健康检查和免疫注射证明的,由公安部门责令犬主携犬到本市动物防疫监督机构进行犬类健康检查和免疫注射。进入本市暂住的,须按第八条规定到市公安部门登记,领取犬类准养证。拒不办理的,由公安部门没收其犬,并对犬主处以每条犬500元以上1000元以下的罚款;

(五)违反本条例第十二条第(一)项规定的,由市畜牧兽医行政管理部门处以500元以上1000元以下的罚款;

(六)违反本条例第十二条第(二)项、第(五)项规定的,由公安部门对责任人处以100元以下的罚款;情节严重的,没收其犬,吊销犬类准养证件;对无人看管的犬只,由公安机关予以收容;

(七)违反本条例第十二条第(三)项、第(四)项规定的,由公安部门对犬主和公共场所管理人员分别处以100元以下的罚款;情节严重的,没收犬只,吊销犬类准养证件;

(八)携犬人对犬在户外排泄粪便未及时清除的,由市容环境卫生行政部门处以50元以下的罚款;

(九)违反本条例第十三条规定,擅自开办为养犬服务的专营商店、医院(诊所)、犬类交易市场的,由工商行政管理部门予以取缔,没收非法所得,并处以非法所得3倍以上5倍以下的罚款。

第十七条　单位和个人有下列行为之一的,由公安部门按照《中华人民共和国治安管

理处罚条例》的规定处罚;构成犯罪的,依法追究刑事责任:

(一)纵犬伤人的;

(二)倒卖、伪造、涂改犬类准养证件的;

(三)拒绝、阻碍执法人员依法执行公务的。

第十八条 鼓励公民对违反本条例的行为进行制止和举报,有关部门在接到公民的举报后,应及时受理和查处。

第十九条 从事犬类管理的机关及其工作人员不履行应尽职责,对群众举报不及时进行查处,或者徇私舞弊、滥用职权的,由上级机关或所在单位追究行政责任;构成犯罪的,依法追究刑事责任。

第二十条 当事人对行政处罚决定不服的,可依法申请行政复议或提起行政诉讼。当事人逾期不履行处罚决定的,由作出处罚决定的机关申请人民法院强制执行。

第二十一条 本条例具体应用中的问题由市公安部门负责解释。

第二十二条 本条例自 2000 年 4 月 1 日起施行。

合肥市燃放烟花爆竹管理规定

(2011年6月30日合肥市第十四届人民代表大会常务委员会第二十五次会议通过 2011年8月19日安徽省第十一届人民代表大会常务委员会第二十七次会议批准)

第一条 为了加强燃放烟花爆竹安全管理,保障公共安全和人身、财产的安全,减少环境污染,根据国务院《烟花爆竹安全管理条例》和有关法律、法规的规定,结合本市实际,制定本规定。

第二条 本市行政区域内燃放烟花爆竹适用本规定。

第三条 本市行政区域内实行限制燃放烟花爆竹,只能在规定的时间、规定的区域,燃放规定品种的烟花爆竹。

第四条 市区的城市建成区为限制燃放烟花爆竹区域,具体范围每年由市人民政府确定,由公安部门公布。

市辖县(市)的限制燃放烟花爆竹区域,由县(市)人民政府确定。

第五条 市、县区、乡镇人民政府、街道办事处应当加强对烟花爆竹安全管理工作的领导,建立安全监督协调机制,并纳入文明创建活动和社会治安综合治理目标管理范围。

公安部门负责烟花爆竹公共安全管理工作,是燃放烟花爆竹安全管理的主管部门。

安全生产监督管理、工商行政管理、质量技术监督、城市管理、环境保护等部门应当按照各自职责,做好烟花爆竹安全管理工作。

机关、企事业单位、社会团体、学校,应当负责本单位燃放烟花爆竹的安全管理工作。

第六条 市、县区、乡镇人民政府、街道办事处和居民委员会、村民委员会,以及机关、企事业单位、社会团体、学校,应当开展燃放烟花爆竹安全管理的宣传教育活动。

广播、电视、报刊、网络等新闻媒体,应当做好燃放烟花爆竹安全管理的宣传工作。

第七条 未成年人的监护人应当对未成年人进行安全燃放烟花爆竹的教育和监管。

第八条 单位和个人有权对违法生产、储存、运输、销售、燃放烟花爆竹的行为进行劝阻,并向公安、安全生产监督管理等部门举报。

公安、安全生产监督管理等部门接到举报后,应当及时查处。

第九条 从事烟花爆竹零售经营,应当按照国家有关规定取得《烟花爆竹经营(零售)许可证》,并办理工商登记手续后,方可经营。

第十条 烟花爆竹零售网点分为临时零售网点和常年零售网点。零售网点的布设应当遵循统一规划、保障安全、合理布局、总量控制的原则。

限制燃放烟花爆竹区域内不得设置烟花爆竹常年零售网点。

禁止燃放烟花爆竹区域及其周边影响安全的距离内不得设置烟花爆竹零售网点。

市区烟花爆竹零售网点布局规划由市安全生产监督管理部门会同市公安部门编制,报经市人民政府批准后实施。

市辖县(市)烟花爆竹零售网点布局规划由县(市)安全生产监督管理部门会同县(市)公安部门确定,报经县(市)人民政府批准后实施。

第十一条 限制燃放烟花爆竹区域内,允许零售烟花爆竹的时间为农历十二月二十至次年正月十五;其他时间不得销售。

烟花爆竹零售经营者不得销售《烟花爆竹安全与质量》中规定的C、D级以外的烟花爆竹产品。

第十二条 限制燃放烟花爆竹区域内,农历除夕至正月初八以及正月十五可以燃放烟花爆竹;其他时间,不得燃放烟花爆竹。

在可以燃放烟花爆竹期间,只允许燃放《烟花爆竹安全与质量》中规定的C、D级烟花爆竹产品。

第十三条 国家重大庆祝活动需要燃放烟花爆竹的,应当由市人民政府决定,并以公告形式发布。

第十四条 禁止在下列区域燃放烟花爆竹:

(一)文物保护单位;

(二)车站、码头、飞机场等交通枢纽及铁路线路安全保护区内;

(三)加油站、燃气站等易燃易爆物品生产、储存单位及周边100米范围内;

(四)输、变电设施安全保护区内;

(五)医疗机构、幼儿园、中小学校、敬(养)老院、图书馆、档案馆、博物馆;

(六)风景名胜区、林地、公园、游园、绿地、苗圃;

(七)市、县区人民政府确定和公布的其他区域。

第十五条 燃放烟花爆竹应当遵守下列规定:

(一)不得将点燃的烟花爆竹向人员、车辆、建筑物、构筑物投射、抛掷;

(二)不得妨碍行人、车辆安全通行和影响交通秩序;

(三)不得在人员密集的公共场所燃放烟花爆竹;

(四)不得在房屋室内及其公共走廊、楼梯、屋顶、阳台、窗口燃放烟花爆竹;

(五)不得采用其他危害公共安全和人身、财产安全的方式燃放烟花爆竹。

第十六条 居民委员会、村民委员会、业主委员会或者物业服务企业,可以在属地管理或者责任范围内划定安全的燃放烟花爆竹的地点。

居民委员会、村民委员会、业主委员会或者物业服务企业可以就燃放烟花爆竹事项,组织属地管理或者责任范围内的居民、单位以及宾馆、酒店等服务企业,依法制定公约,并组织监督实施。

第十七条 居民委员会、村民委员会、业主委员会、物业服务企业以及宾馆、酒店等单位,对于属地管理或者责任范围内违反本规定燃放烟花爆竹的,应当及时予以劝阻,劝阻无效的,应当向公安部门举报。

第十八条 未经许可运输烟花爆竹以及违法燃放烟花爆竹的,由公安部门查处。

未经许可生产、经营、存储烟花爆竹的,由安全生产监督管理部门依法查处。

燃放烟花爆竹毁坏城市绿化、市政公共设施的,由城市管理部门查处。

第十九条 烟花爆竹零售经营者违反本规定第十一条的规定,由安全生产监督管理部门没收非法物品和违法所得,并可处以200元以上1000元以下的罚款;情节严重或者多次违反的,吊销其《烟花爆竹(零售)经营许可证》。

第二十条 违反本规定第十二条、第十四条、第十五条的规定燃放烟花爆竹的,由公安机关责令停止燃放,处以100元以上500元以下的罚款;妨害公共安全的,依法予以处罚。

第二十一条 宾馆、酒店等单位,对责任范围内违反本规定燃放烟花爆竹的,不劝阻、不举报的,公安机关可以对其处以500元以上2000元以下的罚款。

第二十二条 燃放烟花爆竹,造成国家、集体财产损失或者他人人身伤害、财产损失的,应当依法承担赔偿责任。

第二十三条 在烟花爆竹安全管理工作中负有职责的工作人员,不履行管理职责的,由其所在单位或者上级主管部门对直接负责的主管人员和其他直接责任人员依法给予处分。

第二十四条 本规定所称烟花爆竹C级产品是指:适应于室外相对开放的空间燃放的产品,当按照说明燃放时,距离产品及其燃放轨迹5米以上的人或财产不应受到伤害。对于手持类产品,手持者不应受到伤害。

本规定所称烟花爆竹D级产品是指:适应于近距离燃放,当按照说明燃放时,距离产品及其燃放轨迹1米以上的人或财产不应受到伤害。对于手持类产品,手持者不应受到伤害。

第二十五条 本规定自2011年12月1日起施行,《合肥市禁止燃放烟花爆竹的规定》同时废止。

合肥市消防条例

(2012年2月29日合肥市第十四届人民代表大会常务委员会第三十一次会议通过　2012年4月24日安徽省第十一届人民代表大会常务委员会第三十三次会议批准)

第一章　总　则

第一条　为了预防和减少火灾危害,加强应急救援工作,保护人身、财产安全,维护公共安全,根据《中华人民共和国消防法》《安徽省消防条例》等法律、法规规定,结合本市实际,制定本条例。

第二条　本条例适用于本市行政区域内的防火、灭火和相关应急救援工作。

第三条　市、县(市)区、乡镇人民政府(街道办事处)以及开发区管理机构负责本辖区内的消防工作。

县级以上公安机关对本辖区内的消防工作实施监督管理,并由公安机关消防机构负责具体实施。

发展和改革、城乡建设、规划、城市管理、房产、质量技术监督、工商行政管理、教育、卫生、安全生产监督、人民防空、民政、文物等行政主管部门,在各自职责范围内做好消防工作。

公安机关对本条第三款所列有关行政主管部门未履行消防工作职责的,应当向同级或者上级人民政府提出整改意见或者建议。

第四条　市、县(市)区、乡镇人民政府(街道办事处)以及开发区管理机构,有关行政主管部门、机关、团体、企业事业单位,应当依照有关规定做好消防宣传教育工作。

第五条　每年11月为本市的消防月。

第六条　公安机关消防机构应当建立消防安全信用平台,对重大火灾隐患进行公示。

第七条　鼓励个人配备消防避难逃生装备和家用灭火器材。

第二章　消防安全职责

第八条　市、县(市)区人民政府以及开发区管理机构应当做好下列工作:

(一)将消防工作纳入国民经济和社会发展计划,保障消防工作与经济社会发展相适应;

(二)成立消防安全委员会,协调解决消防工作中的重大问题,并按照有关规定履行职责;

(三)将消防事业经费纳入本级财政预算,并逐年增加,确保消防工作与经济社会发展相适应。

第九条　乡镇人民政府(街道办事处)应当做好下列工作:

(一)配备消防工作人员,明确职责,落实消防安全措施;

(二)指导村民委员会、居民(社区)委员会确定消防安全管理人,制定防火安全公约;

(三)督促物业服务企业落实消防安全责任,组织、指导未实行物业管理的多产权建筑业主和使用人落实消防安全责任;

(四)协助公安机关及其消防机构开展消防安全管理工作;

(五)组织或者协助处理火灾事故善后工作。

第十条　公安机关消防机构应当做好下列工作:

(一)开展消防监督检查,督促整改火灾隐患;

(二)负责建设工程消防设计审核、消防验收、备案抽查以及公众聚集场所投入使用、营业前的消防安全检查;

(三)确定本行政区域内的消防安全重点单位;

(四)负责消防产品使用环节的监督检查;

(五)承担火灾扑救工作,调查火灾原因,统计火灾损失;

(六)参加重大灾害事故和其他以抢救人员生命为主的应急救援工作;

(七)开展消防安全宣传,组织消防安全培训;

(八)管理或者指导消防队伍建设和训练;

(九)指导公安派出所做好日常消防监督管理工作。

第十一条　公安派出所应当做好下列工作:

(一)确定专(兼)职消防民警;

(二)检查、督促村民委员会、居民(社区)委员会、物业服务企业和有关单位、个体工商户建立、健全消防安全管理制度;

(三)依法履行日常消防监督检查职责,督促整改火灾隐患,责令改正消防违法行为;

(四)及时组织扑救辖区初起火灾,维护火灾现场秩序;

(五)协助公安机关消防机构开展火灾事故调查。

第十二条　有关行政主管部门应当做好下列工作:

(一)发展和改革部门将公共消防设施建设列入本级地方固定资产投资计划;

(二)财政部门按时、足额拨付消防事业经费;

(三)城乡建设部门将公共消防设施建设纳入年度城乡基础设施建设计划,并具体实施;

(四)教育、人力资源和社会保障部门将消防安全知识纳入教育、教学、培训内容,并督促学校、幼儿园、职业培训机构等单位实施;

(五)质量技术监督、工商行政管理部门会同公安机关消防机构开展消防产品质量监督检查,依法查处违法生产、销售消防产品的行为;

(六)教育、民政、交通运输、农业、林业和园林、文化广电新闻出版、卫生、体育、旅游、安全生产监督、人民防空等有关部门,根据其主管行业、系统特点,定期开展有针对性的消防安全检查,督促有关单位落实消防安全职责,消除火灾隐患;

(七)其他有关部门按照法律、法规规定,依法履行相应职责。

第十三条　机关、团体、企业、事业等单位应当落实消防安全责任,相关人员应当具备与岗位职责相适应的检查消除火灾隐患、组织扑救初起火灾、组织人员疏散逃生和开展消防宣传教育培训的能力。

第十四条　市消防协会在公安机关消防机构以及其他有关部门的指导和监督下,按照法律、法规和协会章程的规定开展消防学术交流和消防安全宣传教育活动,推广先进消防技术，规范消防产品生产、销售和消防技术服务行为，指导、督促会员单位提高产品和服务质量。

第三章　火灾预防

第一节　公共消防设施建设

第十五条　市、县(市)、乡镇人民政府以及开发区管理机构应当编制消防规划，并纳入城乡规划。

消防站、消防通道、消防供水应当与其他市政设施统一规划、统一设计、同步建设，并根据城乡发展需要及时调整。消防规划确定的消防站建设用地和消防通道不得擅自改变用途。

第十六条　旧城改造应当同步规划建设公共消防设施，改善消防安全条件，满足灭火救援工作的需要；对易燃建筑密集区应当优先改造。

现有公共消防设施不足或者不适应实际需要的，应当补建、增建或者进行技术改造，达到技术规范的要求。

第十七条　建设城乡供水工程应当同步建设消火栓或者水池等公共消防供水设施，并由供水企业按照规定负责维护。

城市天然水源作为公共消防水源的，应当修建消防车通道和取水设施，并设置醒目标识。

农村公共消防供水设施和公共消防水源由乡镇人民政府建设、管理和维护。

第十八条　城市道路建设和改造，应当保证大型消防车辆通行。

农村主要道路应当满足消防车通行要求。

任何单位和个人不得占用消防车通道或者在消防车通道设置障碍。

第十九条　修建道路以及停电、停水、切断通信线路时有可能影响消防队灭火救援的，有关单位应当提前二十四小时通知当地公安机关消防机构。

第二节　建设工程消防安全管理

第二十条　建设工程应当符合消防规划确定的消防安全布局，不符合消防安全布局的，规划部门不予审定通过规划方案，不予核发建设用地规划许可证和建设工程规划许可证。

第二十一条　依法应当进行消防设计审核和消防验收的建设工程，建设单位应当按照有关规定提交资料。

依法应当进行消防设计备案、竣工验收备案的建设工程，建设单位应当自取得施工许可、工程竣工验收合格之日起七个工作日内将消防设计文件、工程竣工验收备案资料，报公安机关消防机构备案。

公安机关消防机构对报送消防设计备案和竣工验收备案的建设工程，应当出具备案凭证并按照规定实施抽查；对应当备案而未备案的建设工程，应当予以检查。

单位和个人不得改变经公安机关消防机构审核、验收同意或者备案的建设工程消防设计内容;确需修改的,建设单位应当重新申请消防设计审核或者备案。

建设单位委托的负责审查建设工程设计文件的技术服务机构,应当对建设工程消防设计进行严格审查。

第二十二条 依法应当进行消防验收和竣工验收备案的建设工程,未经消防验收或者验收不合格的以及竣工验收备案抽查不合格的,不得投入使用,建设行政主管部门不得办理工程竣工备案。

第二十三条 建设工程施工单位应当明确施工现场消防安全责任,落实消防安全管理制度,设置符合规定的消防车通道和临时消防给水设施,并保持消防车通道畅通,配备必要的灭火器材,规范用火用电,消除火灾隐患。

施工现场搭建的临时建筑物、构筑物,应当符合消防技术标准和管理规定。

第二十四条 在建筑物外立面进行装修、装饰、节能改造和设置广告,应当符合消防安全要求,不得使用易燃、可燃材料,不得妨碍防火、逃生和灭火救援。

屋面和外墙保温材料应当符合消防安全要求,施工单位应当按照规定取样送检。

第二十五条 建设、施工和监理单位应当按照各自职责查验消防产品和有防火性能要求的建筑材料的合格证明,按照消防技术标准的规定进行见证取样检验。

建设、施工单位不得使用不合格的消防产品、国家明令淘汰的消防产品和防火性能不符合消防安全要求的建筑材料。

第二十六条 对于建设、设计、施工、监理等单位违反消防法律、法规等规定的情况,公安机关消防机构应当及时向建设行政主管部门通报,建设行政主管部门应当将其纳入建筑市场诚信信息平台。

第三节　单位消防安全管理

第二十七条 消防安全重点单位应当每月至少进行一次全面防火检查,每日对消防安全重点部位、疏散通道、安全出口、消防设施和器材等进行防火巡查,及时消除火灾隐患,纠正消防违法行为;公众聚集场所在营业期间应当至少每两小时进行一次防火巡查;医院,养老院,寄宿制的学校、托儿所、幼儿园应当加强夜间防火巡查。

其他单位应当每季度至少进行一次全面防火检查,根据需要组织防火巡查,及时消除火灾隐患。

防火检查和巡查的情况应当作出记录,由参与检查、巡查及其主管人员签名,存档备查。

第二十八条 消防月期间,消防安全重点单位应当组织综合性的消防演练,测试消防设施性能;居民(社区)委员会、村民委员会和业主委员会、物业服务企业等其他单位应当组织消防演练。

第二十九条 公众聚集场所投入使用、营业前应当向公安机关消防机构申请消防安全检查。公安机关消防机构应当自受理申请之日起十个工作日内进行消防安全检查,并于检查之日起三个工作日内作出同意或者不同意投入使用或者营业的决定,并送达申请人。

第三十条 设有自动消防系统的单位,应当委托具备相应资质的机构,每年对自动消防系统至少进行一次全面检测，确保完好有效。

消防控制室应当二十四小时有操作人员值守，值守人员不得少于两人。

第三十一条　自动消防系统的操作人员、消防安全重点单位的消防安全管理人员、易燃易爆危险品保管等人员应当持有消防职业技能鉴定合格证书，不得无证上岗。

第三十二条　物业服务企业应当对管理区域内的疏散通道、安全出口、消防设施和消防车通道进行维护管理，提供消防安全防范服务。

住宅区未实施物业管理的，乡镇人民政府、街道办事处或者村民委员会、居民（社区）委员会应当组织业主、使用人签订防火协议，明确消防安全管理责任，对疏散通道、安全出口、消防设施和消防车通道进行维护管理。

住宅区的消防车通道应当设置标志，保持畅通。

第三十三条　住宅区和其他共用建筑消防设施保修期内的维修等费用，由建设单位承担；保修期满后的维修、更新和改造费用，应当纳入物业专项维修资金开支范围；没有专项维修资金或者专项维修资金不足的，消防设施维修、更新和改造费用由业主按照约定承担，没有约定或者约定不明的，按照各自专有部分建筑面积所占比例承担。

住宅、共用建筑的建筑消防设施存在重大火灾隐患，经公安机关消防机构通知后，业主不进行维修、更新或者改造的，由所在地人民政府组织代为维修、更新或者改造，所需费用从相关业主的专项维修资金中列支，或者由相关业主按照各自专有部分建筑面积所占比例承担。

第三十四条　人员密集场所应当在消防设施、消防器材、疏散设施的醒目位置设置消防安全标识，告知维护、使用消防设施、器材以及紧急情况下逃生自救的要求、方法。

人员密集场所的疏散通道应当保持畅通，楼梯间以及前室的疏散门，属于常闭式防火门的，应当保持常闭；设置保持开启状态的防火门的，应当保证火灾时能自动关闭。

人员密集场所和高层建筑、地下工程应当配备自救器材和辅助逃生设施。

生产、经营、储存易燃易爆危险品的场所，应当配备专用灭火器材、储备专用灭火剂并保持完好有效。

第三十五条　禁止在生产、经营、储存易燃易爆危险品的场所和存放可燃、易燃物资的仓库、露天堆场等具有火灾、爆炸危险的场所吸烟、使用明火。公共娱乐场所在营业期间禁止动火施工。

具有火灾、爆炸危险的场所，建设工程施工现场，正在生产、营业、使用的人员密集场所，因施工等原因需要明火作业的，应当按照有关规定事先办理审批手续，落实现场消防安全措施。

第三十六条　公共汽车、轨道列车、船舶等公共交通工具和其他中型以上客车应当配备消防器材和设施，设置明显标识，并保持完好有效。

高速公路、隧道、大型桥梁的经营、管理单位应当根据应急处置需要，配置专用灭火救援装备、器材，明确负责消防安全工作的人员，并组织应急演练。

公共交通工具的运营、使用单位应当对工作人员进行消防安全培训。发生火灾等突发事件时，现场工作人员应当及时引导、协助乘客疏散、逃生。

第三十七条　大型群众性活动的承办人应当依法申请安全许可并履行消防安全

职责。

在大型群众性活动举办前，承办人应当向公安机关消防机构提供活动场所电气消防安全检测合格报告和电气消防安全合格承诺书，以及消防设施、器材符合消防安全规定的证明材料。

第四章　消防组织

第三十八条　市、县（市）区人民政府以及开发区管理机构应当依法建立公安消防队、专职消防队，并按照国家标准配备消防装备，承担火灾扑救工作。

全国重点镇和省重点中心建制镇应当建立专职消防队。

街道办事处、村民委员会、居民（社区）委员会，以及机关、团体、企业、事业等单位，可以建立志愿消防队等消防组织。

依法应当建立专职消防队且相对集中的单位，可以联合建立专职消防队。

第三十九条　专职消防队的建立应当符合国家有关规定，并经市公安机关消防机构验收。

专职消防队的撤销应当征求市公安机关消防机构的意见。

第四十条　专职消防队应当纳入市、县（市）公安机关消防机构的指挥调度体系，承担火灾扑救和应急救援工作。

第四十一条　专职消防队、志愿消防队等消防组织的消防车辆，应当按照特种车辆登记和管理，安装、使用警报器、标志灯具和消防专用标志；在执行火灾扑救、应急救援任务时，免收车辆通行费。

第四十二条　市、县（市）区人民政府以及开发区管理机构根据需要可以聘用符合条件的人员，承担防火、灭火和应急救援等工作，在同等条件下优先聘用退役消防人员。

第四十三条　消防人员的职业健康保障，应当符合国家有关标准。

因执勤训练、扑救火灾或者应急救援等工作受伤、致残、死亡的消防人员的医疗、抚恤等待遇，按照有关规定执行。

第五章　灭火救援

第四十四条　公安消防队、专职消防队、志愿消防队等消防组织应当按照消防技术标准和灭火、应急救援等工作需要，配备器材装备。

高层建筑、地下工程、易燃易爆危险品生产、经营、储存场所等比较集中的地区，消防组织应当配备特种装备。

第四十五条　交通运输、环境保护、供水、供电、供气、医疗救护等单位以及专业应急救援队伍与消防指挥中心之间应当设有专线通信，并安排专人值守。

建立城市消防安全远程监控系统，设有自动消防设施的人员密集场所和生产、储存、经营易燃易爆危险品场所，应当与其联网。

第四十六条　任何人发现火灾，应当立即报警；起火单位应当即时组织扑救初起火灾。

人员密集场所发生火灾，现场工作人员应当立即组织、引导疏散。

消防队接到报警后,应当立即赶赴现场,组织灭火,有关单位和公民应当无条件提供便利。

第四十七条　公安机关消防机构统一组织和指挥火灾现场扑救。火灾现场总指挥依法作出的相关决定,有关单位和个人应当立即执行。

第四十八条　市、县(市)区人民政府以及开发区管理机构,应当根据灭火救援的紧急需要,及时组织人员,调集所需物资。

单位专职消防队、志愿消防队参加扑救外单位火灾,以及有关单位或者个人协助灭火救援所损耗的物资,由火灾发生地的市、县(市)、区人民政府以及开发区管理机构给予补偿。

第四十九条　起火单位和有关人员应当保护灾后现场,协助公安机关消防机构调查。

公安机关消防机构根据火灾调查的需要可以封闭火灾现场。

任何人不得擅自进入火灾现场、移动火灾现场物品、清理灾后现场;不得隐瞒事实真相或者干预、阻挠火灾事故的调查处理。

第六章　法律责任

第五十条　违反本条例第二十一条第四款规定,个人擅自修改经公安机关消防机构验收同意或者备案的建设工程消防设计内容,改变建筑物使用性质,导致不符合消防安全要求的,由公安机关消防机构责令限期改正;逾期不改正的,处以一千元以上三千元以下罚款。

第五十一条　违反本条例第二十三条规定,施工单位未设置符合规定的消防车通道、临时消防给水设施,或者未保持消防车通道畅通、配备必要的灭火器材,或者施工现场搭建临时建筑物、构筑物不符合消防技术标准和管理规定的,由公安机关消防机构责令限期改正;逾期不改正的,处以一万元以上五万元以下罚款。

第五十二条　违反本条例第二十四条规定,在建筑物外立面进行装修、装饰和节能改造,使用易燃、可燃材料,妨碍防火、逃生和灭火救援的,由公安机关消防机构责令限期改正;逾期不改正的,处以一万元以上五万元以下罚款。

违反本条例第二十四条规定,在建筑物外立面设置广告,妨碍防火、逃生和灭火救援的,由城市管理部门责令限期改正;逾期不改正的,依法予以处罚。

第五十三条　违反本条例第二十五条规定,建设、施工和监理单位未对消防产品和有防火性能要求的建筑材料实施见证取样并实施检验的,由公安机关消防机构责令限期改正;逾期不改正的,处以五千元以上一万元以下罚款。

第五十四条　违反本条例第三十条规定,设置消防控制室的单位未按照规定落实二十四小时两人值班管理制度的,由公安机关消防机构责令改正,并对其直接负责的主管人员和其他直接责任人员处以警告或者三百元以上五百元以下罚款。

第五十五条　违反本条例第三十一条规定,单位使用无证人员上岗,产生火灾隐患的,由公安机关消防机构责令限期改正;逾期不改正的,对单位处以五千元以上一万元以下罚款。

第五十六条　违反本条例第三十四条第二款规定,人员密集场所的疏散通道未按规定保持畅通,楼梯间及前室的疏散门未按规定保持常闭,或者不能保证在火灾时自动关闭的,由公安机关消防机构责令改正,处以五千元以上三万元以下罚款;情节严重的,处以三万元以上五万元以下罚款。

第五十七条　违反本条例第四十九条第三款规定,个人擅自进入火灾现场、移动火灾现场物品、清理灾后现场的,由公安机关消防机构责令停止违法行为,并处以五百元以下罚款。

第五十八条　机关、团体、企业、事业等单位,有固定生产经营场所且具有一定规模的个体工商户未按公安机关通知要求及时采取措施消除火灾隐患,造成火灾事故的,由公安机关消防机构对其处以五千元以上五万元以下罚款。

第七章　附　则

第五十九条　本条例自2012年6月1日起施行,2002年10月30日合肥市第十二届人民代表大会常务委员会第三十七次会议通过,2002年12月26日安徽省第九届人民代表大会常务委员会第三十五次会议批准的《合肥市消防条例》同时废止。

二、规范性文件

关于大力推进道路交通安全社会化管理工作的意见

（2008 年 5 月 27 日　合肥市人民政府印发）

随着我市经济社会的快速发展和城市空间的拓展、车辆及驾驶人迅猛增长，影响道路交通安全的不确定因素明显增多。为进一步强化全市道路交通安全管理工作，动员全社会力量共同参与道路交通管理，努力实现安全发展的目标。特提出如下意见：

一、统一思想，进一步增强做好道路交通安全社会化管理工作的紧迫感和责任感

近年来，通过大力实施“畅通工程”、创建“平安畅通县区”等活动，我市道路交通管理工作取得了一些成效。但交通事故起数和死伤人数仍然居高不下，重特大交通事故时有发生。各级政府和各部门要从当前道路交通状况和发展要求出发，认真实施《道路交通安全法》和国务院“五整顿”“三加强”工作意见，进一步统一思想，切实增强做好道路交通安全社会化管理工作的紧迫感和责任感，力争通过 3 年的不懈努力，逐步形成党委领导、政府负责、社会协同、公众参与的道路交通安全社会化管理工作新格局，实现道路交通事故起数、死亡人数和受伤人数三项指标逐年显著下降，万车死亡率低于全国平均水平，全市道路交通秩序明显好转，交通参与者的安全守法、文明交通意识明显增强，最大限度地预防和减少道路交通事故，保障人民群众生命财产安全。

二、强化措施，努力形成齐抓共管的道路交通安全社会化管理新格局

各县、区政府，开发区管委会，市直有关部门要高度重视道路交通安全工作，进一步强化道路交通安全基础和源头管理，加快建立责任明确、协调有力的道路交通安全监管机制，努力形成齐抓共管、规范有序、安全和谐的良好局面。

（一）大力开展道路交通安全专项整治活动

公安、交通、农业部门要密切配合，严格执法，加强对超速行驶，占道行车，疲劳驾驶汽车及骑摩托车不戴头盔，客、货车超载，非法营运，超资质、超范围从事公路客运，农业运输机械违法载人、超载、超速、无牌无证等交通违法行为的专项整治，进一步规范道路行车秩序，减少交通违法行为。公安、城建、市容、安监部门要加大对施工单位使用无牌、报废、拼装运输车辆的查处力度，加强源头管理和安全教育，强化路面巡查执法，严格实行事故责任倒查追究，坚决遏制渣土运输车、运料车、混凝土搅拌车等车辆的交通肇事突出问题。

（二）严格机动车驾驶人考核培训和车辆管理

公安部门要进一步改进和完善机动车驾驶员考试办法，严把考试关。交通部门要加强对机动车驾驶培训学校的管理，严把培训关，对培训质量低劣、经整顿仍达不到要求的，取消其培训资格。凡 1 年以下驾龄驾驶人发生交通死亡责任事故的，要对相关驾校的培训和驾驶人的考试、发证情况进行责任倒查。农业部门要认真履行拖拉机等农业运输机械及驾驶人的安全监督管理职责，严格执行车辆与驾驶人登记制度，严把车辆安全技术检验关，规范驾驶人考试和审验工作。凡拖拉机等农业运输机械发生交通死亡责任事故的，对驾驶人培训、考试、发证和车辆登记、技术检验情况要进行责任倒查。发改委、工商、质检等部门要加大对汽车生产、销售、改装企业的监管力度，与国家目录和公告的照片、技术参数不符或“大吨小标”的机动车,一律不得生产销售。对擅自违规改装机动车的汽车修理、改装厂,要依法予以注销或吊销营业执照。对违规改装、拼装的机动车辆一经发现,要责令恢复原状或予以解体报废,并按有关规定严格处罚。对有销售拼装、报废车辆等违法行为的单位,一经查实,立即查封,并依法追究相关责任人的法律责任。

(三)强化道路交通运输企业的安全监管

交通部门要严把运输经营者市场准入关、营运车辆技术状况关、营运驾驶人从业资格关。凡不具备安全生产条件的道路交通运输企业,不准进入运输市场;安全技术状况不合格的营运车辆、驾驶技能不过关的驾驶人,不准进入道路运输市场从事经营性活动。对客运秩序混乱、安全隐患整改不力的运输企业,要降低企业资质,对发生1次死亡3人以上特大交通责任事故的营运车辆应当停运整顿,并依法追究相关人员的责任。要加强对汽车客运场站的安全监督,督促道路运输企业和客运汽车站完善“出站门检”和“车况例检”制度,健全大中型运输企业安全教育和驾驶人奖惩制度。

(四)大力整治事故多发点段,改善道路交通安全状况

各县、区政府,开发区管委会要对辖区内道路交通事故多发路段进行全面排查,列出重点安全隐患路段,明确单位、责任和期限,进行挂牌整改,向社会公布。高速公路管理部门和经营单位要对高速公路事故多发路段的安全隐患进行限期整改,交通部门要继续实施公路安全保障工程,按照道路管理权限,切实加大投入,及时治理急弯、陡坡等险要路段存在的安全隐患,增设警示标志和安全防护设施,使90%以上的交通事故多发路段得到有效治理,提高行车的安全性。公安部门要加强事故原因的调查分析,及时将事故多发路段的相关情况通报交通、安监、城建等有关部门。各级政府、各有关部门在城乡道路、高速公路规划建设中,要将交通安全设施建设作为重要内容,与道路主体工程“同步规划、同步设计、同步建设、同步验收”,无交通安全设施或者交通安全设施达不到标准的道路,未经公安部门审核,不得投入使用。

(五)加强道路交通安全社会化管理基层基础建设

各县、区政府,开发区管委会要高度重视道路交通基层基础建设,进一步加大投入,整合社区警务室、乡镇安全监管站等现有资源,在两年内完成乡镇、街道道路交通安全管理工作服务站建设任务,全面加强基层道路交通安全管理工作。今年年底,全市乡镇、街道的道路交通安全管理工作服务站建成率要达到40%。要进一步加强道路交通安全管理队伍建设,加快道路交通管理人才、科技人才等专业人才的培养引进,加强在岗人员的教育培训,全面提高综合素质。要针对我市道路交通安全管理力量薄弱的现状,公开招聘一批交通协管员,增强路面管理力量。要加快公安交警大队的勤务管理体制改革,形成以区、开发区管辖范围为勤务区域的交警大队勤务管理体制。

(六)不断提升道路交通安全现代化管理水平

公安、财政、城建、规划、交通、发改委等部门要认真组织,加强配合,加快推进全市智能交通系统建设,不断提高道路交通管理的科技应用水平。交通部门和高速公路经营企业要在高速公路和重要国道、省道逐步安装动静结合的电子监控设备,逐步建立动态交通安全管理网络。公安部门要加大路面管理科技装备的投入和应用,广泛运用测速仪、酒精检测仪、移动视频等先进的交通管理设施和设备,提高交通管理水平。

（七）建立健全交通事故应急处置和紧急救援机制

公安、安监、卫生等部门要加强配合，建立日常救护知识宣传教育培训制度，不断完善交通事故快速抢救联动机制，指导、督促卫生医疗机构积极做好事故应急抢救工作，整合市县120卫生急救资源，完善急救网络，提高救治水平。要通过社会捐助、保险筹资、政府补助方式，尽快建立合肥市道路交通事故社会救助基金，用于支付超过保险限额的、未参加机动车第三者责任强制保险或肇事后逃逸事故受伤人员的抢救治疗费用，尽最大努力及时抢救伤员。

三、加强领导，建立健全道路交通安全社会化管理工作机制

（一）加强领导，全面建立道路交通安全工作的领导机制

要建立健全市政府领导，各县、区政府，开发区管委会，公安、城建、交通、农业、安监等相关部门参加的市政府道路交通安全联席会议制度，每季度召开1次会议，研究解决道路交通社会化管理有关问题。今年6月底前，各县区、开发区要全部建立相应的道路交通安全联席会议制度，及时制定道路交通安全工作的中长期规划和近期实施方案，全面开展道路交通社会化管理工作。市联席会议办公室要定期对各县区、开发区和有关部门进行道路交通安全工作督察。

（二）高度重视，层层落实道路交通安全管理工作责任制

各级政府要把道路交通安全作为日常工作的组成部分，摆上议事日程，纳入政府和相关部门负责人政绩考核内容，建立健全道路交通安全工作领导责任制。要将道路交通安全社会化管理和安全生产管理有机结合起来，做到同部署、同考核、同奖惩。全市各机关、部队、企事业单位、学校、社会团体要认真落实交通安全管理责任制，制定本单位的交通安全管理规章制度，加强车辆管理，教育本单位干部、职工自觉遵守交通安全管理法规。

（三）严格奖惩，认真实行道路交通安全责任倒查追究制度

要积极实行道路交通社会化目标管理责任制，把道路交通管理责任和目标任务层层分解到各部门、各单位，落实到人。从今年开始，市政府将对各县、区政府，3个开发区管委会和市直有关部门下达道路交通社会化管理目标考核任务，严格实行奖惩。市直机关、企事业单位所属车辆及人员1年内累计发生2起重大交通责任事故的或1次死亡3人以上特大道路交通责任事故的，单位及其主管部门要向市政府作出书面检查，并由市安全生产监督管理局予以“告诫”，限期整改。对因工作不力，导致辖区内1年内发生1起死亡5人以上的特大恶性道路交通事故或发生2起1次死亡3人以上特大道路交通事故的，县、区政府，开发区管委会要向市政府作书面检查，并按安全生产有关规定追究责任。

（四）广泛动员，努力扩大交通安全的社会参与面

各级政府、各部门要把交通安全宣传教育作为社会主义精神文明建设、普法教育和职业道德教育的重要内容，大力开展交通安全宣传“进农村、进社区、进企业、进学校、进家庭”活动，督促各企事业单位、社会团体积极开展形式多样的宣传教育活动，加强所属人员的教育管理。要努力扩大交通安全的社会参与面，结合创建全国文明城市活动，积极动员机关、企事业单位开展认领道路交通安全文明路段（口）创建试点活动，要建立文明交通劝导员制度，组织干部、群众、学生及志愿者协助公安部门维护交通秩序，认真做好交通隔离护栏等道路交通安全设施的日常保洁和维护，在全社会大力营造文明交通的良好氛围。

合肥市道路交通设施建设管理实施细则

(2009年10月6日　合肥市人民政府办公厅印发)

一、为进一步规范道路交通设施建设管理工作,理顺道路交通设施建设工程的设计、招标、施工、监理和移交等过程中相关单位的职责,根据《中华人民共和国道路交通安全法》等法律法规及市政府办公厅《关于印发〈合肥市大建设道路桥梁配套交通设施建设暂行办法〉的通知》(合政办〔2007〕74号)精神,结合目前我市道路交通设施工程建设管理的实际,制定本细则。

二、本细则适用于合肥市市区范围内实施的新建、改建、扩建、大中修道路桥梁及各出入口道路的配套交通设施工程,具体内容包括:交通标志、标线、护栏及智能交通系统(控制、监控系统和流量采集、电子化执法、指挥调度系统)等部分。

三、道路交通设施工程应与道路主体工程同时设计、同时建设、同时竣工,验收合格后方可投入使用。

四、各有关单位根据各自工作职能,按以下规定共同做好道路交通设施工程的建设管理工作。具体为:

(一)设计阶段

1. 方案设计

道路交通设施设计是道路工程设计的核心。新建、改建路桥工程(含道路大中修及小街巷建设)必须将道路交通设施设计纳入整体设计中,道路断面及土建工程设计应根据交通设计的要求制定或变更。

交通设计单位应依据《道路交通标志和标线》(GB5768－2009)、《道路交通信号灯设置与安装规范》(GB14886－2006)等国家标准,按照市规划部门要求,在充分吸收市公安交警部门意见的基础上,开展交通设施的设计工作。道路交通设施设计汇总工作由路桥项目设计单位负责。

2. 初步设计

路桥项目设计单位应在项目初步设计审查一周前将汇总后的交通设计方案(含概算)报送市公安交警部门审核,并将市公安交警部门的审核意见作为初步设计中道路交通设施设计的主要依据;市发改委组织道路交通设施项目初步设计审查时,应通知市公安交警部门参加。

3. 施工图设计

道路交通设施工程施工图设计完成后,应报市公安交警部门复核。市公安交警部门应在3个工作日内完成施工图复核工作。

(二)招投标阶段

道路交通设施工程施工招标工作由市招管办负责实施,项目单位和市公安交警部门配合做好相关工作并参与项目招标全过程。项目单位负责填报项目申报登记表;市公安交警部门负责提供项目招标过程中各类设备的技术要求;市招管办负责编制项目招标文件。市公安交警部门应在3个工作日内完成项目招标文件内容的确认工作。

道路交通设施工程招标工作完成后,由项目单位与中标单位签订施工合同,并将招标文件、投标文件、评标报告、中标通知书、合同文本等资料报送资金拨付部门备案。资金拨付部门应按合同规定拨付工程款。

(三)施工阶段

道路交通设施工程项目单位应严格按照道路交通设施设计内容对施工全过程进行管理。

道路交通设施工程建设实行专项监理,监理范围主要为交通渠化工程(包含标志、标线、护栏等)、智能交通工程(含信号、监控、电子警察、检测、诱导等)两大类,采取费率招标的形式,一年招标一次,每类分别确定2~3家专业交通工程监理公司,承担全市道路交通设施工程的监理工作。监理费用纳入项目工程总造价。

(四)竣工验收阶段

为保障交通安全,对已完成的道路交通设施,项目单位应在工程竣工后1周内向市公安交警部门提出书面验收报告,并办理验收手续。市公安交警部门应在3个工作日内完成验收工作,并在《道路交通设施工程项目竣工验收表》上签署意见。对验收中发现的问题,施工单位应按设计要求在规定的时间内整改到位。

(五)质量保证

道路交通设施工程设计、建设、施工、监理单位要加强管理,确保工程质量。在道路交通设施工程设计、招标、施工管理中存在违法、违规行为的单位,一律列入"黑名单",两年内不得参与我市道路交通设施项目工程投标;市招标管理部门、公安交警部门和项目单位、交通工程质检机构联合对已完工的道路交通设施工程进行检测,对因偷工减料等原因造成道路交通设施工程出现严重质量问题的施工单位,严格按照合肥"大建设"有关规定进行处罚;在保修期内出现的质量问题由建设单位督促施工单位按期整改到位。

合肥市人民政府办公厅关于深化户籍管理制度改革的意见

(2013年6月5日 合肥市人民政府办公厅印发)

为认真贯彻落实国务院办公厅有关文件精神,按照《安徽省人民政府办公厅关于积极稳妥推进户籍管理制度改革的意见》(皖政办〔2011〕65号)和《合肥市国民经济和社会发展第十二个五年规划纲要》要求,促进人口合理有序流动,推动城乡社会经济协调发展和社会和谐稳定,经市政府同意,现就深化我市户籍管理制度改革提出如下意见:

一、指导思想和基本原则

(一)指导思想

深入贯彻落实党的十八大精神,按照科学发展观要求,统筹城乡发展,顺应城镇化发展需要,逐步放宽人才引进的落户条件、放宽县人民政府驻地镇及其他建制镇的落户条件,积极引导非农产业和农村人口向城镇转移,努力实现城乡基本公共服务均等化,促进城乡经济社会协调发展。

(二)基本原则

一是分类实施。统筹兼顾经济社会发展水平和综合承载能力,对市辖区、巢湖市市区和各县人民政府驻地镇及其他建制镇实施不同的落户条件。

二是完善配套政策。建立和完善户籍管理制度改革相关配套机制,着力推进城镇基础设施和公共设施建设,积极创造有利于农村人口有序向城镇聚集的政策环境。

三是保障农民权益。充分尊重农民进城和留乡问题上的自主选择权,切实保障农民合法权益。

二、户口迁移的主要内容

(三)在本市市辖区有合法稳定职业连续满3年并有合法稳定住所(含租赁),同时按照国家规定参加社会保险达到2年的人员,本人及其共同居住生活的配偶、未婚子女,可以在就业地申请登记为非农业常住户口。租赁房屋的,户口登记在非农业单位集体户。

(四)在巢湖市市区、各县人民政府驻地镇有合法稳定职业满1年并有合法稳定住所(含租赁),同时按照国家规定参加社会保险达到1年的人员,本人及其共同居住生活的配偶、未婚子女,可以在就业地申请登记为非农业常住户口。

在其他建制镇有合法稳定职业并有合法稳定住所(含租赁),同时按照国家规定参加社会保险的人员,本人及其共同居住生活的配偶、未婚子女,可以在就业地登记申请为非农业常住户口。租赁房屋的,户口登记在非农业单位集体户。

(五)我市就业人员,在省级以上体育运动比赛或职业技能竞赛活动中取得成绩前三名的、持合肥市高层次创新创业人才服务证的,本人及其共同居住生活的配偶、未婚子女,可在就业地申请登记为非农业常住户口。

(六)我市经济社会发展急需的人才和有突出贡献的人才,由用人单位提出申请,经主管部门审核,报市政府批准,本人及其共同居住生活的配偶、未婚子女、父母等随迁人员,可在就业地申请登记为非农业常住户口。

(七)我市大中专院校学生,入学时根据本人意愿,可以不办理户口迁移手续。高校毕业生可以凭全国普通高等学校本专科毕业生就业报到证(通知书),在其就(创)业地办理落户手续,登记为非农业常住户口。

(八)在我市就业,具有中级工以上职业资格人员或者中等职业学校毕业生与用人单位订立劳动合同并按照国家规定参加社会保险达到1年的,获得设区市的市级以上劳动模范、先进工作者称号的人员,本人及其共同居住生活的配偶、未婚子女,可以在就业地申请登记为非农业常住户口。

(九)在我市投资兴办实业、有合法稳定的办公经营场所并依法纳税,法定代表人及其共同居住生活的配偶、未婚子女,可以在就业地申请登记为非农业常住户口。

(十)逐步放宽"夫妻投靠、父母投靠子女、未婚子女投靠父母"的户口迁移条件。

(十一)集体土地上户口迁移,依下列情形处理:

1. 未落实就业单位的本地生源大中专应届毕业生,可以在入学前户口登记地落户,登记为非农业常住户口;复员退伍军人、刑满释放人员,可以在户口注销地恢复户口登记。其他户口已迁出的人员,户口不得迁移至迁出前户口登记地。

2. 集体经济组织成员可以办理夫妻投靠、子女出生入户登记,非集体经济组织成员可以办理子女出生入户登记。

3. 其他符合落户条件的就业、投资或者居住地在集体土地上的人员,应在非农业单位集体户上登记户口。

三、相关政策衔接

(十二)实行暂住人口居住证制度。依据国务院、省政府有关规定,抓紧制定我市居住证管理规定,实行暂住人口居住证管理制度,切实保护长期在城镇工作生活暂不具备落户条件或不愿意将户口迁入城镇的暂住人口的合法权益。

(十三)保障农民土地权益。农民的宅基地使用权和土地承包经营权受法律保护。现阶段,农业人口落户城镇,是否放弃宅基地和承包的耕地、林地,必须完全尊重农民本人的意愿,不得强制或变相收回。要全面推进农村集体土地确权和登记工作,严格执行禁止城镇居民在农村购置宅基地的政策,依法保护农民土地权益。

(十四)完善就业保障机制。对农村人口已落户城镇的,要纳入城镇公共就业服务体系,加强就业指导、职业培训和就业援助,促进其在城镇稳定就业。

(十五)完善社会救助和福利服务保障机制。对农村人口已落户城镇的,按照属地管理原则,符合条件的应纳入城镇低收入困难群众基本生活保障体系、社会福利服务体系、养老服务体系。对于因病造成生活困难的城镇低保对象,纳入城镇医疗救助范围,享受医疗救助待遇。加强城市社区公益性服务设施建设,切实满足城市扩容后社区服务管理和救助保障等公共服务的需要。

(十六)完善住房保障机制。对农村人口已落户城镇的,符合条件的应当享受当地政府住房保障政策。逐步建立以公共租赁住房为重点的住房保障新体系。按照政府组织、社会(企业)参与的原则,积极引导鼓励各类产业园区、学校、医院、大中型企业建设和筹集公共租赁住房,逐步改善稳定就业的外来务工人员、大中专院校毕业生、引进人才及产业工人等住房困难人员的居住条件。

(十七)完善教育保障机制。合理配置城镇教育资源,完善各级各类学生就读政策和资助体系,保障已落户城镇居民和在城镇务工、经商人员的子女享受与现有城镇学生的同等待遇。

(十八)完善医疗保险制度。对农村人口已落户城镇的,在城镇稳定就业且具备相应缴费能力的,或与用人单位建立劳动关系的,应当参加城镇职工基本医疗保险。没有用人单位的,可以灵活就业人员身份参加城镇职工基本医疗保险,也可参加城镇居民基本医疗保险。

(十九)完善养老保险制度。对农村人口已落户城镇的,有用人单位的,由用人单位统一参加城镇职工基本养老保险并按规定缴费;没有用人单位的,可以灵活就业人员身份参加城镇企业职工基本养老保险。不符合参加城镇职工基本养老保险条件的,可按规定参加城镇居民社会养老保险。

四、工作要求

(二十)加强组织领导。户籍管理制度改革事关人民群众切身利益、经济持续健康发展和社会和谐稳定。各县(市)区政府、有关部门要从全局和政治的高度,充分认识做好这项工作的重要性和必要性,切实把思想和行动统一到国家和省、市决策部署上来,加强领导、周密部署,确保户籍管理制度改革各项政策措施和工作部署的落实。

(二十一)做好舆论引导。户籍管理制度改革政策性强,社会关注度高,新闻媒体要坚持正确的舆论引导,全面准确阐释中央、省、市有关精神,合理引导群众预期。强调户籍管理制度改革要与经济社会发展水平相适应,与推进城镇化的各项措施相配套,大力宣传我市在解决农民工实际问题,保障农民工合法权益等方面的好经验、好做法。

(二十二)研究制定配套政策和措施。深化户籍管理制度改革工作涉及面广、政策性强,关系到群众切身利益。各县(市)区政府、有关部门要积极支持、主动配合、认真履职,形成合力。发展改革、财政、公安、民政、教育、卫生、人口计划生育、人力资源和社会保障、城乡建委、国土资源、房产、农业、工商等部门要结合实际,尽快研究制定与户籍管理制度改革相适应的配套政策和措施。

市公安局要会同有关部门进一步加强对各地落实国家、省和市有关户籍管理制度改革政策措施的指导和监督,注意研究新情况,解决新问题。各县(市)区政府要结合本意见,落实各项保障措施,要将执行本意见的情况报告市政府。

本意见自 2013 年 7 月 1 日起施行,有效期 3 年。

合肥市大型群众性活动安全管理规定

(2014年1月8日合肥市人民政府第23次常务会议审议通过,2014年1月30日合肥市人民政府令第173号公布,2014年3月1日起施行)

第一章　总　则

第一条　为了加强大型群众性活动安全管理,保护公民人身和财产安全,维护社会治安秩序和公共安全,根据有关法律、法规,结合本市实际,制定本规定。

第二条　本规定适用于在本市行政区域内举办大型群众性活动的安全管理。安全生产、消防、集会游行示威以及其他法律、法规另有规定的,从其规定。

前款所称大型群众性活动(以下简称大型活动),是指法人或者其他组织面向社会公众举办的每场次预计参加人数达到1000人以上的下列活动:

(一)体育比赛活动;

(二)演唱会、音乐会等文艺演出活动;

(三)展览、展销等活动;

(四)游园、灯会、庙会、花会、焰火晚会等活动;

(五)人才招聘会、现场开奖的彩票销售等活动;

(六)其他影响公共安全的大型活动。

影剧院、公园景区、宾馆酒店、会议中心、娱乐场所、商贸场所、各类院校等在其日常业务范围内举办的营业性演出、参观游览、会议论坛、文化娱乐、商品促销、招生招考咨询等活动,依据有关法律法规的规定进行安全管理。

第三条　大型活动安全管理工作应当遵循安全第一、预防为主的方针,坚持承办者负责、政府监管的原则。

第四条　市、县(市)、区人民政府领导本行政区域内大型活动安全工作,建立综合协调工作机制和信息共享平台,督促政府有关部门依法履行监督管理职责,协调、解决大型活动中存在的重大问题。

第五条　公安机关负责大型活动的安全管理工作。

安监、质监、建设、卫生、食药监、交通、文化、体育、城管等部门和政府应急机构,按照有关规定和本级政府确定的职责,对大型活动安全工作实施监督管理。

第二章　安全责任

第六条　大型活动的承办者对其承办的活动安全负责,其主要负责人是活动安全责任人。主办者、场所管理者及其他参与大型活动的单位依据有关规定履行安全职责。

主办者是指大型活动的发起人。

承办者是指具体组织举办大型活动的单位或者组织,其主要负责人是指承办者的法定代表人或者主持日常工作的负责人。

场所管理者是指将其所有或者实际占有、使用、管理的场所,以租用、借用等形式提供给承办者举办大型活动的有关单位或者个人。

第七条 大型活动承办者应当履行下列安全职责：

(一)对大型活动进行安全风险预测,其中足球赛、焰火晚会、每场次预计参加人数达到2万人以上的文艺演出活动,应当委托专业评估机构进行安全风险评估；

(二)制定大型活动安全工作方案和突发事件应急预案并组织演练；

(三)建立并落实大型活动安全责任制度,确定安全责任人,明确岗位职责,制定安全措施；

(四)配备取得大型活动安全服务资格的专业保安人员和其他安全工作人员；

(五)制定、落实大型活动安全工作经费预算,为大型活动的安全工作提供必需的资金、设施、设备、场地；

(六)组织实施大型活动现场安全管理工作,开展安全检查,发现并消除安全隐患；

(七)对参加大型活动的人员进行安全宣传,及时劝阻和制止妨碍大型活动秩序的行为,及时向公安机关报告违法犯罪行为；

(八)保障临时搭建设施安全,配备充足的消防设备和器材；

(九)通过新闻媒体、现场广播、票证背书等形式,向参加活动人员宣传告知交通管制、现场秩序、票证管理、安全检查等方面的要求；

(十)接受公安机关以及政府其他有关部门的指导、监督和检查；

(十一)配备必要的安全检查设备,对进入大型活动场所的人员、物品和车辆进行安全检查,对拒不接受安全检查的,应当拒绝进入；

(十二)按照公安机关核准的人员安全容量、划定的区域控制人数、发售票证。

第八条 主办者委托其他单位承办大型活动的,应当选择有资质、具备相应能力和条件的承办者。

主办者应当支持、督促承办者落实安全职责和安全措施,不得向承办者提出可能危及大型活动安全的要求。

第九条 大型活动场所管理者应当履行下列安全职责：

(一)向承办者提供大型活动场地平面图、人员安全容量、安全通道、出入口以及供电系统、特种设备年检报告等资料；

(二)定期检查消防设施、器材,及时进行维护和更新,确保活动场所、设施符合建筑、消防、卫生等安全标准；

(三)设立安全缓冲通道、区域,设置引导指示标识,配备安全检查、入场人员计数设备；

(四)确保视频监控设备完好有效,视频监控覆盖主要进出口及活动区域,视频监控录像资料保存30日以上；

(五)提供停车场地,负责停车场地安全管理和秩序引导,并配合有关部门维护交通秩序；

(六)保障供电、供水、供气、通讯等重点部位安全和重要设施正常运转；

(七)不得将场所提供给未取得安全许可的承办者举办大型活动。

第十条 大型活动现场安全工作人员应当熟知安全工作方案、突发事件应急预案以及本岗位应急救援措施,熟练使用消防器材,熟悉安全出口和疏散通道位置。

第十一条 大型活动参与人员应当遵守法律、法规规定,服从现场安全工作人员的管理、指挥和疏导,不得有下列行为:

(一)拒绝接受安全检查,强行进入活动现场;

(二)携带爆炸性、易燃性、放射性、毒害性、腐蚀性等危险物品,非法携带枪支、弹药、管制器具;

(三)在活动现场燃放烟花爆竹或者其他物品,展示侮辱性标语、条幅等物品,投掷杂物,围攻活动组织者、参与者以及其他人员。

第十二条 承担安全保卫工作的保安服务公司应当严格执行安全保卫工作方案,履行安全保卫工作职责;其现场管理人员应当经大型活动安全管理培训合格,方可上岗。

第十三条 承担大型活动入场安全检查工作的单位应当按照与承办者签订的安全检查服务协议以及公安机关的要求,制定安全检查方案和突发事件应急预案,配备专业的安全检查人员和安全有效的安全检查仪器、设备,对进入大型活动场所的人员、车辆和物品进行检查。

安全检查人员应当严格执行安全检查方案,发现可疑物品、禁止携带的物品和违法犯罪行为的,立即向公安机关报告,并按照方案要求先期处置。

第十四条 安全风险评估机构应当根据大型活动安全标准和实际情况开展风险评估。风险评估报告应当包括发生安全事故的可能性、安全风险程度、风险防范和控制建议等内容。

第十五条 票务公司应当按照公安机关核准的人员安全容量、划定的区域出票,对检票人员进行培训,接受公安机关对出票情况的监管。

第十六条 公安机关应当履行下列职责:

(一)制定大型活动安全管理工作规范;

(二)受理、审核承办者提交的大型活动安全许可申请材料,实施安全许可;

(三)制定安全监督工作方案和突发事件应急预案;

(四)对安全工作人员的教育培训进行指导;

(五)建立大型活动不良安全信息记录制度;

(六)组织治安、消防等部门对活动场所进行安全检查;

(七)指导、监督和检查安全工作的落实;

(八)对大型活动票证实施监管;

(九)维护活动现场及周边的治安、交通秩序;

(十)依法及时处置可能导致安全事故或者危害公共安全的紧急情况和其他突发事件;

(十一)依法查处大型活动中的违法犯罪行为。

第十七条 市、县(市)、区人民政府有关部门应当依法履行大型活动监督管理职责,并做好相关安全知识的宣传工作。

安监部门负责大型活动生产安全的监督管理,监督承办者对临建设施组织验收,参与活动期间安全事故的救援和调查处理。

质监部门负责大型活动现场特种设备的安全监察。

建设部门负责大型活动临建设施设计方案及专家评审工作的监督检查以及搭建、拆除的安全监管。

卫生部门负责大型活动生活饮用水及相关场所公共卫生的监督,做好传染病防控等监测控制工作,提供医疗急救保障,对突发公共卫生事件及时采取应对措施,并组织医疗救治。

食药监部门负责大型活动餐饮服务领域食品安全的监督、监测,对突发食品安全事件采取应对措施。

交通部门负责大型活动公共交通服务保障工作。

文化部门负责文艺演出活动的组织者资格和节目内容的审查。

体育部门负责体育赛事活动的审批或者备案。

城管部门负责大型活动现场周边公共区域内市容秩序和环境卫生的监管。

政府应急机构根据政府指令或者大型活动承办者等申请,协调应急保障工作。

第三章　安全管理

第十八条　大型活动有下列情形之一的,承办者应当在活动举办日的20日前向市公安机关申请安全许可:

(一)举办场所跨县(市)、区的;

(二)每场次预计参加人数在5000人以上的。

前款规定以外的其他大型活动,承办者应当在活动举办日的20日前向活动举办地的县(市)、区公安机关申请安全许可。

对属于市公安机关实施安全许可的大型活动,市公安机关认为由县(市)、区公安机关实施安全管理更合适的,可以委托县(市)、区公安机关实施安全许可。

第十九条　大型活动预计参加人数,是指组织、协调、保障、直接参与活动的相关人员数量与预计发售票证或者组织观众数量之和。

展览、展销等具有人员流动性的大型活动,预计参加人数是指同时在活动现场的人员最大数量。

第二十条　承办者申请大型活动安全许可时,应当向公安机关提交下列材料:

(一)大型活动安全许可申请表;

(二)承办者合法成立的证明及安全责任人身份证明;

(三)大型活动方案及其说明;

(四)2个以上承办者共同承办大型活动的,提交联合承办协议,协议应当明确各自安全责任和主要安全责任人;

(五)大型活动安全工作方案;

(六)场所管理者同意提供活动场所的证明材料;

(七)活动场所消防验收意见书;

(八)按照规定应当经有关部门事先批准的,提交批准文件;

(九)其他与大型活动安全工作相关的材料。

第二十一条　大型活动安全工作方案应当包括下列内容:

（一）活动时间、地点、内容及组织方式；

（二）安全风险预测或者安全风险评估报告、现场平面图；

（三）安全工作负责人、联系人，安全工作人员的数量、岗位设置、任务分配和识别标识及与保安服务公司签订的安保服务协议；

（四）活动场所消防安全措施；

（五）临建设施设计方案的评审意见及施工单位营业执照副本、资质证书和法定代表人身份证明；

（六）活动场所可容纳的人员数量及活动预计参加人数；

（七）治安缓冲区域的设定及其标识；

（八）票证管理方案，包括票证种类、样式、总数、发售计划、防伪说明、查验措施及票务公司基本情况等；

（九）安全检查设备配备情况，对入场人员、物品、车辆的安全检查措施；

（十）预计参加活动的车辆数量，停车场地的设置、位置、容量及停放、管理、疏导措施；

（十一）现场秩序维护、人员疏导措施；

（十二）突发事件应急预案。

第二十二条 公安机关收到申请材料后，应当当场或者在5日内依法作出受理或者不予受理的决定。申请材料不齐全或者不符合本规定要求的，公安机关应当当场一次告知申请人需要补正的全部内容。

公安机关对受理的申请，应当自受理之日起7日内进行审查，对活动场所进行查验，对符合安全条件的，作出许可的决定；对不符合安全条件的，作出不予许可的决定，并书面说明理由。

公安机关作出许可决定后，应当及时将大型活动相关信息通报政府有关部门。

第二十三条 有下列情形之一的，公安机关不予安全许可：

（一）承办者不具有合法身份的；

（二）活动内容违反法律、法规等规定，或者违背社会公德的；

（三）场所、设施不符合安全要求的；

（四）安全责任不明确、措施无效的。

第二十四条 对经安全许可的大型活动，承办者不得擅自变更活动的时间、地点、内容或者扩大大型活动的举办规模。

大型活动举办时间需要变更的，承办者应当在原定举办时间5个工作日前向作出安全许可决定的公安机关提出变更申请，公安机关同意变更的及时办理变更手续；举办地点、内容变更或者规模扩大的，承办者应当依据本规定重新申请安全许可。

大型活动取消的，承办者应当在原定举办时间5个工作日前书面告知作出安全许可决定的公安机关，并交回大型活动安全许可证件。

承办者变更、取消大型活动，应当及时告知活动参加人员，妥善处理善后事宜，消除社会不良影响。

第二十五条 公安机关作出安全许可决定后，应当会同安监、质监、建设等部门对活动场所、设施进行安全检查，记录检查情况和处理结果，并由检查人和被检查人签字归档。

检查人员发现大型活动存在安全隐患的，应当责令相关单位限期改正，并将相关情况及时通报公安机关。

第二十六条 有下列情形之一的，公安机关可以责令立即停止举办大型活动：

(一)现场发现有法律、法规明令禁止内容的；

(二)逾期未改正或者无法整改安全隐患的；

(三)发售的票证或者参加人员超过核准安全容量的；

(四)现场出现重大安全隐患，不立即停止可能发生安全事故的；

(五)现场治安、交通秩序混乱，严重影响活动正常进行的；

(六)未经公安机关批准，承办者擅自变更活动的时间、地点、规模、内容的；

(七)可能发生危害社会秩序和公共安全的其他紧急情况。

第二十七条 取得公安机关安全许可前，承办者不得发售票证。取得公安机关安全许可后，承办者不得擅自更改票证信息，不得擅自改变各区域票证数量。

第二十八条 承办者搭建舞台等临建设施应当委托有资质的单位设计、施工，并在活动举办日的20日前组织由安监和建设部门认可的专家对设计方案进行评审，评审通过后方可组织施工，并将临建设施设计方案报安监和建设部门备案。

临建设施搭建完成后，承办者应当组织专家、施工单位进行验收，并出具验收报告，安监部门会同建设等部门对验收工作进行监督，并签署监督意见。验收不合格的，不得投入使用。临建设施验收工作应当在活动举办日的1日前完成。

第二十九条 承办者、场所管理者等大型活动参与者违反国务院《大型群众性活动安全管理条例》等法律法规以及本规定，受到处罚的，由公安机关计入不良安全信息记录。

第四章 法律责任

第三十条 承办者违反本规定第七条第三项、第四项、第五项、第六项、第七项、第十一项规定，未履行相关安全职责的，由公安机关责令限期改正；逾期未改正或者未按照要求整改的，由公安机关处1万以上3万以下罚款。

承办者违反本规定第二十七条规定的，由公安机关处1万元以上3万元以下罚款。

承办者违反本规定第二十八条规定，或者临建设施存在安全隐患，由安监部门责令限期改正，逾期未改正或者未按照要求整改的，由安监部门处以1万元以上3万元以下罚款。

第三十一条 场所管理者违反本规定第九条第三项、第四项、第七项规定，未履行相关安全职责的，由公安机关责令限期改正；逾期未改正或者未按照要求整改的，由公安机关处1万以上3万以下罚款。

第三十二条 保安服务公司违反本规定第十二条规定，未履行相关安全职责的，由公安机关处1万元以上3万元以下罚款。

保安服务公司未落实安全保卫工作方案，存在安全隐患，经公安机关责令限期改正，逾期未改正或者未按照要求整改的，2年内不得参与大型活动安全工作。

第三十三条 承担安全检查工作的单位违反本规定第十三条规定，未履行相关安全职责的，由公安机关责令改正，可处1万元以上3元万以下罚款。

第三十四条　违反本规定的其他行为，依据《中华人民共和国治安管理处罚法》和国务院《大型群众性活动安全管理条例》等法律法规的规定，予以处罚。

第三十五条　负有监督管理职责的部门未履行安全管理职责，造成严重后果的，依法追究相关负责人和直接责任人责任。

第五章　附　则

第三十六条　市、县（市）、区人民政府直接举办的大型活动，依法不实行安全许可制度，但应当明确具体承办者，依照本规定落实相应的安全职责。

第三十七条　本规定自2014年3月1日起施行。

合肥市居住证管理办法

(2014年8月27日合肥市人民政府第37次常务会议审议通过,2014年9月15日合肥市人民政府令第174号公布,2014年12月10日起施行)

第一章 总 则

第一条 为了加强流动人口服务管理,规范流动人口居住登记,维护流动人口合法权益,促进社会和谐稳定,根据《安徽省流动人口居住登记办法》(省政府令第244号)等规定,结合本市实际,制定本办法。

第二条 本办法所称流动人口,是指非本市户籍人口到本市居住,或者本市户籍人口在本市行政区域内跨县(市)、区居住的人员。但是,本市市区户籍人口在市区范围内跨区居住的除外。

第三条 本市行政区域内流动人口居住登记和居住证的申领、发放、使用等相关服务管理活动,适用本办法。

第四条 流动人口服务管理工作应当遵循依法管理、保障权益、优化服务、便民高效的原则。

第五条 流动人口应当依法办理居住登记,自愿申领居住证。

居住证是流动人口在本市就业居住、依法享有权益保障和公共服务、参与社会事务管理的证明。

第六条 市、县(市)区人民政府,开发区管委会应当加强对流动人口服务管理工作的领导,将流动人口服务管理工作纳入国民经济和社会发展规划,按照人口分布合理配置基本公共服务资源,逐步实现基本公共服务均等化。

第七条 公安机关负责流动人口居住登记和居住证申领受理、制作、发放以及居住信息管理等工作。

县级人民政府公安机关根据工作需要和便民原则,可以委托乡(镇)人民政府、街道办事处以及社区服务机构(以下统称受理机构)承办流动人口居住登记、信息采集和居住证申领受理、发放等工作。

第八条 发展改革、教育、卫生、人口和计划生育、人力资源和社会保障、民政、房产、建设、工商、国有资产监督管理、财政、司法行政等部门,应当按照各自职责做好流动人口服务管理的相关工作。

企事业单位、社会团体、村(居)委会以及其他组织,应当协助有关部门做好流动人口服务管理的相关工作。

第九条 乡(镇)人民政府、街道办事处、工业园区应当按照有关规定对流动人口实行社区网格化服务管理,配备专职工作人员,做好流动人口居住登记和信息采录等工作。

第十条 市国有资产监督管理部门以及政务信息资源公共平台建设单位应当分类完善流动人口信息资源系统,通过人口资源信息共享交换平台,逐步实现流动人口基本信息的数据交换和共享。

第十一条 流动人口服务管理工作所需经费列入同级财政预算。

第二章 居住登记

第十二条 流动人口应当自到达居住地之日起15日内,凭本人居民身份证或者其他合法有效身份证明向居住地公安派出所申报居住登记。

未满16周岁的未成年人和行动不便的老年人、残疾人等流动人口,可以由其监护人或者受托人代为申报居住登记。

第十三条 居住登记内容包括:姓名、性别、民族、出生日期、公民身份号码、户籍所在地住址、现居住地住址、居住事由、服务处所、联系方式。

流动人口在申报居住登记时,应当提供真实、准确、完整的信息。

第十四条 在旅馆以及其他可供住宿的经营性服务场所内住宿的流动人口,按照有关规定办理住宿登记的,视为居住登记。

第十五条 在学校、培训机构寄宿就学或者培训的流动人口,由学校、培训机构负责登记;在救助站接受救助的流动人口,由救助机构负责登记。

负责登记的单位应当自办理登记之日起5个工作日内,将流动人口居住登记信息报送当地公安派出所。

第十六条 用人单位、房屋出租人、房屋租赁或者职业介绍中介机构,应当自与流动人口建立、终止或者解除劳动关系、租赁关系、中介服务关系之日起5个工作日内,将流动人口居住登记信息报送当地公安派出所。

第十七条 居住地址发生变更的流动人口,应当在变更之日起5个工作日内,向现居住地公安派出所申报变更登记;持有居住证的,居住证登记信息相应变更。

流动人口居住地址发生变更后,1个月内未申报变更登记的,居住时间自重新申报居住登记或者变更登记之日起计算。

第十八条 在本市办理居住登记或者居住地址变更后尚未办理居住证的,应当在初次登记或者变更登记每满1年之前1个月内,持本人居民身份证或者其他合法有效身份证明到居住地公安派出所办理居住登记信息确认,居住时间可以累计计算。未办理居住登记信息确认的,居住时间自重新办理居住登记或者信息确认之日起计算。

第三章 居住证申领和发放

第十九条 拟在本市居住6个月以上,有固定住所、合法稳定职业或者连续就读,年满16周岁的流动人口,可以按照本办法规定向居住地公安派出所或者受理机构申领居住证。

居住在单位或者学校集体宿舍的流动人口,可以由单位或者学校统一代为申领居住证。

第二十条 流动人口申领居住证应当提交本人居民身份证或者其他合法有效身份证明、近期1寸免冠相片1张和符合本办法第十九条规定条件的住所、职业或者就读等证明材料。

县级人民政府公安机关对符合申领条件且申报材料齐全的,应当自受理之日起5个工作日内核发居住证;对申报材料不齐全的,应当一次性告知所需的材料;对不符合申领条件的,应当告知申领人并说明理由。

第二十一条 居住证登记项目包括:姓名、性别、民族、出生日期、公民身份号码、近期相片、户籍所在地住址、现居住地住址、签发机关和签发日期。

第二十二条 持本省其他行政区域居住证的流动人口,到本市办理居住登记且符合本市居住证申领条件的,可以持原居住证到现居住地公安派出所办理居住证改签,居住时间自在本市办理居住登记之日起计算。

第四章 居住证管理

第二十三条 居住证一人一证,居住证有效期为1年。居住证持有人居住1年以上的,应当在有效期满前1个月内到现居住地公安派出所办理签注手续;逾期未办理签注手续的,居住证使用功能中止。

居住证使用功能中止的,居住证持有人自中止之日起1个月内到现居住地公安派出所办理签注手续的,居住证使用功能恢复,居住时间可以连续计算;逾期未办理签注手续的,居住证使用功能终止。

第二十四条 居住证持有人离开本市居住的,应当到原居住地公安派出所或者受理机构办理注销登记。

第二十五条 居住证持有人有下列情形之一的,公安机关应当注销其居住证:

(一)不符合本办法第二条规定的流动人口;

(二)居住证使用功能终止;

(三)使用虚假证明材料骗领居住证;

(四)居住证持有人死亡;

(五)其他应当注销居住证的情形。

第二十六条 居住证遗失、污损的,居住证持有人可以到居住地公安派出所或者受理机构补领、换领居住证。

第二十七条 任何单位和个人对居住信息采集、管理、使用过程中所获悉的信息应当予以保密,不得擅自披露、买卖或者违法使用。

第二十八条 公安机关有权依法查验居住证。

有关单位为流动人口提供服务或者履行法定职责需要确认流动人口身份信息时,有权要求出示居住证,居住证持有人应当予以配合。

第二十九条 任何单位和个人不得伪造、变造、骗领居住证或者冒用他人居住证,不得买卖、使用伪造、变造、骗领的居住证。任何单位和个人不得违法扣押或者变相扣押居住证。

第五章 权益保障和公共服务

第三十条 居住证持有人按照有关规定享有下列权益和公共服务:

(一)享受公共就业服务机构免费提供的政策咨询、职业指导、职业介绍、就业和失业登记、创业服务、职业培训信息和就业信息查询等服务;

(二)在本市就业并依法签订劳动合同的,参加城镇职工社会保险;

（三）参加专业技术职务的任职资格评定、职业（执业）资格考试和职业技能鉴定；

（四）居住满6个月的65岁以上老年人、高血压患者和糖尿病患者享受相应的健康管理服务；

（五）随居住证持有人居住3个月以上的适龄儿童，免费接种国家免疫规划疫苗，享受相应的儿童保健服务；

（六）育龄夫妻在居住地可以免费享受国家规定的基本项目计划生育技术服务，依法享受生育奖励、优待，生育第一个子女的，可以在居住地办理生育服务登记；

（七）凭居住证和居民身份证办理机动车驾驶证、机动车注册登记手续；

（八）在本市居住6个月以上的本省户籍流动人口，可以申办出入境证件；

（九）本省户籍流动人口可以在居住地县级人民政府公安机关申办边境通行证；

（十）参与用人单位或者居住地社会事务管理；

（十一）符合本市落户条件的，可以申请登记为本市常住户口；

（十二）依法享受的其他权益和公共服务。

第三十一条　符合本市人才引进条件的，或者居住登记1年以上、在本市有稳定职业和固定住所、并依法参加社会保险的居住证持有人，除享有第三十条规定的权益和公共服务外，享有下列权益和公共服务：

（一）持居住证与子女身份证明，可以按照就近入学的原则，向居住地县级人民政府或者开发区管委会教育部门确定的学校申请入学，学校接收确有困难的，应当提请所在地县级人民政府或者开发区管委会教育部门统筹安排入学；

（二）居住证持有人符合保障性住房申请条件的，可以在居住地申请保障性住房；

（三）依法享受的其他权益和公共服务。

第三十二条　人力资源和社会保障部门应当为流动人口提供就业政策法律咨询、职业信息、职业指导和就业登记等公共服务，并监督用人单位维护流动人口劳动用工合法权益。

第三十三条　教育部门应当指导和督促幼儿园、学校做好流动人口的学前教育和义务教育工作，依法保障流动人口子女接受学前教育和义务教育的权利。

第三十四条　卫生部门应当为流动人口开展健康教育、儿童预防接种、妇女儿童及老年人保健、传染病防控、慢性病和重性精神病管理等公共服务。

第三十五条　人口和计划生育部门应当向流动人口中的育龄夫妻宣传计划生育政策和相关法律法规以及避孕节育、生殖保健、优生优育知识，并向其提供国家规定的基本计划生育技术服务。

第三十六条　司法行政部门应当组织开展对流动人口的法制宣传教育和人民调解工作，及时为符合条件的流动人口提供法律援助。

第六章　法律责任

第三十七条　不按照本办法第十二条、第十七条规定申报居住登记、办理住址变更登记手续的，由公安机关责令限期改正；逾期不改正的，公安机关可以处200元以下罚款。

第三十八条　违反本办法第十五条、第十六条规定，有关单位和个人未按时报送流动人口居住登记信息的,由公安机关责令限期改正;逾期不改正的,公安机关可以处200元以下罚款。

第三十九条　有下列行为之一的,由公安机关给予警告,并处200元以下罚款:

(一)使用虚假证明材料骗领居住证的;

(二)非法扣押他人居住证的;

(三)冒用他人居住证的;

骗领的居住证,由公安机关予以收回。

第四十条　伪造、变造或者买卖伪造、变造的居住证的,由公安机关处200元以上1000元以下罚款。

伪造、变造的居住证,由公安机关予以收缴。

第四十一条　有关单位及其工作人员有下列行为之一的,对负有责任的领导人员和直接责任人员依法给予处分:

(一)违反规定收取费用的;

(二)利用制作、发放、查验、扣押居住证的便利,收受他人财物或者谋取其他利益的;

(三)违反规定扣押居住证的;

(四)将流动人口个人信息出售或者非法提供给他人的;

(五)在居住登记和居住证办理工作中有其他侵害流动人口合法权益行为的。

第七章　附　则

第四十二条　外国人、无国籍人和香港、澳门特别行政区居民、台湾地区居民、华侨的居住登记按照国家有关规定执行。

第四十三条　居住登记、变更居住登记、居住证签注和改签不收取费用。首次申领免收证件工本费,补领、换领居住证的证件工本费按照有关规定执行。

第四十四条　流动人口在本办法实施前已申领的暂住证,在暂住证有效期内仍然有效;需要使用居住证的,可以持暂住证到居住地公安派出所换领居住证,居住时间累计计算。

第四十五条　本办法自2014年12月10日起施行。

合肥市公安局户籍办理工作暂行规定

（2004年3月2日　合肥市公安局印发）

随着户籍政策的进一步放宽，以及公安部便民利民措施30条、省公安厅便民利民措施23条、市公安局《服务经济建设、加快合肥发展的五十条措施》和《关于贯彻公安部、省公安厅便民利民措施，规范户籍管理的通知》等有关文件的贯彻执行，我市户口迁移等工作出现了许多新情况、新问题，户口办理的权限、程序及相关证明材料的出具发生了很大变化。为方便群众办理户口，同时为各级公安机关办理户口提供便于操作和管理的统一标准，本着既简单快捷，又统一规范的原则，根据《中华人民共和国户口登记条例》及相关的法律法规和户口政策，结合我市户籍办理工作实际，对户籍办理的方法、程序和应具备的申报材料做如下规定：

一、户口登记

（一）国内新生婴儿出生入户：新生婴儿随父随母自愿选择。

所需材料：

（1）婴儿出生医学证明；

（2）父母结婚证；

（3）居民户口簿；

（4）父母身份证明。

办理程序：

派出所直接办理。

计划外生育子女、非婚生子女和中国公民在境外出生的子女办理户口登记时，由父母或监护人提出申请，凭婴儿出生医学证明等相关证明材料，派出所审核后，报分局、市公安局审批。

户口登记部门每季度向计划生育部门通报新生婴儿户口登记情况。

（二）国内公民收养弃婴

1.所需材料：

（1）收养人持主管部门出具的收养公证书或收养证；

（2）收养人合法有效的身份证件；

（3）收养人申请书。

2.办理程序：

（1）1992年4月1日《收养法》实施前，收养查找不到生父母的弃婴和儿童，以及社会福利机构抚养的孤儿，且已经建立事实收养关系的，根据司法部《关于办理收养法实施前建立的事实收养公证的通知》（司发通〔1993〕125号）的规定，收养人持有关材料到其住所地公证机关办理事实收养公证；《收养法》实施后，收养查找不到生父母的弃婴和儿童，以及社会福利机构抚养的孤儿的，根据《收养法》和民政部关于《中国公民办理收养登记的若干规定》的规定，收养人应到县级以上人民政府民政部门办理收养登记并领取收养证。

(2)1992 年 4 月 1 日《收养法》实施前,收养当事人共同生活多年,已建立事实上的收养关系,因故难以办理收养公证的,收养人可以向其常住户口所在地户口登记机关提出落户申请。

(3)第一种情况,由派出所直接办理。

(4)第二种情况应出具乡镇、街道、村(居)民委员会相关证明,并由责任区民警调查核实并填写《申请迁入户口调查情况登记表》,报派出所、分局、市公安局审批。

二、注销和恢复户口

(一)出国出境人员

取消出国、出境 1 年以上的人员注销户口的规定。

在国外、境外定居的人员,根据《中华人民共和国公民出境入境管理法实施细则》有关规定,凭外交部门开具的注销户口通知书即可办理。

以往已经注销户口的,若要恢复户口,凭中国签发的有效护照与健康证明书、出入境管理部门恢复入户通知书办理。

办理程序:派出所直接办理。

(二)劳改、劳教人员

1. 取消被判处徒刑、被决定劳动教养人员注销户口的规定。

2. 以往已注销户口的被判处徒刑、被决定劳动教养人员需要恢复入户的,凭刑满释放证、解除劳动教养决定书,直接到原户口所在地恢复入户。

3. 异地迁入的,符合下列条件之一的,可在派出所直接办理:

(1)配偶在我市;

(2)本人未婚,父母户口在我市。

4. 其他特殊情况,确需照顾迁入我市的,凭本人申请、刑满释放证、解除劳动教养决定书及乡、镇、街道相关证明,责任区民警调查核实,报派出所、分局、市公安局审批。

(三)死亡注销

1. 所需材料:

(1)正常死亡的,凭死者的户口簿、身份证和卫生防疫部门出具的死亡证明。

(2)非正常死亡的,凭死者的户主、亲属、抚养人或邻居申报、相关部门证明和死者的户口簿与身份证。

2. 办理程序:

派出所直接注销户口。

(四)原籍我市的离退休人员回迁

1. 所需材料:

(1)凭市离退休安置办公室出具的接收安置函;

(2)本人申请报告;

(3)本人和子女的居民户口簿、居民身份证、户籍证明。

2. 办理程序:

子女户口所在地派出所直接办理入户或准迁手续。离退休人员回农村的,不改变户籍性质。

三、分户、立户

1. 所需材料：

(1)房产证明；

(2)家庭实际生活状况。

2. 办理程序

凭相关证明和民警调查材料，派出所直接办理。

同主管人共同居住一处的立为一户，以主管人为户主；单身居住的自立一户，以本人为户主；居住在机关、团体、学校、企业、事业单位内部和公共宿舍共立一户或分别立户。

因征地、拆迁等原因经市公安局决定户口冻结地区、夫妻关系、未成年子女等不予分户。

四、户口迁移

(一)市内户口迁移

1. 所需材料：

投靠直系亲属、分房、购房、换房的，凭结婚证、居民身份证、居民户口簿、房地产权证。

2. 办理程序：

派出所直接办理。

市区非农业户口居民，确有必要迁往农村的，不改变户口性质。

(二)市外迁入

直系亲属间投靠的

1. 所需材料：

(1)本人或监护人、法定代理人申请；

(2)原籍公安机关户籍证明；

(3)夫妻关系的凭结婚证、父母子女关系凭出生医学证明或原籍乡(街道)和村(居)委会亲属关系证明；

(4)父母投靠子女的，子女必须是成年人，且有合法固定的住所和稳定的经济来源；

(5)子女投靠父母的，子女必须是18周岁以下的未成年人。

2. 办理程序：

派出所审核后当场办理。

(三)录用公务员、招工、顶替及公务员、职工工作调动

1. 所需材料：

(1)本人申请和单位证明；

(2)市级组织人事、劳动部门录用、招聘证明；

(3)市级组织人事、劳动部门调令、接收证明，垂直领导的单位和部门须有省一级单位的调令；

(4)迁入人的户籍证明、身份证明。

2. 办理程序：

凭上述证明材料，派出所直接办理。

五、军人户口

(一)被批准服现役的应征公民,凭《应征公民入伍通知书》到常住户口所在地的户口登记机关注销应征公民的户口。对部队按规定退回的不合格新兵,凭相关决定,到原户口所在地派出所予以复户。

(二)复员、退伍军人回原籍落户,凭民政部门安置办公室开具的入户介绍信予以落户。

(三)正在服兵役的义务兵,凡被部队除名或开除军籍的凭部队师(旅)以上机关出具的证明,到原征集地派出所直接落户。

(四)转业干部凭组织、人事部门入户介绍信及所附的随迁无工作的家属名单办理落户的手续,随同调动工作的配偶,凭劳动或人事部门同意调入的证明予以落户。

1. 所需材料:

(1)入户介绍信;

(2)调令、命令;

(3)劳动人事部门或乡、镇、街道出具的无工作证明;

(4)原籍公安机关户籍证明;

(5)合法固定住所证明(或单位集体户口簿)。

2. 办理程序:

派出所凭相关证明材料直接办理。

(五)军官家属随军入户

1. 所需材料:

(1)干部家属随军呈批报告;

(2)部队团以上政治部门批文;边防、消防总队政治部门批文;边防、警卫系统的公安厅、局政治部门批文;

(3)劳动人事部门或乡、镇、街道出具的要求迁入人无工作证明;

(4)要求迁入人原户口所在地公安机关户籍证明。

2. 办理程序

上述材料齐全,由市公安局户政处直接办理。

六、冻结户口

因征地、拆迁等原因经市公安局决定户口冻结地区,冻结期内户口暂不受理,但下列情况可在派出所直接办理。

(一)新生婴儿入户;

(二)婚迁;

(三)退伍军人复户;

(四)因劳改、劳教被注销户口人员因刑满释放、解除劳动教养复户;

(五)未分配工作的大中专院校毕业生落户回原籍(不改变户口性质)。

户口冻结只能由市公安局依法作出决定,其他任何单位和部门无权决定冻结户口。

七、购买成套商品住宅房及购买门面房、厂房金额在20万元以上申请入户

1. 所需材料:

(1)购房人申请报告;

(2)要求迁入人户口所在地公安机关出具的户籍证明；

(3)结婚证及复印件、未成年子女(18 周岁以下)出生证及复印件或乡镇、街道、村(居)民委员会出具的直系亲属关系的有效证明。

(4)《房地产权证》、购房发票原件及复印件

(5)购买二手商品房的，应出具契税发票、原购房发票和《房地产权证》原件及复印件；按揭购买商品住宅房的，应出具按揭银行抵押房产贷款证明及复印件。

2. 办理程序：

凭上述有效证明，派出所责任区民警填写《申请迁入户口情况登记表》报派出所、分局和市公安局审批。购房人的非直系亲属和已成年子女不得申报户口迁入。

非直系亲属间二人以上共有房，须经共有人协商一致，出具协议书，申报其中一人直系亲属入户。

八、投资、兴办实业申请入户

1. 所需材料：

(1)个人申请报告；

(2)要求迁入人户口所在地公安机关出具的户籍证明；

(3)结婚证及复印件、未成年子女(18 周岁以下)出生证及复印件或乡镇、街道、村(居)民委员会出具的直系亲属关系的有效证明；

(4)会计师事务所出具的验资报告、工商营业执照及复印件，个体工商户三年累计纳税五万元以上，私营企业年纳税五万元以上的纳税票据及复印件；

(5)合法固定住所证明，如购买、单位正式分配的住房等相关证明：房地产权证明、土地使用证明、房屋租赁证明(不含出租房屋)等。

2. 办理程序：

凭上述材料与证明，派出所民警填写申请迁入户口人员登记表，报派出所、分局、市公安局审批。

九、人才引进与输入

(一)中级职称以上专业技术人员、我市紧缺专业的大专以上毕业生以及各类管理人才，应聘到我市各类企业、事业单位(含个体、私营及三资企业)工作，且在我市有合法固定住所(或单位有集体户口的)，可来我市入户。

1. 所需材料：

(1)单位提出申请，经主管部门同意；

(2)本人的合法固定住所的证明或单位集体户口本；

(3)单位接受证明(聘书或劳务合同)；

(4)户口所在地公安机关户籍证明；

(5)专业技术人员的技术职称、大专以上毕业生的学历证书。

2. 办理程序：

凭上述证明材料，派出所民警填写申请迁入户口人员登记表报派出所、分局、市公安局审批。

(二)研究生以上学历者，凭学历证明、户籍证明、自主选择派出所入户。凭相关证

明，直接在派出所办理。

十、全日制普通大中专院校学生户口

（一）原我市生源的应届全日制普通高校及中等专业学校毕业生，毕业后未落实工作单位的，可凭毕业证书、户口簿，直接将户口迁至入学前户口所在地。此类户口在派出所直接办理。

（二）全日制普通高校及中等专业学校录取的新生，可自主选择是否办理户口迁移手续。如需迁移，可凭大中专院校录取通知书、居民户口簿、居民身份证等证明材料到户籍所在地派出所直接办理。

（三）应届全日制普通高校毕业生

1. 所需材料：

（1）毕业证书；

（2）全国高等普通学校毕业生就业报到证或派遣证；

（3）用工（聘用）单位与毕业生签订的就业协议书；

（4）户口迁移证。

2. 办理程序：

凭上述证明材料，到工作单位所在地或有合法固定住所所在地派出所直接办理。

（四）非应届全日制普通高校毕业生

1. 所需材料：

（1）毕业证书；

（2）用人（工）单位录（聘）用手续；

（3）劳动合同；

（4）户口证明材料。

2. 办理程序：

凭上述证明材料，到工作单位所在地或有合法固定住所所在地派出所申请，派出所审核后，报分局审批。

（五）全日制普通高校毕业生，暂时没有合法固定住所的，可在人才市场（交流中心）登记为常住集体户口。有合法固定住所的，可直接办理户口登记手续。

1. 所需材料：

（1）房产证；

（2）户口证明材料；

（3）省、市人才市场（交流中心）有关证明。

2. 办理程序：

有合法固定住所的，凭前两项所需证明材料，派出所当场办理。暂无合法固定住所的，派出所审核后，报市公安局审批。

（六）全日制普通中等专业学校毕业生

1. 应届毕业生毕业后已落实工作单位的，可凭毕业证书、普通中专学校毕业生就业报到证或派遣证、用人（工）单位与毕业生签订的就业（聘用）协议书、户口迁移证等证明材料，到工作单位所在地或有合法固定住所所在地派出所申请，派出所审核后，报分局、市公安局审批。

2.非应届全日制普通中等专业学校毕业生要求在我市落户的，凭毕业证书、用人(工)单位录(聘)用手续、劳动合同、户口证明材料，到工作单位所在地或有合法固定住所所在地派出所申请，派出所审核后，报分局、市公安局审批。

(七)2003年8月7日以后，原籍在我市的应届全日制大学毕业生，到西部或外地工作的，可以根据本人意愿，将户口迁回原籍。

1.所需材料：

(1)全国高等普通学校毕业生就业报到证或派遣证；

(2)毕业证书；

(3)户口迁移证；

(4)居民户口簿。

2.办理程序：

凭上述证明材料派出所直接办理。

(八)毕业时未落实就业单位的全日制普通高校毕业生，可申请将户口在两年内继续保留在原就读学校或安徽省大中专毕业生就业指导中心。待落实工作单位后，将户口迁至工作单位所在地；超过两年未落实工作单位的高校毕业生，学校或就业指导中心可将其户口迁回其入学前户籍所在地。

(九)高校学生转学、退学落户，凭相关证明，到派出所直接办理。对从农村入学的学生，退学入户时可根据本人意愿转为农业户口。

(十)技工学校从农村招生，被招收录取的学生要求办理农转非的，凭省技工学校招生办验印的技工学校招生录取通知书(含复印件)和技工学校开具的入学证明，由本人提出申请，报派出所、分局审批，就地进行农转非。技工学校学生毕业后，凭与用人单位(包括非公有制用人单位)签订的劳动合同、技工学校毕业证书、本人申请，经用人单位所在地派出所、分局审批，办理户口迁移或入户手续。

十一、办理船舶户口

1.所需材料：

(1)居民户口簿、居民身份证；

(2)船舶产权证书、船舶签证簿；

(3)船舶船体照片、相关人员照片；

(4)填写船舶户牌申领表、船舶户口簿申领表、船民证申领表。

2.办理程序：

凭上述证明材料派出所直接办理。

十二、户口登记项目变更、更正

(一)除姓名、民族、出生日期等主项目外，一般项目可凭相关证件或书面申请，办理变更更正登记。

(二)出生日期变更更正

公民出生日期涉及公民权利、义务、责任、劳动、保险、身份证号码等，关系重大，且历年人口普查均予核对，原则上不予更改。情况特殊，有正当理由确需更改的，由本人提出书面申请(未满18周岁的,由其监护人或法定代理人代为申请),出具出生证、户口本、身份证等原始凭据;有工作单位的,须由单位劳动人事部门出具原始档案证明,经责任区民警调查核实后填写户口登记项目主项变更更正审批表,派出所报分局、市公安局审批后,方可予以变更更正。

(三)民族变更更正

个人的民族成分,只能依据父或母的民族成分确定,不同民族的公民结婚所生子女、收养其他民族的幼儿(经公证部门公证确认收养关系的),其民族成分在满18周岁以前由父母或养父母商定;满18周岁的,由其本人决定。年满20周岁,不再改变民族成分。原来已确定为某一少数民族成分的,不得随意变更为其他民族成分。办理时须凭本人、监护人或其法定代理人的书面申请,县级以上民族工作部门出具的证明,责任区民警填写户口登记项目主项变更更正审批表并审核,报派出所、分局、市公安局审批后,方可给予变更和更正。

(四)姓名变更更正

由于姓名经公安派出所注册登记后,就成为公民的一项重要的人身权利,对公民和社会都具有多方面的重要作用,所以,变更时应从严掌握。

凡18岁以下未成年人将乳名改为学名,应由监护人或法定代理人提出书面申请,经责任区民警核实,报派出所、分局、市公安局审批后,方可予以变更更正。18岁以上成年人姓名,由本人提出书面申请,是干部、职工的,还需提供所在单位人事劳动部门出具的准予变更的证明,经责任区民警审查认定理由正当的,报派出所、分局、市公安局审批后,方可予以变更。

要求在居民户口簿等户籍材料中加入曾用名的,本人提出申请,凭相关有效证明,如单位人事档案记载,就读学校原始学籍档案记载等,经责任区民警调查核实,报派出所、分局、市公安局审批后,方可予以添加。

依法被剥夺政治权利或正在受刑事处罚的,以及正在劳动教养的人,一律不准变更姓名。

十三、几种不常见的户口管理方法

(一)户口簿丢失

取消户口簿丢失补领要登记挂失的办法,户主提出书面申请,凭身份证等有关证明到派出所直接申请补领。

(二)因婚迁、协议或判决离婚等原因,户口本被一方无理扣押,户口迁移问题:

1. 因干扰婚姻自由一方家长不愿出具户口簿,经教育调解劝说无效,派出所可凭当事人书面申请、结婚证、村(居)民委员会的证明办理分户或迁移手续。同时在户口登记簿或大底表上注明分户、迁移的日期和原因,再通知持原户口簿的人,由派出所对原户口簿的有关婚姻当事人的户口予以吊销,书面申请和结婚复印件存档备查。

2. 经法院判决离婚或子女归一方抚养而对方不出具户口簿的,经公安派出所调解说服无效的,离婚当事人可提出书面申请,凭法院现已生效的判决书或调解书,到当地公安派出所办理分户或迁移手续。同时在户口登记簿或大底表上注明分户、迁移的日期与原因。书面申请与判决书、调解书(复印件)存档备查。

（三）父母离婚后子女姓名变更问题

对离婚双方未经协商或协商未达成一致意见而其中一方要求变更子女姓名的，公安机关可以拒绝受理；对一方因向公安机关隐瞒离婚事实，而取得子女姓名变更的，若另一方要求恢复其子女原姓名，离婚双方协商不成，公安机关应予以恢复。

（四）直系亲属非转农

原则上不予办理。若有特殊困难，理由正当，确需办理的，凭要求迁入人申请和相关证明材料，派出所审核后，报分局、市公安局审批。

（五）旁系亲属农转非

原则上不予办理。若有特殊困难，理由正当，确需办理的，凭要求迁入人申请和相关证明材料，派出所审核后，报分局、市公安局审批。

（六）旁系亲属农对农、农转菜

原则上不予办理。若有特殊困难，理由正当，确需办理的，凭迁入地乡、镇、村的同意迁入证明，及其他相关证明材料，派出所审核后，报分局、市公安局审批。

（七）旁系亲属非对非

原则上不予办理。若有特殊困难，理由正当，确需办理的，凭相关证明材料，派出所审核后，报分局、市公安局审批。

（八）购买二手商品房、典当、拍卖商品房，原房屋产权人户籍未迁出，新房屋产权所有人要求迁入户口的，应动员现房屋产权所有人与原房屋产权所有人协商一致，待原房屋产权所有人户口迁出后，办理户口迁移手续；原房屋产权所有人无正当理由，经动员、劝解拒不迁出的，由申请人提出书面申请，凭房屋产权等相关证明，经责任区民警调查核实，报派出所、分局、市公安局审批，办理新的房屋产权所有人及其直系亲属的户口迁移手续。同时，将原房屋产权所有人的户口列为派出所集体户口。原房屋产权所有人下落不明的，经申请人公示后六个月未提出异议的，比照上述方法办理。

（九）同一居民户口簿中，可以登记不同性质的户口，在相关栏目中予以注明即可。

（十）户口申报中，挂户、未成年人不具备户口申报人资格。除特殊情况，原则上不能立为户主。

（十一）户口迁移证件丢失的，原迁出地在证明其未入户后，予以补开证明，证明内容与迁移证件上的项目相同，迁入地凭证明予以登记入户。

十四、派出所在办理户口迁移过程中，应要求户口申报人或代办人在常表中签名备查。

十五、本规定自公布之日起施行。三县公安局户籍办理工作可参照执行。

十六、执行中，遇有特殊情况及疑难问题，可随时报告市公安局户政处。

十七、本规定由市公安局户政处负责解释。

合肥市公安机关对公民提供和举报刑事案件及逃犯线索奖励办法

(2010年10月25日 合肥市公安局印发)

第一章 总 则

第一条 为贯彻执行公安机关专门工作与群众路线相结合原则,体现“警力有限,民力无穷”思想,鼓励人民群众积极提供和举报刑事案件及逃犯线索,加大对各类犯罪的打击力度,更加有效维护社会治安,特制定本办法。

第二条 本办法所指案件是指依照我国刑法规定构成犯罪,依法应当由公安机关管辖的各类刑事案件。

本办法所指的逃犯是指公安机关已经查明但尚未被抓获归案的犯罪嫌疑人或从公安机关关押场所逃跑的犯罪嫌疑人、被告人、罪犯。逃犯分为A级、B级和普通逃犯三级。

第三条 公民向公安机关提供和举报案件及逃犯线索,为侦破案件或抓获逃犯发挥直接或重要帮助作用,由公安机关对提供或举报线索的公民给予奖励。

重要帮助作用是指公民提供和举报的相关线索,使公安机关获取相关旁证,经过进一步工作,破获案件、抓获逃犯。

直接作用是指公民提供和举报的具体线索,使公安机关迅速获取直接证据,破获案件、抓获逃犯。

第二章 举报范围

第四条 公民了解与侦查破案、追捕逃犯有关的情况、线索,都可以及时向公安机关举报,具体包括:

(一)本市公安机关发布需要征集、获取正立案侦查的刑事案件主要犯罪嫌疑人、重要关系人线索和重要人证、物证情况。

(二)公安机关尚未发现的发生在本市的各类刑事犯罪案件和犯罪嫌疑人情况。

(三)本市公安机关发布需追捕逃犯的具体落脚点和藏身地。

(四)其他有助于公安机关侦破案件、抓获逃犯的重要情况。

第三章 举报受理

第五条 公安机关及全体公安民警均有义务接受群众提供和举报的案件及逃犯线索,并按照规定的程序对线索进行传递、处理。

第六条 市公安局设立刑事犯罪举报中心(以下简称:举报中心),成员单位包括指挥中心、后勤部、治安支队、刑警支队、交警支队、经侦支队、禁毒支队、国保支队、反邪教支队、网监支队、监管支队,办公室设在刑警支队,刑警支队主要领导为举报中心负责人。主要职责是:

(一)发布公安机关需要公民提供和举报线索的案件及逃犯信息;

(二)直接受理公民提供和举报案件及逃犯线索;

(三)对公安机关及公安民警受理的线索进行汇总、登记、转办、管理、督办;

（四）对公民提供和举报案件及逃犯线索进行登记、转办、管理、督办、回告；

（五）对公民提供和举报线索发挥作用情况进行审查核实，并依据规定兑现奖励；

（六）督促指导相关成员单位开展有奖犯罪举报工作。

治安支队、刑警支队、交警支队、经侦支队、禁毒支队、国保支队、反邪教支队、网监支队、监管支队等相关成员单位，负责发布属于本警种管辖的案件及逃犯信息，对属于本警种管辖的案件及逃犯线索进行汇总、登记、转办、管理、督办、回告，对线索发挥作用情况进行审查核实并依据规定兑现奖励。

第七条　各级公安机关对举报中心转办的案件及逃犯线索，要认真开展调查核实工作，查证结果应及时向市公安局刑事犯罪举报中心反馈。

第四章　举报方式

第八条　公民向公安机关提供和举报案件及逃犯线索的，可以通过下列途径和方式进行：

（一）市公安局公布的举报电话、传真、电子信箱、QQ 号；

（二）信函、电报、举报箱；

（三）直接到公安机关当面举报；

（四）其他认为有效的方式。

第九条　举报中心以外的其他各级公安机关及公安民警，收到公民提供和举报的刑事案件及逃犯线索，或监管、劳改、劳教场所送达（转递）被关押人员检举的刑事案件及逃犯线索，应当及时转递举报中心。

第十条　公民向公安机关提供和举报刑事案件及逃犯线索，可以采取公开或匿名方式进行。

第五章　保护举报人

第十一条　公安机关负有为举报人保守秘密的责任和义务。未经举报人同意，公安机关在转递、查证、宣传、兑现奖励过程中不得暴露举报人情况。

第十二条　公开举报的应当提供举报人的姓名、性别、年龄、住址、工作单位、联系方式等基本情况。匿名举报的，举报人可使用由 6 位阿拉伯数字组成的密码为本人代码，公安机关保证密码的绝对安全。

第六章　兑现奖励

第十三条公民提供和举报案件线索，根据案件情况及作用大小，按下列标准进行奖励。

（一）一般刑事案件。

起重要帮助作用的，奖励 200～500 元；起直接作用的，奖励 500～800 元；

（二）危害较大并在本市有一定影响的刑事案件，跨区域、团伙、系列案件，市公安局挂牌督办的刑事案件。

起重要帮助作用的，奖励 800～1000 元；起直接作用的，奖励 1000～3000 元；

(三)危害极大、影响极其恶劣,或由公安部、省厅实行挂牌督办的刑事案件。

起重要帮助作用的,奖励3000~5000元;起直接作用的,奖励5000—10000元。

第十四条　公民提供和举报逃犯线索,根据逃犯级别及作用大小,按以下标准进行奖励:

(一)A级逃犯

起重要帮助作用的,奖励3000~5000元;起直接作用的,奖励5000~10000元。

(二)B级逃犯

起重要帮助作用的,奖励1000~3000元;起直接作用的,奖励3000~5000元。

(三)普通逃犯

起重要帮助作用的,奖励200~300元;起直接作用的,奖励300~500元。

第十五条　公民提供和举报的线索,属于社会危害程度特别严重的刑事案件或特别重大逃犯,市公安局另作特别决定的,奖励可以不受以上数额的限制,按随案公布的数额执行。

第十六条　同一线索,只作一种奖励,并按照最有利于举报人的办法予以奖励。

第十七条　公民提供和举报的刑事案件及逃犯线索不属于合肥市公安机关管辖的,具体奖励办法由案件管辖地公安机关负责。

第十八条　下列情况,不属于本办法奖励范围:

(一)犯罪嫌疑人或逃犯自首、主动归案的;

(二)共犯检举的;

(三)公、检、法机关在案件侦察、审查、审理过程中新发现或本人新交代的;

(四)负有特定义务的人员提供的;

(五)案件受害人及其近亲属提供和指认的。

第十九条　多人提供和举报同一案件或同一逃犯线索的,按照举报时间先后或线索价值,确定奖励金额。时间相近,价值相同的,在规定幅度范围酌情分摊。

第二十条　奖励应当在案件确认破获或逃犯抓获归案后10个工作日内兑现。

第二十一条　举报人自接到领奖通知或公安机关发布奖励公告之日起,应当在30日内领取奖金。领取方式可采取举报人直接领取、凭有效证件委托他人领取或汇款到指定账户等,逾期不领取的,视为自动放弃。

第七章　法律责任

第二十二条　严禁借举报为名对他人进行诬告陷害。

第二十三条　各级公安机关对举报线索必须认真受理,及时查证、反馈、奖励,信守承诺,严禁推诿应付、弄虚作假。

第二十四条　公安机关或公安民警以欺骗手段取得奖金的,将在查明事实的基础上,对所发奖金予以收缴,并依照有关规定,对当事人或单位领导给予党纪、政纪处分直到追究法律责任。

第八章　附　则

第二十五条　本办法适用于全市公安机关。

第二十六条　公民举报黑恶势力犯罪的,依照《安徽省公安机关公民举报黑恶势力犯罪奖励办法(试行)》执行。

第二十七条　本办法由市公安局刑警支队负责解释。

第二十八条　本办法自印发之日起执行,原试行办法(合公通〔2008〕352 号)同时停止执行。

合肥市公安机关对公民提供和举报刑事案件及逃犯线索奖励办法实施细则

(2010 年 10 月 25 日　合肥市公安局印发)

一、举报方式

(一)电话举报。市公安局刑事犯罪举报中心(以下简称为:举报中心)的举报电话是:0551 - 2928333,0551 - 110。

(二)传真举报。举报中心的传真电话是:0551 - 2928332。

(三)网络举报。举报中心的网上电子邮件地址是:jubao_hfxj@ 163. com,QQ 号码是:985821663。

(四)信件举报。举报中心的邮寄地址是:合肥市寿春路 276 号合肥市公安局刑警支队,邮编:230001。

(五)当面举报。直接到举报中心或其他公安机关举报。

为保护举报人,举报人可以匿名举报,并提供由 6 位阿拉伯数字组成的代码,作为举报人的身份认证条件。

二、信息发布

(一)信息发布的原则。按照分级发布的原则,属本地区需要公民提供和举报案件及逃犯相关线索的情况,由区(县)公安机关发布。

在全市甚至全省、全国范围内影响较大的案件及逃犯信息,经各单位申报,举报中心相关成员单位(即市公安局所属的警种主管部门,下同)审核,市公安局分管领导审批后,由相关成员单位发布。

(二)信息发布的内容及载体。发布的信息主要包括简要案情,逃犯简况、照片,需要公民提供的线索,承诺奖励的金额等内容。承诺奖励的金额,原则上应在《办法》规定的幅度范围内,特殊情况除外。信息可以发布在报刊、电视、电台、网络以及其他有效载体上。

三、举报线索的受理、查证程序

(一)受理。全市各级公安机关及全体公安民警,对公民提供和举报的案件及逃犯线索,都应当受理,并填写举报线索受理登记表。

(二)转递。各级公安机关对受理的举报线索按照“归口办理、分级查证”的原则进行。

举报中心受理的线索,转发布单位、主管部门或管辖地公安机关查证办理。

区(县)公安机关或市公安局直属部门受理的线索,不属于本单位或本部门查证办理的,转举报中心,再由举报中心转相关单位查证办理;属于本单位或本部门查证办理的,自行查证办理,并报举报中心相关成员单位。

公安机关受理的线索,不属本市公安机关查证办理的,在转出后要及时回告举报人,并说明转往地。

举报线索查证转递统一使用举报线索查证转递单进行。

（三）查证。各级公安机关接到转递的举报线索，要立即安排专人进行查证。

查证工作需要本市其他区（县）公安机关协助的，涉及地公安机关要积极协助，不得推诿。

经查证，属于本市以外公安机关查证办理的线索，由举报中心及时转出，并告知受理单位和举报人。

（四）反馈。查证结果应当在7日内向举报中心或相关成员单位反馈。特殊情况不能及时反馈的，要在规定的时限内说明进展情况。

反馈须在举报线索查证转递单的“查证情况”栏目上，简明扼要填写查证情况，并加盖查证单位印章。在反馈查证基本情况的同时，还应当说明举报线索的真实性，即属实、基本属实（即具有重要帮助作用）或不实，以便举报中心或相关成员单位确定对举报人的奖励。

（五）回告。举报线索查证情况要及时回告举报人。向举报人回告按“谁受理、谁回告”的原则进行。

举报中心直接受理的线索，经相关单位查证、反馈后，由举报中心向举报人回告；区（县）公安机关或市公安局直属部门受理并直接查证办理的线索，由受理单位直接向举报人回告；由举报中心转办的线索，查证办理单位向举报中心反馈，举报中心向受理单位反馈，最后由受理单位向举报人回告。

四、奖励兑现

对查证属实或基本属实的线索，应当在规定的时限、额度内对举报人给予奖励。

举报中心发布的信息，承诺奖励的费用由市公安局承担；区（县）公安机关发布的信息，举报中心依照《办法》第十三条、第十四条规定的标准兑现奖励，超出部分由发布单位自行承担。

举报人提供和举报公安机关尚未掌握或发布的刑事案件及逃犯线索，经查证属实或基本属实，可以参照本办法对举报人给予奖励。

举报中心相关成员单位根据线索查证情况、承诺奖励的金额，依据《办法》相关规定提出奖励意见，经成员单位主要负责人审核、市公安局分管领导审批后，在市公安局财务部门办理奖金支付、领取等手续。

公安部、省公安厅、市公安局另有特别规定的，依特别规定办理，不纳入本办法奖励范围。

五、纪律要求

各级公安机关对举报线索必须认真受理、及时查证、及时反馈、及时奖励、信守承诺。

举报人有保密要求的，公安机关在受理、转递、查证、反馈、宣传、奖励等环节上要做好保密工作。

严禁弄虚作假或不按公布的金额兑现奖励。公安机关或公安民警在工作中发现的案件及逃犯线索，不得转为其他公民的举报。如有发现，将依照相关规定，严肃追究当事人及单位领导责任。

合肥市公安局户口管理规范(暂行)

(2011 年 4 月 18 日　合肥市公安局印发)

第一章　总　则

第一条　为规范本市居民户口管理工作,保障居民的合法权益,提高服务水平和工作效率,根据国家有关法律、法规和其他相关规定,结合本市户口管理工作实际,制定本规范。

第二条　本规范所称的本市居民是指具有本市常住户口的人员。本规范出台前办理的菜农户口以及自理口粮户口一律视为农业人口。

本规范所称合法固定住所包括成套商品住宅房、经济适用房、单位公房(含廉租房,不含二人以上共同居住的集体宿舍)、单位集资房、福利房、遗赠房、拍卖所得房、拆迁安置房、继承房、农村地区依法自建房。

本规范所称成套商品住宅房是指在被征收的国有土地上依法建造且经过市场交易的成套住宅房。

第三条　本规范所称户口管理是指出生、死亡、迁移、变更更正、立户分户并户等户口登记事项,以及居民户口簿等户口证件的申请、签发和管理。

第四条　凡在本市行政区域范围内办理第三条规定的户口业务,均应遵守本规范。

现役军人和人民武装警察,定居在本市的外国人、无国籍人、华侨及香港特别行政区、澳门特别行政区、台湾地区居民的户口管理,按照有关法律、法规和规章执行。

第五条　户口管理职能由市公安局治安支队承担;各分、县局治安大队和各公安派出所(治安办),按照其工作权限,负责本辖区内或上级授权委托其管理地区内的户口管理工作。

第六条　部队营区内居住有非现役军人的,该单位应当指定专人协助户口管理机关办理户口登记等事宜。

设有集体户口的机关、团体、学校、企业、事业等单位,应当指定专人协助户口管理机关办理户口登记等事宜。

第七条　户口登记应以有合法固定的住所、相对稳定的工作和生活来源为基本条件。

本市居民应当依法在经常居住的一处合法固定住所地登记常住户口。

挂户、非祖居户、未成年人不得作为申报人。

第八条　办理户口事宜,应当由申请人到辖区公安派出所办理。申请人因故无法亲自办理的,可书面委托有完全民事行为能力的户内成员办理。

涉及全户迁移的,迁移人应当书面委托户主或有完全民事行为能力的户内成员办理。

无民事行为能力和限制民事行为能力人员的户口事宜,由其监护人(法定代理人)办理。

第九条　户口登记应当按照常住人口登记表所列项目如实填写,公安派出所在办理户口登记中,应要求户口申报人或代理人在常住人口登记表上签名确认备查。

第十条　同一居民户口簿中,可以登记不同性质的户口,应在相关栏目中予以注明。

第二章 立户分户并户登记

第十一条 户口登记以户为单位。有合法固定住所,家庭成员同住一处、共同生活的可立为一户,一般由户内人口中合法固定住所的所有人或者使用人为户主。单身居住独立生活的自立一户,以本人为户主。在本市无直系亲属且无合法固定住所的单位人员,户口可以登记在本单位的集体户内。

非住宅用房和违法建造的房屋,不予立户。

未成年人一般不得立为户主。

第十二条 符合下列条件的机关、团体、部队、企业、事业、学校等单位,经民警调查核实,报公安派出所批准,可以设立单位集体户口:

(一)有在本单位工作和生活,且相互之间非家庭成员关系的居民;

(二)单位设集体户口地址的宿舍房屋产权为本单位所有;

(三)具有相应的学历教育、外地生源招生资格;

(四)有专人负责管理集体户口。

第十三条 本市居民因婚姻关系变化、子女分家等原因,生活独立,且有合法固定住所的,凭结婚证(离婚证或判决书、调解书)等证明材料,可以向户口所在地公安派出所申请分户,办理分户手续。

离婚当事人如一方没有住房,可迁入集体户。

第十四条 农村地区祖居户,有合法固定的宅基地,子女已结婚成家、单独生活,并居住在本地的,凭房屋产权证、宅基地使用证、建筑规划许可证或村、镇证明,经民警调查属实,可办理分户手续。

住处为非住宅用房和违法建造的房屋,以及夫妻、未成年人、挂户人员不得分户。

第十五条 本市居民在户内所有具有完全民事行为能力的家庭成员同意的情况下,共同生活的直系亲属可以向户口所在地公安派出所申请同号并户,公安派出所办理并户手续。

第三章 出生登记

第十六条 姓名登记应当使用规范的汉字,不得含有字母、阿拉伯数字和符号。公民可以随父姓或者随母姓,允许采用父母双方姓氏。

少数民族和被批准入籍的公民,可依照本民族或原籍国家的习惯取名,但应在登记栏中填写用汉字译写的姓名。如本人要求填写本民族文字或外文姓名的,可同时在登记栏中填写。

弃婴,可由收养人或收养机构按照上述原则为其取名。

民族成分登记,父母一致的随父母,父母不一致的由父母商定,选填其中一方的民族。

籍贯登记为祖父的居住地。

其他项目按出生医学证明登记。

第十七条 婴儿不满一周岁的,可随父或随母在本市办理出生登记,户口性质同申报人。

父母双方一方为家庭户口，一方为挂靠户口、集体户口、现役军人的，应选择家庭户口一方登记户口。

第十八条 1周岁至13周岁儿童的户口申报，申报人凭结婚证、居民户口簿和居民身份证，计生部门生育证明，婴儿出生医学证明等证明，经公安派出所所长审批后办理。

第十九条 父母双方均为单位集体户口(包括人才交流中心、高校毕业生就业指导中心集体户口)，新生婴儿可以随父或随母在本市办理出生登记。

父母双方均为在校学生集体户口，新生婴儿可以在本市的祖父母或外祖父母的户口所在地公安派出所办理出生登记。

父母双方均为现役军人的，新生婴儿可以在军人部队所在地，或本市的祖父母或外祖父母户口所在地公安派出所办理出生登记。

上述户口，申报人凭结婚证、居民户口簿和居民身份证，计生部门生育证明，婴儿出生医学证明等证明，到公安派出所直接办理。

第二十条 违反计划生育政策或者非婚生育的婴儿户口登记。14周岁以下的计划外生育子女、非婚生子女办理户口登记，公安派出所不得设立任何前置条件(如准生证、违反计划生育罚款收据、社会抚育征收费收据等)，由父母或监护人提出申请，凭出生医学证明、结婚证、居民户口簿等父母合法有效证件；非婚生的婴儿，随父办理户口登记时，应有亲子(女)鉴定证明；由民警调查核实并填写申请迁入(登记)户口调查审批表，报派出所、分局、市公安局审批。

第二十一条 出国(境)人员在国(境)外生育的子女(未取得他国国籍或居留证明)，回国(入境)后，凭国外所生子女的出生证明(附"司法翻译件")、父母及子女回国使用的护照或中华人民共和国旅行证，在父(母)户口或本市的祖父母或外祖父母户口所在地公安派出所申报，由民警调查核实并填写申请迁入(登记)户口调查审批表，报派出所、分局、市公安局审批。

第二十二条 收养的户口登记

(一)1999年4月1日《中华人民共和国收养法》修改决定实施前

收养关系当事人能够证实双方确实共同生活多年，以父母子女相称，建立了事实上的父母子女关系，且被收养人与其生父母的权利义务关系确已消除的，或收养查找不到生父母的弃婴和儿童以及社会福利机构抚养的孤儿，收养人持有关材料到其住所地公证机关办理事实收养公证。

收养关系当事人共同生活多年，已建立事实上的收养关系，因故难以办理收养公证的，收养人应当到乡镇(街道)、村(居)民委员会以及民政部门开具的相关证明。

(二)1999年4月1日《中华人民共和国收养法》修改决定实施后

收养查找不到生父母的弃婴和儿童，以及社会福利机构抚养的孤儿的，收养人应到县级以上人民政府民政部门办理收养登记并领取收养证。

市内公民私自收养子女的，收养人持有关材料到弃婴和儿童发现地的县级人民政府民政部门办理收养登记。

收养人持主管部门出具的收养公证书(或收养证)等相关证明、收养人合法有效的身份证件、收养人申请书，到其常住户口所在地公安派出所申请落户，派出所民警调查核实并填写申请迁入户口调查情况登记表，报派出所、分局、市公安局审批。

本章出生登记的户口，户口登记部门要及时向辖区计划生育部门通报。

第四章　死亡登记

第二十三条　公民正常死亡的，由户主、亲属、抚养人或单位（社区）工作人员，凭死亡公民的居民户口簿、居民身份证和卫生防疫部门出具的死亡证明，到死亡公民户口所在地公安派出所办理死亡登记，注销户口。

第二十四条　公民非正常死亡的，由户主、亲属、抚养人或单位（社区）工作人员，凭公安、司法部门出具的公民非正常死亡证明和死亡公民的居民户口簿与居民身份证，到死亡公民户口所在地公安派出所办理死亡登记，注销户口。

第二十五条　公民死亡，申报义务人未按规定申报死亡登记的，公安派出所经调查核实后，应当告知申报义务人按规定申报死亡登记。经告知后，申报义务人仍不按规定申报死亡登记的，公安派出所可以凭调查材料，村（居委会）或乡（镇、街）证明，注销死亡公民的户口，并及时通报其直系亲属或其他近亲属。

第二十六条　经人民法院宣告死亡或失踪的，应当由其直系亲属或近亲属申报，凭人民法院宣告死亡的判决书，户籍地公安派出所直接办理注销户口。

经人民法院撤销宣告失踪或死亡的，凭人民法院撤销宣告判决书、身份证、注销户口证明材料，由本人到原户口注销地公安派出所申报恢复户口。原户口注销地住址发生变动的，应当在现住址地公安派出所申报恢复户口。

第二十七条　办理死亡登记时，应当登记死亡公民的有关情况，在本人居民户口簿、常住人口登记表等簿册和人口信息管理系统中注销户口，并缴销居民身份证；单身独户的，还应当缴销居民户口簿。

第五章　迁移登记

第二十八条　市区居民直系亲属之间的户口迁移包括：

（一）父母与子女之间的迁移；

（二）夫妻之间的迁移；

公婆与儿媳之间或者岳父母与女婿之间的户口迁移比照第（一）项办理。

申报人凭本人申请、居民户口簿、居民身份证、结（离）婚证、出生医学证明、亲属关系证明、无房证明到申报人户口所在地公安派出所直接办理。

第二十九条　本市农业户口居民迁入本市非农业户口直系亲属处，登记为非农业户口。

第三十条　非农业户口居民迁往农村地区的，不改变户口性质。除婚迁、毕业分配外，禁止以任何理由将户口迁往农村地区。

第三十一条　因父母离婚、死亡等原因，未成年人的监护关系发生变化的，由未成年人的监护人提出申请，凭离婚协议书或判决书、调解书、死亡证明，到公安派出所办理户口迁移手续。

第三十二条　市（县）外父母、子女（未达法定婚龄）、夫妻之间相互投靠到本市的，由本人或监护人申请,凭居民户口簿和居民身份证、结婚证、出生医学证明等相关证明,由公安派出所民警填写申请户口迁入(登记)调查情况登记表,报派出所、分局审批。

第三十三条 录用公务员、招(聘)用职工及工作调动等户口迁入本市,由本人提出申请,凭单位证明,市级组织人事、劳动部门录用、招聘证明或市级组织人事、劳动部门调令、接收证明,垂直领导的单位和部门须有省一级单位的调令,申请迁入人居民户口簿和居民身份证等,到公安派出所直接办理。

第三十四条 军官及高级士官家属随军入户。凭师(旅)级以上单位的政治机关批文,边防、消防总队政治部门批文,警卫系统的公安厅(局)政治部门批文,军队干部家属随军(调)审批表、迁入人居民户口簿、居民身份证,由军官驻地、单位或宿舍所在地公安派出所直接办理,登记为非农业户口。

第三十五条 购买或使用成套商品住宅房的户口迁移

(一)新建房屋交付前,房地产开发建设单位或拆迁安置单位应向房屋所在地公安派出所申请确认房屋门牌号、楼幢号和单元编号。房屋所有权人变更房屋地名,应到房屋所在地公安派出所申请房屋门牌号、楼幢和单元编号确认。

(二)居民在市区购买成套商品住宅房90平方米以上(含90平方米),并实际居住生活,可申请本人、配偶和未达法定婚龄的子女落户,购房一方的父母可随迁;购买成套商品住宅房60平方米以上(含60平方米)90平方米以下,可申请本人、配偶和未达法定结婚年龄的子女落户,不得再申请购房人父母户口迁入;购买成套商品住宅房60平方米以下,可申请其本人、配偶和一名未成年子女(未满18周岁)落户,不得再申请购房人父母和其他子女户口迁入。

(三)非本市居民购买商品住房,购房人凭申请报告、房地产权证(或购房合同)、购房发票(或30%合同款额定金凭证)、申请迁入人居民户口簿和居民身份证等证明、未达法定婚龄子女出生证明或迁出地公安派出所、乡(镇、街道)和村(居)民委员会出具的直系亲属关系的有效证明,本人、配偶及未达法定婚龄子女到房屋所在地公安派出所申报户口迁移,由公安派出所民警填写申请户口迁入(登记)调查情况登记表,报派出所、分局审批,户口性质为非农业。

(四)本市居民因购买、交换、分配等合法方式取得住宅商品房、售后公房等住房所有权或者公有住房承租权,凭结婚证、居民身份证、居民户口簿、房地产权证、单位房产证、公房使用证明等证明材料,可以在房屋所在地公安派出所直接办理户口迁移,户口登记为非农业。

(五)经济适用房购房人凭房地产权证或购房合同、购房发票、申请迁入人居民户口簿和居民身份证等证明,直接到新购经济适用房所在地公安派出所办理购房者本人及其户内成员的户口迁移。

(六)廉租房承租人凭廉租房租赁证、申请迁入人居民户口簿和居民身份证等证明,直接到廉租房所在地公安派出所办理承租者本人及其户内成员的户口迁移。

(七)本市户口的房屋拆迁安置户,可凭拆迁安置证明、迁入人居民户口簿和居民身份证等,直接到实际居住的安置房屋所在地公安派出所办理户口迁移。

(八)拥有多套住房的房屋所有权人转让其存量房产时,应先将其户籍迁入其实际居住房屋所在地公安派出所;只有一套住房的房屋所有权人转让其存量房产时,可先将户口转入公安派出所专设的集体户托管,待其有合法固定住所后,再将户口全户迁出。购房人凭本人申请材料、房地产权证、契税发票,按本条第(二)项或第(三)项办理户口迁移手续。

(九)单位集资房、福利房、遗赠房、拍卖所得房等通过合法途径取得的合法固定住房,有合法房产证的,可凭相关证明,比照购买成套商品住宅房(可不提供购房发票)办理户口迁移申报。

(十)房地产权证登记为共有产权的,经产权共有人双方商定,并出具书面报告,一方户口可办理户口迁移。

房地产权证登记产权人的户口为学生集体户的,其毕业前,不得办理购房户口迁移。

第三十六条　引进人才的户口迁移。中级职称以上专业技术人员、市场紧缺的具有中专以上文化程度或一定专业知识(专门技能)的各类人才,应聘到本市各类企业、事业单位工作,可办理户口迁入。

在本市有合法固定住所(或单位设有集体户口)的,提交以下材料:本人合法固定住所的证明或单位设有集体户口证明,单位接收证明及聘书或劳务合同,迁入人居民户口簿、居民身份证,专业技术(能)职称证书、学历证书,缴纳社会养老保险证明,由民警调查核实并填写申请户口迁入(登记)调查情况登记表,报派出所、分局审批。

暂无合法固定住所的,凭上述材料,经公安派出所审核后,报分局审批,在人才交流中心登记为集体户口。

非本市(含三县)生源的研究生以上学历者,凭学历证明、居民户口簿、居民身份证,自主选择公安派出所直接入户。有工作单位或合法固定住所的,落户于工作单位或合法固定住所,无工作单位或合法固定住所的,落户于公安派出所集体户。

第三十七条　大中专院校学生及毕业生户口迁移

(一)全日制普通高校及中等专业学校录取的新生,可自主选择是否办理户口迁移手续。如需迁移,学校安排专人,凭大中专院校录取通知书、户口迁移证等证明材料,集中统一到学校所在地公安派出所直接办理户口迁移手续。

在校期间需迁移户口的,凭入学通知书和学校证明,比照新生入学办理户口迁移。

本市籍考取全日制大中专院校的学生未迁户口的,在校期间,可就地办理农转非。

(二)下列全日制普通高等学校及中等专业学校毕业生,可直接到相关公安派出所办理户口迁移。

已落实就业岗位的,可凭毕业证书、就业报到证、用人单位录(聘)用证明、户口迁移证等材料,在工作单位或人才市场所在地公安派出所直接办理户口迁入(无需开具准迁证),农业户口的在就业地农转非。

入学时,户口未迁入学校的,户籍地公安派出所凭毕业证书、就业报到证、用人单位录(聘)用证明,办理迁出手续;户籍地公安派出所要求迁入地开具准迁证的,可开具准迁证,迁移原因为毕业分配。

在本市有合法固定住所的(含父母户口在本市且有成套商品住宅房),可凭房产证等合法固定住所的证明、毕业证书、就业报到证、户口迁移证等材料,到合法固定住所所在地公安派出所办理户口迁移手续。原是农业户口或户口性质待定的,在合法固定住所所在地公安派出所登记为非农业户口。

(三)本市籍大中专院校毕业生,毕业后未落实就业单位,要求将户口迁至原户籍地(或父母所在地)。可凭毕业证书、就业报到证、户口迁移证(含多年未入户的迁移证),直接到公安派出所将户口迁至入学前户口所在地(含入学前系挂户或捐资户口)。入学前为农业户口的,登记为非农业户口。

(四)获选参加大学生志愿服务西部计划,原本市户籍的普通高等学校应届毕业生,到西部12省区工作的,可以根据本人意愿,凭全国普通高等学校毕业生就业报到证、毕业证书、户口迁移证、居民户口簿等证明,到入学前户口所在地公安派出所直接入户,登记为非农业户口。

(五)取得我省高等教育自学考试毕业证书或者国家学历文凭毕业证书的本市籍非在职高等教育学历考试毕业生,可以凭毕业证书、用人单位录(聘)用证明,户口迁移证等材料,直接到就业地公安派出所办理户口迁入,户口性质登记为非农业户口。

(六)全日制普通高等学校及中等专业学校转学、退学、开除的学生,凭学校文件,到入学前迁出地公安派出所直接办理迁移手续。对入学前为农业户口的学生,因退学、开除回迁户口,可根据本人意愿转为农业户口。

(七)技工学校录取的农业户口学生要求办理农转非的,凭技工学校招生录取通知书和入学证明,本人提出申请,报派出所、分局审批。毕业后,凭本人申请、劳动合同、毕业证书,民警填写申请户口迁入(登记)调查情况登记表,报派出所、分局审批后办理户口迁移手续。

(八)原本市户籍的全日制普通高等学校及中等专业学校毕业生分配至北京、上海等一线城市工作,因故户口无法迁入的,可凭本人申请、学历证书、分配单位或工作单位所在地公安派出所不予入户或未入户证明,村(居)委会、乡(镇、街道)两级单位同意接受证明,户口迁移至入学前户籍所在乡(镇、街道),设立为集体户进行管理,其非农业户口性质不变。要求迁入成套商品住宅房等户内不涉及大建设、城中村改造或拆迁安置等,可迁移至入学前的户内。此类户口由民警调查核实并填写申请户口迁入(登记)调查情况登记表,报派出所、分局审批。

第三十八条　原本市户籍的离退休人员要求回迁本市,身边无直系亲属的,凭本人申请报告和相关证明,由民警调查核实并填写申请户口迁入(登记)调查情况登记表,报派出所、分局审批,户口迁移至合法固定住所,农村地区的,迁移至公安派出所或乡(镇、街道)集体户,户籍性质不变。

第六章　注销、恢复与其他登记

第三十九条　应征入伍及退出现役户口登记

(一)本市居民应征入伍的,应当在入伍前持居民应征入伍通知书等有关证件,到户口所在地的公安派出所注销户口。入伍前未注销户口的,公安派出所应到人武部等相关部门调取有关资料,办理应征入伍居民的户口注销,通报其居民户口簿持有人,并在常住人口登记表、居民户口簿中予以注明。

（二）复员、退伍的军人，应当持民政安置部门出具的入户介绍信、入伍前户口所在地公安派出所注销户口等合法有效证明，到户口登记机关申报户口登记。

复员（含自谋职业）的三级以上（含三级）士官，在市内无合法固定住所的，可在入伍前户口所在地入户，户口性质为非农业户口。

对部队退回的不合格新兵，凭相关决定（文件），到入伍前户口所在地公安派出所恢复户口。

被部队除名或开除军籍的，凭部队师（旅）以上机关出具的证明，到入伍前户口所在地公安派出所恢复户口。

（三）部队转业干部凭组织、人事部门入户介绍信及随迁家属名单，办理落户手续。随同调动工作的配偶，凭劳动人事部门同意调入的证明和迁移证予以落户。

（四）入伍前户口不在本市，其配偶或父母在其服役期间户口迁入本市的，其转业、复员或退伍时，户口可直接迁入其配偶或父母处。配偶和父母户口均在本市的，户口应迁入其配偶处。

上述户口由公安派出所直接办理。

第四十条 出入国（境）居民户口登记

（一）出国、出境的本市居民，除取得他国国籍或永久居留权外，不注销户口。

已注销户口的，若要求恢复户口，凭本人申请、原户口注销地派出所证明、中国签发的有效护照到公安派出所直接办理恢复户口登记。

（二）国外、境外定居的非本市居民，已在异地注销户口，在本市有合法固定住所，可凭本人申请、原户口所在地公安机关注销户口证明、中国签发的有效护照、房地产权证、居民户口簿、居民身份证，到所在地公安派出所直接办理，户口登记为非农业。

（三）要求在本市就业地落户的留学回国人员，凭最后一次回国时持用的中国护照，就业单位出具的证明和安徽省留学人才证，直接到就业地公安派出所办理落户手续，户口登记为非农业。

（四）批准来大陆定居的港澳、台湾居民，凭省公安厅等部门签发的港澳居民定居证、台湾居民定居证，合法固定住所证明，到公安派出所办理常住户口登记手续，申领中华人民共和国居民身份证。公安派出所在办理其常住户口登记手续时，应收缴其所持港澳居民来往大陆通行证、台湾居民来往大陆通行证和港澳台的身份证件、通行证件，户口登记为非农业。

（五）批准入籍的外国人或者无国籍人和被批准恢复中国国籍的人，应当出具国务院公安部门核发的入籍批准书等证明文件、公安部门核发的定居证明书、就业单位出具的证明、合法固定住所证明等证件和证明材料，应当使用汉字书写或者译写的姓名，到就业地或居住地公安派出所办理。

第四十一条 被逮捕、判刑或劳动教养的本市居民，不注销户口。

因逮捕、判刑或劳动教养已被注销户口的本市居民，在刑满释放、解除劳动教养或被监外执行后，凭本人申请，刑满释放证、或假释通知书、或人民法院判决（裁定、决定）书、或监狱管理机关对罪犯批准保外就医的决定或解除劳动教养决定书等，直接到原户口所在地公安派出所办理恢复户口手续。

异地恢复的,直系亲属为本市户口的,凭原户口所在地派出所注销证明,在公安派出所直接办理户口恢复手续,户口登记为非农业。

第四十二条 在本市范围内的水域以船舶为家的船民,应当按照有关规定登记船舶户口和船民户口。申请人提出申请;凭居民身份证和居民户口簿、船舶产权证书、船舶签证簿,船舶船体照片、相关人员照片等,填写船舶户牌申领表、船舶户口簿申领表、船民证申领表,到公安派出所直接办理。

第四十三条 漏登、补录户口

(一)14 周岁及以上未入户人员申报户口登记,属补登、补录户口。需提交本人或监护人书面申请、医院或接生人员出具的接生证明、村(居)委会、乡(镇、街)证明,由二名民警调查核实(调查相关知情人二人以上),写出调查报告,由民警调查核实并填写申请迁入(登记)户口调查审批表,报派出所、分局、市公安局审批。

(二)因长期外出务工或逃避农业税等原因户口漏登,现已回原籍或仍在原籍居住的人员,当事人提出申请,提供居民户口簿、居民身份证、土地承包合同书、宅基地使用证等原始凭据,由村(居)委会、乡(镇、街道)出具证明,经民警调查核实(调查相关知情人二人以上)、写出调查报告,填写申请补录户口调查审批表,报派出所、分局、市公安局审批。符合现住地户口迁入条件的,在原籍恢复户口后,再按规定办理户口迁移手续。

公安机关工作发现的漏登户口,按照"谁漏登,谁补录"的原则,凭前款要求,在原户籍地恢复户口。

(三)因婚嫁户口未迁出,被原户籍地公安派出所注销户口的,按照"谁错销,谁恢复"的原则,比照前款程序和条件予以恢复户口,其未入户子女,可以随父随母登记为常住户口。户口补录后,其户口迁至婚嫁后实际居住地,子女随迁。

第四十四条 删除户口

因当事人假报、错报或违反户口管理政策办理的迁移、补录等户口,由当事人或其法定代理人提出申请,凭相关证明,经民警调查核实并出具调查报告,填写申请撤销(删除)户口调查审批表,报派出所、分局、市公安局审批后,分别做迁出和注销处理。原户口所在地公安机关,凭做出迁出或注销处理的公安机关证明,予以恢复户口。

当事人或法定代理人不愿提出申请的,公安派出所履行书面告知手续,仍坚持不提出申请的,公安派出所及时将做出的迁出或注销处理,并将结果告知当事人或其法定代理人。

第七章 变更更正登记

第四十五条 公民的姓名、性别、出生日期、民族等原则上不予变更。有正当理由确需变更更正的(指有证据证明户口登记错误的),凭相关证件和书面申请,办理变更更正登记。以上登记项目变更后,已领取居民身份证的,公安机关应当予以缴销,并为其重新办理居民身份证(出生日期、性别项目变更后,应重新编制公民身份号码)。

第四十六条 本市居民的文化程度、婚姻状况、兵役情况、身高、服务处所和职业等户口登记项目发生变化的,应当到户口所在地公安派出所办理变更。

第四十七条 因公安派出所工作失误或常口信息系统出错等原因,导致居民的常住户口登记项目与实际不符的,户口所在地公安派出所应当主动及时按规定程序申报更正。居民本人发现登记差错,应当向户口所在地公安派出所提出申请,并经公安派出所调查属实后,按规定程序办理更正手续。

第四十八条　姓名变更

姓名变更应从严掌握。对无正当理由的,不得变更姓名。

(一)本市居民符合下列情形之一的,可以变更“姓名”:

1. 父母离婚、再婚的未成年子女;

2. 依法被收养或者收养关系变更的;

3. 名字粗俗、怪异的,谐音易造成本人受歧视或伤及本人感情的;

4. 名字中含有冷僻字,难认、难写的;

5. 户口登记机关认定可以变更的其他情形。

(二)本市居民符合下列情形之一的,不予更改“姓名”:

1. 因犯罪或违法行为曾经被处以有期徒刑以上刑事处罚或者劳动教养的;

2. 依法被剥夺政治权利,或正在被刑事处罚、劳动教养的人员;

3. 正在接受刑事案件或者行政案件调查的;

4. 户口登记机关认定不宜变更的其他情形。

(三)凡十八周岁以下未成年人变更姓名,应征得在读学校的同意;十八周岁以上成年人姓名,由本人提出书面申请,是干部、职工的,还需提供所在单位人事劳动部门出具的准予变更的证明。

(四)对离婚双方未经协商或协商未达成一致意见而其中一方要求变更子女姓名的,公安机关可以不予受理;对一方因向公安机关隐瞒离婚事实,而取得子女姓名变更的,若另一方要求恢复其子女原姓名,离婚双方协商不成,公安机关应予以恢复。

(五)居民要求在居民户口簿等户籍材料中加入曾用名的,本人提出申请,凭公民过去在户口登记机关申报登记并正式使用过的姓名给予增加。

已出家的佛教徒、道教教职人员登记户口,应当使用本人的佛(道)教法名,并在户口曾用名项目内登记世俗姓名。未出家的佛教徒、道教教职人员在登记户口时,不得使用本人的佛(道)教法名。

上述所列申报事项,应当出具下列证件和证明材料:

1. 本人的居民户口簿、居民身份证;

2. 本人签字的姓名变更登记申请材料;

3. 父母或者其他监护人的身份证件或者证明材料;

4. 父母或者其他监护人协商同意变更子女姓名的证明;

5. 单位、学校的证明材料等。

经民警核实并填写户口登记项目主项变更更正审批表,报派出所、分局审批。

第四十九条　性别变更。实施变性手术的公民申请变更户口登记性别项目时,应当提供国内三级医院出具的性别鉴定证明和公证部门出具的公证书,或司法鉴定部门出具的证明,报派出所、分局、市公安局核准后,由公安派出所办理性别变更手续。

第五十条　出生日期更正。公民出生日期更正,由本人提出书面申请(未满18周岁的,由其监护人或法定代理人代为申请),出具出生证(或出生医学证明)、户口簿、身份证等原始凭据。有工作单位的,还须由单位劳动人事部门出具原始档案证明,经民警调查核实后填写户口登记项目主项变更更正审批表,报派出所、分局审批,方可给予更正。

组织、人事部门管理的干部个人要求更改出生日期的,公安派出所一律不予受理。

第五十一条 民族变更更正。公民变更更正民族,未满18周岁的,由监护人向户口登记机关申报。已满18周岁的,由本人向户口登记机关申报。年满20周岁不得更改民族(属公安机关笔误除外)。凡申请办理变更更正民族的,由本人、监护人提出书面申请,持市级以上民族工作部门出具的证明,经民警调查核实并填写户口登记项目主项变更更正审批表并审核,报派出所、分局审批后,方可给予变更和更正。

第五十二条 有下列情形之一的,户内人员可以向户口所在地公安派出所申请变更"户主":

(一)原户主死亡或经人民法院宣告死亡的;

(二)原户主户口已迁出的;

(三)房屋所有权人认为有必要更改为房屋所有权本人的。

第五十三条 居民户口簿中,何时由何地迁来本市(县)、何时由何地迁来本址栏,添加或变更更正,由当事人、监护人或法定代理人申请,出具出生证、迁移证、居民户口簿、居民身份证等原始凭据,经民警调查核实并填写户口登记项目主项变更更正审批表,报派出所、分局、市公安局审批后办理。

第五十四条 本市居民因居民身份证错号、重号,应当变更公民身份号码。凭本人、监护人(法定代理人)书面申请,相关证明,民警调查核实并填写户口登记项目主项变更更正审批表,报派出所、分局审批。

第八章 证件签发

第五十五条 本市居民重新立户的,由公安派出所签发居民户口簿。

第五十六条 本市居民遗失居民户口簿,户主提出书面申请,由其本人或经其书面委托的户内其他人员,凭居民身份证等有关证明,及时到户口所在地公安派出所申请补领。新的居民户口簿补发后,原居民户口簿自然作废。

第五十七条 本市居民在市(县)区范围内办理户口迁移的,公安派出所不再签发户口迁移证。迁往市(县)区外的由公安派出所签发户口迁移证。

第五十八条 持证人遗失户口迁移证的,应当及时到发证地公安派出所申请补发,原发证公安派出所核实其确未入户后,按原证内容予以补发。

第五十九条 户口准迁证、户口迁移证超过有效期限而未入户口的,凡符合现行户口迁移政策规定的,持证人可到入户地公安派出所办理入户手续。不符合现行户口迁移条件的,原迁出地户口登记机关应予恢复户口。

第六十条 关于户籍证明问题 。

(一)本省范围内的户口迁移不再使用户籍证明;省外居民申请户籍迁入本市,能够出示准确的居民身份证、居民户口簿或通过人口信息系统查询其信息准确无误的,可不必再要求出具户籍证明。

（二）本市居民户口拟迁往外省市，迁入地公安派出所坚持要求出具户籍证明的，可按规定出具户籍证明。

（三）居民因其他社会活动需要，要求公安机关出具户籍证明的，可由居民提供居民身份证或居民户口簿复印件，由户口所在地公安派出所核对，签注日期，加盖户口专用章予以确认。

（四）公安、检察院、法院、国家安全、纪检监察及仲裁机构等部门，因工作需要，凭公函和有效证件，可提供人口信息查询和出具户籍证明。其他任何单位和个人不得查询本人以外的人口信息资料。

第九章　几类特殊情况的户口办理

第六十一条　与自愿赡养人共同生活二年以上的孤寡老人，凭自愿赡养人申请，村（居）委会和乡（镇、街道）证明，民警调查核实，公证机关公证后，可办理户口迁移手续。此类户口经民警调查核实并填写申请户口迁入（登记）调查情况登记表，报派出所、分局、市公安局审批。

第六十二条　经法院判决（或调解）离婚或子女归一方抚养而对方不愿出具居民户口簿的，经公安派出所调解说服无效的，离婚当事人可提出书面申请，凭离婚证、法院判决书或调解书，到当地公安派出所办理分户或迁移手续。同时在户口登记簿或常住人口登记表上注明分户、迁移的日期与原因，并及时通知持原户口簿的一方到公安派出所办理相关户口注销手续。书面申请与离婚证、判决书、调解书存档备查。

第六十三条　夫妻双方户口在本市，离婚后，一方无合法固定住所，可迁移至婚前户口迁出地或父母等直系亲属户内，抚养的未达法定婚龄子女可随迁。凭离婚证、夫妻离婚财产分割协议书或判决书、无房证明、村（居）委会及乡（镇、街道）同意接受证明等材料，到迁入地派出所办理。迁入农村地区的，登记为集体户口，原户口性质不变。

第六十四条　户口冻结地区，可以办理下列户口，其他户口一律不予办理。

（一）新生婴儿出生入户及未入户儿童申报入户；

（二）婚迁入户，未达法定婚龄的子女可随迁；

（三）全日制普通高校及中等专业学校学生退学回原户口迁出地；

（四）应届及历届未婚大中专毕业生未落实就业单位回原户口迁出地；

（五）退伍军人、部队开除军籍及除名的人员复户；

（六）劳改、劳教人员恢复户口；

（七）死亡注销户口；

（八）毕业生分配工作、工作调动入户；

（九）人才市场引进人才入户；

（十）购买成套商品住宅房入户。

上述地区的确认以市公安局批文、市（县、区）政府、开发区管委会等有关部门通知和决定为准。

“城中村”户口管理工作，比照户口冻结区办理。

第六十五条　征地户口农转非问题

以村民小组为单位,全部或部分土地按规定程序被征收,被市国土资源部门会同市社会保障、财政、公安部门确定为征地安置对象的在籍在册农业人口,由所在地公安派出所按照审核确定的名单,填写征地农转非人口状况统计表和登记表(应征入伍、外流和劳改劳教等特殊情况应予注明)等户口资料,经分局、市公安局审批后,公安派出所按规定办理征地转户手续,居民户口簿中注明征地转户农转非。

以村民小组为单位,全部土地按规定程序被征收,未被确定为征地安置对象的在籍农业人口,由所在地公安派出所对照征地范围,与村民组、村(居)、乡(镇、街道)确定人员名单,并如实填写征地转户地区非安置对象人员人口状况统计表和登记表(应征入伍、外流和劳改劳教等特殊情况应予注明)等户口资料,经分局、市公安局审批后,公安派出所按规定办理户口农转非手续,居民户口簿中仅注明农转非。

正在服兵役的人员,在其退伍、复员后,凭相关证明,由户口所在地公安派出所直接按非农户口办理复户手续;被注销户口的劳改劳教人员,在其被释放或解教后,凭相关证明,由户口所在地公安派出所直接按非农户口办理复户手续。

城中村改造中在籍农业人口转为非农业人口有关事宜,按照本条规定办理。

第十章　附　则

第六十六条　各级公安机关要进一步加强户政窗口建设,规范办理户口工作,全面提高户政管理部门和户籍民警的服务意识和服务水平,建设公正、廉洁、高效、文明的户政管理队伍,更好地服务民生,积极构建和谐社会。

(一)公安机关户籍派出所应当设立专门的户籍接待室,户籍接待室内应当采用“低台敞开式”方式办公,并设置警民联系簿、便民服务条,备有供来所办理户口、居民身份证的群众书写使用的桌椅、纸张笔墨等便民设施。

(二)公安派出所应当设立办事指南,将各类户口登记、居民身份证的办理条件、时限、程序、收费项目、收费依据和收费标准公开,主动接受监督。各级公安机关户政管理部门应当设立监督电话、意见箱,接到群众的举报、投诉应当及时解决答复。

(三)公安派出所户籍内勤民警应当警容严整,窗口放置服务台卡,接待群众要主动热情,使用文明、规范用语。

(四)严禁非警务人员办理户口业务。公安派出所办理的户口业务必须由民警依法办理。协警人员可在民警的指导、监督下从事户籍管理的辅助性工作。一旦出现因非警务人员直接办理户口发生问题的,将按有关规定处理所领导及相关责任民警。

第六十七条　本规范所列户口申报事项,除法律法规明确规定的时限外,在以下规定的时间内办结。公安派出所应当在受理申请之日起的二十个工作日内完成调查核实工作,并将有关材料上报分局;分局在接到公安派出所的上报材料十个工作日内做出批准或者不批准的决定,并将审批结果返回公安派出所,或者按规定签署审核意见并将有关材料上报市级公安机关;市级公安机关应当在十个工作日内做出批准或者不批准的决定,并将审批结果返回分局;分局接到上级公安机关的审批决定二日内通知公安派出所,公安派出所在接到上级公安机关的审批决定二日内,将审批结果通知申请人。

对证明材料不全的,公安派出所民警应当向申请人予以说明并当场填写《办理户口补充材料书》,写清申请人应当补充的证明材料。

第六十八条 户口受理审批责任制和责任追究制度。

(一)派出所民警对申报审批常住户口登记、迁移、删除和补录等事项,必须实地调查了解,提交完整准确的综合调查报告,不得仅凭当事人提供的证明材料上报审批。

(二)公安派出所、县(分局)治安大队、市公安局户政处应当对呈报的常住户口登记、迁移、变更更正、删除和补录等事项严格把关,核准各类证明材料。

(三)严格执行各类户口登记的受理程序和审批权限规定。除按照规定由公安派出所户籍窗口当场受理办结的户口登记外,其他户口登记,按照公安部、省公安厅和市公安局规定的审批权限进行审批。各级公安机关治安(户政)管理部门,要严格按照规定分别履行公安派出所、县(区)公安局(分局)、市公安局审批手续,不得擅自下放审批权限,严禁越权审批。

(四)户口受理和审批实行"谁受理谁负责、谁审批谁负责、谁签字谁负责"的受理审批责任制。各级户政内勤民警,对受理或直接办理的户口负责,填表申报民警是直接责任人,上报材料所有复印件需签名确认,派出所所长是第一责任人。按照常住户口审批权限规定,公安派出所、县(分)局领导、市公安局户政处和市公安局负责户口审批的领导行使审批权并对审批结果负责。

(五)户口审批工作实行纸质呈批材料与网上审批并行的审批制度,不准以网上审批替代纸质申报材料。

(六)本规范中禁止和未列户口事宜,一律不得办理。对因工作疏漏,不履行职责的;故意违反有关工作规定,收受财物、弄虚作假,办理"私上户口"、"虚假户口"的;违反规定办理户口、居民身份证而造成后果的,对相关民警、派出所负责人和业务部门负责人予以相应处分。

第六十九条 户籍资料、证件、印章的管理。

各级公安机关要做好户籍资料的立卷归档工作,办理居民身份证、户口登记、迁移、户口项目变更更正、常住人口登记表等档案材料要进行装订并妥善保管,长期保存。

户籍内勤民警每天要将办理完毕的户籍资料收集和分类整理,每月初将上月的户籍资料移交档案室,档案员负责检查验收并做好交接记录。

户口迁移证、准迁证和户口专用章由户籍内勤民警负责保管和使用,不得随意转交他人。办理户籍的计算机用户口令和密码由专人负责,不得随意授权他人。户籍内勤民警姓名印章由民警个人保管和使用,对已调离户籍内勤岗位的民警,各分局治安部门应及时上报,市公安局户政处和信息中心要立即终止其用户权限。

第七十条 本市居民违反本规范,在户口登记、项目变更、户口迁移等过程中有弄虚作假行为的,应当删除户口,或将户口恢复原状,并告知当事人;对违法行为当事人和责任人,依法予以治安行政处罚;构成犯罪的,依法追究其刑事责任。

第七十一条 本规范自发布之日起施行,此前下发的有关户口管理的通知、规定、规范与本规范不一致的,以本规范为准。

三县公安局户口管理工作遵照本规范执行。其中,市区需要三级审批的户口,三县二级审批后即可办理。

第七十二条　本规范由市公安局治安支队负责解释。

合肥市公安局涉案财物和涉案人员随身财物管理规定

（2015年12月31日　合肥市公安局印发）

第一章　总　则

第一条　为进一步规范公安机关涉案财物和涉案人员随身财物管理工作，保护公民、法人和其他组织的合法权益，保障办案工作顺利进行，根据《公安机关涉案财物管理若干规定》《公安机关代为保管涉案人员随身财物若干规定》和《安徽省公安机关涉案财物管理规定》，结合我局工作实际，制定本规定。

第二条　本规定所称涉案财物，是指公安机关在办理刑事案件和行政案件过程中，依法采取查封、扣押、冻结、扣留、调取、先行登记保存、抽样取证、追缴、收缴等措施提取或者固定，以及从其他单位和个人接收的与案件有关的物品、文件和款项，包括：

（一）违法犯罪所得及其孳息；

（二）用于实施违法犯罪行为的工具；

（三）非法持有的淫秽物品、毒品等违禁品；

（四）其他可以证明违法犯罪行为发生、违法犯罪行为情节轻重的物品和文件。

涉案人员随身财物，是指违法犯罪嫌疑人随身携带、与案件无关的物品和文件。

第三条　涉案财物管理工作实行统一管理，坚持办案与保管相分离、来源去向明晰、依法及时处理、全面接受监督的原则。

第四条　公安机关管理涉案财物，应当严格依法进行，妥善保管，案结物清。任何单位和个人不得截留、坐支、私分、挪用、贪污、调换、损毁或者擅自处理涉案财物。

对涉及国家秘密、商业秘密、个人隐私的涉案财物，应当严格保密。

第五条　对涉案财物采取措施，应当严格依照法定条件和程序进行，履行相关法律手续，开具相应法律文书。严禁在刑事案件立案之前或者行政案件受案之前对财物采取查封、扣押、冻结、扣留措施，但有关法律、行政法规另有规定的除外。

第六条　公安机关对涉案财物采取措施后，应当及时进行审查。经查明确实与案件无关的，应当在三日以内予以解除、退还，并通知有关当事人。对与本案无关，但有证据证明涉及其他部门管辖的违纪、违法、犯罪行为的财物，应当依照相关法律规定，连同有关线索移送有管辖权的部门处理。

对涉案财物采取措施，应当为违法犯罪嫌疑人及其所扶养的亲属保留必需的生活费用和物品；根据案件具体情况，在保证侦查活动正常进行的同时，可以允许有关当事人继续合理使用有关涉案财物，并采取必要的保值保管措施，以减少侦查办案对正常办公和合法生产经营的影响。

第七条　公安机关对涉案财物进行保管、鉴定、估价、公告等，不得向当事人收取费用。

第二章　涉案财物的管理

第八条　涉案财物管理工作职责和分工：

(一)法制部门负责涉案财物的统筹管理工作。市公安局各支队经手的涉案财物由法制支队负责实行统筹管理(交警支队经手的涉案财物由本支队自行管理);各分县(市)局由法制大队对各办案部门经手的涉案财物实行统筹管理;

(二)警务保障部门负责涉案资金的账户管理和涉案财物的变卖、拍卖、上缴国库等工作,办案部门与涉案财物保管部门予以配合,确保涉案财物的出口畅通;

(三)纪检、监察、审计、警务督察等部门,在各自职权范围内对涉案财物管理工作进行监督,审计检查涉案财物的财务账目,查处涉案财物管理中的违法、违纪行为,监督、指导涉案财物处理工作。

第九条 特殊涉案物品的保管工作由各警种分别负责:

(一)治安部门负责涉案枪支、弹药,鉴定后的管制刀具、淫秽物品、赌博机及易燃、易爆、剧毒、放射等危险物品的保管工作或者委托有关危险物品管理部门妥善保管;

(二)禁毒部门负责毒品、制毒原料或者配剂、管制精神药品等物品的保管工作;

(三)国保部门负责危害国家安全的传单、标语、书籍、信件和其他宣传品的保管工作;

(四)反邪教部门负责邪教组织的传单、标语、书籍、信件和其他宣传品的保管工作;

(五)假币、专卖品分别交当地人民银行、专卖部门处理,并将相关数据报本级公安机关经侦部门备案;

(六)珍贵文物、珍贵动物及其制品、珍稀植物及其制品应当视情妥善保管或者委托有关部门保管;

法制部门负责上述物品以外的其他物品保管工作。

第十条 市公安局及各分县(市)局对于办案部门经手的全部涉案财物或者价值较大、管理难度较高的涉案财物进行集中保管。

对于价值低于3000元、易于保管,或者需要作为证据继续使用,以及需要先行返还被害人、被侵害人的涉案财物,可以由办案部门设置专门的场所进行保管。

对于不同案件、不同种类的涉案财物,应当分案、分类保管。

办案部门应当指定不承担办案工作的民警负责本部门涉案财物的接收、保管、移交等管理工作;严禁由办案人员自行保管涉案财物。

第十一条 市公安局及各分县(市)局分别设置涉案财物管理中心,中心面积不得低于100平方米;各办案部门应当设立专门的涉案财物保管室。保管场所和保管措施应当适合被保管财物的特性,符合防火、防盗、防腐、防潮、干燥除湿等安全要求,保管场所应当安装监控设备,并配备必要的储物容器、一次性储物袋、计量工具等物品。对涉案财物的移交和保管全程摄录,配备拍照和录像设备,对保管的财物视情拍照或者录像。

涉案机动车的保管场所应当单独设立,并符合防火、防盗、防腐蚀等安全要求。市公安局由警务保障部选定专用停车场,各分、县(市)局分别自行选定专用停车场。

未经涉案财物管理部门或者管理涉案财物的办案部门负责人批准,除保管人员以外的其他人员不得进入涉案财物保管场所。

第十二条 办案人员依法提取涉案财物后,应当在二十四小时以内按照规定将其移交涉案财物管理部门或者本部门的涉案财物管理人员,并办理移交手续。

对于采取查封、冻结、先行登记保存等措施后不在公安机关保管的涉案财物，办案人员应当在采取有关措施后的二十四小时以内，将相关法律文书和清单的复印件移交涉案财物管理人员予以登记。

第十三条 因情况紧急，需要在提取后的二十四小时内开展鉴定、辨认等工作或其他特殊情况的，经办案部门负责人批准，可以在上述工作完成后或特殊情况消除后的二十四小时内将涉案财物移交给涉案财物保管室，并办理移交手续。

异地办案或者在偏远、交通不便地区办案的，应当在返回办案单位后的二十四小时以内办理移交手续；行政案件在提取后的二十四小时以内已将涉案财物处理完毕的，可以不办理移交手续，但应当将处理涉案财物的相关手续附卷保存。刑事案件办理中，除案件基本事实尚未查清外，对权属关系明确、属于被害人的合法财产及其孳息的，在二十四小时内依照规定能够返还的，不再办理移交手续，并在案卷中注明返还的理由，将原物照片、清单和领取手续存卷备查。

第十四条 公安机关应当设立或者指定账户，作为本机关涉案款项管理的唯一合规账户。对下列涉案财物，办案人员应当进行相应处理后再按规定移交管理人员。

（一）办案部门扣押涉案款项后，应当立即将其移交警务保障部门。警务保障部门应当对涉案款项逐案设立明细账，存入唯一合规账户，并将存款回执交办案部门附卷保存。但是，对于具有特定特征、能够证明某些案件事实而需要作为证据使用的现金，应当交由涉案财物管理部门或者办案部门涉案财物管理人员，作为涉案物品进行管理，不再存入唯一合规账户。

（二）对需要封存的小件零散物品以及金银珠宝、贵重首饰、文物、名贵字画等贵重物品，应当在提取时注明型号、规格、重量、成色、新旧程度等特征，当场封存，由办案人员和见证人、物品持有人签名，封存前后均应拍照固定，实行双人保管。

（三）对可能作为证据使用的录音带、录像带，应当记明案由、对象、内容、录制及复制的时间和地点、规格、类别、文件格式及长度等特征进行封存，必要时可以再复制一份自行留存后进行封存；电子数据存储介质不具备当场勘验条件的，应当现场封存送检，检验鉴定后再按照以上规定封存。

（四）对于易燃、易爆、毒害性、放射性等危险物品，鲜活动植物，大宗物品，车辆、船舶、航空器等大型交通工具，以及其他对保管条件、保管场所有特殊要求的涉案财物，应当存放在符合条件的专门场所。没有具备保管条件的场所的，可以委托具有相应条件、资质或者管理能力的单位代为保管，但应当拍照或者录像，并使用封条、封签等进行封存。

（五）对不能随案移送的涉案物品，应当拍照或录像；对易受损、易变质物品，应当用笔录、绘图、拍照、录像等方法加以保全后，再进行封存。

第十五条 办案部门应当将涉案财物信息及时录入涉案财物集中管理信息系统，并与协同办案系统关联。涉案财物管理部门应当建立电子台账，管理人员应当对所有涉案财物逐一编号，并将案由、来源、财物基本情况、保管状态、场所和去向等信息录入信息系统，进行实时、动态、信息化管理。

第十六条 涉案财物管理人员对办案人员移交的涉案财物，应当对照有关法律文书当场查验核对、登记入册,并与办案人员共同签名,同时开具《接收涉案物品清单》。

对于缺少法律文书、法律文书对必要事项记载不全或者实物与法律文书记载严重不符的,涉案财物管理人员可以拒绝接收涉案财物,并应当要求办案人员补齐相关法律文书、信息或者财物。

第十七条 对于需要密封保管的涉案财物,涉案财物管理人员应当当场查看密封是否完好,现场与移交人员查验、清点、拍照后装入保管袋中密封,保管人和移交人共同在密封口签名或者盖章,同时登记在册后签收。

第十八条 对于查封、封存、冻结、先行登记保存等不在公安机关保管的涉案财物,办案人员应当在采取有关措施后的二十四小时内开具《涉案财物登记保管清单》,并将相关法律文书复印件及案件名称、违法行为人或者犯罪嫌疑人姓名、采取的措施、涉案物品的名称、数量、状况、存放地点、照片等情况报送本单位涉案财物保管室予以登记,再按照规定移交涉案财物管理部门登记核实。

对查封的场所、设施、财物,可以委托第三人保管,第三人不得损毁或者擅自转移、处置。因第三人的原因造成的损失,公安机关先行赔付后,有权向第三人追偿。

第十九条 因讯(询)问、鉴定、辨认、检验、检查、质证等办案工作需要,经办案部门负责人批准开具《调用涉案财物通知书》,向涉案财物管理人员调用涉案财物。调用结束后,应当在二十四小时以内将涉案财物归还涉案财物管理人员。

因宣传教育等工作需要调用涉案财物的,应当经公安机关负责人批准。

涉案财物管理人员应当登记调用人、调用时间、调用事由、调用的涉案财物状况、审批人等事项,并由办案人员和涉案财物管理人员共同签名或者盖章。

调用人应当妥善保管和使用涉案财物。调用人归还涉案财物时,涉案财物管理人员应当进行检查、核对。对于有损毁、短少、调换、灭失等情况的,涉案财物管理人员应当如实记录,并报告调用人所属部门负责人和涉案财物管理部门负责人。因鉴定取样等事由导致涉案财物出现合理损耗的,不需要报告,但调用人应当向涉案财物管理人员提供相应证明材料和书面说明。

调用人未按照登记的调用时间归还涉案财物的,涉案财物管理人员应当报告调用人所属部门负责人;有关负责人应当责令调用人立即归还涉案财物。确需继续调用涉案财物的,调用人应当按照原批准程序办理延期手续,并交由涉案财物管理人员留存。

第二十条 对查获的需要作为证据使用的涉案车辆,公安机关应当依法扣押;对发生交通事故的涉案车辆,因收集证据的需要,公安机关可以依法扣留。但对与案件无关的车辆,不得扣押、扣留。

第二十一条 办案部门扣押、扣留涉案车辆时,应当认真查验车辆特征,仔细清点车内物品,当场开列扣押清单或者行政强制措施凭证,并在清单或者凭证中详细载明当事人的基本情况、案由、厂牌型号、识别代码、牌照号码、行驶里程、重要装备、车身颜色、车辆状况等情况。车辆内与案件无关的物品,通知当事人或者其家属、委托的人领取。

办案部门扣押、扣留涉案车辆后,应当按照规定向涉案财物管理中心移交,由涉案财物管理中心人员对涉案车辆粘贴封条予以封存。

办案部门和管理部门应当建立专门的涉案车辆管理台账,对管理的所有涉案车辆进行编号登记,严格管理,妥善保管。非因法定事由,未经县级以上公安机关负责人批准,不得调用涉案车辆。

对船舶、航空器等交通工具采取措施和进行管理,参照前三款规定办理。

第三章　涉案财物的处理

第二十二条　公安机关应当依据有关法律规定,及时办理涉案财物的移送、返还、变卖、拍卖、销毁、上缴国库等工作。

第二十三条　对刑事案件中作为证据使用的涉案财物,应当随案移送;对于危险品、大宗大型物品以及容易腐烂变质等不宜随案移送的物品,应当移送相关清单、照片或者其他证明文件。

第二十四条　有关违法犯罪事实查证属实后,对于有证据证明权属明确且无争议的被害人、被侵害人合法财产及其孳息,凡返还不损害其他被害人、被侵害人或者利害关系人的利益,不影响案件正常办理的,应当在登记、拍照或者录像和估价后,报经县级以上公安机关负责人批准,开具发还清单并返还被害人、被侵害人。办案人员应当在案卷材料中注明返还的理由,并将原物照片、发还清单和被害人、被侵害人的领取手续存卷备查。

领取人应当是涉案财物的合法权利人或者其委托的人,办案人员或者公安机关其他工作人员不得代为领取。

第二十五条　对于刑事案件依法撤销、行政案件因违法事实不能成立而作出不予行政处罚决定的,除依照法律、行政法规有关规定另行处理的以外,公安机关应当解除对涉案财物采取的相关措施并返还当事人。

人民检察院决定不起诉、人民法院作出无罪判决,涉案财物由公安机关管理的,公安机关应当根据人民检察院的书面通知或者人民法院的生效判决,解除对涉案财物采取的相关措施并返还当事人。

人民法院作出有罪判决,涉案财物由公安机关管理的,公安机关应当根据人民法院的生效判决,对涉案财物作出处理。人民法院的判决没有明确涉案财物如何处理的,公安机关应当征求人民法院意见。

第二十六条　对经查明确实与案件无关或者不需要继续扣押、扣留、调取的财物,以及属于被害人的合法财产及其孳息,公安机关应当依照有关法律、法规规定的时限及时返还。

领取人应当是涉案财物的合法权利人或者其委托的人,办案人员或者公安机关其他工作人员不得代为领取。

第二十七条　对于因自身材质原因易损毁、灭失、腐烂、变质而不宜长期保存的食品、药品及其原材料等物品,长期不使用容易导致机械性能下降、价值贬损的车辆、船舶等物品,市场价格波动大的债券、股票、基金份额等财产和有效期即将届满的汇票、本票、支票等,权利人明确的,经其本人书面同意或者申请,并经县级以上公安机关主要负责人批准,可以依法变卖、拍卖,所得款项存入唯一合规账户;其中,对于冻结的债券、股票、基金份额等财产,有对应的银行账户的,应当将变现后的款项继续冻结在对应账户中。

对权利人不明确的容易腐烂变质及其他不易保管的物品,办案部门或者保管部门提出处置意见,由办案部门呈报县级以上公安机关负责人批准,按照规定拍卖、变卖。

第二十八条 涉案财物被收缴、追缴、没收的,办案部门应当在二个工作日内将相关法律文书的副本或者复印件报涉案财物管理部门。

第二十九条 办案部门对涉案财物按照规定需要随案移送、返还,或者不需要继续保管,可以变卖、拍卖、上缴、回收、销毁等处置的,办案人员应写出报告,经办案部门负责人或县级以上公安机关负责人批准后制作《处理物品、文件清单》,交涉案财物管理部门,由管理人员在登记册中注明处理结果、日期和经手人。

需要移交、发还的涉案财物交办案人员处理;需要上缴、变卖、拍卖、回收的涉案财物由涉案财物管理部门按照规定处理。

对没有价值、价值轻微、无法变卖或者拍卖的物品,在案件终结、行政复议和行政诉讼期限届满后,经原决定机关负责人批准,由县级以上公安机关主管部门登记造册后统一销毁。销毁时,由纪委、督察部门共同到场监督,核对清单,经办人做好销毁记录,由销毁现场负责人、经办人、监督人签名。销毁物品相关手续应当附卷。

第三十条 对涉案财物的变卖、拍卖应当坚持公开、公平原则,由县级以上公安机关商本级人民政府财政部门统一组织实施,严禁暗箱操作。

拍卖应当委托有资质的拍卖公司,依照法定程序实施,拍卖所得款项上交国库。

善意第三人等案外人与涉案财物处理存在利害关系的,公安机关应当告知其相关诉讼权利。

第三十一条 对于违法行为人、犯罪嫌疑人或者其家属、亲友给予被害人退、赔款物的,公安机关应当通知其向被侵害人、被害人或者其家属直接交付,并将退、赔情况及时告知公安机关。公安机关不得将退、赔款物作为涉案财物扣押或者暂存。

第三十二条 被侵害人、被害人或者其家属不愿意当面接收的,公安机关可以记录其银行账号,通知违法行为人、犯罪嫌疑人或者其家属、亲友,将退、赔款项汇入被侵害人、被害人或者其家属的银行账户。

被侵害人、被害人或者其家属既不愿意当面接收,也不愿意提供银行账号或者收款人姓名和固定住址的,可以建议不愿正面接触的一方或双方书面委托除公安机关以外的第三方代付、代收退、赔款物,公安机关可以安排民警对退、赔过程予以见证。

公安机关应当将双方的退赔协议或者交付手续复印附卷,并将退赔履行情况记录在案。

第三十三条 对无主财物,经公告六个月后无人认领的,办案部门可以在拍照或者录像取证后,经相关部门鉴定,报县级以上公安机关批准,依法予以拍卖、变卖、追缴、收缴、没收上缴国库或销毁。

处理无主车辆或者权属有争议的涉案车辆,应当经县级以上公安机关负责人集体讨论决定,并按照法律规定办理有关手续。

公告采用在公共场所张贴告示、登报或者在互联网公安门户网站设立认领专栏方式进行。

财物上缴国库后,如物主前来认领,并经查证属实,由原办案单位从财政部门提回并予以归还。如原物已经拍卖或者变卖,应当退还价款。

第三十四条　涉案财物保管期限一般为两年。涉案财物保管部门应当妥善保管涉案财物,每月清点汇总,每六个月会同办案单位、纪检、督察、警务保障等部门对本部门保管的涉案财物集中清理一次。对清理后需要处理的涉案财物,交由办案部门按相关规定进行处理。

第四章　涉案人员随身财物管理

第三十五条　办案部门应当建立涉案人员随身财物专门台账,对保管的涉案人员随身财物逐一编号登记,写明随身财物的名称、编号、数量、特征等,并载明案由、来源、涉案人员信息以及接收、领取时间等内容。

对涉案人员随身财物,在对其依法带回调查时,办案部门应在视频监控下进行清点、登记,并按要求制作《涉案人员随身财物登记清单》,随身财物应装入专用塑料封存袋密封,由办案民警、见证人和涉案人员在封存袋上共同签字或者盖章后予以密封。

第三十六条　对涉案人员作出如下处理的,应按下列方式处置随身财物:

(一)涉案人员解除嫌疑或依法不需处理而释放的,由涉案人员自行领回随身财物并做好登记。

(二)涉案人员被采取限制人身自由的行政处罚或者采取刑事强制措施的,随身财物应当通知其亲友领回,对于无法通知领回的,由办案人员交监管场所暂时代为保管;对不宜移送监管场所暂时代为保管的随身财物(如大件物品、车辆等),应在登记好物品详情后,要求涉案人员其亲友领回,将领取情况记录在册。

第三十七条　监管场所暂时代为保管涉案人员随身财物,接收后应当登记造册,在涉案人员离开监管场所时随人移交,不得私自截留、挪用。如在暂时代为保管期间发现保管的财物为涉案财物的,应通知办案部门进行扣押并从监管场所领回,再依照本规定及时移交涉案财物管理部门。

监管场所应设置专门场所暂时代为保管涉案人员随身财物,确定一名单位负责人为责任人,并指定专人负责管理,场所内应配置保险柜、物品架、物品箱、灭火器等防护管理设施。安装监控设备,并建立专门的台账统一管理,场所必须符合防火、防盗、防水、防潮、防腐等安全要求。

第五章　监督与救济

第三十八条　各级公安机关应当将涉案财物和涉案人员随身财物管理工作纳入执法监督和执法质量考评范围;定期或者不定期组织有关部门对本机关及办案部门负责管理的涉案财物进行核查,防止涉案财物损毁、灭失或者被挪用、不按规定及时移交、移送、返还、处理等;发现违法采取措施或者管理不当的,应当责令有关部门及时纠正。

第三十九条　纪检、监察、审计、督察、法制等部门在各自职权范围内对涉案财物和涉案人员随身财物管理工作进行监督。

第四十条　公安机关负责人在审批案件时,应当对涉案财物和涉案人员随身财物情况进行严格审查,发现对财物采取措施或者处理不合法、不适当的,应当责令有关部门立即予以纠正。

法制部门在审核案件时,发现对涉案财物采取措施或者处理不合法、不适当的,对涉案人员随身财物处置、保管违法或者不当的,应当通知办案部门及时予以纠正。

第四十一条　办案人员有下列行为之一的,应当根据其行为的情节和后果,依照有关规定追究责任;涉嫌犯罪的,移交司法机关依法处理:

(一)对涉案财物采取措施违反法定程序的;

(二)对明知与案件无关的财物采取查封、扣押、冻结等措施的;

(三)不按照规定向当事人出具有关法律文书的;

(四)提取涉案财物后,在规定的时限内无正当理由不向涉案财物管理人员移交涉案财物的;

(五)擅自处置涉案财物的;

(六)依法应当将有关财物返还当事人而拒不返还,或者向当事人及其家属等索取费用的;

(七)因故意或者过失,致使涉案财物损毁、灭失的;

(八)其他违反法律规定的行为。

案件审批人、审核人对于前款规定情形的发生负有责任的,依照前款规定处理。

第四十二条　涉案财物管理人员和涉案人员随身财物管理人员不严格履行管理职责,有下列行为之一的,应当根据其行为的情节和后果,依照有关规定追究责任;涉嫌犯罪的,移交司法机关依法处理:

(一)未按照规定严格履行涉案财物登记、移交、调用等手续的;

(二)因故意或者过失,致使涉案财物损毁、灭失的;

(三)发现办案人员不按照规定移交、使用涉案财物而不及时报告的;

(四)其他不严格履行管理职责的行为。

调用人有前款第一项、第二项行为的,依照前款规定处理。

第四十三条　对于贪污、挪用、私分、调换、截留、坐支、损毁涉案财物,以及在涉案财物拍卖、变卖过程中弄虚作假、中饱私囊的有关领导和直接责任人员,应当依照有关规定追究责任;涉嫌犯罪的,移交司法机关依法处理。

第四十四条　对公安机关及其工作人员违反涉案财物管理规定,给当事人造成损失的,公安机关应当依法予以赔偿,并责令有故意或者重大过失的有关领导和工作人员承担部分或者全部赔偿费用。

第四十五条　在对涉案财物采取措施、管理和处置过程中,公安机关及其工作人员存在违法违规行为,损害当事人合法财产权益的,当事人和辩护人、诉讼代理人、利害关系人有权向公安机关提出投诉、控告、举报、复议或者国家赔偿。公安机关应当依法及时受理,并依照有关规定进行处理;对于情况属实的,应当予以纠正。

上级公安机关发现下级公安机关存在前款规定的违法违规行为,或者对投诉、控告、举报或者复议事项不按照规定处理的,应当责令下级公安机关限期纠正,下级公安机关应当立即执行。

第六章　附　则

第四十六条　本规定自印发之日起施行，有效期五年。

市公安局以前制定的有关规定凡与本规定不一致的，以本规定为准。

合肥市进一步推进户籍制度改革实施细则

(2016年2月24日　合肥市公安局印发,2016年3月1日施行)

第一条　根据《合肥市人民政府关于进一步推进户籍制度改革的实施意见》(合政〔2015〕210号)等文件精神,结合我市实际,制定本细则。

第二条　落户的基本条件。在我市有合法稳定就业、有合法稳定住所(含租赁)、按照国家规定参加城镇社会保险,符合条件的人员,可在就业地申请登记为常住户口。

第三条　合法稳定就业的范围:是指被国家机关、社会团体、事业单位录用(聘用),或者被国家机关、社会团体、企事业单位招收并依法签订劳动合同,或者在城镇从事第二、三产业并持有工商营业执照等。

证明材料包括劳动合同、单位证明、社会保险缴纳证明、工商营业执照等。

第四条　合法稳定就业的就业单位可以是一个或者多个。

第五条　合法稳定住所的范围:是指在城镇范围内公民实际居住具有合法所有权的房屋或者在当地房管部门(或者受托部门)办理租赁登记备案的房屋。

证明材料包括房屋产权证或者产权证明、使用权证明及房屋租赁备案材料。

第六条　年限计算方式。申报人向公安机关申报户口登记之日止,已连续累计达到规定的年限。

第七条　申报人已办结原参保地社会保险转移到我市的手续并继续参保缴费的,参保时间可以累计计算。

第八条　人才是指具有一定的专业知识或者专门技能,进行创造性劳动并对社会作出贡献的人。包括:《关于建设"合肥人才特区"的实施意见》(合发〔2012〕17号)、《合肥市高层次创新创业人才"一站式"服务暂行办法》(厅〔2012〕211号)等文件中规定的人才引进和培养对象。

我市经济社会发展急需的人才和有突出贡献的人才,凭相应证书或者文件申报登记常住户口。

第九条　自本细则施行起,在设区的市级以上体育运动综合性竞赛和单项竞赛(锦标赛、冠军赛、联赛)、职业技能竞赛中取得个人或者团体成绩前三名的人员,凭获奖证书、市级相关主管部门证明等申报登记常住户口。

第十条　中等职业学校是指普通中专学校、职业中专学校、职业高中和技工学校等全日制学历教育的职业教育学校。

第十一条　中级工,是指通过国家职业资格考试,取得国家职业资格中级(四级)证书的人员。

第十二条　大中专院校应届毕业生是指:

(一)在毕业年度内(毕业所在自然年,即1月1日至12月31日)的大中专院校毕业生为应届毕业生。

(二)大中专院校毕业生在择业期(国家规定为两年)内未落实工作单位,可按应届毕业生对待。

（三）已落实工作、派遣完成的，不按应届毕业生对待。

第十三条　夫妻投靠、未成年子女投靠父母、父母投靠子女的户口迁移。

（一）国有土地上，可以办理居民家庭户共同居住生活的夫妻投靠、未成年子女投靠父母、父母投靠子女；

（二）集体土地上，可以办理居民家庭户共同居住生活的夫妻投靠、未成年子女投靠父母。

第十四条　在集体土地上，下列迁出（注销）户口的人员，可以在迁出（注销）地登记常住户口：

（一）不符合由政府安排工作条件的退役义务兵、服役不满12年的士官；

（二）符合政府安排工作条件，服役满12年的士官选择自主就业的（不包括转业后自谋职业、退休安置退役士兵）；

（三）士兵服役期间退兵，受除名、开除军籍处分的；

（四）大中专院校应届毕业生；

（五）大中专院校学生在校就读期间退学，受勒令退学、开除处分的；

（六）刑满释放人员。

第十五条　不符合计划生育政策的人员户口登记。政策外生育、非婚生育的无户口人员，本人或者其监护人可以凭出生医学证明和父母一方的居民户口簿、结婚证或者非婚生育说明，按照随父随母落户自愿的政策，申请办理常住户口登记。申请随父落户的非婚生育无户口人员，需一并提供具有资质的鉴定机构出具的亲子鉴定证明。

第十六条　对经批准落户的人员，按照实际居住地登记户口的要求依法办理户口迁移登记手续。拥有合法所有权房屋的，应当在房屋登记地登记户口；租赁房屋的，可以在申请人单位集体户、当地人才集体户或者租住地社区集体户、公共集体户登记户口。

第十七条　用工单位有专人管理户口的，公安派出所可设立单位集体户。

第十八条　户口登记在集体户的人员，相互之间为配偶、子女、父母关系的，可以签发居民户口簿。

第十九条　本细则由市公安局负责解释。

第二十条　本细则自2016年3月1日起施行。以前文件规定与本细则不一致的，按本细则规定执行。

编纂始末

盛世修志、志资盛世。2015 年 7 月,合肥市公安局启动第二轮合肥公安志编纂工作。本志为《合肥市公安志(1949—1989)》的续志,它全面、客观、真实、系统地记述了 1990 年至 2016 年间合肥公安发展的历史和现状。全志共 23 章,79 万余字,内容涵盖了合肥公安业务建设、队伍建设和市公安局机关建设的各个方面,是合肥市公安工作一部系统性的"百科全书"。回忆往昔,此轮修志工作任务重、时间紧。能在短短 2 年的时间里完成整个修志工作,靠的是各级领导的高度重视和精心组织,靠的是各承编单位的大力支持和鼎力相助,靠的是全局民警的积极参与和关心,靠的是全体参编民警的顽强拼搏和无私奉献。

本志编纂,历时两年,数易其稿,共分四个阶段进行。筹备动员阶段,自 2015 年 7 月至 10 月。公安志编纂前期,市公安局专门组织人员到兄弟省市就公安志书编纂问题进行专题考察论证并形成思路。编纂工作正式启动后,市公安局认真研究方案,分阶段倒排工期、序时推进。2015 年 7 月,市公安局党委成立《合肥市公安志》编纂委员会。副市长、市公安局党委书记、局长姜明任主任,市公安局党委班子成员为副主任,各分县(市)局、支队、机关综合部门主要负责人任编纂委员会成员。编纂委员会下设办公室,办公室设在警察协会,具体负责《合肥市公安志》编纂的组织、实施、协调、总纂等工作。制定了编纂大纲和实施方案,搭建起全志编纂的初步框架,明确了修志的指导思想、工作原则、方法步骤和时间要求。2015 年 10 月 27 日至 28 日,在市公安局人民警察培训学校举办《合肥市公安志》编纂培训班,全局 185 名参编民警参加了编纂公安志培训。副市长、公安局局长姜明,副局长张华,政治部主任章小平,合肥市地方志办公室主任胡玉兰等领导出席开班仪式,并分别作了重要讲话。培训期间,市公安局编纂办邀请了省地方志专家黄玉华、省厅公安志专家李汉平就地方志、公安志编纂知识及要求,为全体学员进行了专业授课。编纂办负责人杨安青就《合肥市公安志》编纂的基本思路、内容结构、大纲解析、资料收集途径和方法进行了讲解辅导。

资料搜集阶段,自 2015 年 11 月至 2016 年 5 月。培训动员结束后,全局发动,全警参与,随即展开大规模的资料搜集工作。市公安局编纂办出台资料搜集指导意见,明确渠道和方法,对资料搜集进行业务指导。每月汇总全局各单位资料搜集情况,挂网通报。市公安局编纂办对全局 37 个承编单位资料搜集工作进行了实地调研,及时发现并帮助解决各单位在资料搜集过程中遇到的问题。各承编单位将资料搜集任务分解细化,制订明细表,确定牵头人,将搜集责任落实到具体人;并建立资料搜集专项通报制度,定期召开调度会,会商问题、破解难题、约谈工作不力单位的主要领导,实行倒排工期、序时推进,强力推动资料搜集工作。在资料搜集过程中,全体编纂人员本着广征博采、有闻必录、巨细皆收的原则,克服各种困难,采取先易后难、先内后外、由远及近或由近及远等多种手段和方法开展资料搜集工作。先后赴省、市、县档案馆、局档案室和本单位档案室收集资料;通过查阅省、市、区、县相关志书和历史资料,获得资料;对知情人和亲历者广泛发动,通过采访咨询、座谈回忆、行文征集等方式搜集资料;利用技术手段,恢复电脑数据,还原资料;赴电视台、新闻媒体单位搜集文字、视频、图片资料等,多渠道广泛收集。至5月底,全局共搜集各类文件、简报、资料、报刊摘录、图片、声像、口碑等资料总数达12.7万余份,总字数达1.95亿。除涉密和无FTP等7个单位未将搜集到的资料建立电子档外,其余30个单位资料都扫描建档,并上传至FTP,挂网共享,为撰写全志初稿奠定了良好基础。

初稿撰写阶段,自2016年6月至12月。2016年6月12日,市公安局召开《合肥市公安志》初稿编撰转段工作会议。市公安局编纂办通报了全局公安志资料搜集阶段性工作和初稿编纂准备情况,会议认为合肥公安初稿编撰条件和时机已经成熟,决定进入初稿撰写阶段。会后,各承编单位按照会议要求,向市公安局编纂办上报编撰提纲,市公安局编纂办对上报的提纲逐单位进行审核,审核通过的单位方可进行初稿撰写;审核未通过的单位,帮助其修改完善、充实提纲,使其顺利转入初稿撰写阶段。同时,各单位还确定了文字功底扎实的初稿编纂主笔和分主笔人员,分工包干,形成一套写作班子,撰写本单位所承编章节。9月12日,市公安局召开《合肥市公安志》初稿编纂工作推进会,会议通报了各单位初稿编纂工作情况。姜明副市长在会上对公安志编纂工作所取得的成绩作了充分肯定,鼓励大家树立必胜的信心,并对编纂工作了具体指示。10月,各单位开始陆续上报初稿。市公安局编纂办对各单位上报的初稿,逐一审核、点评,反馈修改意见,帮助对初稿撰写体例把握不够或内容缺失较多的单位,做进一步调整充实。邀请省地方志办公室地方志专家到部分承编单位进行初稿编纂、修改指导,帮助解决初稿编纂过程中出现的问题,提高编纂工作效率。各单位对编纂办和专家提出的意见,认真落实,反复修改,直至定稿。至2016年12月底,所有承编单位初稿都通过编纂办审核,全局共形成450多万字的初稿。

修改完善阶段,自2017年1月至7月。2017年1月《合肥市公安志》正式进入总纂阶段。市公安局编纂办制定了总纂方案,明确了总纂的思路和方法步骤。确定总纂撰稿人员,进行任务分工,包干到人。2月中旬,总纂撰稿人员前往人民警察培训学校封闭工作,按照志书体例语言规范性、内容完整性、资料价值性的要求,对各单位上报的初稿进行总纂。同时与各承编单位对接,做好志稿资料的核实和补充工作。3月底,形成了120余万字的初稿。初稿形成后,市公安局编纂办多次召开总纂讨论会,对全志篇章结构、记述内容和语言规范展开充分讨论,群策群议、集思广益,按照讨论结果对志稿又进行了两轮修改完善,至4月底,形成93万字的评议稿。评议稿形成后,副市长、市公安局党委书记、局长姜明,副局长程彰德对评议稿进行了全文审读,并提出了明确的修改意见。为提高志稿修改效率,少走弯路,特别邀请修志专家傅朝阳对志稿进行全面细致地修改加工,并为全书作概述;同时,将志稿送省、市地方志专家黄玉华、史五一、储茂仁和省公安厅公安志专家李汉平审读与修改,并在全局范围内征求意见。

结合市公安局领导、专家提出的审改意见和征集到的意见,市公安局编纂办制定了修改工作方案,并要求各承编单位补充资料。各承编单位高度负责,积极补充资料,增补和完善了大量内容,填补了部分章节内容的空缺和空白。按照市公安局领导和专家们的修改意见,市公安局志办编纂人员从政治合格、保密合规、内容专业、体例规范、逻辑严谨、语言流畅等六个方面对志稿进行了全方位地5轮精细修改和完善,使志稿门类更加合理,归属更加得当,体例更加规范;内容记述更加完整、客观、准确、严谨,语言更加流畅、朴实、简洁。于7月中旬形成送审稿定稿,同时,报请有关部门进行保密审查。8月29日,经市委、市政府领导、市公安局领导、省市地方志专家、省公安厅公安志专家和市公安局相关警种部门负责人参加的"专家评审会"评审,一致认为志稿符合质量要求,予以评审通过,同意印刷出版。

修志过程中,市领导姜明,市局领导张华、程彰德、章小平、陆庆等领导高度重视修志工作,多次召开编纂工作会议,定期听取进展汇报,协调解决困难和问题,为编纂工作提供了强有力的支持和保证,并对志稿进行通篇审读,提出针对行业特征和特色的具体指导意见。省、市地方志办公室和省厅公安志办公室给予了热情帮助和精心指导,黄玉华、史五一、储茂仁、傅朝阳、李汉平等专家为本志付出了大量心血和辛勤劳动,特别是黄玉华、史五一两位专家历经"伏天"与"九天",全程跟踪指导编纂工作。全局各承编单位大力支持、通力协作,全体参编人员呕心沥血、加班加点、辛劳付出。凡此种种,不能尽举。在此向关心、支持、帮助及参与修志的所有人员一并致以衷心的感谢!

本志洒洒近八十万言,但由于历史资料不全,考证难度大,尤其是编者水平有限,虽兢兢业业,仍惶惶恐恐,漏缺误谬在所难免,敬请广大读者批评指正!

主题索引

D

E

F

H

N

P

Q

R

S

X

Y

Z